Bleicher
Organisation — Formen und Modelle

Organisation –
Formen und Modelle

Von

Dr. Knut Bleicher
o. Professor der Betriebswirtschaftslehre an der
Justus Liebig Universität Gießen

GABLER

CIP-Kurztitelaufnahme der Deutschen Bibliothek

Bleicher, Knut:
Organisation – Formen und Modelle /
von Knut Bleicher. – Wiesbaden: Gabler.
Bd. 1. – Bleicher, Knut: Formen und
Modelle der Organisation

Bleicher, Knut:
Formen und Modelle der Organisation:
Idealmodelle als Alternativen / von Knut
Bleicher. – Wiesbaden: Gabler, 1981.
(Organisation – Formen und Modelle /
von Knut Bleicher; Bd. 1)
ISBN 3-409-31551-9

Umschlag: Horst Koblitz, Wiesbaden
Satz:
Teil I – H.E. Henniger, Wiesbaden
Teil II – R.E. Schulz, Dreieich-Buchschlag
Druck und Buchbinderei: Buch- und Offsetdruckerei Decker & Wilhelm, Heusenstamm

Printed in Germany

ISBN 3-409-31551-9

Vorwort

Es ist nicht die Absicht des Verfassers, mit diesem Buch einen weiteren Versuch zu unternehmen, eine Organisationslehre vorzulegen. Hier möchte er auf seine systematische Gesamtbehandlung in seinem Buch „Unternehmungsentwicklung und organisatorische Gestaltung" (Stuttgart–New York 1979) verweisen. Sein Bemühen ist vielmehr darauf gerichtet, dem theoretisch wie dem praktisch an Organisationsfragen Interessierten zu einem wesentlichen Spezialgebiet organisatorischer Gestaltung zu vermitteln: der Frage nach den Ausgestaltungsmöglichkeiten von *Formen und Modellen der Organisation.* Organisations*formen* bieten Gestaltungsalternativen für unmittelbar Kooperationseinheiten (Abteilungen und Gruppen) an. Sie ordnen sich ein in Gesamtkonzepte der organisatorischen Gestaltung, die selbst wiederum alternativ gestaltet werden können, den Organisations*modellen.* Organisationsformen und -modelle beziehen sich damit auf unterschiedliche Ebenen organisatorischer Gestaltung: Während Organisations*modelle* das Gesamtmuster der Systemdifferenzierung und Systemintegration für eine Unternehmung (total) oder für ihre wesentlichen Subsysteme (partiell) angeben, regeln Organisations*formen* das Grundmuster der Verteilungs- und Arbeitsbeziehungen in unmittelbar miteinander arbeitenden Kooperationseinheiten. Beide bieten vielfältige, alternative Möglichkeiten der Gestaltung mit besonderer Wirkung auf die Ergebnisverantwortung der in diesen Systemen tätigen Führungskräfte, die vor dem Hintergrund des ökonomischen, sozio-kulturellen, technischen und des diese durchdringenden politisch-gesetzlichen *Kontextes* gesehen werden müssen. Der Kontext der Unternehmung wird bei einer *instrumentalen* Betrachtungsweise organisatorischer Gestaltung durch *unternehmungspolitische Entscheidungen,* die Strategien prägen, in eine *Unternehmungsentwicklung* umgesetzt. Formen und Modelle der Organisation müssen sich an diese Strategien anpassen, ihre Realisierung unterstützen, um durch eine arteigene Organisationsentwicklung eine Unternehmungsentwicklung zu unterstützen, die kontextorientiert erfolgt.

Die Darstellung möglicher Formen und Modelle der Organisation vor dem Hintergrund einer unternehmungspolitisch intendierten Entwicklung der Unternehmung erfolgt in zweierlei Weise. Zunächst werden *systematisch* in einem *ersten* Teil die möglichen Formen und Modelle als Alternativen vor dem Kontext der Unternehmungsentwicklung dargestellt und in ihrer Systemeigenschaft erörtert, um in einem *zweiten* Teil *kasuistisch* Praxisbeispiele von totalen Organisationsmodellen zu geben, die vielfältige Hinweise auf Kontextbezüge, die Ausgestaltung partieller Organisationsmodelle und die Eingliederung bestimmter Organisationsformen enthalten. Diese Praxisbeispiele bestehen jeweils aus einer *Gesamtdarstellung* der Organisation vor dem Hintergrund der Unternehmungsentwicklung, die weitgehend von Mitarbeitern der jeweiligen Unternehmen selbst erstellt wurden, und einem klärenden und vertiefenden *Interview* mit einem oder mehreren Mitgliedern der Unternehmungsleitung, das der Verfasser persönlich geführt hat. Beide Darstellungen sind ursprünglich in der „Zeitschrift für Organisation" erschienen, die vom Verfasser ediert wird. Zum Zwecke dieser zusammenfassenden Veröffentlichung, die als Wunsch von vielen Seiten an den Verfasser herangetragen wurde, erfolgte eine kürzende Straffung und teilweise Aktualisierung. Es ist dem Verfasser ein Bedürfnis, an dieser Stelle allen denjenigen zu danken, die im Verlaufe eines Jahrzehnts an der Erstellung dieser *Organisationsprofile* mitgearbeitet oder – trotz vielfältiger Bedenken – als Interviewpartner zur Verfügung gestanden haben.

Mit dieser Darstellung realer Ausgestaltung wird eine Umsetzung ideal entwickelter Formen und Modelle der Organisation dokumentiert, die nicht nur exemplarischen Wert hat, sondern im Bedarfsfall – bei aller aus der Sache bedingten Unvollständigkeit – auch als Nachschlagewerk über Organisations- und Führungspraktiken von bekannten Unternehmen verwendet werden kann. Zusammen mit dem von Dietger *Hahn* verfaßten Werk „PuK – Planungs- und Kontrollrechnung" (Wiesbaden 1974), das Formen und Modelle der Planungs- und Kontrollsysteme beschreibt, werden dabei die beiden wesentlichen Säulen der Führungssysteme in Unternehmungen abgedeckt.

Mein besonderer Dank gilt meinen Mitarbeitern, die mich bei der Anfertigung der umfangreichen Manuskripte zu diesem Werk unterstützt haben. Herr Dipl.-Oec. Peter Röthig hat das Gesamtprojekt durch seine fachlichen und redaktionellen Beiträge wesentlich gefördert. Herr Dipl.-Oec. Winfried Zapp hat die vielfältigen Teilmanuskripte für den Druck vorbereitet. Beide wurden durch Herrn cand. rer. Oec. Rainer Kleinmann durch umfangreiche und mühevolle technische Einzelarbeit unterstützt. Herrn Dipl.-Oec. Heinz Büchler bin ich für die Letztdurchsicht des Umbruchs und die Anfertigung des Stichwortverzeichnisses dankbar. Die Arbeiten am 1. Teil wurde Ende 1979 abgeschlossen, der 2. Teil 1981 um weitere Organisationsprofile, die der Verfasser anläßlich einer Gastprofessur in den USA erhoben hat, ergänzt.

Der Verfasser hofft, mit dem Überblick über die *idealen* Formen und Modelle der Organisation, der im ersten Teil vermittelt wird, und der Darstellung von ausgewählten *Real*modellen der Organisation im zweiten Teil nicht nur dem theoretisch Interessierten Material für organisatorische Betrachtungen und Untersuchungen an die Hand gegeben zu haben, sondern auch Führungskräfte Modelle der Organisation und eine konzeptionelle Hilfe zu bieten. Er wird sich auch in Zukunft um die Erarbeitung weiterer Organisationsprofile bemühen und hofft, zu einem späteren Zeitpunkt in weiteren Bänden sowohl Aktualisierungen als auch Darstellungen anderer Systeme aus der Organisationspraxis vorlegen zu können.

KNUT BLEICHER

Gesprächspartner der Firmeninterviews in Teil II

Raymond H. Allemann, Vice President und stv. Comptroller der International Telephone and Telegraph Corporation, World Headquarters New York
Dipl.-Ing. ETH Armin Baltensweiler, Delegierter des Verwaltungsrates und Direktionspräsidenten der Swissair – Schweizerische Luftverkehr AG
Dr. Günter Danert, Mitglied des Vorstandes der Standard Elektrik Lorenz AG
Dipl.-Math. Eberhard Elsässer, Vorsitzender der Geschäftsführung der SCS – Scientific Control Systems GmbH
J.W. Fisher, Chairman of the Board und Chief Executive Officer der Ball Corporation
Arthur Frauenfelder, Generaldirektor und Mitglied der Konzernleitung der Gebrüder Sulzer AG
Günter Gruppe, Mitglied des Vorstandes der Standard Elektrik Lorenz AG
Prof. Dr. K.F. Hagenmüller, Vorstandsmitglied der Dresdner Bank AG
Dipl.-Ing. E. Hainisch, Generaldirektor der ITT Austria Gesellschaft m.b.H.
Dipl.-Kfm. Klaus Hartmann, Vorstandsmitglied der Kaufhof AG
Hermann Hoffmann, Vorstandsmitglied und Leiter der Hauptverwaltung der Bertelsmann AG
Dr. Hans D. Kalscheuer, Geschäftsführer der Nestlé-Gruppe Deutschland GmbH
Dr. Walter Kirsten, Mitglied des Vorstandes der Deutschen BP-AG
Dr. Samuel Koechlin, Vorsitzender der Konzernleitung der CIBA-GEIGY AG
Dr. Hellmut Kruse, Vorsitzender des Vorstandes der Beiersdorf AG
Karl Heinz Krutzki, Vorsitzender des Vorstandes der Wella AG
Dipl.-Kfm. Günter Nawrath, Vorsitzender des Vorstandes des Otto Versand
Robert W. Philipp jr., Managing Partner – Practice Support – der Arthur Andersen & Co.
Dipl.-Kfm. Hans-Heinrich Pöhl, Vorstandsmitglied der Bremer Lagerhaus Gesellschaft
George E. Powell jr., Chairman of the Board der Yellow Freight System Inc.
Edward R. Roberts, Executive Vice President der Eli Lilly International Corporation
Dr. Rolf Sammet, Vorsitzender des Vorstandes der Hoechst AG
Prof. Dipl.-Ing. Eberhard Schmidt, Vorsitzender des Vorstandes der Brown, Boveri & Cie. AG
Prof. Dr. Matthias Seefelder, Vorsitzender des Vorstandes der BASF-AG
Dr. Rolf Selowsky, Mitglied des Vorstandes der Klöckner-Humboldt-Deutz AG
Lothar Sparberg, Geschäftsführer der IBM Deutschland GmbH

Gesprächspartner der Unternehmerinterviews in Teil II

[illegible]

Autoren der Firmenprofile in Teil II

Dipl.-Kfm. Max Bruckhaus (Kaufhof AG)
Dr. Ing. Kurt A. Detzer (M.A.N. Maschinenfabrik Augsburg-Nürnberg AG)
Dipl.-Kfm. Franz J. Drenkhard (Hoechst AG)
Dr. Aloys Gälweiler (Brown, Boveri & Cie. AG)
Prof. Dr. Wilhelm Hill (CIBA-GEIGY AG)
Friedrich Janssen (Standard Elektrik Lorenz AG)
Karl-Heinz Knura (Sparkasse Wilhelmshaven)
Dr. H.P. Kolzen (Reemtsma Cigarettenfabriken GmbH)
Dr. Peter Leumann (Mehrdimensionalität und Gebrüder Sulzer AG)
Rolf K. Müller (Bremer Lagerhaus Gesellschaft)
Dipl.-Kfm. Joseph M. Müller-Pleuss (Klöckner-Humboldt-Deutz AG)
Karl W. Nowak (ITT Austria Gesellschaft m.b.H.)
Dipl.-Kfm. Klaus Petit (M.A.N. Maschinenfabrik Augsburg-Nürnberg AG)
Dr. Götz Schmidt (Sparkassenorganisation)
W. Segesser (Swissair – Schweizerische Luftverkehr AG)
Dipl.-Kfm. Klaus Seliger (BASF-Gruppe)
Siegfried Starck (Dresdner Bank AG)
Dr. Rolf Stomberg (Deutsche BP AG)
Dr. Heinz Streicher (SCS – Scientific Control Systems GmbH)
Dipl.-Volksw. Helmut Stubbe (EDEKA-Verband kaufmännischer Genossenschaften e.V.)
Ministerialrat Eberhard Thiel (Deutsche Bundesbahn)
K.H. Troll (Reemtsma Cigarettenfabriken GmbH)
Hauptabteilung „Unternehmensplanung" der Siemens AG
Hans-Ulrich Zeidler (Dresdner Bank AG)

Inhaltsübersicht

Teil I
Formen und Idealmodelle als Gestaltungsalternativen der Organisation

Teil II
Realmodelle als praktische Gestaltungsbeispiele der Organisation

Inhaltsverzeichnis — Teil I

Formen und Idealmodelle als Gestaltungsalternativen der Organisation

Abbildungsverzeichnis – Teil I

1. Einführung

Im Planungsprozeß der Organisation bestehen grundsätzliche Wahlmöglichkeiten zwischen Gestaltungsalternativen. Eine Wahl zwischen diesen erfolgt zielorientiert unter Beachtung des Kontextes der jeweiligen Gestaltungsbedingungen (vgl. Bleicher, K.: =Unternehmungsentwicklung= 53). Organisations*formen* bieten derartige Gestaltungsalternativen für unmittelbare Kooperationseinheiten, die aus einzelnen Basissystemen („Stellen“) bestehen (vgl. die schematische Darstellung der Ebenen der Systembetrachtung in Abb. 1). Sie ordnen sich ein in das Gesamtkonzept mittelbarer Kooperationseinheiten bzw. der Gesamtsystemgestaltung, welches ebenfalls alternativ gestaltet werden kann. Das organisatorische Gesamtkonzept für die Unternehmung bzw. für seine wesentlichen Bereiche wird durch das Organisations*modell* gegeben.

Organisationsformen und Organisationsmodelle bilden damit zwei unterschiedliche Aggregationsebenen organisatorischer Systeme. *Organisationsmodelle* verkörpern das Gesamtmuster der Systemdifferenzierung und Systemintegration für ein Gesamtsystem (*totales* Organisationsmodell) oder für ein mehrstufiges Zwischensystem (*partielles* Organisationsmodell) als *mittelbare* Harmonisationseinheit. *Organisationsformen* zeigen dagegen das Grundmuster der Verteilungs- und Arbeitsbeziehungen in Basissystemen und in einstufigen Zwischensystemen als *unmittelbaren* Harmonisationseinheiten.

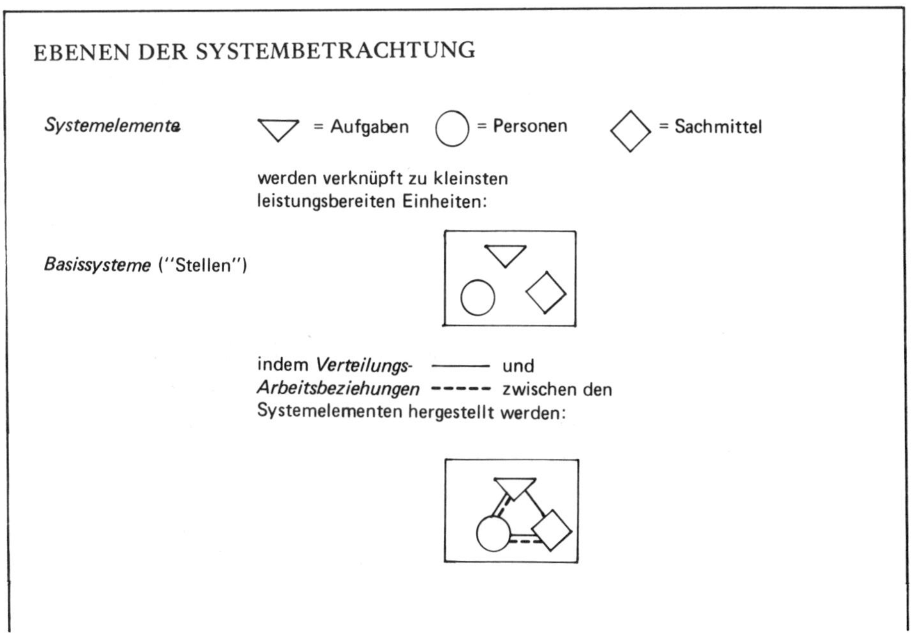

Zwischensysteme

Bei *multipersonaler Arbeitsteilung* werden mehrere Basissysteme gebildet, es entsteht das Problem ihrer *Harmonisation* (Integration und Koordination), das durch eine Verbindung dieser Basissysteme durch Verteilungs- und Arbeitsbeziehungen gelöst wird:

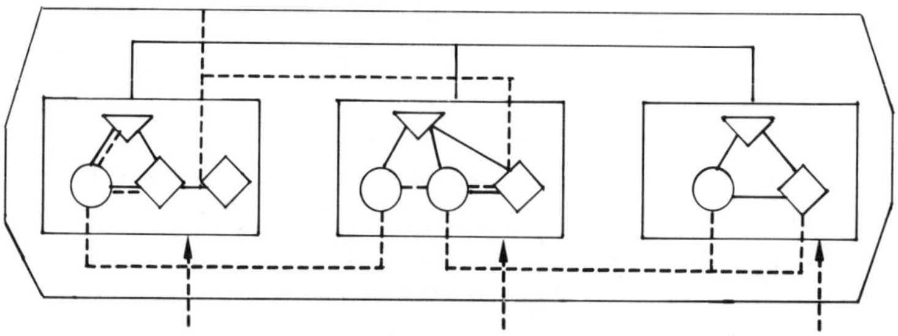

Sind die einzelnen Basissysteme dabei gleichberechtigt (*Arbeitsgruppe*), harmonisieren diese sich in sich über die zwischen ihnen bestehenden Arbeitsbeziehungen. Wird dagegen ein spezielles Basissystem zu ihrer Harmonisation eingerichtet (*„Instanz“*) und jene dieser Leitungsstelle weisungsgebunden untergeordnet, so entsteht eine *Abteilung* als *Zwischensystem 1. Ordnung:*

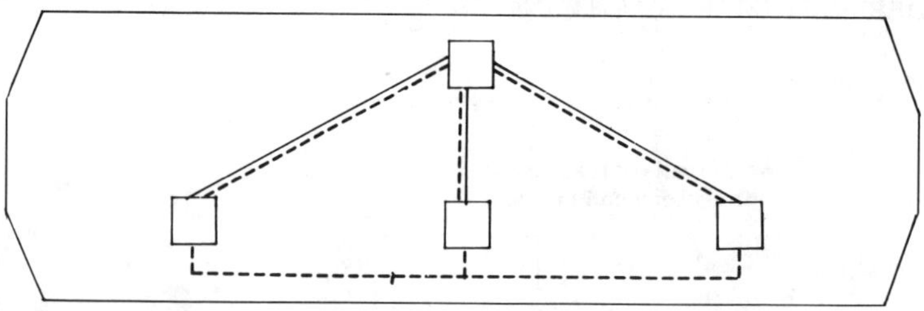

Zwischensysteme, die allein aus Basissystemen gebildet werden, werden auch als *unmittelbare Kooperationseinheiten* bezeichnet, weil sich die Zusammenarbeit der Mitglieder eines derartigen Subsystems unmittelbar „face to face“ entfaltet.

Stehen mehrere unmittelbare Zwischensysteme nebeneinander, entsteht auch zwischen ihnen das Problem ihrer Harmonisation. Erfolgt diese durch Hinzufügen eines weiteren leitenden Basissystems (Instanz), entstehen Abteilungen höherer Ordnung:

Zwischensysteme 2. Ordnung:

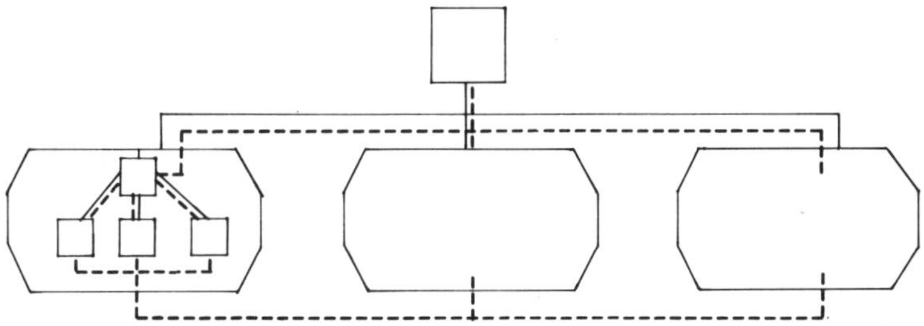

In einem derartigen Subsystem stehen sich nicht mehr alle Systemmitglieder „face to face" gegenüber: zwischen ihnen bestehen teilweise nur noch mittelbare Beziehungen. Sie bilden deshalb *mittelbare Kooperationseinheiten.*

Mehrere derartige Hauptabteilungen müssen bei tiefgestaffelten Systemen selbst wieder harmonisiert werden; es entstehen dann in der Sprache der Praxis Geschäftsbereiche, Unternehmungsbereiche usw. – als Zwischensysteme noch höherer Ordnung – bis letztlich die gesamte Unternehmung durch Hinzufügen der obersten Instanz (Unternehmungsleitung) harmonisiert wird. Damit entsteht das *Gesamtsystem:*

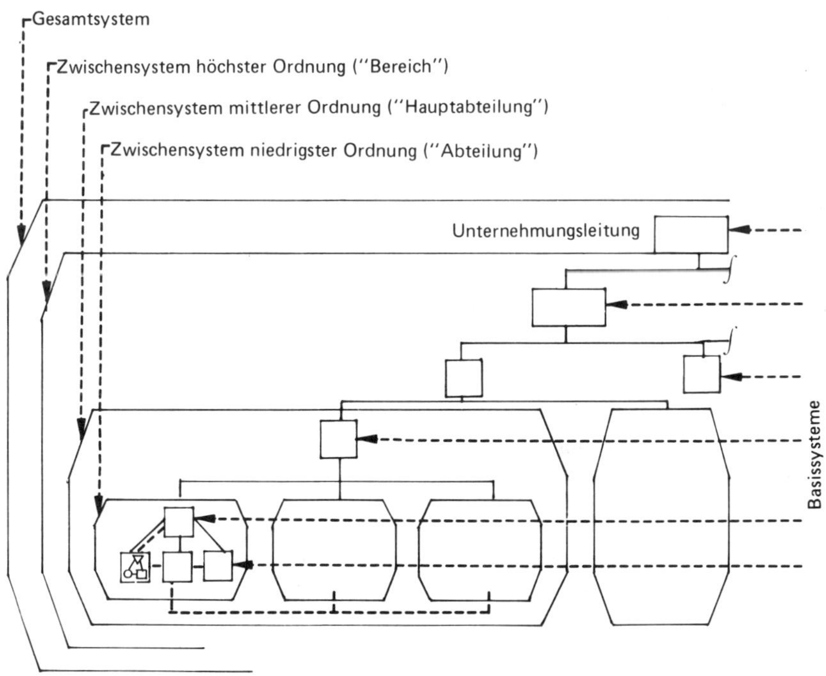

Eine Betrachtung der Strukturierungsalternativen, die sich bei diesen Systemen unterschiedlicher Extension anbieten, kann an zwei unterschiedlichen Punkten ansetzen:

- Es werden alle Subsysteme, die *unmittelbar* („face to face") *zusammenarbeiten,* in ihrer unterschiedlichen Strukturierung betrachtet, ganz gleich, ob es sich dabei um einen Meister mit seinen Arbeitern auf der unteren Systemebene, ein Team zur Bewältigung einer Projektaufgabe auf mittlerer Ebene oder den Vorstand einer Aktiengesellschaft auf oberster Ebene handelt: Wie werden die Aufgaben auf Personen in einer derartigen Einheit verteilt und Sachmittel zugeordnet, und wie erfolgt die unmittelbare Zusammenarbeit zwischen diesen Elementen bei der Erfüllung von Aufgaben? *Die organisatorischen Gestaltungsalternativen dieser unmittelbaren Zusammenarbeit bilden*

ORGANISATIONSFORMEN.

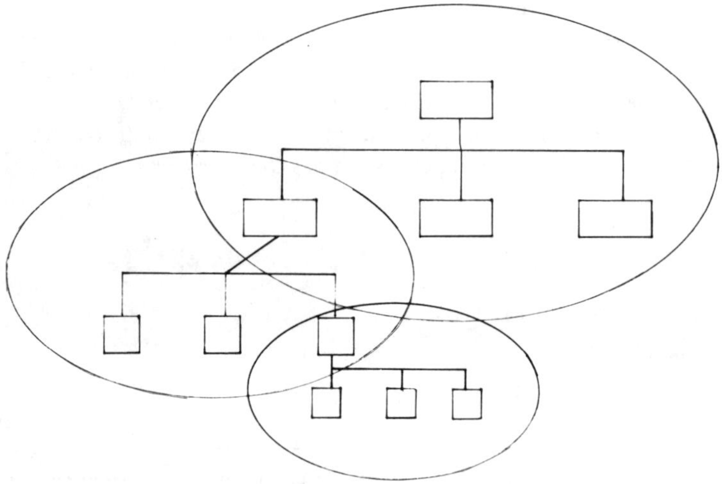

- Es werden das Gesamtsystem oder Zwischensysteme betrachtet, die organisatorisch eine Regelung *mittelbarer Zusammenarbeit* darstellen. *Die organisatorischen Gestaltungsalternativen dieser mittelbaren Zusammenarbeit bilden*

  ORGANISATIONSMODELLE

  entweder des *Gesamtsystems* = *totales Organisationsmodell*
  oder von *Zwischensystemen* = *partielle Organisationsmodelle*

  (auf der untersten Zwischensystemebene würde die Betrachtung von Partialmodellen mit der von Organisationsformen identisch werden. Dieser Fall soll dann in der Betrachtung der Organisationsformen erfaßt werden.)

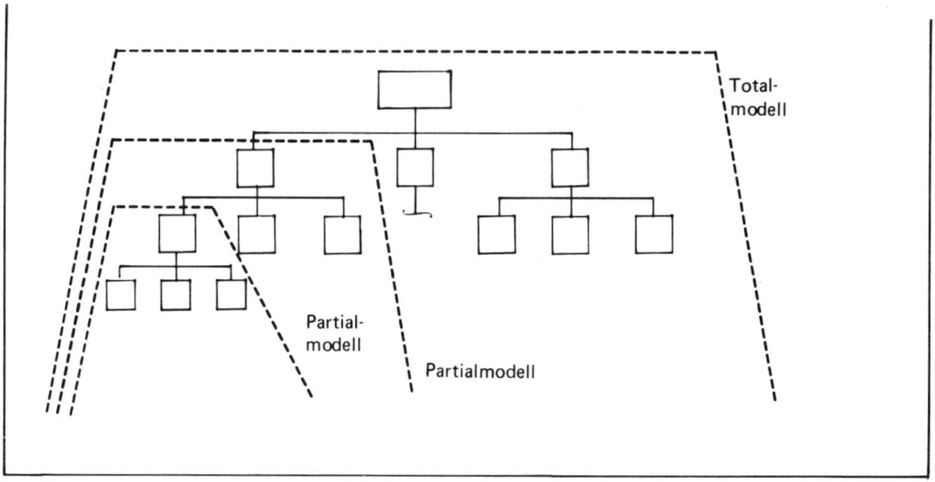

Abb. 1: Ebenen der Systembetrachtung

2. Der Kontextbezug der Wahl unter Organisationsformen und Organisationsmodellen

Die Betrachtung der Unternehmung als *offenes, autonomes, dynamisches, ökonomisches* und *sozio-technisches System* (vgl. Bleicher =Unternehmungsentwicklung= 8) lenkt die Aufmerksamkeit auf die vielfältigen Beziehungen zwischen Unternehmung und Umwelt. Aus dieser Sicht ist der besondere organisatorische Gestaltungsraum, der sich in der Auswahl spezifischer Organisationsformen und -modelle dokumentiert, sowohl von der Umwelt der Unternehmung (extrasystemische Umwelt) als auch von der Unternehmung selbst (intrasystemische Umwelt) abhängig. Die Variablen dieser Umwelt beeinflussen die organisatorische Gestaltung, sie stellen sog. *Kontextvariablen* dar und bilden in ihrer Gesamtheit den *Kontext* des betrachteten Organisationssystems: Eine derartige kontexttheoretische Betrachtung der Organisation betont das dynamische Problem der Anpassung der Unternehmung an ihre ungewisse Umwelt und damit zugleich die Anpassung der Organisation an sich verändernde extra- und intrasystemische Gegebenheiten. Abb. 2 zeigt beispielhaft wesentliche Kontextfaktoren der relevanten Umwelt (vgl. dazu Kubicek/Thom =Umsystem= 39 ff.), denen sich die Unternehmung gegenübersieht. Ökonomische, sozio-kulturelle, technologische und überlagernde politisch-gesetzliche Einflüsse (zur Einteilung Farmer/Richman =Management= 28 ff.) und deren Veränderungsintensität im Zeitablauf spiegeln in ihrer Gesamtheit Komplexität und Dynamik der Unternehmungsumwelt wider.

ökonomisches Umsystem	sozio-kulturelles Umsystem	technologisches Umsystem	politisch-gesetzliches Umsystem
Wirtschafts-ordnung Strukturelle Faktoren einer Volkswirtschaft –Arbeit –Kapital Konjunkturelle Bedingungen Marktanalyse –Wettbewerbszusammenhang –Beschaffungsmarkt –Absatzmarkt	Mobilitätsgrad der Bevölkerung Ausbildungs-system Wertvorstellungen Einstellungen Ausbildungsstand	Entwicklungsstand der – Produkt-Technologie – Verfahrens-Technologie – Informations-Technologie – Problemlösungs-Technologie	– Gesetzgebung – Öffentliches Recht Sozialrecht Gewerberecht Steuerrecht Strafrecht Kartellrecht – Privatrecht Arbeitsrecht Bürgerliches Recht Handelsrecht Gesellschaftsrecht Wettbewerbsrecht

Abb. 2: Ausgewählte Kontextfaktoren des Umsystems der Unternehmung

Kontextfaktoren stecken den Rahmen der strategischen Handlungsfähigkeit des Systems Unternehmung ab. Sie eröffnen Chancen und Risiken, deren Umsetzung vom unternehmungsinternen Problemlösungspotential (Ressourcen) abhängt. Mit welchen Innenstrategien diese Umweltbezogenheit der Unternehmung verarbeitet wird, bestimmt sich durch das unternehmungspolitische System. Diese *instrumentale* Organisationsbetrachtung („Die Unternehmung hat eine Organisation"; vgl. u. a. Bleicher/Meyer =Führung= 87 ff.) stellt das Organisationssystem in einen *mittelbaren* Kontext der verschiedenen Umwelten der Unternehmung und in einen *unmittelbaren* Kontext, der durch die Umsetzung der Umweltprobleme in der Unternehmungspolitik durch das Management bestimmt wird. Die Organisation ist in der Wahl zwischen ihren darzustellenden Formen- und Modell-Alternativen *mittelbar* abhängig von den ökonomischen, sozio-kulturellen, technologischen und politisch-gesetzlichen Bedingungen und *unmittelbar* von dem unternehmungspolitischen Wollen des Managementsystems, das sich in Führungsentscheidungen ausdrückt (vgl. Abb. 3).

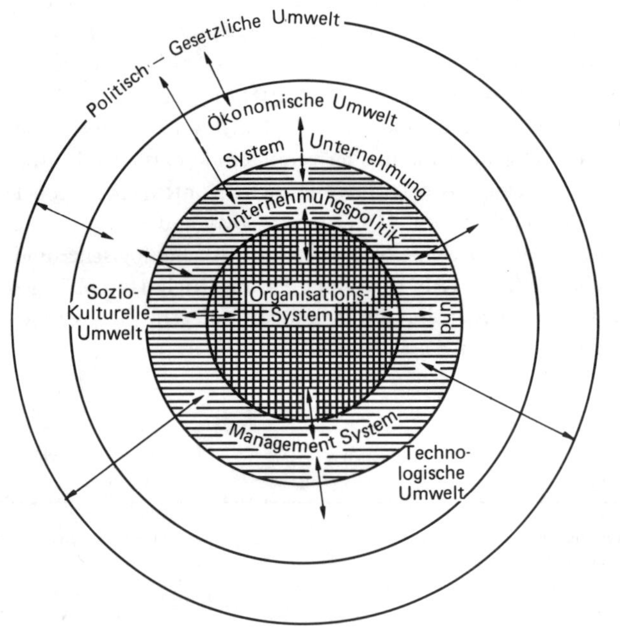

Abb. 3: Die funktionelle Eingliederung des Organisationssystems in das System Unternehmung und seine Umwelt

Bei der Betrachtung des inneren, organisatorischen Beziehungsnetzes kann grundsätzlich zwischen funktionalen und institutionalen Gesichtspunkten unterschieden werden (vgl. Bleicher/Meyer =Führung= 92, 94 f.; Hoffmann =Organisationsforschung= 213 ff.)

Funktionale und institutionale Systemdifferenzierung bedingen einander: während *institutionale* Subsysteme im Rahmen der Zuordnung von Zielen und Aufgaben, Personen und Sachmitteln konkrete Aktionseinheiten darstellen, werden *funktionale* Subsysteme nach Kriterien gebildet, welche bestimmte Sachverhalte aus diesem sachlogischen Aktionszusammenhang ausgliedern und isolieren. Dominiert zwar bei der Untersuchung des Zusammenhanges zwischen organisatorischem Kontext und Organisationssystem die funktionale Betrachtungsweise, so folgt die Darstellung einschlägiger Organisationsstrukturen in diesem Beitrag der institutionalen Betrachtung.

Den Kontextfaktoren wird bei der Darstellung der Anwendungsmöglichkeiten einzelner Organisationsformen und Organisationsmodelle im Rahmen einer Diskussion von Unterstellungen und Modifikationen in mehr statischer Betrachtung nachgegangen. Im 6. Kapitel wird das Verhältnis von unternehmungspolitischen Strategien zu Modellen und Formen der Organisation als Teil der Unternehmungsentwicklung schließlich dynamisch betrachtet.

Literaturhinweise zu Abschnitt 2.

Bleicher, Knut: =Unternehmungsentwicklung=
Unternehmungsentwicklung und organisatorische Gestaltung. Stuttgart – New York 1979.

Bleicher, Knut und Erik Meyer: =Führung=
Führung in der Unternehmung. Formen und Modelle. Reinbek bei Hamburg 1976.

Dill, William R.: Environment as an Influence on Managerial Autonomy. In: Administrative Science Quarterly (2) 1958, S. 409–443.

Duncan, Robert B.: Characteristics of Organizational Environments and Perceived Environmental Uncertainty. In: Administrative Science Quarterly (17) 1972, S. 313–327.

Emery F. und E. Trist: The Causal Texture of Organizational Environments. In: Human Relations (18) 1965, February S. 21–32. Wieder abgedruckt in: Readings in Organizational Theory: Open-System Approaches. Hrsg. John G. Maurer. New York 1971, S. 46–57.

Farmer, Richard N. und Barry M. Richman: =Management=
Comparative Management and Economic Progress. 2. Aufl. Bloomington, Indiana 1970.

Galbraith, Jay: Environmental and Technological Determinants of Organizational Designs. In: Studies in Organization Design. Hrsg. von Jay W. Lorsch und Paul R. Lawrence. Homewood, Illinois 1970, S. 113–139.

Hoffmann, Friedrich: =Organisationsforschung=
Entwicklung der Organisationsforschung. 2., überarbeitete und erweiterte Auflage, Wiesbaden 1976.

Khandwalla, Pradip N.: Environment and its impact on the Organization. In: International Studies of Management and Organizations (2) 1972, S. 297–313.

Kieser, Alfred: Der Einfluß der Umwelt auf die Organisationsstruktur der Unternehmung. In: Zeitschrift für Organisation (43) 1974, S. 302–314.

Krüger, Wilfried: Umweltwandel und Unternehmungsverhalten. In: Zeitschrift für Organisation (43) 1974, S. 62–70.

Kubicek, Herbert und Norbert Thom: =Umsystem=
Umsystem, betriebliches. In: Handwörterbuch der Betriebswirtschaft. 4. völlig neu gestaltete Auflage. Hrsg. von Erwin Grochla und Waldemar Wittmann. Band 3. Stuttgart 1976, Sp. 3977–4017.

Lawrence, Paul R. und Jay W. Lorsch: Organization and Environment – Managing Differentiation and Integration. Boston 1967.

Lawrence, Paul R. und Jay W. Lorsch: Environmental Factors and Organizational Integration. In: Organization Planning: Cases and Concepts. Hrsg. von Jay W. Lorsch und Paul R. Lawrence. Homewood, Ill. 1972, S. 38–48.

Negandhi, A. R. und B. C. Reimann: Task Environment, Decentralisation and Organizational Effectiveness. In: Human Relations (26) 1973, S. 208–214.

Osborn, Richard N.: The Search for Environmental Complexity. In: Human Relations (29) 1976, S. 179–191.

3. Organisationsformen

3.1 Organisationsformen als Gestaltungsalternativen unmittelbarer Kooperationseinheiten

Organisationsformen stellen Gestaltungsalternativen der Organisation für eine direkte, unmittelbare Zusammenarbeit von Mitgliedern und Teilnehmern eines Systems dar. Ihre Verteilungs- und Arbeitsbeziehungen werden einstufig geregelt. Organisationsformen lassen sich auf allen Ebenen des Systems betrachten. Die allgemeinen Kriterien der Bildung und Unterscheidung von Organisationsformen sollen deshalb zuerst vorgestellt werden, bevor auf einzelne Formen näher eingegangen wird.

3.11 Bildung und Unterscheidung von unmittelbaren Kooperationseinheiten

Organisationsformen können grundsätzlich im Hinblick auf ihre Kriterien der Harmonisation als auch im Hinblick auf jeweils dominante Elemente gebildet und damit unterschieden werden.

3.111 Elementbezogene Bildung unmittelbarer Kooperationseinheiten

Bei der Bildung von unmittelbaren Kooperationseinheiten kann an den *Aufgaben* (Organisation „ad rem"), an den *humanen* (Organisation „ad personam") oder an den *technischen* (Organisation „ad instrumentum") *Elementen* angeknüpft werden.

3.111.1 Die Bildung von Kooperationseinheiten um Aufgaben

Aufgaben enthalten sowohl eine *Verrichtungs-* als auch eine *Objektkomponente* („was, woran"). An beiden Komponenten kann die Bildung von Kooperationseinheiten ansetzen. Die folgenden Ausführungen legen dabei eine grobe Aufteilung in gut und schlecht strukturierbare Aufgaben zugrunde: Gut strukturierbare Aufgaben liegen dann vor, wenn über einen längeren Zeitraum der Organisationsplanung gegebene Verrichtungen an gegebenen Objekten zu organisieren sind; bei schlecht strukturierbaren Aufgaben verändern sich die Verrichtungen, Objekte und ihre Beziehungen zueinander in kaum oder nicht vorhersehbarer Weise während der Planperiode der Organisation.

(1) Gestaltung von Kooperationseinheiten bei guter Strukturierungsmöglichkeit der Aufgaben.

Einige Gestaltungsbeispiele für den Fall überschaubarer Arbeitsabläufe, die sich relativ gut strukturieren lassen, sollen den Zusammenhang zwischen Objekt- und Verrichtungskomponente belegen.

(a) Die Objekte sind sehr stark differenziert, stellen außerordentlich unterschiedliche Anforderungen an Personen und Sachmittel, weisen jedoch gleiche Verrichtungen bei ihrer Bearbeitung auf. Hier dürfte die grundsätzliche Gestaltungsempfehlung dann, wenn die personale Qualifikation dies zuläßt, in Richtung auf eine Zentralisation der Objekte bei einer Dezentralisation der Verrichtungen liegen:

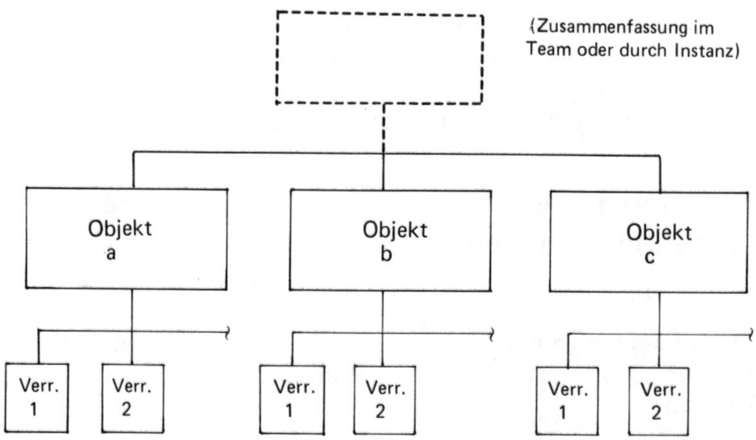

Abb. 4a: Zentralisation der Objekte bei Dezentralisation der Verrichtungen

(b) Die Verrichtungen sind sehr stark differenziert, stellen außerordentlich unterschiedliche Anforderungen an Personen und Sachmittel, weisen jedoch relativ gleichartige Objekte ihrer Bearbeitung auf (vgl. Abb. 4b, S. 33).

Die Grundregel kann also lauten, daß die Wahl einer Objekt- oder einer Verrichtungszentralisation von der relativen Differenziertheit der Objekte im Verhältnis zu den Verrichtungen abhängig ist, ausgedrückt im Anforderungsgrad an die humanen und technischen Elemente (vgl. Acker =Stellengliederung= 84 f.).

(c) Dieser Zusammenhang ist ebenfalls durch die Ausprägung von Verrichtungen und Objekten in den Dimensionen

- innovative/repetitive Verrichtungen
- Binnenobjekte/Außenobjekte (z. B. Kunden)

konkretisierbar. So deuten die empirischen Untersuchungen von Burns/Stalker (=Innovation= 96 ff.) auf die grundsätzlich anderen Strukturbedingungen in sog. organischen (die Innovation betonenden) und mechanischen (die Repetition betonenden) Organi-

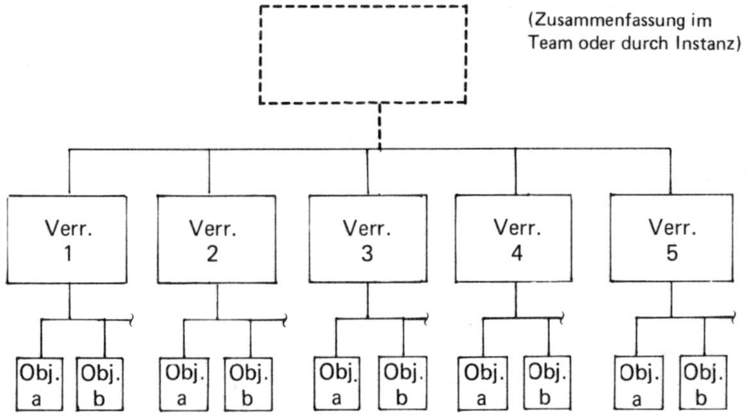

Abb. 4b: Zentralisation der Verrichtungen bei Dezentralisation der Objekte

sationssystemen hin. Daraus folgt eine Tendenz zur Trennung beider Aufgaben. Hermut Kormann (=Planung= 188) weist darauf hin unter der Bezeichnung „Trennung von kreativen, hochqualifizierten . . . Tätigkeiten" bzw. „Trennung von innovativen, auf Veränderung gerichteten Aufgaben von den auf Beharrung, Ordnungsmäßigkeit und Sicherung ausgerichteten Aufgaben". Dies drückt sich in einer Qualifizierung der Verrichtungszentralisation aus:

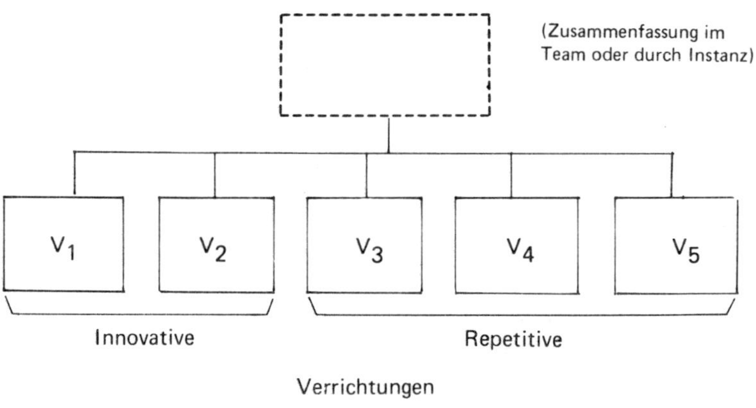

Abb. 4c: Differenzierung der Verrichtungszentralisation

Die unterschiedliche Ausrichtung der Fähigkeiten V_1, V_2 einerseits und $V_3 - V_5$ andererseits sowie die damit verbundene Orientierung der humanen Elemente bzw. die Spezifikation der Sachmittel läßt allerdings die Gestaltung der Arbeitsbeziehungen zwischen beiden Gruppen zu einem besonderen Problem werden. Denkbare Lösungen der Arbeitsbeziehungen sind z. B.:

– *Hierarchische* Durchdringung durch die Leitung mit starker Belastung der Instanz auch im Detail.
– Einsatz von *Querschnittsstellen* zur Querkoordination einzelner Objekte.

In allen Fällen besteht die Gefahr des Einseitigwerdens der humanen Potentiale sowohl in der innovativen als auch in der repetitiven Verrichtungsgruppe und des Zusammenbruchs der Arbeitsbeziehungen.

– Verfahren des *Rotating*

können hier in Grenzen Abhilfe schaffen. Sie bieten zugleich eine Gewähr dafür, daß sich Einseitigkeiten in der Arbeitsorientierung abbauen als auch, daß über wechselnde (An)forderungen ein Beitrag zur horizontalen Personalentwicklung und Motivation geleistet wird.

Ähnliches kann zur Qualifizierung der Objektzentralisation im Hinblick auf den Unterschied von Binnen- und Außenobjekten ausgeführt werden, die ebenfalls eine unterschiedliche Orientierung vor allem der humanen Potentiale mit sich bringen können. Eine denkbare Differenzierung, die daraus folgt, könnte folgendes Bild ergeben:

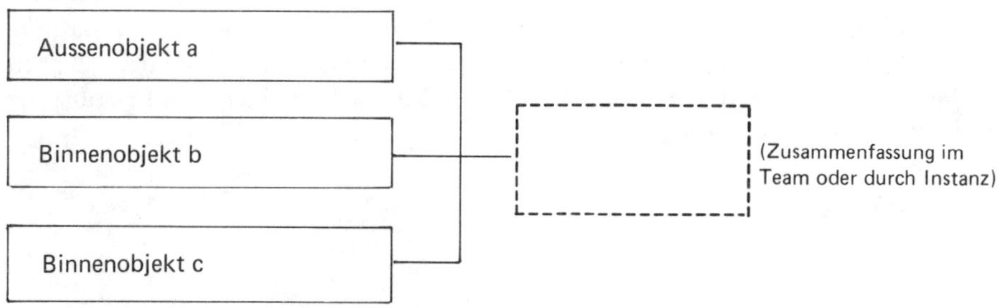

Abb. 4d: Differenzierung der Objektzentralisation

Auch hier kann die Ausgestaltung der Arbeitsbeziehungen zwischen beiden Objektgruppen zum Problem werden. Denkbare Lösungen sind:

– Hierarchische Durchdringung (= eindimensionale Durchdringung) durch die Leitung mit starker Belastung der Instanz auch im Detail.
– Einsatz von Querschnittsreglern zur Querkoordination einzelner Verrichtungen.
– Rotation der Mitarbeiter zwischen der Bearbeitung von Binnen- und Außenobjekten.

(2) Gestaltung von Kooperationseinheiten bei schlechter Strukturierungsmöglichkeit der Aufgaben.

In vielen praktischen Organisationssituationen sind die Abläufe keineswegs so überschaubar und organisierbar, wie dies bislang unterstellt wurde. Hier kann es zweckmäßig sein, humane und technische Ressourcen, die jeweils wechselseitig einsetzbar sind, derart in einer Kooperationseinheit zusammenzufassen, daß diese in weitgehend modularer Form unterschiedlichste Aufgaben mit wechselndem Leistungsbild erfüllen.

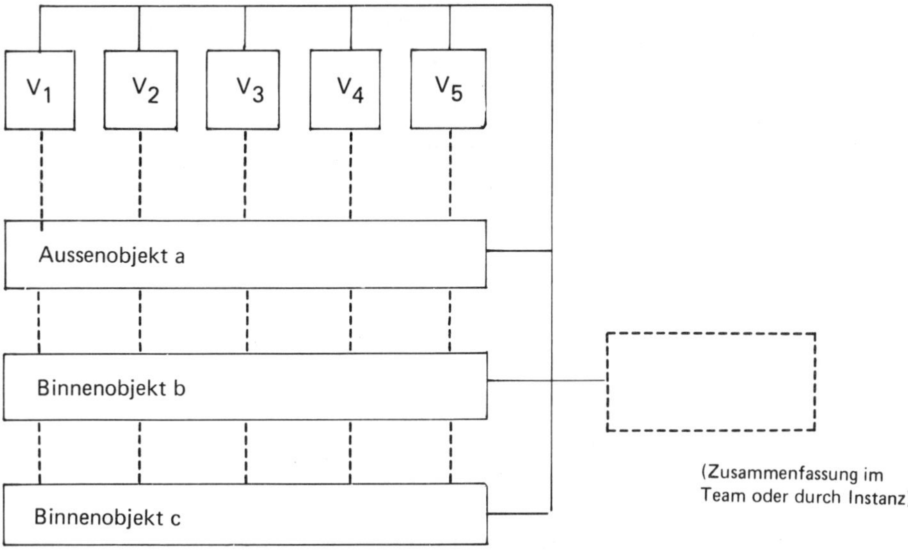

Abb. 4e: Querkoordination von Verrichtungen bei differenzierter Objektzentralisation

Hermut Kormann (= Planung= 183) weist auf diese Gestaltungsmöglichkeit und ihre Kostenwirtschaftlichkeit hin, macht aber darauf aufmerksam: „Ob das Kriterium der wechselseitigen Einsatzfähigkeit erfüllt ist, ist eine Faktenfrage des Anforderungsprofils der jeweiligen Aufgabe und des durchschnittlichen Eignungsprofils der Mitarbeiter."

Eine derartige Gestaltungsmöglichkeit stellt zur Lösung von Problemen in einer Kooperationseinheit humane und technische Ressourcen zur Verfügung, die zur Lösung von häufig zeitlich begrenzten Aufgaben zusammengefügt werden müssen, um nach der Erledigung dieser Aufgabe wieder zu neuen Gruppen zusammengefügt zu werden. Die Gestaltung der Verteilungsbeziehungen, die die Gestaltung der im Einzelfall geregelten Arbeitsbeziehungen überdauert, folgt dann einem „Ressourcen–Zusammenhang" (Kormann =Planung= 183), der sich in der besonderen Sachkenntnis über Verrichtungen und/oder Objekte ausdrücken kann. Für den Fall, daß Ressourcen, die sowohl auf Verrichtungen als auch auf Objekte spezialisiert in einer unmittelbaren Kooperationseinheit vorhanden sind, ergibt sich folgendes Bild (vgl. Abb. 4f, S. 36).

Weitere ‚Maximen' für die praxisorientierte Gestaltung von Kooperationseinheiten finden sich ebenfalls bei Hermut Kormann (= Planung= 184 f.):

– *Schaffung eindeutiger Nahtstellen der Verantwortung.*

  Die Bildung von Kooperationseinheiten soll so erfolgen, daß sich präzise Abgrenzungen zwischen den Verantwortlichkeiten verschiedener Stellen ergeben. Liegen beispielsweise geschlossene Aufgabengebiete vor, ohne daß eine selbständige Abteilung zu ihrer Erfüllung gerechtfertigt erscheint, empfiehlt sich die Eingliederung dieses Aufgabengebietes in die output-aufnehmende Kooperationseinheit.

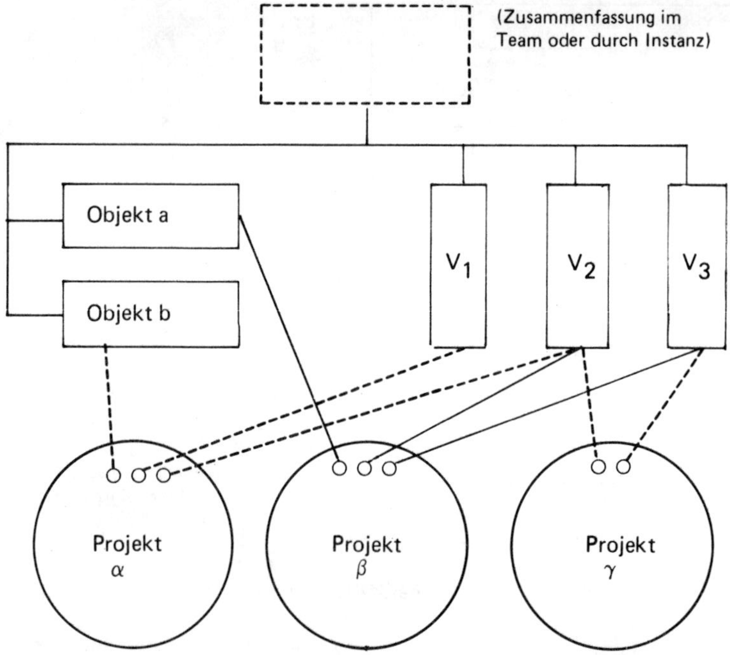

Abb. 4f: Harmonisation von Verrichtungen und Objekten bei schlechten Strukturierungsmöglichkeiten

– *Trennung zur Wahrnehmung der Gegenkontrolle.*

Die Trennung an sich gleichartiger bzw. zusammenhängender Aufgabengebiete kann geboten sein, wenn aus Kontrollnotwendigkeiten (z. B. bei Verfügung über Vermögensgüter) oder divergenten Interessenorientierungen (z. B. Entscheidungen über interne Forschungs- und Entwicklungsaktivitäten aus der Sicht von Produktions- bzw. Absatzbereich) eine Verrichtungs- oder Objektzentralisation von Aufgaben in reiner Form ausscheidet.

3.111.2 Die Bildung von Kooperationseinheiten um Personen und Sachmittel

Eine Bildung und Gliederung von Organisationseinheiten folgt nicht immer der Logik der Aufgabengliederung, sondern kann sich auch über eine Orientierung an Besonderheiten der Personen (Organisation „ad personam") und der Sachmittel (Organisation „ad instrumentum") vollziehen.

Sofern sich die Bildung von unmittelbaren Kooperationseinheiten an den Besonderheiten des Personals (Organisation „ad personam") orientiert, wird die Vorstellung einer Normalpersönlichkeit, wie sie für die Organisation „ad rem" gilt, fallengelassen. Das Eingehen auf Spezifika einzelner humaner Elemente schafft Möglichkeiten, deren

Eignungspotential über bestimmte sach-logische Aufgabengrenzen hinweg voll zu entfalten und damit u. U. auch einen Beitrag zur Selbstverwirklichung bzw. Humanisierung zu leisten.

Eine personenorientierte Bildung von Kooperationseinheiten findet sich häufig in Klein- und Mittelunternehmungen. Dort führt der relativ beschränkte quantitative Anfall bestimmter Aufgaben zur Zusammenfassung qualitativ unterschiedlicher Aufgabenfelder bei einem Mitarbeiter, um unter Berücksichtigung seiner Fähigkeiten dessen Arbeitskapazität auszulasten. Die personenorientierte Bildung von Kooperationseinheiten wird auch häufig auf den obersten Führungspositionen der Unternehmung angewendet. Die Aufgabenstruktur des jeweiligen Basissystems wird dabei auf das besondere Qualifikationsprofil des (zukünftigen) Stelleninhabers zugeschnitten. Schließlich kann nach Baumberger (=Organisationsstruktur= 42) eine wesentliche allgemeine Ursache für die personenorientierte Bildung darin gesehen werden, „daß die Unternehmungen in der Regel den gegebenen Mitarbeiterstab nur langfristig verändern können. Unter diesen Verhältnissen muß vielfach die Aufgabenverteilung an die Individualität des schon vorhandenen oder möglicherweise verfügbaren Aufgabenträgers angepaßt werden".

Entsprechende Überlegungen gelten für die Bildung von Kooperationseinheiten, die sich an den Besonderheiten des Sachmittels (Organisation „ad instrumentum") orientiert. Das (häufig unumgängliche) Eingehen auf Spezifika einzelner Sachmittel schafft die Voraussetzungen, um deren arbeitstechnische und ökonomische Möglichkeiten voll nutzen zu können.

3.112 Harmonisationsbezogene Unterscheidung unmittelbarer Kooperationseinheiten

Unmittelbare Kooperationseinheiten bzw. Organisationsformen können im Hinblick auf drei verschiedene Kriterien der Harmonisation unterschieden werden:

1. Nach der *Harmonisationsfunktion im Gesamtsystem:*
   Je nachdem, ob die jeweilige Organisationseinheit der Erfüllung sektoralzielbezogener Aufgabenkomplexe oder der Erfüllung sektoralzielübergreifender Harmonisationsaufgaben dient, kann zwischen

   - *segmentierenden* und
   - *traversierenden* Organisationsformen unterschieden werden (Bleicher/Meyer =Führung= 101).

2. Nach dem *Harmonisationsprinzip im Subsystem:*
   Das Subsystem selbst kann hierarchisch oder systemorientiert gestaltet, d. h. durch die Einfügung einer Instanz als vorgesetzter Stelle oder teamhaft strukturiert werden. Danach lassen sich

   - *Abteilungen* als hierarchische und
   - *Gruppen* als systemorientierte

   Organisationsformen unterscheiden.

3. Nach der *Harmonisationsdauer im Subsystem:*
Subsysteme können

– *auf Dauer* oder
– *auf Zeit* (befristet)

eingerichtet werden, je nach der überschaubaren Länge des Lebenszyklus ihrer Aufgaben.

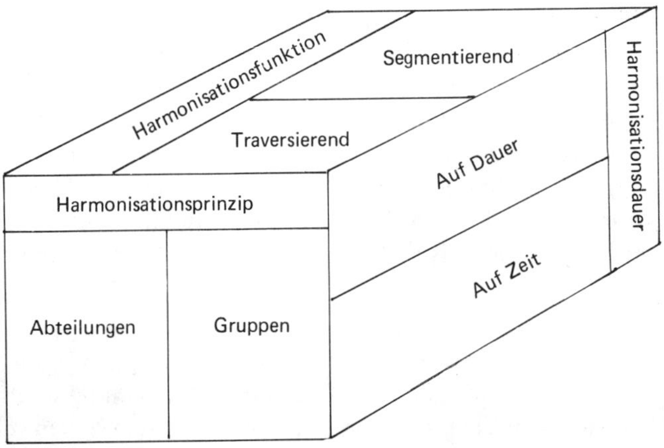

Abb. 5: Organisationsformen als Ergebnis unterschiedlicher Harmonisationsfunktionen, -prinzipien und -dauer

Aus dem Würfel der Abb. 5 lassen sich folgende wesentliche Organisationsformen ableiten:

I. Organisationsformen *auf Dauer*

1. *Segmentierende* Organisationsformen
   a) (Linien)Abteilungen als *hierarchische* Organisationsform
   b) Stellenmehrheiten oder (autonome) *Arbeitsgruppen* als *systemorientierte* Organisationsform

2. *Traversierende* Organisationsformen
   a) *Zentralabteilungen* als *hierarchische* Organisationsform
   b) *Dauerkollegien* als *systemorientierte* Organisationsform

II. Organisationsformen *auf Zeit**)

1. *Projektgruppen*
   a) mit *segmentierenden* Aufgaben
   b) mit *traversierenden* Aufgaben

2. *Projektkollegien* mit *traversierenden* Aufgaben

*) Der Fall der hierarchischen Organisationsformen auf Zeit scheint derzeit praktisch nicht belegt zu sein: Dauerorganisation und hierarchisches Harmonisationsprinzip scheinen in der Praxis eine unlösliche „Ehe" eingegangen zu sein.

3.12 Organisationsformen auf Dauer

Im Rahmen der Organisationseinheiten, die auf Dauer geschaffen werden, ist zwischen *segmentierenden* (Abteilungen und Arbeitsgruppen) und *traversierenden Organisationsformen* zu unterscheiden.

3.121 Segmentierende Organisationsformen

Werden mehrere personale Elemente oder mehrere Basissysteme mittels Verteilungsbeziehungen derart zugeordnet, daß zwischen ihnen direkte Arbeitsbeziehungen zur hauptfunktionellen Erfüllung von *sektoralzielbezogenen* Aufgaben entstehen, ergeben sich *segmentierende* Organisationsformen (Bleicher/Meyer =Führung= 100 f.). Wie in Abschnitt 3.111.1 bereits allgemein ausgeführt, kann die Bildung von segmentierenden Organisationsformen nach dem Verrichtungs-, dem Objektprinzip und nach in der Praxis vielfältig nachweisbaren Mischformen erfolgen (vgl. auch Acker =Stellengliederung= 65 f.). Unter Einbeziehung dieser Mischformen bleibt als generelles Kennzeichen von segmentierenden Formen die *hauptfunktionelle* Aufgabenerfüllung, die tendenziell *dauerhaften* Charakter aufweist. Die beiden Grundformen segmentierender Organisationsgestaltung, aus denen sich vielfältige Einzelformen in der Praxis ableiten lassen, sind *Abteilungen* als *hierarchische* und *Arbeitsgruppen* als *systemorientierte* Formen der Gestaltung von Organisationseinheiten. Beide lassen sich faktisch erst anhand ihrer Ausgestaltung im Einzelfall näher beschreiben.

3.121.1 Abteilungen als hierarchische Organisationsform

Werden segmentierend mehrere Basissysteme derart untereinander verbunden, daß sie einer Instanz, die sie leitend harmonisiert, unterstellt werden, ergibt sich eine *Abteilung als Organisationsform auf Dauer* (vgl. Bleicher =Abteilungsgliederung= 45).

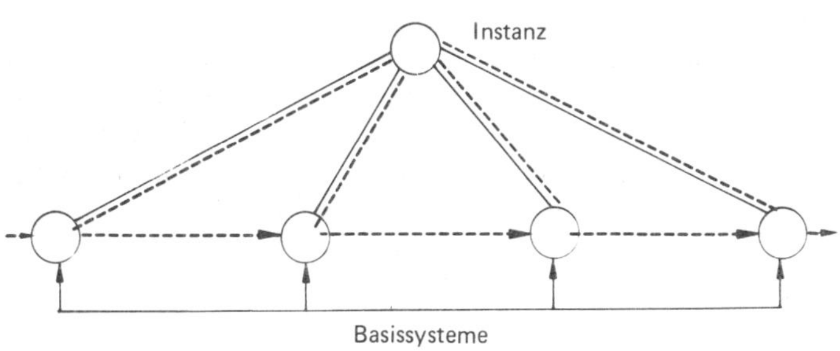

Abb. 6: Abteilung

Als in der Praxis wichtigste Organisationsform wird die Abteilung zum Zentrum der Willensbildung und Aufgabenerfüllung, das durch kombinative oder delegative Modelle konstituiert wird. *Kombinationsmodelle* der Abteilungsbildung gehen davon aus, daß aufgrund der Kriterien, die zur Bildung von Basissystemen geführt haben, im Zuge einer zunehmenden Verdichtung Zwischensysteme eingerichtet werden, die ihrerseits zu Zwischensystemen höherer Ordnung zusammengefügt werden. Die Zusammenfassung von Basissystemen (Stellen) mit ausschließlich Ausführungsaufgaben durch eine Instanz führt dann zu *primären* Abteilungen. Diese primären Abteilungen können wiederum je nach Unternehmungsgröße und Aufgabenvielfalt zu *sekundären* Abteilungen (*Hauptabteilungen* bzw. Bereiche) vereinigt werden. Aus dieser Sicht ist die Abteilungsbildung dann beendet, wenn über die oberste Leitungsinstanz die gesamte Unternehmung organisatorisch gestaltet ist.

Die Abteilungsbildung läßt sich aber auch als Vorgang in umgekehrter Richtung auffassen: An die Stelle des „bottom-up-Ansatzes" tritt eine „top-down-Betrachtung" der Unternehmung unter Spezialisierungsaspekten. Dieses *Delegationsmodell* der Abteilungsgliederung geht von einem (zunächst) unstrukturierten Aufgabengesamt aus, das bei zunehmender Unternehmungsgröße durch Delegationen der obersten Instanz eine Konkretisierung und Differenzierung erfährt und somit über Organisationsformen (Abteilungen) hin zu Basissystemen (Stellen) gelangt.

Die Bildung von Abteilungen soll allgemein zu in sich geschlossenen, leistungsfähigen Gebilden führen. Grundsätzlich bieten sich hier – wie bereits in allgemeiner Form gezeigt wurde – die Elemente Aufgaben, Personen und Sachmittel als Gestaltungskriterien an. Allerdings ist im Gegensatz zu anderen Organisationsformen mit möglicher personaler Ausrichtung (z. B. Kollegium) bei der Abteilungsbildung in allererster Linie die Aufgabenorientierung relevant, die aus dem segmentierenden Charakter dieser Organisationsform und ihrer Eingliederung in das gesamte Aufgabengefüge erklärbar wird. Nach dem Prinzip der Transparenz organisatorischer Regelungen sollen sich Aufgaben einer Abteilung von den Aufgaben anderer Abteilungen deutlich abgrenzen lassen. Diese Abgrenzung kann an Verrichtungs- oder Objektaspekten der in Frage kommenden Aufgaben ansetzen, die durch Aspekte räumlicher Unterscheidungen von Verrichtungen an Objekten ergänzt werden kann.

Sind gleichartige Verrichtungsaufgaben vorhanden, liegt es nahe, diese in einer Abteilung zu zentralisieren. Die Abteilung ist dann *tätigkeitsspezialisiert.* Ist dagegen eine Abteilungsbildung durch Verrichtungszentralisation nicht möglich (beispielsweise bei ungenügend gleichartigen Verrichtungen) bzw. nicht erwünscht (beispielsweise wegen daraus folgender Verkehrs- und Informationsprobleme), so können ungleiche Verrichtungen an gleichen Objekten bzw. Objektgruppen zur Abteilungsbildung herangezogen werden. Die Abteilung ist dann *objektspezialisiert.* Die Entscheidung für Verrichtungs- oder Objektspezialisierung wird davon abhängen, welche Spezialisierungsvorteile und Harmonisationserfordernisse im Einzelfall vorliegen.

Eine gleichzeitige Anwendung beider Prinzipien ist durchaus denkbar und sicherlich praxisrelevant, wenngleich damit die Organisationsform in sich, ihre Abgrenzung und Einordnung im Gesamtsystem weniger überschaubar werden. Eine derartige Vermischung der Gliederungsprinzipien ist darauf zurückzuführen, daß unter Betonung von sachlichen oder persönlichen Gesichtspunkten Basissysteme „artfremd" in ein Zwischensystem eingeflochten werden oder daß sie auf einer Gliederungsstufe eingeordnet werden, auf der sie wegen des dort dominanten Gliederungsprinzips eigentlich nicht erscheinen dürften. Gründe für eine derartige Gestaltung liegen z. B. im Kostenbereich (Einsparungsmöglichkeiten durch Instanzenabbau); in persönlichen Fähigkeiten und Präferenzen (einem Abteilungsleiter wird aufgrund früherer Tätigkeit eine „artfremde" Stelle angegliedert); im Fehlen eindeutiger Zuordnungsmöglichkeiten (gesetzlich induzierte Aufgaben werden „arbitrarisch" einzelnen Instanzen zugewiesen) oder in generellen personellen Restriktionen (die begrenzte Anzahl von Stelleninhabern dominiert den Aufgabengliederungszusammenhang).

Abteilungen können grundsätzlich den Charakter von *Linien*abteilungen oder diese unterstützende *Stabs*abteilungen annehmen. Die Art dieser Unterstützung kann primär *quantitativ* (Stabsgeneralisten) oder primär *qualitativ* (Stabsspezialisten) sein. Voraussetzung zur Bildung von *Stabsabteilungen* ist eine quantitative (Überschreitung der *Arbeits*grenze) oder qualitative (Überschreitung der *Wissens*grenze) Überforderung der Instanz in der entsprechenden Linienabteilung. Durch die Service-, Beratungs- und Entscheidungsvorbereitungsfunktion der Stabsabteilung gelingt eine Erweiterung der Kapazität und Leitungsspanne der Instanz gegenüber ihrer Linienabteilung. Die Frage, ob diese Kapazitätserweiterung durch Probleme der Stabs-Linien-Konstruktion überkompensiert wird, soll hier nicht weiter behandelt werden. Eine pointierte Kritik dazu findet sich bei Martin Irle (=Macht=).

3.121.2 Arbeitsgruppen als systemorientierte Organisationsform

Werden segmentierend mehrere personale Elemente oder Basissysteme ohne Eingliederung einer Instanz direkt miteinander verbunden, so daß eine gemeinsame Aufgabenträgerschaft (Stellenmehrheit oder multipersonales Basis- oder Zwischensystem) ohne formale Leitung entsteht, ergibt sich eine (autonome) Arbeitsgruppe als Organisations*form* (zur Abgrenzung von Gruppe, Masse und Menge vgl. Battagay =Gruppe= 14). Arbeitsgruppen (task oriented groups) betonen dabei gegenüber sog. informalen Gruppen den Aufgaben- und Leistungsaspekt der Gruppenbildung (Scharmann =Teamarbeiter= 57/58). Der Verzicht auf die Eingliederung einer formalen Leitung führt zu einer *Gleichordnung* der personalen Elemente oder Basissysteme (teamförmige Organisationsform) (vgl. Abb. 7). Im Gegensatz zur Abteilung wird innerhalb einer Gruppe keine formale Unterscheidung in Führungs- und Ausführungsaufgaben getroffen, sondern ein i.d.R. wenig differenziertes Aufgabengesamt der Gruppe gemeinsam übertragen. Die damit erforderliche gemeinsame Vorgehensweise bei der Aufgabenerfüllung führt zur Partizipation aller formal gleichrangigen Basissysteme (Stellen). In ihrer Beziehung zu anderen Organisationseinheiten kann eine Gruppe mit Führungs- oder mit Ausführungsaufgaben ausgestattet sein.

Im organisatorischen Zusammenhang interessiert überwiegend der instrumentale Aspekt der Sachzielerreichung, wobei die Gestaltung von *Arbeits*gruppen signifikante Auswirkungen auf die Verteilungs- und Arbeitsbeziehungen hat: der einer Arbeitsgruppe zugewiesene Aufgabenbereich impliziert organisatorisch interne Freiräume und damit gleichzeitig die *Forderung nach Selbstorganisation*. Die prinzipielle Gleichrangigkeit der beteiligten Stellen macht gleichwohl eine bewußte Gestaltung und zielorientierte Harmonisation der Gruppe notwendig. Diese auch einer Gruppe bzw. einem Team inhärenten Führungsfunktionen umfassen z. B. Repräsentation der Gruppe nach außen, insbesondere in Grundsatzfragen; Einholung und Vermittlung von gruppenexternen Informationen; Steuerung des Gruppenarbeitsprozesses sowohl sach-rational als auch sozio-emotional. Die Wahrnehmung dieser Aufgaben kann durch einen gewählten (u. U. wechselnden) Teamleiter erfolgen, der dann nicht als Instanz, sondern als „primus inter pares" auftritt. Durch die weitreichende Gestaltungsmöglichkeit der Gruppe und ihrer Mitglieder ist das motivational-kohäsive Potential dieser Organisationsform im Vergleich zur Abteilung höher einzuschätzen, sofern die Bedürfnisstruktur der Stelleninhaber der Partizipation hohe Bedeutung einräumt.

Wegen der relativ geringen (Vor-)Strukturierung von Verteilungsbeziehungen in der Arbeitsgruppe kommt den Arbeitsbeziehungen, insbesondere den Kommunikationsbeziehungen, besondere Bedeutung zu. Die hohe Interaktionsdichte zeigt sich bei Entscheidungs- und Abstimmungsaufgaben, wo die grundsätzliche Gemeinsamkeit von Aufgabenerfüllung und Verantwortungsübernahme eine kommunikative Vollstruktur nahelegt (vgl. Abb. 7).

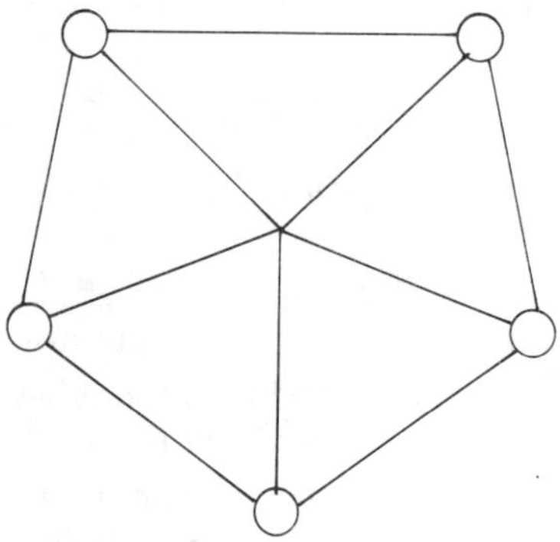

Personale Elemente oder Basissysteme

Abb. 7: Arbeitsgruppe

Aus den Besonderheiten der Verteilungs- und Arbeitsbeziehungen resultieren damit eine Reihe von spezifischen Vor- und Nachteilen, die nachfolgend stichwortartig angeführt sind (vgl. dazu auch Grochla =Unternehmungsorganisation= 215 ff.):

- der einer Arbeitsgruppe eingeräumte Freiraum in der Aufgabenerfüllung ermöglicht eine optimale Ausnutzung des Leistungspotentials personeller Ressourcen;
- die gleichrangige Partizipation aller Beteiligten erleichtert die Abstimmung individueller und unternehmungsspezifischer Ziele und kann so zu höherer Leistungsmotivation führen;
- die Notwendigkeit intensiver Arbeitsbeziehungen schafft erhöhte Transparenz über Art und Zusammenhänge der gemeinsamen Aufgabenstellung;

- die Gemeinsamkeit der Aufgabenerfüllung enthält ein hohes Kohäsionspotential und führt zu einer „unity of effort";
- die Möglichkeit autonomer Innenstrukturierung begünstigt Flexibilität und Anpassungsfähigkeit der Unternehmung.

An tendenziell negativen Effekten sind dagegen zu beachten:

- die sich herausbildende Gruppenkohäsion kann primär an sozio-emotionalen Gruppennormen („Subkulturen") ansetzen und damit nicht nur leistungsneutral, sondern sogar leistungsmindernd wirken;
- durch Abstimmung bzw. Kompromiß gefundene Lösungen können in der Realisationsphase mangelnde Unterstützung durch einzelne Gruppenmitglieder erfahren;
- überstimmte Gruppenmitglieder verlieren das Interesse an ihrer Mitgliedschaft oder neigen zu informell inkonformem Verhalten;
- höherer Zeitaufwand bei meinungs- und konsensbildenden Diskussionen;
- das Prinzip der Kongruenz von Aufgabe, Kompetenz und Verantwortung wird verwässert bzw. ist nur auf die Gruppe als Ganzes anwendbar. Ein Ausweichen auf die Schaffung von Durchführungsverantwortlichkeiten einzelner Gruppenmitglieder durchbricht das konstitutive Element der internen Hierarchiefreiheit der Arbeitsgruppe.

3.122 Traversierende Organisationsformen

Werden mehrere personale Elemente oder mehrere Basissysteme mittels Verteilungsbeziehungen derart zugeordnet, daß zwischen ihnen Arbeitsbeziehungen zur haupt- oder nebenfunktionellen Erfüllung von *sektoralzielübergreifenden* Aufgaben entstehen, ergeben sich *traversierende* Organisationsformen. Die beiden Hauptformen traversierender Organisationseinheiten unterscheiden sich durch die *Uni-* bzw. *Multisystempositionierung* der Personen, die Harmonisationsaufgaben übernehmen. *Zentralabteilungen* als die eine Form führen zur Bildung von Spezialeinheiten, die ihre Aufgaben mit hauptamtlich eingesetzten Personen (*Unisystempositionierung*) bewältigen, während sich *Kollegien* der nebenamtlichen Mitarbeit von Personen, die anderweitig im Segmentierungsmuster eingesetzt sind, zur zusätzlichen Erfüllung der Traversalfunktion (*Multisystemposition*) bedienen.

Traversierende Organisationsformen können sachlich zur Harmonisation folgender Aufgaben gebildet werden:

- *Verrichtungen:* Zentralabteilungen oder Kollegien werden zur Harmonisation von Verrichtungen einzelner Subsysteme gebildet (z. B. der Entwicklungs-, Produktions- und Verwaltungsaufgaben eines bestimmten Produktes durch verrichtungsgebundene Zentralstellen und Kollegien).
- *Objekte:* Eine Harmonisation von Objekten einzelner Subsysteme wird durch Zentralabteilungen oder Kollegien vorgenommen (z. B. durch ein Produkt-Management oder durch Produktausschüsse).

– *Regionen:* Zentralabteilungen oder Kollegien werden zur Harmonisation von Regionen einzelner Subsysteme gebildet (z. B. regionale Koordinatoren als Zentralstellen oder Ausschüsse zur regionalen Koordination).

– *Zeit:* Gleiche Zeithorizonte einzelner Subsysteme werden über Zentralstellen oder Kollegien harmonisiert (z. B. langfristige Unternehmungspolitik der obersten Leitung mit zeitlich gerichteten Entscheidungen in einer Marketing-Zentralstelle oder in einem Entwicklungsausschuß).

Dabei ist zwischen einer *hierarchischen* und einer *systemorientierten* Bildung traversierender Organisationsformen zu unterscheiden.

3.122.1 Zentralabteilungen als hierarchische Organisationsform

Werden Abteilungen, die in sich mehrere Basissysteme unter einer Instanz vereinigen, zur hauptfunktionellen Erfüllung sektoralzielübergreifender Aufgaben eingesetzt, müssen zwischen diesen und den sektoralzielbezogenen Subsystemen, die harmonisiert werden sollen, Verteilungs- und Arbeitsbeziehungen hergestellt werden. Es entstehen *harmonisierende Zentralabteilungen,* denen harmonisierte (Dezentral-)Abteilungen, die segmentierte Aufgaben erfüllen, gegenüberstehen. Als Beispiel sei eine Zentralabteilung Entwicklung erwähnt, der in einzelnen Unternehmungsbereichen dezentrale Entwicklungsabteilungen gegenüberstehen, die von der Zentralabteilung im Hinblick auf einige, unternehmungsbereichs-übergreifende Aspekte ihrer Aufgabenerfüllung harmonisiert werden. Einen Sonderfall stellen zentrale Stabsabteilungen (Zentrale Planung) dar, die dezentrale Stabsabteilungen (z. B. Unternehmungsbereichsplanung) harmonisieren. Beide Beispiele machen zugleich deutlich, daß sich das jeweilige sektoralzielübergreifende Harmonisationsbedürfnis erst aus dem Charakter – und damit den vernachlässigten Aspekten – des gewählten grundsätzlichen Segmentierungsmusters ergibt (vgl. Abb. 8).

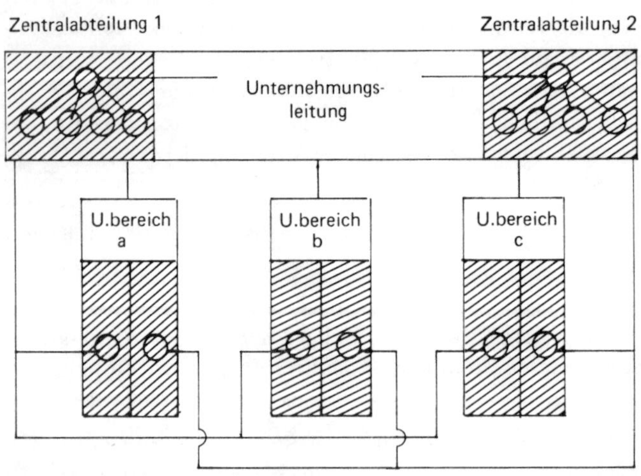

Abb. 8: Zentralabteilungen

3.122.11 Bildungsprinzipien von Zentralabteilungen

3.122.111 Einpolige und mehrpolige Aufgabenverteilung

Bei einer *einpoligen* Aufgabenverteilung werden durch horizontale Zentralisation Einheiten gebildet, denen aufgabenmäßig keine anderen Stellen in der Organisation entsprechen. Es wird z. B. eine Rechtsstelle der obersten Leitung geschaffen, ohne daß weitere Rechtsstellen in die Organisation eingebaut sind. Bei einer *mehrpoligen* Aufgabenverteilung werden durch horizontale Zentralisation Stellen gebildet, denen an anderer Stelle in der Organisation Stellen mit ähnlichem Aufgabeninhalt entsprechen. Eine mehrpolige Aufgabenverteilung ergibt sich aus einem fundamentalen Harmonisationsbedürfnis, das bei Vorliegen mehrerer gleichartiger Stellen in der Organisation auftritt. Die Aufgabenerfüllung der entsprechenden dezentralen Stellen muß harmonisiert werden, um den Zentrifugalkräften der Organisation entgegenwirken zu können. Das Segmentierungsmuster der Organisation wird traversal überlagert.

3.122.112 Horizontale und vertikale Zentralisation

Im Falle einer *horizontalen Zentralisation* von Aufgaben (vgl. Abb. 9) tritt die Frage nach der Ausstattung der auf diesem Wege gebildeten Kooperationseinheiten mit Anordnungsrechten gegenüber anderen organisatorischen Stellen auf. Werden den horizontal gebildeten Stellen keine Anordnungsrechte übertragen, so wird ihr Verhältnis zu anderen organisatorischen Stellen über den Weg der einzelnen Arbeitsbeziehungen gestaltet. Das *Einliniensystem* der Leitung bleibt erhalten. Treten jedoch zu den einzelnen Arbeitsbeziehungen, die direkt oder indirekt (über den Instanzenzug) geregelt werden können, im Fall direkter Gestaltung Anordnungsbeziehungen hinzu, so ergeben sich *Nebenweisungswege* (Altfelder =Stabsstellen= 77). Die durch horizontale Zentralisation gebildete Stelle wird zur Leitungsstelle, zur Instanz. Es ergibt sich ein *Mehrliniensystem* der Leitung.

Bei organisatorischen Einheiten, die segmentierend aufgrund *vertikaler Zentralisation* durch Superordination gebildet werden, ist die Leitungsaufgabe das primäre Ziel. Wir können daher diese Stellen als *originäre Leitungsstellen* (originäre Instanzen) bezeichnen. Bei den organisatorischen Stellen, die sich aufgrund horizontaler Zentralisation ergeben und denen zur Ausführung ihrer Aufgaben ebenfalls Leitungsbefugnisse zugestanden werden, liegen die Dinge jedoch anders. Werden diesen Stellen die Leitungsbefugnisse entzogen, so ändern sich zwar die Arbeitsbeziehungen, das Grundgefüge des Organisationsaufbaues wird jedoch dadurch im Kerngehalt nicht berührt. Wir können daher in diesem Falle davon sprechen, daß es sich hierbei um Stellen handelt, deren Leitungsaufgaben lediglich attributiven Charakter tragen, sie helfen die Arbeitsbeziehungen im Hinblick auf eine Harmonisation zu erleichtern. Derartige Stellen beziehen ihre Leitungsaufgaben immer aus dem Aufgabengehalt einer originären Leitungsinstanz. Man könnte sie daher auch als *derivative Leitungsstellen* (derivative Instanzen) bezeichnen. Neben diesen Stellen stehen alle diejenigen Organisationseinheiten, die ihren Aufgabengehalt ebenfalls durch eine horizontale Zentralisation erhalten haben, denen jedoch zur Ausübung ihrer Aufgaben keine Leitungsbefugnisse zuerkannt worden sind.

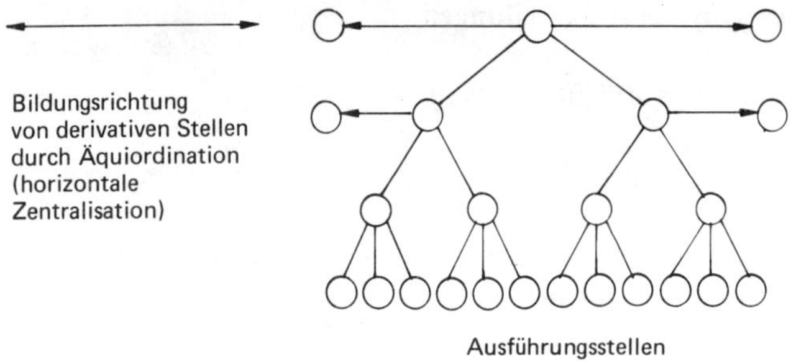

Abb. 9: Horizontale Zentralisation

Als Ergebnisse horizontaler Zentralisation können *Stabs*-(leitungs-)*stellen* und *Zentralstellen* unterschieden werden (vgl. Bleicher =Koordinationsorgane= 903 f.), von denen im Zusammenhang traversierender Organisationsformen hier die Zusammenfassung von Zentralstellen zu *Zentralabteilungen* interessiert.

Bei mehrpoliger Aufgabenverteilung können derivative Organisationseinheiten nach der Art ihrer Beziehungen zu anderen organisatorischen Einheiten unterschieden werden. Ist die Aufgabenbeziehung, die sich aus einer dezentralen Aufgabenverteilung ergibt, auf originäre Ausführungs- oder Leitungsstellen gerichtet, so bilden sich *Zentralstellen*, ist die Aufgabenbeziehung auf derivative Ausführungs- oder Leitungsstellen gerichtet, so bilden sich *zentrale Stabsstellen* (Abb. 10) bzw. im Rahmen der Betrachtung von Kooperationseinheiten *Zentralabteilungen* und *zentrale Stabsabteilungen*.

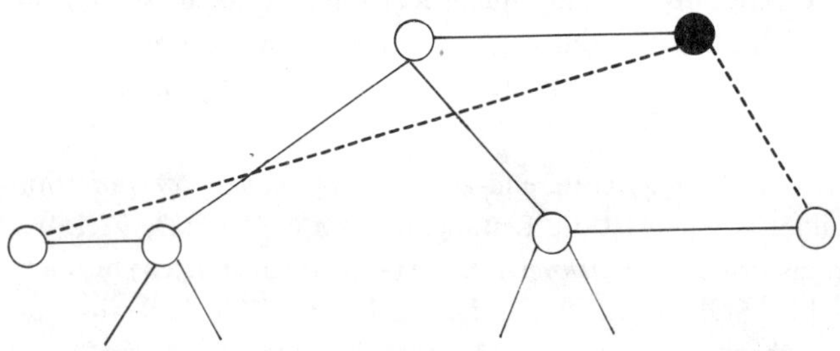

Abb. 10: Zentrale Stabsstelle (derivative Ausführungsstelle bei mehrpoliger Aufgabenverteilung in bezug auf derivative Stellen)

3.122.12 Innenstrukturierung von Zentralabteilungen

Die Innenstrukturierung von harmonisierenden Zentralabteilungen unterscheidet sich prinzipiell nicht von anderen Abteilungen. Zentralabteilungen leiten ihre Aufgabenstellung von dem durch eine mehrpolige Aufgabenverteilung entstandenen Harmonisationsbedürfnis ab, bestimmte mehrfach vertikal verteilte Verrichtungen („funktionsorientierte" Zentralabteilungen), Objekte (Produkt- oder Kunden-Zentralabteilungen) oder Regionen (Regionale Zentralabteilungen zur Harmonisation bestimmter Gebiete) oder horizontal mehrfach ausgegliederte Aktionen zur Unterstützung der Leitung unter einheitlichen Maximen abzuwickeln.

3.122.121 Reine und gemischte Innenstrukturierung von Zentralabteilungen

Von ihren Aufgaben her lassen sich *reine* und *gemischte* Formen von Zentralabteilungen unterscheiden.

a) *Reine* Formen von Zentralabteilungen widmen sich aufgabenmäßig ausschließlich der Harmonisation mehrpolig, dezentral verteilter Aufgaben der gleichen Art; sie sind auf die Wahrnehmung einer traversalen *Harmonisationsfunktion* im System spezialisiert.

b) *Gemischte* Formen von Zentralabteilungen übernehmen aus dem *qualitativen* Grund, daß sich bei ihnen eine zentrale Konzentration von Informationen (Wissen, Know-how) einstellt oder aus *quantitativen* Gründen der Auslastung ihrer Kapazität häufig zusätzliche Aufgaben, wie

- *Beratungsfunktionen* gegenüber übergeordneten Leitungsorganen oder untergeordneten Leitungs- und Ausführungsorganen,
- *Servicefunktionen* als Ausführungsfunktionen, die aufgrund erzielbarer Synergieeffekte an zentraler Stelle wahrgenommen werden, wobei die wirtschaftliche Erledigung dieser Aufgaben zur Zentralisierung gegenüber anderen denkbaren Lösungen führt, wie
  - der dezentralen Erledigung dieser Ausführungsaufgaben;
  - der geschlossenen einpoligen Verteilung dieser Aufgaben auf ein dezentrales Subsystem (sog. Mandatssystem);
  - der geschlossenen Ausgliederung (Externalisierung) der Aufgaben auf ein unabhängiges System (z. B. „Datenverarbeitung außer Haus").
- *Eigenfunktionen*, die sich aus der zentralen Erledigung von Aufgaben mittelbar-induziert ableiten und die der zweckhaften Erfüllung der Harmonisations- und gegebenenfalls auch der übrigen, zusätzlichen Aufgaben dienen (z. B. Aufgaben der Personal- und Wirtschaftsverwaltung in den Zentralabteilungen)

Hinzuweisen ist darauf, daß die weitere Übernahme von *Kopplungsfunktionen*, die bei Zentralabteilungen durch die Multisystempositionierung ihrer Leiter im Leitungsgremium herbeigeführt werden kann (z. B. der Leiter einer Zentralabteilung ist gleichzeitig Mitglied des Vorstandes der AG), die Rolle der Zentralabteilungen als traversale Organisationsform überschreitet: In diesem Fall schlägt das auf Ungleichgewichte zwischen sektoraler und traversaler Strukturierung eingestellte Pendel in Richtung auf ein angestrebtes Gleichgewicht der Dimensionen aus; es entsteht eine mehrdimensionale *Organisationsstruktur.*

3.122.122 Aufgaben von Zentralabteilungen

Von ihren Aufgaben her lassen sich die folgenden Formen von Zentralabteilungen unterscheiden:

(1) Zentralabteilungen – vertikale Zentralisation

(11) Zentralabteilungen zur Verrichtungsharmonisation

Bei der grundlegenden Segmentierung nach dem Objekt- oder Regionalprinzip mehrfach verteilte Verrichtungsaufgaben müssen durch Zentralabteilungen harmonisiert werden, um Synergie herbeizuführen, bzw. den Fliehkräften einer derart angelegten subautonomen Zuordnung von Verrichtungen entgegen zu wirken, damit organisatorisch ein Beitrag zur Wirtschaftlichkeit der Unternehmung geleistet werden kann. Die wesentlichsten Anwendungsfälle von Verrichtungs- („funktionalen") Zentralabteilungen sind:

(111) Zentralabteilung der Entwicklung

In einzelnen Produkt- oder Regional-Subsystemen dezentral verteilte Entwicklungsaufgaben werden durch eine Zentralabteilung Entwicklung formal und inhaltlich harmonisiert, um einerseits eine Doppelerledigung gleicher Aktivitäten weitgehend auszuschließen und andererseits für die Wahrnehmung von aus gesamtsystemischer Sicht wesentlichen Aufgaben, denen im Blickfeld einzelner subautonomer Einheiten eine geringere Bedeutung zugemessen wird, Sorge zu tragen. Zusätzlich zu damit verbundenen Harmonisationsfunktionen können derartige Zentralabteilungen Beratungsfunktionen (Dokumentations- und Informationsfunktion über physikalische, chemische Forschung, Patentwesen), Servicefunktionen (zentrale Übernahme von Forschungsaufgaben) und Eigenfunktionen (Entwicklungsverwaltung) übernehmen.

(112) Zentralabteilung der Beschaffung

Dezentralisiert verteilte Beschaffungsaufgaben bedürfen in gleicher Weise einer zentralen Harmonisation durch eine zentrale Einkaufsabteilung. Auch diese kann zusätzliche Beratungsfunktionen (bei der langfristigen Sicherung von Bezugsquellen, der Auswahl qualifizierter Lieferanten usw.), Servicefunktionen auch im Sinne des zentralen Aushandelns von Rahmenabschlüssen für Stoffe, die in mehreren Subsystemen benötigt werden, um auf diesem Wege zur Erzielung besserer Einkaufskonditionen die gesamte Beschaffungspotenz der Unternehmung zur Geltung zu bringen und Eigenfunktionen der Verwaltung übernehmen.

(113) Zentralabteilung Produktion („Technik")

Eine Zentralabteilung Produktion hat Harmonisationsfunktionen gegenüber den dezentralen Fertigungsstätten in Richtung auf eine einheitliche Anwendung von Fertigungstechniken und -sachmitteln, der Ersatzteilhaltung und eines möglichen Beschäftigungsausgleiches zwischen den Fertigungsstätten. Neben dieser primären Funktion kann sie im Hinblick auf neue Technologien und Investitionen eine Beratungsfunktion, bei bestimmten Organisationsmodellen auch Servicefunktionen (z. B. bei der Gesamtbetriebslösung die Verbesserung und bei der Betriebsteilelösung die Wahrnehmung von Steuerungsaufgaben bei den Hilfsbetrieben und Werksverwaltungen) übernehmen. Auch bei ihr können Eigenaufgaben entstehen.

(114) Zentralabteilung Absatz („Marketing")

In einzelnen Subsystemen dezentral angeordnete Absatzaufgaben bedürfen ebenfalls der zentralen Harmonisation, wenn zwischen ihnen absatzwirtschaftliche Verbindungen bestehen. Neben dieser zentralen Wahrnehmung von Harmonisationsfunktionen finden sich bei einer derartigen Zentralabteilung weiter Beratungsfunktionen in Marketingfragen, Servicefunktionen der Steuerung des Vertriebsnetzes, die sich aus der teilweisen oder vollständigen Anbindung des mehreren Subsystemen dienenden Vertriebsstellennetzes, der Ausbildung und Verwaltung von Verkaufspersonal usw. ergeben und Eigenfunktionen.

(115) Zentralabteilung Verwaltung

Wie bei Verrichtungsgliederungen üblich, zerfällt auch hier der Verwaltungsbereich zumeist in interne Objekte, von denen die personalen (Personalwirtschaft) und die nominalen (Finanzen und Rechnungswesen) die wesentlichen sind. Eine zentrale Personalabteilung hat sowohl Harmonisationsfunktionen gegenüber dezentralen Personalabteilungen neben Beratungs-, Ausführungs- und Eigenfunktionen der Personalwirtschaft wahrzunehmen, wie das Finanz- und Rechnungswesen im Controlling ähnliche Aufgaben gegenüber dezentralen Controllern wahrzunehmen hat (vgl. hierzu die Darstellung im Rahmen des Partialmodells Verwaltung). Lediglich die mit dem Finanzwesen verbundenen Aufgaben entziehen sich im allgemeinen einer mehrpoligen Verteilung.

(12) Zentralabteilungen zur Objektharmonisation

Bei einer grundlegenden Segmentierung nach dem Verrichtungs- oder dem Regionalprinzip bleiben bei Mehrproduktunternehmungen die Produkt- oder Kundenaspekte bei der sektoralen Aufgabenerledigung offen. Die Harmonisation dieser Aspekte kann Produkt- („Produktmanagement") oder Kunden-Zentralabteilungen übertragen werden. Zu beiden Fällen können neben den nachstehend skizzierten Harmonisationsfunktionen auch Beratungs-, Service- und Eigenfunktionen übernommen werden.

(121) Produkt-Zentralabteilungen („Produktmanagement")

Ohne an dieser Stelle dem vielfältigen Schrifttum über das „Produktmanagement" weitere Ausführungen hinzufügen zu wollen, sei lediglich auf zwei mögliche Ausgestaltungsformen des Produktmanagements im Hinblick auf seine Eingliederung in Organisationsmodelle hingewiesen. Produkt-Zentralabteilungen lassen sich als traversale Einheiten in Partialmodelle (hier vor allem in das Absatzmodell (vgl. Abschnitt 4.214.111 – (3)) – wie weitgehend in der Markenartikelindustrie üblich) oder in Totalmodelle integrieren. Im letzten Fall übernehmen sie gegenüber der partialen Form der Optimierung des absatzpolitischen Instrumentariums für ein Produkt oder eine Produktgruppe die Gesamtharmonisation aller Verrichtungen dieses Objektbereiches.

(122) Kunden-Zentralabteilungen

Neben den Produkten treten in absatzwirtschaftlicher Sicht Kunden oder Kundengruppen als mögliche Objekte, die bei dezentraler Verteilung zur Bildung von harmonisierenden Zentralabteilungen Anlaß geben können, in Erscheinung.

Einteilungskriterien können dabei sowohl *analytisch*, wie beispielsweise

Verwendungszwecke

- Weiterverkauf
  - an Handelsbetriebe und Großverbraucher
  - an übrige Verbraucher
- Verbrauch
  - in institutionalisierten Haushalten
  - in privaten Haushalten

Abnehmergruppen

- Händler
  - Großhändler
  - Einzelhändler
- Verbraucher
  - Produzenten
  - Institutionen
  - Konsumenten

Abnehmerbranchen

- Handel
- Industrie
- Banken
- Versicherungen
- Verwaltungen

Abnehmergrößen (nach ABC-Analysen gewonnene Auftragsgrößen-Umsatzklassifikationen)

Abnehmeraktionsraum

- national
- international

als auch *synthetisch* (nach mehreren Kriterien gewonnene Verwendungs- und Abnehmerprofile die klassifiziert werden) gewonnen werden. Ziel ist die Bildung homogener Gruppen, die jeweils in der Produktverwendung und im Kaufverhalten untereinander deutliche Unterschiede aufweisen. Auch ein Kundenmanagement kann partial (vor allem im Absatzmodell, aber z. B. auch über eine kundenorientierte Entwicklung im Forschungs- und Entwicklungsmodell) und total in der Gesamtorganisation eingesetzt werden. Formal ist das Kundenmanagement dem Produktmanagement auf der Zentralabteilungsebene ähnlich strukturierbar. Der wesentliche organisatorische Unterschied beider liegt darin, daß sich die Produktdimension einer tieferen Durchstrukturierung als die Kundendimension erschließt.

(13) Zentralabteilungen zur Regionalharmonisation

Wird ein Organisationsmodell nach dem Verrichtungs- oder dem Objektprinzip segmentiert, bleibt bei stark regional gegliederten (insbesondere international tätigen) Unternehmungen die regionale Harmonisation offen. Hierzu lassen sich regionale Zentralabteilungen einsetzen. Diese können neben ihren Harmonisationsfunktionen auch Beratungsfunktionen bezüglich regionaler Besonderheiten, Servicefunktionen für die dezentralen Einheiten und Eigenfunktionen übernehmen.

(2) Zentrale Stabsabteilungen – horizontale Zentralisation

Als Sonderfall der Zentralabteilungen bilden sich über horizontale Zentralisation Zentrale Stabsabteilungen, denen mehrpolig dezentrale Stabsabteilungen gleicher Aufgabenart gegenüberstehen. Die wesentlichsten praktischen Fälle, die an die Aktionsseite der Verrichtungsaufgabe anknüpfen, sind:

(21) Zentrale Planungsabteilungen, denen dezentrale Planungsabteilungen in einzelnen Subsystemen gegenüberstehen;

(22) Zentrale Organisations- und EDV-Abteilungen mit zu harmonisierenden dezentralen Organisations- und EDV-Abteilungen in einzelnen Bereichen;

(23) Zentrale Kontrollabteilungen, die gleichfalls Funktionen der Harmonisation, Beratung die Dienstleistungen – neben Eigenfunktionen – gegenüber dezentralen Kontrollabteilungen wahrnehmen.

3.122.13 Außenstrukturierung von Zentralabteilungen

Werden Zentralabteilungen oder zentrale Stabsabteilungen zur Intensivierung ihrer Arbeitsbeziehungen zu den organisatorischen Einheiten, die jeweils ihren Gegenpol bei dezentraler Aufgabenverteilung bilden, zusätzlich mit Leitungsbefugnissen ausgestattet, so ergibt sich eine Mehrlinienbeziehung in der Aufbauorganisation der Unternehmung. Je nachdem, ob die Leitungsbeziehung der derivativen Einheiten gegenüber

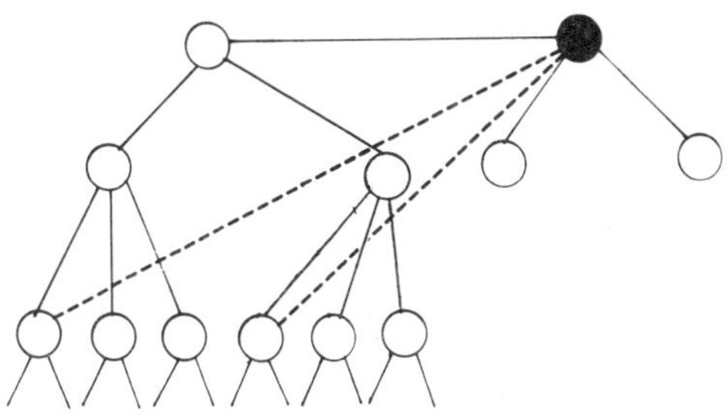

Abb. 11: Zentralabteilung mit Leitungsbeziehungen zu originären Organisationseinheiten

originären oder derivativen Einheiten besteht, lassen sich zwei typische Formen unterscheiden: *Zentralabteilungen* in ihrer Beziehung zu *originären*, dezentralen Organisationseinheiten (vgl. Abb. 11) und *zentrale Stabsabteilungen* in ihrer Beziehung zu *derivativen*, dezentralen Organisationseinheiten (vgl. Abb. 12).

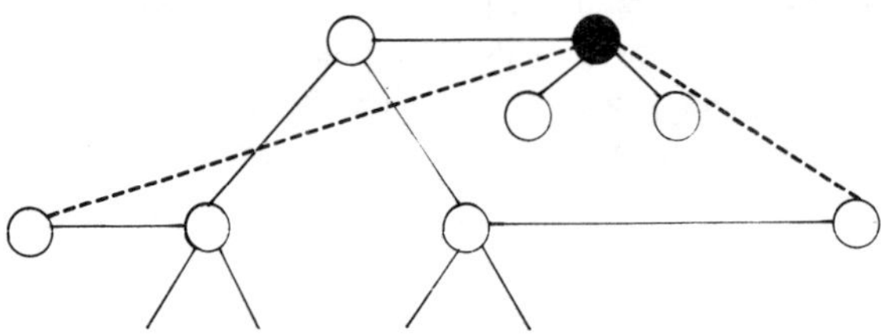

Abb. 12: Zentrale Stabsabteilung mit Leitungsbeziehungen zu derivativen Organisationseinheiten

Jeder Traversierung liegt eine mehrpolige Aufgabenverteilung in der Aufbauorganisation zugrunde. Bedienen sich traversal angeordnete Zentral-(Stabs-)Abteilungen nicht nur der stabsmäßigen Einflußnahme auf die ihnen mehrpolig gegenüberstehenden dezentralen Einheiten – mit der Möglichkeit den Linienzug der Hierarchie über die ihnen übergeordnete Instanz zu aktivieren –, sondern eigener (Neben-)Weisungswege, dann tritt die Notwendigkeit der Abgrenzung der Weisungsbefugnisse zwischen

sektoral gebundenen Hauptweisungswegen und

traversal gebundenen Nebenweisungswegen (sog. „funktionale Weisungsrechte")

auf. Im Allgemeinen wird dabei derart verfahren, daß

sektoral eine Ressourcenzuordnung vorgenommen wird, die zu einer unmittelbaren Einflußnahme auf Personen (Disziplinarrechte) und Sachmittel führt, und

traversal eine Verfahrenszuordnung der fachlich qualifizierten Techniken der Aufgabenerfüllung erfolgt.

Damit soll sektoral eine (ergebnis-)verantwortliche Verfügung im Rahmen eines Subsystems gewährleistet werden ohne dabei die wirtschaftliche Aufgabenerfüllung zu gefährden, was traversal durch fachlich qualifizierte und unternehmungseinheitliche Verfahrensweisen gesichert werden soll.

Wurden bislang die *Harmonisationsfunktionen* in ihrer arbeitsbeziehungsmäßigen Auswirkung auf die segmentierten Subsysteme betrachtet – sie stellen von den Zentralabteilungen her gesehen abwärtsgerichtete Arbeitsbeziehungen dar – sind die *Servicefunktionen*, aufgrund ihrer Zentralisation ebenfalls vorwiegend nach unten gerichtet, wobei sich andere Einheiten aufwärts- und quergerichtet ihrer Dienstleistungen bedienen können. Die sich aus den *Beratungsfunktionen* ergebenden Arbeitsbeziehungen dagegen sind aus der Sicht der Zentralabteilungen aufwärts gerichtet: Hier wirken Zentralabteilungen wie Stäbe gegenüber der obersten Unternehmungsleitung. Die sich aus *Eigenfunktionen* entwickelnden Arbeitsbeziehungen sind aufgrund der induktiven

Ableitung der damit verbundenen Aufgaben naturgemäß quergerichtet. Es bleibt damit festzuhalten, daß sich die Frage der Abgrenzung von sektoral-gebundenen Hauptweisungs- und traversal-gebundenen Nebenweisungswegen nur bei der Ausgestaltung der Harmonisationsfunktionen von Zentralabteilungen stellt.
Die Funktionen, die Zentralabteilungen und zentrale Stabsabteilungen als traversierende Organisationsformen im mehrpoligen organisatorischen Aufbau zukommen, können auch durch Kollegien wahrgenommen werden – wie weiter unten zu zeigen sein wird. Zwischen beiden Traversierungsformen besteht eine substitutionale Beziehung.

3.122.2 Kollegien als systemorientierte Organisationsform

Sektoralzielübergreifende Aufgaben können auch nebenfunktionell dadurch erfüllt werden, daß personale Elemente segmentierter Subsysteme ohne Hinzufügung einer Instanz in einer Arbeitsgruppe zusammengefaßt werden. Für die Mitglieder dieser Arbeitsgruppe entsteht damit eine Mitgliedschaft in mehreren Subsystemen, eine *Multisystempositionierung (Prinzip der Partialinklusion).* Die traversierende Harmonisation vollzieht sich im Gegensatz zur Funktionsweise der Zentralabteilungen nicht mehr über Arbeitsbeziehungen zwischen zentralen und dezentralen Stellen und Abteilungen, sondern über die Repräsentanz von Personen mehrerer Subsysteme in einem Dauerkollegium (vgl. Abb. 13) (im Gegensatz zu den später zu behandelnden Projektkollegien, die nur auf Zeit eingerichtet werden), dessen Notwendigkeit ebenfalls aus dem Charakter und den vernachlässigten Aspekten des jeweiligen Systemkonzeptes folgt (vgl. Bleicher =Kollegien= 2158).

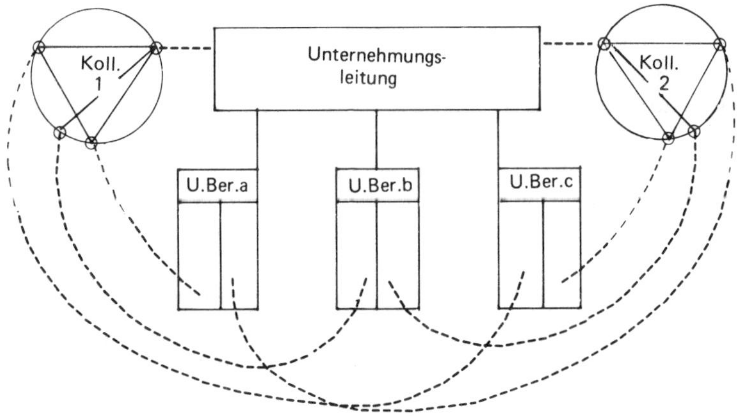

Abb. 13: Dauerkollegien

Kollegien werden auch Kommissionen, Ausschüsse, Komitees oder Gremien genannt. Bei der Arbeit eines Kollegiums „steht der Gesichtspunkt der Gemeinsamkeit, nicht der Arbeitsteilung im Vordergrund, der auch über das räumliche und zeitliche Miteinander des Kollegiums hinaus die Mitglieder verbindet. Die Arbeitsbeziehung des Kollegiums ist durch die völlige arbeitsmäßige Gemeinsamkeit einer nicht mehr unterteilten Aufgabe gekennzeichnet“ (Kosiol =Kollegien= 818).

Die Arbeitsform des Kollegiums ist die *Konferenz* (Besprechung, Tagung usw.). Sie stellt eine Veranstaltung mehrerer Personen dar, die ihre individuellen Erfahrungen, Ideen und Meinungen zu einem gemeinsamen Problem mündlich austauschen. Dieser Austausch erfolgt durch eine Diskussion. Sie ist mehr als nur ein Gespräch, denn sie sucht nach einer Antwort, forscht nach einer Lösung; sie ist das Hören in die Denkbereiche des Nächsten, das Streben nach neuen Erkenntnissen (vgl. Jahn =Rede= 39).

Kollegien setzen das Bestehen eines primären Aufgabengliederungsgefüges und seine Verteilung auf Subsysteme voraus. Der Anlaß zu ihrer Bildung ist von der zweckmäßigen Gestaltung der *Arbeitsbeziehungen* her zu sehen. Die Idee des Kollegiums innerhalb der Organisation ist es, *Kontakte* zwischen Aufgabenträgern unterschiedlicher primärer Arbeitsgebiete zu schaffen (vgl. Kloidt =Betriebsgliederung= 797 f.). Die verschiedenen Gesichtspunkte, die sich aus der Bearbeitung einer gleichen oder ähnlichen Frage an verschiedenen Stellen des Organisationsaufbaues ergeben, sollen unter Überwindung der im Rahmen der primären Gestaltung der Arbeitsbeziehungen festgelegten Informationswege in einer *Gruppenarbeit* zur Lösung eines Problems zusammengefaßt werden. Der Anlaß zur Bildung von Kollegien ist daher sehr häufig die *Koordinierung von Wissen* unter Vermeidung schwerfälliger oder gar bürokratischer Dienst- und Verkehrswege. Von seiten der Gestaltung der Arbeitsbeziehungen bedeutet die Organisationsalternative, die Kollegien bieten, eine Konzentration bestimmter – bei tiefgestaffelten Ranghierarchien zumeist breit aufgefächerter – Informationsbeziehungen. Eine derartige Gestaltung der Arbeitsbeziehungen bleibt jedoch häufig nicht ohne Einfluß auf die Gestaltung der *Verteilungsbeziehungen* insbesondere dann, wenn zentrale Harmonisationsaufgaben hoher Induktionsstufe verteilt werden.

3.122.21 Innenstrukturierung von Kollegien

Die kollegiale Arbeit in der Unternehmung kann vielfältige Formen annehmen. Formen von Kollegien lassen sich in ihrem inneren Aufbau nach den *Aufgaben*, die sie erfüllen und nach ihrer *personellen Zusammensetzung* unterscheiden.

3.122.211 Unterscheidung von Kollegien nach den zu erfüllenden Aufgaben

(1) *Formal* lassen sich Kollegien aufgrund ihrer unterschiedlichen Stellung im Prozeß der Willensbildung, -durchsetzung und -sicherung der Unternehmung unterscheiden. Sie können hier folgende Aufgaben erfüllen:

(a) Willensbildung.

– *Problemerkenntnis:* Kollegien können gebildet werden, um einen Kreis von Teilnehmern aufgrund einer Reihe von Stimuli anhand von Zielen zur Erkenntnis eines Problems und seiner klaren Definition zu verhelfen. Derartige Kollegien stehen am Anfang eines *Entscheidungsprozesses;* sie lösen ihn aus (Initiativfunktion). Bei häufiger Zusammenarbeit der Mitglieder dürfte sich bei dieser Form des Kollegiums ein erhöhtes Problembewußtsein entwickeln, das eine wesentliche Voraussetzung für die Sicherung der Anpassungsfähigkeit der Unternehmung an sich wandelnde Bedingungen der Umsysteme darstellt.

- *Informationssammlung:* Kollegien können der Sammlung von Informationen dienen, die entweder *analytisch* zur Durchleuchtung des Problems (z. B. Lokalisierung von Ursachenfeldern, die zur Problementscheidung geführt haben) oder *synthetisch* zur Formulierung von Lösungsalternativen (Strategien zum Abstellen der Ursachenfelder) dienen.
- *Informationsbewertung:* Liegen bereits gesammelte Informationen vor, besteht die Notwendigkeit zu ihrer Strukturierung. Ordnung und Wertung der Informationen können wiederum *analytisch* auf das Problem oder *synthetisch* auf seine Lösung bezogen sein. Im letzten Fall wird eine gewichtete Rangordnung der Lösungsalternativen erstellt (Optimierung). Da derartige Kollegien den willensakzentuierten Entschluß für eine Lösungsalternative nicht mit umfassen, werden sie auch als Beratungskollegien bezeichnet.
- *Finalentschluß:* Waren in die Kollegien zur Problemerkenntnis, Informationssammlung und -bewertung bereits vielfältige Entschlußoperationen eingebettet, so bedarf die Willensbildung eines formalen Abschlusses durch einen Finalentschluß, der die Überleitung zur Willensdurchsetzung darstellt. Funktional sind Kollegien, die Finalentschlüsse treffen, mit Pluralinstanzen gleichzusetzen. Ihr Unterschied liegt jedoch in der Stetigkeit ihrer Zusammenarbeit.

(b) Willensdurchsetzung.

Kollegien lassen sich bei der Willensdurchsetzung einsetzen zur

- *Interpretation von Entscheidungen:* Der getroffene Finalentschluß soll erklärt werden, um eine zielgerichtete Ausführung sicherzustellen. Dabei ist es häufig erforderlich, den unterschiedlichen quantitativen und qualitativen Informationsstand der Mitglieder auszugleichen.
- *Akzeptierung von Entscheidungen:* Sie dienen dazu, den Mitgliedern nicht nur das Verstehen einer Entscheidung zu ermöglichen, sondern sie sollen auch die Bereitschaft wecken, den getroffenen Finalentschluß auszuführen. Eine wesentliche Voraussetzung für das Erreichen einer Motivation zur Realisierung ist der Ausgleich des Informationsstandes der Beteiligten. Informations- und Motivationsaspekte von Kollegien, die der Willensbildung dienen, sind in dieser Weise eng miteinander verbunden.

  Diese Formen der Kollegien wollen auf dem Wege der Information und Motivation zur Entscheidungsstabilisierung beitragen.

(c) Willenssicherung.

Kollegien zur gemeinsamen Erfolgskontrolle wollen gruppendynamische Methoden zur Willenssicherung einsetzen. Statt einer Fremdkontrolle durch eine Instanz oder zumindest in Ergänzung zu ihr erfolgt eine kooperative Eigenkontrolle, die sich der Elemente der Eigenverantwortung, des Wettbewerbs und informaler Gruppenprinzipien bedient.

Mit ihrer Stellung im Willensbildungs- und -durchsetzungsprozeß der Unternehmung übernehmen Kollegien wesentliche Funktionen der *kybernetischen Systemregelung zur Planung, Steuerung und Kontrolle.*

(2) *Inhaltlich* lassen sich Kollegien nach den Problemkreisen unterscheiden, die in ihnen diskutiert werden. Die Problemursache kann in *Störungen motivationaler, semantischer, kommunikationstechnischer* Art oder im *mangelnden Sachinformationsvolumen* bei den Aufgabenträgern gesehen werden. Die letztgenannte Störungsursache gibt häufig Veranlassung zur Bildung von Ausbildungskollegien. Die Probleme selbst ergeben sich in folgenden Dimensionen der Aufgabe:

- *Verrichtungen:* Kollegien werden gebildet zur Koordination von Verrichtungen einzelner Subsysteme (z. B. Entwicklung, Produktion und Absatz eines bestimmten Produktes).
- *Objekte:* Kollegien können zur Koordination von Objekten gebildet werden (z. B. Abstimmung verschiedener Produktgruppen im Rahmen der Programmpolitik der Unternehmung).
- *Regionen:* Unterschiedliche regionale Aspekte einzelner Subsysteme können in Kollegien ausgeglichen werden (z. B. Abstimmung der Vertriebspolitik in unterschiedlichen Ländermärkten).
- *Zeit:* Divergierende Zeithorizonte einzelner Subsysteme lassen sich in Kollegien abstimmen (z. B. langfristige Unternehmungspolitik der obersten Leitung mit kurzfristigen, taktischen Entscheidungen der Vertriebsleitung).

Alle vier Dimensionen der Aufgabe geben nicht nur in reiner Form Veranlassung zur Bildung von Kollegien, sondern können auch in *Matrix-* oder *Tensorform* verbunden auftreten (z. B. ein Kollegium, das der Abstimmung dient von Verrichtungen – Entwicklung, Produktion, Absatz – mit Objekten – Produktgruppen a, b, c – in den Regionen – Europa, Nord-, Südamerika, Asien – und zeitlichen Horizonten – langfristige Unternehmungsplanung und -entwicklung, Finanzen und taktische Operationselemente).

3.122.212 Unterscheidung von Kollegien nach ihrer personalen Besetzung

Die Zusammensetzung von Kollegien mit *Personen* kann grundsätzlich nach zwei verschiedenen Gesichtspunkten erfolgen:

(1) Ein Kollegium rekrutiert seine Mitglieder kraft *institutioneller Repräsentation.* Zur Steuerung eines übergeordneten Problembereiches kann es z. B. erforderlich sein, Absatz, Produktion, Entwicklung und Finanzen „an einen Tisch" zu bringen. In diesem Fall werden die Leiter der entsprechenden Abteilungen die Mitglieder des Kollegiums sein, denen hier die Möglichkeit gegeben wird, ihre Interessen zu artikulieren. Derart zusammengesetzte Kollegien übernehmen nicht selten eine instanzielle Steuerungsaufgabe; sie stellen eine Übergangsform zur Kollegialinstanz dar, die mit deutlichen Merkmalen eines kooperativen Führungsstils versehen ist.

(2) Ein Kollegium rekrutiert seine Mitglieder kraft *persönlicher Fähigkeiten* zur Lösung einer gemeinsamen Aufgabe. Hier kommt es nicht primär auf die Vertretung

einzelner Bereichsinteressen als vielmehr darauf an, in den Mitgliedern Träger bestimmten komplementären Wissens, von Erfahrungen zusammenzubringen, die kooperationsfähig sind. Je mehr sich die Aufgabe in die Richtung einer fachlichen Beurteilung von Informationen vor oder nach einer Entscheidung bewegt, um so deutlicher dürfte diese Art von Kollegium gewählt werden.

3.122.22 Außenstrukturierung von Kollegien

3.122.221 Horizontale und vertikale Bildung von Kollegien

Es lassen sich zwei Formen der Bildung und Eingliederung von Kollegien in die Organisation unterscheiden: Erstens kann sich die Notwendigkeit ergeben, *Aufgabenträger gleicher Rangstufe* in einem Kollegium zusammenzufassen, um ihre Arbeit zu koordinieren. Dies führt zu einer *horizontalen Bildung und Eingliederung von Kollegien.* Zweitens kann es notwendig werden, die Arbeit *verschiedener Rangstufen* innerhalb der Unternehmung abzustimmen. Dies führt zu einer *vertikalen Bildung und Eingliederung von Kollegien* in die Organisation. Im allgemeinen wird die vertikale *Koordination* der Aufgabenträger bereits durch die Leitung durchgeführt, so daß sich die Bildung von vertikalen Kollegien oft erübrigt. Die horizontale Koordination gleichgeordneter Aufgabenträger durch Kollegien ist dagegen weit wichtiger, weil sie häufig durch das Leitungssystem nur suboptimal und damit relativ ineffizient vorgenommen werden kann. Die folgenden Abb. 14 und 15 zeigen schematisch die beiden Formen der Kollegienbildung.

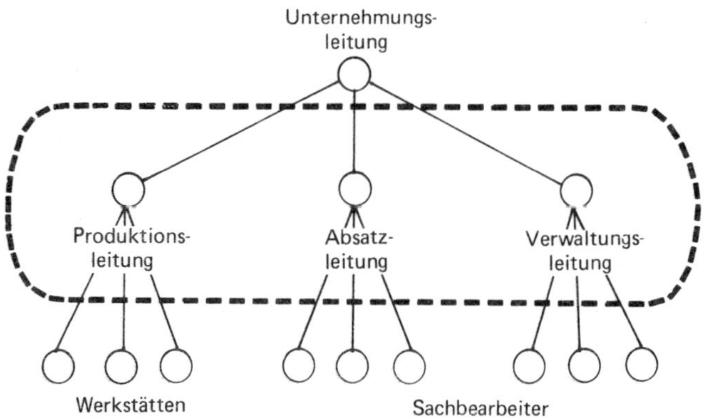

Abb. 14: Horizontales Kollegium

Auch im Interesse der besseren Arbeitsweise eines Kollegiums (Konferenztechnik) wird eine *horizontale Bildung des Kollegiums* aus gleichrangigen Mitgliedern angestrebt. Unter Gleichgestellten herrschen weniger Hemmungen, sich zu äußern oder mitzuarbeiten, als in Anwesenheit von Vorgesetzten. Unter ihnen ist das Gewicht der einzelnen Stimmen gleichmäßiger als unter Angehörigen verschiedener Ränge verteilt.

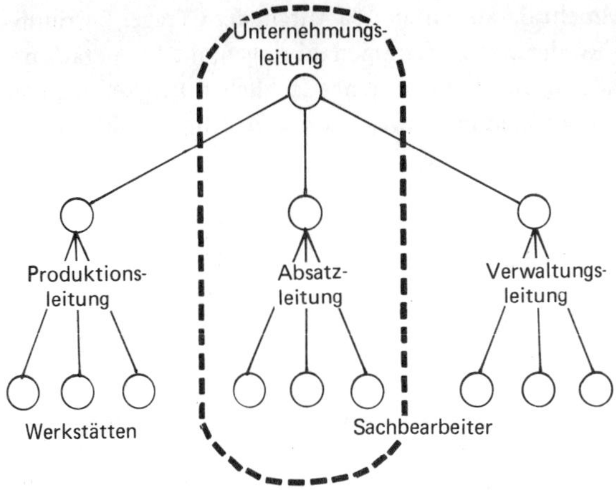

Abb. 15: Vertikales Kollegium

Eine *vertikale Bildung von Kollegien* ist häufig nicht zu vermeiden. Dies ist immer dann der Fall, wenn die Unternehmung zu klein ist, um ausreichend große horizontale Gruppen bilden zu können, oder wenn die Aufgabe, die erfüllt werden soll, so viel Sachkenntnis voraussetzt, daß nur Spezialisten eines Arbeitsbereiches, unabhängig von ihrem Rang, an der Diskussion teilnehmen können. Voraussetzungen für den Erfolg der Konferenzarbeit in einem vertikal gebildeten Kollegium sind, daß die anwesenden Vorgesetzten eine freie Meinungsäußerung ihrer Mitarbeiter zulassen und diese dazu ermuntern.

3.122.222 Das Verhalten von Kollegien zueinander

Aus organisatorischer Sicht ist das Verhältnis verschiedener Kollegien zueinander problematisch. Unterschiedliche Aufgaben können entweder in einem Kollegium anfallen oder auf mehrere Kollegien verteilt werden. So können Kollegien z. B. mit Aufgaben der Sammlung und Bewertung von Informationen und Kollegien mit Finalentscheidungsaufgaben gebildet werden. Die Abtrennung von Kollegien, die der Entscheidung vor- oder nachgelagert sind, stellt ein wesentliches Mittel zur wirtschaftlichen Gestaltung der kollegialen Arbeit dar. Der Gefahr der Zeitvergeudung bei den Führungskräften wird durch ein Absondern der Vor- oder Nachstufen der Entscheidung entgegengewirkt (vgl. Bleicher =Konferenzen= 24). Mit Kosiol (=Entscheidung= 107 ff.) können folgende Fälle unterschieden werden, die sich bei einer getrennten Zuweisung von Aufgaben an Kollegien ergeben:

– *Übereinanderstehende Kollegien.*

  Sie umschließen verschiedene aufeinanderfolgende Arbeitsphasen; z. B. ein Informationskollegium sammelt Arbeitsunterlagen, die an ein Beratungskollegium zur Informationsstrukturierung weitergeleitet werden. In diesem werden Vorschläge erarbeitet, die einem Entscheidungskollegium zur Fällung einer Finalentscheidung vorgelegt werden.

– *Nebeneinanderstehende Kollegien.*

Teilprobleme eines umfangreichen Gesamtkomplexes werden mehreren Spezialkollegien zur Bearbeitung übertragen. Beispiele sind das Produkt-, das Einkaufs-, das Verkaufs-, das Finanz- und das Personalkollegium. Die Arbeitsergebnisse dieser Kollegien werden von einer übergeordneten Leitungsinstanz verarbeitet.

– *Systemschaltung von Kollegien.*

Mehrere über- und mehrere nebeneinanderstehende Kollegien werden häufig so miteinander kombiniert, daß Systeme von Kollegien entstehen. Das ergibt sich z. B. bei der Berufung von Unterkollegien zur Diskussion von Spezialfragen durch ein umfassenderes Beratungskollegium.

3.122.3 Systemvergleich traversierender Organisationsformen

Zentralabteilungen als hierarchische, auf dem Prinzip der Unisystempositionierung der Mitarbeiter beruhende, traversierende Organisationsform und Kollegien als systemorientierte, auf dem Prinzip der Multisystempositionierung der Mitarbeiter fußende traversierende Organisationsform stehen als *Organisationsalternativen* in einer *substitutiven* Beziehung. Für die praktische Gestaltung stellt sich damit die Frage nach den Bedingungen, unter denen beide Formen zweckgerecht einsetzbar sind.

Zentralabteilungen finden immer dann eine Anwendung als Organisationsalternative, wenn der bei der Traversierung anfallende Aufgabenumfang so groß wird, daß er nebenfunktionell nicht mehr durch Kollegien erledigt werden kann. Der Ausbau von spezialisierten Zentralorganen auf Dauer ist dann zumeist unumgänglich. Neben diesem *quantiativen* Aspekt, der sich aus der Komplexität der Aufgaben und der Unternehmungsgröße ableiten läßt, ist auch der *qualitative* Aspekt zu berücksichtigen. Ergibt sich durch die (komplementäre) Zusammenfassung des mehrpolig in der Organisationsstruktur verteilten Wissens in einem Kollegium nicht das für eine qualifizierte Problemlösung erforderliche Gesamtwissen, ist ebenfalls auf Zentralabteilungen als Alternative zu verweisen.

Für den Einsatz von Kollegien sind dagegen im Schrifttum eine Reihe von Vor- und Nachteilen zusammengetragen worden, über die kurz referiert wird.

– Im einzelnen lassen sich folgende *Vorteile* für den Einsatz von Kollegien nennen:

(1) Der sich in Kollegien vollziehende Gruppenprozeß ist besonders geeignet, *Kreativität* zu bewirken. Kollegien lassen sich deshalb erfolgreich zur Lösung von *Innovationsproblemen* einsetzen (vgl. Rohrbach =Techniken= 73 ff.).

(2) Kollegien sind besonders dann wirksam zur *Lösung von Entscheidungsproblemen* verwendbar, wenn die Entscheidung bei gemeinsam akzeptierter Zielsetzung vielfältiger, komplementärer Sachargumente bedarf, die organisatorisch multipersonal-arbeitsteilig
verwendbar, wenn die Entscheidung bei gemeinsam akzeptierter Zielsetzung vielfältiger,
gierender Zielvorstellungen (politische Situationen) angestrebt wird. Kollegien können

eine größere *Kontinuität der Entscheidungsbildung* sichern, als dies bei instanziellen Einzelentscheidungen möglich ist.

(3) Die im Kollegium organisierte Diskussion stellt ein Instrument zur *Übermittlung von Informationen* dar. Alle Teilnehmer können innerhalb eines fixierten Zeitraumes Informationen geben, zur Kenntnis nehmen und bewerten. Unklarheiten lassen sich in der Aussprache sofort beseitigen. Der Informationswert einer Diskussion ist dabei durch die Möglichkeit einer *sofortigen Rückkoppelung* höher zu veranschlagen als der einer schriftlichen Mitteilung, denn die höhere Redundanz in der Diskussion begünstigt das Verständnis bei *allen* Teilnehmern eher als die weniger redundante schriftliche Korrespondenz. Kollegien lassen sich in dieser Weise zur *Lösung von Kommunikationsproblemen* einsetzen.

(4) Da sich die Arbeit in Gruppen vollzieht, bieten sich auf der humanen Seite Möglichkeiten der *Motivation* der Mitglieder an, die sich aus den sozialen Bedürfnissen des Menschen herleiten. Die Motivationswirkung kann sowohl in der Teilnahme an der Willensbildung, der Willensdurchsetzung als auch an der Willenssicherung liegen (*Partizipationsaspekt*).

– Kollegien können gegenüber den anderen Gestaltungsformen jedoch auch *Nachteile* bieten:

(1) Mit der Abhaltung von Konferenzen sind fast immer *zeitliche Schwierigkeiten* verbunden. Oft ist es gar nicht möglich, überhaupt einen Sitzungstermin zu finden, der es allen Mitgliedern ermöglicht, teilzunehmen. Relativ späte Termine können jedoch eine Verzögerung des Handels bedeuten. Daher kann es sich bei häufig wiederkehrenden Aufgaben empfehlen, periodisch in festgelegten Zeitintervallen Konferenzen abzuhalten, deren Termine im voraus festliegen. Bei einer derartig turnusmäßigen kollegialen Arbeit besteht jedoch die Gefahr, daß gelegentlich ausreichend wichtiger Diskussionsstoff fehlt, die Konferenzen aber dennoch abgehalten werden. Die Teilnehmer fragen sich dann, ob sich der Zeitaufwand für das Kollegium lohnt. Zudem *arbeitet ein Kollegium langsamer* als ein Einzelner. Wenn schnelle Entscheidungen getroffen werden müssen, kann die kollegiale Arbeit mit dem Nachteil der *Schwerfälligkeit* behaftet sein.

(2) Sachlich besteht bei der Arbeitsweise von Kollegien die Gefahr von „faulen" *Kompromissen* bei der Meinungsbildung. Werden die Ziele von allen Teilnehmern im Detail (*Problemlösungssituationen*) oder nur global (*Überzeugungssituationen*) geteilt, dürfte diese Gefahr weniger stark gegeben sein. Hier sollte die Sachargumentation zur Überzeugung der Teilnehmer führen. Die Abstimmung stellt in diesen Situationen kein Ideal für die Konferenzarbeit dar. Besteht jedoch ein akzeptierter Interessenkonflikt unter den Teilnehmern (d. h. es besteht keinerlei Konsens über zu erreichende Ziele) werden sich Abstimmungsergebnisse mit nicht immer befriedigendem Ergebnis kaum vermeiden lassen. Dies dürfte insbesondere dann der Fall sein, wenn sich Teilnehmer weitgehend von taktischen Gesichtspunkten zur Durchsetzung ihrer persönlichen Interessen leiten lassen. Wechselnde Koalitionen kennzeichnen dann nicht selten die politische Situation der kollegialen Arbeit.

(3) Die unteilbare Aufgabe eines Kollegiums führt zur *Unteilbarkeit der Verantwor-*

tung für das Arbeitsergebnis eines Kollegiums. In diesem Sinne kann ungeteilte Verantwortung bedeuten, daß kein einzelner bereit ist, die Verantwortung für das Konferenzergebnis zu übernehmen. Der kollegialen Arbeit wird daher häufig nachteilig angelastet, daß sie eine ideale Form für alle diejenigen bilde, die aus der Verantwortung flüchten wollen. Dieser Mangel kann dadurch vermindert werden, daß am Ende einer jeden kollegialen Arbeit die klare Zuteilung einer Einzelverantwortung für die Durchführung der Konferenzergebnisse steht. Hierzu sollte auch die Autorisierung für das Verfolgen ihrer Ausführung gehören (Willenssicherung).

(4) Eine zu starke Anwendung von Kollegien kann die *Initiative der Mitarbeiter schwächen.* Das häufige Zusammenarbeiten in einer Gruppe kann dazu führen, daß Fragen von untergeordneter Bedeutung in einem Kollegium behandelt werden; diese wären jedoch einfacher durch einen Einzelnen als in der Gruppe zu entscheiden.

Die Organisationspraxis hat eine Fülle von *Kombinationsmöglichkeiten* von Zentralabteilungen und Kollegien und anderen Organisationsformen entwickelt, um im Übergangsbereich zwischen quantitativen Anwendungsbedingungen beider Organisationsformen flexibel auf die besonderen Anforderungen an die Traversierung eingehen zu können, die kurz beispielhaft belegt werden sollen:

- Eine Zentralabteilung bedient sich für innovative Aufgabenstellungen und für die Konsensierung ihrer Harmonisationsarbeit eines Kollegiums, das aus Personen der zu harmonisierenden dezentralen Abteilungen besteht.
- Zentralabteilungen und Kollegium bedienen sich zur Aufgabendurchführung multipersonal zusammengesetzter Projektgruppen.
- Um der quantitativen Anwendungsbedingung von Zentralabteilungen bei unterentwickelten Größenverhältnissen zu entsprechen, übernimmt die Zentralabteilung aus Auslastungsgründen neben ihren Harmonisationsaufgaben zentrale Ausführungsaufgaben.

3.13 Organisationsformen auf Zeit

3.131 Die Projektorganisation als Organisationsform auf Zeit

Werden Organisationseinheiten nicht auf unbegrenzte Dauer, sondern zur Erfüllung von Aufgaben eingesetzt, deren zeitliches Ende sich bei der Organisationsplanung bereits übersehen läßt, entstehen Organisationsformen auf Zeit. Für sie hat sich der Begriff der *Projektorganisation* eingebürgert, da in ihrem Mittelpunkt keine Daueraufgabe steht, sondern die Erfüllung von zeitlich begrenzten Aufgaben, die sich mit einem bestimmten Projekt verbinden (vgl. z. B. Zogg =Projekt-Management= 12). Projekte sind *einmalige* Vorhaben, die einen *innovativen* Charakter tragen. Die Einmaligkeit des Projektes führt dazu, daß die Projektaufgabe in der gleichen Art *nicht wiederkehrt* (vgl. Schröder =Projekt-Management= 16). Hiermit verbindet sich ein höherer Grad der *Un-*

sicherheit bei der Aufgabenerledigung, als dies üblicherweise bei der Erfüllung von Daueraufgaben der Fall ist (vgl. Steiner/Ryan =Project-Management= 7). Offensichtlich werden über die zeitliche Begrenzung des Projektes hierarchische Organisationsmuster ausgeschieden und lediglich systemorientierte Gestaltungen mit der Projektorganisation verbunden.

Nach Achim Musiol und Matthias Hirzel ergibt sich bei zunehmender Komplexität und steigendem Innovationsgehalt von Aufgaben eine Tendenz, von segmentierenden Organisationsformen abzugehen und zu traversierenden Organisationsformen vorzustoßen (vgl. Hirzel =Projektorganisation= 255 f. bes. 258; Musiol =Organisationsprojekte= 192). Ist der Innovationsgehalt der Projektaufgaben *relativ gering* und ihre Komplexität wenig ausgeprägt, werden segmentierende Formen der Projektorganisation zum Einsatz kommen. Im Feld mittleren Innovationsgehaltes und mittlerer Komplexität werden Formen eines in sich geleiteten traversierenden Projektmanagements interessant werden, die bei hohem Innovationsgehalt und großer Komplexität der zu erfüllenden Aufgaben durch Teamstrukturen in Form von in sich nicht formalisiert geleiteten Projektgruppen oder von Projektkollegien abgelöst werden (vgl. Abb. 16).

Klassische Organisationsformen eignen sich nur bedingt für die Abwicklung derartig

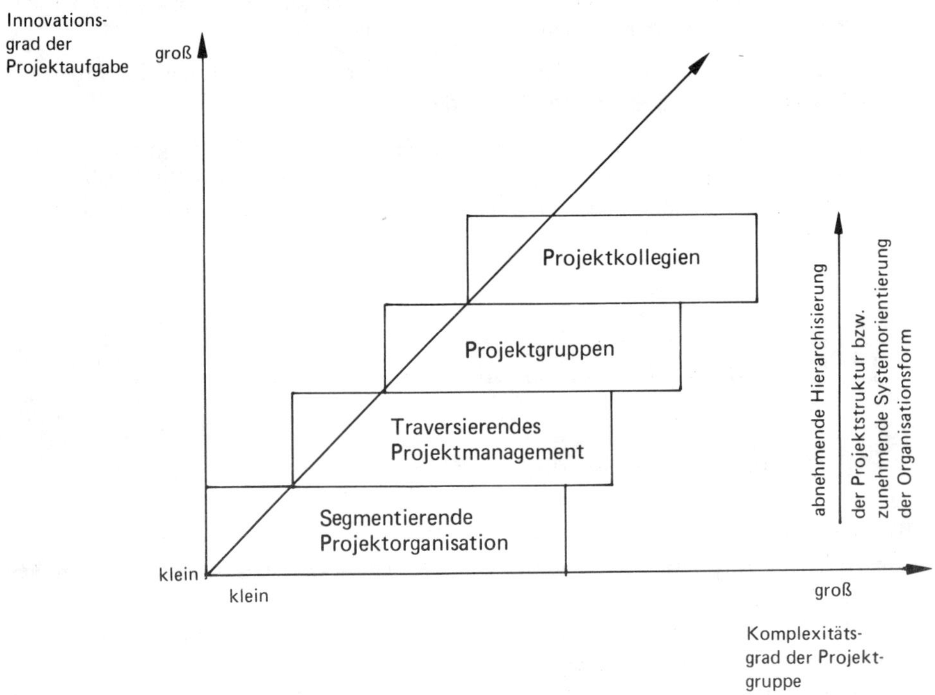

Abb. 16: Projektaufgabe und Projekt-Organisationsform

einmaliger, zeitlich begrenzter, komplexer, innovativer Aufgaben. Die Interdisziplinarität von Projekten führt zur Suche nach neuen Organisations- und Führungskonzepten, die die klassische auf Arbeitsteilung und Spezialisierung ausgelegte Organisationsgliederung überspannen.

So sieht David Cleland das Projektmanagement als „molding the organization around a specific task or project" (Cleland =Project Management= 83). In dieser Weise wird aus der Projektaufgabe eine Organisationseinheit.

3.132 Externe und interne Projektaufgaben

Projekte und damit ihre organisatorische Gestaltung lassen sich nach dem Auftraggeber grundsätzlich in zwei verschiedene Formen einteilen. *Externe Projekte,* die ihren Auftraggeber außerhalb der Unternehmung haben, weisen eine Marktleistung als Ergebnis auf. *Interne Projekte,* die ihren Auftraggeber innerhalb der Unternehmung haben und zumeist der internen Rationalisierung dienen, machen sich nur indirekt in einer verbesserten Wettbewerbsfähigkeit am Markt bemerkbar.

– *Externe Projekte.*

  Externe Projekte sind Marktprojekte, die bei der Abwicklung von Beschaffungs-, Absatz- oder Finanzierungsaufgaben entstehen. Der übliche Fall ist die Abwicklung von Absatzaufgaben im nicht routinierten Anlagen-/Systemgeschäft. Die hierbei auftretenden Akquisitions-, Angebots-, Projektierungs-, Entwicklungs-, Konstruktions-, Fertigungs- und Montage-, Pflege- und Finanzierungsaufgaben können sowohl die funktionale als auch die Geschäftsbereichsorganisation überspannen. Derartige Projekte verlangen nach einer Form, die die Flexibilität von Aufgaben und Personen auch in allen den Teilen der Organisation sicherstellt, die sich durch eine hohe Routineprogrammierung auszeichnen (wie z. B. wesentliche Kernbereiche der Fertigung), und werfen wesentliche Fragen nach ihrer organisatorischen Eingliederung auf.

– *Interne Projekte.*

  Interne Projekte, die der Strukturverbesserung des Systems dienen (z. B. ADV-, Informationssystem-, Personalbeurteilungs-, Organisationsprojekte) überspannen gleichfalls die traditionellen arbeitsteiligen Glieder der Unternehmung und führen zu überlagernden Organisationseinheiten auf Zeit. „Im Unterschied zu externen Projekten arbeitet hier die interne auftraggebende Stelle als Projektleiter an der Definition der Projektziele mit. Der Auftraggeber wird voll in das Projektführungssystem integriert" (Brand =Projektmanagement= 10).

3.133 Formen der Projektorganisation

Innerhalb der Projektorganisation lassen sich vielfältige (Unter-) Formen ihrer Ausprägung sowohl hinsichtlich ihrer *Innen*gestaltung als auch ihrer *äußeren* Eingliederung in

Organisationsmodelle unterscheiden, wobei im Hinblick auf die große Vielfalt der Organisationspraxis lediglich die wesentlichsten herausgegriffen werden sollen.

3.133.1 Innenstrukturierung der Projektorganisation

3.133.11 Projektgruppen

3.133.111 Segmentierende Projektformen

Genauso wie bei der Erfüllung von Daueraufgaben diese anstatt durch eine hierarchische Unterstellung auch durch Arbeitsgruppen gelöst werden können, bietet sich bei segmentierend eingrenzbaren Projekten zur Lösung sektoralzielbezogener Aufgaben die Möglichkeit der Auflösung eines Aufgabenbereiches in einzelne Projektgruppen an (z. B. Bearbeitung einzelner Entwicklungsaufgaben durch Projektgruppen). Die Besonderheit dieser Organisationsform liegt in der Notwendigkeit, Gruppenmitglieder nach Erledigung des Projektes entweder in neue temporäre Arbeitsgruppen einzugliedern oder sie in die Dauerorganisation einzufügen (vgl. Dullien =Anatomie= 261).

Gegenüber der Abb. 7 ergibt sich lediglich der Hinweis auf die zeitliche Begrenzung dieser Organisationsform.

3.133.112 Traversierende Projektformen

Entstehen sektoralzielübergreifende Aufgaben von beschränkter Zeit, können Projektgruppen gebildet werden, die eine Steuerungsfunktion gegenüber den Dauerbereichen im Hinblick auf diese zeitlich begrenzten Aufgaben wahrnehmen (z. B. Steuerungsgruppen für bestimmte Aufträge, die über die dauersegmentierte Organisation hinweg gesteuert werden müssen). Ist die zeitlich begrenzte Steuerungsaufgabe entfallen, löst sich die hauptfunktionell arbeitende Projektgruppe, die diesem Zwecke diente, auf.

3.133.12 Projektkollegien

Für die Lösung sektoralzielübergreifender Aufgaben von begrenzter Zeit können Kollegien eingesetzt werden, die über ihre Mitglieder den traversierenden Notwendigkeiten *neben*funktionell entsprechen. (Z. B. werden zur Entwicklung eines neuen Organisationskonzeptes Mitarbeiter der Unternehmungsleitung, der Organisationsabteilung und der verschiedenen Unternehmungsbereiche in einem Organisationsausschuß zusammengefaßt).

Michael Brand weist auf die Neigung zur Interdisziplinarität derartiger Projektgruppen hin: „Das Wissen verschiedener Fachdisziplinen und die Zusammenarbeit mehrerer Abteilungen innerhalb der Unternehmung“ bildet dann den Anlaß zur Bildung von Projektkollegien (Brand =Projektmanagement= 1).

Nach Erfüllung dieser übergreifenden Aufgaben löst sich das Kollegium auf und seine Mitglieder werden von dieser nebenfunktionellen Aufgabe zugunsten ihrer hauptfunk-

tionellen oder anderer nebenfunktioneller Aktivitäten entlastet. Gegenüber der Abb. 13 ergibt sich lediglich der Hinweis auf die zeitliche Begrenzung dieser Organisationsform.
Projektkollegien werden vorzugsweise nach dem Prinzip der *persönlichen Fähigkeiten* ihrer Mitglieder zur Lösung einer gemeinsamen (interdisziplinären) Aufgabe zusammengesetzt. Bei ihnen kommt es nicht primär auf die Vertretung einzelner Bereichsinteressen als vielmehr darauf an, in den Mitgliedern kooperationsfähige Träger komplementärer Erfahrungen und komplementären Wissens zusammenzubringen.

3.133.2 Außenstrukturierung der Projektorganisation

Die Projektorganisation kann nicht nur zur Lösung innerbetrieblich auftretender (Projekt-) Aufgabenkomplexe herangezogen werden, sondern auch bei interorganisatorisch (vgl. Alewell =Koppelung= 182 ff.) zu bewältigenden Aufgaben auf Zeit eine interessante organisatorische Möglichkeit bieten. Es wird daher im folgenden zwischen *überbetrieblichen* und *betrieblichen* Formen der organisatorischen Eingliederung der Projektarbeit unterschieden.

3.133.21 Überbetriebliche Projektorganisation

Überbetriebliche Projekte ergeben sich immer dann, wenn die dabei entstehenden Aufgaben von einer Unternehmung allein nicht mehr bewältigt werden können. Es finden sich dann mehrere Unternehmungen zur Realisierung solcher Vorhaben zusammen. Brand betont, daß sich vor allem dadurch Schwierigkeiten ergeben, daß die einzelnen Projektsysteme verschiedenen selbständigen Unternehmungen angehören: „An die Stelle der Anordnungsbeziehungen zwischen dem Projektleiter und den Fachabteilungen innerhalb einer Unternehmung treten bei der überbetrieblichen Projektorganisation Vertragsbeziehungen zwischen zwei am Gesamtprojekt zusammenarbeitenden rechtlich und wirtschaftlich unabhängigen Institutionen auf." (Brand =Projektmanagement= 71). Drei Formen scheinen sich für die überbetriebliche Projektorganisation in der Praxis herausgebildet zu haben.

– *Einzelauftragsorganisation.*

Hier gliedert der Auftraggeber das Projekt in verschiedene Einzelaufträge, die er an verschiedene Unternehmungen vergibt. Die Koordination der Teile zum Gesamtprojekt nimmt der Auftraggeber selbst wahr, oder er überläßt sie seinem Berater (vgl. Livingston =Contracting= 83).

„Diese Einzelauftragsorganisation ist nur dort sinnvoll, wo relativ wenig Interdependenzen zwischen den einzelnen Subsystemen auftreten und die Integration der Komponenten zum Gesamtsystem keine Schwierigkeiten bereitet. Bei komplexen technischen Systemen sind Behörden allgemein von der Einzelauftragsorganisation abgekommen, um die Projekte zu beschleunigen und die auftraggebende Stelle selbst von ihrer Mitverantwortung für die Planung, Disposition und Ausführung der Projektarbeiten zu entlasten" (Brand =Projektmanagement= 72).

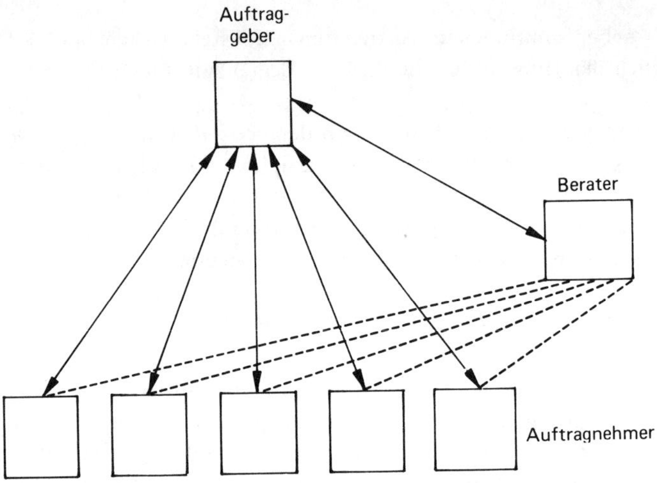

Abb 17: Einzelauftragsorganisation

– *Generalunternehmerorganisation.*

Bei dieser Form schließt der Auftraggeber mit dem „Generalunternehmer" (general contractor) einen Vertrag über das Gesamtprojekt ab. Der Generalunternehmer übernimmt die Projektleitung und die Gesamtverantwortung, führt (meist die Mehrzahl der) Projektaufgaben selbst aus und vergibt Unteraufträge an Drittfirmen (vgl. Günter =Anbieterkoalitionen= 162).

„Dieser Organisationstyp hat den Vorteil, daß die in der Projektführung notwendigen Entscheidungen schnell und systemkonform getroffen werden können und der Generalunternehmer für das Gesamtprojekt entsprechend den vertraglichen Bedingungen haftbar ist. Die Arbeitsteilung sollte auch hier so erfolgen, daß relativ

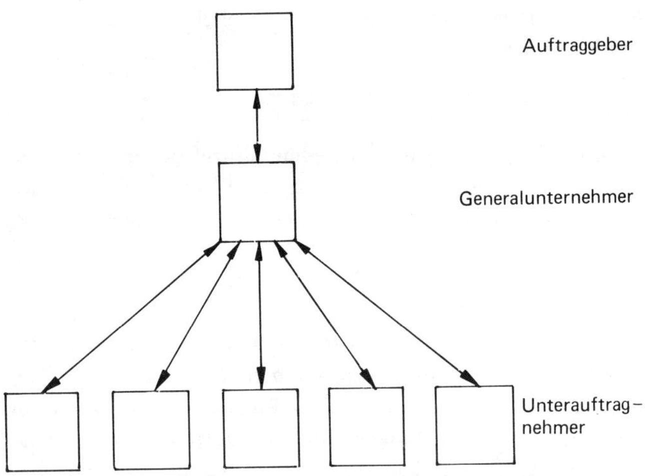

Abb. 18: Generalunternehmerorganisation

autonome Subsysteme entstehen, die sich mit Hilfe von Spezifikationen genau umschreiben lassen. In der Regel handelt es sich um Baugruppen oder Module, die an die Unterauftragnehmer vergeben werden, während die Integration und Montage meist beim Generalunternehmer liegt" (Brand =Projektmanagement= 72 f.).

– *Konsortialorganisation.*

Mehrere selbständige Unternehmungen vereinigen sich zu einem Konsortium, um ein Projekt gemeinsam abzuwickeln. Hierzu wird ein Gesellschaftsvertrag abgeschlossen, in dem u. a. die Organisation der Projektleitung geregelt sein sollte. „Beim Konsortium haben sich zwei Formen der Projektleitungsorganisation bewährt: entweder übernimmt eines der Mitglieder die Federführung und tritt gegenüber dem Auftraggeber als Führungsorgan des Konsortiums auf, oder es wird eine eigene Institution zur Projektleitung eingerichtet und mit Führungskräften aus den Mitgliedsfirmen besetzt.

Die Bildung eines Konsortiums lohnt sich nur bei langfristigen Vorhaben. Im Vergleich zur Generalunternehmerorganisation ist die Position des Projektleiters beim Konsortium schwächer, da er die Unteraufträge nicht im Wettbewerb ausschreiben kann. Alle Projektänderungen müssen vertraglich zwischen dem Konsortium und seinen Mitgliedern festgelegt werden.

Der Auftraggeber schließt entweder den Gesamtvertrag über das Projekt mit dem Konsortium ab, oder vergibt alle Teilaufträge entsprechend dem Konsortialangebot einzeln an alle Mitgliedsfirmen. Bei einem Gesamtvertrag kann das Konsortium

Auftraggeber

Konsortium

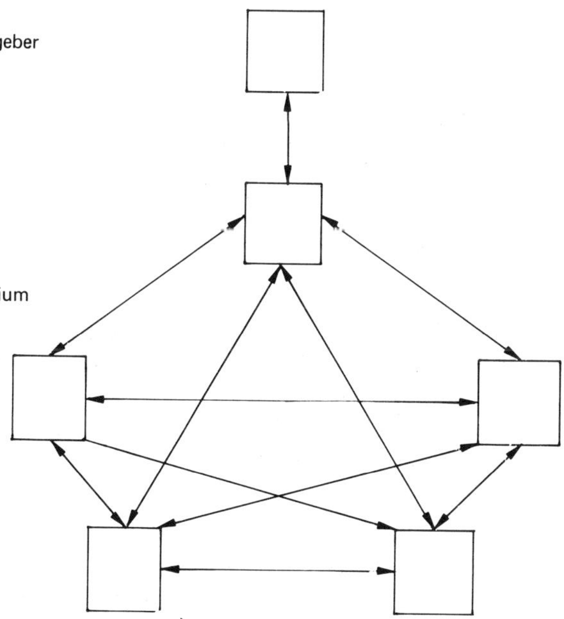

Abb. 19: Konsortialorganisation

haftbar gemacht werden, wenn es eine eigene Rechtspersönlichkeit besitzt; sonst sind die Mitglieder einzeln für die Gesamtleistung des Projektes haftbar. Dieses Risiko für die Mitgliedsfirmen, das oft in keinem Verhältnis zu den Gewinnmöglichkeiten eines Projektes steht, hält viele Firmen von der Beteiligung an solchen Konsortien ab" (Brand =Projektmanagement= 73 f.).

3.133.22 Innerbetriebliche Projektorganisation

Die Formen der innerbetrieblichen Projektorganisation lassen sich aus folgendem Tensor ableiten:

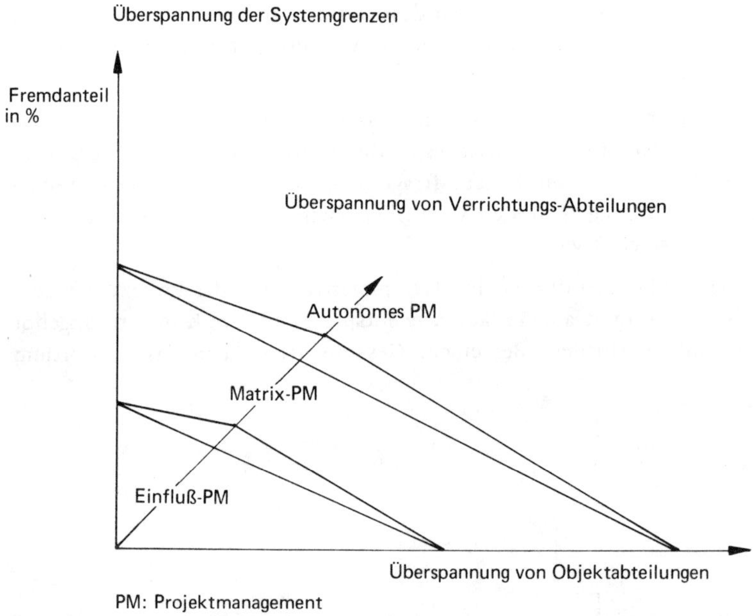

Abb. 20: Formen der innerbetrieblichen Projektorganisation

Je nachdem, wie stark die Projektaufgabe die traditionelle funktionale Organisation (Verrichtungsgliederung), die nach Produkten gebildeten Unternehmungs- und Geschäftsbereichsorganisationen (Objektgliederung) und die Grenzen des Systems Unternehmung nach außen (gemessen am Fremdanteil des Projektes) überspannt, lassen sich drei Formen der internen Projektorganisation unterscheiden.

3.133.221 Einfluß-Projektorganisation

Die Bezeichnung Einfluß-Projektorganisation geht auf Steiner und Ryan (=Project-Management= 11) zurück. Hill/Fehlbaum/Ulrich (=Organisationslehre= 203) sprechen von einer Projektorganisation durch Stabsstellen, Dullien (=Anatomie= 263) von Projektkoordinatoren. Die Einfluß-Projektorganisation könnte als Weiterentwicklung der

Stablinienorganisation gekennzeichnet werden. Statt eines Stabes wird eine Projektkoordination tätig, die ihren Einfluß auf die Linie *weder durch funktionale noch disziplinäre Weisungsrechte,* sondern lediglich über den Austausch von koordinierenden Informationen ausübt. Der Projektkoordinator ist als Stab der obersten Leitung bzw. bei tiefgestaffelten organisatorischen Gliederungen einer gehobenen Mittelinstanz angegliedert. Dies kann leicht dazu führen, daß die zeitliche Kapazität der obersten Leitung überfordert wird und diese Stabsstelle sich selbst die informale Kompetenz für Projektentscheidungen aneignet, um das Projekt zügig vorantreiben zu können. Alle Entscheidungen liegen jedoch bei der Linie. Othmar Hegi (=Projekt-Management= 382) weist darauf hin, daß diese Projektkoordination im Hinblick auf das Erreichen des Projektzieles, die Termineinhaltung und die Kostengestaltung nicht die Verantwortung für das Projekt übernehmen kann. „Dennoch kann ihr direkter Einfluß auf die funktionalen Abteilungen erheblich sein, da diese sich aus ihrer Autorität ableitet, die sich nicht allein aus Weisungsrechten ergibt, sondern auch andere Quellen hat" (Schröder =Projekt-Management= 78).

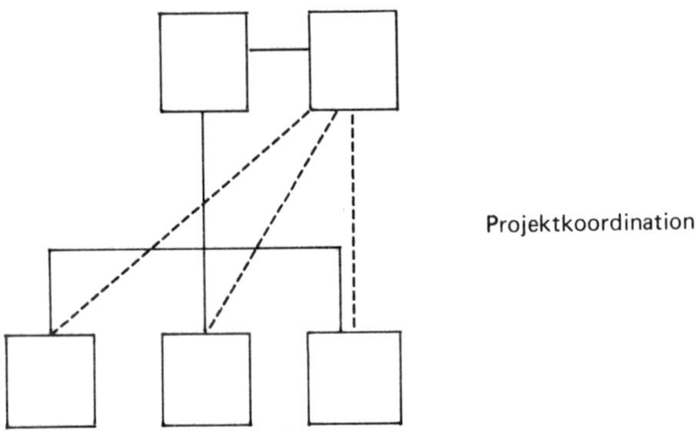

Abb. 21: Einfluß-Projektorganisation

Der Vorteil des Einfluß-Projektmanagements liegt in der leichten Eingliederungsmöglichkeit des Projektkoordinators. Die mehr informelle Art der Projektkoordination weist jedoch zugleich auf die Grenzen dieser Koordinationsform hin. „Trotz informaler Kompetenzen kann der Leiter der Projektstabsstelle seine Koordinationsfunktion oft nur ungenügend erfüllen, während sein Vorgesetzter in der Regel zu wenig Zeit für die Projektleitung zur Verfügung hat. Es kommt zu den hinlänglich bekannten Differenzen zwischen Stabs- und Linienstellen, was dem Projektfortschritt nicht förderlich sein kann." (Brand =Projektmanagement= 61). Die Organisationsform des Einfluß-Projektmanagements ist daher nur dann zu empfehlen, wenn Projektaktivitäten für eine Unternehmung relativ seltene Fälle darstellen, die sich auch in ähnlicher Form kaum wiederholen.

3.133.222 Matrix-Projektorganisation

Bei dieser Gestaltungsalternative wird das Projekt als weitere Dimension neben Verrichtung, Objekt und Region gesehen und mit einer oder mehreren von ihnen zum

Schnitt gebracht. Die Projektgruppe erhält für die Durchführung ihrer Koordinationsaufgaben *funktionale Weisungsrechte* zugestanden; sie verfügt jedoch über *keinerlei disziplinäre Weisungsrechte* gegenüber der oder den anderen Dimension(en).

Die kritische Stelle einer Matrix-Projektorganisation ist im Schnittpunkt der horizontalen Kompetenzlinien der Projektgruppen mit den vertikalen der übrigen Instanzen zu sehen. Die folgende Abbildung bringt dies zum Ausdruck (nach Brand =Projektmanagement= 62).

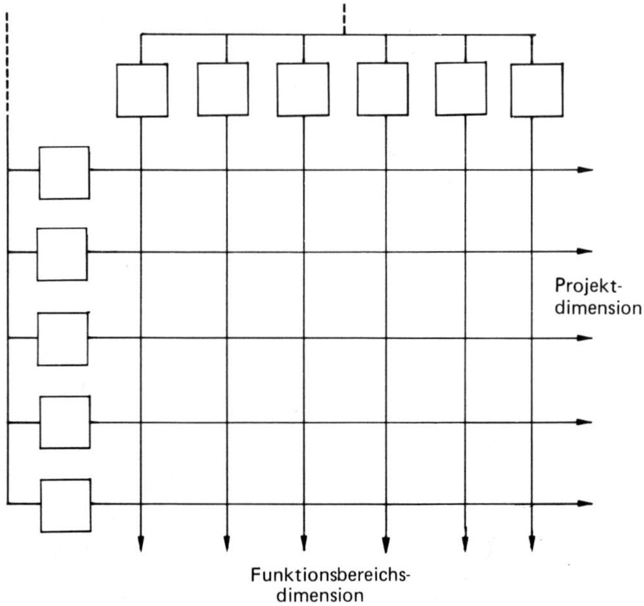

Abb. 22: Matrix-Projektorganisation mit kreuzenden Kompetenzlinien

Der im Schnittpunkt entstehende Konflikt wird einmal als funktional im Hinblick auf eine kooperative und innovative Problemlösung betrachtet (z. B. das Vermeiden von Ressortegoismen; vgl. Dullien =Perspektiven= 189), zum anderen wird versucht, die Entscheidungen inhaltlich aufzuteilen, etwa so, daß der Projektleiter über das *Was* und *Wann* und die übrigen Leiter über das *Wie* und *Womit* entscheiden können (vgl. Schröder =Projekt-Management= 84; Hegi =Projekt-Management= 85; Hill/Fehlbaum/Ulrich =Organisationslehre= 207).

Manfred Dullien nennt im Zusammenhang mit den in der Matrix-Projekt-Organisation auftretenden Konflikten die Teamarbeit als wichtig. An den Schnittpunkten sollten jeweils Teams stehen, weil „nur in einem Klima der guten Zusammenarbeit . . . Konflikte so versachlicht werden (können), daß sie auch in größeren Mengen erträglich werden“ (Dullien =Perspektiven= 190, im Original gesperrt).

Nach Dulliens Auffassung entspricht die Matrix-Organisation besonders den im Projekt auftretenden Beziehungen zwischen Abnehmern und Lieferanten, und zwar sowohl intersystemisch, als auch im übertragenen Sinne innerhalb der Unternehmung. Diese

Horizontalorganisation wird „in die sogenannte ‚Vertikalorganisation' – die Organisation der Ressorts und der hierarchischen Weisungsrechte – integriert . . ." (Dullien =Perspektiven= 187).

Der Anwendungsbereich der Matrix-Projektorganisation liegt bei sog. „reifen" Projekten, „mit klar definiertem Ziel und klar definierbaren Teilaufgaben" (Dullien =Perspektiven= 188). Bei diesem Projekttyp liegt das Problem in der Sicherstellung der erforderlichen Machtstellung des Projekt-Managers; im Gegensatz zu Projekten, für die Ziele erst gesucht bzw. formuliert werden müssen.

Eine andere Möglichkeit der Kompetenzabgrenzung ist dann gegeben, wenn innerhalb der übrigen Fachabteilungen ein Projekt-Submanager dem Projektmanager bezüglich des Projektes fachlich unterstellt wird, während er seinem bisherigen Fachvorgesetzten nach wie vor disziplinarisch zugeordnet bleibt (Schröder =Projekt-Management= 79). Michael Fronz (=Projekt-Management= 176 f.) weist auf eine weitere Möglichkeit hin, die Projekt-Submanager in das Projektleitungsteam zu integrieren und dem Projektleiter disziplinarisch zu unterstellen. Die Projekt-Submanager besitzen dabei projektbezogene Weisungsbefugnisse innerhalb der Fachbereiche. Richard Hopeman (=Systems Analysis= 188 f.) macht den Vorschlag, den Projektabteilungen volle Kompetenzen und Verantwortung für die Projektarbeiten in der Unternehmung zu geben, während die Fachabteilungen lediglich für die Verwaltung und den Einsatz der Betriebsmittel zuständig sein sollen.

3.133.223 Autonome Projektorganisation

Diese Form, die auch als *reine Projektorganisation* (nach Steiner/Ryan =Project Management= 8) oder als *projekt-orientierte Unternehmungsorganisation* bezeichnet wird, führt alle Beteiligten zu einer Organisationseinheit zusammen, die von einem Projektleiter geführt wird, der dabei volle *funktionale und disziplinarische Weisungsrechte* besitzt. Die Mitglieder einer derartigen Abteilung können entweder aus der bestehenden Organisation entliehen werden (sog. *Task-Force-Organization*) oder für die Bearbeitung der Projektaufgabe eingestellt werden (sog. *Project-Organization*) (Bezeichnung nach Zimmermann =Projektgruppe= 45 f. und Middleton =Project Organization– 73).

Ein derartiges reines Projektmanagement kann entweder *neben* anderen Formen der Organisation stehen oder aber eine *gesamte* Organisation gestaltend durchziehen. Im ersten Fall dürften Schwierigkeiten in der Koordination des Projektes mit der Normalorganisation und weiteren Projekten zu erwarten sein (Hill/Fehlbaum/Ulrich =Organisationslehre= 206). Im zweiten Fall ist jedes Subsystem nach einzelnen Projekten, Projektgruppen bzw. Projektprogrammen ausgerichtet und enthält alle für die Projektbearbeitung notwendigen Funktionsbereiche. „Die am Projekt beteiligten Mitarbeiter unterstehen für die Dauer des Projektes allein dem Projektleiter. Zentrale Stabsstellen übernehmen bei der projektorientierten Unternehmungsorganisation koordinierende Aufgaben der Unternehmungsfunktionen, insbesondere solche der Gesamtführung und der Betriebsmittelversorgung" (Brand =Projektmanagement= 66). Der Vorteil einer derartigen Organisationsform liegt vor allem darin, daß den Belangen der Projekte volle Geltung verschafft werden kann und der Projektleiter mit seinen funktionalen und disziplinarischen Weisungsrechten ein Vorhaben rasch und effizient verwirklichen kann. Gegenüber dem Matrix-Projektmanagement ergibt sich eine eindeutige Anweisungsstruktur für ein Projekt.

Eine projektorientierte Unternehmungsorganisation steht in einem ständigen Wechsel sich bildender, in Arbeit befindlicher und sich wieder auflösender Projektgruppen und stellt damit große Anforderungen an die Flexibilität der Organisation und der Personaldisposition. Werden insbesondere Fragen der personalen Wiederverwendung und der Laufbahnplanung nach Beendigung eines Projektes personalpolitisch nicht befriedigend gelöst, sind gravierende Rückwirkungen auf die Motivation der Mitarbeiter und das Organisationsklima nicht auszuschließen.

3.134 Personelle Besetzungsprobleme der Projektorganisation

Die Eingliederung von Personen auf Zeit in eine Projektorganisation wirft gegenüber den anderen, dargestellten Organisationsformen eine Reihe von besonderen Fragen im Grenzgebiet von Organisationen und Personalwirtschaft auf. Grundsätzlich ist darauf hingewiesen worden, daß Mitarbeiter an Formen der Projektorganisation im Hinblick auf die besonderen Charakteristiken der Projektaufgabe über spezielle Qualifikationen verfügen sollten. So nennt Michael Fronz (=Projekt-Management= 177) folgende Qualifikationen für Projektmitarbeiter:
- Spezialkenntnisse
- Kreativität
- innovationsfreudig
- abstraktes, systematisches Denken
- fachliche Überzeugungskraft
- Einordnung und aktive Mitarbeit in der Gruppe
- Flexibilität
- Kontaktfähigkeit

Als besondere Eigenschaften des Projekt-Managers gelten:
- dynamisch
- entscheidungsfreudig
- Überzeugungskraft
- Motivationsfähigkeit
- Einfühlungsvermögen
- kooperativ
- Organisations- und Improvisationsgeschick.

Bezüglich der personellen Besetzung von Projektgruppen lassen sich vier grundsätzliche Formen unterscheiden:

(1) Institutionelle oder persönliche Beauftragung.

Eine Projektgruppe läßt sich nach dem Prinzip der institutionalen Beauftragung bilden. Dies ist z. B. dann der Fall, wenn die jeweiligen Leiter von bestimmten Fachabteilungen, deren Expertise bei der Bearbeitung eines Projektes aktiviert werden soll, *kraft*

Amtes in eine Projektgruppe entsandt werden. Ein anderer Fall ist dann gegeben, wenn Mitarbeiter weniger kraft Amtes, sondern aufgrund ihrer *persönlichen Qualifikation* in einer Projektgruppe zusammengefaßt werden. Dies ergibt sich z. B. dann, wenn besonders kooperationsbereite Nachwuchskräfte aufgrund ihrer speziellen und für die Projektgruppe *komplementären Ausbildung* zu einer derartigen Organisationseinheit zusammengestellt werden oder, wenn auch aufgrund *individueller Laufbahnplanungen* im Zuge einer job rotation für einzelne Mitarbeiter eine Entsendung in eine Projektgruppe erfolgt.

(2) Interne oder externe Beauftragung.

Hier ist der Fall zu unterscheiden, daß sich eine Projektgruppe entweder lediglich aus Mitarbeitern der *eigenen* Unternehmung bildet oder durch die Hinzufügung Unternehmungs-*Externer* entsteht. Der letzte Fall kann sich sowohl bei externen Projekten durch die Hinzunahme von Mitarbeitern des Kooperationspartners als auch bei internen Projekten durch die Einfügung außenstehender Experten (Berater) ergeben.

(3) Voll- oder teilzeitliche Beauftragung.

Die Aufgabe, die ein Projekt stellt, kann es erforderlich machen, die Mitglieder der Projektgruppe vollzeitlich zu entsenden. Die Abwicklung des Projektes liegt dann vollarbeitszeitlich in ihren Händen und es entsteht eine die gegebene Organisationsgliederung überspannende *„Abteilung auf Zeit“*. Dienen Projekte lediglich der Konzeption oder Koordination und ist der mit dieser Aufgabe verbundene Zeitaufwand unbedeutender, kann es zur Einrichtung teilzeitlicher *Projektkollegien* kommen, bei denen die Mitglieder der Projektgruppe neben der Erfüllung ihrer Primäraufgaben gelegentlich zur weiteren Verfolgung des Projektes zusammenkommen.

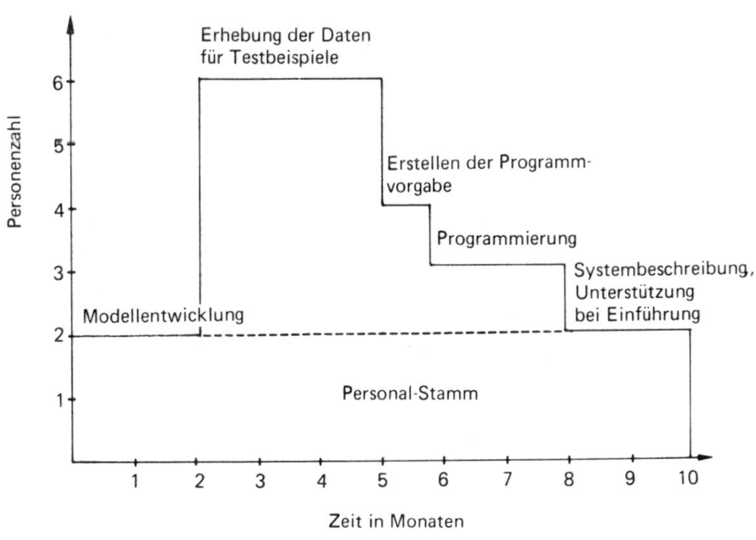

Abb. 23: Projektfortschritt und Personalstärke

(4) Konstante oder variable personelle Beauftragung.

Zimmermann betont, „daß sich neben der quantitativen auch die qualitative Zusammensetzung einer Projektgruppe im Verlauf des Arbeitsfortgangs verändern kann. Im Anfangsstadium wird sich die Projektgruppe überwiegend aus Analytikern und kreativen Kräften zusammensetzen. Wenn das Projekt in die Realisationsphase tritt, werden die Theoretiker verdrängt durch praxisorientierte Mitarbeiter" (Zimmermann =Projektgruppe= 47). Diese Anpassung verdeutlicht er an einem Beispiel (vgl. Abb. 23). Auch Manfred Dullien sieht eine zahlenmäßige Veränderung im Übergang von der Konzeptionsphase – kleines Team – zur Durchführungsphase (vgl. Dullien =Anatomie= 262).

Bei externen Projekten kann es sinnvoll sein, eine gewisse Konstanz der Mitarbeiter innerhalb der Projektgruppe zu wahren, um sowohl die Kontinuität z. B. gegenüber dem Kunden als auch in der internen Projektführung zu wahren. Lerneffekte aus der Arbeit an einem Projekt lassen sich im wesentlichen nur über eine Konstanz der Gruppenmitglieder erzielen.

3.2 Das Systemverhalten unterschiedlicher Organisationsformen

Organisationsformen, die sich im Hinblick auf ihre Harmonisationsfunktion, das angewendete Harmonisationsprinzip und die Harmonisationsdauer unterscheiden, werfen eine Reihe von Verhaltensproblemen auf, die im folgenden skizzenhaft diskutiert werden.

Hinsichtlich des Kontextbezuges der Wahl von Organisationsformen ergeben sich besondere Schwierigkeiten, da im Feld unmittelbarer Zusammenarbeit der individuelle Kontext ökonomischer, humaner und technischer Bedingungen im Einzelfall außerordentlich unterschiedlich sein kann. Diese Problematik beim Erlangen generalisierter Aussagen wird weiter durch die differenzierte vertikale und horizontale Stellung erschwert, die derartige Einheiten im Organisationsmodell einnehmen können. Im Gegensatz zu Organisationsmodellen, bei denen die Gestaltung der Verteilungsbeziehungen im Vordergrund steht, gewinnt bei den Organisationsformen die Strukturierung der Arbeitsbeziehungen zur Gestaltung des unmittelbaren Kooperationszusammenhanges eine weit größere Bedeutung.

3.21 Die Problematik der Harmonisationsfunktion

Nach der *Harmonisationsfunktion* werden segmentierende und traversierende Organisationsformen unterschieden. Unmittelbare Harmonisationseinheiten können in Abhängigkeit von dem Organisationsmodell, das der organisatorischen Systemgestaltung zugrundeliegt, segmentierend oder traversierend angelegt werden. *Segmentierende* Subsysteme folgen dem grundsätzlichen Strukturierungsmuster, in dem sie die hierarchische Gliederung von Unternehmungszielen in Sektoralziele organisatorisch nachvollziehen und entsprechende Basissysteme zu Zwischensystemen niederer Ordnung, Zwischensysteme niederer Ordnung zu Zwischensystemen höherer Ordnung usw. zusammenfügen. Diese Ausrichtung an den Sektoralzielen der Unternehmung führt wegen der ständigen hauptfunktionellen Zusammenarbeit der in den Zwischensystemen zusammengeschlossenen Basissysteme zu einem Übergewicht der inneren Bindung zwischen diesen und macht sie über die Dichte ihrer Arbeitsbeziehungen identifizierbar. *Traversierende* Zwischensysteme stellen stets Ergänzungen zu dem im Organisationsmodell angegebenen grundsätzlichen Segmentierungsmuster dar. Je komplexer ein zu organisierendes System ist, um so schwieriger wird es, der Vieldimensionalität seiner Beziehungen durch die organisatorische Strukturierung zu entsprechen. Ein Teil der im Segmentierungsmuster des Organisationsmodells offen gebliebenen Mehrdimensionalität muß dann ergänzend durch traversierende Organisationsgestaltung abgedeckt werden, damit sektoralzielübergreifende Harmonisationsaufgaben (Querschnittsaufgaben) erfüllt werden können. In der Tendenz kann davon ausgegangen werden, daß eindimensionale Organisationsmodelle eine gegebene Mehrdimensionalität eines zu organisierenden Systems stärker „vergewaltigen" und deshalb eine größere Zahl sektoralzielübergreifender Aufgaben schaffen, die über eine traversierende Organisationsgestaltung geregelt werden müssen, als mehrdimensionale Organisationsmodelle, die in dieser Weise der Komplexität des zu organisierenden Systems im Ansatz besser entsprechen. Dennoch werfen traversierende Organisationsformen eine *Reihe von Problemen* ihres Verhaltens auf, für die bislang keine hinreichend eindeutigen Lösungen vorliegen:

(1) Labiles Gleichgewicht zwischen Dimensionen.

Die grundsätzliche Frage nach dem Verhältnis zwischen den segmentierenden und den traversierenden Organisationseinheiten kann mehr oder weniger in Richtung auf ein Gleichgewicht beider beantwortet werden. Je mehr sich die gewählte organisatorische Lösung von einer Gleichgewichtigkeit beider Dimensionen entfernt, desto mehr verblassen die sich an Autorität, Macht und Prestige orientierenden Möglichkeiten der sektoralzielübergreifenden Querschnittsregelung der traversierenden Einheiten. Dies gilt in gleicher Weise für eine verteilungs- als auch für eine arbeitsbeziehungsmäßige Traversierung der segmentierten Grundorganisation. Geht die gewählte organisatorische Lösung in Richtung auf ein Gleichgewicht beider Dimensionen, kann es aus den bestehenden mehrfachen Unterstellungen (z. B. disziplinarisch und fachlich Anweisende sind unterschiedliche Personen) und Rollenkonflikten (z. B. Identifikation mit Normen des eigenen segmentierenden Systems versus der nebenfunktionellen Mitgliedschaft in einem harmonisierenden Kollegium) gleitende Vorschiebungen geben weg von einem Gleichgewicht hin zu einer Betonung der einen oder anderen Dimension.

(2) Erschwerte Konfliktlösung.

Traversierende Organisationsformen institutionalisieren den Konflikt zwischen mehreren Dimensionen. Damit werden Konflikte transparent und können einer bewußten Gestaltung zugeführt werden. Durch die Institutionalisierung von *beabsichtigten Konflikten* sollen Such-, Lern- und Kommunikationsprozesse ausgelöst werden, die zur Verwirklichung neuer Verfahren oder Ideen führen können, so daß dieser Konflikt letzten Endes produktiv ist (vgl. Schneider =Konflikte= 328). Ein offenes Problem ist es jedoch, in welchem Ausmaß durch die Personalisierung von Konflikten (z. B. durch unterschiedliche Ausbildung, divergierende Interessen und Wertvorstellungen der Konfliktparteien) die konstruktiven Wirkungen des institutionalisierten Konfliktes wieder aufgehoben oder sogar in ihr Gegenteil verkehrt werden.

3.22 Die Problematik des Harmonisationsprinzips

Nach dem *Harmonisierungsprinzip*, das bei der Subsystemgestaltung Verwendung findet, wurde zwischen hierarchischen und systemorientierten Organisationsformen unterschieden. *Hierarchische Organisationsformen* schaffen immer ein Rangsystem der *Über- und Unterordnung* von Basissystemen (Prinzip der Ungleichheit). Dies erfolgt über die Ausgliederung von Instanzen, die nach dem Prinzip der Fremdentscheidung in einer Autoritäts-, Macht- und Prestige-Differenz von den unterstellten Basissystemen abgehoben sind. Mit dieser Differenzierung entsteht im Organisationsmodell zugleich ein vertikaler Instanzenzug (skalare Befehlskette), der von der ranghöchsten Instanz bis rangniedersten Stelle verläuft. Jürgen Wild (=Hierarchie= 46 f.) hat folgende Merkmale *hierarchischer Organisationsgestaltung* zusammengestellt:

(1) Monokratische Struktur.

Macht bzw. Herrschaft kommen von oben, d. h. von den Vorgesetzten und nicht von der Basis, Macht wird von oben delegiert, die Verantwortung richtet sich gegenläufig von unten nach oben. Instanzen werden vorzugsweise nach dem Ein-Mann-Prinzip (unipersonal) besetzt (Ausnahme: die Systemspitze bei vorliegender rechtlicher Regelung). „Das Ein-Mann-Prinzip hierarchischer Systeme führt im Zusammenwirken mit anderen Merkmalen hierarchischer Systeme schließlich dazu, daß die Hierarchie zugleich stark *charismatische Züge* annimmt, indem sie überlegene Sachkenntnisse und Fähigkeiten, höheres Entscheidungs- und Informationsverarbeitungspotential, einer reiferen Persönlichkeit etc. des Vorgesetzten unterstellt" (ebenda 46).

(2) Aufgabenverteilung durch deduktive Ableitung.

Aus den Oberzielen werden Unterziele deduktiv abgeleitet, die Hierarchie wird als kongruent mit der Zielhierarchie angenommen. „Die Hierarchie zeichnet insofern die *statische Struktur der Koordinationswege* vor, wenn die Koordination nicht über besondere Organe ... (Anm. d. Verf.: traversierend) erfolgt. Auf diese Weise führt die

Hierarchie gleichzeitig zu einer „*Kanalisierung der Konfliktlösungsprozesse*" (Wild =Hierarchie= 47). In dieser Weise präferiert eine hierarchische Prägung von Organisationsformen zugleich eine segmentierende, eindimensionale Organisationsgestaltung.

(3) Kanalisierung der Informationsströme.

Mit der Ausbildung von Instanzen zur Harmonisation unterstellter und rangmäßig differenzierter Basissysteme werden die Informationsinhalte auf deren Bedürfnisse zugeschnitten und die Informationsströme „kanalisiert" über sie geleitet (Dienstwegprinzip). Die Instanz kann dabei stark restriktiv wirken, indem sie andere Möglichkeiten der formalen Kommunikation ausschließt (Informations-(weg-)rationierung). Sie nimmt dabei Einfluß auf das Informationspotential einzelner Stelleninhaber und kann Informationen als Instrument der Erhaltung und Ausübung ihrer Macht benutzen.

(4) Rollensystem und Statusverteilung.

Die Rolle des Vorgesetzten ist bei hierarchischer Organisationsgestaltung primär als Summe von Rechten, die des Mitarbeiters als Summe von Pflichten definiert.
Statusmäßig wird der Vorgesetzte über Anerkennung, Aufmerksamkeit, Privilegien und Ehrerbietung, die ihm zusteht, abgegrenzt.

(5) Konformitätszwang.

„Erwartet bzw. gefördert sowie belohnt werden konformes Verhalten, Unterordnung und Anpassung an die vorgegebene Macht- und Kommunikationsstruktur, an das Rollen- und Statussystem, die Aufstiegsmechanismen usw." (ebenda).

(6) Anreizsystem.

Für eine hierarchische Systembildung scheinen bestimmte positive und negative Anreize charakteristisch zu sein. „So z. B. die Bindung von Entlohnung, Anerkennung, Status, Sicherheit und anderer Privilegien an den Positionsrang, die spezifischen Aufstiegsmechanismen, die Belohnung rollenkonformen Verhaltens, die Erteilung von Sanktionen durch vorgesetzte Instanzen u. a. Der Anreiz, aufzusteigen, höhere Positionen einzunehmen, Macht auszuüben etc. fördert dabei zweifellos die Akzeptanz zugewiesener Rollen und stärkt insofern die Herrschaftsstruktur der Hierarchie" (Wild =Hierarchie= 47 f.).

(7) Motivationskonditionierung.

In dieser Weise befriedigt eine hierarchische Organisationsgestaltung bestimmte Motive der Mitarbeiter (z. B. Status- und Sicherheitsbedürfnisse), während andere Motive, wie z. B. die Selbstverwirklichung kaum angesprochen werden. Ferner ist die Vermeidung negativer Sanktionen im Motivationsbild hierarchischer Organisationsformen wichtig. „Es ist daher mit einigem Grund zu erwarten, daß das Leistungsmotivationspotential in hierarchischen Systemen nur zu einem geringen Teil aktiviert wird, Leistungsreserven und Befriedigungsmöglichkeiten also bei weitem nicht voll ausgeschöpft werden" (Wild =Hierarchie= 48).

Systemorientierte Organisationsformen wollen in Erkennung dysfunktionaler sach-rationaler und sozio-emotionaler Wirkungen hierarchischer Organisationsgestaltung einen anderen Gestaltungsweg beschreiten. Dabei steht die Aufhebung der Rangunterschiede der zu einem System höherer Ordnung zusammengefügten Basissysteme, die *Gleichordnung* der Mitarbeiter (Prinzip der Gleichheit) im Mittelpunkt organisatorischer Gestaltung. Nach dem Prinzip der Selbstentscheidung werden Autoritäts-, Macht- („Machtausgleich") und Prestige-Differenzen abgebaut und teamförmige, auf die gegenseitige Abstimmung ausgerichtete Organisationsformen geschaffen. Zur Charakterisierung systemorientierter Organisationsformen können die nach Jürgen Wild dargestellten Merkmale in ihrer Aussage jeweils umgekehrt werden. Eine derartige Umkehrung in der Richtung organisatorischer Gestaltung wirft eine Reihe von Verhaltens-Problemen auf, die zum Teil bislang nur mangelhaft gelöst worden sind:

(a) Zeitlich aufwendige Problemlösungen.

Zwar lassen sich bei einer grundsätzlichen Gleichordnung der personalen Elemente im Rahmen systemorientierter Organisationsformen durchaus anspruchsvollere Lösungen erwarten, die jedoch häufig zeitaufwendiger sind, da die Möglichkeit eines autoritativen Stichentscheides fehlt. Abstimmungsprozeduren können diese hierarchische Möglichkeit unter zeitlichem Aspekt nur teilweise ausgleichen.

(b) Eingeschränkte Wirkung kollegialer Verantwortlichkeit.

Systemorientierte Organisationsformen werfen ein weiteres Problem auf: das der Verantwortung bei weitgehend kollegial erarbeiteten Problemlösungen. War es selbst bei hierarchischen Organisationsformen schon schwierig eine vertikale Trennung und Zuordnung von Verantwortlichkeiten vorzunehmen (vgl. etwa die Unterscheidung von Führungs- und Handlungsverantwortung im Harzburger Modell; Höhn/Böhme =Führungsbrevier= 10 f.), so kommt dem Problem der horizontalen Trennung und Zuordnung von Verantwortlichkeit bei systemorientierten Organisationsformen wesentliche Bedeutung zu. Da die Problemlösungen bei dieser Organisationsform interaktiv vollzogen werden, ist eine Zuordnung kaum möglich, eine „organisierte Verantwortungslosigkeit", ein Sich-nicht-betroffen-fühlen, das Hin- und Herschieben der Verantwortlichkeit u. ä. können die dysfunktionalen Folgen sein.

(c) Leistungsabgewendete informelle Führerschaft.

Es ist die Frage nach der Stabilität einer gleichgeordneten Organisationseinheit zu stellen: Werden sich im Laufe der Zeit nicht doch – wenn auch nicht in formalisierter Form – wieder Rangordnungen innerhalb der Gruppe ausbilden, die näherungsweise hierarchischen Organisationsformen nahekommen? Sollte dies der Fall sein, ist allerdings zu vermerken, daß sich informale Führerschaft nach anderen Kriterien bildet als die formale Besetzung einer Instanz: Wird u. U. gerade ein beliebter, wenig Tüchtiger und damit Leistungsabgewendeter zum informalen Führer einer Organisationseinheit, die aus Gleichgeordneten besteht?

3.23 Die Problematik der Harmonisationsdauer

Organisationsformen können nach der *Harmonisierungsdauer* in solche, die auf Dauer und solche, die auf Zeit tätig werden, unterschieden werden. Beide gehen von unterschiedlichen Lebenszyklen der zu erfüllenden Aufgaben aus. Während bei Dauerformen der Lebenszyklus der Aufgabe über die Planungsperiode der Organisation hinausgreift, findet dieser bei Zeitformen im überschaubaren Rahmen der Planungsperiode sein Ende. Die Verhaltens-Problematik, die die Harmonisationsdauer für die organisatorische Gestaltung aufwirft, sei am Beispiel der von der tradierten Norm abweichenden Organisationsform auf Zeit anhand der *Projektarbeit* diskutiert.

Klassische, auf Dauer und segmentierend angelegte Organisationsformen eignen sich nur bedingt für die Abwicklung von Projekten, die *einmalige* Vorhaben mit einem *innovativen* Gehalt unter meist größerer *Unsicherheit* darstellen und die zumeist ein *komplementäres Wissen* zu ihrer Bewältigung (Interdisziplinarität) verlangen. Das überschaubare, schnelle Durchwandern des Lebenszyklus einer Projektaufgabe verlangt eine relativ flexible Strukturierung des Projektmanagements: Neben der quantitativen kann sich auch die qualitative Zusammensetzung einer Projektgruppe oder eines Projektkollegiums im Verlauf des Arbeitsfortgangs verändern.

Bei der derzeitigen Anwendung von Organisationsformen auf Zeit zeichnen sich folgende Probleme ab:

(1) Flexible Bereitstellung von Ressourcen kann die Dauerorganisation überfordern.

Die notwendige Flexibilität in der Bereitstellung personeller und sachlicher Ressourcen für die Projektarbeit kann die Dauerorganisation, aus der diese abgeordnet werden, überfordern. Projekte werden als etwas Sekundäres, die eigene Dauerorganisation als etwas Primäres, was höhere Priorität genießt, betrachtet. Sowohl qualitativ als auch quantitativ kann die Projektarbeit unter diesem Prioritätsgefälle leiden.

(2) Organisatorische Heimatlosigkeit der Mitglieder von Projektgruppen oder das „Reentry"-Problem.

Die aus der Dauerorganisation in Projektgruppen entsandten Mitarbeiter scheiden zumeist für die Zeit ihrer Projektarbeit aus ihren Stammeinheiten aus, ohne daß personalplanerische Vorkehrungen für ihr „reentry" getroffen werden. Die mangelnde „Rückfahrkarte" führt leicht zu Benachteiligungen (inzwischen werden z. B. andere Mitarbeiter in der Stammeinheit befördert) und kann zur Demotivierung der Projektmitarbeiter Anlaß geben.

(3) Perfektionismus und Zeitverzug.

Eine mögliche Konsequenz des Gefühls der Heimatlosigkeit der außerhalb der Dauerorganisation arbeitenden Projektmitarbeiter kann sein, daß sich diese in der Projektgruppe noch stärker zusammenschließen. Ein Streben zum Perfektionismus bei ihrer Aufgabenerfüllung soll einen längeren Bestand der Gruppe sichern, was einen Zeitverzug bei der Projekterledigung zur Folge haben kann. Projektkollegien weisen dagegen eher eine entgegengesetzte Tendenz auf: Die geringere Priorität, die der nebenfunktionellen Projektarbeit häufig zugemessen wird, führt eher zu einer Tendenz, die Belastung durch die Nebentätigkeit über ein vorzeitiges Ende der Projektarbeit abzubauen.

3.3 Unterstellungen unterschiedlicher Organisationsformen

Den einzelnen dargestellten Organisationsformen liegen Unterstellungen zugrunde, die ihre Einsatzfähigkeit bestimmen. Dabei kann eine Verdichtung der Aussagen im Hinblick auf die Harmonisationsfunktion, das Harmonisationsprinzip und die Harmonisationsdauer organisatorischer Einheiten in der Weise erfolgen, daß

a) segmentierende Organisationsformen der Abteilung auf Dauer und
b) traversierende Organisationsformen der Gruppe auf Zeit

als extreme Anwendungsbedingungen gegenübergestellt werden. Der Fall a) geht von einem Kontext relativ statischer Bedingungen, die zur Prägung von repetitiven, deterministischen Aufgaben führen, aus und neigt zu einer Besetzung mit spezialisierten Personen geringeren Anspruchsniveaus und einer hochgradigen Unterstützung durch Sachmittel. Der Fall b) geht dagegen von einem Kontext relativ dynamischer Bedingungen aus, die zur Prägung von innovativen, stochastischen Aufgaben führen, der zu einer Besetzung mit generalisierten Personen hohen Anspruchsniveaus und einer beschränkten Unterstützung durch Sachmittel neigt. Burns/Stalker (=Innovation= 96 ff.) haben die Anwendungsbedingungen *mechanistischer* (Fall a) und *organischer* Organisationsstrukturen (Fall b) untersucht. Hier sei auf diese Studie und die einschlägige Literatur (siehe auch Kieser/Kubicek =Organisation= 37 f.) verwiesen.

Literaturhinweise zu Abschnitt 3.

Acker, Heinrich: =Stellengliederung=
Die organisatorische Stellengliederung im Betrieb. 3. Aufl. Wiesbaden 1973.

Alewell, Karl: =Koppelung=
Die Koppelung des Systems Unternehmung mit dem Umsystem, dargestellt am Beispiel des Absatzsystems. In: Zeitschrift für Organisation (40) 1971, S. 178–188.

Altfelder, Klaus: =Stabsstellen=
Stabsstellen und Zentralabteilungen als Formen der Organisation und Führung. Berlin 1965.

Battagay, R.: =Gruppe=
Der Mensch in der Gruppe. Bd. 1: Sozialpsychologische und dynamische Aspekte. 4. Aufl. Bern 1973.

Baumberger, Hans Ulrich: =Organisationsstruktur=
Die Entwicklung der Organisationsstrukur in wachsenden Unternehmungen. 2. Aufl. Bern und Stuttgart 1968.

Bleicher, Knut: =Konferenzen=
Konferenzen. Ihre Organisation und Leitung. Wiesbaden 1960.

Bleicher, Knut: =Koordinationsorgane=
Koordinationsorgane. In: Handwörterbuch der Organisation. Hrsg. von Erwin Grochla. Stuttgart 1969, Sp. 899–909.
Bleicher, Knut: =Abteilungsgliederung=
Abteilungsgliederung, Systeme der. In: Handwörterbuch der Organisation. Hrsg. von Erwin Grochla. Stuttgart 1969, Sp. 45–55.
Bleicher, Knut: =Kollegien=
Kollegien. In: Handwörterbuch der Betriebswirtschaft. Hrsg. von Erwin Grochla und Waldemar Wittmann. Stuttgart 1975, Sp. 2157–2169.
Bleicher, Knut und Erik Meyer: =Führung=
Führung in der Unternehmung. Formen und Modelle. Reinbek bei Hamburg 1976.
Brand, Michael: =Projektmanagement=
Projektmanagement. Winterthur 1974.
Burns, Tom und G. M. Stalker: =Innovation=
The Management of Innovation. 2. Aufl. London 1966.
Cleland, David J.: =Project Management=
Why Project Management. In: Business Horizons (7) 1964. Winter, S. 81–88.
Dullien, Manfred: =Anatomie=
Zur Anatomie des Projekt-Managements. In: Zeitschrift für Organisation (43) 1974, S. 261–265.
Dullien, Manfred: =Perspektiven=
Perspektiven des Matrix-Projekt-Management. In: Zeitschrift für Organisation (44) 1975, S. 187–190.
Forster, Jörg:
Teams und Teamarbeit in der Unternehmung. Bern 1948.
Fronz, Michael: =Projekt-Management=
Verhaltenswissenschaftliche Aspekte des Projekt-Managements. In: Zeitschrift für Organisation (41) 1972, S. 175–182.
Grochla, Erwin: =Unternehmungsorganisation=
Unternehmungsorganisation. Neue Ansätze und Konzeptionen. Reinbek bei Hamburg 1972.
Günter, Bernd: =Anbieterkoalitionen=
Anbieterkoalitionen bei der Vermarktung von Anlagegütern – Organisationsformen und Entscheidungsprobleme. In: Zeitschrift für betriebswirtschaftliche Forschung. Sonderheft 1977 Anlagen-Marketing. Hrsg. von Werner Hans Engelhard und Gert Laßmann. S. 155–172.
Hegi, Othmar: =Projekt-Management=
Projekt-Management, ein Fremdkörper in der Stab-Linien-Organisation. In: Industrielle Organisation (40) 1971, S. 381–384.
Hill, Wilhelm, Raymond Fehlbaum und Peter Ulrich: =Organisationslehre=
Organisationslehre – Ziele, Instrumente und Bedingungen der Organisation sozialer Systeme, 2., verbesserte Auflage. Bern und Stuttgart 1976.
Hirzel, Matthias: =Projektorganisation=
Phasenorientierte Projektorganisation. In: Zeitschrift für Organisation (44) 1975, S. 255–260.
Höhn, Reinhard unter Mitarbeit von Gisela Böhme: =Führungsbrevier=
Führungsbrevier der Wirtschaft. 6., völlig neu bearbeitete und wesentlich erweiterte Auflage. Bad Harzburg 1969.
Hopeman, Richard J.: =Systems Analysis=
Systems Analysis and Operations Management. Ohio 1969.
Irle, Martin: =Macht=
Macht und Entscheidungen – Studie gegen das Linien-Stab-Prinzip. Frankfurt am Main 1971.
Jahn, H. E.: =Rede=
Rede – Diskussion – Gespräch. Frankfurt 1954.
Kieser, Alfred und Herbert Kubicek: =Organisation=
Organisation. Berlin – New York 1977.
Kormann, Hermut: =Planung=
Planung effizienter Führungsorganisationen. Baden-Baden und Bad Homburg v. d. H. 1977.
Kosiol, Erich und Mitarbeiter: =Entscheidung=
Kollegien als Organisationsformen der Entscheidung, Beratung und Information. In: Organisation des Entscheidungsprozesses. Hrsg. von Erich Kosiol. Berlin 1959, S. 107–214.

Kosiol, Erich: =Kollegien=
Kollegien. In: Handwörterbuch der Organisation. Hrsg. von Erwin Grochla. Stuttgart 1969, Sp. 817–825.
Kloidt, Heinrich: =Betriebsgliederung=
Betriebsgliederung, organisatorische. In: Handwörterbuch der Betriebswirtschaft. Dritte Auflage. Stuttgart 1956. Band 1, Sp. 790–800.
Livingston, Sterling: =Contracting=
Weapon System Contracting. In: Harvard Business Review (37) 1959, July–August, S. 83–92.
Middleton, C. J.: =Project-Organization=
How to set up a Project Organization. In: Harvard Business Review (45) 1967. March/April, S. 73–82.
Musiol, Achim: =Organisationsprojekte=
Organisation von Organisationsprojekten in der Industrie (2 Teile). In: Zeitschrift für Organisation (43) 1974, S. 192–206 und S. 277–286.
Planty, E. G. und Th. J. Freeston: =Management Ability=
Developing Management Ability. New York 1954.
Rohrbach, B.: =Techniken=
Techniken des Lösens von Innovationsproblemen. In: Schriften zur Unternehmensführung. Bd. 15. Hrsg. von Hans Jacob. Wiesbaden 1971, S. 73–88.
Scharmann, Th.: =Teamarbeit=
Psychologische Aspekte der Team-Arbeit im Unternehmen. In: Industrielle Organisation (29) 6/1960, S. 261–270.
Schneider, Siegfried: =Konflikte=
Konflikte in einer Matrixorganisation. In: Zeitschrift für Organisation (44) 1975, S. 321–330.
Schröder, Harald Jürgen: =Projekt-Management=
Projekt-Management. Eine Führungskonzeption für außergewöhnliche Vorhaben. Wiesbaden 1973.
Staerkle, Robert:
Stabsstellen in der industriellen Unternehmung. Bern 1961.
Steiner, George A. und William G. Ryan: =Project-Management=
Industrial Project Management. New York 1968.
Wagner, Dieter:
Der institutionalisierte Konflikt in mehrdimensionalen Organisationsstrukturen. In: Zeitschrift für Organisation (48) 1979, S. 421–428.
Wild, Jürgen: =Hierarchie=
Organisation und Hierarchie. In: Zeitschrift für Organisation (42) 1973, S. 45–54.
Zimmermann, Kurt: =Projektgruppe=
Die Projektgruppe als Organisationsform zur Lösung komplexer Aufgaben. In: Zeitschrift für Organisation (39) 1970, S. 45–51.
Zogg, Andreas: =Projekt-Management=
Systemorientiertes Projekt-Management. Zürich 1974.

4. Organisationsmodelle

Organisationsmodelle geben das Muster der Systemdifferenzierung und Systemintegration für die gesamte Unternehmung *(Totalmodelle)* oder für ihre wesentlichen Teile an, die mehrere unmittelbare, formgebundene Kooperationseinheiten umspannen *(Partialmodelle)*. Dabei kann zwischen *eindimensionalen* und *mehrdimensionalen Organisationsmodellen* unterschieden werden. Die grundsätzliche Mehrdimensionalität organisatorischer Beziehungen wird bei *eindimensionalen* Organisationsmodellen dadurch vereinfacht, daß bei der Systemdifferenzierung auf jeder Stufe der Aufbauhierarchie nach *einem* wesentlichen Zentralisationskriterium gegliedert wird. Damit ergibt sich eine (sukzessive) Abfolge hierarchischer Gliederungsstufen, die der unterschiedlichen Bedeutung einzelner Aspekte des Unternehmungsgeschehens für die Systemintegration gerecht werden will. Es entsteht eine ranghierarchisch abgestufte, die Verteilungsbeziehungen betonende, relativ steile Aufbaupyramide der Organisation. *Mehrdimensionale* Organisationsmodelle lassen grundsätzlich die Möglichkeit zu, gleichzeitig (simultan) nach *mehreren* wesentlichen Zentralisationskriterien zu gliedern. Dabei wird eine *prinzipielle Gleichrangigkeit* der Bedeutung mehrerer Aspekte für die Systemintegration unterstellt. Es entsteht eine eher systemorientierte, die Arbeitsbeziehungen betonende, relativ flache Aufbaupyramide der Organisation.

4.1 Totalmodelle der Organisation

4.11 Eindimensionale Organisationsmodelle

Bei der eindimensionalen Bildung eines Organisationsmodells kann wiederum von den Prinzipien der Verrichtungs- und der Objektzentralisation ausgegangen werden.

Verrichtungen und Objekte können bei regional stark gegliederten Aktivitäten an räumliche Bedingungen gebunden sein, die weiter zu einem Modell der regionalen Zentralisation führen können.

4.111 Verrichtungsmodell

4.111.1 Das Grundmodell der Verrichtungsorganisation

Die eindimensionale Verrichtungsorganisation – von der Organisationspraxis wird sie wenig exakt auch als *funktionale Organisation* bezeichnet – geht von den Kerntätigkeitsfeldern (Verrichtungen) einer Unternehmung aus: Forschung und Entwicklung

(F + E), Beschaffung (B), Fertigung (F), Absatz (A), Verwaltung (V) sowie Transport- und Lagertätigkeiten (vgl. Bleicher =Perspektiven= 75). Sie knüpft damit an den Fluß des Realgüterstroms (vom Eingang der Rohstoffe bis zum Absatz der Produkte) bzw. an den Auftragsdurchlauf (von der Auftragsannahme im Absatz über die Auftragsabwicklung in der Produktion bis zur Bereitstellung der Ressourcen durch die Beschaffung) an. Abb. 24 zeigt die Bildung von Subsystemen aus Verrichtungsaufgaben des Realgüterstroms und des Auftragsablaufes.

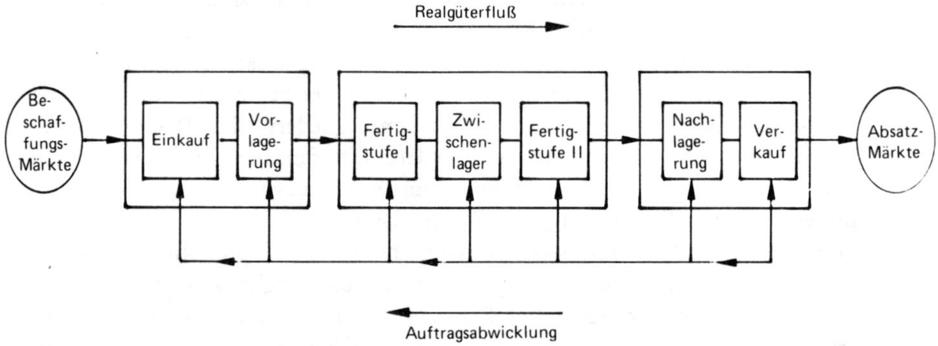

Abb. 24: Bildung von Subsystemen aus Verrichtungsaufgaben des Realgüterstroms

Daraus läßt sich unter Hinzufügung der Verrichtungsbereiche *Entwicklung* – die innovative Vorbereitung des Realgüteroutputs und der bei seiner Entstehung verwendeten Prozesse – und *Verwaltung* – der informationellen Durchdringung der Realgüterprozesse zur Sicherung der Ressourcen – das Grundmodell einer Verrichtungsorganisation ableiten (vgl. Abb. 25).

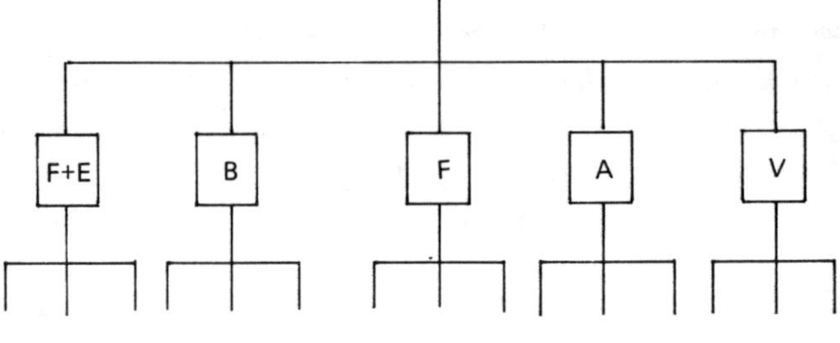

Abb. 25: Grundmodell der Verrichtungsorganisation

Sind Transport- und Lagerverrichtungen von besonderer Bedeutung, kann das Modell um diese ergänzt werden.

Das Grundmodell der Verrichtungsorganisation kann weiter danach differenziert werden, ob in ihm

– Verrichtungs-
– Objekt- oder
– Regional-Subsysteme

(vgl. Abb. 26) zusammengefaßt werden.

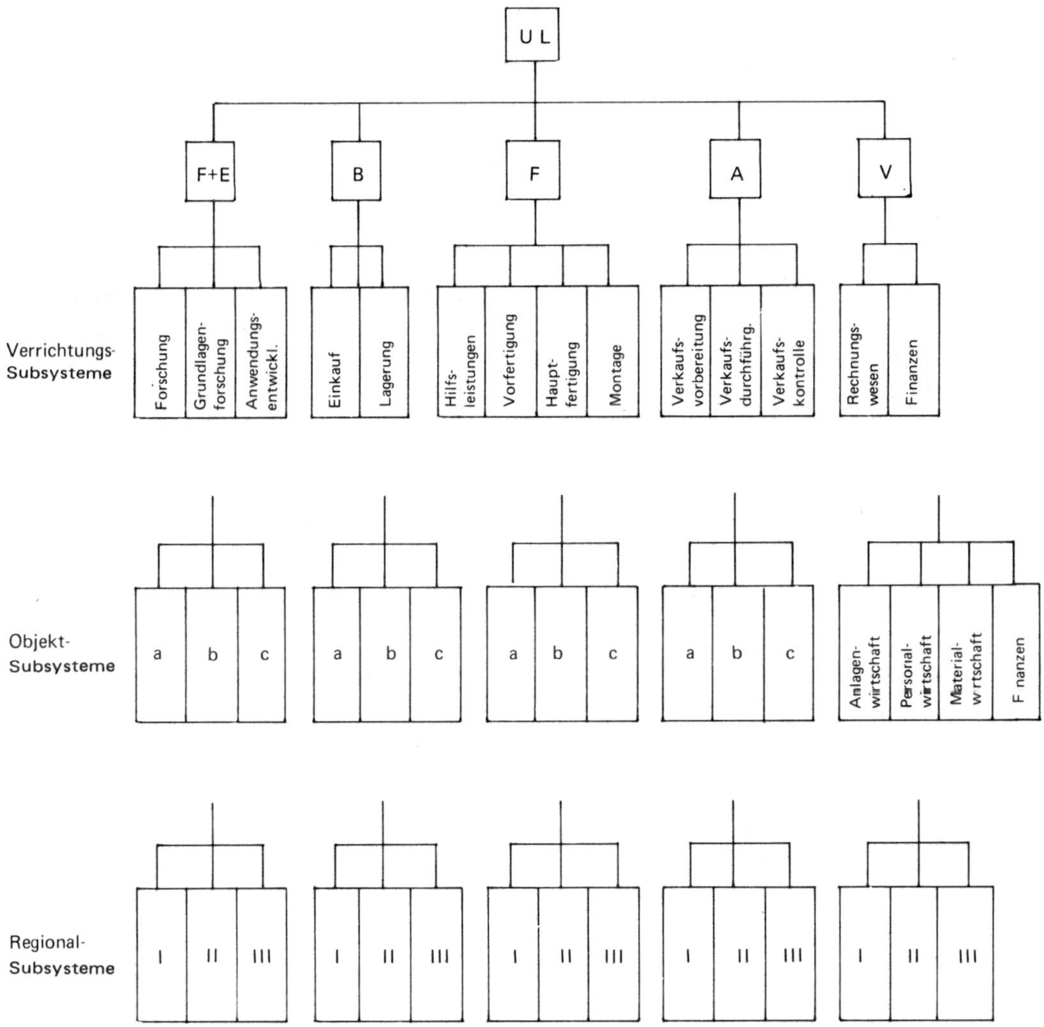

Abb. 26: Grundmodell der Verrichtungsorganisation mit unterschiedlichen Subsystemen

4.111.2 Das Systemverhalten der Verrichtungsorganisation

Das Systemverhalten der Verrichtungsorganisation weist einige charakteristische Merkmale auf, die je nach Kontext der Anwendung beachtet werden müssen.

(1) Hohe Programmierungsneigung im Kern des Systems.

Da die Bildung der Subsysteme Beschaffung, Fertigung und Absatz an den Fluß der Realgüter anknüpft, läßt sich der Ablauf zwischen diesen und innerhalb dieser weitgehend programmieren. *Routineprogramme* werden hier durch ein gegenläufiges System der Auftragsabwicklung, das gleichfalls routineprogrammiert werden kann und Aktivitäten auslösende Signale definiert, in Gang gesetzt (z. B. durch einen eingehenden Auftrag) und laufen dann nahezu unproblematisch ab. Viele Einzelentscheidungen sind in diesen Routineprogrammen enthalten und vorgegeben. Damit kann sich der Umfang der Arbeitsbeziehungen zwischen den Subsystemen auf diese programmrelevanten Regel- und Stellinformationen einengen.

(2) Ungleichartigkeit der funktionellen Subsysteme behindert Innovation und Information.

Die *drei* wesentlichen *funktionellen Subsysteme,* das *Innovationssystem* mit Schwerpunkt im institutionellen Entwicklungsbereich, das *informationell und nominell operative System* mit Schwerpunkt in der Verwaltung und das bereits beschriebene *materiell-reale operative System* der Beschaffung, Fertigung und des Absatzes bedingen jeweils unterschiedliche Strukturierungskonzepte (vgl. Bleicher =Perspektiven= 110 f.). Die zumeist gegebene Dominanz des materiell realen Operationssystems führt zur Neigung des Gesamtsystems, die für diesen Bereich zweckmäßigen Strukturierungskonzepte (starke Spezialisierung, ausgeprägte Formalisierung, gebundene Kommunikationssysteme, Zentralisation der Entscheidungen, hohe Kontrollintensität, ausgeprägte Stratifikation – vgl. Schmidt =Produkt-Innovation= 95) bei der Institutionalisierung auch auf die anderen funktionellen Subsysteme zu übertragen. Besonders abträglich ist diese Neigung bei der Subsumption der Entwicklung unter die Strukturierungsprinzipien des real-materiellen Operationssystems. Die Entwicklung verlangt als Innovationssystem die Anwendung weitgehend konträrer Strukturierungsverfahren (geringe Spezialisierung, Entformalisierung, ungebundene Informationssysteme, Dezentralisation, geringe Kontrollintensität, wenig ausgeprägte Stratifikation – vgl. Burns/ Stalker =Innovation= 144). Eine Subsumption der Strukturierung des Innovationssystems unter das Operationssystem führt zu einer Entartung der Entwicklungsaufgaben – weg von eigentlichen Produkt- und Verfahrensinnovationen und hin zu konstruktiven Unterstützungen der Fertigung.

Auch wenn diesen unterschiedlichen Bedingungen bei der Strukturierung Rechnung getragen wird, verbleiben *Überleitungsprobleme* zwischen der Entwicklung und der Verwaltung einerseits und dem real-materiellen Operationssystem, das Beschaffung, Fertigung und Absatz umfaßt, andererseits:

– Die *Überleitung von Entwicklungsergebnissen* in das real-materielle Operationssystem gelingt nur selten reibungslos. Das Operationssystem, das auf Ausstoß bei minimalen Kosten ausgerichtet und damit im Kern stark stabilisiert ist, empfindet jede qualitative Veränderung der Programme – der Outputleistung oder der Fertigungstechnologie – als Störung des Systems. Eine hohe „Abstoßquote" neuer Ideen der Entwicklung, ein starkes Beharrungsvermögen im „Üblichen" und „Bewährten" ist regelmäßig die Folge.

– Die *Verwaltung* muß in ihrer Informationsaufnahme- und -abgabefunktion in alle *anderen Bereiche* hineingreifen. Sie „stört" damit den ungehinderten Ablauf des real-materiellen Operationssystems in den Augen seiner Vertreter. Oberflächliche Behandlung der Uraufschreibungen auf der einen Seite und mangelndes Interesse für die Informationsergebnisse der Verwaltung bei den Repräsentanten des Operationssystems auf der anderen Seite können die Verwaltung tendenziell in eine Isolierungssituation hineinlenken.

(3) Ausgeprägte Segmentierung der Subsysteme.

Die Neigung der einzelnen institutionellen Subsysteme, sich segmentierend zu verhalten, d. h. mit relativ geringen Arbeitsbeziehungen zu den sie umgebenden Subsystemen auszukommen, kann als relativ stark eingeschätzt werden. Da die einzelnen Bereiche – insbesondere im real-materiellen Operationssystem – eigene *Suboptimierungskriterien* verfolgen, dürfte diese Tendenz weiter unterstrichen werden.

In jedem System stehen sich Entscheidungsmöglichkeiten mit entgegengesetzter Erfolgswirkung gegenüber:

a) höhere Menge führt zu sinkenden Kosten
b) höhere Menge führt zu steigenden Kosten.

Zwischen beiden ist bei der Aufgabenerfüllung ein Optimum anzustreben. Dabei gilt z. B. für die *Beschaffung*: Mit steigender Bestellmenge sinken die Kosten je Bestelleinheit, aber steigen die Kosten der Lagerung (optimale Bestellmenge). Für die *Fertigung* gilt: Mit steigender Auflage (Los) sinken die Herstellkosten je produzierter Einheit, aber steigen die Kosten der Zwischenlagerung (optimale Losgröße). Im *Absatzbereich* sinken mit steigender innerbetrieblichen Auftragsmenge die Herstellkosten der produzierten Einheiten, aber steigen die Kosten der Fertigungs-(Nach-)lagerung (optimale innerbetriebliche Auftragsmenge).

Eine derartige Suboptimierung stellt jedoch die Gesamtoptimierung des Systems keinesfalls sicher. Hierzu bedarf es übergeordneter Abstimmungsmaßnahmen. Diese werden insbesondere dann erforderlich, wenn die Gesamtoptimierung nicht nur im Bereich quantitativer, sondern auch qualitativer Abstimmungsgrößen erfolgt. Eine derartige Situation tritt bei einer steigenden Heterogenität des Leistungs- und Absatzprogrammes ein und überfordert leicht die Unternehmungsspitze.

(4) Überlastung der Unternehmungsspitze durch „Kamineffekte".

Ein Verrichtungsmodell ist bezüglich seiner Verteilung von Entscheidungsaufgaben damit grundsätzlich *zentral* angelegt. Die Möglichkeiten, in ihm Entscheidungen zu dezentralisieren, sind relativ beschränkt. Damit wird bereits durch die grundsätzliche Aufgabenverteilung ein hohes Maß an Entscheidungen der obersten Unternehmungsspitze zugeordnet.

Eine mögliche Überlastung der Unternehmungsspitze bei einem Verrichtungsmodell kann aber weiter auf folgende *Ursachen,* die z. T. bereits erwähnt wurden, zurückgeführt werden:

- die ausgeprägte Segmentierung der Zwischensysteme
- ihre unterschiedlichen strukturellen Ausprägungen
- die weitgehende Unmöglichkeit, teilautonome Einheiten (Profit-Center), die auf eigenen Beschaffungs- und Absatzmärkten operieren, zu bilden
- das Fehlen einer Zwischenebene, die die unterschiedlichen Verrichtungsaspekte unterhalb der Unternehmungsspitze harmonisiert.

Diese Ursachen führen dazu, daß vielfältige – und oft unbedeutende – Tagesfragen, die der Abstimmung mit anderen Bereichen bedürfen, automatisch erst auf der obersten Unternehmungsebene zum Ausgleich kommen können – also gleichsam von ihr angezogen werden (*„Kamineffekt"*) – und hier zu einer Vermischung von strategischen Überlegungen mit einer taktisch-operativen Koordination der einzelnen Bereiche führen. Wird die Wirksamkeit des sogenannten Gresham'schen Planungsgesetzes (vgl. dazu March/Simon =Organisation= 172) unterstellt („schlechte ad hoc-Entscheidungen verdrängen gute Plan-Entscheidungen"), ist zu erwarten, daß die Unternehmungsleitung die *strategische Dimension* ihres Handelns unter dem Druck der Erledigung dringender Tagesfragen *vernachlässigt.*

(5) Begrenzte Möglichkeiten zur unternehmerischen Personalentwicklung.

Die hohe Segmentierungs- und Zentralisationsneigung des Verrichtungsmodells führt dazu, daß nur ein relativ kleiner Kreis von Mitarbeitern (die Mitglieder der obersten Unternehmungsspitze) in eine generelle unternehmerische Verantwortung gelangen. Unter dieser Spitze sind alle leitenden Mitarbeiter weitgehend spezialisiert und von den Entscheidungen der Spitze abhängig. Die Möglichkeiten zur Personalentwicklung für generelle Aufgaben sind in diesem Organisationsmodell durch Segmentierung und Zentralisierung äußerst beschränkt. Daraus folgen zwei kritische personalpolitische Aspekte des Verrichtungsmodells:

- Die in die oberste Leitung aufsteigenden Führungskräfte haben über einen langen Weg ihrer Karriere als *Fachspezialisten* in einem Bereich gearbeitet und verfügen nur über beschränkte Kenntnisse anderer Bereiche und der Gesamtzusammenhänge. Als überbrückende Lösung dienen kollegiale Leitungsorgane, in denen sich die Mitglieder aber weiterhin mehr oder weniger als Fachspezialisten und kaum als Generalisten verhalten, die den Kurs der *Gesamtunternehmung* zu verantworten haben. Dieses *Problem der Ressortbindung* der Argumentation und des Versuchs suboptimale Bereichsinteressen auch im Vorstand einer Aktiengesellschaft durchsetzen zu wollen, ist zwar allen Organisationsmodellen eigen, wird jedoch beim Verrichtungsmodell aufgrund der besonderen Personalproblematik gewichtiger.
- Je mehr die oberste Unternehmungsspitze nicht den Fachspezialisten sucht, sondern – insbesondere bei nicht kollegialen Formen der Unternehmungsspitze – den Generalisten, stößt sie auf erhebliche Nachwuchs- und Nachfolgeprobleme, da allenfalls aus dem Bereich der Verwaltung (insbesondere Finanzen und Rechnungswesen) Führungskräfte mit einem Gesamtüberblick über die Unternehmung zur Verfügung

stehen. Das *Nachwuchs- und Nachfolgedilemma* der Verrichtungsorganisation führt nicht selten zur Besetzung der Spitzenposition(en) von außen mit häufig wechselndem Erfolg (hohe Fluktuationsrate der obersten Leitung) und einer grundsätzlichen Gefährdung der kontinuierlichen Entwicklung des Systems.

(6) Vernachlässigung der strategischen Überlebensfähigkeit.

Während die Anpassungsfähigkeit des Verrichtungsmodells an quantitative Veränderungen der Märkte als relativ hoch eingeschätzt werden kann (bei gleichzeitiger Stabilisierung des Kernsystems der Produktion mit seiner hohen Ressourcenbindung durch die vor- und nachgeordneten Lagerfunktionen), besteht die grundsätzliche Gefahr einer Vernachlässigung der qualitativen, strategischen Anpassung. Diese kann zurückgeführt werden auf die sehr starke Bindung an Üblichem und Althergebrachtem (starke Programmierungsneigung im Kern), auf die dargestellten Schwierigkeiten bei der Behauptung der Eigeninteressen der Entwicklung gegenüber diesen programmierten Kerntätigkeiten und der tendenziellen Überlastung der Unternehmungsspitze mit Tagesfragen zu Lasten einer strategischen Unternehmungsführung. Das Verrichtungsmodell birgt damit die grundsätzliche Gefahr in sich, daß das System Unternehmung sich zu stark an die Entwicklung der Lebenszykluskurve eines oder einiger weniger Produkte bindet, zwar mit ihnen wächst, aber auch mit ihnen zugrundegehen kann.

4.111.3 Unterstellungen und Modifikationen der Verrichtungsorganisation

Die Verrichtungsorganisation weist einige *Unterstellungen* bezüglich ihres unternehmungspolitischen Kontextes auf. Sind diese nicht gegeben, ist ein anderes Organisationsmodell in Erwägung zu ziehen, bzw. wenn sich diese Unterstellungen im Ablauf der Unternehmungsentwicklung verändern, sind zunächst *Modifikationen* des Verrichtungsmodells zu prüfen, bevor ein grundsätzlich anderes Organisationsmodell im Hinblick auf seine Ausgestaltungsmöglichkeiten für eine konkrete Unternehmung untersucht wird.

Die wichtigsten *Unterstellungen* über den unternehmungspolitischen Kontext, auf denen die Wahl eines Verrichtungsmodells beruht, lassen sich wie folgt zusammenfassen:

(1) Ziel- und Aufgabenkontext.

Das Sachziel und die sich daraus ableitenden Aufgaben sind *objektmäßig* wenig differenziert. Ideale Anwendungsbedingungen sind bei *Einproduktunternehmungen* und Unternehmungen mit Massen- und Sortenfertigung gegeben. Jede Programmdifferenzierung, die zugleich eine *marktliche Differenzierung* bewirkt (unterschiedliche Käufergruppen und Vertriebswege) hebt diese Anwendungsbedingung tendenziell auf.

(2) Personalkontext.

Die Unterstellungen bezüglich des Personalkontextes sind verglichen mit denen des Ziel- und Aufgabenkontextes ambivalenter. Dennoch besteht bei

- wenig *qualifiziertem* Personalstamm und
- *beschränkter Zahl* unternehmerisch qualifizierter Führungskräfte eine Einsatzmöglichkeit dieses Modells, das von hoher Arbeitsteilung und damit geprägter Spezialisierung ausgeht und nur relativ wenig Generalisten an der Spitze benötigt.

(3) Sachmittelkontext.

Der Kontext der Sachmittel-Technologie, insbesondere im Fertigungsbereich, wirkt sich auf die Wahl eines Verrichtungsmodells dann positiv aus, wenn

- *universell* einsetzbare Sachmittel gegeben sind, die einen weitgehenden Wandel der Leistungen erlauben (z. B. Kleinserien-Fertigung) und – in andere Richtung deutend –
- eine hohe *Interdependenz und Integration* der Sachmittel (Straßenfertigung, Zwangslauffertigung in der Chemie) bezüglich einiger weniger Produkte gegeben sind (z. B. Großserienfertigung).

Das Verrichtungsmodell ist somit im Hinblick auf den transfertechnologischen Kontext insbesondere an zwei Extrempunkten der Fertigungstypologie einsetzbar.

(4) Räumlicher Kontext.

Es wird weiter unterstellt, daß der räumliche Kontext nicht stark differenziert ist, der Standort der Hauptaktivitäten der Unternehmung nicht allzu weit (international) streut.

(5) Zeitlicher Kontext.

Zeitlich ist bei dem Verrichtungsmodell zu unterstellen, daß sich die Sachzielsetzung über lange Zeitspannen mit Bedarfssektoren verknüpft, die einen *Generationen überdauernden Lebenszyklus* aufweisen. Es wurde bereits gezeigt, daß sich dieses Modell wenig zur Bewältigung kurz- oder mittelfristiger Lebenszyklen eignet, sowohl was die innovatorischen Fähigkeiten als auch was die interne Systemflexibilität angeht.

Verschieben sich die einmal gegebenen Unterstellungen über den Kontext im Verlauf der Unternehmungsentwicklung, sind – bevor die Wahl eines grundsätzlich anderen Organisationsmodells bei der Organisationsplanung erwogen wird –*organisatorische Modifikationen des Verrichtungsmodells* zu prüfen, die dem sich verschiebenden Kontext gerecht werden sollen. Einige derartige Modifikationsmöglichkeiten werden im folgenden beispielhaft aufgezeigt:

- *Ziel- und Aufgabenkontext.*

Eine zunehmende *Differenzierung des Produktprogrammes* mit der Erschließung neuer Märkte induziert eigene Harmonisierungsbedürfnisse im Hinblick auf unterschiedliche Produkte. Will man in diesem Stadium einer Organisationsentwicklung nicht bis zum Objektmodell vorstoßen, wird man sich des Einsatzes von *traversierenden Organisationsformen* zur Produktharmonisation bedienen.

- *Traversierung des Verrichtungsmodells durch Zentralabteilungen zur Produktharmonisation.*

Zur Produktharmonisation können *Zentralabteilungen* eingesetzt werden, die traversierend zur Verrichtungsgliederung produktspezifische Aspekte harmonisieren (vgl. Abb. 27):

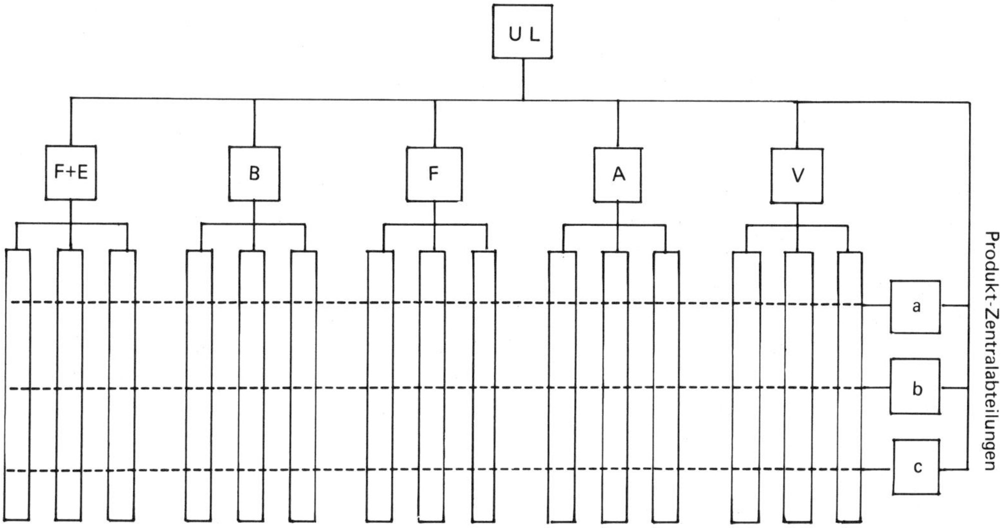

Abb. 27: Traversierung des Verrichtungsmodells durch Zentralabteilungen zur Produktharmonisation

Es entsteht ein sogenanntes *Produkt-Management* zur produktbezogenen Querschnittsregelung der verrichtungsmäßig segmentierten Subsysteme.

– *Traversierung des Verrichtungsmodells durch Dauerkollegien zur Produktharmonisation.*

Anstelle von Zentralabteilungen zur Produktharmonisation können auch *Dauerkollegien* für diese Aufgaben eingesetzt werden. Während Zentralabteilungen über die Gestaltung von speziellen funktionellen Weisungswegen ihrer Harmonisationsfunktion Genüge leisten, wird bei den Dauerkollegien durch die Gestaltung der Verteilungsbeziehungen eine Harmonisation ermöglicht: Aus den einzelnen von der Querschnittsregelung betroffenen Verrichtungsbereichen werden – unter Hinzufügung von Repräsentanten der Unternehmungsleitung – Mitglieder („*Koordinatoren*“) in die jeweiligen Produktausschüsse entsandt.

● *Personalkontext.*

Eine *zunehmende Qualifizierung* des Personalstammes und der Führungskräfte in Richtung auf eine Generalisierung macht es möglich, unternehmerische Verantwortung im Verrichtungsmodell zu delegieren. Die Modifikation des Modells ist dann in einer tendenziellen Abkehr von einer Entscheidungszentralisation und einer Hinwendung zu einer *Entscheidungsdezentralisation* zu sehen. Trotz der geringen direkten Marktabhängigkeit einzelner Subsysteme wird dann über sogenannte *Profit-Center-Konzeptionen* versucht, die Eigenverantwortlichkeit der Bereichsleiter zu stärken. Als Vorläufer derartiger Überlegungen sei auf Schmalenbachs Vorschlag einer *pretialen Lenkung* verwiesen (Schmalenbach =Wirtschaftslenkung= Band 2; 8 ff.). Besondere Probleme bereitet dabei die Gestaltung der Transfer- oder Verrechnungspreise in einem System hoher Interdependenz des innerbetrieblichen Leistungstransfers.

- *Sachmittelkontext.*

Im allgemeinen kann kaum unterstellt werden, daß der Sachmittelkontext wesentliche, eigenständige Verschiebungen erfährt, die zu Modifikationen des Gesamtmodells der Verrichtungsorganisation führen. Allenfalls wäre der – sicherlich nicht vom Ziel- und Aufgabenwandel unabhängige – Übergang zu einer multiplen Fertigung denkbar, der über eine größere Elastizität der Fertigung und eine Prüfung der Anbindung von Fertigungssegmenten an Vertriebs- und Verwaltungsteile in produkt- und regionalbezogenen Bereichen zu einer tendenziellen Teilautonomisierung von untergeordneten Subsystemen im Rahmen des Verrichtungsmodells führen könnte.

- *Räumlicher Kontext.*

Eine zunehmende regionale Differenzierung über eine Ausweitung der (internationalen) Standorte induziert eigene Harmonisationsbedürfnisse im Hinblick auf unterschiedliche Regionen. Will man in diesem Stadium einer Organisationsentwicklung nicht bis zum Regionalmodell vorstoßen, wird man sich des Einsatzes von *traversierenden Organisationsformen* zur Regionalharmonisation bedienen.

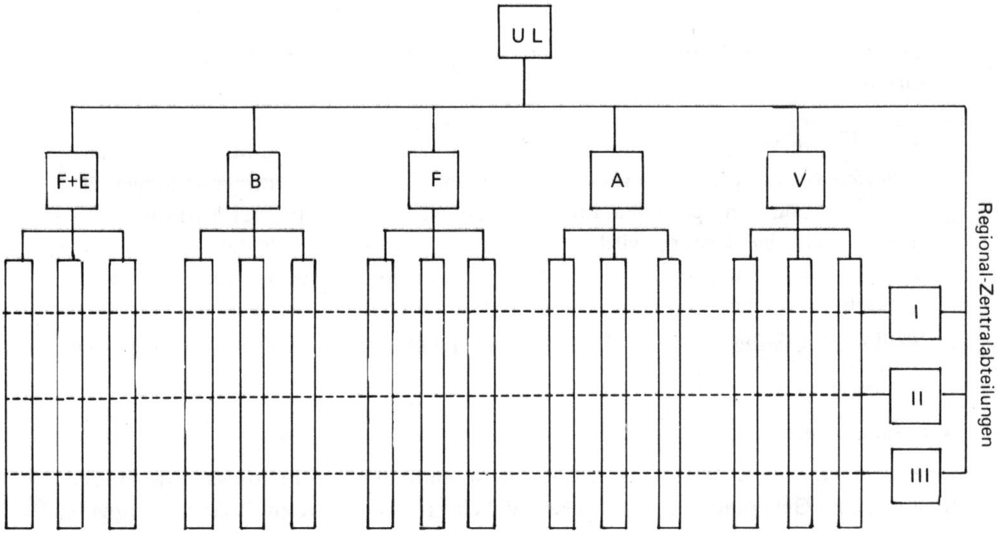

Abb. 28: Traversierung des Verrichtungsmodells durch Zentralabteilungen zur Regionalharmonisation

– *Traversierung des Verrichtungsmodells durch Zentralabteilungen zur Regionalharmonisation.*

Zur Regionalharmonisation können *Zentralabteilungen* eingesetzt werden, die traversierend zur Verrichtungsgliederung regionalspezifische Aspekte harmonisieren (vgl. Abb. 28).

Es entsteht ein sogenanntes *Regional-Management* zur regionalen Querschnittsregelung der verrichtungsmäßig segmentierten Subsysteme.

– *Traversierung des Verrichtungsmodells durch Dauerkollegien zur Regionalharmonisation.*

Anstatt von Zentralabteilungen zur Regionalharmonisation Gebrauch zu machen, können auch *Dauerkollegien* für diese Aufgabe eingesetzt werden. Während Zentralabteilungen über die Gestaltung von speziellen, funktionellen Weisungswegen ihrer Harmonisationsfunktion Genüge leisten, wird bei den Dauerkollegien durch die Gestaltung der Verteilungsbeziehungen eine Harmonisation derart ermöglicht, daß aus den einzelnen von der Querschnittsregelung betroffenen Verrichtungsbereichen unter Hinzufügung von Repräsentanten der Unternehmungsleitung Mitglieder („*Koordinatoren*") in die jeweiligen Regionalausschüsse entsandt werden.

● *Zeitlicher Kontext.*

Eine Modifikation der Verrichtungsorganisation kann vom zeitlichen Kontext aus dadurch erfolgen, daß neben den dauerhaften Lebenszyklen unmittelbar und mittelbar produktorientierter Aufgaben neue Aufgaben entstehen, deren Lebenszyklen sich von diesen durch weit kürzere Fristen unterscheiden. Es stellt sich dann die Aufgabe, die auf Dauer angelegte Verrichtungsstruktur durch auf Zeit angelegte Organisationsformen zu ergänzen. Der Einsatz von *Organisationsformen auf Zeit* wird zur Modifikation des Verrichtungsmodells interessant.

– *Projektgruppen mit segmentierenden Aufgaben im Verrichtungsmodell.*

Für die Erfüllung von zeitlich übersehbaren Aufgaben werden Projektgruppen im Verrichtungsmodell eingesetzt, die im Rahmen übergeordneter Abteilungen Spezialaufgaben von zeitlich begrenzter Dauer wahrnehmen (z. B. zeitlich begrenzte Entwicklungsaufgaben, die Harmonisation einer Sonderanfertigung, die absatzmäßige Abwicklung eines Sondervorhabens). Nach Erledigung dieser Aufgaben werden die Mitglieder derartiger Gruppen wieder in die Dauerorganisation überführt oder für andere Projektaufgaben eingesetzt.

– *Projektgruppen mit traversierenden Aufgaben im Verrichtungsmodell.*

Entstehen die zeitlich überschaubaren Aufgaben nicht nur in einem Bereich, sondern überlagern diese die verrichtungssegmentierten Bereiche, bieten sich zwei traversierende Modifikationsmöglichkeiten des Verrichtungsmodells an:

(a) *Projektgruppen* werden gebildet, die über Arbeitsbeziehungen mit den Dauerabteilungen verbunden sind. Hier handelt es sich um eine Querschnittsregelung von zeitlich begrenzter Dauer im Hinblick auf Aufgaben auf Zeit, die selbst den einzelnen Bereichen zugeordnet worden sind *(dezentrale Verteilung der Aufgaben auf Zeit)* (vgl. Abb. 29, die zugleich diesen Zusammenhang schematisch wiedergibt).

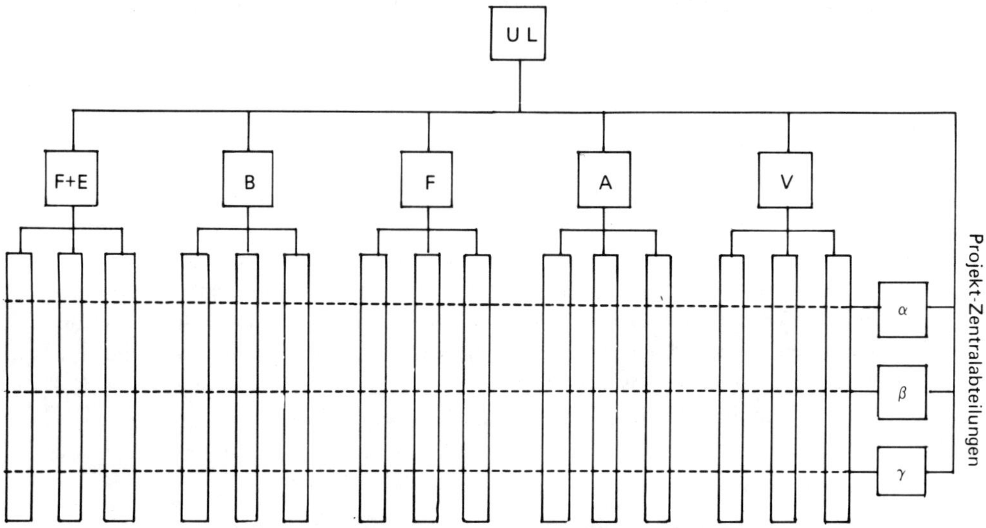

Abb. 29: Traversierung des Verrichtungsmodells durch Projektgruppen

(b) *Projektkollegien* werden gebildet, die über Verteilungsbeziehungen selbst Aufgaben auf Zeit wahrnehmen, die in den einzelnen Verrichtungsbereichen anfallen. Durch Zusammenfassung aller mit diesen Aufgaben auf Zeit Betrauten aus unterschiedlichen Bereichen in einem Kollegium ergibt sich eine *zentrale Verteilung der Aufgaben auf Zeit.*

4.112 Objektmodell

4.112.1 Das Grundmodell der Objektorganisation

Die eindimensionale Objektorganisation – von der Organisationspraxis wird sie wenig exakt auch als *divisionale, Sparten- oder Unternehmungs- bzw. Geschäftsbereichs-Organisation* bezeichnet – geht von den Kernprodukten oder -produktgruppen (Objekten) einer Unternehmung aus. Sie knüpft damit bei der Bildung der das System tragenden Subsysteme an ein *differenziertes Produktprogramm* der Unternehmung an.

Abb. 30 zeigt den grundsätzlichen Aufbau einer nach Objekten (a, b, c) gegliederten Unternehmung. Zu beachten ist dabei, daß die Objektgliederung zwar dominant, aber selten ausschließlich zu einer funktionsfähigen Gesamtorganisation führt (vgl. Poensgen =Geschäftsbereichsorganisation= 57). Einige Verwaltungsaufgaben (V), die den Gesamtzusammenhang der Unternehmung betreffen (z. B. Finanzen und Rechnungswesen (F + Rw), Personal/Führungskräfte), lassen sich kaum dezentral den einzelnen Objektbereichen zumessen, so daß sich Ansätze einer Mischgliederung bereits prinzipiell zeigen.

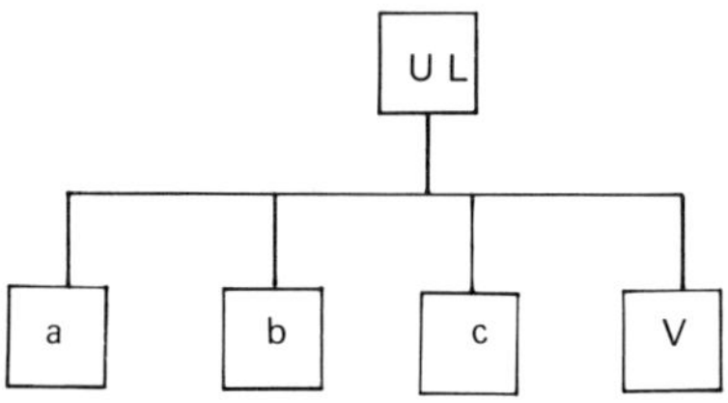

Abb. 30: Grundmodell der Objektorganisation

Das Grundmodell der Objektorganisation kann weiterhin danach differenziert werden, ob in ihm

- Verrichtungs-
- Objekt- oder
- Regional-Subsysteme

zusammengefaßt werden (vgl. Abb. 31 a).

4.112.2 Das Systemverhalten der Objektorganisation

Das Systemverhalten der Objektorganisation weist einige charakteristische Merkmale auf, die je nach Kontext der Anwendung beachtet werden müssen. Dabei ist davon auszugehen — da das Objektmodell eine Vervielfachung des Verrichtungsmodells darstellt, das für jedes Objekt bzw. für Gruppen von Objekten jeweils ein *eigenes* Verrichtungsmodell schafft —, daß die bei der Darstellung des Systemverhaltens der Verrichtungsorganisation gemachten Feststellungen auf der Ebene einzelner Geschäfts- oder Unternehmungsbereiche erhalten bleiben. Im folgenden wird lediglich der Problematik nachgegangen, die sich zusätzlich auf der (Unternehmungs-)Ebene der Aggregation dieser Subsysteme ergibt.

(1) Unterschiedliche Strukturierungskonzepte lassen sich in den einzelnen Unternehmungsbereichen verwirklichen und ein Störgrößenausgleich erreichen.

Es besteht die grundsätzliche Möglichkeit, einzelne Unternehmungsbereiche nach verschiedenen Strukturierungskonzepten zu gestalten, um differenzierten Kontextbedingungen zu genügen (Beispiel: Unternehmungsbereich Hütte mit zentralisierter Organisation; Unternehmungsbereich Anlagenbau mit loserer, dezentralisierter Organisation, die mit Projektarbeit durchsetzt ist). Die Ausprägung unterschiedlicher humaner

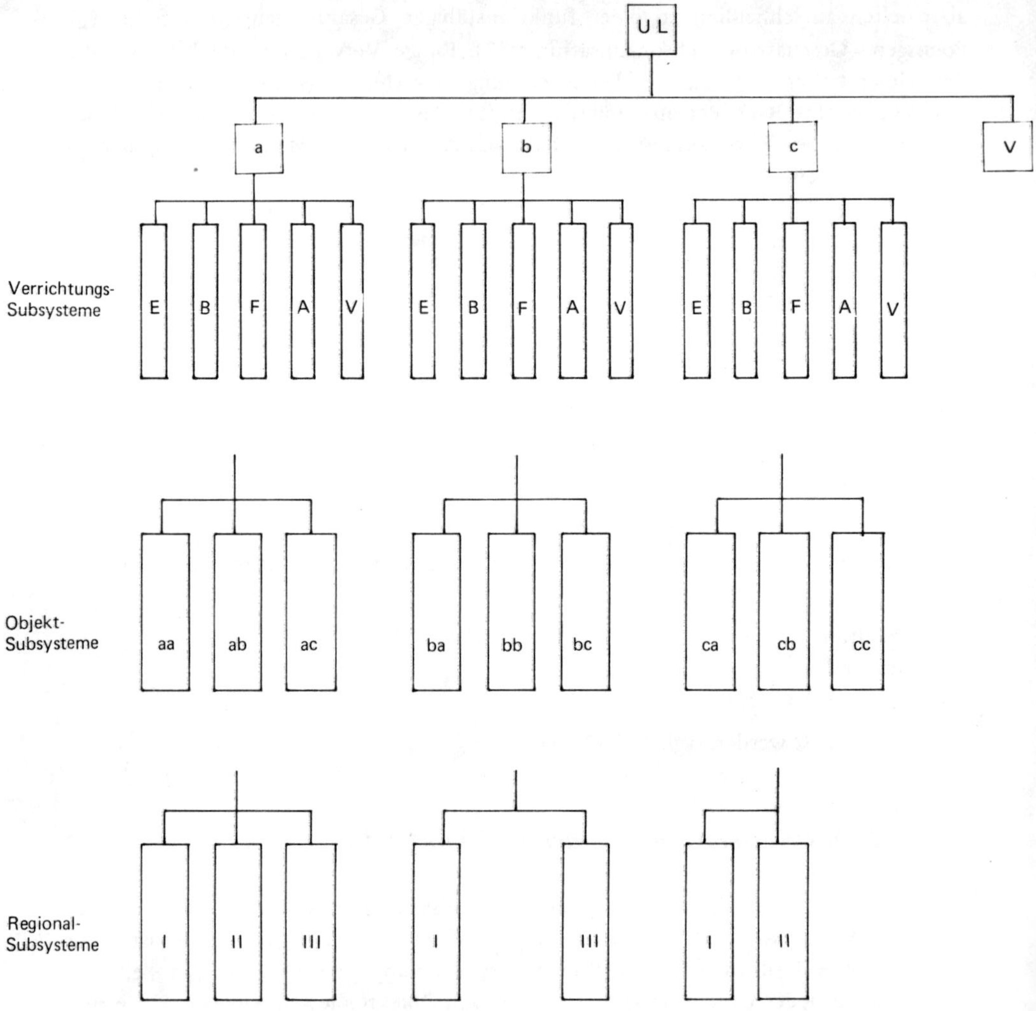

Abb. 31 a: Grundmodell der Objektorganisation mit unterschiedlichen Subsystemen

und technologischer Organisationskulturen, die von anderen Normen und Werten getragen werden, wird innerhalb der Gesamtorganisation möglich. Damit dürfte sich die *Anpassungsfähigkeit* des Gesamtsystems an unterschiedlich verlaufende Umweltentwicklungen erhöhen. Das Objektmodell erbringt in dieser Weise eine größere Absorptionsleistung im Hinblick auf Störungen der Umwelt als das Verrichtungsmodell. Hier werden nicht nur Außenstörungen über Lagervorgänge zugunsten der Fertigung absorbiert, sondern es erfolgt eine Eingrenzung der Störungen auf ganz bestimmte Produktbereiche. Selbst bei gewichtigen Störungen lassen sich Strategien denken, die die Störwirkungen im Gesamtsystem teilweise kompensieren. Bei geschickter Produktwahl und damit verbundener Bildung von Subsystemen können die Störwirkungen entgegengesetzt sein, so daß insgesamt ein *Störausgleich* angestrebt werden kann.

(2) Relativ hohe Autonomie der Unternehmungsbereiche kann zu Spartenegoismus führen.

Die Objektorganisation schafft die Möglichkeit, Unternehmungs- und Geschäftsbereiche, die jeweils eine doppelte Marktbeziehung über die Funktionen Beschaffung und Absatz aufweisen – neben der Zuordnung der Produktion und Teilen der Verwaltung – mit hoher *Autonomie* zu versehen (vgl. Welge =Profit-Center-Organisation=). Sie stellt eine der Möglichkkeiten zur Schaffung (entscheidungs-)dezentralisierter Strukturen dar. Damit bieten sich Möglichkeiten der Steuerung über den Erfolg der Subsysteme an, die weitgehend von Transfer- (Verrechnungs-)preisen unabhängig bleiben, da Marktpreise sowohl auf der Eingangs- als auch auf der Ausgangsseite bedeutsam sind. Statt Kosten oder Leistungen werden Aufwendungen und Erträge in ihrer Differenz (Gewinn) und relative Größen wie die Rentabilität zu Maßgrößen für die Beurteilung der Wirtschaftlichkeit der Subsysteme und damit zur Grundlage für die Führung der Subsysteme als *Profit-* oder *Investment-Center.* Diese Aussage findet prinzipielle Einschränkungen im Hinblick auf Zentralfunktionen und – bei starker Interdependenz einzelner Unternehmungs- und Geschäftsbereiche – auf den intersubsystemischen Leistungs- und Verrechnungsverkehr. Mit der hohen Autonomie der dezentralen Bereiche wächst in diesem Modell aber auch die Gefahr einer grundsätzlichen suboptimalen Denkweise, des „*Spartenegoismus*", der die (rechnerischen) Vorteile für den eigenen Bereich zu Lasten des Gesamtergebnisses sucht (vgl. auch Seidel =Grenzen= 170 f.).

(3) Schwierige Abgrenzungsprobleme führen häufig zu vertikalen und horizontalen Mischgliederungen.

Nur selten läßt sich eine völlige Trennung der einzelnen Unternehmungsbereiche nach dem Prinzip des Übergewichts der inneren Bindung erreichen. Im Regelfall sind vielfältige Verflechtungen entwicklungs-, beschaffungs-, produktions-, absatz- und verwaltungsmäßiger Art zwischen einzelnen Unternehmungsbereichen gegeben, unabhängig davon, welches Abgrenzungsprinzip gewählt wird. Dennoch ist festzustellen, daß je nach gewähltem Prinzip und je nach unterschiedlicher praktischer Geschäftsstruktur der Integrationsgrad der einzelnen Unternehmungsbereiche durchaus unterschiedlich ist. Je größer der *Interaktionsgrad* ist, umso schwieriger wird es, eine hinreichend autonome Abgrenzung der einzelnen Unternehmungsbereiche voneinander zu erreichen. Damit wird zugleich das angestrebte Ziel, auch rechnerisch verantwortliche Ergebnisbereiche zu schaffen, in der Tendenz unterminiert.

Liegen derartige interaktive Beziehungen vor, so muß bei der organisatorischen Gestaltung nach Lösungsstrategien Ausschau gehalten werden, die es ermöglichen, trotz des Interaktionsgrades eine hinreichende Funktionsfähigkeit der einzelnen Unternehmungsbereiche auch an ihren Grenzen sicherstellen. Die folgenden Strategien werden in der Praxis verwirklicht:

(a) Zentralisation.

Eine Möglichkeit der Umgehung der horizontalen Interaktion ist die Zentralisation derartiger Bereiche. Die folgenden Fälle sind typisch für Bemühungen, durch eine Zentralisation auf einer anderen Ebene das Problem der Interaktion zu lösen:

(aa) Gemeinsam zu nutzende *Entwicklungseinrichtungen* werden in einem Zentralbereich Forschung und Entwicklung zentralisiert. Dieser fungiert als *Service-Bereich* für die seine Leistungen in Anspruch nehmenden Unternehmungsbereiche. Der Zentralbereich hält praktisch die Kapazität und die Ressourcen zur Abwicklung von Forschungs- und Entwicklungsvorhaben vor und wird nach Fixierung der Entwicklungsprioritäten für die einzelnen Unternehmungsbereiche tätig. Eine auftragsweise Abrechnung der übernommenen Projekte kann erfolgen. Nachteilig an dieser Lösung ist, daß die Zentralbereiche neben ihrer koordinierenden Schaltfunktion im Hinblick auf einzelne verrichtungstypische Aspekte aller Objektbereiche zusätzlich mit Ausführungsaufgaben belastet werden und damit ihren Charakter als Schaltstellen teilweise verlieren.

(ab) Im *Fertigungsbereich* treten häufig gemeinsame Vorproduktionen oder Vorfertigungen auf, die von mehreren Unternehmungsbereichen genutzt werden. Auch hier wird zuweilen durch eine Zentralisation der Vorfertigungen und ihre Angliederung an einen zentralen technischen Bereich eine Lösung herbeigeführt. Ähnliches läßt sich über die Behandlung von Hilfs- und Nebenbetrieben nachweisen. Auf die Verwässerung der Zentralstellenebene durch die zentrale Übernahme von Ausführungsaufgaben sei auch hier hingewiesen.

Die historische Entwicklung vieler industrieller Unternehmungen hat es mit sich gebracht, daß an einem Standort der ursprünglichen Stammfirma große Werkskomplexe entstanden sind, in denen die vielfältigsten Produktionszweige für unterschiedliche Geschäftsbereiche abgewickelt werden. In dieser Situation stellt sich die Frage, ob diese Werksbereiche völlig in Unternehmungsbereiche aufgelöst werden können. Da es auch hier nicht immer möglich ist, einzelne Werksteile, oder gar Hallen direkt einzelnen Unternehmungsbereichen in ihrer Produktion zuzuweisen, verbleibt sehr häufig ein Rest der Werksteuerung, -unterhaltung und -verwaltung übrig, der nicht auf einzelne Unternehmungsbereiche auflösbar ist. Diese Werksleitungen werden dann aus der Aufgliederung auf Unternehmungsbereiche herausgenommen und zentral einem Bereich „*Zentrale Technik*" unterstellt.

(ac) Häufig gelingt es ebenfalls nicht, alle *Vertriebsbüros*, die regional im Inland und Ausland für die Unternehmung tätig sind und hier zumeist die gesamte Produktpalette anbieten, auf die einzelnen Unternehmungsbereiche auszurichten. Es verbleiben fast immer die Leitungen und Verwaltungen solcher Vertriebsbüros als nicht zuordenbarer Rest. Hier wird im Regelfall in gleicher Form wie bei den Werksleitungen eine Zuordnung der Vertriebsbüroleitungen in den einzelnen regionalen Einheiten an eine *zentrale Vertriebsstelle* vorgenommen.

(b) Ausgliederung.

Gelegentlich ist festzustellen, daß Bereiche, die sich nicht unmittelbar in den Rahmen einer objekt-orientierten Unternehmungsgliederung stellen lassen, nicht durch vertikales Zentralisieren über die Zuordnung zu einem Zentralbereich herausgestellt, sondern daß diese aus dem Unternehmungsverband ausgegliedert werden. Dies kann im Rahmen der gegebenen Organisation erfolgen, indem diese Bereiche neben die übliche Objektorganisation gestellt werden. Ein Beispiel wäre etwa das Ausgliedern einer Vorfertigung, die neben die üblichen Unternehmungsbereiche auf gleicher Ebene gestellt wird, aber über keinen Vertrieb, keine eigene Verwaltung und ähnliches verfügt. Ein anderer Fall ist dann gegeben, wenn diese Bereiche außerhalb der eigenen Organisations- und Rechtsstruktur in Form von Tochtergesellschaften geführt werden und diese dann als Profit-Center behandelt werden. Ein Beispiel für eine derartige Regelung wäre z. B. die Ausgliederung des gesamten Vertriebsapparates (Verkaufsbüros) und die Bildung einer eigenen Handelsgesellschaft.

(c) Dezentralisation: Das Mandatssystem.

Eine andere, dezentrale Lösung bietet das sogenannte *Mandatssystem*. Hier werden die gemeinsam zu lösenden Aufgaben demjenigen Unternehmungsbereich zugeordnet, der am meisten Gebrauch von diesen Aktivitäten macht („*most use criterion*"). Wird die Vorfertigung z. B. von den Unternehmungsbereichen a und b beansprucht, dann wird nach diesem Prinzip die Abteilung Vorfertigung demjenigen Unternehmungsbereich zugeordnet, der am stärksten von den Lieferungen dieser Abteilung Gebrauch macht. Ist dies z. B. zu 80 % der Unternehmungsbereich a, so erfolgt die Zuordnung der Vorfertigung zu diesem Unternehmungsbereich. Die restlichen 20 %, die der Unternehmungsbereich b beansprucht, werden auf dem Wege der internen Zulieferung des Geschäftsbereiches a an den Geschäftsbereich b und einer anschließenden internen Verrechnung geregelt. Ähnliches findet man auch dann, wenn z. B. mehrere Geschäftsbereiche einen gleichen Rohstoff beschaffen müssen und die Frage eines zentralen oder dezentralen Einkaufs zur Diskussion steht. Das Mandatssystem sieht hier z. B. vor, daß der Geschäftsbereich, der den überwiegenden Verbrauch dieses Rohstoffes hat, diesen für die anderen Geschäftsbereiche mit beschafft, um dann auf dem Wege der internen Lieferung und Verrechnung einen Ausgleich herbeiführen zu können.

Je stärker ein derartiges Mandatssystem ausgeprägt ist, und je intensiver die Interaktionsbeziehungen im gesamten System sind, umso mehr rückt das Problem der Gestaltung der *Verrechnungspreise* aufgrund von Herstellkosten oder Marktpreisen in den Vordergrund. An dieser Stelle soll auf die Lösung des sogenannten Transferpreisproblems bei diesem Organisationsmodell nicht näher eingegangen werden, sondern vielmehr auf die einschlägige und umfangreiche Spezialliteratur verwiesen werden (vgl. z. B. Albach =Lenkpreise= 216 ff., Drumm =Lenkung= 253 f., Lüder =Steuerung= 316 ff., Menz =Profit Center= 110 ff., Poensgen =Geschäftsbereichsorganisation= 481 ff.).

Dennoch ist festzustellen, daß von der Lösung dieses Problems die Wirksamkeit einer autonomen dezentralen Steuerung der Unternehmungsbereichsorganisation im entscheidenden Maße abhängt. Je stärker das *Prinzip der Ergebnisverantwortung* von der obersten Leitung betont wird, um so größere Kraft gewinnt ein ungelöstes Verrechnungspreisproblem für die mikropolitische Ausrichtung einzelner Unternehmungsbereichsleiter bei der Bewältigung ihrer Aufgaben. Ganz grob könnte hier gesagt werden, daß die Gefahr besteht, daß sich diese Führungskräfte in den Unternehmungsbereichen mehr um den Ansatz der internen Verrechnungspreise bemühen könnten, als um das Erzielen ausreichender Marktpreise, weil von der Gestaltung der Verrechnungspreise das Ergebnis ihrer Bereiche häufig in entscheidendem Maße beeinflußt wird. Bei kritischer Betrachtung kommt Eberhard Seidel (=Grenzen= 174) zu folgendem Ergebnis: „Liegt ein gemessen am Außenumsatz bedeutsamer interner Leistungstransfer vor, der sich im Unternehmensinteresse nicht zu Marktpreisen abrechnen läßt (möglicherweise weil es keine Marktpreise gibt), so ist das Geschäftsbereichs-Konzept nicht zweckvoll anwendbar."

(4) Notwendigkeit der Bildung von Zentralfunktionen.

Das Nebeneinanderstellen mehrerer objektorientierter Subsysteme bringt grundsätzlich eine Vervielfachung der Verrichtungen mit sich (mehrmaliges Auftreten von Entwicklungs-, Beschaffungs-, Fertigungs-, Absatz- und Verwaltungsaufgaben im Gesamtsystem). Die Objektzentralisation führt hier spiegelbildlich zu einer Dezentralisation der Verrichtungen. Weisen die Objekte eine technologische oder marktliche Verwandtschaft auf (ein Grenzfall, bei dem dies nicht gilt, wäre der Mischkonzern, z. B. Objekte: Elektrotechnik, Gastronomie, Autovermietung, Versicherung, Bank), ergeben sich vielfältige Beziehungen zwischen den einzelnen (vervielfachten) Verrichtungen in den objektorientierten Bereichen (z. B. gleiche und ähnliche Stoffe als Ausgangsgrundlage der Fertigung in mehreren Unternehmungsbereichen, Kunden treten als Abnehmer von Produkten mehrerer Unternehmungsbereiche auf). Diese Beziehungen induzieren Wirtschaftlichkeitsüberlegungen, die nur von *zentraler* Stelle aus wahrgenommen werden können. So ist z. B. sicherzustellen, daß

- bei dezentraler Forschung und Entwicklung nicht in den einzelnen Unternehmungsbereichen Doppelarbeit erfolgt,
- die Unternehmung bei Materialien, die bei mehreren Produktgruppen benötigt werden, als einheitlicher Besteller nach außen auftritt (mit günstiger Wirkung auf erzielbare Konditionen),
- eine Systemflexibilität durch eine Abstimmung des Maschinenparks in den einzelnen Produktgruppen erreicht wird (möglicher Beschäftigungsausgleich zwischen den Systemen).
- ein einheitliches Vorgehen auf den Absatzmärkten möglich wird usw.

Neben diesen Harmonisationsbedürfnissen, die die (1) *Harmonisationsfunktion* gegenüber dezentralen Einheiten betonen, und die bei einfacheren Verhältnissen auch durch Kollegien wahrgenommen werden können (vgl. Abb. 31 b), können an zentraler Stelle weitere organisatorische Einheiten gebildet werden (vgl. hierzu die vorausgegangenen Ausführungen über Zentralabteilungen als traversierender Organisationsform), die sich wegen ihrer Bedeutung für die Führung nicht dezentralisieren lassen (vgl. Abb. 31 c). Derartige Einheiten übernehmen zusätzliche *zentrale (2) Dienstleistungs-(Service-)-funktionen* und können bei der Forschung und Entwicklung einer zentralen Vornahme von grundlegenden Beschaffungsaufgaben, dem Verkehr mit Großkunden (z. B. Behördengeschäft), dem Controlling und Treasuring auftreten. Auch kann die Wirtschaftlichkeit dafür sprechen, bestimmte Realisierungsfunktionen zentral zu erledigen (z. B. Zentrale Datenverarbeitung, Zentrale Logistik). Zentrale Harmonisations- und Realisierungsfunktionen führen zur Bildung eigener Abteilungen (insgesamt einer Hauptverwaltung oder von Zentralbereichen), die Eigenleistungen erforderlich machen. Derartige

(3) *Eigenfunktionen* finden sich z. B. in Personalabteilungen für Angehörige von Zentralabteilungen, einem eigenen Büromaterialeinkauf für die Hauptverwaltung. Daneben führt die Agglomeration von Wissen auf dieser Ebene zu vielfältigen (4) *Beratungstätigkeiten* gegenüber anderen.

Mit der Bildung zentraler Einheiten geht eine grundsätzliche Änderung der Konfiguration des organisatorischen Aufbaus einher: War die Verrichtungsorganisation noch weitgehend als Pyramide darstellbar, entsteht nunmehr eine Führung mit zwei Schwerpunkten (vgl. Leavitt/Whisler =Bell-concept= 47; vgl. Abb. 32). Diese Darstellung enthüllt ein weiteres Verhaltensproblem der Objektorganisation.

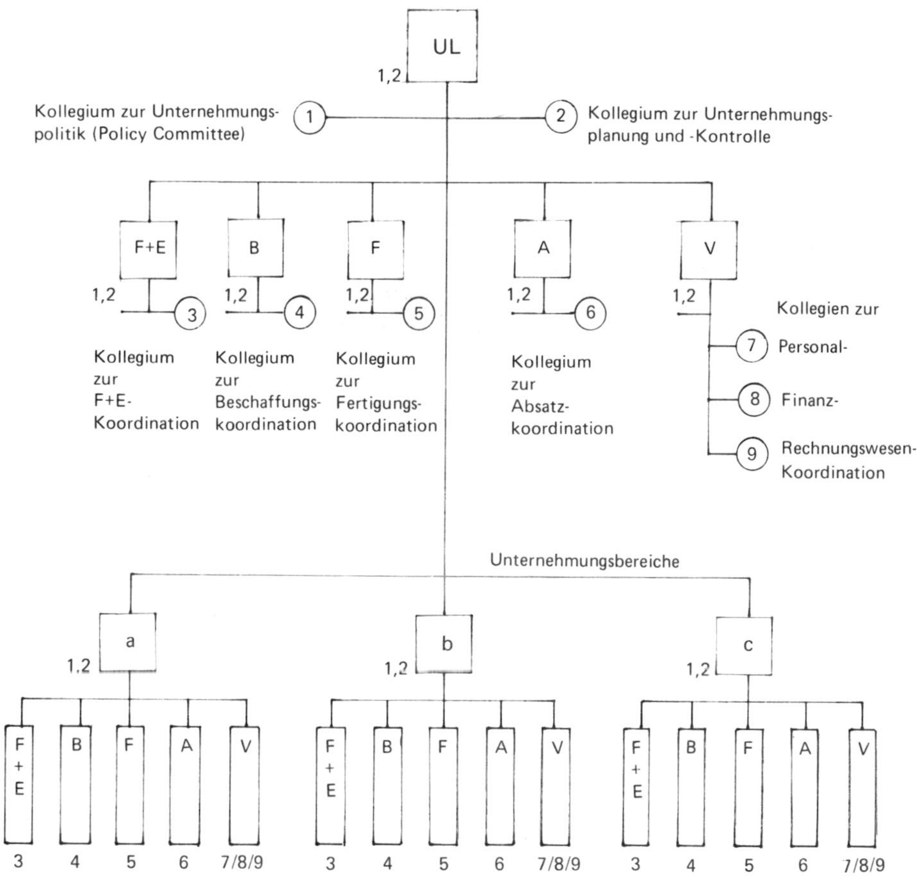

*Abb. 31 b: Einsatz von Kollegien im Objektmodell**

* (Die jeweiligen Ziffern weisen auf die Mitgliedschaft in einzelnen Kollegien hin)

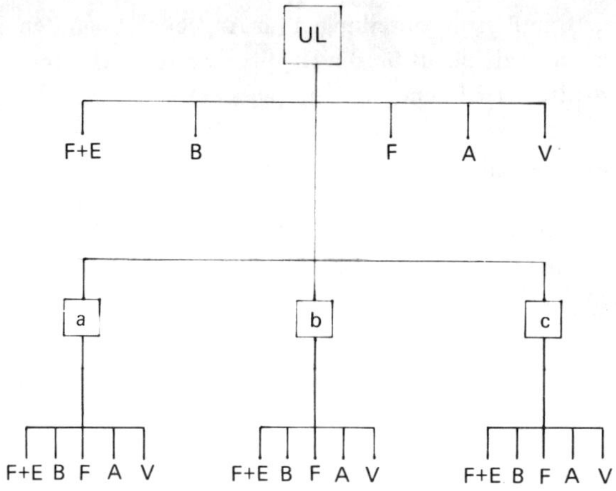

Abb. 31 c: Objektmodell mit Zentralabteilungen

(5) Schwierige Integration strategischer und taktisch-operativer Aufgaben.

Abb. 32 zeigt die Doppelzentrierung der Objektorganisation um zwei Punkte, einem Schwerpunkt *strategischer* Überlegungen auf *zentraler* Ebene und einem Schwerpunkt *taktisch-operativen* Handelns auf *dezentraler* Ebene. Vom Verhalten des Systems her birgt diese Konfiguration die grundsätzliche Gefahr des Auseinanderreißens dieser beiden Ebenen an der engsten Stelle („Sollbruchstelle" an der Taille zwischen zentralen und dezentralen Bereichen) in sich, wenn die Zentrale noch strategischer und grundsätzlicher in ihren Überlegungen wird und die Unternehmungsbereiche sich im Gegengewicht dazu noch stärker mit dem Tagesgeschäft auseinandersetzen. Damit stellt sich die Verkoppelung der strategischen und taktisch-operativen Ebene als ein Grundproblem der Objektorganisation dar. Zwei dezentrale Lösungswege können eingeschlagen werden:

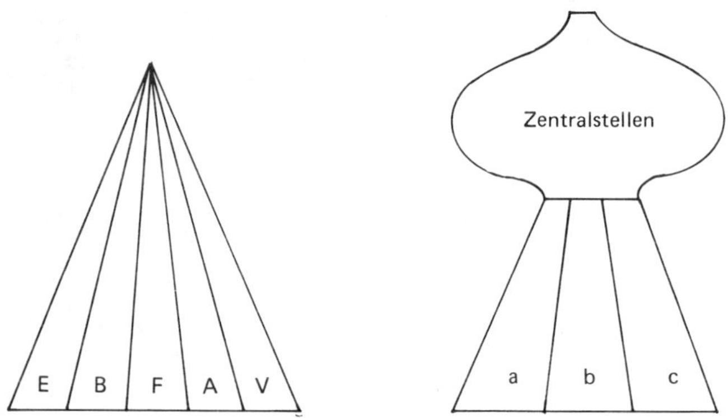

Abb. 32: Unterschiedliche Konfigurationen von Organisationsmodellen

(*a*) Gestaltung der *Verteilungsbeziehung* zwischen zentralen und dezentralen Bereichen

Dies ist für die Ausgestaltung und Eingliederung der Unternehmungsbereichsleitungen von Bedeutung. Die Unternehmungsbereichsleitungen als direktoriale oder kollegiale Organe, bis hin zum „Spartenvorstand" können entweder unterhalb der Unternehmungsleitung oder in die Unternehmungsleitung eingegliedert sein (vgl. Abb. 33).

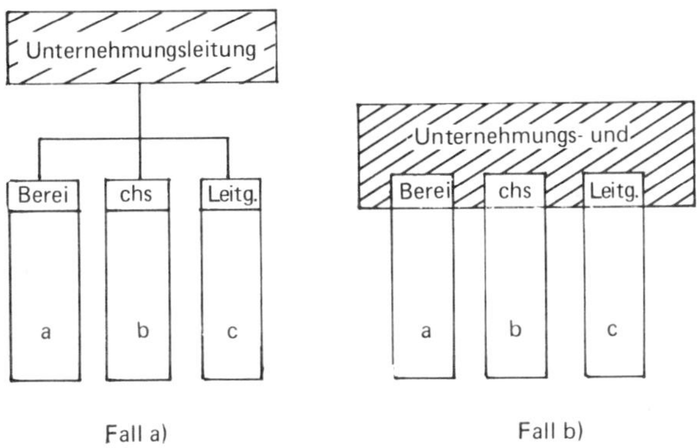

Abb. 33: Unter- und Eingliederung der Unternehmungsbereichsleitungen in die Unternehmungsleitung

Je stärker die Abgliederung der Bereichsleitung von der Unternehmungsleitung und je stärker die Unternehmungsleitung selbst nach funktionalen Aspekten ressortiert ist, (vgl. Fall a) in Abb. 33), um so deutlicher stellt sich das Problem des Auseinanderfallens von strategischer und taktisch-operativer Unternehmungsführung. Die im Fall b) der Abb. 33 gezeigte Verschmelzung von Unternehmungsbereichs- und Unternehmungsleitung – den objektgebundenen Ressorts werden hier verrichtungsgebundene Ressorts gegenübergestellt (Vorstandsmatrix) – stellt eine Möglichkeit zur Vermeidung eines derartigen Fehlverhaltens dar.

(b) Gestaltung von *Arbeitsbeziehungen* zwischen zentralen und dezentralen Bereichen

Zwischen den Zentralstellen und den dezentralen verrichtungsgebundenen Subsystemen, die ihnen entsprechen (z. B. zentrale Entwicklungsabteilungen zu dezentralen Entwicklungsabteilungen), können traversierende, direkte, fachliche Weisungsbeziehungen hergestellt werden.

Damit erfolgt eine Ankoppelung der taktisch-operativen Einheiten an die strategische Ebene der Unternehmungsführung. Wird gleichzeitig verteilungsmäßig eine Verzahnung der objektorientierten Bereichsleitungen mit den übrigen verrichtungsorientierten Aspekten in der Unternehmungsleitung vorgenommen, ergibt sich ein gleitender Übergang zu einem mehrdimensionalen (Objekt-/Verrichtungs-)Organisationsmodell.

Werden die Gefahren eines Fehlverhaltens erkannt und organisatorische Gegenkonzepte verwirklicht, bietet das Objektmodell große Möglichkeiten für eine strategische Unternehmungsführung. Die Unternehmungsleitung steht dann vor einem gefächerten *Portfolio* zukünftiger Entwicklungen und hat über die Lenkung der Finanzströme in die Unternehmungs- und Geschäftsbereiche hinein die Möglichkeit, Erfolgsmöglichkeiten für die Zukunft der Unternehmung zu schaffen. Eine solche Denk- und Vorgehensweise ist der Objektorganisation jedoch nicht immanent. Viele praktische Fälle zeigen, daß die Vorschläge der Unternehmungsbereiche mehr oder weniger verwaltet und abgestrichen werden, ohne daß eine konsequente Umlenkung der Finanzströme zwischen den Unternehmungsbereichen erfolgt.

(6) Ausgeprägte Möglichkeiten zur unternehmerischen Personalentwicklung.

Im Gegensatz zum Modell der Verrichtungsorganisation bietet das Objektmodell vielfältige Möglichkeiten zur unternehmerischen Personalentwicklung. In den einzelnen Unternehmungs- und Geschäftsbereichen ist eine Vielzahl von Positionen mit einer generellen unternehmerischen Steuerung anhand marktabhängiger Erfolgsgrößen vorhanden, die eine praxisorientierte Entwicklung unternehmerischer Qualifikation erlaubt.

4.112.3 Unterstellungen und Modifikationen der Objektorganisation

Die Objektorganisation weist einige *Unterstellungen* bezüglich ihres unternehmungspolitischen Kontextes auf. Sind diese nicht gegeben, ist ein anderes Organisationsmodell in Erwägung zu ziehen, bzw. wenn sich diese Unterstellungen im Ablauf der Unternehmungsentwicklung verändern, sind zunächst *Modifikationen* des Objektmodells zu prüfen, bevor ein grundsätzlich anderes Organisationsmodell im Hinblick auf seine Ausgestaltungsmöglichkeiten für eine konkrete Unternehmung untersucht wird.

Die wichtigsten *Unterstellungen* über den unternehmungspolitischen Kontext, auf denen die Wahl eines Objektmodells beruht, lassen sich wie folgt zusammenfassen:

(1) Ziel- und Aufgabenkontext.

Das Sachziel und die sich daraus ableitenden Aufgaben sind *objektmäßig* stark differenziert. Ideale Anwendungsbedingungen bestehen bei *Mehrprodukt*unternehmungen mit starker marktlicher Differenzierung zwischen einzelnen Produkten und Produktgruppen. Die Duplizierung einzelner Verrichtungen in den verschiedenen Objektsubsystemen verlangt weiter eine hinreichende *Unternehmungsgröße,* um diese Vervielfachung und die Bildung zentraler Einheiten (Hauptverwaltung) wirtschaftlich sinnvoll zu machen.

(2) Personalkontext.

Beim Objektmodell tritt im Rahmen des Personalkontextes die relativ große Zahl von generell unternehmerisch handelnden Führungspositionen in Erscheinung, deren Besetzungsmöglichkeit als Voraussetzung für die Anwendung dieses Modells gelten kann.

(3) Sachmittelkontext.

Da das Objektmodell auf einer höheren Ebene mehrere Verrichtungsmodelle aggregiert, wirkt sich der Sachmittelkontext auf dieser Ebene nur über die Teilbarkeit der Sachmittelkomplexe und ihre Zuordnungsmöglichkeit zu den Unternehmungsbereichen aus.

(4) Räumlicher Kontext.

Auch beim Objektmodell wird unterstellt, daß der räumliche Kontext nicht stark differenziert ist, der Standort der Hauptaktivitäten der Unternehmung nicht allzu weit (international) streut.

(5) Zeitlicher Kontext.

Grundsätzlich können die einzelnen Unternehmungsbereiche mit unterschiedlichen Lebenszyklen ihrer Produkte verbunden sein. Bestehen allerdings über die einzelnen Bereiche hinweg drastische Differenzen in der zeitlichen Bindung, sind Modifikationsmöglichkeiten des Modells zu prüfen.

Verschieben sich die einmal gegebenen Unterstellungen im Verlauf der Unternehmungsentwicklung, sind – bevor die Wahl eines grundsätzlich anderen Organisationsmodells bei der Organisationsplanung erwogen wird – *Modifikationen* des Objektmodells zu prüfen, die dem sich verschiebenden Kontext gerecht werden sollen. Einige derartige Modifikationsmöglichkeiten werden im folgenden beispielhaft aufgezeigt.

Organisatorische Modifikationen des Objektmodells ergeben sich vor allem bezüglich des Ziel- und Aufgaben-, des räumlichen und des zeitlichen Kontextes.

- *Ziel- und Aufgabenkontext.*

Die grundsätzliche Betonung des Produktaspektes bei der Bildung von Unternehmungs- und Geschäftsbereichen im Objektmodell läßt andere Aspekte in den Hintergrund treten, die sich nicht zur Bildung subautonomer Einheiten über die Zusammenfassung von Entwicklungs-, Beschaffungs-, Fertigungs-, Absatz- und Verwaltungsaufgaben in gleicher Weise eignen. Dies macht sich zunehmend störend bei Aufgaben des marktorientierten Eingehens auf spezifische Kunden und Vertriebswege bemerkbar. Zwei typische *Probleme mangelnder Marktorientierung* der produktorientierten Objektorganisation seien herausgegriffen:

– Gleiche Kunden werden vom Vertrieb mehrerer Unternehmungsbereiche kontaktiert. Der Kunde fühlt sich entweder durch die *parallelen Kontaktaufnahmen* der gleichen Unternehmung belästigt oder nutzt seine Chance zum gegeneinander Ausspielen. Verhalten sich die angebotenen Produkte einzelner Sparten substitutiv, kann ein egoistisches Spartenverhalten zu Lasten der Gesamtinteressen beobachtet werden. Die Möglichkeiten einer optimalen Kontaktierung, Betreuung und Versorgung eines bestimmten Kundenkreises oder Marktsegmentes werden durch die Organisation vertan oder nur unzureichend genutzt.

– Größere mögliche Kundenaufträge, die mehrere Unternehmungsbereiche tangieren

– z. B. große *„Turn-Key-Projekte"* – werden nicht aufgegriffen, weil kein Unternehmungsbereich interessiert ist, die Federführung für einen derartigen Auftrag zu übernehmen, bei dem der eigene Lieferanteil relativ gering ist. In der Folge gehen für die Gesamtunternehmung wesentliche Großaufträge über die begrenzten Interessen der dezentralen Einheiten zu Lasten des potentiellen Gesamtergebnisses verloren.

Eine Lösung dieser Problematik führt zumeist zur Bildung von *Zentralstellen,* die traversierend die segmentierte Objektgliederung durchdringen, um den Kundenbedürfnissen Rechnung zu tragen (vgl. Abb. 34).

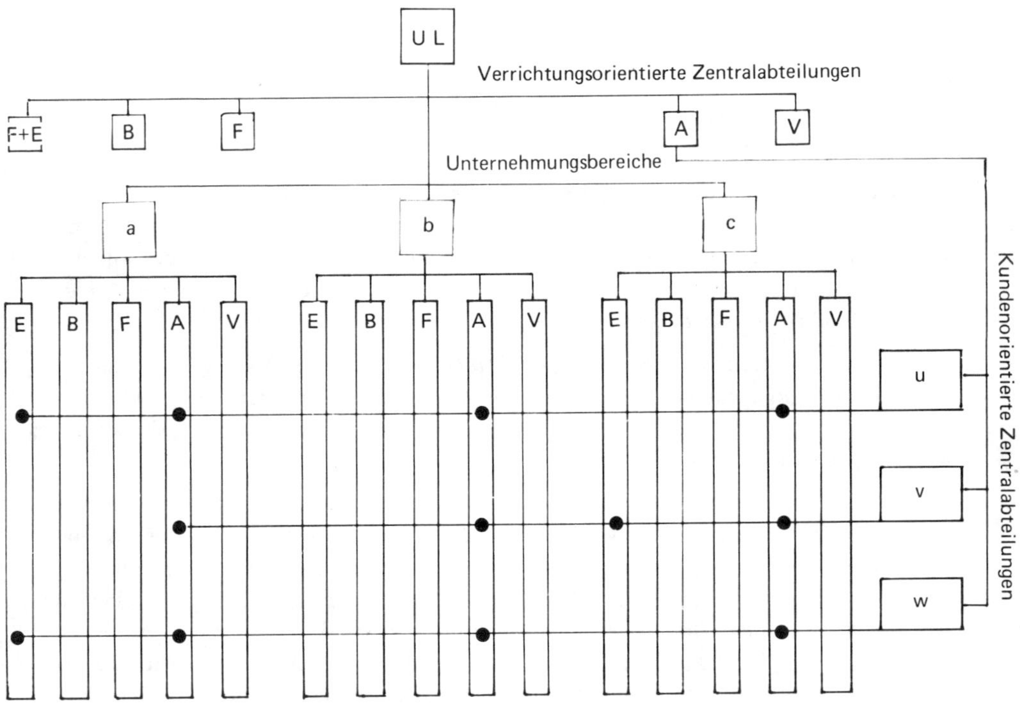

Abb. 34: Marktsteuerung im Objektmodell durch Traversierung

- *Räumlicher Kontext.*

Eine zunehmende Differenzierung der räumlichen Aktivitäten induziert eigene Harmonisationsbedürfnisse im Hinblick auf unterschiedliche Regionen. Will man in diesem Stadium einer Organisationsentwicklung nicht bis zum Regionalmodell vorstoßen, wird man sich des Einsatzes von *traversierenden Organisationsformen* zur Regionalharmonisation bedienen.

– *Traversierung des Objektmodells durch Zentralabteilungen zur Regionalharmonisation.*
Zur Regionalharmonisation können Zentralabteilungen eingesetzt werden, die traversierend zur Objektgliederung regionalspezifische Aspekte harmonisieren (vgl. Abb. 35). Es entsteht ein sogenanntes *Regional-Management* zur regionalen Querschnittsregelung der objektmäßig segmentierten Subsysteme (vgl. Bleicher =Entwicklung= 415 ff.). Werden diese regionalen Zentralabteilungen unter einheitlicher Leitung zusammengefaßt, bildet sich eine *Internationale Abteilung* („International Division", „Overseas Operations", „Regionalsparten" – vgl. Abb. 35).

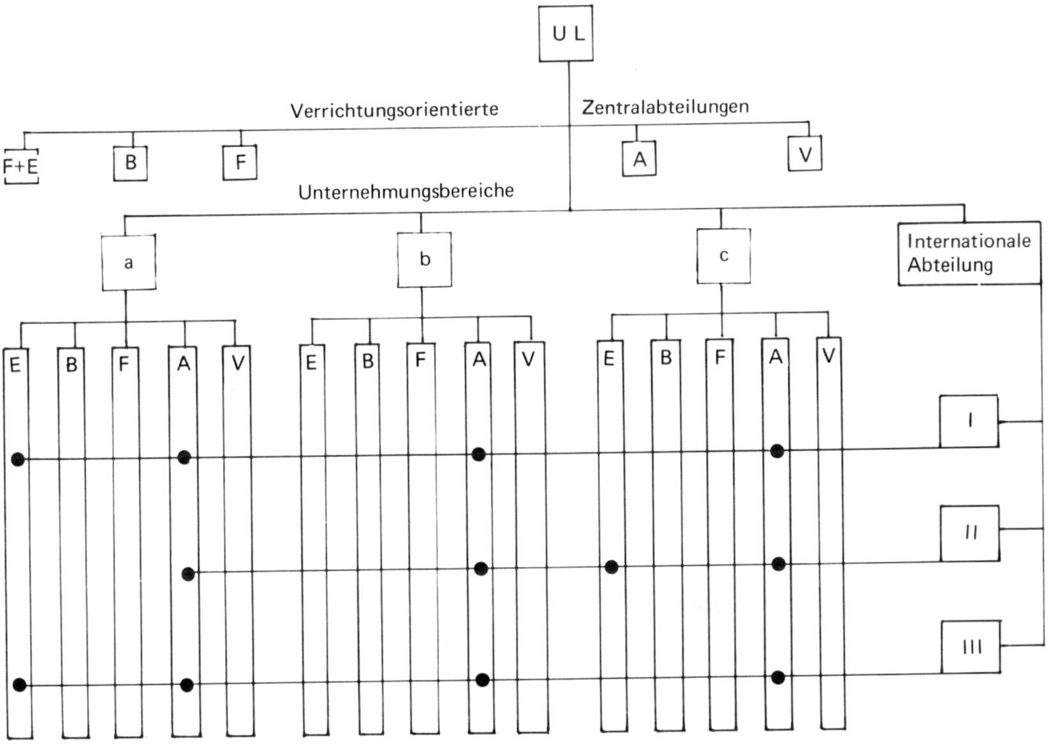

Abb. 35: Traversierung des Objektmodells durch eine Internationale Abteilung zur regionalen Querschnittsregelung

– *Traversierung des Objektmodells durch Dauerkollegien zur Regionalharmonisation.*
Anstelle von Zentralabteilungen können auch Dauerkollegien zur Regionalharmonisation eingesetzt werden. Während Zentralabteilungen über die Gestaltung von speziellen, funktionalen Weisungswegen ihrer Harmonisationsfunktion genüge leisten, wird bei den Dauerkollegien durch die Gestaltung der Verteilungsbeziehungen eine Harmonisation ermöglicht: Aus den einzelnen von der Querschnittsregelung betroffenen Objektbereichen werden – unter Hinzuführung von Repräsentanten der Unternehmungsleitung – Mitglieder („Koordinatoren") in die jeweiligen Regionalausschüsse entsandt.

• *Zeitlicher Kontext.*

Eine Modifikation der Objektorganisation kann vom zeitlichen Kontext aus dadurch erfolgen, daß neben den dauerhaften Lebenszyklen unmittelbar und mittelbar produktorientierter Aufgaben, neue Aufgaben entstehen, deren Lebenszyklus sich von diesen durch weit kürzere Fristen unterscheidet. Es stellt sich dann die Aufgabe, die auf Dauer geregelte Objektstruktur durch auf Zeit angelegte Organisationsformen zu ergänzen. Wie bereits beim Verrichtungsmodell kann dies durch den Einsatz von

- Projektgruppen mit *segmentierenden* Aufgaben und
- Projektgruppen mit *traversierenden* Aufgaben (Steuerungsgruppen und Projektkollegien)

erfolgen.

Daneben stellt sich das Problem, Produkte (Geschäftsfelder), die sich in unterschiedlichen Stadien ihrer Entwicklung befinden (Produkt vor der Einführung, eingeführtes Wachstumsprodukt, marktreifes Produkt in der Sättigungsphase, sterbendes Produkt) auch organisatorisch zu differenzieren. So können z. B. neue, diversifizierende Produkte, die später zu eigenen Geschäfts- oder Unternehmungsbereichen werden können, noch völlig außerhalb der Bereichsgliederung stehen. Die mit ihnen verbundenen Aufgaben können zunächst in Projektgruppen erfüllt werden, bis ihre Überführung in die Dauerorganisation durch Einrichtung eigener Geschäftsbereiche erfolgt. Umgekehrt lassen sich Aufgaben an „sterbenden" Produkten aus der Unternehmungsgliederung herausnehmen, um in zeitlich begrenztem Rahmen durch Projektgruppen gezielte „Sterbehilfe" leisten zu können. In dieser Weise ist auch eine Objektorganisation durch eine am Produkt orientierte *Dynamisierung* zu modifizieren.

4.113 Regionalmodell

4.113.1 Das Grundmodell der Regionalorganisation

Die eindimensionale Regionalorganisation geht von den räumlich gebundenen Aktivitätsfeldern – den Regionen (I, II, III) – aus. Sie knüpft damit an die regionale Differenzierung der Unternehmungspolitik an, indem sie bei der Gestaltung die das System tragenden Systeme nach diesem Prinzip bildet. Auch bei dem Regionalmodell treten realiter einige Verrichtungen hinzu, die erst die Funktionsfähigkeit des Gesamtsystems herstellen (Finanzen und Rechnungswesen usw.), womit sich auch hier – ähnlich wie bei dem Objektmodell – Ansätze einer Mischgliederung bereits prinzipiell zeigen. Abb. 36 zeigt den grundsätzlichen Aufbau einer nach Regionen gegliederten Unternehmung.

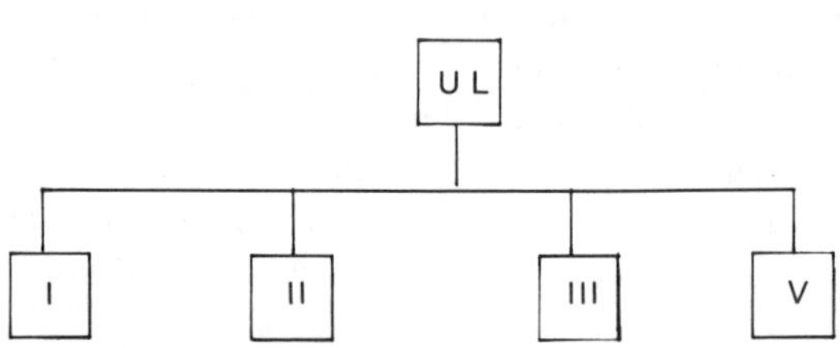

Abb. 36: Grundmodell der Regionalorganisation

Das Grundmodell der Regionalorganisation kann weiter danach differenziert werden, ob in ihm

- Verrichtungs-
- Objekt- oder
- Regionalsubsysteme

zusammengefaßt werden (vgl. Abb. 37).

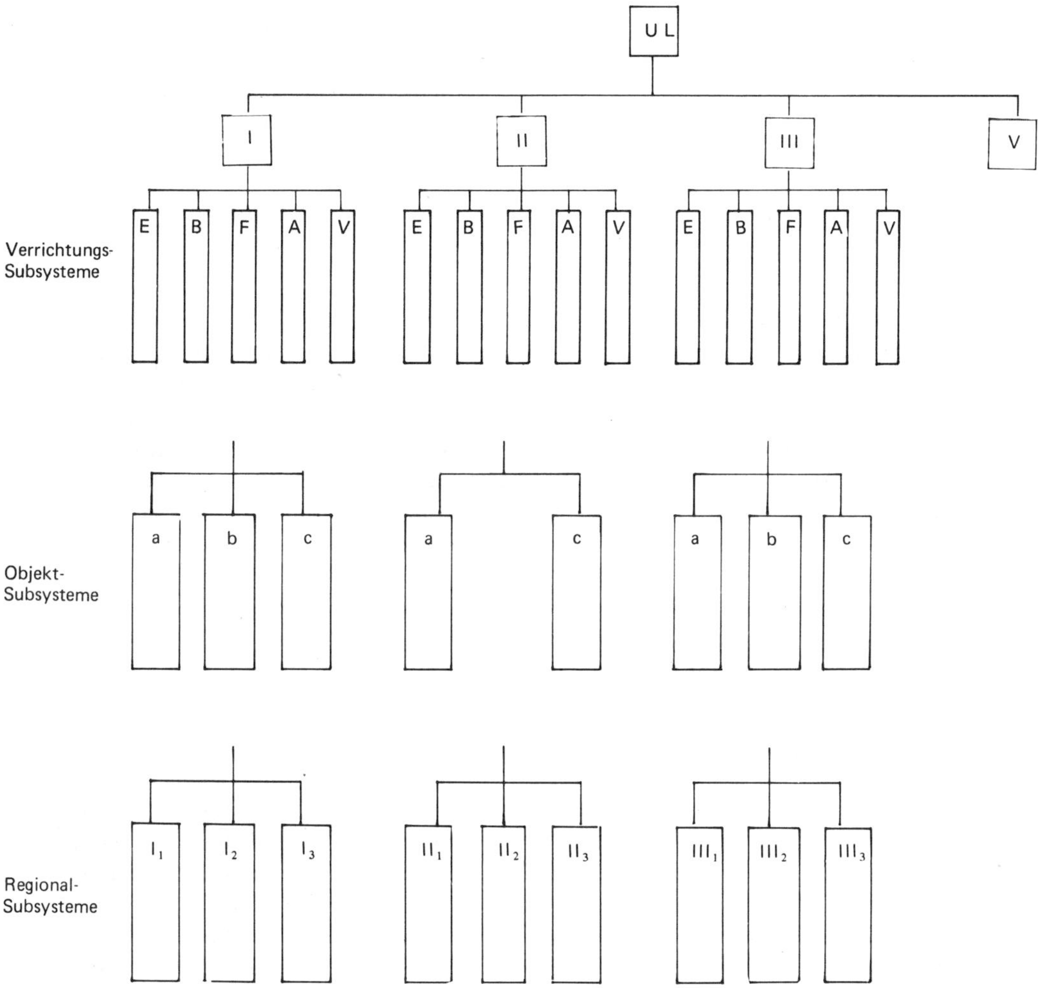

Abb. 37: Grundmodell der Regionalorganisation mit unterschiedlichen Subsystemen

4.113.2 Das Systemverhalten der Regionalorganisation

Das Systemverhalten der Regionalorganisation weist einige kritische Merkmale auf, die je nach Kontext der Anwendung beachtet werden müssen. Dabei ist davon auszugehen, daß die für das Verrichtungsmodell und für das Objektmodell geltenden kritischen Verhaltensweisen auch im Regionalmodell anzutreffen sind (Ausnahme im Hinblick auf objektspezifische Belange: Regionalmodell ohne Produktdifferenzierung) und lediglich durch die spezifischen Belange einer Regionalgliederung überlagert werden. Im folgenden wird daher lediglich auf die spezifische Problematik der Regionalorganisation eingegangen, die sich auf der Ebene der Aggregation von Verrichtungs- oder Objektsubsystemen ergibt (vgl. grundlegend Bleicher/Meyer/Wiek =Systemanalyse= 253–296).

(1) In den einzelnen Regionen lassen sich unterschiedliche Strukturierungskonzepte verwirklichen.

Die einzelnen Regionen bieten sowohl im nationalen als auch im internationalen Rahmen aufgrund der besonderen politisch-gesetzlichen, ökonomischen, sozio-kulturellen und technologischen Besonderheiten im allgemeinen recht unterschiedliche Bedingungen für eine organisatorische Gestaltung. Diesen Bedingungen kann im Rahmen des Gesamtkonzeptes dadurch entsprochen werden, daß in den einzelnen regionalen Subsystemen jeweils andere Strukturierungskonzepte verwirklicht werden. Damit dürfte die Anpassungsfähigkeit des Gesamtsystems an unterschiedlich verlaufende Umweltentwicklungen in den einzelnen Regionen relativ groß sein. Störwirkungen, die in einzelnen regionalen Subsystemen auftreten, lassen sich im Rahmen des Gesamtsystems teilweise kompensieren, häufig aber zumindest in ihren Wirkungen eingrenzen. Bei geschickter Abstimmung der regionalen Systeme können die Störwirkungen derart ausgeglichen werden, daß sich insgesamt ein *Störausgleich* einstellt.

(2) Die regionale Autonomie kann Fliehkräfte freisetzen.

Die Einbettung der regionalen Subsysteme in jeweils andere Subsystembedingungen – insbesondere politisch-gesetzlicher Art – bringt eine starke Hinwendung zur Anpassung an *lokale dezentrale* Aspekte fast zwangsläufig mit sich; die Normen der Gastregion werden weitgehend formal und informal verbindlich für das Operieren der Subsysteme. Dies prägt sich rechtlich-organisatorisch z. B. dadurch aus, daß die Subsysteme nicht als Abteilungen, sondern als Tochter- oder Beteiligungsgesellschaften mit Umwegen der Willensbildung und -sicherung über Aufsichtsgremien indirekt geführt werden. Der im System angelegte Konflikt zwischen zentralen Interessen der Muttergesellschaft und den dezentralen Interessen der regionalen (Landes-)Tochtergesellschaften kann hier noch deutlicher *Fliehkräfte* in Richtung auf eine Dominanz dezentraler Aspekte freisetzen, als dies bei der ebenfalls auf dem Prinzip der Teilautonomie aufbauenden Objektorganisation der Fall ist. Dieser Umstand läßt sich tendenziell dadurch mildern, daß die regionalen Subsysteme als Steuerungseinheiten in einer Zentrale räumlich zusammengefaßt werden (vgl. den 3. Fall des gestaffelten Regionalprinzips in Abb. 37), wodurch sich die konfliktäre Trennlinie zwischen zentraler und dezentraler Orientierung eine Stufe nach unten verlagert (Landesgesellschaften einer Region versus Regionalmanagement in der Zentrale). Die räumliche Dezentralisierung der regionalen Steuerungseinheiten in die Region hinein dürfte dagegen eher eine tendenziell stärkere Identifikation dieser Einheiten mit den dezentralen Aspekten der Region bewirken.

(3) Notwendigkeit der Bildung von Zentralfunktionen.

Die Tatsache, daß in einem Regionalmodell – je nach Vorhandensein und Gliederung – auf unterer Ebene Verrichtungs- und/oder Objektsubsysteme auftreten, induziert auf zentraler Ebene Harmonisationsbedürfnisse, denen durch Zentralfunktionen – in unterschiedlicher organisatorischer Form – entsprochen werden muß. Neben diesen *Harmonisations*funktionen können weitere *Realisations*funktionen zentralisiert werden. Beide schaffen *Eigen*funktionen zur Betreuung der gebildeten Einheiten und des in ihnen tätigen Personals. Die Konfiguration der Gesamtorganisation ähnelt damit wieder dem bereits bei der Darstellung des Objektmodells charakterisierten „football-on-a-bell" – Konzeptes.

(4) Probleme der Entwicklung eines überregional qualifizierten, mobilen Stammes an Führungskräften.

Bei international regionalisierten Unternehmungen wird die nationale Herkunft der Führungskräfte häufig zum Problem. Im Idealfall müßten Führungskräfte international in allen Regionen einsetzbar sein. Sprachkenntnisse, persönliche Präferenzen und Immobilitäten der verschiedensten Ursachen markieren faktisch jedoch enge Grenzen für eine derartige systemgerechte Personalpolitik. Hinzu kommt die aus der nationalen Tradition der Muttergesellschaft heraus erklärbare Tendenz, dem Gesamtsystem den Stempel ihrer Organisations- und Führungsstruktur über die Besetzung relevanter Führungspositionen im internationalen Rahmen aufzudrücken. In dieser Weise sind viele „Multis" von einer echten Internationalisierung des Systems noch weit entfernt; sie stellen bestenfalls nationale Unternehmungen mit internationalen Interessen dar (vgl. Bleicher/Meyer/Wiek =Systemanalyse= 263 f.).

4.113.3 Unterstellungen und Modifikationen der Regionalorganisation

Die Regionalorganisation weist einige *Unterstellungen* bezüglich ihres unternehmungspolitischen Kontextes auf. Sind diese nicht gegeben, ist ein anderes Organisationsmodell in Erwägung zu ziehen bzw., wenn sich diese Unterstellungen im Ablauf der Unternehmungsentwicklung verändern, sind zunächst *Modifikationen* des Regionalmodells zu prüfen, bevor ein grundsätzlich anderes Organisationsmodell im Hinblick auf seine Ausgestaltungsmöglichkeiten für eine konkrete Unternehmung untersucht wird.

Die wichtigsten *Unterstellungen* über den unternehmungspolitischen Kontext, auf dem die Wahl eines Regionalmodells beruht, lassen sich wie folgt zusammenfassen:

(1) Ziel- und Aufgabenkontext.

Vom Ziel- und Aufgabenkontext her sind zwei grundsätzlich unterschiedliche Problemstellungen für eine Regionalorganisation zu unterscheiden:

- Das Produktprogramm einer überregional operierenden Unternehmung ist wenig differenziert (*Einproduktunternehmung*). Ein derartiger Kontext verlangt selbst für überregional operierende Unternehmungen keine gehobene Größe und stellt insgesamt an die Strukturierung einfachere Bedingungen.
- Das Produktprogramm einer überregional operierenden Unternehmung ist stark differenziert (*Mehrproduktunternehmung*). Ein derartiger Kontext verlangt aufgrund der Duplizierung der objektgebundenen Aktivitäten in den einzelnen Regionen eine gehobene Unternehmungsgröße und stellt durch das Konfliktfeld produktversus regionalorientierter Steuerung der Aktivitäten schwierigere Bedingungen für die Strukturierung.

(2) Personalkontext.

Im Rahmen eines Regionalmodells erhöhen sich Zahl und Qualität unternehmerisch handelnder Führungskräfte. Bei international tätigen, regional gegliederten Unternehmungen treten zusätzliche Qualifikationsmerkmale für die Führungskräfte hinzu, die nicht selten die personale Besetzung von Führungspositionen zu einem Engpaß für die organisatorische Gestaltung derartiger Systeme werden lassen. Die *Personalentwicklung* für Führungskräfte gewinnt in diesem Zusammenhang eine wesentliche Bedeutung für die Anpassung der Organisations- an die Unternehmungsentwicklung.

(3) Sachmittelkontext.

Es ist darauf hinzuweisen, daß international tätige, regional gegliederte Unternehmungen in besonderer Weise vom Stand der Informations- und Verkehrstechnologie abhängig sind. Dabei kann davon ausgegangen werden, daß je unvollkommener diese Technologien sind, desto dezentraler die Entscheidungskompetenzen im Gesamtsystem verteilt werden müssen. Mit fortschreitender technologischer Verbesserung (Satellitentechnik) wird ein immer schnelleres Übermitteln der für die Steuerung wesentlichen Daten an eine Zentrale möglich, die damit eher in den Stand versetzt wird, aufgrund einer umfassenden (globalen) Lagebeurteilung zentrale Entscheidungen zu treffen. Vielfältige andere und sich scheinbar verstärkende Bedingungen (wieder zunehmender Nationalismus) legen dieser Tendenz allerdings Beschränkungen auf, die aus der außertechnologischen Umwelt auf die Unternehmung wirken.

(4) Räumlicher Kontext.

Beim Regionalmodell ist eine starke (internationale) Differenzierung des räumlichen Kontextes unterstellt, der Standort der Aktivitäten der Unternehmung ist breit gestreut.

(5) Zeitlicher Kontext.

In den einzelnen Regionen können völlig unterschiedliche Lebenszyklusverläufe und -stadien der angebotenen Leistungen gegeben sein (z. B. langwelliger Zyklus, der zeitlich verschoben ein Entwicklungsland erreicht; gleicher Zyklus – aber in der Wachstumsphase – in einem LDC (Less Developed Country); kurzwelliger Zyklus, der die Reifephase in einem Industrieland überschritten hat). Dieser zeitliche Kontext bietet interessante Möglichkeiten für eine zentrale Harmonisation.

Verschieben sich die einmal gegebenen Unterstellungen im Verlauf der Unternehmungsentwicklung, sind – bevor die Wahl eines grundsätzlich anderen Organisationsmodells bei der Organisationsplanung erwogen wird – *Modifikationen* des Regionalmodells zu prüfen, die dem sich verschiebenden Kontext gerecht werden sollen. Einige *Organisatorische Modifikationen des Regionalmodells* ergeben sich vor allem bezüglich des Ziel- und Aufgaben- sowie des zeitlichen Kontextes.

- *Ziel- und Aufgabenkontext.*

Im Regionalmodell werden die Verrichtungs- und die Objektgesichtspunkte grundsätzlich innerhalb der Regionen dezentralisiert. Dies induziert – worauf bereits hingewiesen wurde – zentrale Harmonisationsaufgaben. Soweit dies Verrichtungen betrifft, werden diese im allgemeinen durch verrichtungsgebundene Zentralabteilungen wahrgenommen. Das Verhältnis von zentralen Verrichtungsabteilungen und dezentralen in

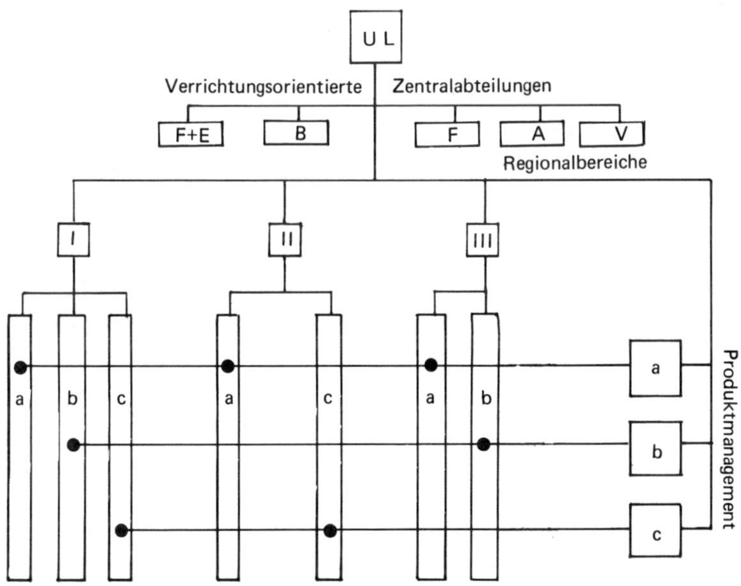

Abb. 38: Objektharmonisation durch (weltweites) Produktmanagement bei der Regionalorganisation

den Regionen ansässigen Verrichtungsabteilungen ist dabei entweder hierarchisch (Dienstwegprinzip) oder systemorientiert (Traversierungsprinzip) über die Gestaltung von Arbeitsbeziehungen grundsätzlich zu regeln. Schwieriger ist im allgemeinen die Berücksichtigung zentraler Harmonisationsaufgaben im Hinblick auf Produkte bzw. Produktgruppen, die in mehreren Regionen entwickelt, produziert und verkauft werden. Die zentrale Harmonisation derartiger objektspezifischer Belange kann durch den Aufbau zentraler Abteilungen des (weltweiten) Produktmanagements (vgl. Abb. 38) oder aber durch Produkt-Dauerkollegien erfolgen.

- *Zeitlicher Kontext.*

Im Rahmen der regionalen Dauerorganisation dürften bei unterstellter Varianz der Umwelt vielfältige Sonderaufgaben von zeitlich begrenzter Dauer auftreten, die kurzfristig erfüllt werden müssen (z. B. Sonderaufgaben der Akquisition und Fusion von Landesgesellschaften, Abwicklung bei Nationalisierung einer Landesgesellschaft). Hierfür kann der Einsatz von Projektgruppen – „*Task Forces*" – empfohlen werden.

4.12 Mehrdimensionale Organisationsmodelle

Die Bezeichnung „*mehrdimensionale*" Organisationsmodelle erscheint zunächst verwirrend zu sein. Erich Kosiol hatte schon sehr frühzeitig auf die Mehrdimensionalität von Aufgaben hingewiesen (Kosiol =Organisation= 42 f.), die es analytisch zu durchdringen gilt. Synthetisch gehen *traditionelle* Organisationsmodelle von einer *sukzessiven* Berücksichtigung dieser analytischen Kategorien aus: Von dem (bei mir gegenüber Erich Kosiol verkürzten) dreifachen *Harmonisationsproblem* (Spektrum der zur Gesamtzielverfolgung ableitenden Verrichtungen, Objekte (Produkte, Kunden) und Regionen) ausgehend, erfolgt die Gestaltung des organisatorischen Aufbaues in der Weise, daß auf jeder Ebene nacheinander nur *eine* Dimension zur Anwendung gelangt. Damit erfolgt jeweils eine *Reduzierung* auf diese Aufgabenbelange, bei Vernachlässigung aller anderen Aspekte der Aufgabe. In Anlehnung an eine *Rangfolge* unternehmungspolitischer Prioritäten, die die sukzessive Abfolge der Differenzierungskriterien bestimmt, entsteht eine ranghierarchische Über- und Unterordnung von Subsystemen, die den Stellenwert der spezifischen Harmonisationsbedürfnisse für die Gesamtzielerreichung widerspiegelt. *Das mehrdimensionale Harmonisationsproblem ist in der organisatorischen Aufbaugestaltung auf die Eindimensionalität ranghierarchischer Super- und Subordination reduziert.* Die *Ranghierarchie* – als Ausdruck der *Aufbauorganisation* – wird damit zum dominanten und prägenden organisatorischen Tatbestand.

Wird diese Reduktion teilweise – bei Matrixmodellen – oder vollständig – bei Tensormodellen – aufgehoben, dann entstehen mehrdimensionale Organisationsmodelle. Ihre besondere Charakteristik ergibt sich daraus, daß bei ihnen auf einer Stufe im Gegensatz zu eindimensionalen Strukturierungsalternativen nicht nach einem, sondern *simultan* nach zwei (Matrixorganisation) oder mehreren (Tensororganisation) Zentralisationskriterien integriert wird. Sie wollen damit der Problematik Rechnung tragen, daß die

Segmentierung des Gesamtsystems nach einem Kriterium stets die Harmonisationsbelange im Hinblick auf Integration und Koordination nach den verbleibenden Gesichtspunkten verletzt. Dies läßt sich zwar durch Führungsmaßnahmen einzelfallbezogener Koordinationsentscheidungen korrigieren, kann jedoch die Führungspositionen im Rahmen des Systems rasch an die Grenzen ihrer kapazitiven Leistungsfähigkeit bringen. Eindimensionale Organisationsformen können in ihrem Aufbau nach der „relativen Harmonisationsschwierigkeit" einzelner Dimensionen vor allem dann nicht mehr befriedigen, wenn die Harmonisation zweier oder mehrerer Dimensionen ähnliche Schwierigkeiten aufweist und die Gesamtzielverfolgung eine gleichwertige Harmonisation dieser Dimensionen erfordert. Deshalb werden Organisationsmodelle benötigt, die der Mehrdimensionalität der Harmonisationsbedürfnisse organisatorisch entsprechen. *Das mehrdimensionale Harmonisationsproblem ist in der organisatorischen Aufbaugestaltung nicht mehr auf die Eindimensionalität ranghierarchischer Super- und Subordination reduziert.* Nicht mehr die Ranghierarchie – als Ausdruck der Aufbauorganisation – sondern die Regelung der Zusammenarbeit gleichrangiger Subsysteme – also die *Ablauforganisation* – wird damit zum dominanten organisatorischen Tatbestand.

So faßt auch Siegfried Schneider (=Konflikte= 321) die Matrixorganisation als eine Organisation auf, „bei der auf einer Ebene der Subsystemhierarchie solche Einheiten *gleichberechtigt* nebeneinander stehen, die durch eine *spezielle Ausrichtung auf nach mindestens zwei verschiedenen Merkmalen gebildete Aufgabenkomplexe charakterisiert sind*". Diese Aussage ist durch Einbeziehung der Tensororganisation zu einer allgemeinen Definition mehrdimensionaler Organisationsmodelle zu erweitern.

Eine keineswegs einheitliche Meinung scheint allerdings bei der Frage zu bestehen, in welchem Verhältnis diese Dimensionen zueinander stehen. Dabei findet sich die Ansicht, daß relativ *unqualifiziert jegliches Überschneiden* mehrerer Dimensionen bereits den Tatbestand einer organisatorischen Mehrdimensionalität konstituiere – etwa das Querschnittskoordinieren von Zentralstellen mit fachlichen Neben-Weisungswegen, von Produktmanagern bei der Beratung von operativen Linienstellen, von Projektkoordinatoren usw. – also der Einsatz traversierender Organisationsformen bereits Mehrdimensionalität schaffe. Ein *qualifizierterer* Begriff mehrdimensionaler Organisation verlangt jedoch ein *tendenzielles (Macht-)Gleichgewicht* der simultan berücksichtigten Dimensionen (vgl. auch Krüger =Macht= 155 ff.). Für die Matrix-Organisation stellt z. B. Manfred Dullien (=Perspektiven= 188) fest:

„Das allgemeine Matrix-Management . . . (ist) dadurch gekennzeichnet, daß ein *Gleichgewicht* zwischen der horizontalen Organisation . . . und der vertikalen Organisation . . . angestrebt wird". Zur Problematik dieses Grundsatzes bemerkt er weiter (ebenda): „Es gibt *kein* eindeutiges Maß dafür, wann Gleichgewicht . . . besteht". Als Lösung schwebt Dullien dabei weniger die Operationalisierung des Gleichgewichtsproblems als vielmehr die der koordinativen Intention der Gestaltenden vor: „In der Praxis liegen die meisten Fälle zwischen den Extremen, mit mehr oder weniger ‚Schlagseite' in die eine oder andere Richtung. Für das Matrix-Management kommt es darauf an, ‚Schlagseiten' auszugleichen, damit das richtige Gleichgewicht hergestellt wird." (Dullien =Perspektiven= 189).

Auch die umfassende Darstellung der Matrix-Organisation durch Peter Leumann (=Matrix-Organisation= 58) stellt die Gleichberechtigung der Dimensionen heraus:

„Die Vielfalt der möglichen Formen der Matrixorganisation ist gekennzeichnet durch die gleichzeitige Berücksichtigung zweier oder mehrerer Dimensionen auf derselben Stufe der Hierarchie. In dem sich ergebenden Mehrlinien-System der Führungsbeziehungen stehen sich die Dimensionen insgesamt annähernd gleichberechtigt gegenüber. Von außergewöhnlicher Bedeutung ist eine der Struktur entsprechende Verhaltensweise der die Schlüsselpositionen der Matrix besetzenden Personen."

Damit wird auch hier das *Gleichgewichtspostulat* als Zentralproblem mehrdimensionaler Organisationsmodelle herausgestellt. Leumann weist auf die Grenzen der Feststellbarkeit hin, wenn er bemerkt (=Matrix-Organisation= 59): „Eine exakte Gleichberechtigung der Dimensionen, dergestalt, daß jede Dimension auf jede Problemlösung in jeder Phase einen genau gleichen Einfluß ausübt, erscheint rein theoretisch zwar denkbar, ist in der Praxis aus Gründen der personellen Besetzung der individuellen Fähigkeiten, der gegenseitigen Beeinflussung, der immensen Arbeitsbelastung und der Wirtschaftlichkeit aber unmöglich bzw. unerwünscht . . . Die Gesamtheit dieser Einflußmöglichkeiten, nicht jede einzelne, soll eine annähernde Gleichberechtigung der Dimensionen ergeben (vgl. Grochla/Thom =Matrix-Organisation= 193). Wichtiger als eine exakte Aufteilung (50 % : 50 %) ist dabei die generelle Einsicht in die Notwendigkeit einer Gleichberechtigung bei allen beteiligten Personen." Die Gleichgewichtsfrage stellt den Organisator in der Tat vor eine schwierige Problematik. Vermeidbar sind „Schlagseiten" etwa der folgenden Art:

- *Ungleichgewichtige Anbindung der Dimensionen:*
  Eine Dimension wird dem Vorstand direkt unterstellt, eine andere einer Bereichsleitung.
- *Ungleichgewichtige Kompetenzverteilung:*
  Eine Dimension erhält weitgehende Entscheidungskompetenzen, eine andere wird in ihrem Entscheidungsspielraum stark eingeengt.
- *Ungleichgewichtige Besetzung:*
  In einer Dimension werden junge Hochschulabsolventen, in einer anderen ältere, erfahrene „Frontiers" beschäftigt.
- *Ungleichgewichtige Verteilung von Status:*
  Die Vertreter der einen Dimension erhalten herausragende Titel („Direktoren"), Dienstwagen usw., den Vertretern der anderen Dimensionen werden nicht die gleichen Titel und Privilegien eingeräumt.

Schwierig wird es jedoch, im Rahmen des diffizilen Netzes der Gestaltung der *Arbeitsbeziehungen* in einer Matrix oder einem Tensor ein Gleichgewicht herzustellen. In jeder *einzelnen* Sachfrage kann hier z. B. die Betonung einer Dimension sehr deutlich ausgeprägt sein, dennoch sollte sich summarisch ein gleichgewichtiger Einfluß auf die Lösung der *Gesamt*aufgabe einstellen. Verfügten wir über Maßstäbe, um die Einflußbeziehungen exakt messen zu können, so werden sich kleine „Schlagseiten" (oder anders ausgedrückt, ein beschränkter Saldo am Einflußdefizit einer Matrix- oder Tensorseite) ergeben, die sich kaum vermeiden lassen.

Mehrdimensionale Organisationsmodelle, die auf gehobener Gliederungsebene simultan mehrere Zentralisationskriterien bei der organisatorischen Gestaltung anwenden, lassen sich grob in zweidimensionale Matrixmodelle und mindestens dreidimensionale Tensormodelle einteilen. Im ersten Fall werden Aufgaben auf zwei Dimensionen unter Anwendung unterschiedlicher Zentralisationskriterien derart verteilt, daß in dem Schnittpunkt mehrerer Dimensionen keine organisatorischen Einheiten, sondern gemeinsam zu lösende Probleme stehen. (Die Aktivitäten zur Problemlösung werden von den jeweiligen Außendimensionen getragen.) Während die Verteilungsbeziehungen formalisiert sind, ergibt sich der Arbeitsbezug problemabhängig entformalisiert und zwangsläufig. Abb. 39 zeigt ein derartiges Organisationsmodell am Beispiel der Matrixorganisation.

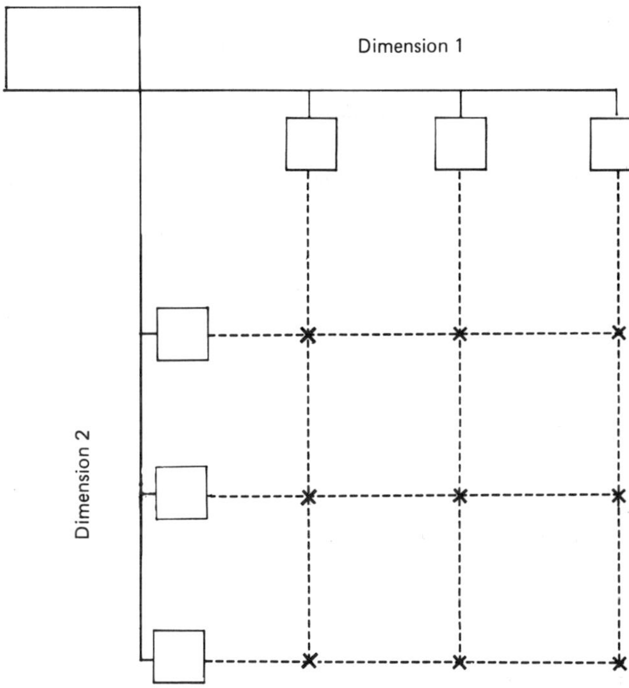

Abb. 39: Matrixorganisation durch verteilungsmäßige Differenzierung mehrerer Dimensionen

Im zweiten Fall werden in den Schnittpunkt mehrerer Dimensionen organisatorische Einheiten gestellt, die über die Gestaltung von Arbeitsbeziehungen mit mehreren Dimensionen verbunden werden. (Diese organisatorischen Einheiten erhalten Weisungen von den Außendimensionen und sind diesen gegenüber verantwortlich, die Aktivitäten für Problemlösung werden von der Innendimension getragen.) Abb. 40 zeigt einen derartigen Fall im Rahmen der Matrix-Organisation.

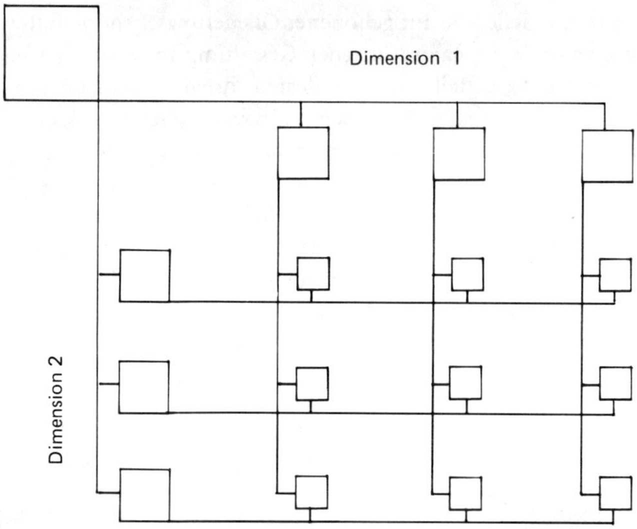

Abb. 40: Matrixorganisation durch Mehrfach-Anbindung organisatorischer Einheiten

Bei mehrdimensionalen Organisationsmodellen, die durch eine Mehrfach-Anbindung organisatorischer Einheiten entstehen – als vollständigen Fall einer mehrdimensionalen Organisationsstruktur – lassen sich drei prinzipielle Bausteine einer derartigen Struktur (Leumann =Matrix-Organisation= 61 kennzeichnet sie als „Schlüssel-Stellen") am Beispiel der Matrix-Organisation unterscheiden:

a) Matrix-Leitung („Top Leadership")
b) Matrix-Stellen („The Matrix Bosses")
c) Schnitt-Stellen („The 2-Boss Managers")[1].

Leumann (=Matrix-Organisation= 62) gibt hierzu das folgende Beispiel (vgl. Abb. 41):

ad a) Matrix-Leitung.

Prinzipiell bietet eine mehrdimensionale Struktur durch die direkte Problemlösung an den Schnittstellen der Matrix oder des Tensors eine hohe Möglichkeit der *Entscheidungs-Dezentralisation* und *Delegation.* Dies wird besonders deutlich, wenn man dieses Organisationsmodell mit der Eindimensionalität einer Dienstweglösung vergleicht, die bei allen übergreifenden Problemen die jeweils höhere Instanz zum Ausgleich zwischen den Subsystemen aktiviert. Dieser prinzipielle Vorteil mehrdimensionaler Modelle wird aber nur dann realisiert werden, „wenn die Matrix-Stellen und die Schnitt-Stellen die ihnen zugewiesenen Rollen richtig spielen . . (Nur dann . . . – Anm. d. Verf.) können die hochgesteckten Ziele der Spezialisierung, Koordination, Delegation und Partizipation alle verwirklicht und damit die

1 Englische Bezeichnungen vgl. Davis/Lawrence =Matrix= 46 ff.

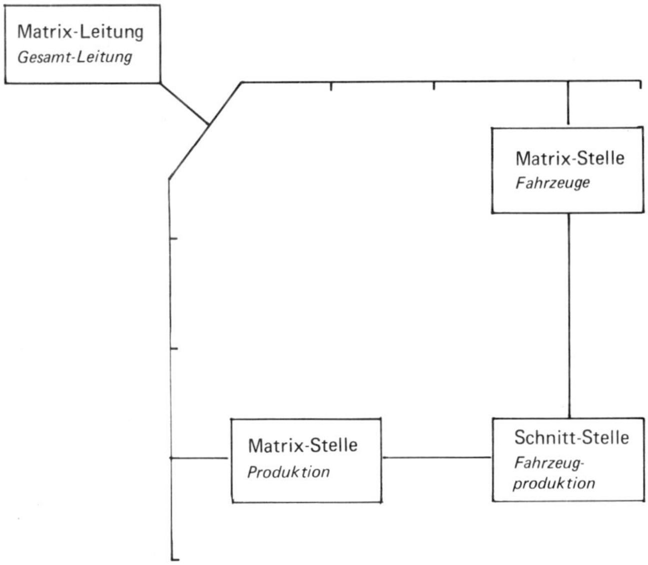

Abb. 41: Schlüssel-Stellen der Matrixorganisation

erhoffte Wirkung auf die Führungsziele zur Meisterung der sehr anspruchsvollen Bedingungskonstellation erreicht werden" (Leumann =Matrix-Organisation= 64). Der Matrix-Leitung kommt hier eine wesentliche Rolle beim unterstützenden Lernen der Matrix- und Schnitt-Stellen zu: Sie muß das Klima der Zusammenarbeit fördern, Hilfen beim Selbstfinden von Lösungen geben und muß standhaft allen Versuchen der Rückdelegation nach oben widerstehen, die sie selbst zunehmend (eindimensional) in das Geschehen involvieren können. Sind es immer wieder die gleichen Stellen, die sie zum Letztentscheid aktivieren, sind – wenn es keine organisatorische oder sachliche Berechtigung für dieses Aktivieren gibt – u. U. personalpolitische Konsequenzen bei der Besetzung dieser Stellen zu ziehen.

ad b) Matrix-Stellen.

Die Matrix-Stellen werden zum Ausdruck der Spezialisierung auf eine Dimension, die gleichberechtigt zur Lösung komplexer Probleme durch andere Dimensionen beiträgt. „Die generelle Aufgabe der Matrix-Stellen im Problemlösungsprozeß besteht nun darin, die *Koordination entlang der eigenen Dimension* sicherzustellen (z. B. Produktion aller Erzeugnisse, alle Funktionen der Produktgruppe Fahrzeuge) sowie darin, ihren eigenen, notwendigerweise relativ engen *Spezialisierungs*gesichtspunkt zur Geltung zu bringen und damit zu gewährleisten, daß ihr Aspekt gebührend berücksichtigt wird" (Leumann =Matrix-Organisation= 63).

ad c) Schnitt-Stellen.

An den Schnittstellen mehrdimensionaler Organisationsmodelle vollzieht sich die eigentliche Problemlösung. Im gezeigten Beispiel müssen hier die möglicherweise

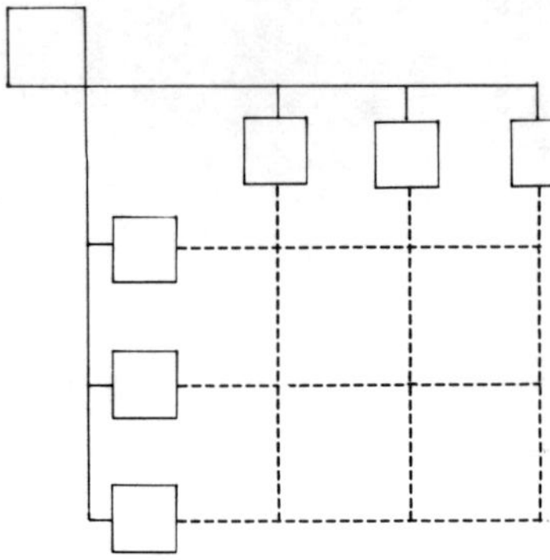

a) nicht hierarchisierte Dimensionen einer Matrix

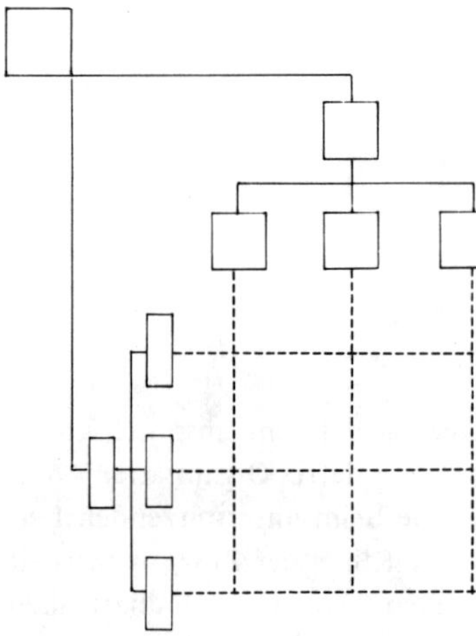

b) beginnende Hierarchisierung der Dimensionen einer Matrix

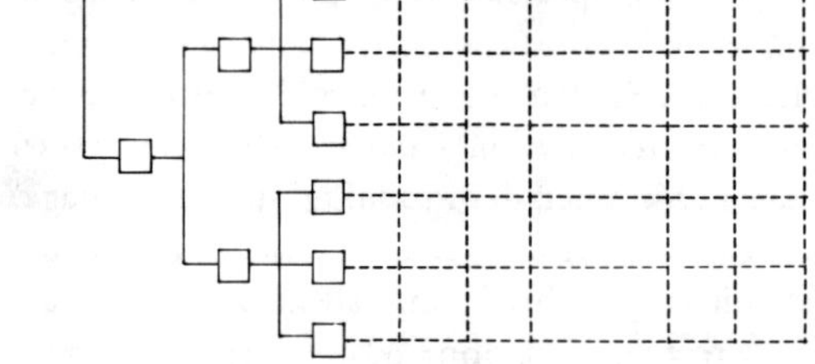

c) fortgeschrittene Hierarchisierung der Dimensionen einer Matrix

Abb. 42: Fortschreitende Hierarchisierung der Dimensionen einer mehrdimensionalen Organisation

differierenden Interessen des Produktions- und des Fahrzeugleiters aufeinander abgestimmt werden, „die Gesichtspunkte verschiedener ... Richtungen zum Ausgleich“ (Bernhard =Matrix-Organisation= 341) gebracht werden. In dieser Regelung ist eine starke Provokation zu einem partizipativ-kooperativen Führungsverhalten (s. u.) zu sehen.

Im Rahmen des organisatorischen Aufbaues kann die Mehrdimensionalität auf *unterschiedlichen Systemebenen* zu Schnittpunkten führen. Grund für eine zunehmende Hierarchisierung der verschiedenen Dimensionen mehrdimensionaler Organisationsmodelle ist die tendenziell *notwendige Erweiterung der Leitungsspannen* bei simultaner Berücksichtigung mehrerer Differenzierungsaspekte (das Problem tritt damit bei Tensormodellen gegenüber Matrixmodellen verstärkt auf). Als ein Mittel (gegenüber anderen, wie weiter unten erwähnt) werden dann den einzelnen Dimensionen Leitungsstellen vorgeordnet. Auf diesem Wege entstehen *tiefgestaffelte Hierarchien innerhalb einzelner Dimensionen,* bevor diese mehrdimensional miteinander verknüpft werden. Abb. 42 zeigt schematisch den Zusammenhang sich fortschreitend hierarchisierender Dimensionen, die die Schnittpunkte auf jeweils tiefere Organisationsebenen verlagern.

Weiter ist es möglich, daß eine Mehrdimensionalität sich nicht nur auf einer, sondern auf mehreren Gliederungsebenen ergibt.

Die drei dargestellten Stufen der Hierarchisierung mehrdimensionaler Organisationsmodelle werfen bei der Gestaltung von *Beziehungen* zwischen einzelnen Systemebenen noch die weitere Frage auf, ob diese zwischen *Ebenen gleicher oder unterschiedlicher Gliederungsstufen* einsetzen. Alle oben gezeigten Fälle (vgl. Abb. 42) geben *gleichrangige* Beziehungsverhältnisse wieder. Leumann (=Matrix-Organisation= 88 f.) kennzeichnet diesen Fall als *„reife Matrix“* (vgl. Abb. 43):

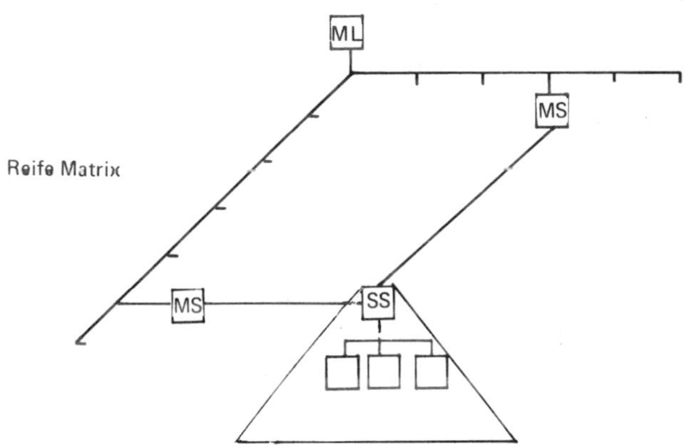

Abb. 43: Reife Matrix

In der „reifen Matrix“ kommt die Gleichgewichtigkeit der Dimensionen am deutlichsten zum tragen: Die Organisationseinheiten der Schnittstelle sind beiden Matrix-Stellen in gleicher Weise unterstellt.

Wird dagegen die Gleichrangigkeit der Matrix-Dimension im Hinblick auf die Schnittstellen tendenziell aufgegeben, entsteht nach Leumann (ebenda) eine „Traversal-Matrix" (vgl. Abb. 44). „In der Traversal-Matrix werden alle Schnitt-Stellen entlang einer Dimension zusammengefaßt zu einer einzigen Einheit. Die Schnitt-Stellen verlieren ihre Unabhängigkeit und werden Teil einer Abteilung, die von einer der Matrix-Stellen (Basis-Matrix-Stelle) geleitet wird. Die zweite Matrix-Stelle macht ihren Einfluß auf die (nicht gleichrangige; Anm. d. Verf.) Schnitt-Stelle aber trotzdem direkt geltend" (Leumann =Matrix-Organisation= 91).

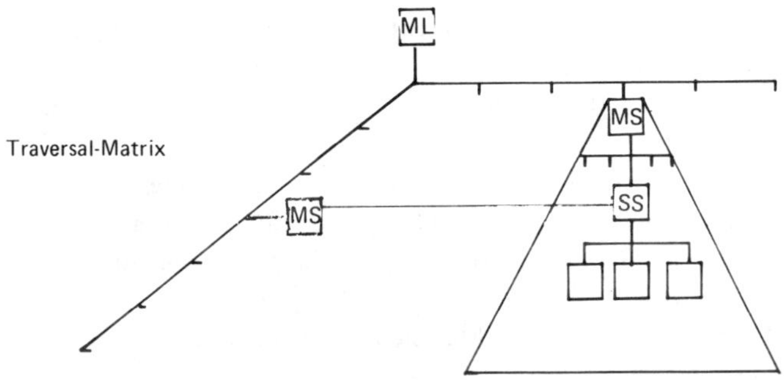

Abb. 44: Traversal-Matrix

Bei Aufrechterhaltung der Gleichrangigkeit der Dimensionen ergibt sich nach Leumann als 3. Fall die „Unvollständige Matrix" (vgl. Abb. 45, nach Leumann =Matrix-Organisation= 89), bei der auf die *organisatorische Institutionalisierung* von Schnittstellen verzichtet wird. Dieser Fall deckt sich mit dem bereits in Abb. 39 beschriebenen und vermeidet die Probleme einer Doppelunterstellung der Schnittstellen.

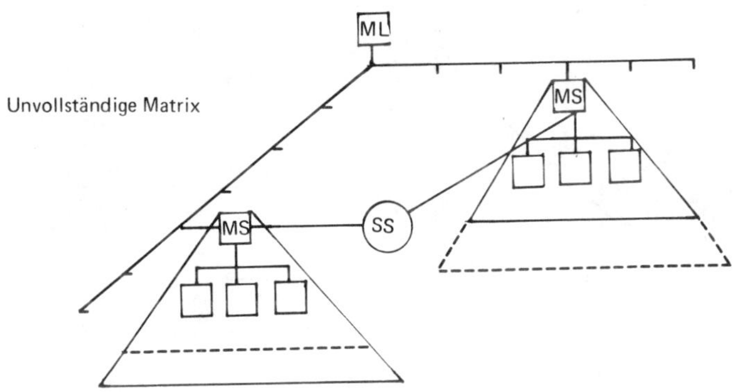

Abb. 45: Unvollständige Matrix

Die bisher dargestellten Konstruktionsprinzipien mehrdimensionaler Organisationsmodelle gingen von der Vorstellung des Idealbildes einer prinzipiell einheitlich durchgeführten Strukturierung aus. In der Bezeichnungsweise Leumanns (=Matrix-Organisation= 93 f.) entstehen dann „*homogene*“ (Matrix- oder Tensor-)Strukturen. Realmodelle der Praxis bieten jedoch viele Beispiele für „*heterogene*“, mehrdimensionale Strukturen, die bei einzelnen Subsystemen durchaus prinzipiell unterschiedliche Strukturierungsprinzipien verwirklichen (z. B. in einem Unternehmungsbereich wird eine „reife Matrix“ verwendet, in einem anderen kommt es zu einer „Traversalstruktur“).

4.121 Mehrdimensionale Organisationsmodelle als neuartige Strukturierungsalternativen

4.121.1 Matrixmodelle

4.121.11 Grundmodelle der Matrixorganisation

Je nachdem, welche Aufgabendimensionen in einer Matrix berücksichtigt werden, lassen sich folgende Matrixmodelle unterscheiden:

(1) Werden primäre und sekundäre Verrichtungen berücksichtigt, entsteht eine *Verrichtungsmatrix in sich* (vgl. Abb. 46).

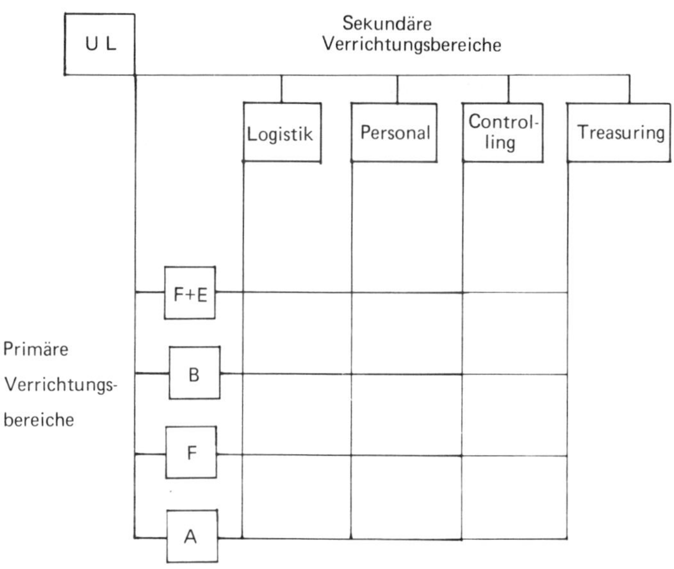

Abb. 46: Matrix primärer und sekundärer Verrichtungen

(2) Werden Verrichtungen und Objekte berücksichtigt, entsteht eine *Verrichtungs-Objektmatrix* (Zentralbereichs-Unternehmungsbereichs-Matrixmodell) (vgl. Abb. 47).

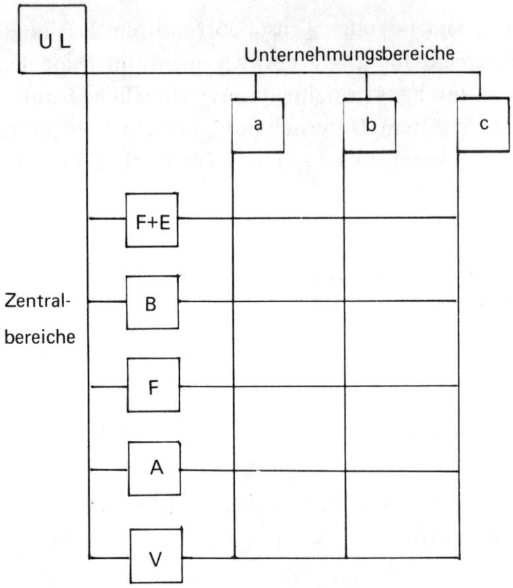

Abb. 47: Verrichtungs-Objektmatrix

(3) Werden Verrichtungen und Regionen berücksichtigt, entsteht eine *Verrichtungs-Regionalmatrix* (Zentralbereichs- Regionalbereichs- Matrixmodell) (vgl. Abb. 48).

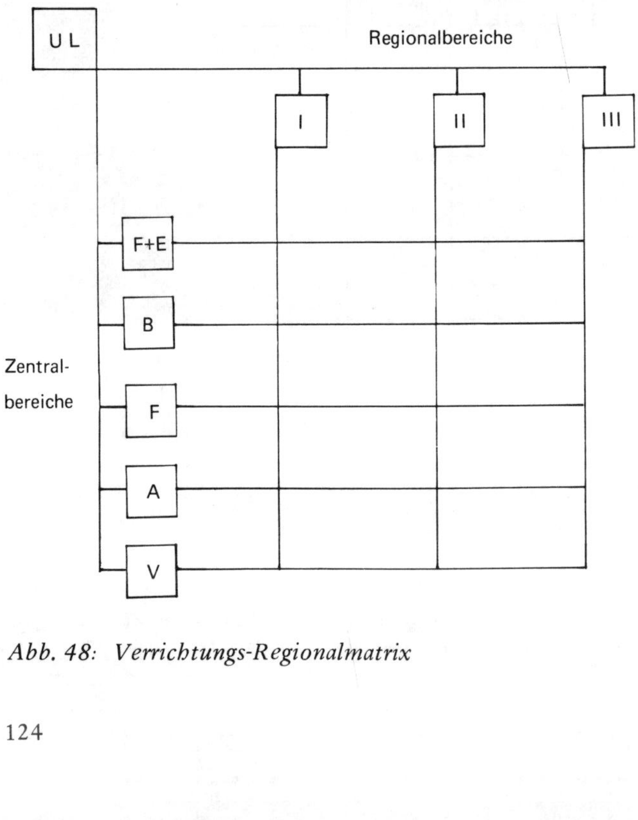

Abb. 48: Verrichtungs-Regionalmatrix

(4) Werden Objekte und Regionen berücksichtigt, entsteht eine Objekt-Regionalmatrix (Unternehmungsbereichs- Regionalbereichs- Matrixmodell) (vgl. Abb. 49).

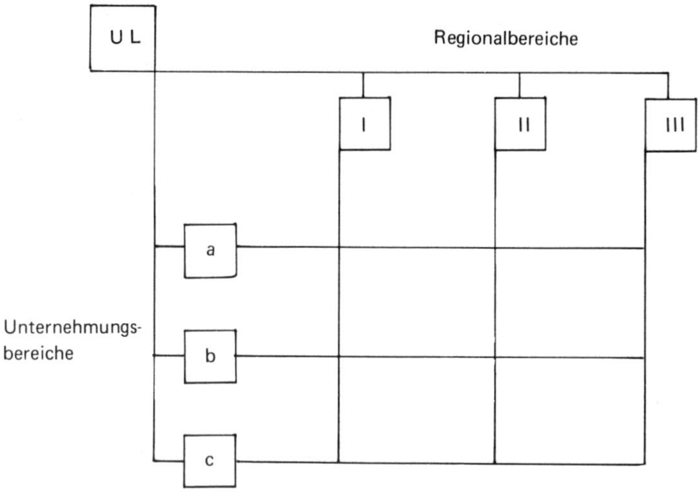

Abb. 49: Objekt-Regionalmatrix

Ein derartiges Modell muß durch die Eingliederung von Verrichtungen über Zentralabteilungen oder Kollegien ergänzt werden, um arbeitsfähig sein zu können (vgl. die Modifikationsmöglichkeiten der Matrixmodelle).

4.121.12 Unterstellungen und Modifikationen der Matrixorganisation

Matrixmodelle weisen einige *Unterstellungen* bezüglich ihres unternehmungspolitischen Kontextes auf. Sind diese nicht gegeben, ist ein anderes Organisationsmodell in Erwägung zu ziehen, bzw. wenn sich diese Unterstellungen im Ablauf der Unternehmungsentwicklung verändern, sind zunächst *Modifikationen* der Matrixmodelle zu prüfen, bevor ein grundsätzlich anderes Organisationsmodell im Hinblick auf seine Ausgestaltungsmöglichkeiten für eine konkrete Unternehmung untersucht wird.

Leumann (=Matrix-Organisation= 38) weist im Zusammenhang mit dem Kontext, vor dem die Anwendung mehrdimensionaler Organisationsmodelle geprüft werden muß, auf die grundsätzliche Abhängigkeit dieser Strukturierung von ökonomischen, technologischen, politisch-rechtlichen, sozio-kulturellen Umwelten, dem Leistungsprogramm und der Technologie hin, die – wenn sie besonders komplexe und dynamische Bedingungen schaffen – die Wahl eines mehrdimensionalen Organisationsmodells nahelegen können (vgl. Abb. 50).

Die wichtigsten *Unterstellungen* über den unternehmungspolitischen Kontext, auf denen die Wahl von Matrixmodellen beruht, lassen sich wie folgt zusammenfassen:

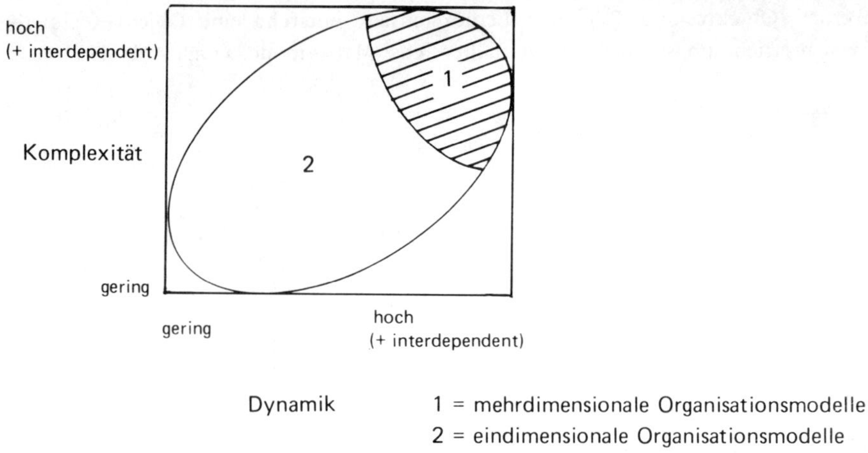

Abb. 50: Die Abhängigkeit mehrdimensionaler Organisationsmodelle von Komplexität und Dynamik der Kontextbedingungen

(1) Ziel- und Aufgabenkontext.

Im Gegensatz zu eindimensionalen Organisationsmodellen gehen mehrdimensionale Organisationsmodelle von der Unterstellung aus, daß mehrere Ziel- und Aufgabenaspekte *gleichrangig* gegeben sind. Knüpfen eindimensionale Organisationsmodelle an eine abgestufte Rangfolge unternehmungspolitischer Prioritäten an (z. B. bei einem Objektmodell steht die Programmpolitik – etwa Diversifikation – vor Problemen der Kapazitäts- und Prozeßharmonisation einerseits und der regionalen Markterweiterung andererseits), wird bei mehrdimensionalen Organisationsmodellen eine Gleichrangigkeit mehrerer Aspekte unterstellt (z. B. bei einem Objekt-Regional-Matrixmodell, daß eine gleichrangige Politik der Programm- und der Regionalharmonisation betrieben wird).
Dies bedeutet, daß für die Anwendung mehrdimensionaler Organisationsmodelle eine hohe *Aufgabendiversität* (=Unterschiedlichkeit der anfallenden Aufgaben) als *qualitative* Ausprägung der Aufgabe unterstellt wird. Die Aufgabendiversität kann dabei auf verschiedenen Ebenen der Aufgabenaufgliederung unterschiedliches Ausmaß annehmen. Eine allgemeine Aussage enthält die folgende Abbildung 51 (vgl. ähnlich Galbraith =Matrixorganisation= 81).

Im Punkt (1) ist die Aufgabendiversität einer Gliederungsebene = 0; die Aufgabe A hat einen 100 %-Anteil an der Gesamtaufgabe. Gleiches gilt für Punkt (3), nur hat hier Aufgabe B einen 100 %-Anteil. Die Aufgabendiversität erreicht im Punkt (2) ihr Maximum, hier sind beide Aufgaben mit je 50 %-Anteil an der Gesamtaufgabe vertreten. Diese Situation entspricht der in die Kennzeichnung mehrdimensionaler Organisationsformen eingegangenen Gleichgewichtsbedingung in idealer Weise. Die hypothetische Aussage lautet, daß die Anwendung mehrdimensionaler Organisationsformen mit der Aufgabendiversität ceteris paribus zunimmt.

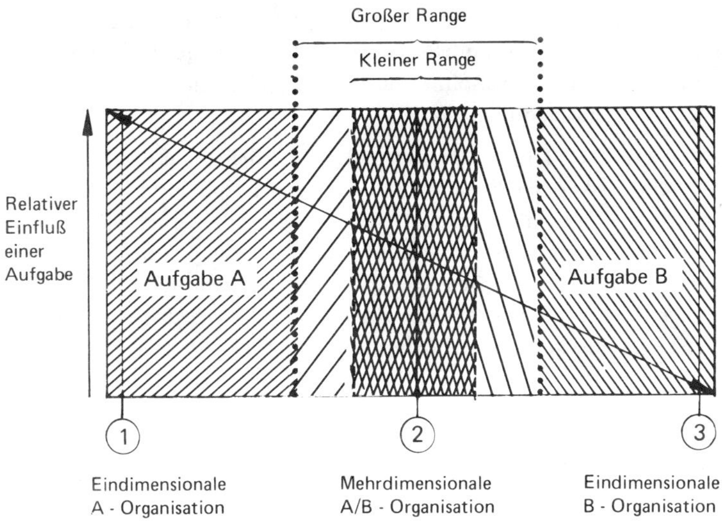

Abb. 51: Aufgabendiversität und Mehrdimensionalität

Die *Aufgabendiversität* – als wesentliche kontextuale Voraussetzung für die Anwendung mehrdimensionaler Organisationsmodelle – wird in sich bestimmt durch den

- *Aufgabeninhalt* verschiedener Dimensionen, d. h.
  - *Verrichtung, Objekt, Region;* aktionsmäßig ergänzt durch
  - *Willensbildung, Willensdurchsetzung, Willenssicherung;*
- *Aufgabenhorizont,* der
  - *strategisch* oder *operativ-taktisch* angelegt sein kann;
- *Wiederholungscharakter der Aufgabe, der*
  - *hoch-repetitiv* oder *innovativ-einmalig* sein kann und den
- *Verweilcharakter* von Aufgaben, die *kurzfristig* oder *langfristig* zu bewältigen sein werden.

Je mehr sich Aufgaben bezüglich ihres Inhaltes, ihres Horizontes, ihres Wiederholungscharakters und ihrer Verweildauer in der Unternehmung unterscheiden, um so größere Berechtigung findet die Suche nach mehrdimensionalen Organisationsmodellen zur Überbrückung des zwischen ihnen auftretenden Spannungsverhältnisses.

Eine weitere Frage des organisatorischen Kontextes stellt sich im Hinblick auf die *quantitative* Ausprägung der Aufgabe: Ist die Anwendung mehrdimensionaler Organisationsmodelle vom Vorliegen gehobener *Unternehmungsgrößen* abhängig? Der Zusammenhang ist indirekt über Spezialisierungsgrad und Koordinationsart empirisch untersucht worden (vgl. Kieser/Kubicek =Organisation= 220 f.). Danach ergibt sich tendenziell eine Verbindung zwischen Unternehmungsgröße und Mehrdimensionalität, indem die Tiefe der hierarchischen Gliederung, hohe Spezialisierung und daraus resultierende Informations- und Koordinationsprobleme bei großen Unternehmungen die Wahl mehrdimensionaler Organisationsmodelle eher nahelegen als bei kleineren bzw. mittleren Unternehmungsgrößen. Hans Blohm und Wolfgang Seppeler (=Impulse= 67) haben diese Abhängigkeit in Frage gestellt:

„Tatsächlich sind in neuerer Zeit aber einige Betriebe, deren Belegschaft nur ‚in Hunderten gezählt' wird, der bisherigen Einsicht und Erfahrung zum Trotz, erfolgreich auf . . . Matrixorganisation umgestellt worden". Die Aussage sollte daher eher lauten: Mit der Größe einer Unternehmung dürfte die Häufigkeit wachsen, daß bei der organisatorischen Gestaltung der Zusammenarbeit von Subsystemen mehrdimensionale Organisationsmodelle angewendet werden. Im einzelnen sind hierbei jedoch andere Gesichtspunkte (s. u.) von ausschlaggebenderer Bedeutung.

(2) Personalkontext.

Der Einfluß der Personaldiversität auf die mehrdimensionale Ausgestaltung der Organisation ist ebenfalls erklärungsbedürftig.

– *Vertikale Personalgliederung.*

Abhängig von der Unternehmungsaufgabe ist in jeder Unternehmung ein *Qualifikationsgefälle* vorhanden. Zwei extremtypische Ausprägungen der Qualifikationspyramide mögen den Zusammenhang verdeutlichen:

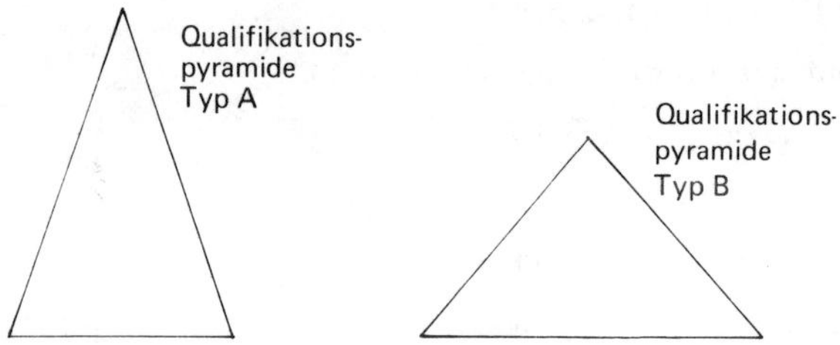

Abb. 52: Qualifikationspyramiden

Von der vertikalen Personalgliederung sind keine *direkten* Einflüsse (lediglich indirekt über die Unternehmungsgröße, s. o.) auf die Mehrdimensionalität des Organisationsmodells herleitbar.

– *Horizontale Personalgliederung.*

Auf den einzelnen Ebenen der Personalgliederung ergibt sich die Möglichkeit, daß die Mitarbeiter eine unterschiedliche fachliche und operative Qualifikation aufweisen. Diese horizontale Qualifikations-Diversität ist für die Beurteilung des Einsatzes mehrdimensionaler Organisationsmodelle wesentlich. Hier wäre z. B. an eine Verkoppelung von innovativ-integrierender Planungsorientierung von Fachspezialisten mit operativ-koordinierenden Durchsetzungsgeneralisten zu denken (vgl. Eberhard Wittes Konzept der Kombinationsmöglichkeiten von Fach- und Machtpromotoren, =Organisation=, das sich hier von der Qualifikationsdiversität her anbietet). Je breiter eine Ebene in der Qualifikationspyramide (vgl. z. B. Typ B) ist, um so wahrscheinlicher ist auch eine größere Personaldiversität gegeben, die sich wiederum positiv auf die Wahl mehrdimensionaler Organisationsmodelle auswirken dürfte. Das für die Aufgabendiversität herangezogene Schaubild (Abb. 51) kann hierbei analog herangezogen werden: Die Personaldiversität ist auch hier im Fall 2 am größten.

Die auf Machtausgleich und interdimensionale Konfliktlösung ausgerichteten mehrdimensionalen Modelle stellen hohe Anforderungen an die Kooperationsbereitschaft und Kooperationsfähigkeit aller Beteiligten. Derartige Voraussetzungen können nicht eo ipso als gegeben unterstellt werden. Insbesondere bei der Überleitung von ranghierarchisch geprägten Organisationskulturen in systemorientierte, mehrdimensionale Organisationsmodelle kommt der Personalentwicklung bei der Vorbereitung auf die andersartigen Verhaltensweisen, die in derartigen Organisationsmodellen gefordert werden, entscheidende Bedeutung zu.

(3) Sachmittelkontext.

Im Bereich der Informationstechnologie werden gleichfalls erhöhte Ansprüche an die schnelle Zuleitung relevanter Daten, die im Hinblick auf gleiche Probleme unterschiedlich aufbereitet werden müssen, zu den am mehrdimensionalen Konfliktlösungsprozeß Beteiligten gestellt.

(4) Räumlicher Kontext.

Im allgemeinen kann unterstellt werden, daß die am mehrdimensionalen Interessenausgleich Beteiligten ihre Probleme unmittelbar lösen. Dies verlangt derzeit eine weitgehende räumliche Zusammenführung der Positionsinhaber verschiedener Dimensionen. Es ist jedoch nicht auszuschließen, daß durch neue Entwicklungen der Telekommunikation (insbes. durch Konferenzschaltungen und Telekonferenzen) diese räumliche Bedingung zunehmend entfällt.

(5) Zeitlicher Kontext.

Die einzelnen Dimensionen eines mehrdimensionalen Organisationsmodells können in der Dauerorganisation einen unterschiedlichen zeitlichen Bezug aufweisen. Zusätzlich treten Probleme der Berücksichtigung von Aufgaben auf Zeit auf, die regelmäßig zu einer Traversierung mehrdimensionaler Organisationsmodelle durch Projektgruppen und -kollegien führen können.

Verschieben sich die einmal gegebenen Unterstellungen über den Kontext im Verlauf der Unternehmungsentwicklung, sind – bevor die Wahl eines grundsätzlich anderen Organisationsmodells bei der Organisationsplanung erwogen wird – *Modifikationen* zu prüfen, die dem sich verschiebenden Kontext gerecht werden sollen. Einige derartige Modifikationsmöglichkeiten werden im folgenden beispielhaft aufgezeigt:

Organisatorische Modifikation mehrdimensionaler Organisationsmodelle ergeben sich vor allem im Hinblick auf Wandlungen im Ziel- und Aufgabenkontext und im zeitlichen Kontext.

● *Ziel- und Aufgabenkontext.*

Bei Modellen der Matrix-Organisation können jeweils zu harmonisierende Dimensionen im Ansatz unberücksichtigt bleiben, z. B. bei einer

- Verrichtungs-in-sich-Matrix: die Objekt- und die Regionaldimension
- Verrichtungs-Objekt-Matrix: die Regionaldimension
- Verrichtungs-Regional-Matrix: die Objektdimension
- Objekt-Regional-Matrix: die Verrichtungsdimension.

Diese können durch die Bildung von Zentralabteilungen (vgl. Abb. 53 als ein Beispiel für die Objekt-Regional-Matrix) oder von Dauerkollegien traversierend in das Matrixmodell eingefügt werden.

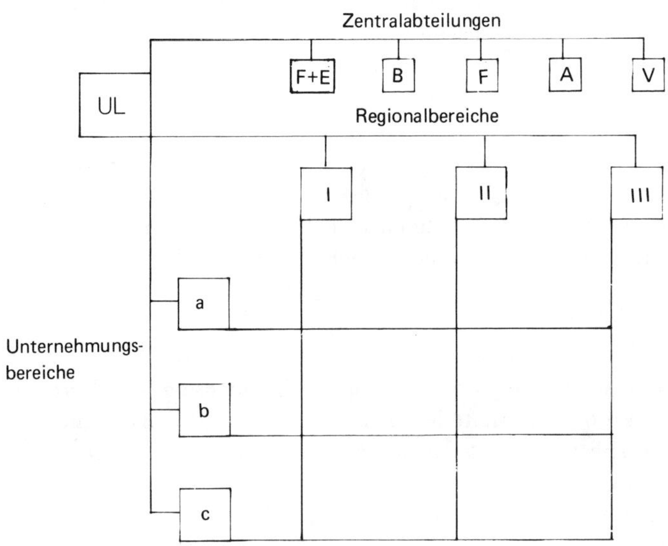

Abb. 53: Objekt-Regionalmatrix mit traversierenden Zentralabteilungen

● *Zeitkontext.*

Die Dauerorganisation, die sich innerhalb des mehrdimensionalen Organisationsmodells spiegelt, kann durch Organisationsformen auf Zeit (Projektgruppen und Projektkollegien) überlagert werden, um zeitliche begrenzte Aufgaben wahrnehmen zu können. Abb. 54 zeigt eine derartige Überlagerung am Fall einer Verrichtungs-Objekt-Matrix.

4.121.2 Tensormodelle

4.121.21 Das Grundmodell der Tensororganisation

Das Grundmodell der Tensororganisation geht von der simultanen Berücksichtigung aller Dimensionen der Aufgabe einer Unternehmung aus. Dabei ist von mindestens drei

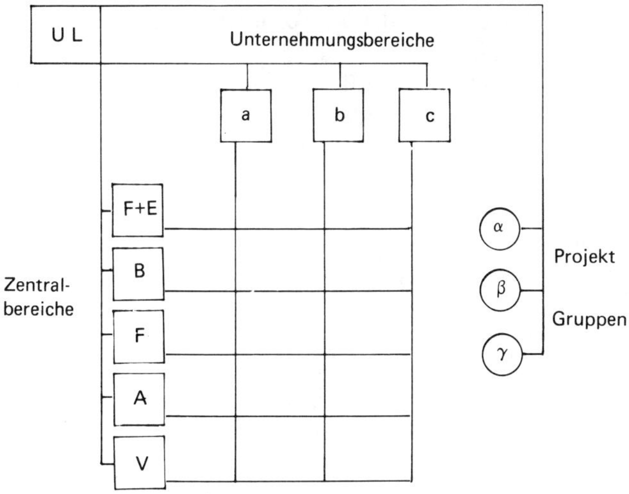

Abb. 54: Verrichtungs-Objektmatrix als Dauerorganisation mit traversierenden Projektgruppen auf Zeit

Dimensionen an der Ausdruck „Tensormodell" angebracht. Dies sind im Regelfall Verrichtungen, Objekte und Regionen (vgl. Abb. 55). Denkbar ist als vierte Dimension die Hinzufügung von Organisationsformen auf Zeit (Projektorganisation).

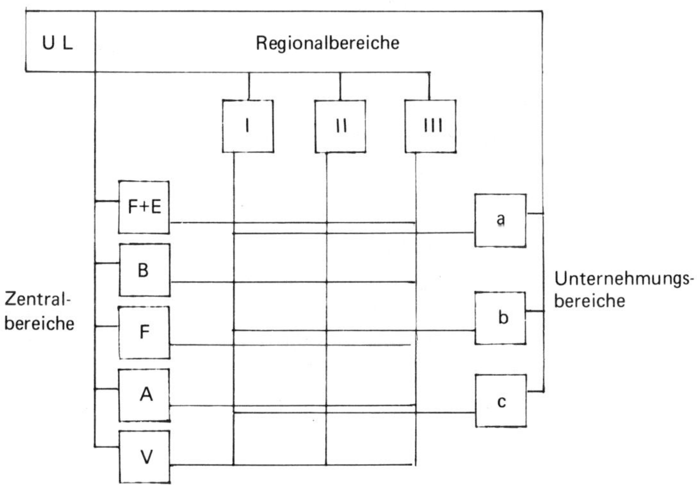

Abb. 55: Tensormodell

4.121.22 Unterstellungen und Modifikationen der Tensororganisation

Ergeben sich nicht aus dem Personal- und Sachmittelkontext verschlechterte Anwendungsbedingungen, kann davon ausgegangen werden, daß eine Tensororganisation grundsätzlich in der Lage ist, alle ziel- und aufgabenspezifischen Kontextbelange zu verarbeiten. Gleiches gilt für die räumlichen und zeitlichen Bedingungen. Verschiebt sich jedoch im Verlauf der Unternehmungsentwicklung die Prioritätenbildung von einer Gleichordnung zu einer Rangfolge ziel- und aufgabenbezogener unternehmungspolitischer Prioritäten, kann eine (Rück-)Entwicklung über ein Matrixmodell zu eindimensionalen Organisationsmodellen angezeigt sein. Ob sich die allerdings völlig anders – und höher – entwickelte Organisations- und Führungskultur einer Tensororganisation ohne sach-rationale und sozio-emotionale Friktionen in ein mehr ranghierarchisches Organisationsmodell zurückführen läßt, ist zunächst noch eine offene Frage, die aus der Erfahrung heraus jedoch zu ernsthaften Zweifeln Anlaß gibt.

4.122 Das Systemverhalten mehrdimensionaler Organisationsmodelle

Der Weg zu mehrdimensionalen Organisationsformen verlangt die Aufgabe einer Reihe traditionell geprägter und offensichtlich in der organisatorischen Erfahrung der Vergangenheit bewährter Organisationsprinzipien (vgl. Blohm/Seppeler =Impulse= 67) – wie operational auch immer diese formuliert sein mögen. Damit werden aber zugleich neue Fragen gestellt, offene Probleme formuliert, die aus der Erfahrung (vgl. Beensen =Organisationsprinzipien= 155) noch nicht hinreichend beantwortet werden können. Werden diese in Zukunft nicht befriedigend gelöst, wird sich das angestrebte Gleichgewicht mehrdimensionaler Organisationsmodelle als labil erweisen und es steht dann zu befürchten, daß über eine frustrierende Phase der Anarchie und arbeitsmäßigen Paralyse eine Rückentwicklung zur Eindimensionalität einsetzt.

(1) Problematische Kompetenzabgrenzung bei Mehrdimensionalität.

Werden unter einer Kompetenz „die Rechte und Pflichten zur Erfüllung von Leitungs- und Ausführungsaufgaben" (=Handlexikon Organisation= 56) verstanden, so stellt sich zusätzlich zum Problem der Kompetenzabgrenzung bei eindimensionalen Organisationsmodellen beim Übergang zur Mehrdimensionalität eine besondere Schwierigkeit. Bei allen den Modellen, die in den Schnittpunkt der Matrix Organisationseinheiten stellen, ergibt sich eine Mehrfachunterstellung und damit eine mehrfache Weisungsbeziehung, die von einem Gleichgewicht der Einflußnahme ausgeht.

(a) Disziplinare und funktionale Weisungsbefugnis können unterschieden werden.

Bereits traversierende (Übergangs-)Formen zur mehrdimensionalen Organisationsgestaltung haben sich einer Möglichkeit der Kompetenzabgrenzung bei einer Doppelunterstellung bedient, die auch im Zusammenhang mit mehrdimensionalen Organisationsmodellen zunächst zu prüfen ist: Der Unterschied von disziplinären und funktionalen Weisungsbefugnissen. Die *disziplinare* – oder auch personale – Weisungsbefugnis wird als Teil der Führungsaufgabe gesehen, die ihre Wurzeln aus dem Spezifikum der „Menschen"führung entnimmt und damit mehr dem sozio-emotionalen Bereich der Führung entlehnt ist. Helmut Schemkes charakterisiert sie durch spezifische Gegenstände, wie Einstellung, Entlassung, leistungs- und verhaltensbezogene Sanktionen, Ausbildung, Förderung und soziale Maßnahmen (wie Urlaub, Krankheit, Unfallschutz, Versorgung). Die *funktionale* – oder fachliche – Weisungsbefugnis dagegen „betrifft den *sachlich ökonomischen Bereich der gesamten Anordnungskompetenz* ..." (Schemkes =Kompetenzabgrenzung= 434). Während eindimensionale Organisationsmodelle ohne Traversen von einer ungeteilten Weisungsbefugnis ausgehen und Klarheit und Eindeutigkeit der Gliederung und Unterstellungsverhältnis (sog. Fayol-Prinzip der Einheit der Auftragserteilung) bei häufiger Schwerfälligkeit für sich in Anspruch nehmen, tritt bei mehrdimensionalen Organisationsmodellen zugleich mit der größeren Flexibilität ihrer Gestaltung auch das Problem der Kompetenzabgrenzung insbesondere bei den Anweisungsbefugnissen auf.

Schemkes weist betont auf die notwendige *Kontinuität* hin, die bei der Erfüllung der disziplinaren, personalorientierten Führungsaufgaben erforderlich ist: „Der Charakter der personalen Weisungsbefugnis gestattet es nicht, diese weiter als unumgänglich notwendig aufzuteilen. Menschenführung erfordert Kontinuität, damit in einem gewissen Umfang ein Kennenlernen der persönlichen Verhältnisse . . . gewährleistet ist . . . Die Stetigkeit ist ferner wünschenswert, wenn nicht sogar erforderlich, weil die Anwendung der personalen Weisungsbefugnis durchaus vergangenheits- oder zukunftsinterdependent sein kann, und diese Interdependenzen eben nur berücksichtigt werden können, wenn der Inhaber der personalen Weisungsbefugnis diese lange genug innehat" (Schemkes =Kompetenzabgrenzung= 437). Es liegt daher nahe, derartige Aufgaben, die Kontinuität und Stetigkeit verlangen, organisatorisch dort in eine mehrdimensionale Struktur einzupassen, wo ohnehin das Merkmal der Wiederholung besonders ausgeprägt ist. Schemkes sieht dies bei den Verrichtungsaufgaben in besonderem Maße gewährleistet: „Kontinuierlich sind seit je die Verrichtungsaufgaben in der Unternehmung. Deshalb ist Kontinuität in der Regel eher beim Verrichtungsleiter zu finden, dem daher . . . die personale Weisungsbefugnis ohne weitere Aufteilung übertragen werden sollte."

Würde den übrigen Dimensionen einer mehrdimensionalen Organisation kein Weisungsrecht zugestanden werden, dann wäre das System kaum mehr als mehrdimensional zu kennzeichen (Stab-Linienorganisation u. ä.). Verrichtungs-, Objekt- und Regionalleiter müssen somit im Rahmen einer Mehrlinienorganisation Planungs-, Entscheidungs-, Anordnungs- und Kontrollkompetenzen zur Erfüllung ihrer Leitungsaufgabe übertragen erhalten. Zur Erzielung einer eindeutigen Aufteilung und Abgrenzung der fachlichen Anordnungskompetenzen schlägt Schemkes das bei der Ist-Aufnahme häufig verwendete W-Fragenschema vor. Als Beispiel einer Regelung fachlicher Anordnungskompetenzen möge das von ihm entworfene Schema, das in Abb. 56 wiedergegeben wird, dienen (Schemkes =Kompetenzabgrenzung= 438/439).

(b) Planungs- und Realisationsbefugnis können getrennt werden.

Eine andere Möglichkeit der Trennung von Weisungsbefugnissen ergibt sich vom Ab-

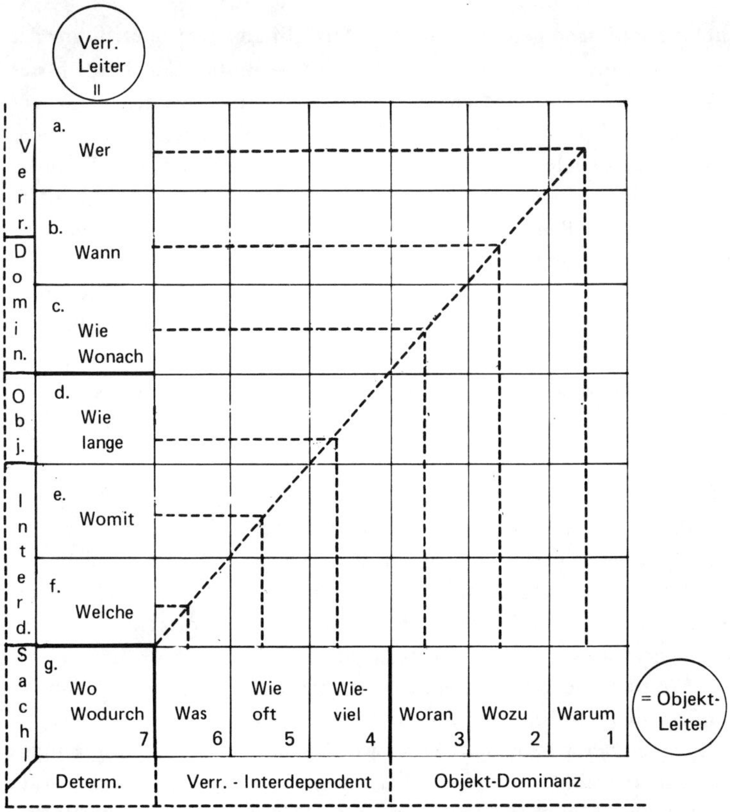

Anordnungs-Kompetenz :	Verr. - Leiter	= a–f allein
	Verr, - Leiter (Berücks. Verr. Interd.)	= a–e komb. mit 4–6
	Obj. - Leiter	= 1–6 allein
	Obj. - Leiter (Berücks. Obj. Interd.)	= 1–3 komb. mit d–f
	Gemeins. Kollegien	= bei gleichem Anteil „W" - Fragen
	Nach Sachzwang	= g–7

Abb. 56 a: Aufteilung der fachlichen Weisungsbefugnis

lauf der Entscheidungsprozesse her. Am Beispiel einer matrixhaften Verkoppelung von Objekt- und Verrichtungs- (Funktional-)Aufgaben im Rahmen einer mehrdimensionalen Organisation kennzeichnet Brings diesen Vorgang der *„Schwerpunktverlagerung"* wie folgt: „In der *Objekt-Planungsphase* sorgt der Objekt-Manager innerhalb einer lockeren, informalen Organisationsstruktur für die Förderung kreativer und innovativer Prozesse. Danach verlagert sich in der *Realisationsphase* das Schwergewicht auf die Funktionsbereiche, die mit Hilfe ihrer straffen Organisationsstruktur eine schnelle und sichere Durchführung der Objektaufgaben gewährleisten." Vgl. die von Brings (=Matrixorganisation= 74) gegebene Abb. 57.

Obwohl dieser Phasenwechsel bezüglich der Trennbarkeit des Einflusses nicht problemlos ist, kommt auch Erwin Grochla zu einer positiven Bewertung der Auswirkungen

Die Qualität des Produktes A ist unbefriedigend.	=	Warum = Impuls = Anstoßinformation (Objekt-Dominanz)
Eine den Erfordernissen des Marktes entsprechende Qualitätsverbesserung soll angestrebt werden.	=	Wozu = Zielvorgabe = Ergebnis-Soll (Objekt-Dominanz)
Produkt-Leiter A gibt Auftrag an Abteilung Forschung und Entwicklung, für Produkt A	=	Woran = Aufgabengegenstand, an dem gearbeitet (verrichtet) werden soll (Objekt-Dominanz)
Möglichkeiten der Qualitätsverbesserung zu erforschen.	=	Was = Formulierung der zu erfüllenden Global-Aufgabe (vom Objekt her bestimmt, jedoch verrichtungsinterdependent)
Der derzeitige Qualitätsstandard und der angestrebte Qualitätsstandard des Produktes A bestimmen den Umfang der	=	Wie oft = Arbeitshäufigkeit (vom Objekt her bestimmt, jedoch verrichtungsinterdependent)
Forschungsserie und auch den Umfang des Forschungsaufwandes.	=	Wieviel = Arbeitsmenge (vom Objekt her bestimmt, jedoch verrichtungsinterdependent)
Der Leiter der Abteilung Forschung und Entwicklung bestimmt Forscher X seiner Abteilung, den Forschungsauftrag auszuführen.	=	Wer = Aufgabenträger, beauftragt nach fachlichen (Forschung) Aspekten (Verrichtungs-Dominanz)
Da dieser jedoch z. Z. (wie alle seine Kollegen) noch Forschungsaufgaben für Produkt B durchführt, die nicht unterbrochen werden können und erst in drei Wochen abgeschlossen sind, kann mit dem Auftrag für Produkt A erst nach Ablauf von drei Wochen begonnen werden.	=	Wann = Zeitpunkt des Beginns der Verrichtung (Verrichtungs-Dominanz) (Verschiedentlich wird die Meinung vertreten, „wann" sei von der Objektseite zu bestimmen, jedoch kann dann nur der Zeitpunkt der Anstoßinformation gemeint sein [wann warum?]. Der Beginn der Verrichtung ist verrichtungs-dominant.)
Die Forschungsdauer kann erst nach Forschungsbeginn geplant werden, da erst dann die Komplexität des Problems eingeschätzt werden kann.	=	Wie lange = Zeitbedarf für die Durchführung (verrichtungsbestimmt, jedoch objektinterdependent)
Der Einsatz von Forschungshilfsmitteln hängt u. a. davon ab, in welchem Umfang die Verrichtung der Aufgabe dies notwendig macht und davon, wie die Auslastung der Hilfsmittel durch andere laufende Forschungsaufgaben ist.	=	Womit = Einsatz von Hilfsmitteln für die Durchführung der Verrichtung (verrichtungsbestimmt, jedoch objektinterdependent)
Die detaillierte Aufgabenstellung hinsichtlich der Forschungsmethode und -durchführung	=	Welche = Detail-Verrichtungen sind notwendig = detaillierte Aufgabenstellung (verrichtungsspezifisch – objektinterdependent)
sowie die Überwachung der Verrichtungsqualität und die Bestimmung der Arbeitsrichtlinien erfolgen durch den Leiter der Abteilung Forschung und Entwicklung.	=	Wie, Wonach = Aufgabenausführungsbestimmung und -überwachung (Verrichtungs-Dominanz)
Während der Forschungsarbeiten ergibt sich, daß im Herkunftsland des Rohstoffes für Produkt A Untersuchungen notwendig sind.	=	Wo (1) = Ort der Verrichtung, hier sachlich-objektiv determiniert vom Objekt her
Dort erweist sich jedoch, daß ein ganz bestimmtes Experiment mit dem (frisch geernteten) Rohstoff ausschließlich mit einem stationären Hilfsmittel in der Abteilung Forschung und Entwicklung durchgeführt werden kann.	=	Wo (2) = Ort der Verrichtung, hier sachlich-objektiv determiniert von der Verrichtung her
Der Transport des (frischgeernteten) Rohstoffes muß der notwendigen Frische wegen bei besonderen Frischhaltevorkehrungen schnellstmöglich per Flugzeug erfolgen.	=	Wodurch = Transportmittel, sachlich-objektiv determiniert durch 1. Objekt = bleibt nur kurzfristig frisch und 2. Verrichtung = erfordert Frische

Abb. 56 b: Kompetenzabgrenzung nach „W"-Fragen

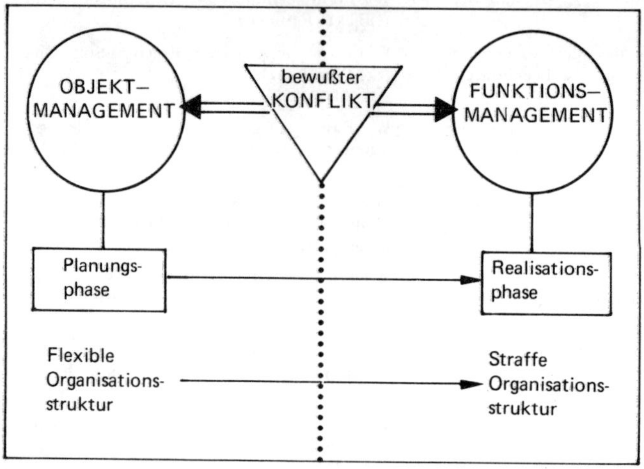

Abb. 57: Strukturwechsel beim Übergang von der Planungs- in die Realisationsphase eines Objekts

eines derartigen Strukturwechsels: „Durch die Fähigkeit zu einem derartigen Strukturwechsel wird die Matrixorganisation zu einer flexiblen Organisationsform" (Grochla =Unternehmungsorganisation= 212).

(2) Die Organisationsprogrammierung kann zunehmen.

Die literarischen Hinweise, daß mehrdimensionale Organisationsformen zur Lösung von Konflikten auf personale Lösungen, die häufig teamförmige Abstimmungsprozesse erfordern, zurückgreifen, läßt zunächst vermuten, daß diese Organisationsform grundsätzlich von einer geringeren Programmierungstendenz (insbes. im Sinne der Routineprogrammierung von Handlungen) ausgeht, als dies bei eindimensionalen Organisationsformen der Fall wäre. Einer solchen Ansicht ist aus der Organisationspraxis entgegenzutreten. Wenn z. B. Schemkes darauf hinweist, daß alle „Regelungen zur Aufteilung und Abgrenzung von Anordnungskompetenzen . . . *bevor* es zu Kompetenzstreitigkeiten kommt, getroffen werden (müssen). Möglichkeiten zur Konfliktlösung . . . müssen *vor* Eintreten des Konfliktfalles installiert werden" (Schemkes =Kompetenzabgrenzung= 442), dann deutet sich darin bereits die Tendenz an, mögliche Probleme, die sich aus unklaren Kompetenzabgrenzungen ergeben, vorab durch ein hohes Maß an Regelungs- und Programmierungsintensität zu vermeiden und zusätzlich für den Rest des Unprogrammierbaren Konfliktlösungsmechanismen bereitstellen.

Bezüglich der Art der Regelung kommt es insbesondere darauf an, die *ablauforganisatorischen Zusammenhänge transparent* zu machen. Zum Beispiel ist festzulegen, wie der komplexe Handlungsprozeß zwischen den betroffenen Dimensionen ablaufen soll. In ablauforganisatorischer Hinsicht ist die Form und das Ausmaß von Doppelunterstellungen zu kennzeichnen. Dabei kann mit Hilfe von *Funktionendiagrammen* die Kompetenzverteilung zwischen den an den Handlungsprozessen beteiligten Personen dokumentiert werden. Die Verwendung derartiger organisatorischer Hilfsmittel dürfte um so zeitraubender und kostspieliger sein, je größer der Umfang und die Verschiedenartigkeit mehrdimensionaler Strukturierung ist. Hinzu kommen die Probleme, die mit der zeitlichen Befristung mehrdimensionaler Organisationsformen verbunden sind. Flexible Organisationsformen bedürfen der laufenden Anpassung an veränderte Gegebenheiten. Je flexibler die Organisationsstruktur, desto häufiger die Notwendigkeit zur Neuprogrammierung organisatorischer Regelungen. Insgesamt stellt sich somit die Frage, ob die Organisation nicht durch ständige und u. U. sehr umfassende und detaillierte Regelungsnotwendigkeiten überfordert ist.

(3) Erweiterte Leitungsspannen verlangen flankierende Führungssysteme.

Damit die bei mehrdimensionalen Organisationsmodellen gegebene Erweiterung der Leitungsspanne sowohl für die Führungskräfte als auch für die Mitarbeiter zu bewältigen ist, sind verschiedene organisatorische Maßnahmen erforderlich: Einerseits sind alle regelbaren Vorgänge weitgehend zu delegieren, andererseits ist durch die ebenfalls weiter oben beschriebene Hierarchisierung von Leitungsaufgaben eine Verkleinerung der Leitungsspanne anzustreben. Je nach dem Ausmaß der Delegation von Leitungsaufgaben entstehen Schwierigkeiten bei der Verantwortungszurechnung. Bei partizipativer Führung, gekennzeichnet durch relativ weitgehende Mitwirkungsrechte der Mitarbeiter, ist diese Problematik besonders groß.

(4) Die Motivation der Mitarbeiter muß mehr an der Problemlösung selbst als am Aufstieg orientiert werden.

Hierarchisch-eindimensionale Organisationsmodelle stellen eine ,,Prämie" bereit, die die Anpassungsfähigkeit des Mitarbeiters belohnt: der *Aufstieg* wird zum dominierend geförderten Motivationsinstrument bei diesen Organisationsmodellen. Gehen Mitarbeiter mit der gleichen, tradierten Erwartungshaltung an mehrdimensionale Organisationsmodelle heran, so sind nicht nur *persönliche* Enttäuschung, sondern auch durch diese Verhaltensweisen geförderte *organisatorische* Dysfunktionalitäten zu erwarten. Mehrdimensionale Organisationsmodelle führen zu flacheren ,,Pyramiden" und vermindern damit die *Aufstiegswahrscheinlichkeit* für die Mitarbeiter. Da zudem die gegenwärtige Alterspyramide der Mitarbeiter die Nachfragesituation verstärkt, diese Modelle das Angebot an Aufstiegsstellen vermindern, sind personalpolitische Konflikthaltungen zu erwarten, wenn es nicht gelingt, eine Umorientierung der Mitarbeitermotivation zu erreichen: Das primäre Streben nach Selbstverwirklichung in der Aufgabenerfüllung muß die sekundäre Aufstiegsmotivation ersetzen.

Gelingt es der Führung eines Systems nicht, diese schwierige *Umorientierung der Mitarbeiter* erfolgreich zu unterstützen und zu erreichen – es handelt sich insbesondere bei Mitarbeitern, die durch andere Organisations- und Führungsweisen geprägt wurden, um recht schwierige Lernprozesse –, so sind vielfältige, das System sprengende Verhaltensweisen zu erwarten.

Stanley M. Davis und Paul R. Lawrence haben eine Reihe der dann zu erwartenden *Gefahren mehrdimensionaler Organisationsstrukturen* zusammengestellt (vgl. zum folgenden Davis/Lawrence =Matrix-Organisation= und Leumann =Matrix-Organisation= 177–184).

Machtkämpfe:

Der in der autoritären Führung tradierte Kampf um Dominanz, die Tendenz zur Unterwerfung des Partners, mangelnde Toleranz, unzureichendes Denken in Gesamtzusammenhängen, Überengagement für die eigene Dimension können zur Rückentwicklung eines mehrdimensionalen Organisationsmodells zur Eindimensionalität führen. Verhindert werden kann eine Entartung durch Machtkämpfe über eine vorausgehende Überprüfung der in den Dimensionen angelegten Dominanzverhältnisse, klare Kompetenzabgrenzungen, eine Schulung kooperativen Verhaltens und zur Förderung des gegenseitigen Verständnisses, Betonung der Zusammenarbeit in den Anforderungsprofilen und schließlich die Beachtung der personellen Voraussetzungen für eine mehrdimensionale Organisation. „Sind Machtkämpfe aufgrund der beteiligten Personen aber die Regel, so sollte geprüft werden, ob wegen fehlender personeller Voraussetzungen nicht auf die Matrix- (oder Tensor- – Anm. d. Verf.) Organisation verzichtet werden sollte" (Leumann =Matrix-Organisation= 179).

Übertriebene Teamarbeit:

Die in einer mehrdimensionalen Organisation notwendige Zusammenarbeit kann leicht entarten: Die Mitarbeiter verlassen sich jeweils auf die anderen, auf das Team. In endlosen Sitzungen wird viel Zeit verschwendet: „Eine *Schulung* über die Ziele und Arbeitsweise der ... (mehrdimensionalen – Anm. d. Verf.) Organisation und eine *Zuordnung der Kompetenzen an die Schlüssel-Stellen, statt an große Teamgebilde,* sollten ausreichen, um Teamauswüchse zu verhindern" (ebenda).

Anarchie:

Häufig bestehen grundlegende Mißverständnisse über die notwendige Formalisierung, die eine mehrdimensionale Organisation voraussetzt. Dies führt zur Vorstellung, daß mehrdimensionale Organisationsmodelle einen Zustand formloser Konfusion schaffen, der sich in anhaltenden Streitigkeiten um Kompetenzen und Verantwortung niederschlage. Damit entsteht ein Machtvakuum, das leicht durch autoritäre Kräfte gefüllt werden kann und damit zu einer informalen Entartung der Organisation führt. Dem ist entgegenzuhalten, daß mehrdimensionale Modelle keine freien, ungeordneten, informalen Organisationen darstellen, sondern nach Erfahrung des Verf. eher zu starker Formalisierung in Stellenbeschreibungen, Funktionendiagrammen und W-Fragen-Katalogen neigen. „Es ist deshalb für die Funktionstüchtigkeit der . . . (mehrdimensionalen – Anm. d. Verf.) Organisation lebenswichtig, nach der Klärung der Grundstruktur, eine *Kompetenzverteilung* vorzunehmen, die selbstverständlich nicht jedes Detail im Sinne einer weitgehenden Formalisierung oder gar Standardisierung regeln kann, sondern lediglich festlegen soll, welche Personen bei welchen Aufgabenkomplexen in welchen Phasen der Führung mit welcher Einflußintensität zusammenarbeiten müssen. Im weiteren ist auf eine *matrixgerechte Auslegung der Führungsprozesse und -instrumente* zu achten" (ebenda, 180).

Entscheidungsverzögerung:

Die mehrdimensional notwendige Abstimmung enthält die Möglichkeit in sich, auf diesem Wege die Qualität der Entscheidungen zu verbessern. Sie kann jedoch auch eine

Verzögerung der Entscheidungen dann bewirken, wenn endlose Debatten zu einer Lähmung des Entscheidungsprozesses führen. „An dieser Stelle ist zunächst einmal darauf hinzuweisen, daß einer der wesentlichen Vorzüge der ... (mehrdimensionalen – Anm. d. Verf.) Organisation darin liegt, daß die entscheidungsrelevanten *Informationen* durch die mehrdimensionale Ausrichtung *rasch und sicher erfaßt* werden können. Dadurch wird *Zeit gewonnen* für eine gründliche, die wichtigsten Aspekte berücksichtigende Entscheidungsvorbereitung. Eine *maßvolle Verlängerung* des Planungs- und Entscheidungsprozesses erscheint deshalb *durchaus tragbar*" (ebenda, 181). Dennoch ist die Gefahr der Entscheidungsverzögerung eine der mehrdimensionalen Organisation immanente Gefahr. Ihr kann durch eine besondere Beachtung und Einteilung von Entscheidungsvorgängen in Dringlichkeitskategorien wie durch mögliche Rückgriffe auf die Leitung der mehrdimensional angelegten Organisationseinheit begegnet werden.

Abschieben von Verantwortung:

Unformalisierte, „chaotische" mehrdimensionale Strukturen bieten geeignete Scenarien für das Herumreichen des „Schwarzen Peters". Aber auch formalisierte Matrizen und Tensoren gehen von der Interaktion mehrerer beteiligter Dimensionen zur Erzielung eines Erfolges (und Mißerfolges) vom Ansatz her aus. Deshalb ist das Überschneiden der Verantwortung eine jeder mehrdimensionalen Organisation immanente Problematik. Neben dem Versuch, eine möglichst eindeutige Kompetenzverteilung zu erreichen, kommt es hier vor allem auf das Verständnis der Verantwortung bei den Beteiligten an: Statt einer Suche nach dem Schuldigen, sollte Verantwortung als Quelle des Suchens nach besseren Problemlösungen verstanden werden, die Fehlschläge in der Zukunft vermeiden helfen.

Hohe Kosten:

Auf die Erhöhung der Kosten entsprechend der Zahl der Dimensionen wird hingewiesen: Eine höhere Zahl qualifizierter Führungsstellen, Kosten von Planungs- und Abrechnungsvorgängen und der Personalentwicklung. „Höhere Kosten sind der *Preis*, welcher *für* ... (diese – Anm. d. Verf.) *Organisation* bezahlt werden muß. Sie sind dem nicht quantifizierbaren *Nutzen*, der aus der besseren Adaptionsfähigkeit und den qualitativ besseren Entscheidungen, welche ... (diese) Organisation verspricht, gegenüberzustellen" (ebenda, 182).

Zusammenbruch in Belastungssituationen:

Gute Erfolge mit mehrdimensionalen Organisationsstrukturen können bei besonderen Belastungen in Krisensituationen über unlösbare Konflikte in ihr Gegenteil verkehrt werden. Als Folge davon kann es zu einer Lähmung und schließlich zum Zusammenbruch des Systems kommen. Stellen sich mehrdimensionale Organisationsmodelle damit als „Schönwetter-Strukturen" dar? Dagegen kann vorgebracht werden, daß gerade die Mehrdimensionalität Voraussetzungen dafür schafft, daß drohende Gefahren schnell erkannt werden. „Die Fähigkeit zu *rechtzeitiger Anpassung* an sich verändernde Bedingungen gehört zu den Vorzügen der (mehrdimensionalen – Anm. d. Verf.) Organisation" (ebenda, 183). Ihr kommt damit im Rahmen von Präventivstrategien zur Bewältigung potentieller Krisen eine hohe Bedeutung zu.

(5) Erschwerte Konfliktlösung.

Durch die Gleichberechtigung bestimmter Dimensionen werden zudem Konflikte zwischen ihren Repräsentanten an den Schnittpunkten mehrdimensionaler Strukturen *institutionalisiert.* Durch diese Offenlegung von Problemlösungsdifferenzen soll eine sachbezogene, qualitativ hochwertige Problemlösung gefördert werden. „Der auch in anderen Organisationsformen zumindest latent vorhandene Konflikt zwischen Funktions- und Objektinteressen wird organisatorisch *institutionalisiert,* um einen Zwang zu schaffen, diese Interessengegensätze in einer sachlichen Diskussion auszutragen; damit wird gleichzeitig ein Zwang zur Koordination und Kooperation ausgeübt." Die „Offenlegung von Konflikten ist der erste und wichtigste Schritt zur *bewußten Gestaltung von Konflikten* und bedeutet daher einen wesentlichen Fortschritt gegenüber Organisationsformen, bei denen eine Offenlegung nicht bereits organisatorisch gesichert ist" (Schneider =Konflikte= 328).

Durch die Institutionalisierung von *„beabsichtigten" Konflikten* sollen Such-, Lern- und Kommunikationsprozesse ausgelöst werden, die zur Verwirklichung neuer Verfahren oder Ideen führen können, so daß diese Konflikte letzten Endes produktiv sind. Ein offenes Problem ist jedoch, in welchem Ausmaß durch die Personalisierung von Konflikten (z. B. durch unterschiedliche Ausbildung, divergierende Interessen und Wertvorstellungen der Konfliktparteien) die konstruktiven Wirkungen des institutionalisierten Konflikts wieder aufgehoben oder sogar in ihr Gegenteil verkehrt werden. (vgl. Wagner =Organisationsstrukturen= 421 ff.).

(6) Qualifizierte Anforderungen an eine partizipativ-kooperative Führungsform.

Eine mehrdimensionale Organisationsstruktur stellt gleichsam eine Provokation zur Zusammenarbeit dar, die sich in einer kooperativen Führungsform ausdrückt. Bei aller Teamarbeit, die zur Entlastung der Vorgesetzten beitragen mag, verbleibt jedoch für die Oberleitung einer Matrix oder eines Tensors die Bereitstellung von Konfliktlösungsmechanismen (vgl. Schemkes =Kompetenzabgrenzung= 441):

- Die übergeordnete Instanz entscheidet im unlösbaren Konflikt durch *Stichentscheid* kraft ihrer Formalautorität. Dabei „besteht die Gefahr, daß einer der Beteiligten ‚sein Gesicht verliert' – der nächste Konfliktfall wäre schon geboren" (ebenda). Daher sollten neutrale Möglichkeiten geprüft werden, wie z. B.
- Kollegien, die generell oder fallweise eingesetzt werden und Systemmitglieder und -teilnehmer (Wissenschaftler, Anwälte, Berater usw.) umfassen können.

Ohne auf alle Einzelheiten einer Prägung kooperativer Führungsformen eingehen zu können (vgl. hierzu Bleicher/Meyer =Führung= 153 ff.), verbleibt die Frage, ob die Führung nicht angesichts der vielschichtigen Führungsproblematik überfordert wird.

(7) Hohe Ansprüche an das menschliche Perzeptionsvermögen.

Die Komplexität und Dynamik der Arbeits- und Verteilungsbeziehungen, die sich in der Schaffung detaillierter organisatorischer Regelungen und bei der Gestaltung optimaler Leitungsspannen niederschlägt, sowie die besonderen Probleme, welche sich für die Führungskräfte und ihre Mitarbeiter durch die Institutionalisierung von Konflikten ergeben, stellen hohe Anforderungen an jeden Einzelnen. Wie groß die Konfliktintensität und die Mehrdimensionalität der Beziehungen sein darf, ohne das Perzeptionsvermögen des Menschen, insbesondere seine Fähigkeiten zur Informationsaufnahme und Informationsverarbeitung, zu überfordern, ist ebenfalls noch weitgehend unerforscht (vgl. Hinweise bei Davis/Lawrence =Matrix= 111, Leumann =Matrix-Organisation= 161, Wagner =Organisationsstrukturen= 426 f.).

Zusammenfassend bleibt festzuhalten, daß mehrdimensionale Organisationsmodelle *höhere Ansprüche sowohl an die Strukturierung als auch an die in deren Rahmen tätigen Menschen* stellen. Sie bedingen andere menschliche Verhaltensweisen als sie in bürokratischen Strukturen kultiviert worden sind. Der zunehmende Bildungsstand und das gestiegene Erwartungsniveau der Mitarbeiter zielen jedoch auf Partizipation und Kooperation. Nur auf diesem Wege dürfte die Arbeitswelt ausreichende Anreize für den mündigen Mitarbeiter im Verhältnis zu den Freizeitreizen bereitstellen; d. h. *mehrdimensionale Organisationsmodelle können als eine Chance zur primären Motivation anspruchsvoller Mitarbeiter begriffen werden.* Der Übergang vom tradiert Patriarchalischen oder Autoritären zum Partizipativ-Kooperativen enthält jedoch viele „Fallstricke", die dargestellt wurden und zur Vorsicht Anlaß geben.

Literaturhinweise zu Abschnitt 4.1

Albach, H.: =Lenkpreise=
Innerbetriebliche Lenkpreise als Instrument dezentraler Unternehmensführung. In: Schmalenbachs Zeitschrift für Betriebswirtschaftliche Forschung. (26) 1974, S. 216–242.

Beensen, Reimar: =Organisationsprinzipien=
Organisationsprinzipien. Untersuchungen zu Inhalt, Ordnung und Nutzen einiger Grundaussagen der Organisationslehre. Berlin 1969.

Bernhard, Alfred: =Matrix-Organisation=
Matrix-Organisation. In: Industrielle Organisation (43) 1974, S. 341–345.

Bleicher, Knut: =Entwicklung=
Zur organisatorischen Entwicklung multinationaler Unternehmungen. In: Zeitschrift für Organisation (41) 1972, S. 330–338; S. 415–425.

Bleicher, Knut: =Perspektiven=
Perspektiven für Organisation und Führung von Unternehmungen. Baden-Baden und Bad Homburg v. d. H. 1971.

Bleicher, Knut unter Mitarbeit von Erik Meyer und Dietrich Wiek: =Systemanalyse=
Systemanalyse internationaler Unternehmungen. In: Unternehmungsführung. Festschrift für Erich Kosiol zu seinem 75. Geburtstag. Hrsg. von Jürgen Wild. Berlin 1974, S. 253–296.

Bleicher, Knut und Erik Meyer: =Führung=
Führung in der Unternehmung. Formen und Modelle. Reinbek bei Hamburg 1976.

Blohm, Hans und Wolfgang Seppeler: =Impulse=
Neue Impulse durch Sparten- und Matrixorganisation – auch für Klein- und Mittelbetriebe. In: Zeitschrift für Organisation (45) 1976, S. 65–71.

Brings, Karl: =Matrixorganisation=
Erfahrungen mit der Matrixorganisation. In: Zeitschrift für Organisation (45) 1976, S. 72–80.

Burns, Tom und G. M. Stalker: =Innovation=
The Management of Innovation. 2. Aufl. London 1966.

Davis, Stanley M. und Paul R. Lawrence: =Matrix=
Matrix. Reading et al 1977.

Davis, Stanley M. und Paul R. Lawrence: =Matrix-Organisation=

Die Probleme der Matrix-Organisation. In: Manager Magazin 10/1978, S. 98–111. Deutsche Übersetzung von: Problems of matrix organisation. In: Harvard Business Review (56) 1978. May-June, S. 131–142.
Drumm, Hans-Jürgen: =Lenkung=
Theorie und Praxis der Lenkung durch Preise. In: Schmalenbachs Zeitschrift für Betriebswirtschaftliche Forschung (24) 1972, S. 253–267.
Dullien, Manfred: =Perspektiven=
Perspektiven des Matrix-Projekt-Management. In: Zeitschrift für Organisation (44) 1975, S. 187–190.
Galbraith, Jay R.: =Matrixorganisation=
Gestaltungsmöglichkeiten der Matrixorganisation. In: Zeitschrift für Organisation (42) 1973, S. 75–83.
Grochla, Erwin: =Unternehmungsorganisation=
Unternehmungsorganisation – Neue Ansätze und Konzeptionen. Reinbek bei Hamburg 1972.
Grochla, Erwin und Norbert Thom: =Matrix-Organisation=
Die Matrix-Organisation. Chancen und Risiken einer anspruchsvollen Strukturierungskonzeption. In: Schmalenbachs Zeitschrift für Betriebswirtschaftliche Forschung (29). Kontaktstudium, S. 193–203.
=Handlexikon Organisation=
Hrsg. von der Akademie für Organisation. Ausbildungsinstitution der Gesellschaft für Organisation e.V. Frankfurt am Main. Frankfurt am Main 1971.
Kieser, Alfred und Herbert Kubicek: =Organisation=
Organisation. Berlin – New York 1977.
Kosiol, Erich: =Organisation=
Organisation. 2., durchgesehene Auflage. Wiesbaden 1976.
Krüger, Wilfried: =Macht=
Macht in der Unternehmung. Elemente und Strukturen. Stuttgart 1976.
Leavitt, Harold J. und Thomas L. Whisler: =Bell-Concept=
Management in the 1980's. In: Harvard Business Review, November-December 1958, S. 41–48.
Leumann, Peter: =Matrix-Organisation=
Die Matrix-Organisation. Unternehmungsführung in einer mehrdimensionalen Struktur. Theoretische Darstellung und praktische Anwendung. Bern und Stuttgart 1979.
Lüder, Klaus: =Steuerung=
Investment-Center-Kontrollverfahren zur Steuerung dezentralisierter Großunternehmen. In: Rechnungswesen und Betriebswirtschaftspolitik, Festschrift für Gerhard Krüger zu seinem 65. Geburtstag. Hrsg. von Manfred Layer und Heinz Strebel. Berlin 1969, S. 305–319.
March, James G. und Herbert A. Simon: =Organisation=
Organisation und Individuum. Menschliches Verhalten in Organisationen. Wiesbaden 1976. Aus dem Englischen übersetzt von Albin Krczal. Titel der Originalausgabe: Organizations. New York 1958.
Meller, F.: Sparten- und Funktionenorganistion. In: Zeitschrift für Organisation (39) 1970, S. 348–354.
Menz, Wolf-Dieter: =Profit Center=
Die Profit Center Konzeption. Theoretische Darstellung und praktische Anwendung. Bern und Stuttgart 1973.
Poensgen, Otto H.: =Geschäftsbereichsorganisation=
Geschäftsbereichsorganisation. Opladen 1973.
Schemkes, Helmut: =Kompetenzabgrenzung=
Kompetenzabgrenzung bei der Mehrlinienorganisation. In: Zeitschrift für Organisation (43) 1974, S. 433–442.
Schmalenbach, Eugen: =Wirtschaftslenkung=
Band 1: Die optimale Geltungszahl, Bremen-Horn 1947 und Band 2: Pretiale Lenkung des Betriebes, Bremen-Horn 1948.
Schmidt, Götz: =Produkt-Innovation=
Produkt-Innovation und Organisation. Diss. Gießen 1969.
Schneider, Siegfried: =Konflikte=
Konflikte in einer Matrixorganisation. In: Zeitschrift für Organisation (44) 1975, S. 321–330.
Seidel, Eberhard: =Grenzen=
Zur Bestimmung der Grenzen dezentraler Unternehmensführung. Problemanalyse des Geschäftsbereichs-Konzepts als Aufgabe betrieblicher Organisationsplanung. In: Journal für Betriebswirtschaft (26) 1976, S. 163–177.

Wagner, Dieter: =Konflikt=
Der institutionalisierte Konflikt in mehrdimensionalen Organisationsstrukturen ökonomischer, sozio-technischer Systeme. Diss. Gießen 1978.
Wagner, Dieter: =Organisationsstrukturen=
Der institutionalisierte Konflikt in mehrdimensionalen Organisationsstrukturen. In: Zeitschrift für Organisation (48) 1979, S. 421–428.
Welge, U. K.: =Profit-Center-Organisation=
Profit-Center-Organisation. Wiesbaden 1975.
Witte, Eberhard: =Organisation=
Organisation für Innovationsentscheidungen. Das Promotoren-Modell. Göttingen 1973.

4.2 Partialmodelle der Organisation

Partialmodelle der Organisation, welche mehrere unmittelbare, formengebundene Kooperationseinheiten umspannen (bzw. bei Großorganisationen mittelbare Subsysteme, die selbst aus derartigen Kooperationseinheiten bestehen), können auf der Ebene unterhalb einer totalen Modellbetrachtung selbst nach dem *Verrichtungs-*, dem *Objekt-* oder dem *Regionalprinzip* gebildet werden. Bei der Darstellung von Gestaltungsalternativen einzelner Partialmodelle sind weiter zwei grundsätzliche Überlegungen anzustellen, die sich allerdings kaum voneinander trennen lassen. Im Kontext der unternehmungspolitischen Zusammenhänge ist sowohl zu prüfen, wie der *Innenaufbau* des jeweiligen Subsystems gestaltet wird, als auch wie dieser mit anderen Subsystemen der Unternehmung – im *Außenaufbau* des jeweiligen Subsystems – verbunden ist. Bei dieser Betrachtung wird wiederum zwischen *ein-* und *mehrdimensionaler* Strukturierung unterschieden.

4.21 Verrichtungsgebundene Partialmodelle

Bei der Darstellung von Partialmodellen anhand des Verrichtungskriteriums sind zwei Gruppen von Verrichtungen zu unterscheiden, die eine gesonderte Behandlung erforderlich machen:

- *primäre* Verrichtungen der Forschung und Entwicklung, Beschaffung, Fertigung und des Absatzes sowie
- *sekundäre* Verrichtungen der Verwaltung, die sich an den einzelnen Verwaltungsobjekten (Anlagen, Personal, Material, Finanzen) orientieren, die in den einzelnen primären Verrichtungsbereichen gebunden sind.

4.211 Forschung und Entwicklung (F + E)

4.211.1 Innenstruktierung der F + E

4.211.11 Eindimensionale Innenstrukturierung

Bei einer eindimensionalen Strukturierung der F + E wird an die Aufgabendimensionen (Verrichtung, Objekt, Region) angeknüpft, von denen jeweils – im Kontext der relativen Bedeutung – eine zum dominanten Gestaltungsprinzip dieses Systems erhoben wird.

4.211.111 Verrichtungsstrukturierung der F + E

Anknüpfend an die im F+E-Bereich auftretenden Haupttätigkeitsfelder (z. B. Grundlagenforschung, Zweck-Forschung, Anwendungsentwicklung als Gruppierung der Verrichtungen der F+E nach ihrer Anwendungsnähe) können Abteilungen oder Gruppen für diese Aktivitäten gebildet werden, die sich auf der nächsten Stufe selbst wieder in Teilaktivitäten oder zu bearbeitende Gebiete (z. B. in der Pharmazie analytisch, pharmakologisch, toxikologisch) oder nach regionalen Gesichtspunkten aufteilen lassen (s. Abb. 58). Nach dem Zuordnungsprinzip der Inanspruchnahme (vgl. Bleicher =Dezentralisation= 83; Kormann =Planung= 184 spricht von der Zuordnung der „internen Zulieferungsfunktion" an die den Output aufgreifende Stelle) werden darüber hinaus dem F+E-Bereich weitere Subsysteme, die mit ihm in einem engen Zusammenhang stehen, zugewiesen. „Indem man eine . . . (T)ätigkeit der Stelle zuordnet, die den Output dieser Arbeit nutzt, stellt man institutionell sicher, daß die Arbeit so erledigt wird, wie die weiterverarbeitende Stelle das braucht" (Kormann =Planung= 185). Bei der F+E handelt es sich dabei um Stellen wie Patentwesen, Dokumentation und Literaturdienst.

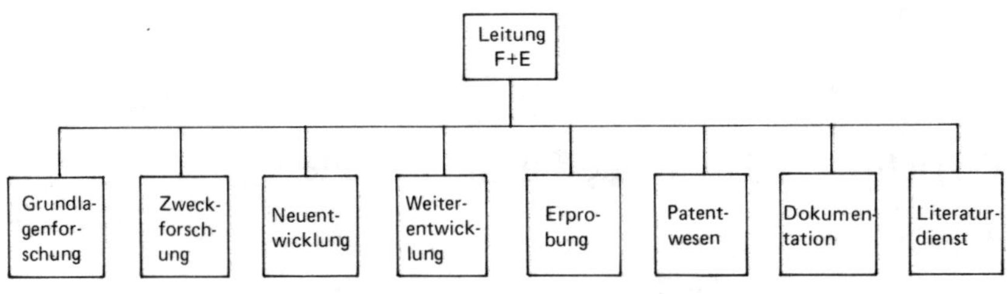

Abb. 58: Verrichtungsorientierte Strukturierung der F+E

Diese Verrichtungsgliederung nach Phasen der Forschung und Entwicklung hat den *Vorteil*, daß langfristige und kurzfristige Probleme getrennt untersucht werden können und eine Systemdifferenzierung ermöglicht wird, die unterschiedliche Merkmale von Aufgaben und Aufgabenträgern berücksichtigt. Allerdings hat „die relative Homogenität der Aufgaben und Aufgabenträger innerhalb der Hauptabteilungen und ihre starke Divergenz zwischen den Hauptabteilungen ... starke Verselbständigungstendenzen ... zur Folge" (Kern/Schröder =Forschung und Entwicklung= 321).

4.211.112 Objektstrukturierung der F + E

Die Strukturierung der F+E nach dem *Objektprinzip* kann auf diese Objekte als Gliederungsmöglichkeiten zurückgreifen, z. B. auf:

- technisch-wissenschaftliche Disziplinen
- verfahrenstechnologische Gebiete
- Rohstoffe (z. B. Metallurgie von Erzen, Stahl usw., Chemie des Rohöls und von Gas)
- Zwischenprodukte (z. B. Kunststoff-Verfahrensstudien, Zwischenentwicklung, Entwicklung von Flüssigisolatoren)
- Endprodukte.

Obwohl die Gliederung nach Phasen der F+E „das eindeutig dominierende Gliederungskriterium in der Praxis industrieller Forschung und Entwicklung ist" (Kern/Schröder =Forschung und Entwicklung= 321), ist beispielsweise die objektorientierte Gliederung des F+E-Bereiches nach *technisch-wissenschaftlichen Disziplinen* zu erwähnen (vgl. Abb. 59; vgl. Kern/Schröder =Forschung und Entwicklung= 322).

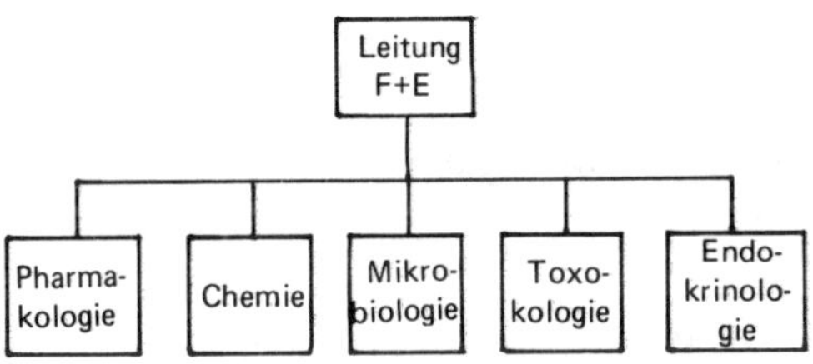

Abb. 59: Technisch-wissenschaftliche Disziplinen als Objektstrukturierung der F+E

Dieser Aufbau erleichtert sowohl den Übergang der Nachwuchskräfte von der Ausbildungsphase in die Berufsphase als auch den *Erfahrungsaustausch* innerhalb der einzelnen Bereiche. Allerdings steht der Intensivierung *intra*disziplinärer Beziehungen die relativ *starke Abgrenzung* der disziplinären Bereiche gegenüber. Deshalb sind in der Regel sowohl bei der Gliederung nach Phasen als auch bei der Gliederung nach technisch-wissenschaftlichen Disziplinen organisatorische Einheiten erforderlich, die eine *Abstimmung* bzw. Kommunikation über die wesentlichsten Aktivitäten und Ergebnisse der einzelnen Forschungsvorhaben ermöglichen.

Abbildung 60 (vgl. Kern/Schröder =Forschung und Entwicklung= 324) zeigt weiter eine gemischte *Rohstoff- und Zwischenproduktorientierung* als Grundlage für ein Objektmodell der F+E. Je nach Zielhorizont der betreffenden Forschungs-/Entwicklungsaktivitäten kann diese Gliederung des F + E-Bereiches projekthaften Charakter annehmen (vgl. Siegwart =Forschung= 1031). Abbildung 61 gibt ein Beispiel für eine

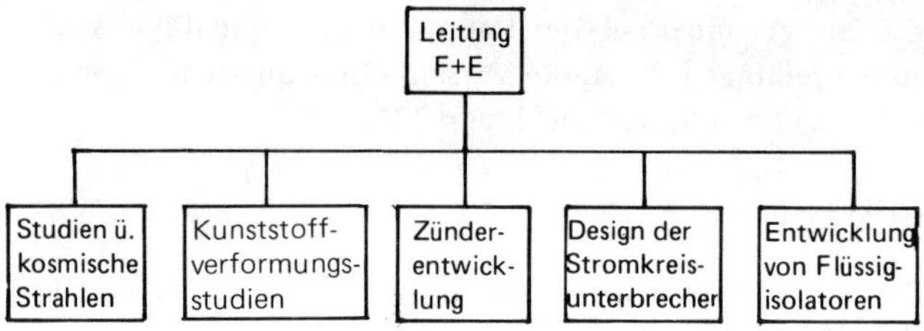

Abb. 60: Gemischte Rohstoff- und Zwischenproduktorientierung als Objektstrukturierung der F+E

Orientierung eines F+E-Modells an *Endobjekten:* ein Fall, der nicht selten bei diversifizierten Unternehmungen auftritt, deren Erzeugnisse sich unterschiedlicher Technologien bedienen. Darüber hinaus ist auf *Mischformen* hinzuweisen, die sich durch ein Zusammenfassen der bereits erwähnten sekundären Verrichtungen ergeben können.

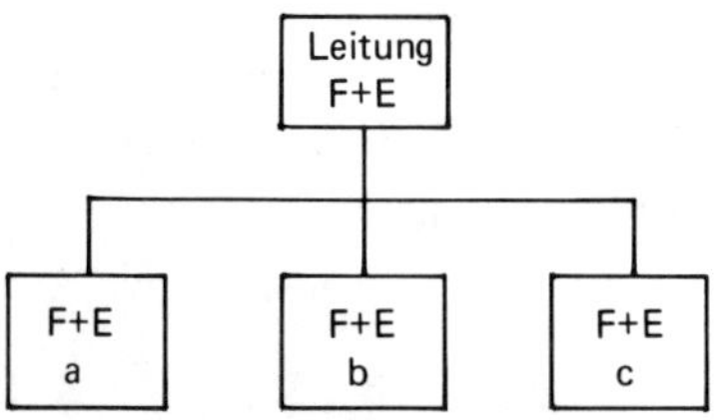

Abb. 61: Endproduktorientierung als Objektstrukturierung der F+E

Die Gliederung nach Objekten ist insbesondere bei produktnahen Entwicklungsvorhaben und bei einem heterogenen Produktprogramm zu empfehlen; bei einer starken Orientierung an Absatzgegebenheiten besteht aber die Gefahr, „daß langfristige Vorhaben, die auf grundsätzlich Neues im Rahmen der gegenwärtigen Produktlinien gerichtet sind, vernachlässigt werden" (Kern/Schröder =Forschung und Entwicklung= 326). Im Rahmen der Orientierung an Objekten im absatznahen Bereich sind selbst wiederum zwei Fälle zu unterscheiden:

a) Orientierung der F+E am Endprodukt;

b) Orientierung der F+E am Kunden.

Der Fall b) ist überall dort – und im Zeichen einer marktwirtschaftlichen Feinsteuerung von Unternehmungen in letzter Zeit verstärkt – festzustellen, wo eine anwendungsbezogene Modifikation der Produktkonzepte (z. B. durch ein Kunden-Engineering) als Voraussetzung für einen marktwirtschaftlichen Erfolg gilt.

4.211.113 Regionalstrukturierung der F + E

Überschreitet die regionale Differenzierung der Unternehmungsaktivitäten ein bestimmtes Maß, dann kann – u. U. in Verbindung mit einem regionalen Totalmodell – eine

Strukturierung des F+E-Bereiches anhand des Kriteriums Region erwogen werden (vgl. Abb. 62).

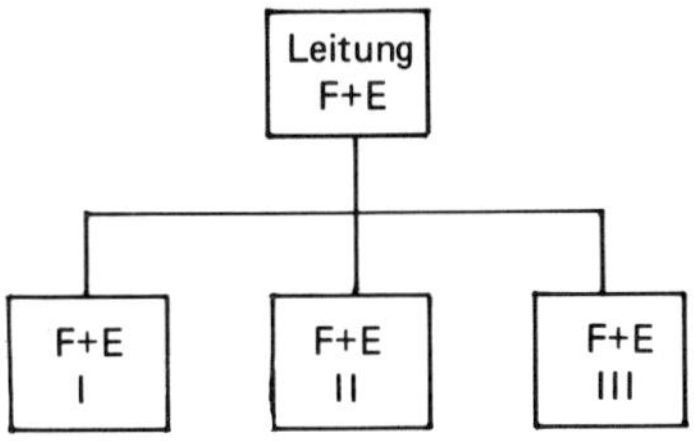

Abb. 62: Regionalorientierte Strukturierung der F+E

Diese strukturelle Lösung berücksichtigt zwar in besonderem Maße die regionalen Besonderheiten, die durchaus prägenden Einfluß auf die Inhalte von F+E nehmen können, erschwert aber die gesamtunternehmungsbezogene Ausrichtung aller F+E-Aktivitäten. Dies gilt insbesondere dann, wenn – wie im Regelfall – regionale F+E-Einheiten auch räumlich dezentralisiert tätig sind.

Zur Lösung dieser Abstimmungsproblematik bietet sich eine Mischform von Objekt- und Regionalgliederung an. Einzelne regionale F+E-Einheiten übernehmen in diesem Fall die Federführung für bestimmte F + E-Vorhaben („*Mandatssystem*") und wickeln diese weltweit ab (vgl. Abb. 63).

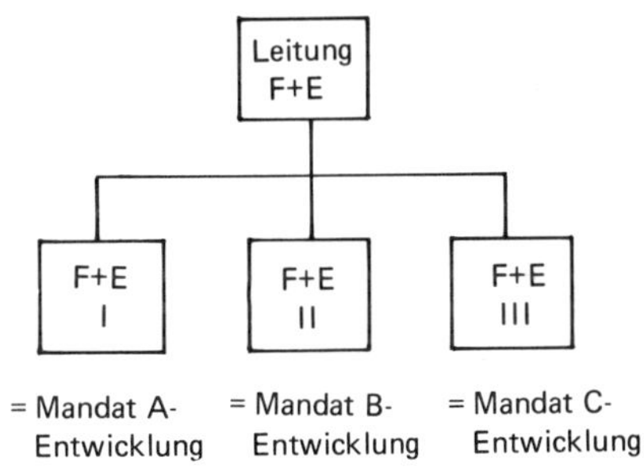

Abb. 63: Regional-Objektorientierte Strukturierung der F + E („Mandatssystem")

Werden die A–C Entwicklungsarbeiten gleichzeitig in mehreren regionalen Subsystemen vollzogen und lediglich von einer fachlich zuständigen Region aus gesteuert, ergeben sich mehrdimensionale Beziehungen, auf die später noch einzugehen ist.

4.211.12 Mehrdimensionale Innenstrukturierung

4.211.121 Matrixstrukturierung der F + E

Grundsätzlich kann die Matrixstruktur folgende Ausprägungen aufweisen:

– Verrichtungs-Objekt-Matrix
(vgl. Abb. 64)

– Verrichtungs-Regional-Matrix
(vgl. Abb. 65)

– Objekt-Regional-Matrix
(vgl. Abb. 66).

Je nach Zielhorizont der betreffenden Forschungs-/Entwicklungsaktivitäten wird diese Gliederung projekthaften Charakter annehmen.

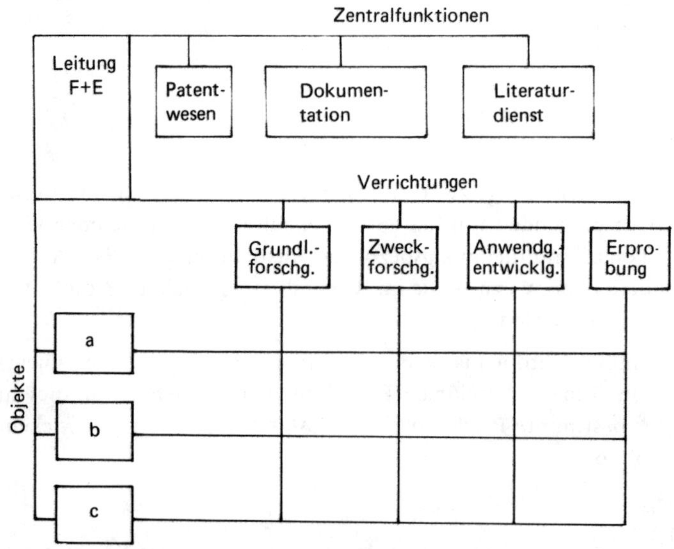

Abb. 64: Verrichtungs-Objekt-Matrixstrukturierung der F + E

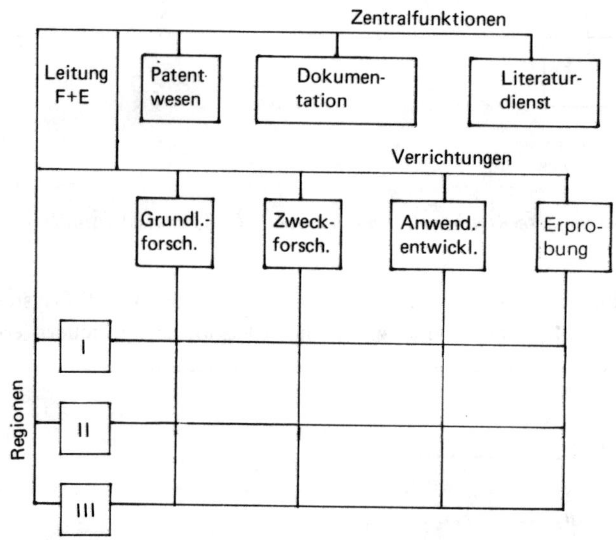

Abb. 65: Verrichtungs-Regional-Matrixstrukturierung der F + E

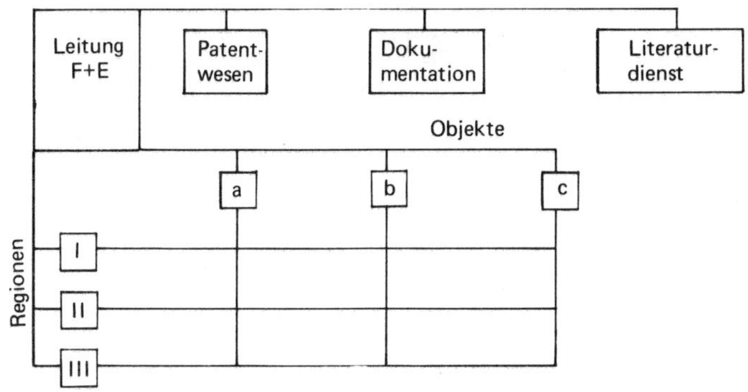

Abb. 66: Objekt-Regional-Matrixstrukturierung der F + E

Diese hier beispielhaft vorgestellte mehrdimensionale Innenstrukturierung kommt den großteils hoch-komplexen Problemstellungen des F + E-Bereiches besonders entgegen. Die tendenzielle Gleichgewichtigkeit der Dimensionen schafft bereits eine wesentliche Voraussetzung, um ein bedeutsames Problem der Außenstrukturierung zu lösen: die *Überleitung von Ergebnissen des F + E-Bereiches* in die nachfolgenden Produktions- und Absatzbereiche. So berücksichtigt die Verrichtungs-Objekt-Matrix (vgl. Abb. 64) sowohl die differierenden Zielhorizonte und Forschungsschwerpunkte (in der Verrichtungsachse) als auch die jeweiligen marktausgerichteten Produktbelange (in der Produktachse). Von entscheidender Bedeutung ist hier die *Kompetenzabstimmung* zwischen Objekt- und Verrichtungsdimension.

Liegt die Entscheidung über den Einsatz der Forschungsressourcen vorrangig in der *Verrichtungs*dimension, dann wird eine produkt-/marktbezogene Steuerung der F + E-Aktivitäten zunehmend schwieriger. Diese erklärt sich z. T. auch in dem besonderen Mitarbeiterprofil, das mehr auf Professionalismus und Kosmopolitanismus als auf ökonomisch-unternehmungsbezogene Kriterien abstellt. Fällt dagegen die Entscheidung über den Einsatz der Forschungsressourcen vorrangig in der *Objekt*dimension, dann wird zwar die Überleitung der Ergebnisse gefördert, u. U. aber die langfristige Ausrichtung auf Zukunftsprojekte über die bestehende Programmstruktur hinaus vernachlässigt.

4.211.122 Tensorstrukturierung der F + E

Eine Tensorstruktur der F + E kommt durch das Schneiden der drei Dimensionen Verrichtung, Objekt und Region zustande (vgl. Abb. 67).

Eine Anwendungsmöglichkeit für dieses hoch komplexe Strukturmodell wird nur dort gegeben sein, wo neben einem äußerst differenzierten Produktprogramm der F + E hoher strategischer Stellenwert zugemessen wird, welcher mit (historisch begründeten) dezentralisierten Standorten der F + E-Abteilungen einhergeht. Ausgangsbasis dieser mehrdimensionalen Lösung ist dann das Vorhandensein mehrerer regional getrennter Forschungs- und Entwicklungsbasen, die tendenziell gleichgewichtig mit objekt- und verrichtungsorientierten Interessen harmonisiert werden sollen. Um in diesem Falle zu einer sinnvollen Steuerung von Aktivitäten zu kommen, d. h., um dieses System be-

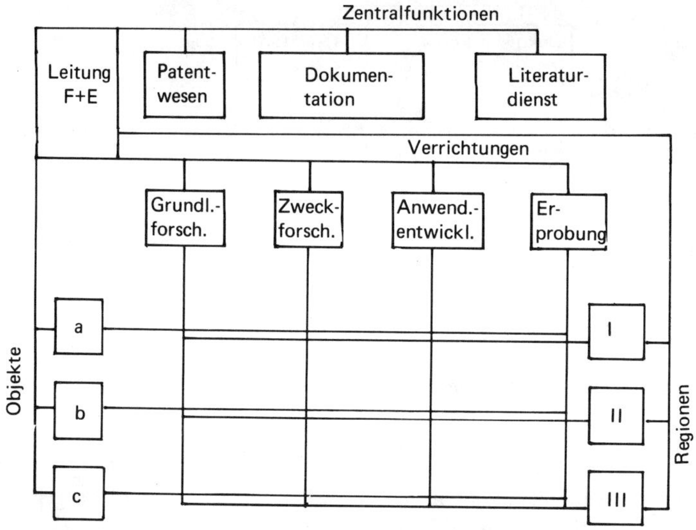

Abb. 67: Tensorstrukturierung der F + E

herrschbar zu halten, sind als Korrektur des Tensorprinzips strategische Schwerpunkte in den einzelnen Dimensionen zu setzen. Das bereits erwähnte „Mandatssystem" findet hier seine Berechtigung. Allerdings bietet die Tensorstrukturierung dabei eine interessante Variante, die vor allem bei äußerst forschungsintensiven internationalen Unternehmungen zu beobachten ist: die *Initiativfunktion* für neue, innovative Projekte/Projektideen obliegt allen Dimensionen („internal competition"), deren Umsetzung bzw. Weiterverfolgung mit zusätzlicher (motivationswirksamer) Ressourcenzuteilung als Mandatsvergabe in bestimmte Regionen erfolgt.

4.211.2 Außenstrukturierung der F + E

Die Innenstrukturierung der F + E muß in engem Zusammenhang mit der Eingliederung dieses Bereiches in das organisatorische Totalmodell gesehen werden. Je nach zugrundegelegtem Organisationsmodell ergeben sich unterschiedliche Probleme.

4.211.21 Eingliederung in eindimensionale Totalmodelle der Organisation

Bei der Eingliederung der F + E in eindimensionale Totalmodelle der Organisation stellt sich als Grundproblem die angemessene Berücksichtigung divergierender Zielhorizonte und Zielvorstellungen. Damit sich die Mitarbeiter dieses Bereiches losgelöst von operativen Mengen-, Zeit- und Kostenvorgaben der Produktion kreativ entfalten können, bedarf es einer ausreichenden *Abkopplung der F + E* mit ihren innovativ und langfristig orientierten Aktivitäten. Andererseits sollen die Mitarbeiter zu einem Denken an realitäts- und verwendungsnahe Outputs ihrer Bemühungen angehalten werden (Vermeiden von „Elfenbeintürmen"), um eine produktions- und marktorientierte Aufgabenstellung der F + E im erforderlichen Ausmaß sicherzustellen.

4.211.211 Eingliederung der F + E in das Verrichtungsmodell

Um eine Abkopplung der F + E vom mehr operativen Bereich der Fertigung zu schaffen, weisen Verrichtungsmodelle zumeist die F + E eigenständig neben Fertigung, Absatz und Verwaltung aus. Eine derartige Gestaltung der Verteilungsbeziehungen berücksichtigt zwar die Unterschiedlichkeit der Aufgaben in den einzelnen Bereichen, läßt jedoch die Gestaltung der Beziehungen zwischen F + E und den anderen Bereichen offen. Mit den in der Praxis zu beobachtenden Abschottungstendenzen und dem damit verbundenen „Kamineffekt" – der Tendenz, auch Tageskonflikte zwischen den Bereichen nach oben zu spielen und damit die oberste Leitung mit Routineproblemen zu überlasten – tritt gleichzeitig die Frage nach den sog. „*integrative links*" zwischen F + E und den übrigen Bereichen auf (vgl. Lawrence/Lorsch =Environment= 66 f.). Folgende Wege werden vorgeschlagen, um eine Integration (im Gegensatz zur Koordination durch die oberste Leitung) zwischen F + E und den übrigen Bereichen herzustellen:

- Bildung von *Stabsstellen* der obersten Leitung
- Bildung von *Ausschüssen* bei der obersten Leitung
- Bildung von *Projektgruppen.*

Ausschüsse und Projektsteuerungsgruppen werden zumeist aus Vertretern aller Bereiche zusammengesetzt:

- Der F + E-Bereich soll die innovative technische Zukunftsorientierung herstellen,
- Der Absatzbereich ihn dabei markt- und zukunftsorientiert unterstützen,
- Der Fertigungsbereich den Bezug zur technischen Realisierbarkeit wahren
- Die Verwaltung die ökonomische Realisierbarkeit und Wirtschaftlichkeit des Vorgehens sicherstellen.

Im Falle der Projektgruppen kann deren Leitung je nach Projekt-Fortschritt anderen Bereichen übertragen werden.

4.211.212 Eingliederung der F + E in das Objektmodell

Bei der Eingliederung der F + E in das Objektmodell taucht zusätzlich das *Problem zentraler und/oder dezentraler Verteilung* der Aktivitäten auf (vgl. Schwarz =Betriebsorganisation= 370). Je nachdem, welche technischen Affinitäten zwischen den gebildeten Objektbereichen bestehen, wird das Pendel zur Dezentralisation (Affinität gering) oder zur Zentralisation (Affinität groß) ausschlagen.

Im ersten Fall (Abb. 68) vollziehen sich alle F + E-Aktivitäten autonom in den jeweiligen Objektbereichen. Selbst bei Unternehmungen mit geringer technischer Affinität zwischen den Objektbereichen wird diese rein dezentrale Lösung selten verwirklicht sein, da grundsätzlich auf synergetisches Potential verzichtet wird. Die Aufnahme neuartiger, zukunftsorientierter Objektbereiche (Diversifizierung) kann hier kaum durch eigene F + E-Aktivitäten langfristig unterstützt werden.

Im zweiten Fall mittlerer technischer Affinität (vgl. Abb. 69) ist es zweckmäßig, die Grundlagenforschung zentral zu betreiben und deren Ergebnisse den dezentralen Entwicklungseinheiten zur Verfügung zu stellen. In ähnlicher Form sorgt die zentrale

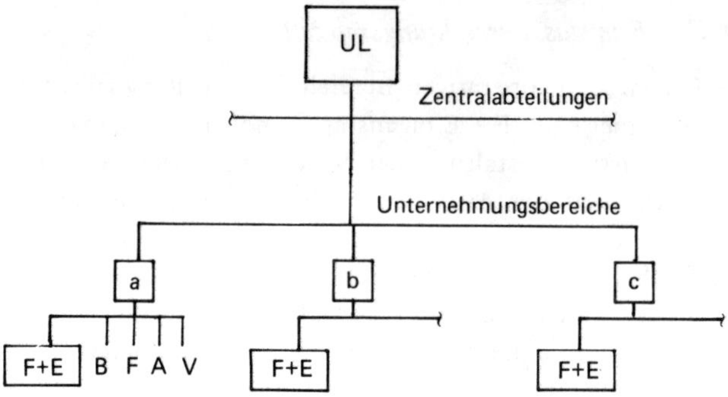

Abb. 68: Dezentrale Eingliederung der F + E – bei geringer technischer Affinität zwischen den Objektbereichen

Entwicklungskoordination für eine einheitliche Abstimmung aller Entwicklungsprojekte über die Grenzen der Objektbereiche hinweg.

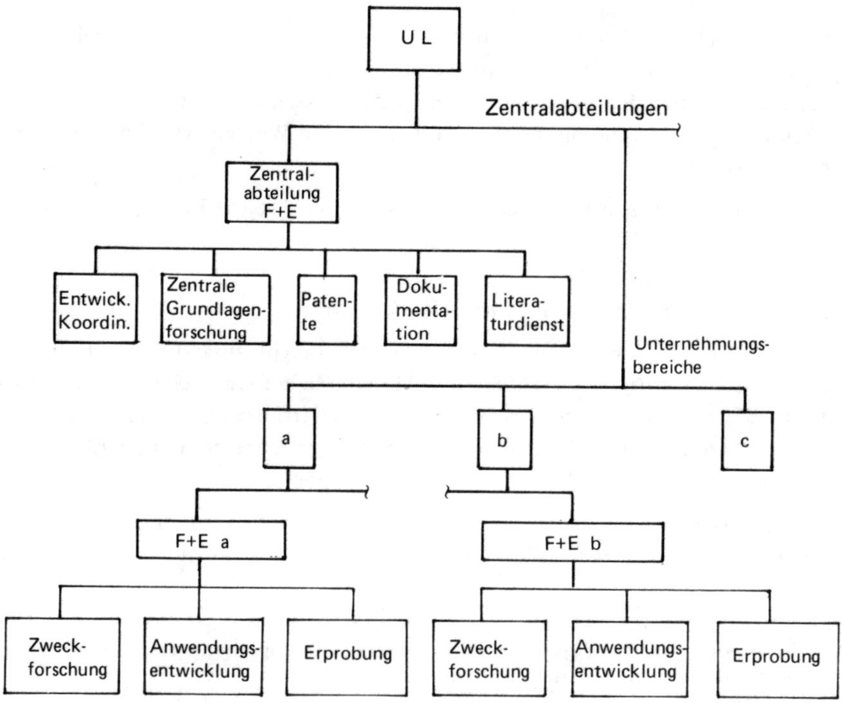

Abb. 69: Zentral/dezentrale Eingliederung der F + E – bei mittlerer technischer Affinität zwischen den Objektbereichen

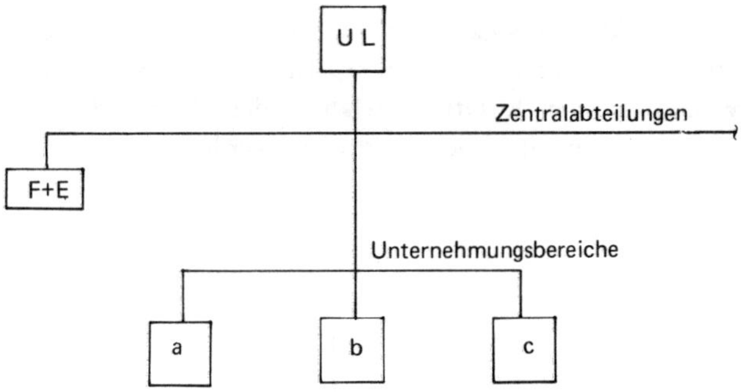

Abb. 70: Zentrale Eingliederung der F + E – bei hoher technischer Affinität zwischen den Objektbereichen

Eine derartige Eingliederung (vgl. Abb. 70) entzieht die langfristige Produktpolitik, die technisch über die F + E mit vollzogen wird, dem direkten Einflußbereich der produktorientierten Objektbereiche und schafft damit eine wesentliche Einschränkung ihrer (Teil-)Autonomie.

4.211.213 Eingliederung der F + E in das Regionalmodell

Im Gegensatz zur Eingliederung der F + E in das Objektmodell ist die Zuordnung dieses Bereiches in ein Regionalmodell stärker abhängig von unternehmungspolitischen Überlegungen: Soll der Erwerb entwicklungstechnischen Know hows in einem (Stamm-)Land konzentriert werden, um über einen „Blaupausen"-Export und eine nationale Fertigung in einzelnen Regionen dort lediglich den Anforderungen dieses politisch-gesetzlichen Umsystems gerecht zu werden oder versteht sich die internationale Unternehmung als eine kapitalsteuernde Zentrale für vielfältige regional-dekonzentrierte Aktivitäten mit eigener Unternehmungspolitik? Die Bilder, die sich in diesen Extremen und in der Mischform ergeben, entsprechen organisatorisch denen, die bei der Eingliederung der F + E in das Objektmodell dargestellt wurden, wenn in den schaubildlichen Darstellungen die Produkte durch Regionen ersetzt werden.

4.211.22 Eingliederung in mehrdimensionale Totalmodelle der Organisation

Die Eingliederung der F + E in mehrdimensionale Totalmodelle bietet im Gegensatz zu eindimensionalen Ansätzen höherwertige Lösungsalternativen, um den Gegensatz Innovation – Fertigung/operative Aktitäten organisatorisch zu bewältigen.

4.211.221 Eingliederung der F + E in ein Verrichtungs-Objekt-Matrixmodell

Die Eingliederung der F + E in eine Verrichtungs- und Objektmatrix kann weitgehend mit der gleichgerichteten mehrdimensionalen Innenstrukturierung des F + E-Bereiches verbunden werden (vgl. Abb. 71). Ein *Produkt-Management* betreut die Produkte über die F + E, Fertigung bis hin zum Absatz unter Einschaltung der Verwaltung (z. B. kostenträgerorientiertes Informationswesen). Die verrichtungsgebundenen Abteilungen stellen dabei ihr fachliches Wissen und ihre personellen und technischen Ressourcen auftragsgebunden dem Produkt-Management zur Verfügung. Um eine große Anwendungsnähe der F + E zu erreichen, können Rotationsverfahren der Mitarbeiter zwischen Grundlagen-, Zweck- und Anwendungsaufgaben vorgesehen werden.

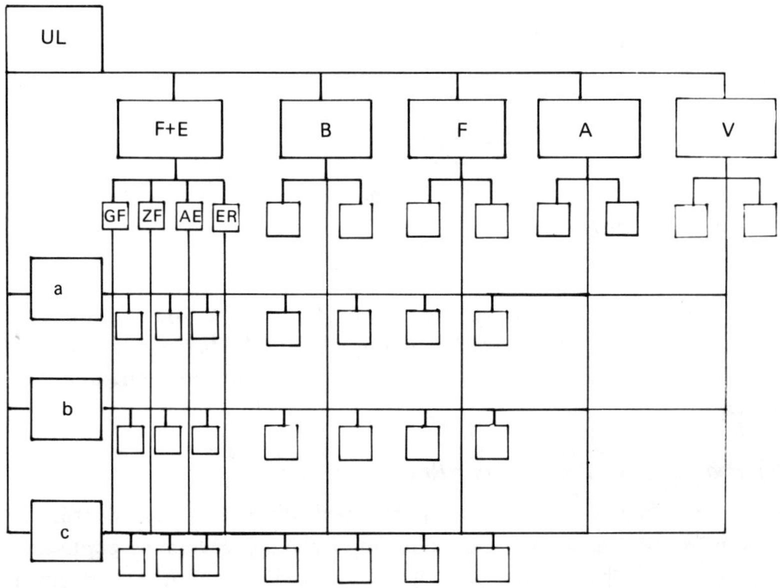

Abb. 71: Eingliederung der F + E in das Verrichtungs-Objekt-Matrixmodell

Im folgenden wird ein *Anwendungsbeispiel* für eine mehrdimensionale Gestaltung der F + E vorgestellt, die im konkreten Fall etwa 100 Mitarbeiter umfaßt und sich in ein Matrixmodell der Elektroindustrie einfügt (vgl. Abb. 72).

Neben den Service-Funktionen der F + E werden im Rahmen des F + E-Bereiches zwei Dimensionen ausgebildet:

1. *Fachgruppen,*
   die als Know-how-Zentren nach technischen Verfahren unterschieden werden (Halbleiter-Technologie, Software-Verfahren, Datenübermittlung, Programmsteuerung usw.)

2. *Projektgruppen,*
   die nach einzelnen zu entwickelnden, produzierenden und abzusetzenden Kundenaufträgen gebildet werden.

Die *Fachgruppen* werden von paternalistisch-geprägten Führungskräften geleitet, die einen guten fachlichen Überblick über das jeweilige Verfahrensgebiet haben und neuen Entwicklungen gegenüber aufgeschlossen sind. Diese nehmen eine Zuordnung der Mitarbeiter auf die Neu- und die Anwendungsentwicklung nach der Regel 20: 80 in Einsatzplänen vor. Die *Projektgruppen* werden auftragsweise gebildet und tätig. Der

Impuls hierzu geht von dem Projektmanagement der Absatzseite aus. Von hier aus werden die Anwendungsmerkmale der zu entwickelnden Produkte (Zusammenarbeit, Leistung, Termine, Kosten) in Pflichtenheften festgelegt. Im Rahmen der Projektgruppe werden hierarchische Bezüge vermieden. Die übergeordnete Entwicklungsleitung überwacht und steuert laufend die Ressourcenverteilung zwischen Fach- und Projektgruppen. Die 20 : 80-Regel der Verteilung von Mitarbeitern auf Neu- und Anwendungsentwicklung soll sicherstellen, daß alle Mitarbeiter des Bereiches von Zeit zu Zeit, d. h. nach 6–8 Jahren, für etwa 2 Jahre neueren technischen Know-how „auftanken" können. In den Fachgruppen widmen sich diese während der Zeit des „Wiederauftankens" der Verfolgung technologischer Entwicklungslinien, erforschen die Lösung technischer Grundsatzprobleme, bearbeiten zukunftsorientierte Vorschläge für die Einführung und Anwendung neuer Verfahren.
Im Schrifttum ist in diesem Zusammenhang der Einsatz eines *Produkt-Team-Management* statt einzelner Produkt-Manager vorgeschlagen worden, um unklare Kompetenzen des Produkt-Management zu vermeiden (vgl. Freudenmann =Planung= 219; Likert =Organisationsstruktur= 214; Lembke =Produktplanung= 251). Ein Produkt-Team-Management setzt sich aus den Mitarbeitern zusammen, die in jedem Funktionsbereich für dessen Produkte verantwortlich sind. In der Abbildung 72 würde sich dann das Produkt-Management, das derzeit dem Absatzbereich angegliedert ist, in ein Team aus Vertretern der Entwicklung, der Produktion und des Absatzes umwandeln.

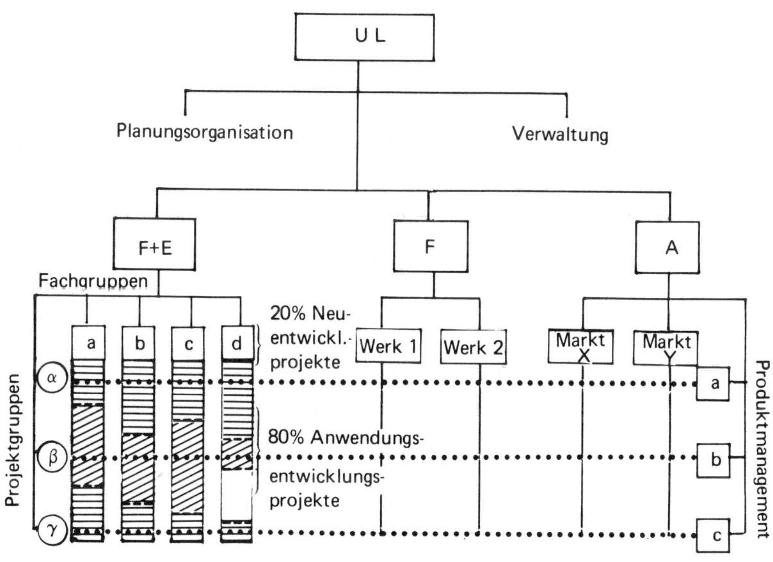

Abb. 72: Mehrdimensionale Innen- und Außenstrukturierung des F + E-Bereiches am Beispiel eines Unternehmens der Elektroindustrie

4.211.222 Eingliederung der F + E in ein Tensormodell

Die Darstellung der Eingliederung der F + E in ein Tensormodell offenbart verwickelte und nur schwer darstellbare Beziehungen (womit auf eine schaubildliche Darstellung verzichtet werden soll). Grundsätzlich kann dabei davon ausgegangen werden, daß die Mehrdimensionalität des Gesamtmodells auch zu einer Mehrdimensionalität innerhalb des F + E-Bereiches führt und daß seine einzelnen Abteilungen und Gruppen disziplinarisch an die regionale Dimension und fachlich an die Verrichtungsdimension angebunden werden, während sie auftragsgebunden für die Objektdimension tätig werden.

Literaturhinweise zu Abschnitt 4.211

Bleicher, Knut: =Dezentralisation=
Zentralisation und Dezentralisation von Aufgaben in der Organisation der Unternehmungen. Berlin 1966.

Freudenmann, Helmut: =Planung=
Planung neuer Produkte. Stuttgart 1965.

Kern, Werner und Hans Horst Schröder: =Forschung und Entwicklung=
Forschung und Entwicklung in der Unternehmung. Reinbek bei Hamburg 1977.

Kormann, Hermut: =Planung=
Planung effizienter Führungsorganisationen. Baden-Baden und Bad Homburg v. d. H. 1977.

Lawrence, Paul R. und Jay W. Lorsch: =Environment=
Organization and Environment. Managing Differentiation and Integration. Homewood u. a. 1971.

Lembke, Peter M.: =Produktplanung=
Organisation der Produktplanung. Systemorientierte Organisation der Produktplanung im Rahmen der Unternehmungsplanung – dargestellt am Beispiel eines Geschäftsbereiches einer Unternehmung der Elektroindustrie. Diss. Gießen 1978.

Likert, Rensis: =Organisationsstruktur=
Die integrierte Führungs- und Organisationsstruktur. Deutsche Übersetzung von R. Hermstein. Frankfurt – New York 1975.

Schwarz, Horst und Mitarbeiter: =Betriebsorganisation=
Betriebsorganisation als Führungsaufgabe. Organisation – Lehre und Praxis. 8., neu bearbeitete und ergänzte Auflage. München 1977.

Schwetlick, W.: Forschung und Entwicklung in der Organisation industrieller Unternehmen. Berlin 1973.

Siegwart, Hans: =Forschung=
Forschung und Entwicklung. In: Organisationsleiterhandbuch. Hrsg. von Alfred Degelmann in Zusammenarbeit mit dem Rationalisierungskuratorium der Deutschen Wirtschaft. 2. Auflage. München 1972, S. 1017–1050.

Siegwart, H. und A. Menzl: Aufbau eines Projektmanagements in der Forschung und Entwicklung. Bern 1970.

4.212 Beschaffung

Beschaffungsaktivitäten der Unternehmung richten sich auf vier *Teilbereiche:* Material, Sachmittel, Personal und Finanzen. Die organisatorische Betrachtung des Beschaffungsbereiches wird sich im folgenden lediglich mit der *Material*wirtschaft beschäftigen, die Teilbereiche Personal und Finanzen werden an späterer Stelle angesprochen (vgl. Abschnitt 4.215). Beschaffung bedeutet hier also *„die Tätigkeit der Unternehmung zur Gewinnung von Handelswaren für den Absatz und von Werkstoffen zur Versorgung des industriellen Produktionsprozesses“* (Sandig =Beschaffungspolitik= 523). Soweit es die Einkaufsproblematik angeht, gelten die folgenden Ausführungen auch für die Beschaffung von Sachmitteln. Deren Lagerung vollzieht sich jedoch in anders organisierter Form: in der Nutzung des Potentialbestandes von Sachmitteln über Leistungsabgaben in innovativen und operativen Aktionen.

Solange Beschaffungsaktivitäten für die Unternehmung relativ gleichförmig und problemlos ablaufen, werden sie als unselbständige Teilbereiche zumeist der Fertigung oder dem Absatz zugeordnet. Angesichts steigender Rohstoffpreise und möglicher Lieferengpässe bei einer Reihe kritischer Roh-, Hilfs- und Betriebsstoffe gewinnt die Schaffung eines *eigenständigen* Bereichs Beschaffung zunehmend an Bedeutung.

Trotz der engen, sachlogischen Verkopplung der Beschaffung mit den übrigen Unternehmungsbereichen bieten sich ihr vielfältige Möglichkeiten, Beschaffungsstrategien zu entwickeln und durch eine entsprechende organisatorische Umsetzung strukturell zu dokumentieren (vgl. u. a. Radel =Beschaffungsorganisation= 203 ff.).

4.212.1 Innenstrukturierung der Beschaffung

4.212.11 Eindimensionale Innenstrukturierung

4.212.111 Verrichtungsstrukturierung der Beschaffung

Die Gliederung des Beschaffungsbereiches nach dem Verrichtungsprinzip bietet sich insbesondere bei den Unternehmungen an, deren Beschaffungsobjekte hinsichtlich Einkauf, Lagerung, Transport usw. ähnliche Erfordernisse aufweisen. Eine *Spezialisierung*

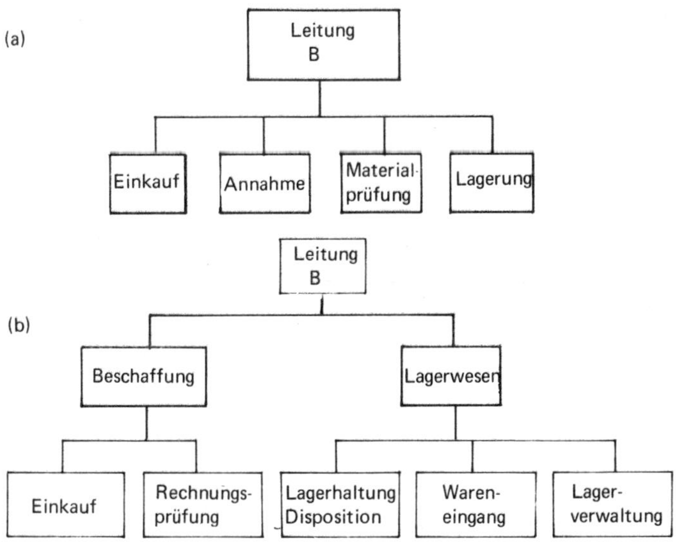

Abb. 73: Verrichtungsorientierte Strukturierung der Beschaffung

auf bestimmte Verrichtungen erscheint sinnvoll, da einheitliche Abwicklungsprogramme nur geringfügige Änderungen je Beschaffungsobjekt erfahren.

Abb. 73 zeigt beispielhaft eine solche, relativ undifferenzierte Verrichtungsstruktur des Beschaffungsbereiches. In der zweiten Variante wurde dabei zur Abgrenzung von Beschaffung (extern orientiert) und Lagerhaltung (intern orientiert) eine weitere hierarchische Ebene eingezogen.

Je nach Erfordernis der einzelnen Unternehmung lassen sich auch andere Gliederungen denken. Erwin Grochla schlägt beispielsweise eine sechsteilige Stellengliederung vor, die ebenfalls weitgehend die *Phasen der Beschaffungstätigkeit* berücksichtigt. Es sind dies Materialbedarfsfeststellung; Materialeinkauf; Materialannahme und -prüfung; Materiallagerhaltung; Verwaltung und Verwertung von Abfallstoffen, Altmaterialien und Leergütern; sowie der Materialtransport (vgl. Grochla =Materialwirtschaft= 173 ff.).

Insgesamt ermöglicht diese Gliederung des Beschaffungsbereiches eine starke Spezialisierung auf bestimmte, im Beschaffungsprozeß wiederkehrende Tätigkeiten. Solange diese Spezialisierungsvorteile mit einem weitgehend einheitlichen Einkaufsprogramm verbunden sind, lassen sich Rationalisierungseffekte erzielen.

4.212.112 Objektstrukturierung der Beschaffung

Die erhebliche Spezialisierung auf einzelne Beschaffungsaktivitäten bei der Verrichtungsstrukturierung bringt im Falle *heterogener Beschaffungsobjekte* allerdings Nachteile mit sich. Spezifische Erfordernisse der einzelnen Objekte, die sich z. B. aus Marktstruktur, Transport- und Lagerverfahren ergeben, werden u. U. zu wenig beachtet. Für diesen (häufigen) Fall bietet sich die Gestaltung des Beschaffungsbereiches nach eben

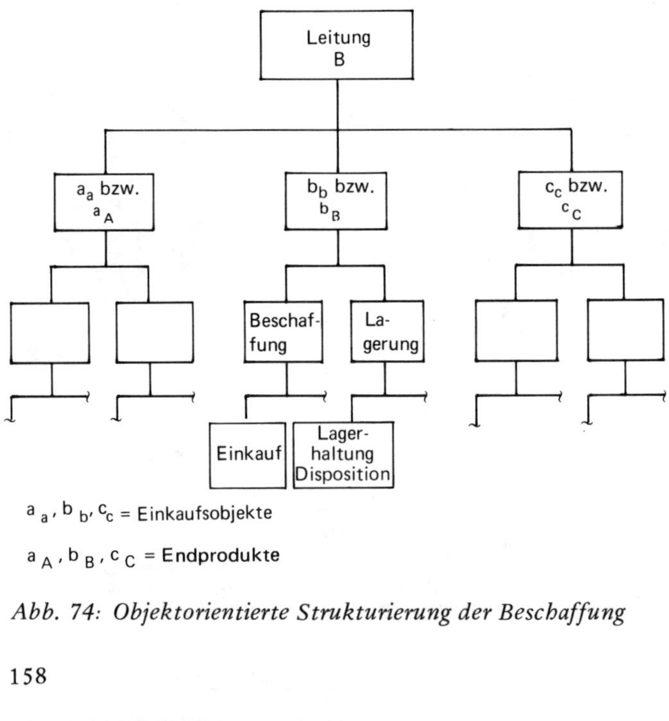

Abb. 74: Objektorientierte Strukturierung der Beschaffung

diesen Objekten an: unterhalb der Leitung des Bereiches werden für Gruppen von Beschaffungsobjekten Abteilungen bzw. Stellen gebildet, die für diese Objekte die einzelnen Verrichtungen wahrnehmen (vgl. Schwarz =Betriebsorganisation= 349). Die Unterteilung kann dabei nach *Einkaufs*objekten, wobei technologische Gegebenheiten oder marktliche Besonderheiten (Arten von Lieferanten, nationale und internationale Bezugsquellen, Fungibilität der Einkaufsgüter usw.) zur Unterscheidung herangezogen werden können oder bei sehr unterschiedlichen Produkten nach *End*objekten erfolgen (vgl. Abb. 74). Bei beiden Lösungen ist zu überlegen, ob nicht bestimmte Verrichtungen, die relativ einheitlich wahrgenommen werden, zentralisiert werden können (z. B. Lagerung, innerbetrieblicher Transport).

Diese Gliederung des Beschaffungsbereiches ermöglicht eine weitreichende *Spezialisierung* auf bestimmte, im Beschaffungsprozeß wiederkehrende *Objekte.* Insbesondere bei hochwertigen Vorprodukten und seltenen Rohstoffen wird eine derartige objektorientierte Strukturierung mit ihrem spezifischen Markt-Know-how bei heterogenem Einkaufsprogramm vorteilhafte Anwendung finden.

4.212.113 Regionalstrukturierung der Beschaffung

Sofern die Unternehmung in verschiedenen Regionen produziert bzw. ihre Beschaffungsobjekte aus verschiedenen Regionen bezieht, können unterhalb der Beschaffungsleitung regionalgebundene Abteilungen/Stellen eingerichtet werden (z. B. regional orientierte Beschaffungskontore). Beschaffungsaktivitäten lassen sich dann auf die besonderen Gegebenheiten bestimmter Regionen abstellen. Diesen Vorteilen steht u. U. der Nachteil mangelnder Harmonisation und geringer Markteinfluß (bei kleineren Beschaffungsmengen je Region) gegenüber.

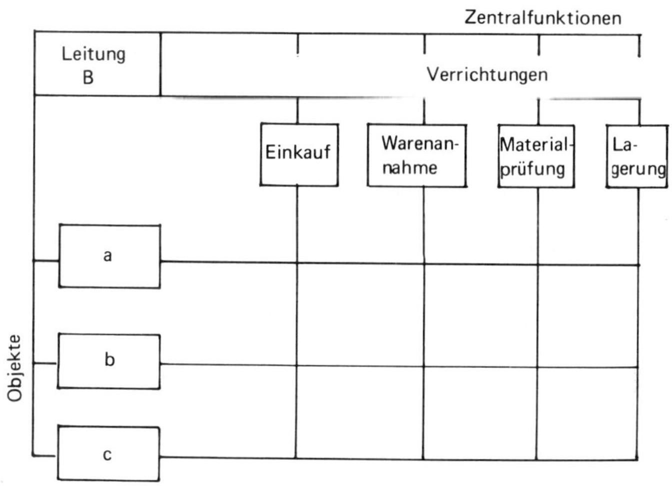

Abb. 75: Verrichtungs-Objekt-Matrixstrukturierung der Beschaffung

4.212.12 Mehrdimensionale Innenstrukturierung

Eine mehrdimensionale Innenstrukturierung der Beschaffung kann zwei- (Matrixorganisation) oder dreidimensional (Tensororganisation) angelegt sein.

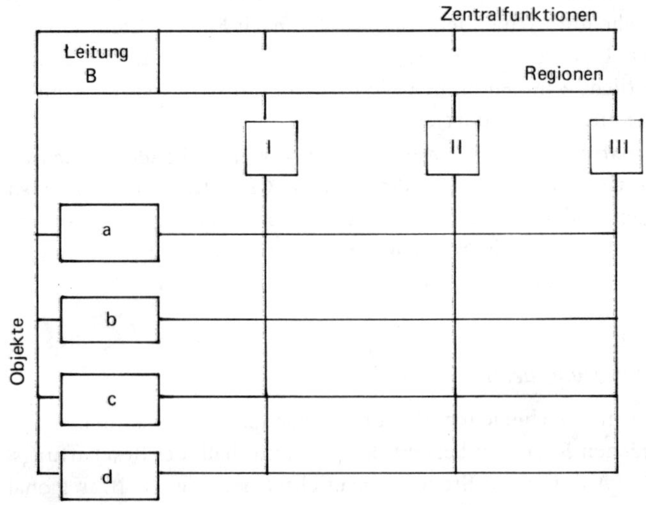

Abb. 76: Objekt-Regional-Matrixstrukturierung der Beschaffung

4.212.121 Matrixstrukturierung der Beschaffung

Im Fall einer Verrichtungs-Objekt-Matrix werden Beschaffungsfunktionen und -objekte gleichrangig berücksichtigt. Die für das jeweilige Beschaffungsobjekt zuständige Stelle (vertikale Achse) gibt objektspezifische Informationen über Bedarf, Marktlage u. ä. an die betreffenden Verrichtungsstellen (horizontale Achse) weiter, wobei diese die eigentlich ausführenden Stellen sind.

Da die Verrichtungsstellen direkt für mehrere Objektstellen tätig werden, sind Abstimmungsprozesse notwendig, deren Ergebnis – von der Objektdimension her betrachtet – vom Durchsetzungsvermögen der Beteiligten abhängt. Die an sich wünschenswerte Gleichwertigkeit der Dimensionen wird u. U. auch eingeschränkt, weil häufig die Verrichtungsstellen personell stärker besetzt sind. Für die Objektstellen genügt dagegen bereits ein zahlenmäßig kleines Team von „Beschaffungsobjekt-Managern".

4.212.122 Tensorstrukturierung der Beschaffung

Werden alle drei Zentralisationskriterien gleichrangig bei der Strukturierung berücksichtigt, ergibt sich eine Tensorstruktur der Beschaffung (vgl. Abb. 77). Im wesentlichen gestaltet sich die Zusammenarbeit ähnlich, wie es für die Matrix angedeutet wurde. Da jedoch drei Bereiche ihre Tätigkeiten koordinieren müssen, entstehen zusätzliche Probleme, weil eine alle Seiten befriedigende Übereinkunft schwer zu finden sein dürfte. Diese Probleme werden offenkundig, wenn die Regionalstellen in stark divergenten Regionen „vor Ort“ arbeiten und über die Objektstellen eine einheitliche Beschaffungsstrategie verfolgt werden soll.

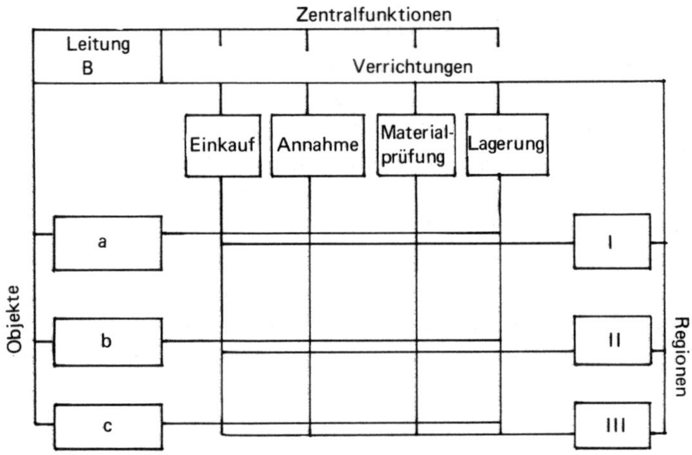

Abb. 77: Tensorstrukturierung der Beschaffung

4.212.2 Außenstrukturierung der Beschaffung

4.212.21 Eingliederung in eindimensionale Totalmodelle der Organisation

4.212.211 Eingliederung der Beschaffung in das Verrichtungsmodell

Wenn die Beschaffung als eigenständiger Bereich neben F + E, Fertigung, Absatz und Verwaltung auftritt, entsteht das bekannte Grundbild einer verrichtungsgegliederten Unternehmung als Zusammenschaltung verrichtungsorientierter Partialmodelle. Diese An- und Einordnung folgt dem prozessualen Durchlauf der Eingangsobjekte durch die Unternehmung bis hin zum marktreifen Produkt.
Die unterschiedliche Ausrichtung der einzelnen Bereiche kann in diesem einfachen Grundmodell aber von einer gewissen Entwicklungsschwelle ab zu Friktionen führen, die zusätzlicher Harmonisationsleistungen bedürfen.

Beispielsweise können die Vorstellungen von Absatz, Fertigung und Beschaffung hinsichtlich Art und Menge der zu beschaffenden Materialien divergieren. Da der Beschaffungsbereich letztlich keine autonome Beschaffungspolitik betreiben kann, werden organisatorische Maßnahmen notwendig, die zusätzlich zur strategischen Harmonisation durch die oberste Unternehmungsführung greifen.

Diese mehr operativ angelegte Abstimmung kann beispielsweise über Stäbe oder Kollegien aus Vertretern aller Bereiche erfolgen. Für den Beschaffungsbereich wird damit der Spielraum abgesteckt, der ihm für eine wirkungsvolle Beschaffungspolitik gegeben ist.

In der Vergangenheit kam bei vielen Unternehmungen der Beschaffung keine allzu kritische Rolle für den Erfolg zu. In diesen Fällen wurde häufig auf eine Herausstellung der Beschaffung als eigener Bereich verzichtet. Für die Zuordnung der Beschaffung zu anderen Bereichen ergaben sich drei denkbare Möglichkeiten:

(1) Zuordnung der Beschaffungsfunktionen zur *Fertigung.*
Eine derartige Unterstellung der Beschaffung unter einen anderen Bereich bietet den Vorteil einer sehr engen Verknüpfung zweier im Prozeß aufeinander folgender Funktionsbereiche. Von Nachteil sind jedoch die starke Innenorientierung und damit (Beschaffungs-)Marktferne des übernehmenden Fertigungsbereiches, die zu einer Vernachlässigung markt- und wirtschaftlicher Orientierung bei Beschaffungsaktivitäten führen kann, und die grundsätzliche Gefahr, daß der übernehmende Fertigungsbereich seine anders gearteten Zielvorstellungen auf die Beschaffung überträgt, was – über das Fehlen eines marktwirtschaftlichen Gegengewichts zu den häufig technisch geprägten Überlegungen der Fertigung – einer Gesamtoptimierung beider Funktionen entgegenstehen kann.

(2) Zuordnung der Beschaffungsfunktionen zur *Verwaltung.*
Auf diesem Wege ergibt sich dann zumeist eine Untergliederung der Verwaltung nach Objekten: Anlagen-, Material-, Personal-, Finanz-Verwaltung oder -Wirtschaft. Eine derartige Zuordnung gewährleistet für die Beschaffung die notwendige Neutralität, die diese zur Erledigung ihrer marktwirtschaftlich orientierten Funktionen benötigt. Sie ist daher einer Zuordnung zur Fertigung vorzuziehen. Allerdings kann eine derartige Zuordnung über die Länge der Arbeitsbeziehungen zwischen Verwaltung und Fertigung zu Schwierigkeiten bei der Harmonisation führen und die Leitung des Verwaltungsbereiches überfordern, die sowohl über anlagen-, personal-, material- und finanzwirtschaftliche Grundsatzfragen zu entscheiden hat.

(3) Zuordnung der Beschaffungsfunktion zum *Absatz.*
Da bei den beiden bereits aufgezeigten Möglichkeiten einer Zuordnung der Beschaffung zu anderen Bereichen wesentliche Nachteile entstehen, wird neuerdings eine Zuordnung der Beschaffung zum *Absatz* diskutiert und vorgenommen. Eine derartige Zuordnung kann für sich den Vorteil in Anspruch nehmen, daß sich zwei marktbezogene Funktionen, die ähnliche Spezialisierungen aufweisen und von einer weitgehend ähnlichen Denkweise getragen sind, besser zusammenfügen lassen, als dies bei den beiden vorgenannten Möglichkeiten der Fall ist. Zudem zeigen sich im wirtschaftlichen Marktzusammenhang ebenfalls zunehmend Vernetzungserscheinungen, die eine außerordentlich enge Gestaltung von Arbeitsbeziehungen zwischen Beschaffung und Absatz ohnehin unumgänglich machen: Viele Kunden sind gleichzeitig Lieferanten der eigenen Unternehmung (zu einer Kundenpflege kann daher auch eine „angemessene Berücksichtigung" der Lieferantenbeziehungen zur eigenen Unternehmung gehören), beim Absatz in Staatshandelsländer müssen häufig im Wege von Gegengeschäften Stoffe und Teile in Zahlung genommen werden, die damit die eigene Beschaffung binden. Eine Zusammenfassung von Beschaffung und Absatz erleichtert eine derartige Abstimmung bei gleichzeitiger Entlastung der Unternehmungsspitze, die bei getrennter Anord-

nung beider Bereiche bei derartigen Abstimmungsproblemen in einer Verrichtungsorganisation eingeschaltet werden würde. Weiter darf angenommen werden, daß eine Zusammenfassung von Beschaffung und Absatz positive Wirkungen auf die Entwicklung eines arteigenen Beschaffungsmarketings zeigen wird, indem marketingmäßige Prinzipien und Erfahrungen, die sich auf der Absatzseite bewährt haben, auf den Beschaffungsbereich adaptiert übertragen werden.

4.212.212 Eingliederung der Beschaffung in das Objektmodell

Die konsequente Anwendung des Objektprinzips auf den Beschaffungsbereich führt im Objektmodell dazu, daß jeder Objektbereich (Sparte) eine eigenständige Beschaffungseinheit aufweist. Dieser reinen, objektorientierten dezentralen Zuordnung ist eine zentrale Zuordnung gegenüberzustellen. Die Abwägung der jeweiligen Vor- und Nachteile im Einzelfalle lassen folgende Hauptfälle denkbar erscheinen:

(1) Dezentrale Eingliederung.

Der erste Fall (rein dezentrale Lösung; vgl. Abb. 78) ordnet jeder Sparte einen Beschaffungsbereich zu. Voraussetzung dieser Lösung ist konsequenterweise, daß zentrale Beschaffungsaktivitäten keinerlei synergetische Vorteile erbringen. Möglich ist dies, wenn die Beschaffungsprogramme der Sparten a, b, c . . . keine oder lediglich geringfügige Überschneidungen bzw. Interdependenzen aufweisen.

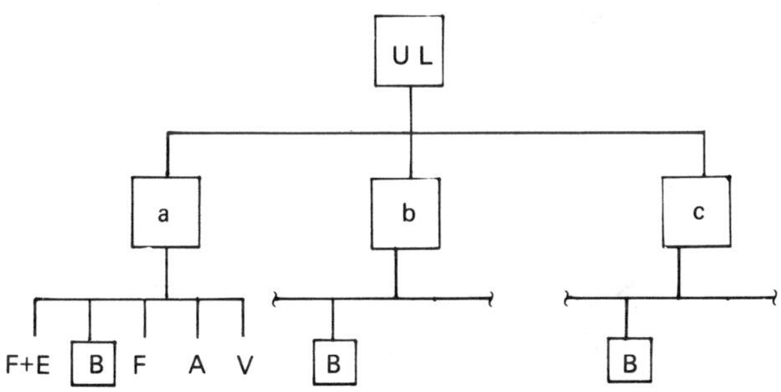

Abb. 78: Dezentrale Eingliederung der Beschaffung in das Objektmodell

(2) Dezentrale Eingliederung mit Beschaffungsmandaten.

Entfallen die (relativ engen) Voraussetzungen der rein dezentralen Lösung, d. h., entstehen geringe Überschneidungen der Beschaffungsprogramme mit ungleichgewichtiger Bedeutung der Überschneidungsbereiche für die betroffenen Sparten, dann kann als zweiter Fall eine dezentrale Übergangsform qua *Mandatssystem* eingeführt werden. Sofern beispielsweise Sparte a für 80 % des Beschaffungsvolumens einer bestimmten Art verantwortlich zeichnet, übernimmt a die Beschaffung dieses Stoffes für die gesamte Unternehmung. Interner Lieferverkehr und Verrechnungspreise kennzeichnen diese Lösung. Bereits bei dieser Form werden allerdings Tendenzen zu zentralen Alternativen deutlich, da die notwendige Transparenz aller Beschaffungsprozesse sicherzustellen ist.

(3) Gemischt dezentrale/zentrale Eingliederung: Harmonisation und teilweise Übernahme von Beschaffungsfunktionen durch Zentralstellen.

Im dritten Fall (vgl. Abb. 79) einer gemischt zentral/dezentralen Lösung ist eine Zentralstelle für Gesamtabschlüsse von Materialien zuständig, die in mehreren Sparten benötigt werden (Beispiel: Beschaffung von sog. geringwertigen Wirtschaftsgütern im Verwaltungsbereich). Es besteht ein fachlicher Weisungsstrang zu den dezentralen Beschaffungseinheiten, welche ihre zentral beschafften Kontingente abrufen und selbständig nur solche Stoffe beschaffen, die spartenspezifisch benötigt werden.

Dieser Fall läßt sich außerdem für bestimmte Beschaffungsobjekte mit dem Mandatssystem verknüpfen, so daß vielfältige Zuständigkeiten und interne Lieferbeziehungen entstehen. Der zentralen Beschaffungseinheit obliegt es dann, einheitliche Verfahren und Grundsätze zu entwickeln und deren Befolgung zu sichern.

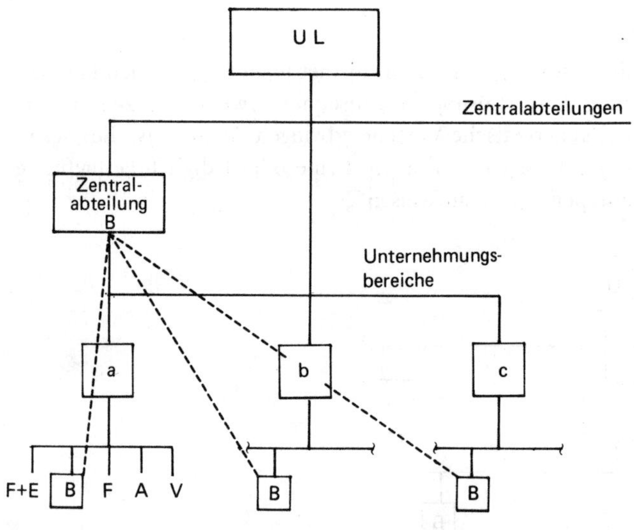

Abb. 79: Gemischt zentral/dezentrale Eingliederung der Beschaffung in das Objektmodell

(4) Zentrale Eingliederung.

Als vierter Fall ist schließlich die rein zentrale Lösung anzuführen. Diese Strukturierungsform erscheint denkbar bei hoher Affinität bzw. Kongruenz der Beschaffungsprogramme in den Sparten. Ähnliche und gleichgelagerte Beschaffungsprobleme in den Sparten ermöglichen bei Spezialisierung eine weitgehende Standardisierung und stärkere Marktposition. Diese Gemeinsamkeiten im anzuwendenden Know-how sowie verbesserte Nutzung technischer Möglichkeiten (Computereinsatz beim Einkauf) sprechen für die zentrale Lösung.

Allerdings muß darauf hingewiesen werden, daß bei dieser Lösung das Konzept der Ergebnisverantwortung der Sparten leicht unterminiert wird: zentrale Beschaffungsentscheidungen berauben die Spartenleitung ihres Einflusses auf einen u. U. erheblichen Teil ihrer Kostenstruktur. Deshalb wird die zentrale Eingliederung von den Sparten zumeist abgelehnt. Wenn in Großunternehmungen trotzdem eine Tendenz zu verstärkt zentralen Lösungen nachweisbar ist (vgl. Corey =Procurement= 107 f.), dann geht diese mit einer *strategischen Umorientierung der Beschaffungsfunktion* einher: die häufig operativ-kurzfristige Sichtweise der Sparten wird durch langfristige, die Sicherheit der Beschaffungsquellen betonende zentrale Strategien abgelöst. Diese veränderte Sichtweise der Beschaffung wurde durch Erscheinungen wie die Ölkrise ausgelöst und nimmt kurzfristige Unwirtschaftlichkeiten bewußt in Kauf; sie dokumentiert sich in einer zentralen Beschaffungseinheit.

4.212.213 Eingliederung der Beschaffung in das Regionalmodell

Die Eingliederungsalternativen und -probleme sind hier vergleichbar denen des Objektmodells: denkbar ist die zentrale, dezentrale oder gemischte Eingliederung des Beschaffungsbereiches. Eine zentrale Lösung wird sich bei regional differenzierten Produktionsstätten kaum anbieten, so daß gemischte oder rein dezentrale Formen zur Anwendung kommen. Zentralstellen der Beschaffung (gemischte Lösung) tragen zur Koordination einer weltweiten Beschaffungspolitik bei und sind deshalb als Regelfall anzusehen. Allerdings können zusätzliche Spezifika der regionalen Diversifizierung (z. B. Transport-, Zoll-, politische Kontextfaktoren) die Notwendigkeit zentraler Beschaffungseinheiten in Frage stellen. Wenn beispielsweise gesetzliche Bestimmungen einzelner (Entwicklungs-) Regionen vorschreiben, daß Vorleistungen ausschließlich im Land des Produktionsbetriebes eingekauft werden müssen, erweist sich die zentrale Beschaffung als ungeeignet.

4.212.22 Eingliederung in mehrdimensionale Totalmodelle der Organisation

4.212.221 Eingliederung der Beschaffung in ein Verrichtungs-Objekt-Matrixmodell

In diesem Falle wird der Beschaffungsbereich in der Verrichtungsebene eingeordnet (vgl. Abb. 80). Die erforderliche Abstimmung mit den übrigen Verrichtungsbereichen (insbesondere Fertigung und Absatz) kann dabei produktgebunden, d. h. über die Objektdimension erfolgen. Während der Objektbereich weitgehend planende und koordinierende Aufgaben wahrnimmt, erfolgt die Abwicklung bzw. Umsetzung durch die Verrichtungsspezialisten. Um dabei allerdings eine einheitliche Beschaffungspolitik über alle Beschaffungsobjekte und Sparten gleichrangig sicherzustellen, wird i.d.R. auf zusätzliche Harmonisationsorgane zurückgegriffen. Hier bieten sich beispielsweise Kollegien aus Vertretern aller Bereiche einer Dimension oder die Ebene der Unternehmungsleitung an. Sollen zentrale Elemente stärker auf die Beschaffungspolitik durchschlagen, werden diese Koordinationsorgane sich auf Vertreter lediglich der Verrichtungsdimension beschränken. Hinzuweisen ist auch bei dieser Lösung auf das Problem der Ergebnisverantwortung der Objektbereiche/Sparten. Je stärker die Erarbeitung einer einheitlichen Beschaffungspolitik in der Verrichtungsdimension gebunden ist, desto stärker wird die Ergebnisverantwortung der Sparten in Frage gestellt.

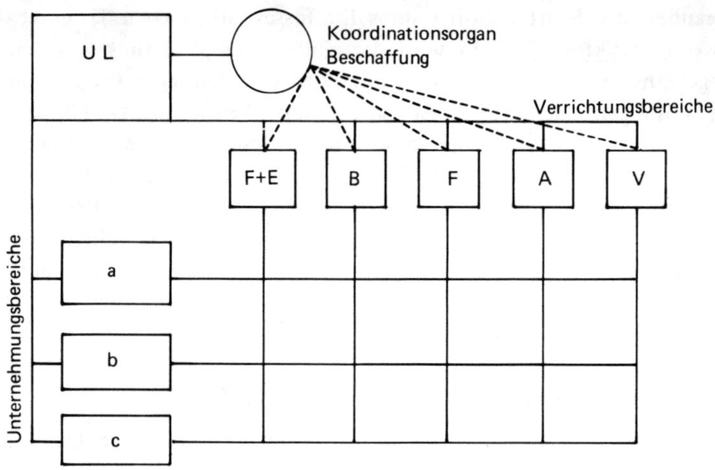

Abb. 80: Eingliederung der Beschaffung in das Verrichtungs-Objekt-Matrixmodell

4.212.222 Eingliederung der Beschaffung in ein Tensormodell

Die Problematik der Eingliederung der Beschaffung in ein Tensormodell ist ähnlich der des Matrixmodells. Auch hier ist die Beschaffung ein Verrichtungsbereich. Allerdings kommt eine erweiterte Abstimmungsnotwendigkeit hinzu, weil sowohl die Belange von Objekten als auch von Regionen mit denen der Verrichtung in Einklang gebracht werden müssen. Die Notwendigkeit eines umfassenden Planungssystems wird noch offensichtlicher. Daraus resultierend wird auch ein verstärkter Einsatz von Ausschüssen und Projektgruppen erforderlich sein.

Literaturhinweise zu Abschnitt 4.212

Arbeitskreis Weber–Hax der Schmalenbach Gesellschaft: Der Einkauf im Industriebetrieb als unternehmerische und organisatorische Aufgabe. Köln und Opladen 1960.

Boje, Axel: Moderne Einkaufs-Organisation. 700 Beispiele aus der Praxis. München 1967.

Berger, K. H.: Organisationstypen der Produktion. In: Industrielle Produktion. Hrsg. v. Klaus Agthe, H. Blohm und E. Schnaufer. Baden-Baden und Bad Homburg v.d.H. 1967, S. 177–188.

Corey, Raymond E.: =Procurement=
Should companies centralize procurement? In: Harvard Business Review (56) 1978, November–December, S. 102–110.

Daege, Joachim: Einkaufsorganisation. In: Management-Enzyklopädie, Band 2. München 1970, S. 413–419.

Fieten, Robert: =Einkaufsorganisation=
Einkaufsorganisation. In: Handwörterbuch der Produktionswirtschaft. Hrsg. von Werner Kern. Stuttgart 1979, Sp. 450–457.

Göldner, J.: Aufbauorganisation der industriellen Lagerwirtschaft. Berlin 1960.

Grochla, Erwin: =Materialwirtschaft=
Grundlagen der Materialwirtschaft. Das materialwirtschaftliche Optimum im Betrieb. 2. Auflage. Wiesbaden 1973.

Grochla, Erwin: =Beschaffungslehre=
Der Weg zu einer umfassenden betriebswirtschaftlichen Beschaffungslehre. In: Die Betriebswirtschaft (37) 1977, S. 181–191.

Grochla, Erwin und Herbert Kubicek: Zur Zweckmäßigkeit und Möglichkeit einer umfassenden betriebswirtschaftlichen Beschaffungslehre. In: Zeitschrift für betriebswirtschaftliche Forschung (28) 1976, S.257–275.
Hermann, Michael: Kleines Handbuch der Einkaufspraxis. Wiesbaden 1967.
Kopp, Hans-Peter: Instrumente und Probleme des Beschaffungsmarketing. In: Beschaffung aktuell 1978, Oktober, S. 58–65.
Kroeber–Riel, Werner: Beschaffung und Lagerung – Betriebswirtschaftliche Grundlagen der Materialwirtschaft. Wiesbaden 1966.
Lewis, Howard T.: Procurement, Principles and Cases. Homewood 1953.
Radel, Rainer: =Beschaffungsorganisation=
Beschaffungsorganisation – Kooperation zwischen Einkauf und Technik. In: Zeitschrift für Organisation (48) 1979, S. 203–208.
Reddewig, Georg und Hans-Achim Dubberke: Einkaufsorganisation und Einkaufsplanung. Wiesbaden 1959.
Roth, Walter H.: Materialwirtschaft. In: Organisationsleiter-Handbuch. Hrsg. von A. Degelmann in Zusammenarbeit mit dem Rationalisierungs-Kuratorium der Deutschen Wirtschaft. 2. Auflage. München 1972, S. 1117–1144.
Sandig, Curt: =Beschaffungspolitik=
Beschaffungspolitik. In: Handwörterbuch der Betriebswirtschaft. 4. Auflage. Hrsg. von Erwin Grochla und Waldemar Wittmann. Stuttgart 1974, Band 1, Sp. 523–530.
Schwarz, Horst: Grundfragen der Abstimmung von Materialbeschaffung, Fertigung und Vertrieb. Freiburg 1959.
Schwarz, Horst und Mitarbeiter: =Betriebsorganisation=
Betriebsorganisation als Führungsaufgabe. Organisation – Lehre und Praxis. 8. Auflage. München 1977.
Trautmann, Wolfgang P.: Die Organisation des Einkaufs. In: Organisation, TFB-Handbuchreihe. Band 1. Hrsg. von Erich Schnaufer und Klaus Agthe. Berlin/Baden-Baden 1961, S. 679–695.
Trautmann, Wolfgang P.: Moderne Materialwirtschaft. Studien und Thesen. Ludwigshafen 1973.
Worm, Bruno: Die Aufbauorganisation des industriellen Einkaufs und ihre Eingliederung in die Gesamtunternehmung. Diss. Berlin 1955.

4.213 Fertigung

Im Fertigungsbereich der Industrieunternehmung vollzieht sich die eigentlich materielle Erstellung von am Markt verwertbaren Leistungen. Im Gegensatz zu Dienstleistungsunternehmen kennzeichnet die Industrieunternehmung ein deutlicher materialer Konversionsprozeß, der zur qualitativen Umwandlung von Eingangsstoffen in Ausgangsgüter führt. Die Organisation des Fertigungsbereiches ist damit weitgehend bestimmt durch ingenieurtechnische und verfahrenstechnische Vorgaben, die aus der Beschaffenheit der Produktionsmittel bzw. der anzuwendenden Fertigungsverfahren stammen (vgl. auch Hahn =Fertigungswirtschaft= 271). Die grundsätzlichen organisatorischen Alternativen werden nachfolgend in ihrem Bezug zu einzelnen Fertigungstypen dargestellt.

4.213.1 Innenstrukturierung der Fertigung

4.213.11 Eindimensionale Innenstrukturierung

4.213.111 Verrichtungsstrukturierung der Fertigung

Die Innenstrukturierung des Fertigungsbereiches faßt hier technische Aggregate zusammen, die sich durch gleichartige bzw. verwandte Leistungsabgabe an verschiedenen

Objekten auszeichnen. Dieser allgemeine Fall der Verrichtungszentralisation (vgl. Schwarz =Betriebsorganisation= 174) ist in Abbildung 81 dargestellt und kann auch als „Werkstättenorientierte Fertigung" bezeichnet werden. Ihm entspricht der Fertigungstyp der „*Werkstattfertigung*", der bei Einzel- und Kleinstserienfertigung Anwendung findet (vgl. Kreikebaum =Organisationstypen= 1393). Die Vorteile dieser Organisationsform liegen – bei geringer Stückzahl gleicher Bearbeitungsobjekte – in der produktionstechnischen Flexibilität der Aggregate begründet.

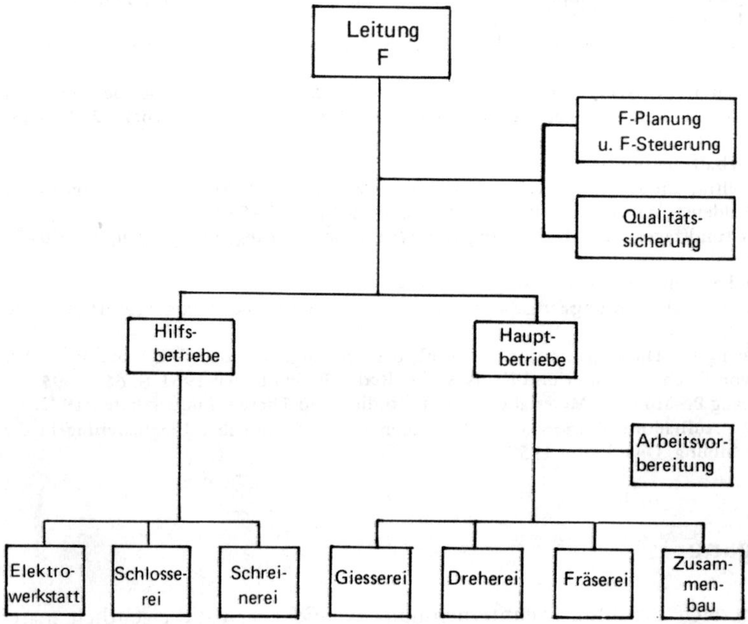

Abb. 81: Werkstättenorientierte Strukturierung der Fertigung

Diese Flexibilität der Maschinenkonfiguration verbindet sich mit einer *Spezialisierung* der Bedienungskräfte auf bestimmte Tätigkeiten, die zumeist eine gründliche Ausbildung erfordern (Facharbeiter). Den Hilfsbetrieben kommt dabei eine Servicefunktion zu, die den störungsfreien Ablauf der Produktionsprozesse sichern soll. Da in Verbindung mit Einzelfertigung diese Organisationsalternative auf weitgehende Normierung der Abläufe verzichten muß, kommt der *Fertigungsplanung* und *Arbeitsvorbereitung* (Materialfluß, Maschinenbelegung) nach Auftragseingang besonderes Gewicht zu. Zumeist werden dazu besondere ingenieurwissenschaftliche Stabsstellen eingerichtet, die diese Steuerungsaufgaben übernehmen (vgl. auch Kern =Industriebetriebslehre= 112 ff.; Schlaich =Fertigungsorganisation= 284 f.). Grundsätzliche Bedeutung hat die Qualitätssicherung, die im Beispiel der Fertigungsleitung zugeordnet wurde. In der Praxis finden sich auch Lösungen, die eine stärkere Neutralität der Kontrolle fordern und diese durch eine Eingliederung außerhalb des Fertigungsbereiches erreichen.

Eine zweite Variante der Verrichtungstrukturierung orientiert sich an den speziellen Verrichtungen, die im Laufe des Produktionsprozesses nacheinander vorgenommen werden müssen. Diese Gliederung entspricht meßbaren, abgrenzbaren *Stufen des Arbeitsfortschrittes* und wird in der Literatur auch etwas unpräzis als Objektzentralisation (vgl. Schwarz =Betriebsorganisation= 172) bezeichnet. Im Gegensatz zur ersten Variante handelt es sich hier um produktionstechnologisch vorgegebene Verrichtungskomplexe, die entweder analytisch (als *zergliedernde* Verarbeitung eines Eingangsstoffes; vgl. Abb. 82 a) oder synthetisch (als *zusammenfügende* Bearbeitung bzw. Umwandlung verschiedener Eingangsstoffe; vgl. Abb. 82 b) erfolgen. Sofern dabei auf den einzelnen Verrichtungsstufen keine marktlich verwerteten Produkte entstehen, soll im Gegensatz zur Objektstrukturierung (die auf Endprodukte abstellt) von *analytischer* bzw. *synthetischer Prozeßfertigung* gesprochen werden. Die folgenden Abbildungen geben dazu ein generelles Beispiel.

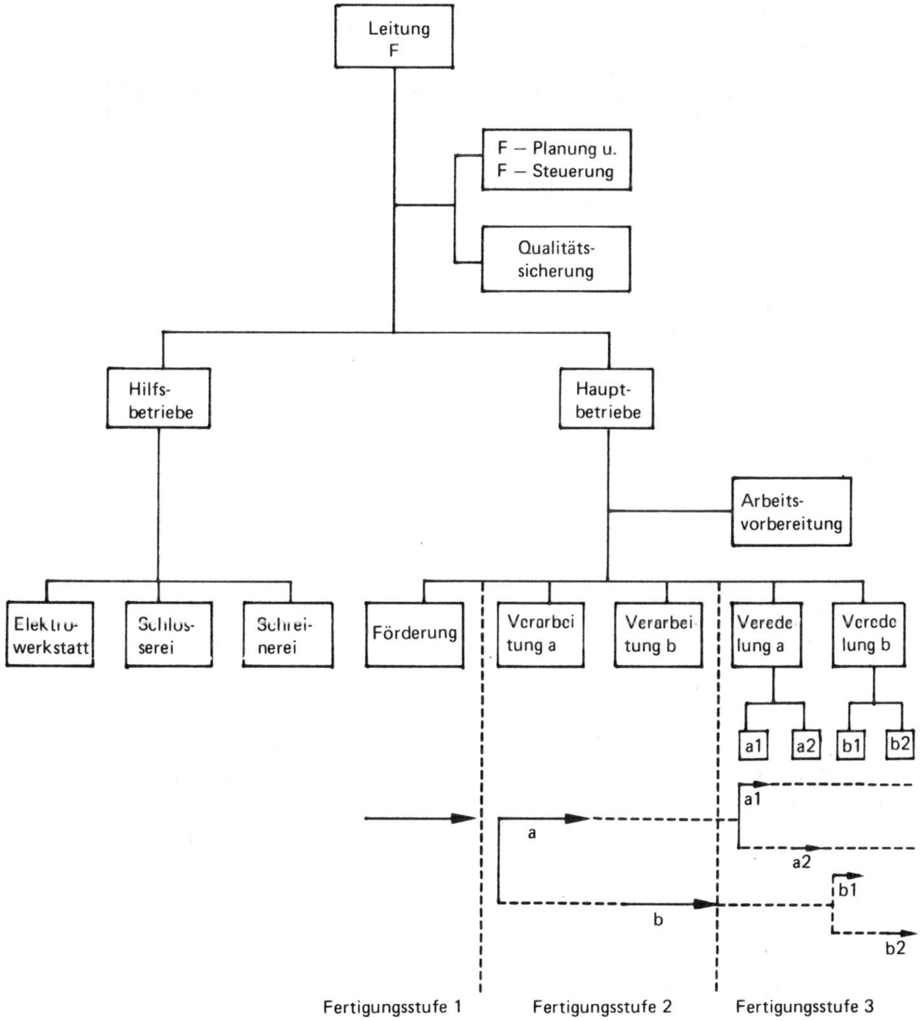

Abb. 82a: Prozeßorientierte Strukturierung der Fertigung: Analytische Prozeßfertigung

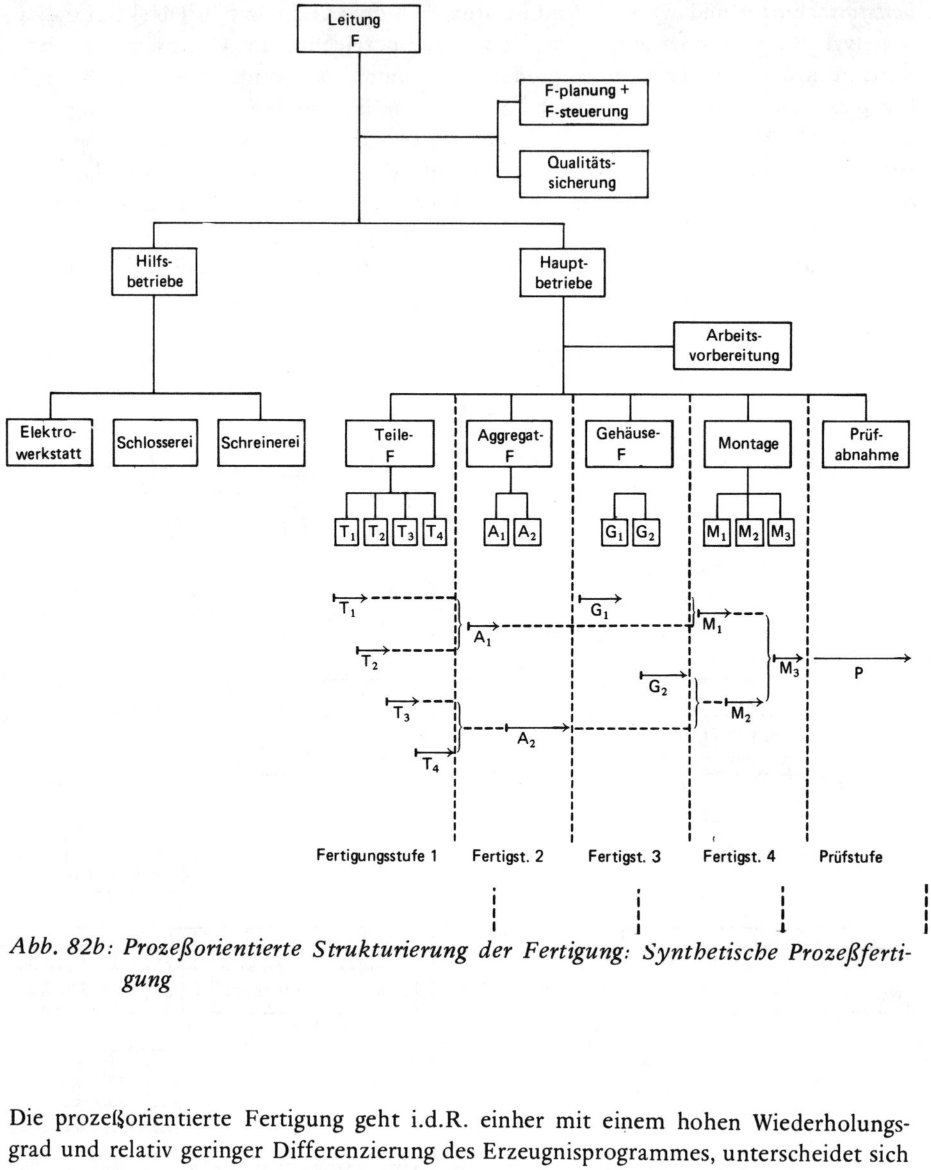

Abb. 82b: Prozeßorientierte Strukturierung der Fertigung: Synthetische Prozeßfertigung

Die prozeßorientierte Fertigung geht i.d.R. einher mit einem hohen Wiederholungsgrad und relativ geringer Differenzierung des Erzeugnisprogrammes, unterscheidet sich also deutlich von der gleichfalls verrichtungsstrukturierten Werkstattfertigung. Der Normierungsgrad der anfallenden Verrichtungen ist höher und führt zu entsprechender Spezialisierung der Maschinenkonfiguration mit Kostendegression bei hohen Auflagezahlen bzw. geringen Umrüstkosten.

4.213.112 Objektstrukturierung der Fertigung

Die Gliederung des Fertigungsbereiches richtet sich nach Enderzeugnissen aus, die Produktionsstätten werden gemäß ihrer Eignung bestimmten Produkten bzw. Produktgruppen zugeordnet. Dieser Fall ergibt sich bei fertigungswirtschaftlich nicht verbundenem Erzeugnisprogramm, sei es weil keinerlei technologische Verbindungen bestehen oder die fertigungstechnische Autonomie der Produktbereiche bei mehrfach gleicher Konfiguration erhalten bleiben soll (vgl. Abb. 83).

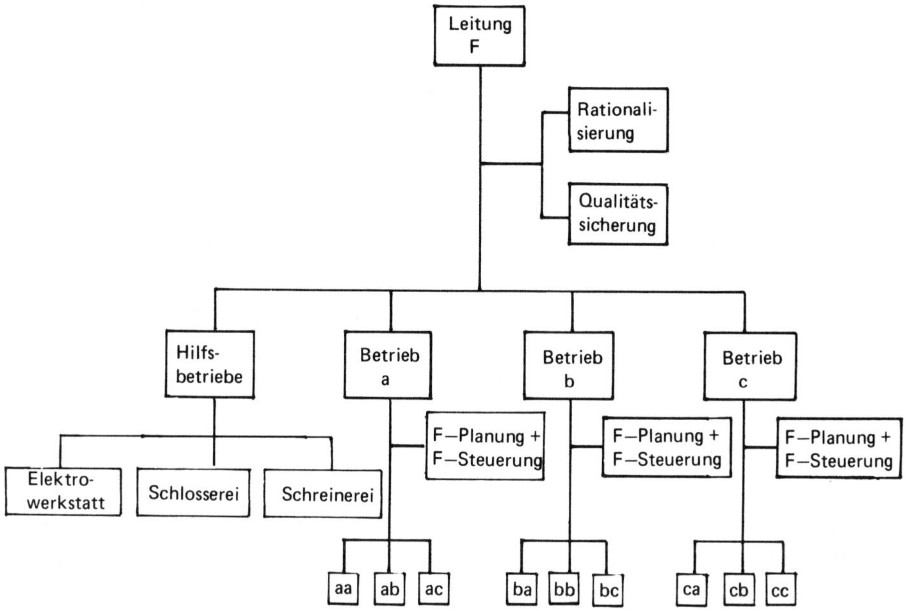

Abb. 83: Produktorientierte Strukturierung der Fertigung

4.213.113 Regionalstrukturierung der Fertigung

Die Entwicklung vieler Industrieunternehmungen zeigt – häufig ausgehend von einem Stammwerk – eine regionale Ausgliederung bzw. Erweiterung von Produktionskapazitäten, die zu einem Nebeneinander von Produkten und Verfahren in den einzelnen regionalen Zweigwerken führten. Diese *regional gegliederte Standortstruktur* kann ebenfalls auf besonderen Standortfaktoren beruhen (Arbeitskräftepotential, Rohstoffe, Energie usw.), die sich organisatorisch in einer regionalen Gliederung des Fertigungsbereiches ausdrücken. Die Standortstruktur kann sowohl national als auch international gegliedert sein. Auf der nachfolgenden Gliederungsebene einer jeden Region stellt sich wiederum die Frage nach verrichtungs- oder objektorientierter Unterteilung (vgl. Abb. 84).

4.213.12 Mehrdimensionale Innenstrukturierung

Geht man davon aus, daß im Fertigungsbereich mit seiner operativen, auf reibungslose Abwicklung ausgerichteten Zielsetzung tendenziell eindeutige, determinierte Struk-

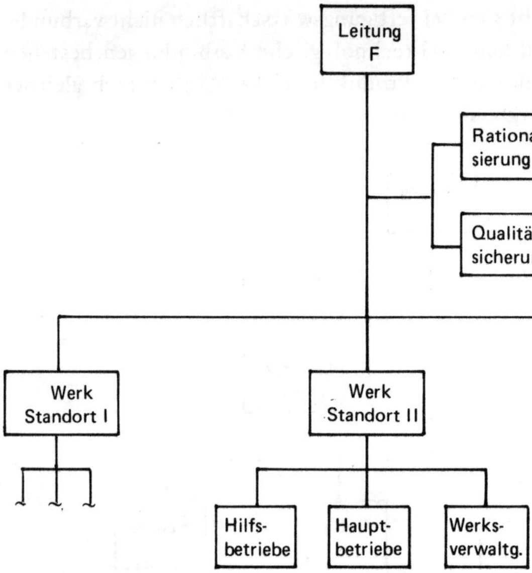

Abb. 84: Regionalorientierte Strukturierung der Fertigung

turen und Abläufe dominieren, dann stellt sich die Frage nach der Eignung mehrdimensionaler, komplexer Strukturen in diesem Bereich. Aus dieser Sicht scheint der Einsatz von Tensorstrukturen mit gleichgewichtiger Kompetenzverteilung auf Verrichtung, Objekt, Region wenig realistisch und den Bedingungen des operativen Systems nicht angemessen zu sein.

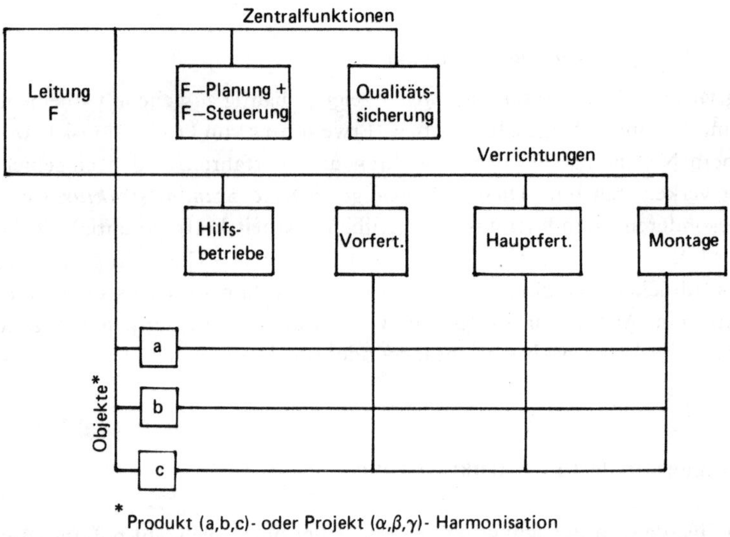

Abb. 85: Verrichtungs-Objekt-Matrixstrukturierung der Fertigung

Matrixstrukturen dagegen lassen sich im Fertigungsbereich eher einsetzen; sie dienen insbesondere bei Mehrproduktprogrammen mit differenzierter Standortstruktur zur Harmonisation der Produkt- und/oder Werksbelange. Im folgenden werden drei Fälle graphisch vorgestellt (vgl. Abb. 85, 86, 87).

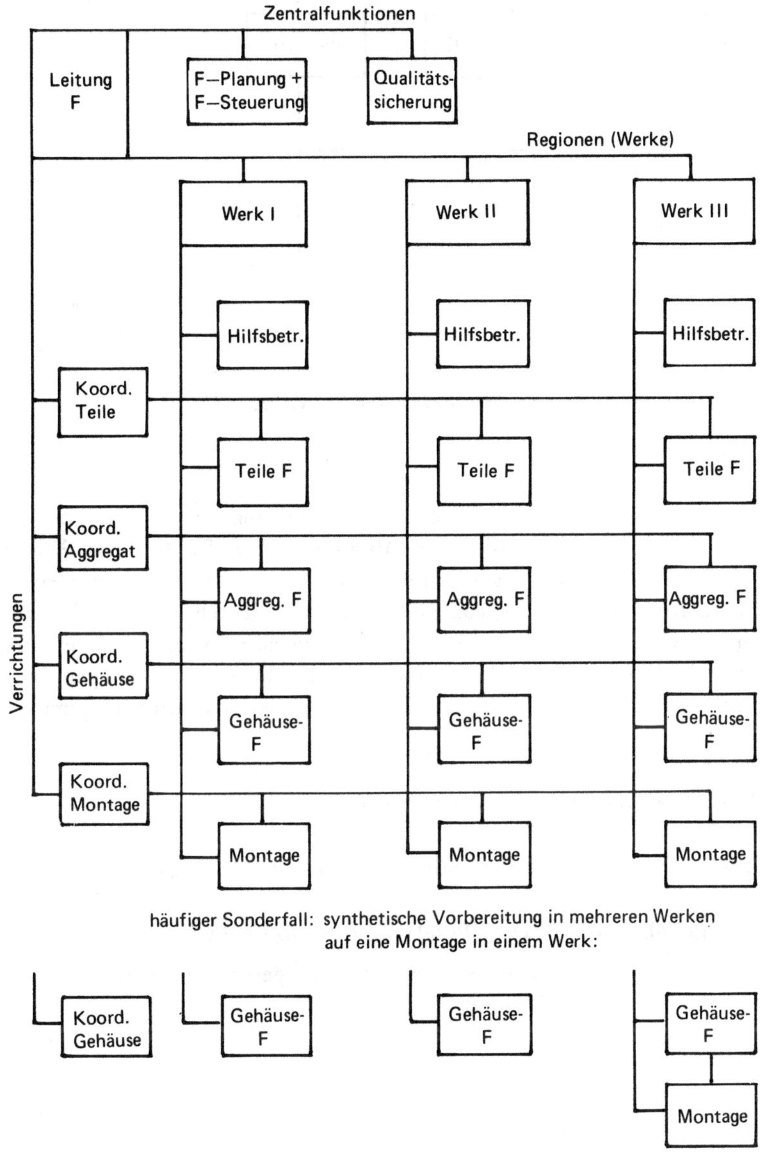

Abb. 86: Verrichtungs-Regional-Matrixstrukturierung der Fertigung

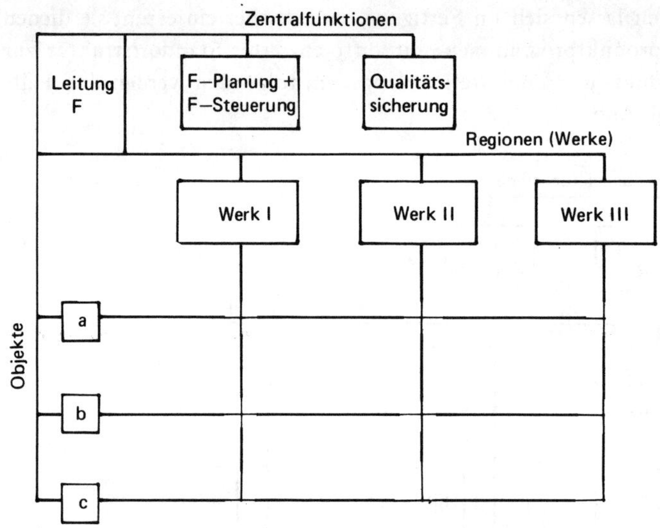

Abb. 87: Objekt-Regional-Matrixstrukturierung der Fertigung

Problematisch in den gezeigten Modellen bleibt die Abgrenzung der Produktdimension der Fertigung zu der Produktdimension des Absatzbereiches. Bei weiterer Ausdehnung kann die Rolle der Produktmanager im Fertigungsbereich sich Aufgabenteilen der Absatz-Produktmanager inhaltlich angleichen. Andererseits deuten die Konflikte zwischen Absatz und Produktion auf einen Vorteil dieser zweidimensionalen Alternative hin: daß nämlich die Abstoßungstendenz absatzwirtschaftlicher Überlegungen durch die Fertigungsleiter auf diese Weise (durch Koordination quasi von innen) gemildert werden kann.

4.213.2 Außenstrukturierung der Fertigung

4.213.21 Eingliederung in eindimensionale Totalmodelle der Organisation

4.213.211 Eingliederung der Fertigung in das Verrichtungsmodell

Im einfachsten Fall wird die Fertigung als eigenständiger, geschlossener Bereich in das Verrichtungsmodell eingeordnet (Abb. 88).

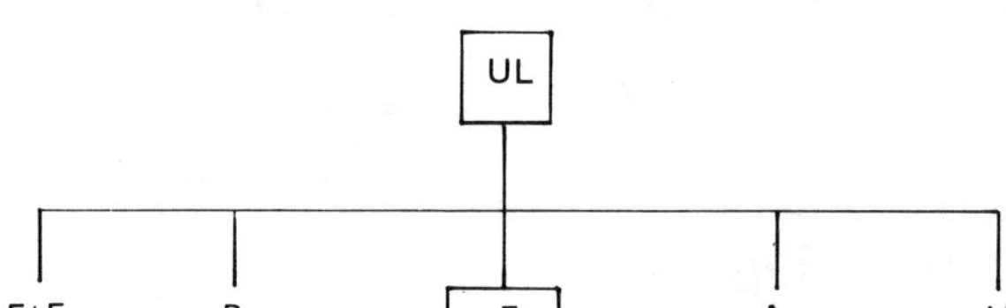

Abb. 88: Eingliederung der Fertigung in das Verrichtungsmodell

Bei beschränkter Unternehmungsgröße wird diese vollständige (im Schaubild nicht weiter differenzierte) Gliederung Bündelungen aufweisen.

So kann beispielsweise die Forschung und Entwicklung dem Fertigungsbereich angeschlossen sein. Damit bleibt der enge Bezug zur fertigungswirtschaftlichen Umsetzbarkeit von „Innovationen" gewahrt. Allerdings bestehen hier deutliche Probleme: entweder unterliegen innovatorische Impulse dem täglichen operativen Druck oder aber die improvisatorisch-innovative Komponente überwuchert den Produktionsablauf.

Ähnliche Probleme ergeben sich, wenn der Beschaffungsbereich der Fertigung unterstellt wird. Die Chancen eigenständiger Marktbeziehungen der Beschaffung werden häufig dabei den Bedürfnissen der Fertigung (z. B. nach überdurchschnittlicher Qualität der Eingangsstoffe) untergeordnet. Hier wäre zu überlegen, ob nicht eine Zusammenfassung von entweder Absatz und Beschaffung oder Beschaffung und Verwaltungsbereich angemessener ist (vgl. auch Abschnitt 4.212.2).

4.213.212 Eingliederung der Fertigung in das Objektmodell

Bei differenziertem Produktprogramm und entsprechender Produktions-/Werksstruktur müssen zwei unterschiedliche Ausgangslagen betrachtet werden:

(1) Objektbereichsgebundene Fertigungsbetriebe.

Die Struktur der Fertigungsbetriebe ist so geschaffen, daß eine problemlose Zuordnung der Betriebe zu einzelnen Objektbereichen (Sparten, Divisionen) möglich ist. Dieser Fall korrespondiert mit einer objektorientierten Innenstrukturierung des Fertigungsbereiches und läßt sich allgemein, wie in Abb. 89 gezeigt, wiedergeben.

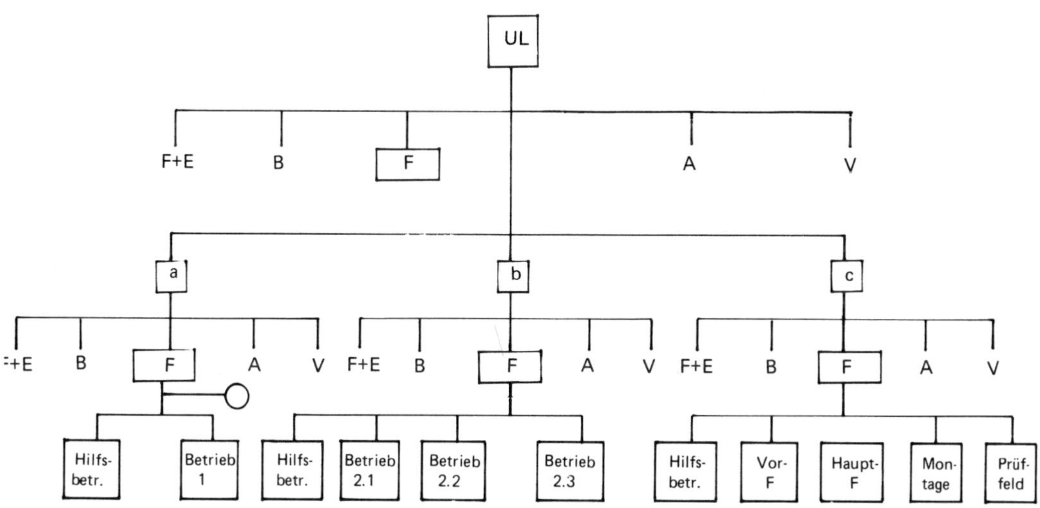

Abb. 89: Eingliederung der Fertigung in das Objektmodell

Die einzelnen Objektbereiche nehmen lediglich die Produktionskapazitäten der ihnen beigeordneten Fertigungsbetriebe in Anspruch; in diesem relativ seltenen Fall werden auch keine gravierenden internen Lieferbeziehungen und Verrechnungspreisprobleme angenommen. Der Zentralbereich Fertigung nimmt dabei allgemeine unterstützende Aufgaben wie technische Rationalisierungsvorschläge, Kapazitätsabstimmungen u. ä. wahr.

(2) Objektbereichsungebundene Fertigungsbetriebe.

Die Struktur der Fertigungsbetriebe läßt keine eindeutige Zuordnung zu einzelnen Objektbereichen (Sparten, Divisions) zu. Die einzelnen Fertigungsbetriebe werden für verschiedene Objektbereiche tätig. Diese Verflechtung zwischen Betrieben und Sparten kann input- oder output-bedingt sein.

1. *Unterfall: Input-Verflechtung:* Mehrere Fertigungsbereiche verschiedener Objektbereiche greifen auf eine gemeinsame Vorstufe (Vorfertigung) zurück. Es bestehen zwei Lösungsmöglichkeiten:

   – Derjenige Objektbereich (Sparte, Division), der die Vorfertigung am stärksten in Anspruch nimmt, erhält diese im Mandat zugeteilt. Dabei entstehen Verrechnungspreisprobleme, ebenso wie bei der zweiten Lösung:
   – Die Vorfertigung wird zum ausgesonderten Unternehmungsbereich ohne weitere Verrichtungszuweisungen (sie erhält also z. B. keinen eigenen Absatz); vgl. Abb. 90.

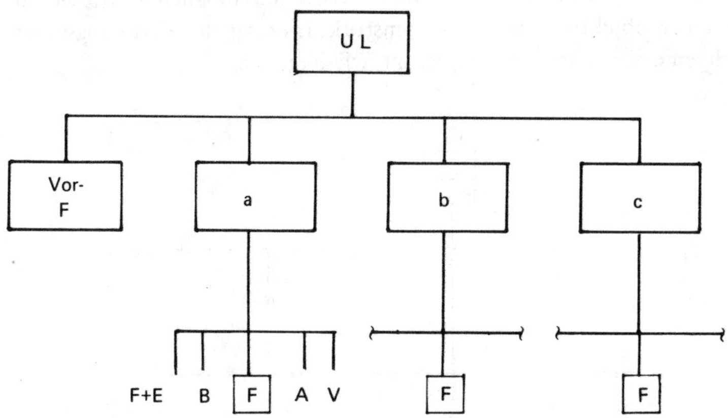

Abb. 90: Objektmodell mit partiell ausgegliedertem Fertigungsbereich (Input-Verflechtung): Betriebsteilelösung

2. *Unterfall: Output-Verflechtung:* Die Absatzbereiche verschiedener Sparten greifen auf gleiche Fertigungsbetriebe auftragsmäßig zurück. Für diesen Fall bestehen drei Lösungsmöglichkeiten:

   – *Betriebsteileorganisation:* Die Betriebe werden in Teileinheiten aufgeteilt und den einzelnen Objektbereichen direkt zugeordnet. Die verbleibenden Hilfsbetriebe und lokalen Werksleitungen werden an eine Zentralstelle Fertigung („Technik") angehängt (vgl. Abb. 91a).

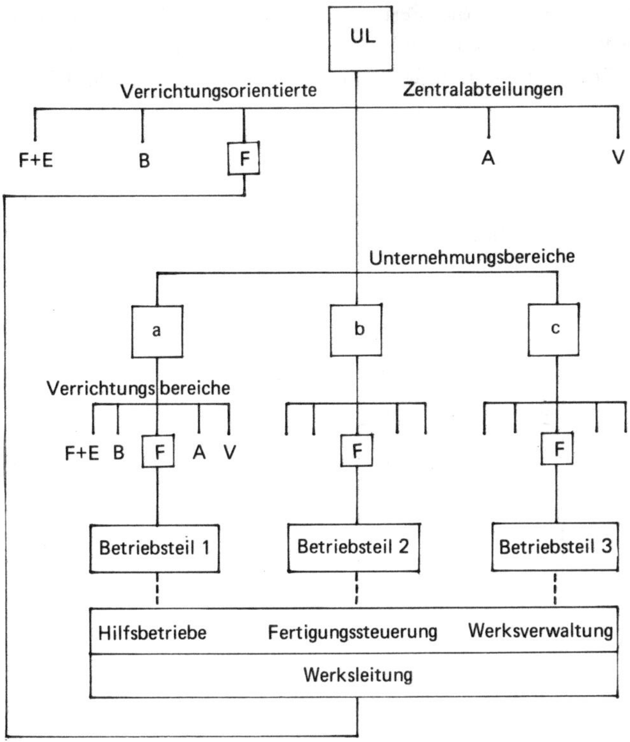

Abb. 91a: Objektmodell mit partiell ausgegliedertem Fertigungsbereich (Output-Verflechtung): Betriebsteilelösung

– *Mandatsorganisation:* Die Betriebe werden geschlossen denjenigen Objektbereichen zugeordnet, die den höchsten Auftragsanteil an der Beschäftigung des jeweiligen Betriebes aufweisen („most use criterion").

– *Gesamtbetriebsorganisation:* Die Fertigungsbetriebe werden als geschlossene Einheiten neben die Objektbereiche gestellt und der Zentralabteilung Fertigung („Technik") zugewiesen. Besondere Aufmerksamkeit muß in diesem Fall dem Auftragsausgleich verschiedener Objektbereiche für die einzelnen Werke – insbesondere bei Überbeschäftigung – gewidmet werden (z. B. kollegiale Steuerungsorgane). In diesem Fall wird die Verrechnungspreisproblematik zwischen Fertigungsbereichen und Objektbereichen relevant. Die folgende Abbildung 91b zeigt diesen Fall.

Häufig ergibt sich ein anderer Fall der Gesamtbetriebsorganisation: Einige Unternehmungsbereiche verfügen über eigene Werke, die objektbereichsgebunden fertigen; andere greifen gemeinsam auf gleiche (Mehrbereichs-) Werke zurück. Wie in Abb. 91c gezeigt, ließen sich die Fertigungsbetriebe 1 und 2 direkt den Objektbereichen zuordnen, während die Werke I, II, III für mehrere Sparten arbeiten und als selbständige Einheiten der zentralen Fertigung unterstellt sind.

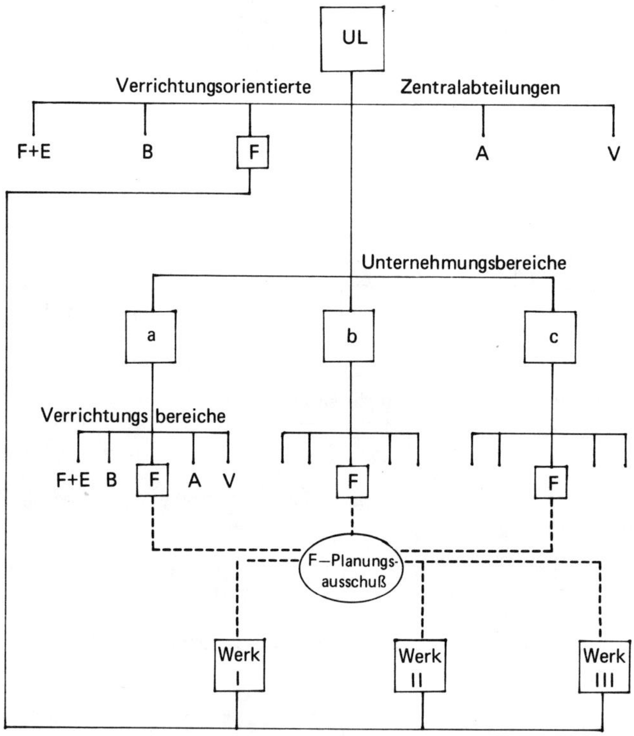

Abb. 91b: Objektmodell mit partiell ausgegliedertem Fertigungsbereich (Output-Verflechtung): Gesamtbetriebslösung mit zentraler Werksunterstellung

3.213.213 Eingliederung der Fertigung in das Regionalmodell

Läßt sich die Struktur der Fertigungsbetriebe in die Gliederung des Regionalmodells einpassen, dann werden jeder Region eigene Werke zugewiesen, die den regionalen Bedarf decken. Greifen dagegen einzelne Regionen auf Fertigungsbetriebe anderer Regionen zurück, so erfolgt analog zum Objektmodell eine Angliederung der Werke entweder nach dem Mandatssystem oder aber als gesamtwerkliche Lösung unter einer Zentralabteilung Fertigung.

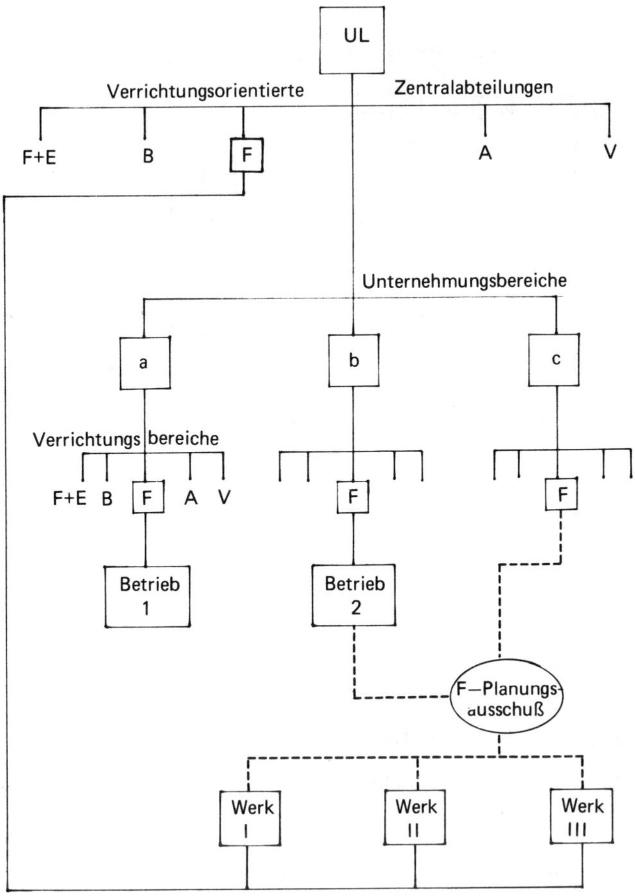

Abb. 91c: Objektmodell mit partiell ausgegliedertem Fertigungsbereich (Output-Verflechtung): Gesamtbetriebslösung mit gemischt zentraler und dezentraler Werksunterstellung

4.213.22 Eingliederung in mehrdimensionale Totalmodelle der Organisation

4.213.221 Eingliederung der Fertigung in ein Verrichtungs-Objekt-Matrixmodell

Der Fertigungsbereich wird geschlossen in der Verrichtungsachse den Produktbereichen der Objektachse gegenübergestellt (vgl. Abb. 92).

Diese Lösung ist sowohl bei objektbereichsgebundener als auch bei objektbereichsungebundener Fertigung anwendbar und ähnelt in der Form der Zusammenarbeit der gesamtwerklichen Unterstellung, die für das Objektmodell vorgestellt wurde.

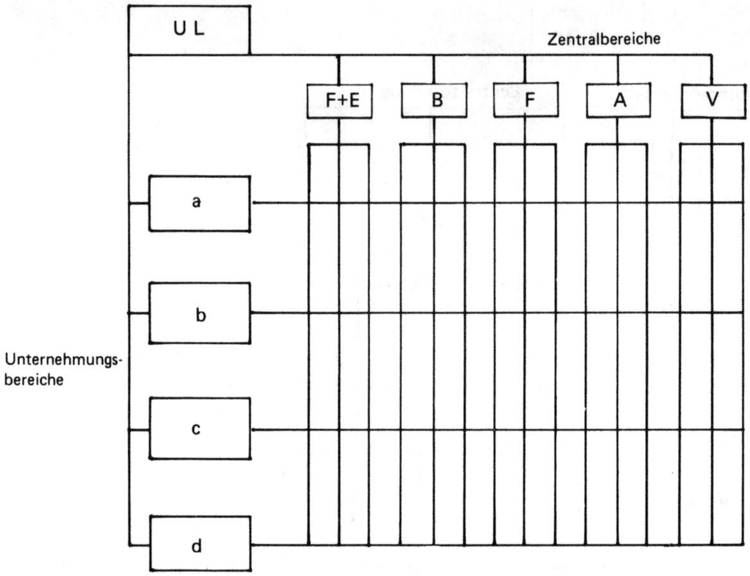

Abb. 92: Eingliederung der Fertigung in das Verrichtungs-Objekt-Matrixmodell

4.213.222 Eingliederung der Fertigung in ein Tensormodell

Die Darstellung stößt auf verwickelte und nur schwer darstellbare Beziehungen, weswegen auf eine schaubildliche Wiedergabe verzichtet werden soll. Grundsätzlich kann davon ausgegangen werden, daß die Mehrdimensionalität des Gesamtmodells auch zu einer Mehrdimensionalität innerhalb der Fertigung führt und daß einzelne Abteilungen und Gruppen disziplinarisch an die regionale Dimension und fachlich an die Verrichtungsdimension angebunden werden, während sie auftragsgebunden für die Objektdimension tätig sind.

Literaturhinweise zu Abschnitt 4.213

Acker, Heinrich B: Die Produktion in der Organisation eines Industriebetriebes. In: Industrielle Produktion. Hrsg. von Klaus Agthe, Hans Blohm und Erich Schnaufer. Baden-Baden, Bad Homburg v.d.H. 1967, S. 65–83.

Adamowsky, S.: Die Organisation der Fertigung. In: Organisation, TFB-Handbuchreihe. Band I, 2. Hrsg. von Erich Schnaufer und Klaus Agthe. Berlin, Baden-Baden 1961, S. 697–762.

Große–Oetringhaus, W. F.: Fertigungstypologie unter dem Gesichtspunkt der Fertigungsablaufplanung. Berlin 1974.

Hahn, Dietger: =Fertigungswirtschaft=
Industrielle Fertigungswirtschaft in entscheidungs- und systemtheoretischer Sicht. In: Zeitschrift für Organisation (41) 1972, S. 269–278, 369–370, 427–439.

Kern, Werner: =Industriebetriebslehre=
Industriebetriebslehre. 2. Auflage, Stuttgart 1974.

Kreikebaum, Hartmut: Produktionsbereich, Organisation des. In: Handwörterbuch der Betriebswirtschaft. Hrsg. von Erwin Grochla und Waldemar Wittmann, 4. Auflage, Stuttgart 1975, Band 2, Sp. 3089–3096.
Kreikebaum, Hartmut: =Organisationstypen=
Organisationstypen der Produktion. In: Handwörterbuch der Produktionswirtschaft. Hrsg. von Werner Kern. Stuttgart 1979, Sp. 1392–1402.
Latusek, Wilhelm: Planung der Fertigungsorganisation. In: Unternehmensplanung. Hrsg. von Klaus Agthe und Erich Schnaufer, Baden-Baden 1963, S. 287–327.
Opitz, Herwart, Walter Eversheim, Klaus Brankamp: Fertigungsorganisation. In: Handwörterbuch der Organisation. Hrsg. von Erwin Grochla. Stuttgart 1969, Sp. 521–535.
Rühl, Günter: Fertigungsorganisation. In: Organisationsleiter-Handbuch. Hrsg. von Alfred Degelmann in Zusammenarbeit mit dem Rationalisierungs-Kuratorium der Deutschen Wirtschaft, 2. Auflage, München 1972, S. 1174–1210.
Schlaich, K.: =Fertigungsorganisation=
Methodenlehre der Planung und Steuerung. 1. Fertigungs-, Produktions-, Betriebsorganisation. In: REFA-Nachrichten (27) 1974, S. 283–290.
Schwarz, Horst und Mitarbeiter: =Betriebsorganisation=
Betriebsorganisation als Führungsaufgabe. Organisation – Lehre und Praxis. 8. Auflage. München 1977.
Steinbuch, Pitter A. und Klaus Olfert: Fertigungswirtschaft. Ludwigshafen 1978.

4.214 Absatz

Die Gestaltung des Absatzbereiches als einem primären „*Koppelungssystem*" (Alewell =Koppelung= 178 ff.) zwischen Unternehmung und Umwelt hat in besonderem Maße die jeweiligen situationsspezifischen Kontexteinflüsse zu berücksichtigen. Es ist deshalb nicht verwunderlich, daß Theorie und Praxis eine Fülle von Varianten aufweisen, die sich einer streng systematischen Darstellung entziehen. Ein sehr enger, auch historisch nachvollziehbarer Zusammenhang besteht zwischen der Diskussion organisatorischer Gestaltungsalternativen und der gemeinsam theoretisch/pragmatischen Entwicklung der „*Marketing-Konzeption*". Diese läßt sich vereinfacht wiedergeben als „systematische und planmäßige Ausrichtung aller Unternehmungsfunktionen auf die effektiven und potentiellen Bedürfnisse der Abnehmer" (Hill =Marketing= 39). Die Marketing-Konzeption stellt somit eine Umkehrung traditioneller Konzeptionen dar, wie Abbildung 93 zeigt. Damit sind bestimmte allgemeine *organisatorische Konsequenzen* verbunden:

– Die Ausrichtung der Absatzfunktionen auf potentielle und aktuelle Bedürfnisse des Marktes brachte eine deutliche *Funktionsausweitung* mit sich (insbesondere im Bereich der Informationsgewinnung und -verarbeitung).
– Diese Funktionsausweitung eröffnet intensive Möglichkeiten der *Spezialisierung* (mit organisatorischen Folgeproblemen) sowie das Grundproblem der Funktionsauslagerung auf externe Institutionen (z. B. Marktforschungsinstitute).
– Da die Marketing-Konzeption deutlich über den eigentlichen Absatzbereich hinausgreift und Wirkungen für die gesamte Unternehmung beansprucht, ist die Diskussion der Innenstrukturierung des Absatzbereiches untrennbar und unmittelbar mit der Außenstrukturierung dieses Partialmodells verbunden.

Im folgenden sollen die grundsätzlichen Strukturierungsalternativen vorgestellt werden. Dabei wird sich zeigen, daß generelle Modifikationen dieser Strukturalternativen die Grenze zwischen ein- und mehrdimensionalen und zwischen Innen- und Außenstrukturierung verwischen.

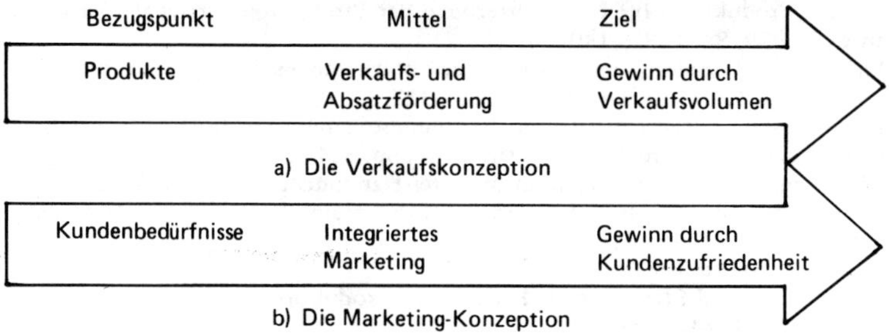

Abb. 93: Vergleich zwischen traditioneller Verkaufskonzeption und Marketing-Konzeption (vgl. Kotler =Marketing= 21)

4.214.1 Innenstrukturierung des Absatzes

4.214.11 Eindimensionale Innenstrukturierung

4.214.111 Verrichtungsstrukturierung des Absatzes

Ausgehend von dem Grundgedanken der Marketing-Konzeption unterscheiden z. B. Lazo/Corbin folgende Verrichtungsbereiche des Absatzes, an denen sich die organisatorische Gestaltung ausrichtet (Lazo/Corbin =Marketingabteilung= 109):

- Marketing Management
- Service
  (Werbung, Verkaufsförderung, Marketingforschung, Absatzprognostik, Public Relations, Verwaltung)
- Operationen
  (Verkauf, Verkaufsschulung, Kundenservice, Produktservice, Lagerhaltung, Transport, Inventar).

Diese Verrichtungsgruppen lassen sich in unterschiedlicher Form in ein Verrichtungsmodell des Absatzes einbringen.

(1) Reine Verrichtungsstrukturierung.

In diesem Fall übernimmt die Absatzleitung die Fixierung der Marketing-Politik und koordiniert deren Umsetzung, die in einzelnen Verrichtungseinheiten verantwortlich vorgenommen wird (vgl. Abb. 94).

Diese Alternative bringt *verrichtungsgebundene Spezialisierungsvorteile* mit sich, die zu einem spezifischen Know-how der Funktionsträger führen. Darüberhinaus können bei Engpässen relativ rasch Entscheidungen über die Kapazitätsaufteilung erwartet werden (vgl. Bidlingmaier =Marketingorganisation= 137). Allerdings entspricht diese Strukturierung nur unzureichend dem Grundgedanken des *Marketing*: eine Ausrichtung auf besondere Produkte sowie Marktbelange erfolgt nur *indirekt* über die Absatzleitung.

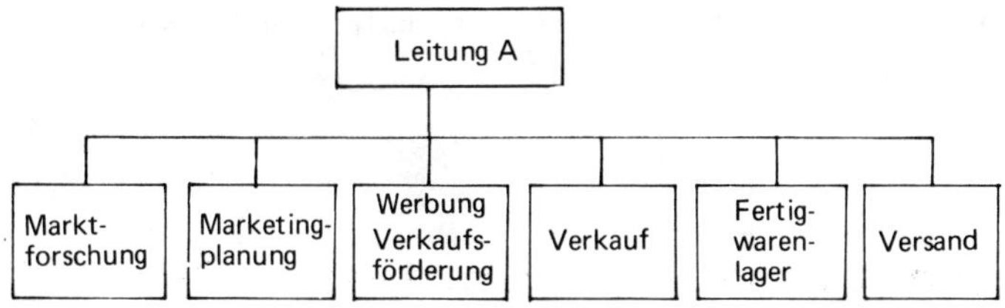

Abb. 94: Verrichtungsorientierte Strukturierung des Absatzes

Der Verzicht auf gebündelte Produktkompetenzen wird bei sich rasch wandelnden Marktverhältnissen und Mehrproduktprogrammen zu schwierigen und u. U. langwierig-konfliktären Abstimmungsprozessen führen und damit gleichzeitig einen *Verzicht* auf wettbewerbsbedeutsame *Flexibilität* und Innovationsbereitschaft bewirken.

(2) Operative Verrichtungsstrukturierung mit Marketing-Unterstützung.

Insbesondere bei gehobenen Größenverhältnissen der Unternehmung dürften sich Schwierigkeiten bei der Entwicklung und Durchsetzung integrierter Marketing-Konzeptionen dann einstellen, wenn von einer reinen Verrichtungsstrukturierung des Absatzbereiches ausgegangen wird. Diese ergeben sich nicht nur aus der unbefriedigenden Mischung von Service- und Operationsaufgaben einer organisatorischen Gliederungsebene, sondern auch durch die Notwendigkeit der Harmonisation dieser unterschiedlichen Aspekte, die durch die Absatzleitung vorgenommen werden muß. Eine *Überlastung der Leitungsspitze* und eine daraus folgende Verdrängung planerischer, systematischer und konzeptioneller Vorgehensweisen unter dem Druck koordinativer Abstimmungsnotwendigkeiten, die sich aus dem Tagesgeschäft ergeben, sind häufige Folgeerscheinungen.

Eine Verbesserung der Situation läßt sich durch eine weitergehende, organisatorische Trennung von Service- und Operationsaufgaben erreichen. Dabei bieten sich zwei Möglichkeiten an:

(a) Ausgliederung von Marketing-Stäben der Absatzleitung.

Die Absatzleitung wird bei ihrer Harmonisationsaufgabe von planerisch, systematisch-konzeptionellem Marketing und operativen Verkauf durch Stäbe unterstützt, die einmal ihrer *Entlastung* dienen und weiter *zentrale Servicefunktionen* für den gesamten Absatzbereich wahrnehmen. In der Absatzlinie erfolgt eine Konzentration auf operative Aufgaben (Verkauf, Distribution mit Unterstützung durch Werbung und Verkaufsförderung; vgl. Abb. 93 a).

Dem Verfasser scheint dabei die Zuordnung von Werbung und Verkaufsförderung zur operativen Ebene strittig zu sein: Je kurzfristiger die Orientierung dieser beiden Instrumente zur Unterstützung des operativen Verkaufsgeschäftes angelegt ist, um so eher ist eine derartige Lösung zu tolerieren. Gewinnen Werbung und Verkaufsförderung dagegen mehr marketing-politisches Format, dürfte eine Zuordnung zu den zentralen Marketing-Stäben zu empfehlen sein[1].

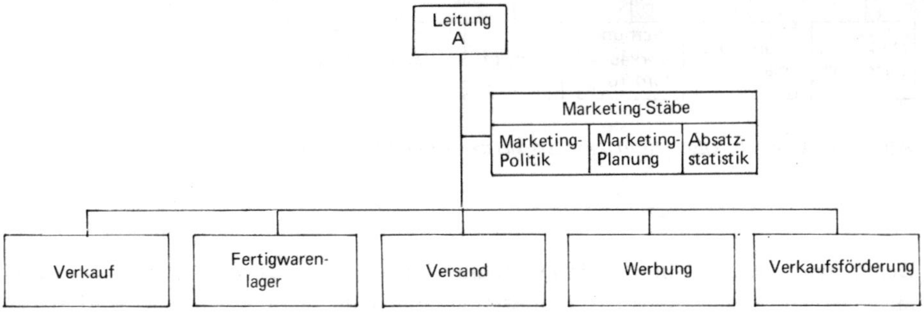

Abb. 95 a: Verrichtungsstrukturierung mit Marketing-Unterstützung (vgl. Meffert =Absatzorganisation= 56 f.)

Möglichkeiten zur operativen Spezialisierung bleiben damit erhalten. Gleichzeitig wird über die Stabs-Konzeption versucht, eine systematische Grundlage für die Ableitung einer Marketing-Konzeption zu legen. Ihre Einfügung über zentrale Stäbe macht deren langfristig orientierte Hilfestellung für die Absatzleitung deutlich. Da aber funktionale Nebenweisungsrechte nicht vorgesehen sind, obliegt die Gesamtkoordination und Konfliktlösung der Absatzleitung.

(b) Hierarchische Gliederung in einen Marketing- und in einen Verkaufsbereich.

Damit den absatzpolitisch-konzeptionellen Marketing-Überlegungen Raum gegeben werden kann und diese hinreichend vom operativen Tagesgeschäft gelöst werden können, lassen sich beide Dimensionen hierarchisch übereinanderlegen (wie sich dies bereits in der Stabs-Linien-Lösung der Möglichkeit a) andeutet) und zur Harmonisation der operativen Verkaufsbelange eine Instanz („Verkaufsleitung") einfügen. Damit entsteht ein organisatorischer „Doppeldecker" zwischen Marketing und Verkauf mit arteigenen Problemen, die in der unterschiedlichen Orientierung beider Ebenen und der Anfälligkeit der Informationsbeziehungen, die den Engpaß der Verkaufsleitung passieren müssen, bedingt sind. Damit die Probleme des „Doppeldeckers" im Ansatz vermieden werden, kann sowohl an eine matrixhafte Gestaltung des Verhältnisses von Marketing und Verkauf (s. u.) gedacht werden als auch an den in der Organisationspraxis gelegentlich auftretenden Fall – der organisatorisch ähnlich zu werten ist – des Nebeneinanderstellens von Marketing und Verkauf auf der Ebene der Verrichtungsgliederung eines Systems. Diese Strukturierungsform setzt allerdings eine besonders hohe Bedeutung voraus, die dem Absatzbereich, der dann durch zwei gleichrangige Leitungen ausgewiesen wird, für den Unternehmungserfolg zukommt.

1 Im Schaubild 95 b) wird zur Darstellung einer andersartigen Eingliederung von einer zentralen Zuordnung der Werbung und Verkaufsförderung zum Marketing ausgegangen.

Abb. 95 b: Verrichtungsstrukturierung mit Trennung in Marketing und Verkauf

Die dargestellten Möglichkeiten a) und b) einer modifizierten Verrichtungsorganisation des Absatzbereiches haben den spezifischen Produkt- und Marktbelangen keine strukturelle Priorität eingeräumt. Damit zeigen sich Grenzen einer verrichtungsstrukturierten Absatzorganisation bei der Umsetzung der Marketing-Konzeption. Alle weiteren Modifikationen durchbrechen deshalb das Verrichtungsprinzip, indem Produkt- und/oder Marktaspekte höherwertig in die Struktur eingebracht werden.

(3) Verrichtungsstrukturierung mit Produkt-Managern.

Um eine Ausrichtung des Verrichtungsmodells auf einzelne Produkte zu ermöglichen, werden unterhalb der Absatzleitung *Produktkoordinatoren* eingesetzt (s. Abb. 96 nach Meffert =Produktmanagement= 120). Diese unpräzise auch als „Produkt-Manager" bezeichneten Stellen sind für die Entwicklung und Umsetzung einer einheitlichen Produktkonzeption verantwortlich. Auf der Grundlage intensiver produktsegmentierter Marktkenntnis sollen sie alle Verrichtungsbelange im Hinblick auf ihr Produkt harmonisieren. Da aber in eindimensionalen Modellen diesen Stellen kaum unmittelbare Weisungsrechte zugestanden werden, reduziert sich ihre Handlungsbasis auf großteils informale Einflußfaktoren (Überzeugungskraft, Verhandlungsgeschick). Fehlende bzw. unzureichende Weisungsbefugnisse gegenüber der Linie einerseits sowie explizit oder implizit (Erwartungsdruck!) auferlegte Ergebnisverantwortung andererseits deuten auf die Schwächen dieses Konzeptes hin (vgl. auch Meffert =Produktmanagement= 120 f.). Den jeweiligen Produktkoordinatoren wird in den unumgänglichen Konfliktfällen zwischen Verrichtung und Objekt nur dann Erfolg beschieden sein, wenn sie auf kooperationsbereite Linienstellen treffen und über die Rückendeckung der Absatzleitung verfügen.

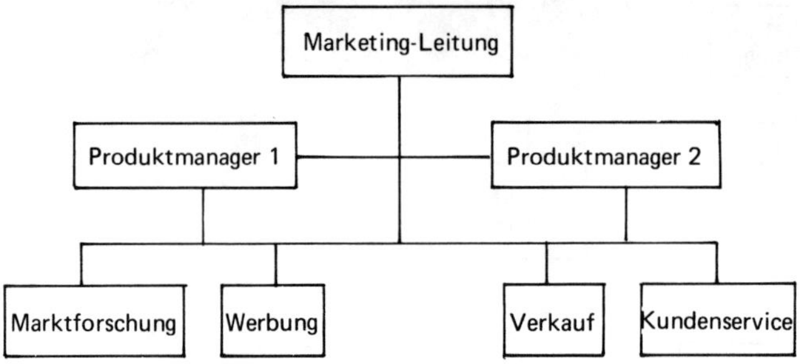

Abb. 96: Verrichtungsstrukturierung mit Produktmanagern

4.214.112 Objektstrukturierung des Absatzes

Bei der Objektstrukturierung des Absatzes können zwei Varianten unterschieden werden, die je nach marktlichem Kontext Anwendung finden.

(1) Produktorientierte Strukturierung des Absatzes.

Segmentierungskriterium des Absatzbereiches sind in diesem Fall einzelne Produkte bzw. Produktgruppen. Innerhalb der einzelnen Produkteinheiten finden sich dann jeweils verrichtungsbezogene Einheiten (vgl. Abb. 97). Vorteil dieser Regelung ist, daß zumindest innerhalb des Absatzbereiches eine konsequente Ausrichtung an den spezifischen Produktbelangen erfolgt und eine gezielt-differenzierte Steuerung aller Produkte möglich wird. Vorausgesetzt werden muß ein hinreichend differenziertes

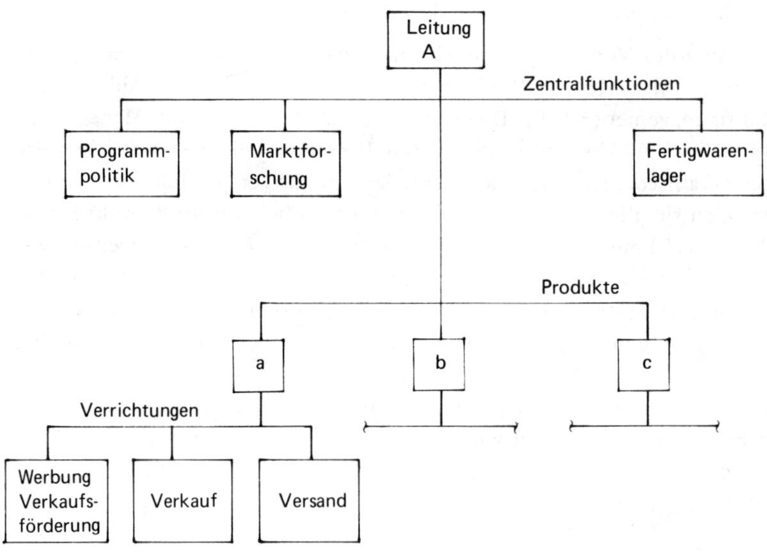

Abb. 97: Produktorientierte Strukturierung des Absatzes

Produktprogramm, damit sich insbesondere der Aufbau mehrfacher Verrichtungsstellen (je Produktbereich) als wirtschaftlich sinnvoll erweist.

Um in einem derartigen Fall eine einheitliche Harmonisation aller Verrichtungsaspekte untereinander sicherzustellen, bietet sich die Einrichtung von Zentralstellen oder Verrichtungskollegien an. Weiter eignen sich zumeist eine Reihe von Verrichtungen nicht für eine dezentrale, objektabhängige Eingliederung (z. B. aus Gründen der Wirtschaftlichkeit u. U. das Fertiglager). Eine Ausgliederung verrichtungsorientierter Zentraleinheiten ist damit bei dieser Lösung im Ansatz gegeben.

Insgesamt kommt diese Lösung dem Marketing-Ansatz entgegen. Sie ermöglicht eine relativ direkte Umsetzung von Produktprogrammentscheidungen der Unternehmungsführung in den Absatzbereich und stellt andererseits differenzierte Rücklaufinformationen bereit.

(2) Kundenorientierte Strukturierung des Absatzes.

An die Stelle von Produkten können in der Objektdimension auch Kundengruppen treten (vgl. Abb. 98). Diese Innenstrukturierung des Absatzes richtet sich dominant an externen Bedingungen der Unternehmung aus. Sie kommt dann dem „Ideal des Marketing" (Meffert =Absatzorganisation= 56) am nächsten, wenn die betreffenden Kundensegmente genügend groß sind und sich hinreichend in gewünschter Problemlösung, Distribution u. ä. unterscheiden (vgl. Bidlingmaier =Marketingorganisation= 146). In diesem Fall läßt sich eine abnehmerspezifische Marketingpolitik quasi „stromlinienförmig" mit entsprechendem Know-how aufbauen. Allerdings muß darauf hingewiesen werden, daß diese Lösung im Rahmen der Innenstrukturierung sehr aufwendig ist und zusätzlichen Harmonisationsaufwand verursacht. So müssen Objekt- und Verrichtungs-

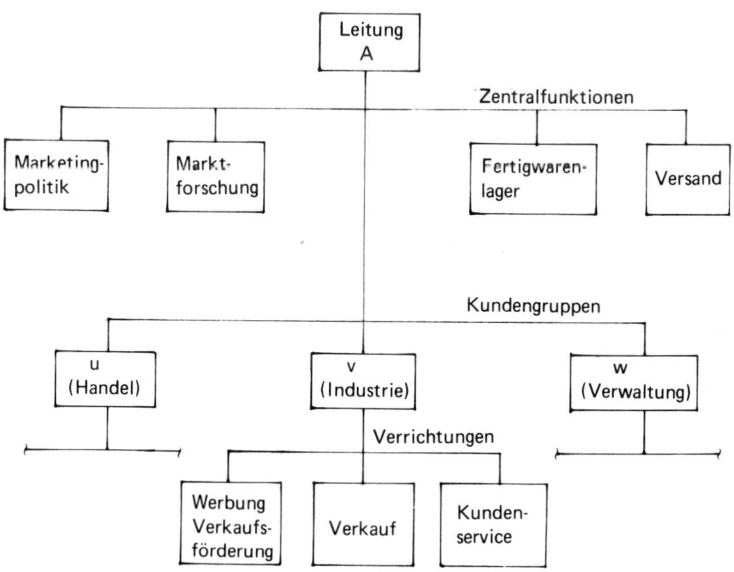

Abb. 98: Kundenorientierte Strukturierung des Absatzes

belange intern abgestimmt werden, die sich bei Überschneidungen der Produktprogramme zwischen den Kundengruppen ergeben. Die Anwendung dieses Modells setzt also eine relativ korrespondierende Produktgruppenzuordnung voraus, um die Verflechtungen zwischen den Bereichen beherrschbar zu halten. Auch bei der kundenorientierten Absatzorganisation ist auf die ansatzweise Bildung von Zentraleinheiten aus Gründen der Harmonisation oder einheitlicher wirtschaftlicher Aufgabenerfüllung für dezentrale Organisationseinheiten hinzuweisen.

4.214.113 Regionalstrukturierung des Absatzes

Diese Gestaltungsvariante kommt vorwiegend für solche Unternehmungen in Betracht, die entweder ein homogenes Produktprogramm in räumlich weit gestreuten Regionen vertreiben oder aber wegen nachfragedivergenter Regionen eine regionale Produktdifferenzierung und -diversifizierung vornehmen (vgl. Abb. 99). Das gesamte Absatzgebiet wird dabei in räumliche Teileinheiten gegliedert, die jeweils über eigene Verrichtungs- und Objekteinheiten verfügen (vgl. Senkel =Organisation= 1086 f.). Auch hier ergeben sich Harmonisationsprobleme bezogen auf Produkte und Verrichtungen, die einer Lösung zugeführt werden müssen.

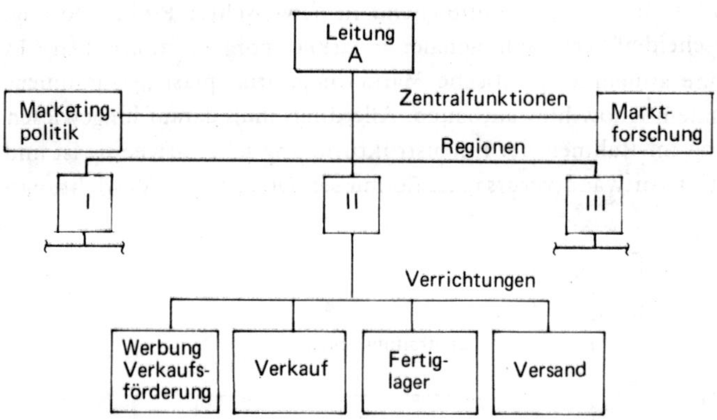

Abb. 99: Regionalorientierte Strukturierung des Absatzes

4.214.12 Mehrdimensionale Innenstrukturierung

4.214.121 Matrixstrukturierung des Absatzes

Matrizenhafte Strukturen des Absatzes entstehen durch den simultanen und gleichwertigen Schnitt von Verrichtungs- und Produkt- bzw. Kunden- und Regionalaspekten. Liegt ein differenziertes Produktprogramm vor, das zu Programmsegmenten hoher interner Affinität bei gleichzeitig maximaler Separierung zu anderen Segmenten zusammenfaßbar ist, dann vereint die Verrichtungs-Objekt-Matrix die Vorteile der verrichtungsorientierten mit denen der objektorientierten Absatzorganisation.

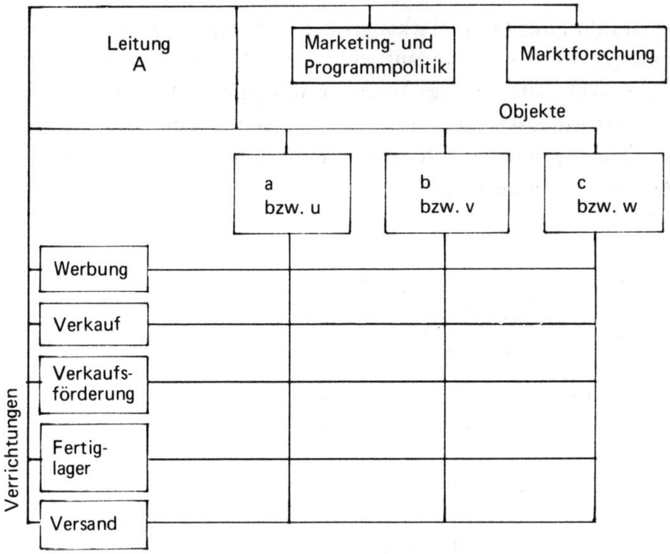

Abb. 100a: Verrichtungs-Objekt-Matrixstrukturierung des Absatzes mit Marketing-Stäben

Statt einer Verrichtungs-Produktmatrix (vgl. Abb. 100a) ist auch an eine Verrichtungs-Kundenmatrix – als anderer Fall einer Gliederung der Objektdimension – zu denken. Ein praktisches Beispiel, das in Abb. 100b wiedergegeben wird (nach Zimmermann =Kundengruppen= 19), verdeutlicht diesen Zusammenhang.

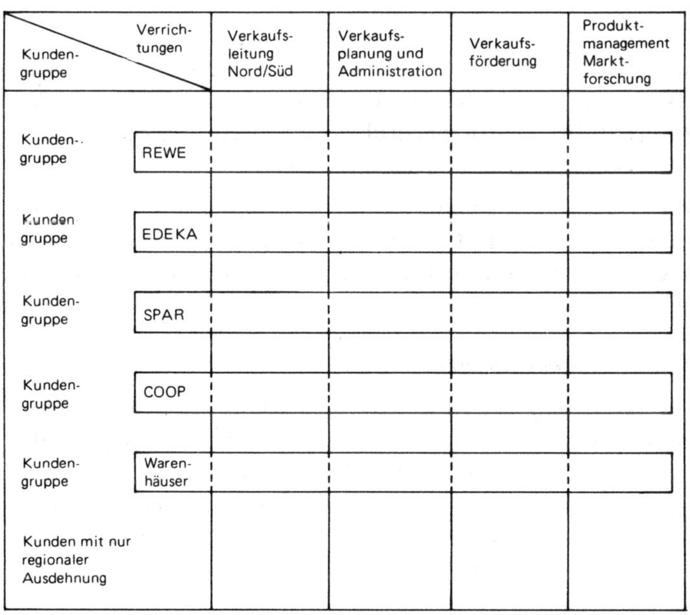

Abb. 100b: Kundengruppen-Verrichtungs-Matrixstrukturierung des Absatzes

Soll hingegen ein homogenes Produkt (z. B. Markenartikel) auf verschiedenen, regional getrennten Märkten abgesetzt werden, kann auf eine Verrichtungs-Regional-Matrix zurückgegriffen werden (vgl. Abb. 101). Dieses Modell vereinigt die vorteilhafte Tätigkeitsspezialisierung der Verrichtungsstruktur mit den Vorteilen einer marktnahen Regionalstruktur (wobei den Regionalerfordernissen entsprechend geringe Modifikationen im Marketing-Mix vorgenommen werden).

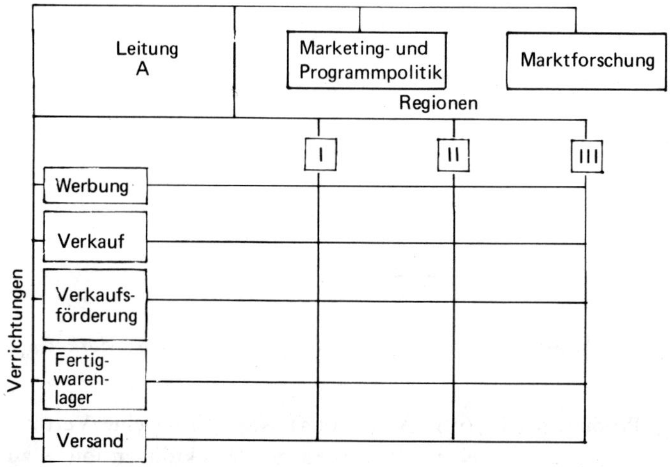

Abb. 101: Verrichtungs-Regional-Matrixstrukturierung des Absatzes

Die Verrichtungs-Kunden-Matrix ist den vorgestellten Varianten überlegen, wenn die Unternehmung für ihre Kunden (Absatzmittler, Endverwender) statt einzelner Produkte Problemlösungen bereithält, die sich innerhalb der einzelnen Verwendergruppen sehr ähneln, zwischen den Verwendergruppen jedoch abweichen.

Der letztgenannte Strukturtyp erfährt aufgrund seiner Ausrichtung auf die Probleme des Verwenders, der Hereinnahme seiner Probleme in die eigene Absatzorganisation und die damit mögliche Bereitstellung problemadäquater Lösungen für ihn eine zunehmende Verbreitung.

4.214.122 Tensorstrukturierung des Absatzes

Die dreidimensionale Strukturierung des Absatzes eignet sich für Großunternehmungen, die in regional getrennten Märkten ein heterogenes Produktprogramm mit differenzierten Aktivitäten der Absatzverrichtungen absetzen. Zumindest theoretisch vereinigt das Tensormodell dabei die Vorteile der verrichtungsspezifischen Tätigkeitsspezialisierung mit der Marktnähe der Regionalstrukturierung und der adäquaten Berücksichtigung der Produktbelange (vgl. Abb. 102).

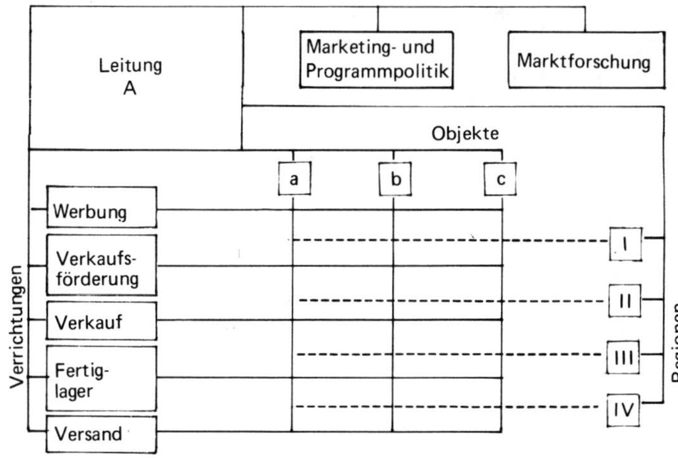

Abb. 102: Dreidimensionale Tensorstrukturierung des Absatzes aus Verrichtungen, Produkten und Regionen

Dreidimensionale Tensoren können statt Produktaspekte bei der Ausgliederung der Objektdimension in den Mittelpunkt zu stellen auch dadurch gebildet werden, daß dem Kundenaspekt Raum gegeben wird. Immer häufiger scheinen Fälle aufzutreten, in denen innerhalb einer Matrix sowohl Produkte als auch Kundengruppen berücksichtigt werden und daneben Verrichtungs- oder Regionalaspekte zurücktreten müssen. Unter Hinweis auf eine steigende Aufgabenspezialisierung und die Gefahr einer fachlichen Überforderung und Arbeitsüberlastung empfiehlt z. B. Meffert, dem Produktmanager einen Kunden- bzw. Marktmanager beiseite zu stellen, der insbesondere der gestiegenen Bedeutung des Handels durch Handelskontaktpflege Rechnung trägt (vgl. Meffert =Produktmanager= 330). „Während der Produktmanager alle konsumentenbezogenen Marketing-Überlegungen im Produktplan zu integrieren hat, ist der Kunden-

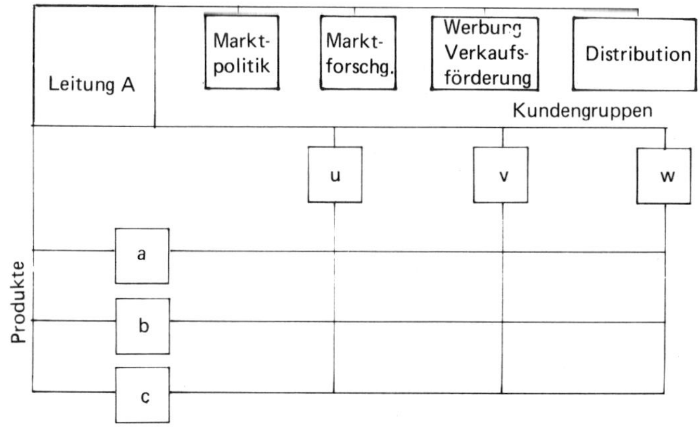

Abb. 103: Produkt-Kunden-Matrixstrukturierung des Absatzes

gruppenmanager als Spezialist für die ihm zugeordneten Kunden bzw. Kundengruppen einzusetzen" (ebenda 220). Die bereits bestehende Matrix wird also um die Dimension ,Kunde' ergänzt, so daß Verrichtungsmanager (Außendienst, Verkauf, Distribution usw.), Produktmanager und Kundenmanager gleichrangig gemeinsame Marketing-Lösungen erarbeiten (vgl. Abb. 103).

Im vollständigen Beziehungsfall kann sich sogar ein vierdimensionaler Tensor über die zweifache Berücksichtigung der Objektdimension (Produkte und Kunden) ergeben (vgl. Abb. 104). Da in diesem Fall die Leitungsspanne der Absatzleitung weit überzogen werden dürfte, ist auf eine mögliche leitungsmäßige Bündelung der vier ausgewiesenen Dimensionen zu achten. Diese (in Abb. 104 durch ═══ angedeutet) führt zur hierarchischen Verlagerung der Tensorbeziehungen um eine Stufe nach unten.

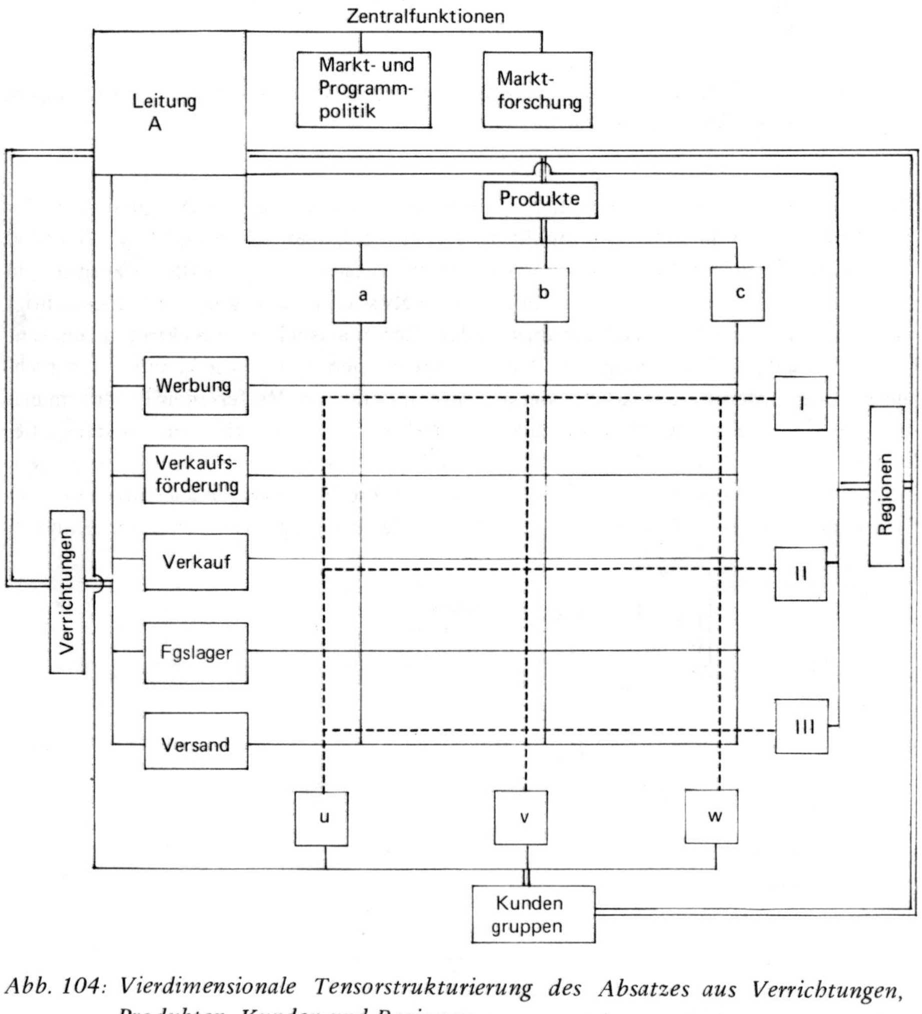

Abb. 104: Vierdimensionale Tensorstrukturierung des Absatzes aus Verrichtungen, Produkten, Kunden und Regionen

Zwar mag man dem Tensormodell mit seiner hohen Eigenkomplexität große Anwendungsnähe absprechen, in der Praxis haben sich aber schon zumindest de facto zwei- und mehrdimensionale Lösungen als praktikabel und sinnvoll erwiesen.

4.214.2 Außenstrukturierung des Absatzes

4.214.21 Eingliederung in eindimensionale Totalmodelle der Organisation

4.214.211 Eingliederung des Absatzes in das Verrichtungsmodell

Das Grundmodell der Verrichtungsorganisation weist den Absatz als eigenständigen, geschlossenen Bereich aus: Diese traditionelle Gliederung erschwert die Umsetzung einer konsequenten Marketing-Konzeption für die Gesamtunternehmung insofern, als die Ausrichtung aller Unternehmungsfunktionen auf den Markt vorrangig (und im Grenzfalle) alleinige Aufgabe des Absatzbereiches bleibt. Hier stößt das Verrichtungsmodell an Grenzen, die bei heterogen-differenziertem Produktprogramm offenkundig werden.

Bei einem differenzierten Produktprogramm, dessen Belange bereichsübergreifend vertreten werden sollen, ergeben sich zumeist Schwierigkeiten bei der marktnahen Abstimmung von Neuentwicklungen und ihrer operativen Durchsetzung sowie bei der laufenden marktnahen Harmonisation produktspezifischer Belange über die gegebene

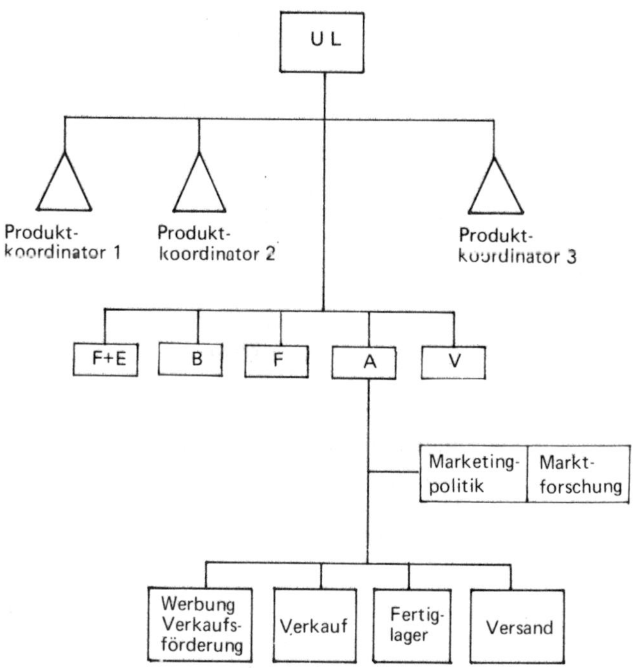

Abb. 105: Eingliederung des Absatzes in das Verrichtungsmodell

Verrichtungsdifferenzierung hinweg. Produktmanager (-koordinatoren) werden dann häufig aus dem Absatzbereich herausgenommen und direkt der Unternehmungsleitung unterstellt (vgl. Abb. 105). Damit erreichen die Produktmanager zwar eine stärkere Betonung, bei fehlenden Kompetenzen und zumeist starker traditioneller Betonung der hierarchisch aufgebauten und abgegrenzten Verrichtungsbereiche bleiben die Schwächen bzw. Probleme dieser Lösung allerdings erhalten.

4.214.212 Eingliederung des Absatzes in das Objektmodell

Das Objektmodell ist der typische Organisationsfall der Mehrproduktunternehmung mit differenziertem Produktprogramm. Steht bei der Verrichtungsgliederung die Realisierung fertigungswirtschaftlicher Synergien im Vordergrund, so dominieren hier Produkt- und Marktaspekte. Allerdings ergeben sich dabei Harmonisationsprobleme hinsichtlich gleichartiger (Absatz-)Verrichtungen in den einzelnen Objektbereichen. Das Ausmaß dieser Harmonisationsprobleme und die Art der dabei anzustrebenden strukturellen Lösungen können allgemein auf den Grad absatzwirtschaftlicher Verbundwirkungen bzw. Affinitäten zurückgeführt werden.

Liegen geringe absatzwirtschaftliche Verbundwirkungen bezüglich Distribution, Produkt und Markt vor, so können entsprechend dem Grundmodell sämtliche Absatzfunktionen dezentral innerhalb der Objektbereiche erfolgen (vgl. Abb. 106).

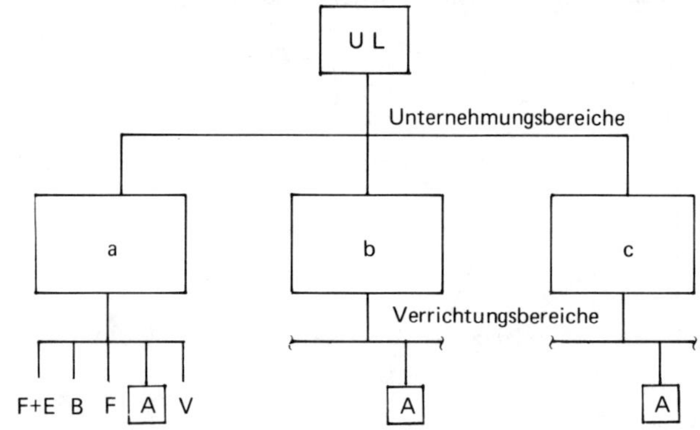

Abb. 106: Dezentrale Eingliederung des Absatzes in das Objektmodell

Bei mittleren absatzwirtschaftlichen Affinitäten empfiehlt es sich, die dezentral-autonomen Marketing-Lösungen durch eine Zentralabteilung Absatz auf der Ebene der Unternehmungsleitung zu harmonisieren. Aufgabe der zentralen Absatzabteilung ist es, ein geschlossenes Auftreten der Unternehmung auf ihren Absatzmärkten zu erreichen (vgl. Abb. 107).

Im Falle hohen absatzwirtschaftlichen Verbundes (z. B. wenn die den Objektbereichen zugehörigen Produkte nicht isolierte Einheiten sondern Teile einer komplexen, die Objektbereiche übergreifende Problemlösung darstellen) ist die Möglichkeit einer verwenderdifferenzierten Lösung zu prüfen. Insbesondere dann, wenn sich die Probleme

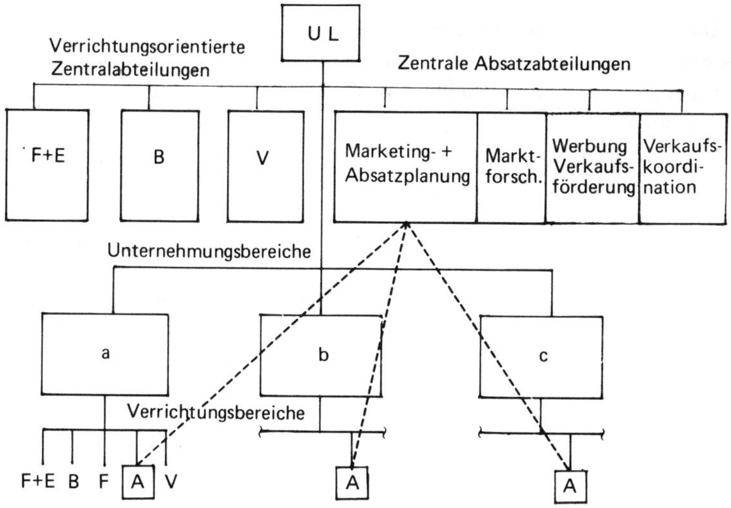

Abb. 107: Zentrale Eingliederung des Absatzes in das Objektmodell

innerhalb der Verwender bzw. Verwendergruppen sehr ähnlich, zwischen den Verwendergruppen aber sehr unähnlich sind, kann auf die in Abb. 108 gezeigte Struktur zurückgegriffen werden.

Eine besondere Problematik bietet die Eingliederung regional gebundener Verkaufshäuser, -niederlassungen, -büros u. ä., die vor Ort nicht nur den Verkauf in einer Region direkt oder indirekt vornehmen bzw. steuern, eine Reihe von Serviceleistungen für die dort ansässigen Kunden (Betreuung, Beratung, Vorführungen, Reparaturen usw.) erbringen und eine Lagerungs- (insbes. Ersatzteillagerhaltung) und Versandfunktion (bis hin zum Inkasso) für die jeweilige Region übernehmen können. Ähnlich gelagert sind häufig Vertriebs- (Tochter- oder Beteiligungs-)Gesellschaften von regionalem Zuschnitt. Regionale Verkaufsstellen sind deshalb schwierig in ein Objektmodell einzuordnen, weil sie im Regelfall das gesamte Programm einer Unternehmung in der

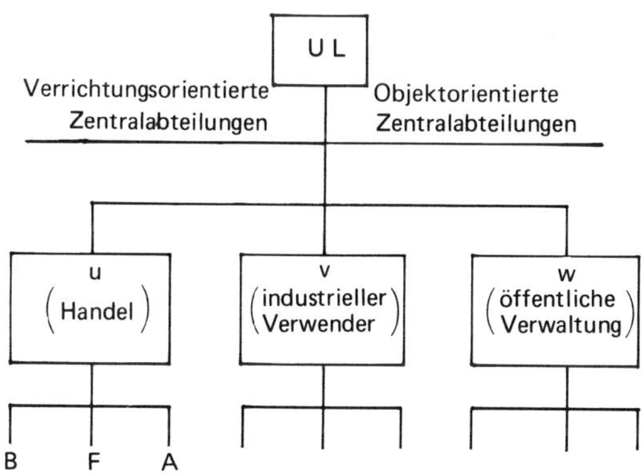

Abb. 108: Kundengruppenbezogene Strukturierung des Absatzes

jeweiligen Region an alle Kundengruppen anbieten und sich deshalb kaum einem einzelnen produkt- oder kundengebundenen Unternehmungsbereich zuordnen und angliedern lassen. Die folgenden Lösungsmöglichkeiten für eine *Eingliederung regionaler Verkaufsstellen* in ein Objektmodell finden sich in der Wirtschaftspraxis:

(1) Mandatsmäßige Zuordnung zu einem Objektbereich.

In den einzelnen Regionen können gleichzeitig dominante Absatzschwerpunkte für bestimmte Produkte (z. B. der Produktbereich „Schiffahrtsausrüstung" wickelt 80 % seines Umsatzes über das Verkaufsbüro Hamburg ab, der Kundenbereich „Versicherungen" wickelt 70 % seines Umsatzes über das Verkaufsbüro München, der Kundenbereich „Banken" 75 % seines Umsatzes über das Verkaufsbüro Frankfurt ab) vorhanden sein, die eine Zuordnung dieser regionalen Verkaufsbüros zu einem Objektbereich rechtfertigen.

(2) Ausgliederung und Zuordnung zum zentralen Absatz.

Die einzelnen regionalen Verkaufsstellen werden neutralisiert dem zentralen Absatz zugeordnet. Die einzelnen Objektbereiche bedienen sich dieser regionalen Absatzressourcen in zweifacher Form:

(a) Die Verkaufsstellen unterstehen fachlich und disziplinarisch dem zentralen Absatz; die direkte Einwirkungsmöglichkeit der Objektbereiche auf die Außenorganisation ist dann recht gering: sie ist vorwiegend über eine Harmonisation zwischen dezentralen, objektgebundenen Absatzabteilungen und der zentralen Absatzleitung möglich.

(b) Innerhalb der einzelnen Verkaufsstellen unterstehen einzelne objektspezifische Verkaufsorgane den produkt- oder kundengebundenen Absatzabteilungen der Unternehmungsbereiche. Lediglich die Leitung der regionalen Verkaufsstellen und die dortigen Serviceeinrichtungen (Lager, Versand, Verwaltung) werden dem zentralen Absatzbereich („Hausherrenfunktion" der Vertriebsstellenleitung vor Ort – ohne operative Verkaufskompetenzen) unterstellt (vgl. Abb. 109).

4.214.213 Eingliederung des Absatzes in das Regionalmodell

Im folgenden wird der Fall einer international tätigen Unternehmung betrachtet, deren organisatorisches Totalmodell sich am Regionalprinzip orientiert. Dabei wird jede Region einen eigenen Absatzbereich aufweisen, dessen Einordnung davon abhängt, welches Gliederungskriterium (Verrichtung, Objekt, Region) auf der Ebene unterhalb der Regionaldifferenzierung zur Anwendung kommt. Abb. 110 zeigt den Fall einer nachfolgenden Objektgliederung:

Im Falle eines weltweit differenzierten Produktprogrammes steht die Ausrichtung aller Unternehmungsaktivitäten, insbesondere der Absatzaktivitäten, auf die besonderen regionalen Belange im Mittelpunkt. Die Anwendung des Regionalmodells schafft dann die Möglichkeit, absatz- bzw. marketingpolitische Konzeptionen produktgruppenspezifisch regional zu harmonisieren. Diese Betonung der Produktbelange – ausgedrückt

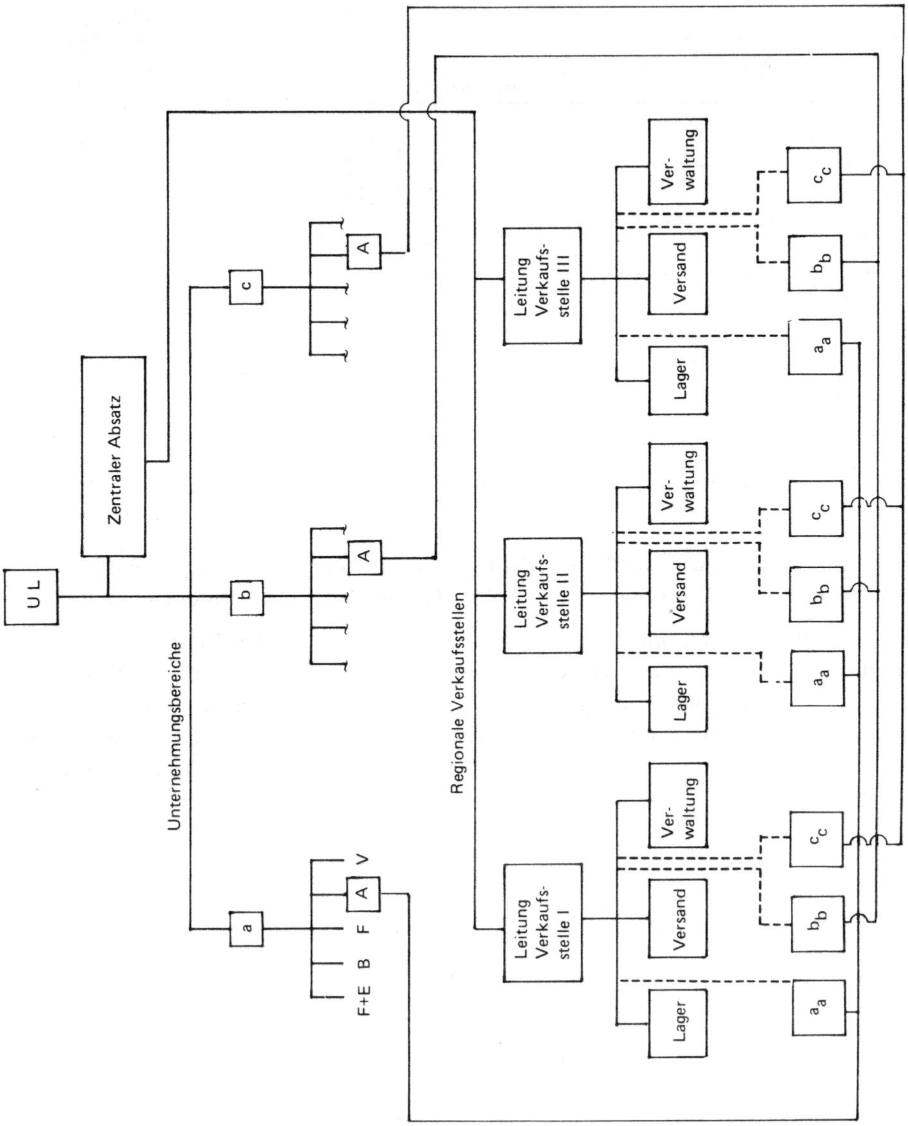

Abb. 109: Anbindung von Objektverkaufsgruppen in den regionalen Verkaufsstellen an die Objektbereiche bei Unterstellung der Leitung der Verkaufsstellen und ihrer Service-Einheiten unter den zentralen Absatz

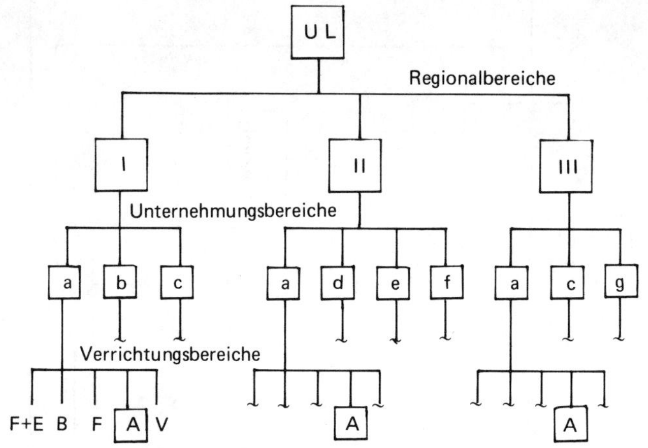

Abb. 110: Eingliederung des Absatzes in das Regionalmodell

durch Objekt- (Partial-)modelle unterhalb der Regionaldifferenzierung – entfernt die Absatzbereiche in den Regionen weit von der Gesamtführung der Unternehmung.

Das Ausmaß an Autonomie, das die Unternehmungsführung den Regionen einräumt, entscheidet darüber, inwieweit eine Re-Zentralisation einzelner Absatzfunktionen durch Zentralabteilungen erfolgt. Je heterogener die Regionen in ihren absatzpolitischen Gegebenheiten sind, desto eher wird sich die Harmonisation der Absatzfunktionen auf die Ebene der Regionen beschränken. In diesem Fall erfolgt eine Harmoni-

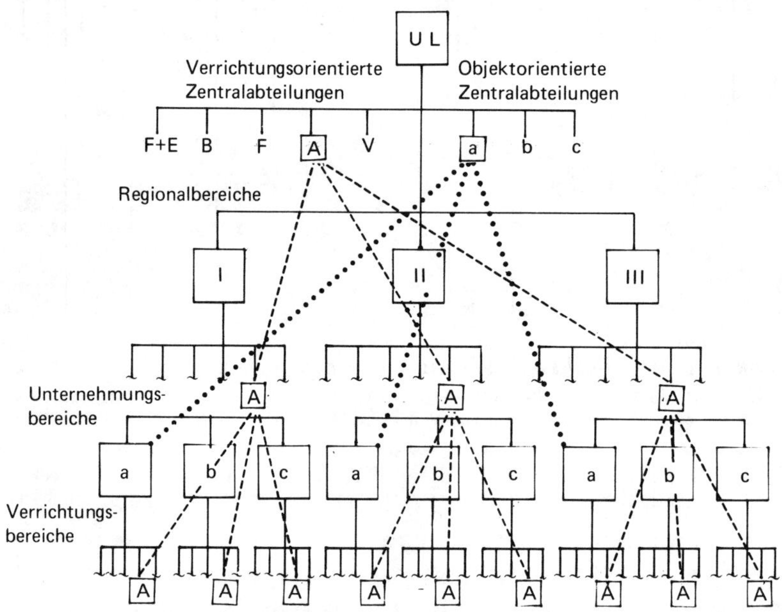

Abb. 111: Eingliederung des Absatzes in das Regionalmodell mit zentralen Verrichtungs- und Objektstellen

sation durch verrichtungsorientierte Absatz-Zentralabteilungen nur innerhalb einzelner Regionen. Eine weitergehende Steuerung der Absatzaktivitäten kann entweder durch ein „weltweites Produkt-Management" erfolgen oder durch den Ausbau der Absatzzentralabteilungen bis hin zur Ebene der Unternehmungsführung (vgl. Abb. 111).

4.214.22 Eingliederung in mehrdimensionale Totalmodelle der Organisation

4.214.221 Eingliederung des Absatzes in ein Verrichtungs-Objekt-Matrixmodell

Die Eingliederung des Absatzes in ein nach Verrichtungs- und Objektaspekten simultan und gleichgewichtig differenziertes Organisationsmodell kann folgendes Aussehen annehmen:

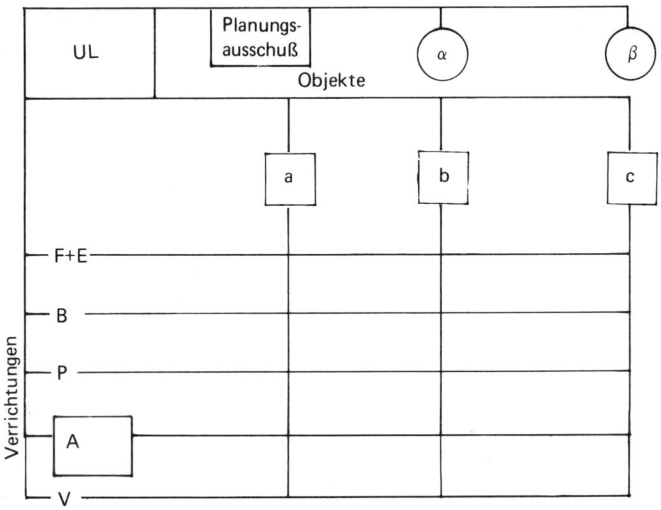

Abb. 112: Eingliederung des Absatzes in das Verrichtungs-Objekt-Matrixmodell

Dabei obliegen den Produktmanagern der Objektachse die (strategischen) Aufgaben der Produktkonzeption und -positionierung im Markt. Den Verrichtungsmanagern dagegen unterstehen die operativen Bereiche (Werbung und Verkaufsförderung, Fertiglager, Versand) und die Servicebereiche (Marktforschung, Verkaufsschulung etc.). Infolge der überlagernden Weisungssysteme kann der Produkt-Manager die Einheiten des operativen Bereiches nur auftragsbezogen aktivieren, d. h. das „was" und „wann" der Aufgabenerfüllung bestimmen. Die Fachgebundenheit der Ressourcen verbleibt in den Verrichtungsbereichen. Dadurch gelangt die absatzpolitische Gestaltungsautonomie des Produkt-Managers zu anderen Objektbereichen in eine Situation des Wettbewerbs um die knappen Ressourcen der Verrichtungsbereiche.

Die Inanspruchnahme der Service-Leistungen durch die Objektbereiche kann entweder zwingend festgelegt sein: Service-Leistungen dürfen zu speziellen Fragestellungen nur dann extern bezogen werden, wenn das qualitative und quantitative Problemlösungspotential der unternehmungseigenen Service-Abteilungen hierzu nicht in der Lage ist; oder aber den Objektbereichen ist die Inanspruchnahme der Service-Leistungen freigestellt; sie werden auf die internen Leistungen verzichten, sofern sie die gleichen Leistungen extern zu günstigeren Bedingungen beziehen können. Um die Verrichtungs- und Objektbereiche abzustimmen, ist ein Planungsausschuß zu institutionalisieren. Der Planungsausschuß nimmt bereichsübergreifende Querschnittsaufgaben wahr und setzt sie projekthaft (im Falle zeitlich befristeter Aufgaben) oder dauerhaft (Daueraufgaben) um. Projekt- und Daueraufgaben stehen deshalb nicht im Verhältnis gegenseitiger Ausschließlichkeit, sondern oftmals im Verhältnis beiderseitiger Ergänzung: Projektaufgaben werden zu Daueraufgaben, Daueraufgaben werden zu Projektaufgaben. Um einen planvollen Zutritt zu einem bislang nicht bearbeiteten Markt vorzunehmen, werden Projektgruppen gebildet, die den Marktzutritt von der Produktentwicklung, der Testmarkterprobung bis zur abschließenden Beurteilung vorbereiten. Mit dem Eintritt in den gesamten Markt finden die Projektaufgaben ihren Abschluß; die neue Marktaufgabe wird zur Daueraufgabe, die sich beispielsweise als eigene Division in einem Verrichtungs-Objekt-Matrixmodell institutionalisiert.

Um einen planvollen Marktrückzug (beispielsweise Auflösung einer Division) durchzuführen, können ebenfalls Projektgruppen gebildet werden, die sich die Erfüllung so verschiedener Aufgaben wie der Liquidation, der Wiederverwendung oder der Verschrottung der Anlagen, der Personalumschulung, der Einlagerung und Bereitstellung wichtiger Ersatzteile auch über den Tag des Marktrückzuges hinaus zum Ziel setzen.

4.214.222 Eingliederung des Absatzes in ein Tensormodell

Die Eingliederung des Absatzes in ein dreidimensionales Tensormodell führt auch zu einer Dreidimensionalität innerhalb des Absatzbereiches: Die einzelnen Abteilungen sind disziplinarisch an die jeweiligen Regionen, fachlich an die Verrichtungsdimensionen und auftragsbezogen an die Objektbereiche gebunden. Die Marketing-Service-Abteilungen können sowohl von den Produkt- als auch von den Regional-Leitern in Anspruch genommen werden. Ein Planungsausschuß dient dazu, die Verrichtungs-, Objekt- und Regionalbereichsplanungen abzustimmen.

Literaturhinweise zu Abschnitt 4.214

Alewell, Karl: Absatz, Organisation. In: Handwörterbuch der Organisation. Hrsg. von Erwin Grochla, 2., völlig neu gestaltete Auflage, Stuttgart 1980, Sp. 30–42.

Alwell, Karl: =Koppelung=
Die Koppelung des Systems Unternehmung mit dem Umsystem, dargestellt am Beispiel des Absatzsystems. In: Zeitschrift für Organisation (40) 1971, S. 178–188.

Altfelder, Klaus: Einflüsse des Marketing auf die Betriebsorganisation in der Investitionsgüter-Industrie (mit III Fallstudien). In: Zeitschrift für Organisation (39) 1970, S. 237–241; S. 301–305; S. 372–374.

Ames, Charles B.: Dilemma of product / market management. In: Harvard Business Review (49) 1971; Nr. 2, S. 66–74.
Barth, Hartmund: Die Absatz- und Marketingorganisation der Unternehmung. Zürich. Frankfurt/Main 1976.
Bidlingmaier, Johannes: =Marketingorganisation=
Marketingorganisation. In: Die Unternehmung (27) 1973, S. 133–254.
Bidlingmaier, Johannes: Marketing (2 Bände) Reinbek bei Hamburg 1973.
Corey, Raymond und Steven H. Star: Marktorientierte Unternehmensplanung. Theorie – Fallstudien. Essen 1973.
Ehrlinger, Erich: Kundengruppen-Management. In: Die Betriebswirtschaft (39) 1979, S. 261–273.
Fischer, A. J.: Marketing-Organisation. In: Management-Enzyklopädie, Bd. 4 München 1971, S. 383–413.
Hill, Wilhelm: =Marketing=
Marketing, 2 Bände, 3. Aufl. 1973.
Koppelmann, Udo und Wolfgang Paass: Zum Konzept des Produktmanagements. In: Wirtschaftswissenschaftliches Studium (6) 1977, S. 559–566.
Kotler, Philip: =Marketing=
Marketing-Management. Analyse, Planung und Kontrolle. Deutsche Übersetzung der zweiten Auflage von Heidi Reber und Gerhard Reber. Stuttgart 1974.
Lazo, Hector und Arnold Corbin: =Marketingabteilung=
Management in Marketing. Text and Cases. New York, London et al. 1961.
Meffert, Heribert: =Absatzorganisation=
Absatzorganisation. In: Handwörterbuch der Betriebswirtschaft. 4. Auflage. Hrsg. von Erwin Grochla und Waldemar Wittmann. Stuttgart 1974, Bd. 1, Sp. 51–63.
Meffert, Heribert: =Produktmanagement=
Produktmanagement: Funktionen und organisatorische Eingliederung. In: Das Wirtschaftsstudium (WISU) (8) 1979, Teil I, S. 120–125.
Meffert, Heribert: Die Einführung des Kundenmanagements als Problem des geplanten organisatorischen Wandels. In: Humane Personal- und Organisationsentwicklung. Festschrift für Guido Fischer. Hrsg. von Rolf Wunderer. Berlin 1979, S. 285–320.
Melitor, Hans-Joachim: Die Spartenorganisation im Marketing. In: Handbuch Organisation. Hrsg. von Peter Linnert. Gernsbach/Baden 1975, S. 180–188.
Schwarz, Horst und Mitarbeiter: Betriebsorganisation als Führungsaufgabe. Organisation – Lehre und Praxis. 8. Auflage. München 1977.
Senkel, Klaus: =Organisation=
Organisation des Marketing. In: Organisationsleiterhandbuch. Hrsg. von Alfred Degelmann in Zusammenarbeit mit dem Rationalisierungs-Kuratorium der Deutschen Wirtschaft. 2. Auflage. München 1972, S. 1074–1116.
Wild, Jürgen: Produkt-Management (Ziele, Kompetenzen und Arbeitstechniken des Produktmanagers). München 1972.
Zimmermann, Gerd B.: =Kundengruppen=
Kundengruppen-Management. In: Marketing-Handbuch. Hrsg. von G. Poth. München 1978. Teillieferung vom 20.3.1978, S. 1–24.

4.215 Verwaltung

Gegenüber den primären Verrichtungen der Forschung und Entwicklung, Beschaffung, Fertigung und des Absatzes stellt die Verwaltung auf sekundäre Verrichtungen ab, deren Notwendigkeit sich aus der Sicherung und Erhaltung der im Rahmen primärer Verrichtungen eingesetzten Ressourcen ergibt. Hierzu werden im einzelnen objektspezifische Verwaltungskenntnisse einsetzbar, welche nur in den seltensten Fällen zu einer pauschalen Ausgliederung eines undifferenzierten Verwaltungsbereiches führen (wie es bislang bei den graphischen Darstellungen der Organisationsmodelle angenommen wurde). Vielmehr setzt im Regelfall über eine Gliederungsverkürzung (vgl. Acker

=Stellengliederung= 67 ff.) eine Ausdifferenzierung der Verwaltungsfunktionen nach einigen der folgenden Verwaltungsobjekte ein:

- Anlagenverwaltung (-wirtschaft)
- Personalverwaltung (-wirtschaft)
- Materialverwaltung (-wirtschaft) – wie bereits behandelt –
- Finanzen und Rechnungswesen

Derzeit besitzen von diesen Verwaltungsbereichen zwei eine besondere Bedeutung, so daß lediglich diese hier behandelt werden sollen:

- *Personalwirtschaft*
  aufgrund der besonderen personal- und sozialpolitischen Bedeutung der humanen Ressourcen, welche sich u. a. auch in der Intensität rechtlicher Regelungen niederschlägt (Mitbestimmung, Arbeitsdirektor);
- *Rechnungswesen und Finanzwirtschaft*
  aufgrund der hohen Bedeutung, die einer ökonomischen Steuerung des Betriebsgeschehens (Ökonomität) und der Sicherung eines finanziellen Gleichgewichts in der Liquidität im Rahmen eines unternehmungspolitischen Zielsystems zukommt.

4.215.1 Personalwirtschaft

Grundsätzlich zeigt die Praxis beträchtliche Unterschiede in der organisatorischen Gestaltung des Personalbereiches. Diese Unterschiede beruhen z. T. auf den spezifischen Gegebenheiten der einzelnen Unternehmungen, gründen sich aber auch auf die lange Zeit unzureichende wissenschaftliche Diskussion und empirische Erforschung personalwirtschaftlicher Besonderheiten.

Für die Innen- und Außenstrukturierung der Personalwirtschaft sind neben ihrer unternehmungspolitischen Einordnung durch die Unternehmungsführung insbesondere zwei Faktoren von Gewicht:

- Zum einen lassen sich Aufgaben des Personalbereiches nicht vollkommen im Personalbereich abwickeln. Diese spezifische Unschärfe in der Aufgabenzuweisung und -abgrenzung zeigt sich z. B. im Verhältnis Personalabteilung zu jeweiligen Linienvorgesetzten (vgl. auch Lattmann =Personalwesen= 1430 ff.).
- Zum anderen geben die Zahl und Struktur der in einer Unternehmung beschäftigten Mitarbeiter die Strukturierung der Personalabteilung weitgehend vor. Dabei gilt allgemein, daß mit zunehmender Zahl und Differenzierung der Beschäftigten auch höherwertige, komplexe Strukturmodelle Anwendung finden.

4.215.11 Innenstrukturierung der Personalwirtschaft

4.215.111 Eindimensionale Innenstrukturierung

4.215.111.1 Verrichtungsstrukturierung der Personalwirtschaft

Die Verrichtungsgliederung knüpft an den Tätigkeitsfeldern der Personalabteilung an, ein Grundmodell ist in Abbildung 113 wiedergegeben.

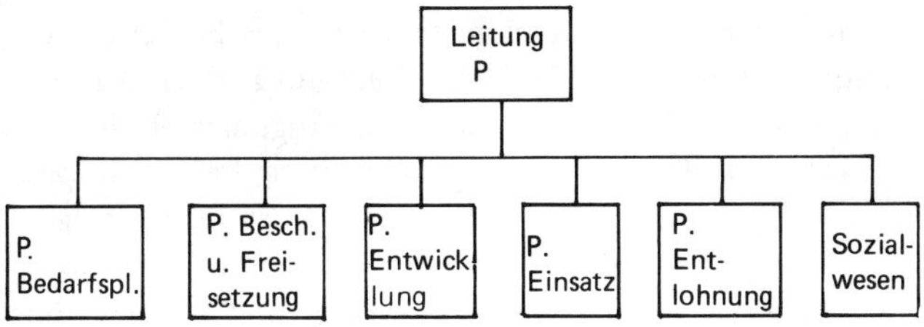

Abb. 113: Verrichtungsorientierte Strukturierung der Personalwirtschaft

Als Vorteile dieser Lösung werden u. a. Spezialisierung und fachlich versierte Aufgabenerfüllung, schnelles Bearbeitungstempo und Anpassungsfähigkeit an (quantitative) Aufgabenänderungen genannt (vgl. Friedrichs =Funktionale Organisation= 132 ff.). Nachteilig können sich Abschottungstendenzen (mangelnde Integration hinsichtlich einheitlicher Personalpolitik), Verwaltungsdenken und die Distanz Mitarbeiter – Personalabteilung auswirken (vgl. Frey =Personalabteilung= 1630).

4.215.111.2 Objektstrukturierung der Personalwirtschaft

Diese Alternative kann an verschiedenen Objekten anknüpfen (vgl. Lattmann =Personalwesen= 1436).

(1) Traditionelle Grobeinteilung in Personalaufgaben für Arbeiter und Angestellte (Artteilung; vgl. Abb. 114).

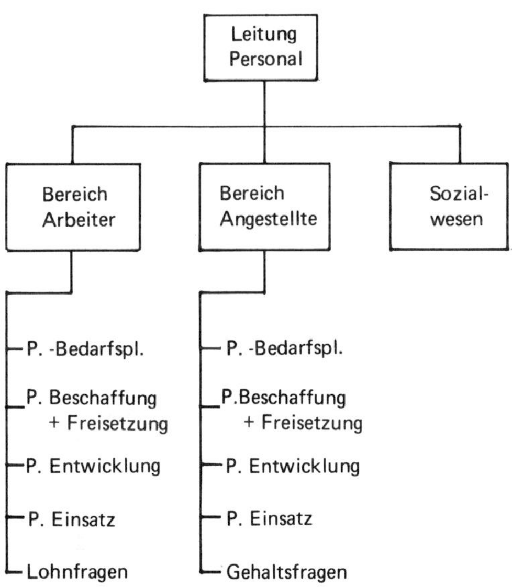

Abb. 114: Objektorientierte Strukturierung der Personalwirtschaft: Traditionelle Gliederung

Diese Form ist heute umstritten. Vorteilhaft ist die angemessene, typische Behandlung der verschiedenen Arbeitnehmergruppen mit durchgängiger Betreuung. Allerdings wird darauf hingewiesen, daß diese traditionelle Trennung keine Berechtigung mehr hat: die ursprünglich maßgeblichen rechtlichen Unterschiede der Behandlung beider Gruppen sind abgebaut, eine gemeinsame Spezialisierung auf Funktionen ist damit möglich geworden (vgl. Potthoff =Personalwesen= 170). Eine Sonderstellung nimmt das Sozialwesen ein, das die Objektgliederung durchbricht. Eine Aufteilung auf die beiden anderen Bereiche erfolgt i.d.R. nicht.

(2) Feineinteilung in Personalaufgaben für einzelne, abgrenzbare Mitarbeitergruppen (Referentensystem).

Als *Artteilung* kann sich diese Auffächerung entweder an Mitarbeitergruppen oder Unternehmungsbereichen orientieren (vgl. Lattmann =Personalwesen= 1436):

- Mitarbeitergruppen, z. B.
  Personaleinheiten für
  - technisch-gewerbliche Mitarbeiter
  - wissenschaftliche Mitarbeiter
  - kaufmännische Mitarbeiter
  - leitende Angestellte
  - spezieller Führungskreis
- Unternehmungsbereiche, z. B.
  Personaleinheiten für
  - Forschung + Entwicklung
  - Beschaffung und Fertigung
  - Absatz
  - Verwaltung

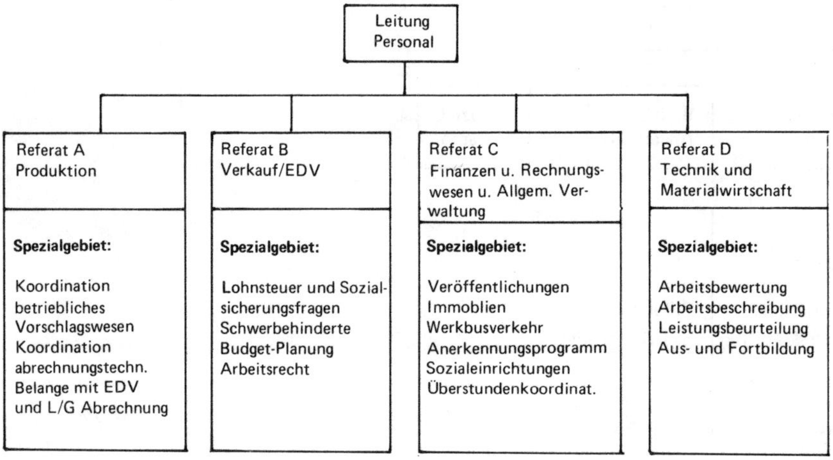

*Abb. 115: Modifiziertes Personalreferentensystem**

* Die einzelnen, mit einem Personalreferenten und einer Personalassistentin besetzten Referate nehmen fast alle Aufgaben einer Personalabteilung wahr. Zusätzlich ist jeder Referent für das jeweils angegebene Spezialgebiet federführend verantwortlich.

Bei einer (wenig üblichen) *Mengenteilung* erfolgt die Auffächerung rein quantitativ, z. B. nach alphabetischer Zuordnung.

Kennzeichen und Vorteil dieses Referentensystems sind die Ausrichtung der Personalarbeit auf bestimmte Gruppen mit eigenen Problemen, die Betreuung des einzelnen Mitarbeiters erfolgt jeweils durch denselben Personalsachbearbeiter. Durch diesen ständigen Kontakt zum Personalreferenten wird Distanz abgebaut und ein persönliches Vertrauensverhältnis möglich. Der Personalreferent erlangt umfassende Kenntnis über die Arbeitsplätze seines Segmentes und kann somit zu einer geschlossenen Personalpolitik beitragen (vgl. Frey =Personalabteilung= 1632; Fischer =Referentensystem=).

Die notwendige Multiplizierung der einzelnen Verrichtungen führt allerdings zur Zersplitterung des funktionsspezifischen Know-hows bei gleichzeitig sehr hohen Anforderungen an das Fachwissen aller Personalreferenten (vgl. auch die Kritik von Friedrichs =Personalführung= 208 f.). Hier bietet sich u. U. eine Matrix-Lösung an (s. u.).

Sofern die Unternehmungsgröße eine derartige Alternative verbietet, kann auf folgende Mischform (Abb. 115) zurückgegriffen werden, die Fischer vorgeschlagen hat (Fischer =Referentensystem= 48).

4.215.111.3 Regionalstrukturierung der Personalwirtschaft

Ähnlich wie bei der Objektstrukturierung orientiert sich die Gliederung hier an den regionalen Tätigkeitsbereichen des Personals, z. B.

- Personal Inland
- Personal übriges Europa
- Personal Nordamerika.

Jede dieser Regionen verfügt über ein eigenes Personalressort und legt die Grundsätze der Personalpolitik fest. Darüberhinaus findet sich zumeist ein zentraler Bereich, der die Personalbetreuung für einen kleineren Kreis international mobiler Führungskräfte und Spezialisten ausübt.

4.215.112 Mehrdimensionale Innenstrukturierung

4.215.112.1 Matrixstrukturierung der Personalwirtschaft

Hier können drei Unterfälle unterschieden werden, die in den folgenden Abbildungen 116, 117, 118 dargestellt werden.

Die Alternative Verrichtungs-Objekt-Matrixstrukturierung knüpft an der eindimensionalen Objektstrukturierung an und greift das Referentensystem auf. Dessen Vorteile – konstante Betreuung und gleichbleibender Ansprechpartner für die Mitarbeiter – bleiben erhalten. Die Personalreferenten können in diesem Modell auf das funktionsgebundene Know-how der verrichtungsorientierten Spezialisten zurückgreifen. Diese Lösung bietet sich ebenso wie die folgenden beiden für Unternehmungen mit hoher und differenzierter Beschäftigtenzahl an.

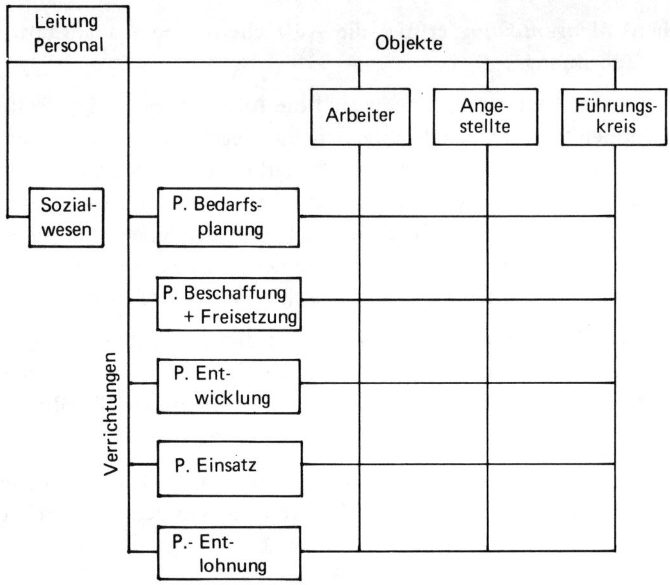

Abb. 116: Verrichtungs-Objekt-Matrixstrukturierung der Personalwirtschaft

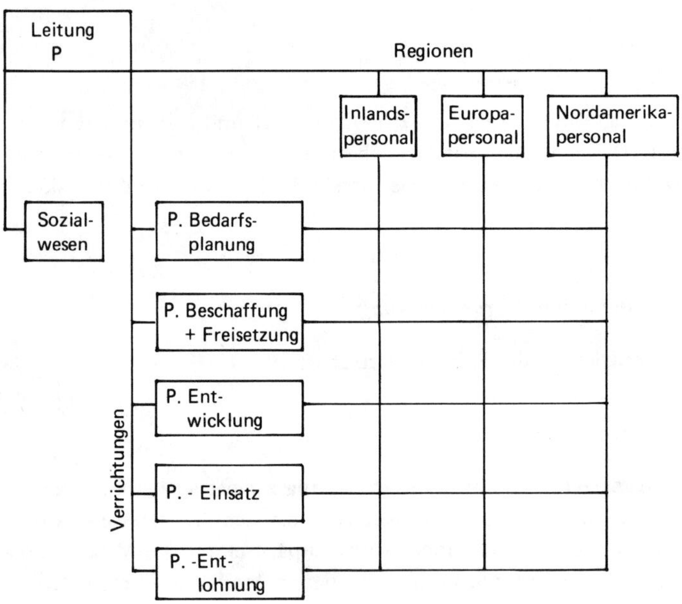

Abb. 117: Verrichtungs-Regional-Matrixstrukturierung der Personalwirtschaft

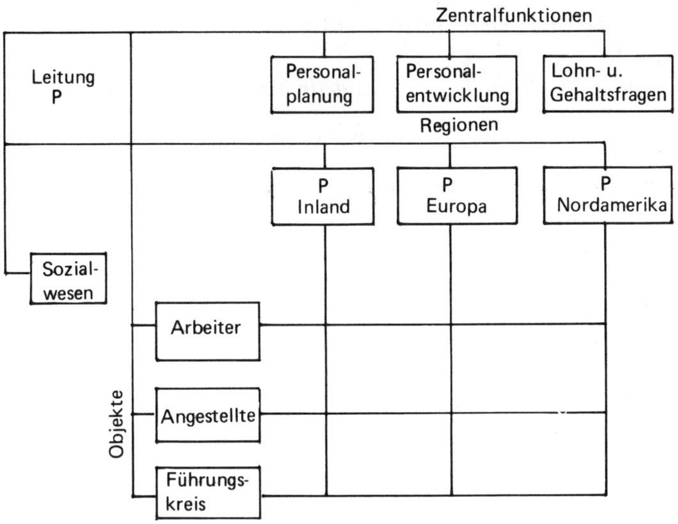

Abb. 118: Objekt-Regional-Matrixstrukturierung der Personalwirtschaft

4.215.112.2 Tensorstrukturierung der Personalwirtschaft

Im Tensormodell erfolgt eine gleichrangige Berücksichtigung der Dimensionen Mitarbeitergruppen, Regionen und Personalverrichtungen (vgl. Abb. 119). Dabei kommt es zu teamhaften Formen der Zusammenarbeit. In der Regel wird der Regional-Referent Ansprechpartner des Mitarbeiters sein und umgekehrt Grundsätze und Personalplanung dem Mitarbeiter gegenüber vertreten.

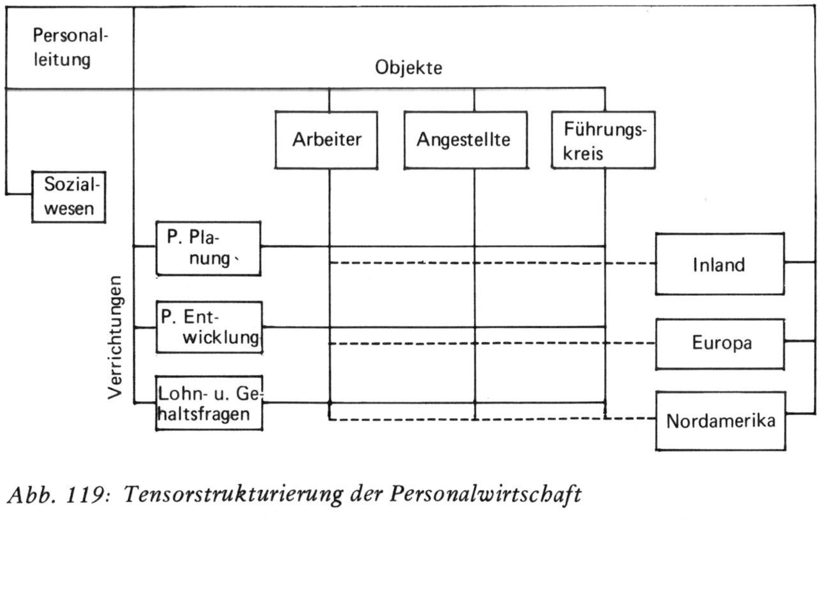

Abb. 119: Tensorstrukturierung der Personalwirtschaft

4.215.12 Außenstrukturierung der Personalwirtschaft

4.215.121 Eingliederung in eindimensionale Totalmodelle der Organisation

4.215.121.1 Eingliederung der Personalwirtschaft in das Verrichtungsmodell

Im Verrichtungsmodell steht der Personalbereich neben Finanzen und Rechnungswesen gleichrangig zu den übrigen funktionalen Bereichen (Abb. 120). Diese Regelung entspricht der besonderen Bedeutung der Personalwirtschaft im Rahmen der Unternehmungspolitik und ist mitbestimmungsgesetzlich inform des „Arbeitsdirektors" kodifiziert (vgl. die empirische Untersuchung von Bisani =Personalwesen=). Je nach Unternehmungsgröße wird die Personalabteilung zu einer mehr zentralen oder eher dezentralen Lösung neigen. Bei hoher Beschäftigtenzahl und differenzierter Produkt- und Standortstruktur finden sich in den einzelnen Bereichen dezentrale Personaleinheiten, die fachlich ihrer Zentrale unterstehen und disziplinarisch zumeist den Verrichtungseinheiten zugeordnet sind (beispielsweise ist die Personalstelle Fertigung dem Fertigungsleiter unterstellt, erhält ihre fachlichen Anweisungen aber durch die zentrale Personalabteilung).

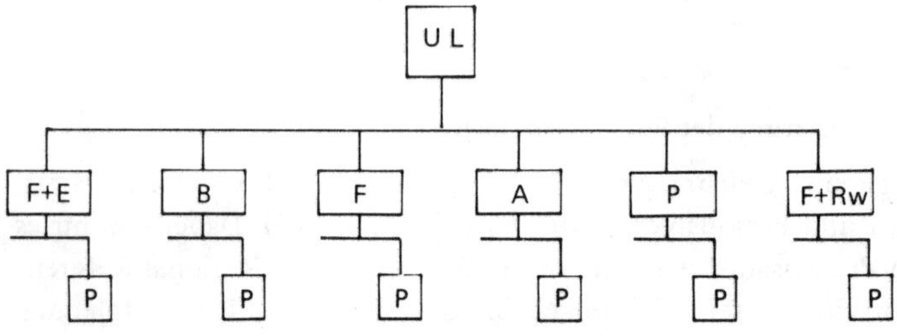

Abb. 120: Eingliederung der Personalwirtschaft in das Verrichtungsmodell

4.215.121.2 Eingliederung der Personalwirtschaft in das Objektmodell

Das Objektmodell weist i.d.R. die Personalwirtschaft als Zentralbereich neben den übrigen verrichtungsorientierten Zentralabteilungen aus (vgl. Abb. 121). Den einzelnen Objektbereichen (Sparten/Divisions) sind ebenfalls dezentrale Personalstellen zugeordnet, die „vor Ort" für die Belange des Personals verantwortlich zeichnen. Hier stellt sich die Frage, wie die Kompetenzabgrenzung von Personalstellen untereinander und in ihrem Verhältnis zur Spartenleitung vorzunehmen ist. Je dezentraler personalwirtschaftliche Kompetenzen in der Unternehmung verteilt sind, desto höher ist die Autonomie der Objektbereiche hinsichtlich einer eigenständigen Personalpolitik (disziplinarische Zuordnung der Personalstelle unter die Spartenleitung). In einem solchen, dezentralisierten Fall beschränkt sich die Zentrale auf das servicehafte Bereitstellen von spezialisiertem Know-how (beispielsweise bei arbeitsrechtlichen Problemen). Allgemein aber wird den Fliehkräften der Spartenorganisation auch dadurch entgegenzuwirken versucht, daß die zentrale Personalabteilung für die geschlossene Konzeption einer gesamtunternehmungsbezogenen Personalpolitik Kompetenzen und Verantwortung übernimmt (z. B. Kaderentwicklung „world wide"; vgl. auch Friedrichs =Personalführung= 214 f.).

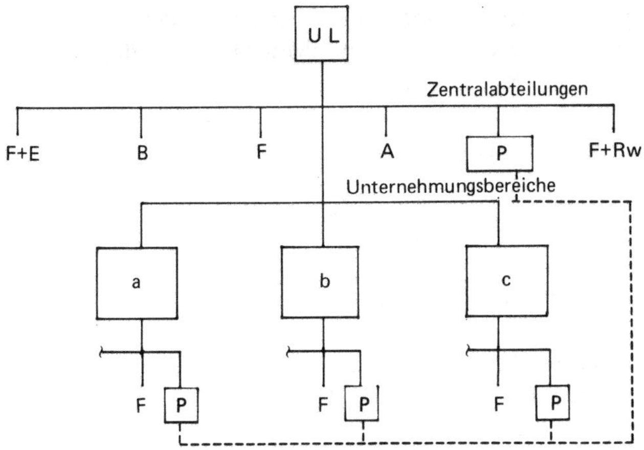

Abb. 121 a: Eingliederung der Personalwirtschaft in das Objektmodell: Objektbereichsgebundene Fertigung

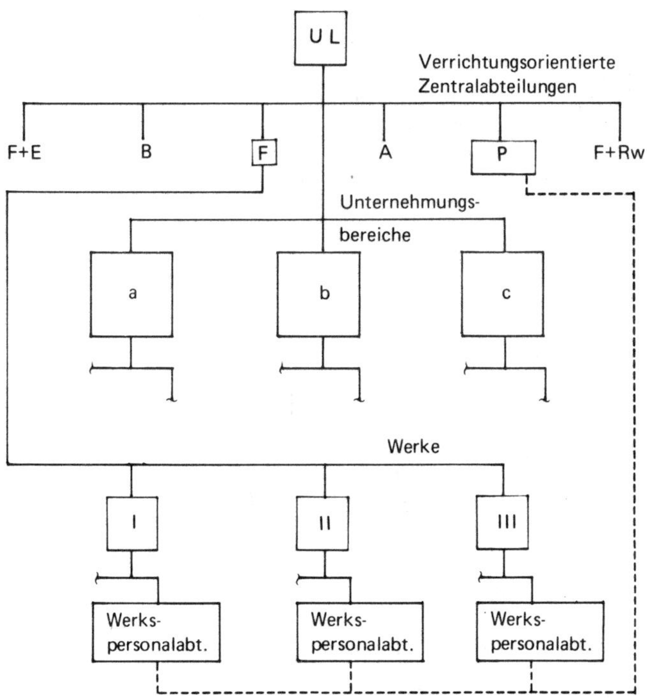

Abb. 121 b: Eingliederung der Personalwirtschaft in das Objektmodell: Objektbereichsungebundene Fertigung mit Gesamtbetriebsorganisation

Die einzelnen verrichtungsorientierten Zentralstellen neben der Personalzentralabteilung können dabei grundsätzlich die Erledigung ihrer Personalaufgaben der zentralen Personalabteilung überlassen oder diese selbst dezentral einer eigenen Personalstelle zuordnen. Im letzteren Falle wird eine Querschnittskoordination dieser Personalstellen in den Verrichtungszentralen durch die Personalzentralabteilung erforderlich, es kommt faktisch zu einer Matrixlösung auf dieser Ebene.

4.215.121.3 Eingliederung der Personalwirtschaft in das Regionalmodell

Den Regelfall einer gemischt zentral-dezentralen Lösung gibt Abbildung 119 wieder. Der Zentralbereich Personal trägt vorrangig die Verantwortung für die Erarbeitung und Umsetzung einer einheitlichen Personalpolitik, während die eigentliche Ausübung der Personalfunktionen vor Ort in den Regionen erfolgt. Bei international tätigen Unternehmungen wird der Zentralbereich Personal insbesondere Grundsätze für die Führungskader bzw. den Führungsnachwuchs erarbeiten und als Service-Stelle für die dezentralen Personalstellen fungieren. Eine disziplinarische Unterstellung der dezentralen Einheiten unter den Zentralbereich Personal wird deshalb regelmäßig nicht gegeben sein. Die Zusammenarbeit erfordert auf fachlicher Basis kollegiale Arbeitsbeziehungen, die auf regionale Unterschiede Rücksicht nehmen müssen. Je nach eingeräumter Autonomie der Regionalbereiche liegt eine fachliche Unterordnung der dezentralen Personalstellen unter die Regionalleitung vor.

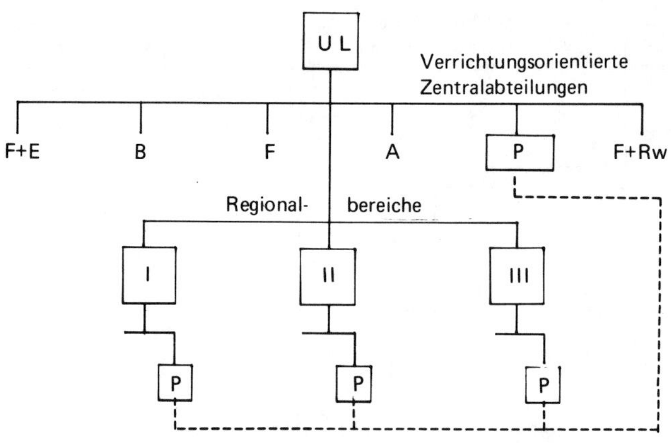

Abb. 122: Eingliederung der Personalwirtschaft in das Regionalmodell

4.215.122 Eingliederung in mehrdimensionale Totalmodelle der Organisation

4.215.122.1 Eingliederung der Personalwirtschaft in ein Matrixmodell

Auch hier lassen sich drei Fälle unterscheiden, die in den folgenden Abbildungen dargestellt sind (vgl. Abb. 123, 124, 125). Bei einer Objekt-Regional-Matrix können dabei die dezentralen Personalstellen sowohl den Produkt- als auch den regionalen Bereichen zugeordnet werden. Da im Regelfall eine stärkere Bindung der Mitarbeiter an die Region besteht (Immobilität) ergibt sich zumeist eine einseitige Anbindung der dezentralen Personalstellen an die regionale Dimension.

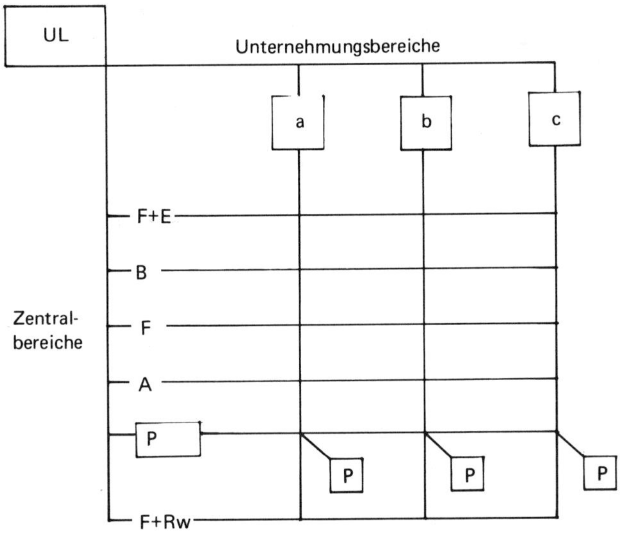

Abb. 123: Eingliederung der Personalwirtschaft in das Verrichtungs-Objekt-Matrixmodell

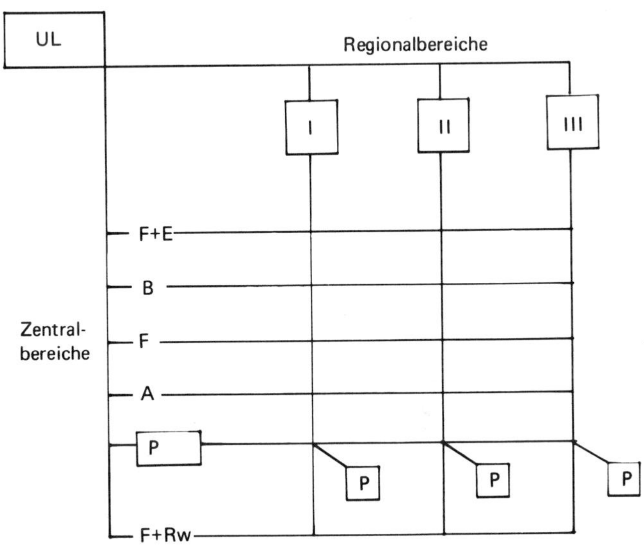

Abb. 124: Eingliederung der Personalwirtschaft in das Verrichtungs-Regional-Matrixmodell

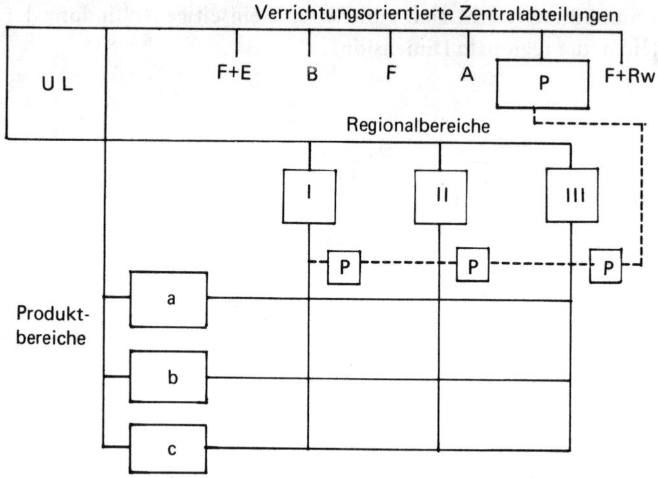

Abb. 125: Eingliederung der Personalwirtschaft in das Objekt-Regional-Matrixmodell

4.215.122.2 Eingliederung der Personalwirtschaft in ein Tensormodell

Die Personalabteilung steht gleichrangig neben den übrigen verrichtungsorientierten Zentralbereichen und vertritt die personalwirtschaftlichen Belange gleichberechtigt mit den Produkt- und Regionalbereichen (vgl. Abb. 126).

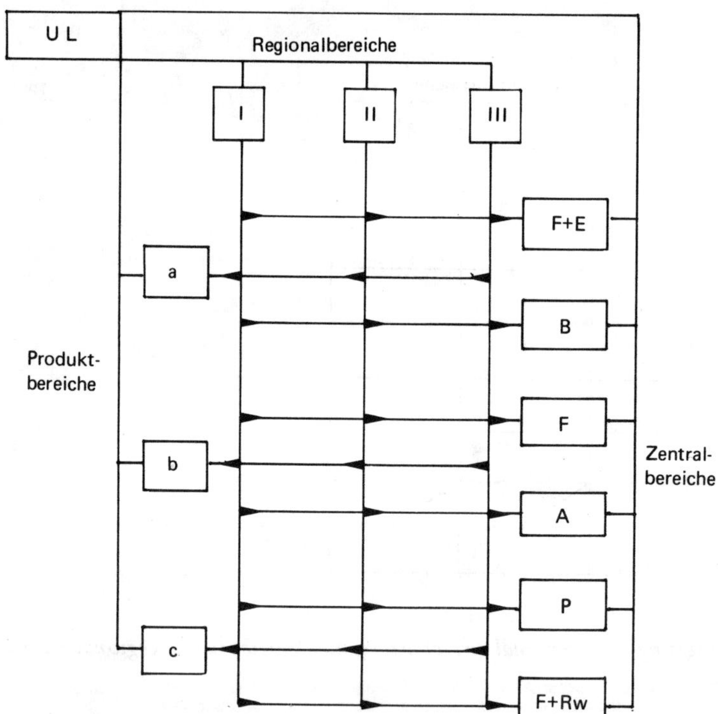

Abb. 126: Eingliederung der Personalwirtschaft in ein Tensormodell

Diese hoch komplexe Strukturierungsalternative ist in praxi kaum erprobt. Da das Tensormodell die hohen Anforderungen mehrdimensionaler Strukturen an die Mitarbeiter besonders deutlich macht, kommt hier der personalwirtschaftlichen Funktion eine wesentliche Ausgleichsrolle zu. Um die Belange der Unternehmungsführung und diejenigen der Mitarbeiter angemessen zu berücksichtigen, wird sich die Personalwirtschaft in ihrer internen Struktur selbst mehrdimensionaler Lösungen bedienen müssen. Bei einer Objekt-Verrichtungsmatrix der Personalwirtschaft stellt sich dann die Frage nach der internen Untergliederung der Objektdimension. Diese Untergliederung kann einmal korrespondieren mit der disziplinarischen Zuordnung des Personals im Gesamtmodell: z. B. wird bei disziplinarischer Unterstellung der Mitarbeiter zu den Produktbereichen die Objektgliederung der Personalwirtschaft ebenfalls nach Produktbereichen erfolgen. Diese Form entspricht dem Referentensystem mit den erwähnten Vorteilen. Andererseits könnte die Aufgliederung der Objektdimension sich an der fachlichen Unterstellung des Personals im Gesamtmodell orientieren. Die Eingliederung der Personalwirtschaft betont dann (im Vergleich zum disziplinarischen Muster) besonders die übergreifende „Querschnitts-harmonisierende“ Rolle der Personalfunktion.

Literaturhinweise zu Abschnitt 4.215.1

Aufgaben und Organisation des Personalwesens. 30 Beispiele aus der betrieblichen Praxis. Hrsg. von der Deutschen Gesellschaft für Personalführung. Neuwied/Berlin 1967.

Acker, Heinrich: =Stellengliederung=
Die organisatorische Stellengliederung im Betrieb. 3. Auflage. Wiesbaden 1973.

Bisani, Fritz: =Personalwesen=
Das Personalwesen in der Bundesrepublik Deutschland. Teil 1: Ergebnisse einer empirischen Untersuchung. Köln 1976.

Fischer, Dieter: =Referentensystem=
Ist das Referentensystem die Personalorganisation der Zukunft? In: Personalwirtschaft 1976, S. 12–15, 48–50, 75–78.

Fischer, Robert: Personalwirtschaft. In: Organisationsleiterhandbuch. Hrsg. von Alfred Degelmann in Zusammenarbeit mit dem Rationalisierungs-Kuratorium der Deutschen Wirtschaft, 2. Auflage. München 1972, S. 1145–1173.

Foulkes, F. K.; H. M. Morgan: Organizing and Staffing the Personnel Function. In: Harvard Business Review (55) 1977, May–June, S. 142–154.

Frey, Helmut: =Personalabteilung=
Wie organisiert man eine Personalabteilung? In: Der Betrieb (24) 1971, S. 1629–1633.

Friedrichs, Hans: =Funktionale Organisation=
Erfahrungen mit der funktionalen Organisation des Personalwesens. In: Personal – Mensch und Arbeit im Betrieb (22) 1970, S. 130–134.

Friedrichs, Hans: =Personalführung=.
Moderne Personalführung. München 1973.

Goossens, Franz: Personalleiter-Handbuch. Kompendium des betrieblichen Personal- und Sozialwesens. 6., neu bearbeitete und erweiterte Auflage. München 1974.

Hentze, Joachim: Personalwirtschaftslehre I. Bern und Stuttgart 1977.

Kolb, M. und J. Staude: Organisation der Personal- und Sozialabteilung. In: Reihe Fachkaufmann für das Personalwesen. Hrsg. von Eduard Gaugler u. a. Wiesbaden o. J. (1977).

Lattmann, Charles: =Personalwesen=
Organisation des Personalwesen. In: Handwörterbuch des Personalwesens. Hrsg. von Eduard Gaugler. Stuttgart 1975, Sp. 1427–1442.

Potthoff, Erich: Personalwesen, Organisation des. In: Handwörterbuch der Organisation. Hrsg. von Erwin Grochla. Stuttgart 1969, S. 1296–1305.

Potthoff, Erich: =Personalwesen=
Betriebliches Personalwesen. Berlin, New York 1974.

4.215.2 Finanzen und Rechnungswesen

Der Bereich des Finanz- und Rechnungswesens umfaßt allgemein diejenigen Aktivitäten, mit denen reale und nominale Mengen- und Wertbewegungen in der Unternehmung und zwischen ihr und Umwelt dokumentiert und vorbestimmt werden. So kann mit Hilfe der *Finanzrechnung* die Sicherung des finanziellen Gleichgewichtes und damit die Erhaltung des Liquiditätszieles der Unternehmung überprüft werden. Die *Erfolgsrechnung* und die *Kosten- und Leistungsrechnung* liefern dagegen wesentliche Aussagen über den Erreichungsgrad der unternehmerischen Formalziele. Diese Aufgabenfelder lassen sich unter dem Aspekt ihrer präsituativen Gestaltung durch vorausschauende planerische Bezüge zur finanziellen Unternehmungsführung zusammenfassen. Sie bieten in ihrer Gesamtheit als *Treasuring* und *Controlling* wiederum unterschiedliche Ansatzpunkte für organisatorische Partialmodelle.

4.215.21 Innenstrukturierung von Finanzen und Rechnungswesen

4.215.211 Eindimensionale Innenstrukturierung

4.215.211.1 Verrichtungsstrukturierung von Finanzen und Rechnungswesen

Bei verrichtungsgebundener Betrachtung können hier wesentliche Aufgabenkomplexe aufgeführt werden, die im Bereich Finanzen und Rechnungswesen anfallen.

1. Aufgaben des Rechnungswesens in seiner *Ermittlungs- und Dokumentationsfunktion:*
   a) *pagatorische Rechnung* („Finanzbuchhaltung")
   Bestands- und Erfolgsrechnung
   b) *kalkulatorische Rechnung*
   („Betriebsbuchhaltung").
2. Aufgaben der *Wirtschaftlichkeitsrechnung und -analyse:*
   Berücksichtigung formalwirtschaftlicher Kriterien bei allen Entscheidungsprozessen in der Unternehmung bei Beachtung von Außenregelungen (z. B. Steuern), d. h. Planung und Kontrolle, Internal Auditing, insgesamt häufig als *Controlling* (C) bezeichnet.
3. *Steuerungsaufgaben* bezüglich der Finanzströme in der Unternehmung sowie zwischen Unternehmung und ihrer Umwelt zur Sicherung des finanziellen Gleichgewichts, d. h. cash management bzw. (inklusiv versicherungswirtschaftlicher Fragen) insgesamt häufig als *Treasuring* (T) bezeichnet.
4. *Verwaltungsaufgaben,* die vorwiegend aus der Sicht der Finanzanlage heraus wahrgenommen werden („Beteiligungen", vgl. dazu Everling =Beteiligungsverwaltung= 435 ff.).

Diese Aufgabenkomplexe mit ihren vielschichtigen Untergliederungen sind aufs engste miteinander verzahnt; firmengeschichtliche Entwicklungen und Branchenspezifika üben einen gewichtigen Einfluß darauf aus und dokumentieren sich in unterschiedlichsten Zusammenfassungen in Abteilungen des Finanz- und Rechnungswesens. Die folgende Abbildung stellt einen globalen verrichtungsorientierten Aufbau dar:

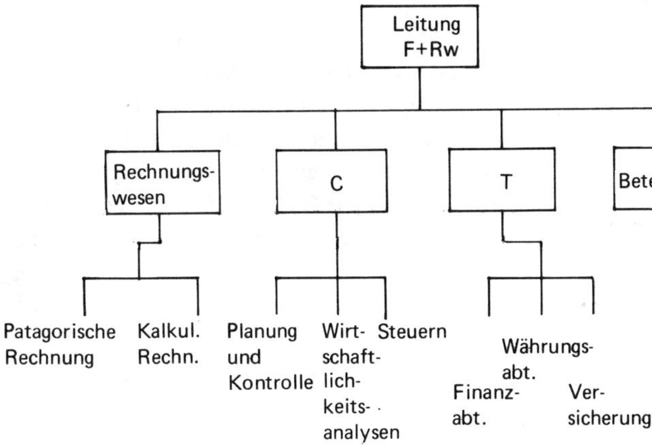

Abb. 127: Verrichtungsorientierte Strukturierung von Finanzen und Rechnungswesen

Im Beispiel führt das Kriterium einer mehr internen bzw. externen Wirtschaftlichkeitsbetrachtung dazu, daß die Betriebsbuchhaltung dem Controlling und die Finanzbuchhaltung dem Treasuring zugeordnet werden. Denkbar und praxisnah ist es auch, Steuern und Beteiligungen in das Treasuring einzuordnen.

Weiterhin kann die spezielle Unternehmungsgeschichte dazu führen, daß der gesamte Bereich organisatorisch in zwei Partialmodelle zerlegt wird, wie dies Abbildung 128 beispielhaft zeigt (zur Abgrenzung von Controlling- und Treasuring-Funktionen vgl. auch Deyhle =Handbuch= 127 f.; Hahn =Konzepte= 4; Hauschildt =Finanzielle Unternehmensführung= 10 ff.; ders. =Finanzvorstand= 169 ff.; Horvath =Controlling= 55 ff.).

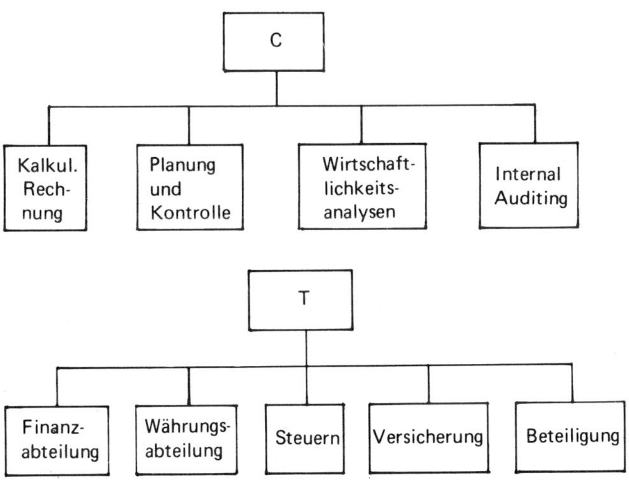

Abb. 128: Verrichtungsorientierte Aufteilung von Finanzen und Rechnungswesen auf Controller und Treasurer

4.215.211.2 Objektstrukturierung von Finanzen und Rechnungswesen

Für das Finanz- und Rechnungswesen mit seinen zentralen, übergreifenden Aufgaben bestehen an sich nur wenige Möglichkeiten einer sinnvollen Gliederung nach Objekten. Beispielsweise können kalkulatorische Rechnung (als dezentrale Betriebsbuchhaltungen in einzelnen Objektbereichen) und Planung und Kontrolle (als dezentrales „begleitendes" Controlling bei einzelnen Objektbereichen) in Grenzen nach diesem Kriterium aufgebaut sein. Bei dem Treasuring-Bereich zeigt sich dagegen bereits deutlich die Tendenz, diesen zentral und geschlossen einzugliedern, da hier Vorteile der zentralen Lenkung von Finanzströmen (Risikoausgleich, spezielles und gebündeltes Know-how) offenbar sind.

4.215.211.3 Regionalstrukturierung von Finanzen und Rechnungswesen

Die oben gemachten Einschränkungen gelten hier analog; bei regional dezentralisierten Landesgesellschaften ist der Aufbau eigener Finanzabteilungen denkbar. Allerdings wird auch diesen relativ begrenzte Autonomie gegenüber den zentralen Lenkungsformen zukommen.

4.215.212 Mehrdimensionale Innenstrukturierung

Eine mehrdimensionale Strukturierung innerhalb des Finanz- und Rechnungswesens erscheint aufgrund der zentral umfassenden Klammerfunktion dieses Bereiches kaum denkbar. So würde beispielsweise durch eine gleichgewichtige Objekt-Verrichtungsmatrix die zentrale Steuerungs- und Lenkungsaufgabe bezüglich aller Finanzströme untergraben. Auf eine weitere Diskussion dieser Strukturalternative wird deshalb verzichtet.

4.215.22 Außenstrukturierung von Finanzen und Rechnungswesen

4.215.221 Eingliederung in eindimensionale Totalmodelle der Organisation

4.215.221.1 Eingliederung von Finanzen und Rechnungswesen in das Verrichtungsmodell

Das Finanz- und Rechnungswesen kann entweder geschlossen als einheitlicher Bereich in das Verrichtungsmodell eingeführt sein (dieser Fall wurde bereits oben vorgestellt) oder aber zentral-dezentral gegliedert im Verrichtungsmodell bestehen. Den zweiten Fall gibt Abbildung 129 wieder.

Während dabei der Bereich des Treasuring zentral eingegliedert ist (zentrale Lenkungsfunktion), zeigt sich für das Controlling eine gemischt zentral-dezentrale Lösung. Jedem Verrichtungsbereich ist hier eine Controlling-Einheit zugeordnet, die für Betriebsbuchhaltung und Planung/Kontrolle zuständig ist. Besonderer Augenmerk muß der Abgrenzung des fachlichen Weisungsweges zukommen. Dabei können sich gravierende Identifikationsprobleme für die Betriebscontroller ergeben: Sie stehen sozusagen zwischen Verrichtungsbereich und Controlling-Zentrale. In der Praxis zeigen sich Lösungen, die den Bereichscontroller fachlich und disziplinarisch dem Zentralcontroller unterstellen; häufiger allerdings wird eine Teilung vorgenommen (fachliche

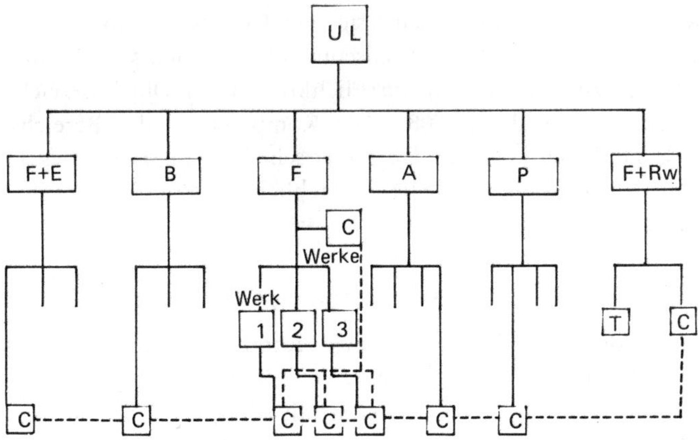

Abb. 129: Eingliederung von Finanzen und Rechnungswesen in das Verrichtungsmodell

Unterstellung Zentralcontroller; disziplinarische Unterstellung Bereichsleiter) (vgl. Hahn =Controlling= 106; vgl. auch Horvath =Controlling= 788). Komplizierter werden diese Zusammenhänge noch bei heterogener Werkstruktur im Fertigungsbereich. Um eine einheitliche Controllingfunktion im Fertigungsbereich sicherzustellen, erfolgt die Eingliederung eines Fertigungscontrollers, der die jeweiligen Werkscontroller koordiniert.

4.215.221.2 Eingliederung von Finanzen und Rechnungswesen in das Objektmodell

Das Finanz- und Rechnungswesen ist grundsätzlich als Zentralbereich eingegliedert. Bezogen auf den Treasuring-Aufgabenkomplex wird damit die entscheidende Koordination und Steuerung der Objektbereiche unterstützt (vgl. Abb. 130). Das Controlling

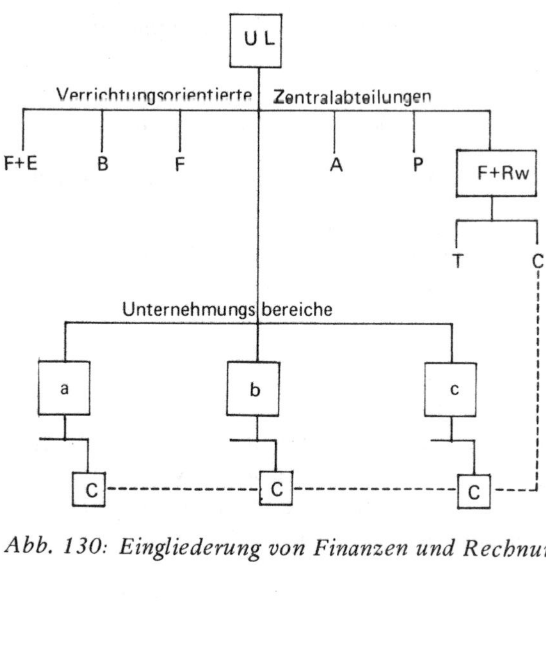

Abb. 130: Eingliederung von Finanzen und Rechnungswesen in das Objektmodell

erfolgt als dezentral-zentrale Lösung. Dabei scheint sich im Gegensatz zum Verrichtungsmodell die Tendenz durchzusetzen, die Bereichscontroller fachlich *und* disziplinarisch dem Zentralcontrolling zu unterstellen, um Fliehkräften der Objektbereiche entgegenzuwirken (vgl. Hahn =Controlling= 108). Die Kompetenzen der Bereichscontroller beschränken sich dann allerdings auf disziplinarische Weisungsrechte gegenüber nachgelagerten Subcontrollern sowie auf lediglich fachliche Beratungsrechte den Divisionsmanagern gegenüber.

4.215.221.3 Eingliederung von Finanzen und Rechnungswesen in das Regionalmodell

Die Eingliederung entspricht der im Objektmodell angedeuteten Lösung. Allerdings werden im Regionalmodell (bei international differenzierter Struktur) Möglichkeiten bestehen, auch den Treasuring-Bereich stärker zu dezentralisieren, um die finanzielle Steuerung stärker an nationalen Gegebenheiten auszurichten (vgl. Abb. 131).

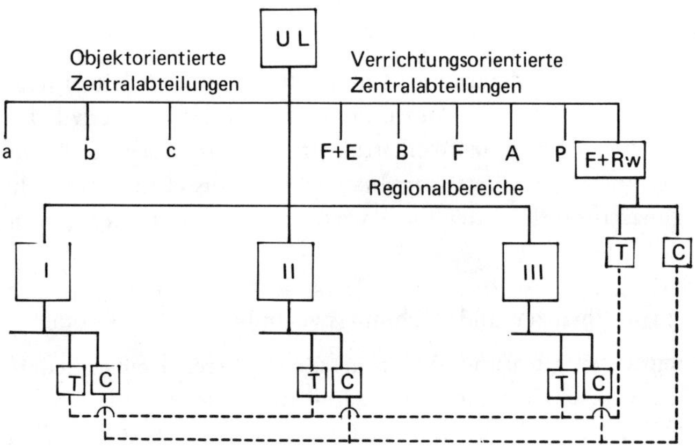

Abb. 131: Eingliederung von Finanzen und Rechnungswesen in das Regionalmodell

4.215.222 Eingliederung in mehrdimensionale Totalmodelle der Organisation

4.215.222.1 Eingliederung von Finanzen und Rechnungswesen in ein Matrixmodell

Die folgenden Abbildungen zeigen die Einbeziehung von Finanzen und Rechnungswesen jeweils in eine Verrichtungs-Objekt-, Verrichtungs-Regional- und Objekt-Regionalmatrix.

Problematisch bei allen diesen Alternativen ist die jeweilige fachliche und disziplinarische Einordnung des Controlling. So kann die Eingliederung der jeweiligen Controllingstellen in die Innendimension der Matrix erfolgen, wobei fachliche Weisungswege zum zentralen Controlling bestehen. Oder aber es kommt zur Etablierung eines eigenen Controlling-Anweisungs- und Berichtswesens außerhalb der Matrix (d. h. Controllingstellen jeweils auf oberster Ebene jeder Matrixdimension) mit entsprechenden fachlichen Beratungswegen für die Innendimension der Matrix.

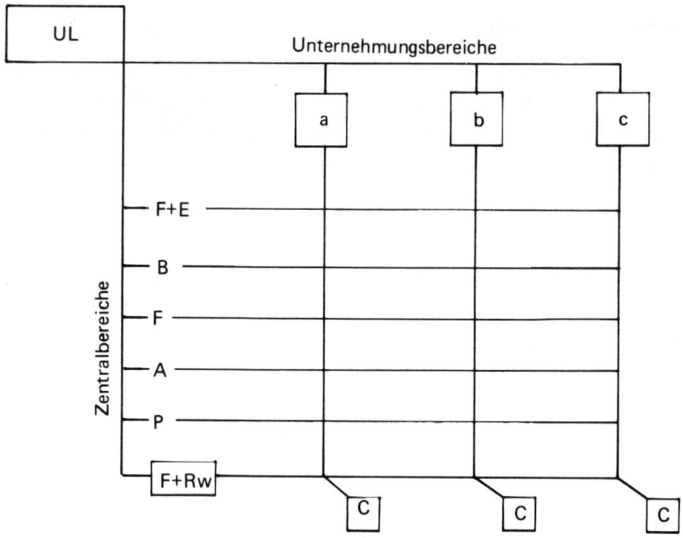

Abb. 132: Eingliederung von Finanzen und Rechnungswesen in das Verrichtungs-Objekt-Matrixmodell

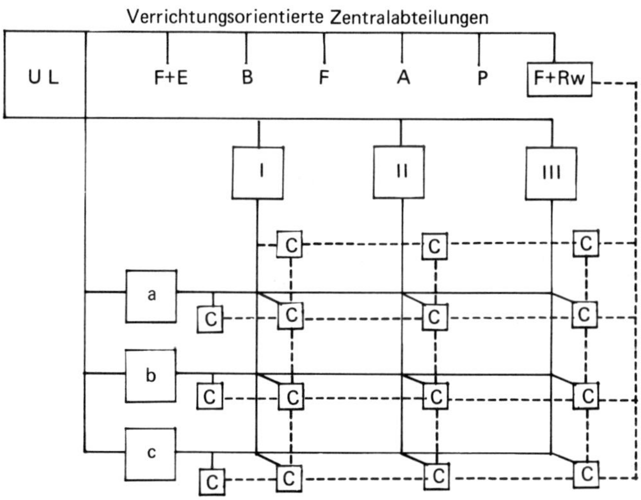

Abb. 133: Eingliederung von Finanzen und Rechnungswesen in das Objekt-Regional-Matrixmodell

4.215.222.2 Eingliederung von Finanzen und Rechnungswesen in ein Tensormodell

Dieser Fall ähnelt der in Abbildung 133 (Objekt-Regional-Matrix) angedeuteten Lösung. Allerdings wird hier die Verrichtungsdimension gleichrangig in die Problemlösungsprozesse einbezogen. Die Verflechtungen und Abstimmungsprozesse nehmen damit an Intensität noch weiter zu. Die folgende Abbildung zeigt diese Zusammenhänge in stark vereinfachter Form.

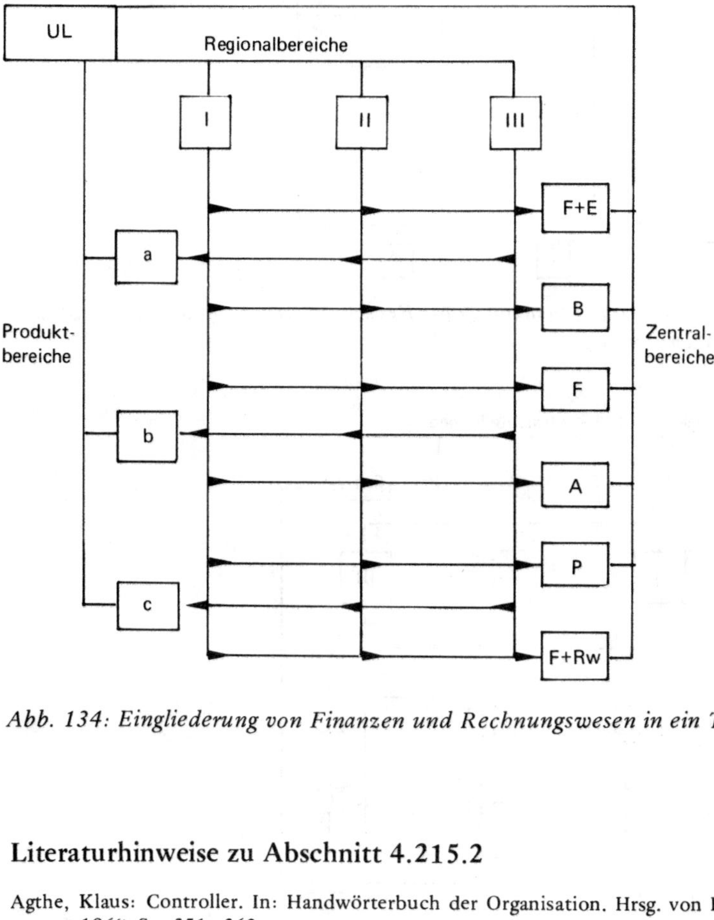

Abb. 134: Eingliederung von Finanzen und Rechnungswesen in ein Tensormodell

Literaturhinweise zu Abschnitt 4.215.2

Agthe, Klaus: Controller. In: Handwörterbuch der Organisation. Hrsg. von Erwin Grochla. Stuttgart 1969, Sp. 351–362.

Arbeitskreis Krähe der Schmalenbach Gesellschaft: Finanzorganisation. Köln/Opladen 1964.

Beyer, Horst-Thilo: Die finanzwirtschaftliche Organisation der Unternehmung. In: Handwörterbuch der Unternehmensfinanzierung. Hrsg. von Oswald Hahn. München 1971, S. 199–212.

Bramsemann, Rainer: Controlling. Wiesbaden 1978.

Collard, F. M.: Controller. In: Management-Enzyklopädie, Band 2. München 1971, S. 71–92.

Controlling – Integration von Planung und Kontrolle. Bericht von der 4. Kölner BFuP-Tagung vom 22. und 23. Mai 1978 in Köln. Gebera Schriften Bd. 4. Hrsg. von Wolgang Goetzke und Günter Sieben.

Deyhle, Albrecht =Handbuch=.
Controller-Handbuch Enzyklopädisches Lexikon für die Controller-Praxis, 5 Bände, Gauting bei München 1974.

Dworak, Wolfgang: Die Funktionen und Arbeitsweise des Controlling und der Controller-Organisation. In: Schriften zur Unternehmensführung. Bd. 17: Unternehmungskontrolle. Hrsg. von Hans Jakob. Wiesbaden 1973, S. 9–21.

Everling, Wolfgang: =Beteiligungsverwaltung=
Die Stabsstelle „Beteiligungsverwaltung" in großen Unternehmungen. In: Zeitschrift für Organisation (48) 1979, S. 435–440.

Financial Executives Institute (Hrsg.): Controllership and Treasurership Functions Defined by FEI, The Controller, Juni 1962, S. 12.

Friemauth, Fritz: Struktur und Eingliederung der Finanzabteilung in deutschen und amerikanischen Großunternehmen. In: Betriebswirtschaftliche Forschung und Praxis (18) 1966, S. 517–534.

Hahn, Dietger: Planungs- und Kontrollrechnung – PuK – Integrierte ergebnis- und liquiditätsorientierte Planungs- und Kontrollrechnung als Führungsinstrument in Industrieunternehmungen mit Massen- und Serienfertigung, mit Beispielen aus der Unternehmungspraxis von Claus Freiling, Friedrich Thomée, Siegfried Höhn, Hans Günter Grünewald, Günter Danert/Dietrich Solaro. Wiesbaden 1974.

Hahn, Dietger: =Konzepte=
Konzepte und Beispiele zur Organisation des Controlling in der Industrie. In: Zeitschrift für Organisation (48) 1979, S. 4–24.

Hahn, Dietger: =Controlling=
Hat sich das Konzept des Controlling der deutschen Industrie bewährt? In: Betriebswirtschaftliche Forschung und Praxis (30) 1978, S. 101–128.

Hauschildt, Jürgen: =Finanzielle Unternehmensführung=
Organisation der finanziellen Unternehmensführung – Eine empirische Untersuchung. Stuttgart 1970.

Hauschildt, Jürgen: =Finanzvorstand=
Finanzvorstand, Treasurer, Controller. Das Finanzmanagement in der Stellenbeschreibung. In: Zeitschrift für Organisation (41) 1972, S. 167–174.

Horvath, Peter: =Controlling=
Controlling. München 1979.

Horvath, Peter: Aufgaben und Stellung des Controlling. In: Betriebswirtschaftliche Forschung und Praxis (30) 1978, S. 129–141.

Kaltenhäuser, Udo: Das Aufgabenfeld des Controller – von der Rechnungsverantwortung zur Mitentscheidung. In: Zeitschrift für Organisation (48) 1979, S. 429–433.

Knecht, Hans-Werner: Controllership. Eine organisatorische Konzeption betrieblicher Informationszentralisation. In: Das Büro als Zentrum der Informationsverarbeitung. Aktuelle Beiträge zur bürowirtschaftlichen Forschung. Hrsg. von Erwin Grochla. Wiesbaden 1971.

Krähe, Walter: Finanzierung, Organisation der. In: Handwörterbuch der Organisation. Hrsg. von Erwin Grochla. Stuttgart 1969, Sp. 535–543.

Krüger, Wilfried: Controlling. Gegenstandsbereich, Wirkungsweise und Funktion im Rahmen der Unternehmungspolitik. In: Betriebswirtschaftliche Forschung und Praxis (31) 1979, S. 158–169.

Projekt-Controlling. Veröffentlichung der Ergebnisse des Arbeitskreises „Das Projekt-Management und seine Anforderungen an das Rechnungswesen" der Gesellschaft für Finanzwirtschaft in der Unternehmensführung e.V., Hrsg. v. D. Solaro u. a. Stuttgart 1979.

Schär, H. P.: Die Organisation des Finanzwesens. In: Die Unternehmung (24) 1970, S. 1–13.

Zünd, A.: Treasurer und Controller – Umrisse zweier moderner Berufsbilder im Finanz- und Rechnungswesen größerer Unternehmungen. In: Büro und Verkauf (42) 1973, S. 99–102.

4.22 Objektgebundene Partialmodelle

Während eine Betrachtung von Partialmodellen, die nach dem Verrichtungsprinzip gebildet werden, spezifische Funktionsbereiche einer jeden Unternehmung betrachten ließ, ist eine vergleichsweise allgemeingültige Darstellung bei objektgebundenen Partialmodellen nicht möglich. Hier variieren die Objekte von Branche zu Branche und von Unternehmung zu Unternehmung. Grundsätzlich sind praktische Partialmodelle relevant, die gebunden sind an

1. Kundengruppen,
2. Wirtschaftszweige als Abnehmer,,märkte" und
3. Produktgruppen, die
   a) stärker nach ihrer technischen oder
   b) nach ihrer absatzwirtschaftlichen Verwandtschaft zu Subsystemen zusammengefaßt werden.

Partialmodelle, die nach den Gesichtspunkten 1 und 2 gebildet wurden, sind in der Tendenz immer absatzwirtschaftliche Untergliederungen, die kaum über die reine Vertriebssubgliederung (evtl. in die Entwicklung) hinausgreifen, während sich der Fall 3 zu einer F + E, Beschaffung, Fertigung, Absatz und Verwaltung umspannenden ,,Divisionalisierung" eignet. Während kunden- oder branchenorientierte Partialsysteme (vgl. Abb. 135) immer auf die Logistik einer nach anderen Prinzipien gebildeten Grundstruktur zurückgreifen müssen, bilden produktorientierte Partialsysteme selbst den Grundstock einer eigenen Systemdifferenzierung nach dem Objektprinzip.

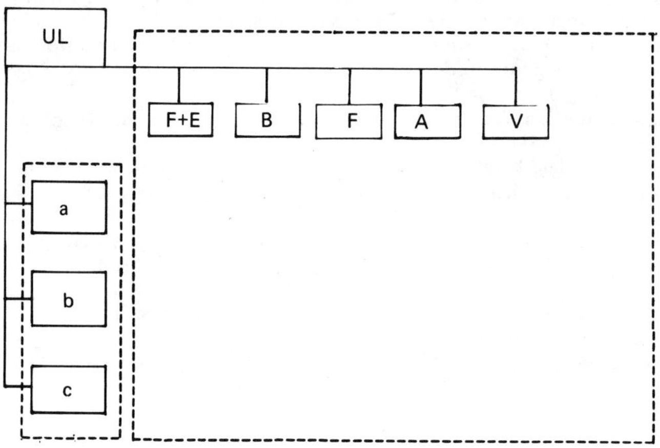

Abb. 135: Formale Darstellung kunden- oder branchenorientierter Objektpartialmodelle

Die weitere interne Differenzierung der nach dem Produktprinzip gebildeten Objektpartialmodelle zeigt dann (ausschnittsweise) das Bild des Objektmodells. Je nach zugrundegelegtem Kriterium weisen diese Objektpartialmodelle eine interne Differenzierung nach Verrichtungen, Objekten oder Regionen auf (vgl. Abb. 136 a–c). Damit ergeben sich dieselben Probleme, die bereits bei der Diskussion der Objekt-Totalmodelle bzw. der Eingliederung von Partialmodellen in das Objektmodell angesprochen wurden.

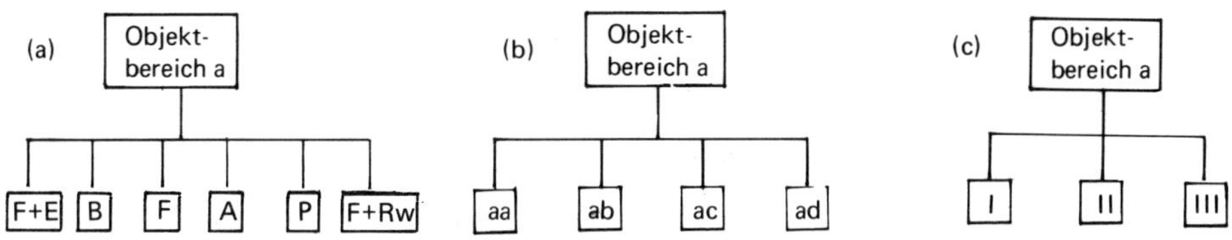

Abb. 136: Differenzierung des Objekt-Partialmodells (produktgebunden) nach Verrichtungen, Objekten, Regionen

Eine bedeutsame praktische Fragestellung ist die, nach der *Ausgestaltung der Leitung* von objektgebundenen Zwischensystemen („Sparten"- oder „Bereichs"leitung). In der Wirtschaftspraxis bestehen nebeneinander drei Ausgestaltungsformen:

(1) Einpersonenleitung.

An der Spitze eines Unternehmungsbereiches steht eine Person (unipersonale Leitung). Einheitlichkeit und Eundeutigkeit der Auftragserteilung werden für diese Lösung angeführt (vgl. Interview Seefelder über die BASF-Organisation im II. Teil dieses Werkes).

(2) Zweipersonenleitung.

Zwei Personen (ein Chemiker/Techniker und ein Kaufmann – Verkäufer oder Controller –) bilden die Leitung eines Unternehmungsbereiches, wobei entweder beide gleichberechtigt oder einer als primus inter pares herausgehoben fungiert. Beide sind gesamtverantwortlich für die Bereichsleitung und bilden eine Pluralinstanz (multipersonale Lösung). Eine derartige Struktur knüpft an traditionelle duale Formen der Unternehmungsleitung, wie sie in den 30er und 40er Jahren vor allem in der deutschen Industrie weitgehend gegeben waren: Die gemeinsame Leitung durch Techniker und Kaufleute. Da sich eine hinreichende Aufgabentrennung aus diesem Berufsbildungsprinzip nicht ableiten läßt, führt dieses Prinzip zu einer Reihe von Unzulänglichkeiten, die zumeist in einer Separierung technischen und wirtschaftlichen Denkens und einer Verfestigung von Spannungen zwischen der Gruppe der Techniker und der Gruppe der Kaufleute münden.

(3) Mehrpersonen-(Kollegial-)leitung.

Die Leitung eines Unternehmungsbereiches wird von einem Kollegium vorgenommen (vgl. den „Spartenvorstand" im Rahmen der Hoechst-Organisation im II. Teil dieses Werkes). Bei dieser multipersonalen Lösung wird im Innern des Systems die Organisation der Unternehmungsspitze (kollegialer Vorstand der AG) wiederholt. Für diese

Lösung lassen sich ein hoher Ausgleich von verrichtungsgebundenen und objektgebundenen Interessen, Ausgewogenheit der Entscheidungsfindung und bereichspolitische Kontinuität bei Ausscheiden einzelner Mitglieder aus dem Gremium anführen.

Literaturhinweise zu Abschnitt 4.22

Binz, Hans Peter: Die betriebswirtschaftliche Auswirkung der Marktsegmentierung als einer Absatzstrategie. Diss. Zürich 1976.

Bleicher, Knut: Zentralisation und Dezentralisation von Aufgaben in der Organisation von Unternehmungen. Berlin 1966.

Dichtl, Erwin: Die Bildung von Konsumententypen als Grundlage der Marktsegmentierung. In: Wirtschaftswissenschaftliches Studium (3) 1974, S. 54–59.

Drumm, Hans Jürgen: Zum Aufbau internationaler Unternehmungen mit Geschäftsbereichsorganisation. In: Zeitschrift für betriebswirtschaftliche Forschung (31) 1979, S. 38–56.

Eisenführ, Franz: Zur Entscheidung zwischen funktionaler und divisionaler Organisation. In: Zeitschrift für Betriebswirtschaft (40) 1970, S. 725–746.

Frese, Erich: Koordination von Entscheidungen in Sparten-Organisationen. In: Betriebswirtschaftliche Forschung und Praxis (27) 1975, S. 217–234.

Gälweiler, Aloys: Grundlagen der Divisionalisierung. In: Zeitschrift für Organisation (40) 1971, S. 55–67.

Hahn, Dietger: Ergebnisorientierte Planungsrechnung mehrgliedriger Unternehmungen auf der Basis des „Return on Investment" (ROI). In: Zeitschrift für Organisation (38) 1969, S. 177–192.

Hanan, Mack: Unternehmen nach Märkten organisieren. In: Manager Magazin 1975, Heft 11, S. 43–49. Aus dem Amerikanischen übersetzt von Wilfried Backes. Titel der Originalausgabe: Reorganize your company around its Markets. In: Harvard Business Review (52) 1974, November–Dezember, S. 63–74.

Melitor, Hans-Joachim: Die Spartenorganisation im Marketing. In: Handbuch Organisation. Hrsg. von Peter Linnert. Gernsbach/Baden 1975, S. 180–188.

Poensgen, Otto H.: Geschäftsbereichsstruktur, Rendite und Unternehmenswachstum. In: Unternehmensführung und Organisation. Bericht von der wissenschaftlichen Tagung in Innsbruck vom 23. bis 27. Mai 1972. Hrsg. von Werner Kirsch. Wiesbaden 1972, S. 139–230.

Poensgen, Otto H.: Geschäftsbereichsorganisation. Opladen 1973.

Weber, Helmut: Funktionsorientierte und produktorientierte Organisation in der industriellen Unternehmung. In: Zeitschrift für Betriebswirtschaft (38) 1968, S. 587–604.

Welge, M. K.: Profit-Center Organisation. Wiesbaden 1975.

4.23 Regionalgebundene Partialmodelle

Regionalgebundene Partialmodelle können sowohl in verrichtungs- und objektorientierte Totalmodelle eingebettet sein – entweder als eine nach dem Regionalprinzip gebildete Internationale Abteilung („International Division", „Overseas Operations", „Außereuropäische Regionen"), die allumfassend Aktivitäten außerhalb der Stammregion harmonisiert oder als regionalgebundene (ausländische) Tochtergesellschaft, die vor Ort operativ tätig ist – als auch Teil eines Regionalmodells sein. In jedem Fall müssen regionalgebundene Partialmodelle auf die Logistik einer nach anderen Prinzipien (Verrichtung, Objekt) gebildeten Grundstruktur zurückgreifen. Diese stützende Grundstruktur kann zentral auf der Gesamtsystemebene angeboten werden (Zentralbereiche unterhalb der Unternehmungsleitung) und konstituiert dann in ihrer Gesamtheit den Fall einer traversiert-differenzierten Regionalstruktur. Oder diese stützende Struktur wird dezentral in die Regional-Partialmodelle hineingetragen, wie die folgende Abbildung zeigt.

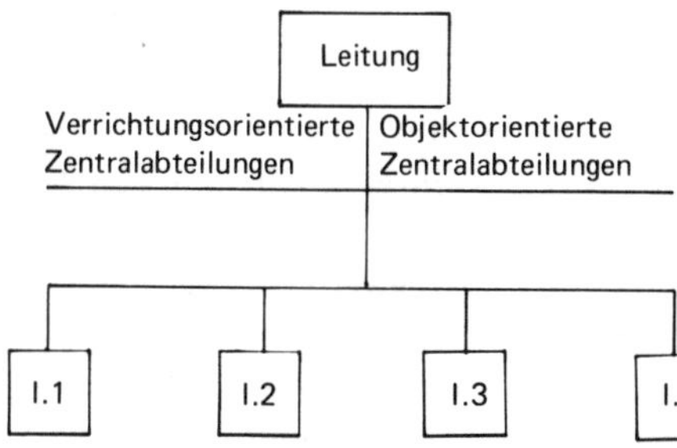

Abb. 137: Regionalgebundenes Partialmodell mit Tochtergesellschaften in einzelnen Regionen und Zentralbereichen

Während die *Innenstrukturierung* regionalgebundener Partialmodelle vor allem von der Grundsatzfrage abhängt, ob es sich dabei um ein einheitliches (rechtliches) Gebilde handelt, das unter einer harmonisierenden Leitung selbst nach Verrichtungen, Objekten oder Regionen gegliedert ist und damit in sich gegenüber den dargestellten Totalmodellen der Organisation kaum Besonderheiten aufweist, oder um eine Agglomeration von aquirierten Tochtergesellschaften für die im Extremfall kein einheitliches, sie differenzierendes Muster nach Verrichtungen, Objekten und Regionen gilt (z. B. mehrere Tochtergesellschaften arbeiten in sich überschneidenden Produktgebieten mit gleichen Verrichtungen in der gleichen Region) (vgl. Abb. 137), wirft die *Außenstrukturierung* eine Reihe wesentlicher Probleme auf, die in einer Stufenfolge zunehmender Integration in das Totalmodell der Integration kurz charakterisiert werden:

(1) *Lockere Anbindung regionalgebundener Subsysteme an Abteilungen des „Stammhauses"*
Die regionalgebundenen Subsysteme werden (als ausländische Tochtergesellschaften) verwaltungsmäßig von einer zentralen Abteilung des Stammhauses betreut – zumeist einer *Beteiligungsverwaltung* im Rahmen der Verwaltung (vgl. Everling =Beteiligungsverwaltung= 435) und hier insbesondere des Finanzressorts. Eine derartige Zuordnung mag zwar eine einheitliche Betreuung der Tochtergesellschaften im Hinblick auf Fragen des Finanz- und Rechnungswesens sicherstellen, ob jedoch ein voll harmonisiertes Einbinden der (ausländischen) Tochtergesellschaften in alle Problembereiche eines unternehmungspolitisch-strategischen Wollens der Gesamtunternehmung auf diesem Weg erreichbar ist, darf bezweifelt werden. Dies zeigt sich symptomatisch deutlich an der Vielfältigkeit der sich bei dieser Regelung

entwickelnden Arbeitsbeziehungen zwischen den regionalen Subsystemen und einer Vielzahl von (verrichtungs- und objektorientierten) Abteilungen des Stammhauses, die nicht selten zu der Tendenz führen, daß die regionalen Subsysteme quasi von unten her und nach eigenen Vorstellungen die Aktivitäten von zentralen Einheiten des Stammhauses in Einzelfragen koordinieren.

(2) *Lockere Anbindung regionalgebundener Subsysteme an den Vorstandsvorsitzenden der Gesamtunternehmung*

Die regionalgebundenen Subsysteme werden dem Vorstandsvorsitzenden direkt unterstellt. Gegenüber der Lösung (1) hat eine derartige Regelung den Vorteil einer Artikulationsmöglichkeit eines einheitlichen gesamtunternehmungspolitischen Willens der Unternehmungsspitze gegenüber ihren regionalen Gliedern. Der Vorstandsvorsitzende kann seine einzelnen Fachressorts und Stäbe jeweils im Zuge der Entscheidungsvorbereitung als Spitze der Organisation aktivieren und einheitliche, in sich harmonisierte Willensbekundungen gegenüber ausländischen Tochtergesellschaften abgeben. Dies wird insbesondere dann unternehmungspolitische Akzente setzen, wenn die Bedeutung ausländischer Betätigung hoch angesetzt wird und die Größe der Tochtergesellschaften beachtlich ist. Liegen diese Voraussetzungen deutlich vor, können sich jedoch zugleich Nachteile zeigen, die einen Übergang zur Lösung (3) markieren: Der Vorstandsvorsitzende kann mit der zusätzlichen Übernahme der Betreuung regionaler Subsysteme leicht überfordert werden, was zu pathologischen Erscheinungen in der Organisation führen kann (z. B. Vernachlässigung der übrigen Harmonisationsaufgaben; ein nicht volles Wahrnehmen der Auslandskoordination kann zu einem „Regime der Stäbe" führen).

(3) *Straffere Anbindung regionalgebundener Subsysteme an mehrere Vorstandsmitglieder der Gesamtunternehmung*

In dieser Übergangsphase kann es angezeigt sein, mehreren Vorstandsmitgliedern jeweils eine regional (großräumig) gebundene Gruppe von ausländischen Tochtergesellschaften zur Betreuung anzubinden, die diese neben ihren verrichtungs- sowie häufig zugleich objektgebundenen Harmonisationsaufgaben wahrnehmen (vgl. hierzu die organisatorischen Lösungen in der Großchemie im zweiten Teil). Eine derartige organisatorische Lösung führt zu einer „Entressortierung" der Vorstandsarbeit.

(4) *Harmonisation aller regionalgebundener Subsysteme durch ein Vorstandsmitglied der Gesamtunternehmung (Internationale Abteilung)*

Eine vor allem in den Vereinigten Staaten präferierte organisatorische Lösung stellt die Zusammenfassung aller regionaler Subsysteme außerhalb des Stammlandes in einer Internationalen Abteilung unterhalb einer entsprechenden Organisationseinheit in der Zentrale dar (so z. B. Eli Lilly und bei IBM vor der Teilung der IBM World Trade Corporation in zwei Regionen; vgl. den zweiten Teil).

Bei deutschen Unternehmungen führt dies zur Beauftragung, die Betreuung aller ausländischen regionalen Subsysteme wahrzunehmen. So hatte z. B. die BASF (vgl. die Darstellung im zweiten Teil dieses Werkes) für ihre außereuropäischen Regionen „Regionalsparten" unter der Leitung eines Vorstandsmitgliedes eingerichtet. Mit einem derartigen organisatorischen Vorgehen entsteht eine Matrixorganisation zwischen Produkt- und Regionalsparten, die eine gleichgewichtige Lösung des Einflußpotentials von Produkt- und Regionalmanagement erforderlich macht.

(5) *Segmentierung des Gesamtsystems nach regionalen Aspekten*

Als Endpunkt der angestellten Überlegungen ergibt sich ein regionales Totalmodell, wie es in seinen Grundbedingungen bereits dargestellt wurde, und wie es sich bei einer Reihe von Unternehmungen, wie ursprünglich bei ITT (vgl. Clee/Discipio =World Enterprise= 77) und derzeit bei Nestlé ergibt.

Literaturhinweise zu Abschnitt 4.23

Albrecht, H. K.: Die Organisationsstruktur multinationaler Unternehmungen. In: Der Betrieb (23) 1970, S. 2085–2089.

Alsegg, R. G.: Control Relationships Between American Corporations and Their European Subsidiaries. AMA Research Study 107. American Management Association. New York 1971.

Beer, M. und S. M. Davis: Creating a Global Organization: Along the Way. In: Colombia Journal of World Business (11) 1976, Nr. 2, S. 72–84.

Bleicher, Knut: Zur organisatorischen Entwicklung multinationaler Unternehmungen. In: Zeitschrift für Organisation (42) 1972, S. 330–338; S. 415–425.

Bleicher, Knut unter Mitarbeit von Erik Meyer und Dietrich Wiek: Systemanalyse internationaler Unternehmungen. In: Unternehmungsführung. Festschrift für Erich Kosiol zu seinem 75. Geburtstag. Hrsg. von Jürgen Wild. Berlin 1974, S. 253–296.

Brunn, J. H.: Zur Problematik des multinationalen Unternehmens. In: Wirtschaft und Wettbewerb (19) 1969, S. 531–539.

Clee, Gilbert H. und Alfred Discipio: =World Enterprise=
Creating a World Enterprise. In: Harvard Business Review (39) 1959, November–Dezember, S. 77–89.

Crowther, F. D.: Organizing for Overseas Operations. In: Management Review (48) 1959, März, S. 9–13.

Danert, G.: Probleme multinationaler Unternehmungen. Bericht und Gedanken zu einer Arbeitstagung der Schmalenbach-Gesellschaft am 17. April 1970 im Kölner Gürzenich. In: Der Betrieb (23) 1970, S. 1233–1237.

Davis, S. M.: Trends in the Organization of Multinational Corporations. In: Colombia Journal of World Business (11) 1976, Nr. 2, S. 59–71.

Davis, S. M.: Managing and Organizing Multinational Corporations. New York et al. 1979.

Disch, W.K.A.: Marketing Prozesse multinationaler Unternehmungen. In: Der Betrieb (23) 1970, S. 2384–2386.

Everling, Wolfgang: =Beteiligungsverwaltung=
Die Stabsstelle „Beteiligungsverwaltung" in großen Unternehmungen. In: Zeitschrift für Organisation (48) 1979, S. 435–440.

Farmer, R. N. und B. M. Richman: Comparative Management and Economic Progress. Bloomington 1970.

Fouraker, L. E. und J. M. Stopford: Organizational Structure and the Multinational Strategy. In: Administrative Science Quarterly (13) 1968, S. 47–64.

Hildebrandt, H. W.: Communication Barriers Between German Subsidiaries and Parent American Companies, In: Michigan Business Review (9) 1973, Juli, S. 1–9.

Judge, A.J.N.: Multinational Business Enterprises. International Associations. Nr. 1, 1969.

Morawitz, E.: Politisch-rechtliche Rahmenbedingungen multinationaler Unternehmungen. In: Der Betrieb (23) 1970, S. 2230–2234.

Müller-Heumann, G.: Die Programmpolitik der internationalen Unternehmung. Ein marketingorientierter Ansatz. Meisenheim am Glan 1972.

Perlmutter, H. V.: Some Architectural Problems of the Multinational Firm. In: Quarterly Journal of AIESEC-International (3) 1967, Nr. 3, S. 33–44.

Rice, A. K.: The Enterprise and its Environment. A System Theory of Management Organization. London 1963.

Schmidt, E.: Wandlungen und Tendenzen in der Unternehmungsführung internationaler Konzerne. In: Zeitschrift für Organisation (40) 1970, S. 93–96.

Sieber, E. H.: Die multinationale Unternehmung, der Unternehmungstyp der Zukunft? In: Zeitschrift für betriebswirtschaftliche Forschung (22) 1970, S. 414–438.

Stopford, J. M. und L. T. Wells jr.: Managing the Multinational Enterprise. Organization of the Firm and Ownership of the Subsidiaries. New York 1972.

Tugendhat, Ch.: Die multinationalen Konzerne beherrschen die Wirtschaft der Welt. Wien–München–Zürich 1972.

Waymore, J. O.: Foreign Branch Plants vs. Subsidiaries. In: The Controller (22) 1954, Juni, S. 268–269.

Weidemann, B.: Formen multinationaler Unternehmungen. In: Der Betrieb (23) 1970, S. 2137–2141.

Wells, Louis T. jr.: A Product Life Cycle for International Trade. In: Journal of Marketing (32) 1968, Nr. 3, S. 1 ff.

Wooton, L. M.: The Multinational Corporation: Administering Development in a Global Political System. In: Management International 4–5/1971, S. 5–15.

5. Ergebnisverantwortung bei Formen und Modellen der Organisation

Bei der Wahl zwischen unterschiedlichen Formen und Modellen der Organisation ist eine wesentliche Dimension zu berücksichtigen, die das erfolgsorientierte Verhalten von Führungskräften innerhalb der organisatorischen Struktur betrifft: Die mit den Formen und Modellen der Organisation verbundene unterschiedliche Ausrichtung der Ergebnisverantwortung.

5.1 Das Problem der Ergebnisverantwortung

5.11 Verantwortung und Verantwortlichkeit

Hauschildt versteht unter Verantwortung „die Pflicht einer mit einer Aufgabe betrauten Person, für die zielentsprechende Erfüllung der Aufgabe persönlich *Rechenschaft* abzulegen" (Hauschildt =Verantwortung= 210). Für Raatz bedeutet Verantwortung, „daß der Mitarbeiter sich bei der Erfüllung der gestellten Aufgabe in dem Maße seiner Fähigkeiten von der ihm möglichen Erkenntnis über das Richtige sowie den Sinn und den Wert seines dienstlichen Handelns (Tuns oder Unterlassens) leiten läßt und dies als Selbstverständlichkeit gegenüber ablenkenden Antrieben durchzuhaltende Maxime seines Willens versteht." (Raatz =Personalführung= 188). In beiden Definitionen wird der *Bezug zu einer Zielsetzung* unterstellt. Aus der Verantwortung läßt sich die Verantwortlichkeit ableiten, die ein „Einstehen für Fehler" und eine „Rechenschaftspflicht" im Hinblick auf den Zielerreichungsgrad umfassen (vgl. Luhmann =Funktionen= 177–179).

5.12 Ergebnisverantwortung

Verantwortung und Verantwortlichkeit sind sowohl unter *sach-rationalen* (Lokomotion auf ein institutionelles Ziel hin) als auch unter *sozio-emotionalen* (Motivation auf individuelle und kooperative Kohäsion auf Gruppen-Ziele hin) Aspekten immer dann besonders wirkungsvolle Attribute der Verhaltenssteuerung, wenn sie in *quanti-*

fizierbaren Größen ausgedrückt (Ziel-Abweichungs-Analyse) und von einer *schnellen Rückkoppelung* getragen werden (Möglichkeit der sach-rationalen Korrekturentscheidungen während eines sich vollziehenden Prozesses sowie Aufrechterhaltung und Forcierung eines sozio-emotionalen Interesses an diesem Prozeß). Die Ergebnisverantwortung als *personenspezifisches* Handeln will die Verantwortlichkeit insbesondere von *Führungskräften* an ihren Ergebnissen bzw. Ergebnisbeiträgen im Vergleich von Ziel- und Plangrößen einerseits und Ergebnisgrößen andererseits in den Abweichungen von Soll und Ist messen, um auf diesem Wege einen Beitrag zur Gesamtharmonisation der Unternehmung zu leisten. *Organisatorische Voraussetzung* für das Funktionieren einer Ergebnisverantwortlichkeit ist die Bildung und Abgrenzung von Ergebnisverantwortungsbereichen in der Unternehmung. Diese wird durch die *Voraussetzung des Rechnungswesens* ergänzt, Abrechnungsverfahren bereitzustellen, die in der Lage sind, gerecht und schnell Ergebnisse *ermitteln* und *zurechnen* zu können. Die organisatorischen Voraussetzungen sind dabei wesentlich an die Wahl des Organisationsmodells einer Unternehmung gebunden.

Verschiedene Arten der Ergebnisverantwortung lassen sich nach dem Inhalt und der Extension dessen, was als Ergebnis eines Handelns gemessen werden soll, unterscheiden:

(A) Subsystemische Ergebnisverantwortung (auf der Ebene von Partialmodellen)

(1) Die Verantwortung für *Erfolgselemente*

   (a) für *negative Erfolgselemente* (Ausgaben-, Aufwands-, Kostenverantwortung)
   - für rudimentäre, negative Erfolgselemente (z. B. nur eine Kostenart („Schmiermittel") = *(basissystem- bzw. stellenbezogene Ergebnisverantwortung)*
   - für aggregierte, negative Erfolgselemente z. B. für eine Kostenstelle, einen Kostenträger = *(zwischensystem- bzw. abteilungsbezogene Ergebnisverantwortung)*

   (b) für *positive Erfolgselemente* (Einnahmen-, Ertrags-, Leistungsverantwortung)
   - für rudimentäre, positive Erfolgselemente z. B. für eine Leistungserhöhung durch intensive Variation des Betriebsmitteleinsatzes an einem Arbeitsplatz = *(basissystem- bzw. stellenbezogene Ergebnisverantwortung)*
   - für aggregierte, positive Erfolgselemente z. B. für die Ausbringungsleistung eines Werkes, für den Umsatz in einem Verkaufsgebiet = (*zwischensystem- bzw. abteilungsbezogene Ergebnisverantwortung*)

(2) Die Verantwortung für *Teilerfolge* (= zwischensystembezogene Ergebnisverantwortung)

   (a) für *absolute* Teilerfolge (pagatorische oder kalkulatorische Gewinn- und Verlustverantwortung) z. B. für die Gewinne eines Geschäfts- oder Unternehmungsbereiches

   (b) für *relative* Teilerfolge (pagatorische oder kalkulatorische Rentabilität eines Geschäfts- oder Unternehmungsbereiches)

(B) Gesamtsystemische Ergebnisverantwortung (auf der Ebene des Gesamtmodells)

(1) Die Verantwortung für *absolute* Gesamterfolge z. B. die Gewinnverantwortung für die Unternehmung

(2) Die Verantwortung für *relative* Gesamterfolge z. B. die Rentabilitätsverantwortung für die Unternehmung.

In allen Fällen einer Ergebnisverantwortung kann diese entweder allein an den Ist-Ergebnissen oder an einem Vergleich von Sollvorgaben und Ist-Ergebnissen gemessen werden. Im letzten Fall wird von einer „*Budgetverantwortung*" gesprochen. Einzelne Organisationsmodelle bieten insbesondere im Bereich der subsystemischen Teilerfolgsverantwortung hierzu unterschiedliche Möglichkeiten, während die Basis der Verantwortung für Erfolgselemente und die Spitze einer gesamtsystemischen Ergebnisverantwortung im wesentlichen organisationsmodell-neutral zu werten ist.

5.13 Der Ergebnisverantwortungsbereich

Damit orientiert sich zugleich die Diskussion über die Ergebnisverantwortung aus organisatorischer Sicht an der organisatorischen Bereichsbildung. Rechnungstechnische Vorbedingung ist hierbei, daß eine *verursachungsgerechte Zuordnung* von Ergebnissen auf die Verantwortlichen des jeweiligen Bereiches möglich ist. Eine Bildung und Abgrenzung von Verantwortungsbereichen wird dann als gelungen bezeichnet, wenn zwischen ihnen keine oder nur wenige Beziehungen bestehen. Jede hohe Beziehungsvarietät und -intensität zwischen gebildeten Bereichen erschwert eine verursachungsgerechte Zuordnung von Ergebnissen zu diesen Verantwortungsbereichen. Das Ziel der Organisation muß also unter diesem Aspekt darin gesehen werden, Verantwortungsbereiche so zu bilden und abzugrenzen, daß sich keine negativen Effekte eines „Face-Lifting" (vgl. Albach =Lenkpreise= 223 f.) einstellen: daß also Erfolge sich selbst zugeschrieben, die Mißerfolge aber den benachbarten Verantwortungsbereichen zugeschoben werden.

Als besondere Form eines Ergebnis- (genauer Erfolgs-)verantwortungsbereiches wird das sog. „*Profit Center*" diskutiert. Das Profit Center stellt grundsätzlich auf die zwischensystemische Ergebnisverantwortung (Fall (A) (2)) ab. Um eine Verantwortung für Teilerfolge möglich machen zu können, ist eine organisatorische Gliederung nach Objekten oder Regionen Voraussetzung für das Entstehen eines Profit Centers. Wichtig bei der Klärung der Gestaltungsidee des Profit Centers scheint das Merkmal der Quasi-Autonomie zu sein: „Die Profit-Center-Konzeption selbst stellt sich als eine *strukturelle Koordinationsmaßnahme* dar. Die weitgehende Ausschaltung sequenzieller und reziproker horizontaler Interdependenzen (Thompson =Action=) durch die Verselbständigung der Teilbereiche (self containment) sowie die Delegation der produktspezifischen administrativen und operativen Entscheidungen (Ansoff/Brandenburg =Language=) bedeutet aus der Sicht der Unternehmungsleitung eine erhebliche Reduktion der koordinationsrelevanten Ereignisse" (Welge =Profit Center= 3181). Dearden weist auf die

Notwendigkeit zusätzlicher technokratischer Koordinationsformen hin (Dearden =Mirage= 140–143): Unternehmungsplanung, Budgetierung, Kennziffern wie ROI (vgl. im einzelnen bei Welge =Profit Center= 3181–3183).

Im einzelnen kann die („Quasi"-)Autonomie der Profit Center durchaus unterschiedlich ausgeprägt werden. Die folgende Spannweite zeigt eine derartige Abstufung in der Autonomie von Ergebnis-Zentren:

Noch nicht Profit Center:
Autonomie über Verbrauchs- und Verfahrensvariationen =Cost Center

Schon Profit Center:
zusätzlich Autonomie über Beschäftigungsvariationen

Noch Profit Center: (=Investment Center)
zusätzlich Autonomie über Kapazitätsvariationen

Nicht mehr Profit Center:
zusätzlich *gesamthafte* Autonomie über Programmvariationen. Dies fällt in die Verantwortung der obersten Unternehmungsleitung, schließt jedoch die Dezentralisation von Teil-Programmvariationen im Profit Center nicht grundsätzlich aus.

Eine weitere Unterscheidung kann erfolgen nach der Autonomie, die ein Profit Center besitzt, um seine Leistungen über die interne Verwendung auch extern anbieten zu können (z. B. Autonomie einer Werbeabteilung, auch für Externe arbeiten zu können). Im allgemeinen verstärkt sich die Ergebnisverantwortung, wenn einem Profit Center die Möglichkeit eingeräumt wird, quasi marktwirtschaftlich teilweise auch extern tätig zu sein.
Wolf-Dieter Menz (=Profit Center= 8 f.) weist auf folgende organisatorische Voraussetzungen hin, die zur Abgrenzung einer Ergebnisverantwortung in der Organisation erfüllt sein sollten:

(1) Operationelle Unabhängigkeit.

Um einen Gewinn verursachungs- und verantwortungsgerecht in Profit Centers erfassen zu können, müssen diese „produktionstechnisch und administrativ" weitgehend *selbständig* sein (Menz =Profit Center= 8). Insbesondere sollte die *Preisbildung* in den Entscheidungsbereich der Profit Center-Leitung gehören (vgl. Heberlein =Unternehmensführung= 6).

(2) Freier Zugang zum Beschaffungs- und Absatzmarkt.

Die operationelle Unabhängigkeit kann durch einen gegenseitigen Güter- und Leistungsaustausch zwischen Profit Centern eingeschränkt sein. In diesem Fall muß die Profit-Center-Leitung wählen können, ob sie die Leistungen extern oder innerhalb der Unternehmung von anderen organisatorischen Einheiten beziehen will. Im letzten Fall entsteht die Notwendigkeit zur Bildung von Verrechnungspreisen.

(3) Zurechenbare Gewinnkomponenten.

Wenn die Gewinnverantwortung genau festgelegt werden soll, darf der Gewinn, der zur Beurteilung des Profit Centers herangezogen wird nur die von seiner Leistung *beein-*

flußbaren Gewinnkomponenten enthalten. Auch Niklas Luhmann weist auf diese wichtige Voraussetzung der Ergebnisverantwortung hin, wenn er feststellt: „Soll Verantwortlichkeit organisatorisch sichergestellt werden . . ., so setzt das außer einem genau formulierten System von Erwartungen und Beurteilungsstandards die eindeutige Zurechenbarkeit von Leistungen und Fehlern voraus" (Luhmann =Funktionen= 180). Dies verbindet sich mit der Forderung, daß das Rechnungswesen in der Lage sein soll, „den Erfolg eines Profit Centers isoliert zu planen und zu überwachen" (Heberlein =Unternehmensführung= 6).

(4) Getrennte Vertriebswege.

Getrennte Absatzwege bzw. Märkte für die Leistungen einzelner Profit Center sind nach A. Deyhle eine weitere Voraussetzung für die Abgrenzung der Ergebnisverantwortung (Deyhle =Organisation= 414). Dabei ist von einer produktgegliederten Organisation auszugehen, die ihre letzte Ergebnisbestätigung immer erst in den einzelnen Märkten erfahren kann.

5.14 Grenzen der Ergebnisverantwortung

Die Kopplung einer Ergebnisverantwortung an die Teilbereiche, die im Zuge einer organisatorischen Differenzierung der Unternehmung entstehen, weist bereits auf Grenzen dieser Verantwortung hin: Teilbereiche empfangen Leistungen von anderen Bereichen und geben selbst ihre eigenen Leistungsbeiträge an andere weiter. Das Ergebnis hängt damit nicht nur von der Qualität und Quantität des eigenen Leistungsbeitrages ab, sondern auch von den Restriktionen, die organisatorisch durch die *Verteilungsbeziehungen* definiert und führungsmäßig durch weitere Restriktionen ergänzt werden und von den organisatorischen *Arbeitsbeziehungen* und ihrer führungsmäßigen Ausgestaltung.

(1) Die vertikalen Grenzen der Ergebnisverantwortung.

Neben den durch die organisatorische Struktur der Verteilungs- und Arbeitsbeziehungen bei der Subsystembildung vorgeprägten Abhängigkeiten von anderen, übergeordneten Einheiten (zur Ausprägung derartiger vertikaler Abhängigkeitsbeziehungen vgl. Bleicher =Koordinationsorgane= 900 ff.) kann es zu führungsmäßigen Restriktionen kommen, die die Gestaltungsfreiheit im Rahmen des Ergebnisverantwortungsbereiches beschränken und damit u. U. Probleme eingeschränkter Motivation und verstärkter Alibibildung bei Vertretung negativer Ergebnisentwicklungen führen können. Wesentliche führungsmäßige Restriktionen können sein:

(a) Zuteilung von positiven Erfolgskomponenten nur zu einem Subsystem.

Aus zentraler Sicht werden – um Doppelarbeiten zu vermeiden oder angrenzende Vorhaben zentral schlagkräftig abwickeln zu können, bestimmte Vorhaben nur einem Subsystem zugeordnet. Damit fallen die positiven Entwicklungsmöglichkeiten des Ergebnisses lediglich in einem Subsystem an, andere Subsysteme können dann in ihrer eigenen Vertretung der Ergebnisverantwortung darauf verweisen, daß ihnen durch diese zentrale Regelung langfristige positive Entwicklungen ihres Ergebnisses genommen worden seien. Ein Beispiel könnte in der Zuordnung eines zukunftsträchtigen Entwicklungsprojektes nur an einen Geschäftsbereich gesehen werden, während andere Geschäftsbereiche, die ebenfalls an einem derartigen Entwicklungsvorhaben interessiert sind, aus diesem Projekt ausgeschlossen werden, bzw. an ihm lediglich über Verrechnungspreise partizipieren.

(b) *Zuteilung von negativen Erfolgskomponenten nur zu einem Subsystem.*

Umgekehrt können Geschäftsteile und Projekte, die aus zentraler, gesamthafter Sicht notwendig sind, von denen jedoch zumindestens mittel- und kurzfristig keine positive Erfolgsbeeinflussung ausgeht, Subsystemen zugeordnet werden. Ein Beispiel könnte in der vorübergehenden Zuordnung einer akquirierten Firma, die verlustträchtig ist, zu einem Geschäftsbereich gesehen werden; mit der Absicht, nach weiteren Akquisitionen, für das betreffende Geschäftsgebiet einen neuen Geschäftsbereich zu bilden.

Neben dieser stark unternehmungspolitisch gefärbten vertikalen Abhängigkeit der Autonomie einzelner Ergebnis-Verantwortungsbereiche kommt es durchweg zu einer vertikalen Beeinflussung der Ergebnisverantwortung von Subsystemen durch die Rolle der Unternehmungsleitung und zentraler Einheiten. Grundsätzlich sind in der vertikalen Abhängigkeit zwei Arten der Verhältnisgestaltung denkbar:

(a) Die zentralen Leistungen sind relativ *allgemeiner Art* und ihr Beitrag zum Erfolg der dezentralen Subsysteme ist kaum direkt ermittelbar. In diesem – dem üblichen Fall – erfolgt in der Regel eine Umlage der Kosten der zentralen Einheiten nach Schlüsseln auf die Subsysteme. Mit dieser Umlage ergibt sich eine negative Erfolgskomponente für die Ergebnisrechnung der Subsysteme.

(b) Die zentralen Leistungen sind *spezifischer Art* und ihr Beitrag zum Erfolg dezentraler Einheiten kann pretial über das Angebot und die Nachfrage nach diesen Leistungen gesteuert werden; so werden z. B. die Kosten einer Ausbildungsabteilung je nach Inanspruchnahme ihrer Leistungen einzelnen Subsystemen zugerechnet. Vom Verfahren einer teilweisen pretialen Lenkung zentraler Dienste machen Unternehmungen offensichtlich immer dann verstärkten Gebrauch, wenn sie den Eindruck haben, daß das Volumen ihrer zentralen Einheiten überdehnt ist und einer Rationalisierung bedarf: Werden die zentralen Dienste über kostendeckende, interne Preise von den Subsystemen nicht oder nur unzureichend in Anspruch genommen, kann die Argumentation der Notwendigkeit und Bedeutung zentraler Stellen und Abteilungen leichter ad absurdum geführt werden. – Auf die Grenzen einer solchen Vorgehensweise sei jedoch deutlich hingewiesen: Gesamtsystemische und langfristige Aspekte können eine Reihe von zentralen Stellen und Abteilungen erforderlich machen, die kaum eine direkte Beziehung zu den operativen, kurz- und mittelfristigen Überlegungen dezentraler Subsysteme aufweisen und deshalb nicht pretial behandelt werden können.

(2) Die horizontalen Grenzen der Ergebnisverantwortung.

In der Abhängigkeit von Vorleistungen anderer Subsysteme liegt eine weitere – horizontale – Grenze der Ergebnisverantwortung. Vorleistungen müssen über Verrechnungspreise (Transferpreise) den leistungsempfangenden Subsystemen zugerechnet werden, damit eine Ergebnisverantwortung entstehen kann. Hier bieten sich insbesondere *Herstellkosten* und *Marktpreise* als Gestaltungsalternativen an, die unter Hinweis auf das einschlägige Schrifttum hier nicht näher erörtert werden sollen (vgl. z. B. Coenenberg =Verrechnungspreise=; Wille =Lenkpreise= sowie die Hinweise in Abschnitt 4.112). Mit Überbetonung der Ergebnisverantwortung verbindet sich hier das grundsätzliche Problem, daß die Aufmerksamkeit der Ergebnisverantwortlichen zu stark auf die Prozesse des Fixierens oder Aushandelns der internen Verrechnungspreise gelenkt und von der Möglichkeit der Ergebnisverbesserung über Marktpreise abgelenkt werden.

5.2 Gestaltungsmöglichkeiten der Ergebnisverantwortung bei einzelnen Formen und Modellen der Organisation

5.21 Organisationsformen und Ergebnisverantwortung

Inwieweit und in welcher Form unmittelbare Kooperationseinheiten mit Ergebnisverantwortung ausgestattet werden können, hängt von ihrer Stellung im hierarchischen Gefüge und dem im Organisationsmodell vorgezeichnetem Prinzip der Systemdifferenzierung ab. So hat die oberste, unmittelbare Kooperationseinheit (Geschäftsführung, Vorstand) immer eine umfassende Ergebnisverantwortung, während es bei den Kooperationseinheiten der nächsten hierarchischen Stufe bereits wesentlich vom angewendeten Organisationsmodell abhängt, in welcher Richtung die durch die Arbeitsteilung bedingte Einengung der Ergebnisverantwortung verläuft: Dies kann z. B. beim Verrichtungsmodell eine Einengung auf eine Kostenverantwortung für den eigenen Entwicklungs-, Beschaffungs- usw. -Bereich, bei einem Objektmodell eine Gewinnverantwortung für einen bestimmten Produktbereich und bei einem Regionalmodell eine Rentabilitätsverantwortung für eine regionaltätige Landesgesellschaft bedeuten. Je tiefer eine unmittelbare Kooperationseinheit im Aufbaumodell der Organisation angesiedelt ist, um so eingeschränkter wird ihr Verantwortungsbereich sein. Auf der untersten Ebene unmittelbarer Kooperationseinheiten handelt es sich dann zumeist nur noch um die Verantwortung für einige, wenige beeinflußbare Kostenarten, während der Hauptblock der Kostenstellenkosten bereits durch die Entscheidungen anderer Organisationseinheiten und durch Umlagen und Verrechnungen der unterschiedlichsten Art vorgegeben ist.

5.22 Organisationsmodelle und Ergebnisverantwortung

Mit der Wahl eines Organisationsmodells ergeben sich durchaus unterschiedliche Möglichkeiten der Gestaltung der Ergebnisverantwortung. Diesen Möglichkeiten soll im folgenden bei eindimensionalen und bei mehrdimensionalen Organisationsmodellen nachgegangen werden.

5.221 Gestaltungsmöglichkeiten der Ergebnisverantwortung bei eindimensionalen Organisationsmodellen

5.221.1 Verrichtungsmodell und Ergebnisverantwortung

Die sog. „funktionale“ Organisation, das Verrichtungsmodell, engt die subsystemische Ergebnisverantwortung auf die Verantwortung für Erfolgselemente ein: Output-orientierte Subsysteme, wie der Absatz (Umsatzverantwortung) und die Fertigung (Leistungsverantwortung) können für positive Erfolgselemente, diese und alle input-orientierten Subsysteme für negative Erfolgskomponenten (Kostenverantwortung) verantwortlich gemacht werden. Ehe einige Arten vorgestellt werden, die es gestatten in dieser am Ablauf von Prozessen orientierten organisatorischen Gliederung dennoch Teilerfolge zu ermitteln, sei auf den Beziehungszusammenhang von organisatorischer Gliederung und Kostenverantwortung kurz und schematisch hingewiesen.

Wie nebenstehendes Bild zeigt, lassen sich die organisatorischen Zuständigkeiten mit einer Kostenverantwortung organisatorischer Subsysteme für einzelne Kostenstellen koppeln. Im einzelnen kann hierbei jedoch die Kostenverantwortung für einzelne Zeilen des Betriebsabrechnungsbogens durchaus unterschiedlich geregelt sein:

(1) Uneingeschränkte Kostenverantwortung für die Kostenstelle nach Umlage (eingegrenzt nur bei Endkostenstellen möglich) = *Fall 1.*

(2) Eingeschränkte Kostenverantwortung für die Kostenstelle vor Umlage (einschließlich der Vorkostenstellen möglich) = *Fall 2.*

Weiter ist zu unterscheiden, ob die Verantwortung – wie bei 1 und 2 für alle der Kostenstelle zugerechneten Kostenarten (und Umlagen) bestehen soll, oder lediglich für diejenigen Kosten, die der Kostenstelle direkt zugerechnet werden können. Für den letzten Fall ergibt sich:

(3) Eingeschränkte Kostenverantwortung auf direkt zurechenbare Kosten einer Kostenstelle (Kostenstellen-Einzelkosten) = *Fall 3.*

Dieser Ansatz entspricht der Forderung von Matz und Usry: „This concept introduces the need for a classification of costs into controllable and those not controllable by a department head. Generally, variable costs are charged to a department and are controllable by its manager; fixed costs, though charged to a department, generally are not controllable by its manager“ (Matz/Usry =Cost Accounting= 289).

Ein weiteres Problem stellt sich im Fertigungsbereich durch die Tatsache, daß der

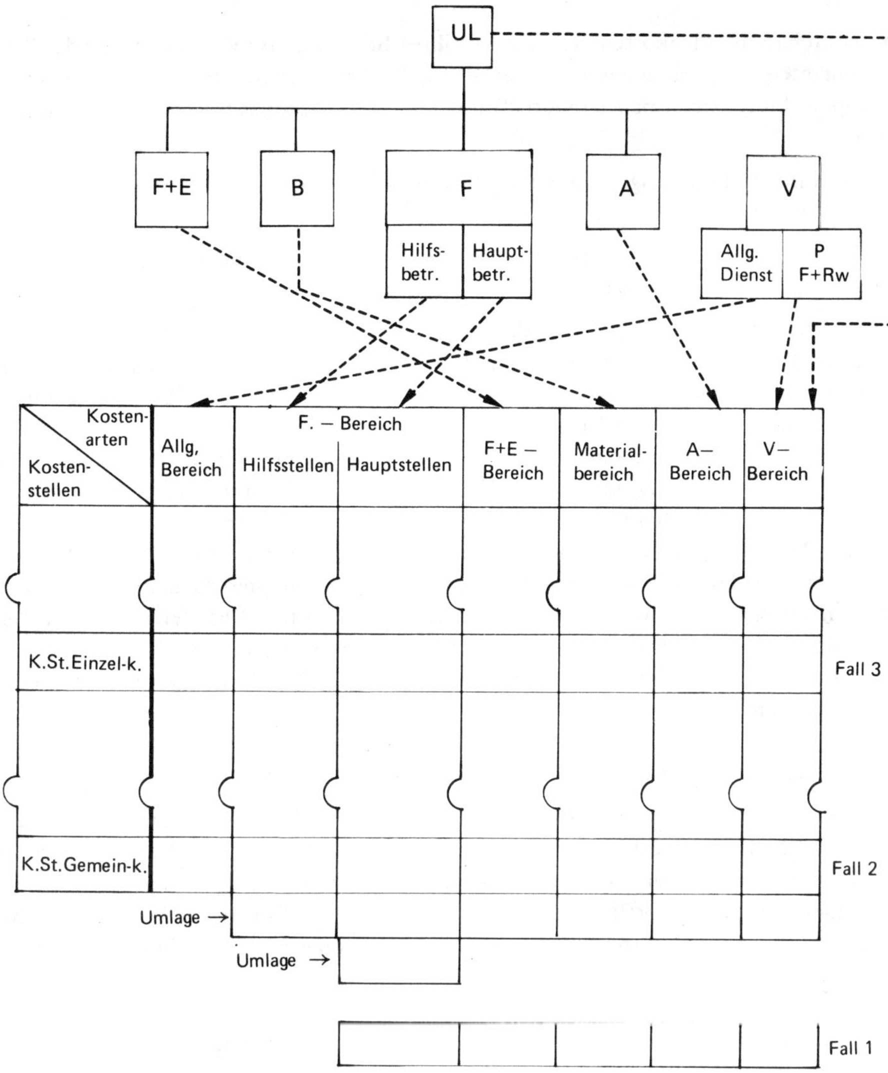

Abb. 138: Organisatorische Gliederung und Kostenverantwortung

Betriebsabrechnungsbogen als Instrument der Kostenstellenrechnung im Regelfall als (Träger-) Gemeinkosten-Verteilungsbogen angelegt ist. Die drei soeben dargestellten Fälle der (Träger-) *Gemeinkosten-Verantwortung* lassen sich somit *ergänzen* durch eine (Träger-)Einzelkosten-Verantwortung der einzelnen Kostenstellen, indem der Leiter eines Subsystems auch für die in seiner(n) Kostenstelle(n) anfallenden Fertigungslöhne und verbrauchten Fertigungsmaterialien verantwortlich ist (vgl. insbes. Matz/Usry =Cost Accounting= 288 f.).

Die Kostenverantwortung für die Höhe der Kosten oder für Abweichungen (s. hier insbesondere die Plankostenrechnung mit ihrer Betonung der Verantwortung des Subsystemleiters für Verbrauchsabweichungen) sollte durch ein System des Berichtswesens („responsibility-performance-reports“) unterstützt werden, das folgenden Forderungen genügt:

„1. to inform the manager and his superior how he has done in the areas for which he is directly responsible for performance,

2. to motivate the manager and his superior to generate the direct action necessary to improve performance“ (Matz/Usry =Cost Accounting= 299).

Die Möglichkeiten, positive Erfolgskomponenten ergebnisverantwortlich darzustellen, sind im Modell der Verrichtungsorganisation beschränkt. Der Absatz läßt sich zusätzlich zu seiner Vertriebskostenverantwortung für den Umsatz (aufteilbar nach Produkten, Märkten und Regionen) verantwortlich machen, die Fertigung für Leistungen, die entweder bei wenig differenziertem Produktionsprogramm technizitätsorientiert an Mengengrößen oder bei stark differenziertem Produktionsprogramm ökonomitätsorientiert an Wertgrößen (Herstellkosten) gemessen werden können. Da in beiden Fällen die Messung positiver Erfolgskomponenten zur Verantwortung für die Kostengestaltung hinzukommt, stellt sich die Frage nach Gestaltungsmöglichkeiten einer beidseitigen Optimierung im Sinne einer Erfolgsverantwortung. Das Verrichtungsmodell stellt dabei vor allem auf die Beziehungsgestaltung von Fertigung und Absatz als einem erfolgskritischen Abstimmungsproblem ab. Folgende Gestaltungsalternativen bieten sich hierfür an:

(1) Absatzorientierte Gestaltung einer Erfolgsverantwortung.

Die Fertigung mißt ihre Erfolgsverantwortung an dem Verhältnis von Plan-Herstellkosten zu Ist-Herstellkosten; der Absatz an dem Verhältnis von Plan-Herstellkosten zu erzielten Umsatzerlösen. Die Gewinnspanne fällt dann primär beim Absatz an, die Fertigung ist verantwortlich für die Einhaltung der Plan-Herstellkosten. Positive (Senkung der Herstellkosten) und negative Abweichungen (Herstellkostenüberschreitungen) sind denkbar.

(2) Produktionsorientierte Gestaltung einer Erfolgsverantwortung.

Der Fertigung wird ein Gewinnanteil zugemessen, der an bestimmte Kriterien, die von der Fertigung beeinflußbar sind, gebunden ist (z. B. Produktivitätskennzahlen, Verbrauchsabweichungen). Der restliche Gewinn verbleibt dem Vertrieb. Dieser kann weiter – wenn mit einer Plankostenrechnung gearbeitet wird – durch Beschäftigungsabweichungen, die absatzseitig zu vertreten sind, gekürzt werden.

Zwischen beiden Wegen ist – wenn ein solcher, sicherlich immer zurechnungsproblematischer Versuch der Konstruktion einer Erfolgsverantwortung bei Anwendung eines Verrichtungsmodells überhaupt unternommen wird – unter Beachtung der größeren Rationalisierungsmöglichkeiten der Steuerung zu wählen: Liegen diese stärker bei der Rationalisierung der Fertigung bei relativ fixierten mengen- und preislichen Größen auf dem Absatzmarkt, so dürfte eine nähere produktionsorientierte Gestaltung der Erfolgsverantwortung zu überlegen und zu entwickeln sein. Sieht sich eine verrichtungsgegliederte Unternehmung dagegen sehr offenen Marktverhältnissen bei relativ unproblematischen Produktionsverhältnissen gegenüber, so dürften die Möglichkeiten einer absatzorientierten Gestaltung der Erfolgsverantwortung näher zu prüfen sein.

(3) Es bleibt auf das Verfahren der *führungsmäßigen Fixierung der die Erfolgsverantwortung bestimmenden Größen* hinzuweisen. Hier ist zu unterscheiden zwischen

(a) dirigistischen Maßnahmen,

die etwa durch die oberste Leitung oder das Rechnungswesen unter weitgehender oder lediglich informatischer Beteiligung der Subsystemleitungen die jeweiligen Herstellkosten und Verrechnungspreise für eine Planperiode fixieren.

(b) Verhandlungsmaßnahmen,

die zu einer Absprache über Verrechnungspreise unter den Betroffenen unter Einschaltung der Unternehmungsleitung und des Rechnungswesens führen und

(c) quasi-marktmechanistischen Maßnahmen,

die durch ein System der innersystemischen Preisbildung (*pretiale Lenkung*; vgl. Schmalenbachs optimale Geltungszahl =Wirtschaftslenkung=) einen innerbetrieblichen Angebots- und Nachfragekonstellationen ausdrückenden Ausgleich zwischen beiden Bereichen herstellen wollen.

Unter dem Gesichtspunkt der Partizipation ist eine Fixierung von Verrechnungspreisen aus sach-rationalen wie auch aus sozio-emotionalen Überlegungen inform von Verhandlungen gegenüber dirigistischen Maßnahmen zu empfehlen, wenn ein quasi-marktmechanistisches System innerbetrieblich nicht herzustellen ist (worauf die vielfältigen nicht überzeugenden Versuche hindeuten, eine pretiale Lenkung in der Praxis zu verwirklichen).

Insgesamt ergeben sich beim Verrichtungsmodell *nur beschränkte und recht problematische Möglichkeiten, eine Ergebnisverantwortung* in Form der Erfolgsverantwortung zu verwirklichen. Verantwortungen für entweder negative oder positive Erfolgskomponenten sind dagegen einsetzbar. Ihr Beitrag zu einer optimalen Gesamtsteuerung der Unternehmung darf – aufgrund der einer so eingeschränkten Ergebnisverantwortung zugrundeliegenden Tendenz zu suboptimaler Steuerung – nicht allzu hoch veranschlagt werden.

5.221.2 Objektmodell und Ergebnisverantwortung

Das Objektmodell organisatorischer Gestaltung, die ,,divisionale" oder ,,Spartenorganisation", bietet gegenüber dem Verrichtungsmodell deutlich erweiterte Möglichkeiten für eine Bildung von Bereichen der Ergebnisverantwortung für absolute und relative Teilerfolge der Unternehmung. Der Grund hierfür liegt in der Produkt- oder Marktorientierung dieses Organisationsmodells. Geht man davon aus, daß ein Produkt oder eine sich aus Produkten zusammensetzende Marktleistung alle Verrichtungen durchlaufen hat (vgl. Poensgen =Geschäftsbereichsorganisation= 28), so lassen sich sowohl der positive Erfolg dieses Produktes oder der Marktleistung erfassen als auch seine oder ihre negativen Erfolgskomponenten ermitteln. Im Hinblick auf die Bildung von „Profit Centern" bei diesem Organisationsmodell nennt Gälweiler (=Grundlagen= 55) drei charakteristische Eigenschaften:

- Sie sind quasi-Unternehmen, die wirtschaftlich nahezu selbständig sind.
- Das quasi-Unternehmen wird mit anderen Sparten in ein Unternehmen integriert.
- Sie sind rechtlich nicht selbständig.

Nach dem Umfang, in dem das Zahlenwerk der Erfolgsrechnung auf einzelne Unternehmungs-, Geschäftsbereiche und Geschäftsfelder aufgelöst wird, lassen sich zwei grundsätzliche Formen der Ergebnisverantwortung beim Objektmodell unterscheiden:

(1) Erfolgsverantwortung für das Subsystem.

Die Leitung eines Unternehmungs-, Geschäftsbereiches oder Geschäftsfeldes wird für Gewinne/Verluste oder Deckungsbeiträge, die sich aus positiven *und* negativen Erfolgsbeiträgen des jeweiligen Subsystems gesamthaft ergeben, verantwortlich gemacht. Vom rechnerischen Ausdruck der Erfolgsverantwortung her kann ausgegangen werden von:

(a) Pagatorischer Erfolgsverantwortung:

Die Subsystemleitung ist für einen *Gewinn/Verlust* verantwortlich, der sich aus der Gegenüberstellung von Aufwendungen und Erträgen der Unternehmungseinheit herleitet, oder für einen *cash flow*, der diese Werte um den Fluß der Abschreibungen (neben einigen anderen Korrekturen) verändert.

(b) Kalkulatorische Erfolgsverantwortung:

Die Subsystemleitung ist für einen innerbetrieblichen Leistungserfolg verantwortlich, der sich aus einer Gegenüberstellung von Kosten und Leistungen der Unternehmungseinheit herleitet.

(2) Rentabilitätsverantwortung für das Subsystem.

Die Leitung eines derartigen Subsystems wird nicht nur für den absoluten Erfolg ihrer Einheit verantwortlich gehalten, sondern darüber hinaus für den relativen Erfolg bezogen auf das in ihrem Bereich eingesetzte Kapital. Durch die Aufgliederung des Kapitals der Unternehmung auf die einzelnen Unternehmungs-, Geschäftsbereiche und Geschäftsfelder und die Zurechnung des Erfolges auf den jeweiligen Kapitaleinsatz („das Investment") des Subsystems entsteht hier eine Rentabilitätsverantwortung. In diesem Fall wird auch statt eines „Profit Center" von einem „Investment Center" gesprochen (vgl. Lüder =Steuerung= S. 305–319). Die Rentabilitätsverantwortung kann selbst wieder nach der Art des Kapitals, auf das der Erfolg des Subsystems bezogen wird, unterschieden werden in:

(a) Eigenkapitalrentabilitäts-Verantwortung:

Das im Unternehmungsteil eingesetzte Eigenkapital (EK) wird mit dem pagatorischen Erfolg (Gp) in Verbindung gebracht. Es entsteht eine Verantwortung für das eingesetzte Eigenkapital.

$$EK_p.R_p = \frac{Gp}{EK} \cdot 100$$

(b) Gesamtkapitalrentabilitäts-Verantwortung:

Das im Unternehmungsteil eingesetzte Gesamtkapital (GK) wird

$$GK.R_p = \frac{Gp + FKZ}{GK_p} \cdot 100$$

mit dem *pagatorischen* (p) (die auf das Fremdkapital entfallenden Zinsen (FKZ) müssen dem pagatorischen Gewinn zugerechnet werden) oder

$$GK.R_k = \frac{KE}{GK_k} \cdot 100$$

dem *kalkulatorischen* (k) Erfolg verbunden. Beim kalkulatorischen Erfolg (KE) ist davon auszugehen, daß eine Verzinsung des „investierten" kalkulatorischen „betriebsnotwendigen" Kapitals bereits über die kalkulatorischen Zinsen erfolgt. Der Kapitalansatz erfolgt hier ebenfalls kalkulatorisch (GK_k).

Die Wahl zwischen diesen unterschiedlichen Rentabilitäts-Verantwortungen dürfte weitgehend von der den Subsystemen gewährten Autonomie und – damit eng verbunden – ihrer Außenorientierung abhängen. Während eine starke Autonomie und Außenorientierung (z. B. bei einer Konzernstruktur durch die Rechnungslegung der rechtlich inform von Tochtergesellschaften gebundenen Unternehmungs-, Geschäftsbereiche oder Geschäftsfelder) zu einer Eigenkapitalverantwortung im Sinne einer den Kapitalgebern interessierenden Ermittlung des „Return on Investment" tendieren dürfte, ist bei einer stark innerbetrieblich-orientierten, steuerungsbetonten Unternehmungsführung, die auf eine rechtliche Ausgliederung der Subsysteme verzichtet, eher eine kalkulatorische Orientierung an der Gesamtkapitalrentabilität zu erwarten, die eine Verantwortung auch für Teile des im Unternehmungsteil eingesetzten Fremdkapitals fixiert.

Für alle Fälle einer Rentabilitätsverantwortung bieten sich Kennzahlenpyramiden nach der sog. ROI-Formel (Return on Investment) an, die die Rentabilität in den Kapitalumschlag und die Umsatzrentabilität zerlegen, wobei beide weiter unterteilbar sind. Auch diese Größen lassen sich entweder in einer Istwertrechnung erfassen oder in einer Planungs- und Kontrollrechnung, die besondere Abweichungen einem Prozeß der Verantwortlichkeit unterzieht. Für die Ausprägung dieser Rechnungen – insbesondere der Planungs- und Kontrollrechnung – sei auf das Werk von Dietger Hahn: Planungs- und Kontrollrechnung (=PuK=) verwiesen.

Beim Objektmodell ist besonders auf die oben bereits erwähnten *Einschränkungen* der Ergebnisverantwortung hinzuweisen. Zwei typische Beispiele seien erwähnt:

- Vertikal: Der Eingriff von Zentralstellen und -abteilungen in die Autonomie der dezentralen produkt- oder marktorientierten Einheiten.
- Horizontal: Vorlieferungen anderer Geschäftsbereiche und Zulieferungen zu anderen Geschäftsbereichen.

Im ersten Fall stellt sich ein grundsätzliches Problem, in dem aus gesamthafter Sicht den einzelnen Subsystemen Restriktionen für ihr dezentrales Operieren gesetzt werden. Im zweiten Fall entsteht die Notwendigkeit der Fixierung von Verrechnungspreisen mit ihrem Einfluß auf das von den Unternehmungseinheiten zu vertretende Ergebnis.

5.221.3 Regionalmodell und Ergebnisverantwortung

Das Regionalmodell ist in seiner Gesamtcharakteristik dem Objektmodell sehr ähnlich: Bei ihm werden lediglich die teil-autonomen Subsysteme statt nach Produkten und Märkten nach den Regionen, in denen sich Verrichtungen an Objekten vollziehen, gebildet. Damit bieten sich alle Möglichkeiten der dargestellten Erfolgs- und Rentabilitätsverantwortung auch für dieses Organisationsmodell an. Da es ein einheitliches internationales Gesellschaftsrecht derzeit nicht gibt, sind jedoch alle regionalen, internationalen Einheiten als rechtlich geprägte und differenzierte Subsysteme zu betrachten, die jeweils nach dem geltenden Landesrecht zur Rechnungslegung verpflichtet sind. Damit ist zunächst ein Zwang gegeben, eine pagatorische Eigen- oder Gesamtkapitalrentabilität zumindestens in einer extern-orientierten Form zu verantworten. Inwieweit zu dieser Art der Rechnungslegung weitere – auf eine Gesamtrentabilität ausgerichtete – ergänzende Instrumente einer Verantwortung hinzukommen, hängt im wesentlichen von der Art des Aufbaues des zentralen Berichtswesens einer internationalen Unternehmung ab.

Wie auch bei dem Objektmodell kann es beim Regionalmodell zu einer Reihe vertikaler wie auch horizontaler *Beeinträchtigungen* bei der Abgrenzung der Ergebnisverantwortungen kommen. Zwei typische Beispiele seien erwähnt:

- Vertikal: Der Eingriff eines zentralen Produktmanagements („Sparten") in die Autonomie der dezentralen regionalen Einheiten.
- Horizontal: Internationale Lieferverflechtungen, wie Zulieferungen des nationalen Stammwerkes, Eigenlieferungen an andere nationale Gesellschaften in anderen Regionen.

Während sich im ersten Fall ein schwer abzuschätzender Einfluß als Restriktionen des eigenen Ermessens ergibt, deutet der zweite Fall auf die Gestaltung von Verrechnungspreisen im internationalen Rahmen hin.

5.222 Gestaltungsmöglichkeiten der Ergebnisverantwortung bei mehrdimensionalen Organisationsmodellen

Mehrdimensionale Organisationsmodelle mit den ihnen immanenten Überschneidungen von verrichtungsmäßigen, objekt- und regional-orientierten Aspekten in gleichgewichtiger Form, stellen besondere, erschwerte Ansprüche an die Gestaltung einer Ergebnisverantwortung. Für eine nähere Kennzeichnung dieser Problematik ist die Unterscheidung von zwei Arten mehrdimensionaler Organisationsmodelle wesentlich, die von der Frage ausgeht, ob im Schnittpunkt mehrere Dimensionen eine Problemlösung oder eine Mehrfachunterstellung steht (vgl. Abschnitt 4.12).

5.222.1 Mehrdimensionalität bei Mehrfachunterstellung und Ergebnisverantwortung

Eine Mehrdimensionalität des Organisationsmodells bei Mehrfachunterstellung unterscheidet sich prinzipiell von einer Organisationsgestaltung der Haupt- und Nebenweisungswege durch das Prinzip der Gleichgewichtigkeit beider Überstellungsebenen. Im Schnittpunkt der Einflußbeziehungen einer Matrix oder eines Tensors steht jeweils eine organisatorische Einheit. Für diesen Fall einer mehrdimensionalen organisatorischen Regelung lassen sich bezüglich der Ergebnisverantwortung grundsätzlich zwei denkbare Wege einschlagen:

(1) Die Ergebnisverantwortung des mehrdimensional eingegliederten Subsystems wird als *Einheit* gesehen und kann gegenüber den überstellten Dimensionen nur *gesamthaft* vertreten werden. Bei dieser Regelung wird bewußt darauf verzichtet, den einzelnen Einflußdimensionen ein besonderes Rechenschaftsrecht gegenüber dem mehrdimensional eingebundenen Subsystem einzuräumen. Zwar werden die Einflußdimensionen aus ihrer speziellen Sicht durchaus unterschiedliche, spezialisierte Fragen im Rahmen ihres Verantwortungsrechts formulieren, der Verantwortungspflichtige im Schnittpunkt der Einflußbeziehungen wird diese jedoch aus einer gesamthaften Verantwortung für seinen Aufgabenbereich heraus beantworten.

Zwei *Beispiele* sollen diesen Zusammenhang erläutern. Die beiden Dimensionen einer Matrix mögen verrichtungs- und objektgebunden sein.

Im Schnittpunkt der Matrix stehen Verrichtungsabteilungen (vgl. Abb. 139a), die jeweils auf eine bestimmte Produktgruppe als Ausdruck ihrer Objektrolle gebunden sind. Da diese Abteilungen verrichtungsorientiert sind, kann ihre Verantwortung auf negative und positive Erfolgskomponenten ausgerichtet werden (vgl. hier die Diskussion der Ergebnisverantwortung beim Verrichtungsmodell). Eine weitgehende Erfolgsverantwortung ist kaum herstellbar. Die einbindenden Objektbereiche a, b, c können dagegen eine volle Erfolgs- und Rentabilitätsverantwortung übernehmen, die einbindenden Verrichtungsbereiche sind in gleicher Weise wie die ihnen mitangeschlossenen Subsysteme auf eine Kosten- und teils Leistungs- oder Umsatzverantwortung eingegrenzt. Dies führt dazu, daß die einbindenden Bereiche teils Fragen aus der Erfolgsverantwortung (Objektbereiche) und teils Fragen vor allem aus ihrer Kostenverantwortung (Verrichtungsbereiche) an die mehrdimensional eingebundenen Subsysteme stellen werden, die diese aus ihrer Gesamtverantwortung heraus beantworten.

Ein anderes Beispiel (vgl. Abb. 139b) der Gesamtverantwortung der mehrdimensional eingebundenen Subsysteme geht von einer Gliederung in eine Objekt- und eine Regionaldimension aus und stellt Objektabteilungen bei den einzelnen Regionen in den Schnittpunkt der Matrix. In jeder Region sind produktorientierte Aufgabenträger tätig, die wiederum zentral von einem Produkt-Management gesteuert werden. Die Subsysteme erschließen sich über ihre Objektbindung einer absoluten und relativen Erfolgsverantwortung, die sie in diesem Beispiel gesamthaft gegenüber beiden Dimensionen, in die sie eingebunden sind, vertreten. Dieses Beispiel zeigt zugleich, daß auch beide einbindenden Dimensionen absolut und relativ erfolgsverantwortlich gestaltet werden

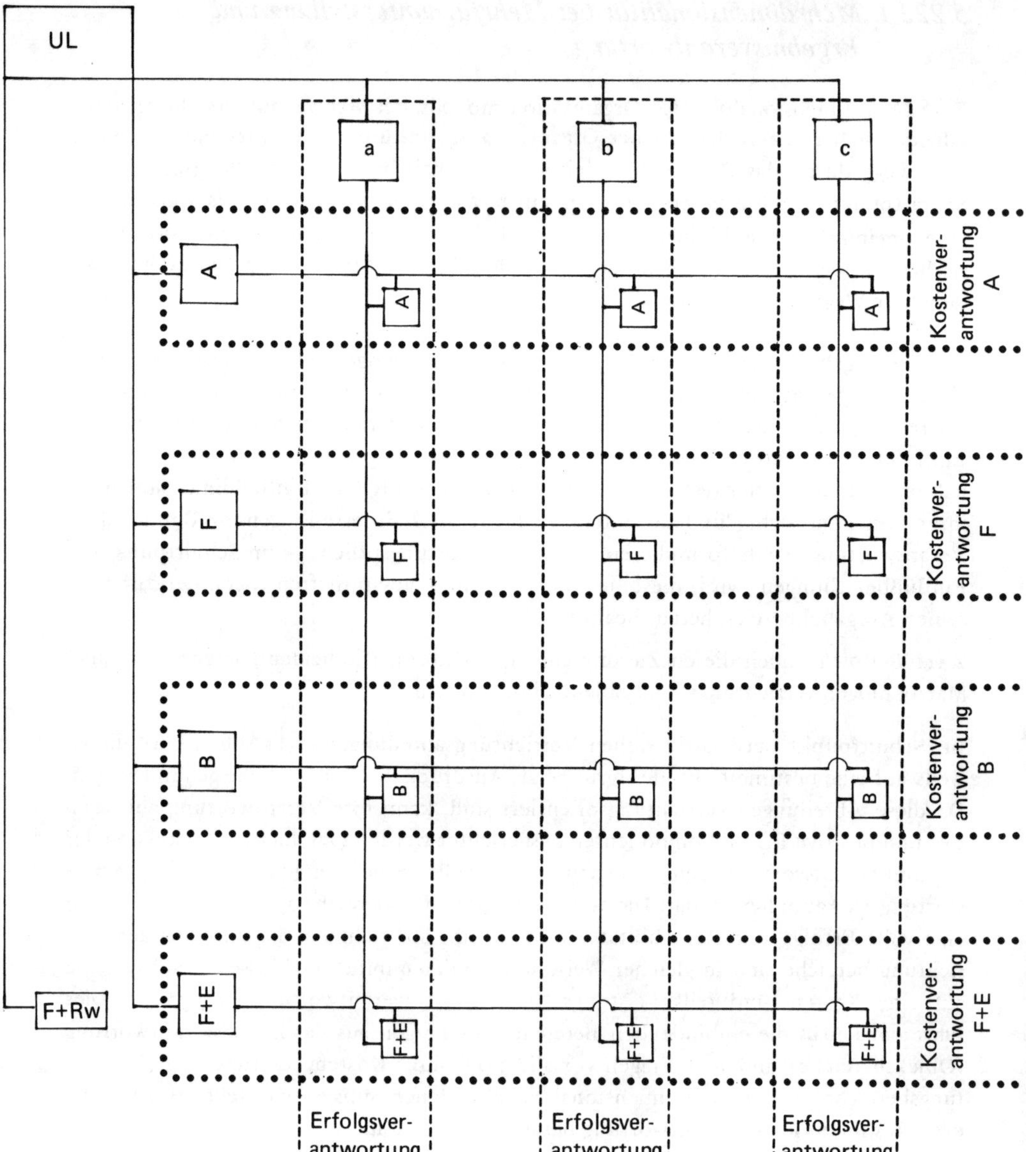

Abb. 139a: Verrichtungs-Objekt-Matrixmodell im Rahmen der Ergebnisverantwortung

können: Die Objektdimension für ihre jeweiligen Produktgruppen, die Regionaldimension für ihre jeweiligen Regionen. Die Verantwortungsregelung läßt sich in einem *Verantwortungsdiagramm* darstellen (vgl. Abb. 140).

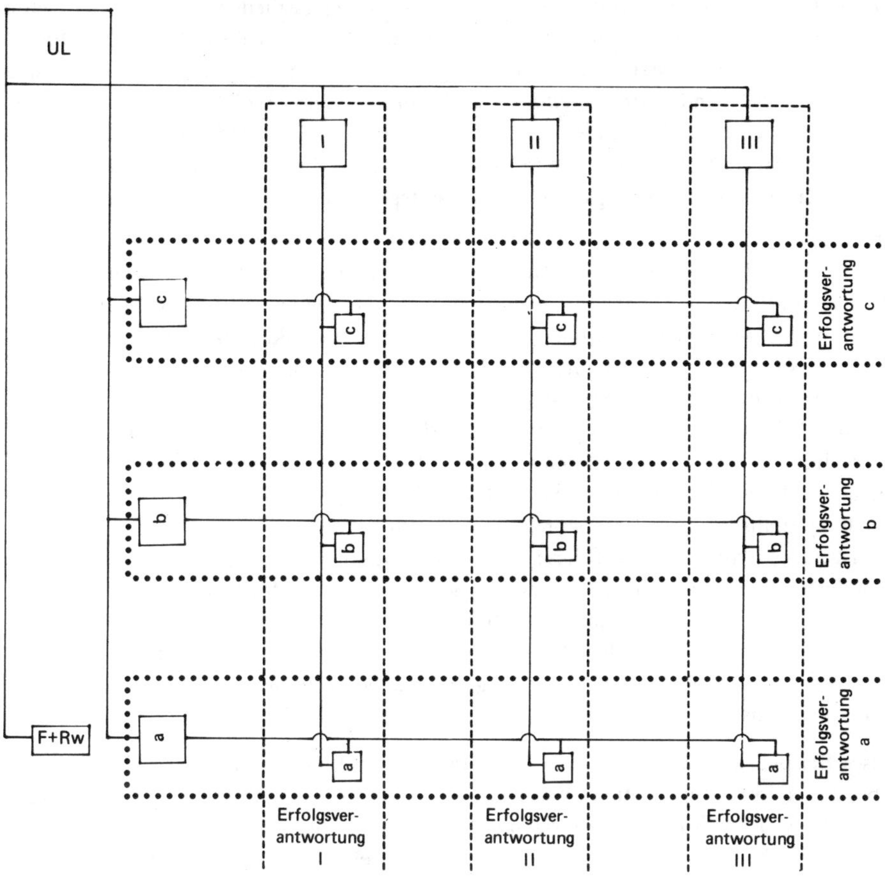

Abb. 139b: Objekt-Regional-Matrixmodell im Rahmen der Ergebnisverantwortung

Verantwortung F.	U L	a	b	c	I	II	III	F + Rw
Ges. Kap. Rent.	X							
Kapital R. a		X						
b			X					
c				X				
Kapital R. I					X			
II						X		
III							X	
Kosten								X

Abb. 140: Verantwortungsdiagramm

(2) Die Ergebnisverantwortung des mehrdimensional eingegliederten Subsystems wird nicht als Einheit gesehen, sondern in die Einflußsphären der übergeordneten Dimensionen *zerlegt*. Das jeweilige Subsystem ist gegenüber jeder übergeordneten Dimension für *spezialisierte* und *unterschiedliche Teile ihres Gesamtergebnisses verantwortlich*. Von den einzelnen einbindenden Dimensionen werden im Rahmen des Rechenschaftsrechtes spezialisierte Fragen an die Subsysteme gestellt, die von ihnen im Rahmen ihrer spezialisierten Verantwortungspflicht auch entsprechend gezielt beantwortet werden.

Ein *Beispiel* soll diesen Zusammenhang erläutern. Hierzu wird von einer Einbindung regionaler Subsysteme in eine objektorientierte Dimension (Produkt-Manager) und eine übergeordnete regionale Dimension ausgegangen. Dabei soll eine Aufgabenteilung in der Weise vorgesehen sein, daß die Planung einer Produktkonzeption und der Einsatz akquisitorischer Instrumente, wie Preispolitik, Werbung und Verkaufsförderung durch die jeweiligen Produktmanager erfolgen werden, während die operative Verkaufsdurchführung, d. h. der Einsatz von Verkäufern und anwendungstechnischen Beratern durch die regionalen Dimensionen (I, II, III) gesteuert werden. Die mehrdimensional eingebundenen regionalen Subsysteme (11, 12 . . .) sind den beiden Dimensionen jeweils spezialisiert für diese beiden Aspekte ihrer Tätigkeit verantwortlich. Die Ergebnisverantwortung stellt auf diese geteilte Verantwortung in der Weise ab, daß sie ein gesondertes Produktergebnis ausweist, das Umsätze zum Verkaufspreis den für das jeweilige Produkt eingesetzten Vertriebskosten gegenüberstellt und weiter ein Regionalergebnis ermittelt, das den Umsätzen die Kosten des Vertriebsnetzes gegenüberstellt. Für jedes Ergebnis besteht eine getrennte Verantwortlichkeit gegenüber einer anderen Dimension.

Dieses Beispiel zeigt zugleich, daß die Aufgabe eines mehrdimensional eingegliederten Subsystems immer gesamthaft zu sehen ist, denn es entsteht im Regelfall nur eine Leistung. Es ist jedoch gleichzeitig möglich, diese einheitliche Leistung unter spezifischen Berichtsaspekten der beiden (oder mehrerer) Dimensionen zu messen und in dieser Hinsicht spezifische, sich ergänzende Verantwortlichkeiten des Subsystems gegenüber den überstellten Dimensionen zu konstruieren.

5.222.2 Mehrdimensionalität der Problemlösung und Ergebnisverantwortung

Eine Mehrdimensionalität kann auch dadurch hergestellt werden, daß mehrere Dimensionen in einem Organisationsmodell miteinander zum Schnitt gebracht werden, ohne daß in ihren Schnittpunkten organisatorische Einheiten stehen. Im Mittelpunkt des sich überschneidenden Interesses der Dimensionen stehen dann bestimmte Problemfelder, die kollegial gelöst werden müssen. Das Problem der Regelung einer Ergebnisverantwortung tritt hier nicht bei einem Subsystem, sondern bei den Einheiten auf, die diese Problemfelder gemeinsam lösen. Da die Problemlösung immer einen kollegialen Abstimmungsprozeß impliziert, dürfte ein Auseinanderdividieren der Verantwortung für Ergebnisse nicht möglich sein. Man kann das Ergebnis eines Verhandlungsprozesses nicht nachträglich nach der Qualität der Verhandlungsbeiträge mehrerer Parteien „auseinanderdividieren“. Etwas anderes ist dagegen die Verantwortung für die Durch-

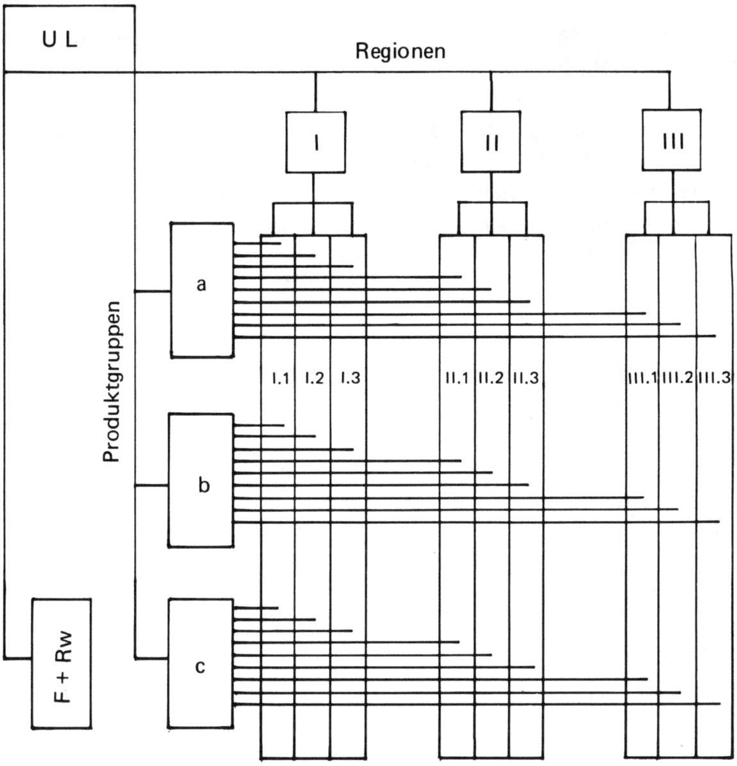

Abb. 141a: Objekt-Regional-Matrixmodell bei getrennter Ergebnisverantwortung

Vertriebsergebnis Subregion I 1

Produkte	a	b	c
Umsatzerlös	X	X	X
./. Wareneinstand	X	X	X
./. Werbung + Verkaufsförd.	X	X	X
Produktergebnis			
./. Verkäufer u. Anw.T.Beratg. ./. Verkbürokosten			
Subregionenergebnis			

Verantwortlichkeit gegenüber Produktgruppenleitungen a,b,c

Verantwortlichkeit gegenüber Regionalleitung I

Abb. 141b: Getrennte Ergebnisverantwortung

führung gemeinsamer Beschlüsse, die durchaus arbeitsteilig auf die einzelnen Dimensionen aufgeteilt werden kann. So kann z. B. die Verantwortung für die Durchführung eines gemeinsam beschlossenen Entwicklungsprojektes bei der Verrichtungsdimension liegen, während die Durchführung einer gemeinsam beschlossenen programmpolitischen Änderung bei der Objektdimension angesiedelt werden kann. Übernimmt die Verrichtungsdimension für die Durchführung des Beschlusses im Rahmen der Ergebnisregelung die Kostenverantwortung, so kann die Objektdimension die Verantwortung für die Durchführung über Erfolg und Rentabilität übernehmen.

Literaturhinweise zu Abschnitt 5

Albach, Horst: =Lenkpreise=
Innerbetriebliche Lenkpreise als Instrument dezentraler Unternehmensführung. In: Zeitschrift für betriebswirtschaftliche Forschung (26) 1974, S. 216–242.

Ansoff, H. Igor und und R. G. Brandenburg: =Design=
A Language for Organizational Design. Part I and II. In: Management Science (17) 1971, S. B. 705–731.

Bleicher, Knut: =Koordinationsorgane=
Koordinationsorgane. In: Handwörterbuch der Organisation. Hrsg. v. Erwin Grochla. Stuttgart 1969, Sp. 899–909.

Coenenberg, A. G.: =Verrechnungspreise=
Verrechnungspreise zur Steuerung divisionalisierter Unternehmen. In: Wirtschaftswissenschaftliches Studium (2)1973, S. 373–382.

Dearden, John: =Mirage=
Mirage of Profit Decentralization. In: Harvard Business Review (40) 1962, November–December, S. 140–154.

Deyhle, A.: =Organisation=
Organisation nach Profit Centers. In: Bürotechnik, Automation und Organisation (20) 1972, S. 410–420.

Fagan, P. F.: Measurement of Profit Performance of Decentralized Divisions. Diss. Columbia University 1959.

Gälweiler, Aloys: =Grundlagen=
Grundlagen der Divisionalisierung. In: Zeitschrift für Organisation (40) 1970, S. 55–66.

Hahn, Dietger: Ergebnisorientierte Planungsrechnung mehrgliedriger Unternehmungen auf der Basis des „Return on investment" (ROI). In: Zeitschrift für Organisation (39) 1969, S. 177–192.

Hahn, Dietger: =PuK=
Planungs- und Kontrollrechnung – PuK – Integrierte ergebnis- und liquiditätsorientierte Planungs- und Kontrollrechnung als Führungsinstrument in Industrieunternehmungen mit Massen- und Serienfertigung. Mit Beispielen aus der Unternehmungspraxis von Claus Freiling, Friedrich Thomée, Siegfried Höhn, Hans-Günter Grünewald, Günter Danert und Dietrich Solaro. Wiesbaden 1974

Hauschildt, Jürgen: =Verantwortung=
Die Verantwortung als konfliktregulierender Mechanismus. Ein organisatorisches Modell. In: Hamburger Jahrbuch für Wirtschafts- und Gesellschaftspolitik (13) 1968, S. 210–224.

Heberlin, Wolfgang: =Unternehmungsführung=
Unternehmensführung mit Profit Centers und finanziellen Zielsetzungen. Betriebswirtschaftliche Mitteilungen, Bd. 49, Bern 1971.

Lüder, Klaus: =Steuerung=
Investment Center, Kontrollverfahren zur Steuerung dezentralisierter Großunternehmen. In: Rechnungswesen und Betriebswirtschaftspolitik. Festschrift für Gerhard Krüger zu seinem 65. Geburtstag, gewidmet von Freunden, Kollegen und Schülern. Hrsg. von Manfred Layer und Heinz Strebel. Berlin 1969, S. 305–319.

Luhmann, Niklas: =Funktionen=
Funktionen und Folgen formaler Organisation. 2. Aufl. Berlin 1972.

Matz, Adolph und Milton F. Usry: =Cost Accounting=
Cost Accounting. Planning and Control. Cincinnati et al. 1976.
Menz, Wolf-Dieter: =Profit Center=
Die Profit Center Konzeption. Theoretische Darstellung und praktische Anwendung. Bern und Stuttgart 1973.
Poensgen, Otto H.: =Geschäftsbereichsorganisation=
Geschäftsbereichsorganisation. Opladen 1973.
Raatz, G.: =Personalführung=
Personalführung und Delegation von Verantwortung. In: Zeitschrift für betriebswirtschaftliche Forschung (26) 1968, S. 185–201.
Schmalenbach, E.: =Wirtschaftslenkung=
Pretiale Wirtschaftslenkung, Bd. I: Die optimale Geltungszahl. Bremen–Horn 1947.
Solomons, D.: Divisional Performance. Measurement and Control. Homewood u. Nobleton 1965.
Staehle, W. H.: Kennzahlen und Kennzahlensysteme als Mittel der Organisation und Führung von Unternehmen. Wiesbaden 1969.
Thompson, J. D.: =Action=
Organization in Action. Social Science Bases Of Administrative Theory. New York 1967.
Welge, Martin K.: =Profit Center=
Profit Center. In: Handwörterbuch der Betriebswirtschaft. Hrsg. von Erwin Grochla und Waldemar Wittmann. Stuttgart 1975, Bd. 1, Sp. 3179–3188.
Wille, F. =Lenkpreise=
Steuerung des Unternehmens (Konzerns) durch Lenkpreise. In: Handbuch der Kostenrechnung. Hrsg. von R. Bobsin. München 1974, S. 221–273.

6. Die Anwendung von Formen und Modellen der Organisation im Verlauf der Unternehmungsentwicklung

Die Anwendung der dargestellten Formen und Modelle der Organisation ist im Sinne einer kontexttheoretischen Betrachtung abhängig von Gegebenheiten bzw. Vorgaben des unternehmungspolitischen Systems und von Bedingungen der Unternehmungsumwelt. Deren Veränderung im Zeitablauf führt damit auch zu anderen Einsatzbedingungen einzelner organisatorischer Gestaltungsalternativen. Diesem Zusammenhang zwischen Unternehmungsentwicklung, verstanden als Veränderung im Bestand ökonomischer, humaner und technischer Potentiale im Zeitablauf (vgl. Bleicher =Unternehmungsentwicklung= 36 f.) und organisatorischer Gestaltung soll im folgenden nachgegangen werden.

Dabei erfolgt eine Beschränkung auf *qualitative* Aspekte der Potentialbestandsänderung, während rein quantitative (Größen-)Änderungen nicht explizit herausgestellt werden (vgl. hierzu Bleicher =Unternehmungsentwicklung=). Diese Einschränkung betont den *Strategiebezug* von Organisation und Unternehmungsentwicklung: die Unternehmungspolitik gibt Veränderungen in den ökonomischen Zielen (Nutzungspotentiale) an, die zu einer qualitativen Verschiebung der humanen und technischen Leistungspotentiale führen. Die *Struktur* der Organisation muß diese grundsätzlichen Strategien der Unternehmungspolitik möglich machen (vgl. zum Verhältnis von Strategie und Struktur: Baligh/Burton =Marketing=; Channon =Strategy=; Chandler =Strategy=; Gabele =Unternehmungsstrategie=; Rumelt =Strategy=).

6.1 Unternehmungspolitische Strategien und Unternehmungsentwicklung

Qualitativ erfolgt eine Veränderung der Unternehmungsentwicklung durch das Ausmaß der Aktivierung ökonomischer, humaner und technischer Potentiale. Bei einer positiven (Wachstums-)Entwicklungsrichtung lassen sich dazu in Anlehnung an H. Igor Ansoff (=Strategies= 114) grundsätzliche unternehmungspolitische Strategien ableiten, die das Vorgehen der Unternehmung auf dem Markt bestimmen:

(1) Erhöhung der Produktionstiefe:

Ohne Veränderung der intensionalen und extensionalen Marktbearbeitung und ohne Veränderung des Produktprogrammes und regionaler Marktänderungen kann eine Angliederung von *vorgelagerten* Produktionsstufen („*Rückwärtsintegration*") oder von *nachgelagerten* Produktionsstufen („*Vorwärtsintegration*") erfolgen.

(2) Erweiterung des Produktprogrammes:

Ohne Veränderung der intensionalen und extensionalen Marktbearbeitung, der Produktionstiefe und der regionalen Marktbindungen kann eine Erweiterung des Produktprogrammes in technologisch verwandten oder nicht verwandten Bereichen erfolgen.

(3) Regionale Markterschließung:

Ohne Veränderung der intensionalen und extensionalen Marktbearbeitung, der Produktionstiefe und des Produktprogrammes kann eine Erschließung verwandter (nationaler) oder nicht verwandter (internationaler) Märkte erfolgen.

(4) Marktintensivierung oder -extensivierung:

Ohne Veränderung der Produktionstiefe, des Produktprogrammes und der regionalen Marktbindungen wird über

(a) einen verstärkten Einsatz absatzpolitischer Instrumente (Marktintensivierung) oder

(b) die Erschließung neuer Anwendungsmöglichkeiten oder Kundengruppen (Marktextensivierung) eine verbesserte Marktstellung erstrebt.

Diese Wachstumsstrategien können bei einer intendierten Schrumpfung der Unternehmung spiegelbildlich in Schrumpfungsstrategien transformiert werden. Weiterhin lassen sich die angeführten unternehmungspolitischen Strategien im Verlaufe der Unternehmungsentwicklung entweder

– *sukzessiv,* isoliert (z. B. zunächst Entwicklung der Produktionstiefe, sodann Erweiterung des Produktprogrammes, um sich schließlich regional auszuweiten)

– *simultan,* kombiniert (d. h. durch gleichzeitige Verfolgung mehrerer – komplementärer oder substitutiver [Portfolio]-Richtungen)

einsetzen. Es kann unterstellt werden, daß ein Verfolgen sukzessiver Strategien tendenziell die Wahl eindimensionaler, das Verfolgen simultaner Strategien dagegen die Wahl mehrdimensionaler Organisationsmodelle begünstigt.

6.2 Formen und Modelle der Organisation bei unterschiedlichen Strategien

Formen und Modelle der Organisation werden im Hinblick auf ihre Strategieabhängigkeit zunächst an zwei Beispielen dargestellt, bevor abschließend die Verwendbarkeit von Organisationsmodellen für unterschiedliche unternehmungspolitische Strategien allgemein angesprochen wird.

Beispiel A: Einproduktunternehmung einer mittleren Fertigungstiefe in einer Region. Ziel: Wachstum

Das grundsätzlich angemessene Organisationsmodell für diesen Zustand der Unternehmungsentwicklung dürfte das Verrichtungsmodell sein, das für kleinere und mittlere Unternehmungen mit i.d.R. einem Produkt (bzw. mehreren Produktvarianten) konzipiert ist.

Je nach angestrebter (isolierter) Wachstumsstrategie kann folgender Zusammenhang zwischen Strategie und Organisation hergestellt werden.

(1) Strategie: Marktintensivierung.

Der verstärkte Einsatz absatzpolitischer Instrumente mit dem Ziel besserer Marktdurchdringung kann ein Größenwachstum mit sich bringen, das sich in einer Komplizierung der organisatorischen Beziehungen ausdrückt.

Grundsätzlich gilt, daß eine Marktintensivierung keinen Druck in Richtung auf eine grundlegende Änderung von Organisationsmodell und Organisationsform ausübt.

(2) Strategie: Marktextensivierung.

Die Erschließung neuer Anwendungsmöglichkeiten oder Kundengruppen für das bestehende Produkt führt häufig zu einer steigenden Ausbildung von Stabs- und Zentralstellen auf den gehobenen Ebenen des grundsätzlich nicht geänderten Organisationsmodells. Daneben können – bezogen auf den Absatzbereich – anwendungs- oder kundenorientierte Organisationseinheiten sowohl traversierend als auch segmentierend einbezogen werden (s. Abb. 142a, b).

(3) Strategie: Vergrößerung der Produktionstiefe.

Die Vergrößerung der Produktionstiefe durch Rückwärtsintegration ändert das grundsätzliche Organisationsmodell nicht, sofern die gewonnenen Vorprodukte im wesentlichen zur Zulieferung innerhalb der eigenen Unternehmung dienen. Im Fertigungsbereich kann eine Veränderung des Einsatzes von Organisationsformen erfolgen. Abbildung 143 zeigt den Aufbau folgegerichteter Fertigungsstufen mit Lagerungseinheiten.

(4) Strategie: Erweiterung des Produktprogrammes.

Die Aufnahme neuer Produkte (b, c) mit differenzierten Absatz- und Marktbedingungen (Produktdiversifikation; Programmerweiterung; vgl. Hahn =PuK= 218 ff.) wird sowohl zu einer Änderung der Organisationsformen als auch zu einer (späteren) Reorganisation des Organisationsmodells führen.

Die neuen Erzeugnisse (hier b, c) besitzen anfangs noch keine herausragende Bedeutung für die Gesamtunternehmung. Anstelle einer generellen Reorganisation kommt es zumeist zu einer partiellen Reorganisation, die sich in objektspezialisierten Zentralabteilungen oder Kollegien ausdrückt (vgl. Abbildung 144 a, b). Die strategischen Probleme der Kapazitäts- und Prozeßharmonisation werden (noch) als gewichtiger für den Erfolg erachtet als die der Produktharmonisation.

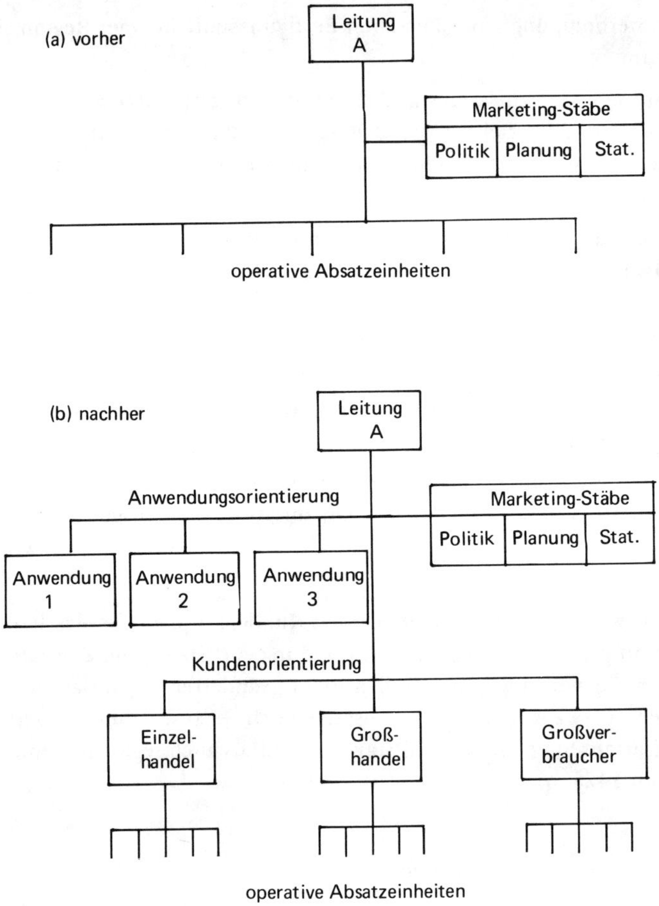

Abb. 142: Marktextensivierung und Absatzbereich

Diese Lösung bietet jedoch häufig nur eine begrenzte Abhilfe gegen stärker werdende Harmonisationsschwierigkeiten, die die Entwicklungsfähigkeit der Erzeugnisse nur ungenügend berücksichtigt. Werden dagegen im Verlaufe der Unternehmungsentwicklung Probleme der Prozeß- und Kapazitätsharmonisation einerseits und der Programmharmonisation andererseits gleichbedeutend, so ist der Übergang zu einer mehrdimensionalen Matrixorganisation zu prüfen (s. Abbildung 144c). Bei Aktiengesellschaften wird diesem Prinzip sehr häufig dadurch Ausdruck verliehen, daß der Vorstand nahezu gleichgewichtig aus Vertretern der „Funktionen" (Zentralbereiche) und der Sparten (Unternehmungsbereiche) zusammengesetzt wird.

Ist die Entwicklungsfähigkeit der einzelnen Produktgruppen für die Unternehmungspolitik zum dominanten Problem geworden und hat die Unternehmung eine gehobene Größe erreicht, dann wird eine generelle Reorganisation in Richtung Objektmodell zu prüfen sein. Die Betonung erzeugnisspezifischer Belange im Objektmodell bedarf aller-

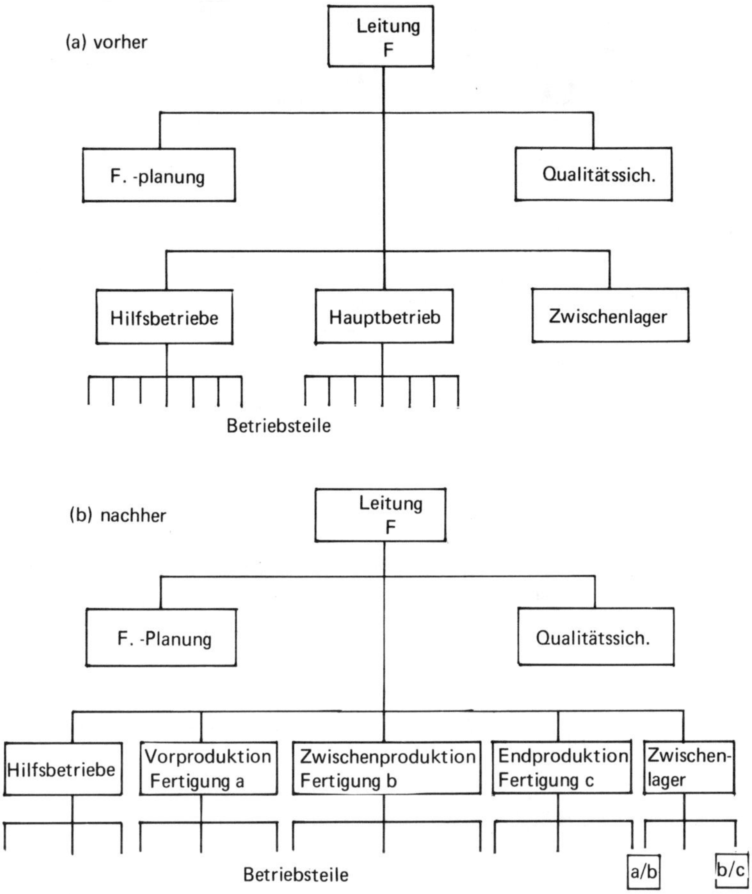

Abb. 143: Vergrößerung der Produktionstiefe und Fertigungsbereich

dings regelmäßig der Ergänzung um zentrale Harmonisationseinheiten, die nach Verrichtungsgesichtspunkten gebildet werden (s. Abbildung 144d). Sind dabei die fachlich begrenzten Anordnungsrechte der Zentraleinheiten und die Verkehrswege zwischen ihnen und Objektbereichen klar abgegrenzt, dann bietet die objektorientierte Struktur ein logisch eindeutiges und der Strategie angemessenes Gliederungssystem.

(5) Strategie: Erweiterung der regionalen Bindung.

Die Aufnahme neuer Aktivitäten in internationalen Regionen kann zunächst ohne Änderung des Organisationsmodells durch die Ausbildung regionaler, traversierender Zentralabteilungen gestützt werden (Darstellung entspricht Abbildung 144 a, b unter Abänderung der Zentralbereiche in Regionen I, II, III). Diese Änderung auf der Ebene von Organisationsformen wird bei zunehmendem Gewicht des internationalen Ge-

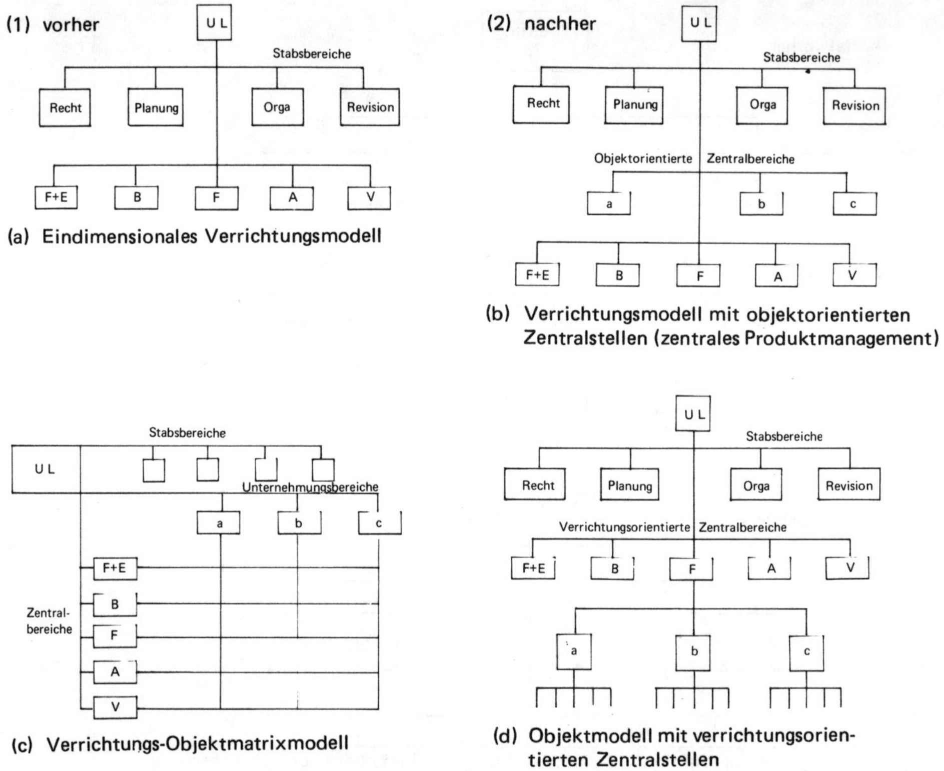

Abb. 144: Erweiterung des Produktprogrammes und Organisationsmodell

schäftes nicht ausreichen, hinzu tritt häufig als Übergangsform ein Sondergeschäftsbereich „Internationale Abteilung" (s. Abbildung 145 a). Die Gestaltung der Verteilungs- und Arbeitsbeziehungen zwischen dem verrichtungsgegliederten Stammhaus und der internationalen Abteilung bleibt aber vom Ansatz her fast immer problematisch und bedarf vieler Sonderregelungen. Bei fortschreitender internationaler Markterschließung wird deshalb das Modell einer mehrdimensionalen Matrixorganisation erwogen, welches Verrichtungs- und Regionaldimension gleichgewichtig gegenüberstellt (Abbildung 145 b).

Am Endpunkt der Entwicklung einer Strategie der Markterschließung kann die Bildung regionaler Zwischensysteme stehen, die durch zentrale verrichtungsgebundene Zentralabteilungen traversierend durchdrungen werden, um ein Minimum an Einheitlichkeit des Gesamtsystems herstellen zu können (Abbildung 145 c). Hier stellt sich die Frage, ob das immer stärker geforderte nationale Wohlverhalten nicht auf lange Sicht die Wahl eines derartigen Organisationsmodells für Einproduktunternehmungen nahelegt.

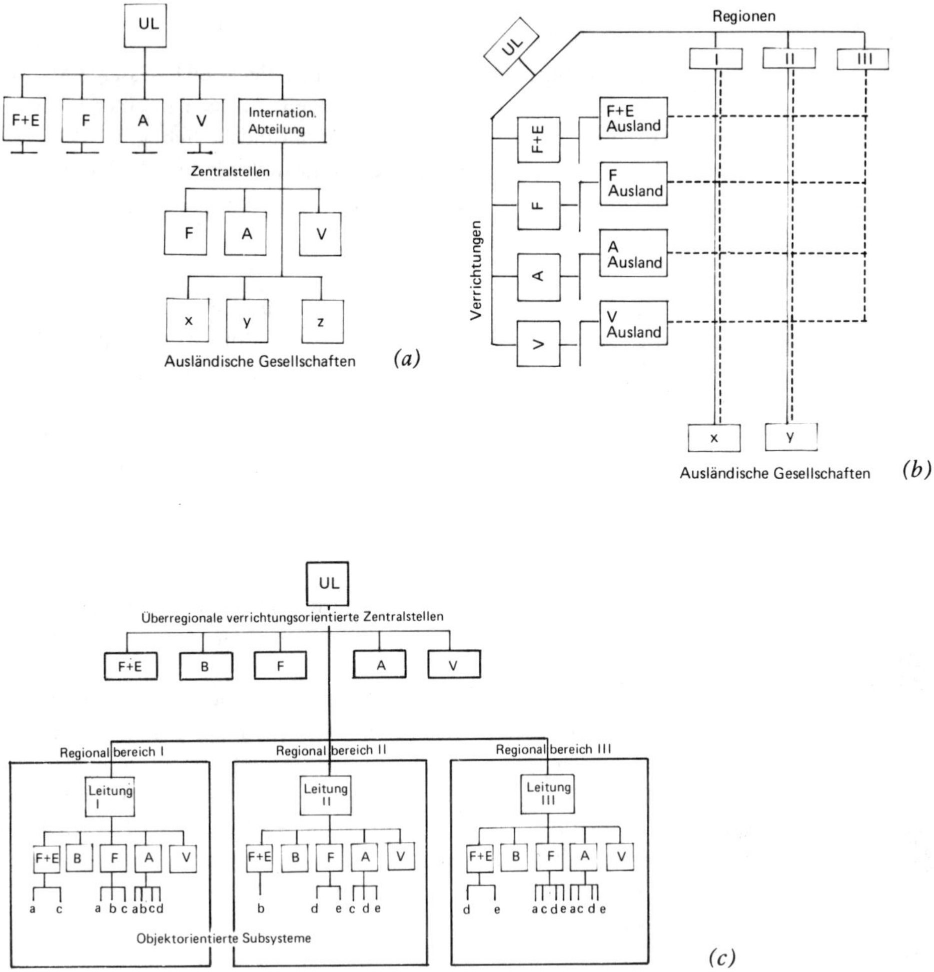

Abb. 145: Erweiterung der regionalen Bindung und Organisationsmodell einer Einproduktunternehmung

Beispiel B: Mehrproduktunternehmung (a, b, c) mit integrierter Fertigung in einer Region. Ziel: Wachstum

Das grundsätzlich angemessene Organisationsmodell für diesen Zustand der Unternehmungsentwicklung dürfte das Objektmodell oder ein Verrichtungs-Objektmatrixmodell sein (s. Abbildung 144 c, d). Je nach angestrebter (isolierter) Wachstumsstrategie kann folgender Zusammenhang zwischen Strategie und Organisation hergestellt werden.

(1) Strategie: Marktintensivierung.

Der verstärkte Einsatz absatzpolitischer Instrumente mit dem Ziel besserer Marktdurchdringung kann ein Größenwachstum mit sich bringen, das sich in einer Komplizierung der organisatorischen Beziehungen ausdrückt. Grundsätzlich gilt, daß eine Marktintensivierung keinen Druck in Richtung einer grundlegenden Änderung von Organisationsmodell und Organisationsformen ausübt.

(2) Strategie: Marktextensivierung.

Die Erschliessung neuer Anwendungsmöglichkeiten oder Kundengruppen für die bestehenden Produkte ändert das Organisationsmodell nicht. Eine Änderung des Einsatzes von Organisationsformen in den jeweiligen Unternehmungsbereichen ist als Konsequenz dieser Strategie anzunehmen. Sofern sich Anwendungs- oder Kundenüberschneidungen zwischen den Unternehmungsbereichen ergeben, können sich auch die Organisationsformen der Zentralabteilung Absatz über zusätzliche Harmonisationserfordernisse ändern.

(3) Strategie: Erweiterung der regionalen Bindung.

Die Aufnahme zusätzlicher Aktivitäten in neuen, internationalen Regionen verändert die Organisationsformen und (später) das Organisationsmodell. Ausgehend von einem Verrichtungs-Objektmatrixmodell zeigt Abbildung 146 a, wie bei zunächst unverändertem Organisationsmodell die regionalen Belange durch regionale Zentralabteilungen strukturell verankert werden. Die Regionalbereiche können dabei wie auch im Beispiel A diskutiert zu einer gemeinsamen ,,Internationalen Abteilung" zusammengefaßt werden. Grundsätzlich gilt, daß diese Lösung zwar regionale Aspekte stärker berücksichtigt, andererseits aber durch das ‚Hineinsteuern' in die vorhandenen, gewachsenen Matrixbeziehungen schwierige Abstimmungsprobleme schaffen kann. Bei weiterer Ausdehnung des regionalen Gewichtes für die Unternehmungspolitik stellen sich deshalb zwei Alternativen zur Wahl, die in Abbildung 146 b, c dargestellt sind. Sofern die strategischen Probleme von Kapazitäts- und Prozeßharmonisation, Programm- und Regionalharmonisation als gleichgewichtig angesehen werden, bietet sich eine Tensorstruktur an (Abbildung 146 b). Werden dagegen die strategischen Probleme der Programm- und Regionalharmonisation vorrangig und gleichgewichtig, dann kann auf eine Produkt-Regional-Matrix mit verrichtungsorientierten Zentralstellen zurückgegriffen werden (Abbildung 146 c).

Schließlich kann die Strategie regionaler Ausweitung dazu führen, daß die strategischen Probleme der Regionalharmonisation Vorrang vor denen der Kapazitäts- und Prozeßharmonisation und der Programmharmonisation gewinnen. In diesem Fall wird zu prüfen sein, ob eine Rückkehr zu dem eindimensionalen Regionalmodell mit Zentralabteilungen der vorliegenden Strategie besser entspricht als mehrdimensionale Lösungen (Abbildung 146 d).

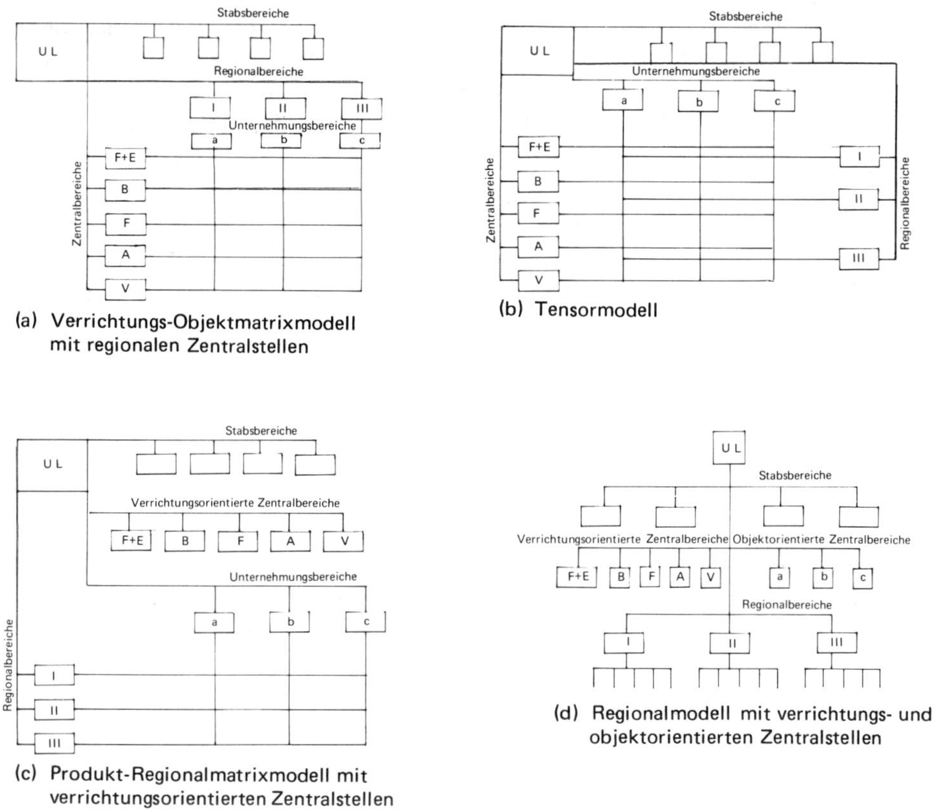

(a) Verrichtungs-Objektmatrixmodell mit regionalen Zentralstellen

(b) Tensormodell

(c) Produkt-Regionalmatrixmodell mit verrichtungsorientierten Zentralstellen

(d) Regionalmodell mit verrichtungs- und objektorientierten Zentralstellen

Abb. 146: Erweiterung der regionalen Bindung und Organisationsmodell einer Mehrproduktunternehmung

6.3 Die Anpassungsfähigkeit von Formen und Modellen der Organisation an die Unternehmungsentwicklung

Nachdem die vorausgegangenen Beispiele die Anwendung (globaler) Organisationsalternativen in Abhängigkeit von bestimmten isolierten Unternehmungsstrategien behandelten, soll abschließend eine allgemeine Verknüpfung von Strategien und organisatorischen Totalmodellen gegeben werden. Ausgangspunkt ist die gesamthafte Beurteilung von Organisationsmodellen durch Fuchs-Wegner/Welge (=Kriterien=), bei denen unterschiedliche Ausprägungungen der organisatorischen Anpassungsfähigkeit als übergeordnetem Kriterium der Beurteilung herausgestellt werden. Aufgrund „der engen Verflechtung der Unternehmung mit ihrer relevanten Umwelt ist die Fähigkeit, sich anpassen zu können, *wesentliche Voraussetzung für die Überlebensfähigkeit* der Unternehmung" (Fuchs-Wegner/Welge =Kriterien= 72). In Anlehnung an Igor H. Ansoff und R. G. Brandenburg (=Design= B-709 ff.) unterscheiden sie vier grundlegende Anpassungsformen:

Typ A (effizientes Verhalten bei Konstanz der relevanten Umweltausschnitte)
Typ B (operative Anpassungsfähigkeit)
Typ C (strategische Anpassungefähigkeit)
Typ D (strukturelle Anpassungsfähigkeit).

Die Untersuchung der Organisationsmodelle zeigt, daß die einzelnen Modelle ihre Stärken bei unterschiedlichen Typen der Anpassungsfähigkeit haben (vgl. dazu Fuchs-Wegner/Welge =Kriterien= passim, Bleicher =Unternehmungsentwicklung= 135 ff.). Andererseits stellt jede der im Kapitel 6.1 vorgestellten Strategien andere Anforderungen an die vier Typen der Anpassungsfähigkeit eines Organisationsmodells. Während eine Marktintensivierung vor allem eine Anpassungsfähigkeit des Organisationsmodells vom Typ A mit zusätzlicher operativer Anpassungsfähigkeit vom Typ B fordert, stellen Strategien der Programmerweiterung und Marktentwicklung hohe Anforderungen an die strategische Anpassungsfähigkeit von Typ C mit weiteren Anforderungen an die operative und strukturelle Anpassungsfähigkeit.

Wird dagegen eine Diversifikationsstrategie verfolgt, dürfte vor allem die strukturelle Anpassungsfähigkeit des Typ D gefordert sein; wobei jedoch die strategische Anpassungsfähigkeit (Typ C) ebenfalls von Bedeutung bleibt (vgl. Abb. 147).

Unternehmungspolitische Strategien / Typen der Anpassungsfähigkeit		Sukzessivstrategien			Simultanstrategie
		Markt-intensivierung	Programm-erweiterung	Markt-entwicklung	Diversifikationen
Typ A	Anpassungsfähigkeit bei Konstanz der relevanten Umwelt	+ + +			
Typ B	operative Anpassungsfähigkeit	+	+	+	
Typ C	Strategische Anpassungsfähigkeit		+ +	+ +	+
Typ D	Strukturelle Anpassungsfähigkeit		+	+	+ + +

Abb. 147: Art der durch Unternehmungsstrategien geforderten Anpassungsfähigkeit von Organisationsmodellen (Die Bewertung erfolgt anhand einer Punktwertskala, bei der für jede Strategie vier zu vergebende Punkte zur Verfügung stehen)

Diese Zuordnung von Strategie und geforderter Anpassungsfähigkeit macht letztlich Aussagen über die Verwendbarkeit einzelner Organisationsmodelle – deren Anpassungsfähigkeit durch Fuchs-Wegner/Welge gekennzeichnet wurde – zur Verfolgung unternehmungsstrategischer Entwicklungen möglich (vgl. Abbildung 148).

Für eine *sukzessive* Diversifikationspolitik von Unternehmungen sind vor allem eindimensionale Organisationsmodelle geeignet. Die sukzessive Diversifikationsstrategie setzt im Verlauf der Unternehmungsentwicklung deutliche aber einseitige Akzente; nach einer Betonung der Prozeß- und Kapazitätsharmonisation bei einer Politik der Marktintensivierung mit Schwerpunkt auf der Anpassungsfähigkeit des Typs A erfolgt eine neue Etappe der Programmerweiterung, die wiederum durch eine unternehmungspolitische Priorität der Markterschließung abgelöst wird, wobei strategische Anpassungsfähigkeit gefordert wird. Der Wechsel in der unternehmungspolitischen Priorität

Organisationsmodelle \ Unternehmungspolitische Strategien		Sukzessivstrategien: Marktintensivierung	Sukzessivstrategien: Programmerweiterung	Sukzessivstrategien: Markterschließung	Simultanstrategien: Marktintensivierung und Programmerweiterung	Simultanstrategien: Programmerweiterung und Markterschließung	Simultanstrategien: Marktintensivierung und Programmerweiterung u. Markterschließung
Eindimensionale Organisationsmodelle	Verrichtungsmodell	X					
	Objektmodell		X				
	Regionalmodell			X			
Mehrdimensionale Organisationsmodelle	Matrix-Modell				X	X	
	Tensor-Modell						X

Abb. 148: Verwendbarkeit von Organisationsmodellen für unterschiedliche unternehmungspolitische Strategien

macht es zweckmäßig, daß jeweils ein Organisationsmodell gesucht und instititutionalisiert wird, das diese einseitigen Prioritäten deutlich ausdrückt. Dies können im Ansatz nur eindimensionale Organisationsmodelle sein, da alle anderen unternehmungspolitischen Aspekte hinter diesem strategischen Wollen zurücktreten müssen: Für die Marktintensivierung das Verrichtungsmodell, für die Programmerweiterung das Objektmodell und für die Markterschließung das Regionalmodell.

Bei einer *simultanen* Diversifikationspolitik sind dagegen vor allem mehrdimensionale Organisationsmodelle geeignet, da diese Strategie im Verlauf der Unternehmungsentwicklung mehrseitige Akzente setzt; nach einer Betonung der Marktintensivierung und Programmerweiterung, die sich in Form einer Verrichtungs- und Objekt-Matrixorganisation ausdrücken läßt, kann die Betonung einer Programmerweiterung und Markterschließung durch eine Objekt- und Regional-Organisation unterstrichen werden, während Strategien der Marktintensivierung, Programmerweiterung und Markterschließung durch Tensororganisationen entsprochen werden kann. In allen diesen strategischen Fällen werden hohe Anforderungen an die strukturelle Anpassungsfähigkeit gestellt.

Literaturhinweise zu Abschnitt 6.

Ansoff, H. Igor: =Strategies=
Strategies for Diversification. In: Harvard Business Review (35) 1957, September/Oktober, S. 113–124.

Ansoff, H. Igor und R. G. Brandenburg: =Design=
A Language for Organization Design: Part I. In: Management Science (17) 1971, B 705–B 716.

Baligh, Henry H.; Richard M. Burton: =Marketing=
Marketing in Moderation – The Marketing Concept and the Organization's Structure. In: Long Range Planning (12) 1979, April, S. 92–96.

Bleicher, Knut: =Unternehmungsentwicklung=
Unternehmungsentwicklung und organisatorische Gestaltung. Stuttgart, New York 1979.

Bleicher, Knut unter Mitarbeit von Erik Meyer und Dietrich Wiek: Systemanalyse internationaler Unternehmungen. In: Unternehmungsführung – Festschrift für Erich Kosiol zu seinem 75. Geburtstag. Hrsg. von Jürgen Wild. Berlin 1974, S. 253–296.

Bleicher, Knut und Dietger Hahn: Organisationsplanung. In: Schmalenbachs Zeitschrift für betriebswirtschaftliche Forschung (32) 1980, S. 361–369.

Chandler, Alfred D. Jr.: =Strategy=
Strategy and Structure. Chapters in the History of Industrial Enterprise. Cambridge (Mass.) und London 1962.

Channon, D. F.: =Strategy=
The Strategy and Structure of British Enterprise. London and Basingstoke 1973.

Fuchs-Wegner Gertrud und Martin K. Welge: =Kriterien=
Kriterien für die Beurteilung und Auswahl von Organisationskonzeptionen (2 Teile). In: Zeitschrift für Organisation (43) 1974, S. 71–82; 163–170.

Gabele, Eduard: =Unternehmungsstrategie=
Unternehmungsstrategie und Organisationsstruktur. In: Zeitschrift für Organisation (48) 1979, S. 181–190.

Hahn, Dietger: =PuK=
Planungs- und Kontrollrechnung – PuK – Integrierte ergebnis- und liquiditätsorientierte Planungs- und Kontrollrechnung als Führungsinstrument in Industrieunternehmungen mit Massen- und Serienfertigung, mit Beispielen aus der Unternehmungspraxis von Claus Freiling, Friedrich Thomée, Siegfried Höhn, Hans-Günter Grünewald, Günter Danert/Dietrich Solaro. Wiesbaden 1974.

Rumelt, Richard T.: =Strategy=
Strategy, Structure and Economic Performance. Boston 1974.

Thanheiser, H. T.: Strategy and Structure of German Industrial Enterprise. Diss. Harvard University 1972.

Inhaltsverzeichnis – Teil II

Realmodelle als praktische Gestaltungsbeispiele der Organisation

Abbildungsverzeichnis – Teil II

Einleitung zum Teil II

Die im *ersten* Teil gegebene *systematische* Darstellung *idealer* Alternativen von Formen und Modellen der Organisation im Rahmen allgemeiner Kontextbezüge wird im folgenden *zweiten* Teil *exemplarisch* anhand von *realen* Gestaltungsbeispielen vor dem Hintergrund einer konkreten Unternehmungspolitik und -entwicklung vertieft. Ausgewählte Realmodelle der Organisation deutscher und ausländischer Unternehmen unterschiedlicher Wirtschaftszweige sollen einen Einblick in die Vielfalt der Organisationswirklichkeit und die unterschiedlichen Gestaltungskonzepte der organisatorisch Verantwortlichen vermitteln. Diese Praxisbeispiele wurden im Regelfall durch Vertreter der jeweiligen Unternehmen erstellt und durch ein klärendes und wertendes Interview vertieft, das der Verfasser mit einem für die Organisation maßgeblichen Mitglied der obersten Unternehmungsleitung geführt hat. In einem besonders interessanten Fall einer Tensororganisation (Dow Corning) wurde von diesem Verfahren abgewichen und auf Sekundärunterlagen zurückgegriffen, die anläßlich eines Besuches in Midland, Michigan, vertieft wurden. Da eine derartige kasuistisch-empirische Darstellung in besonderer Weise arbeits- und zeitaufwendig ist, und zudem auf nicht unerhebliche Bedenken seitens der Wirtschaftspraxis bezüglich der Preisgabe von Organisations- und Führungserfahrungen stößt, konnten während eines Jahres nur relativ wenige Praxisbeispiele zusammengetragen werden. Einige der Beschreibungen liegen deshalb bereits etwas länger zurück, was jedoch in den Augen des Verfassers keineswegs ihre prinzipielle Bedeutung vermindert. In diesen Fällen erfolgte eine kurze, ergänzende Aktualisierung der inzwischen eingetretenen Organisationsentwicklung.

Im Versuch einen Brückenschlag zwischen den Idealmodellen des ersten Teiles und den vielfältigen Realmodellen des zweiten Teiles herbeizuführen, wäre es sicherlich sinnvoll gewesen, von einem allgemeinen Bezugsschema auszugehen, das eine generelle Darstellung von Vergangenheitsentwicklung, gegenwärtigem Stand und Zukunftsorientierung eines Unternehmens im Spannungsfeld von Unternehmenspolitik und organisatorischer Anpassung ermöglicht hätte. Eine derartige Konkretisierung hoch-komplexer Gesamtsysteme stößt jedoch auf sehr deutliche Grenzen für eine operationalisierbare Einordnung in einzelne Kategorien. Selbst wenn diese theoretischen Ansprüche genügen sollten, dürfte der Aufwand zur empirischen Überprüfung einzelner Kategorien derzeit in keinem Verhältnis zu dem zu erwartenden Erkenntnisgewinn stehen.

In *einer allgemeinen Interpretation der Realmodelle,* die im zweiten Teil dargestellt werden, sind einige bemerkenswerte Unterschiede in der Organisationsgestaltung auf der Modellebene erkennbar.

Im Bereich der „cross-cultural-comparisons" fällt dabei zunächst der Einfluß unterschiedlicher Organisationskulturen in ihrer modellprägenden Wirkung ins Auge. Im Spannungsfeld einer Organisation *ad rem,* die der Aufgabenstrukturierung folgt, und einer Organisation *ad personam,* die organisatorische Gestaltung dem Einfluß talentierter Persönlichkeiten instrumental unterordnet, wird bei den dargestellten amerikanischen Organisationsbeispielen die weit stärkere Betonung des „ad personam" der oberen Führungsstruktur deutlich. Diese Tendenz wird allerdings in den unteren Rängen der Organisation durch eine gegenüber deutschen Verhältnissen stärkere Arbeitsteilung und Routineprogrammierung im Sinne eines Gestaltens „ad rem" gleichsam kompensiert. Die Bereitschaft unkonventionell Organisationsstrukturen zu ändern, wenn sich personelle Voraussetzungen in der Führung ändern, dürfte in der amerikanischen Organisationskultur weitaus ausgeprägter vorhanden sein als in der Bundesrepublik. In einigen Fällen wird die Organisation sogar als Lernfeld für die Entwicklung von Führungskräften begriffen (s. *Eli Lilly*), was recht unkonventionelle Aufgabenzusammenfassungen in einzelnen Subsystemen (zeitlich begrenzt) zur Folge haben kann. Ein amerikanisches (s. *Ball*) und ein schweizer Beispiel (s. *Swissair*) zeigen im instrumentalen Einsatz der Organisation zur Entwicklung eines Nachfolgepotentials für die oberste Führungsspitze eine ähnliche Tendenz. Deutsche Organisationskulturen scheinen in einer allgemeinen Betrachtung eher die Eindeutigkeit und Formalisierung der Strukturen mit Liebe zum Organigramm zu präferieren.

Organisations- und *Führungssysteme* können teilweise ebenfalls in einem substitutiven Verhältnis stehen: verläßt sich das eine Unternehmen stärker auf die organisatorische Regelung und prägt damit Führungssysteme vor, legt ein anderes stärkeres Gewicht auf Führungssysteme der Zielvereinbarung, Planung und Kontrolle, der Information und Menschenführung. Letzteres setzt zwar eine gewisse Klarheit der Organisation voraus, kann jedoch im Organisations- und Formalisierungsgrad der Organisation selbst große Freiheitsgrade für die Führung schaffen. Während eine derartige Konzeption offensichtlich für amerikanische Unternehmungen fast durchweg gegeben zu sein scheint, bieten die dargestellten schweizerischen, östereichischen und deutschen Unternehmungen hier eher ein differenziertes Bild. Eindeutige Abhängigkeiten von Kontext, Politik und Strategie sind dabei im gegebenen, begrenzten Sample kaum erkennbar. Letzte Ursache für ein unterschiedliches Substitutionsverhältnis von Organisations- und Führungssystemen scheint hier auch eher die unterschiedliche Führungs- und Organisations„philosophie" maßgeblicher Spitzenführungskräfte zu sein.

Die Anwendung einzelner organisatorischer Idealmodelle auf einen realen unternehmungspolitischen Kontext zeigt unter dem Druck wachsender Außenkomplexität ein tendenzielles Abgehen von reinen Arten der Eindimensionalität. Einige abgebildete Unternehmen weisen in ihrem unternehmungspolitischen Kontext eine Organisationsstruktur auf, bei der die *qualitative* Differenzierung des Produktprogrammes ein *Abgehen vom Verrichtungsmodell* nicht angeraten erscheinen läßt, wie z.B. bei der *Deutschen BP* und der *Swissair.* Bei der Swissair kommt hinzu, daß auch das *quantitative* Volumen des Geschäftsumfanges (Unternehmungsgröße) den Übergang zu einem anderen Organisationsmodell als zweifelhaft erscheinen läßt. Realmodelle des *Handels* pflegen ebenfalls von der Verrichtungsdifferenzierung geprägt zu sein, wie das Beispiel des *Otto-Versandes* im Versandhandel als relativ zentralisierte Vertriebsform zeigt. *Edeka* und *Kaufhof* bringen zusätzlich auf der operativen Ebene noch starke regionale Elemente in das Organisationssystem ein. Nicht unähnlich ist die Organisationsproblematik der *Deutschen Bundesbahn* mit ihrer Mischung von Verrichtungs- und Regionalaspekten. Interessant ist die Überforderung eines funktionalen Verrichtungsmodells, wenn strategische Querschnittsaufgaben in einem Schwerpunktprogramm angegliedert werden müssen, wie im Falle der *Cummins Engine* gezeigt. *Mischformen* einer kundenorientierten, nach außen gerichteten Organisation, die dem Objektprinzip folgt und einer funktionalen Innenorganisation, die auf dem Verrichtungsprinzip beruht, gewinnen zunehmend an Einfluß, wie das Beispiel der *KHD* deutlich zeigt. Die aktualisierte Organisation der Unternehmensgruppe Nachrichtentechnik der *SEL* belegt am Beispiel eines Partialmodells ebenfalls die gerade greifende Organisationstendenz, die im Bereich der *Sparkassenorganisation* mit zunehmender *Kundenorientierung* der Organisation bereits seit einigen Jahren erkennbar ist.

Eine Dezentralisation nach dem *Objektmodell* – verbunden mit einer zentralen Ausgliederung aller logistischen Aktivitäten der Herstellung, der Lagerung und des Versandes nach *Verrichtungsgesichtspunkten* – bietet das Beispiel von *Bertelsmann.* Ähnlich gelagert sind eine Reihe anderer Beispiele, die auf der Vertriebsseite eine Objektgliederung und bei den übrigen Funktionsbereichen von einer Verrichtungsgliederung ausgehen: *ITT Austria, IBM-Deutschland* und *Bremer Lagerhaus-Gesellschaft.* Beispiele für das Überwechseln von vorwiegend verrichtungsorientierten Unternehmungen zum Objektmodell bietet aus der chemischen Industrie *Hoechst.* Hier war sowohl die qualitative Produktdifferenzierung als auch die quantitative Größenentwicklung soweit fortgeschritten, daß sich das Objektmodell anbot.

Unternehmungen der Elektroindustrie hatten in irgendeiner Form bereits von dem Objektprinzip Gebrauch gemacht (wie bei *Siemens* durch die rechtliche Gliederung in Siemens & Schuckert, Siemens & Halske, Siemens Reiniger usw.) oder waren durch eine bewußte Akquisitionspolitik aus verschiedenen selbständigen Unternehmungen hervorgegangen (z.B. *SEL* aus SAF, Lorenz, Schaub, Mix & Genest, Grätz). Damit war für sie, wie auch für diversifizierte Unternehmungen der chemischen Industrie, das Objektprinzip nach den *Produktgruppen* zumeist schon vor dem Übergang zu einem Objektmodell organisatorisch maßgeblich.

Mit zunehmender Diversifikation gewinnt für Unternehmungen die *regionale* Differenzierung an Bedeutung. Dies macht sich derzeit am stärksten im Bereich der chemischen Industrie bemerkbar. Die *BASF* hatte neben die Produktsparten regionale Sparten gestellt und bildet in dieser Weise ein interessantes Beispiel für den Übergang vom Objekt- zum Regionalmodell – eine Tendenz, die kürzlich durch die Stärkung der Produktsparten und eine Vervielfältigung der Regionalsparten teilweise wieder rückgängig gemacht worden ist. Größere amerikanische Unternehmungen der Chemie pflegen dagegen nach wie vor die „International Division", die Ausgliederung ihrer überseeischen Interessen, wie das Beispiel der *Eli Lilly* deutlich zeigt. *IBM* hatte zunächst in der IBM-World-Trade-Corporation eine ähnliche internationale Abteilung, die jedoch später in zwei Großregionen aufgeteilt wurde. Dieses Beispiel kann als Übergangsmodell von einer objektorientierten Unternehmungsbereichsorganisation zu einer Regionalorganisation betrachtet werden. *Wella* hat den Weg der regionalen Organisation dagegen weiter beschritten, in dem sie *international* ausgerichtete *Regionalmodelle* in den Mittelpunkt ihrer organisatorischen Gestaltung stellt.

Der Fall einer *inländischen* Regionalorganisation tritt vor allem bei Dienstleistungsunternehmungen auf. Das Beispiel der Entwicklung der *Dresdner Bank* verdeutlicht hier die notwendige organisatorische Anpassung. Interessant ist in diesem Zusammenhang auch die organisatorische Darstellung eines amerikanischen Unternehmens des Straßengüterverkehrs, des *Yellow Freight System,* mit einer Regionalisierung der Umschlagsplätze und -stellen bei Optimierung vonVerkehrsstrecken zwischen den Annahme- und Abgabestellen der Fracht.

Im Bereich der Chemie zeichnet sich bei deutschen und bei schweizer Unternehmen eine interessante Lösung des Problems der internationalen Steuerung ab. Im Vorstand werden funktionale, spartenmäßige und regionale Zuständigkeiten jeweils über eine Mehrzahl von Vorstandsmitgliedern derart verteilt, daß ein Mitglied im Grenzfall *zugleich* für eine Gruppe von Verrichtungen, von Objekten und Regionen zuständig ist (s. *Hoechst, Ciba Geigy* und neuerdings auch die *BASF*).

Die Beispiele für Objektmodelle tragen in ihrer Gliederung in Unternehmungsbereiche und Zentralbereiche bereits ein wesentliches Element der Mehrdimensionalität in sich. Zumeist kann jedoch von einem annähernden Gleichgewicht der beiden Dimensionen Verrichtungen und Objekte kaum gesprochen werden. Eine interessante Zwischenform bildet *Reemtsma.* Hier ist zu einem ursprünglichen Verrichtungsmodell durch Akquisitionen im Getränkebereich und deren organisatorischer Zusammenfassung über Vorschaltung einer Objektleitung ein duales Objektmodell entstanden, ohne daß sich bereits sehr deutliche matrixhafte Beziehungen der Hauptverwaltung ausbilden konnten. Über eine ebenfalls beachtenswerte Organisationsstruktur verfügt die *SCS*, die sich projektorientiert nach verschiedenen Regionen gegliedert hat und zudem lediglich eine flache – dreistufige – Konfiguration aufweist.

Die Entwicklung der Unternehmen *BASF, BBC, Beiersdorf, Ciba Geigy, Hoechst, SEL, Siemens, MAN, Motorola und Nestlé* ist vor allem durch eine Feineinstellung des Objektmodells gekennzeichnet, wobei matrixhafte Züge bereits deutlich erkennbar werden. Die *Ball Corporation* in ihrem Übergang von einem Unternehmen der Verpackungsindustrie zu einem Hersteller von Erzeugnissen der Spitzentechnologie stellt im Ungleichgewicht beider Bereiche ein interessantes Beispiel für die Abhängigkeit eines Objektmodells von Stadien der Unternehmungsentwicklung dar. *ITT* mit seinen vielfältigen, konglomeraten Interessen bietet bei gänzlich anderer Größenordnung ein weiteres Beispiel des Überganges von einem historisch gewachsenen Schwerpunkt (Nachrichtentechnik) zu anderen Geschäftszweigen, wobei hier das internationale Element der Unternehmungspolitik zusätzlich eine besondere Rolle spielt.

Mehrdimensionale Organisationsmodelle zeichnen sich bereits im Ansatz bei Unternehmen ab, die grundsätzlich Produkt- oder Regionalbereiche mit verrichtungsorientierten Zentralbereichen verkoppeln müssen. Die Tendenz, eine gleichgewichtige Berücksichtigung mehrerer Dimensionen im Rahmen eines Organisationsmodells zu verwirklichen, wurde jedoch besonders deutlich bei *Sulzer* (Matrixorganisation) und bei *Dow Corning* (Tensororganisation). Im Wirtschaftsprüfungs- und Beratungssektor zeigt die Organisationsstruktur der weltweiten Organisation von *Arthur Andersen* deutliche mehrdimensionale Verkettungen, wobei die Versorgung örtlicher Kunden (wie bei vielen Dienstleistungsunternehmungen) eine regionale Gliederung notwendig macht, die durch eine interessante Partnerschaftsregelung zusammengehalten wird. Da die Erfahrungen mit bewußt mehrdimensional angelegten Organisationsmodellen noch relativ jung sind, erstaunt die relativ kleine Zahl an voll mehrdimensionalen Organisationslösungen gegenüber den eindimensionalen Modellen nicht.

Mit der folgenden Zusammenstellung von „Organisations- und Führungsprofilen" bedeutender Unternehmen wurde eine vielfältige Management-Erfahrung eingefangen, die eine Dokumentation von Stand und Entwicklungstendenzen der Organisation und Führung in der Bundesrepublik und – natürlich begrenzter – im internationalen Raum darstellt. Dabei wurde weniger darauf geachtet, bestimmte Branchen – etwa von einer bestimmten Unternehmensgröße ab – vollständig abzudecken, als vielmehr die Verschiedenartigkeit von Organisation und Führung in unterschiedlichen Wirtschaftszweigen zu erfassen.

Der Verfasser hofft, daß die folgende Darstellung realer Gestaltungsbeispiele gleichwohl für den theoretisch Interessierten als praktisches Fallmaterial insbesondere für die Lehre, wie für den Praktiker, der sich über organisatorische Lösungen anderer Unternehmen informieren möchte, wertvoll und anregend ist.

1. Chemische Industrie

1.1 BASF-AG

Die BASF-Aktiengesellschaft war bis 1970 funktional nach dem Verrichtungsmodell gegliedert. Die bei der Reorganisation geschaffene Sparten-Organisation nach dem Objektmodell hat sich in den vergangenen Jahren bewährt. Die 16 Produkt- und 4 Regionalsparten sind als Träger des operativen Geschäfts weitgehend autonom, wobei die Produktsparten für eine festumrissene Produktpalette in Europa und die Regionalsparten für das gesamte BASF-Sortiment in ihrer (Übersee-)Region verantwortlich sind. Der Verflechtung zwischen den Sparten in Produktion und Markt wird durch das Planungssystem, Transferpreise und ein gemeinsames Vertriebsnetz Rechnung getragen. Die strategischen Entscheidungen liegen beim Vorstand. Zentrale Einheiten, wie z.B. Forschung oder Zentrale Planung, unterstützen und koordinieren die Sparten und nehmen das Gesamtunternehmen betreffende Aufgaben wahr.

Am 6. April 1865 gründete Friedrich Engelhorn (1821–1902) in Mannheim die Badische Anilin- & Soda-Fabrik zur Herstellung von Farbstoffen, Anilin und Soda, einem Schlüsselprodukt der damaligen industriellen Chemie. Dieses breite Programm deutete den Übergang zum „gemischten Betrieb"an, der für die chemische Industrie richtungsweisend wurde. Schwierigkeiten bei der Beschaffung eines geeigneten Geländes führten jedoch zur Errichtung der Anlagen in Ludwigshafen.1889 wurde die 1873 mit den Stuttgarter Firmen Knosp und Sigle durchgeführte Fusion im Hinblick auf die Verkaufsorganisation gelöst und die Verkaufszentrale nach Ludwigshafen verlegt. Vielfältige chemische Neuerungen führten zu einer fortlaufenden Erweiterung des Unternehmens, das 1900 bereits 6.000 Arbeiter beschäftigte. Im Jahre 1913 wurde die Ammoniakfabrik im nördlichen Werkteil in Betrieb genommen und 1917 das Ammoniakwerk Merseburg. 1925 schloß sich die BASF mit anderen deutschen Teerfarbenfabriken zur I.G. Farbenindustrie AG in Frankfurt (Main) zusammen. Damit hörte die BASF auf, ein selbständiges Unternehmen zu sein.

Die Ereignisse des zweiten Weltkrieges hinterließen in Ludwigshafen weitgehend zerstörte Werksanlagen, in denen 1945 in beschränktem Umfang mit der Produktion begonnen wurde. Die Entflechtung der I.G. Farben führte am 30. Januar 1952 zur erneuten Eintragung der BASF in das Handelsregister. War bis zum Kriegsende der Verkauf ihrer Produkte über die I.G. in Frankfurt verlaufen, so besaß die neue Firma nunmehr eine große Fabrik ohne Verkaufsorganisation. Eine neue Verkaufsorganisation mußte schnellstmöglich aufgebaut werden. Damit begann ein stürmischer Aufstieg, so daß bis zum Jahre 1954 in den meisten Ländern Vertretungen eingerichtet werden konnten. Die Produktpalette verschob sich immer mehr von der Grundstoffproduktion zum Endprodukt. Diese Entwicklung erfolgte teils durch eigene Entwicklungen (Magnetband) und teils durch eine extensive Akquisitionspolitik (Pharma, Lacke). 1965 beschäftigte die BASF dann bereits 47.000 Personen. Im selben Jahr erwarb die Unternehmung die Glasurit, denen sich weitere Zusammenschlüsse und Beteiligungen anschlossen. Damit einher ging die Ausweitung und Intensivierung vieler Produkte und Produktgruppen, so daß die Gesamtbelegschaft über 110.000 Mitarbeiter anstieg.

1.11 Die Organisation der BASF-Gruppe (Stand 1977)

von Dipl.-Kfm. Klaus Seliger, Heidelberg

Die BASF-Gruppe besteht aus etwa 300 Gesellschaften in Europa und Übersee, darunter über 100 Produktionsgesellschaften. Mit 112.000 Mitarbeitern erzielte die BASF-Gruppe 1976 einen Umsatz von fast 21 Mrd. DM.

Die dominierende Rolle der BASF-AG ergibt sich sowohl aus ihrer Größe (knapp die Hälfte der Mitarbeiter und des Umsatzes der Gruppe) als auch aus ihrer Funktion als Steuerungszentrale. Trotz dieses Schwergewichts bei der Muttergesellschaft sind die Tochtergesellschaften aufgrund ihrer produktbezogenen oder regionalen Spezialisierung relativ selbständig.

Die BASF-Gruppe erhielt ihre heutige Struktur mit der Neuorganisation im Jahre 1970, der ein Jahrzehnt starker Expansion vorausgegangen war. So hat sich von 1960 bis 1970 der Umsatz der BASF-AG mehr als verdoppelt, der Umsatz der übrigen Gruppengesellschaften durch Geschäftsausweitung und den Erwerb weiterer Gesellschaften verzwanzigfacht. Im gleichen Zeitraum erhöhte sich die Mitarbeiterzahl der BASF-Gruppe von 59.000 auf 96.000.

Für diese Größenordnung eignete sich die funktionale Organisationsform nicht mehr; die Koordinationsprobleme konnten auf Dauer nicht mehr bewältigt werden. Mit Hilfe der Beratungsfirma McKinsey wurde deshalb 1969/70 die derzeitige divisionale Organisationsstruktur der BASF entwickelt.

Die Sparten als Kern der BASF-Gruppe

Mit den Sparten wurden überschaubare, weitgehend in sich geschlossene Verantwortungsbereiche geschaffen. Die Sparten sind sowohl für die Aufstellung der *operativen Pläne* als auch für die Entwicklung *langfristiger Strategien* für ihr Arbeitsgebiet verantwortlich. Bei der Durchführung der (genehmigten) Pläne im *operativen Geschäft* sind sie *weitgehend autonom.*

Die Sparten wurden in der BASF nach zwei unterschiedlichen Kriterien gebildet:

- nach Produktbereichen (Produktsparten)
- nach Regionalmärkten (Regionalsparten)

• *Produktsparten*

Das Sortiment der BASF läßt sich anhand der Bezeichnungen der 16 *Produktsparten* in etwa umreißen:

Grundchemikalien
Mineralölmarkt
Raffinerien
Düngemittel
Pflanzenschutz
Polyolefine
Polystyrol, PVC
Spezialkunststoffe
Fasern
Farbstoffe und Hilfsmittel
Chemikalien
Dispersionen
Lackchemie
Spezialfarben
Magnettechnik und Nyloprint
Pharma.

Jeder Produktsparte ist ein genau definierter Ausschnitt des Gesamtsortiments zugeordnet, für dessen wirtschaftliche Nutzung und Weiterentwicklung sie verantwortlich ist. Aus dieser Verantwortung sind die *Aufgaben der Produktsparte* abgeleitet:

- Produktion
- Vertrieb
- Anwendungstechnische Kundenberatung
- Produktentwicklung und -verbesserung.

Diese Aufgaben werden in der Regel von drei unterschiedlichen Typen von Abteilungen wahrgenommen (vgl. Abb. 1a): *Produktionsabteilungen, anwendungstechnischen Abteilungen* (Aweta) und *Verkaufsabteilungen.*

Die Produktsparten sind voll verantwortlich für ihren Produktbereich in Europa, ungeachtet der Ländergrenzen oder der juristischen Grenzen zwischen unterschiedlichen Gesellschaften. So erstellt die Sparte die *Produktionsplanung* für sämtliche Produktionsstandorte eines Produktes in Europa in Zusammenarbeit mit den jeweiligen Produktionsgesellschaften.

Ebenso wird die *Absatzplanung* für den europäischen Markt gemeinsam mit den Vertriebsgesellschaften bis hin zu einem Gesamtabsatzplan je Produkt oder Produktgruppe entwickelt. Bei Knappheit einzelner Produkte werden diese entsprechend den Erfordernissen des Gesamtmarktes zentral disponiert. Die *Produktentwicklung* und die *Lösung anwendungstechnischer Probleme* erfolgt schon wegen des in den anwendungstechnischen Abteilungen angesammelten Know how zumeist bei der Produktsparte.

Die *Planung, Steuerung und Kontrolle der Sparten-Aktivitäten* und damit letztlich auch die Verantwortung für den Ertrag der Sparte liegt beim *Spartenleiter,* der in der Regel von einem Planung und Kontrolle vorbereitenden Stab unterstützt wird.

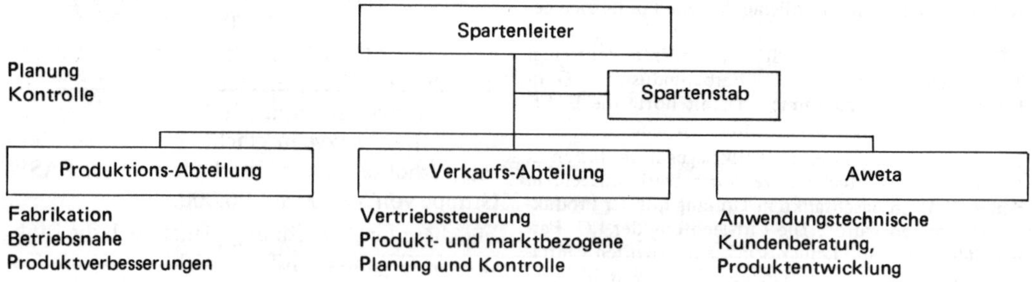

Abb. 1a: Spartengliederung der BASF-AG

- *Das Verhältnis der Produktsparten zueinander*

Die meisten Produkte der BASF werden über eine große Zahl unterschiedlicher Zwischenprodukte aus nur wenigen Ausgangsstoffen hergestellt. Da zudem vielfach das gleiche Zwischenprodukt in eine Reihe unterschiedlicher Endprodukte eingeht, ist eine enge und vielfältige Verflechtung der Produktionsbetriebe sowohl technisch als auch wirtschaftlich notwendig. Diesem Produktionsverbund steht ein, wenn auch wesentlich weniger intensiver Marktverbund der Produkte gegenüber.

Bei der Bildung der Sparten konnte auf diese Verflechtungen nur beschränkt Rücksicht genommen werden, so daß die Sparten in Produktion und Verkauf teilweise voneinander abhängig sind. Daraus ergeben sich Koordinationsprobleme:

- Abstimmung der Produktionsmengen der Sparten im Hinblick auf die gegenseitige Belieferung mit Vor- und Zwischenprodukten
- Abstimmung der Absatzplanung der Sparten bei marktbezogenen Abhängigkeiten der Produkte.

Damit der Spartengewinn seine Steuerungsfunktion behält, werden die *Lieferungen zwischen Sparten* zu *Transferpreisen* verrechnet, die soweit wie möglich *an Marktpreisen orientiert* sind.

- *Regionalsparten*

Während die Produktsparten primär zuständig sind für einen begrenzten Produktbereich in Europa, betreuen die vier Regionalsparten alle Produkte in ihrer Region:

Nordamerika
Lateinamerika
Afrika/Westasien
Süd- und Ostasien, Australien.

Die auf den Überseemärkten abgesetzten Produkte stammen (mit Ausnahme der Region Nordamerika) nur zum kleinen Teil aus Produktionsstätten in der betreffenden Region; den größeren Teil bestreiten Lieferungen aus Europa.

Da die Aktivitäten der BASF im Ausland immer in der Form rechtlich selbständiger Gesellschaften wahrgenommen werden, ist eine der Hauptaufgaben der Regionalsparten die ertragsorientierte Koordination dieser Gesellschaften. Bei der Wahrnehmung dieser Aufgabe wird der Spartenleiter unterstützt von der „Ertragskontrolle", die wie der Stab einer Produktsparte auch Planung und Ergebniskontrolle vorbereitet. Für die Absatzplanung einerseits und die Abwicklung des Exportgeschäftes ex Europa andererseits ist der Vertrieb der Regionalsparte zuständig. Als Schaltstelle für den Technologie-Transfer von der Muttergesellschaft zu den überseeischen Töchtern, insbesondere für die Betreuung von deren Produktionsanlagen und Investitionsvorhaben, ist die „Technische Koordination" zuständig.

Die Regionalsparten werden ebenso wie die Produktsparten nach ihrem Ergebnis beurteilt.

- *Das Verhältnis zwischen Regional- und Produktsparten*

Die Regionalsparten sind in dreifacher Hinsicht auf die Zusammenarbeit mit den Produktsparten angewiesen:

- Über die *Sortimentsgestaltung* in den Regionen kann nur in einer Gesamtbetrachtung gemeinsam von Regional- und Produktsparte entschieden werden.
- Wegen des relativ hohen Anteils an Lieferungen ex Europa kann ein realisierbarer *Absatzplan* nur in Abstimmung mit den Produktsparten erstellt werden.
- Die Regionalsparte bezieht das gesamte *produktbezogene Know how* von den Produktsparten.

Ein *Instrument für die weltweite Abstimmung der Produktpolitik* über die Grenzen der Regionalsparten hinweg ist die sämtliche Länder der Welt umfassende *Produktergebnisrechnung*, welche die Ergebnisrechnung der Produktsparten und die nach Ländern aufgebaute Ergebnisrechnung der Regionalsparten ergänzt.

Die zentralen Einheiten

Neben den Sparten bestehen in der BASF Zentrale Einheiten, aus folgenden Gründen:

- Bei der Zusammenfassung von gleichartigen Aufgaben für mehrere Sparten können in einigen Funktionen durch die Möglichkeiten stärkerer Spezialisierung sowohl *Kosteneinsparungen* als auch *Leistungsverbesserungen* erzielt werden.

- Die der relativen Autonomie der Sparten innewohnenden und durch die Gewinnverantwortung eher noch verstärkten Zentrifugalkräfte müssen im *Interesse des Gesamtunternehmens* kompensiert werden.
- Eine Reihe von Aufgaben lassen sich wegen des *Bezugs auf das Gesamtunternehmen* oder ihres Charakters als *Grundlagenarbeit* nicht ohne Verlust an Effektivität auf die Sparten aufteilen.

Unter diesen Gesichtspunkten lassen sich drei Typen von zentralen Aufgaben definieren, die in unterschiedlicher Kombination von den Zentralen Einheiten wahrgenommen werden (vgl. Abb. 1b):

- *Dienstleistungen* für die Sparten werden im Auftrag der Sparten von Zentralen Einheiten zur Verfügung gestellt; die Kosten werden in der Regel den Sparten berechnet; die Sparten entscheiden weitgehend über Inhalt und Zeitpunkt der Leistungen, während die Zentrale Einheit die Art der Ausführung bestimmt.
- *Koordination* der Sparten (und der übrigen Zentralen Einheiten): Hierzu zählt zum einen die allgemeine unternehmensweite Planung und Kontrolle, zum anderen die aktive Abstimmung der Sparteninteressen in speziellen Funktionen (z.B. in der Forschung).
- *Allgemeine Unternehmensaufgaben:* Zu diesem Aufgabentyp gehören insbesondere die nicht spartenbezogene Forschung im chemischen und technischen Bereich, Kapitalbeschaffung, Erstellung der Bilanzen, Betreuung des Personals und die Vertretung des Unternehmens in der Umwelt.

Das Zusammenwirken von Sparten und Zentralen Einheiten

• *Forschung und Entwicklung*

Die Forschungs- und Entwicklungsaktivitäten werden sowohl zentral im Ressort Forschung als auch in den Sparten wahrgenommen. Betriebs- und marktnahe Entwicklungsarbeiten werden in den Sparten oder Tochtergesellschaften unmittelbar durchgeführt. Für die weiterreichenden Forschungsaufgaben stehen allen Sparten die vier großen, zentralen Forschungslaboratorien zur Verfügung. Die verfahrenstechnische Forschung wird von der Technischen Entwicklung im Ressort Technik durchgeführt.

Diese Arbeitsteilung gewährleistet ein rasches Verwerten von Impulsen, die einerseits als Anforderungen von Markt und Produktion, andererseits als neue Erkenntnisse von Wissenschaft und Technik ausgehen. Sie ermöglicht eine hohe Auslastung der Forschungseinrichtungen sowie eine breite Nutzung ihrer Ergebnisse.

Forschungsziele und Forschungsaufwand der gesamten BASF-Gruppe werden für die großen Arbeitsgebiete vom Vorstand festgelegt. Innerhalb der Arbeitgebiete werden Ziele und Prioritäten sowie die Verteilung der bereitstehenden Mittel in Gremien aus Vertretern von Forschung, Sparten und ggf. Technischer Entwicklung festgelegt. Die Verfolgung der einzelnen Forschungsprojekte erfolgt in regelmäßigen Sit-

Schwerpunkt **Dienstleistungen**	Schwerpunkt **Koordination**	Schwerpunkt **Allgemeine Unternehmensaufgaben**
Recht, Steuern und Versicherung Verkäufskoordination Verteilung Technische Werksdirektion Lu Umweltschutz und Arbeitssicherheit Anlagenbau Zentraler Einkauf	Zentrale Planung	Öffentlichkeitsarbeit Forschung Technische Entwicklung Finanzen Personal
daneben vor allem **Koordination**	daneben auch **Dienstleistungen und allg. Unternehmensaufgaben**	daneben auch **Dienstleistungen und Koordination**

Abb. 1b: Aufgaben der zentralen Einheiten

zungen der unmittelbar beteiligten Stellen dieser Einheiten.

• *Instandhaltung*

Jeder Produktionsabteilung einer Sparte ist eine Gruppe von „Betriebswerkstätten“ zugeordnet, die für die Funktionsfähigkeit der Produktionsanlagen verantwortlich ist. Diese von einem „Abteilungsingenieur“ geleitete Gruppe ist jedoch nicht der Produktionsabteilung, sondern der Abteilung „Werkstätten“ im Ressort Technik unterstellt. Die Hauptaufgabe der Betriebswerkstätten ist die Instandhaltung der Produktionsanlagen; daneben werden die ingenieurtechnische Seite von Verbesserungen von Produktionsanlagen oder -verfahren bearbeitet sowie kleinere Investitionsvorhaben durchgeführt.

• *Einkauf*

Der Zentrale Einkauf hat die Aufgabe, für alle Sparten die Roh-, Hilfs- und Betriebsstoffe zu beschaffen. Hierbei werden zwei mitunter gegenläufige Betrachtungsweisen kombiniert: Die Sparten planen den Bedarf vom Produktionsplan (und dessen oft kurzfristigen Veränderungen) ausgehend, während der Einkauf eine kontinuierliche Beschaffungspolitik (langfristige Lieferverträge) unter Nutzung der Marktentwicklung zu realisieren sucht. Um zu einer möglichst kostengünstigen Rohstoffversorgung zu kommen, werden deshalb die parallelen Planungen in Sparten und Einkauf laufend aufeinander abgestimmt. Die wesentlichen Einkaufsentscheidungen trifft der Zentrale Einkauf praktisch immer zusammen mit der betroffenen Sparte.

Die Steuerungsinstrumente

Der Vorstand stellt das Zusammenwirken aller Unternehmensteile vor allem durch folgende formale Instrumente sicher:

– *Planungs- und Informationssysteme*
– *Investitionsrichtlinien*
– *Transferpreisregelung*
– *Cash-Flow-Management-System.*

• *Planungs- und Informationssysteme*

Das Planungssystem der BASF baut auf den von Rahmenvorgaben der Unternehmensleitung bereits vorgeprägten Einzelplänen der Abteilungen auf, die zu den Plänen der Sparten bzw. der Zentralen Einheiten integriert werden.

Diese werden wiederum aufeinander abgestimmt, mit den Zielvorstellungen der Unternehmensleitung konfrontiert und in einem weiteren Abstimmungsgang mit diesen zur Übereinstimmung gebracht. Die in den genehmigten Plänen der Sparten und Zentralen Einheiten gegenüber den ursprünglichen Plänen eingetretenen Änderungen werden nach der Verabschiedung in die Abteilungs- und übrigen Detailpläne übertragen.

Zur Kontrolle der Planeinhaltung dienen die Informationssysteme für den Vorstand und die Leiter von Sparten und Zentralen Einheiten, mit deren Hilfe Planwerte und Istwerte gegenübergestellt und Ursachen für Abweichungen aufgezeigt werden. Die strategische Planung wird einerseits von den Sparten für deren Arbeitsgebiete, andererseits vom Vorstand mit Hilfe der dem Vorstandsvorsitzenden unterstellten Zentralen Planung für das Gesamtunternehmen durchgeführt.

• *Investitionsrichtlinien*

Die Sparten stehen untereinander und mit den Zentralen Einheiten in Konkurrenz um die Investitionsmittel. Investitionsrichtlinien sollen die Vergleichbarkeit aller Investitionsprojekte garantieren. Die Entscheidung über sämtliche Investitionen wird nach Vorbereitung durch eine Kommission vom Vorstand getroffen. Die zentrale Entscheidung über die Investitionsmittel sichert dem Vorstand den entscheidenden Einfluß auf die Entwicklung der einzelnen Arbeitsgebiete.

• *Transferpreisregelung*

Die weitgehend an Marktpreisen orientierten Transferpreise werden im Zuge der jährlichen Planung überprüft, um verfälschende Ergebnisverschiebungen zwischen den Produktsparten möglichst zu verhindern.

• *Cash-Flow-Management-System*

Zur optimalen Nutzung der Finanzmittel der BASF-Gruppe sind alle wesentlichen Gesellschaften in dieses System integriert.

Diese vier formalen Instrumente werden aktiviert durch Informationsaustausch und Meinungsbildung in verschiedenen Gremien, wie z.B. der *monatlichen Informationssitzung* des Vorstands mit den Spartenleitern über die aktuelle Geschäftsentwicklung oder der die Investitionsentscheidungen des Vorstands vorbereitenden Kommission.

Die Führungsstruktur der BASF

Die Unternehmensleitung obliegt dem Kollektivorgan *Vorstand*. Die Vorstandsmitglieder sind gleichzeitig Ressortleiter. In einem Ressort sind mehrere Sparten oder Zentrale Einheiten führungsmäßig zusammengefaßt. So sind z.B. die Aufgaben des Ressortleiters gegenüber den Spartenleitern vorwiegend Führungsaufgaben, d.h. Zielvorgabe bzw. gemeinsames Erarbeiten von Zielvorstellungen, Ergebniskontrolle sowie gravierende Einzelentscheidungen insbesondere Koordination und Konfliktlösung der unterstellten Sparten.

Die Sparten-Ressorts umfassen jeweils von der Technologie oder vom Markt her verwandte Sparten, deren Interessen der Ressortleiter im Vorstand vertritt. Die Leiter der Ressorts, in denen Zentrale Einheiten zusammengefaßt sind, vertreten im Vorstand diese funktionale Arbeitsgebiete für die ganze BASF-Gruppe, so z.B. der Leiter des Finanzressorts.

Die Organisation der BASF ist in Abb. 1c dargestellt.

1.12 Interview mit dem Vorsitzenden des Vorstandes der BASF-AG, Herrn Prof. Dr. Matthias Seefelder, 1977

Die BASF hat sich 1970 mit Hilfe der Beratungsgesellschaft McKinsey eine neue Organisation für ihre Aktivitäten gegeben, die zu einer objektmäßigen Orientierung an einzelnen Produktgruppen -(Sparten) führte. Worin sehen Sie die wesentlichsten Vor- und Nachteile?

Ich glaube, daß man ein sehr großes Unternehmen nur noch spartenmäßig führen kann und nicht mehr funktional. Es ist die Frage, ob man die Produktgruppen überordnet und darunter Funktionen bekommt oder ob man die Funktionen überordnet und darunter Produktgruppen einordnet. Wir sind damals, sicherlich nicht zuletzt durch das starke Wachstum über Akquisitionen beeinflußt, das ja im Grunde nicht immer ein organisches Wachstum ist, sehr schnell auf die Notwendigkeit gestoßen, die Funktionen als übergeordnetes Ordungsprinzip zu verlassen und auf Sparten überzugehen.

Sie meinen, daß ein Unternehmen dieser Größe und dieser Produktvielfalt gar nicht mehr anders organisiert und geführt werden kann. Wo liegen Ihrer Erfahrung nach dann die neuen Probleme dieses Organisationsmodells?

Wenn wir das Unternehmen in verschiedene Teilunternehmen unterteilen, dann kommt natürlich auch innerhalb des Unternehmens das Prinzip der Konkurrenz auf. Wir sehen das deutlich an einer Erscheinung, die wir hier als Spartenegoismus bezeichnen. Das mag ein hartes Wort sein, aber es trifft die Sache: Eine Sparte denkt natürlich sehr stark an ihren eigenen Vorteil und mitunter weniger an die Belange des Gesamtunternehmens. Hier muß der Vorstand gegensteuern.

Der Vorstand steuert die Zuteilung der Ressourcen, und zwar sowohl beim Personal als auch beim Forschungs-Etat wie auch bei den Investitionsmitteln. Durch Zusammenfassung von Sparten in einzelnen Vorstandsressorts ist es dem Vorstand darüber hinaus möglich, eine einheitliche Strategie für das Gesamtunternehmen zu verfolgen.

Sehen Sie für die Zukunft Felder der organisatorischen Anpassung an sich wandelnde Gegebenheiten?

Im großen Ganzen sehen wir sie im Augenblick nicht. Mit dieser Organisation würden wir auch noch 40 Milliarden Umsatz schaffen. Ob wir dann etwas tun müßten, weiß ich nicht. Das einzige, was überhaupt vorstellbar wäre, ist eigentlich, daß man dann noch weiter auflöst, d.h.

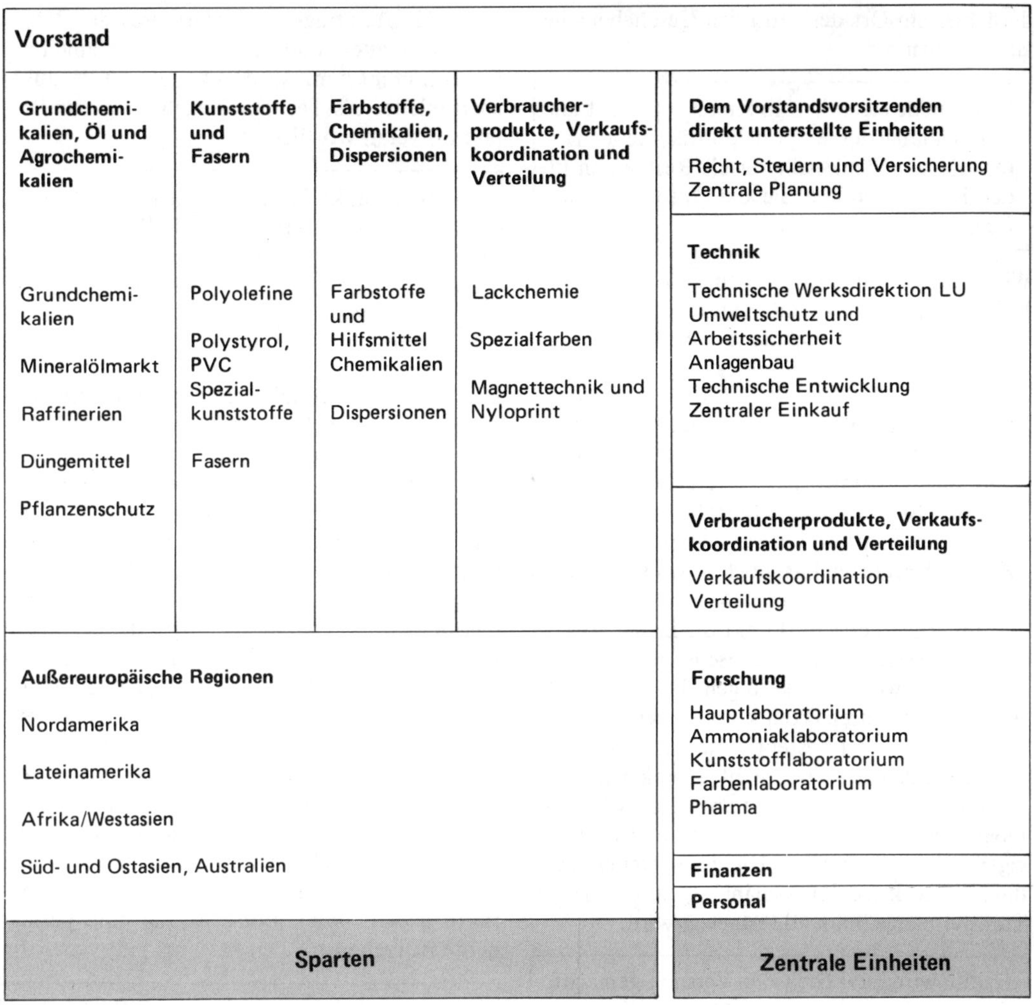

Abb. 1c: Organisation der BASF

den Vorstand allmählich in eine Holding umwandelt. Eine Ebene „echter“ Vorstände im heutigen Sinne müßte dann wahrscheinlich darunter eingezogen werden.

Die BASF ist nicht soweit gegangen, daß sie das Unternehmen vollkommen in verschiedene Teilunternehmungen aufgelöst hat.

Das wesentliche Merkmal dabei ist, daß die Sparten ihren cash-flow nicht behalten, sondern diesen vollständig beim Gesamtunternehmen einbringen. Dadurch wird die Investitionsplanung durch den Vorstand möglich. Würden wir zu Teilunternehmungen übergehen, so brächte dies natürlich enorme neue Probleme mit sich, aber im Moment sehe ich diese Notwendigkeit noch nicht.

Sehen Sie eine derartige Aufsplitterungstendenz von der zunehmenden regionalen Beziehung ihrer Aktivitäten auf sich zukommen, die durch die erheblichen Investitionen im Ausland geprägt wird?

Nein, das sehe ich nicht. Wir haben natürlich eine Problematik dadurch, daß wir Regionalsparten und Produktsparten besitzen. Unmittelbar nach Einführung der Neuorganisation hat es gelegentlich Reibungen zwischen Produktsparten und Regionalsparten gegeben. Diese haben wir laufend abgebaut. Heute arbeitet dieses System eigentlich recht gut. Dabei war es vielleicht gar nicht so unwesentlich, daß wir den Regionalspartenleiter nicht in der Region postiert, sondern hier am Ort des zentralen Geschehens belassen haben.

Das spricht eigentlich mehr für eine zentrale Handhabung der Regionalpolitik; denn hätten Sie den Regionalleiter als Residenten in der Region, würden Sie die Autonomie der Region stärker betonen.

Wir müssen in den Regionen eine starke Kontrolle der einzelnen Aktivitäten ansetzen, denn dort vollzieht sich das Geschäft in Einzelgesellschaften.

Sie sprachen davon, daß sich einige Probleme des Einfahrens zwischen den Produktsparten und den Regionalsparten ergeben haben. Können Sie zur Kompetenzabgrenzung dieser beiden Sparten, wie sie sich im Laufe der Zeit eingeschliffen hat, noch etwas sagen?

Die unternehmerische Funktion in der Region trägt die Regionalsparte. Diese ist aber gehandicapt durch zwei Behinderungen: Erstens bezieht sie einen Teil ihrer Produkte von den Produktsparten und dabei besteht dann das Risiko, daß eine Produktsparte sie nicht ausreichend und konstant beliefert, denn die Produktsparte kann möglicherweise bessere Geschäfte hier in ihrem eigenen Bereich machen. Hiergegen steueren wir durch eine klare Jahresplanung, durch die die Transfermenge bindend festgelegt wird.

Damit wird praktisch der Versuch gemacht, derartige Konflikte in der Planungsphase bei den Planungsbesprechungen abzubauen?

Ja. Das zweite Problem ist das des Technologietransfers in die Regionalsparte. Die Produktsparte ist es nämlich, die die Technologie für ein bestimmtes Produkt besitzt. Wenn nun die Regionalsparte mit diesem Produkt etwas plant, dann ist sie auf das Know-how der Produktsparte angewiesen. Hier hat es Interessenskonflikte gegeben, die sich aber ausräumen ließen, ohne daß wir hierfür ein formelles System entwickeln mußten.

Sind bei diesen Planungsbesprechungen der Regionalspartenleiter und der Produktspartenleiter gleichberechtigte Partner?

Ja. Das führt dazu, daß zum Beispiel der Antrag eines Investitionsprojektes für eine Region zwei Unterschriften trägt, die Unterschrift des Regionalspartenleiters und des Produktspartenleiters. Darin kommt zum Ausdruck, daß der Produktspartenleiter als Technologiegeber für das Projekt mitverantwortlich ist.

Im Mittelpunkt Ihrer seinerzeitigen Reorganisation standen sicherlich die Produktsparten. Die Orientierung an Endprodukten führt jedoch häufig zu Überschneidungen in den Vertriebswegen. Wie haben Sie das Problem der Vertriebsanbindung gelöst?

Die einzelnen Produktbereiche sind zum Teil auch nach Technologien geordnet. Ein typisches Beispiel ist die Sparte Dispersionen, in der alle Polymerlösungen und Dispersionen von der Technologie her zusammengefaßt sind. Bei dem sehr breit gestreuten Einsatz dieser Produkte führt das im Markt zwangsläufig zu Überschneidungen mit anderen Sparten. So ist z.B. die Papierindustrie sowohl für die Sparte Dispersionen als auch für die Sparte Farbstoffe und Hilfsmittel ein wichtiger Kunde. Bei den Papierherstellern muß das Unternehmen jedoch als einheitlicher Geschäftspartner auftreten. Die notwendige Harmonisierung unserer Verkaufsinteressen findet beim Verkaufsbüro statt. Da wir unsere Produktionsstruktur grundsätzlich nicht nach den Gegegebenheiten des Marktes ordnen können, wird es immer Überschneidungskonflikte geben, deren Entschärfung eine permanente Aufgabe ist.

In Ihrem Organisationssystem fällt auf, daß sich die BASF seinerzeit offensichtlich nicht dazu durchringen konnte, einen eigenen Zentralbereich Verkauf/Marketing zu schaffen. Stattdessen entstand in der seinerzeitigen Gliederung ein Mischressort M+N zusammen mit den zentralen Diensten der Verkaufskoordination. Diese Mischung stellt ein Durchbrechen des Modells der Spartenorganisation dar. Wie sehen Sie selbst aus Ihrer Erfahrung diese Problematik?

Es ist selbstverständlich, daß bei einer Organisation nach Produktsparten funktionale Bereiche übrigbleiben, die einem Vorstandsmitglied als Ressortchef zu unterstellen sind. Da sowohl die funktionalen Bereiche Verkaufskoordination und Verteilung als auch die verbrauchernahen Sparten sich durch ihre Kundennähe charakterisieren, lag es nahe, sie dem „Kaufmann" im

Vorstand zu unterstellen. Das war 1970 zwangsläufig der Verkaufschef der alten Organisation.

> Also eine stärker personenorientierte Lösung!

Das ist richtig, obwohl, wie gesagt, die Kundennähe eine Zusammenlegung dieser Bereiche auch sachlich sinvoll erscheinen läßt.

> Nach der Vertriebsseite, einige Fragen zur Organisation der Produktion. – Die vielfältige Verflechtung der chemischen Produktion läßt die Zuordnung einzelner Betriebsteile zu einzelnen Sparten als äußerst problematisch erscheinen. Dies gilt in besonderem Maße für die Betriebsteile, die der Vorproduktion dienen. Können Sie die Zuordnung der Produktion zu den Sparten und ihre Problematik noch etwas näher erläutern?

Das hat natürlich am Anfang auch Probleme gegeben, weil praktisch jede Sparte aus Gründen der Technologie und des Verbundes Produkte aus anderen Sparten beziehen muß. Aber das macht uns heute keine Sorgen mehr. Es gibt praktisch keine Sparte, die ihre Verkaufsprodukte vollständig selbst herstellt oder die ihre Produktion 100 %ig selbst vermarktet. Alle Sparten liefern irgendwo über den Zaun und beziehen auch über den Zaun.

> Damit wird zugleich das Problem der Transferpreise aufgeworfen. Welche Erfahrungen haben Sie mit der Gestaltung der Transferpreise anhand von Marktpreisen bislang gemacht?

Das Problem der Transferpreise ist allgemein bekannt. Auch wir hatten es und haben es noch. Wir setzen den Transferpreis einmal im Jahr bei der Aufstellung des Jahresplanes fest.

Nach der Festsetzung haben wir ein Jahr Ruhe und dann wird wieder verhandelt. Natürlich gibt es bei der Festsetzung manchmal ein gewisses Gerangel, insbesondere bei den Produkten, die keinen Marktpreis haben.

Auf jeden Fall ist sicherzustellen, daß die Liefersparten einen vernünftigen Return on Investment haben. Die Tatsache, daß ein Teil der Ergebnisse für ein bestimmtes Handelsprodukt nicht bei der verkaufenden Sparte, sondern beim Vorlieferanten ausgewiesen wird, muß bei der Ressourcenzuteilung für Investitionen sorgfältig beachtet werden.

> Wir kamen eben auf Einkaufsprobleme, wie weit ist der Einkauf in den Sparten dezentralisiert und was bleibt für einen zentralen Einkauf?

Das meiste läuft über den zentralen Einkauf. In der Praxis ist es so, daß immer jemand von der betreffenden Sparte dabei sitzt, wenn wichtige Einkaufsgespräche geführt werden. Aber abgewickelt wird alles zentral. Die „buying-power“ muß voll ausgeübt werden.

> Einzelne Labors, die zwar in ihrer Arbeit auf bestimmte Sparten ausgelegt sind, werden dennoch der Forschung und nicht den Sparten zugeordnet. Können Sie einige der Überlegungen, die dazu geführt haben, prinzipiell aufführen?

Wir haben die Forschung nicht dezentralisiert, sondern als organisatorische Einheit belassen. Die daneben in den Sparten durchgeführten betriebs- und marktnahen Forschungs- und Entwicklungsarbeiten werden dagegen von den Sparten selbst getragen. Für einen reibungslosen Arbeitsablauf haben wir eine Organisation geschaffen, die eine sehr klare Beziehung zwischen den zentralen Forschungseinheiten und den entsprechenden Sparten herstellt. Die Koordinierungsaufgaben nehmen die Forschungsgebietsleiter wahr. Der Forschungsgebietsleiter, sagen wir einmal für Dispersionen, hat organisatorische Querbeziehungen zur Sparte Dispersionen und von dort bekommt er auch wesentliche Forschungsaufträge. Wir sind der Meinung gewesen, daß wir die Effizienz des am Standort Ludwigshafen gewachsenen wissenschaftlichen Verbundes antasten würden, wenn wir zu stark aufteilten. Hier haben wir also bewußt die Funktionalität obenangestellt.

> Die Spartenleitung läßt sich ebenfalls – wie andere Beispiele aus der chemischen Industrie zeigen – durchaus unterschiedlich regeln. Die Alternativen reichen einerseits von einer Vertretung der operativen Spartenleitung zugleich auf der strategischen Ebene des Vorstandes (Ihre Lösung) bis hin zur Trennung von operativer Spartenleitung und gebündelten Spartenressorts im Vorstand (s. z.B. Hoechst) und andererseits von einer Einmann-Spartenleitung bei Ihnen bis zu dualen oder kollegialen Formen der Spartenleitung („Spartenvorstände“). Worin sehen

Sie die Vor- und Nachteile Ihrer Lösung, d.h. die Einpersonen-Spartenleitung zu bevorzugen und diese direkt im Vorstand zu repräsentieren?

Sie können bei uns in gewissem Sinne auch von einem „Spartenvorstand" sprechen, denn es gibt in jeder Sparte eine regelmäßige Spartensitzung, an der die entscheidenden Leute teilnehmen und die anstehenden Probleme gemeinsam behandeln.

Wir haben lediglich den „Vorstandsvorsitzenden" dieses „Spartenvorstandes" sehr viel stärker herausgestellt, und zwar so stark, daß er der Disziplinarvorgesetzte seines „Vorstandes" ist. Wir haben die Einmannspitze bewußt gewählt, weil wir der Meinung sind, daß die Verantwortung in der Sparte personifiziert werden muß. Dies ist im dualen System nicht gewährleistet.

Sie messen den Erfolg einer Sparte am Betriebsergebnis, an der Kapitalrendite und am Erreichen der Planziele. Vielfältig wird darüber geklagt, daß insbesondere die ersten beiden Orientierungsgrößen Spartenleitungen dazu bewegen, mehr kurzfristig als langfristig zu „optimieren". Können Sie eine derartige Aussage anhand Ihrer Erfahrungen bestätigen? Wie läßt sich gegen derartige Tendenzen angehen?

Für die Beurteilung einer Sparte spielt die Kontrolle eine wichtige Rolle. Der langfristige Erfolg zeigt sich dabei an einer richtigen Investitionspolitik. Daher werden Investitionsentscheidungen später auf die Richtigkeit der Prognose nachgeprüft. Das bewirkt, daß die Planungen im Bewußtsein der späteren Kontrolle erfolgen. Natürlich gibt es immer Erklärungen, warum sich die Erwartungen eines Investitionsprojektes oder eines Vorhabens nicht realisieren ließen, aber es muß dann auch überzeugend begründet werden, warum sich die einstigen Träume nicht erfüllt haben.

Sie betonen also jetzt den Kontrollaspekt, wie langfristig ist aber Ihre Gesamtplanung ausgelegt?

Der Vorstand entwickelt das strategische Konzept für einen Zeitraum von etwa 10 Jahren. Dabei wird kein Zahlenwerk erstellt, sondern es werden Ziele definiert und Schwerpunkte gesetzt, die dann verbindlich für die zentrale Planung in der Anlage des 5-Jahresplanes gelten. Der 5-Jahresplan ist ein Zahlenwerk, das ganz präzise sagt, in welchem Bereich welche Projekte verwirklicht werden sollen. Mehr als 5 Jahre detailliert zu planen, halte ich nicht für möglich.

Hat die BASF heute bereits den Punkt erreicht, bzw. wann – wenn überhaupt – dürften sie den Punkt erreichen, zu dem einzelne Produkt-Sparten u.U. besser als eigenständige Aktiengesellschaften geführt werden können? Was spräche für und was gegen eine derartige „Konzernierung" als Alternative?

Ich habe bereits auf die Probleme und Nachteile hingewiesen, die eine reine Holding-Struktur hat: Sie nimmt dem Vorstand einen Teil der Mittel, die wir für wesentlich halten, um eine geschlossene Strategie zu verwirklichen. Bei uns ist das heute klar geregelt: Sämtliche Ressourcen der Innenfinanzierung fließen an den Vorstand und werden dort entsprechend der Strategie verteilt. Dies ist nicht mehr ganz gegeben, wenn man zur Holding übergeht. Das Problem taucht heute bereits in der Beziehung zu Tochtergesellschaften auf. Mit einer Holding-Organisation würden wir strategische Flexibilität verlieren.

Sie haben im Vorstand Zuständigkeiten für Funktionen und für Produktsparten, aber Sie haben nur ein Mitglied, das für die Regionen insgesamt zuständig ist. Wenn die regionalen Bindungen stärker zunehmen, müßten sich doch die regionalen Aspekte im Vorstand stärker ausdrücken. Hier könnte man einigen Vorstandsmitgliedern jeweils einen regionalen Bereich zur Mitbetreuung übergeben.

Das haben sehr viele Firmen gemacht. Auch wir haben das immer diskutiert. Es spricht manches dafür, es zu tun. Es hätte den Vorteil, daß man den Gesamtvorstand mehr in regionale Belange einbezieht.

Es gibt aber auch gute Gründe, wie z.B. eine einheitliche Arbeitsmethodik der Kontrolleinrichtungen, die dafür sprechen, die Organisation so zu belassen, wie wir sie im Augenblick haben.

1.13 Zur weiteren Organisationsentwicklung der BASF-AG

Die BASF-Gruppe erweiterte im letzten Jahrzehnt auf der Produktionsseite ihre Aktivitäten stark in Richtung auf eine Rohstoffsicherung und zugleich in Richtung einer Höherveredelung zu verbrauchernahen Produkten. Auf der Marktseite reagierte sie auf den verengten Wachstumsspielraum der traditionellen Industrieländer durch eine zunehmende Internationalisierung ihres Geschäftes. Damit gewinnen geographisch-strategische Entscheidungen für die Zukunft zunehmendes unternehmungspolitisches Gewicht. Mit nunmehr 117.000 Mitarbeitern ist flexibles Handeln von grundlegender Bedeutung für den Unternehmenserfolg.

Kern einer in Gang befindlichen Neuorganisation ist die *Erweiterung der Produktverantwortung*, die bislang lediglich europaweit angesetzt war, auf eine Weltbasis und eine *Verstärkung der regionalen Verantwortung* innerhalb des Vorstandes (bislang ein für die Regionalsparten verantwortliches Vorstandsmitglied und Regionalspartenleiter unterhalb des Vorstandes).

Während das Unternehmen bisher vier funktionale, vier produktverantwortliche und ein regionalverantwortliches Vorstandsressort auswies, wird die Produktverantwortung künftig auf acht Vorstandsressorts, die folgende Produktgruppen zu leiten haben, verteilt:

- Rohstoffe und Energie
- Agro (Düngemittel, Pflanzenschutz, Kali und Salz)
- Kunststoff-Werkstoffe
- Kunststoff-Produkte (Halbzeuge und Fertigteile)
- Chemikalien
- Veredelungsprodukte (Textilchemie, Pigmente, Hilfsmittel, Dispersionen)
- Verbraucherprodukte (Lacke und Farben, Informationssysteme)
- Pharma und Ernährung.

Zwischen operativen und regionalen Vorstandsressorts wird nicht mehr unterschieden. Bestimmte operative, regionale und Zentralbereichs-Zuständigkeiten werden stattdessen zumeist in einem Vorstandsressort gebündelt. Die BASF-Aktivitäten in den einzelnen Ländern werden organisatorisch zusammengefaßt, mit Ausnahme von Deutschland: Dort bildet beispielsweise das Stammwerk Ludwigshafen einen eigenen „Länderbereich".

1.2 Beiersdorf AG

Die Geschichte des Unternehmens geht zurück auf das Jahr 1880, in dem Carl Paul Beiersdorf in Hamburg eine Apotheke eröffnete. 1883 wurde diese verkauft und Beiersdorf konzentrierte sich voll auf die Fabrikation von Pflastermullen. Hinzu kamen später Leukoplast, Zahnpasten (wie Pebeco), Kosmetika (wie Nivea) und Arzneimittel (wie Pandigal). Vom Leukoplast führte ein direkter Weg zur Entwicklung technischer Klebebänder, die sich in den 30er Jahren unseres Jahrhunderts unter der Marke *tesafilm* Marktgeltung verschafften. Heute entfallen mehr als ein Drittel des Umsatzes der Beiersdorf-Gruppe, der rund 1.6 Milliarden DM beträgt, auf tesa.

Insgesamt stellt Beiersdorf rund 1.300 Artikel in etwa 9.000 Produktvarianten her. Diese sind neben technischen Klebebändern und Klebern (tesa und technicoll) aus z.B. dem medical programm: Leukoplast, Hansaplast, dem pharma programm: Cardiaca, Kreislaufmittel, und Psychopharmaka, aus dem cosmed programm: Nivea, Atrix, etc.

Bis zur *Neuorganisation im Jahre 1974* war das Unternehmen im Hintergrund geblieben. Die Öffentlichkeit kannte weltweit praktisch nur die Marken und ordnete sie oft sogar anderen Herstellern zu.

Mit der neuen Organisationsform wurde auch beschlossen, *ein Unternehmensbild weltweit aufzubauen.* Das in diesem Zusammenhang verwendete neue Firmenzeichen ist die Abkürzung des Wortes Beiersdorf (BDF) und eine Reihe von 4 Punkten, die die 4 Produktprogramme symbolisieren: cosmed, medical, pharma, tesa.

Die Größenentwicklung der Beiersdorf Gruppe während des letzten Jahrzehnts läßt sich aus der Gegenüberstellung folgender Zahlen ableiten: 1970 betrug der Umsatz 431 Mio. DM bei 5.299 Mitarbeitern (Beiersdorf Deutschland) bzw. 618 Mio. DM bei 9.529 Mitarbeitern (Beiersdorf WELT). Im Jahre 1979 lauten die entsprechenden Zahlen 950 Mio. DM (Beiersdorf Deutschland) bzw. 1.565 Mio. DM (Beiersdorf WELT) bei 6.873 bzw. 12.914 Mitarbeitern.

1.21 Die Organisation der Beiersdorf AG (Stand 1980)

Vor der Neuorganisation im September 1974 war Beiersdorf nach dem *Verrichtungsprinzip funktional organisiert,* was sich zu diesem Zeitpunkt deutlich in der Vorstandsgliederung ausdrückte (vgl. Abb. 2a).

Im September 1974 gab sich die Beiersdorf AG eine neue Organisations-Struktur nach dem *Spartenprinzip,* die auf die besonderen Anforderungen des Unternehmens ausgerichtet ist:

- Vorbereitung auf weiteres Wachstum, insbesondere auch im internationalen Geschäft
- Gewährleistung erfolgreicher Produktinnovation und -profilierung bei zunehmendem Konkurrenzdruck zur Sicherung einer langfristig positiven Ergebnisentwicklung und Substanzerhaltung
- Sicherstellung der konzernweiten Einheitlichkeit trotz zunehmender Komplexität der Produkte und Märkte einerseits sowie der Systeme andererseits.

Die Struktur läßt sich durch folgende *allgemeine Merkmale* kennzeichnen:

- Einrichtung von vier europaweit (einschließlich Nordamerika) tätigen Produktsparten (mit den Funktionen Forschung und Entwicklung, Produktion, Spartenplanung/-controlling, Marketing, Verkauf) sowie einer Überseesparte
- Beibehaltung zentraler, konzernweiter Funktionalbereiche, die spartenneutral gebildet sind
- Einrichtung übergeordneter Koordinierungs- und Planungsfunktionen zwecks einheitlicher Ausrichtung des Konzerns in allen spartenübergreifenden Angelegenheiten.

Die Struktur ordnet den Funktionsinhabern in den Sparten und Zentralbereichen eindeutige, zu einem großen Teil meßbare und individuelle bzw. kollegial zu vertretende Verantwortlichkeit zu.

Der Aufbau der Organisationsstruktur geht an der Spitze von sechs Vorstandsressorts und einem neutralen Vorsitzenden aus, denen zentrale Stäbe und die Aufsicht über einzelne ausländische Tochtergesellschaften zugeordnet sind.

Der Gesamtaufbau der Organisation ist eine Mischung von *objektorientierter, regionaler und verrichtungsorientierter* Gliederung. Die vier *objektorientierten Produktsparten* (cosmed, medical, pharma, tesa) sind für das Gebiet Europa/Nordamerika ergebnisverantwortlich. Daneben gibt es eine *Regional-Sparte* (Übersee) und das *Zentralressort* „Finanzen und Verwaltung" sowie das *Ressort* des Vorstandsvorsitzenden. Zur Stärkung der Zentralkraft des Unternehmens als operative Einheit sind den Vorstandsmitgliedern, die eine Sparte leiten, Zentralfunktionen zugeordnet, desgl. Verantwortung für Tochtergesellschaften (siehe Abb. 2b).

1.22 Interview mit dem Vorsitzenden des Vorstandes der Beiersdorf AG Herrn Dr. Hellmut Kruse, 1980

Die Geschichte Ihres Unternehmens weist eine beachtliche Entwicklung auf. Nach dem II. Weltkrieg ist sie durch eine Expansion des Produktionsprogrammes in den Bereichen, die dem entwickelten Know-how relativ nahestanden, und eine starke Internationalisierung des Geschäftes gekennzeichnet.

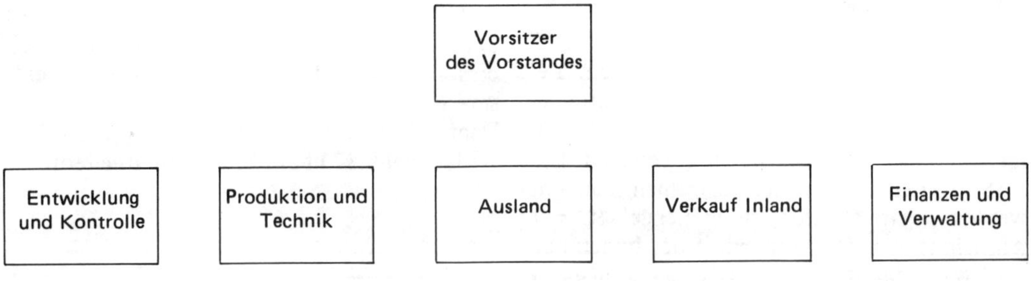

Abb. 2a: Vorstandsgliederung der Beiersdorf AG vor der Reorganisation

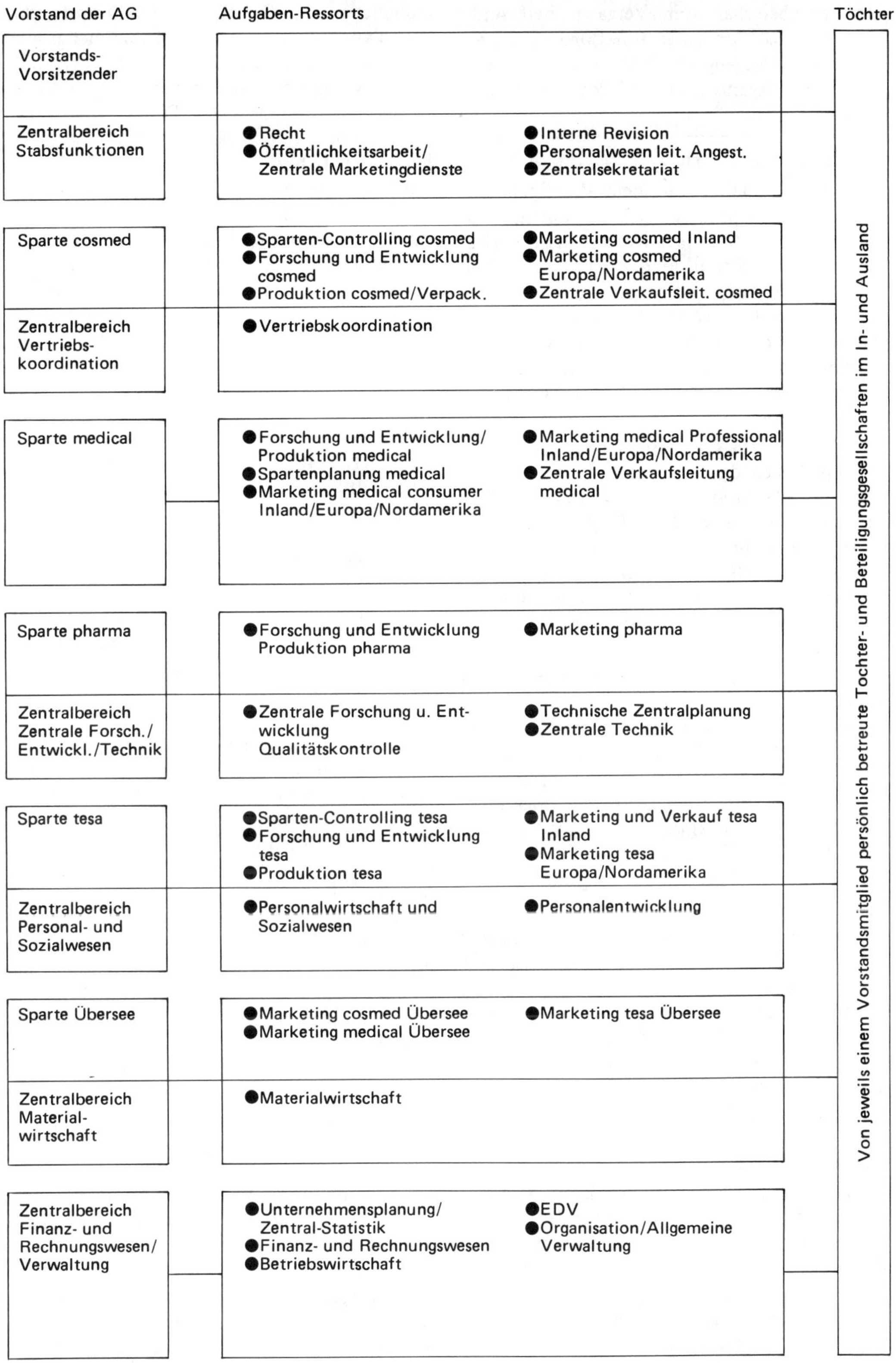

Abb. 2b: Organisationsaufbau der Beiersdorf AG ab 1974

In der überschaubaren Vergangenheit sind Sie zunächst von einer funktionalen Organisation ausgegangen. Könnten Sie uns die damalige Organisation und ihre Probleme kurz beschreiben?

Die Leitung unseres Unternehmens bestand am Ende der 50er Jahre aus einem 4köpfigen Vorstand, der sich nach fachlichen Gesichtspunkten zusammensetzte: je 1 Ressort der Entwicklung und Produktion, Marketing und Vertrieb Inland, Verwaltung und Auslandsgeschäft sowie ein Vorsitzender, der für die Gesamtkoordination der Geschäftsleitung zuständig war. Diese Führungsstruktur war für ein Unternehmen mit einem Umsatz von etwa 150 Mio. DM durchaus angemessen.

Bei weiterhin stark wachsender Geschäftstätigkeit ergab sich dann zunächst die Notwendigkeit, die internationalen Aktivitäten verstärkt zu bearbeiten. So wurde Anfang der 60er Jahre neben diese funktionale Gliederung ein Auslandsressort gestellt, das den Charakter einer „International Division“ hatte. Dieses Ressort war zuständig für alle Geschäftsvorgänge im Ausland.

Nach dieser Änderung erwies sich auch die Zusammenfassung der Aufgaben von Forschung, Entwicklung und Produktion in einem Ressort als unvorteilhaft: Die Technologien wurden komplizierter und eine Aufteilung dieses Ressorts wurde erforderlich. Mitte der 60er Jahre hatten wir somit einen 6köpfigen Vorstand (vgl. Abb. 2a). Mit dieser Organisation lebten wir bis Ende der 60er Jahre recht gut.

Die Notwendigkeit einer erneuten Änderung ergab sich vorwiegend aus dem sehr *schnellen Wachstum des Auslandsgeschäftes,* das ursprünglich etwa ein Drittel des Gesamtvolumens darstellte und nun zum größten Umsatzanteil wurde. Es ist einleuchtend, daß auf die Dauer nicht die Hälfte unseres Geschäftes in die Zuständigkeit von nur einem Ressort fallen konnte, während die anderen Vorstandsbereiche – wenn ich vom Vorsitzenden absehe – zusammen für die andere Hälfte verantwortlich waren.

Gleichzeitig ergaben sich Probleme dadurch, daß es für eine Steuerungs- und Kontrollinstanz immer schwieriger wurde, alle unterschiedlichen Produktgruppen zu überblicken. Unsere Organisationsform war zu diesem Zeitpunkt einfach nicht mehr effizient für ein Umsatzvolumen von rund DM 400 Mio. im Inland. Nach einer sehr gründlichen Studie unserer Führungsstruktur haben wir dann zusammen mit einer der großen Beratungsfirmen im Jahre 1973 eine weitgehende Reorganisation durchgeführt. Dabei sind wir radikal vom funktionalen Prinzip abgegangen und haben statt der vier bis dahin auf das Inlandsgeschäft bezogenen Funktionen in der Geschäftsleitung nunmehr vier Spartenleitungen gebildet, die nach den Produktgebieten jeweils für die Entwicklung und die Produktion, das Marketing und den Vertrieb zuständig wurden. Dabei bestand von vornherein der Wunsch, diese Sparten nicht nur für das Inland, sondern – soweit wie möglich – auch international tätig werden zu lassen.

Wenn wir noch einmal zusammenfassen, dann waren es die Schwächen der funktionalen Organisation im Hinblick auf die mangelhafte Integration des Auslandsgeschäftes sowie die ungenügende Steuerbarkeit der einzelnen Sortimentsbestandteile aus funktionaler Sicht, die Sie zur Reorganisation veranlaßten.

Welche anderen Schwächen zeigte diese Struktur beim Verfolgen Ihrer Strategien zu diesem Zeitpunkt, die Sie zur Reorganisation veranlaßten?

Die besonderen Schwierigkeiten ergaben sich weiter aus dem stark gewachsenen Geschäftsumfang, der eine größere Spezialisierung hinsichtlich der Leitung der einzelnen Produktbereiche erforderlich machte. In der funktionalen Gliederung traten zunehmende Schwierigkeiten bei der Übernahme der im Ressort der Forschung entwickelten Produkte in die Produktion auf und wiederum beim Übergang von der Produktion in den Vertrieb. Es waren bei allen diesen Fragen immer mehrere Vorstandsmitglieder anzusprechen. Dadurch wurde der Übergang zu einer nach Produktsparten ausgerichteten Gliederung fast zwangsläufig. Diese Organisationsform wurde entsprechend vom gesamten Unternehmen mit allgemeiner Zustimmung aufgenommen.

Ein wesentlicher Aspekt des Übergangs zur Spartenorganisation war Ihre stark gewachsene Auslandsorganisation.

Wir verfügen heute über eine Auslandsorganisation von 33 ausländischen Tochter- oder mindestens 50 %igen Beteiligungsgesellschaften und

56 Lizenznehmern, die über die gesamte Welt verteilt sind. Daraus ergab und ergibt sich die praktische Unmöglichkeit, die Internationalisierung der Sparten soweit zu treiben, daß diese weltweit tätig werden.

Der größte Teil der Aufgaben der Spartenleiter nach der neuen Organisation war und blieb bis heute die Steuerung des inländischen Geschäftes. Hinsichtlich der geographischen Zuständigkeit kamen wir daher zu folgender Lösung: Bei der engen wirtschaftlichen Bindung der europäischen Märkte aneinander, durch den länderübergreifenden Einkauf von Großfirmen sowie von Handelsunternehmen, haben wir vorgesehen, daß die Sparten europaweit arbeiten. Dies gibt den Spartenleitern die Möglichkeit, neben dem deutschen Markt auch für die europäischen Länder eine persönliche Steuerung und Kontrolle des Geschäftes wahrzunehmen. In diese Spartenzuständigkeit fallen auch die USA und Kanada. Daneben haben wir die überseeischen Gebiete außerhalb Nordamerikas in einem separaten regionalen Ressort „Übersee" zusammengefaßt, um auch Märkten von der Bedeutung von Japan und Australien, von Mexico oder Brasilien ein ausreichendes Gewicht in der Betreuung und Leitung im Vorstand zu geben.

Zusätzlich sind die Spartenleiter aber auch für gewisse unternehmensweite Aufgaben zuständig, wie die Zentrale Technik, das Personal- und Sozialwesen oder die Materialwirtschaft. Neben die vier produktionsorientierten Sparten und das Überseeressort ist noch ein zentrales Finanz- und Verwaltungsressort getreten. Mit dem Vorsitzenden des Vorstandes verfügen wir jetzt also über 7 Ressorts.

Welche Rolle hat die Organisation bei der Verfolgung Ihrer Wachstumsstrategie gespielt?

Für unser inländisches Geschäft waren die geschilderten Organisationsänderungen sicher eine Voraussetzung unseres Wachstums. Für die Entwicklung des Auslandsgeschäftes war die Frage der Organisationsform nicht entscheidend, sondern wir sind zunächst von der Unterschiedlichkeit der einzelnen Märkte ausgegangen und haben jeweils versucht, nach den von uns festgestellten örtlichen Gegebenheiten einen zweckmäßigen Eingang in den jeweiligen Markt zu finden. Die Probleme lagen dabei mehr im Bereich des Rückerwerbs unserer Warenzeichen als auf dem Gebiet der Organisation.

Vom Moment des Erreichens einer gewissen Größenordnung an wurde die Situation allerdings anders. Dies trat Anfang der 70er Jahre ein, als wir die Notwendigkeit sahen, den organisatorischen Prinzipien eine größere Bedeutung zu geben und mehr nach „Systems and Procedures" vorzugehen.

Welche Zukunftsprobleme der Anpassung der Organisation an Ihre Unternehmenspolitik erwarten Sie?

Kurzfristig sehe ich keine besonderen Probleme auf uns zukommen, die zu neuen organisatorischen Änderungen Anlaß geben könnten.

Langfristig sehe ich die Schwierigkeit, die Aufgaben der Steuerung des inländischen Geschäftes vor Ort mit der internationalen Koordination der Zuständigkeiten für eine Vielfalt von ausländischen Märkten zu verbinden. Wenn mit der Kombination von Inland, Europa und Nordamerika auch sicherlich die äußerste Grenze der persönlichen Belastbarkeit eines Spartenleiters erreicht ist, so bleibt natürlich eine gewisse Schwäche der Organisationsform dadurch bestehen, daß gewisse Märkte in einem separaten Ressort zusammengefaßt sind. Bei den Entfernungen zu den überseeischen Märkten ist dieses bei der gegenwärtigen Größe immer noch die für uns beste Lösung, aber es wäre denkbar, in der ferneren Zukunft das deutsche Geschäft unter einer separaten deutschen Geschäftsführung zusammenzufassen und in der zentralen Unternehmensleitung die Spartenzuständigkeit weltweit zu organisieren.

Im Mittelpunkt Ihrer 1974 gefundenen Organisationsstruktur stehen produktorientierte Sparten, die durch Zentralbereiche ergänzt werden, neben regionalen Zuständigkeiten.

Welche relative Bedeutung messen Sie den drei Dimensionen Produkte (Sparten), Funktionen (Zentralbereiche) und Regionen (ausländische Gebiete) zu?

Ich sehe diese Problematik derart, daß innerhalb der Unternehmensleitung eine dreifache Akzentgebung im Sinne der von Ihnen genannten drei Dimensionen möglich ist. Wir haben uns im Prinzip für die Herausstellung des Spartengesichtspunktes entschieden.

Dabei möchte ich betonen, daß wir marketingorientiert sind und es möglichst lange bleiben wollen. Dazu müssen im Rahmen unserer Spartenbezogenheit auch die Aspekte der in unserer Branche besonders wichtigen Zentralbereiche Forschung und Entwicklung sowie schließlich das Ergebnisbewußtsein gepflegt werden. Die regionale Dimension ist in vielerlei Hinsicht durch die lokalen Bedingungen vorgegeben, die wir in den einzelnen Ländern zu beachten haben.

Wie erklärt sich die besondere Eingliederung des nordamerikanischen Marktes in die Organisationsstruktur Ihres Unternehmens?

Die besondere Eingliederung des nordamerikanischen Geschäftes erklärt sich aus der Tatsache, daß unsere Hauptwettbewerber fast auf allen Produktgebieten US-amerikanische Firmen sind, für die auch die enge Beziehung US-Markt – Europa von größter Wichtigkeit ist. Unsere europaweit orientierten Sparten hatten hier das Gefühl, daß sie zum US-Markt auch ihrerseits den direkten Zugriff und die direkte Bearbeitungsmöglichkeit haben müßten, und für Investitionen und Entwicklungsprojekte natürlich der volle Rückhalt der Sparten, in denen das Hauptgeschäft liegt, erforderlich ist.

In neuerer Zeit wird der Spartenorganisation immer wieder der Vorwurf gemacht, daß sie in der Zusammenfassung unterschiedlicher Funktionen nach abgegrenzten Produktgruppen den Markt- und Kundenaspekten, die häufig zur Produktgruppenorientierung „quer"-laufen, zu wenig Raum gibt.

Unsere Sparten sind zuständig für die gesamte Innovationstätigkeit, für die Produktentwicklung in chemischer, technischer und kaufmännischer Hinsicht, für die Produktion und den Vertrieb. Natürlich sind wir als Markenartikel-Unternehmen vom Markt her orientiert, und daher ergibt sich immer wieder die Frage, sollen wir produktsparten- oder vertriebskanalspezifisch gegliedert sein? De facto ist dies für uns kein wesentlicher Unterschied.

Wir sind produktspartenmäßig geliedert, weil wir bei dieser Lösung alle Funktionen von der Entwicklung über Produktion und Vertrieb am leichtesten unter einem Dach vereinigen können. Jede Sparte verfügt dabei in der Regel über ihre eigene Vertriebsorganisation. Überschneidungen in der Weise, daß eine Sparte Produkte der anderen Sparte mitverkauft, kommen bei uns zwar auch vor, sie erreichen aber insgesamt nur einen verhältnismäßig unbedeutenden Umfang. Es ist vielmehr so, daß innerhalb der einzelnen Sparten jeweils nicht nur eine, sondern mehrere Vertriebsorganisationen bestehen.

. . . wobei die gleiche Kundengruppe, der gleiche Vertriebskanal nicht mehrfach von Ihrem Außendienst besucht werden.

In der Regel treten hier keine Überschneidungen auf. Die Vertriebsorganisation sollte aber der Einkaufsorganisation der Kunden entsprechen. Soweit bei Großkunden ganz andere Einkäufer tätig sind, die z.B. Körperpflegemittel bzw. Klebebänder kaufen, hat es keinen Zweck, diese, nur weil es sich um den gleichen Kunden handelt, mit dem gleichen Außendienst anzusprechen; der Vertreter muß vielmehr fachlich in seinem Sortiment so versiert sein, daß es besser ist, wenn er mit seiner Produktkenntnis in die jeweilige Sparte eingebettet ist. Bei einer Überschneidung mehrkanaliger Kundenkontakte tritt die Vertriebskoordination in Aktion, die auch für die Abwicklung unserer Lieferungen über verschiedene Niederlassungen zuständig ist.

Die Vertriebskoordination steuert zentral die Niederlassungen, während die fachliche Steuerung des Vertriebs durch die Sparten erfolgt. Die disziplinarische Zuständigkeit vor Ort liegt dagegen beim Niederlassungsleiter, der wiederum der Vertriebskoordination untersteht.

Als eine Besonderheit sehe ich die starke Zentralisation des Beschaffungswesens und der Materialwirtschaft bei der von Ihnen gefundenen Lösung an.

Daß wir das Beschaffungswesen und die Materialwirtschaft nicht in die Sparten dezentralisiert haben, ergab sich aus den Überschneidungen der Produktgruppen innerhalb der Sparten, die es unrationell gemacht hätte, separate Einkaufsfunktionen in den einzelnen Sparten einzurichten. Auf der anderen Seite wollten wir den Einkauf aus seiner früheren Eingliederung in das Verwaltungsressort herausnehmen, um die enge marktorientierte Verwandtschaft von Einkauf und Verkauf zu unterstreichen, im Gegensatz zur früheren Bindung des Einkaufs an die finanziell-administrativen Belange der Verwaltung.

Wir haben daher die Kombination von Übersee und Materialwirtschaft gewählt, weil das Ressort „Übersee“ ein marketingmäßig kommerziell ausgerichtetes Ressort ist. Die wünschenswerte Verzahnung zwischen dem Ressort „Übersee“ und den Produktsparten, die auf der Fertigwarenseite durch den Export als „Abnehmer“ automatisch gegeben ist, wird nach unserer Auffassung glücklich ergänzt durch die Zulieferfunktion der Materialwirtschaft zu den Sparten über den Einkauf auf der Seite der Rohstoffe, Verpackungen und Handelswaren. Das in der Überseesparte nicht vorhandene eigene Produktionspotential wird so in etwa kompensiert.

Wie sichern Sie die ausreichende Entwicklung neuer Produkte im Interesse Ihres zukünftigen Wachstums?

In unserer gegenwärtigen Unternehmenskonzeption gehen wir davon aus, daß alle Innovationstätigkeiten aus den Sparten heraus erfolgen. Neue Gebiete sollten bei den einzelnen Sparten angliederbar sein, um überhaupt den Anforderungen, die wir vom Volumen her an neue Tätigkeitsgebiete stellen, entsprechen zu können. Zu kleine neue Gebiete finden in einem Unternehmen unserer Größenordnung keinen Nährboden. Theoretisch ist es aber nicht unmöglich, daß sich über Akquisitionen zu unseren vier Produktgruppen weitere hinzugesellen. Wir sind aber nicht darauf eingestellt, auf eine fünfte Sparte hin eine Neuentwicklung zu betreiben.

Als Besonderheit kann gelten, daß Sie in der Vorstandsgliederung kein separates Personalressort ausweisen. Welche Überlegungen haben hierzu geführt?

Die Aufgaben der Personalleitung, des Arbeitsdirektors im Sinne der Mitbestimmung, sind in erster Linie auf das Inland bezogen; die Personalleitung in den Auslandsgesellschaften muß bei der unterschiedlichen gesetzlichen Regelung aller Sozialfragen in jedem Land vor Ort wahrgenommen werden. Bei der starken internationalen Ausrichtung unserer Tätigkeit, würde ein separates Personalressort im Vorstand keine angemessene Ausgewogenheit der Aufgabengebiete mit sich bringen.

Bei der Ressortbildung im Vorstand ergeben sich einige ungewöhnliche Zuordnungen, die eines Kommentars bedürfen.

Dem Vorstandsvorsitzenden ist die Unternehmensplanung nicht zugeordnet.

Der Vorstandsvorsitzende ist selbstverständlich für die strategische Unternehmensplanung im Rahmen seiner Aufgabe der Koordination der Gesamttätigkeit des Vorstandes verantwortlich. Wenn wir die Unternehmensplanung dennoch dem Ressort Finanzen und Verwaltung zugeordnet haben, dann um den engen Zusammenhang zwischen Planung und Kontrolle zu unterstreichen und sicherzustellen, daß alle Plan- und Istzahlen an einer Stelle im Unternehmen geführt werden.

Planung und Rechnungswesen sind in einem Vorstandsressort zusammengefaßt. Wie greifen diese in Planung, Berichtswesen und Abrechnung der Sparten hinein?
Ist dies eine Art „begleitendes“ Controlling?

Ja, wir haben uns eindeutig für ein *begleitendes Spartencontrolling* entschieden, das disziplinarisch den Spartenleitungen unterstellt ist. Der Spartencontroller ist damit personell voll in seine Sparte integriert, er soll alle Funktionen der Sparte durch seine betriebswirtschaftlichen Kenntnisse und Daten begleiten und das betriebswirtschaftliche und finanzwirtschaftliche Gewissen des Spartenleiters sein. Neben dieser direkten Zuständigkeit und Unterstellung besteht eine fachliche Rückkopplung zum Leiter des Ressorts Finanzen und Verwaltung, der persönlich die fachliche und persönliche Betreuung der Spartencontroller übernimmt.

Weshalb haben Sie diese Lösung gewählt?

Wir haben diese Lösung gewählt, damit der Spartenleiter und die anderen in der Sparte Verantwortlichen nicht das Gefühl gewinnen, sie sollten einen in die Sparte hineingesetzten Revisor bekommen, der aus spartenexternen Gesichtspunkten tätig wird. Die Controller sollten vielmehr eine Hilfe für die Sparte sein. Dies hat dazu geführt, daß die Einrichtung des Sparten-Controllings allgemein begrüßt worden ist.

Halten Sie die Zusammenfassung von EDV-Organisation und Finanz- und Rechnungswesen für eine erstrebenswerte Lösung?

Die Probleme der EDV sind bei uns außerordentlich komplex und umfangreich, und ich würde eine andere Möglichkeit der Angliederung als bei uns gewählt überhaupt nicht sehen. Was den Einsatz der EDV anbelangt, haben wir eine EDV-Systemkommission eingerichtet, die aus den Fachleuten der EDV und den Hauptanwendern zusammengesetzt ist. In ihr wird über alle grundsätzlichen Vorgehensweisen beschlossen. Mit dieser Einrichtung haben sich Schwierigkeiten bezüglich der Ausrichtung der EDV nicht eingestellt.

Wie verkehrt die Zentrale Forschung und Entwicklung mit den Sparten?

Grundsätzlich wird diese Zentralfunktion im Auftrag der Sparten tätig. Sie ist personell klein ausgestattet und arbeitet nach einem Auftrags- und Abrechnungsverfahren als Dienstleistungsbetrieb für die Sparten mit einem gewissen Freiraum im Rahmen der Forschung und Entwicklung. Das gleiche gilt für die Zentrale Technik und die von ihr bearbeiteten maschinenbaulichen Fragen.

Wie verhindern Sie Wucherungserscheinungen auf der Zentralbereichsebene?

Aufgrund vorgegebener Budgets verfügen wir über ein ausgebautes Abrechnungsverfahren, das uns deutlich die Veränderungen der Personal- und Sachkosten auf dieser Ebene zeigt. Es wird durch Genehmigungsverfahren z.B. bei Veränderung von Stellenplänen ergänzt. Insgesamt glauben wir eine recht hohe Effektivität in der Arbeit unserer Zentralbereiche erreicht zu haben.

Nach welchen Kriterien beurteilen Sie den Erfolg der einzelnen Sparten und Zentralbereiche?

Der wichtigste Aspekt bei der Beurteilung der Tätigkeit der Sparten ist das *Spartenergebnis.* Dabei gehen wir im Rahmen einer Deckungsbeitragsrechnung vom Umsatz ./. Herstellungskosten (DB I) aus, abzüglich der Marketingkosten, die produktindividuell zu steuern sind (DB II), abzüglich der Spartenfixkosten (Produktion, Vertrieb) = Spartenergebnis. Bis zu diesem Ergebnis ist der Spartenleiter verantwortlich. Nach Abzug der Unternehmensfixkosten des neutralen Ergebnisses (Zinsaufwand und Wechselkursveränderung), für die in erster Linie der Leiter des Ressorts Finanzen und Verwaltung zuständig ist, ergibt sich das Unternehmensergebnis.

Probleme ergaben sich im Auslandsgeschäft, weil bei dieser Gliederung die Spartenleiter zwar bis zum Spartenergebnis in den einzelnen Ländern verantwortlich wurden; aber wer war nun für das Unternehmensergebnis im Ausland verantwortlich? Hier haben wir die persönliche Zuständigkeit für die Betreuung der einzelnen Tochtergesellschaften möglichst auf alle Vorstandsmitglieder verteilt, damit jeweils ein offizieller Gesprächspartner für die vor Ort Verantwortlichen vorhanden ist. Damit wurden die Spartenleiter auch nicht in die Lage gedrängt, daß für ihre Verantwortung die Welt beim Spartenergebnis aufhört. Sie haben vielmehr einmal durch ihre spartenübergreifenden Aufgaben in der Zentrale, zum anderen aber auch durch ihre persönliche Zuständigkeit für das Gesamtergebnis in einzelnen Ländern selbst die allgemeinen Unternehmensinteressen zu vertreten.

Im Vorstand treffen in einzelnen Personen alle drei Dimensionen aufeinander. Einzelne Vorstandsmitglieder haben offensichtlich funktionale, spartenmäßige und regionale Zuständigkeiten übernommen.
Ist dies eine Art „Entressortierung" des Vorstandes zur Erleichterung der Herbeiführung einer gesamtunternehmerischen Denkweise (Gesamtverantwortung des Vorstandes)?

Meine Erfahrungen gehen dahin, daß die Aufgabe jedes einzelnen Vorstandsmitgliedes eine möglichst gesamtunternehmerische sein sollte. Eine derartige gesamtunternehmerische Betrachtung wird erleichtert, wenn bei einer Spartenorganisation der Spartenleiter neben seiner primären Zuständgkeit in einem Bereich eine darüber hinausgehende spartenübergreifende Kompetenz bekommt. In diesem Sinne scheint mir eine matrixhafte Zuständigkeitsverteilung im Vorstand von Vorteil zu sein. Im übrigen hängt die geeignete Aufgabenverteilung immer in entscheidendem Maße vom Volumen des jeweilig zu betreuenden Geschäftes ab.

Welche Erfahrungen haben Sie mit dieser Mehrfachzuständigkeit einzelner Vorstandsmitglieder im Entscheidungsprozeß gemacht?

Theoretisch muß jeder bei dieser Organisation natürlich bei jeder Überlegung und Entscheidung abwägen, in welcher seiner Funktionen er an die jeweilige Frage herangeht. Aber das ist theoretisch komplizierter als in der Praxis. Im Gegenteil, das Verständnis für andere Standpunkte wird dadurch größer, so daß wir keine Schwierigkeiten haben, auch bei kontroversen Themen immer wieder zu einer einheitlichen Willensbildung zu kommen.

> Welche Organisationsprobleme werden die 80er Jahre für Ihr Unternehmen mit sich bringen?

Grundsätzlich bin ich der Überzeugung, daß sich eine leistungsfähige Organisation laufend weiterentwickeln muß. Es vergeht bei uns kaum ein Monat, in dem nicht eine kleine organisatorische Änderung als sinnreich empfunden wird und Platz greift. So wird es auch in der Zukunft sein.

Trotzdem glauben wir nach dem grundsätzlichen Wechsel von einer funktionalen Gliederung zur Spartengliederung, daß wir im Ansatz die einzelnen prinzipiellen Strukturierungsmöglichkeiten unsererseits erprobt haben und nun daran gehen können, eine möglichst optimale Organisation, angepaßt an die jeweilige Unternehmensgröße, einzurichten. Das gilt sowohl für die Zentrale als auch für die einzelnen Tochtergesellschaften, die in ihrem Land ja selbst wieder selbständige Unternehmen sind. Nach dem vielfältigen Input, den wir während unserer großen Reorganisationsphase gehabt haben, soll sich nun einerseits das Eingeführte bewähren, und andererseits glauben wir, aus eigener Kraft die weitere Anpassung an die sich verändernden Verhältnisse vollziehen zu können.

1.3 CIBA – GEIGY AG

Die Ciba-Geigy AG gehört zu den international tätigen Großkonzernen der chemischen Industrie. Der konsolidierte Umsatz stieg von 6.950 Mio. sfr (1970) auf 9.890 Mio. sfr im Jahre 1979, wovon 19 % auf Farbstoffe und Chemikalien, 23 % auf Agroprodukte, 27 % auf Pharmazeutika, 20 % auf Kunststoffe und Additive und die restlichen 11 % auf Konsumprodukte (inkl. Photo) entfallen.

Der Umsatz des Stammhauses an Konzerngesellschaften und Dritte machte 1979 3.900 Mio Fr. aus. Entsprechend sind von insgesamt 80.000 Beschäftigten nur ein Viertel im Stammhaus und drei Viertel in den Konzerngesellschaften des Auslandes tätig. Während die Beschäftigtenzahl im Stammhaus seit der Fusion praktisch konstant blieb, vollzog sich das personelle Wachstum fast ausschließlich im Ausland. Auch von den Investitionen wird ein wachsender Anteil im Ausland getätigt.

Die in diesen Proportionen zum Ausdruck kommende Bedeutung der Auslandsaktivitäten mußte auch zu einer entsprechenden Ausgestaltung der Organisation und der Führungssysteme führen, die konzeptionell bei der Fusion im Jahre 1970 festgelegt und deren Prinzipien seither beibehalten wurden, auch wenn sich Struktur und Systeme im einzelnen ständig neuen Anforderungen entsprechend wandeln.

1.31 Organisations- und Führungssysteme der CIBA – GEIGY AG (Stand 1980)

von Prof. Dr. Wilhelm Hill, Basel

Die wichtigsten Merkmale der Organisations- und Führungssysteme der Ciba-Geigy AG sind:

- Verwaltungsrat und Ausschuß als oberstes Aufsichts- und Entscheidungsorgan
- ressortfreie Konzernleitung als oberstes Exekutivorgan
- für das weltweite Geschäft ihres Produktbereiches verantwortliche Divisionen
- Wahrnehmung zentraler, nicht-divisionsspezifischer Aufgaben durch Zentrale Funktionen und Stäbe
- Kanalisierung der Verbindungen zwischen Konzernleitung und Leitungen der Konzerngesellschaften im Ausland durch die Regionsdienste
- Zusammenfassung möglichst aller Aktivitäten in wichtigen Märkten in je einer Ciba-Geigy-Konzerngesellschaft mit unternehmerischer Eigenverantwortlichkeit
- konzernweit einheitlich eingesetzte Lenkungsinstrumente, vor allem formulierte

Grundsätze, ein integriertes Planungs- und Kontrollsystem sowie ein aktives Management Development.

Organisation des Stammhauses

• *Verwaltungsrat*

Oberstes Organ der in Abb. 3a dargestellten Konzernzentrale ist der *Verwaltungsrat.* Vorbehaltlich der Kompetenzen der Generalversammlung übt dieses Gremium entsprechend den Regeln des schweizerischen Obligationenrechtes nicht nur die allgemeine Aufsicht über die Geschäftsführung aus, sondern entscheidet auch über Fragen von zentraler Bedeutung. So genehmigt er die Richtlinien der Unternehmungspolitik und die Organisationsstruktur, den Einritt in grundsätzlich neue oder die Aufgabe von bestehenden Tätigkeitsgebieten sowie die Gründung von Gesellschaften und den Erwerb von Beteiligungen. Ferner genehmigt er die jährlichen Aufwands- und Ertrags-, Investitions- und Finanzbudgets und ernennt die Mitglieder der Konzernleitung und die Leiter der dieser direkt unterstellten Divisionen, Funktionen und Stäbe.

Der *Verwaltungsratsausschuß* bereitet die Geschäfte des Verwaltungsrates vor und überwacht die Geschäftstätigkeit des Unternehmens, ohne jedoch in die Abwicklung der Geschäfte einzugreifen. Grundsätzliche inhaltliche Fragen der Personal-, Investitions- und Finanzpolitik behandelt er in drei Unterausschüssen, in denen auch die zuständigen Mitglieder der Konzernleitung vertreten sind.

• *Konzernleitung*

Oberste exekutive Instanz der Konzernzentrale ist die *Konzernleitung.* Sie formuliert die Unternehmungspolitik, die Führungs- und Organisationsgrundsätze und genehmigt die Nomination der oberen Kader der ihr unterstellten Stammhausbereiche und der Konzerngesellschaften. Ferner prüft die Konzernleitung die integrierten Pläne und Budgets und die wesentlichen Investitionsprojekte sowie Akquisitions- und Gründungsprojekte. Sie überwacht die Leistung und Resultate der einzelnen Einheiten aus der Sicht des Konzerns und leitet notwendige Maßnahmen ein.

Die Konzernleitung besteht aus dem Vorsitzenden und acht weiteren Mitgliedern, sie sind mit zwei Ausnahmen (UK und USA) nicht selbst Leiter von operativen Bereichen, sondern quasi ressortfreie Mitglieder der obersten Exekutivinstanz.

Der Vorsitzende der Konzernleitung gewährleistet als primus inter pares die ordnungsgemäße Abwicklung der Konzernleitungsgeschäfte. Die übrigen Mitglieder der Konzernleitung haben die Vertretung von Belangen und Anträgen der Stammhausbereiche sowie der Konzerngesellschaften je einer Region unter sich aufgeteilt.

Zur Zuständigkeit einzelner Mitglieder der Konzernleitung für Bereiche, Funktionen, Regionen und ihre Mitarbeit in Gremien und Ausschüssen vgl. Abb 3b.

• *Divisionen*

Die sechs *Divisionen* (Bereiche) sind die eigentlichen Träger der geschäftlichen Aktivitäten. Zwei von ihnen, nämlich die Airwick- und die Ilford-Gruppe sind aus Akquisitionen hervorgegangen. Sonst besteht die Tendenz, Firmenakquisitionen möglichst den „klassischen" Divisionen, also Farbstoffe, Kunststoffe, Agrarchemie und Pharma zu unterstellen, wobei von Fall zu Fall entschieden wird, ob solche Akquisitionen auch organisatorisch integriert werden sollen. (In letzter Zeit besteht die Tendenz, akquirierte Firmen einer Division in losem Verhältnis zu unterstellen und von einer organisatorischen Integration abzusehen.)

Organisatorisch sind die Divisionen normalerweise in die Departemente Forschung und Entwicklung, Produktion, Marketing sowie Administration und Planung gegliedert, auch wenn sie im einzelnen leistungs- und marktbedingte Differenzierungen aufweisen. So zeigt die in Abb. 3c wiedergegebene Grobstruktur der Division Pharma eine Gliederung in sechs nach Aufgaben gebildete Departemente auf. Innerhalb der Departemente Forschung, Medizin sowie Präparate und Information sind die Teilbereiche nach therapeutischen Gebieten untergliedert. Für jedes Therapiegebiet bestehen Entwicklungsteams aus Vertretern der an der Präparateentwicklung beteiligten Bereiche. In ihnen übernimmt jeweils das Prozeßmanagement die Steuerung der Entwicklungsprozesse. Im Departement Regionales Marketing besorgen vier Regionenteams

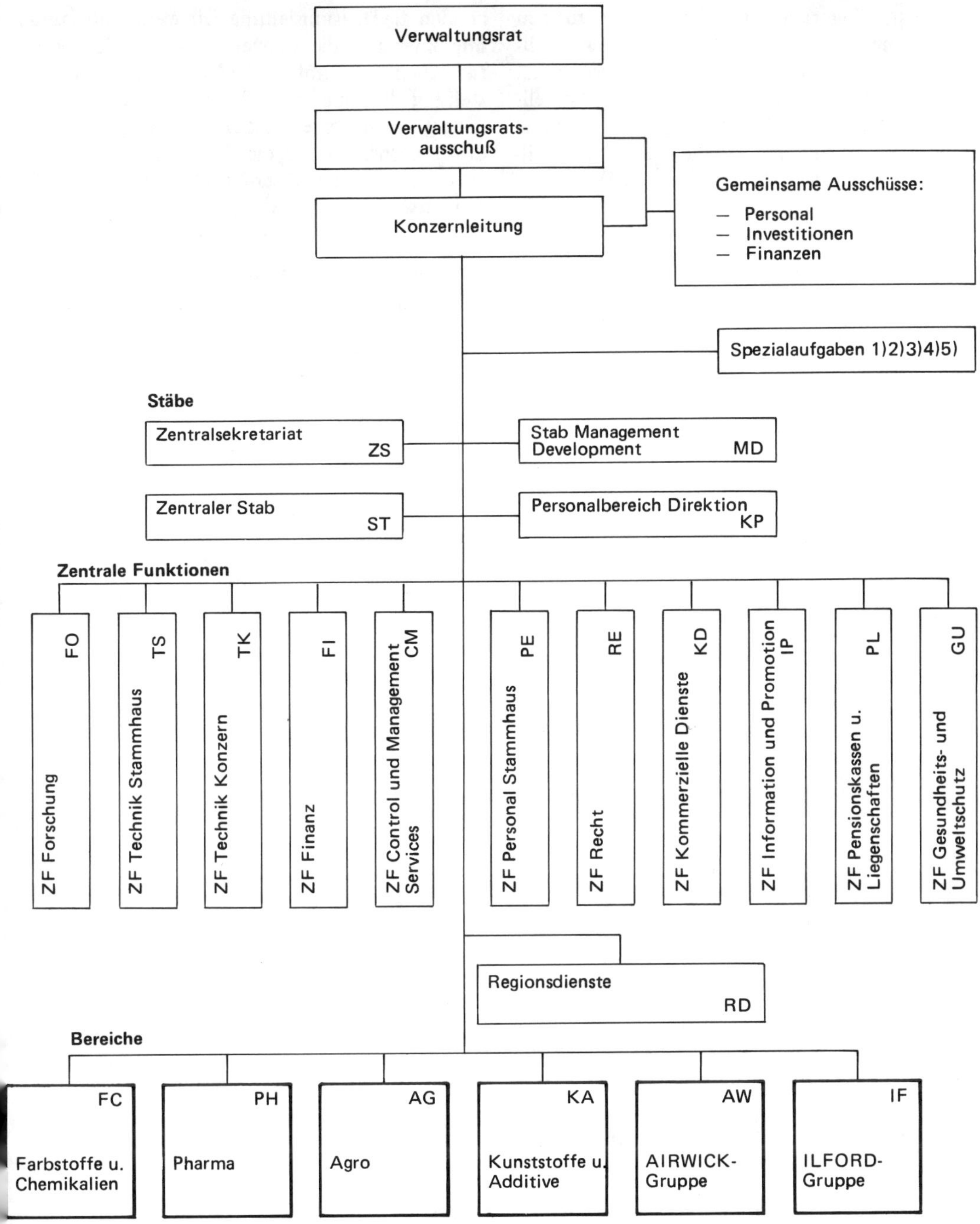

1) Koordination von Außenbeziehungen
2) Wirtschaftspolitische Beziehungen Schweiz
3) Beziehungen zur Dritten Welt
4) Spezialprojekte der Konzernleitung
5) Sublistatic-Gruppe

Abb. 3a: CIBA-GEIGY, Stammhausorganisation

die marketingorientierte Verbindung zu den Pharmadivisionen der größeren Konzerngesellschaften. Der Bereich Pharma International hingegen betreut die kleinen Konzerngesellschaften. Der Bereich Pharma International hingegen betreut die kleinen Konzerngesell- In der Pharma wie in allen anderen Divisionen bilden die Departementsleiter mit ihrem Vorsitzenden die Divisionsleitung. Diese erarbeitet und implementiert die konzernweite Divisionspolitik. Auch bestimmt sie die Vorgaben für die Erstellung der Pläne und Budgets der Divisionen in den Konzerngesellschaften und genehmigt diese. Ferner hat sie die divisionale Geschäftsentwicklung im Konzern zu koordinieren und zu überwachen.

Konzernleitungsmitglied	Bereiche	Funktionen	Regionen	Gremien- u. Ausschußmitgliedschaft
A		****	**	**
B		***	*	*
C		**	****	
D			**	
E	*	*	**	*
F	*	***	****	**
G	**	***	*	*
H			*	
I	**		***	

Abb. 3b: Zuständigkeit einzelner Mitglieder der Konzernleitung

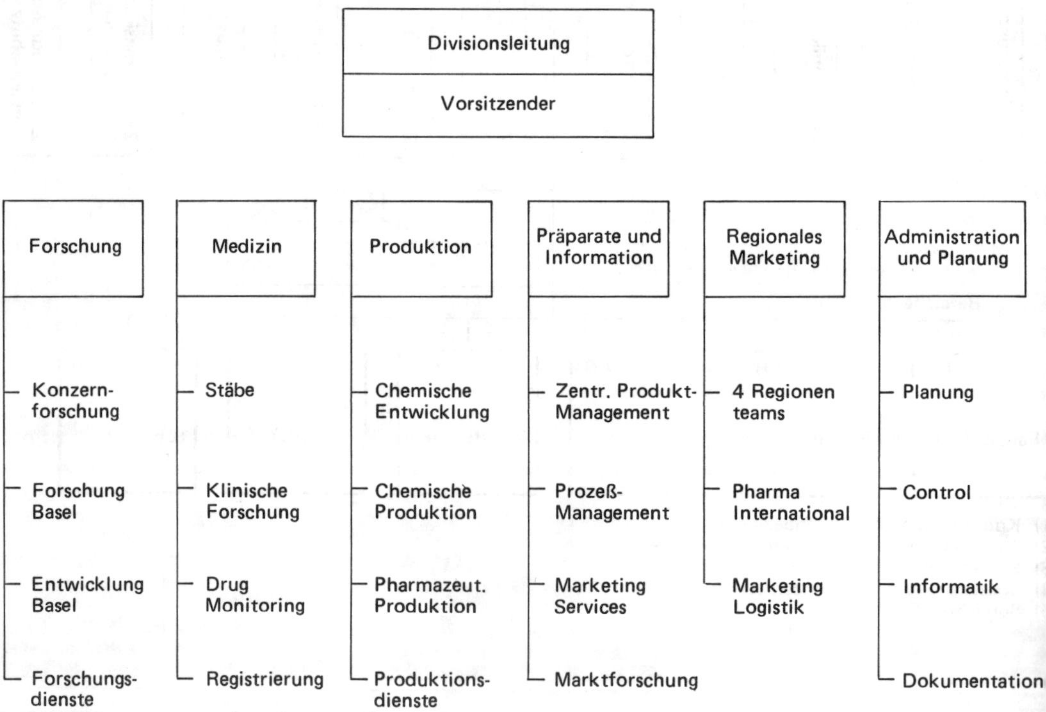

Abb. 3c: Organisationsstruktur der Division Pharma

• *Zentrale Funktionen und Stäbe*

Als *Zentrale Funktionen und Stäbe* sind jene divisionsübergreifenden Tätigkeiten zusammengefaßt, die im Unternehmen mit Vorteil zentral auszuüben sind. So befaßt sich etwa die *zentrale Forschung* einerseits mit nichtdivisionalen Forschungsthemen und betreut andererseits gewisse Servicebereiche wie die Analytik, die wissenschaftliche Dokumentation und das wissenschaftliche Rechenzentrum. Der Funktion *Technik Stammhaus* sind neben den zentralen Ingenieur-Diensten die multidivisionalen Produktionsstätten des Stammhauses zugeordnet, während die Funktion *Technik Konzernwerke* den Konzerngesellschaften Dienstleistungen erbringt und fachliche Expertisen zur Verfügung stellt.

Generell besteht die *Aufgabe der zentralen Funktionen und Stäbe* also in der *Erbringung von Serviceleistungen* zu Händen der Divisionen wie auch in der *Entwicklung funktionsspezifischer Richtlinien und Verfahren* für die Divisionen, die Konzerngesellschaften und die Konzernleitung.

• *Regionsdienste*

Die *Regionsdienste* schließlich gewährleisten die Verbindung zwischen der Konzernleitung und den Leitern der Konzerngesellschaften. Im Planungsprozeß kommentieren sie zu Händen der Konzernleitung die integrierten Pläne und Budgets der Konzerngesellschaften und stellen sicher, daß die Leitungen der Konzerngesellschaften abgestimmte Stellungnahmen der Divisionen und zentralen Funktionen zu diesen Plänen und Budgets erhalten. Von den Konzerngesellschaften projektierte Strukturänderungen und Nominationen leiten sie als Anträge an die Konzernleitung. Auch halten sie diese über die Geschäftsentwicklung und wesentliche Fragen der Konzerngesellschaften wie auch über die wirtschaftspolitische Entwicklung der ihnen zugeteilten Regionen informiert.

Konzerngesellschaften

Die Konzerngesellschaften außerhalb der Schweiz sind selbständig operierende Einheiten. Sie fassen in der Regel in einem Land alle Divisionen und Funktionen unter einem Dach zusammen. Mit größen- und länderspezifischen Modifikationen weisen sie somit die gleiche Grobstruktur auf wie das Stammhaus. Dadurch werden die direkten Arbeitskontakte zwischen Einheiten mit gleichem Aufgabenbereich erleichtert und vereinfacht. Zugleich operiert Ciba-Geigy damit innerhalb eines Landes als geschlossene Einheit.

Jede Konzerngesellschaft hat einen Leiter, der im Rahmen der Konzernpolitik und der Richtlinien der Konzernzentrale sowie der mit dem Stammhaus abgestimmten Pläne für die Gesamtaktivität und das Gesamtergebnis der Konzerngesellschaft verantwortlich ist. In Zusammenarbeit mit dem Direktionskomitee, das ihm untersteht und das sich aus den Leitern der Divisionen und Funktionen zusammensetzt, leitet er die Geschäfte.

Grundsätzlich gilt für den Konzern entsprechend dem vorherrschenden schweizerischen Föderalismus-Verständnis, wonach die übergeordnete Ebene keine Aufgaben an sich ziehen soll, die von den Gliedern gleich gut oder besser erfüllt werden können, daß die unternehmerische Selbständigkeit der Konzerngesellschaften möglichst gestärkt werden soll.

Steuerung und Koordination des Gesamtkonzerns

Für die Entwicklung aufeinander abgestimmter Ziele und Strategien der Unternehmung und ihrer Bereiche sowie für die Koordination der Aktivitäten zu ihrer Verwirklichung werden eine Reihe von *Lenkungsinstrumenten* eingesetzt, nämlich vor allem

- *formulierte Grundsätze*
- *ein integriertes Planungs- und Kontrollsystem*
- *das Management Development zur Kaderausbildung und Sicherung des Kadernachwuchses.*

• *Formulierte Grundsätze*

Zu den *formulierten Grundsätzen,* die in Arbeitsgruppen erabeitet, von der Konzernleitung beschlossen und im Rahmen der Kaderausbildung interpretiert und anschaulich gemacht werden, gehören einmal die *Unternehmungsgrundsätze* (Zwecksetzung und Ziele des Unternehmens und Verhaltensnormen gegenüber verschiedenen Anspruchsgruppen), sowie die *Richtlinien für die Führung und Zusammenarbeit.*

Ein Konzept für die *Konzernbeziehungen* schließlich regelt die Zuständigkeiten und Kompetenzen der Konzerngesellschaften und der Konzern-Zentrale.

• *Planungssystem*

Das Ciba-Geigy-*Planungssystem* unterscheidet drei Planungsarten, nämlich die Leitbildplanung, die mittelfristige und die Einjahres-Planung. Diese werden ergänzt durch „Strategische Projekte" und „Aktionsprogramme".

Leitbilder für den Gesamtkonzern, die Divisionen und die Konzerngesellschaften werden mit einem Zeithorizont von 10–15 Jahren erstellt und nach Bedarf, also nicht periodisch, überarbeitet. In ihnen werden langfristige Vorstellungen über die Struktur des planenden Bereichs in der künftigen wirtschaftlichen, sozialen und technischen Umwelt erarbeitet, die Tätigkeitsgebiete und Politik sowie die langfristigen Ziele und Größenordnungen des Mitteleinsatzes festgelegt. Die Realisierung von Leitbildsegmenten erfolgt über die sog. strategischen Projekte. Anlaß zur Auslösung solcher Projekte können jeweils auch strukturelle Probleme oder Chancen sein, die in der laufenden Geschäftstätigkeit erkannt werden, also etwa die Prüfung größerer Diversifikations- oder Akquisitionsmöglichkeiten, die Errichtung neuer Produktionsstätten, Joint Ventures etc.

In der *mittelfristigen Dreijahres-Planung* werden jährlich unter Mitarbeit der großen Konzerngesellschaften ein Konzernplan, ein Stammhausplan und Divisionspläne erstellt. Zentraler Teil des Planes bildet die Zusammenstellung der strategischen Projekte, die hier im Gesamtzusammenhang betrachtet und in bezug auf Stand und Prioritäten überprüft werden. Deshalb enthält der Zahlenteil des Plans auch nur sogenannte Eckdaten: Zielgrößen, wie Umsätze, Aufwendungen, Cash Flow, Veränderungen im Umlaufvermögen, Investitionen und Personalbestände; jeweils in einem einzigen Formular zusammengefaßt. Mit den Eckdaten wird also versucht, die Gesamtentwicklung und die Auswirkung strategischer Projekte zu quantifizieren und den Mittelbedarf aufzuzeigen.

Im Gegensatz zur mittelfristigen Planung sind bei der *Einjahres-Planung* alle Bereiche des Stammhauses wie auch der Konzerngesellschaften involviert. Ein zentrales Kapitel des Planes bildet die Zusammenstellung der Aktionsprogramme. Ein Aktionsprogramm bezieht sich auf eine bestimmte Problemstellung und umschreibt die Zielsetzung, die durchzuführende Maßnahme mit den erforderlichen Teilschritten, Terminen und Aufwendungen.

Ein weiterer wichtiger Planteil enthält das Einjahresbudget des planenden Bereiches. Es ist zahlenmäßiger Ausdruck aller Aktivitäten eines Bereiches, wird – im Gegensatz zum mittelfristigen Plan – detailliert erarbeitet und bildet die Grundlage für die Kontrolle, also den finanziellen Soll-Ist-Vergleich. In einem Budgetkommentar wird auf besondere Entwicklungen wichtiger Budgetpositionen (verglichen mit der letzten Schätzung des laufenden Jahres) und deren Ursachen hingewiesen. Insbesondere sind auch die budgetmäßigen Auswirkungen von geänderten Annahmen gegenüber dem mittelfristigen Plan zu kommentieren. Aufgrund der divisionalen Pläne werden jeweils integrierte funktionale Pläne (Personal, Investitionen, Finanzen, etc.) erstellt.

• *Kaderentwicklung und Kaderausbildung*

Schließlich ist auch das konzernweite System der *Kaderentwicklung und Kaderausbildung* ein wesentliches Führungsinstrument. Es wird von einer der Konzernleitung direkt unterstellten Stabstelle Management Development betreut, doch wird die Sicherung und Entwicklung des Kadernachwuchses als wesentliche Aufgabe der Linienvorgesetzten angesehen.

Um sicherzustellen, daß künftig benötigte Kader in guter Qualität dort, wo man sie braucht, zur Verfügung stehen, erstellen die Leiter der großen Bereiche (Divisionen und Funktionen des Stammhauses und der Konzerngesellschaften) in periodischem Abstand einen Management-Development-Plan. Dieser soll im wesentlichen auf folgende Fragen Antwort geben:

1. Welche voraussichtlichen Vakanzen ergeben sich in den nächsten 5 Jahren im oberen Kader des Bereiches?
2. Welche Kandidaten kommen für diese Vakanzen in Frage?
3. Welches sind die sogenannten Nachwuchskräfte, also Mitarbeiter, die das Potential besitzen, um einmal ins obere Kader aufzusteigen?
4. Welche Maßnahmen sind zur Ausbildung und Vorbereitung der Nachfolge- und Nachwuchskandidaten vorzusehen?

Diese Bereichspläne erlauben es, die Nachfolge- und Laufbahnfragen im Konzern zu koordinieren und die Förderungs- und Ausbildungsbedürfnisse zu definieren.

Natürlich erfolgen *Kaderförderung und -ausbildung* in erster Linie *„on the job"*. Dazu gehört aber auch eine gezielte *Kaderrotation*, die besonders Nachwuchskräften durch zeitweilige Versetzung etwa aus einer Linien- in eine Stabsfunktion oder in eine Konzerngesellschaft Gelegenheit geben soll, ihren Erfahrungshorizont auszuweiten und sich in sehr verschiedenen Aufgabenstellungen zurechtzufinden und zu bewähren.

Ergänzt wird diese Ausbildung durch den Besuch *firmenexterner Management-Kurse*, vor allem aber ein System von Konferenzen, Seminaren und Kursen, das alle Führungskader umfaßt, aber inhaltlich und methodisch auf die Bedürfnisse der einzelnen Stufen zugeschnitten ist.

Neben der Wissensvermittlung und der Entwicklung von Fähigkeiten kommt diesen Veranstaltungen auch eine wesentliche *gemeinschaftsbildende Funktion* zu, was sich insbesondere nach der Fusion bewährte, als es galt, die beiden Kader zu integrieren und dem neu entstandenen Unternehmen seinen Charakter und sein Selbstverständnis zu geben.

1.32 Interview mit dem Vorsitzenden der Konzernleitung der Ciba-Geigy AG, Basel, Herrn Dr. Samuel Koechlin, 1980

> Ihr Unternehmen ist aus der Fusion zweier unterschiedlich strukturierter Großunternehmen hervorgegangen. Damit mußten zwei Organisationskulturen ineinander übergeführt werden.

Es konnte bei uns nicht darum gehen, die Organisationsform eines der früheren Teile für das neue Gesamtunternehmen zu übernehmen. Wir haben uns von allem Anfang an von zwei Überlegungen leiten lassen: Zum einen, daß wir nicht, wie bei französischen Fusionen üblich, vom Grundsatz der Addition gegebener großer Glieder ausgehen, sondern eine neue Einheit schaffen wollten und dies quasi „reißverschlußartig" von oben nach unten erfolgen sollte. Zu diesem Zwecke wurden schon Monate vor der Gutheißung des Fusionsvertrages durch die Generalversammlung der beiden Firmen ein vereinigtes Management, nämlich ein „Leitender Ausschuß" und eine „Erweiterte Konzernleitung" sowie ein Integrationsausschuß geschaffen, der unter meiner Leitung mit „vereinten" Kräften die neue Unternehmensstruktur für den Fall der Fusion und das dafür vorgesehene Integrationsprogramm vorzubereiten hatte. Auch haben wir uns für die Integration, die wir auf einen breiten Konsens abstützen wollten, genügend Zeit gegeben.

Ferner haben wir in verschiedenen Gruppen, die sich in einer Vielzahl von Arbeitssitzungen partizipativ mit allen anstehenden Fragen auseinandersetzen mußten, eine neue Unternehmensphilosphie erarbeitet und das Ergebnis dieser Arbeiten dann in zwei Seminaren mit dem Management der neuen Firma durchdiskutiert. So gelang es uns auch intellektuell, von zwei verschiedenen Ausgangspunkten heraus eine gemeinsame Basis für das weitere Handeln zu finden. Rückblickend darf man feststellen, daß uns das in rationaler Hinsicht, trotz zahlreicher Schwierigkeiten, sehr gut gelungen ist. Aus verständlichen Gründen blieben auch nach der Tagung emotionell viele Spannungen und Widerstände weiterbestehen. Deshalb galt es, die gewonnene Plattform durch nachfolgende, regelmäßige Konzerntagungen zu vertiefen und zu verbreitern.

Im nachhinein darf ich sagen, daß das vorgesehene Konzept zwar aufwendig und risikoreich war, daß es uns aber die denkbar tragfähigste Startbasis gebracht hat. Viele, ja fast alle waren schließlich zum Umdenken gezwungen, und dies allein bringt natürlich schon Probleme mit sich. Das Ausmaß des Integrationsvorganges ist aus dem Hinweis ersichtlich, daß allein in der Schweiz zufolge der Fusion rund zwölftausend Mitarbeiter ihren angestammten Arbeitsort wechseln mußten.

> Dies sind Schwierigkeiten, die sich bei jeder Reorganisation ergeben. Welche zusätzlichen besonderen Schwierigkeiten brachten die Fusion, die Überführung zweier gewachsener Organisationskulturen mit sich?

Vor allem waren es Schwierigkeiten, die mit der personellen Besetzung von Positionen zusammenhingen. Hier hat es sich als außerordentlich günstig erwiesen, daß wir uns selbst nicht unter Zeitdruck setzen ließen. Wir sind von einer Zeitspanne von 1 1/2 Jahren ausgegangen, und der Leitende Ausschuß, der bei diesen Fragen die Oberleitung hatte, gab sich eine bewußte Vorgabe an sich selbst, die einzelnen Personen besser kennenzulernen und Fehlbesetzungen möglichst zu vermeiden. Auf diesem Wege hat sich bei der vielfältigen Besetzungsproblematik eine erstaunlich niedrige Fehlerquote ergeben.

> Ist dabei von den Mitarbeitern nicht jede Besetzung unter Proporzgesichtspunkten sehr kritisch unter die Lupe genommen worden?

Dies war sicherlich am Anfang der Fall, und das ist menschlich ja auch verständlich. Der Leitende Ausschuß, die Erweiterte Konzernleitung sowie die Divisions- und Funktionsleitungen haben diesem Aspekt dann auch Rechnung getragen. Das war damals sehr wichtig, denn nur so konnte vielen herkunftsmäßigen Vorurteilen von Anfang an die Spitze gebrochen werden. Im Verlaufe der Zeit hat dieses Kriterium zugunsten normaler Beförderungs-Überlegungen relativ rasch an Bedeutung verloren.

> Kann man sagen, daß bei der Integration die eine Organisations- und Führungskultur der anderen stärker ihren Stempel aufgedrückt

hat, also etwa die neuzeitlichere, die bei der Geigy vor der Fusion Platz gegriffen hatte, die Ciba-Kultur überlagert hat?

Wie ich schon gesagt habe, mußte eine *neue* Organisations- und Führungskonzeption für eine *neue* Einheit gefunden werden. Natürlich wurden dabei Elemente von beiden Seiten verwertet. In diesem Sinne darf die für das fusionierte Unternehmen gefundene Organisations- und Führungsstruktur als eine erfolgreiche Suche nach dem Besten in beiden Systemen bezeichnet werden. Daß dabei die durchgreifende Reorganisation, die Geigy kurz vor der Fusion durchgezogen hatte, auch im fusionierten Unternehmen ihren entsprechenden Niederschlag finden würde, lag auf der Hand, doch finden wir im neuen Organisationsreglement auch wichtige Ciba-Elemente, wie etwa die weitgehende Eigenständigkeit der Geschäftsbereiche (Divisionen).

Im Mittelpunkt der Fusion stand das Erreichen einer Synergie. Ist dies nun nach fast einem Jahrzehnt tatsächlich verwirklicht worden, oder was verblieb von den ursprünglichen Hoffnungen?

Erreicht wurde sicherlich die Anhebung der Qualität des *Managements*. Dadurch, daß wir von beiden Organisationen jeweils die besten Kräfte in die verantwortlichen Positionen in Basel und im Konzern einsetzen konnten, haben wir ruckartig eine Synergie erzielt. Alle anderen Aussagen müssen naturgemäß mehr hypothetisch ausfallen. In der *Verwaltung* haben wir uns selbst eine Vorgabe gemacht; das äußerst vorsichtige Umgehen mit dem Personalabbau unter weitgehender Nutzung der normalen Fluktuation.

Die synergistischen Auswirkungen in der *Forschung* quantifizieren zu wollen, ist naturgemäß ein schwieriges Unterfangen. Geigy hatte seine Stärken in der Pharma-Forschung bei Antirheumatica und Psychopharmaca. Ciba hatte dagegen ihre Schwerpunkte im Herz-Kreislauf-Bereich. Vor der Fusion versuchten beide Firmen, mit großen Forschungsaufwendungen in das jeweilige Gebiet des anderen einzudringen. Allein durch das Vermeiden dieses Überlappungsbereiches muß es hier schon Synergieeffekte gegeben haben.

Im Pharma*markt* haben wir durch die Fusion zwei Sortimente erhalten, ein Ciba- und ein Geigy-Sortiment. Damit kann die Division Pharma heute den Arzt auf zwei Kanälen informieren, von denen jeder seine eigenen Spezialitäten und sein eigenes Profil aufweist. Der synergistische Effekt konzentriert sich dabei auf die erhöhte Schlagkraft sowie Kostenvorteile in der gemeinsamen Leitung und Infrastruktur sowie im erhöhten Forschungspotential, das beiden Linien zugute kommt.

Im Bereich des *Agrargeschäftes* haben wir uns geographisch und produktemäßig ausgezeichnet ergänzt; bei *Farbstoffen* gab es eine Überlappung, die erst unter erheblichen Anstrengungen abgebaut werden konnte. Hier mußten aus dem bestehenden Programm die besten Produkte ausgewählt und in ein gemeinsames Sortiment überführt werden. Dies hat etwa drei Jahre in Anspruch genommen.

Im Bereich der *Kunststoffe* und *Additive* waren die Sortimente der beiden Firmen komplementär, so daß die Integration keine Schwierigkeiten mit sich brachte.

Insgesamt können wir über die Ergebnisse der Fusion froh und zugleich dankbar sein, daß wir die gemeinsame Zukunft in einer Boom-Periode planen und verwirklichen konnten. Unter den heutigen wirtschaftlichen Parametern und dem vorhandenen Spielraum wäre das risikoreiche Unterfangen zweifellos sehr viel schwieriger durchzuführen.

Ist das frühe Eingehen auf die internationale Dimension auch in der Organisation ein spezifisches Kennzeichen der schweizerischen Großchemie?

Wir hatten die internationale Dimension von Anfang an sehr stark ausgebaut und die relative Selbständigkeit der Konzerngesellschaften betont. Die Schweizerische Industrie war ja in Anbetracht des unbedeutenden Heimmarktes schon immer international orientiert. Ciba-Geigy setzt bekanntlich nur 2% des Umsatzes im Heimmarkt ab. Darin liegt eine Stärke und eine Schwäche zugleich. Jedenfalls hat das internationale Geschäft für uns eine wesentlich höhere Priorität als dies beispielsweise bei deutschen oder amerikanischen Chemiefirmen der Fall ist.

Welche Änderungen haben sich in der Produkte-/Spartendimension nach der Fusion ergeben?

Wir versuchen, etwas von den globalen Betrachtungsweisen wegzugehen und die Produktegruppen stärker zu segmentieren. So hat z.B. die Kunststoff- und Additiv-Division ihr Geschäft in eine Reihe von strategischen Geschäftseinheiten unterteilt. Damit verfügt sie über ein nützliches Instrument insbesondere für die Produktepolitik und die Zuteilung der notwendigen Mittel.

Der Manager muß diesen Wechsel soweit als möglich antizipieren, und wo dies nicht möglich ist, zumindest für eine rasche Reaktion sorgen. Weiter glaube ich, daß die Führungsstärke („the will to manage") nicht verkümmern darf, wenn wir mit den sicherlich nicht einfachen Zukunftsproblemen fertig werden wollen.

Wir können in jeder Organisation zwei Verhaltensweisen feststellen: Zum einen das Vermeiden von Fehlern. Hier ist unsere Fehlerliste relativ klein. Zum anderen das Erkennen und Ergreifen von Chancen: Hier sehe ich Ansatzpunkte für weitere Verbesserungen. Wir unterliegen sehr oft der Versuchung, bei der Besetzung von Managementpositionen denjenigen auszuwählen, der keine Fehler gemacht hat, dabei kann der Pionier, der wagt und dabei auch sein Fehlerrisiko erhöht, auf der Strecke bleiben.

> Im Spannungsfeld von Funktionen, Divisionen und Regionen haben Sie den Divisionen als tragenden Säulen Ihrer Organisation relativ autonomen Raum gegeben.

Die Mitglieder der Konzernleitung sind neben ihren funktionalen und regionalen Zuständigkeiten zugleich „Senior Partner" von einer oder zwei Divisionen. In dieser Weise vertreten sie die Divisionsaspekte unter Berücksichtigung auch funktionaler und regionaler Gesichtspunkte. Hierdurch entsteht bereits ein ausgewogener Kontakt bei der Willensbildung zwischen Konzernleitung und den Divisionsleitungen. Neben dieser Willensbildung auf informellem Wege versuchen wir, eine „unité de doctrine" auch im Rahmen der formellen Planung sicherzustellen. Dies geschieht bei der Verabschiedung der Einjahres- und Dreijahrespläne, sowie bei der Behandlung der Leitbilder, die sich über einen Zeithorizont von 10–20 Jahren erstrecken. Bei der Behandlung der Leitbilder und Dreijahrespläne stehen strukturelle Aspekte im Vordergrund, während bei den Einjahresplänen finanzielle Überlegungen überwiegen.

> Wir stark betonen Sie in diesem Zusammenhang das Erfolgsverantwortungskonzept?

Hier haben wir den idealen Weg noch nicht gefunden. Im Rahmen unseres Management-Informations-Systems werden nach einer vorgegebenen Struktur laufend die operativen Resultate ausgeworfen. Einmal jährlich wird auch ein ROI pro Division errechnet.

> Erscheint im Interessendualismus Produkteverantwortlichkeit/Regionalverantwortlichkeit der letztere Aspekt nicht unterdimensioniert?

Eine Lösung nach der Art der „International Division" brächte für unser Unternehmen, das ja ingesamt international orientiert ist, keinen signifikanten Vorteil. Wir haben statt dessen Regionsdienste geschaffen, die einem Gesamtleiter unterstehen, der mir als Vorsitzender der Konzernleitung berichtet. Die Regionsdienste haben eine zweifache Funktion: Sie sind die Interpreten der Gesamtprobleme der Konzerngesellschaften gegenüber der Konzernleitung und umgekehrt. Das System funktioniert nach meinem Dafürhalten recht gut.

> Sehen Sie bei der zunehmenden Bedeutung der regionalen Dimension in der Gesamtorganisation am Horizont die Möglichkeit einer Umstellung auf eine primär an den Regionen orientierte Organisation?

Ich glaube nicht, daß uns eine solche Umstellung für die nächsten 10–15 Jahre eine effizientere Führung bringen würde.

> Die Konzernleitung ist von der Tendenz her ressortfrei aufgebaut. Welches waren die Gründe für eine „Entressortierung" der Konzernleitung?

Die Gründe liegen darin, daß wir es für eine Organisation unserer Größe als nicht zweckmäßig erachteten, in obersten Leitungsgremien Personen zu haben, die einerseits – und zwar primär – für die übergeordneten Unternehmensinteressen verantwortlich sind, die andererseits aber gleichzeitig für departementale Interessenzuständig sein sollen. Mit unserer Lösung wollen wir verhindern, daß es in der obersten Exekutive zu einer Situation der gegenseitigen Schonung kommt, in welcher doch oft die Gefahr eines gegenseitigen Aushandelns und Koalierens besteht.

Sind einzelne Mitglieder der Konzernleitung Ansprechpartner für ganz bestimmte Funktionen, Divisionen und Regionen?

Dies ist der Fall; jedoch nicht so, daß einem Mitglied durchwegs in allen drei Dimensionen Verantwortlichkeiten zugeordnet sind. Auch haben wir die Zuständigkeiten schon rotiert, da wir auch hier auf eine gewisse Flexibilität Wert legen.

Die einzelnen Regionen sind jeweils einem Mitglied der Konzernleitung zugeordnet. Bei den USA und dem UK werden Ausnahmen gemacht: Deren operative Leiter gehören direkt der Konzernleitung an. Welche Überlegungen waren hierfür maßgebend?

Einerseits die Größe der beiden Konzerngesellschaften, andererseits weil der direkte Einbezug von zwei Konzerngesellschaften zu einer sehr wertvollen Befruchtung im Meinungsbildungsprozeß innerhalb der Konzernleitung beiträgt. Jede Organisation muß sich ja hüten, Probleme aus einer zu „innenbezogenen" Sicht zu sehen. Die beiden Herren halten uns den Spiegel so, daß wir den Konzern stets auch von außen sehen.

Hat sich diese Lösung, Senior-Partner für 3 Dimensionen plus zwei operative Aspekte der Außenorganisation in der Konzernleitung zusammenzufassen, bewährt?

Ja, wir sind damit sehr zufrieden.

Im Rahmen der Zentralen Funktionen fallen einige Besonderheiten auf. Warum sind die Bereiche Technik Stammhaus und Technik Konzern separiert worden?

Der Bereich Technik Stammhaus befaßt sich mit vielfältigen Problemen der Werke in der Schweiz. Der Bereich Technik Konzern dagegen ist eine zentrale Stabsstelle, welche die Werke im Ausland auf ganz speziellen Gebieten unterstützt. Dazu gehören neben dem Erfahrungsaustausch über den neuesten Stand der Technik die Aspekte Sicherheit, Ökologie u.a.m.

Sie haben hier keine betriebsteilemäßige Zuordnung der Werke zu den einzelnen Divisionen vorgenommen?

Wir haben vorwiegend multidivisionale Werke. Die Werksleiter haben dann unter sich Leiter für die einzelnen Produkte-Fertigungen, die selbst über eine direkte Linie zu den Divisionen und hier zu den Herren verfügen, welche für die Produktionsbelange verantwortlich sind.

So daß innerhalb der Division die Fertigung selbst nicht erscheint und auch keine direkte Verantwortlichkeit der Divisionsleitungen für die Herstellkosten abgeleitet werden kann?

Das ist richtig.

Sie haben neben dem Treasuring (Finanz) einen eigenen Bereich Control und Management. Welche Überlegungen führten zur Trennung beider?

Beide Arbeitsbereiche sind nicht identisch, und ihre Trennung bringt eine größere Transparenz.

Wie verläuft die Schnittstelle beider Bereiche? Wie grenzt sich letztere vom zentralen Stab Planung ab?

Alle Abrechnungsfragen des internen und externen Rechnungswesens sind beim Controlling, alle Finanzfragen sind – ohne die Berichterstattung – dem Treasurer zugeordnet. Die dezentralen Controller gehören den jeweiligen Bereichen an. Der zentrale Planungsstab hat mehr die Aufgabe, Plandaten, die andere erstellen, z.B. für die Berichterstattung zu Händen der Leitung aufzubereiten.

Gelegentlich wird davon gesprochen, daß eine organisatorische Tendenz bestehe, akquirierte Firmen nur mehr „lose" an einzelne Divisionen anzubinden. Welche Erfahrungen können zu einem derartigen Vorgehen den Anlaß geben und was bedeutet dies konkret?

Häufig besteht die Vorstellung, daß eine kleinere Einheit auch eine bessere Einheit sei, weil sie überschaubar ist, dem Unternehmergeist einen größeren Wirkungsraum gebe usw. In der Geschichte unserer Akquisitionen kleinerer Einheiten ist die Zahl der Sanierungen, die wir später durchführen mußten, nicht unbedeutend. Wir versuchen heute stärker, die Organisation für diese Akquisitionen maßzuschneidern, damit das Know-how, das sich diese kleineren Unternehmen erarbeitet haben, erhalten, gefördert und weiterverbreitet werden kann. Nur so können wir die synergistischen Auswirkungen wahrnehmen, die wir ja von den meisten Akquisitionen erwarten. Wie „lose" oder „eng" solche akquirierte Firmen mit einer Division verknüpft werden müssen, muß von Fall zu Fall je nach den Umständen und dem Zweck der Akquisition festgelegt und gegebenenfalls später adjustiert werden.

Sie haben sich zu einer kollegialen Form der Divisionsleitung entschlossen, eine Lösung, die nicht von allen Großunternehmungen der Chemie geteilt wird. Welche Erfahrungen konnten Sie – insbesondere im Hinblick auf die Schlagkräftigkeit der Entscheidungsbildung mit dieser Lösung sammeln?

Für die kollegiale Lösung sprach insbesondere nach der Fusion die Notwendigkeit der Einbindung vieler in ein neues Unternehmenskonzept. De facto hat sich dann sehr schnell eine vernünftige Art und Weise der Leitung der Divisionen herausgebildet, derart, daß der Vorsitzende innerhalb der Divisionsleitung der dominierende Mann ist. Andererseits verfügen die Mitglieder der Divisionsleitung – im Rahmen ihrer Pflichtenhefte – über einen relativ großen Freiraum, innerhalb dessen sie ihr Ressort betreffende Einzelentscheide treffen können.

Welche Probleme erschweren die Ergebnisverantwortlichkeit der Divisionsleitungen in den Ebenen
- vertikal (Eingriffe von zentralen Funktionen)
- horizontal (Transferpreisprobleme bei gegenseitiger Belieferung von Divisionen)
- kurzfristiges/langfristiges Denken?

Der dritte Aspekt Ihrer Frage scheint mir der wichtigste zu sein. Wir müssen in der Konzernleitung das Gegengewicht zu den kurzfristigen Optimierungstendenzen in den Divisionen bilden; dabei fordern natürlich in so schwierigen Zeiten, wie den gegenwärtigen, ebenfalls kurzfristige Aspekte ihr Recht. Ich erwarte natürlich, daß auch die Divisionsleiter beide Aspekte sehen. Die Balance zwischen beiden Gesichtspunkten zu halten ist ein wichtiges Anliegen in den Gesprächen zwischen Konzernleitung und Divisionsleitungen.

Welche organisatorische Zukunftsprobleme erwarten Sie für die 80er Jahre?

Nach dem anläßlich der Fusion erarbeiteten Organisationskonzept und den seitherigen Anpassungen beschäftigen uns Organisationsfragen nicht mehr mit hoher Priorität. An deren Stelle treten andere Aufgaben, wie Mentalitäts- und Einstellungsfragen bei unseren Kadern und Mitarbeitern. Wir müssen akzeptieren, daß der Wechsel heutzutage eine konstante Erscheinung ist, die sich in Zukunft wahrscheinlich noch verstärken wird.

1.4 Deutsche BP-AG

Die Deutsche BP-AG gehört zur BP-Gruppe, die zu den größten weltweit operierenden Mineralölgesellschaften zählt. Seit der Ölkrise in den Jahren 1973/74 hat die Deutsche BP-AG energische Anstrengungen zur Umstrukturierung ihres Geschäftes unternommen, um über organisatorische und führungsmäßige Maßnahmen die Wiedergewinnung der Rentabilität ihres Unternehmens herzustellen; im Mittelpunkt der organisatorischen Betrachtung stand dabei die Profit-Center-Konzeption.

1.41 Organisation der Deutschen BP-AG (Stand 1978)

von Dr. Rolf Stomberg, Hamburg

Die Deutsche BP-AG ist eine 100%ige Tochter der British Petroleum Company Limited. Mit ca. 900 Gesellschaften in aller Welt und einem Umsatz von ca. 60 Mrd. DM gehört die BP Gruppe zu den größten weltweit operierenden Mineralölgesellschaften. Der Gesamtabsatz der Gruppe betrug 1977 175 Mio t, das entspricht einem Anteil von ca. 7 % am Mineralölbedarf der freien Welt. Das Schwergewicht der Tätigkeit der Gruppe lag bisher in Europa; 1977 entfielen ca. 70 % des Gesamtprodukt-Absatzes auf Europa. Für die Zukunft ist eine Gewichtsverlagerung zum amerikanischen Markt zu erwarten, insbesondere durch das BP-Engagement in Alaska und den Erwerb eines bedeutenden amerikanischen Mineralölunternehmens (Sohio). In Europa ist die BP in allen Ländern mit Ausnahme von Italien vertreten. Die Deutsche BP-AG ist umsatzmäßig, gefolgt von der im Vereinigten Königreich von Großbritannien und Nordirland tätigen Gesellschaft (BP Oil Ltd.) und der französischen BP Gesellschaft (Sociéte Française de Pétroles BP), am bedeutendsten.

Die *Steuerung der BP-Gruppe* erfolgt *im Rahmen eines dezentralen Führungskonzeptes,* nach dem die verschiedenen nationalen Raffinerie- und Vermarktungsgesellschaften sowie diverse auf Spezialgebieten außerhalb des traditionellen Ölgeschäftes tätige Gesellschaften (Petrochemie, Kohle, Mineralien) weitgehend selbständig wie unabhängige Unternehmen auf ihrem Markt arbeiten. Für die Deutsche BP-AG bedeutet dies, daß sie innerhalb eines Rahmens, der im wesentlichen durch Investitionsbudgets gesteckt ist und in mittel- und langfristigen Plänen festgelegt wird, selbständig operiert.

Für die BP-Gruppe galt bis zur sogenannten Öl-Krise 1973, was für die großen Mineralölgesellschaften generell gültig war: Gewinne wurden vor allem *„Upstream"* (im wesentlichen bei der Förderung des Rohöls) verdient. Nach der Krise, in deren Folge ein Großteil der Upstreammarge verloren ging, mußten die Voraussetzungen dafür geschaffen werden, daß der *Downstreambereich* stärker als bisher zum Gewinn beiträgt. Dies ist nur möglich in einer Gruppe von selbständig handelnden, auf individuelle Marktgegebenheiten Rücksicht nehmenden Mineralölgesellschaften, nicht dagegen bei einer von logistischen Gesichtspunkten bestimmten Konzerngesamtsteuerung.

Bei einem auf derartige Expansion ausgerichteten Industriezweig (vgl. Abb. 4a) führte die *unvorbereitete Trendwende* (Ölkrise 1973) wie in der gesamten Mineralölindustrie auch bei der Deutschen BP-AG zu *Überkapazitäten* auf fast allen Sektoren. Der *Absatzrückgang* von 1975 bezogen auf 1973 betrug bei der Deutschen BP-AG ca. 25 %.

Die Deutsche BP-AG ist in allen wesentlichen Sektoren des Mineralölgeschäftes vertreten, und zwar in der Regel mit einem *Marktanteil* von 10–12 %. Eine führende Position hat sie in dem nationalen und internationalen Luftfahrtgeschäft. Ein wesentlicher Ausbau der Marktpo-

Bundesrepublik Deutschland	Anteil Mineralöl am Primärenergieverbrauch[1]	Entwicklung des realen BSP[2] (1952 = 100%)	Deutsche BP AG: Absatz	Umsatz	Vertriebsfixkostenentwicklung (1973 = 100%)
	%	%	Mio MT	Mrd. DM	%
1952	4,9	100	1,0	0,4	
1956	10,2	140	2,6	0,8	
1960	21,0	179	4,8	1,3	
1964	36,3	230	10,3	2,1	
1968	49,3	268	13,8	3,0	
1972	55,4	327	18,3	4,1	
1973	55,2	344	19,0	5,2	100
1974	51,5	345	16,5	7,2	121
1975	52,1	333	14,1	6,5	145
1976	52,9		15,2	7,5	161
1977	52,2		15,4	9,8x)	153

x) incl. Gegenlieferungen

Quellen: 1) Energiebilanzen der Bundesrepublik Deutschland
2) statistisches Jahrbuch 1976 für die Bundesrepublik Deutschland

Abb. 4a: Entwicklung einiger volkswirtschaftlicher und Unternehmensdaten der Deutschen BP-AG

sition wird durch die Übernahme großer Teile des Mineralölgeschäftes von der *Veba AG* ab 1979 erfolgen.

Die Krise von 1973 – und danach

Die Zeit seit Ende des 2. Weltkrieges bis zur Ölkrise mit ihrem hohen Weltwirtschaftswachstum war geprägt von relativ *billiger Energie.*

Mit der Vervierfachung der Rohölpreise im Jahre 1973 trat hier schlagartig ein Wechsel ein. Im Zusammentreffen mit einer weltweiten Konjunkturschwäche kam es in den wichtigsten Industrieländern zu einem starken Absinken der Wachstumsraten.

Galt früher die *Grundregel, daß 1 % Wirtschaftswachstum auch mindestens 1 % Energiemehrverbrauch* bedeutete, so geht man heute davon aus, daß *zukünftig der Energiemehrverbrauch wesentlich unter der Steigerungsrate für das Wirtschaftswachstum* liegen wird. Am vorhersehbaren relativ geringen Wachstum des gesamten Primärenergiebedarfs wird der Energieträger Mineralöl *unterproportional* vertreten sein; was zu einem weiteren relativen Sinken des Mineralölanteils am Primärenergieverbrauch führen wird.

In Zahlen bedeutet dies: hatte der *Absatz* der Deutschen BP-AG 1973 19 Mio t betragen, so fiel er 1975 auf 14 Mio t. Und war für 1980 vor der Ölkrise die Planung auf 25 Mio t ausgerichtet, so würde ohne die von der Veba AG übernommenen Aktivitäten der 1973 erreichte Absatz erst wieder in der ersten Hälfte der 80er Jahre erreicht werden.

Die *Überkapazitätensituation* auf allen Sektoren der Mineralölindustrie von der Förderung über Tankschiffahrt und Raffinerien bis zum Vertriebsnetz hat *extreme Wettbewerbsbedingungen* zur Folge. Zusätzlich wirkt sich wettbewerbsverschärfend aus, daß der deutsche Mineralölmarkt für Importe, im Gegensatz zu anderen europäischen Mineralölmärkten, keine Restriktionen aufweist.

Diese aufgezeigten Faktoren führten einerseits durch die Erhöhung der Kosten und andererseits durch relativ verminderte Erlöse zu *katastrophalen Verlusten,* die für das Mineralölgeschäft aller in der Bundesrepublik Deutschland tätigen Gesellschaften in den letzten drei Jahren insgesamt auf ca. 6 Mrd DM geschätzt werden. Während aber die wesentlichen Wettbewerber der Deutschen BP-AG ihre Verluste z.T. durch hohe Gewinne aus Erdöl und Erdgas aus deutschen Quellen ausgleichen können (hier waren die Kosten nur dem normalen Inflationsprozeß unterworfen und sind nicht schlagartig explodiert wie beim Importrohöl), besteht diese Möglichkeit für die Deutsche BP-AG nicht.

Kennzeichen der bisherigen Organisationsform

Die Entwicklung bei der Deutschen BP-AG auf dem organisatorischen Sektor war *in den letzten 20 Jahren* gekennzeichnet durch das Bemühen, durch eine *graduelle Verstärkung der Zentralisierung einer funktional ausgerichteten Unternehmensstruktur* eine Verbesserung der Wirtschaftlichkeit zu erzielen.

Die organisatorische Entwicklung ist vor dem Hintergrund der wirtschaftlichen Bedingungen der 60er Jahre in der Mineralölbranche zu sehen. Die Verhältnisse auf den *Beschaffungs- und Absatzmärkten* konnten als relativ *stabil* bezeichnet werden. Das Hauptproblem lag mehr in der Bewältigung immer größerer Mengen für eine ständig zunehmende Nachfrage. Die bisherige Organisationsform ist in Abb. 4b dargestellt.

Organisationsphilosophie für die Zukunft

Die oben skizzierten *neuen Umweltbedingungen,* wie

– stagnierende Nachfrage

– Druck der Überkapazitäten

– Ungleichheit auf den Beschaffungsmärkten

erforderten eine adäquate organisatorische Antwort. Daher wurde vom Vorstand eine Projektgruppe unter der Bezeichnung *PLUS* (Planung der langfristigen Unternehmensstruktur) mit der Aufgabe berufen:

- ein *langfristiges Unternehmenskonzept* als Antwort auf die veränderte Datenkonstellation für unsere Industrie zu erarbeiten und
- ausgerichtet auf dieses zukünftige Unternehmenskonzept speziell für die einzelnen Verkaufs- und Verwaltungsbereiche neue *organisatorische Lösungen* zu entwickeln.

Wesentliche *Ergebnisse* dieser Untersuchungen im Hinblick auf den *Verkauf* waren:

- den Leitern einzelner Geschäftszweige oder Regionen mehr *Entscheidungsbefugnisse* einzuräumen, verbunden mit *Ergebnisverantwortung*
- zu diesem Zweck *mehr Information über Beschaffungspolitik und -preise*
- dadurch erreichbar *erhöhte Anpassungsfähigkeit* und *Anpassungsschnelligkeit* bei sich verändernden Marktbedingungen
- *stärkere Einbeziehung der Verkaufsleiter in die Marketing- und Strategieplanung*
- *Delegation der Kostenverantwortung* so weit wie möglich
- dadurch *stärkere Motivation* der Mitarbeiter.

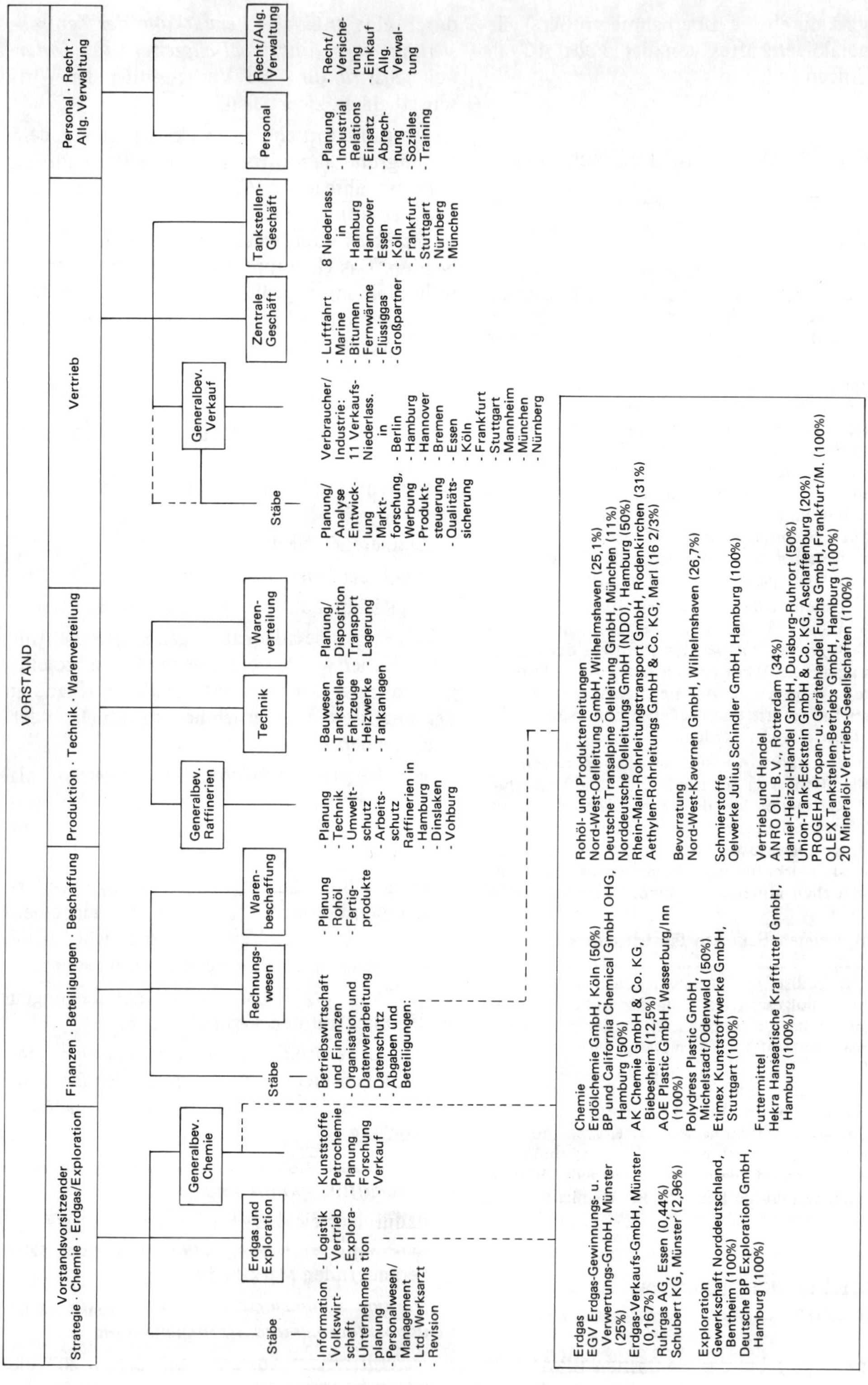

Abb. 4b: Der bisherige Organisationsplan der Deutschen BP AG

Neben den Verkaufsbereichen wurden auch die großen *Verwaltungs- und Servicebereiche* (u.a. Organisation und Buchhaltung, Technik und Warenverteilung) untersucht. Im Grunde zeigten sich dabei dieselben Anforderungen an die neue Organisation wie beim Marketing:

- *Abbau von Überkapazitäten*
- Die verbleibenden Kapazitäten dürfen nur in wirtschaftlich begründeten Situationen erweitert werden. Um dieses sicherzustellen, müssen die *Verwaltungs- und Servicebereiche selbständig arbeiten* und einer Art *Marktmechanismus* ausgesetzt werden. Die Leistungsgeber sollten zum einen die Möglichkeit haben, intern und extern ihre Leistungen zu vermarkten, zum anderen aber auch die Leistungsnehmer das Recht erhalten, benötigte Leistungen von externen Anbietern zu beschaffen und damit die eigenen Verwaltungs/Servicebereiche zu marktgerechter Leistung anzuspornen.

Vorbild für dieses organisatorische Konzept sowohl in den Marketingbereichen als auch in den Verwaltungs- und Servicebereichen war die sogenannte *Spartenorganisation*, wie sie in einer Vielzahl von Großunternehmen praktiziert wird.

Dieses „Vorbild" kann für Mineralölunternehmen und damit auch für die Deutsche BP-AG nicht kopiert werden, da *alle Produkte aus einem einheitlichen Grundstoff*, dem Rohöl, in einem *Kuppelprozeß* gewonnen werden. Aber auch bei den meisten Service- und Verwaltungsbereichen ist nach den Untersuchungen bei den Gegebenheiten unseres Unternehmens eine Zuordnung nach Geschäftszweigen bzw. Regionen, wenn auch technisch möglich, so doch ökonomisch nicht sinnvoll.

Wenn man aber auch bei der vorhandenen funktionalen Organisation den Gedanken der weitgehend selbständigen Teileinheiten im Unternehmen weiterverfolgen will, ist dies nur möglich über ein *System von internen Verrechnungspreisen*. Die Diskussion über die „richtigen" Verrechnungspreise nahm daher in allen Untersuchungen einen breiten Raum ein.

Das Profit-Center-Konzept der Deutschen BP

• *Die neuen organisatorischen Einheiten*

Nach diesem Konzept wird das Unternehmen in folgende *Einheiten* gegliedert (vgl. Abb. 4c):

- *Marketing Center*
  deren Aufgabe es ist, auf den Absatzmärkten der Deutschen BP-AG mit dem Ziel der Dekkungsbeitragsmaximierung tätig zu sein.
- *Supply Center*
  mit dem Ziel, den überwiegenden Teil der Absatzmengen der Marketing Center in der gewünschten Qualität auf Marktpreisbasis zur Verfügung zu stellen.
- *Service Center*
  mit der Zielsetzung, die benötigten Serviceleistungen günstiger als am freien Markt, jedoch kostendeckend, zur Verfügung zu stellen.
- *Holding Funktionen*
  deren Tätigkeit sich auf das Unternehmen als Ganzes bezieht und die mit korporativen Planungs-, Koordinations- und Kontrollaufgaben sowie der Informationsarbeit befaßt sind.

• *Beziehung Unternehmensleitung/ Center Manager*

Der Center Manager ist für den Gesamtumfang der Aktivitäten verantwortlich, die zur Erreichung der gesetzten Ziele erforderlich sind. Die Selbständigkeit und Entscheidungsfreiheit des Leiters soll nur durch Restriktionen beschränkt werden, die zur Erreichung übergeordneter Unternehmensziele notwendig sind. Sie ergeben sich aus allgemeinen *Rahmenrichtlinien*, die schriftlich fixiert sind. Grundlage für die Arbeit und Kontrolle des Center sind *Jahrespläne*, die dem Vorstand vor Beginn eines Kalenderjahres zur Genehmigung vorgelegt werden.

• *Zusammenwirken der Center*

Marketing-, Supply- und Service Center stehen *gleichberechtigt* nebeneinander. Sie regeln ihre Beziehungen wie selbständige Gesellschaften durch Verhandlungen und „Quasiverträge".

VORSTAND

Marketing-Center	Service Center	Supply Center	Holding Center	Diversifikation
Tankstellen 7 Regionale Center für Verbraucher- und Industriegeschäft Großabnehmer Marine Luftfahrt Fernwärme Bitumen Flüssiggas	Rechnungswesen Organisation/Daten-Verarbeitung Rechtsberatung Warenverteilung Personalwirtschaft Allgem. Verwalt. Einkauf (excl. Warenbeschaffung) Qualitätssicherung	Raffinerien Warenbeschaffung – Rohöl – Fertigprodukte	Unternehmensplanung Betriebswirtschaft/ Finanzen Recht Information Personalpolitik Technik Abgaben (Steuern) Revision Werksärztl. Dienst Beauftragter für Umweltschutz Arbeitsschutz Datenschutz	Petrochemie Kunststoffe Erdgas Kohle Futtermittel Technologie Exploration Beteiligungen
Ziel: Deckungsbeitragsmaximierung	Ziel: Kostendeckung	Ziel: Kostendeckung	Ziel: Wahrnehmung von Gesamtunternehmensinteressen	Ziel: langfristige Unternehmenssicherung

Abb. 4c: Gruppierung der Unternehmens-Funktionen im Profit-Center-Konzept

Holding-Bereiche haben zum Zwecke der Durchsetzung der Ziele und Vorstellungen des Gesamtunternehmens gegenüber den Centern ein *Weisungsrecht*. Eine Schlüsselfunktion im Hinblick auf die Integration der Gesamtaktivitäten kommt der *langfristigen Unternehmensplanung zu.*

Bei der *Beschaffung von Produkten* haben die Marketing Center grundsätzlich das Supply Center in Anspruch zu nehmen. Die Beschaffung erfolgt zweistufig über sog. Basismengen (mittelfristig festgelegt) und Spotmengen (kurzfristiger Bedarf). Die Preise für Basismengen sind an Marktpreisen orientiert. Preise und Bedingungen für die Spotmengen werden von den Marketing-Centern mit dem Supply-Center fallweise ausgehandelt.

Die *Beziehungen zu Service Centern* sind wie folgt geregelt: Service Center bieten ihre Leistungen den nachfragenden Einheiten an. Nach Einigung über das Entgelt wird der Umfang der Service-Leistungen mit den abnehmenden Einheiten schriftlich niedergelegt und in die Jahrespläne übernommen. Die Service Center sind von ihrer Zielsetzung gehalten, Kostendeckung anzustreben. Zeigt sich jedoch durch Vergleich mit externen Angeboten, daß die Marktpreise günstiger liegen, so stellt der Marktpreis die Obergrenze für die Preisvereinbarungen dar, um die Marketing Center wettbewerbsfähig zu halten und die Service Center durch den damit verbundenen Verlustausweis zu einer Kapazitätenanpassung zu zwingen

• *Planungs- und Kontrollsysteme*

Dem Planungs- und Kontrollinstrumentarium kommt eine zentrale Bedeutung zu. Die *Jahresplanung* erfolgt im Rahmen des durch die *langfristige Unternehmensplanung gesetzten Datenkranzes,* wobei daran gedacht ist, daß die *Center Manager* künftig an der langfristigen Unternehmensplanung in größerem Maße als bisher *mitwirken.*

Zur Jahresplanung gehören folgende *Einzelpläne*:
- Strategieplan
- Ergebnisplan

– Absatzplan
– Kostenplan
– Investitionsplan
– Personalplan
– Organisationsplan
– Verzeichnis über das Anlagevermögen

Ein Kernstück des Planungs- und Kontrollinstrumentariums ist die *Plan- und Ist-Erfolgsrechnung*. Sie soll folgenden Zwecken dienen:

– Mittel für Marketing Center Manager zur erfolgreichen Planung, Steuerung und Kontrolle sowie
– Koordinations- und Überwachungsinstrument für die Holding.

Zu diesem Zweck müssen alle den Einheiten zurechenbaren Erlös- und Kostenkomponenten erfaßt und deren Entwicklung im Laufe des Jahres transparent gemacht werden. Diese Anforderungen lassen sich am besten mit einer *stufenweise aufgebauten Deckungsbeitragsrechnung* verwirklichen.

Quartalsweise werden Ist-Abrechnungen mit dazugehörigen *Abweichungsanalysen* zum Plan erstellt.

Vom betriebswirtschaftlichen Bereich *(Holding-Funktion)* werden die Center Manager in allen Fragen der Ergebnisplanung und der Ist-Abrechnung unterstützt, u.a. in bezug auf Wirtschaftlichkeitsrechnungen, optimale Ausgestaltung der Planung und der Ist-Abrechnung im Rahmen der vorgegebenen Holding-Richtlinien auf diesem Sektor, bei evtl. notwendigen Änderungen der Abrechnungssysteme und bei Klärung von ad hoc-Problemen. Zu diesem Zweck sind sog. *Center-Accountants* ernannt worden, die ein oder mehrere Center betreuen.

Das Zusammenführen der Jahrespläne und Center-Erfolgsrechnungen zur *Unternehmensergebnisrechnung* zeigt die schematische Darstellung in Abb. 4d.

Die Einführung dieser neuen organisatorischen Struktur fällt mit einer außerordentlichen Verbreiterung der Aktivitäten des Unternehmens zusammen; denn die Übernahme der Gelsenberg AG von der VEBA AG bedeutet eine Ausweitung des Ölgeschäfts um annähernd 50%. Sie bringt darüber hinaus das Unternehmen in seinen Diversifikationsbestrebungen einen großen Schritt vorwärts. Die Unternehmensleitung ist sicher, daß sich das Profit Center-Konzept als eine tragfähige Basis erweisen wird für die organisatorische Eingliederung dieser neuen Aktivitäten.

1.42 Interview mit dem Mitglied des Vorstandes der Deutschen BP-AG, Herrn Dr. Walter Kirsten, 1978

In dem vorangestellten Aufsatz wird der Strukturumbruch, dem die Mineralölwirtschaft in der Folge der sog. Öl-Krise 1973 ausgesetzt war, eindrucksvoll beschrieben. Die Deutsche BP-AG hat daraus Schlußfolgerungen gezogen, die in die Richtung eines allgemeinen Kapazitätsabbaus zielen, um die Rentabilität wiederzugewinnen. Die Organisation hat sich dieser unternehmungspolitischen Zielrichtung konsequent anzupassen. – Entfällt durch die Übernahme der Gelsenberg AG von der VEBA AG die „Geschäftsgrundlage" für die neue Organisation, denn diese Übernahme bedeutet nach Ihren Angaben eine Ausweitung Ihres Ölgeschäfts um annähernd 50%?

Einleitend möchte ich zunächst etwas zum Kapazitätsabbau ergänzen. Ich möchte hier die Akzente etwas anders setzen.

Wir sehen bei uns schwergewichtig ein Problem der Umstruktuierung verbunden mit einer sehr straffen Rationalisierung. Bei allen Maßnahmen, die wir während der letzten 3 Jahre ergriffen haben, stand die Frage im Vordergrund, ob wir mit den vorhandenen Ressourcen, die wir besitzen, mehr erreichen können. Diese Frage stand immer vor der einer möglichen Kapazitätsreduzierung.

Was aber wichtiger ist: Im Jahre 1973 hatten wir für Anfang der 80er Jahre ein Absatzvolumen von 25 Mio. t geplant. Nach der OPEC-Krise war unsere Planung für diesen Zeitpunkt auf 19 Mio. t reduziert worden – also gerade auf das Niveau, das wir 1973 bereits effektiv erreicht hatten.

Dies unterstreicht die Bedeutung des Abkommens mit der VEBA. Ohne Zweifel sind wir über dieses Abkommen unseren Vorstellungen der Umstrukturierung mit einem großen Schritt nähergekommen. Mit den Gelsenberg-Mengen zusammen erreichen wir jetzt die 25 Mio. t, die wir uns bei normalem Geschäft vor der Krise für 1980 vorgestellt hatten.

Eine derartige Ausweitung des Geschäftsvolumens und die Notwendigkeit der Eingliederung der Gelsenberg AG bleiben doch sicherlich nicht ohne organisatorische Konsequenzen?

Ich möchte in Beantwortung Ihrer Frage zunächst die drei Hauptpunkte herausstellen, die uns dieses Abkommen gebracht hat – abgestellt auf das Absatzvolumen im Ölgeschäft:

1. Eine stärkere Auslastung unserer Raffineriekapazität – eines der Ziele, die wir uns strategisch gesetzt haben,
2. übernehmen wir mit den Stinnes-Strohmeyer-Aktivitäten eine kundennahe Absatzorganisation – damit erfüllen wir ein weiteres strategisches Ziel, mehr „downstream"-Aktivitäten zu entwickeln,
3. übernehmen wir ein Tankstellennetz – eines unserer Umstruktuierungsziele liegt in diesem Tankstellenbereich. Wir übernehmen neben der Stärkung unseres eigenen Netzes ein kleineres, aber recht leistungsfähiges Netz, das uns die Möglichkeit zu weiteren Umstrukturierungen eröffnet.

Organisatorische Veränderungen müssen daraus nicht folgen; denn die Aktivitäten, die wir übernehmen, passen sich ausgezeichnet in unser Profit-Center-Konzept ein.

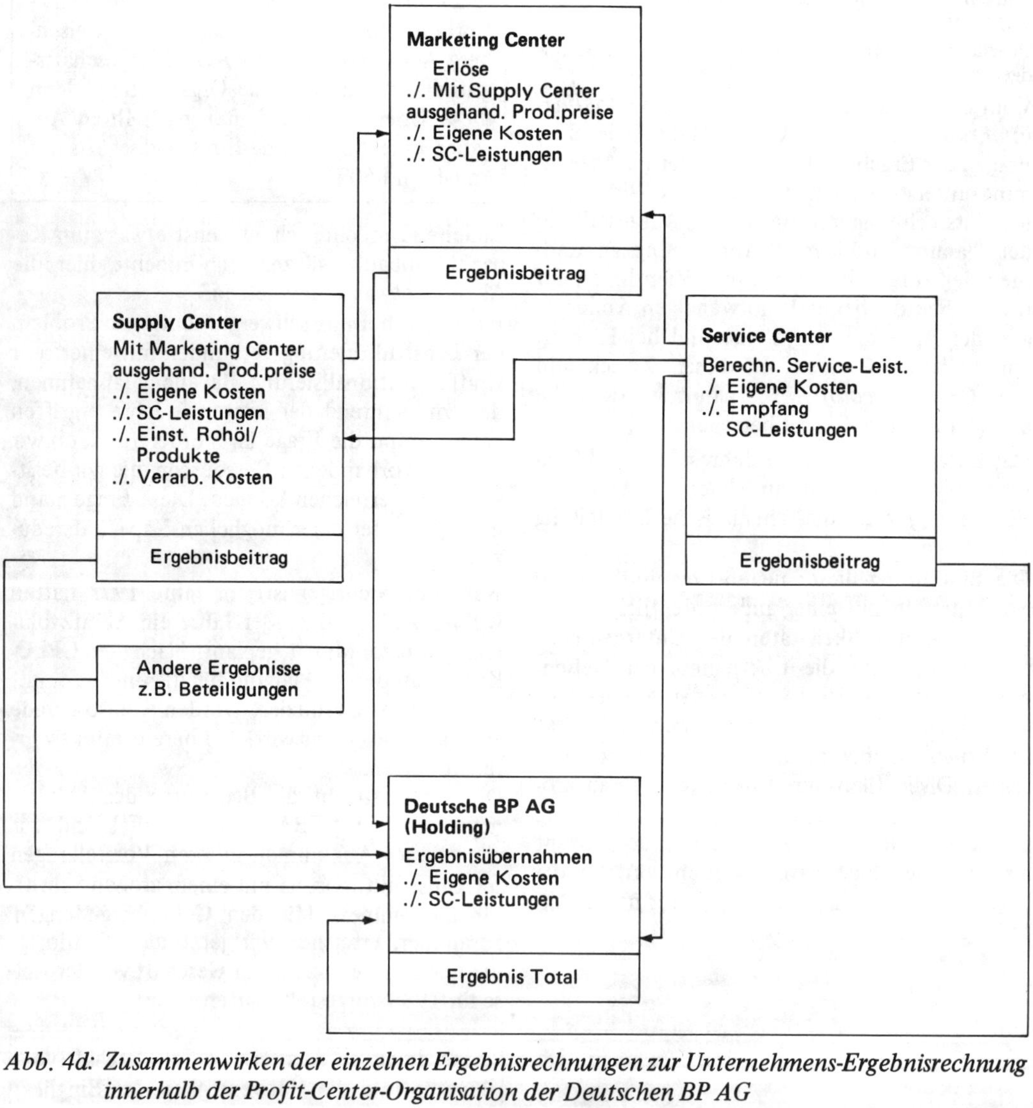

Abb. 4d: Zusammenwirken der einzelnen Ergebnisrechnungen zur Unternehmens-Ergebnisrechnung innerhalb der Profit-Center-Organisation der Deutschen BP AG

Die organisatorische Konsequenz besteht also lediglich in einem Wachsen der Organisationspyramide in die Breite durch das Angliedern weiterer Marketing-Center, ohne daß das Strukturkonzept an sich tangiert wird?

Richtig. Das Strukturkonzept füllen wir damit sogar wesentlich schneller auf.

Ihre Muttergesellschaft betreibt sowohl eine Diversifikationspolitik in Richtung auf die Chemie als auch regional in Richtung auf den nordamerikanischen Markt. – Wird auch die Deutsche BP-AG langfristig ein „starkes Bein" in der Chemie haben?

Wir haben ja heute bereits ein „starkes Bein" in der Chemie. Dies alles hat mit den Plänen unserer Muttergesellschaft auf dem petrochemischen Gebiet wenig zu tun; wir gehen unseren Weg weiter, den wir schon 1956 begonnen haben.

Diese zusätzliche Bindung an das Chemie-Geschäft wird aber bislang organisatorisch noch nicht deutlich. Wann erreicht die Chemie in Ihrem Unternehmen eine Stärke, die es notwendig macht, sie als Sparte organisatorisch zu verselbständigen?

Wir befinden uns ohne Frage auf dem Wege zu einer Art Spartenorganisation, wobei hier gewisse Vorbehalte angebracht sind. Unsere Organisation dürfte einmal so aussehen, daß wir drei Hauptsparten haben werden: Öl (incl. Kohlehandel), Gas und Chemie. Wir sind aber nach wie vor der Meinung, daß alle drei Sparten durch eine starke funktionale Klammer verbunden sein müssen.

Ist vielleicht Ihr derzeit problematisches Unterfangen, relativ selbständige Organisationseinheiten in einer funktionalen Organisation zu schaffen, die „pädagogische Overtüre" für eine Spartenorganisation, indem Sie Ihre Führungskräfte zwingen, unter ungünstigen Bedingungen Erfahrungen mit der an Wirtschaftlichkeitskriterien orientierten Leitung selbständiger Einheiten zu gewinnen?

Das Handeln unserer Mitarbeiter war schon immer auf Wirtschaftlichkeit ausgerichtet. Was wir durch unsere Profit-Center-Konzeption erreichen, ist eine klarere Abgrenzung der Verantwortung, ein stärkeres Aufwands- und Ertragsbewußtsein. Durch die klarere Verantwortungsabgenzung wird ein höheres Maß an Delegation möglich und die „accountability" des Einzelnen wird gefördert. Wir wollen einen klaren Soll-Ist-Vergleich haben, die Mitarbeiter sollen für ihr Ergebnis verantwortlich sein und werden auch dementsprechend zur Verantwortung gezogen.

Die Marketing-Center sind vorwiegend nach Absatzkanälen, nach Regionen und nach Sonderprodukten gegliedert. Gleichartige Produkte können jedoch in einer Mehrzahl von Vertriebswegen angeboten, d.h. über mehrere Marketing-Center vertrieben werden. – Wie erfolgt die Koordinierung derartiger Produkte?

Wir werden in der Zentrale eine produktbezogene Koordinationsstelle haben müssen, die sich beispielsweise mit Qualitätsfragen einzelner Produkte beschäftigt. Die Koordinationsstellen greifen z.B. außerhalb der Qualitätsproblematik u.U. bei Preisfragen ein, wenn ein Produkt in mehreren Marketing-Centern angeboten wird.

Wie hat sich die Zusammenarbeit von operativen Verkaufseinheiten mit den Center-Accountants gestaltet?

Die Center-Accountants sind nicht der operativen Einheit unterstellt, sie ‚hängen' am zentralen Controlling, um Duplikationen zu vermeiden. Wir meinen, daß diese Lösung effizienter ist, denn sowohl das Controlling als auch die direkte betriebswirtschaftliche Betreuung der operativen Verkaufseinheiten erfolgt zentral. Unsere Erfahrungen sind außerordentlich positiv. Der Center-Accountant wirkt bei der Planerstellung beratend mit, er steht bei allen wirtschaftlichen Fragen dem Marketing-Center-Manager zur Verfügung, er übt allerdings auch eine kontrollierende Funktion aus; das wird akzeptiert und hat sich insgesamt gesehen sehr gut angelassen. Es hat sich hier eine echte Partnerschaft zwischen den Center-Accountants und den Managern der Marketing-Center entwickelt.

Warum erweist es sich als unzweckmäßig, das Tankstellengeschäft in Form einer Tochtergesellschaft auszugliedern?

Diese Frage ist für uns nicht relevant. Würden wir den Tankstellenbereich rechtlich verselbständigen, erhöhen sich sicherlich die Kosten und ich sehe keinen wesentlichen Unterschied darin, ob ich ein Marketing-Center ‚Tankstellen' zu führen habe oder eine Tochtergesellschaft. Wir sind der Meinung, daß ein Marketing-Center nicht nur eine kostenwirksamere, sondern auch eine flexiblere Organisationsform ist.

Nicht ohne Grund wurden die Supply-Center erst in einem relativ späten Stadium der Reorganisation gebildet: Sicherlich liegt hier bei den offensichtlichen Vorteilen einer zentralen Handhabung der Warenbeschaffung und (Koppel-)Produktion das schwierigste Feld einer Bildung von subautonomen Einheiten. – Wie lösen Sie diese Problematik organisatorisch und verrechnungstechnisch?

Dieses ist sicherlich eines der zentralen Probleme des Profit-Center-Konzeptes. Zwischem dem Supply-Center und den Marketing-Centern wird es Quasi-Verträge geben. Dabei werden wir eine gewisse ‚base-load' festlegen, die ein Marketing-Center von dem Supply-Center auf Jahresbasis bezieht. Daneben ist das Marketing-Center zu einem bestimmten Prozentsatz in der Lage ‚spot' zuzukaufen, wobei diese Zukäufe in der Regel auch vom Supply-Center vorgenommen werden. In gewissen Fällen kann es sein, daß die Einkaufsautonomie in abgestimmtem Rahmen auch bei den einzelnen Marketing-Centern liegt. Das Ganze wird über Verrechnungspreise gesteuert, wobei diese echte Marktpreise sind. Wir folgen damit den Schwankungen der Tagespreise. Dabei können wir für die Basismengen einen Preis für gewisse Zeiträume festlegen.

Die Service-Center sind vom Ansatz her zur Deckung ihrer Kosten über die Leistungsnehmer verpflichtet. Sehen Sie hier eine Gefahr, daß synergetische Leistungen, die zum Wohl einer zentralen Steuerung des Gesamtunternehmens erforderlich sind, abgebaut werden, weil die Orientierung der Leistungsnehmer an anderen, partiellen Kriterien ein Vertragsverhältnis nicht zustandekommen läßt?

Wir hoffen, daß dies nicht eintritt, obwohl auch wir hierin eine Gefahr sehen. Wir werden diese Entwicklung intensiv beobachten. Dabei gehen wir davon aus, daß die Orientierung am Marktpreis, die unserem System zugrundeliegt, Komplikationen verhindert. Als Ausweg verbleibt uns dann, wenn wir keinen marktgerechten Preis anbieten können, aus übergeordneten Interessen heraus einen Teil der Kosten als Holding-Kosten zu übernehmen. Dies muß allerdings auf Ausnahmen beschränkt bleiben.

Besteht nicht mittelfristig bei allen Verrechnungspreisen die Gefahr, daß sich die Center-Leiter mehr um diese, als um die Entwicklung der Marktpreise bemühen?

Eine solche Gefahr sehen wir nicht, da die Handlungsmaxime der Marketing-Center in der Profit-Maximierung liegt. Die Effekte auf den Profit sind ja letztlich die Erlöse und der Aufwand. Beide müssen ein permanentes Anliegen des Center-Managers sein, wobei der Erlös als wichtigste Komponente des Tagesgeschäfts sicher Vorrang hat. Dagegen wird der wesentliche Teil des Aufwandes ja nur durch Verhandlungen einmal jährlich (!) über die Höhe der Service-Leistungen quasi-vertraglich geregelt.

In welchem Umfang geben Sie den Service-Centern Raum für ein Angebot ihrer Dienstleistungen an Externe, um deren Kapazität besser auslasten zu können?

Wir sind bereit, in unbeschränktem Umfange Leistungen für Dritte zuzulassen, solange der eigene Betrieb nicht beeinträchtigt wird.

Wo ziehen Sie hier eine Grenze?

Auch das läßt sich über Preise steuern. Dieser Fall ist z.B. dann gegeben, wenn wir wegen der Leistungen an Dritte in interne Terminschwierigkeiten geraten. Dies ist aber noch nicht vorgekommen.

Im Rahmen der Holding-Funktionen kommt dem Bereitstellen von betriebswirtschaftlichen Steuerungsinstrumenten und der Personalentwicklung bei dem von Ihnen verfolgten Prinzip der Bildung teilautonomer Einheiten eine besonders bedeutsame Rolle zu. – Sind diese leistungsgebenden Einheiten ebenfalls gezwungen, ihr Leistungsangebot auf dem Verhandlungswege quasi-vertraglich zu vereinbaren?

Nein, soweit sind wir nicht gegangen. Was aber keinesfalls ausschließt, daß auch diese Funktionen einer strengen Kostenbudgetierung und -kontrolle unterliegen.

Was bedeutet in diesem Zusammenhang die Zielsetzung „Wahrnehmung von Gesamtunternehmensinteressen“ konkret?

Die Einhaltung gewisser Standards auf allen Gebieten: Image, der soziale Standard, gesellschaftspolitische Standards, Sicherheitsvorschriften, Qualitätsstandards. Hier soll vermieden werden, daß jemand vom geraden Wege abweicht, weil er meint, mit seinen Aktionen einen höheren Profit erzielen zu können; das wäre gegen die Standards und gegen die Wahrung der Gesamtunternehmensinteressen.

Der Erfolg eines Organisationsmodells wie des Ihren wird wesentlich von den Fähigkeiten und dem Leistungswillen des Managements der mittleren Stufen getragen. Insofern ist es konsequent, daß Sie nach neuen flankierenden Maßnahmen der Personalentwicklung suchen, um dem Organisationsmodell zum Erfolg zu verhelfen. Die Führungstreffen dienen vor allem zur Stärkung der Verständnisbereitschaft, Identifikation und Loyalität. Bei aller Schwierigkeit, hier einen Erfolg messen zu wollen: Welche Verhaltensänderungen der Führungskräfte zeichnen sich ab?

Ich möchte dabei dreimal unterstreichen, was Sie hier andeuten, wie sehr der Erfolg organisatorischer Maßnahmen von den Fähigkeiten und dem Leistungswillen des gesamten Managements abhängt. Verhaltensänderungen sind im Konzept der Führungstreffen wesentlich, und wir glauben, daß die Führungstreffen dazu beigetragen haben, eine starke Motivation zu erzeugen. Es ist uns gelungen, einen Teamgeist zu entwickeln.
Wir sind sehr eindeutig der Meinung, daß unsere Mitarbeiter durch die Führungstreffen, auf denen sie sich ja auch mit dem Profit-Center-Konzept beschäftigt haben, aufwands- und ertragsbewußter geworden sind. Dieses ist eine starke positive Verhaltensänderung, weil es bedeutet, daß die Mitarbeiter ihre Aufgabe unternehmerischer sehen.

Welche konkreten Erkenntnisse konnten die Teilnehmer für ihre Arbeit, welche das Topmanagement für die Systementwicklung der BP, aus den Führungstreffen gewinnen?

Sowohl allgemeine als auch ganz konkrete. Ein kleines konkretes Beispiel: Viel Zeit hat die Diskussion über die Verwaltungskosten bei den Führungstreffen eingenommen; die Frage, ob wir uns nicht bei dem Profit-Center-Konzept einfach etwas von der einen Tasche in die andere Tasche rechnen. Aufgrund dieser Diskussionen ist uns z.B. allen das Problem bewußt geworden, daß wir mit diesem Konzept besonders darauf achten müssen, daß wir keinen übertriebenen Verwaltungsapparat aufbauen dürfen. Für die Teilnehmer haben die Führungstreffen eine umfassende Information über das Unternehmen und über einzelne fremde Unternehmensteile gebracht, das Erkennen der Probleme wurde gefördert. Der Vorstand konnte mit dem Management die Richtung diskutieren und das Management erlebte den Vorstand in Aktion, dieser stellte sich dem Management, dabei gab es gute, aber auch harte Diskussionen. Überhaupt gehört wohl das Bemühen aller, offen miteinander umzugehen, also der mit den Führungstreffen praktizierte Führungsstil der Zusammenarbeit, zu den wichtigen Vorgängen und Impulsen dieser Treffen.

Die Bildung teilautonomer Einheiten innerhalb einer funktional gegliederten Unternehmung nach dem Profit-Center-Konzept stellt ein heroisches Unterfangen dar, denn die Leistungsverflechtung der einzelnen Einheiten untereinander ist entweder 100%ig oder nur wenig darunter. – Wann glauben Sie, wird ein Zustand erreicht sein, der dieses System zufriedenstellend funktionieren läßt?

Wir hoffen, daß wir dies im Laufe des nächsten Jahres erreichen werden. Als ganz so heroisch sehen wir das allerdings nicht, denn wir glauben, einen großen Teil der Probleme mit den Verrechnungspreisen lösen zu können, aber auch mit dem Bewußtsein aller Beteiligten, daß wir hier einen erhöhten Verwaltungsaufwand unter allen Umständen vermeiden müssen.

Welche Erfolgswahrscheinlichkeit geben Sie diesem System überhaupt?

Der Erfolg besteht wesentlich in der erhöhten Transparenz des gesamten Systems. Der Profit-Center-Manager übernimmt ja einen großen Teil der Gesamtverantwortung. Er sieht heute Kosten, die früher in eine Globalsumme eingingen, er fühlt sich heute bereits direkt für einzelne Kostenelemente verantwortlich.

Davon geht ein beachtlicher Effekt aus, das zeigt sich heute bereits deutlich bei den verschiedenen Verhandlungen, die zwischen den Marketing-Centern und den Service-Centern stattgefunden haben. Der Marketing-Center-Leiter hat heute einen weit tieferen Einblick in die Kostenstruktur gewonnen und macht diese zu seiner eigenen Sache. Er weiß z.B. heute, wieviele Buchhalter für ihn arbeiten und was ein Buchhalter kostet, und er versucht darauf einzuwirken.

Wir sind also sehr optimistisch trotz aller Schwierigkeiten. Die Vorteile überwiegen deutlich die möglichen Nachteile, und ich glaube heute schon sagen zu können, daß dieses Konzept ein Erfolg ist.

1.5 Dow Corning Corporation[1] – Die Organisationsentwicklung der Dow Corning Corporation (Stand 1974–1977)

Die Organisationsentwicklung der Dow Corning stellt ein besonders interessantes Beispiel einer Unternehmung dar, die in relativ kurzer Zeit von einer verrichtungsgebundenen, funktionalen Struktur zu einer objektgebundenen Divisionalstruktur vordringt und sich zunehmend matrixhaft entfaltet. Die verstärkte Internationalisierung der Unternehmung führte bald zu Überlegungen, die gesamte Organisation auf ein Tensormodell umzustellen, um damit Verrichtungen, Objekte und Regionen gleichgewichtig zu berücksichtigen und mit einer zeitlichen Veränderung der Geschäftseinheiten in einer vierten Dimension einen starken Planungsakzent zu setzen. Dem Spannungsverhältnis von Produktorientierung der einzelnen Unternehmensbereiche und Kundenorientierung des Vertriebes wird durch besondere kollegiale Einheiten ebenfalls entsprochen. Eine derart auf Anpassungsfähigkeit, Innovation und Partizipation abzielende Organisationsstruktur stellt hohe Anforderungen an die Kooperations- und Kommunikationsbereitschaft der Mitarbeiter. Führungssysteme, die ein derartiges Verhalten lenken und sichern werden dabei zu wesentlichen, tragenden Elementen eines Gesamtkonzeptes multidimensionalen Managements.

Die Dow Corning wurde 1943 als gemeinsame Tochtergesellschaft der Corning Glass Works in Corning, New York und der Dow Chemical Company in Midland, Michigan, zu gleichen Teilen in Midland, Michigan, gegründet. Corning Glass brachte in das Unternehmen eine neu-entwickelte Silikon-Technologie, Dow Chemical seinen Know-how bei der chemischen Herstellung ein. Mit der Silikon-Technologie wurde ein rasch aufwärtsstrebender Wachstumsmarkt erschlossen, in dem Dow Corning eine führende Stellung einnimmt. Das Unternehmen entwickelt, produziert und verkauft etwa 2.500 industrielle und konsumtive Produkte auf Silikon-Basis in den USA, Europa, Lateinamerika, Kanada, Asien und Australien, wobei 40% des Umsatzes im Jahre 1974 aus dem Ausland kamen. Die Umsatzentwicklung verdoppelte sich von 1970 (T$ 138.295) bis 1975 (T$ 277.866). Dabei zerfällt der Umsatz in das Industriegeschäft (1970 T$ 112.111; 1974 T$ 227.969; 1977 etwa T$ 420.000) und das Konsumgeschäft (1970 T$ 26.184; 1974 T$ 49. 894). Das Unternehmen verfügte 1974 über etwa 4.700 Beschäftigte.

Die Organisation der Dow Corning Corporation (Stand 1977)

- Organisationsentwicklung der Divisionalisierung

Nach den organisatorischen Anfängen in den 40er und 50er Jahren, die im wesentlichen von einer funktionellen, improvisierten Struktur getragen wurde, entstand Anfang der 60er Jahre die deutliche Intention, einzelne Geschäftsbereiche in den Mittelpunkt der Organisation zu stellen. Abb. 5a zeigt die *divisionalisierte Organisationsstruktur*, die von 1962–1968 den geschäftlichen Aktivitäten zugrundelag. Sie stellt fünf *produktorientierte Objektbereiche* (Ingenieur-, Chemische-, Medizinische, Elektronische und Konsum-Produkte) als *Teil-Profit-Center*, die sich um bestehende Fertigungseinheiten ranken, den *verrichtungsgebundenen zentralen* Forschungs-, Entwicklungs-, Konstruktions-, Fertigungs- und verschiedenen Verwaltungsabteilungen (hier vor allem Controlling and

1 Die folgende Darstellung (einschließlich der Abbildungen und Zitate) ist aus einer Firmenbroschüre o.V. „The multidimensional organization" entnommen, Midland, Michigan 1973. Vgl. auch ähnlich Goggin, William, C.: How the multidimensional structure works at Dow Corning. In: Harvard Business Review. Januar–Februar (52) 1974, S. 54–65. Die dort gemachten Angaben wurden anläßlich meines Besuches in Midland/Michigan im Jahre 1977 ergänzt.

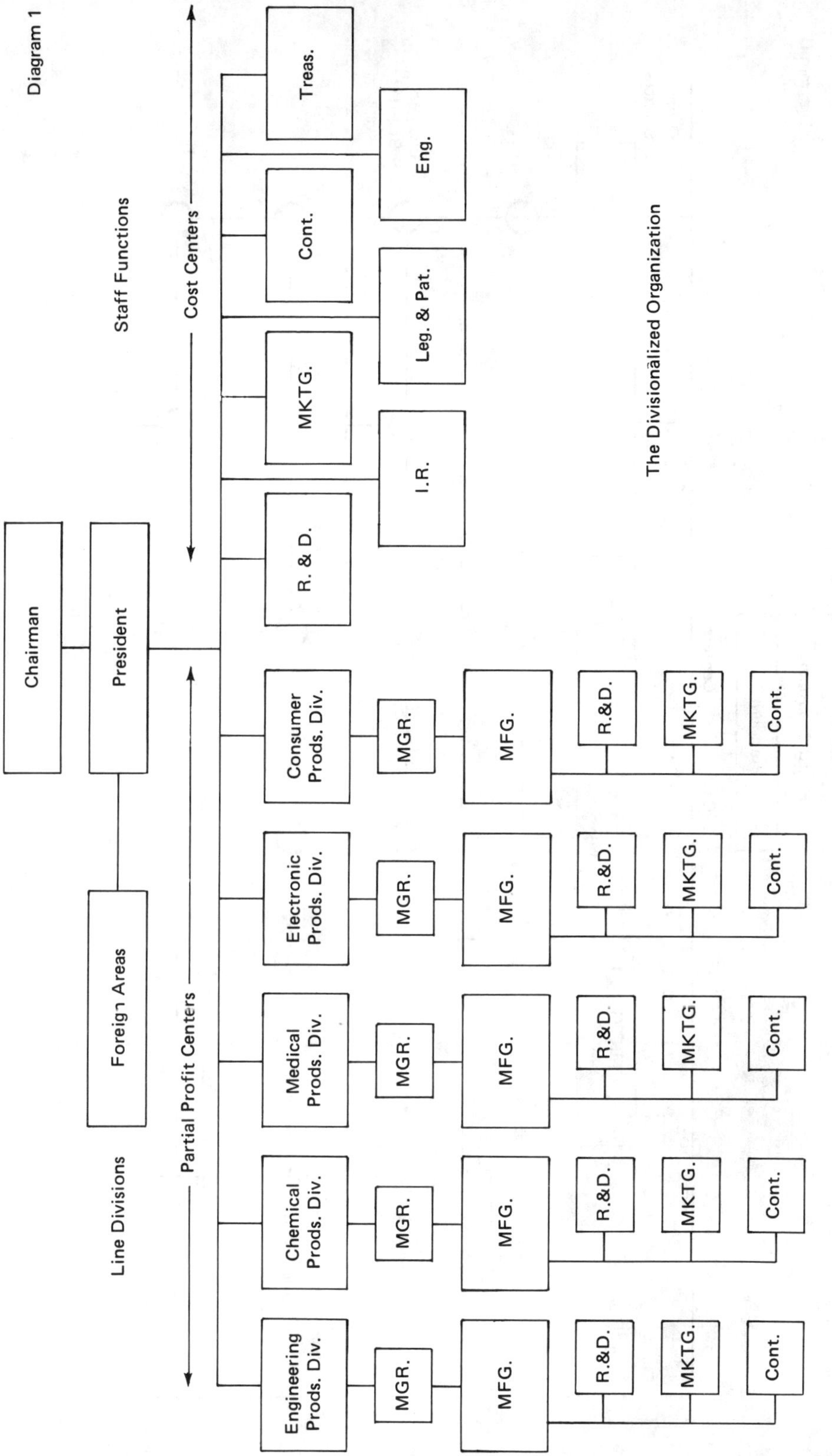

Abb. 5a: Divisionale Organisation der Dow Corning Corporation

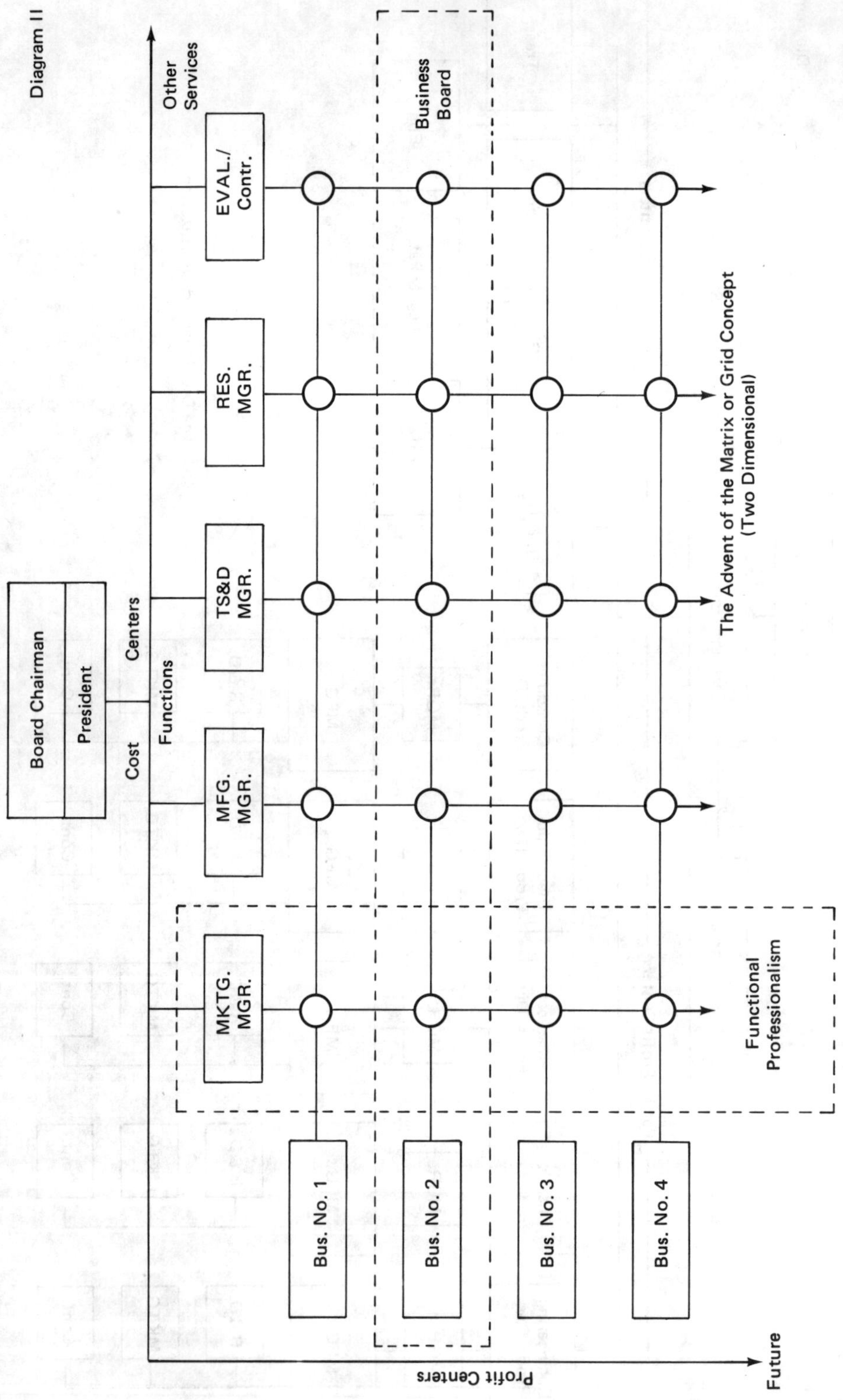

Abb. 5 b: Matrix-Organisation Dow Corning

Treasuring) als *Cost-Centers* gegenüber. Jede Division umfaßte die eigene Forschung und Entwicklung, Produktion und das Division-Controlling. Die ausländischen Tochtergesellschaften wurden in diesem Stadium direkt an den Präsidenten angebunden. Diese Organisation erwies sich vor allem im Hinblick auf die Kommunikation als wenig schlagkräftig.

- Organisationsentwicklung der Multidimensionalität

Im Jahre 1967 wurde eine Reorganisation in Angriff genommen, um eine zukünftige Expansion in einer dynamischen ökonomischen Entwicklung auf weltweiter Basis zu ermöglichen. Schwierige Implementationsprobleme stellten sich bei der Überzeugung der Mitarbeiter im Hinblick auf die neue Struktur und die mit ihr verbundenen Verhaltensweisen ein. Schließlich wurde die neue mehrdimensionale Organisation, die insbesondere die Adaptionsfähigkeit und Flexibilität, die Innovationsbereitschaft der Mitarbeiter, die synergetische Aktivierung vorhandener Ressourcen und vor allem eine Erleichterung der Kommunikation mit sich bringen sollten, in Kraft gesetzt.

- Matrix-Organisation als Übergangslösung

In einer Übergangsphase wurde zunächst eine zweidimensionale Matrix-Struktur geschaffen (vgl. Abb. 5b).

Objektorientierte interne Unternehmensbereiche wurden nach Produktlinien gebildet („Rubber", „Encapsulants and Sealants", „Resins and Chemicals", „Fluids, Emulsions and Compounds"; „Specialty Lubricants"; „Consumer-, Medical, Semiconductor Products"; „New Products" – 1973 wurde ein zehnter Unternehmensbereich hinzugefügt: „Contact lens") und zu Profit Zentren ausgebaut. Diesen Unternehmensbereichen wurden verrichtungsorientierte *Funktionsbereiche* als Cost-Zentren gegenübergestellt („Engineering and Manufacturing", „Marketing and Distribution", „Research", „Technical Service and Development") und *Dienstleistungen*, wie „Corporate Communications", „Legal and Patent", „Corporate Planning and Economic Evaluation", „Industrial Relations", „Treasurer and Controller", hinzugefügt. Eine dritte Dimension, die sich aus den weltweiten regionalen Aktivitäten der Unternehmung ergab, blieb bei dieser Matrix-Organisation im wesentlichen unberücksichtigt.

- Tensor-Organisation als Endzustand

In einer nächsten Phase wurde auch die regionale Dimension in die Organisationsstruktur eingefügt (vgl. Abb. 5c). Jede Region („area") wurde dabei als eigenes Profit-Center geführt, das wiederum in sich Profit- und Cost-Zentren enthielt. Dabei wird darauf hingewiesen, daß diese Struktur nicht starr, sondern ausgesprochen flexibel sei, um sich den Änderungen anpassen zu können: als vierte Dimension kann so der Zeitablauf angesehen werden, wo Wachstum zur Hinzunahme neuer „areas" und „businesses" führt.

Dabei sind die einzelnen Einheiten nicht historisch in ein System eingebunden, sondern können zukunftsorientiert hinzugefügt oder herausgenommen werden:

„Unlike centralized or decentralized systems that too often have their roots deeply entrenched in the past, the multidimensional concept is geared to the future. Longterm planning is an inherent part of the system. Management by Objectives is an essential ingredient that forces the action forward."

Die Reorganisation bewirkte eine Verbreiterung der Beteiligung an Entscheidungen. Der oberste Leiter des Unternehmens wurde weitgehend von Entscheidungen entlastet, die nunmehr auf der mittleren Ebene getroffen wurden – allerdings weniger individuell als vielmehr in kooperativer Abstimmung mit anderen Bereichen. Damit wurde die Intention deutlich: Die Dezentralisation soll in dieser Organisation zu einer weitest möglichen Verlagerung der Entscheidungen nach unten führen. Wesentlich für die Funktionsfähigkeit einer solchen Struktur ist ein effizientes Kommunikationssystem. Dem Corporate Business Board und den zehn Business Boards der produktorientierten Unternehmensbereiche kommt hier offensichtlich erhebliche Verantwortung zu. Das Corporate Business Board besteht aus dem Chairman of the Board, dem President und den wesentlichen Funktionsleitern (Vicepresidents) (s.a. Abb. 5d) und hat die Aufgabe, die Querkommunikation zwischen den Unternehmensbereichen, den Funktions- und Regionalbereichen herzustellen. Es verabschiedet die Unternehmungszielsetzungen, die

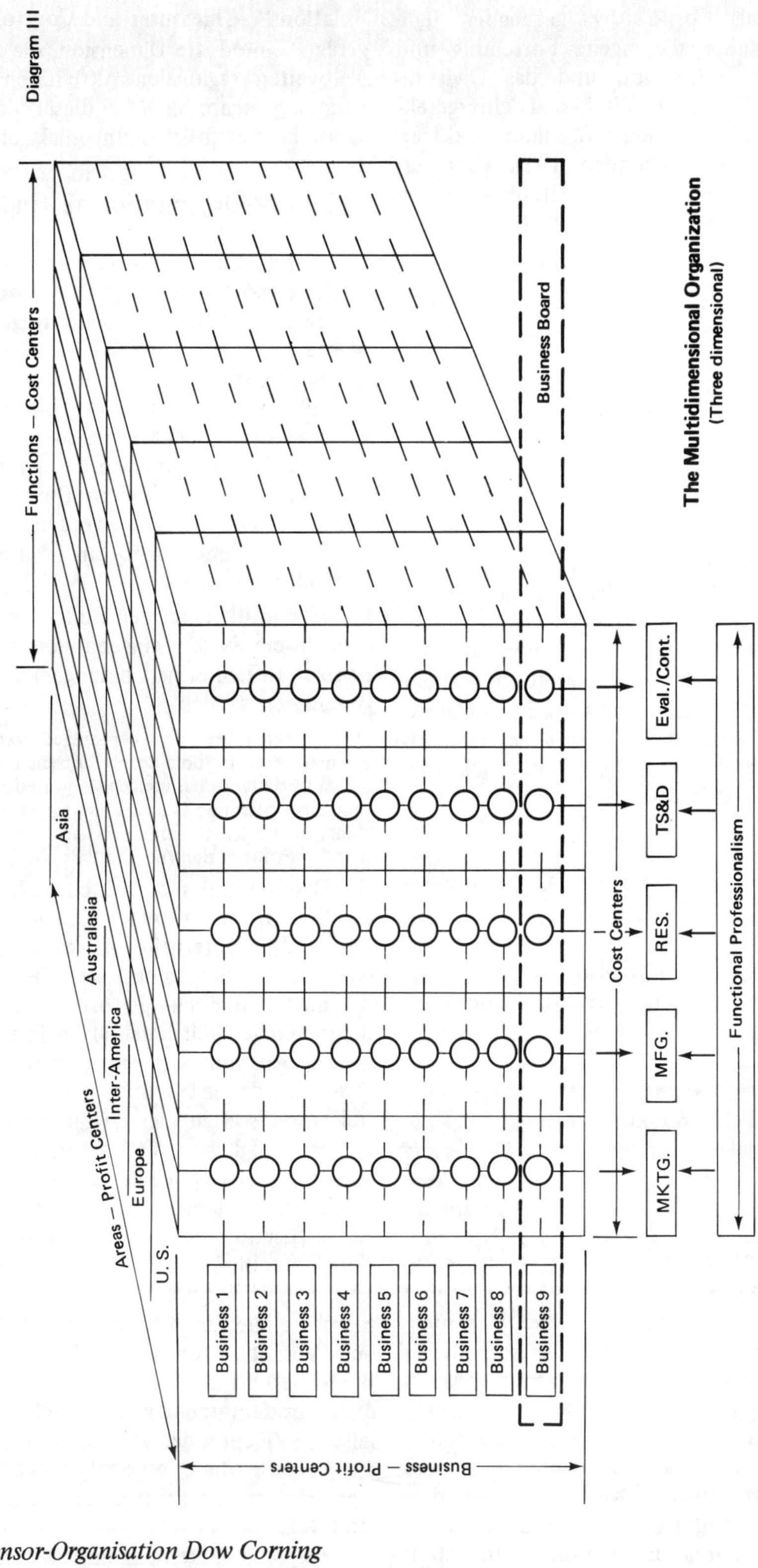

Abb. 5c: Tensor-Organisation Dow Corning

Zielsetzungen für Unternehmens- und Regionalbereiche und beurteilt vierteljährlich die Ergebnisse der Regionalbereiche und monatlich die der Unternehmensbereiche und behandelt kritische Sonderfragen. Eine wesentliche Funktion dieser Einrichtung besteht darin, dem Bereichsegoismus von Unternehmens- und Regionalbereichen entgegen zu wirken. Die zehn verschiedenen *Business Boards* der Unternehmensbereiche bestehen aus einem voll-amtlichen und für die Ergebnisse seines Unternehmensbereiches verantwortlichen *Business Manager* und *Repräsentanten der* wesentlichen *Funktionsbereiche*. Es hat sich gezeigt, daß das Verhalten der Business Manager kritisch für das Funktionieren eines Unternehmensbereiches ist, da er formal über *keine* direkten Linienbeziehungen zu Ressourcen verfügt. Er ist vielmehr auf die Unterstützung der Funktions-Repräsentanten des Marketing, des technischen Dienstes und der Entwicklung, der Forschung, Herstellung und ökonomischen Beurteilungs-Funktionen angewiesen, die ihren Funktionschefs (z.B. den Vize-Präsidenten Marketing und Verteilung) direkt berichten. Dieser Ansatz verlangt vom funktionalen Management eine weitgehende Umstellung. Während die verrichtungsgebundenen Funktionalabteilungen der alten Organisation (vor 1968) vor allem einen fachlichen Professionalismus kultivierten, werden sie durch ihre Repräsentanten in den Business Boards nunmehr in eine operative Mitverantwortung bei der funktionalen Führung von Unternehmensbereichen gestellt.

„The operation of each Business Board produces a healthy and invigorating corporate power balance. The Business Manager must be a *leader*, not a director. He must work diligently toward sound economic decisions. Harmonious and productive Business Board activity is a tall order and does not happen automatically. Fortunately, cooperative teamwork rapidly improves with experience. Cross-functional communications play a big part in this process."

Die Erfahrung zeigte, daß die einseitige Orientierung an bestimmten Teilzielen (z.B. Umsatzmaximierung des Vertriebs-Repräsentanten) zugunsten einer einheitlichen Orientierung (z.B. an der Rentabilität des Unternehmensbereiches) zurückging:

„Our five year history with the Multidimensional Organization indicates that the same level of broadened understanding has occurred within all our major Functions. The assimilation of all roles ... by all Functional board members is essential if the group is to warrant its name as a Business Board. Once this level of group understanding has been reached, the Business Manager can lead, stimulate, probe, evaluate and challenge the efforts of his Board in a variety of innovative ways. This system requires not only strong leadership, but the ability on the part of the Functional member to deliver the support of his Function. The system is self-disciplining. Failure of a Functional member to contribute upsets the Business balance and is readily apparent."

Jeder funktionelle Repräsentant in einem Business Board wird damit – wie viele andere bei

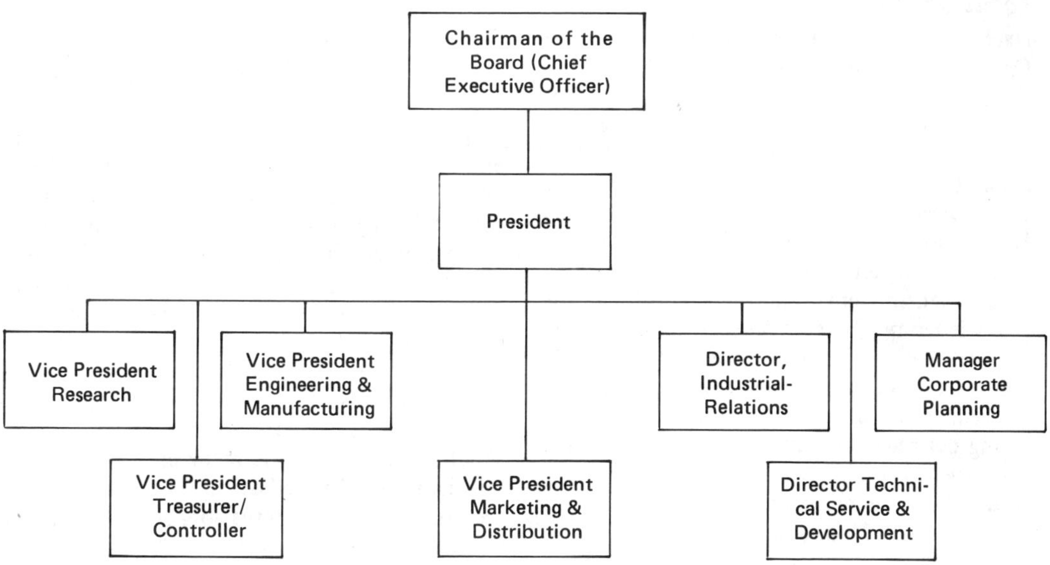

Abb. 5 d: Corporate Business Board Dow Corning

diesem Organisationsmodell – doppelt unterstellt: er ist sowohl seinem Funktionschef als seinem Business Manager gegenüber verantwortlich.

Die *Product Management Groups* sind im wesentlichen Mikro-Business Boards zur Führung einzelner *Geschäftsbereiche* auf tieferer organisatorischer Ebene. Der Leiter einer Product-Management Group (PMG) ist jedoch im Gegensatz zum Leiter eines *Business Boards* nicht voll-zeitlich mit dieser Aufgabe befaßt.

Eine weitere Subgruppe wird durch *Industry Management Teams* gebildet. Sie drücken die Notwendigkeit eines einheitlichen Marketings verschiedener Produkte von unterschiedlichen Unternehmensbereichen gegenüber einer einheitlichen Kundengruppe (Vertriebsweg) aus (z.B. verschiedene Produkte gegenüber der Automobilindustrie). Da ihre Hauptaufgabe marketing-orientiert ist, werden sie zumeist von einem Repräsentanten der zentralen Marketing-Funktion geleitet, gelegentlich auch von einem Marketing-Leiter eines Unternehmensbereiches, der besonders wesentlich bei der Bedienung der speziellen Kundengruppe ist. Damit ein enger Kontakt zur Produktentwicklung bei diesen Marketing-Überlegungen gesichert ist, wird ein Repräsentant des Technischen Services und Entwicklung zu einem bedeutenden Mitglied des Industry Management Teams.

Neben diesen Groups und Teams werden zur Bewältigung von Sonderaufgaben ad hoc *Task Forces* gebildet.

Nach dem Vorbild der für die USA geltenden Organisationsstruktur wurde im Ansatz das geographisch orientierte *Area Management* aufgebaut. Areas sind geographisch abgegrenzte Management-Bereiche, die sowohl als Profit- als auch als Cost-Zentren geführt werden. Die innere Ausgestaltung einer derartigen regionalen Einheit ist je nach Qualität und Quantität der Geschäftstätigkeit in einem Gebiet unterschiedlich. In jedem Gebiet ergeben sich jedoch generell wiederum *Business Manager* und *Functional Managers*, die mit den zentralen Einheiten des Gesamtunternehmens zusammenarbeiten müssen. Zweimal jährlich erfolgt eine Besprechung der regionalen Probleme im *Area Operating Board*, in dem neben der Unternehmungsspitze, Unternehmensbereichsleiter, Funktionsleiter und Area Managers vertreten sind.

Die *funktionalen Zentralabteilungen und Dienstleistungsabteilungen* von Dow Corning unterscheiden sich wenig von denen anderer Unternehmungen:

– Marketing
– Technical Service and Development
– Manufacturing
– Research
– Economic Evaluation (Control) Planning

Die multidimensionale Organisationsstruktur wird unterstützt durch ein *Führungssystem der Zielvereinbarung* (Management by Objectives), das Fünf-Jahres und Ein-Jahres-Ziele unterscheidet.

• Weitere Organisationsentwicklung

Die weitere Organisationsentwicklung der Dow Corning nach 1977 ist geprägt durch das Ausscheiden ihres maßgeblichen Befürworters William C. Goggin sowie durch weitere Personaländerungen. Sie deuten darauf hin, daß das US-Inlandsgeschäft zu Lasten der ursprünglich gleichgewichtig angelegten internationalen Struktur wieder stärker herausgestellt werden soll.

1.6 Eli Lilly & Company

Die Eli Lilly & Company – ein in der Welt führendes Unternehmen der Pharmazie, der landwirtschaftlichen Chemie und Kosmetik – hat sich zu seiner heutigen Geltung aus dem ethisch-pharmazeutischen Bereich entwickelt. Die letzten fünfzehn Jahre brachten wesentliche Änderungen sowohl im Produktprogramm als auch in der Professionalisierung der Führung des inzwischen zu einer Publikumsaktiengesellschaft ausgestalteten Unternehmens. Zur Größenentwicklung von Lilly trug die Entwicklung, Produktion und das Marketing von Insulin und Salk-Polio-Serum genauso bei, wie die Ausweitung der Produktpalette in den Bereich der Gesundheitspflege, der Tiermedizin, der Agrochemikalien, der Kosmetik (Elizabeth Arden) und die zunehmende Internationalisierung dieser Geschäftszweige.

Die Gründung dieses Unternehmens geht auf das Jahr 1876 in Indianapolis zurück. Die Ziele des damals ethischen Pharma-Unternehmens haben sich über seine hundertjährige Geschichte hinweg nur unwesentlich verändert. Der humanen Dimension, dem Mitarbeiter, wurde von Anfang an eine entscheidende Stellung in der Unternehmungspolitik eingeräumt, eine für nordamerikanische Verhältnisse nicht sehr übliche Betrachtungsweise.

Selbst während der großen Wirtschaftskrise in den Vereinigten Staaten wurden nicht die häufig radikalen „hire-and-fire"-Praktiken angewandt, sondern Mitarbeiter zu Lasten der Ergebnisse weiterbeschäftigt. Die „human resources" eines qualifizierten Mitarbeiterstammes wurden und werden vielmehr in einer langfristigen Perspektive als die eigentlichen Aktiven des Unternehmens betrachtet und behandelt.

Die siebziger Jahre unseres Jahrhunderts brachten für Lilly einige einschneidende Veränderungen in der Unternehmungspolitik mit sich:

- Zu Beginn der siebziger Jahre wies die Preisliste von Lilly über neunhundert Pharma-Produkte auf. Dies brachte Lilly gegenüber anderen Anbietern, bei denen es lediglich um die Vorstellung von vier oder fünf Erzeugnissen ging, in eine nachteilige Position. Es mußte daher das Ziel sein, einen höheren Anteil an den Besprechungszeiten vor allem der praktischen Ärzte, die eine breite Verschreibungspalette abdecken, zu erhalten. Obwohl diese nur etwa die Hälfte aller Ärzte darstellen, nehmen sie etwa achtzig Prozent aller Verschreibungen vor. Die schließlich akzeptierte und realisierte Lösung war im Jahre 1972 der Aufbau einer parallelen zweiten Pharma-Organisation, der DISTA Product Company. Ihr wurde eine eigene Produktpalette und ein Stamm von Ärztebesuchern zugewiesen.
- Das Unternehmen war hundert Jahre nach seiner Gründung derart gewachsen, daß Pharma-Produkte die weitere Expansion allein nicht mehr tragen konnten. Die daraufhin beschlossene, stark am bestehenden Know-how anknüpfende Diversifikation zielte in zwei Richtungen:

  (1) Bei der Sicherung und Erhöhung der Produktivität der landwirtschaftlichen Produkte erhielten Agrochemikalien eine zunehmende Bedeutung. 1954 wurde ein neuer Geschäftsbereich aufgebaut „Agricultural and Industrial Products Division", der 1960 in „*ELANCO*" umbenannt wurde.

  (2) 1971 wurde *Elizabeth Arden im Kosmetik-Bereich* erworben. Lilly begab sich damit nicht nur in den Bereich der Schönheitspflege, sondern auch auf ein Gebiet halsbrecherischer Führungs- und Organisationspraktiken, die zu dieser Zeit bei dem erworbenen Unternehmen herrschten. Vier Verlustjahre wurden schließlich durch schwarze Zahlen abgelöst (Arden trägt mit 19 Mio. $ zum Lilly-Umsatz von 188 Mio. $ = 10%, jedoch lediglich mit 3% zum Betriebsergebnis bei – Angaben für 1978).

  (3) Der Erwerb weiterer Unternehmen, wie die *IVAC-Corporation* im Jahre 1977, führte Lilly in die gesundheitsbezogenen Bereiche der Herzschrittmacher, Physio-Steuerung u.ä. medizinisch-elektronische Geräte.
- Obwohl Lilly über Jahrzehnte ein Auslandsgeschäft betrieb, konnte es dennoch nicht als ein internationales Unternehmen angesprochen werden.

Während des Zweiten Weltkrieges wurden zwei rechtliche Strukturen für das internationale Geschäft, die Eli Lilly International Corporation und die Eli Lilly Pan-American Corporation geschaffen, aus deren operativer Integration die heutige *Eli Lilly International Corporation* als Träger des internationalen Geschäfts des Unternehmens hervorging. Ein derartiger organisatorischer Schritt ergab sich aus der Umstellung vom Export in ausländische Märkte zu einem Unternehmen, das in anderen Ländern produziert und vertreibt. 1975 beschäftigte Lilly International bereits über siebentausend Mitarbeiter außerhalb der USA, darunter weniger als sechzig US-Angehörige. Mit 40% Umsatzbeteiligung der International Corporation (vergleichsweise 26% im Jahre 1970) hatte sich Lilly deutlich internationalisiert.

Die Unternehmungsentwicklung läßt sich auch über markante Umsatz- und Mitarbeiterzahlen verdeutlichen: während Eli Lilly 1970 einen Umsatz von knapp 600 Mio. $ aufwies, betrugen die Umsätze 1979 bereits 1.800 Mio. $, von denen rund zwei Drittel auf humanmedizinische Erzeugnisse entfielen. Die Anzahl der Mitarbeiter stieg im gleichen Zeitraum von 19.000 auf 26.500.

Abbildung 6a gibt einen Überblick über die Positionierung einzelner Unternehmen im Pharmamarkt der USA (Daten: Business Week, Oct. 29, 1979, S. 120). Dabei zeigt sich zum einen die hohe Bedeutung ethischer Produkte innerhalb des Gesamtprogramms, zum anderen die führende Position der Eli Lilly im Segment der stark forschungsintensiven Unternehmen.

Unternehmen	Umsatz 1. Halbjahr 1979 Mill. $	%uale Veränderung gegenüber 1978	Ethische Pharma-Prod. in % v. Gesamtumsatz 1978	F + E Aufwand in % v. Umsatz 1978
Johnson & Johnson	2,108	22	18	4.7
American Home Prod.	1,763	12	39	2.4
Warner-Lambert	1,561	17	34*)	3.0
Pfizer	1,318	15	50*)	4.8
Bristol-Myers	1,313	12	34*)	3.7
Merck	1,166	22	69	8.1
ELI LILLY	1,155	22	50	8.0
Squibb	810	18	44*)	4.1
Abbott Laboratories	797	15	47*)	5.3
Upjohn	750	13	65*)	8.7
Sterling Drug	711	12	13	3.2
Schering-Plough	689	28	64	6.1
Smith Kline	625	22	60	7.0
Richardson-Merrell	510	10	25	4.2
G. D. Searle	466	14	53*)	7.3
Syntex	230	19	66*)	9.0
A. H. Robins	184	4	69*)	5.3

*) einschließlich anderer Produkte des Gesundheitswesens

Abb. 6a: Wettbewerbslage von amerikanischen pharmazeutischen Unternehmen

1.61 Die Organisationsstruktur der Eli Lilly (Stand 1981)

Innerhalb der amerikanischen Board-Verfassung setzt sich das oberste Führungsgremium aus Inside- und Outside-Direktoren zusammen. Bei Eli Lilly fallen die Rollen des Chairman of the Board, des Präsidenten und des Chief Executive Officer in einer Person zusammen. Die Inside-Direktoren sind Vertreter der Bereiche Forschung, Produktion, Elanco, Elizabeth Arden, Pharma, International, Finanzen, Sekretär der Gesellschaft und Recht und der frühere Präsident. Outside-Direktoren sind der geschäftsführende Direktor eines großen Krankenhauses, der Dekan einer technischen Universität, zwei frühere Präsidenten großer Industrieunternehmungen und der Vice Chairman eines Unternehmens des Banken- und Touristikbereiches. Aus dem Board heraus wurden vier Kollegien gebildet: Interne Revision, Vergütung für leitende Tätigkeiten, Nominierung und das Executive Committee.

Der Führungsspitze von Eli Lilly arbeiten im Gesamtorganisationskonzept (vgl. Abb. 6b) die folgenden *Zentral- und Stabsbereiche* zu:

- *Finanzen* mit einem *Treasurer-* und einem *Controller-*Bereich als Untergruppen
- *Sekretär* der Gesellschaft und Recht
- *Personal* mit einer Personalabteilung für die Geschäftsbereiche und zentralen Personaldiensten als Untergruppe
- *Zentrale Aufgaben:* volkswirtschaftliche und unternehmungspolitische Analysen, Öffentlichkeitsarbeit, Zentrales Informationswesen
- *Zentrale medizinische Aufgaben* und *Qualitätssicherung*
- *Zentrale Technik:* Ingenieurwesen, Anlagenplanung, Distributions- und Informationssysteme, Materialwirtschaft und Zentraleinkauf.

Als *Unternehmungs- und Geschäftsbereiche* werden unterschieden:

- *Lilly Forschung*
- *Biochemie*
- *Produktion*
- *Elanco*

  Marketing von landwirtschaftlichen und tiermedizinischen Erzeugnissen in den USA und weltweite Marketing-Planung aller neuen landwirtschaftlichen Erzeugnisse,
- *Pharma*

  Marketing von Lilly- und DISTA-Pharma-Erzeugnissen in den USA und weltweite Mar-

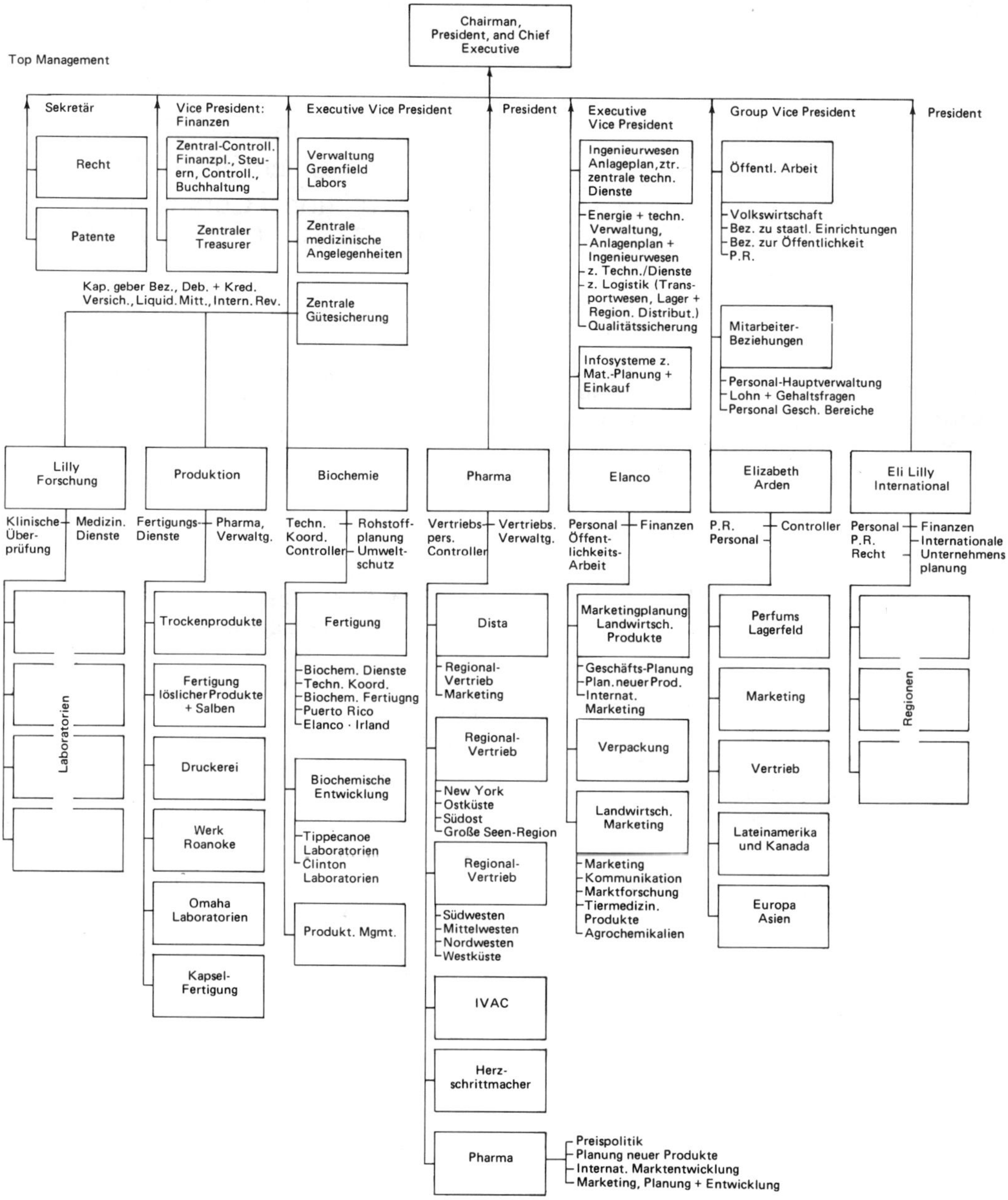

Abb. 6b: Organigramm der Eli Lilly & Co.

keting-Planung aller neuen Pharma-Erzeugnisse,
- *Eli Lilly International Corporation*
  Führung des Lilly-, Dista- und Elanco-Geschäfts außerhalb der USA
- *Elizabeth Arden, Inc.*

Eli Lilly International

Eli Lilly International und Elizabeth Arden unterstehen in 60 Ländern außerhalb der USA 27 Fertigungsbetriebe, 70 Tochter- oder Beteiligungsgesellschaften mit über 60.000 Mitarbeitern, die in über 140 Ländern Umsätze tätigen. Die Schwerpunkte der internationalen Tätigkeit richten sich derzeit auf Europa, Japan, Kanada und Brasilien mit einer Tendenz, das geschäftliche Engagement in Ost-Europa und im Mittleren Osten zu verstärken. Lilly ging bei seiner Internationalisierung nicht von einem generellen Entwicklungsplan aus, sondern folgte vielmehr den Marktmöglichkeiten, die im allgemeinen bei Pharma-Produkten ein drei- bis vierfaches und bei landwirtschaftlichen Erzeugnissen ein noch höheres Potential gegenüber dem US-Markt verkörpern.

Regionalbüros, die jeweils ein Umsatzvolumen von über 25 Mio. $ aufweisen, sind einer Leitung in Indianapolis direkt unterstellt. In Großbritannien besteht weiter eine abgerundete Gesellschaft, die neben der Elanco Ltd. als Marketing-Gesellschaft für Agrochemie und tiermedizinische Erzeugnisse eine eigene Forschung, Produktion und eigene Vertriebseinheiten betreibt. Eines der Probleme, das sich dabei organisatorisch stellt, ist die Frage der Autonomie lokaler Geschäftsführungen und damit der Verteilung von Entscheidungskompetenzen zwischen ihnen und der Hauptverwaltung in Indianapolis. Lilly International hat bislang jede konkrete Definition dieser Befugnisse vermieden.

Der *organisatorische Aufbau von Eli Lilly International* stellt sich wie folgt dar:

Dem Präsidenten der Eli Lilly International Corporation unterstehen vier funktionale Abteilungen:
- Internationale Unternehmungsplanung
- Internationales Recht
- Personal und Öffentlichkeitsarbeit (Internationale Trainees, Personalplanung, PR)
- Finanzen (Treasurer, Rechnungswesen, Finanzanalyse mit Untergruppierungen für verschiedene Regionen).

Weiter sind ihm ein Executive Vice President und zwei Vizepräsidenten unterstellt, die jeweils für bestimmte Hemisphären verantwortlich sind (vgl. Abb. 6c).

1.62 Interview mit dem Executive Vice President der Eli Lilly International Corporation, Mr. Edward R. Roberts, 1981

Lilly kann heute als das größte forschungsorientierte Unternehmen im Markt für medizinische Produkte in Nordamerika betrachtet werden, wenn man berücksichtigt, daß American Home Products, Merck und Pfizer zwar höhere Gesamtumsatzzahlen ausweisen, diese sich aber über Aktivitäten ergeben, die außerhalb des Bereiches ethischer Pharmaka und verwandter Produkte liegen. Auf welche Elemente von Unternehmungspolitik und -strategie führen Sie diese bemerkenswerte Entwicklung von Lilly zurück?

Während der hundertjährigen Entwicklung des Unternehmens war die Lilly-Familie in vielerlei Weise von gestaltender unternehmerischer Bedeutung, indem sie es über die Formulierung von Zielen und die Definition von Strategien auf einen ganz bestimmten Kurs setzten, der sich als erfolgreich erweisen sollte:

1. Die hohe *Produktqualität* wurde zu einem Eckpfeiler unserer Unternehmungspolitik.

2. Der Gründer war vom Wert der *Forschung* bereits zu einer Zeit überzeugt, als dies für pharmazeutische Unternehmungen noch keineswegs üblich war. Über diesen Impuls wurden wir zu einem forschungsorientierten Unternehmen der Spitzentechnologie.

3. Er fühlte sich den *Mitarbeitern* in besonderer Weise verpflichtet, indem er einsah, daß Mitarbeiter sich mit einem Unternehmen identifizieren müssen, wenn es erfolgreich sein soll. Hier wurde ein Reservoir an Talenten aufgebaut, aus dem das Unternehmen fortan großen Nutzen zog.

4. Die deutliche Betonung der *Distribution.* Unsere Aktivitäten in den USA basieren nach wie

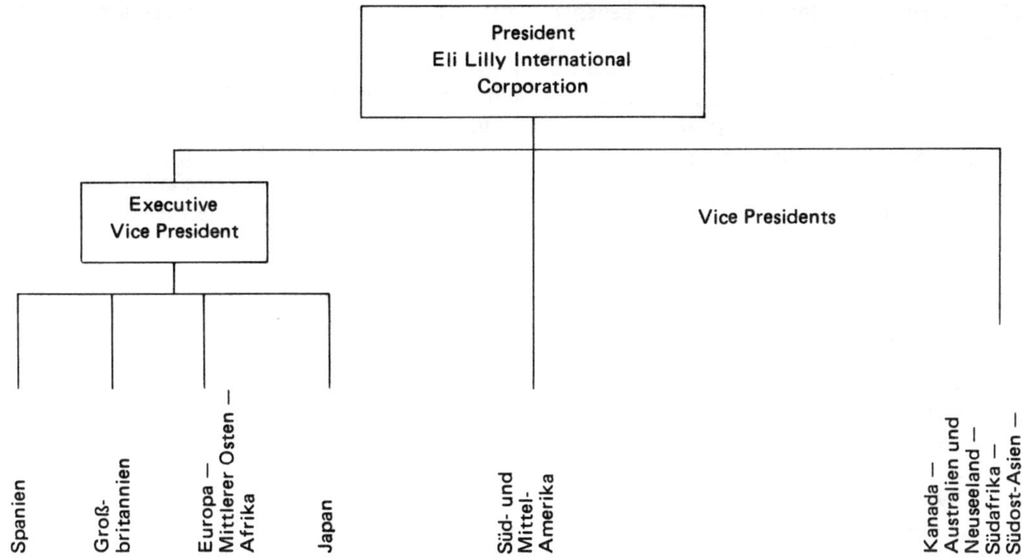

Abb. 6c: Organigramm der regionalen Führungsstruktur von Eli Lilly International

vor auf der Nutzung der Dienste, die der Großhandel in der Distribution anbietet.

Diese grundsätzliche unternehmungspolitische Ausrichtung hat uns in der Vergangenheit geleitet und ist auch heute für uns bestimmend. Während der späteren Jahre erfolgte die Überleitung zu einem mehr professionellen Management, das in den letzten Jahren vor allem die strategische Seite des Denkens, Planens und Handelns stärker herausgestellt hat. Während andere Unternehmen dabei stark „top-down" geprägt sind, hat Lilly seine verschiedenen Geschäftseinheiten ermutigt, eigene strategische Überlegungen anzustellen und eigene formale Ansätze, Modelle und Vorschläge zu entwickeln. Dies erforderte sicherlich eine längere Zeitstrecke, um zu dem Stand zu kommen, in dem wir uns heute befinden. Mit diesem „bottom-up"-Ansatz ist jedoch eine weit stärkere Verankerung des strategischen Managements verbunden.

Lillys Entwicklung während der letzten 20 Jahre läßt sich durch zwei strategische Stoßrichtungen kennzeichnen:

1. Die Expansion über ein Diversifizieren in angrenzende Bereiche von Produkten für das Gesundheitswesen, wobei die starke Betonung ethischer Pharmaka erhalten blieb, und

2. die bewußte Internationalisierung des Unternehmens.

Eine der wesentlichsten Maßnahmen im Zuge der Diversifikation war der Ausbau der Elanco. Hat sich dabei die ursprüngliche Absicht einer Gewinnung an Synergie für das Unternehmen über die Nutzung vorhandenen Know-hows bei der Entwicklung, Herstellung und dem Marketing neuer Produkte tatsächlich realisieren lassen? Welche Aspekte einer Diversifikation haben sich im nachhinein als besonders problematisch erwiesen?

Elanco besteht aus zwei Teilen: 1) Tiermedizinische Produkte und 2) Agrochemikalien. Auf beiden Gebieten konnten wir Synergie nutzen, dies insbesondere bei Fragen der Toxikologie, die im Zusammenhang mit der derzeitigen Umweltproblematik auftreten. *Agchem* stellt hier besondere Probleme, die wir vielleicht nicht immer rechtzeitig erkannt haben. In den einzelnen Ländern werden unterschiedliche Pflanzen angebaut. Hier müssen wir Erfindungen für jeden einzelnen Markt haben, um an ihm erfolgreich partizipieren zu können. Dabei sind bei gleichen Pflanzen die Seuchen in einzelnen Teilen der Welt durchaus unterschiedlich.

Über diese Bedingtheiten, die Besonderheiten von Märkten und ihren Möglichkeiten und Grenzen, haben wir im internationalen Geschäft im Laufe der Jahre viel lernen müssen, standen wir doch anfänglich häufig diesen Fragen recht naiv gegenüber. Heute haben wir genügend Erfahrungen gesammelt, um Nutzen aus den gegebenen Möglichkeiten ziehen zu können.

Die Akquisition oder die Fusion mit anderen Unternehmen zur Diversifikation bringt erfahrungsmäßig Probleme mit sich, wenn die unterschiedlichen Organisationen zur Dekkung gebracht werden sollen. Können Sie in diesem Zusammenhang Probleme und Erfahrungen kommentieren, die Lilly bei dem Versuch hatte und machen mußte, Elizabeth Arden wieder flott zu machen?

Elizabeth Arden hatte, als wir das Unternehmen übernahmen, ein wesentliches Aktivum: seinen Namen. Arden hatte seinen Schwerpunkt bei den Hautpflegemitteln, worin wir Möglichkeiten der Synergie mit eigenen Entwicklungen erkannten. Probleme ergaben sich dadurch, daß das Unternehmen nach dem Tod der Gründerin von einer Gruppe von Treuhändern geführt wurde. Dies ist in einem so dynamischen Geschäftszweig nicht die beste Voraussetzung für ein erfolgreiches Vorgehen. Viele Dinge waren nicht nur im Verhältnis zum Markt, sondern auch im Inneren auseinandergefallen.

Vielleicht haben wir zur Integration von Elizabeth Arden in den Lilly-Bereich mehr Zeit gebraucht, als dies bei anderen Unternehmungen der Fall gewesen wäre. Heute glauben wir jedoch, daß unser vorsichtiges Vorgehen richtig und vorteilhaft war; denn es hat ein Klima des Vertrauens, des gegenseitigen Verständnisses und der Achtung zwischen beiden Organisationen geschaffen. Heute ist Elizabeth Arden ein gewinnträchtiger Teil unserer Gesellschaft.

Bei der Integration von Elizabeth Arden hat sich ein wesentlicher Unterschied zwischen der Kosmetik und unseren Stammbereichen der Geschäftstätigkeit herausgestellt, der allen, die mit diesem Problemkreis zu tun hatten, bewußt wurde. Wir gingen aufgrund unserer Erfahrungen von der wissenschaftlichen Seite an die Entwicklung von – wie wir meinten – revolutionären Hautpflegemitteln heran und erzielten damit auch einen großen Erfolg. Aber die Ergebnisse waren nicht patentfähig. Unsere Wettbewerber konnten in kürzester Zeit unsere Produkte kopieren und brachten uns sehr schnell in eine Situation, bei der wir auf dem Markt mit den Produkten unserer eigenen Erfindung konkurrieren mußten. Wir mußten daraus lernen, daß es für den Erfolg in diesem Geschäftszweig weniger auf die Bedeutung der Entwicklung als vielmehr auf die Schnelligkeit von Marktaktionen und -reaktionen ankommt.

Business Week (29. Oktober 1979) hat auf eine denkbare Schwäche von Lilly hingewiesen, nämlich den Tatbestand, daß sich die Hälfte Ihres Pharma-Umsatzes auf Antibiotika stützt, ein zunehmend wettbewerbsintensiveres Marktsegment.

Ich betrachte diesen kritischen Kommentar eher als die Hervorhebung eines Erfolges unseres Unternehmens. Zudem läßt sich die gleiche Kritik, wenn sie berechtigt wäre, auch zu Lasten der meisten unserer Wettbewerber vorbringen, die ebenfalls ein starkes Gewicht bei einer bestimmten Produktlinie vorweisen können. Aber was haben wir programmpolitisch zu tun? Wir müssen unseren Wettbewerbsvorsprung auf den Gebieten erhalten, bei denen wir über unser besonderes Wissen Schwerpunkte gebildet haben, wie z. B. bei den Antibiotika, aber gleichzeitig unser Umsatzspektrum in pharmazeutische Gebiete mit neuen Wachstumsmöglichkeiten ausdehnen, wie Produkte gegen chronische Erkrankungen und Herzschrittmacher, um eine ausgewogene Programmstruktur zu erreichen.

Welchen Beitrag erwarten Sie zukünftig von IVAC und CARDIAC zur Programmstruktur von Lilly?

Wir haben uns nach einer sehr sorgfältigen Analyse des spitzentechnologischen Gesundheitsmarktes zu einer Erweiterung in dieser Richtung durchgerungen. Da wir zu diesem Zeitpunkt kein ausreichendes Know-how auf diesem Sektor hatten, mußten wir dieses erwerben.

Derzeit erwerben wir weiteres Know-how durch Abkommen mit anderen Firmen, um unsere Stellung dort zu verbessern. Wir gehen dabei davon aus, daß dieser Geschäftszweig während der nächsten zehn Jahre im Gesundheitsmarkt des Inlandes eine bedeutende Rolle spielen wird und auch bei uns einen wesentlichen Umsatzanteil tragen sollte. Was wir gegenwärtig noch angehen müssen, ist eine mehr aggressive Übertragung dieser Entwicklung auf die internationalen Märkte.

Wie optimistisch sind Sie im Hinblick auf zukünftige Umsatzbeiträge durch Pharmaprodukte, die sich heute noch in der „Pipeline" der Forschung und Entwicklung befinden?

Es handelt sich hierbei um eine sehr lange „Pipeline“, bei der sich denkbare Produkte in verschiedenen Phasen befinden, mit einigen, die eine aufregende Zukunft vor sich haben. Ich bin hier sehr optimistisch, insbesondere wenn ich an unsere Stellung beim menschlichen Insulin und den Entwicklungen im Anti-Virus-Bereich denke.

Wie dürfte sich der Pharmamarkt am Ende der 80er Jahre darstellen?

Der Konzentrationsprozeß ist unübersehbar. Die Einführung eines neuen Produktes kann heute 50 Millionen $ kosten. Kleinere und mittlere Firmen werden derartige Beträge kaum mehr aufbringen können. Der Konzentrationsprozeß dürfte sich daher in der Zukunft fortsetzen. Die Möglichkeiten sind hier allerdings recht beschränkt, weil die meisten Pharma-Unternehmen in den USA bereits eine Größe erreicht haben, die sie als Akquisitionsobjekte uninteressant macht.

Wachstum, Diversifikation und Internationalisierung kennzeichnen die Unternehmungsentwicklung von Lilly. Mit welcher Organisationspolitik hat Lilly diese drei unternehmungspolitischen Herausforderungen bewältigt?

W. G. Ouchi hat einmal eine Typ Z-Organisation beschrieben[1], der die Lilly-Organisation weitgehend entspricht:

– Die *Konsensierung* von Führungsentscheidungen ist ein tragendes Element unserer Organisation.

– Die *Entwicklung, Identifikation und Loyalität* von Mitarbeitern ist ein wesentliches Führungsprinzip.

– Mitarbeiter werden *innerhalb* der Organisation entwickelt und weniger von außen beschafft.

Dies bedingt zwei wesentliche Einschränkungen für die Aufbauorganisation: 1. Wir organisieren *„ad personam“* um gegebene Talente herum, um diese voll zu nutzen, und 2. spielt die *Nachfolgeplanung* für die Entwicklung des Unternehmens eine entscheidende Rolle.

Wir verändern so beispielsweise die Organisationsstruktur, um einem Individuum die Möglichkeit seiner Entwicklung, seines persönlichen Wachsens auf einem Gebiet zu geben, das sich von seiner fachlich-funktionellen Vorbildung bewußt entfernt. Wir sind hier sogar bereit, ganz wesentliche Änderungen an der Organisationsstruktur vorzunehmen, um diesem Prinzip zu entsprechen; denn die Karriereentwicklung darf für Führungskräfte nicht entlang einer fachlich-funktionellen Linie verlaufen. Sie muß vielmehr vielfältige fachlich-funktionelle Linien kreuzen, damit ein Lilly-Manager in die Lage versetzt wird, auf die von uns bevorzugte, implizite Steuerung zu agieren und reagieren; dies im Gegensatz zur expliziten Steuerung einer befehlsorientierten, spezifizierten Führung einiger Weniger. Unsere Organisationsstruktur ist damit stark personenorientiert und weniger strukturorientiert.

Ist diese Art der Organisation und Führung nicht untypisch für amerikanische Unternehmen? Weist sie nicht vielmehr Ähnlichkeiten mit dem Führungsstil auf, den Sie während Ihrer Tätigkeit in Deutschland vorfanden?

Das kann ich aufgrund meiner Erfahrungen in der Bundesrepublik bestätigen, jedoch mit einer Ausnahme: Die Karriere-Entwicklung von Mitarbeitern, die über funktional-fachliche Grenzen hinweg greift, habe ich dort kaum vorgefunden. Diese scheint mir bei Lilly besonders ausgereift zu sein.

Sie erachten es für den Erfolg als unwesentlich, die Kästchen im Organigramm in dieser oder einer anderen Art zusammenzusetzen. Dagegen ist es für Ihr Unternehmen von wesentlicher Bedeutung, qualifizierte Mitarbeiter unterschiedlicher fachlich-funktioneller Erfahrung im Rahmen der Karriere-Entwicklung einzusetzen, um deren Verständnis für die vielfältigen Aspekte eines komplexen Unternehmens zu wecken. Auf diesem Wege sollen nicht nur die informale Kommunikation erleichtert und mögliche Konflikte abgebaut werden, sondern auch ein erleichtertes Führungsklima geschaffen werden.

Dies beschreibt unsere Organisations- und Führungspolitik völlig korrekt. Die formelle Nachfolgeplanung kann Änderungen in der Organisationsstruktur mit sich bringen. Das „cross-ferti-

1 Ouchi, William G. und Alfred M. Jaeger: Type Z Organizations: Stability in the Midst of Mobility. Academy of Management Review, 1978, S. 305 f.

lization", das über die Kenntnis vieler Zweige unseres Unternehmens erzielt wird, ist eine sehr vitale Kraft für unseren Erfolg.

> ... eine personenorientierte Organisation, die weniger auf den Techniken bürokratischer Organisation aufbaut. Glauben Sie, daß als Folge dieses Ansatzes, das Maß bürokratischer Regelungen kleiner ist als bei vergleichbaren Unternehmungen?

Dies ist eine schwierige Frage, deren Beantwortung vielleicht davon abhängt, wen und welche Stufe in unserer Organisation Sie befragen. Ich meine, Ihre Frage mit Nein beantworten zu müssen. Wir sind von Natur aus ein konservatives Unternehmen und haben ein gewisses Maß an Zentralisation, z. B. bei Preisentscheidungen, die bei uns oben an der Spitze getroffen werden. Das bedeutet im Ergebnis eine gewisse Inflexibilität bei der Dezentralisierung von Kompetenzen.

> Die gegenwärtige Organisationsstruktur weist in meinen Augen zwei kritische Bereiche auf, die ich gern mit Ihnen etwas näher diskutieren möchte. – (1) Die Beziehungen zwischen den funktionalen und den Produkt/Markt-Bereichen.

Wir hatten bei Lilly eine lang anhaltende Diskussion darüber, ob wir uns weltweit nach den Produktgruppen Landwirtschaftliche Chemikalien, Tiermedizin und Pharma organisieren sollten. Wir im internationalen Geschäft haben dabei mit Überzeugung den Standpunkt vertreten, daß unsere gegenwärtige Organisation mit der International Corporation nicht nur Vorteile für das weitere Wachstum des Unternehmens besitzt, sondern auch eine größere Reorganisation mit allen Schwierigkeiten einer Überleitung in eine neue Struktur vermeiden hilft.

Es ist für uns von großem Vorteil, daß Eli Lilly in einem bestimmten Land als eine Einheit vertreten wird, denn die Umwelt, mit der wir es dort zu tun haben, ist ebenfalls auf dem Wege, gegenüber Unternehmen konzentrierter aufzutreten. Dieser Umwelt sollten wir als einheitliches Ganzes gegenübertreten und dies nicht einzelnen Splittergruppen unserer Produktinteressen überlassen.

Weiter unterstellt eine weltweite Produktorganisation, daß es einen gleichen oder ähnlichen Markt für Produkte gibt. Wie wir bereits am Fall landwirtschaftlich-chemischer Produkte diskutiert haben, gibt es bei uns jedoch keine weltweite Produktkonzeption. Wir versuchen daher vielmehr einen anderen Weg zu gehen: Innerhalb der zentralen Marketing-Abteilungen arbeiten wir mit Produkt-Managern, die, je nach Marktmöglichkeiten eines bestimmten Landes, Interessenschwerpunkte haben.

> Wie haben Sie die Forschungs- und Entwicklungsfunktion in Ihre Unternehmungsorganisation eingegliedert?

Auch hier fußen wir sehr stark auf den funktionsübergreifenden und internationalen Erfahrungen unserer Führungskräfte. So können wir auf allen Ebenen ein hohes Problembewußtsein für internationale Märkte feststellen. Diese Basis wird durch formale Kommunikationsnetze ergänzt, in deren Zentrum ein weltweit arbeitendes Produkt-Entwicklungs-Kollegium steht, das die Entwicklung von Produkten auf der Pharma- und der Elanco-Seite steuert. Leitende Mitarbeiter der Forschung, Herstellung und des Marketing sind in diesem Kollegium vertreten.

> Wie sieht dies bei der Anlagen- und Produktionsplanung aus?

Diese Funktion wird bei Lilly durch eine Zentralabteilung wahrgenommen. Die Nachfrage nach Produktionsleistungen wird auf einer weltweiten Basis ermittelt und geplant.

Die außer-amerikanischen Produktionsbereiche sind der International Corporation direkt unterstellt mit einem fachlich-funktionalen Weisungsrecht durch die Zentralabteilung Anlagen- und Produktionsplanung. Dies ergibt im Effekt eine Art Matrixorganisation.

> (2) Die Zusammenarbeit zwischen der International Corporation und den funktionalen und Produkt/Marktbereichen sollte in unserem Gespräch ebenfalls kurz beleuchtet werden. Wie stellt sich beispielsweise der Beziehungszusammenhang zum Pharma-Bereich dar?

Der Leiter des Pharmabereiches ist für die inländischen Aktivitäten des Geschäftszweiges zuständig und verantwortlich. Ihm ist ein Executive Vice President für das Pharma-Marketing mit einer inländischen und internationalen Zuständigkeit unterstellt. Organisatorisch könnte man sich hier ein mögliches Konfliktfeld vorstellen, weil international auf eine inländisch-orientierte Marketing-Planung zurückgegriffen werden muß. In der Praxis stellt sich dies jedoch anders dar, weil diese Führungskraft auf große Erfahrungen im internationalen Geschäft zurückblikken kann und ihr deutlich bewußt ist, daß sie sowohl eine nationale als auch eine internationale Verantwortung trägt.

Wie vollzieht sich die Zusammenarbeit zwischen der International Corporation und der Forschung und Entwicklung?

Unsere Forschung ist in ihrer stark zentralistischen Rolle in sich fast ein eigenes Unternehmen. Damit die Forschung für die Möglichkeiten in überseeischen Märkten sensibilisiert wird, müssen wir diese stärker internationalisieren, zumindest, was die Prioritäten im Entwicklungsbereich anbelangt.

Die Entwicklung der DISTA-Verkaufsorganisation und deren Eingliederung in die Pharma-Division stellt ein organisatorisch interessantes Vorgehen dar. – Welches war die Grundüberlegung für eine zweite Verkaufsorganisation im Pharmabereich und wie beurteilen Sie den Erfolg dieses Vorgehens?

Die DISTA-Organisation geht auf den Erwerb der Distiller's Pharmaceutical Division in Großbritannien zurück. Diese besaß eine eigene Verkaufsorganisation, die wir unter dem Namen DISTA weiterführten. Dabei gingen wir von der Überlegung aus, daß damit ein Problem beim Ärztebesuch gelöst werden konnte: Die Zeit, die der Arzt dem Pharma-Ärztebesucher einer Organisation widmet, ist beschränkt. Mit unserem Schwerpunkt bei Antibiotika ergibt sich daraus ein Nachteil. Wenn wir zwei gute Antibiotika entwickelt haben, die beide für sich eine bestimmte Nische des Marktes beanspruchen können, ergibt sich innerhalb einer Verkaufsorganisation ein Prioritätenkonflikt. Zwei parallele Organisationen erhöhen dann den Spielraum erheblich und insgesamt vermehrt sich die Zeit, die uns beim Arzt für Produkt-Gespräche zur Verfügung steht.

Weist DISTA dieselbe geographische Verteilung in der Verkaufsstruktur auf und greifen beide Verkaufsorganisationen auf die gleiche Distributions-Logistik zurück?

Im wesentlichen hat DISTA die gleiche „Geographie" wie die Pharma-Organisation in den USA. Dies trifft jedoch nicht für deren Produkt-Mix zu, der eine andere Spezialitäten-Kombination vorsieht. DISTA ist derzeit nicht bedeutend im Krankenhaus- und Kliniksektor tätig, da mit dem unterschiedlichen Vertriebsprogramm auch eine andere Kundenstruktur verbunden ist. Beide greifen auf dieselbe Marketing-Logistik (Distribution, Marktforschung usw.) zurück.

Der internationale Bereich von Lilly ging ursprünglich von drei geographischen Bereichen aus (Europa, Lateinamerika und Asien mit dem alten Commonwealth-Gebiet: Australien, Kanada, Südafrika) und entwickelte sich von daher. Ungewöhnlich ist die Kombination von Europa und Japan in einem Verantwortungsbereich.

Auch diese ungewöhnliche Lösung läßt sich auf die Nachfolgeplanung zurückführen. Hier war man der Ansicht, daß die mir unterstellte Führungskraft, die für Europa verantwortlich ist, Erfahrungen in diesem Raum sammeln sollte, weshalb sie nach Europa versetzt wurde.

Da ich selbst Pharma-Erfahrungen besitze, aber dem für uns sehr wesentlichen japanischen Produktmarkt bislang nicht direkt ausgesetzt war, gab man mir diese Zuständigkeit für meine eigene Entwicklung. Der Dritte im Bunde, der für die restlichen Gebiete zuständig ist, kam von der *Elanco*-Seite unseres Geschäftes. Er brachte diese Produkt- und Marktkenntnisse mit und entwickelte bei uns sein Pharma-Know-how.

„Business Week" bemerkte im Rahmen einer Analyse und Berichterstattung über Ihr Unternehmen, daß Lilly erst kürzlich eine echte multinationale Statur gewonnen habe, indem es nicht nur seine überseeischen Aktivitäten ausdehnte, sondern auch die inländischen und ausländischen Operationen – statt sie getrennt zu betreiben – integrierte.
Vom strukturellen Ansatz her kann ich diese Aussage nicht voll unterschreiben. Ich darf Sie deshalb um Ihren Kommentar bitten.

Nach meinem Empfinden sollten wir nicht die Struktur zur Begründung einer derartigen Aussage heranziehen, sondern vielmehr die Aktivitäten eines Unternehmens. Unsere Investitionen in Anlagen – und noch wichtiger – in Mitarbeiter zeigen deutlich, daß wir uns ständig weiter internationalisiert haben. Die Zahl von leitenden Mitarbeitern, die im Rahmen unserer Organisation international denken und handeln, erweitert sich ständig, und dies garantiert eine internationale Orientierung und den Zusammenhalt unserer Organisation.

1.7 Farbwerke Hoechst AG

Die Organisationsentwicklung der Farbwerke Hoechst war zunächst von einer gewissen Bipolarität technischer (chemischer) und kaufmännischer Interessen geprägt, die erst langsam organisatorisch überwunden wurde. Die gehobene Größe und starke produktmäßige und regionale Diversität des Unternehmens legte bei der einschneidenden Reorganisation des Jahres 1970 zunächst ein Objektmodell mit allerdings starken zentralen Verrichtungsinteressen nahe. Da die kollegialen Geschäftsbereichsleitungen nicht selbst im Vorstand vertreten sind (dort sind gebündelte Verantwortlichkeiten für mehrere Geschäftsbereiche verankert), tritt eine relativ starke Trennung von zentralen Gesamtinteressen und dezentralen Bereichsinteressen auf. Obwohl eine Matrix- oder Tensorform zur Berücksichtigung der starken und zunehmend wachsenden regionalen Probleme organisatorisch im Ansatz nicht gewählt wurde, können die letzten Maßnahmen zur Neuordnung der Ressorts im Vorstand doch als eine Hinentwicklung auf ein Tensormodell gedeutet werden.

Im Jahre 1863 wurden die Farbwerke vorm. Meister Lucius & Brüning von zwei Chemikern (Dr. Eugen Lucius und Dr. Adolf Brüning) und zwei Kaufleuten (Wilhelm Meister und August Müller) in Hoechst gegründet. 1880 erfolgte die Umwandlung in eine AG. 1924 wurde die Überführung in die „große I.G." eingeleitet, die selbst einen Führungsapparat von 83 Personen aufwies, da ihr sämtliche Vorstandsmitglieder der früheren Einzelfirmen angehörten. Da diese Spitze zu unbeweglich war, wurden aus dem Vorstand ein Arbeitsausschuß und aus dem Aufsichtsrat ein Verwaltungsrat ausgegliedert. Die I.G. wies sowohl eine Regional- als auch eine Spartengliederung auf. Etwa um 1930 wurden Doppelfabrikationen im Rahmen der I.G. weitgehend ausgeschaltet, was im Bereich von Hoechst zu einem Rückgang der Arbeiterzahl um 62 % führte.

Nach dem zweiten Weltkrieg und seiner Zerstörung der Werksanlagen führte die Entflechtung des I.G.-Bereiches im Jahre 1951 zur Gründung der Farbwerke Hoechst.

1.71 Das Organisationsprinzip der Farbwerke Hoechst AG (Stand 1971)

von Dipl.-Kfm. Franz J. Drenkard, Frankfurt

Die Farbwerke Höchst AG legte für das Geschäftsjahr 1970 einen Weltabschluß vor, in dem über 300 in- und ausländische Gesellschaften konsolidiert sind, an denen das Unternehmen mit mindestens 50 % beteiligt ist. Das Gesamtunternehmen erzielte in diesem Jahr weltweit einen Umsatz von rund 12,2 Milliarden DM; davon wurden rund 6,6 Milliarden DM außerhalb der Bundesrepublik Deutschland erzielt. Hoechst ist in mehr als 120 Ländern der Erde vertreten. Die Produktionspalette deckt mit über 45.000 verschiedenen Erzeugnissen fast vollständig das gesamte Gebiet der Chemie.

Im ersten Jahr nach der Neugründung Anfang 1952 erzielte das Unternehmen mit vier wesentlichen Tochtergesellschaften einen Umsatz von rund 750 Millionen DM, davon etwa 150 Millionen DM im Ausland.

Die Gegenüberstellung dieser wenigen Zahlen verdeutlicht das *enorme Wachstum des Unternehmens* nach dem zweiten Weltkrieg.

Die alte Organisationsform

Nach der Neugründung des Unternehmens war die Produktionsaktivität auf sogenannte *„Sparten"* aufgeteilt worden. Ende 1969 gab es sieben solcher Sparten, die zum Teil ursprünglich noch nicht vorhanden waren:

- I Anorganika, Stickstoff, Pflanzenschutz
- II Farben, Tenside und Hilfsmittel, Zwischenprodukte
- III Petrochemie, Kunststoffe
- IV Pharma
- V Fasern
- VI Folien
- VII Schweißtechnik, Industriegase, Tieftemperaturtechnik, Anlagenbau.

Diese Sparten waren ausschließlich produktionsorientiert, während ihnen z. B. Verkauf oder Forschung zentral mit nicht deckender Unterteilung gegenüberstanden. Ein weiterer wesentlicher Punkt war, daß die Leiter der Sparten jeweils gleichzeitig auch Vorstandsmitglieder waren.

Die anderen wesentlichen *Funktionen* des Unternehmens (außer Produktion), wie Wissenschaft, Ingenieurwesen, Verkauf, Rechnungs- und Finanzwesen, Rechts-, Patent- und Steuerwesen etc., waren ebenfalls je einem Vorstandsmitglied unterstellt.

Spartenleiter und Funktionsleiter bildeten zusammen den VORSTAND.

Die Neuorganisation des Unternehmens

• *Geschäftsbereiche*

Seit dem 1. Januar 1970 ist das Arbeitsprogramm *unterhalb* des Vorstandes in zwölf weitgehend selbständige *Geschäftsbereiche* gegliedert:

A – Anorganische Chemikalien
B – Organische Chemikalien
C – Landwirtschaft
D – Farben und Farbstoff-Vorprodukte
E – Tenside und Hilfsmittel
F – Fasern und Faser-Vorprodukte
G – Kunstharze und Lacke
H – Kunststoffe und Wachse
J – Folien
K – Reproduktionstechnik
L – Pharma
M – Kosmetik

Diese zwölf Geschäftsbereiche erstrecken sich über alle Werke und Tochtergesellschaften des Unternehmens. Außerdem gibt es *zwei Sonderbereiche,* und zwar:

N – Anlagenbau der Firma Friedrich Uhde GmbH und
P – Tieftemperaturtechnik, Schweißtechnik und Industriegase der Messer Griesheim GmbH

Jeder der zwölf Geschäftsbereiche hat eine *Geschäftsführung,* in der neben einem Sprecher Produktion, Verkauf, Forschung, Anwendungstechnik sowie Planung und Ergebnisrechnung vertreten sind. Bei den Geschäftsleitungen liegt somit künftig weitestgehend die unternehmerische Verantwortung und Initiative für das von ihnen betriebene Geschäft. Die Bereichsleitung hat jedoch in Ausübung ihrer eigenen unternehmerischen Tätigkeit darauf zu achten, daß die Geschäftspolitik ihres Bereiches zur Geschäftspolitik der anderen Bereiche und der Geschäftspolitik des Gesamtunternehmens nicht in Widerspruch steht.

Die *Mitglieder der Bereichsgeschäftsführung* werden vom Vorstand berufen, dem sie unmittelbar unterstehen und dem gegenüber sie gemeinsam die Verantwortung für ihren Bereich tragen. Mitglieder der Bereichsgeschäftsführung, auch deren Sprecher, sind im Vorstand nicht vertreten. Damit wird der Vorstand von Einzelentscheidungen und laufenden Verwaltungsaufgaben entlastet, um sich stärker auf Koordinations- und Überwachungsfunktionen und auf die grundsätzlichen Entscheidungen der Unternehmenspolitik konzentrieren zu können.

Im *Vorstand* haben sechs technische und zwei kaufmännische Vorstandsmitglieder die Betreuung der neu geschaffenen Geschäftsbereiche übernommen. Daneben gibt es zehn *koordinierende Ressorts,* denen jeweils ein Vorstandsmitglied vorsteht (vgl. Abb. 7a). Das dargestellte Organisationsprinzip ermöglicht eine wirkungsvolle Verflechtung der einzelnen Arbeitsgebiete im Sinne einer planmäßigen Zusammenarbeit und einer rationellen Aufgabenteilung. Das System stellt auch in einem weiter wachsenden Unternehmen die weltweite und sich über alle Tochtergesellschaften erstreckende Koordination sicher, wobei die Rechtsform der Gesellschaften unberührt bleiben kann.

• *Kommissionen*

Die neue Organisation mit ihrer stärker differenzierten Gliederung macht es in besonderem Maße notwendig, das Zusammenwirken in allen Unternehmensbereichen abzustimmen und sicherzustellen. Hierfür wurde das in Abb. 7b dargestellte Kommissionsschema geschaffen. In den einzelnen Kommissionen arbeiten *Fachleute verschiedener Tätigkeitsgebiete und verschiedener Funktionen* zusammen. Dadurch wird erreicht, daß alle Fragen sachgerecht erörtert und entsprechende Unterlagen für die Entschlüsse der Unternehmensleitung zusammengestellt werden.

Unterhalb des Vorstands mit seinem Sozial- und Finanzausschuß gibt es zwei Gremien, die der Vorstand mit Entscheidungsbefugnissen ausgestattet hat:

– die Technische Direktionssitzung (TDS) und
– die Kaufmännische Direktionssitzung (KDS).

Der Zusammenarbeit der Leitungen der Geschäftsbereiche und der sie betreuenden Vorstandsmitglieder dienen die *Koordinationsausschüsse.*

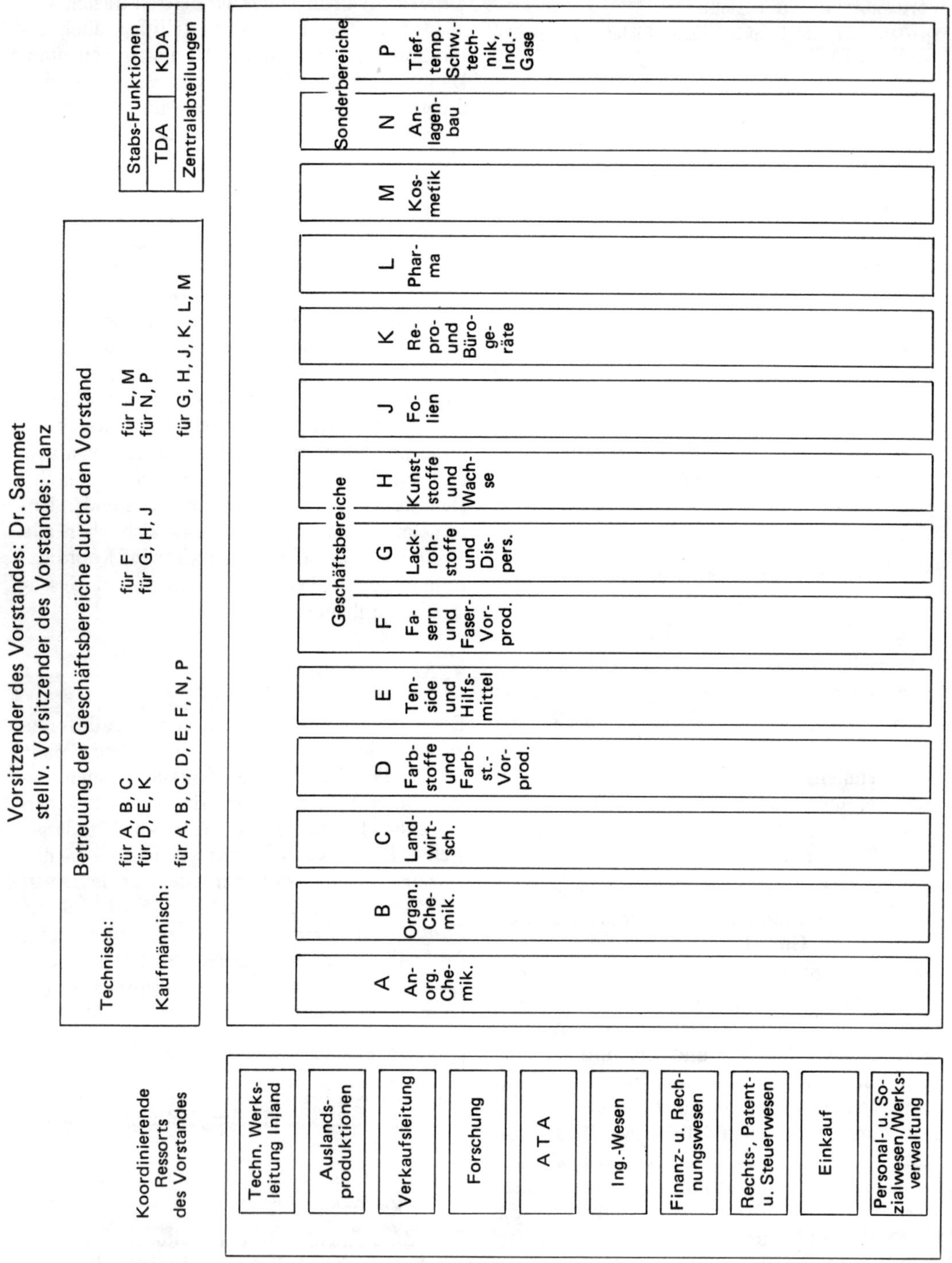

Abb. 7a: Das Organisationsprinzip der Farbwerke Hoechst AG

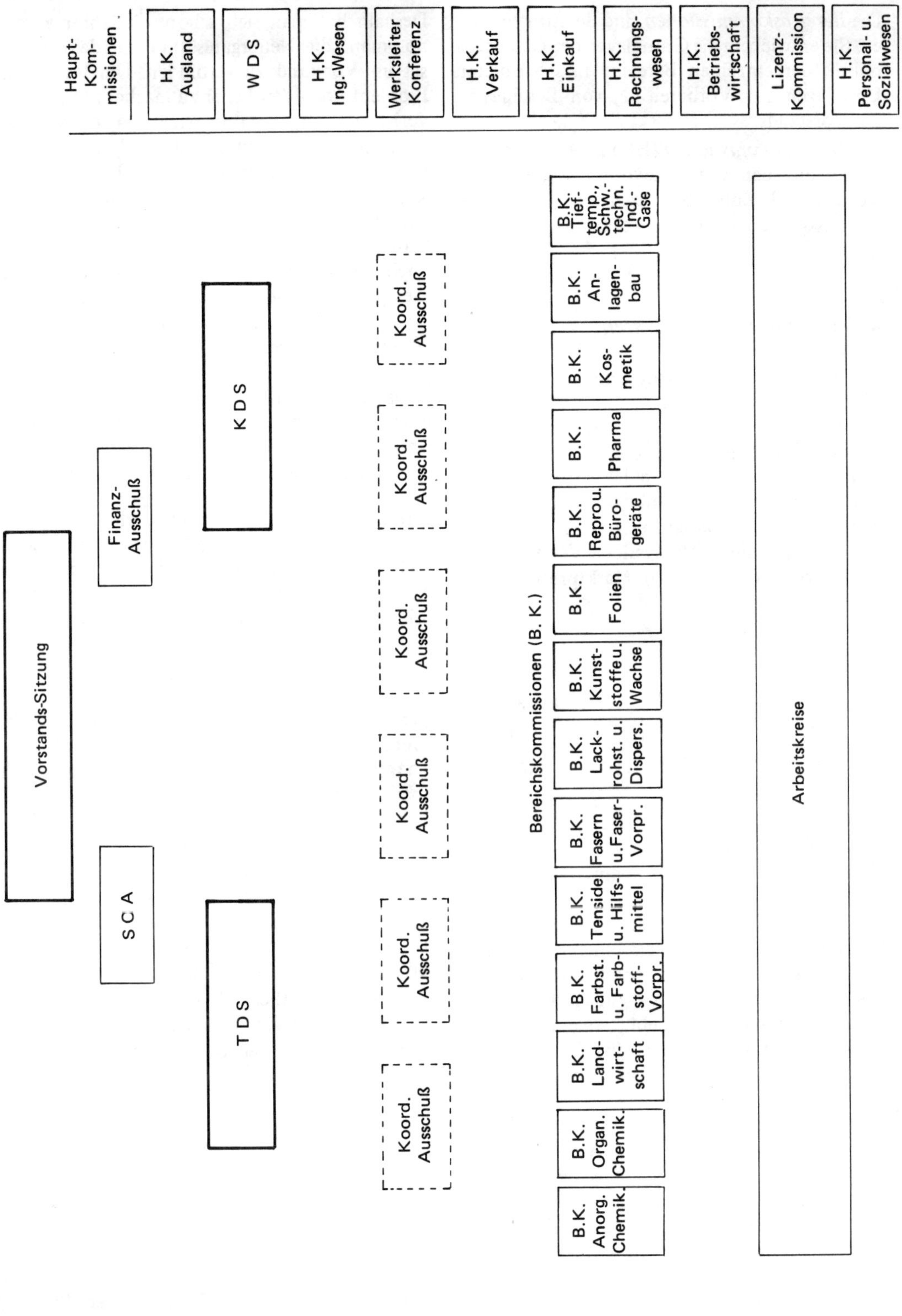

Abb. 7b: Das Kommissionsschema der Farbwerke Hoechst AG

Die *Bereichskommissionen* sind Beratungsgremien. Sie entwickeln die Grundlagen der Geschäftspolitik der einzelnen Bereiche und erarbeiten Unterlagen zur Vorbereitung von Beschlüssen des Vorstands.

Die *Hauptkommissionen* (HK) haben koordinierende Aufgaben, wie sie zuvor schon geschildert worden sind. Zum überwiegenden Teil werden diese Kommissionen von Vorstandsmitgliedern geleitet.

- *Verrechnungspreissystem*

Um die Eigenverantwortung der einzelnen Geschäftsbereiche zu betonen und um eine möglichst differenzierte Erfolgsmessung für diese Bereiche durchführen zu können, wurde gleichzeitig für die innerbetrieblichen Lieferungen und Leistungen zwischen den Geschäftsbereichen ein *Verrechnungspreissystem* eingeführt, bei dem sich die festzulegenden Verrechnungspreise vornehmlich an den Marktpreisen orientieren.

1.72 Interview mit dem Vorsitzenden des Vorstandes der Farbwerke Hoechst AG, Herrn Dr. Rolf Sammet, 1971

> Sie besaßen vor der Reorganisation bereits eine Spartengliederung, soviel ich weiß aber nur für die Produktionsseite. Sie haben sich nun entschlossen, eine einschneidende Veränderung der Organisationsstruktur vorzunehmen, die 12 weitgehend selbständige Geschäftsbereiche vorsieht. Welches waren neben der wachsenden Größe Ihres Unternehmens die konkreten Anlässe zur Reorganisation?

Abgesehen davon, daß ohnehin bei dem schnellen Wachstum des Unternehmens die Frage akut geworden war, ob die Organisation noch zeitgemäß ist, war ein konkreter Anlaß dadurch gegeben, daß bei uns beinahe ein Generationswechsel im Vorstand anstand. Man kann nicht ohne weiteres die Aufgabe eines Vorstandsmitglieds innerhalb des Vorstands verändern oder gar einengen. Das wirft immer gewisse Probleme auf. Deshalb hat man sich schon seit Jahren vorgenommen, die Neuorganisation mit dem Wechsel im Vorstand zu verbinden. Um Ihnen das Problem noch deutlicher zu machen: In unserer vorherigen Organisation nach Sparten war der Spartenleiter regelmäßig auch Vorstandsmitglied. Diesmal haben wir – sehr bewußt – gesagt: Der Sprecher des Geschäftsbereichs soll nicht dem Vorstand angehören. Die Vorstandsmitglieder, sowohl die technischen als auch die kaufmännischen, die jeweils mehrere Geschäftsbereiche betreuen, sollten einen bewußten Abstand im Sinne der Delegation der unternehmerischen Tätigkeit wahren.

> Also der wesentliche Grund war, die Gelegenheit eines Generationswechsels im Vorstand zu nutzen. Ergeben sich noch weitere Gründe, die zur Neuorganisation geführt haben?

Die Sparten waren auch schon eine Aufgliederung auf einzelne Gruppen, sie unterscheiden sich also scheinbar bloß durch den Namen vom Geschäftsbereich. Was aber beim alten Prinzip z.B. noch nicht vollzogen war, war die Aufteilung aller wesentlichen Ressorts auf die Geschäftsbereiche. Ein besonders wichtiges Beispiel ist der Verkauf. So haben wir vorher Verkaufsabteilungen gehabt, die sich in vielen Fällen in ihrer Abgrenzung nicht mit den Sparten gedeckt haben. Die Verkaufsabteilungen waren vornehmlich marktorientiert, während die Sparten ausschließlich entsprechend den Gegebenheiten der Produktion gegliedert waren. Eine Sparte hatte z. B. mehrere Verkaufsabteilungen als Partner, und sie hatte in Wirklichkeit kein unmittelbares Einwirkungsrecht auf diese Verkaufsabteilungen. Dieses Einwirkungsrecht war übrigens dann in beiden Richtungen nicht gegeben.

Ein ganz wesentlicher Punkt in unseren Überlegungen war deshalb zunächst der, daß die neuen Geschäftsbereiche auch den Verkauf umfassen sollten. Wie Sie wissen, soll ja auch der Leiter der Verkaufsabteilung entweder selbst der Sprecher des Geschäftsbereiches sein oder – wenn diese Funktion durch einen Techniker besetzt ist – dessen Stellvertreter. Zusammen mit den Vertretern von Produktion, Forschung, Anwendungstechnik, Planung und Ergebnisrechnung glauben wir – und das gehört ja sehr wesentlich zu einer solchen Divisionalisierung – daß wir ein wirklich echtes Unternehmens-Spiegelbild der Handlungsmöglichkeiten haben. Das ist vielleicht der allerwesentlichste Unterschied zwischen den früheren Sparten und den heutigen Geschäftsbereichen.

Sie versprechen sich also durch die Schaffung relativ selbständig operierender Gruppen, die jetzt in sich geschlossen und in vielerlei Weise vergleichbar geworden sind, zunächst einmal die Möglichkeit der Delegation. Sie versprechen sich weiter dadurch ein etwas stärkeres unternehmerisches Bewußtsein bei den einzelnen Geschäftsbereichsleitungen und sicherlich auch eine größere Transparenz für die Steuerung des komplexen Gesamtunternehmens. Wie haben Sie die vertikalen Abgrenzungsprobleme der Entscheidungszuständigkeiten zwischen den Leitungen der Geschäftsbereiche und dem Vorstand geregelt? In welchen Fragen kann die Geschäftsbereichsleitung autonom entscheiden? Bei welchen Fragen, die einen einzelnen Geschäftsbereich betreffen, entscheidet der Vorstand?

Selbstverständlich muß der Geschäftsbereich gewisse unternehmerische Handlungsfreiheit haben, und er hat sie auch, allerdings in einem abgesteckten Rahmen, aber doch deutlich weitgehender, als dies vorher jemals unterhalb des Vorstands der Fall war. Wie man die Grenzen zieht, ist natürlich eine sehr entscheidende Frage. Die Tendenz zur Spartenpolitik hat natürlich früher jeder Spartenleiter auch abgestritten, aber in der Praxis trat sie doch auf, indem eben ein Spartenleiter in erster Linie als Spartenleiter gedacht und entschieden hat, bei dem der Gedanke an die eigene Sparte im Vordergrund stand. Wichtig ist aber, daß die umgekehrte Reihenfolge gewahrt wird: Zunächst muß man einmal als Vorstandsmitglied für das Unternehmen entscheiden und kann dann hinterher fragen, welche Konsequenzen hat dies für den von mir betreuten Geschäftsbereich?

Sie wollten also bewußt vermeiden, daß bestimmte Gruppeninteressen im Vorstand durchdringen. Dies soll durch eine abgetrennte geschäftspolitische Ebene, die die Gesamtstrategie im Auge behält, erreicht werden. Wie ist hierbei nun die Abgrenzung in den Entscheidungsbefugnissen zwischen Vorstand und Geschäftsbereichsleitungen im Hinblick auf die Belange der einzelnen Geschäftsbereiche geregelt? In welchen spezifischen Belangen entscheidet der Vorstand und in welchen Fragen ist die Geschäftsbereichsleitung autonom?

Also zunächst muß man einmal klarstellen, daß man eigentlich nicht Verantwortung delegieren kann, denn die Verantwortung des Vorstands ist gesetzlich definiert, und sie kann auch nach dem Gesetz nicht delegiert werden. Was man aber delegieren kann, sind Entscheidungsbefugnisse und diese sind weitgehend delegiert. Wo dabei die Grenze zu ziehen ist, geht aus der Geschäftsordnung unserer Entscheidungskommissionen hervor. So werden z. B. die Investitionen bei uns von der Technischen Direktionssitzung genehmigt. Der Erwerb von Beteiligungen, Kapitalveränderungen bei Tochter- und Beteiligungsgesellschaften im In- und Ausland werden z. B. durch die Kaufmännische Direktionssitzung genehmigt. In beiden Fällen geschieht dies natürlich nur als eine Delegation vom Vorstand an einen Vorstandsausschuß, denn beides sind ja Vorstandsausschüsse, die zusammen mit den Leitern der Geschäftsbereiche oder den Leitern der Ressorts diese Kommissionen bilden. Alle wesentlichen Beschlüsse dieser Gremien müssen vom Vorstand noch ratifiziert werden. Wir vom Vorstand werden ganz sicher nicht – um das extrem zu sagen – Beteiligungen oder Investitionen vornehmen, die der Geschäftsbereich nicht selbst vorgeschlagen hat oder mit denen er nicht einverstanden wäre.

Kann die Geschäftsbereichsleitung z. B. selbst über den Zukauf von Vor- oder Zwischenprodukten von außen entscheiden, wenn die innerbetrieblichen Verrechnungspreise für derartige Produkte höher als die Marktpreise sind?

Dies ist ein bei uns lebhaft diskutierter Punkt. Wenn man sich über einen Verrechnungspreis nicht einigen kann, ist eine Schiedsinstanz anzurufen, die aus den beiden Stabsabteilungen besteht und die im Auftrag des Vorstands dann eine Entscheidung trifft. Es kann also hier unter Umständen auch einmal der Zukauf von außen freigegeben werden, obwohl wir in der Lage wären, das Produkt auch im eigenen Hause zu produzieren. Um sicherzustellen, daß solche und ähnliche Entscheidungen im Hinblick auf das Unternehmensganze auch wirklich ausgewogen sind, ist festgelegt worden, daß sich die Verrechnungspreise in erster Linie am Markt orientieren müssen.

Welche horizontalen Abgrenzungsschwierigkeiten ergaben sich bei der Gliederung des Unternehmens in zwölf Geschäftsbereiche?

Zunächst muß bei jeder Divisionalisierung immer gefragt werden: Was soll Vorrang haben? Stellt man sich darauf ein, daß man dieselbe Technologie hat, oder bezieht man sich auf denselben Kundenkreis? Es gibt da noch weitere Gesichtspunkte, die unter Umständen rein regional bedingt sein können. Wir haben bei uns auf die regionale Gliederung überhaupt keine Rücksicht genommen. Daß dies eine gewisse Problematik für die örtliche Werksleitung bedeutet, kannten wir schon aus unserer früheren Spartengliederung.

Geschäftsbereiche müssen die örtliche Zuständigkeit des Werksleiters beachten; sie können verlangen, daß er diese oder jene Investitionen für sie vornimmt, örtlich abwickelt und dann die Produktion betreut usw. Es liegt in der Natur der Sache, daß sie sich hierbei mit den Werksleitern in Verbindung setzen und abstimmen. Wir haben aber nirgendwo den Kompromiß gemacht, daß wir die Frage der örtlichen Geschlossenheit einer Produktion in den Vordergrund gestellt hätten.

Werden bei der horizontalen Gliederung der Geschäftsbereiche nunmehr nicht gleiche Abnehmergruppen von unterschiedlichen Geschäftsbereichen angesprochen? Wie sichern Sie die notwendige Kommunikation zwischen den Geschäftsbereichen in derartigen Fällen?

Wir haben vom Absatz her sicher den Fall, daß wir manchmal von zwei Geschäftsbereichen oder sogar mehr den gleichen Kunden ansprechen. Die verschiedenen Geschäftsbereiche können sich hier in ihren Verkaufsbemühungen ideal unterstützen. Ich glaube auch, daß hier der Schwerpunkt nicht so sehr beim unmittelbaren Verkauf, als in der Anwendungstechnik, im Kundenservice, liegt. Überhaupt kann man sagen, daß wir in der von Ihnen angeschnittenen Frage bisher in der Praxis keine Probleme gehabt haben. Man muß sich hier vielleicht einmal etwas die Organisation unseres Verkaufs ansehen. Etwas stark vereinfacht gesagt, haben wir hier in Höchst in unserem zentralen Verkauf die Verkaufsförderung betrieben und die gesamte weltweite Verkaufstätigkeit koordiniert. Der Verkauf im einzelnen erfolgt in der Bundesrepublik z. B. über unsere Verkaufskontore in allen größeren Städten. Dort bemüht man sich natürlich, möglichst nicht zu weit aufzufächern. Dort ist der Verkäufer, der an der Front steht, schon für zwei oder mehr Geschäftsbereiche gleichzeitig tätig. Also unsere Front ist nicht so streng nach Geschäftsbereichen gegliedert.

Nach welchen Kriterien haben Sie Vorproduktionen einzelnen Geschäftsbereichen zugeordnet?

Wir haben den Grenzfall, daß ein Vorprodukt nur für eine Produktengruppe weiterbenötigt wird.

Diese Anlagen im In- und Ausland betreut natürlich der betreffende Bereich in Höchst selbst. Wenn also – und damit komme ich zum Lehrsatz, den wir daraus herleiten – ein Vorprodukt, sagen wir einmal zu 90 % von einem Geschäftsbereich verbraucht wird und der Verkauf nur bei 10 % liegt, dann würden wir im allgemeinen sagen, das ist ein typisches Vorprodukt, was man am besten selbst macht, weil dann die geschlossene unternehmenspolitische Steuerung durch einen Geschäftsbereich das dominierende Prinzip ist. Wenn dagegen die Dinge so liegen, daß ein wesentlicher Prozentsatz, sagen wir einmal 50 % nach außen verkauft wird und die andere Hälfte von anderen Geschäftsbereichen benötigt wird, dann haben wir den Schnitt nach rein technologischen Gesichtspunkten gemacht.

Noch eine abschließende Frage zu den Verrechnungspreisen. Diese Verkoppelung, die wir ja gerade in der chemischen Industrie vor uns haben, macht den Ansatz von Verrechnungspreisen natürlich besonders schwierig. Sie haben vorhin schon auf die Ausschüsse hingewiesen, in denen eine Klärung herbeigeführt werden kann. Da die Geschäftsbereichsleitungen sicherlich für ihre Ergebnisse verantwortlich gemacht werden, gewinnt das Verrechnungspreisproblem eine besondere Bedeutung für die Gestaltung des Ergebnisses. Ich sehe jedoch eine gewisse psychologische Gefahr: Je mehr Sie den einzelnen Geschäftsbereich ergebnisverantwortlich halten, um so mehr gewinnt das Problem der Verrechnungspreise im Denken und Handeln der Geschäftsbereichsleitungen an Bedeutung. Sehen Sie hier in Ihrem Unternehmen besondere Probleme und Schwierigkeiten?

Wir hatten welche. Diese sind aber, so glaube ich, jetzt weitgehend gelöst. Wir haben nach kurzer Zeit eine Häufigkeitstabelle aufgestellt und dabei festgestellt, daß gerade bei kleineren Produkten ein auswuchernder Papierkrieg mit vielfältigen Berechnungen zwischen den betroffenen Geschäftsbereichen geführt wurde. Das ist natürlich müßige Arbeit.

Der Verrechnungspreis als Steuerungspreis, wie man ihn vielleicht besser nennen sollte, bekommt bei uns eine Steuerungsautomatik erst dann, wenn diese auch sinnvoll wird, d. h. wenn der Umsatz zwischen den Geschäftsbereichen intern eine gewisse Größe überschreitet.

> Die Art der Gliederung der Geschäftsbereiche stellt im wesentlichen auf technische und marktlich definierbare Produktgruppen ab. Jeder Geschäftsbereich ist für die Aktivitäten bei seiner Produktgruppe weltweit verantwortlich. Wie wird im Rahmen der Geschäftsbereiche den unterschiedlichen regionalen Anforderungen an Beschaffung, Produktion, Absatz und Finanzierung im internationalen Geschäft Genüge getan?
>
> Besteht nicht Ihrer Ansicht nach die Gefahr, daß die starke Produktorientierung Ihrer Organisation dazu führt, daß bestimmte Auslandsregionen nicht mehr als einheitliches Objekt strategischen Vorgehens angesehen werden?

Ich habe vorhin schon kurz das Problem der Werksleitungen Inland angeschnitten. Wir haben eine ganze Reihe Werke innerhalb der Bundesrepublik, und fast überall haben wir z. T. mehrere Geschäftsbereiche in den Werken vertreten. Es ist klar, daß dies ein gewisses organisatorisches Problem darstellt. Daß das Ressort Werksleitung Inland seine Berechtigung schon allein in der Tatsache hat, daß diese Werke nicht sozusagen zerschnitten werden von den Geschäftsbereichen, ist klar. Trotz allem müssen doch auch die Werke einen einheitlich regionalen Zusammenhang haben, sowohl von der Technologie her als auch vor allen Dingen von den heutigen Fragen der Ökologie, also des Umweltschutzes. Gerade diese Fragen werden ja immer bedeutungsvoller. Da bedarf es also einer Koordination, die im Ressort der Werksleitung Inland, selbstverständlich unter Zuhilfenahme der Stabsabteilungen, erfolgt. Ähnliche Probleme ergeben sich natürlich für unsere Produktionsstätten im Ausland. Hierfür ist das Ressort Werksleitungen im Ausland zuständig. Es läßt sich nicht abstreiten, daß es viele Friktionspunkte dadurch mit den Geschäftsbereichen gibt, die organisatorisch abzugrenzen sind. Die Schaffung dieses Ressorts war übrigens einer der schwierigsten Punkte in der Arbeit an unserer Neuorganisation.

Das Ressort Werksleitungen Ausland ist im wesentlichen ein koordinierendes Ressort. Wie Sie aus unserem Organigramm ersehen können, haben wir alle unsere Geschäftsbereiche in der vertikalen Linie und die Ressorts in der horizontalen Linie dargestellt. Man muß sich darüber im klaren sein, daß die Betonung, inwieweit hier die Zuständigkeiten zentral zusammengefaßt sind und inwieweit die Geschäftsbereiche ihrerseits das ganze für sich in Anspruch nehmen, unterschiedlich ist und auch zeitlich und örtlich nicht immer identisch sein kann. Bleiben wir einmal bei ein paar Beispielen: z. B. der Einkauf oder die Beschaffung. Natürlich haben wir einen stark zentralisierten Einkauf. Er ist aber keineswegs vollkommen zentralisiert, sondern es gibt sogenannte Mandatsaufträge. Das Tochterunternehmen oder das Werk, das am meisten braucht, kauft dies für den übrigen Konzern mit, selbstverständlich mit Einverständnis und Genehmigung der zentralen Einkaufsleitung. Je nach Marktlage wird sich unter Umständen eine solche zentrale oder dezentrale Marschrichtung ändern müssen. Je nachdem, ob ein Käufer- oder Verkäufermarkt besteht, wird man einmal mehr zentral oder weniger zentral sein müssen und damit optimaler fahren.

Noch viel drastischer läßt sich das eigentlich bei dem Ressort Forschung sagen. Sicher bedarf es einer dezentralen Aufgliederung der Forschung in den Geschäftsbereichen, denn die Impulse für die Weiterentwicklung der Produkte können doch nur aus den Geschäftsbereichen kommen.

Ein Drittel unserer Produkte ist heute jünger als 10 Jahre. Daraus läßt sich ableiten, daß wir auch in der Zukunft Produkte haben werden, die heute zwar noch nicht am Markt, aber vielleicht in der Retorte schon vorhanden sind. Solche Zukunftsentwicklungen kann man nur in einem Teamwork zwischen Forschung, Verkauf und Anwendungstechnik herausarbeiten.

Aber wir wollen zurückkommen zu dem Thema zentral oder dezentral. Es kann durchaus einmal der Fall eintreten, und zwar dann als unternehmenspolitische Fragestellung, daß uns ein besonders interessantes Forschungsobjekt begegnet.

Besonders berühmt ist aus der alten IG-Zeit die Fragestellung Indigo, wo ja eine Firma wie Hoechst beinahe an den Rand des tragbaren Unternehmensrisikos gegangen ist. Eine derartige Situation kann man natürlich nur mit Erfolg bestehen, wenn man die Möglichkeit hat, zentral sehr scharf einzugreifen, also dann den Geschäftsbereichen zu sagen, Ihr müßt mit Euren eigenen Forschungsinteressen zurückstehen gegenüber einem ganz bestimmten Schwerpunktprojekt.

Unternehmenspolitisch muß eigentlich immer die Frage offen bleiben, wie sehr die zentralen oder dezentralen Ressortfunktionen zwischen Zentralismus und Dezentralismus wechseln. Darin besteht die ganze Anpassungsfähigkeit des Unternehmens. Man kann einfach nicht von vornherein feste Lehrsätze ausgeben, die besagen, diese Ressorts sind zu soundsoviel Prozent zentral und zu soundsoviel Prozent dezentral zu gestalten. Ich würde persönlich sagen: Hierin liegt ein Wesensmerkmal des Unternehmens, daß man variieren kann.

Ich darf nochmals auf die Auslandsbeziehungen zurückkommen. Nun fällt auf, daß Sie im Produktionsbereich eine Abspaltung vollziehen – Werksleitung Inland, Produktion Ausland. Im Verkauf erfolgt eine derartige Trennung nicht. – Sehen Sie hier auf Dauer eine größere Notwendigkeit zur Abtrennung von Aktivitäten im Hinblick auf die Betreuung bestimmter regionaler Einheiten, auch von der Verkaufsseite im Ausland her, oder ist nicht hier auf sehr lange Sicht überhaupt eine Aufspaltungstendenz der ganzen Organisation im Hinblick auf bestimmte Regionen, die noch einmal besonders gesteuert werden müssen gegeben?

Jede Verkaufsabteilung in jedem Geschäftsbereich hat eine Organisationsgruppe „Export“. Das ist aber ein Export internationaler Färbung für alle Länder. Die örtliche Betreuung liegt bei ausländischen Unternehmungen, bei Tochtergesellschaften, die Vertriebsorganisationen sind.

Für uns sieht sich die Sache anders an. Europa, das sind unsere Nachbarländer. Für uns ist es also wenig sinnvoll, nun etwa noch einmal eine Zusammenfassung in Europa zu machen. Hier sitzen wir mitten drin. Für uns, aus unserer Sicht, ist z. B. USA ein gemeinsamer Markt. Dort haben wir an vielen Stellen Produktionsstätten und Verkaufskontore. Alle diese Aktivitäten sind aber organisatorisch in einer Repräsentanz zusammengefaßt.

Bis zu einem gewissen Grad haben wir auch eine Zusammenfassung unserer südamerikanischen Interessen vorgenommen, jedoch sind zwischen südamerikanischen Ländern sowohl verkehrsmäßig als auch transport- und zollmäßig zuweilen noch gewaltige Unterschiede und Schranken, so daß wir das doch weitgehend noch länderweise getrennt halten müssen.

Sie glauben also, daß Sie mit dieser Organisation auch die regionalen Bedürfnisse dieser weltweiten Organisation abdecken können?

Vorläufig haben wir keinen Grund, über die schon genannten Zusammenfassungen hinaus noch weitere Bündelungen vorzunehmen. Ich will nicht verschweigen, daß es gewisse Anreize für eine solche Bündelung, z. B. von der technologischen Seite her, gibt. Am Anfang jeder Auslandsproduktion stand meistens die Errichtung einer Endfertigung für unsere Pharmapräparate. Das war oft politisch zwingend und auch sonstwie die beste Startbasis. Wir haben so heute in mehreren Dutzend Ländern solche Pharmakonfektionierungsstätten. Es bietet sich nun direkt an, diese mehr oder weniger gleichartigen Fertigungsanlagen technisch durch einen Fachmann betreuen zu lassen, der für eine ganze Ländergruppe zuständig ist.

Der Vorstand Ihres Unternehmens besteht aus 16 Mitgliedern. Er soll durch die neue Organisationsform stärker von Einzelentscheidungen entlastet werden, um sich mehr auf Koordinations- und Überwachungsfunktionen und auf grundsätzliche Entscheidungen der Unternehmenspolitik konzentrieren zu können. Ist ein Vorstand dieser Größe noch in der Lage, alle anstehenden und häufig äußerst komplexen Fragen problemgerecht ausdiskutieren zu können?

Wir haben bei den 16 Vorstandsmitgliedern eine vernünftige Gliederung der Aufgaben, und wir sind eigentlich der Meinung – sonst hätten wir jetzt die Möglichkeit gehabt, den Vorstand zahlenmäßig zu reduzieren –, daß diese Anzahl zur Aufteilung der Aufgaben sowie zu einem vernünftigen Zusammenspiel durchaus richtig ist. Ich bin der Ansicht, daß wir zur Zeit die optimale Anzahl von Vorstandsmitgliedern haben, obwohl ich damit Änderungen nach oben wie auch nach unten nicht ausschließen will.

Sie sehen das also unter einem gewissen Sachzwang. Die Ressorts sind an sich gegeben, sie sind so unterschiedlich und müssen vertreten werden.

Ja, die Größenordnung wird unserem Organisationsplan entsprechend immer so sein müssen, sonst müßte man grundsätzlich die ganze Organisationsfrage neu und vielleicht anders beantworten.

Welche Stellung nehmen die technischen und kaufmännischen Zentral- (Stabs-) abteilungen gegenüber den beiden Vorstandsgruppen und den Geschäftsbereichen ein?

Zur Beantwortung dieser Frage muß ich ein bißchen weiter ausholen. Zur Integration unserer organisatorischen Einheiten, nämlich der Geschäftsbereiche, der Ressorts, der Werke und Gesellschaften, bedienen wir uns Abteilungen mit Stabsfunktionen, die koordinieren, planen und auch kontrollieren. Die Technische und Kaufmännische Direktionsabteilung sind zu diesem Zweck dem Vorstand direkt unterstellt. Dies ist erforderlich, da – wie ich schon betont habe – die Geschäftsbereiche, wie es auch die Absicht bei unserer Neuorganisation war, ihre Verantwortung für das Ergebnis und damit das Bereichsinteresse immer nachhaltender vertreten werden. Damit kommt es zu einem stärkeren Betonen von partikulären Interessen.

Die Haupttätigkeit der beiden Stabsabteilungen liegt darin, Aufgaben, die die Gesamtorganisation betreffen, als neutrale Stelle wahrzunehmen. Die Stabsabteilungen haben Entscheidungen vorzubereiten, sowohl für die Geschäftsbereiche als auch letzten Endes für den Vorstand – wir sprachen vorhin von der Technischen Direktionssitzung und der Kaufmännischen Direktionssitzung, in denen die Investitionen beschlossen werden. Dies setzt voraus, daß sich die Stabsabteilungen frühzeitig in die Investitionsplanungen einschalten. Ein Schwerpunkt ist auch die Erarbeitung von verschiedenen Details für unsere Unternehmensplanung. Hinzu kommen die verschiedensten Organisationsaufgaben, wie z. B. die laufende Überprüfung der Funktionsfähigkeit unseres Organisationssystems in Relation zur Unternehmensgröße sowie die Protokollierung unserer verschiedenen Beschlußgremien und die Weitergabe und Überwachung der Durchführung von Vorstandsbeschlüssen.

Welche Lebensdauer geben Sie dieser neuen Organisationsform, die Sie hier eingeführt haben?

Das hängt davon ab, wie lebendig sie bleibt. Wenn wir sie laufend verbessern, kann sie eine relativ lange Lebensdauer haben. Das ist eigentlich auch von Anfang an das Ziel gewesen, daß wir flexibel bleiben wollen, und daß wir also unter Umständen auch Änderungen vornehmen, ohne dabei das Gesamtprinzip über den Haufen zu werfen. Wenn das Unternehmen weiter wächst, dann dürfte es notwendig werden, da und dort Anpassungsmaßnahmen vorzunehmen.

Eine Organisationsform darf kein totes Gebilde sein. Sie wird von Menschen gemacht und von Menschen getragen. Daraus folgt, daß sie unter Umständen auch den jeweiligen Menschen angepaßt werden muß. Ich erwähnte eingangs, daß unsere Neuorganisation mit einem Generationswechsel im Vorstand verbunden war. Es könnte durchaus sein, daß sich dieser Vorgang in – sagen wir etwa 15 Jahren – wiederholt. Wenn wir es in der Zwischenzeit nicht versäumen, uns an geänderte Bedingungen anzupassen, sollte unsere heutige Organisation also mindestens eineinhalb Jahrzehnte halten.

1.73 Zur Organisationsentwicklung der Farbwerke Hoechst AG von 1971–1980

Die weitere Organisationsentwicklung mußte vor allem die zunehmende Internationalisierung des Geschäfts berücksichtigen. Sie schlägt sich in einer stärkeren Verankerung der Zuständigkeit einzelner Vorstandsmitglieder für einzelne Regionen nieder [1. Westeuropa, Nordamerika, 2. Lateinamerika, 3. Afrika (ohne Südafrika) Asien (ohne China), Japan, 4. Osteuropa, Griechenland, Türkei, China, 5. Südafrika, Australien, Ozeanien], die Auflösung des Ressorts Auslandsproduktionen und einer Zusammenfassung der Zentralabteilungen TDA (technische Direktionsabteilung) und KDA (Kaufmännische Direktionsabteilung) zu einer einheitlichen zentralen Direktionsabteilung, die u. a. einzelne Regionen fachlich betreut. Weiter wurden die Technischen und Kaufmännischen Direktionssitzungen zu zentralen Bereichskonferenzen zusammengefaßt und eine zentrale Regionenkonferenz neu geschaffen. Damit bildet sich zunehmend eine Dreidimensionalität der Organisation aus Verrichtungen, Objekten und Regionen heraus.

1.8 Wella AG

Die Wella-Unternehmensgruppe ist einer der führenden Anbieter von Haarpflegemitteln. Das rasche Wachstum und die deutlichen Nachteile der funktionalen Organisationsstruktur führten im Jahre 1978 zu einer Reorganisation. Ziel der Neuorganisation war die Schaffung eines wirksameren Managements durch Verkürzung der Entscheidungswege. Das Produktsortiment und die Tätigkeit auf vielen Auslandsmärkten ließ eine Spartengliederung als nicht ratsam erscheinen. Dagegen bot sich aufgrund der internationalen Aufteilung des Geschäftes eine regionale Gliederung an.

1880 meldete der 26jährige Friseurmeister und Perückenmacher Franz Ströher die Herstellung und den Vertrieb von Perückentüll als Gewerbe an. Damit wurde der Grundstein zu jenem Betrieb gelegt, für den 1924 der Schriftzug „Wella" als Warenzeichen und für den seit 1950 dieses Symbol als Unternehmensbezeichnung eingetragen ist.

	Umsatz-entwicklung (in Mill. DM)		Mitarbeiter-entwicklung	
	Wella-Gruppe	davon Wella AG	Wella-Gruppe	davon Wella AG
1968	392,4	111,7	5 288	1 942
1969	446,6	123,4	5 474	2 022
1970	474,6	125,1	6 185	2 081
1971	574,6	131,3	7 113	2 111
1972	628,3	157,7	7 611	2 213
1973	651,7	168,5	8 020	2 279
1974	715,6	199,5	8 165	2 271
1975	824,0	227,4	8 179	2 377
1976	908,2	253,5	8 244	2 490
1977	983,0	277,9	8 684	2 579
1978	1 100,0	298,0	8 900	2 750

*) geschätzt

Abb. 8a: Wella-Gruppe: Umsatz- und Mitarbeiterentwicklung

Das Jahr 1927 ging in die Unternehmensgeschichte ein mit dem Verkauf der ersten Dauerwellapparate und der Aufnahme der chemischen Produktion mit der Marke Kolestral. In den Jahren 1950 setzten die Cremehaarfarbe Koleston, 1958 das farbauffrischende Einlegemittel Accord, 1960 die Haarkur Life-Tex-Balsam ebenso neue Maßstäbe wie in jüngerer Zeit die Produkte System Professional (1975) und Koleston 2000 (1978).

1972 fusionierten die bisher selbständige Produktionsstätte GmbH und die Darmstädter Vertriebsgesellschaft zur Wella AG, die mit einem Grundkapital von nunmehr 56 Mio. DM ausgestattet war. 1973 trat eine neue Organisationsform in Kraft. Einen Überblick über die Wella-Gruppe und die Wella AG geben die Zahlenübersichten in Abb. 8a.

Die Umsätze haben sich innerhalb eines Jahrzehnts nahezu verdreifacht. Vom gesamten Umsatz entfiel 1978 noch mehr als ein Drittel auf die Bundesrepublik; neben europäischen Ländern spielen mit jeweils mehr als zehn Prozent des Gesamtumsatzes Nordamerika sowie – mit stark expansiver Tendenz – Japan eine bedeutende Rolle. Auch in Zukunft wird der Anteil des internationalen Geschäfts weiter steigen.

Zu den Ergebnissen haben 1978 weltweit fast 9.000 Mitarbeiter beigetragen, davon 2.750 bei der Wella AG in Deutschland Beschäftigte.

Die Wella-Gruppe ist in 133 Ländern mit ihrem Angebot vertreten. In 27 Ländern hat sie 45 eigene Produktions- und Vertriebsgesellschaften. Selbständige Vertretungen stellen in 23 weiteren Ländern Produkte in Lizenz her bzw. haben in 56 Ländern ein Alleinvertriebsrecht, in 29 Ländern sind Importeure für die Wella-Gruppe tätig.

Die Wella AG hat zwei Aufgaben zu erfüllen:

- Koordinierung einer internationalen Gruppe von Beteiligungsgesellschaften und Vertretungen. Diese sind Lizenznehmer der Wella AG und produzieren und vertreiben weltweit haar- und hautkosmetische Artikel sowie technische Geräte und Einrichtungen für den Friseur.
- Führung des Geschäftes in Deutschland, das mit etwa einem Drittel des Weltumsatzes den „Leitbetrieb" darstellt. Die Produkte in Deutschland zum Beispiel dienen vielen Gesellschaften als Ausgangsbasis für deren nationale Aktivitäten.

1.81 Die Organisation der Wella AG (Stand 1979)

Die Struktur der Wella AG bis 1978

Vor der Neuorganisation war die Wella AG funktional gegliedert. Abb. 8b zeigt diese Organisationsstruktur. Die einzelnen *Vorstandsbereiche*

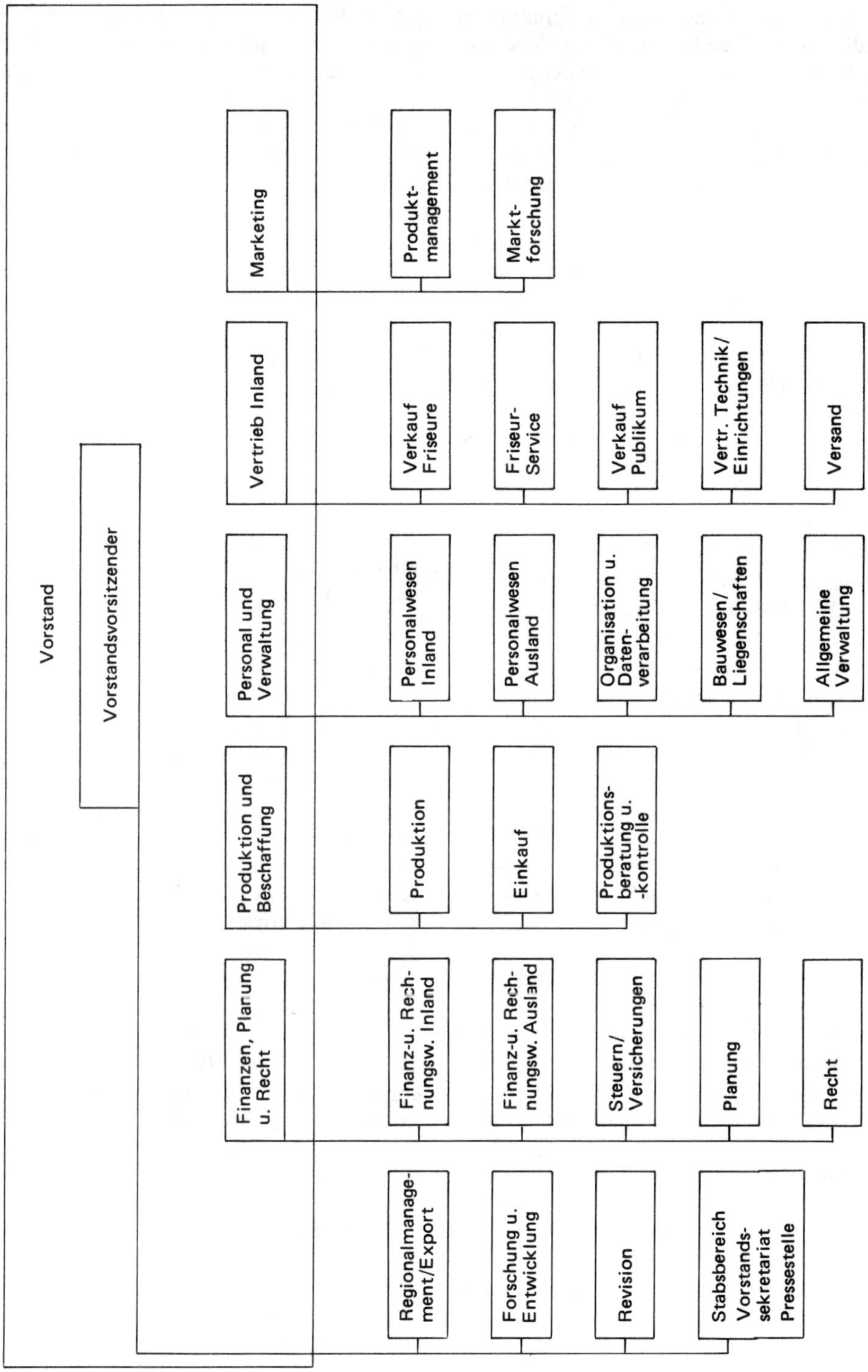

Abb. 8b: Funktionale Struktur vor der Neuorganisation der Wella AG

waren in den ihnen zugeordneten Funktionen zuständig für das Geschäft in Deutschland und für die Koordination und Beratung der zur Wella-Gruppe gehörenden Beteiligungsgesellschaften und Vertretungen. Eine Ausnahme stellte der Bereich Vertrieb Inland dar, dessen Zuständigkeit nur das Geschäft in Deutschland umfaßte.

Dem *Vorstandsvorsitzenden* direkt zugeordnet war das Regional-Management, dessen Aufgaben in der Pflege der Kontakte mit den Beteiligungsgesellschaften und in der Koordinierung der einzelnen funktionalen Bereiche bei Projekten für die Beteiligungsgesellschaften lag. Das *Planungs- und Planüberwachungssystem,* das sich bei Wella aus einer jährlichen Kurzfristplanung und einer 5-Jahres-Planung zusammensetzt, wurde jedoch von dem Bereich Planung innerhalb des Vorstandsbereichs Finanzen, Planung und Recht betreut.

Die wesentlichen *Gründe für die Neuorganisation* der Wella AG lagen in den *Nachteilen dieser funktionalen Gliederung:*

- Die Kontakte zu den Beteiligungsgesellschaften waren in der funktionalen Organisation auf verschiedene Bereiche verteilt und erforderliche Entscheidungen deshalb oft mit zeitraubenden Abstimmungen verbunden.
- Ein weiterer Nachteil lag in der Funktionsteilung zwischen den Bereichen Marketing und Inlandsvertrieb. Aufgabe des Bereichs Marketing war die Erarbeitung der Produktkonzeptionen für das deutsche Geschäft, die Festlegung der internationalen Marketingpolitik und die Koordinierung des Marketings der Beteiligungsgesellschaften der Wella AG. Das wesentliche Instrument für die Durchsetzung der Produktkonzeptionen auf dem Markt in Deutschland, die Führung der Vertriebsorganisation, lag jedoch in dem Bereich Vertrieb Inland. Diese Funktionsteilung führte ebenfalls zu aufwendigen Abstimmungsarbeiten und erschwerte kurzfristig erforderliche Entscheidungen. Die Definition von klaren Verantwortlichkeiten für die Geschäftsergebnisse war so nicht möglich.

Die Struktur der Wella AG nach der Neuorganisation ab 1978

Ziel der Neuorganisation der Wella AG war die Schaffung eines *wirksameren Managements durch Verkürzung der Entscheidungswege.* Wegen des Sortiments von Wella und der Struktur in vielen Auslandsmärkten war eine Spartengliederung nicht zweckmäßig. Die internationale Aufteilung des Geschäfts bot eine *regionale Gliederung* an.

Die wesentlichen Merkmale der neuen Organisation sind:

- *Schaffung regionaler Vorstandsbereiche* für Deutschland, Europa, Pazifik/Asien/Afrika und Amerika.
- *Einrichtung von zentralen Vorstandsbereichen* für grundsätzliche Aufgaben der Geschäftspolitik. Zentralbereiche sind der Bereich Finanzen und Recht sowie der Bereich Personal und Verwaltung.
- *Wahrnehmung der Leitung und Koordination der Vorstandsarbeit* durch den Vorstandsvorsitzenden.

In Abb. 8c ist die neue Organisationsstruktur mit der Untergliederung der einzelnen Bereiche dargestellt.

Die Funktionen der Vorstandsbereiche

Der *Vorstandsvorsitzende* legt die Grundsätze der Unternehmenspolitik und die Unternehmenszielsetzungen fest. Ihm ist ein Stabsbereich mit der regional-übergreifenden *Konzernplanung* und der *Öffentlichkeitsarbeit* direkt zugeordnet. Dem Vorstandsvorsitzenden direkt unterstellt sind ferner die Bereiche *Forschung und Entwicklung* und *Revision.*

Es wurden *zwei zentrale Vorstandsbereiche* eingerichtet. Der *Bereich Finanzen und Recht* ist unter anderem zuständig für die Führung des Finanz- und Rechnungswesens der Wella AG. Dem *Bereich Personal und Verwaltung* kommt neben Verwaltungsfunktionen auch die Aufgabe zu, den für mitbestimmte Unternehmen vorgeschriebenen Arbeitsdirektor zu stellen. In den beiden Zentralbereichen werden die *Richtlinien für die Geschäftspolitik der Zentralfunktionen erarbeitet und überwacht.* Sie sind weiterhin zuständig für die Bearbeitung von Aufgaben auf ihren Spezialgebieten; dabei übernehmen sie Servicefunktionen für die verschiedenen Bereiche der Wella AG.

Dem *Regionalbereich Deutschland* wurden alle wesentlichen Funktionen, die zur Erfüllung der Verantwortung für das Geschäftsergebnis in Deutschland erforderlich sind, direkt zugeordnet.

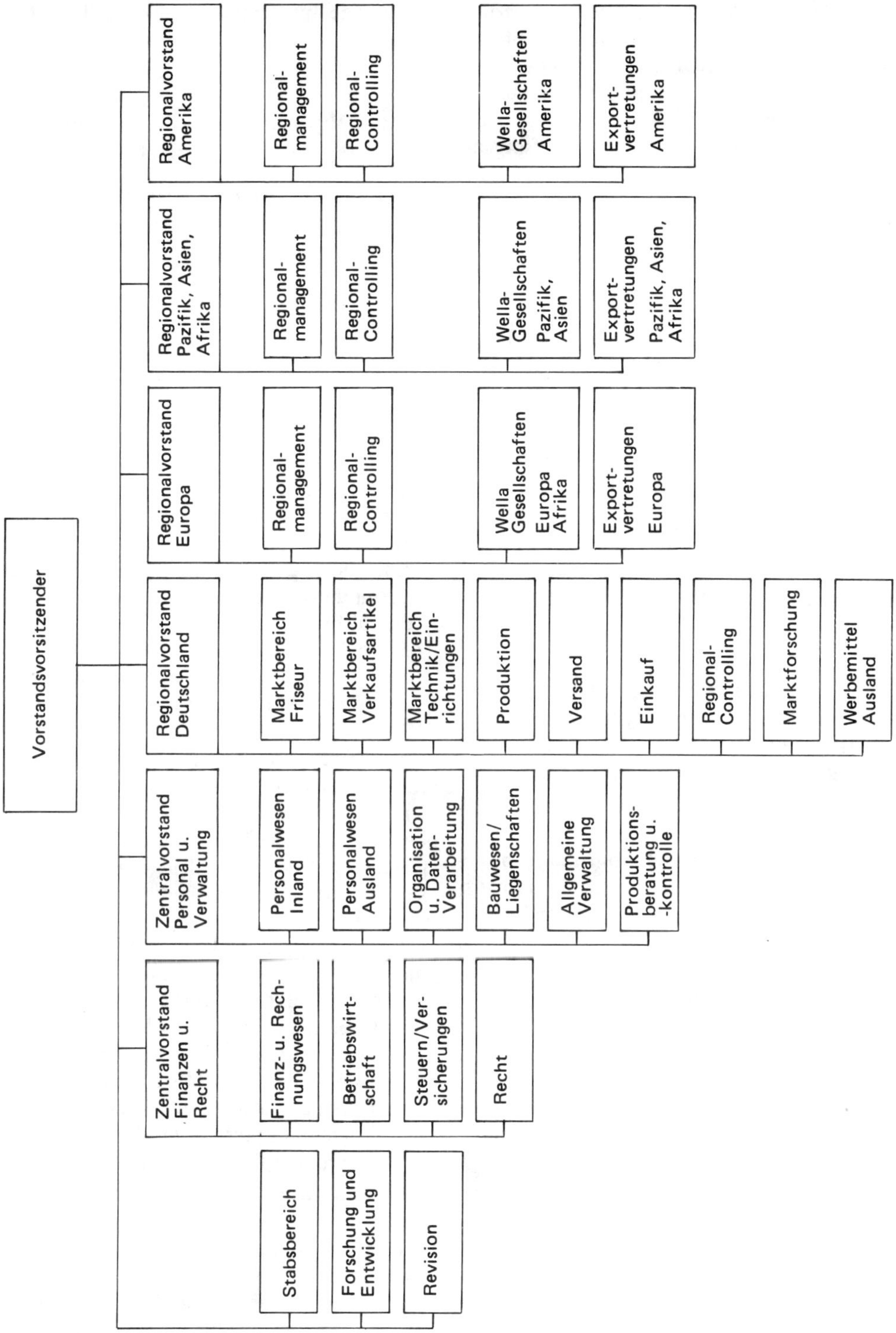

Abb. 8c: Struktur der Wella AG ab 1979

Die *Struktur des Regionalbereichs* ist *spartenorientiert.* Es wurden „Marktbereiche“ für das Friseurgeschäft, das Geschäft für Verkaufsartikel und das Geschäft Technik/Einrichtungen geschaffen. Jeder Marktbereich umfaßt dabei das Produktmanagement, die Verkaufsorganisation und den Servicebereich.

Neben den Marktbereichen umfaßt der deutsche Bereich den Produktionsbetrieb, den zentralen Einkauf sowie den Versand. Zur Unterstützung bei der Planung und ergebnisorientierten Steuerung des Gesamtgeschäfts ist dem Regionalvorstand Deutschland die Funktion „Regional-Controlling“ direkt zugeordnet. Die Marktforschung ist als Service-Funktion für sämtliche Marktbereiche der Region eingerichtet.

In den *Regionalbereichen Europa, Pazifik/Asien/Afrika und Amerika* berichten die Geschäftsführer der Tochtergesellschaften der Wella AG jeweils an den Vorstand ihrer Region, dem zur Koordinierung der Geschäfte die Funktion „Regionalmanagement“ und „Regional-Controlling“ zugeordnet sind.

Hauptaufgabe des *Regionalmanagements* ist der Kontakt zu den Beteiligungsgesellschaften und lizenznehmenden Vertretungsfirmen bei der Marketing- und Vertriebsplanung. Daneben ist das Regionalmanagement zuständig für die Führung und den weiteren Ausbau des Export-Geschäftes von Wella.

Die Aufgaben des *Regional-Controlling* bestehen in der betriebswirtschaftlichen und finanzwirtschaftlichen Beratung der Auslandsgesellschaften bei der Kurz- und Langfristplanung. Das Regional-Controlling versorgt den Regionalvorstand mit Informationen.

Die neue Organisationsstruktur der Wella AG enthält keinen zentralen Marketing-Bereich; jede Region ist verantwortlich für die Realisierung der vom Vorstand gemeinsam festgelegten Marketing-Politik. Diese umfaßt auch Empfehlungen an jede Gesellschaft, neben landesspezifischen Produkten eine Reihe von internationalen Wella-Produkten in ihrem Sortiment zu führen. Der *Marken- und Produktausschuß* hat die Aufgabe, dem Vorstand erfolgreiche Produkte eines bestimmten Marktes zur Definition als internationale Wella-Produkte zu empfehlen. Daneben stellt er eine Querinformation über wesentliche Marketingaktivitäten in den einzelnen Ländern sicher. Ferner wird durch eine Präsentation der erteilten Entwicklungsaufträge eine frühzeitige Information über neue Projekte angestrebt.

1.82 Interview mit dem Vorsitzenden des Vorstandes, Herrn Karl Heinz Krutzki, und den Vorstandsmitgliedern der Wella AG, Herrn Ernst Weiler und Herrn Werner Thoma, 1979

Mit ihrer 1978 erfolgten Reorganisation von einer funktionalen zu einer regionalen Struktur haben Sie sich ein zukunftsweisendes Konzept für die Entfaltung Ihrer internationalen Aktivitäten gegeben. Zum Zeitpunkt Ihrer Entscheidung war die funktionale Organisation weitgehend überholt; die produktorientierte Spartenorganisation kam wahrscheinlich aufgrund der engen gegenseitigen Verbindung der einzelnen Erzeugnisse im Produktprogramm nicht in Frage, so daß Sie sich für eine regionale Gliederung entschieden. – Welches waren die wesentlichen Anlässe für die Reorganisation?

Herr Krutzki: Nach den Erfahrungen mit der funktionalen Organisation kam es uns vor allem darauf an, klare Ergebnisverantwortungsbereiche zu schaffen. In der alten Vorstandsgliederung liefen viele Dinge auseinander und sie bedurften zeitaufwendiger Koordinationsmaßnahmen, Ursachen für Fehlentwicklungen ließen sich kaum lokalisieren, Ziele konnten nicht vereinbart werden und die Führungsspannen waren zu groß. Unser Produktprogramm ließ dabei keine Spartengliederung zu, die weltumspannend eine produktorientierte Resultatsverantwortung in den Mittelpunkt der Organisation gestellt hätte. Heute haben wir in unserem Programm praktisch ein Produkt in vielfältigen Varianten: das Haarpflegeerzeugnis.

Herr Thoma: Bei einem Unternehmen, das in vielen Ländern operiert, ergibt sich aber immer wieder ein Problem, das des Zentralismus bzw. Dezentralismus. Wir haben zwar nur ein Produkt, aber wir versuchen, dieses Produkt wirklich international darzustellen. Gleichzeitig müssen wir dabei Rücksicht nehmen auf die verschiedensten nationalen Gegebenheiten. Die Spartengliederung tendiert dazu, diese nationalen Gegebenheiten zu vernachlässigen. Bei unserer regionalen Gliederung haben wir die große Chance, daß wir das Produkt im Kern einheitlich gestalten und dennoch adaptieren können, um den einzelnen regionalen Gegebenheiten zu entsprechen.

Herr Krutzki: Je konsumnäher und modischer die Produkte sind, um so mehr wird eine regionale Anpassung notwendig sein. Wir haben es jedenfalls mit einem derartigen Produkt zu tun – das muß nicht immer so bleiben – und für uns scheint das Regionalprinzip das einzige zu sein, das uns eine Resultatsverantwortung und ihre Kontrolle erlaubt.

Die Lebensdauer der neuen Organisation hängt dann sicherlich von der beabsichtigten Produktdiversifikation ab?

Herr Krutzki: Die Grenzen sind mit der angestrebten Diversifikation vorgezeichnet. Mit Erfolg betätigen wir uns heute bereits auf dem Gebiet der Heizungstechnik. Im Laufe der letzten Jahre haben wir hier einen kleinen Geschäftszweig entwickelt, der auf dem Know-how des Technikgeschäftes „Friseur" aufbaute. Wenn wir an eine Diversifikation in die Richtung der Körperpflege denken – über die Haarpflege hinaus – dann stehen hierbei nicht technologische Aspekte, sondern Marketinggesichtspunkte im Vordergrund. Die Frage lautet dann hier: Wie können wir unsere Verkaufserfahrung und unsere Vertriebsorganisation auch für andere Produkte als die bisherigen zum Einsatz bringen?

Welche Lebensdauer geben Sie dann unter diesen unternehmungspolitischen Prämissen der gerade verabschiedeten neuen Organisation?

Herr Krutzki: Unsere Vergangenheitserfahrung zeigt, daß alle fünf bis sieben Jahre die Organisation der Leitung stark verändert wurde. Es könnte also sein, daß es uns mit unserer neuen Organisation nicht viel anders ergehen wird. Wir sehen gerade daran die Schnellebigkeit unserer Zeit.

Die regionale Gliederung ihres Unternehmens ist wahrscheinlich durch die historische Entwicklung des Stammhauses, das von einer nationalen Region aus zu operieren begonnen hat, geprägt. Ist die neue Organisation umsatzmäßig zur Region Deutschland hin „kopflastig"?

Herr Krutzki: Wir haben eine relativ ausgeglichene Umsatzstruktur in den einzelnen Regionen: Je ein Drittel in Deutschland und dem übrigen Europa, etwas weniger in der Region Pazifik, Asien, Afrika und wiederum etwas weniger in Amerika. Wir erwarten für die Zukunft ein besonderes Wachstum in der Region Pazifik, Asien, Afrika, so daß sich hier eine weitere Annäherung an ein Umsatzgleichgewicht zwischen den Regionen vollziehen dürfte, während in Amerika für uns Sonderbedingungen zu beachten sind.

Inwieweit sind die einzelnen Regionen im Hinblick auf die Produktion autonom?

Herr Krutzki: Diese sind weitgehend autonom. Der Export aus Deutschland in diese Region ist relativ unbedeutend.

Die Region Deutschland unterscheidet sich in ihrem formalen Aufbau von den übrigen Regionen.

Herr Weiler: Innerhalb der Region Deutschland sind es einerseits die vielen Funktionen Produktion, Einkauf und Versand . . .

Herr Thoma: . . . und andererseits eine Spartengliederung in den Friseurbereich, die Verkaufsartikel und das Einrichtungsgeschäft und zunehmend die Heizungstechnik.

Herr Weiler: Diese Art der Gliederung taucht dann zum Teil bei den ausländischen Tochtergesellschaften wieder auf.

Wie werden nun diese verschiedenen „Sparten" über das internationale Geschäft hinweg koordiniert?

Herr Thoma: Das ist die Aufgabe des Marken- und Produktausschusses, in dem von jeder Region der Produktkoordinator vertreten ist und von Deutschland drei Vertreter delegiert werden (für jede Sparte ein Vertreter).

Die Bezeichnung dieses Ausschusses hat einen tieferen Sinn. Wir können das Marketing in den einzelnen Ländern von hier aus nicht steuern; was wir aber von hier aus steuern können, ist die Einheitlichkeit der Marken und der Produkte. Der Ausschuß ist also eine Art Koordinationsstelle der verschiedensten Vorstellungen unterschiedlicher Regionen, um eine einheitliche Gestaltung herbeizuführen.

Die Arbeit des Ausschusses orientiert sich also an einzelnen Marken und Produkten. Inwieweit kann dieser Ausschuß Programmpolitik betreiben?

Herr Thoma: Programmpolitik kann er nicht betreiben; denn diese Aufgabe ist dem Regionalvorstand in seiner Verantwortung übertragen.

. . . und es gibt keinerlei zentralere Möglichkeiten, Programmpolitik zu betreiben?

Herr Thoma: Diese gibt es, sie waren jedoch bisher nicht notwendig. Wenn eine solche Notwendigkeit entsteht, übertragen wir die Gestaltung einer Marke oder eines Produktes nicht dem Ausschuß, sondern einem bestimmten Land, damit nicht ein Kompromiß aus den Forderungen von fünf verschiedenen Erdteilen entsteht. Die Übertragung auf eine Region bedeutet, daß dieser regionalverantwortliche Produkt-Mann dieses Projekt grundsätzlich im Auge behält und die federführende Koordinierung bei einer Übertragung in andere Regionen übernimmt. Dabei spielt der Marken- und Produktausschuß eine weitere Rolle, indem er den Regionalvorständen und dem Vorstandsvorsitzenden, d. h. den zuständigen Entscheidungsverantwortlichen, Beschlußvorlagen unterbreitet.

Wie erfolgt in diesem Zusammenhang die Planung neuer Produkt- und Markenentwicklungen?

Herr Krutzki: Einerseits gehen wir davon aus, daß wesentliche Entwicklungsimpulse aus den Regionalbereichen kommen, die über die Regionalvorstände einer weltweiten Nutzung zugeführt werden können. Andererseits werden über die zentralisierte Produktentwicklung auch von unserer Seite aus Neuheiten initiiert, wobei wir durchaus daran denken, einen Teil der Produktentwicklung zu „regionalisieren“, der dann allerdings der zentralen Entwicklung hier im Hause unterstellt bleibt. Darüber hinaus hat jeder Regionsvorstand die Möglichkeit, Entwicklungsaufträge zu erteilen. Über den Marken- und Produktausschuß wird dieser Auftrag dann allen Regionen bekanntgegeben.

Das den ausländischen Regionalbereichen zugewiesene Regionalmanagement nimmt den Kontakt zu den Beteiligungsgesellschaften und Vertretungsfirmen auf und ist für den Ausbau des Exportgeschäftes zuständig. – Ist dies eine rein beratende Stabsfunktion gegenüber den Regionalvorständen?

Herr Krutzki: Diese sind den Regionalvorständen in der Linie unterstellt, die für die Tochtergesellschaften Stabsfunktionen ausüben. Wir führen unsere Tochtergesellschaften über *Planungssysteme*, in denen die *Vereinbarung von Zielsetzungen* eine entscheidende Rolle spielt. Im Bereich der Regionalvorstände haben sie jeweils einen Produktkoordinator, der auch über Mitarbeiter verfügt und der mit den Marketingverantwortlichen in den Auslandsgesellschaften die Politik erörtert und unterstützt. Der Regionalmanager ist überwachend verantwortlich für den Marketingteil. Vorwiegend ist er jedoch verwaltend tätig.

Welche konkreten Aufgaben haben dann die einzelnen Regionalvorstände?

Herr Krutzki: Marketing, Verwaltung und Controlling. Die Marketing-Mitarbeiter des Vorstandsbereiches werden koordiniert von dem Regionalmanagement.

Den einzelnen Regionalvorständen sind eine Fülle von Abteilungen und im Ausland von Landesgesellschaften unterstellt. Ergeben sich hier Probleme mit der Leitungsspanne?

Herr Krutzki: Nein, da wir sehr weitgehend delegiert und das System der Resultatsverantwortung eingeführt haben, sind die Regionalvorstände stark entlastet.

Jedem Regionalvorstand sind in der Controllingfunktion Planungs- und Kontrollabteilungen zugewiesen, die den Regionalvorstand und die Auslandsgesellschaften informieren, beraten und betriebswirtschaftlich unterstützen. – Unterstehen diese Planungs- und Kontrollabteilungen lediglich den Regionalvorständen? Wie wird die Brücke zum zentralen Finanz- und Rechnungswesen, wie die zur Konzernplanung, geschlagen?

Herr Krutzki: Die Controller sind eindeutig disziplinarisch den Regionalvorständen unterstellt. Der Controller hat die Aufgabe, sämtliche Tochtergesellschaften seiner Region permanent zu überwachen in finanzwirtschaftlicher, betriebswirtschaftlicher Sicht, er hat Vorlagen für den Vorstand zu erarbeiten, er hat die Planzahlen für die Region zu überwachen und die Aufstellung der Rahmenpläne (jährlich und fünfjährlich) zu organisieren. Die Pläne, die in den einzelnen Regionalbereichen erarbeitet werden, gehen an den zentralen Planungsbereich, der diese im Hinblick auf ihre Übereinstimmung mit Unternehmungspolitik analysiert und konsolidiert.

Wer stellt in diesem Zusammenhang die Einheitlichkeit des fachlichen Vorgehens der regionalen Controller sicher?

Herr Krutzki: Sowohl die Planungsabteilung als auch das Finanz- und Rechnungswesen. Soweit es die Planung betrifft, werden die Planungsrichtlinien durch den Stabsbereich in Zusammenarbeit mit dem Vorsitzenden des Vorstandes aufgestellt; die Richtlinien für die Finanz- und Bilanzpolitik dagegen vom zentralen Finanzbereich.

Liegt hier nicht die Gefahr eines sich reibenden Dualismus?

Herr Krutzki: Dafür gibt es bei uns keine Ansatzpunkte.

Weshalb haben Sie sich für eine eindeutige Unterstellung der dezentralen Controller unter die Regionalvorstände entschlossen?

Herr Krutzki: Wir wollten die regionalen Vorstandsbereiche so ausstatten, daß diese die uneingeschränkte Resultatsverantwortung übernehmen können. Wir haben damit die Regionalvorstände in die Lage versetzt, gegenüber den unterstellten Tochtergesellschaften in vollem Umfange als vorgesetzte Stelle wirksam werden zu können.

Wir wollen also keineswegs in das Management dieser Unternehmen eingreifen; denn es ist unsere Grundsatzphilosophie, daß wir denjenigen, denen wir Verantwortung übertragen, auch die vollen Möglichkeiten geben, um verantwortlich sein zu können. Dies gilt voll für die Handlungsautonomie der nationalen Gesellschaften.

Die Regionalvorstände benötigen jedoch, um die Entwicklung der nationalen Gesellschaften überwachen zu können, ein eigenes Instrumentarium, das wir ihnen mit der Unterstellung der regionalen Controller an die Hand gegeben haben.

Innerhalb der einzelnen Marktbereiche stehen dem eigentlichen operativen Verkauf das Produkt-Management und der Verkaufsservice gegenüber. – Können Sie das Zusammenwirken dieser drei Funktionen näher beschreiben?

Herr Thoma: Im Beispiel des Friseurbereiches in Deutschland kann davon ausgegangen werden, daß der Leiter des Marktbereiches „Friseur“ die koordinierende Funktion zwischen dem Produkt-Management und dem reinen, operativen Verkauf ausübt. Der Friseur-Service ist eine Spezial-Einrichtung für den professionellen Bereich mit verkaufsfördernder Wirkung. Zwischen diesen bestehen die normalen Probleme, die sich zwischen einem Produkt-Management und einem operativen Verkauf immer einstellen. Dabei betreut ein Produkt-Manager mehrere Marken. Die Aufgabenverteilung erfolgt funktionell: Farb-, Shampoo-, Wellmittelbereich, weil der Produkthintergrund entscheidend für die Arbeit der Produkt-Manager ist.

Mit der neuen Organisation scheint die Pyramide flacher geworden zu sein. Damit müßte sich eine Verbesserung des Informationsflusses abzeichnen. – Realisiert sich Ihrer Ansicht nach diese Hoffnung in einer Unternehmung mit breit gestreuten internationalen Interessen?

Herr Krutzki: Ich glaube, unsere Organisation ist in der Pyramide durch die umgestaltenden Maßnahmen nicht flacher geworden. Aber in jedem Fall ist der Informationsfluß beschleunigt worden. Durch die weitgehende Autonomie der Regionalvorstände entfällt die früher notwendige Breitenabstimmung vielfältiger (Detail-)Fragen im Vorstand.

Also durch Dezentralisation wird unmittelbarer und direkter entschieden, und es setzt eine Entlastung des Informationsflusses und damit im Endeffekt der Unternehmungsspitze ein. – Ist Ihre Organisation damit flexibler und unbürokratischer geworden, oder verlangt gerade das Verhältnis von Zentral- und Regionalbereichen zueinander ein gehobenes Maß an Formalisierung?

Herr Krutzki: Dies ist eine sehr schwer zu beantwortende Frage! Derzeit besteht die Notwendigkeit, noch vieles zu regeln. Ich glaube aber, daß dies eine Übergangserscheinung ist und daß wir bald wieder zu dem informalen Arbeitsstil zurückkommen werden, der uns bei der Wella in der Vergangenheit ausgezeichnet hat.

2. Elektroindustrie

2.1 BBC-AG

Brown, Boveri & Cie ist ein internationales Unternehmen, das mit über 100.000 Mitarbeitern einen Jahresumsatz von mehr als 8 Mrd. DM erreicht. Der Hauptteil des gesamten Produktionsvolumens entfällt dabei auf die drei Konzerngruppen Schweiz, Deutschland und Frankreich. Neben der Belieferung ihres Inlandsmarktes führen diese Gruppen auch den überwiegenden Teil des weltweiten Exports durch.

2.11 Die Organisation von Brown, Boveri & Cie AG (Stand 1972)

von Dr. Aloys Gälweiler, Mannheim

Aufgabenteilung im Vorstand

Eine *Übersicht über die grundlegende Führungsorganisation* in der deutschen BBC-Konzerngruppe gibt das Organigramm in Abb. 9a.

Unter dem Vorstandsvorsitzenden bestehen *neun Vorstandsreferate*, fünf davon betreffen konzernweite, zentralisierte Aufgabengebiete, vier betreffen die Führung von jeweils einer Gruppe von Geschäftsbereichen.

Die Gesamtheit der *funktionellen Zentralaufgaben* ist wie folgt aufgegliedert:

1. Finanzen und Verwaltung
2. Marketing
3. Organisation und Materialwirtschaft
4. Personalwesen
5. Technik

Dem jeweils für eines dieser Aufgabengebiete verantwortlichen Vorstandsmitglied sind zentrale Stäbe zugeordnet. Diese wiederum sind in Zentralbereiche und Zentralabteilungen gegliedert. Dem Vorstandsvorsitzenden untersteht der Zentralbereich Unternehmensplanung.

Das gesamte Geschäft ist auf der Vorstandsebene in *vier Geschäftsbereichsgruppen* eingeteilt:

1. Energie-Erzeugung
2. Energie-Verteilung und Energie-Anwendung
3. Technische Serienerzeugnisse
4. Neue Techniken

Maßgebend für die *Zuordnung der Geschäftsbereiche* zu Geschäftsbereichsgruppen sind weitgehend *Gemeinsamkeiten im Markt und in den Technologien,* die auf der Ebene der Geschäftsbereichsgruppe bereits einen Koordinierungseffekt erwarten lassen.

Aufgaben der Funktionsreferate

Die für die *Funktionsreferate zuständigen Vorstandsmitglieder* haben die *grundlegende Verantwortung für Verfahren, Methoden und Eignungsgrad der jeweiligen Funktion* in allen Unternehmensstellen.

Im Rahmen dieser Aufgabe obliegt ihnen insbesondere:

1. Herausgabe von Richtlinien, die für alle Unternehmensstellen verbindlich sind
2. vom Fachgebiet her erforderliche Entscheidungen im Einzelfall mit verbindlicher Wirkung für die jeweilige Unternehmensstelle
3. fachliche und disziplinarische Führung aller ihnen unterstehenden Zentralstellen
4. Festlegung der Ausbildungsziele für die Führungskräfte ihres Fachgebietes
5. Bereitstellung von qualifizierten Führungskräften für die ihrem Referat entsprechenden Leitungspositionen in allen Stellen des Unternehmens.

Aufgaben der Geschäftsbereichs-Referate

Die für die Geschäftsbereiche zuständigen Vorstandsmitglieder tragen die grundlegende Verantwortung für die *nachhaltige Sicherung und die laufende Erarbeitung optimaler Geschäftsergebnisse in den zugeordneten Geschäftsbereichen* unter Beachtung der Befugnisse der funktionellen Vorstandsreferate und der vom Gesamt-Vorstand verabschiedeten kurz-, mittel- und langfristigen Geschäftspläne und Budgets.

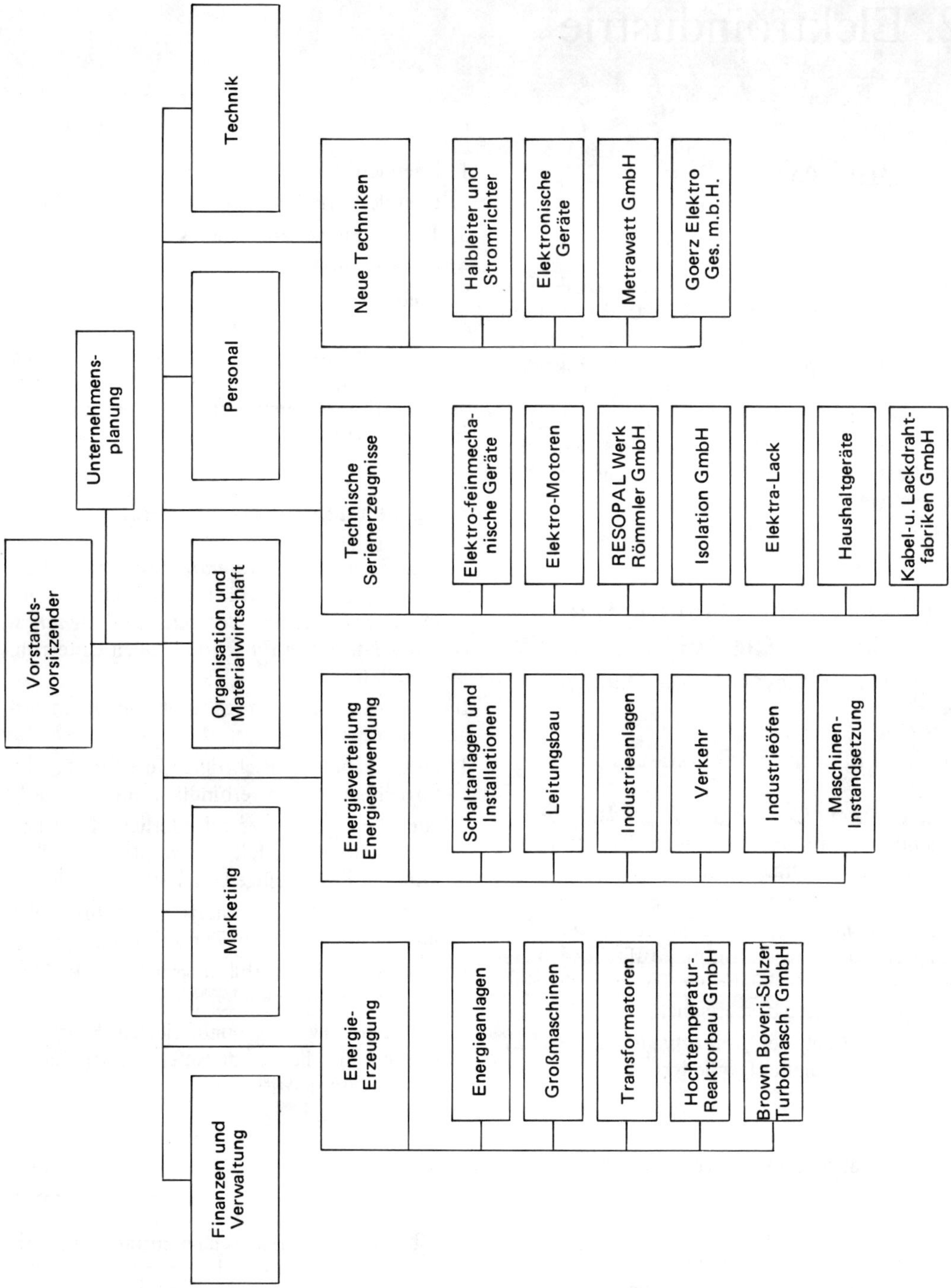

Abb. 9a: Führungsorganisation der BBC

Im Rahmen dieser Aufgabe obliegt ihnen insbesondere:

1. die Festlegung spezieller geschäftspolitischer Verhaltensgrundsätze für die zugeordneten Geschäftsbereiche
2. die Sicherung der Erarbeitung konkreter kurz-, mittel- und langfristiger Geschäftsziele
3. Überwachung des Geschäftsablaufes in den unterstellten Bereichen hinsichtlich der Realisierung der Planungsziele und der im Budget festgelegten Jahresziele
4. Sicherung der laufenden Koordinierung zwischen allen zum Referat gehörenden Geschäftsbereichen
5. Fällen bzw. Herbeiführen von Grundsatzentscheidungen, die im Zuge des Geschäftsablaufes erforderlich werden
6. Überwachung der Einhaltung der allgemeinen geschäftspolitischen Verhaltensgrundsätze und der speziellen Richtlinien der Funktionsreferate.

Organisationsstruktur der Geschäftsbereiche

Dem Geschäftsbereichsvorstand gegenüber ist ein Geschäftsbereichsleiter für seinen Geschäftsbereich verantwortlich. Ihm ist eine für die Geschäftsplanung und Geschäftsorganisation dieses Bereiches zuständige Stabsstelle beigegeben.

Organisation der Führungsebene unterhalb des Geschäftsbereichsleiters

Für die *Organisation der Führungsebene unterhalb des Geschäftsbereichsleiters* gibt es *drei Grundmodelle*. Ihre Anwendung hängt ab von den jeweiligen Gegebenheiten in einem Geschäftsbereich in bezug auf sein Produkte- und Marktspektrum. Je homogener das Produkte- und/oder Marktspektrum ist, um so einfacher kann auch die Struktur der Geschäftsbereichsorganisation sein.

Die *einfachste Grundstruktur* zeigt das Organigramm in Abb. 9b. Diese *Grundstruktur* wird überall dort angewendet, wo die relative Homogenität der Produkte und/oder Märkte zwangsläufig eine völlig einheitliche und geschlossene Geschäftspolitik und entsprechend einheitlich geführte Funktionsbereiche (Marketing, Entwicklung, Produktion und kfm. Verwaltung) bedingen. Entwicklung und Produktion sind dabei in manchen Fällen auch zum Funktionsbereich Technik zusammengefaßt.

Bei einer *anderen Grundstruktur* kann ein Geschäftsbereich in zwei oder mehr Teilgeschäftsbereiche aufgegliedert sein. Jeder Teilgeschäftsbereich ist dann in die vier bzw. drei Funktionsbereiche gegliedert.

Teilgeschäftsbereiche werden dann gebildet, wenn einerseits innerhalb eines Geschäftsbereiches unterschiedliche Märkte und technologische Gegebenheiten produktbedingte eigenständige geschäftspolitische Führungsaufgaben erfordern und andererseits aber eine Reihe von Gemeinsamkeiten – z.B. am Markt oder in der Produktion – ein Verbleiben in einer Geschäftsbereichseinheit zur Sicherung der damit gegebenen Vorteile erfordert.

Die *dritte Grundstruktur* besteht darin, daß neben den Funktionsbereichen laut Abb. 9b ein Geschäftsbereich in zwei oder mehr Fachbereiche gruppiert ist.

Der *Leiter eines Fachbereiches* hat die ergebnismäßige Verantwortung für eine oder mehrere

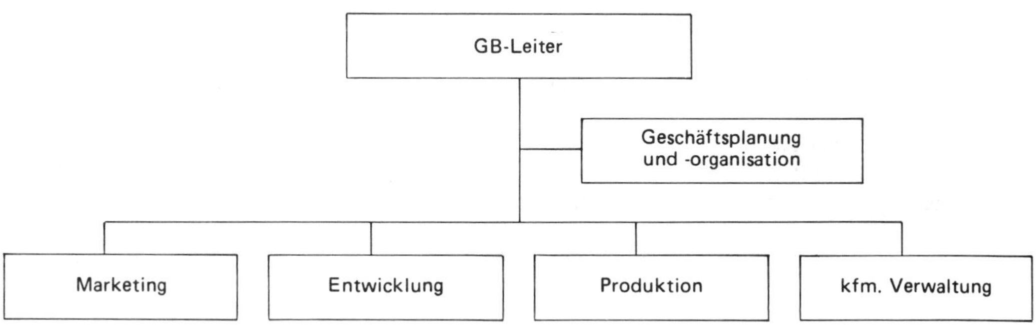

Abb. 9b: Organisationsstruktur eines Geschäftsbereiches

Produktgruppen bzw. Anlagengeschäftsgebiete, ohne daß ihm alle für das Geschäft notwendigen Funktionsbereiche unterstehen. Im Mindestfall unterstehen ihm Planung, Verkauf, Disposition und Endmontage der betreffenden Produktgruppen oder Anlagengeschäftsgebiete.

Damit soll eine weitgehende Selbständigkeit und Flexibilität in bezug auf die Marktgegebenheiten erreicht werden, ohne Verbundvorteile in Produktion und Entwicklung zu opfern. Die Fachbereichsstruktur kann naturgemäß auch wiederum bei Teilgeschäftsbereichen in Frage kommen.

Schließlich können in einer weiteren Differenzierung in allen drei Grundmodellen *Produktleiter (Product-Manager)* eingesetzt werden. Sie tragen die Verantwortung für den Markterfolg einer Produktgruppe bzw. eines Anlagengeschäftsgebietes. Im Grenzfalle haben sie überhaupt keine disziplinarische Zuständigkeit in bezug auf die Funktionsbereiche, mit denen sie zusammenarbeiten müssen. Ein Produktleiter wird überall dort eingesetzt, wo produktbezogene Tätigkeiten zu koordinieren sind, aber die für einen Fachbereich geltenden Kriterien nicht erfüllt sind.

Für zeitlich begrenzte wichtige Einzelvorhaben, wie sie vor allem bei neuen Geschäftsvorhaben eine Rolle spielen, werden darüber hinaus *Projektleiter* eingesetzt.

Verkehr zwischen den Geschäftsbereichen

Die Tätigkeitsgebiete des Unternehmens bringen es mit sich, daß

1. die Geschäftsbereiche durch gegenseitige Zulieferungen einen relativ hohen Anteil interner Umsätze haben
2. eine ungesteuerte Expansion der Arbeitsgebiete der einzelnen Geschäftsbereiche leicht zu Kollisionen und Überlappungen zwischen den einzelnen Geschäftsbereichen führen kann.

Der laufende Geschäftsverkehr zwischen den Geschäftsbereichen (interne Bezüge und Lieferungen) geht grundsätzlich davon aus, daß er wie im Verkehr mit Fremden geführt wird, d.h. über eindeutige schriftliche Vereinbarungen im vorhinein.

Die *Lieferpreise* werden, soweit überhaupt möglich, direkt oder indirekt an *vergleichbaren Marktpreisen orientiert.* Dabei steht die *Möglichkeit des Fremdbezuges* offen. In wichtigen Einzelfällen bedarf sie des Einvernehmens mit dem Zentraleinkauf.

Die Arbeitsgebiete (Produkte bzw. Anlagengeschäftsgebiete und Märkte) der einzelnen Geschäftsbereiche, Teilbereiche und Fachbereiche sind in Rundschreiben festgelegt.

Die laufenden Veränderungen in der Umwelt (Märkte, Technologien, Konkurrenz usw.) erfordern auch hier eine häufigere Anpassung, die zu entsprechenden Umgruppierungen in den einzelnen Geschäftseinheiten führen.

2.12 Interview mit dem Vorsitzenden des Vorstandes der Brown, Boveri & Cie AG, Herrn Prof. Dipl.-Ing. Eberhard Schmidt, 1972

> Welches waren die Anlässe zu einer generellen Reorganisation Ihres Unternehmens?

Die Organisation des Unternehmens befand sich, als man diesen Entschluß faßte, eigentlich schon in einem Zustand einer begonnenen, aber nicht vollendeten Reorganisation. Man hatte bereits den Versuch unternommen, Geschäftsbereiche zu bilden, hatte aber einzelne Tätigkeitsgebiete, die eigentlich zur Linie gehörten, doch wieder den funktionellen Vorstandsbereichen unterstellt, also etwa dort, wo in einer Fabrik verschiedene Geschäftsbereiche gegeben waren, wußte man sich einfach nicht anders zu helfen, als sie dem technischen Vorstand zu unterstellen, in anderen Fällen gehörten sie zum zuständigen Geschäftsbereich. Es herrschte also ein Durcheinander verschiedener Systeme. Man war mitten in der Ausführung des an sich richtigen Entschlusses zur Bildung einer Geschäftsbereichsorganisation steckengeblieben. Die Gliederung wurde nicht konsequent durchdrungen und dort, wo man Geschäftsbereiche gebildet hatte, wurden gewisse Konsequenzen nicht gezogen: So unterstanden z.B. die kaufmännischen Leiter dieser Geschäftsbereiche immer noch direkt dem kaufmännischen Vorstand.

> Es mußten also erst einmal klare Verhältnisse geschaffen werden.

Es war notwendig, dieses sehr diversifizierte Unternehmen zu klaren Verantwortlichkeiten in den einzelnen Geschäftsbereichen hinzuführen, um das Ertragsdenken und die Geschäftsverantwortung eindeutig zu definieren, was bis dorthin nicht der Fall war.

Sie haben erst kürzlich ein funktionelles Vorstandsressort für Organisation geschaffen. Wer war eigentlich vor dieser Maßnahme für die Planung und Durchführung der Organisationsmaßnahmen verantwortlich?

Dies war eine Gemeinschaftsarbeit vieler Stellen. Daran haben Organisationsstellen verschiedener Prägung mitgewirkt. Zunächst hat man sich im Vorstand in großen Zügen über die notwendigen Maßnahmen geeinigt und einzelnen Stellen die Ausführung zugewiesen. Dies hat sich jedoch nicht optimal ausgewirkt. Über die wesentlichen Grundmaßnahmen ist man auf diesem Wege nicht hinausgekommen. So mußten wir zur weiteren Vertiefung schließlich viel stärker zentralisieren.

Eine eigentliche Organisationsabteilung, die dem Vorstand unterstand, gab es damals also noch nicht?

Doch, die gab es schon, nur unterstand sie dem Finanzvorstand und war demgemäß stark nach dessen Interessengebiet orientiert: Ihr Hauptanliegen war das Organisieren der Erfassung und Verarbeitung des Zahlenmaterials.

Es gibt ja heute eine Reihe amerikanischer Unternehmen, die organisatorische Arbeit in Projektgruppen erledigen. Wie beurteilen Sie diese Organisationsform im Hinblick auf die Probleme Ihres Unternehmens?

Im Grunde genommen machen wir das so ähnlich. Der Vorstand für Organisation verfügt nur über einen ganz kleinen Stab. Die eigentliche Organisationsarbeit wird nach wie vor dezentral und in Projektgruppen durchgeführt. So gibt der technische Vorstand Richtlinien für die Organisation der Arbeitsvorbereitung und der Fertigung, der Finanzvorstand für das Rechnungswesen usw. In jedem Geschäftsbereich sind Mitarbeiter vorhanden, die für die geeignete Anwendung dieser Richtlinien sorgen. In einem so diversifizierten Unternehmen wie dem unsrigen hielten wir es dennoch für richtig, ganz bestimmte Prinzipien zentral zu verfolgen, aber mehr in Form eines geistigen Kopfes der Sache und nicht in Form einer Exekutive.

Wenn ich recht informiert bin, besteht diese neue Organisation in ihren Grundzügen seit 1968. Wie hat sie sich in Ihren Augen bewährt?

Im Prinzip hat sie sich bewährt. Gewisse funktionelle Dinge müssen sicherlich noch weiter systematisiert werden. Das große Problem lag jedoch weniger im System als in den Menschen, die es zu „managen" haben. Aus hervorragenden Verkäufern, ausgewiesenen Turbinenspezialisten etc. mußten „über Nacht" Unternehmer werden, die nun Verantwortung für ganze Geschäftsbereiche zu übernehmen hatten. Mit einer Reihe dieser Leute haben wir natürlich Enttäuschungen erlebt. Was wir gern gehabt hätten, wohlgeschulte und wohlvorbereitete Leute, entspezialisierte Spezialisten, das war kaum gegeben und zur Vorbereitung war keine Zeit mehr.

Wo sehen Sie für die Zukunft noch wesentliche Ansatzpunkte für weitere Umstrukturierungen?

Am Grundkonzept erkenne ich keine weiteren Änderungsnotwendigkeiten. Allgemein sollte jedoch die Entwicklung dahingehen, die Geschäftsbereiche immer selbständiger und immer eigenverantwortlicher zu machen und die koordinierende und auch weisungsorientierte Tätigkeit der funktionellen Stellen immer weiter einzuschränken, aber ihre dienstleistungsorientierte und die Geschäftsbereiche unterstützende Tätigkeit zu verstärken.

Sehen Sie dabei Gefahren, daß die Zentrifugalkräfte der Organisation zu stark werden?

Auch hier kommt es auf das richtige Maß an. Wir sind nun einmal von einem stark funktionell geleiteten Unternehmen zu diesem Geschäftsbereichskonzept gekommen. Natürlich gibt es hier Spannungen zwischen den Geschäftsbereichen und den Funktionen. All das muß sich einspielen.

Die Aufbauorganisation ihres Unternehmens stellt erzeugnisbezogene Geschäftsbereiche in den Mittelpunkt der Gliederung. Nach welchen Gesichtspunkten haben Sie die Geschäftsbereiche gebildet? Hat dabei eine Gleichgewichtsidee (z.B. in etwa gleiches Umsatzvolumen oder gleiches Erfolgsvolumen) eine Rolle gespielt?

Das Volumen spielt nur insoweit eine Rolle, als ein bestimmtes Mindestvolumen überhaupt vorhanden sein muß. Im übrigen sind die Volumina unserer Geschäftsbereiche von sehr unterschiedlicher Größe. Wir haben zunächst versucht, den Markt als wesentliches Gliederungskriterium zu betrachten. In den meisten Fällen deckte sich diese Einteilung mehr oder weniger mit bestimmten Techniken und Produktlinien.

Neben die Geschäftsbereichsgliederung haben Sie funktionelle Ressorts gestellt. Beide sind im Vorstand vertreten. Wie funktioniert die Zusammenarbeit zwischen diesen funktionellen und den erzeugnisbezogenen Vorstandsressorts?

Das funktioniert dadurch recht gut. Für die funktionellen Ressorts gilt der Leitsatz: Die funktionellen Vorstandsmitglieder tragen die grundlegende Verantwortung für Verfahren, Methoden und Wirkungsgrad der jeweiligen Funktion in allen Unternehmensstellen. D.h. also, wenn sie ihre Rolle richtig spielen, müßten sie von den Geschäftsbereichs-Vorstandsmitgliedern als willkommene Helfer betrachtet werden, die ihnen die Mühe abnehmen, sich um alle Probleme in ihren Bereichen zu kümmern. Und genauso läuft es auch.

Wird dadurch aber nicht das Prinzip der Ergebnisverantwortung der Geschäftsbereiche durchlöchert?

Nein, auf diesem Sektor nicht. Das funktionelle Vorstandsressort für Produktion kann ja nicht in den Geschäftsbereich hineingreifen und etwa sagen: „Du mußt Deine Fabrik schließen!“ Er kann ja lediglich empfehlen und sagen: „Als Fachmann für Produktion empfehle ich Dir, das so und so zu machen.“ In 99,5 % aller Fälle ist der andere froh, daß er ihm einen Weg zeigt, etwas anders, etwas besser zu machen. Die Schwierigkeiten, die sich ergeben, liegen eher in den Kosten der funktionellen Organisation, die ja die Geschäftsbereiche tragen müssen. Grundsätzlich gilt das Prinzip, daß alles einschließlich der Forschung von Anfang an von dem jeweils interessierten Geschäftsbereich getragen wird. Hier gibt es natürlich Klagen: „Schon wieder erhöht Ihr die Umlagen!“ Aber bisher ist noch keiner auf das Angebot eingegangen: „Dann macht es doch selbst!“

Wie ist eigentlich die Verzahnung mit Ihrer Muttergesellschaft in Baden organisatorisch geregelt? Inwieweit und in welcher Form greifen funktionelle oder erzeugnisgebundene Ressorts der Muttergesellschaft in die Tätigkeit der deutschen BBC ein? Inwieweit und in welcher Form werden Unternehmenspläne abgestimmt?

Die Konzernleitung ist ein Gremium, in dem die verschiedenen großen Töchter vertreten sind, diese reden also bei allen Konzernentscheidungen von vornherein mit. Weiter besteht eine Reihe von Konzernstäben, andere sind im Aufbau, die zum größten Teil funktionelle Aufgaben haben, also z.B. die Einheitlichkeit der Normung im Konzern, des Stücklistenwesens, des Rechnungswesens und derartige Dinge. Für unternehmerische Entscheidungen besteht außerdem eine Ebene, die wir die Sekundärorganisation nennen. Hier steht auch die Produktkoordination an, die von einer Reihe von Sortimentsteams international getragen wird. In ihnen sind alle Unternehmen des Konzerns, die diese Produktgruppen herstellen und vertreiben, vertreten. Das beginnt mit der Entwicklung, der Gleichschaltung der Konstruktionen – bisher hat jedes Land das gemacht, was es selbst für richtig hielt, obwohl keine technischen Notwendigkeiten hierfür bestanden – über die Fertigung bis zum Vertrieb. Diese Sortimentsteams werden die ersten sein, die fühlbare Eingriffe in die nationalen Unternehmen vorschlagen werden. Bis jetzt sind diese Teams zum großen Teil jedoch noch nicht zu weltumstürzenden Entschlüssen gekommen. Entscheidungen werden in jedem Fall von der Konzernleitung getroffen, wobei der Verantwortliche für ein Tochterunternehmen in diesem Gremium ein Veto einlegen kann.

In der Bundesrepublik besteht ein gewisser Trend weg von der funktionalen Organisation und hin zu geschäftsbereichsorientierten Organisationsmodellen. Sicherlich ist dies auch nicht der Weisheit letzter Schluß. Wie beurteilen Sie die organisatorische Situation in den nächsten 10 Jahren: Wird es dann nicht wieder ganz andere Forderungen geben, die wiederum andersartige Organisationsstrukturen notwendig machen?

Ich bin der Meinung, man wird immer sowohl die funktionelle Organisation als auch die produkt- oder marktbezogene Organisation kombiniert gebrauchen. Ich kann mir nicht vorstellen, daß man auf die Dauer mit einer zu starken Divisionalisierung, bei der dann alles auseinanderfällt, gut fährt. Das kann man nur dann machen, wenn die Dinge so groß werden, daß sie wirklich ein Eigenleben führen können, wie z.B. bei den Konglomeraten. Hier bemüht sich auch keiner, in einem Konglomerat eine funktionelle Koordination zwischen einer Flugzeugfirma, einem Produzenten von Konsumgütern und einem Computergeschäft vorzunehmen. Aber das sind ja ohnehin keine Normalfälle; denn Konglomerate werden ja nicht unter dem Aspekt der Rationalisierung gebildet, sondern aus finanzpolitischen Gründen. Bei den anderen Unternehmensformen, die um Rationalität bemüht sind, wird man immer beides haben müssen: Dezentralisation und Divisionalisierung einerseits und funktionelles Zusammenziehen andererseits, damit nicht alles wieder auseinanderfällt. Dabei scheinen sich beide Trends unterschiedlich stark durchzusetzen, es kommt zu Zyklen zwischen Dezentralisation und Zentralisation. Allerdings scheint sich die Amplitude dieser Zyklen mit zunehmender methodischer Durchleuchtung und Segmentierung der Vorgänge im Unternehmen mehr und mehr abzuschwächen.

2.13 Bemerkungen Anfang 1980 zur Darstellung der Unternehmungsorganisation aus dem Jahre 1972

von Dr. Aloys Gälweiler

1. Die damals dargestellten und mit der Einführung der Divisionalisierung angewandten Grundsätze der organisatorischen Struktur der Unternehmung sind in ihrer Substanz bis heute nicht verändert worden. Sie haben eine weitere Ausdifferenzierung und eine intensivere Anwendung auf allen Führungsebenen erfahren.

2. Ohne die prinzipielle Gliederung der Vorstandsreferate in Funktionelle und Linienreferate zu verändern, hat sich die referatsweise Aufgabengruppierung gegenüber dem damaligen Zustand etwas verschoben. Dahinter stehen bei den Linienreferaten einige Veränderungen in der Zahl und Bedeutung der Geschäftsaktivitäten. Bei den Funktionsreferaten wurden die verschiedenen Aufgaben des Referats Organisation und Materialwirtschaft wieder den anderen Funktionsreferaten zugeordnet.

3. Die Aufgabenteilung zwischen
   - Linienreferaten und Geschäftsbereichen
   - Gesamt-Vorstand und Geschäftsbereichen
   - Funktionsvorständen, den ihnen zugeordneten Stabsstellen und den Geschäftsbereichen

   hat sich durch die zwischenzeitlich deutlicher gewordene Unterscheidung zwischen strategischen und operativen Führungs- und Planungsaufgaben weiter präzisiert.

4. Der zwischenzeitliche Fortschritt im strategischen Instrumentarium und in seiner geschäftsspezifischen Anwendung läßt erste Anzeichen für organisatorisch notwendige Anpassungen wesentlich früher als in der Vergangenheit erkennen.

   Das gilt vor allem für die strategieadäquaten Anpassungen in den konkreten Geschäftsaktivitäten, sei es in bezug auf
   - ihre Organisationsstruktur
   - das Qualifikationsprofil der notwendigen Funktionen
   - den quantitativen Umfang der einzelnen Funktionen.

   Damit lassen sich organisatorisch notwendige Veränderungen in einem langfristigeren Ansatz viel geschmeidiger realisieren, als es bei abrupt erkennbaren Notwendigkeiten möglich ist.

   Hinzu kommt, daß die seinerzeitige intensive Diskussion grundlegender Organisationsfragen zu einer großen Wissensverbreitung über die Grundlagen effizienter Organisationsgrundsätze und Organisationsformen geführt hat. Deshalb lassen sich heute Organisationsfragen viel sachlicher abhandeln und lösen als es vordem der Fall war. Das gilt gleichfalls für viele Fragen, die den laufenden Verkehr zwischen den Geschäftsbereichen betreffen, sei es in seiner prinzipiellen Regelung oder im praktischen Vollzug. Hier hat sich eine weitgehende Stabilisierung vollzogen.

5. Von wesentlicher Bedeutung ist der folgende Sachverhalt: Gerade in breit diversifizierten Unternehmungen hat sich die Divisionalisierung als eine äußerst nützliche Vorstufe für die erst später gekommene Etablierung einer strategischen Führung und die dafür notwendige Abgrenzung strategischer Geschäftsgebiete herausgestellt. Die vom Markt und der Produkt-Technologie abgeleiteten Abgrenzungskriterien für die Bildung von Geschäftsbereichen sind prinzipiell gleicher Art und gleichen Inhalts wie die Kriterien für die Abgrenzung strategischer Geschäftsgebiete bzw. strategi-

scher Geschäftseinheiten. Für die Unternehmungsstrategie wurden diese Kriterien nur noch präziser detailliert. Aber es zeigte sich eindeutig, daß Diskrepanzen zwischen der Abgrenzung strategischer Geschäftsgebiete und den bestehenden Geschäftsbereichen um so weniger auftraten, je besser vorher die Divisionalisierungsaufgabe gelöst worden war.

2.2 IBM-Corporation

Die IBM beschäftigt in 128 Ländern insgesamt mehr als 320.000 Mitarbeiterinnen und Mitarbeiter. Sie arbeiten in über 750 Niederlassungen und Verwaltungen, 46 Fabriken, 31 Laboratorien und 112 Ausbildungszentren und erwirtschafteten im Jahr 1978 einen Umsatz von 21,1 Milliarden Dollar und 3,1 Millarden Dollar Gewinn.

Die Länder, in denen die IBM vertreten ist, unterscheiden sich untereinander zum Teil erheblich in ihrer Geschichte, Kultur und Rechtsordnung. Innerhalb des Unternehmens werden Geschäftsunterlagen wie Handbücher, Beschreibungen und Formulare in 30 Sprachen übersetzt und Buchhaltungszahlen in nahezu 100 verschiedenen Währungen ausgewiesen. Ihren Kunden bietet die IBM mit ihren Produkten, ihren Anwendungen und ihrem Service Problemlösungen, die sich auf fast alle gewerblichen und industriellen Bereiche erstrecken.

Die Größe des Unternehmens, seine Multinationalität und die Komplexität des Geschäfts bestimmen maßgeblich die Organisation der IBM.

2.21 Die Organisation der IBM Corporation (Stand 1979)

Drei Grundprinzipien lassen sich aus Abb. 10a ableiten:

- *Dezentralisierung* der Vertriebsverantwortung auf die einzelnen Ländergesellschaften
- *Divisionalisierung* durch Aufteilung in produktorientierte Gruppen mit weltweiter Marketing- und Produktverantwortung; Datenverarbeitung sowie Text- und Datensysteme
- *Zentralisierung* besonders wichtiger technischer und fachlicher Kompetenzen, Grundlagenforschung und „Powers Reserved" (Entscheidungsvorbehalte).

Board of Directors

Oberstes Gremium der IBM Corporation ist der Board of Directors. Er besteht zur Zeit aus 20 Mitgliedern und wird von den Aktionären gewählt. Seine Mitglieder setzen sich etwa je zur Hälfte aus führenden Mitarbeitern der IBM und aus Persönlichkeiten der Wirtschaft zusammen. Er ernennt die Mitglieder der Unternehmensleitung der IBM Corporation und trägt letztlich die Geschäftsverantwortung des Unternehmens. Neben seinen Aufsichtsverpflichtungen zum Schutz der Aktionäre schaltet sich der Board daher vor allem bei finanziellen Entscheidungen großer Tragweite ein. Dem Chairman of the Board wurde gleichzeitig durch den Board die Verantwortung eines Chief Executive Officer („Generaldirektors") für die Gesamtleitung der IBM Corporation übertragen.

Corporate Office

Das *Corporate Office* verkörpert die oberste Geschäftsführung der IBM. Im Corporate Office werden die weltweit gültigen Unternehmensziele und Grundsätze definiert sowie alle Entscheidungen gefällt, die für die weltweite Geschäftspolitik bestimmend sind.

Corporate Management Committee

Das *Corporate Management Committee (CMC)* spielt bei der Entscheidungsvorbereitung für das Corporate Office eine zentrale Rolle. Das Gremium tritt mehrmals im Monat zusammen, wobei die an das Corporate Office berichtenden Leiter der einzelnen Verantwortungsbereiche die in ihren Bereichen ausgearbeiteten Alternativen vortragen.

Auf diese Weise bleibt die oberste Geschäftsleitung in ständigem Kontakt mit den Problemen und Entwicklungen der weltweiten Geschäftstätigkeit des Unternehmens.

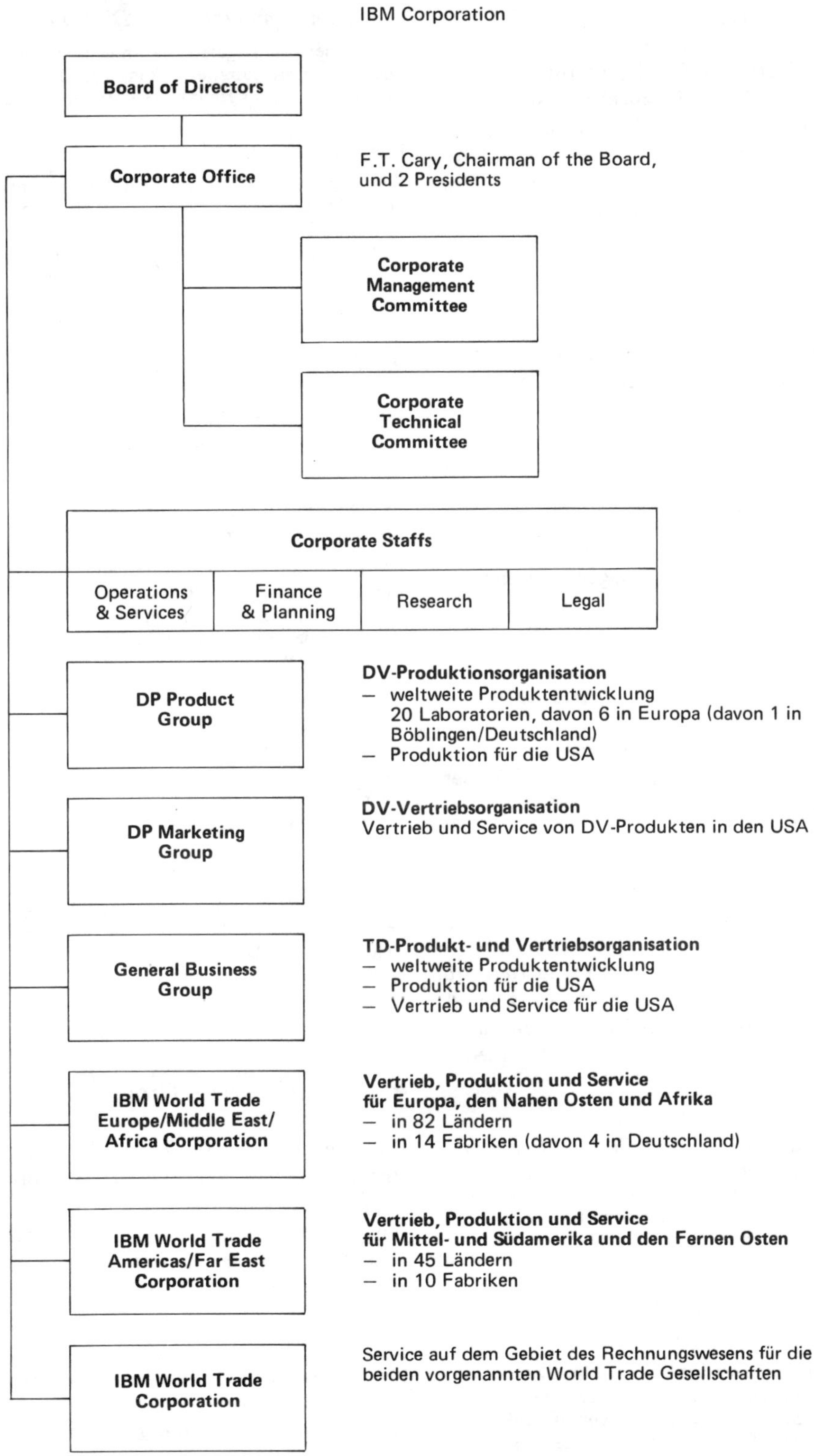

Abb. 10a: Aufbau der IBM Corporation

Corporate Staffs

Corporate Staffs sind Teil des internen Kontrollsystems („Check and Balance") zwischen Linien- und Stabsabteilungen. Die Corporate Staffs überprüfen die Pläne der Linienbereiche, Anträge im Rahmen der Powers Reserved (Entscheidungsvorbehalte), Geschäftsgrundsätze sowie Produktfreigaben und kommentieren Ergebnisse. Daneben erfüllen sie die grundsätzlich in jeder Stabsabteilung anfallenden Aufgaben, wie Unterstützung des Linienmanagements, Erkennen und Signalisieren von Trends oder außergewöhnlichen Situationen, Koordination eingehender Informationen, fachliche Beratung, sowie Mitwirkung bei der Entwicklung und Verfolgung von Plänen und Programmen. Die Stabsstellen in den World Trade-Gesellschaften und auf Länderebene sind dabei grundsätzlich ähnlich aufgebaut. Zwischen allen Stäben bestehen enge Kontakte und ein ständiger Informationsfluß.

Linienbereiche der IBM Corporation

Die *Linienbereiche der IBM* gliedern sich in fünf Hauptgruppen: sie sind in Abb. 10a hervorgehoben.

• *DP Product Group*

Die *DP Product Group (DV-Produktorganisation)* mit ihrer Hauptverwaltung in Harrison, New York, hat die Verantwortung für die weltweite Entwicklung von IBM Produkten und in den USA für deren Produktion. Sie gliedert sich in die

– *Data Systems Division*

Sie ist weltweit verantwortlich für die Entwicklung großer, komplexer Systeme mit Schwerpunkt auf Hochleistungssystemen und zugehöriger Programmierung, sowie in den USA verantwortlich für die Fertigung dieser Systeme; liefert Computer-Bauelemente, einschließlich Logik- und bestimmter Speicherelemente, für Produkte, die von ihr und anderen IBM Geschäftsbereichen in den USA hergestellt werden.

– *General Products Division*

Hochleistungs-Speichersysteme, einschließlich Magnetbandeinheiten, Plattenspeicher, Massenspeichersysteme, sowie Systemdrucker, Programmprodukte und Programmiersprachen (mit der dazugehörigen Programmierung), mit ihrer Hauptverwaltung in San José, Kalifornien,

– *System Communications Division*

(Datenübertragungsgeräte, Terminals sowie entsprechende Übertragungstechniken und deren Programmierung) mit ihrer Hauptverwaltung in Harrison, New York.

– *System Products Division*

Sie ist weltweit verantwortlich für die Entwicklung von IBM Rechnern der mittleren Leistungsklasse und zugehöriger Programmierung sowie mechanischen Druckern und Halbleiter-Packungstechnologien; in den USA verantwortlich für die Fertigung dieser Produkte.

• *DP Marketing Group*

Die *Marketing Group (DV-Vertriebsorganisation)* ist verantwortlich für den Vertrieb und Service von DP-Produkten in den USA. Sie gliedert sich in die

– *Data Processing Division*

(Vertrieb von IBM Datenverarbeitungssystemen und -geräten, Computerprogrammierung, Systemberatung, Schulung und andere verwandte Dienstleistungen für Kunden, die größere Systeme benötigen) mit ihrem Hauptsitz in White Plains, New York.

– *Federal Systems Division*

(spezielle Datenverarbeitungs- und Steuerungssysteme für Boden-, Wasser-, Luft- und Raumfahrtprojekte der US-Regierung) mit Sitz ihrer Verwaltung in Bethesda, Maryland.

– *Field Engineering Division*

(technische Wartung und verwandte Dienstleistungen für IBM Datenverarbeitungssysteme und -geräte sowie Unterstützung der Programmiersysteme, die von oder im Auftrag der DP Product Group entwickelt, hergestellt und in den USA von der Data Processing Division vertrieben werden) mit der Hauptverwaltung in White Plains, New York.

• *General Business Group*

Die *General Business Group (TD-Produkt- und Vertriebsorganisation)* trägt die Verantwortung für kleinere Computer der unteren und mittleren Größenordnung, sowie Textverarbeitungsprodukte und hat ihre Hauptverwaltung in White Plains, New York. Sie gliedert sich in die

– *General Technology Division*

Die erst 1978 gegründet wurde und die für die speziellen Technologie-Anforderungen der General Business Group zuständig ist.

– *General Business Group International Division*

(Vertriebs- Wartungs- und Fertigungsaktivitäten der General Systems Division und der Office Products

Division in 21 Ländern in Europa, Amerika und Fernost) mit ihrer Hauptverwaltung in White Plains, New York.

– *General Systems Division*

(Weltweit verantwortlich für Produktmanagement und -entwicklung sowie zusätzlich in den USA verantwortlich für Fertigung, Vertrieb und Wartung von Informationsverarbeitungssystemen der unteren und mittleren Größenordnung einschließlich systembezogener Programmierung) mit ihrer Hauptverwaltung in Atlanta, Georgia.

– *Information Records Division*

(In den USA verantwortlich für den Vertrieb von Magnetbändern, Datenmodules und Plattenstapeln sowie für Fertigung und Vertrieb von Lochkarten, Formularen, Farbbändern und anderem Zubehör für Informationsverarbeitungssysteme) mit ihrem Hauptquartier in Princeton, New Jersey.

– *Office Products Division*

Weltweit verantwortlich für Produktmanagement und -entwicklung und in den USA zusätzlich verantwortlich für Fertigung, Vertrieb und Wartung einer breiten Palette von Produkten und Systemen für die Textverarbeitung: elektrische Schreibmaschinen, Magnetkartenschreiber, Systemdrucker, Kopiergeräte, Textansagesysteme, Schreib-/Setzmaschinen und entsprechendes Zubehör) mit ihrem Hauptquartier in Franklin Lakes, New Jersey.

Außerhalb der USA operieren zwei weitere Gesellschaften. Die *IBM World Trade Europe/Middle East/Africa Corporation (E/ME/A)* ist durch ihre Tochtergesellschaft, die IBM Europa mit Sitz in Paris, für die Geschäftstätigkeit der IBM in 82 Ländern einschließlich der UdSSR und der osteuropäischen Staaten verantwortlich.

Die *IBM World Trade Americas/Far East Corporation (AFE)* ist für die Geschäftstätigkeit der IBM in 45 Ländern einschließlich Australien, Brasilien, Japan und Kanada verantwortlich. Sie hat ihren Hauptsitz in Mount Pleasant, New York.

Beide World Trade Gesellschaften werden durch die *World Trade Corporation (WTC)* auf bestimmten Gebieten unterstützt. Ihre Hauptverwaltung befindet sich in White Plains, New York.

Zentralisierung – Dezentralisierung

Die IBM ist der Überzeugung, daß es am besten ist,

– Vertriebsverantwortung durch die einzelnen Ländergesellschaften wahrnehmen zu lassen,
– die Produktion nach größeren Regionen zu gliedern und
– Entwicklung und Forschung auf weltweiter Basis durchzuführen.

Die IBM World Trade Corporation (WTC) wurde von der Muttergesellschaft im Jahr 1923 gegründet, um die Auslandsinteressen des Konzerns wahrzunehmen. Heute erreicht die IBM World Trade insgesamt mehr als 50 Prozent der Umsätze der IBM Corporation. Fast ein Drittel der mehr als 320.000 IBM Mitarbeiter arbeitet in Europa, dem Nahen Osten und Afrika.

Die europäischen Fabriken produzieren hauptsächlich für Europa: ungefähr 90 Prozent von dem, was die IBM in Europa verkauft, wird auch durch die europäischen Fabriken produziert. Entwicklung und Forschung wird dagegen weltweit betrieben, weil das dafür erforderliche Know-how teuer und knapp ist und weil – unbeschadet nationaler Besonderheiten – die Anforderungen an IBM Produkte weltweit grundsätzlich gleich sind.

IBM World Trade Europa/Naher Osten/Afrika Corporation (E/ME/A)

Die IBM World Trade E/ME/A Corporation ist eine amerikanische Gesellschaft mit der Hauptverwaltung in White Plains, New York. Das Aktienkapital befindet sich im Besitz der IBM World Trade Corporation, die ihrerseits wiederum eine 100 %ige Tochtergesellschaft der IBM Corporation ist. Der IBM Europe S. A. (vgl. Abb. 10b) obliegt die Interessenvertretung der IBM World Trade E/ME/A Corporation als Gesellschafterin der einzelnen nationalen IBM Gesellschaften:

– Umsatz- und Gewinnverantwortung für Europa, den Nahen Osten und Afrika gegenüber der IBM Corporation
– Formulieren und Überwachen von Grundsätzen für die E/ME/A-Länder
– Formulieren und Überwachen von Grundsätzen für internationale Vertriebsstrategien und Personalprogramme
– Entwicklung von Leitlinien und die Koordination von Maßnahmen im Umgang mit der europäischen Öffentlichkeit sowie
– Führungskräfteentwicklung für internationales Management.

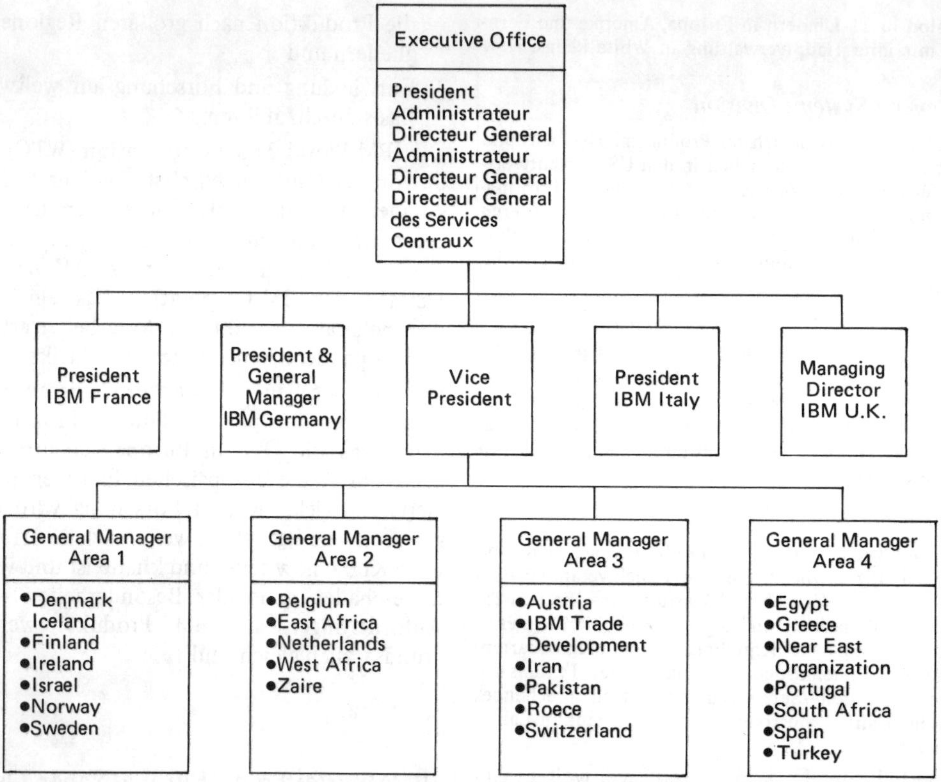

Abb. 10b: Aufbau der IBM Europe S.A.

• *Executive Office Committee*

Die IBM Europe wird geleitet vom Executive Office, das aus dem Präsidenten und drei weiteren Mitgliedern besteht.

Die Titel der Executive Office-Mitglieder sind französisch, weil es sich bei der IBM Europe S. A. um ein Unternehmen nach französischem Recht handelt. Das daneben bestehende EOC (Executive Office Committee) kann mit dem Corporate Management Committee (CMC) der IBM Corporation verglichen werden.

Jedes Executive Office-Mitglied hat zwei Aufgaben: Einmal berichten an jedes Mitglied bestimmte Stabs- oder Linienfunktionen; zum anderen handeln sie als Gruppe, um gemeinsam über zu treffende Maßnahmen zu beraten.

Neben dem EOC gibt es noch den *IBM Europe Advisory Council*, eine Art Beirat, der in Abständen zusammentritt, um vor allem mit dem EOC einen Gedankenaustausch über allgemeine wirtschaftliche und politische Fragen zu pflegen.

• *Landesorganisationen*

Die IBM schafft, soweit wie möglich, selbständige organisatorische Einheiten. Damit verbunden ist die Forderung nach möglichst weitgehender Dezentralisierung, wie sie in den Landesorganisationen verwirklicht ist. So liegen die Kapitalanteile der IBM Deutschland zum Beispiel zwar bei der IBM World Trade E/ME/A-Corporation und der IBM World Trade Corporation. Ihre Mitarbeiter und Führungskräfte sind jedoch fast ausnahmslos deutsche Staatsangehörige. Die organisatorische Gliederung der IBM Deutschland GmbH zeigt Abb. 10 c.

Aus organisatorischer Sicht gliedern sich die Landesorganisationen wie folgt:

– Eigenständige Gesellschaften (Subsidiaries) in industriell entwickelten Ländern. Die größte ist die IBM Deutschland mit über 26.000, die kleinste die IBM Island mit 42 Mitarbeitern.

– In Ländern mit geringerem Umsatzvolumen wie Griechenland und Pakistan exi-

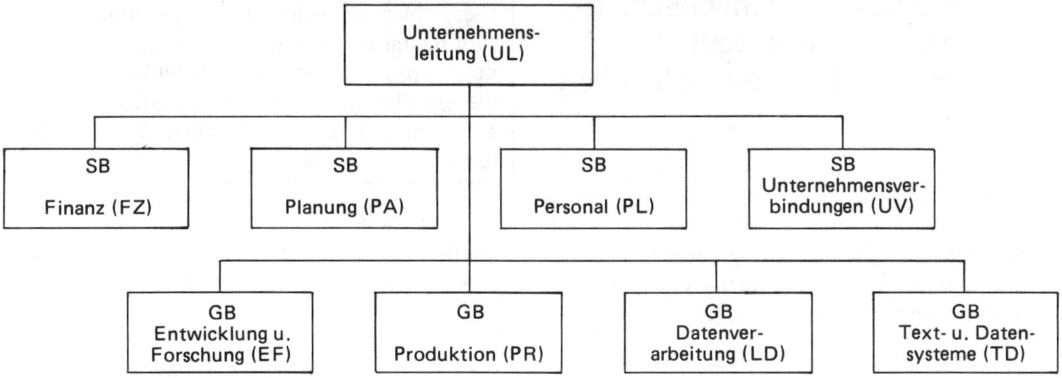

SB = Steuerungsbereich GB = Geschäftsbereich

Die IBM Deutschland gliedert sich in je vier Geschäfts- und Steuerungsbereiche. Zu ersteren gehört die Entwicklung und Forschung, die eng mit der Produktion zusammenarbeiten. Die Geschäftsbereiche Datenverarbeitung bzw. Text- und Datensysteme bilden zusammen den Vertrieb der IBM Deutschland GmbH.

Die vier Steuerungsbereiche Finanz, Planung, Personal und Unternehmensverbindungen stehen als Stabsbereiche den operierenden Bereichen zur Verfügung.

Allen Bereichen übergeordnet ist die Unternehmensleitung.

Abb. 10c: Gliederung der IBM Deutschland GmbH

stieren rechtlich nicht selbständige Niederlassungen.

- In Ländern, die eng miteinander verbunden sind, gibt es Niederlassungen des größeren Landes. Luxemburg ist zum Beispiel eine Niederlassung der IBM Belgien;
- Schließlich hat die IBM Vertretungen in kleineren Ländern, zum Beispiel in Malta.
- Die Geschäftstätigkeit in den osteuropäischen (COMECON-)Ländern – mit Ausnahme der UdSSR – nimmt die IBM ROECE (Regional Office for Eastern and Central Europe) in Wien wahr. Für die Geschäftstätigkeit in der UdSSR ist die IBM Trade Development SA, eine französische Gesellschaft, verantwortlich.

• *IBM Eurocoordination SA*

Eine wichtige Funktion in Europa nehmen die *internationalen Fachzentren* wahr. Sie unterstützen die Länder bei Planung, Vertrieb und Installation von Produkten. Auf dem Gebiet der Fertigung ist eine Koordination unerläßlich, um die optimale Auslastung der Produktionskapazitäten zu gewährleisten.

Acht europäische IBM Gesellschaften haben daher als gemeinsame Tochtergesellschaft die IBM Eurocoordination SA mit Sitz in Paris gegründet.

Die bereits erwähnten Powers Reserved (Entscheidungsvorbehalte) sind die Klammer, die die Organisation des Unternehmens zusammenhält. Sie sind gleichzeitig der Schlüssel zum Verständnis der Entscheidungsfindung und zum Führungssystem der IBM.

Das Prinzip der Powers Reserved delegiert die Verantwortung auf die niedrigstmögliche Entscheidungsebene. Von einer Führungskraft kann also jede Entscheidung getroffen werden, die sie zur Wahrnehmung ihrer Aufgabe für erforderlich hält – es sei denn, diese Entscheidung ist ausdrücklich einer höheren Führungsebene vorbehalten.

Der Diebold-Management-Report von 1977 kommt zu folgendem Ergebnis: „Auch wenn man die Unzulänglichkeiten betrachtet, die großen Organisationen zwangsläufig anhaften, kann man die IBM World Trade dennoch als ein Schulbeispiel internationaler Managementkunst ansehen. Dazu trägt nicht zuletzt die Übung bei, den nationalen Tochtergesellschaften etlichen Spielraum und ein einheimisches Management zu geben, wohlgepaart mit allgemeingültigen IBM Prinzipien." Und weiter: „. . . Man mag manches bei der IBM belächeln oder beklagen, die Achtung vor der unternehmerischen Leistung, die der Aufbau und das Funktionieren der IBM World Trade bedeuten, kann auch jemand, der IBM mit Distanz gegenübersteht, im Grunde nicht versagen."

2.22 Interview mit dem Geschäftsführer der IBM Deutschland GmbH, Herrn Lothar Sparberg, 1979

Wodurch unterscheidet sich Ihre Tätigkeit in einer nationalen Tochtergesellschaft eines internationalen Unternehmens von der Geschäftsführung eines deutschen Unternehmens?

Ich sehe im Verhältnis Tochtergesellschaft zur Muttergesellschaft keinen großen Unterschied, ob nationales oder internationales Unternehmen. Für bedeutende Personal- und Investitionsentscheidungen brauchen wir die Zustimmung der Muttergesellschaft.

Die IBM Deutschland ist eine Gesellschaft nach dem deutschen GmbH-Gesetz, mit allen Rechten und Pflichten, die daraus erwachsen. Dieser Tatsache wird durch die amerikanische Mutter größte Bedeutung beigemessen, und sie wird in vollem Umfang unterstützt. Ansonsten sehen wir die Notwendigkeit, im Rahmen des Gesamtunternehmensverbandes die Vorgehensweisen international abzustimmen, um nach einheitlichen Strategien zu operieren.

Ich könnte mir allerdings denken, daß doch gewisse Unterschiede bei Entscheidungen über die Produkt-Programmpolitik und die hierfür erforderlichen Entwicklungsmaßnahmen bestehen, die u. U. Ihre Entscheidungsautonomie auf nationaler Ebene einschränken.

Dies ist die Frage nach der Verteilung der Entscheidungskompetenzen, die ein Unternehmen selbst vornimmt. Diese strukturelle Problematik löst sich von der eben behandelten juristischen Gestaltungsfrage. Die IBM hat es früher bestimmten Ländern überlassen, eigene Produkte für den jeweiligen nationalen Markt zu entwickeln, zu produzieren und zu vertreiben. Dies ist naturgemäß bei weltweiter Betrachtung nicht sehr wirtschaftlich. Die IBM hat daraufhin entschieden: Die Entwicklung wird weltweit vorgenommen, die Produktplanung und -entscheidung erfolgt ebenfalls weltweit unter Berücksichtigung der unterschiedlichen Strukturen einzelner Gebiete.

Dieses Maß an weltweiter Programmintegration haben nur wenige internationale Unternehmungen erreicht. Dies bedeutet aber für die einzelne nationale Gesellschaft eine Einschränkung ihrer strategischen Möglichkeiten.

Das muß nicht unbedingt so sein. Wir müssen natürlich Rücksicht nehmen auf die weltweite Entwicklung. In Ausnahmefällen wird auch einmal ein Produkt nur für einen nationalen Markt entwickelt und hergestellt. Dies ist eine Frage der wirtschaftlichen Losgröße. Im Normalfall leiten wir unsere Vorstellungen über eine koordinierende Funktion des Product Line Management, das unsere Interessen wahrnimmt und mit den Funktionen, die für die weltweite Produkt-Palette verantwortlich sind, abstimmt.

Welche Gründe waren für die Verlagerung dieser wesentlichen Aufgabe von Paris nach den USA maßgeblich?

Wir mußten feststellen, daß der ständige Kontakt der einzelnen nationalen Product Groups zu denjenigen, die weltweit die Produktlinie bestimmen, wesentlicher ist als die lokale Nähe dieser Funktion zu den europäischen IBM-Gesellschaften.

Eine internationale Unternehmung läßt sich durch die Internationalität der Entwicklung, Beschaffung, Produktion, des Absatzes, der Finanzierung und des Einsatzes des Managements kennzeichnen.
Wie ist es neben der Beschaffung, Produktion und dem Absatz Ihrer Erzeugnisse im internationalen Rahmen mit der Internationalität der übrigen Funktionen bei IBM bestellt?

Im *Entwicklungsbereich* verfügen wir bei der IBM Deutschland über ein Entwicklungslabor, das in der internationalen Entwicklung eine sehr große Rolle spielt.

Dieses Labor ist nicht nur ausgerichtet auf Produkte, die wir auf dem deutschen Markt anbieten wollen, sondern erfüllt seine Aufgaben im Rahmen einer internationalen Arbeitsteilung der Entwicklung. Für uns ist es wichtig, in der Bundesrepublik über ein solches Entwicklungslabor zu verfügen, weil 1. der Markt sehr bedeutend ist, 2. bringt es uns im Verhältnis zum Kunden über das Entwicklungs-Know-how eine größere Leistungsfähigkeit. Die Aufgabenstellung des Entwicklungslabors ist dabei in die weltweiten Entwicklungsprojekte des Gesamtunternehmens eingebunden, die international abgestimmt werden.

Die Entwicklungskosten des Labors werden von der Muttergesellschaft getragen, die uns wiederum die Möglichkeit gibt, im Rahmen von Lizenzverträgen Nutzen aus diesen Entwicklungen zu ziehen.

Wie ist es mit der Internationalisierung des Managements bei IBM bestellt?

In dieser Frage vertritt die IBM den Standpunkt, in einer Landesgesellschaft die Spitzenpositionen möglichst mit Mitarbeitern des jeweiligen Landes zu besetzen. Bei der IBM Deutschland waren z. B. in all den Jahren nur Deutsche in der Geschäftsführung vertreten.

Bei einzelnen Projekten jedoch wurden auch ausländische Experten hinzugezogen, wie auch deutsche Mitarbeiter im Rahmen eines normalen Austauschprogrammes in den USA und anderen Ländern tätig sind.

Für deutsche Führungskräfte ergeben sich vielfältige Möglichkeiten in der internationalen Organisation der IBM außerhalb der Bundesrepublik. Eine solche Entwicklung wird stark gefördert.

Welche Wandlungen hat dieses internationale Unternehmen während der letzten 10 Jahre vollzogen und welches waren die Gründe für diese Wandlung?

Drei wesentliche organisatorische Änderungen wurden während dieses Zeitraumes vollzogen:

1. Die Größe des Gesamtunternehmens machte eine organisatorische Neugliederung nach *geographischen* Gesichtspunkten erforderlich. Hierzu wurde die frühere IBM World Trade Corporation, die das gesamte Geschäft außerhalb der USA führte, aufgeteilt in die EMEA Corporation, zuständig für Europa, Mittelost und Afrika, und die AFE Corporation, zuständig für den mittel- und südamerikanischen und den Fernost-Raum. Diese Entscheidung war – wie gesagt – in erster Linie durch die entstandene Größenordnung notwendig geworden.

   Die EMEA ist durch ihre Tochtergesellschaft IBM Europe S. A. mit Sitz in Paris verantwortlich für die Geschäftstätigkeit der IBM in 80 Ländern einschließlich der UdSSR und der osteuropäischen Staaten. Das AFE-Management residiert dagegen in New York, da sich in dieser Gruppe sehr viele, sehr unterschiedliche Länder aus mehreren Kontinenten zusammengefunden haben. Unterstützt wird das Management durch Sub-Headquarters in Tokio für das Geschäft in Fernost, in Rio de Janeiro für Südamerika, in Mexiko City für Mittelamerika.
2. Die Aufteilung nach *Produktgruppen*. Innerhalb der DP-Group ist eine weitere Aufteilung nach Produktgruppen erfolgt: Data Systems, General Products, System Communication, System Products Division. Für unterschiedliche Produktgruppen wurden damit unterschiedliche Personen eingesetzt und Strukturen geschaffen, die sich auf die besonderen Belange der Entwicklung und Produktion planend, steuernd und kontrollierend einstellen können.
3. Vom *Markt* her getragen wurde die Schaffung der General Business Group, welche die mittleren und kleinen Computer- und die Textverarbeitungsgeschäfte tätigt. Damit wurde es möglich, mit einem eigenen Management-Team und einer gesonderten Organisation auch das bislang kleinere GBG-Geschäft spezifisch anzugehen und zu erschließen. Auch die Entwicklung und Fertigung dieser Produkte kam hinzu, um in dieser Gruppe eine eigene Entwicklungs- und Marketingstrategie zu verfolgen.

Die Gesamtorganisation der weltweiten IBM-Aktivitäten stellt eine Mischung von funktionalen (z. B. Entwicklung und Produktion gegenüber dem Marketing im Bereich DP), produktorientierten (z. B. DP Product and Marketing Groups gegenüber der General Business Group) und regionalen Aspekten (in der IBM World Trade die Aufteilung in zwei Großregionen) her. Können Sie das Zusammenspiel dieser drei Dimensionen kurz beschreiben?

Auf die Unterscheidung in die beiden großen Produktgruppen DPG (Data Processing Group) und GBG (General Business Group) bin ich ja schon eingegangen. Beide weisen abhängig von der unterschiedlichen Größenordnung ihrer Aktivitäten unterschiedliche Strukturen auf. Die GBG nimmt eine internationale Aufgabe wahr,

bei denen die beiden World Trade Gesellschaften EMEA und AFE nicht zwischengeschaltet sind. Hierzu verfügt sie über eine eigene Internationale Division, die von New York aus 21 Länder betreut. Für den neuen Bereich GBG wurden einem Senior Group Vice President alle Funktionen wie Entwicklung, Produktion, Marketing, Personal- und Finanzwesen zusammengefaßt unterstellt.

Das DP-Geschäft ist in zwei Gruppen untergliedert:

Die DP Product Group, die verantwortlich ist für die weltweite Entwicklung und die Produktion in den USA und die DP Marketing Group, verantwortlich für den Vertrieb und Service in den USA. Die World Trade Corporation, mit der Verantwortung für das Geschäft außerhalb der USA, trägt die Verantwortung in den Landesorganisationen für DP-Produkte und GBG-Produkte.

Alle Tätigkeiten und Interessen dieser Organisation werden über die Stäbe der Corporation gesteuert und im sogenannten CMC (Corporate Management Committee) zur Entscheidung gebracht.

Welche Rolle spielt die General Technology Division im Rahmen der DP Product Group?

Sie ist weltweit verantwortlich für die Entwicklung und in den USA verantwortlich für die Fertigung von Bauelementen für Produkte der Office Products Division sowie für Rechner der unteren und mittleren Preisklasse. Hier wird ein eindeutiger Schwerpunkt auf diese Art von Produkten gebildet.

Wie spielen diese produktorientierten Gruppen mit den World Trade Gruppen zusammen, soweit dies erforderlich ist?

Die meisten Tochtergesellschaften einer bestimmten Größenordnung werden als sog. subsidiaries geführt, d. h. rechtlich selbständige Gesellschaften mit eigener Kapitalausstattung. Wir sind eine derartige subsidiary mit allen zugehörigen Entwicklungs-, Produktions-, Vertriebs-, Service-, Personal- und Finanzierungsfunktionen. Unsere Produktaufgaben sind europäisch festgelegt. Über das product line management haben wir Kontakt zu der DP-Group, mit der abgestimmt wird, wie das europäische Programm aussehen soll, in dessen Rahmen sich die Aufgaben der IBM Deutschland stellen. Das gleiche trifft zu für die GBG.

Welche Rolle spielt die IBM Europe in Paris in diesem Abstimmungsprozeß?

Die IBM Europe S. A. hat eine koordinierende Aufgabe, sie kann keine selbständigen Geschäfte tätigen. Sie hat steuernde und überwachende Funktionen und soll dadurch den Willen der Muttergesellschaft, der sich in den Entscheidungen des Corporate Managements niederschlägt, in dieser Region zur Ausführung verhelfen.

Welche Stäbe werden zu diesem Zweck in Paris unterhalten?

Zunächst gibt es hier Linienvorgesetzte für die einzelnen Landesgesellschaften. Stäbe gibt es nach klassischem Muster für die Produktionskoordination, für das Marketing, die Finanzen, das Personalwesen. Diese haben die Aufgabe, dem Linienmanagement ein europäisches Bild zu vermitteln. Wichtig ist, daß diese keine zentralen Dienstleistungsaufgaben für die Landesgesellschaften wahrnehmen.

Bei einer Reihe internationaler Unternehmen zeigte sich im Verlauf der Entwicklung, daß derartige regionale Zwischenebenen, wie sie die IBM in Paris unterhält, außerordentlich anfällig für einen bürokratischen „Parkinsonismus“ sind und eher als „Filter“, denn als „Durchsatzbeschleuniger“ bei der Kommunikation zwischen Landesgesellschaften und Muttergesellschaften fungieren. In der letzten Zeit haben einige US-Firmen teils diese Zwischenebene ganz aufgelöst bzw. stark reduziert. Welche Tendenz zeigt sich hier bei der IBM?

Es liegt in der Natur der Sache, daß aus der Sicht der Landesgesellschaften die Tätigkeit derartiger Zwischenebenen gern kritisiert wird. Hier ist aber zu differenzieren. Eine Gesellschaft, wie die IBM Deutschland mit 26.000 Mitarbeitern ist weitgehend unabhängig. Dies ist aber nicht bei allen Landesgesellschaften – vor allem bei den mittleren und kleineren – der Fall. Hier erfüllt der Stab eine sehr wesentliche Funktion. Wir alle stellen Mitarbeiter für eine 2–3-Jahresperiode zur Verfügung, um einen gewissen Know-how-Austausch zu erreichen. Ein Überhandnehmen gewisser Funktionen wird allerdings von uns sehr kritisch beobachtet und auch attackiert.

Die Organisation der IBM Deutschland vermischt funktionale Aspekte (Forschung und Entwicklung und Produktion) einerseits mit produktorientierten Aspekten (Datenverarbeitung und Text- und Datensysteme).

Die Geschäftsführung der IBM Deutschland gliedert sich in Geschäfts- und Steuerungs-Bereiche. Zu den Geschäftsbereichen gehören die Entwicklung, die Produktion und die beiden Marketing-Organisationen Datenverarbeitung (DV) und Text- und Datensysteme (TD). Diese Bereiche werden wie eine Linien-Organisation geführt.

Der Geschäftsbereich Datenverarbeitung, der Steuerungsbereich Finanzen und der Steuerungsbereich Planung wurden zusammengefaßt. Weiter wurde der Servicebereich Informationssysteme und Programme geschaffen. Die zum ehemaligen Geschäftsbereich Datenverarbeitung, der jetzt dem neuen Unternehmensbereich Datenverarbeitung zugeordnet wurde, gehörenden Direktionsbereiche Vertrieb Datenverarbeitung und Technischer Außendienst Datenverarbeitung unterstehen jetzt direkt dem Unternehmensbereich Datenverarbeitung.

Die Steuerungsbereiche, zu denen Personal, Planung, Unternehmensverbindungen und der Finanzbereich gehören, werden als Stabsfunktionen geführt und stellen das sogenannte Check & Balance zu unseren Linien-Funktionen dar. Von einer Vermischung zwischen funktionellen und produktorientierten Aspekten kann man daher nicht reden.

Wie erfolgt die Zusammenarbeit zwischen den beiden funktionellen Geschäftsbereichen mit den beiden objektorientierten Vertriebsbereichen?

Die Zusammenarbeit zwischen den Linien-Bereichen, die Sie nach funktionellen Geschäftsbereichen und objektorientierten Vertriebsbereichen unterscheiden, findet ihren Niederschlag in der geschäftlichen Zielsetzung, in den sogenannten Operating-Plänen, die in einem 2-Jahres-Rhythmus festgelegt werden. Im operationalen Teil erfolgt die Zusammenarbeit durch die Abstimmung der Marketing-Strategien mit der Entwicklung von Produkt-Strategien, die – wie von mir beschrieben – dann auch international durchgeführt wird.

Wie haben Sie bei der IBM Deutschland den Controlling-Zug aufgebaut, und wie gliedert sich dieser in die weltweite IBM-Organisation ein?

Innerhalb der Finanzorganisation der IBM Deutschland gibt es den *Company Controller*, der das sogenannte betriebswirtschaftliche Gewissen des Unternehmens repräsentiert. Zu seinen Hauptwerkzeugen gehören das Rechnungswesen, die kurzfristige Planung und die Preisbildung. Die Fertigung, die Entwicklung und der Bereich Text- und Datensysteme haben einen eigenen Controller, der funktional gegenüber dem Company Controller eine Fachverantwortung hat.

In der weltweiten Organisation gibt es sowohl auf der europäischen Ebene wie auch auf der Ebene der Corporation Controller, die fachlich zu den anstehenden Problemen gehört werden.

Der Manufacturing Controller z. B. trägt damit „zwei Hüte".

Unsere Gesamtorganisation ist so aufgebaut, daß innerhalb der Stäbe die Führungskräfte „zwei Hüte" zu tragen haben, indem sie einmal gegenüber der Linie verantwortlich sind und zum anderen einen funktionalen Berichtsweg haben gegenüber dem fachlichen Vorgesetzten. Dieses Prinzip wird in unserem Unternehmen sehr gefördert, da wir sehr viel von dem sogenannten Check & Balance halten.

Ihr Unternehmen kann als Pionierunternehmen auf dem Gebiet der Elektronik bezeichnet werden. Inwieweit glauben Sie, hat die soeben diskutierte Organisationsstruktur zu der führenden Rolle Ihres Unternehmens beigetragen?

Wenn eine Organisation verstanden und beherrscht wird, kann man eine recht positive Antwort geben.

Aus der Sicht einer großen Tochtergesellschaft ist allerdings kritisch die Länge der Entscheidungswege in einem internationalen Unternehmen anzumerken, und hier ist es vor allem das lange Durchdenken der Probleme unter Einschaltung der Stäbe, die ja auch gern ihre Bedeutung und ihren Sachverstand unter Beweis stellen. Deshalb ist es für den Erfolg sehr wichtig, den Entscheidungsbildungsprozeß zu kennen, um relativ schnell von kompetenten Leuten Probleme gelöst zu bekommen.

Darin erblicke ich das Positive unserer Organisation, daß wir unter Berücksichtigung von internationalen und nationalen Interessen, in einer angemessenen Zeit sachgerechte Entscheidungen zustandebringen. In dieser Weise sind bei uns auch über die Jahre hinweg recht ausgewogene Entscheidungen getroffen worden. Hierfür waren aber nicht nur die Strukturen maßgeblich, sondern das Geschick, begabte und sachkundige Mitarbeiter an die ihnen angemessenen Aufgaben zu bringen. Wir glauben auch, bei unseren Mitarbeitern sehr viel für das Verständnis des Systems getan zu haben.

2.3 ITT-Austria GmbH

2.31 Die Organisation der ITT Austria Gesellschaft m.b.H. (Stand 1979)

von Karl W. Nowak, Wien

Die ITT Austria Gesellschaft m.b.H. ist ein *österreichischer Industriebetrieb* im weltweiten Firmenverband der ITT; er entwickelt, erzeugt und vermarktet *Telephonzentralen* für das Fernmeldenetz,*Telephonanlagen und -apparate* für Wirtschaft und Verwaltung, *Eisenbahnsicherungsanlagen* sowie Nebenstellanlagen und *Bauteile* für den Export. Aber auch Fernschreiber, Haussprechanlagen, Regelungs- und Übertragungstechnik, mittlere Datenverarbeitungssysteme und viele andere – im weitesten Sinne – nachrichtentechnische Produkte gehören zum Vertriebsprogramm der ITT Austria.

1978 betrug der Gesamtumsatz des Unternehmens rund *1.270 Millionen* Schilling. Davon entfielen etwa die Hälfte auf Bahn und Post und ca. 38 % auf Österreichs Wirtschaft. Der Rest konnte im Export erzielt werden.

Mit durchschnittlich *2.770 Mitarbeitern* gab das Unternehmen 1978 rund 550 Millionen Schilling für Löhne und Gehälter, etwa 50 Millionen für Investitionen und beinahe 100 Millionen für Forschung, Entwicklung und Weiterbildung aus.

Hauptgeschäftssitz des Unternehmens ist Wien. Vertrieb und Service sind überwiegend regional organisiert. Die rechtliche Organisationsform der ITT Austria und ihrer Tochtergesellschaften zeigt Abb. 11a.

Entwicklungsgeschichte des Unternehmens

Die Geschichte der ITT Austria ist mit der Entwicklung des Fernsprechwesens eng verknüpft. *1884* haben die Herren Karl Czeija und Dipl.-Ing. Nissl gemeinsam die Firma *Czeija & Nissl* gegründet, die sich mit dem Bau von Telegraphen- und Telephonanlagen befaßte. *1890* erhielt die Firma den *ersten großen Staatsauftrag* über eine *öffentliche Telephonzentrale*. Mehrere Erfindungen bildeten den Grundstock für den patentrechtlichen Aufbau des Unternehmens.

1905 wurde gemeinsam mit der amerikanischen Firma *Western Electric Company* die *Vereinigte Telephon- und Telegraphenfabrik-Aktien-Gesellschaft Czeija, Nissl & Co.* gegründet. *1923* baute das Unternehmen den *ersten Rundfunksender Österreichs.* Etwas später wurde mit dem serienmäßigen Bau von *Rundfunkempfängern* begonnen.

1925 wurden die Aktien der Western Electric Company von der *International Standard Electric Corporation* erworben und das Unternehmen damit Mitglied der *International Telephone and Telegraph Corporation (ITT).*

1935 begann die Produktion von *Selen-Gleichrichter-Geräten. 1945* wurde mit der Erzeugung von *Fernsprech-Nebenstellenanlagen* aller Größen begonnen. Auch am *Wiederaufbau des Österreichischen Rundfunks* war das Unternehmen maßgeblich beteiligt. Bei der *Automatisierung des österreichischen Telephonnetzes* baute und installierte das Unternehmen etwa die Hälfte der Einrichtungen.

1959 erfolgte die Angliederung der Firma „Mix & Genest" – später *Standard Telephon Anlagenvermietungs-Gesellschaft m.b.H. – 1960* wurde im Zuge der Ausweitung der Produktionsstätten in *Niederösterreich eine Zweigfabrik* gebaut.

1966 beteiligte sich das Unternehmen an der Entwicklung und am Aufbau der *ersten elektronischen Telephonzentrale Österreichs. 1970* wurde die „Südbahn-Werk Aktiengesellschaft", die *Bahnsicherungsanlagen* erzeugte, der ITT Austria eingegliedert.

1977 schlug die Geburtsstunde der *ITT Austria Datensysteme* als Tochtergesellschaft der ITT Austria. *1978* war vor allem durch die Gründung der *Österreichischen Fernmeldetechnischen Entwicklungs- und Förderungsgesellschaft* gekennzeichnet. ITT Austria arbeitet seit-

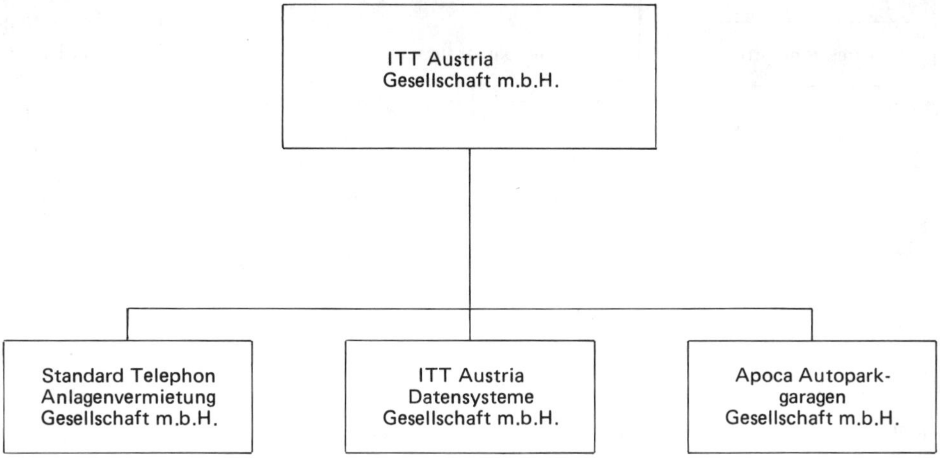

Abb. 11a: ITT Austria GmbH und Tochtergesellschaften

her am *vollelektronischen, digitalen Telephonsystem für Österreich.*

Die Organisationsstruktur bis 1978

Bis zum Beginn der 70er Jahre war die Organisationsstruktur der ITT Austria vom dominierenden Postgeschäft stark geprägt. Vorwiegend spielten technische Probleme eine Rolle:

1974 wurden schließlich die *ersten Schritte zur stärkeren Marktorientierung* des Unternehmens getan.

Abb. 11b zeigt die rein verrichtungsorientierte Organisation der ITT Austria, wie sie bis 1978 bestand:

- Die *Technik* entwickelte – meist auf der Basis des Konzern-Know-hows – neue Produkte und sorgte auch für deren laufende Anpassung an die Wünsche der Kunden und an die sich verändernden Bedingungen des Marktes und der Fertigung. Mit dem Auftauchen von immer kurzlebigeren Basistechnologien und der wachsenden „Ungeduld der Privatkunden" wurde die bestehende Organisation den Anforderungen nicht mehr gerecht.
- Die *Fertigung* umfaßte neben der Produktion und Prüfung in zwei Werken auch die zentralen Funktionen Fertigungstechnik und Disposition. Hauptproblem der Fertigung in den 70er Jahren war und ist noch der Technologiewandel von der Elektromechanik zur Semi-Elektronik. Die wesentlichste Herausforderung der 80er Jahre für die Fertigung wird die Umstellung auf vollelektronische Produkte sein.
- *Marketing* bestand aus regionalen und zentralen Vertriebsabteilungen sowie aus Außenmontage und Service. 1974 kamen dann die Funktionen Vertriebslager, Transportwesen, Absatzplanung und Produktmanagement hinzu. Letzteres sollte eine stärkere Verbindung zwischen Markt, Technik und Fertigung herstellen. Aus verschiedenen Gründen konnte dieses, für das Unternehmen so wichtige Informationsnetz jedoch nicht in ausreichendem Maße aufgebaut werden.
- Der *Kaufmännische Bereich* umfaßte und enthält auch heute noch die Funktionen Unternehmensplanung, Finanz- und Rechnungswesen, Controlling und Interne Revision sowie Organisation und EDV.

Auf einen Nenner gebracht: ITT Austria hatte bis 1978 eine „klassische Organisation nach Verrichtungen". Diese wurde um so schwerfälliger, je rasanter die Technologien sich abwechselten und je stärker sich der Verdrängungswettbewerb im Privatgeschäft ausbreitete.

Vor allem die jüngeren Produktzweige des Unternehmens wie z. B. Regelungs-, Übertragungs- und Datentechnik konnten sich nicht genügend entfalten, weil immer wieder versucht wurde, sie „über einen einzigen Kamm zu scheren". Aber nicht nur die *Marktorientierung* der ITT Austria *ließ zu wünschen übrig.*

Auch im Entwicklungsbereich zeigte sich, daß den ständig steigenden Anforderungen an das Unternehmen mit der alten Organisation nicht mehr entsprochen werden konnte. Vor allem *fehlten* dem Technischen Bereich ausreichend klare *Ziele und Prioritäten*, was wieder hauptsächlich auf die mangelnde Marktorientierung des Unternehmens zurückzuführen war. Diese Ziele sind aber die *Voraussetzung für* ein gut funktionierendes *Projektmanagement*, ohne das Forschung und Entwicklung heutzutage auf verlorenem Posten stehen.

Nicht zuletzt war die alte Organisation auch nicht mehr im Stande, dem *wachsenden Interesse der Mitarbeiter nach Mitentscheidung und -verantwortung* im notwendigen Ausmaß entgegenzukommen.

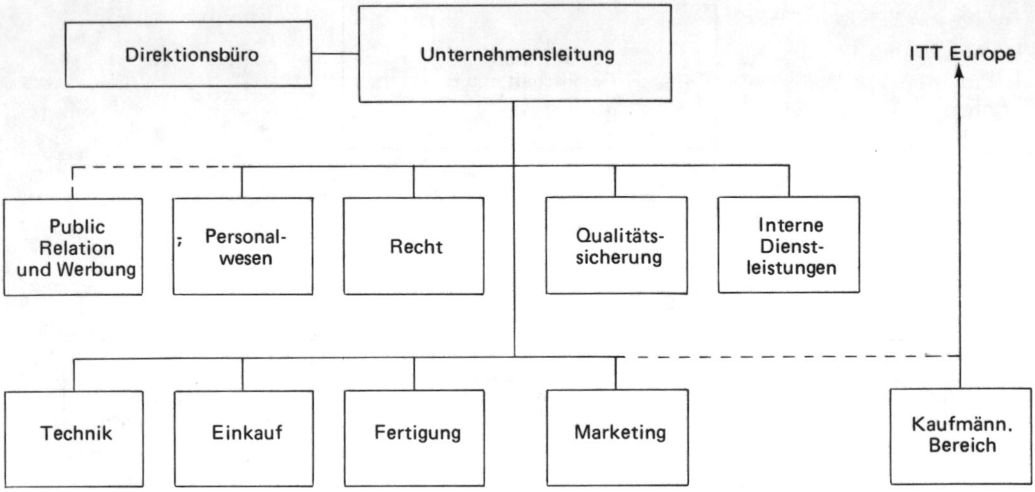

Abb. 11b: Die Organisationsstruktur der ITT Austria GmbH bis 1978

Die neue Organisationsstruktur

Markantestes Kennzeichen der Reorganisation sind die *drei neu gebildeten Geschäftsbereiche* „Behörden", „Wirtschaft" und „ITT Austria Datensysteme".

Diese Geschäftsbereiche sind in allen Belangen *subautonom* und damit auch für alle beeinflußbaren Entwicklungen und Ergebnisse ihres Marktsektors *voll verantwortlich*. Um dieser Verantwortung gerecht werden zu können, verfügen die neuen Geschäftsbereiche neben den verschiedenen Vertriebs-, Montage- und Serviceeinheiten auch über die Funktionen Produktmarketing, Anpassungstechnik, Fertigwarenlager, Versand und Transportwesen. Außerdem haben die Geschäftsbereichsleiter gegenüber allen Stellen des Unternehmens die Rechte der Koordination, der Kontrolle und des Einspruchs bei der Festlegung und Durchsetzung ihrer Umsatz- und Gewinnziele sowie ihrer Markt- und Produktstrategien.

Den Geschäftsbereichen „zu Diensten" stehen die *Unternehmensbereiche* Einkauf, Entwicklung und Fertigung:

- Der *Einkauf* versorgt die Geschäftsbereiche mit Wiederverkaufsprodukten, den Fertigungsbereich mit Halbfabrikaten und Rohmaterialien sowie das gesamte Unternehmen mit Betriebsmitteln und Hilfsstoffen. Im Hinblick auf das ständig steigende Volumen der Zukaufteile und der damit verbundenen Werte wurde die Einkaufsfunktion nicht dem Fertigungsbereich zugeordnet, sondern direkt der Unternehmensleitung unterstellt.
- Dem *Entwicklungsbereich* obliegt die Entwicklung nachrichtentechnischer und technologisch artverwandter Produkte sowie der rechtzeitige Aufbau des dazu notwendigen Know-hows. Die Auswahl und Spezifikation sowie die laufende Anpassung dieser Produkte an sich verändernde Bedingungen ist hingegen Aufgabe der Geschäftsbereiche. Die Produktentwicklung selbst wird als interdisziplinärer Innovationsprozeß aufgefaßt und geht im Rahmen einiger klar definierter Unternehmensprojekte vor sich.
- In den Bereichen *Fertigung* und Entwicklung gelang es, die Hierarchie so stark zu verflachen, daß jeweils eine Führungsebene entfallen konnte. Neben den bereits genannten Funktionen wurden dem Fertigungsbereich auch noch die „Internen Dienstleistungen" zugeordnet.
- Auch der *Kaufmännische* und der *Generaldirektionsbereich* sind primär als Service-Funktionen zu verstehen. Zur Erfüllung ihrer Innovations- und Steuerungsaufgaben verfügen sie – wie die Geschäftsbereiche – über die Rechte der Koordination, der Kontrolle und des Einspruchs.

Trotz der sich wechselseitig umgreifenden sachlich-fachlichen Weisungsbefugnisse ist die neue Struktur der ITT Austria *keine Matrix- oder gar Tensor-Organisation* im klassischen Sinne. Sie macht vielmehr die Kooperation im jeweiligen Planungsstadium zur unumgänglichen Notwendigkeit und räumt dann den einzelnen „Subautonomen Einheiten" im Rahmen der vereinbarten Ziele, Pläne und Richtlinien volle Freiheit und Verantwortung ein. Die Kontroll- und Einspruchsrechte dienen den Geschäftsbereichen und den Zentralfunktionen vor allem dazu, den Überblick zu behalten und den Teilverantwortlichen bei drohenden oder bereits eingetretenen

Abweichungen geeignete Unterstützung anzubieten.

Die neue Aufgabengliederung der ITT Austria (Abb. 11c) kann als Mischform betrachtet werden, bei der die objektorientierten Geschäftsbereiche bewußt ein wenig dominieren.

Mit der gleichzeitigen technischen Aufrüstung der Geschäftsbereiche sind diese nun in der Lage, die bestehenden Produkte selbständig zu betreuen. Außerdem verfügen sie damit über alle Möglichkeiten, künftige Produkte und Dienstleistungen zu definieren, damit diese zum richtigen Zeitpunkt entwickelt, hergestellt und vermarktet werden können.

Die neue Organisation begünstigt somit in erster Linie eine stärkere Marktorientierung des Unternehmens. Aus dieser ergibt sich aber fast automatisch eine höhere Änderungsbereitschaft in allen Bereichen. Nicht zuletzt ist die neue Struktur auch besser überschaubar und fördert damit die Eigenverantwortung eines jeden einzelnen.

Der Prozeß der Organisationsänderung

Ausgehend von einem neu *formulierten Unternehmensziel* wurden unter dem Titel „*Unternehmensprogramm 80*" Anfang 1977 fünf Projekte in Angriff genommen, deren Zielsetzung die Ausrichtung der ITT Austria auf die Erfordernisse der 80er Jahre war und teilweise noch ist. „*Struktur 80*" wurde als eines der ersten dieser Projekte im Februar 1977 begonnen.

• *Situationsanalyse und Wecken der Änderungsbereitschaft*

Im Frühjahr 1977 wurden mit etwa 140 vorwiegend mittleren Führungskräften und Spezialisten *Orientierungsgespräche* geführt. Im Verlauf dieser Gespräche wurden die vom „*Interview-Team*" ausgewählten Personen aufgefordert, ihre eigene Funktion mit dem neuen Unternehmensziel in Beziehung zu setzen und alle Begünstigungen und Erschwernisse auf dem Weg zur Zielerreichung aus ihrer Sicht aufzuzeigen. Diese Gesprächsrunde hatte einerseits den Zweck, der Unternehmensleitung die Kritik und die Vorschläge einer verhältnismäßig breiten Mitarbeiterschicht näherzubringen. Andererseits sollte sie eine Art „*Auftauen*" bewirken, da die Änderungsbereitschaft des einzelnen sehr stark davon abhängt, wie weit er bei sich selbst die Änderungsnotwendigkeit erkennt.

Parallel zu dieser *Situationsanalyse* durch die mittleren Führungskräfte und Spezialisten wurden die Bereichsleiter beauftragt, aus dem Unternehmensziel ihre *Bereichsziele* abzuleiten und danach die Funktionen und Abläufe ihres Bereiches neu zu überdenken.

Die *Ergebnisse* beider Wege wurden im Sommer 1977 der Unternehmensleitung präsentiert. Der gewählten Methode entsprechend waren sie nicht nur *strukturrelevant,* sondern ließen allgemein offenkundig werden, wo die Leute der Schuh am meisten drückte.

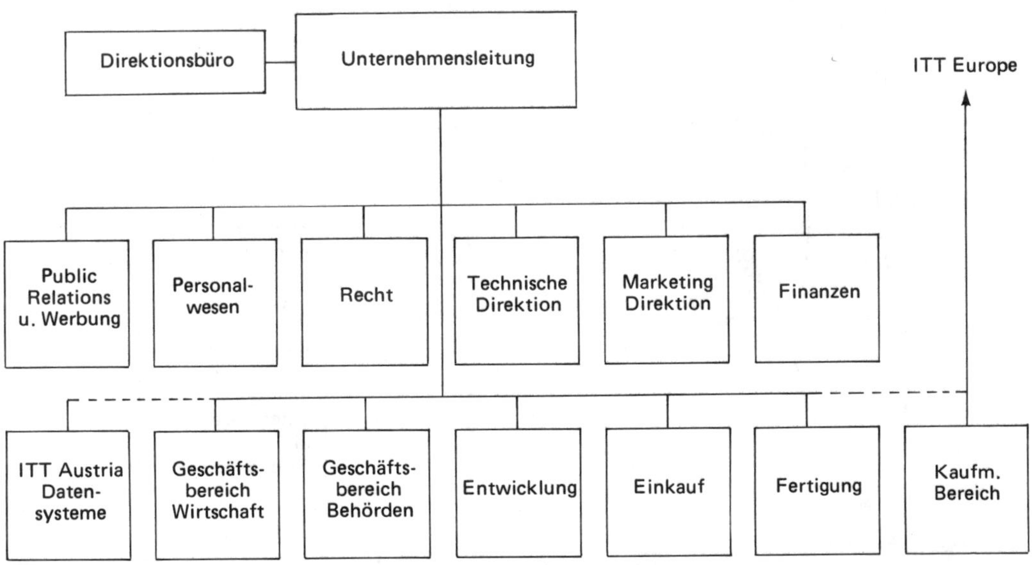

Abb. 11c: Die Organisationsstruktur der ITT Austria GmbH ab 1978

• *Erarbeitung der Idealstruktur*

Zu Beginn hatte das *„Idealstruktur-Team" ausgehend von den Unternehmenszielen und -strategien* sowie bekannten Marktziffern und -plänen, festzuhalten, welche zukünftigen Produkte und Dienstleistungen im Unternehmen gegeben sein werden. Dies erfolgte in einem gemeinsamen Gespräch zwischen Unternehmensleitung und Team.

Das Team hatte sich weiter zu überlegen, welche *zukünftigen Aufgaben und Abläufe* im Unternehmen gegeben sein werden. Zu diesen zukünftigen Entwicklungen wurden auch zwanzig vorwiegend höhere Führungskräfte und Spezialisten der ITT Austria befragt.

In einem weiteren Schritt erstellte das Team eine Liste der für die zukünftigen Produkte und Dienstleistungen geltenden *Kriterien der Entwicklung, Herstellung und Vermarktung.* Die sich dadurch ergebenden *Produktprofile* zeigten, daß *unterschiedliche Produkt/Markt-Zusammenhänge* zu berücksichtigen waren.

Bei der anschließenden Analyse, für welche Produkt/Markt-Zusammenhänge gleiche beziehungsweise ähnliche Kriterien und damit Anforderungen an die Organisation gegeben sein werden, kristallisierte sich letztlich die *getrennte organisatorische Behandlung des Behördengeschäftes* vom restlichen Geschäft der ITT Austria heraus.

Im nächsten Arbeitsgang wurden gemeinsam mit der Unternehmensleitung die *Strukturierungsgrundsätze* erarbeitet, die der neuen Organisation zugrunde gelegt werden sollten.

Alle diese Überlegungen führten schließlich

- zu der Definition der *Hauptanforderungen* an die neue Aufbauorganisation und daraus abgeleitet
- zu dem Gedanken, *subautonome Funktionseinheiten als Kern des Organisationsvorschlages* vorzusehen, die durch gesamtunternehmerische Funktionen zu überhöhen sind.

Die Vorteile dieser *subautonomen Einheiten* und die daraus resultierende *Grundphilosophie des neuen Organisationsmodells* der ITT Austria zeigt Abb. 11d.

Die subautonomen Funktionseinheiten ergeben miteinander das Operationssystem, dessen primäre Aufgabe das tägliche Geschäft ist. Die operativen Einheiten werden vom „langfristig veranlagten" Innovationssystem durchdrungen. Wichtigstes Durchdringungsinstrument ist das Matrix-Projektmanagement.

Operationssystem und Innovationssystem ergeben zusammen das Leistungssystem, das mit Hilfe der Informations- und Regelungsmechanismen des Control-

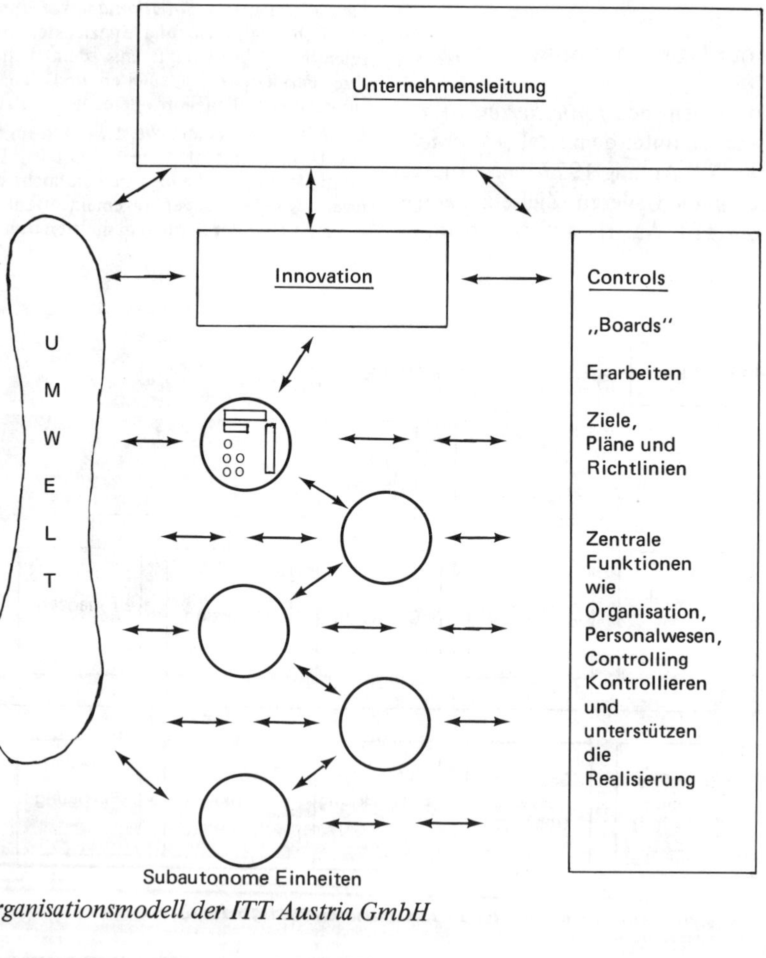

Abb. 11d: Organisationsmodell der ITT Austria GmbH

Systems im Gleichgewicht gehalten wird. Leistungs- und Control-System erhalten ihre strategischen Impulse aus den Zielen und grunsätzlichen Maßnahmenentscheidungen der Unternehmensleitung.

- *Entwicklung und Einführung der Realstruktur*

Die Bereichsleiter erhielten im Februar 1978 den Auftrag, das Idealstuktur-Modell in eine für das Unternehmen *in seiner heutigen Form* anwendbare Organisation überzuführen. Diese Aufgabe konnte *nur von den Bereichen selbst* bewältigt werden.

Um die Koordinierung dieser Überlegungen *über die Bereichsgrenzen hinweg* sicherzustellen, wurde ein *Koordinator* eingesetzt.

Die wichtigste, kooperativ zustande gekommene Entscheidung des Jahres enthielt die *Teilung des Marketingbereiches in die zwei neuen Geschäftsbereiche* „Wirtschaft" und „Behörden". Dieser bedeutende *erste Schritt* zur verstärkten Marktorientierung der ITT Austria konnte schon *Mitte 1978* verwirklicht werden. Gleichzeitig wurde auch ein Großteil der in den vergangenen Jahren mehr oder weniger organisch gewachsenen Bereichsstrukturen entflochten und die betroffenen Funktionen entsprechend der Idealstruktur-Philosophie neu gegliedert.

Durch die konstruktive Zusammenarbeit aller Beteiligten konnte der *zweite Realisierungsabschnitt* bereits im *November 1978* erfolgen. Dieser bestand im wesentlichen aus der

- Eingliederung technischer Kapazitäten in die Geschäftsbereiche
- Verlagerung von Normung und Qualitätssicherung zu der neu gebildeten Stelle „Technische Direktion" und
- Bildung des neuen Bereiches „Entwicklung".

Mit „Struktur 80" und der daraus entwachsenen Organisationsform ist die *Marktorientierung* des Unternehmens in allen Bereichen schon jetzt *entscheidend gestiegen.* Gemeinsam mit den geplanten ablauforganisatorischen und räumlichen Maßnahmen wird die neue Struktur einen wichtigen Beitrag zur *höheren Effizienz der Aufgabenerfüllung* leisten. Vor allem aber führen die klar festgelegten Aufgabenbereiche gepaart mit dem Einsatz der Mitarbeiter nach Fähigkeit und Neigung zu größerer Arbeitsbefriedigung des einzelnen und damit zur ständigen Verbesserung des Unternehmenserfolgs und des Betriebsklimas.

2.32 Interview mit dem Generaldirektor der ITT Austria Gesellschaft m.b.H., Herrn Dipl.-Ing. E. Hainisch, 1979

Die ITTA hat sich für die 80er Jahre eine neue Zielsetzung gegeben, die Überlegungen für eine organisatorische Anpassung notwendig machten. Worin bestehen die wesentlichen Unterschiede in diesen Zielsetzungen gegenüber denjenigen, die Sie im Ablauf der 70er Jahre verfolgten?

Das abgelaufene Jahrzehnt war vor allem charakterisiert durch sehr intensive Rationalisierungsbemühungen vornehmlich im Produktionsbereich. Die Zeit, in der sich solche Rationalisierungen entscheidend auf den Rationalisierungserfolg auswirkten, ist allerdings eindeutig vorbei. Die modernen Produktionsprozesse sind so wenig arbeitsintensiv und so wenig auf die Eigenerzeugung ausgerichtet, daß man selbst mit nachhaltigen Rationalisierungsbemühungen kaum mehr weiter kommt.

Es geht also darum, das Schwergewicht des Unternehmens nicht mehr im reinen Produktionsprozeß allein zu sehen, sondern sich anderen Teilbereichen der unternehmerischen Tätigkeit zuzuwenden, die in der Zukunft viel stärker zum Tragen kommen werden. Neben dem Einkauf, den Montage- und Installationstätigkeiten sind dies vor allem die Marketingfunktionen.

Welche Veränderungen im Erzeugnisprogramm, in den Technologien und im Markt erwarten Sie damit für die 80er Jahre?

Es ist sehr schwer, das Erzeugnisprogramm von der Technologie zu trennen, denn die Technologie, die man beherrscht, ist die Voraussetzung für das Erzeugnisprogramm. Die moderne Technologie der gedruckten Schaltungen zusammen mit den vielen Möglichkeiten, welche die Halbleitertechnik, integrierte Schaltkreise usw. bieten, erschließen ein wesentlich größeres Produktspektrum als das früher bei der Elektromechanik der Fall war. Damit lagern sich eine Fülle von Randgebieten an, die der Eigenerzeugung zugänglich werden. Das kritische Problem ist dann das der erreichbaren Stückzahlen für die rentable Eigenerzeugung. Hier ist in der Entscheidung ein Kompromiß zu finden zwischen

Spezialprodukten auf der einen Seite und Serienprodukten.

Ich bin hier der Ansicht, daß ein Unternehmen von der Größe der ITT Austria keine Chance hat, in der Zukunft bei reinen Serienprodukten aktiv zu sein.

Unsere Hauptaktivitäten werden sich jedoch nicht auf die Serienprodukte, sondern auf kunden-maßgeschneiderte Problemlösungen ausrichten.

> Eine derartige Umorientierung verlangt aber eine außerordentlich flexible Organisation, denn jedes Problem, das vom Markt her auf Sie zukommt, kann anders sein.

Dies war auch der Ausgangspunkt unserer Überlegungen, von der rein funktionalen Organisation wegzukommen und zu einer mehr marktorientierten, kundenanforderungsorientierten Organisationsform zu gelangen.

> Sie besaßen bislang eine funktionale Organisationsstruktur. Welche wesentlichen Mängel zeigte diese zum Ende der 70er Jahre?

Die stärksten Mängel waren in meiner Sicht die Bereichsegoismen, die in der funktionalen Organisation dazu führten, daß die einzelnen Bereiche ein Eigenleben entwickelten: Die bereichsegoistischen Notwendigkeiten wurden stark gegenüber den anderen Bereichen verteidigt, und es wurde versucht, die eigenen Vorstellungen durchzusetzen.

Das führte zu einem permanenten Kampf des Fertigungsbereichs mit dem Entwicklungsbereich und der Fabrik mit dem Verkauf, der in eine relativ starre Leitung des Unternehmens mündete. Um dies aufzubrechen, mußten die Bereichsgrenzen fließender gestaltet und die Funktionen besser miteinander vermischt werden.

> Es dürfte aber sehr schwierig sein, die menschlichen Verhaltensweisen, die sich in der alten Organisation entwickelt und geprägt haben, durch die neue Organisation zu verändern.

Das ist vollkommen richtig. Hier ist uns jedoch ein Generationswechsel zu Hilfe gekommen, der sich bei uns zwischen 1965 und 1975 vollzog. Die junge Mannschaft war für neue Gedanken aufgeschlossen und bereit, in eine neue Form der Zusammenarbeit einzutreten.

> Ihre neue Organisationsstruktur stellt einer verbleibenden funktionellen Gliederung in der Entwicklung, Produktion und dem Finanz- und Rechnungswesen eine produktorientierte Gliederung des Absatzbereiches gegenüber.

Diese Mischform wurde gewählt, weil die Organisationsform auch von der Größe des Unternehmens beeinflußt wird. Unser Haus ist nicht groß genug, um eine „reinrassige" Organisation von A bis Z durchziehen zu können.

Wir mußten daher im Entwicklungsbereich noch bei einer funktionalen Organisationsform bleiben; die wachsende Bedeutung des Einkaufes legte uns auch hier diese Organisationsform nahe. Dort allerdings, wo wir die größte Notwendigkeit sahen, flexibler zu sein, d.h. im Marketing, haben wir die Objektorganisation total durchgezogen.

> Inwiefern halten Sie dieses Organisationskonzept für die Zukunft als ausbaufähig?

Ich halte es für sehr ausbaufähig, denn es ist von der Grundstruktur her sehr flexibel. In den Marketingbereichen ist es recht einfach, eine neue Produktlinie anzulagern, indem eine neue kundenorientierte Hauptabteilung gebildet wird.

> Welche Vorteile bietet die Aufteilung des Absatzes in zwei kundenorientierte Bereiche neben der erwähnten Flexibilität?

Das Eingehen auf die Kundenwünsche wird vor allem intensiver. Solange wir öffentliche und private Kunden in der alten Organisation in einer Verkaufsabteilung zusammengehabt haben, unterdrückten die Anforderungen der öffentlichen Kunden, die mit rund 60 % des Umsatzes naturgemäß für unser Haus ein Übergewicht bildeten, die Anforderungen der privaten Kundschaft: Kam es z.B. zu Terminproblemen, dann mußte der Privatkunde gegenüber den öffentlichen Kunden zurückstehen. Der neue Bereich „Wirtschaft" gibt den Besonderheiten der privaten Kunden nunmehr vollen Raum. Weiter sind die Verkaufsformen im Bereich Wirtschaft anders als bei den öffentlichen Kunden. Während der öffentliche Kunde von einem langfristigen Investitionskonzept ausgeht, ist dies bei den privaten Kunden durchaus nicht immer der Fall. Der Verkauf hat es bei dem einen Bereich immer mit einigen, wenigen gleichen Kunden, im anderen Bereich mit einer Vielzahl wechselnder Kunden zu tun. Entsprechend den sich daraus ableitenden unterschiedlichen Verhaltensformen ist auch die Abwicklung der einzelnen Aufträge völlig anders zu sehen.

Mit dieser kundenorientierten Absatzorganisation haben Sie aber auf die Bildung produktorientierter, abgerundeter Profit-Center verzichten müssen.

Das stört mich nicht, weil wir neben dieser kundenorientierten Organisation rein rechnungsmäßig noch eine produktorientierte Betrachtungsweise bestehen haben, die uns vom Konzern her auferlegt ist. Hier haben wir das System der Produktlinien, die für sich wiederum Profit-Center darstellen. Damit ist die Kostennachrechnung und die Gewinn- und Verlustermittlung je Produktlinie nach wie vor gegeben. Darüber hinaus lassen sich aber auch die beiden Bereiche „Wirtschaft“ und „Behörden“ als Profit-Center sehen.

Wie erfolgt die Auftragsabwicklung zwischen diesen Absatzbereichen und der Fertigung?

Die Art der Auftragsabwicklung ist in den beiden Bereichen „Wirtschaft“ und „Behörden“ unterschiedlich. Beide laufen in einem internen Fabrikationsprogramm zusammen. Dieses Fabrikationsprogramm wird einmal monatlich in einer sog. „Liefersituationssitzung“ mit allen Bereichen des Hauses besprochen, Probleme dort abgeklärt, Vorrangigkeiten festgelegt. Dabei werden viele grundsätzliche Fragen geklärt und Erfahrungen ausgetauscht. Die Fakten und Alternativen werden in einer Vorbereitungssitzung vorgeklärt, so daß in der Liefersituationssitzung lediglich Probleme besprochen werden, die für die Bereichsleitungen interessant sind.

Welche Bereiche sind in der Liefersituationssitzung vertreten?

Sämtliche Funktionsbereiche einschließlich der beiden Marketingbereiche durch ihre Bereichsleiter, die gesamte Geschäftsführung sowie die Leiter der Marketing-Hauptabteilung, das Personalbüro, der Inventory Controller und das Auftragsbüro, also rund 20 Personen.

Die Art Ihres Unternehmens verlangt besonders intensive Kontakte zwischen den genannten Bereichen und der Entwicklung. Wie werden diese organisatorisch abgesichert?

An dieser Nahtstelle ergeben sich – wenn ich ganz ehrlich bin – mehr Probleme als bei der Liefersituationssitzung. Die hierfür maßgebliche Parallelsitzung, die sog. Techniksitzung, ist viel neueren Datums und daher in ihren Verfahren weniger ausgereift als die Liefersituationssitzung. Als Schwierigkeit kommt weiter hinzu, daß die Ingenieurleistung nicht so einfach meßbar ist wie die Leistung in einem Fabrikationsbereich. Eine Vorschau über eine Entwicklungszeit in Mann/Monaten ist viel unsicherer als eine solche für eine Fabrikationszeit. In der Sitzung muß festgelegt werden, welche Aufgaben durchgeführt werden sollen bei einer begrenzten Ingenieurkapazität gegenüber den großen Wünschen der andern Bereiche.

Hier sind wir noch dabei, die Verfahren auszufeilen; denn wir müssen unsere technische Entwicklungskapazität noch peinlich genauer bewirtschaften als wir das mit unserer Fertigungskapazität in der Vergangenheit getan haben; denn es verlagert sich die Tätigkeit unseres Unternehmens mehr und mehr auf das geistige Produkt, das der Entwicklungsbereich „produziert“.

Da wir dieses geistige Produkt in der Zukunft auch verkaufen müssen, wird es erforderlich, dies in seinem Volumen richtig vorausschätzen, bewerten, kalkulieren und absetzen zu können.

Welche Bereiche sind an dieser Techniksitzung beteiligt?

Im Prinzip derselbe Teilnehmerkreis wie bei der Liefersituationssitzung, nur fallen die Referenten (Personal, Inventory Control usw.) fort. Dafür berichten die Projektleiter über ihre einzelnen Entwicklungsprojekte.

Wie stellen Sie innerhalb des Entwicklungsbereiches sicher, daß Ihre Entwicklungsingenieure sich in der Grundlagenarbeit mit neuen Technologien vertraut machen, die sie dann in eine Produkt- und Anwendungsentwicklung umsetzen können?

Das ist eine der schwierigsten Problemstellungen, die ich mir organisatorisch überhaupt vorstellen kann. Aus meiner Sicht gibt es für diese Problematik auch keine Patentrezepte zu ihrer Bewältigung. Man muß daher verschiedene Möglichkeiten gleicherweise wahrnehmen. Dabei kommt erschwerend hinzu, daß in unserer Situation des Umsteigens von der alten Technologie der Elektromechanik auf die Elektronik zu wenig Entwicklungskapazität zur Verfügung steht. Damit ist auch kein Freiraum für die Ingenieure vorhanden, neue Ideen aufzunehmen.

Was wir im Augenblick nach Kräften tun, ist, daß wir unseren Entwicklungsmitarbeitern die Möglichkeit geben, in den Entwicklungszentren des Konzerns an verschiedenen Problemen mitzuarbeiten, wo sie neues Wissen „auftanken" können, das sie bei ihrer Rückkehr an ihre Umgebung weitergeben können. Weiter versuchen wir eine Job Rotation innerhalb unseres Hauses, denn die Entwicklungsingenieure dürfen sich in einem Unternehmen unserer Größe nicht von den Erfordernissen des Marktes entfernen. Sie dürfen also nicht Dinge entwickeln oder in Dimensionen denken, die für uns nicht umsetzbar sind. Sie müssen daher sehr intensiv mit den Notwendigkeiten der Marketing-Abteilungen in Kontakt gebracht werden. Für bestimmte Entwicklungsaufgaben werden daher Mitarbeiter sowohl aus den Entwicklungs- als auch aus dem Marketing-Bereich – evtl. auch aus dem Fabrikationsbereich, vor allem wenn Prüfgeräte mitentwickelt werden müssen – abgestellt, um in Projektgruppen zusammenzuarbeiten. Mit dieser interdisziplinären Zusammenarbeit wird eine Art gegenseitiger Befruchtung der einzelnen Bereiche erreicht.

Das Problem des Erwerbs von neuem Wissen für zukünftige Problemlösungen ist wahrscheinlich nur so zu lösen, daß man bei der Einplanung der Ingenieurkapazität rund 20 % offen läßt, die für Aufgaben verbleiben, die keinen momentanen Hintergrund haben, sondern sich aus technischen und marktlichen Möglichkeiten ableiten, die sich für die Zukunft andeuten.

In diesem Sinne haben wir überlegt, ob nicht eine Art Innovationsgruppe innerhalb des Development-Bereiches geschaffen werden soll, die speziell die Aufgabe haben soll, derartige Zukunftsaufgaben zu bestimmen und zu verteilen. Diese darf aber nicht zu einer neuen Elite innerhalb der Entwicklungselite werden. Dies ist aber derzeit eine noch offene Frage.

Könnte man nicht auch für den Entwickler eine Art Lebenszyklus in der Organisation vorsehen: Vom Einsatz in der Grundlagenforschung über Grundsatzentwicklungen im wechselnden Spiel zu Zweckentwicklungen und schließlich mit fortschreitendem Alter in einer Daueraufgabe der technischen Kundenbetreuung?

Dies sind zwei Probleme: Zum einen das der persönlichen Karriere des Entwicklungsingenieurs und zum anderen das der aktuellen Erhaltung des Wissens. Für das letzte Problem denken wir in ähnlicher Richtung, insbesondere was den Wechsel zwischen Ingenieuren im Marketing und in der Entwicklung angeht. Dabei stoßen wir jedoch auf Schwierigkeiten, die im Menschlichen liegen: Zunächst fühlt sich der Entwicklungsbereich, was seine technische Aufgabenstellung anlangt, der Tätigkeit im Marketingbereich so überlegen, daß der Ingenieur es als eine Art Degradierung empfindet, wenn er vom Entwicklungs- in den Marketingbereich versetzt wird. Weiter ist ein auf Zukunftsaufgaben ausgerichteter Entwicklungsingenieur von einem bestimmten Alter an – etwa 35–38 Jahren – nicht mehr in der Lage, jenes Gefühl für zukünftige Entwicklungen zu entfalten, das jüngeren Ingenieuren offensichtlich eigen sein kann. Jeder, der älter ist, ist bereits zu sehr in seinen Erfahrungen gefangen, die den Blick für neue Möglichkeiten trüben. Man zögert dann, Dinge die man selbst als phantastisch empfindet, auf ihren Möglichkeitsgehalt hin zu überprüfen. Es ist das Vorrecht der Jugend mit phantastischeren Ideen agressiver zu sein und auch damit durchzukommen.

Bei der gegebenen Altersstrukturierung im Entwicklungsbereich stelle ich mir eine Lösung derart vor, daß innerhalb der bestehenden Organisation eine Art Junior Board installiert wird, das an grundsätzlichen Fragen nebenamtlich arbeitet und in seinen Ergebnissen mit dem Establishment konfrontiert wird. Damit könnten die Ideen der Jüngeren, die in der Hierarchie noch nicht weit aufgestiegen sind, mit ihren innovativen Gedanken gegenüber der auf Routine aufbauenden Hierarchie durchkommen. Dies als eine Art unausgereifter Gedanke zu diesem schwierigen Problem.

Mit dem Konzept „Struktur 80" haben Sie praktisch ein Verfahren systematischer und

partizipativer Organisationsplanung entwikkelt. – Welches waren Ihre Grundüberlegungen zu diesem Vorgehen?

Der Grundgedanke war der, daß ich mit meiner Berufung als Generaldirektor zunächst die Zielsetzung des Unternehmens in Frage stellen wollte. In meiner Koordinationsaufgabe wollte ich mich daher mit meinen Mitarbeitern zusammensetzen, um das gemeinsame Ziel unserer Tätigkeit zu definieren. Dies haben wir in zwei Klausurtagungen getan. Damit haben wir die grundsätzlichen Voraussetzungen für unser Unternehmensprogramm '80 geschaffen. Damals haben wir eine Stärken– und Schwächenanalyse des Hauses durchgeführt und nach Lösungen gesucht, wie diese Schwächen in kürzester Zeit ausgemerzt werden können. Daraus entstanden dann die Unterprogramme unseres Unternehmenskonzeptes: System 80, Struktur 80, Personal 80, Raum 80 usw. Von diesen Programmen haben wir einige wesentliche bereits erledigt.

Neben den sachlichen Aspekten ist bemerkenswert, daß sehr viele Mitarbeiter auch in diese Strukturüberlegungen einbezogen werden. Was erhoffen Sie sich von diesem partizipativen Vorgehen?

Ich erhoffe mir davon, daß allgemein bekannt wird, welches die gemeinsamen Ziele sind und was notwendig ist, um das gesamte Unternehmen in seiner Wettbewerbsfähigkeit zu stärken. Statt eines Bereichsdenkens soll das gesamtheitliche Denken stärker zum Zuge kommen.

Nach welchen Kriterien haben Sie die Projektgruppe „Struktur 80“ zusammengesetzt?

Zunächst haben wir eine *Interview-*, später – und das war beabsichtigt – eine *Programmgruppe* gebildet. Die Interviewgruppe sollte alles das, was im Hause an Gedanken lebt und vorhanden ist, aufgreifen: Kritiken, Schwachstellen, die häufig gar nicht bis zur Leitung durchdringen, sollten erkennbar gemacht werden. Nach einer Analyse wurden die Hauptprobleme lokalisiert, um Ansatzpunkte für eine neue Organisationskonzeption zu gewinnen. Die Interviewgruppe wurde aus Mitarbeitern zusammengestellt, die als gute Kontaktpersonen im Hause bekannt waren und denen freizügig die Probleme dargestellt wurden. Aus rund 200 Einzelproblemen wurden rund 25 Kernprobleme herausdestilliert, die in der zweiten Stufe der Programmgruppe als Vorgabe mitgegeben wurden. In der Programmgruppe wurden die klaren und breiten Denker zusammengefaßt, und zwar nicht nur jüngere, sondern auch ältere, gestandene Mitarbeiter. Diese entwickelten eine Idealstruktur, die dem Management vorgetragen wurde. Hier wurde dann ein Kompromiß zwischen der Idealstruktur und dem real Möglichen erarbeitet.

Inwieweit weicht diese Realstruktur von der vorgeschlagenen Idealstruktur ab?

Wir sind den Vorschlägen weitgehend gefolgt bis auf jene Bereiche, bei denen eine Zerschlagung der funktionalen Organisation zu kleine Einheiten geschaffen hätte, die nicht ausreichend leistungsfähig gewesen wären. So war es z.B. nicht möglich, unsere Entwicklungstechnik total den beiden Marketingbereichen zuzuordnen und der Entwicklung nur eine kleine Innovationsgruppe zu belassen. Hier wäre die Innovationsgruppe zu klein gewesen, um überlebensfähig zu bleiben, und die Marketing-Gruppen wären ebenfalls größenmäßig nicht in der Lage gewesen, tragende Entwicklungen vorantreiben zu können. Ein anderer Punkt war die größere Bedeutung, die wir dem Einkauf für die Zukunft einräumen, die dazu führte, daß wir den Einkauf von der Fabrikation als eigenen Bereich abgelöst haben.

Haben sich durch diese partizipative Vorgehensweise bei „Struktur 80“ die Schwierigkeiten und Widerstände bei der Implementation der Realstruktur wesentlich vermindert?

Die Durchsetzung ist dadurch sicherlich leichter geworden – obwohl man das sehr schwer messen kann. Es hat trotzdem genug Widerstände gegeben, die aus dem Beharrungsvermögen des Menschen entspringen. Auf jeden Fall ist das Verständnis für die Notwendigkeit dieser Maßnahmen breiter gestreut und auch akzeptiert worden.

So daß Sie heute insgesamt doch ganz zufrieden über den Einspiel-Stand der neuen Organisation sind . . .

. . . erst jetzt kommt ja auch die neue Struktur voll zum Tragen.

Welche Konsequenzen ergaben sich durch die neue Organisation für Führungssystem und Führungsstil in Ihrer Unternehmung?

Wir sind alle in der Geschäftsführung und auch im Kreise der Bereichsleiter ziemlich einheitlich der Meinung, daß in einer Zeit, in welcher der liberale Lebensstil dominiert, auch die Zusammenarbeit innerhalb eines Unternehmens nicht straff hierarchisch sein kann, sondern eine demokratische Form der Zusammenarbeit notwendig ist. Hier kommt es darauf an, daß man denkenden Mitarbeitern die Möglichkeit gibt, sich zu artikulieren, und das bedingt eine andere Grundhaltung des Vorgesetzten seinen Mitarbeitern gegenüber. Aber auch der Mitarbeiter muß sich seinen Vorgesetzten gegenüber ganz anders verhalten als das in der Vergangenheit der Fall war. Das kann man sicherlich nicht von heute auf morgen erreichen: Das ist ein langwieriger Lernprozeß, der auch in den einzelnen Bereichen des Unternehmens nicht in zeitlichem Gleichschritt vollzogen werden kann. Es darf auch nicht bei einem Lippenbekenntnis der Spitze bleiben, kooperativ vorgehen zu wollen; sie selbst muß ein derartiges Verhalten vorleben.

Wenn man das eine Zeitlang praktiziert, dann kommen alle. Auf diese Weise gelingt es, das Denken aller anzuregen und zur Nutzanwendung für das Gesamtunternehmen zu bringen. Erst die Summe der Produkte der Denkprozesse vieler Hirne machen die Wettbewerbsfähigkeit eines Unternehmens aus, das ist meine Überzeugung.

2.4 Motorola Inc.

Die Motorola Inc. (Hauptsitz Chicago) ist eines der führenden Unternehmen der Elektroindustrie, das mit weltweiten Aktivitäten elektronische Bauelemente und Geräte herstellt und vertreibt: Sprech- und Datenfunk, Kommunikationssysteme, Halbleiter, ICs und Mikroprozessoren gehören genauso zum Erzeugnisprogramm, wie Elektronik für Luft- und Raumfahrt, Auto-Radios und Kontrollelektronik sowie Datenübertragungseinrichtungen. Als international tätiges Unternehmen ist Motorola in Unternehmensgruppen und Geschäftsbereichen organisiert.

Als Motorola im Jahre 1928 kurz vor der großen Wirtschaftskrise gegründet wurde, hatte das Zeitalter der Elektronik gerade erst begonnen. Adapter, die den Einsatz von Batterien bei Radiogeräten überflüssig machten, und Auto-Radios waren die ersten Erzeugnisse des Unternehmens. Mitte der dreißiger Jahre wurde das Erzeugnisprogramm um Radiogeräte für den Hausgebrauch erweitert. UKW-Funkgeräte, die 1949 in das Erzeugnisprogramm aufgenommen wurden, brachten für Motorola einen Einstieg in die Nachrichtentechnik mit sich. Darauf folgten Fernsehgeräte. Bis dorthin war Motorola ein Unternehmen mit dem Standort Chicago. Ab 1949 begann eine räumliche Dekonzentration der Standorte: Ein Forschungszentrum wurde in Phoenix, Arizona eingerichtet; später folgten Werke, die sich über verschiedene Hemisphären der Welt verteilten. 1955 wurde der Geschäftsbereich Halbleiter eingerichtet, der eine wesentliche technologische Quelle für die Unternehmensentwicklung darstellen sollte. Mit dem US-Raumfahrtprogramm ergaben sich zusätzliche Impulse und Möglichkeiten im Rahmen öffentlicher Aufträge für die Elektronik. Motorola spielte von Anfang an bei der Entwicklung der Mikroprozessoren eine führende Rolle, einer Entwicklung, die im nächsten Jahrzehnt wesentliche Veränderungen in allen Facetten unserer Gesellschaft mit sich bringen wird.

Die Unternehmensentwicklung von Motorola läßt sich durch einige Zahlen zur Umsatz- und Beschäftigtenentwicklung verdeutlichen:

	Umsatz in Mill. $	Beschäftigte
1970:	796	36.000
1973:	1.437	64.000
1976:	1.504	56.000
1979:	2.714	75.000

Bezeichnend für diese Entwicklung ist, daß Motorola sich unternehmenspolitisch konsequent von solchen Geschäftszweigen getrennt hat, die mit der grundsätzlichen strategischen Zielsetzung nicht mehr vereinbar erschienen.

So wurde beispielsweise das Engagement im konsumentenorientierten Fernsehgeschäft frühzeitig aufgegeben, um die dadurch freigewordenen Ressourcen in Gebieten einsetzen zu können, die für die Zukunft eine Schwerpunktpolitik ratsam machten. Während vor etwa 10 Jahren noch rund ein Drittel des Umsatzes mit konsumorientierten Produkten erzielt wurde, hat sich die Schwerpunktbildung heute deutlich auf investitionsgüterorientierte Erzeugnisse verlagert. Motorola hat diesen Wandel zielstrebig vollzogen, um sich auf diesem Weg einen besonderen Anteil an den Wachstumsmärkten der Zukunft zu sichern. Die Zusammensetzung des Erzeugnisprogrammes hat sich folglich laufend verändert, wie ein Blick auf die Umsatzstruktur zeigt:

	1970	1980
Funknachrichtentechnik	33	40
Halbleiter	31	39
Unterhaltungselektronik	17	–
Automobil- und Industrieelektronik	7	8
Militär- und Raumfahrt-Elektronik	9	9
Datenübertragung	-	4
Sonstige	3	–
	100 %	100 %

Die bedeutsamsten Veränderungen zeigen sich in dem beträchtlich größeren Anteil der Funk-Nachrichtentechnik- und Halbleiter-Bereiche, wie auch aus dem kleinen, aber schnell wachsenden Bereich der Datentechnik. Der konsumnahe Geschäftsbereich Fernsehgeräte wurde 1974 veräußert. Eine weitere Verminderung der konsumnahen Aktivitäten erfolgte 1980 durch den Verkauf des Bereiches ‚Autoradios zur Nachrüstung' und der ‚Autovox', einer italienischen Tochtergesellschaft. Der Anteil der Auslandsumsätze am Gesamtumsatz der Motorola Inc. weist in den letzten Jahren eine steigende Tendenz auf und betrug 1979 rund 26 % (Mio. $ 702).

2.41 Die Organisationsstruktur von Motorola (Stand 1980)

Die Organisationsstruktur von Motorola folgt mehr oder weniger klassischen Vorstellungen einer divisionalen Unternehmungsbereichsorganisation. Die *Konzernführungsspitze* wird von einem Chairman of the Board, der zugleich als Chief Executive Officer handelt, einem Vice Chairman als Chief Operating Officer und dem Präsidenten als Assistent Chief Operating Officer im „Office of the Chief Executive" gebildet. Drei Vize-Präsidenten in einer Stabsrolle berichten direkt an dieses Spitzengremium.

Die Zentralbereiche des Unternehmens sind

– *Finanzen* (Treasuring, Controlling, Recht und Steuern)

– *Personal* (US, International, Personal-Verwaltung, Personal-Entwicklung)

– *Stäbe* (Öffentlichkeitsarbeit, Beziehungen zur Regierung, Unterstützung der Operationen, Multinationale Operationen, Strategische Planung, Bezugsquellen und Lieferantenbeziehungen, Planung, Marketing, Gebrauchsmuster und Lizenzen, Forschung und Entwicklung, Qualität).

Diesen Zentralbereichen stehen *Unternehmensgruppen* und *Geschäftsbereiche* gegenüber, die bestimmte Produkt-/Marktsegmente abdecken.

1975 gab Motorola bekannt, daß die zwei größten Geschäftsbereiche – Funknachrichtentechnik (Schaumburg, Illinois) und Halbleiter (Phönix, Arizona) in fünf Geschäftsbereiche aufgeteilt werden.

Im ehemaligen Geschäftsbereich Funknachrichtentechnik wurden die Geschäftsbereiche Vertrieb (US), International (verantwortlich für alle Vertriebs- und Fertigungsaktivitäten außerhalb USA) sowie Entwicklung und Fertigung (US) gegründet. Zusammen mit den Funktionen Planung, Finanzen und Systemplanung formierten die 3 Geschäftsbereiche die Unternehmensgruppe Funknachrichtentechnik.

Der in Phönix beheimatete Geschäftsbereich Halbleiter wurde in 2 Geschäftsbereiche, nämlich in den Geschäftsbereich „Diskrete Halbleiter" und „Integrierte Schaltkreise" aufgeteilt. Diese 2 Geschäftsbereiche bildeten zusammen mit dem europäischen Geschäft, U.S. Marketing und der Finanz- und Planungsfunktion die Unternehmensgruppe Halbleiter.

Motorolas Chairman begründet diese „Zellteilung" mit der wachsenden Größe und Komplexität, den die fünf Gliederungseinheiten inzwischen erreicht hatten. Die drei Geschäftsbereiche, die nunmehr die Gruppe Technik bilden, sind untereinander stark verbunden und in sich nicht unabhängig zu denken. Dies rechtfertigt ihre Stellung als Geschäftsbereiche. Im Rahmen der Unternehmensgruppe Halbleiter hat eine andere Entwicklung zur Aufgliederung der beiden erwähnten Geschäftsbereiche geführt. In ihr bestehen erhebliche Unterschiede in der grundlegenden Marktplanung, in der Erzeugnisgestaltung und Herstellung der Produkte, je nachdem, ob es sich um integrierte Schaltkreise (2-polig und MOS) oder diskrete Halbleiter handelt. Jede der beiden Gruppen ist in Umfang und Komplexität so bedeutend, daß sich aus diesem Grunde eine Differenzierung in zwei Geschäftsbereiche anbot.

Die operierenden Einheiten

Die einzelnen Gliederungseinheiten von Motorola stellen sich wie folgt dar.

- ***Unternehmensgruppe Funk-Nachrichtentechnik***

Zum Erzeugnisprogramm dieser Unternehmensgruppe gehören Funkgeräte und andere Kommunikationsmit-

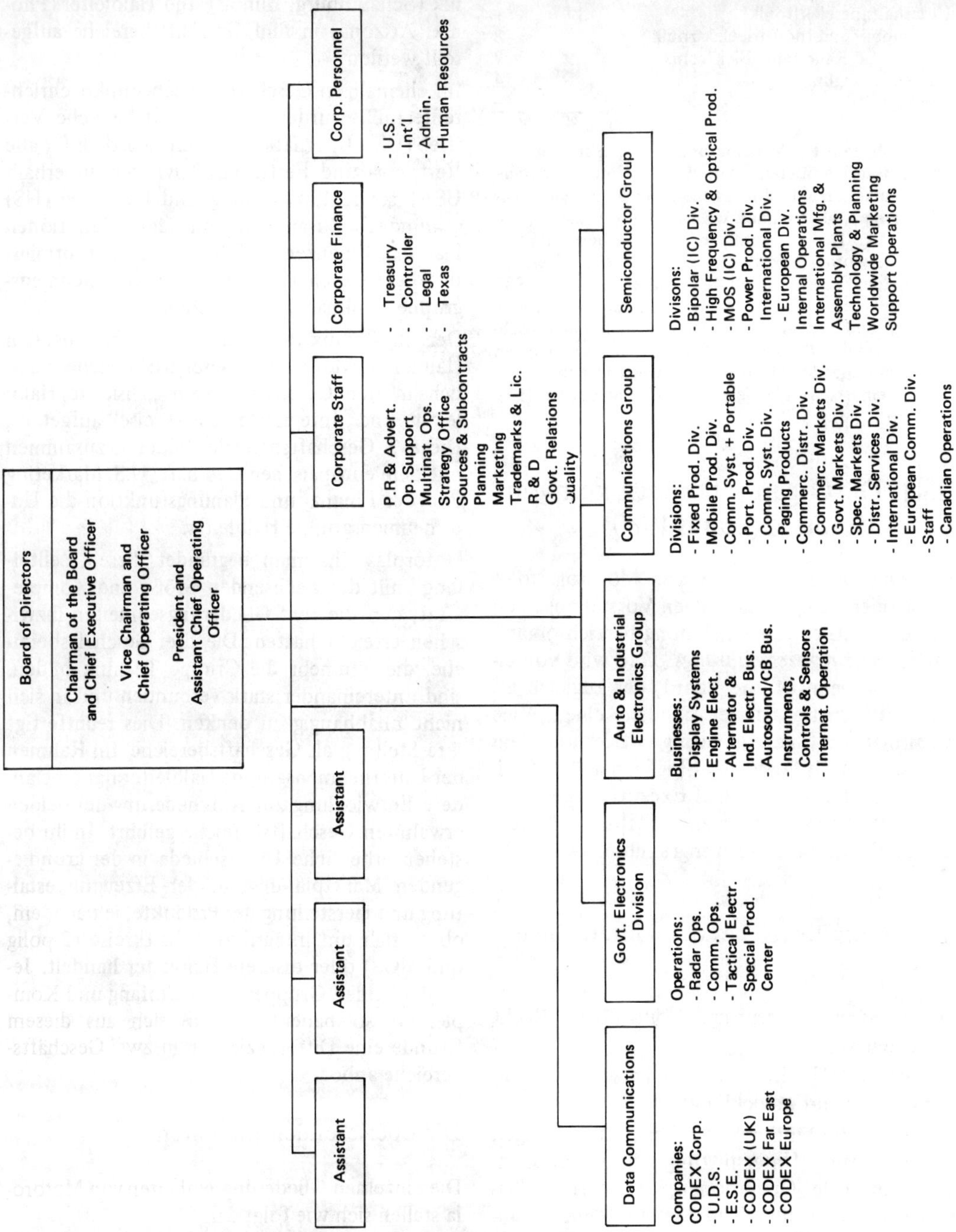

Abb. 12: Organigramm der Motorola Inc.

tel für ein breites Anwendungsspektrum in den unterschiedlichsten Zweigen von Wirtschaft, Verwaltung, Verteidigung und dem Gesundheitswesen. Die divisionale Organisation dieser Unternehmensgruppe wurde – wie bereits erwähnt – 1979 und weiter 1980 deutlich verändert. Der frühere Geschäftsbereich Entwicklung und Fertigung Funk-Nachrichtentechnik wurde in drei Geschäftsbereiche aufgeteilt:

- Handsprechfunkgeräte
- Mobile Sprechfunkgeräte
- Ortsfeste Stationen.

In den Jahren 1979 und 1980 wurden weitere bedeutsame strukturelle Veränderungen in der divisionalen Organisation der Funknachrichtentechnik-Gruppe vorgenommen. Der frühere Geschäftsbereich Fertigung und Entwicklung wurde unterteilt in:

- Funknachrichtensysteme und Tragbare Funkgeräte
  - Tragbare Funkgeräte
  - Funknachrichtensysteme
- Personensuch- und Alarmmeldeempfänger
- Mobile Funkstationen
- Basisstationen.

Zusätzlich wurden andere Geschäftsbereiche formiert:

- Geschäftsbereich Vertrieb
  - Commercial Markets Division
  - Government Markets Division
  - Spezialmärkte
  - Kundendienst
- Internationales Geschäft
  - Geschäftsbereich Europa.

• *Unternehmensgruppe Halbleiter*

In dieser Unternehmensgruppe werden mikroelektronische Bauelemente sowie Untersysteme für elektronische und elektromechanische Erzeugnisse externer Gerätehersteller produziert. Das breitgefächerte Programm an diskreten Halbleitern und integrierten Schaltkreisen umfaßt Mikroprozessoren, Mikrocomputer und Datenspeicher, um die Erfordernisse der hochentwickelten Systeme der Computer-, Konsum-, Automobil-, Industrie-, Behörden und militärischen Märkte zu befriedigen.

Auch diese Gruppe erfuhr kürzlich umwälzende Änderungen in ihrer divisionalen Struktur. Der frühere Geschäftsbereich Integrierte Schaltkreise wurde in zwei Geschäftsbereiche aufgeteilt:

- MOS Integrierte Schaltkreise
- Bipolare Integrierte Schaltkreise.

Der frühere Geschäftsbereich Diskrete Halbleiter wurde ebenfalls in 2 Geschäftsbereiche gegliedert:

- High Frequency und Optical Products
- Power Products

Weiter wurde ein europäischer Halbleiter-Geschäftsbereich gebildet, der dem Geschäftsbereich International hinzugefügt wurde. Weitere Abteilungen dieser Gruppe sind:

- Interne Operationen
- Internationale Fertigung – Zusammenbauende Werke
- Technologie und Planung
- Weltweites Marketing.

• *Unternehmensgruppe Automobil- und Industrieelektronik*

Zwar befinden sich nach wie vor Autoradios und die Kfz-Elektronik im Programm von Motorola. Die Entwicklung dieser Unternehmensgruppe zielt jedoch heute stärker auf die Industrieelektronik ab. Die folgenden Geschäftszweige finden sich in dieser Unternehmensgruppe:

- Motoren-Elektronik
- Lichtmaschinen und Industrieelektronik
- Autoradios
- Instrumente, Sensoren und Steuerungseinrichtungen
- Display Systeme
- International.

• *Geschäftsbereich Militär- und Raumfahrtelektronik*

Dieser Geschäftsbereich ist auf die Forschung und Entwicklung, die Fertigung und den Vertrieb von elektronischen Geräten und Systemen für das U.S.-Verteidigungsministerium, die NASA und andere in- und ausländische Regierungsstellen ausgerichtet. Radargeräte, Raketensteuerungssysteme und Kommunikationseinrichtungen stehen dabei im Mittelpunkt des Programmes. Die einzelnen Operationen dieses Geschäftsbereiches sind:

- Radareinrichtungen
- Kommunikationssysteme
- Taktische Elektronik
- Sonderproduktions-Zentrum.

• *Datenkommunikation*

Motorola konsolidierte ihre Interessen in der Datenkommunikation 1979 unter dem Dach der Codex. Zwei weitere Gesellschaften, die Universal Data Systems, Inc. in Huntsville, Alabama, und die ESE Limited in Rexdale, Ontario, sind der CODEX organisatorisch ebenso direkt unterstellt, wie die britische Tochtergesellschaft der Codex. Es ist die strategische Aufgabe von Codex das spezifische Know-how der Motorola-Organisation für die Entwicklung der Datenkommunikation als eigenem Geschäftszweig nutzbar zu machen.

2.42 Interview mit dem Vice Chairman of the Board und Chief Operating Officer der Motorola Inc., Mr. William J. Weisz, 1980

> Die bemerkenswerte Entwicklung Ihres Unternehmens läßt sich sicherlich auf bestimmte Elemente der Unternehmungspolitik und Strategie zurückführen. Die Verfolgung welcher Prinzipien sind Ihrer Ansicht nach für den Erfolg von Motorola verantwortlich?

Vor etwa fünf Jahren haben wir ein Dokument mit dem Titel „For which we stand" verfaßt, in dem unsere Ziele und unternehmungspolitischen Grundsätze niedergelegt sind. Sie bedeuten für Motorola: 1. Die fundamentale Achtung und Anerkennung der Mitarbeiter des Unternehmens. Daraus leitet sich die Delegation von Kompetenzen und Verantwortung auf die niedrigst denkbare Ebene der Aufgabenerfüllung ab. Unsere Tradition ist die einer kontinuierlichen Dezentralisation. Dieses organisatorische Grundprinzip wird auf allen Ebenen befolgt. 2. Die Bedeutung einer *Produktführerschaft* ist für uns ein weiteres grundlegendes Element der Unternehmungspolitik. Zwar ist uns dies nicht in jedem Fall bei jedem Produkt und in jedem Markt gelungen, aber in den Wettbewerbssegmenten unserer Wahl sind wir außerordentlich stark und erfolgreich. So sind wir beispielsweise der größte Hersteller von Sprechfunkgeräten der Welt, das zweitgrößte Halbleiter-Unternehmen; wir verfügen weiter über das beste Behördengeschäft unseres Wirtschaftszweiges.

> Wie hat dies Ihr strategisches Konzept beeinflußt?

Während der letzten zehn bis zwölf Jahre haben wir sehr bewußt einen Kurs zur strategischen Umpositionierung unseres Unternehmens gesteuert. Dies hat das Wesen und die Identität des Unternehmens verändert. 1969 waren wir zum überwiegenden Teil ein konsumorientiertes Unternehmen, das Endprodukte der Elektronik anbot. Wir haben uns von dieser Lage ganz bewußt wegbewegt, hin zu einem Unternehmen der Spitzentechnologie, das Ergebnisse und Systeme für den Bedarf von Wirtschaft und Verwaltung und – wenn möglich – nur sehr bedingt im konsumnahen Bereich anbietet. Dies ist eine sehr bewußt konzipierte und auch durchgesetzte Strategie. Das Konsumgeschäft der Elektroindustrie mag gute Chancen für andere Wettbewerber bereithalten. Eine Analyse unserer Stärken und Schwächen zeigt uns jedoch recht deutlich, daß wir uns aus diesem Segment heraus bewegen sollten.

Eine andere unserer Stärken ist unsere Bereitschaft, uns selbst introspektiv zu durchleuchten, um dabei Gebiete bestimmen zu können, wo wir erfolgreich und wo wir weniger erfolgreich sein können. Aus derartigen Einsichten sind wir bereit, sofortige Konsequenzen zu ziehen. Eine derartige Umwidmung von Ressourcen ist jedoch kein einfaches Unterfangen, denn hier muß immer der persönliche Stolz überwunden werden, der sich mit der Identifikation mit Aufgaben und Produkten verbindet, die nun abgestoßen werden. So haben wir uns beispielsweise vom konsumnahen Bereich des Geschäftes mit Autoradios zur Nachrüstung gelöst. Ein Unternehmen, das in der Lage ist, solche Entscheidungen durchzusetzen, beweist damit strategische Stärken. Diese Introspektion, die Fähigkeit sich von einem Geschäftszweig zu lösen, und sich auf andere zu konzentrieren, kennzeichnet unser grundlegendes strategisches Konzept.

> Bei dieser strategischen Flexibilität Ihrer Ressourcenwidmung beschränken Sie sich jedoch ausschließlich auf die Elektronik?

Eine Analyse unserer Stärken und Schwächen und der Wachstumsmärkte der Zukunft führte zur Grundsatzentscheidung, daß wir uns auf die Elektronik konzentrieren sollen. Wir möchten als Management nicht nur einzelnen Aktivitätsblöcken Ressourcen zuweisen, sondern uns – ohne dabei Entscheidungen zu zentralisieren – voll in ihnen engagieren. Es ist Teil unserer Führungskultur, daß jeder in seinem Geschäft hinreichende Erfahrung aufweisen und nicht nur die Technik des Managements beherrschen muß. Mit unserem firmengeschichtlichen Hintergrund, unserer Organisationskultur und der Art unserer Mitarbeiter sind wir am besten in der Lage, Probleme auf Gebieten zu bewältigen, von denen wir etwas verstehen. Da unser Unternehmen sich zudem auf einem recht hoch-karätigem Gebiet bewegt, brauchen wir auch nicht nach anderen Ufern zu schauen. Ein einziges Motiv für eine Diversifikation könnte hier die Suche nach Geschäftszweigen sein, die sich antizyklisch verhalten. Unsere Beurteilung zeigt uns jedoch ein recht eindeutiges Bild. Das Gebiet auf dem wir stark sind, weist ein erhebliches Wachstumspotential auf. Wir verfügen über ausgezeichnete, aber nicht unbegrenzte Ressourcen. Die logische Folge dieser Analyse ist, daß wir uns auf dieses Gebiet konzentrieren werden, solange es den Wachstumszielen unseres Unternehmens gerecht wird.

Die Frage einer möglichen Diversifikation stellte sich damit für Ihr Unternehmen nicht, da der Markt der Elektronik für eine absehbare Zeit ausreichende Wachstumsmöglichkeiten bereit hält.

Die Idee der Diversifikation ist allerdings immer wieder diskutiert worden. Unsere Politik ist hier jedoch vollkommen klar: Bei Akquisitionen und unserer internen Entwicklung werden wir nicht in völlig andersartige Bereiche eindringen. Wir suchen vielmehr nach Wachstumsmöglichkeiten in komplementären Gebieten; denn wir wollen unsere Managementfähigkeiten nicht auf Gebieten verschleudern, auf denen wir nicht so qualifiziert sind, sondern uns auf das konzentrieren, wovon wir etwas verstehen und wo wir große Möglichkeiten für die Zukunft erkennen.

Viele Unternehmen sind dabei, sich wieder von Akquisitionen früherer Jahre zu trennen, selbst dann, wenn diese sehr gewinnträchtig sind. Der Grund hierfür ist in der Erkenntnis zu finden, daß es notwendig ist, seine knappen Management- und Finanzressourcen auf das zu konzentrieren, was man zielsetzungsmäßig wirklich erreichen will. In unserem Urteil haben wir uns von mit diesem modischen Trend verbundenen Problemen erfolgreich ferngehalten.

Motorola kann mit seinem angestammten Know-how in der Elektronik aber auch durch die Internationalisierung, d. h. das Erschließen neuer oder die Beteiligung an bestehenden ausländischen Märkten wachsen. Wie stellen sich Ihnen die Möglichkeiten für eine weitere Internationalisierung Ihrer Aktivitäten in der Zukunft dar?

Die Internationalisierung gehört zu den Grundpfeilern unserer Unternehmungspolitik. Als wir vor vielen Jahren mit der Internationalisierung begannen, gingen wir von der Annahme aus, daß unsere Erzeugnisse in jedem Land der Erde, ob entwickelt oder unterentwickelt, Verwendung finden können. Dieser bescheidene Anfang drückte sich auch in der Art unserer Organisation aus: In den späten vierziger Jahren wurde unser gesamtes internationales Geschäft von einer Exportagentur abgewickelt. Wir selbst hatten zu diesem Zeitpunkt noch eine funktionale Organisation. Später divisionalisierten und dezentralisierten wir unser Unternehmen nach Erzeugnisaspekten und gaben jedem Geschäftsbereich theoretisch eine weltweite Gesamtverantwortung für eine Erzeugnisgruppe. Da wir jedoch zu diesem Zeitpunkt noch nicht so international ausgerichtet waren wie heute, blieb vieles von dieser internationalen Verantwortung auf dem Papier. Schließlich gründeten wir eine internationale Gesellschaft, die Motorola Overseas Co., die direkt der Hauptverwaltung unterstellt wurde und über die alle Auslandsverkäufe abgewickelt wurden.

Nach einiger Zeit wurde für uns das Wachstum des Marktpotentials im Auslandsgeschäft deutlich und wir erkannten die Notwendigkeit, diese Märkte in einer mehr offensiven Art anzugehen. Wir entschlossen uns zu einer fundamentalen Einstellungsänderung zum internationalen Geschäft.

Dies drückte sich in einer nochmaligen organisatorischen Änderung aus. Es ist typisch für Organisationen, daß Aufgabenkreisen, die einem nicht direkt über ihre Träger berichten, auch nur eine geringe Aufmerksamkeit gewidmet wird. Ausgehend von dieser Erfahrung und unserem Grundsatz, daß diejenigen Mitarbeiter am besten in der Lage sind ein Geschäft zu führen, die die größte Produkt- und Marktkenntnis besitzen, dezentralisierten wir die internationale Gesellschaft und gaben jedem Geschäftsbereich die internationale Verantwortung für seine Erzeugnisse. Mit ihr war eine weltweite Ergebnisverantwortung verbunden. Diese organisatorische Änderung allein förderte unser internationales Geschäft in beachtlichem Maße, da seine Gestaltung nun nicht mehr Sache des Unternehmens war, sondern ganz bestimmter Individuen in ihren eigenen Geschäftsbereichen mit ihren Möglichkeiten und Verantwortlichkeiten. Heute hat das internationale Geschäft rund 30 % unseres Umsatzes erreicht und auch das außerhalb der USA beschäftigte Personal hat etwa diesen Anteil am gesamten Personalbestand.

Nach meiner Überzeugung wird sich das Wachstum unseres Unternehmens im internationalen

Geschäft weiter mit einer höheren Rate als in den USA vollziehen, weil die Wachstumsmöglichkeiten in einigen Regionen diejenigen im Inland übertreffen. Aber auch das Wachstum in den USA selbst wird beachtlich sein. Unser internationaler Anteil wird auf diesem Wege ständig, aber nicht in revolutionären Sprüngen wachsen.

Wie koordinieren Sie die Aktivitäten mehrerer Geschäftsbereiche, die in einer ausländischen Region tätig werden?

Damit sprechen Sie die nächste Phase unserer Entwicklung an. Als wir unsere internationalen Aktivitäten dezentralisierten, ergaben sich naturgemäß einige Überschneidungen und folglich zuweilen konfuse Situationen. Davon blieb das völlig unterschiedliche Bauelemente-Geschäft verschont. In vielen Ländern war es sowohl für Kunden als auch für Regierungsstellen unverständlich, daß mehrere Geschäftsbereiche eines Unternehmens in ihrem Land dort nicht, und auch nicht von den USA direkt koordiniert wurden. Um diesem Gesichtspunkt besser Rechnung tragen zu können, bildeten wir 1971 eine multinationale Koordination als zentrale Stabseinheit.

Zur Leitung dieser Einheit bestellten wir einen Ausländer, der vorher eine unserer internationalen Tochtergesellschaften geleitet hatte. Ihm unterstehen Mitarbeiter hier in der Zentrale und in den einzelnen Regionen, die für eine Harmonisierung der regionalen Aspekte mit denen von Erzeugnis und Markt sorgen. Wir wollen damit erreichen, daß unser Unternehmen, wo immer es tätig wird, als guter Bürger des Landes auftritt. Zu diesem Zweck haben wir weiter regionale Direktoren für Amerika, Europa, Japan, Asien-Pazifik und Mittlerer Osten-Afrika und ihnen unterstellte Landesmanager ernannt, die gegenüber der geschäftsbereichsbezogenen Linienführung in einer regionalen Matrixzuständigkeit handeln. Dies ist keine kopflastige Supereinheit, sondern eine kleine, hoch-qualifizierte Gruppe, die dem synergetischen, gesamthaften Auftreten von Motorola in einem Lande dient. Um diese Struktur bewußt klein zu halten, nimmt ein Geschäftsführer einer Landesgesellschaft zuweilen gleichzeitig die Funktionen eines Landesmanagers wahr, womit sich für ihn dann eine Doppelunterstellung ergibt. In einigen anderen Ländern, wie beispielsweise in Israel, wird unser gesamtes Geschäft durch nur eine Landesgesellschaft wahrgenommen. Für Europa haben wir dagegen einen regionalen Direktor mit Sitz in Genf. Ihm sind europäische Zentralabteilungen zugeordnet. Die Linienverantwortung verbleibt jedoch in allen Fällen bei den produktorientierten Geschäftsbereichen.

Wie beurteilen Sie das in dieser Matrixorganisation angelegte Konfliktpotential zwischen der produktorientierten Linienorganisation und der regionalorientierten Stabsorganisation?

Jede Matrixorganisation ist auf Konflikte angelegt und Motorola weist in seiner Struktur vielfältige mehrdimensional organisierte Verflechtungen auf. Die Erfolgsverantwortung liegt bei den Produktmanagern innerhalb der dezentralisierten Geschäftsbereiche auf verhältnismäßig niedriger organisatorischer Ebene. Die Produktmanager haben jedoch nicht alle Teile ihrer Gewinn- und Verlustrechnung in der Hand, da sie ihre Produkte beispielsweise von einer zentralen Produktion kaufen und diese wiederum über eine zentrale Vertriebsorganisation verkaufen. Damit ergeben sich bereits mehrdimensionale Beziehungen und Doppelunterstellungen innerhalb der Geschäftsbereiche. Hinzu tritt die Mehrdimensionalität, die sich durch die internationale Koordination ergibt. Wir versuchen, die damit eingebauten Konflikte zu lösen. Ein Weg sind Kollegien. So arbeiten wir beispielsweise mit einem „International Council", in dem alle Leiter der internationalen Aktivitäten unserer Geschäftsbereiche vertreten sind. Dieses Gremium wird durch unsere zentrale multinationale Koordinationseinheit geleitet. Weiter werden in geographischen Sitzungen vor Ort Probleme gelöst, die sich auf Länderebene ergeben. Erst wenn sich Probleme auf diesem Wege nicht lösen lassen, wandern sie nach oben. Dies hat natürlich Vor- und Nachteile. Grundsätzlich ist es jedoch nicht schlecht, daß auch die obere Führung auf diesem Wege mit konfligierenden Meinungen konfrontiert wird.

Welche Erfahrung haben Sie speziell mit dieser mehrdimensionalen Organisation machen können?

Auf manchen Gebieten arbeitet die Matrixorganisation sehr gut. Zumeist jedoch setzt sich einer der Partner als stärkere Kraft durch. Ein Gleichgewicht zwischen beiden herzustellen, ist eine außerordentlich komplizierte und zeitraubende Angelegenheit. Deshalb haben wir einfach der einen Seite das Schwergewicht übertragen – der Produktseite – und die andere – die regionale Seite – als Planungs- und Koordinationsdimension ausgewiesen.

In Ihrer Organisation wird zwischen „groups" (Unternehmensgruppen), „divisions" (Geschäftsbereichen), „businesses" (Geschäftsfeldern) und „operations" (Fachbereichen) unterschieden. Worin liegen die organisatorischen Unterschiede, die eine derartige Bezeichnungsvielfalt rechtfertigen?

Bevor wir die Unternehmensgruppen schufen, kannten wir die „Divisions" als Geschäftsbereiche, die alle Aktivitäten auf einem Produkt/Markt-Gebiet mit Ausnahme der Finanzen umfaßten. Dies ist auf vielen Gebieten auch heute noch der Fall. Bei unseren sehr großen Aktivitäten allerdings oder dort, wo es unzweckmäßig wäre, unsere Vertriebsorganisation oder unsere Produktion aufzuspalten, haben wir oberhalb der Geschäftsbereiche Unternehmensgruppen gebildet. Unsere Geschäftsbereiche umfassen beispielsweise das Engineering und Marketing und tragen dabei die gesamte Gewinn- und Verlustverantwortung. Sie bilden damit eine starke Kraft in der Matrix. Daneben stehen Vertriebs-Geschäftsbereiche, die Produkte mehrerer produktorientierter Geschäftsbereiche verkaufen und den Kundenservice vornehmen. Unsere produktorientierten Geschäftsbereiche haben sich damit von ihrer umfassenden funktionalen Struktur zunehmend wegbewegt und die zusammenfassende Klammer wird heute stärker durch die Unternehmensgruppen verkörpert, unter deren Dach sich dann produktorientierte Geschäftsbereiche einschließlich Fertigung, der Vertrieb und das internationale Geschäft finden. Unsere Funknachrichtentechnik und die Bauelemente sind dieser Art.

Die Auto- und Industrieelektronik hat dagegen eine etwas andere Struktur: Hier gibt es kaum Gemeinsamkeiten einzelner produktorientierter Geschäftsbereiche in der Fertigung oder der Distribution. Hier spielen die Leitungsspannen zur Steuerung sehr spezifischer Aktivitäten die entscheidende Rolle. Dies führt zu einer Organisation um bestimmte Geschäftsfelder oder Gruppen von Geschäftsfeldern herum und dort, wo dies nicht geht, fassen wir unter dem Gesichtspunkt gleichwertiger Leitungsprobleme ähnliche Problemgruppen zusammen, die aber an sich nichts miteinander zu tun haben.

Für weitere Geschäftszweige haben wir uns nicht dazu entschlossen, diese als Unternehmensgruppen auszuweisen oder sie zu irgendeiner anderen Gruppe hinzuzuschlagen. Dies trifft für die Militär- und Raumfahrt-Elektronik und die Datenkommunikation zu, die von der Größe her lediglich Geschäftsbereiche sind. Die Größe ist für uns nicht das entscheidende Kriterium, obwohl wir dazu tendieren, bei der Gründung eines Geschäftsbereiches eine minimale Größe vorauszusetzen.

Lassen Sie mich ein Beispiel aus dem Bereich der Datentechnik geben. Als wir die Codex Corporation übernahmen, hatte diese einen Umsatz von weniger als 100 Millionen $. Es lag daher nahe, sie aufgrund ihrer Größe in einen anderen Bereich einzugliedern oder einer Gruppe zuzuordnen. Das Wachstum der Datenkommunikation ist jedoch außerordentlich groß, so daß die damit verbundenen Aktivitäten in wenigen Jahren die Bildung einer eigenen Unternehmensgruppe rechtfertigen können. Um sicherzustellen, daß dieser Bereich alle nur denkbare Aufmerksamkeit und Unterstützung durch die Leitung erfährt, wäre es grundfalsch gewesen, ihn dezentral, drei Etagen von der Unternehmungsspitze entfernt, anzusiedeln. Wir haben ihn daher direkt an die Spitze angebunden.

Stört es Sie nicht, daß durch das Einziehen der Gruppenebene in die Organisationsstruktur einige Geschäftsbereiche ihre Stabsbereiche behalten haben, während andere, die nunmehr Gruppenstatus erreicht haben, ihre Stäbe mit „nach oben" gezogen haben, während die weiter „unten" ausgegliederten Geschäftsbereiche jeder eigenen Stabsunterstützung entblößt wurden?

Das einzige, was uns daran stört, ist, daß wir sehr sorgsam die Bildung neuer Stabseinheiten beobachten müssen. Das Verfahren der Divisionalisierung ist sicherlich etwas kostspieliger als das der funktionalen Organisation, weil funktionale Einheiten dupliziert und auf der divisionalen Ebene zur Abrundung von Verantwortungsbereichen angesiedelt werden müssen. Der Gewinn an Enthusiasmus, Motivation, Zusammengehörigkeitsgefühl und auch der Leistungswirksamkeit überwiegt langfristig diese denkbaren Nachteile bei weitem.

Wie unterbinden Sie die Tendenz von Geschäftsbereichen, sich eine eigene Stabsorganisation zuzulegen?

Wir versuchen natürlich eine derartige Tendenz zu bekämpfen. Diese muß jedoch nicht immer nachteilig sein: wir würden den Ausbau der Finanz- und Controllingstäbe auf der Gruppenebene nicht ungern sehen. Dagegen hielten wir es aber beispielsweise nicht für sinnvoll, wenn sich eine Unternehmensgruppe eine eigene multinationale Koordinationseinheit aufbaut. Um jedoch der Tendenz der Divisionen, alles selbst machen zu wollen, Einhalt zu gebieten, binden wir diese über funktionale Weisungsrechte an das Gesamtunternehmen an, beispielsweise divisionale Personalabteilungen an die zentralen Personalabteilung, dezentrales Finanzwesen und Controlling an das zentrale Finanzwesen.

Was verstehen Sie in Ihrer organisatorischen Terminologie unter Operationen bzw. Fachbereichen?

Hierbei handelt es sich zumeist um Gliederungseinheiten niederer Ordnung innerhalb von Geschäftsbereichen mit umfassender Gewinn- und Verlustverantwortung, jedoch ohne eigene Stabsabteilungen, über die Geschäftsbereiche normalerweise verfügen. Operationen umfassen produktorientiertes Engineering und Marketing, sowie zumeist auch eine eigene Fertigung. Da wir nicht zu viele Einheiten mit einem eigenen Verkauf auf den Kunden loslassen wollen, verfügen die Operationen häufig über keinen eigenen Vertrieb. Diese Aufgabe wird zumeist von einer funktionalen Vertriebsorganisation wahrgenommen, die für einen Geschäftsbereich oder sogar eine gesamte Unternehmensgruppe tätig wird. Eine einzelne Operation bedient sich dieses Vertriebes als eine Art Dienstleistung. Darüberhinaus haben wir keine zentrale Vertriebsorganisation, wohl aber ein zentrales Marketing.

Wie beurteilen Sie den Erfolg von Operationen, Geschäftsbereichen und Unternehmensgruppen?

Eine kurzfristige Berichterstattung von Größen des Rechnungswesens im Rahmen der Erfolgsverantwortung fördert Strategien der Ausbeutung, des „Ausmelkens" von Produkt/Markt-Potentialen. Wir müssen daher eine Reihe anderer Dinge tun, damit dies nicht die weniger wünschenswerte Folge der Berichterstattung ist. So beurteilen wir in einer Makrobetrachtung laufend die Forschungs- und Entwicklungsanstrengungen, zweimal jährlich veranstalten wir Technologie-Reviews für jeden Geschäftsbereich, in denen wir unsere eigenen Fortschritte mit denen unserer Wettbewerber vergleichen. Daneben benutzen wir ein umfängliches Kennzahlenwerk zur Beurteilung unserer Einheiten. Im Top-Management widmen wir rund fünfzig Prozent unserer Zeit für eine recht konkrete, operationsnahe „hands-on" Führung unseres Geschäftes. Hinzu treten 15 bis 20 Kollegien, die von den funktionalen Zentralabteilungen und Stäben geleitet werden, und die sich mit Fragen der Technologie, der Einkaufs-, Industrial Engineering-, Fertigungspolitik usw. beschäftigen. Diese funktionalen Zentralabteilungen haben eine langfristige Ausrichtung, die in diesen Ausschüssen mit der Kurzfristorientierung der operationsnahen Verantwortlichen zum Ausgleich gebracht werden muß.

Wie messen und beurteilen Sie dabei die Leiter dieser operativen Gliederungseinheiten?

Wir verfügen über ein sehr ausgebautes leistungsanreizbezogenes Beurteilungssystem. Die wesentlichsten Kategorien folgen funktionalen Gesichtspunkten, wie Produkt, Herstellung, Marketing, Finanzen, Strategie und etwas, was wir „dynamisches Gleichgewicht" nennen. Auf vier Gebieten messen wir dabei kurz- und langfristige Aspekte, wobei wir in jedem einzelnen Fall die Gewichte situativ nach den aktuellen Notwendigkeiten, wie wir sie für einen bestimmten Bereich sehen, setzen: Haben wir es z. B. mit einem stärker wachsenden Geschäftszweig zu tun, gewichten wir die Ertragslage lediglich mit 15 %, während der Rest für strategische Produkt- und Marktanteilsverhaltensweisen verbleibt. In einem anderen Geschäftszweig kann dagegen die Beurteilung der Ertragslage mit 50 % in die Gewichtung eingehen. Der Strategiebeurteilung kommt jedoch in jedem Falle ein hohes Gewicht zu. Daneben gibt es eine Reihe von Beurteilungskriterien, die sich von dem Finanziellen und von Ergebnisgrößen lösen (Entwicklung neuer Erzeugnisse, Produktqualität, Erneuerung von Fertigungsanlagen, Führungsstil, Förderung von Mitarbeitern).

Im Top-Management widmen wir den Fragen der Messung und der zielorientierten Gewichtung einzelner Größen erhebliche Zeit. Diese Faktoren werden um die Jahreswende herum festgelegt. Im Februar erfolgt zwischen Top-Management und den Bereichsleitern nach Vorlage der Vergangenheitsergebnisse eine Festlegung der Meßgrößen, von denen das Entgelt der Führungskräfte schließlich abhängt. Am Jahresende deckt sich dann günstigstenfalls die Entlohnung mit dem, was wir sowohl strategisch als auch taktisch-operativ in einer Einheit erreichen wollten. Wir haben dabei noch keineswegs das Stadium der Perfektion erreicht, verbessern das System jedoch von Jahr zu Jahr. Führungskräfte im oberen Teil der Organisationspyramide werden dabei mehr unter strategischen Gesichtspunkten beurteilt als Führungskräfte unterer Ränge, bei denen das taktisch-operative Element überwiegt.

Ihre Organisation steht im Spannungsfeld zwischen dezentralen, divisionalen und zentralen Koordinationseinheiten. Wie arbeiten beide Dimensionen zusammen? – Vielleicht können Sie dies zunächst am Beispiel von Strategien, Planung und Finanzen/Controlling verdeutlichen.

Wir hatten schon immer eine zentrale Planung mit funktionellen Weisungsrechten gegenüber den dezentralen Planungsaktivitäten der einzelnen Einheiten. Im Rahmen einer längerfristigen Analyse von Trends planen wir in einem 5-Jahres-Zyklus. Kürzlich haben wir auf der Zentralebene einige Änderungen durchgeführt. Die Aufgaben einer Geschäftsentwicklung auf neuen Gebieten, also die Suche nach Akquisitionsmöglichkeiten und neuen Vorhaben („new ventures"), wurden zentralisiert. Während der letzten beiden Jahre haben wir uns vielfältige Gedanken über die Beziehungen zwischen dem Top Management, der Leitung der operativen Einheiten und den Zentralfunktionen gemacht. Wir kamen dabei zu dem grundlegenden Ergebnis, daß wir die strategische Planung verstärken und formalisieren müssen. Das wollen wir in drei Phasen angehen: 1) Auf zentraler Ebene in Richtung auf eine Gesamtstrategie, 2) auf der Ebene der Unternehmensgruppen und Geschäftsfelder indem wir die dortigen Führungskräfte für die Planung ausbilden und vorbereiten und sie bei der Formulierung ihrer Strategien unterstützen; 3) das Zusammenspiel zwischen beiden und die Entwicklung funktioneller Strategien für das Gesamtunternehmen fördern. Um dies zu erreichen, haben wir die Aufgaben des Top Managements neu geordnet. Es ist nunmehr meine Aufgabe, das strategische Denken und Handeln in unserem Unternehmen zu fördern und als Vice Chairman, der zugleich „Chief Operating Officer" ist, obliegt mir die strategische Führung des gesamten Unternehmens. Die Verbindung von strategischer und operativer Führung in meinem Amt beruht auf der Einsicht, daß beide untrennbar miteinander verbunden sind. Wir schufen weiter einen Strategie-Stab, der dem Leiter der Zentralbereiche unterstellt ist. Dieser ergänzt meinen strategischen Stab, der sich mit der Geschäftsentwicklung über Akquisitionen und neuen Vorhaben beschäftigt. Damit haben sich die Aufgaben aller drei Mitglieder des Top Managements deutlich verschoben. Während es Aufgabe des Präsidenten ist, die Durchsetzung der Unternehmensstrategien im Tagesgeschäft zu vollziehen, verbinde ich die Führung der strategischen Dimension mit der operativer Aktivitäten neuer Geschäftszweige. Dies ist zunächst die Datenkommunikation. Hier werden jedoch im Zuge unserer strategischen Investitionen in der Zukunft weitere hinzutreten.

Die deutsche Vorstands-/Aufsichtsratsverfassung der Unternehmensspitze unterscheidet sich vom amerikanischen Boardsystem. Können Sie die Stellung der drei Spitzenführungskräfte Chairman, Vice Chairman und President als Teil der obersten Führungsgruppe Ihres Unternehmens erläutern?

Wir haben bei uns ein sog. „Office of the Chief Executive Officer", in dem wir alle zusammenarbeiten. Das bedeutet jedoch nicht, daß wir alle gleichgestellt sind: Der Chairman ist Nr. 1, ich bin Nr. 2 und der President ist Nr. 3. Die Idee hinter diesem „Office" ist die, daß die ihm direkt unterstellten Einheiten an diese Spitzeneinheit gesamthaft berichten. Jeder von uns kann zu jeder Frage, die im „Office" anfällt, Entscheidungen treffen. Dazu bedarf es eines ständigen und ausgezeichneten Informationsaustausches. Jeder von uns hat jedoch ein besonderes Interessengebiet. Der Chairman interessiert sich vor allem für Fragen der Personalwirtschaft, der Finanzen, der Beziehungen zur Öffentlichkeit, geschäftsethischer Fragen und grundsätzlicher Überlegungen zur Unternehmenspolitik. Wie bereits erwähnt, liegt mein Schwerpunkt bei der strategischen Unternehmungsführung, der Geschäftsentwicklung und der Überwachung des operativen Geschehens. Der President schließlich beschäftigt sich mit dem operationellen Tagesgeschäft. Die Mitarbeiter wenden sich je nach Sachfrage um Rat an einen dieser drei. Jeder von uns vertritt bei Abwesenheit seinen Kollegen und fällt eigenständige Entscheidungen. Alle Vizepräsidenten sind dem „Office" gesamthaft unterstellt. Jeder von uns drei arbeitet jedoch auf einer individuellen Basis mit Stäben, Zentralabteilungen und operativen Einheiten zusammen. Dies hat zu einem recht freien Fluß der Informationen und zu einer Vernachlässigung des traditionellen Anweisungs-/Berichtswegsystems geführt.

Damit der dezentral angelegte Gesamtzusammenhang des Unternehmens gewahrt werden kann, muß Motorola mit Führungssystemen arbeiten. – Wie werden die Unternehmungspolitik und wie die Zielsetzungen erarbeitet, formuliert und durchgesetzt?

Wir wandern durch einen detaillierten fünfjährigen Planungszyklus. In diesem Rahmen einigen wir uns mit den Bereichen über die langfristigen und die kurzfristigen Ziele. In der Mitte eines Jahres sind die Planungsüberlegungen abgeschlossen, die sich in konkreten Zielen und Maßnahmen mit Zeitangaben niederschlagen. Danach wird der Budgetzyklus für das folgende Jahr begonnen. Dieses Vorgehen ist stark partizipativ angelegt, in dem Planungsvorschläge weitgehend von der Basis kommen. Aufgabe der Zentralabteilungen ist es dabei, diese Vorschläge im Hinblick auf Vergangenheitserfahrungen und Zukunftsvorstellungen zu überprüfen. Erst dann setzen wir uns mit den jeweiligen Führungskräften zusammen und definieren gemeinsam die Schlußfolgerungen aus diesen Überlegungen. Dabei kommt uns das System der strategischen Geschäftseinheiten künftig zu statten.

Wie vollzieht sich der Prozeß der Zuweisung von Mitteln an die Bereiche?

Die Zuweisung von Mitteln erfolgt anhand der Finanzplanung. Finanzielle Ziele für das Unternehmen werden nach einer Prüfung der Marktmöglichkeiten, des Wettbewerbsverhaltens, der politisch-wirtschaftlichen Rahmenbedingungen, des Mittelbedarfs unseres geplanten Wachstums für Zeiträume von 5 bis 10 Jahren festgelegt. Zunächst nehmen wir dabei die Vorschläge für eine Mittelverwendung entgegen, die im Rahmen des fünfjährigen Planungszyklus auf uns zulaufen. Im Zuge unserer strategischen Überlegungen werden wir bestimmte Geschäftszweige nicht weiter finanziell stärken. Deren Mittel können wir dann zur Finanzierung anderer, interessanterer Geschäftszweige einsetzen. Dabei definieren wir unsere Anforderung an das Wachstum, den Gewinn und den ROI. Daneben verlangen wir für alle unsere Operationen eine volle Gewinntransparenz bis zum Gewinn nach Steuern. Dies schließt nicht nur eine Zinsbelastung, sondern auch eine Bereichsdividende ein. Dabei kann die Geschäftsleitung beschließen, daß einige Bereiche keine Dividenden erzielen sollen, weil die erarbeiteten Gewinne in diesem Bereich reinvestiert werden sollen. In anderen Fällen wird dagegen die Dividende so hoch eingesetzt, daß eine Investition in anderen Bereichen möglich wird. Über die Höhe der Bereichsdividende können wir also den strategischen Allokationsprozeß steuern. Darüber hinaus können wir aus einem über Umlagen gewonnenen zentralen Topf des Unternehmens über eine „outboard provision" spezielle Vorhaben finanzieren.

2.5 SEL-AG

Die Organisation der SEL greift auf die Fusion mehrerer früher selbständiger Unternehmen zurück. Sie war daher von vornherein auf ein Objektmodell hin programmiert. Mangelnde Marktorientierung, Konflikte zwischen Zentral- und Unternehmungsbereichen sowie die Integration der SEL in den weltweiten Unternehmensverbund der ITT machten im Laufe der Zeit eine Feineinstellung der Organisation notwendig, die sich zu einer mehrdimensionalen Organisation von Verrichtungen und Objekten entwickelt hat.

Die SEL gehört zum internationalen Elektrokonzern der ITT. Die europäische Betätigung der ITT geht etwa auf das Jahr 1925 zurück. Zu diesem Zeitpunkt wurde die SAF in Nürnberg von der ITT erworben. Die nachrichtentechnischen Unternehmen Mix & Genest und C. Lorenz, die den Kern der 1958 entstandenen Standard Elektronik Lorenz (SEL) bildeten, gehören bereits seit 1929 bzw. 1930 der ITT an. In den folgenden Jahren wurden weitere Unternehmen akquiriert (z. B. Grätz) und eine Periode stetigen Wachstums setzte ein. 1959 stellte die ITT in New York von einem Verrichtungsmodell mit internationaler Abteilung auf eine konsequente regionale Gliederung um. Dies machte 1960 die Bildung der ITT-Europe als Koordinierungszentrale in Brüssel notwendig. Im Zuge einer extensiven Diversifikationspolitik traten neben die Nachrichtentechnik zunehmend andere Interessen (Nahrungsmittel, Grundstoffe, Kosmetik- und Drogerieartikel, Kraftfahrzeugtechnik, Hotels, Versicherungen usw.). Das Schwergewicht der Betätigung der SEL in elektrotechnischen Bereichen reicht von der Nachrichtentechnik über Datensysteme bis zu Rundfunk, Fernsehen und Phono; Bauelemente sind ebenfalls im Produktprogramm enthalten. 1974 erzielte die SEL-Gruppe einen Umsatz von 2.685 Mio DM, der im wesentlichen (2.127) im Inland erzielt wurde. Das Unternehmen beschäftigte 1974 37.575 Mitarbeiter.

Organisatorische Einbindung in die ITT-Europe

Die Organisationsstruktur der ITT-Europe beruht auf den beiden wichtigsten Aktivitäten der Unternehmungsgruppe: Nachrichtentechnik und internationalisierte Produktgruppen. Die Unternehmen der Nachrichtentechnik sind in ihrem jeweiligen Tätigkeitsbereich selbständig. Die internationalisierten Produktgruppen, die rund 100 Unternehmen umfassen, sind in sechs verschiedene Produktionszweige unterteilt: Private Nachrichten- und Datensysteme, Konsumgüter, Industriegüter, Kraftfahrzeugtechnik, Bauelemente und Luft- und Raumfahrttechnik (einschl. Verteidigung). Eine dritte Gruppe von Gesellschaften (die in Abb. 13a nicht erscheinen) ist direkt den jeweiligen Hauptverwaltungen in den USA unterstellt (z. B. Sheraton-Hotels). Alle diese übrigen europäischen Aktivitäten werden von verrichtungsorientierten Zentralstellen in der Brüsseler Hauptverwaltung der ITT-Europe koordiniert, die außerdem auch für Afrika und den nahen Osten zuständig ist. Die Zentralstellen in Brüssel halten einen ständigen und engen Kontakt mit ihren jeweiligen Partnern in den verschiedenen nationalen Gesellschaften, aber auch in den internationalen Produktgruppen. Neben diesen verrichtungsorientierten Zentralstellen sind in Brüssel produktorientierte Stäbe, sog. *Product-Line-Manager*, tätig, deren Aufgabe es ist, das Top-Management von ITT-Europe in allen Fragen der jeweiligen speziellen Produkt- und Marktgebiete zu beraten.

2.51 Die Organisation der SEL AG (Stand 1976)

Die Gründung der SEL im Jahre 1958 war zunächst eine reine Fusion, ohne wesentliche organisatorische Auswirkungen. Es wurde zwar eine Aktiengesellschaft geschaffen, das Tagesgeschäft lief jedoch in den früheren Tochtergesellschaften unverändert ab. Die unterschiedlichen Organisations„kulturen" blieben so weitgehend erhalten, eine Fülle von Parallelarbeiten war die Folge. Zu diesem Zeitpunkt hatte die SEL eine Umsatzhöhe von 360 Mio. DM erreicht. Die ITT insgesamt bot ebenfalls kein an-

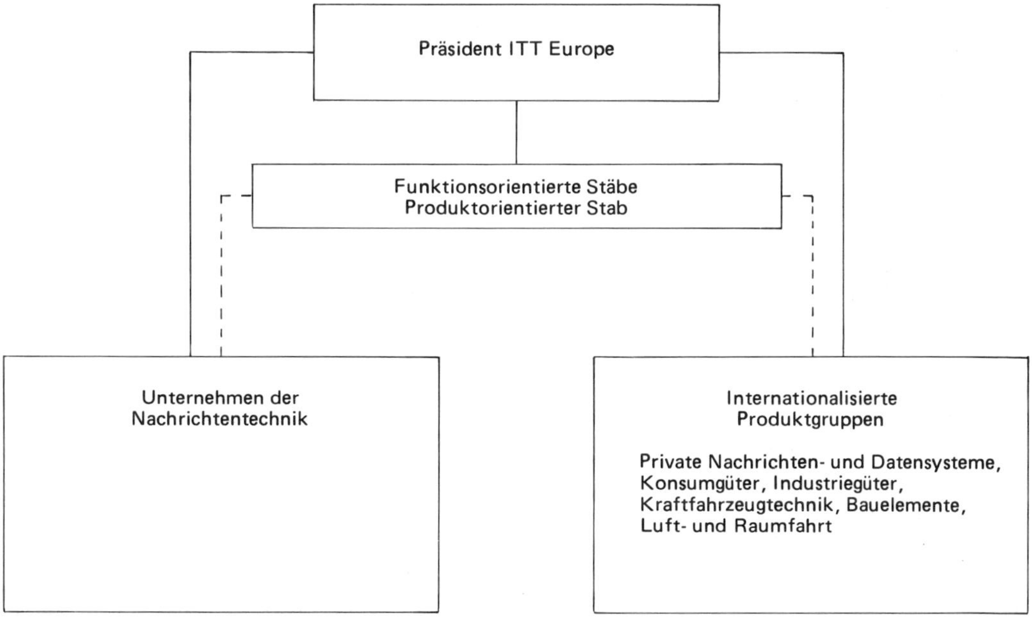

Abb. 13a: Organisationsstruktur der ITT Europe

deres Bild. Mit der Übernahme der Leitung der ITT durch Harold Geneen erhielt das gesamte System wesentliche Impulse für eine Reorganisation und straffere Führung.

Die Organisationsstruktur 1960–62

In den Jahren 1960–62 wurde dem Unternehmen erstmals eine in sich geschlossene Organisationsstruktur gegeben. Abb. 13b zeigt den Organisationszustand *vor*, Abb. 13c *nach* dieser Reorganisation.

Die tragenden Säulen der Unternehmung wurden durch *sechs Geschäftsbereiche* gebildet, die durch Objektzentralisation von Erzeugnisgebieten entstanden sind.

Die objektorientierten Geschäftsbereiche umfaßten verschiedene Werke, die teils nach räumlichen Bindungen unterschieden waren, teils entsprach die räumliche Bindung auch einer Abgrenzung der Erzeugnisgebiete. Die Leitung der Werke war im allgemeinen nach identischen Prinzipien aufgebaut. Sie lag jeweils in den Händen eines Werkleiters, dem ein Werksverwaltungsleiter für Controlling und für die sonstigen betriebswirtschaftlichen Fragen sowie ein Personalleiter für die Personalfragen beigeordnet, d. h. nicht unterstellt waren. Innerhalb eines Geschäftsbereiches ergaben sich sowohl *Probleme der verrichtungsmäßigen als auch der objektmäßigen Koordination.* Für die verrichtungsgebundenen Koordinationsprobleme wurden auf der Ebene der Geschäftsbereiche *Zentralstellen* ausgegliedert. Wurden verschiedene Erzeugnisgebiete in mehreren Werken eines Geschäftsbereiches hergestellt, so ergaben sich zusätzliche Koordinationsprobleme, die sich an die Objekte banden. Hinzu kam bei der Differenzierung der Erzeugnisgebiete, daß Entwicklung und Vertrieb objektmäßig gesonderte Ansprüche (Spezialisierung) stellten. Dies führte zur Bildung objektorientierter Zentralstellen, die im angegebenen Beispiel eine zentrale Regelung von Entwicklungs- und Vertriebsfragen bei Objektgruppen vornahmen.

Zur *Abstimmung der Gesamtbelange* der Unternehmung waren Zentralbereiche geschaffen worden, die teils Stabs- und teils Leitungs- und Ausführungsfunktionen übernahmen. Fragen der Marktpolitik, der Geschäftsstellen-Leitung im Hinblick auf die Außenorganisation, die Einkaufsleitung und des Patentwesens waren Zentralstellen übertragen worden, die unter einer Stabsinstanz (Zentrale kommerzielle Leitung) zusammengefaßt wurden. Neben einer zentralen Exportleitung war eine zentrale technische Leitung für die zentrale Abstimmung der Entwicklungsvorhaben der Unternehmung und die zentrale Fabrikenleitung gebildet worden. Eine zentrale Finanzleitung regelte außer dem Finanzwesen eine Reihe von kaufmännischen Funktionen zentral. Neben diesen Zentralstellen bestanden einige zentrale Verwaltungsstellen (Rechtswesen, Personalleitung und Organisation), die als Gruppe nicht unter einer einheitlichen Leitung zusammengefaßt waren (Gliederungsverkürzung). Zur Erfüllung ihrer Aufgaben besaßen die Zentralstellen fachlich begrenzte Leitungsbefugnisse, so daß sich insgesamt ein *Mehrliniensystem* ergab.

Organisatorische Veränderungen ab 1962

Die dargestellte Organisation blieb bis 1967 erhalten. Es stellte sich jedoch zunehmend heraus, daß diese Organisation intrasystemisch stark von der Technik her beeinflußt war, während die Problematik vom Markt an sie herangetragen wurde. Es wurde dann ein halber Schritt getan, indem alle Geschäftsbereiche, die mit der Nachrichtentechnik zusammenhingen, unter einer Art Oberleitung koordinierend zusammengefaßt wurden. Diese personale Lösungen der Oberleitung änderte jedoch an der übrigen Aufbauorganisation wenig.

Deshalb gab der Vorstand 1968 den Auftrag, eine vollkommen neue Aufbauorganisation zu entwickeln und einzuführen, die den in der Vergangenheit gemachten Erfahrungen und der veränderten Problematik Rechnung tragen sollte. Ein weiterer Gesichtspunkt, der zur Reorganisation Anlaß gab, war die Reorganisation der ITT, die sich zu dieser Zeit ebenfalls in ihrer Vertikalorganisation an Marktgesichtspunkten anpaßte.

Die Reorganisation 1973

1973 wurde die neue Organisationsstruktur in Kraft gesetzt; sie ist in den Abbildungen 13d und 13e wiedergegeben. Bei der Reorganisation galten folgende Grundsätze:

1. Die *Organisation* sollte *straffer und flexibler* gestaltet werden bei gleichzeitiger *Verringerung des Aufwandes.* Im Hinblick auf einen sich verstärkenden Wettbewerb und ungünstigere Bedingungen sollte sich die neue Organisation an veränderten Markt- und Kostenverhältnissen orientieren.
2. Die Organisation sollte den inzwischen eingetretenen *Veränderungen der Muttergesellschaft* ITT entsprechen. Die ITT hatte durch das Schaffen sogen. internationalisierter Linien eine strukturelle Wandlung vollzogen, in die auch die SEL-Gruppe einbezogen ist. Sowohl im Verkehr mit der Muttergesellschaft als auch in ihrer Planung und Zielsetzung wuchs die SEL-Gruppe in diesen Rahmen hinein, ohne selbst auf ihn abgestimmt zu sein. Sie mußte deshalb ihre eigene Organisation den veränderten Verhältnissen so anpassen, daß Konflikte zwischen ihr und der Muttergesellschaft und den internationalisierten Linien vermieden werden.
3. *Innerhalb der Unternehmens vollzogen sich ebenfalls Wandlungen*, die es zu berücksichtigen galt. Hierzu gehörte die Anpassung der Aufgaben des Vorstandes der SEL AG an die veränderte Gesetzgebung in der Bundesrepublik (BVG) und an das mehrdimensionale Führungssystem (Matrixorganisation). Ferner gehörte hierzu das Klarstellen der Beziehungen der einzelnen Unternehmensgruppen innerhalb der SEL sowie untereinander; die Abgrenzung und Festlegung der Aufgaben der Zentralbereiche zu den einzelnen Unternehmensgruppen, Erzeugnisbereichen und Erzeugnisgebieten.

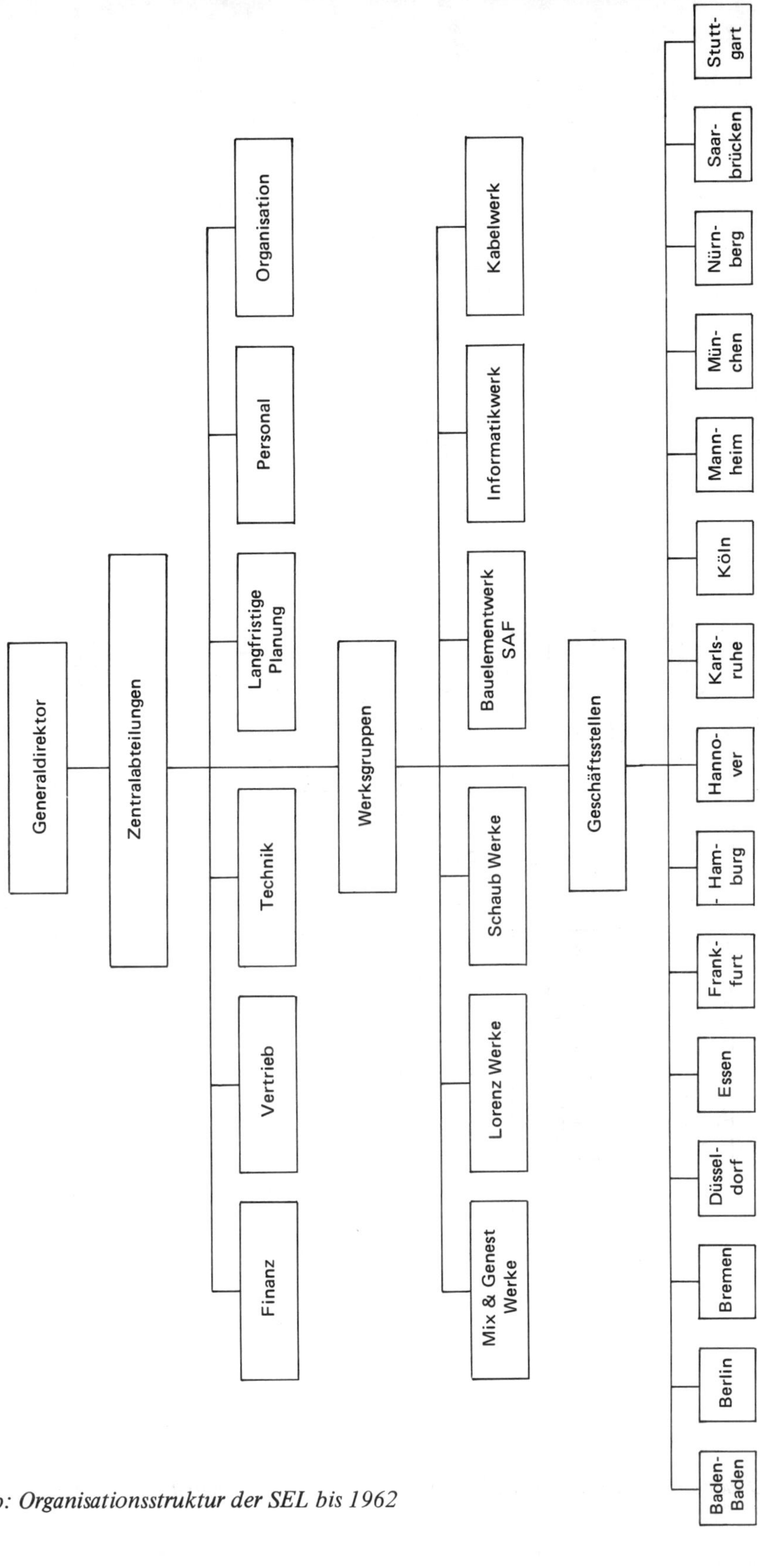

Abb. 13b: Organisationsstruktur der SEL bis 1962

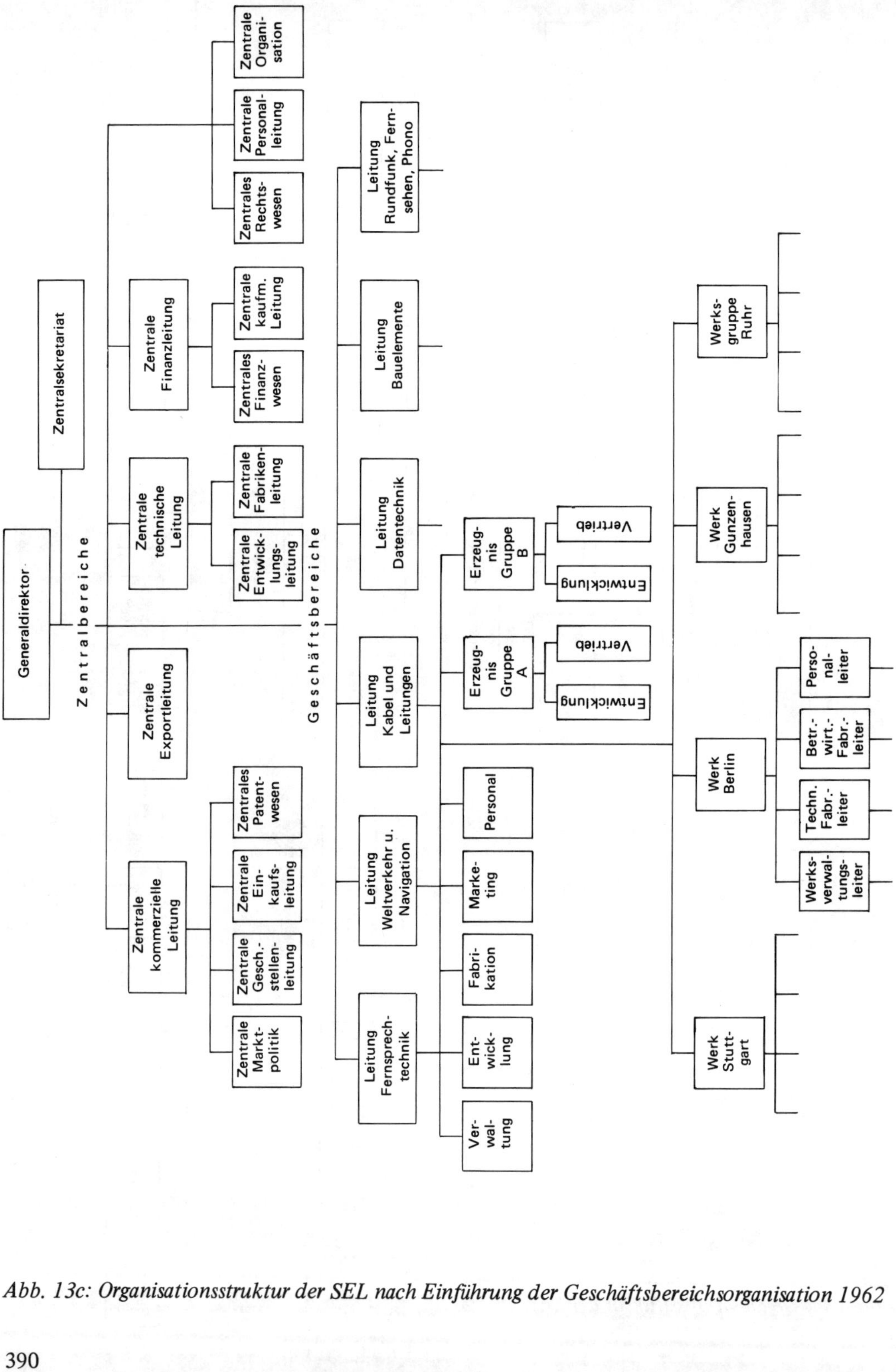

Abb. 13c: Organisationsstruktur der SEL nach Einführung der Geschäftsbereichsorganisation 1962

4. Unverändert blieb die starke *Bedeutung der Erzeugnisgebiete für die Erfüllung der „Business Mission"*. Die neue Organisation hat die Aufgabe, die Bedeutung der Erzeugnisgebiete weiterzuentwickeln. Erstmalig wurde das Prinzip der Erzeugnisgebiete auch in die Werke übertragen. Durch die sogen. Betriebsteileorganisation der Werke wird den Erfordernissen der Erzeugnisgebiete stärker Rechnung getragen, ohne den naturgemäß notwendigen Gesamtrahmen der Werke zu sprengen. Damit wurde die Verantwortung der Erzeugnisgebiete in dieser Hinsicht gegenüber der vorherigen Organisation der SEL erheblich erhöht.

Diese organisatorische Änderungen sollen dem stetigen Wachstum des Unternehmens entsprechen. Während sich die vorherigen Geschäftsbereiche in der alten Organisation vorwiegend an technischen Gegebenheiten orientierten, ist das wesentliche Merkmal der neuen Organisation die *Ausrichtung auf das nationale und internationale Marktgeschehen.* Damit soll die neue Organisation den Anforderungen der Zukunft entsprechen, dies im besonderen im Hinblick auf neue Märkte, Vertriebswege und besonders auch für die Geschäftsstellenorganisation und neue Formen der internationalen Zusammenarbeit. Der wachsenden Tendenz zu System- und Problemlösungen der Kunden soll durch sie gleichfalls Rechnung getragen werden und Möglichkeiten für eine wirkungsvollere Anpassung an eine künftige europäische Integration sollen geschaffen werden.

Organisationsstand 1976

• *Allgemeine Kennzeichnung*

Bei der Organisation der SEL handelt es sich nunmehr um eine *mehrdimensionale Geschäftsbereichsorganisation*, die die beiden Dimensionen der *Unternehmensgruppen* als Ausdruck des Objektprinzips und der *Zentralbereiche* als Ausdruck des Verrichtungsprinzips im Vorstand be-

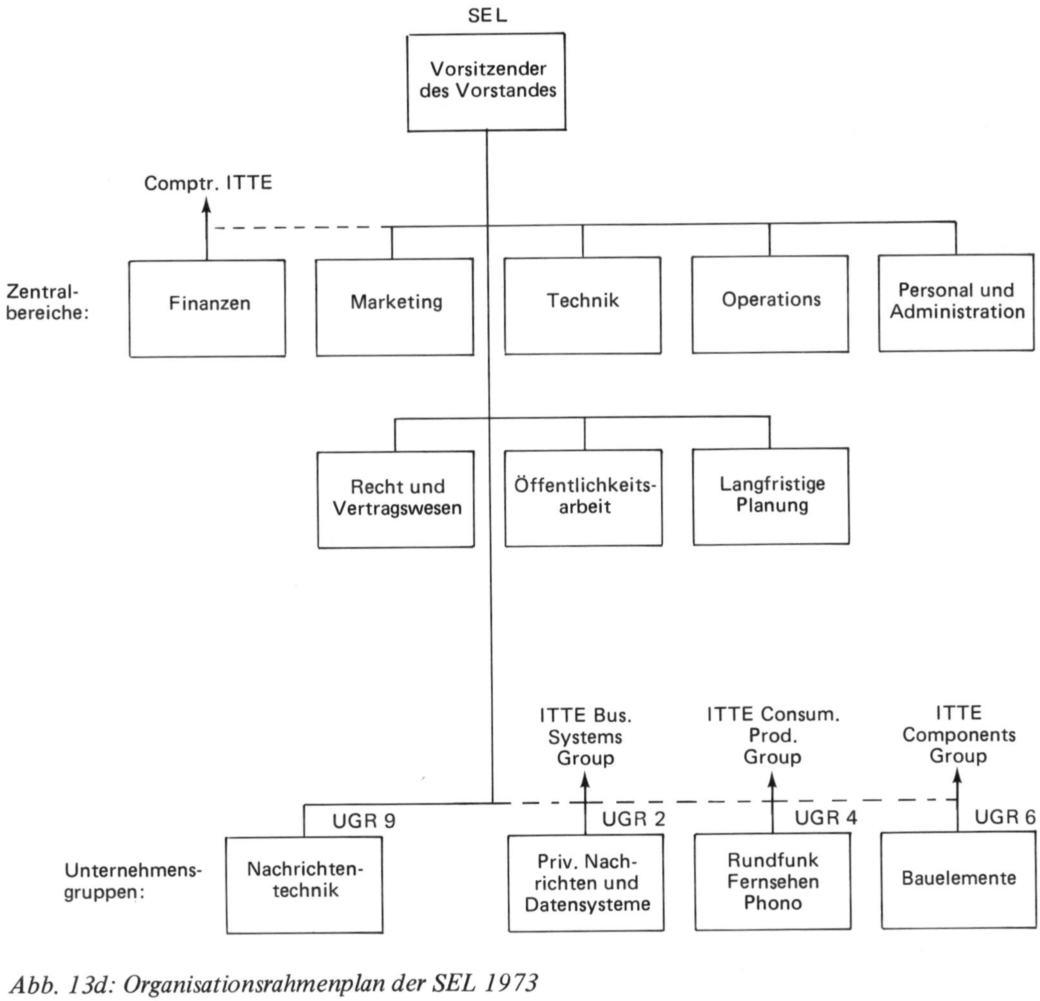

Abb. 13d: Organisationsrahmenplan der SEL 1973

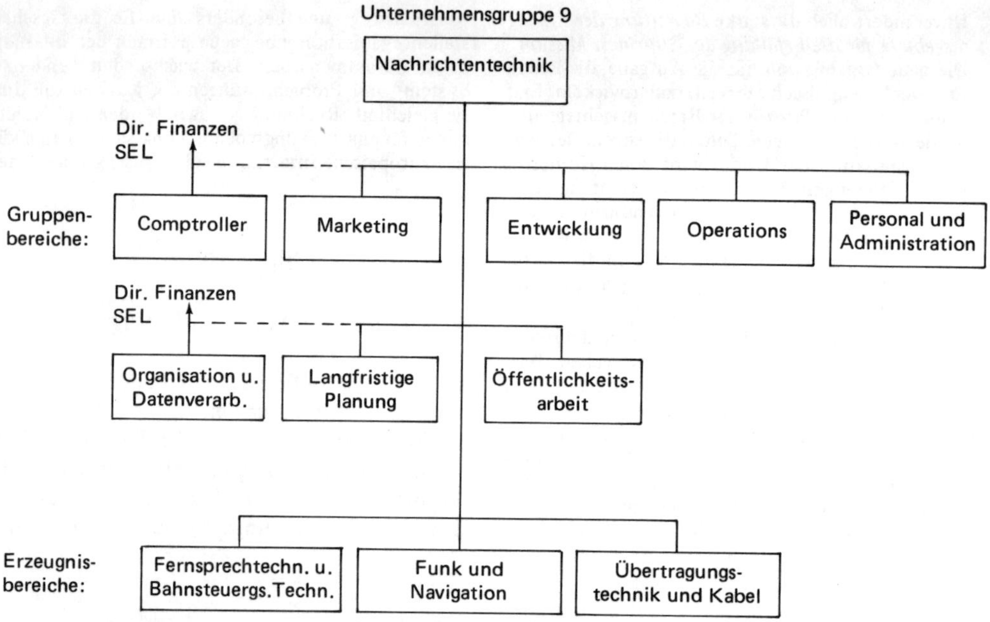

Abb. 13e: Untergliederung der Unternehmungsgruppe Nachrichtentechnik

rücksichtigt. Sowohl die Fertigungseinheiten (Werke) als auch die Vertriebseinheiten (Geschäftsstellen) leisten für mehrere Unternehmensgruppen und teils Erzeugnisgebiete und sind damit nicht direkt einzelnen Unternehmensbereichen zuordenbar.

• *Unternehmensgruppen*

Die Struktur der Geschäftsbereichsorganisation sieht folgende *vier* Unternehmungsgruppen mit den jeweiligen Erzeugnisgebieten vor, die sich im wesentlichen an Marktgesichtspunkten ausrichten:

1. *Nachrichtentechnik*
   - Fernsprechtechnik (Vermittlungssysteme, Teilnehmereinrichtungen)
   - Funk und Navigation (Funkanlagen, Mobilfunk, Navigationssysteme)
   - Übertragungstechnik und Kabel (Rohrpost, Fördertechnik und Postautomation, Bahn-Steuerungstechnik, Sonderwerkzeugmaschinen)
2. *Private Nachrichten- und Datensysteme*
   - Nachrichtensysteme (Fernsprechnebenstellen- und -Sonderanlagen, Kommunikationssysteme für Sprache und Daten, Sprech- und Signalanlagen)
   - Datensysteme (Fernschreibgeräte und -systeme, Daten-Endgeräte, Daten-Übertragungssysteme, Daten-Sammelsysteme, Anlagen- und Systeme zur optisch maschinellen Bearbeitung von Belegen)
3. *Rundfunk-Fernsehen-Phono*
   - Rundfunk
   - Fernsehen
   - Phono
   - Fachlehrgänge für Unterhaltungselektronik, Digitalelektronik; Serviceteile, Lehr- und Hobby Kits, Strahlungsmeßgeräte, Kunststoffteile
4. *Bauelemente*
   - Passive Bauelemente
   - Unterhaltungselektronik
   - Motoren
   - Elektromechanische Bauelemente.

• *Zentralbereiche*

Zur zentralen Harmonisation gesamtunternehmungsbezogener Belange wurden fünf Zentralbereiche mit konsultativen Funktionen geschaffen, die mit Vetorecht ausgestattet sind:

- Finanzen
- Marketing
- Technik
- Operations
- Personal- und Sozialwesen.

Das Zusammenwirken von Unternehmensgruppen und Zentralbereichen

Die Entscheidungskompetenz steht grundsätzlich den geschäftstragenden Unternehmensgruppen zu. Treten Meinungsverschiedenheiten zwischen einem Zentralbereich (Vetorecht) und einer Unternehmensgruppe auf, dann muß entweder der Vorstandsvorsitzende entscheiden, oder aber die Muttergesellschaft wird eingeschaltet. Diese Regelung geht von der Überlegung aus, daß eine zu einseitige Bindung der Entscheidungskompetenz an die Gewinnverantwortung dazu führt, daß eine schnelle *Rückentwicklung* zu einer eindimensionalen Vertikalorganisation einsetzt. Kein Objektbereich ist dann jedoch bereit („Spartenegoismus") eine Zukunftsaufgabe zu übernehmen, die über seinen Bereich hinausgeht.

Die Zuordnung der Werke zu den einzelnen Unternehmensgruppen war bei Bauelementen, der privaten Nachrichtentechnik und Rundfunk und Fernsehen direkt möglich und unproblematisch. Bei der Unternehmensgruppe Nachrichtentechnik war es dagegen mit Ausnahme des Kabelwerkes unmöglich, den Erzeugnisgebieten einzelne Werke zuzuordnen. Alle Werke der Unternehmensgruppe Nachrichtentechnik wurden daher in einer sog. Werkegruppe, die zentral geleitet wird, zusammengefaßt. In den großen Werken (Berlin und Stuttgart) wurde weiter eine Betriebsteile-Organisation eingeführt. Hier nehmen die Erzeugnisgebiete mit einem Beauftragten an dem Planungs- und Dispositionssitzungen der Werke teil, sie legen die Verrechnungspreise fest und werden bei allen Planungsänderungen konsultiert.

2.52 Interview mit dem Vorstandsmitglied der Standard Elektronik Lorenz AG, Herrn Dr. Günter Danert, 1976

> Welches war die Idee der Reorganisation von 1973?

Zunächst waren die Schwerpunkte der Reorganisation festzulegen. Sie ergaben sich aus zwei inzwischen entstandenen Problemkreisen. Wir hatten Marktprobleme, d.h. die Organisation entsprach der Marktsituation nicht mehr, und wir mußten das Verhältnis zwischen Zentralbereichen und Geschäftsbereichen neu regeln. Auf der einen Seite standen die großen Vertikalbereiche d.h. die Geschäftsbereiche, die den Gewinn machten, auf der anderen Seite die Zentralbereiche, die für die gesamte Firma bestimmte Funktionen wahrnehmen sollten. Die sich daraus ergebenden Konflikte waren unleugbar vorhanden.

Ein weiterer Gesichtspunkt war bei der Reorganisation zu beachten: Die ITT, unsere Muttergesellschaft, organisierte sich damals weltweit ebenfalls neu und paßte sich in ihrer Vertikalorganisation auch mehr den Marktgesichtspunkten an. Wir haben daher mit unserer Organisation die Muttergesellschaft befruchten können und die Muttergesellschaft hat uns mit ihrer Organisation Anregungen gegeben. Das Ergebnis ist die seit 1973 geltende Organisation. Sie ist gekennzeichnet durch Unternehmensgruppen, die sich im wesentlichen nach Marktgesichtspunkten ausrichten, und durch Zentralbereiche mit konsultativen Funktionen, aber mit Vetorecht ergänzt werden. Die Entscheidung bleibt also bei denen, die das Geschäft machen, wenn jedoch Meinungsverschiedenheiten zwischen einem Zentralbereich und einem Vertikalbereich auftreten sollten, dann muß entweder der Vorstandsvorsitzende entscheiden, oder die Muttergesellschaft wird eingeschaltet. Das letztere spielt im Rahmen der ITT-Organisation eine beachtliche Rolle. Zur praktischen Handhabung kann ich Ihnen sagen, daß wir bisher immer zu einer Einigung zwischen Unternehmensgruppen und Zentralbereichen gekommen sind, und zwar aus folgendem Grund: Die Leiter der Vertikalbereiche (Unternehmensgruppen) und die der Horizontalbereiche (Zentralbereiche) sind alle Mitglieder des Vorstandes.

> Sie sprachen von den Konflikten zwischen den Zentralbereichen und den Vertikalbereichen. Diese müssen offensichtlich ein beachtliches, dem Geschäftsergebnis abträgliches Format erreicht haben. Woran lag das? War hier bezüglich der Entscheidungskompetenzen unklar definiert worden?

Es waren unklar definierte Entscheidungskompetenzen. Nehmen wir einmal Fälle aus der Entwicklung. Welche Produkte werden entwickelt? Wo werden sie entwickelt? Wieviel Geld geben wir dafür aus? Das sind z.B. Fragen, die wir heute völlig im Griff haben. Damals gab es jedoch echte Konflikte, wenn z.B. ein Geschäftsbereich etwas für seinen Markt entwickeln wollte, die Zentrale Entwicklung jedoch sagte, das macht nicht Ihr, das lasse ich lieber woanders entwickeln.

> Gab es vielleicht noch andere Gesichtspunkte? Durch das Eingreifen der Zentralbereiche wird ja auch die Gewinnverantwortung der vertikalen Geschäftsbereichsleiter tangiert.

Ja, auch diese Problematik war von großer Bedeutung. Sie hing jedoch eng mit der unklar definierten Entscheidungskompetenz zusammen. Grundsätzlich sollten zwar Entscheidungskompetenz und Gewinnverantwortung nicht auseinanderfallen, hält man dies jedoch strikt durch, dann zeigt sich sehr schnell die Problematik dieser Organisationsform. Man kommt nämlich über kurz oder lang zu einer reinen Vertikalorganisation. Ist man aber ausschließlich vertikal organisiert, dann wird kein Vertikalbereich eine Zukunftsaufgabe übernehmen, die über seinen Bereich hinausgeht.

Wir haben z.B. gegenwärtig bei der SEL einige konkrete Themen auf dem Tisch liegen, für die sich keine unserer vier Unternehmensgruppen für zuständig hält. Hier müssen nun die Zentralbereiche eingreifen, um zusammen mit den Unternehmensgruppen durch eine echte Management-Koordination diese Aufgaben zu lösen. In der alten Organisation war das völlig unmöglich.

Um bei der Koordinationsaufgabe möglichst erfolgreich zu sein, haben wir in den Zentralbereichen wenige, dafür aber hochqualifizierte Mitarbeiter, deren Beratung gerne durch die Unternehmensgruppen in Anspruch genommen wird. So koordiniert z.B. der Leiter des Personal- und Sozialwesens die Personalpolitik in allen Vertikalbereichen hinunter bis in die Werke.

> Gilt überall, daß diese „consulting capacity" wirklich von der Linie genutzt wird?

Ja, das gilt überall. In einigen Bereichen lief das zwar etwas schwer an. Dabei haben wir festgestellt, daß es häufig an der Qualifikation der Berater liegt, wenn die Inanspruchnahme nicht so groß ist, wie wir das gerne sähen. Wenn die Qualifikation ausreichend oder gut ist, dann haben wir keine Probleme.

> Sie haben damals hier ein Kabelwerk gebaut. Dieses war dann in den Geschäftsbereich Kabel und Leitungen eingegangen. Ist dieses Werk jetzt dem Geschäftsbereich Nachrichtentechnik unterstellt?

Ja, wir haben aber gleichzeitig die Unternehmensgruppe Nachrichtentechnik noch einmal in Untergruppen aufgeteilt, weil sie mit 1 Milliarde Umsatz etwas zu groß ist. Diese Untergruppen nennen wir Erzeugnisbereiche. In ihnen sind jeweils mehrere Erzeugnisgebiete zusammengefaßt. Diese Art der Untergruppierung ist sehr flexibel. Sie kann den jeweiligen organisatorischen Bedürfnissen ohne weiteres angepaßt werden. Wir haben z.B. das Rechnungswesen so aufgebaut, daß wir jeden Tag ein Erzeugnisgebiet einer anderen Untergruppierung zuteilen könnten.

> Hat sich durch die Reorganisation im Jahre 1973 die Zahl der Rangstufen im Rahmen der Organisation, also die Tiefenstaffelung, verschoben? Verfügen Sie jetzt über mehr oder weniger Ebenen?

Das sind nicht mehr und nicht weniger geworden. Die Verschiebung gegenüber früher liegt einfach im Volumen. Damals hatten wir rund 380 Millionen DM Umsatz, wir haben im vorigen Jahr 2,7 Milliarden Umsatz gemacht. Die Organisation hat eine Straffung ganz zweifelsohne in den Zentralbereichen gebracht, und sie hat zu einer genaueren Beschreibung der Funktionen geführt.

> Glauben Sie, daß man bei der Konstruktion von Unternehmensbereichen eine ungefähre Gleichgewichtigkeit herstellen sollte zwischen diesen Bereichen, oder sollte man unter Umständen auch einen sehr kleinen Bereich, der vom Volumen her sowohl umsatzals auch ergebnismäßig vielleicht unbedeutend ist, der aber eine arteigene Problematik auf der marktlichen und/oder technischen Seite hat, ebenso als Geschäftsbereich verankern?

Eindeutig ja! Wenn wir eine neue Branche hinzubekämen, die vom Markt her – unsere Vertikalorganisation ist ja marktorientiert – eine ganz andere Konzeption hätte, oder die vom Produkt her ganz andere Leute mit einer anderen Philosophie anspricht, dann würde ich lieber eine neue Unternehmensgruppe bilden, auch wenn sie sehr klein sein würde, als daß ich sie mit einer anderen Unternehmensgruppe zusammentun würde.

Glauben Sie, das Problem der Marktorientierung in allen Feinheiten mit der neuen Organisation gelöst zu haben?

Im wesentlichen ja. Vielleicht gibt es im Behördengeschäft noch einiges zu tun. Das Denken in Behördenkategorien auch von der Technik her, von der technischen Konzeption her, bedarf noch einer Weiterentwicklung.

Eine der wesentlichen Aufgaben einer guten Organisation muß es sein, die gegenseitige Motivierung zwischen Markt und Entwicklung zu gewährleisten. Ich würde in jeder Organisation lieber die Fertigung ausklammern und theoretisch so weit gehen, daß ich sage, wir lassen unsere Produkte irgendwo fertigen, als daß ich Marketing und Entwicklung voneinander trennen würde. Einer der entscheidenden Grundsätze unserer neuen Vertikalstruktur ist der, daß diese beiden Funktionen ganz eng unter einem starken Manager miteinander verquickt sein müssen.

Daneben müssen wir darauf achten, daß unsere Produktfächerung nicht zu eng und zu unflexibel wird. Dieses Problem haben wir z.B. bei den elektrotechnischen Systemen, die vor allen Dingen im Export verlangt werden, und an deren Entwicklung alle Unternehmensgruppen beteiligt sein können. Um dies organisatorisch sicherzustellen, haben wir die besondere Organisation des sog. Projekt-Managements geschaffen. Mit Hilfe des Projekt-Managements können wir den Markterfordernissen gerecht werden, ohne daß wir ständig unsere sog. Marktorientierte Spartenorganisation neu durchdenken und ändern müssen.

Sie hatten vorhin gesagt, daß bei der alten Organisationsform die Werke als Einheiten bestehen blieben, die für die verschiedensten Geschäftsbereiche arbeiten mußten. Es ist ja im Regelfall so, daß man eine Divisionalisierung nicht voll in die Werke durchziehen kann. Sie haben im Laufe der Zeit versucht, diese Werke stärker an die einzelnen Erzeugnis- oder Unternehmensgruppen anzubinden. – Was verstehen Sie unter einer Betriebsteile-Organisation?

Die organisatorische Gliederung der Werke in Betriebsteile hat folgenden Sinn: Wir haben mehrere Werke, die für verschiedene Erzeugnisgebiete produzieren. Da die Erzeugnisgebiete für Gewinn und Verlust und damit auch für die Bestände verantwortlich sind, mußten wir eine Organisationsform finden, die den Erzeugnisgebieten bei der Auftragsplanung, der Fertigungssteuerung, der Lagerdisposition und den Produktionskosten eine Einflußnahme ermöglicht. Heute nehmen die Erzeugnisgebiete mit einem sog. Beauftragten an den Planungs- und Dispositionssitzungen der Werke teil, die Festlegung der Verrechnungswerte wird mit ihnen vorgenommen und bei allen Planungsänderungen werden sie konsultiert.

Sie haben also nicht den Versuch gemacht, ein Werk so auszurichten, daß einzelne Hallen usw. direkt einem Geschäftsbereich zugeordnet sind?

Ja und nein. Bei der Organisation unserer Werke ergibt sich immer das Problem, daß wir auf verschiedenen Stufen produzieren. Die Stufen der Vorfertigung produzieren für alle Erzeugnisgebiete, die Montage dagegen ist erzeugnisgebietsbezogen. In Berlin haben wir beispielsweise das Werk aufgeteilt in sog. Betriebsteile mit gemeinsamen Funktionen (z.B. Vorfertigung) und in Montagebereiche, die erzeugnisgebietsbezogen sind. Das erleichtert die Verrechnung der entsprechenden Kosten, das erleichtert die Zuordnung auf die Erzeugnisgebietsbilanzen und die Abrechnungen, das erleichtert z.B. die Verantwortung für die Bestände. Die Leiter der Betriebsteile unterstehen jedoch nicht den Erzeugnisgebietsleitern, sondern dem jeweiligen Werksleiter.

Wie ist die Organisation der Brüsseler Zwischenzentrale aufgebaut?

Brüssel hat sowohl funktionsorientierte wie produktorientierte Stäbe. Das gleiche gilt für New York. Die grundsätzliche Organisationsstruktur der ITT ist also mit der der SEL vergleichbar. Die Spartenorganisation der ITT ist natürlich sehr viel breiter, die SEL ist ja nur in der elektrotechnischen Branche tätig.

Kann man sagen, daß in der Brüsseler Organisation dem Produktmanagement die primäre Bedeutung zukommt?

Nein. Beide Aufgabenarten sind ausgewogen, auch im Level. Im Grunde haben sie dort eigentlich unser Prinzip kopiert und hinterher auch anerkannt, daß sie die Leute in der Hierarchie gleichstellen müssen.

Ist es die Hauptaufgabe der Produktkoordinatoren („Groups") in Brüssel, eine Programmbereinigung auf europäischer Ebene durchzuführen?

Nein, die Hauptaufgabe ist nicht die Programmbereinigung. Im großen und ganzen sind die Firmen so eingefahren, daß sie ihre Schwerpunkte besitzen. Aber für die zukünftige Produktentwicklung und -gestaltung ist eine der entscheidenden Aufgaben bei diesen Stellen zu sehen. Beim Behördengeschäft ergibt sich ohnehin keine Problematik, weil jedes Land für sich kauft, die Franzosen kaufen französische Technik bei unserer französischen Schwesterfirma usw. Aber bei den Konsumgütern oder bei Bauelementen findet eine weitgehendere Koordinierung statt, wo und durch wen entwickelt wird.

Wer entscheidet das?

Nehmen Sie Bauelemente als Beispiel. Die Generalmanager der Bauelemente-Groups in England, Deutschland und Frankreich bilden ein Komitee und treffen sich regelmäßig: In 99 % aller Fälle einigen sie sich untereinander. Nur im Zweifelsfall, wenn keine Einigung zustande kommt, entscheidet der Europa-Group-Manager oder der Group-Manager der ITT. Das ist einer der großen Konfliktstoffe multinationaler Unternehmen, einmal national und einmal multinational zu sein. Bei solchen Entscheidungen kann natürlich das nationale Interesse überwiegen.

Gibt es auch in New York für die gesamte ITT eine Produktkoordination, die prüft, ob man ein Produkt lediglich an einer Stelle produziert, um es „worldwide" zu vertreiben?

Es ist z.B. überlegt worden, die Fernschreiber, die die ITT anbietet, nur an einer Stelle herzustellen. Dann ist man aber aus vielen Überlegungen dazu gekommen, daß dies nicht geht. Eigentlich werden immer wieder Überlegungen angestellt, wo man was am allerbesten produzieren könne. Dann kommen aber nationale Gesichtspunkte, die das abmildern oder vereiteln, so daß es eigentlich nie lupenreine Entscheidungen gibt. Ich kenne jedenfalls im Moment keine.

Ist das so zu verstehen, daß es in New York auch solche Produktgruppen-Manager gibt?

Ja. Diese koordinieren weltweit. Ihre Hauptaufgabe ist es, dafür zu sorgen, daß nichts doppelt geschieht und Geld zweimal für die gleiche Sache ausgegeben wird.

Können Sie die Funktion der SEL als sog. Lead-House erläutern?

Es gibt Lead-House-Funktionen hier im Gebiet der Bauelemente. D.h. der Kollege, der diese Unternehmensgruppe leitet, ist für bestimmte Sektoren auf dem Gebiet der Bauelemente für Europa als Koordinator zuständig. Genauso ist die Unternehmensgruppe Rundfunk und Fernsehen das Lead-House für Rundfunk- und vor allen Dingen für Fernsehfragen. Sie geben keine Weisungen und befehlen nicht, sondern sie koordinieren und sie haben das letzte Wort bei dieser Koordination. Ich selbst fungiere bei Finanz- und Versicherungsfragen bei einer Reihe von ITT-Gesellschaften in der Bundesrepublik als Lead-House. Diese Funktion wird uns von den anderen ITT-Gesellschaften bezahlt.

Durch das Einziehen der Brüsseler Zwischeninstanz ist doch sicherlich die Entscheidungsautonomie des Vorstandes der SEL in der Tendenz eingeschränkt worden. Kann man nun sagen, daß durch diese vielen Koordinationsbedürfnisse ein gewisses Maß an zentraler Verlagerung nach Brüssel im letzten Jahrzehnt festzustellen ist? Und spricht auch in der Zukunft einiges dafür, daß diese Verlagerung weiter in diese Richtung gehen wird und dann vielleicht auch noch in Richtung auf New York?

Es ist ohne Zweifel, daß der Vorstand der SEL AG als Einheit durch die vertikale Splittung, also die vertikale Gewichtung von New York und Brüssel bis hinunter in die Unternehmen, in seiner Gesamtheit an bestimmten Entscheidungsprozessen gar nicht mehr oder nur informativ beteiligt wird. Aber auf der anderen Seite haben die einzelnen Vorstandsmitglieder in ihren Bereichen natürlich ein sehr großes Gewicht durch ihre Funktionen, die sie in der ITT wahrnehmen.

Im übrigen bin ich der Meinung, daß der SEL AG-Vorstand nicht in einer anderen Situation ist, als der Vorstand einer sog. nationalen Gesellschaft, denn jeder Vorstand hat mit seinem Aufsichtsrat zu tun und jede Geschäftsführung hat irgendwo ihre letzte Instanz. Die haben wir auch. Sie ist bei uns nicht in dem Sinne der Aufsichtsrat, sondern bei diesen Fragen Brüssel, und bei jenen New York. Und wir hier im Zentralbereich Finanzen können sagen, daß wir hier mehr Verantwortung und Möglichkeiten haben, als mancher Kollege im Finanzvorstand einer anderen Gesellschaft: das weiß ich aus meinen Diskussionen.

Wo sehen Sie die Probleme Ihrer Organisation für die Zukunft?

Für die Zukunft sehe ich als die wichtigste Problematik, auch für andere Großunternehmen, die mit ihren Zentralen in Deutschland sitzen, daß zweifelsohne permanent die Gefahr besteht, daß durch die vertikale Organisation und das Größerwerden der Groups oder Sparten ein Unternehmen auseinanderfällt. Es wird dann die Frage auftauchen: Was hält eigentlich noch ein Unternehmen, das, sagen wir fünf Sparten á 5 Milliarden DM Umsatz umfaßt, zusammen? Es gibt Unternehmen, die haben in ihrem Namen ein so großes Gewicht, daß dieser eine echte Klammer darstellt, aber wer kann das schon von sich behaupten. Hier sehe ich eine große Gefahr und einen Trend.

Zur Weiterentwicklung der SEL-Organisation nach 1976

Der SEL-Organisations-Rahmenplan ist in den folgenden Jahren im wesentlichen unverändert geblieben. Allerdings ergaben sich Anpassungen: zum einen bei den Zentralbereichen und den ihnen entsprechenden Gruppenbereichen, zum anderen kam es zu Strukturänderungen im Geschäftsbereich Nachrichtentechnik. Diese Änderungen zeigt ein Vergleich der Abbildungen 13d und 13e mit den Abbildungen 13f und 13g im folgenden Abschnitt, in dem auch die aktuelle Neustrukturierung der Unternehmungsgruppe Nachrichtentechnik vorgestellt wird: durch die Einrichtung von sechs kundenbezogenen bzw. kundengruppenbezogenen Geschäftsbereichen hat SEL die bisherige produktorientierte Gliederung abgelöst.

2.53 Kundenorientierte Organisationsstruktur der Unternehmensgruppe Nachrichtentechnik (Stand 1981)

von Friedrich Jansen

SEL (1979 Umsatz 3,1 Mrd DM, Beschäftigte 33.000) ist divisional gegliedert in vier Unternehmensgruppen: Nachrichtentechnik, Private Nachrichten- und Datensysteme, Audio Video Elektronik und Bauelemente.

Die Zentralbereiche Kaufmännische Leitung und Controlling, Finanzierung und Steuern, Technik, Industrial Engineering und Produktion, Personal- und Sozialwesen sowie Administration koordinieren ihre Belange über die Unternehmensgruppen hinweg (Abb. 13f).

Die Unternehmensgruppe Nachrichtentechnik, die nach Umsatz und Beschäftigten größte Unternehmensgruppe, deckt mit ihrem Produkt- und Systemprogramm der Nachrichtentechnik insbesondere den Bedarf des großen öffentlichen Kundenbereichs Post, Bahnen und Verteidigung ab.

Dieser Teilbereich der SEL war bis 1979 ebenfalls divisional gegliedert. Zehn Erzeugnisgebieten nach Produkten strukturiert war die Ergebnisverantwortung zugeordnet (Abb. 13g).

Diese Erzeugnisgebiete hatten alle zur Eigenständigkeit erforderlichen Funktionen – also auch Vertrieb, Entwicklung und innerhalb der zentralen Werkegruppe einen abgegrenzten, für sie produzierenden Betriebsteil.

Die Anfang der 70er Jahre eingeführte Organisation hatte alle Vorteile kleiner, flexibler und schnell reagierender Unternehmen in stetig wachsenden Märkten. Sie hatte aber die Nachteile engen Ressortdenkens, indem Planung, Entwicklung und Geschäftstätigkeit im Rahmen der Zielsetzungen nur auf dieses eigene Produktspektrum abgestellt war.

Bei produktübergreifenden, auf komplette Systeme gerichteten Kundenwünschen, die von mehr als einem Erzeugnisgebiet bearbeitet und abgewickelt werden mußten, wurden jeweils spezielle Projektorganisationen, also Organisationen auf Zeit, eingerichtet.

Die längerfristig angelegte Aufbauorganisation wurde im Laufe der Zeit zur Erhaltung der or-

Vorsitzender des Vorstands				
	Unternehmensgruppen			
Zentralbereiche: Kaufmännische Leitung und Controlling Finanzierung und Steuern Technik Industrial Engineering und Produktion Personal- und Sozialwesen, Administration	Nachrichtentechnik	Private Nachrichten- und Datensysteme	Audio Video Elektronik	Bauelemente
	Geschäftsbereiche: Post Bahnen Verteidigung u. Luftfahrt Industrie und Export Kabel Gruppenbereiche: Operations Entwicklung	Private Nachrichtensysteme Datensysteme Textvermittlungssysteme Fernschreibtechnik	Audio Video Elektronik Serviceteile Kunststoffteile Holzwerkstoffeteile	Passive Bauelemente Unterhaltungselektronik Motoren und Getriebe Elektromechanische Bauelemente
Zentral abteilungen:	Recht	Vertragswesen	Öffentlichkeitsarbeit	

Abb. 13f: SEL Organisations-Rahmenplan (1980)

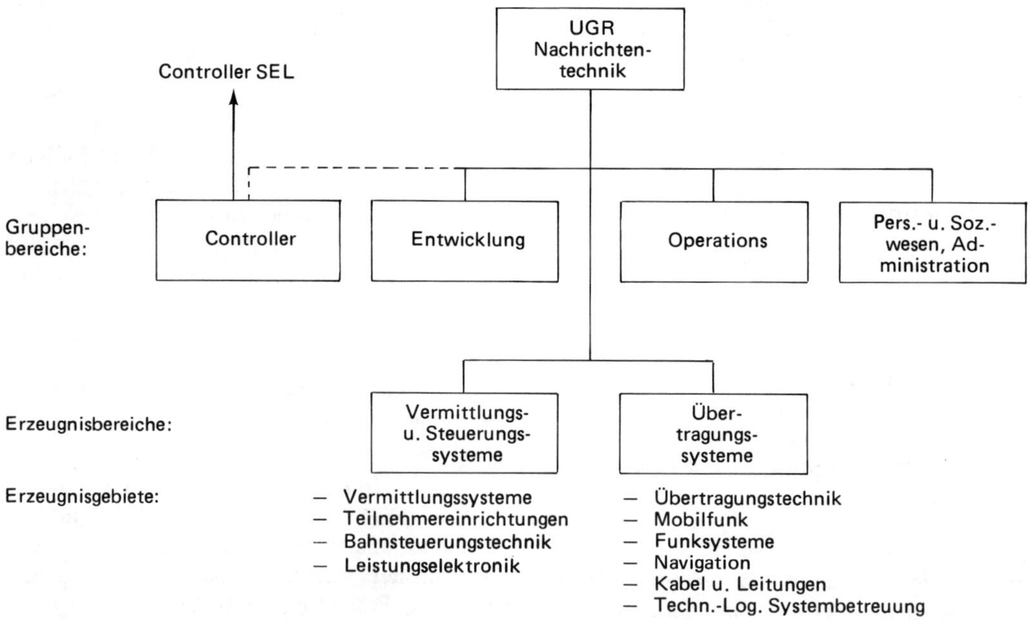

Abb. 13g: Organisation der UGR Nachrichtentechnik bis 1979

ganisatorischen Flexibilität zunehmend von Projekten überlagert. Das begann in den 60er Jahren im Entwicklungsbereich für Systementwicklungen und setzte sich ab 1973 in den anderen Funktionen fort.

Grundüberlegungen zur Neuorganisation

Sowohl die Situation am Markt, Veränderungen im Kundenverhalten als auch erhebliche Änderungen der Technologie nachrichtentechnischer Erzeugnisse waren die Auslöser für erste Ansätze zu organisatorischer Neuorientierung.

Die Kunden der Unternehmensgruppe Nachrichtentechnik orderten nicht mehr Produkte oder einzelne Geräte, es wurden zunehmend Systeme und komplette Problemlösungen verlangt.

Die produktorientierte Organisationsstruktur an der Nahtstelle zum Markt konnte derart komplexe Aufgaben nur unzureichend planen, steuern und abwickeln; die externen und internen Abgrenzungen und auch Überschneidungen brachten vielfältige Probleme mit sich.

Festzustellen war zudem, daß Mikroelektronik, Mikroprozessoren und Digitaltechnik in allen Gerätetypen die „Innereien" so vereinheitlichen werden, daß die Wirkungsweise der Geräte nur durch das äußere Layout und die Bedienerfunktion erkennbar wird. Aus organisatorischer Sicht entstand die Frage, ob eine Zersplitterung der Entwicklungsarbeit auf 10 Erzeugnisgebiete noch effizient und zeitgemäß sein kann, wenn gemeinsam zugrundeliegende Technologien immer häufiger zu ähnlichen Problemlösungen führen.

Grundzüge der Neuorganisation

Zur organisatorischen Absicherung der Marktnähe sind sechs *kunden- bzw. kundengruppenbezogene Geschäftsbereiche* eingerichtet worden (Abb. 13h), die voll ergebnisverantwortlich sind.

Sie bestehen (mit Ausnahme des Exports) prinzipiell aus den Funktionen

- Vertrieb
- Marketing
- Produkt- und Wertanalyse
- Qualitätswesen

und mehreren

- Produktbereichen.

Von den Vertriebsabteilungen des jeweiligen Geschäftsbereiches werden einem zugeordneten Kunden bzw. einer Kundengruppe jeweils alle Produkte der Unternehmensgruppe Nachrichtentechnik und anderer Unternehmensgruppen angeboten. Alle Kunden erhalten damit speziell für sie zuständige und für das gesamte Angebot des Unternehmens kompetente Verhandlungspartner.

Dem Marktmanagement steht innerhalb des Geschäftsbereiches das produkt- bzw. problemorientierte Produktmanagement gegenüber. In *Produktbereichen* werden die Problemlösungen für den Kunden erarbeitet. Der Produktbereich ist die Drehscheibe zwischen Entwicklung, Vertrieb und Produktion; er steuert den innerbetrieblichen Prozeß für den Kunden und hat dafür zu sorgen, daß Produkte und Leistungen markt- und kundengerecht konzipiert und erstellt werden. Der Produktbereich bestimmt „Was" und „Wann" etwas zu tun ist, Entwicklung und Produktion legen das „Wie" und „Wer" fest.

Das Entwicklungspotential der Unternehmensgruppe Nachrichtentechnik wurde in der neuen Organisation zentralisiert (Abb. 13i). Durch Ausweitung der zentralen Entwicklungsaktivitäten wurden Poolungs- und Synergieeffekte angestrebt.

Das prinzipielle Zusammenwirken der Geschäftsbereiche mit den Leistungsbereichen sowie die Schnittstelle zwischen kundenorientierter Organisation, die nach außen wirkt, und produktorientierter Organisation, die nach innen wirkt, zeigt Abb. 13j.

Erwartungen

Von der neuen Organisation (vgl. Abb. 13k) werden folgende Wirkungen erwartet:

- Verbesserung und Verstärkung der Kundenbeziehungen durch eindeutige und einheitliche Zuordnung und Betreuung
- eine bessere interne Einstellung auf Systemgeschäfte und komplexe Systemlösungswünsche der Kunden
- Nutzung von synergetischen Effekten und Vermeidung von Doppelarbeit in der Entwicklung

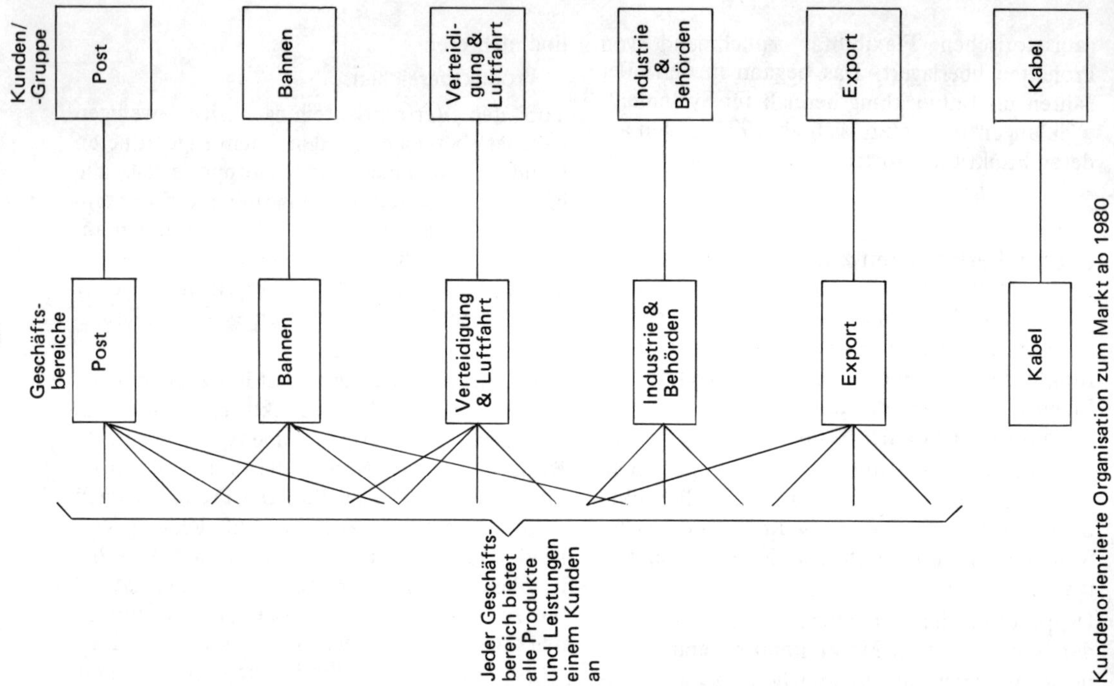

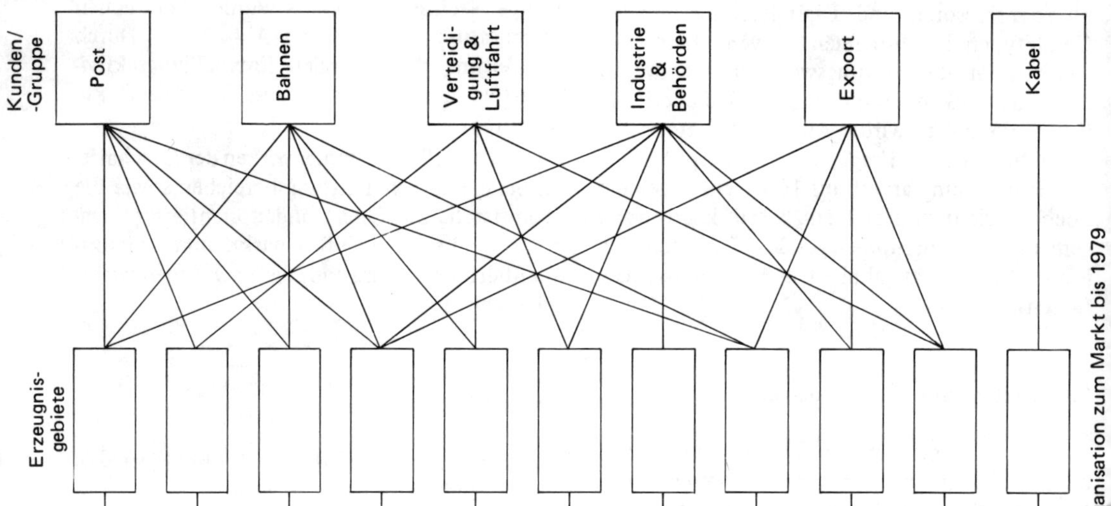

Abb. 13h: Produktorientierte Organisation bis 1979 und kundenorientierte Organisation ab 1980

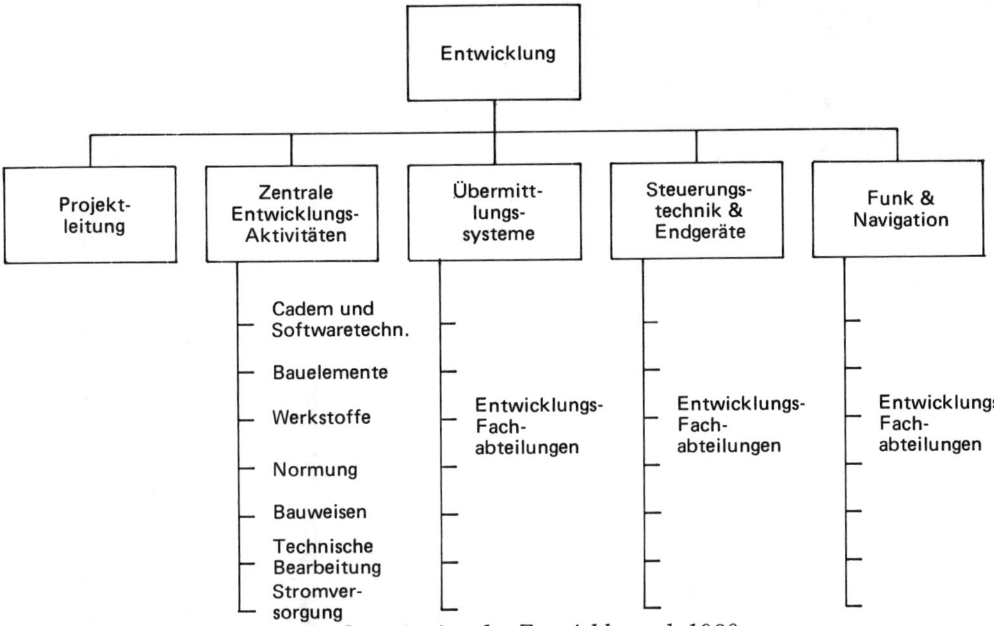

Abb. 13i: Technologieorientierte Organisation der Entwicklung ab 1980

- Verbesserung und Beschleunigung der innerbetrieblichen Systeme und Abläufe bei der Planung und Steuerung des Produktprozesses
- insgesamt eine Verbesserung des Ergebnisses.

2.54 Interview mit dem Mitglied des Vorstandes der Standard Elektrik Lorenz AG, Herrn Günther Gruppe, 1981

Was hat Sie in der Unternehmensgruppe Nachrichtentechnik dazu veranlaßt, nunmehr die Kundenorientierung über die Produktorientierung zu stellen?

Wir haben versucht, eine Kombination von Kunden- und Produktorientierung zu schaffen. Ein Grund dafür war die zunehmende Nachfrage nach Systemen und der Wunsch des Kunden nach umfassenden Problemlösungen; früher verkauften wir zumeist einzelne Produkte, während wir heute mehr und mehr komplette Nachrichtensysteme anbieten. Zum anderen erwarten die Kunden von uns, daß wir nicht mehr unkoordiniert auf sie zugehen. Wir versuchen deshalb bei uns, einen „Mister Bundespost", der alle Probleme dieses Kunden kennt, aufzubauen und uns vorab zu koordinieren, ehe wir mit dem Kunden sprechen. Gleiches gilt für unsere übrigen Großkunden.

Also eine Art „Begradigung" der produkt-divisionalen Organisation, um neueren Entwicklungen bei Ihnen und bei Ihren Kunden gerecht werden zu können.

Im Prinzip haben wir das Profit-Center-Denken aufrecht erhalten. Die Entwicklung, die Geschäftsbereiche mit der Gewinn- und Verlustverantwortung und die Produktion haben wir in drei konsequent ausgerichteten Blöcken zusammengefaßt.

Die *Entwicklungsseite* ist sehr stark nach der Technologie hin orientiert. Neue Technologien haben dazu geführt, daß die Aufgaben und Probleme in verschiedenen Produkt-Entwicklungsbereichen immer ähnlicher wurden. Um dieser Herausforderung zu begegnen, hielten wir eine Know-how-Poolung für notwendig. Der Block mit den *Geschäftsbereichen* ist dann ganz auf den Markt hin orientiert. Dazu kommt mit dem Orientierungsmerkmal Fertigungskonzentration der Block *Produktion*, an dem wir nur geringfügige Änderungen vorgenommen haben.

Wie unterscheiden sich die neuen Profit-Center von den alten?

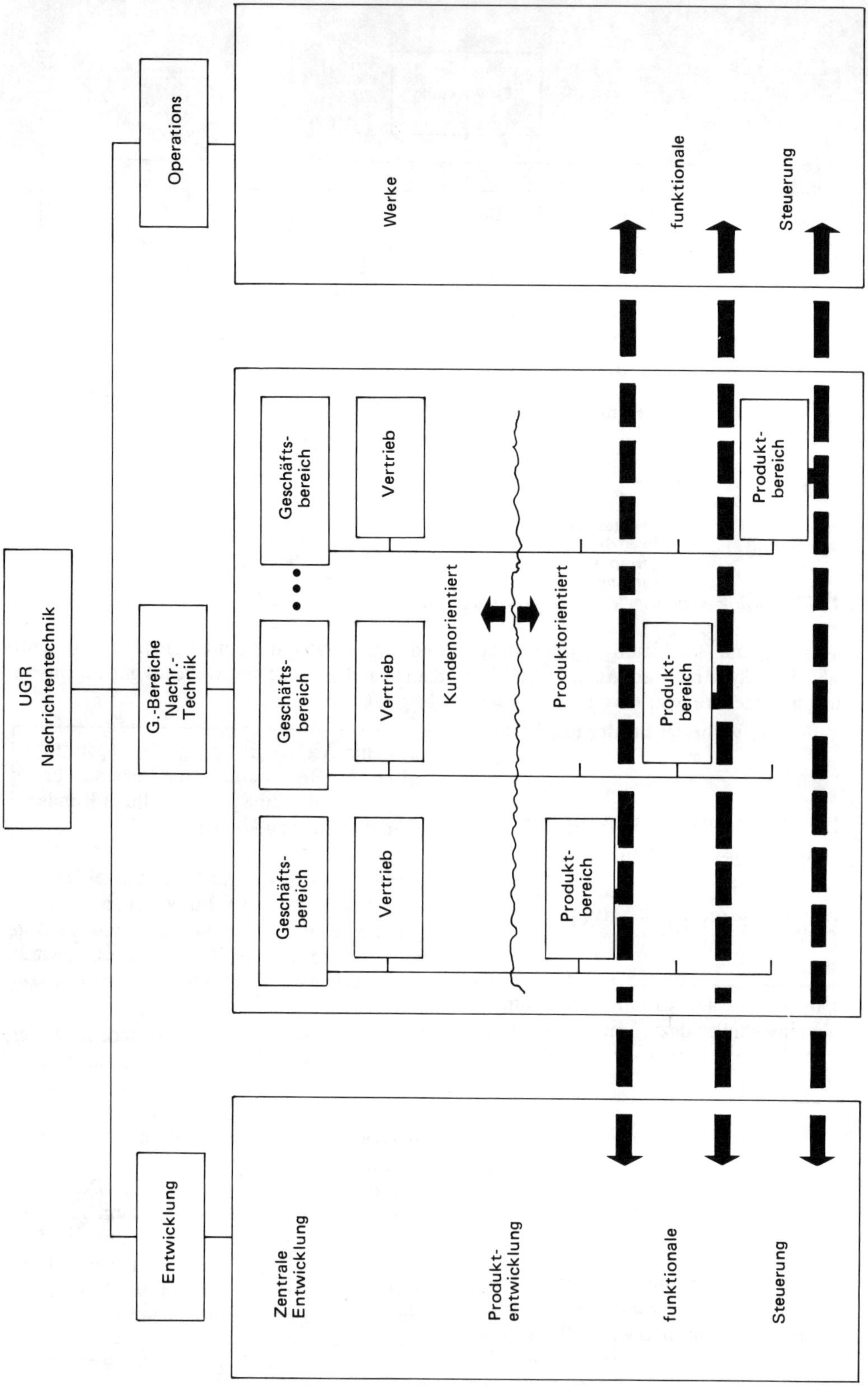

Abb. 13j: Funktionale Steuerung der Leistungsbereiche durch die Produktbereiche

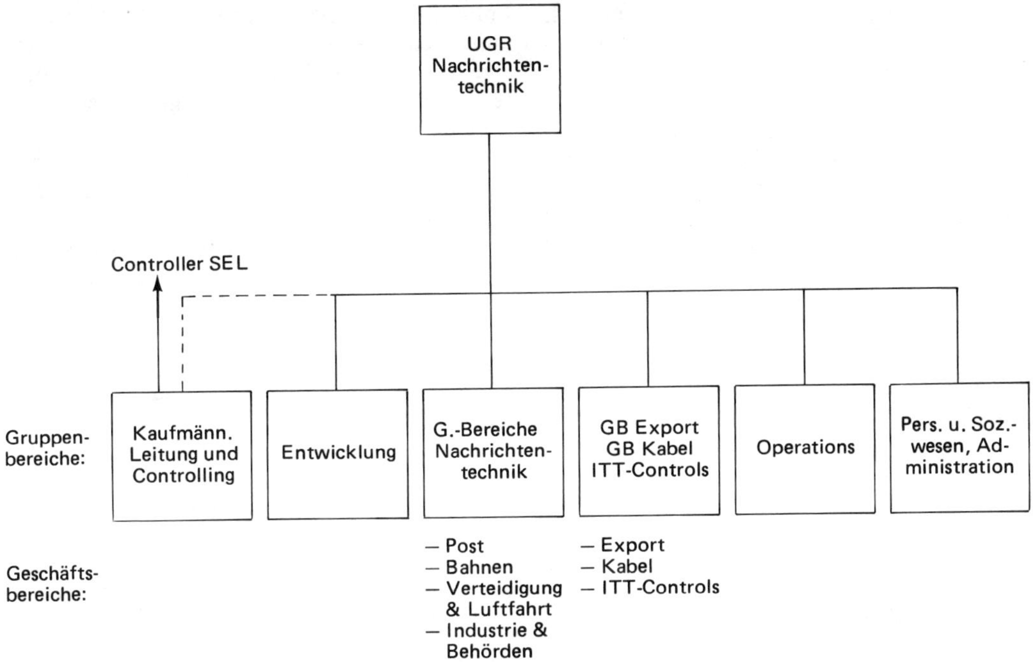

Abb. 13k: Organisation der UGR Nachrichtentechnik ab 1980

Die Anzahl der Profit-Center wurden von 10 (Erzeugnisgebieten) auf 5 (Geschäftsbereiche) reduziert.

Ressortegoismen sind auch in der neuen Organisation nicht vollständig auszuschließen. Sie sind jedoch erschwert worden und treten in keinem Falle den Kunden gegenüber zum Vorschein. Es wurde auch ausgeschlossen, daß durch die Dominanz der Produktprogramme Marktchancen übersehen werden. Der Ehrgeiz der neuen Profit-Center ist auf den Erfolg mit der ihnen zugeordneten Kundengruppe gerichtet und nicht auf Auseinandersetzungen um ein spezielles Produktprogramm.

Schränkt nicht ein kundenorientiertes Profit-Center den Durchgriff eines PC-Leiters auf die Kosten weiter ein? Tritt damit nicht eine Art Erosion dieses Profit-Center-Gedankens ein?

In unserem Konzept hat der *Produktmanager* die volle Gewinn- und Verlustverantwortung. Hier besteht selbstverständlich die Schwierigkeit, die Gesamtverantwortung aufzubauen. Das war aber auch bislang bei der Produktionsseite der Fall.

Unsere Überlegung war es deshalb vor allem für die Mitarbeiter, drei feste „Häuser" – Entwicklung, Geschäftsbereiche, Operations – zu schaffen, die durch den internen Produktsteuerungsprozeß verbunden sind. Dabei ist ganz klar, daß der Produktmanager Zugriff auf die Entwicklungsseite und die von der Kostenseite her sehr bedeutende Produktionssphäre hat.

Das basiert dann aber auf Verrechnungspreisen.

Ich halte es zur Kostenbeeinflussung für erforderlich, daß wir hier ein neues Controlling-System und neue Abläufe schaffen. Und vielleicht haben Sie recht, daß wir hier noch keine komplette Organisation haben. Wir haben, in Stufen, zunächst einmal die Kompetenzverteilung in dieser Organisation geregelt. Im Jahr 1981 folgen dann die Verfeinerungen im Hinblick auf

Controlling und Ablauforganisation, und ich bin sicher, daß hier noch eine Reihe von Verbesserungen notwendig werden.

Wenn Sie eine produktorientierte Ergebnisverantwortung mit einer kundenorientierten Ergebnisverantwortung vergleichen, sehen Sie bezüglich des zeitlichen Horizontes, der damit in den Verhaltensweisen der Führungskräfte verankert wird, irgendeinen Unterschied?

Ja, wir sehen in der neuen Struktur eine Erweiterung des Zeitrahmens auch in den Denk- und Verhaltensweisen unserer Führungskräfte, denn eine Kundenorientierung umfaßt in unseren Augen auch das Bestreben, ein langfristiges Vertrauensverhältnis aufzubauen. Der Kunde sollte ein Dauerkunde sein, während das Produkt sich über Zyklen ablöst.

In einem früheren Interview wurde die enge Verbindung von Vertrieb/Marketing und der Entwicklung als eine überlebenskritische Spange für ein erfolgreiches Geschäft in der Nachrichtentechnik dargestellt. – Wenn ich es recht erkenne, hat sich diese Einstellung inzwischen gewandelt, indem Sie größere Teile der Entwicklung aus den Geschäftsbereichen entfernt haben und wieder in der Entwicklung als Funktionsbereich zentralisiert haben. Haben Sie hier, um eine Kundenorientierung um jeden Preis zu erreichen, nicht das „Kind mit dem Bade" ausgeschüttet?

Zum Kunden hin muß ein so technologisch und technisch orientiertes Unternehmen, wie es die SEL ist, zweifellos technischen Sachverstand besitzen, wenn es am Markt schnell und überzeugend auftreten will. Das kann aber nicht heißen, daß die Geschäftsbereiche selbständige Entwicklungsaufgaben, vor allem nicht im Hinblick auf die Systementwicklung, übernehmen. Wir geben dem Vertrieb nur so viele Ingenieure an die Hand, daß die Probleme, die am Markt auftreten, z.B. kundenbezogene Adaptierungen, technische Planung, Unterlagen – kurz: das technische Tagesgeschäft – beweglich durchgeführt werden können.

Die Entwicklungsausgliederung bedeutet nicht Bereinigung der kundenorientierten organisatorischen Einheiten um „Entwicklungsfremdkörper", sondern es geht darum, in einem starken Entwicklungsbereich technologische Gemeinsamkeiten zu erkennen und zu nutzen. Auf der anderen Seite haben wir dafür gesorgt, daß die technische Kompetenz auch gegenüber dem Kunden erhalten bleibt.

Können Sie die Abgrenzungslinie zwischen Technischer Planung und Projektierung einerseits und der Entwicklung anderseits in unserem Gespräch etwas näher herausarbeiten?

Während die *Entwicklung* die Verantwortung für die Bereiche Grundlagen- und Produktentwicklung trägt und dabei im Rahmen einer längerfristigen Perspektive auch die Sensorfunktion zu neuen Technologien hat, kümmert sich die *Technische Planung und Projektierung* um das Tagesgeschäft. Die Technische Planung und Projektierung ist Bestandteil des Produktbereichs, der bestimmt „Was" und „Wann" etwas zu tun ist, während die Projektleiter in der Entwicklung und Produktion in Abstimmung mit ihren Funktionsbereichen das „Wie" und „Wer" festlegen.

Die Projektleiter verbleiben fachlich und disziplinarisch in ihren Funktionsbereichen und berichten im Rahmen des Produktprozesses an den jeweiligen Leiter des Produktbereichs. Die Verantwortung für den Prozeßablauf hat der Produktbereich. Die Fachverantwortung und die Verantwortung für die zugeordnete Teilleistung liegt bei den Projektleitern, den Produktionsleitern bzw. den Mitarbeitern in anderen Funktionsbereichen.

Der Produktbereich, in dem die Technische Planung und Projektierung angesiedelt ist, plant mit allen am Produktprozeß beteiligten Funktionen die Daten im Rahmen von Zielplanung, Geschäftsplanung und Feinplanung. Er veranlaßt die Ausführung von Entwicklungs- und Produktionsvorhaben – einschließlich Produkt- und Wertanalyse – und überwacht die dabei entstehenden Produkte und Systeme quantitativ, qualitativ, terminlich und hinsichtlich der Kosten.

Nach Ihrer Meinung bot die bisherige produktorientierte Organisation erschwerte Bedingungen für den Technologie- und Know-how-Transfer. Was ist in dieser Beziehung eigentlich durch die neue Organisation besser geworden?

Unser Ziel war, durch die Zentralisierung unseres Entwicklungs-Know-hows Doppelarbeit zu vermeiden und Zusammenarbeit zu fördern. Durch die neue Organisation wird die innerbetriebliche Kommunikation intensiviert. Das gilt auch für den Technologie- und Know-how-Transfer. Grundsätzlich war es aber nötig, näher an den Markt heranzurücken, der nicht vom Produkt her erschlossen wird, also gewissermaßen durch die Produktbrille, sondern von den Bedürfnissen der Kunden her.

Als weiterer Mangel der produktorientierten Organisation werden die begrenzten Möglichkeiten eines Kapazitäts- und Beschäftigungsausgleichs zwischen den Werken beklagt. – Ich kann nicht erkennen, was sich an dieser Situation durch die neue Organisation verbessert hat.

Die Steuerungsstruktur der Werkegruppe wurde weiter verbessert. Wir haben eine klare Steuerungsfunktion geschaffen. Während früher alle Werke unmittelbar an den Operations-Vorstand berichteten, haben wir heute die Leitung der Fabriken, die einen Kapazitätsausgleich konsequent durchsetzen kann.

Darüber hinaus haben wir durch Industrial und Product Engineering die unmittelbare Aufspaltung auf die Entwicklung erreicht. Die Fabrik hat unabhängig vom Produktmanagement einen direkten Zugriff auf die Entwicklung, um sicherzustellen, daß dort fabrikationsmäßig günstig entwickelt wird. Jetzt dürfte es nicht mehr möglich sein, daß das Produkt erst auf der Reißbrettseite entsteht und dann nachher im Rahmen von Kostensenkungsmaßnahmen umkonstruiert wird. Ich halte es für ganz wesentlich, daß durch diese enge Verzahnung zwischen der Fabrik und der Entwicklung schon frühzeitig Kosten gesenkt und Kosten vermieden werden.

In der alten Organisation hatte jedes Profit-Center zu den Werken, aus denen es Produkte bezog, einen Zugriff. Da gab es natürlich ziemlich stark isolierte Teilbereiche. Sicherlich wird auch in Zukunft das Prinzip beibehalten werden, in den Fabriken an den jeweiligen Standorten für mehrere Produktgruppen zu arbeiten. Das wird jetzt besser funktionieren, weil wir eine klare Organisation für den unmittelbaren Zugriff zu den einzelnen Werken geschaffen haben, die es vorher nicht in dieser Form gab.

Wem unterstehen die Fabrikenleiter in dieser Organisation?

Es gibt einen Fabrikenleiter, der dem für Operations zuständigen Vorstandsmitglied untersteht. Auf der gleichen organisatorischen Ebene steht das Industrial und Product Engineering, das vorwiegend nach der Entwicklung hinzielt, und die Fabrikationssteuerung, die die Disposition der Fabriken durchführt; daneben gibt es den Einkauf, das Controlling, das Personalwesen und die übrigen Stabsfunktionen. Dem Fabrikenchef sind die Werkleiter unterstellt, wobei die intensive kommunikative Beziehung zu den zentralen Stabsfunktionen im Operationsbereich organisatorisch abgesichert ist.

Wie erfolgt die Zusammenarbeit zwischen kundenorientierten Geschäftsbereichen und den „Operations“ der Produktion?

Das Produktmanagement hat einen Zugriff zu den entsprechenden Stellen in den Werken. Der Produktbereich im Geschäftsbereich bestimmt „Was“ und „Wann“ etwas zu tun ist, während die Projektleiter Produktion in Abstimmung mit ihrem Funktionsbereich das „Wie“ und „Wer“ festlegen. Der Kontaktgeber, der bestimmt, „Was“ und „Wann“ gefertigt wird, ist der Produktbereich. Dabei ist die Fabrik Auftragnehmer, wobei die Steuerungsfunktionen im Zuge der Geschäftsplanung iterativ abgestimmt werden müssen.

Ähnlich wie gegenüber der Entwicklung erfolgt die operationelle Steuerung der Fabrik im Tagesgeschäft zwischen Produktbereich und den einzelnen Steuerungsstellen in den Werken, während strategische Entscheidungen im Zuge der Geschäftsplanung festgelegt werden.

Wie würde dabei eine Auftragsüberlastung einzelner Werke ausgesteuert werden?

Die Fabrikationssteuerung, die in der neuen Organisation eine zentrale Stellung einnimmt, würde dann als Ansprechpunkt für die Produktbereiche agieren. Es kann dann nicht so sein, daß mehrere Produktbereichsleiter um Kapazität kämpfen. Das heißt natürlich nicht, daß damit auch alle Probleme des täglichen Anpassungsgeschäftes vom Tisch sind.

Das verständliche organisatorische Anliegen, möglichst weitgehend im operativen Sektor Geschäftsbereiche nach Kundengruppen zu gliedern, hat zu einem eigenartigen Sammelsurium von nicht Eingliederbarem im Geschäftsbereich Export, Geschäftsbereich Kabel und ITT-Controls geführt. – Welche Führungsprobleme wird ein derartiges „Prodiverse-Konto" der Organisation stellen?

Der *Geschäftsbereich Kabel* ist außerhalb dieser Überlegungen zu sehen. Der Kabelbereich ist seit seiner Entstehung organisatorisch immer als komplettes, homogenes Profit-Center strukturiert gewesen: Von der Entwicklung bis zur Produktion, dem Vertrieb und der wirtschaftlichen Steuerung war die Kabeldivision komplett abgerundet. Deshalb haben wir auch hier nichts Wesentliches verändert, außer einem Konzentrationsprozeß und eine interne Vorbereitung auf die Glasfaserherstellung.

Die übrige Aufgabe war eine weitere *Konzentration des Exports*. In der alten Organisation waren in den 10 Profit-Centern 10 kleine Exportabteilungen angesiedelt. Im Zuge des Hineinwachsens in das Systemgeschäft auch im Export war diese Lösung nicht mehr sinnvoll. Wir haben auch hier die Konsequenz gezogen und den Export zusammengefaßt, wobei die Verantwortung für das Geschäft bei dem jeweiligen Produktbereich liegt. Ob damit nun die Weichen für alle Ewigkeit in diese Richtung gestellt sind, bleibt abzuwarten.

ITT-Controls ist eine Tochtergesellschaft der ITT in Essen, die außerhalb der Nachrichtentechnik geführt wird und lediglich schwesterliche Hilfe etwa bei der Software-Entwicklung in Anspruch nimmt.

Welche Wirkungen erhoffen Sie sich von der neuen Organisation der Unternehmensgruppe Nachrichtentechnik?

Neben den schon erwähnten Wirkungen erhoffen wir uns von der neuen Struktur die Erhaltung und Stärkung unserer Marktposition und unserer Innovationsfähigkeit. Durch die verbesserte Kostentransparenz, z.B. beim An- und Auslauf von Produkten soll eine Verbesserung der Wirtschaftlichkeit erzielt werden.

Jedem Mitarbeiter möchten wir weiter sein festes Personalhaus in der Funktion geben. Mit der weiterhin vom Projektmanagement geprägten Organisation soll der Einzelinitiative größerer Spielraum eingeräumt werden. Mit weniger Hierarchie und mehr Initiative werden für jeden einzelnen Mitarbeiter die Chancen zu seiner Eigenentwicklung verbessert. Darin sehen wir die Voraussetzung für den Erfolg unserers Unternehmens.

2.6 Siemens AG

Die aus der rechtlichen Zusammenfassung von drei rechtlich selbständigen Unternehmen 1966 hervorgegangene SIEMENS AG machte eine geschlossene Neuorganisation erforderlich, die 1969 durchgeführt wurde. Die Größe des Unternehmens und seine programmpolitische und regionale Diversität wiesen auf die Wahl eines Objektmodells mit starken matrixhaften Bezügen. Während das unternehmerische Gewicht stark bei der Dimension der Objekt- (Unternehmens-) Bereiche liegt, steht den Zentralbereichen in allen gemeinsamen Fragen jedoch eine Richtlinienkompetenz zu. Der Vorstand setzt sich sowohl aus Vertretern der Unternehmensals auch der Zentralbereiche zusammen.

1847 gründete Werner von Siemens (1816–1892) zusammen mit J.G. Halske in Berlin eine Telegraphenbauanstalt. 1903 wurden die Siemens-Schuckert-Werke gebildet. Die Gründung von weiteren Tochter- und Beteiligungsgesellschaften ließen diesen Komplex bald zum größten elektrotechnischen Unternehmen der deutschen Industrie werden. Nach einer weiter aufstrebenden Entwicklung nach dem zweiten Weltkrieg gab die Kodifizierung des Konzernrechts im neuen Aktienrecht von 1965 Anlaß für die schon seit einiger Zeit erwogene Zusammenfassung der drei Gesellschaften Siemens & Halske AG, Siemens-Schuckert Werke AG und Siemens-Reiniger Werke AG unter einem einheitlichen Firmendach. Der Firmenname Siemens & Halske AG wurde in Siemens AG geändert. Siemens-Schuckert und Siemens-Reiniger wurden in die Siemens AG eingegliedert.

Der Vorstand der neuen Siemens AG bestand zunächst im wesentlichen aus Mitgliedern der bisherigen Vorstände der juristisch verschmolzenen Bereiche unter dem Vorsitz eines dreiköpfigen Präsidiums. Bei dieser Veränderung des „Rechtskleides" war zwar bezüglich der inneren organisatorischen Struktur alles beim alten geblieben, jedoch entstand damit ein einheitlicher Rahmen für einen echten, nach „innen" gerichteten Organisationswandel.

1969 wurde die Organisationsstruktur durch ein Objektmodell mit sechs Unternehmensbereichen und koordinierenden Zentralbereichen angepaßt. Die Interessen des Hauses Siemens auf dem Gebiet der Datenverarbeitung beruhten zu diesem Zeitpunkt weitgehend auf der Lizenznahme eines amerikanischen Anbieters (RCA). Zusammen mit einem niederländischen und einem französischen Unternehmen wurden die Datenverarbeitungsinteressen des Hauses nach Ankündigung dieser Zusammenarbeit in die gemeinschaftliche UNIDATA eingebracht. Nachdem auch diese Form der Zusammenarbeit zusammenbrach, entschloß sich die Leitung der Siemens AG zur Bildung eines siebten Unternehmensbereiches, der sich mit Daten- und Informationssystemen beschäftigt und aus angrenzenden Bereichen herausgelöst wurde.

Die Beschäftigtenzahl der Siemens AG stieg von 272.000 (im Jahre 1969) auf über 322.000 im Jahre 1978, von denen etwa 99.000 im Ausland tätig sind. Der Umsatz der Siemens AG entwickelte sich von rund 8 Mrd. DM (Geschäftsjahre 1967/68) auf mehr als 29 Mrd. DM im Geschäftsjahr 1977/78. Dabei entfielen 49 % auf den einheimischen Markt, 25 % auf das übrige Europa, während Amerika mit 9 % und Afrika/Asien mit 17 % zum Gesamtumsatz beitrugen.

2.61 Die Organisation der Siemens AG (Stand 1970)

Eine Darstellung der Hauptabteilung „Unternehmensplanung“ der Siemens AG, München

Organisationsentwicklung bis 1969

Bis 1966 bestand das Haus Siemens aus der Siemens & Halske AG und ihren Tochtergesellschaften, zu denen die Siemens-Schuckert Werke AG und die Siemens-Reiniger Werke AG gehörten. Diese Gesellschaften waren drei geschäftlich mehr oder weniger *selbständige Unternehmen* mit voneinander weitgehend unabhängig gewachsenen und daher sehr unterschiedlichen Organisationsstrukturen: Die Siemens & Halske AG war überwiegend in der Schwachstromtechnik, die Siemens-Schuckert Werke AG in der Starkstromtechnik und die vergleichsweise kleinere Siemens-Reiniger Werke AG auf dem Gebiet der medizinischen Technik tätig.

In der Terminologie des neuen Aktienrechts waren „Siemens-Schuckert“ und „Siemens-Reiniger“ gegenüber der Siemens & Halske AG abhängige Gesellschaften; letztere übte dabei die Holdingfunktion aus. In der Praxis bestand jedoch zwischen „Halske“ und „Schuckert“ ein partnerschaftliches Verhältnis.

Zur *Koordinierung der Unternehmenspolitik* waren einige Herren im Vorstand beider Gesellschaften vertreten. Darüber hinaus gab es gemeinsame Abteilungen für die Aufgaben Finanzen, Recht, Steuern, Wirtschaftspolitik, Personal, Werbung und für in- und ausländische Vertriebsaufgaben, die auch als Verbindungsglieder zwischen Siemens-Schuckert und Siemens-Halske wirkten. Innerhalb der Gesellschaften selbst wurden deren Teileinheiten mehr oder weniger straff von den Zentralstellen ihres Bereiches aus gesteuert. Die Teileinheiten waren bei „Schuckert“ der nach Kundengruppen in technische Stammabteilungen eingeteilte Vertrieb und die produzierenden Werke, bei „Halske“ waren es die nach Produktgruppen gegliederten und größtenteils vertikalisierten sogenannten Wernerwerke.

Die Beurteilung der alten Organisationsstruktur mußte von Vorstellungen ausgehen, die sich Siemens für die Unternehmungspolitik der 70er und 80er Jahre zu diesem Zeitpunkt machte.

Zunächst einmal fragte es sich, welche Erfordernisse von dem *geplanten Wachstum* (von 1969 bis 1980 sollte der Umsatz von 10 auf eine Größenordnung von 30 Milliarden DM steigen) und der in diesem Zusammenhang beabsichtigten zunehmenden Ausweitung des Auslandsgeschäfts ausgehen würden. Einen anderen Aspekt lieferte der *technologische Wandel*. Die Schwerpunkte des Wachstums hatten sich verlagert, außerdem waren neue Gebiete mit großen Zukunftschancen, wie beispielsweise die Computer- und Halbleitertechnik, Bestandteil des Programms geworden.

Impulse für eine Neuordnung gingen auch von den *Marktgegebenheiten* aus. Neben den in- und ausländischen Märkten für das Anlagen- und das Behördengeschäft gewannen und gewinnen das Breitengeschäft und die privaten Kunden immer mehr an Bedeutung. Auch diese marktlichen Veränderungen und die zunehmende Kurzlebigkeit vieler Produkte auf den Märkten legten eine Revision der organisatorischen Struktur nahe.

Von besonderer Bedeutung war auch die Frage, wie man organisatorisch eine breite Basis für die *Heranbildung des Führungsnachwuchses* schaffen kann. Diese Frage war in engem Zusammenhang mit dem Wachstum und der fortschreitenden Internationalisierung des Unternehmens zu sehen. Es galt die Grundüberlegung, daß eine dezentrale Organisationsform und eine Vertikalisierung in Ausrichtung auf eine technische und marktmäßige Verbundenheit die beste Voraussetzung für das Hervorbringen einer möglichst großen Zahl von Führungskräften und die Entwicklung ihrer unternehmerischen Eigenschaften sind.

Welches waren nun die Konsequenzen, die man bei Siemens aus diesen Überlegungen zog?

Organisationsentwicklung ab 1969

Mit „Neuorganisation des Hauses Siemens“ ist zunächst die mit Wirkung vom 1. Oktober 1969 eingeführte neue *Organisationsstruktur* und die hiermit verbundene Neugestaltung des *Leitungssystems* gemeint.

Abb. 14a gibt die neue organisatorische Grundstruktur der Siemens AG in vereinfachter Form wieder.

Das Haus Siemens ist in folgende *organisatorische Sektoren* gegliedert: Sechs Unternehmens-

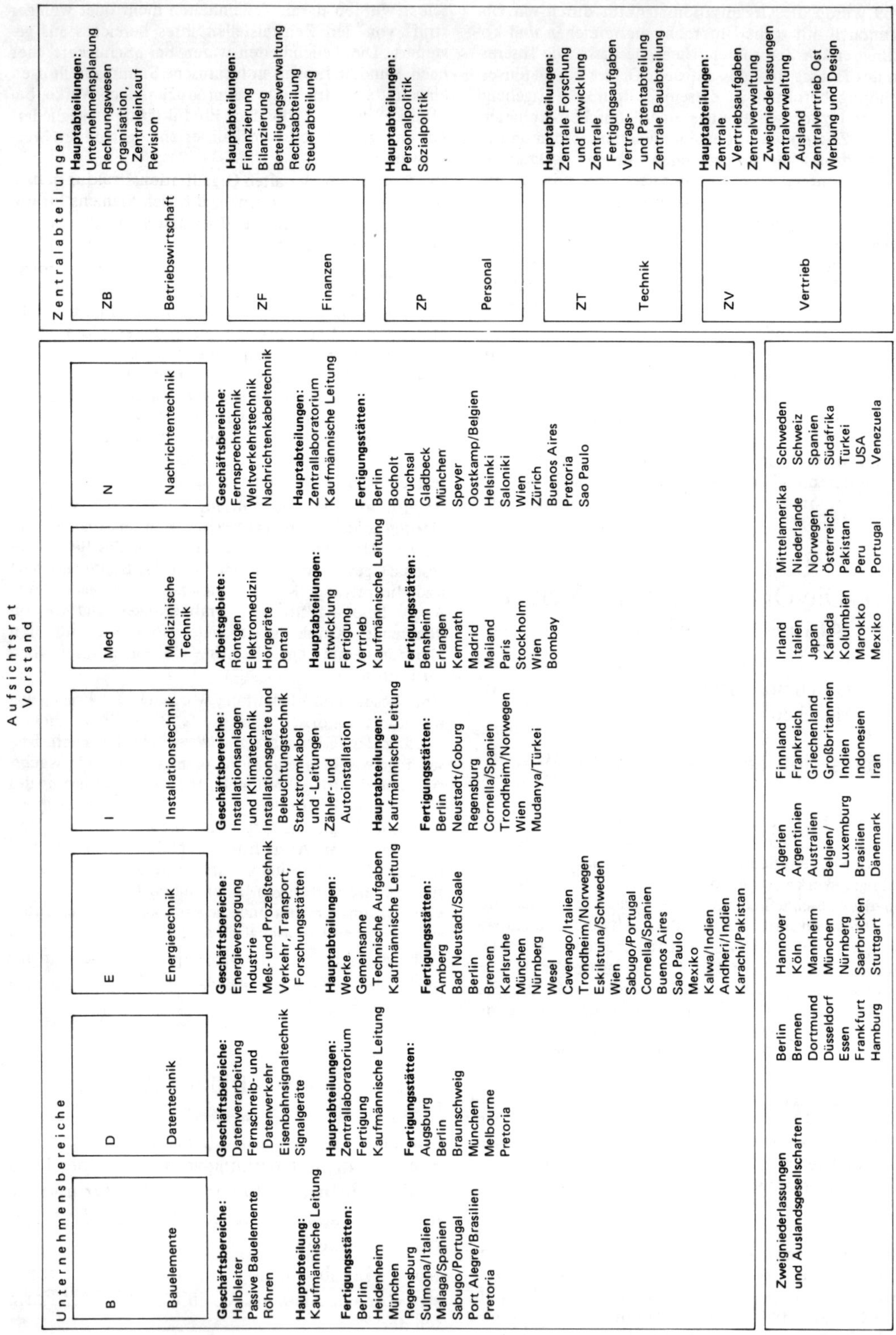

Abb. 14a: Die organisatorische Grundstruktur der Siemens AG

bereiche, fünf Zentralabteilungen, regionale Einheiten (inländische Zweigniederlassungen und Auslandgesellschaften) sowie die inländischen und die übrigen ausländischen Beteiligungsgesellschaften. Über allen diesen Teileinheiten stehen der Vorstandsvorsitzende und sein Stellvertreter.

Die sechs *Unternehmensbereiche* sind als deutlich gegeneinander abgegrenzte, mit einem Höchstmaß an wirtschaftlicher Selbständigkeit ausgestattete unternehmerische Verantwortungsbereiche zu verstehen, die ihr Geschäft von der Entwicklung bis zum Vertrieb führen. Die nach den Funktionen gebildeten fünf Zentralabteilungen „durchdringen" beratend und koordinierend die Unternehmensbereiche und geben somit dem Gesamtbild der Organisation einen Matrixcharakter.

Die *inländischen Zweigniederlassungen* und die *Auslandsgesellschaften* wickeln den größten Teil des Geschäfts der Unternehmensbereiche mit den Kunden ab. Die übergeordnete Führung und Verwaltung der regionalen Einheiten ist Aufgabe der Zentralabteilung Vertrieb.

Der vierte organisatorische Sektor des Unternehmens, den das Bild nicht zeigt, wird von den *in- und ausländischen Beteiligungsgesellschaften gebildet.*

Die wesentlichen Merkmale dieser Organisationsstruktur

In erster Linie sind die folgenden Aspekte zu nennen, auf die bei der Neuorganisation besonderes Gewicht gelegt wurde:

- Produkt- und Systemorientierung als organisatorisches Gliederungsprinzip für die geschäftsführenden Einheiten
- Funktionsorientierung als Prinzip bei der Bildung von Zentralabteilungen
- Schaffung eines ausgewogenen Führungsteams.

• *Produktorientierung als organisatorisches Gliederungsprinzip für die geschäftsführenden Einheiten*

Als ein Hauptprinzip der Neuordnung galt die möglichst weitgehende *Vertikalisierung* der unternehmerischen Teileinheiten und somit die Verwirklichung einer *divisionalen Organisationsform.* Die einzelnen Unternehmensbereiche und ihre Teileinheiten wurden vorwiegend nach dem Gesichtspunkt technischer und marktmäßiger Zusammengehörigkeit gebildet. Dieser Gliederungsgedanke führte letztlich zu einem harmonischen und geschlossenen Stufenaufbau einer Unternehmenspyramide mit produktmäßig abgerundeten Bereichen, die relativ abgegrenzte Teilmärkte bearbeiten (vgl. Abb. 14b).

Es fand allerdings *keine Divisionalisierung „um jeden Preis"* statt, es war in verschiedenen Fällen erforderlich und wirtschaftlich sinnvoll, auf der Ebene von Unternehmens- bzw. Geschäftsbereichen gemeinsame Entwicklungs- und Fertigungsbereiche bestehen zu lassen bzw. solche zu schaffen. Dies heißt jedoch nicht, daß derartige organisatorische Konstruktionen als endgültig anzusehen sind. Stattdessen soll die Vertikalisierung in allen Bereichen konsequent dann vorangetrieben werden, wenn es nützlich erscheint und das Wachstum es erfordert. Letztlich kann das bedeuten, daß Geschäftsbereiche zu Unternehmensbereichen und die dadurch in der Unternehmenspyramide aufrückenden Geschäftsgebiete zu Geschäftsbereichen erklärt werden.

Die *Unternehmensbereiche* (vgl. Abb. 14c) sind für das auf ihren Arbeitsgebieten zu betreibende Weltgeschäft, d. h. für alle Entwicklungs-, Fertigungs- und Vertriebsaktivitäten fachunternehmerisch verantwortlich. Diese fachunternehmerische Verantwortung hat das Produkt zur Grundlage und umfaßt das direkt zwischen den Unternehmensbereichen und den Kunden sowie das über die regionalen Einheiten geführte Geschäft, was sich formal in weltweiten Erfolgsrechnungen für Produkte bzw. Produktgruppen ausdrückt.

Die *regionalen Einheiten* betreiben das Geschäft des Hauses Siemens in den ihnen zugewiesenen geographischen Gebieten. Sie haben grundsätzlich delegierte Verantwortung hinsichtlich des Produkterfolges und sind auch zur Mitwirkung bei der Festlegung des Erzeugnisspektrums und von entwicklungstechnischen, fertigungstechnischen und vertrieblichen Zielen der Unternehmensbereiche berufen. Jede regionale Einheit hat ihr über das gesamte Spektrum reichendes Wirtschaftsergebnis zu verantworten. Die Verantwortung für den Gesamterfolg und der hierfür notwendige unternehmerische Entscheidungsspielraum ist im besonderen Maße bei den ausländischen regionalen Einheiten ausge-

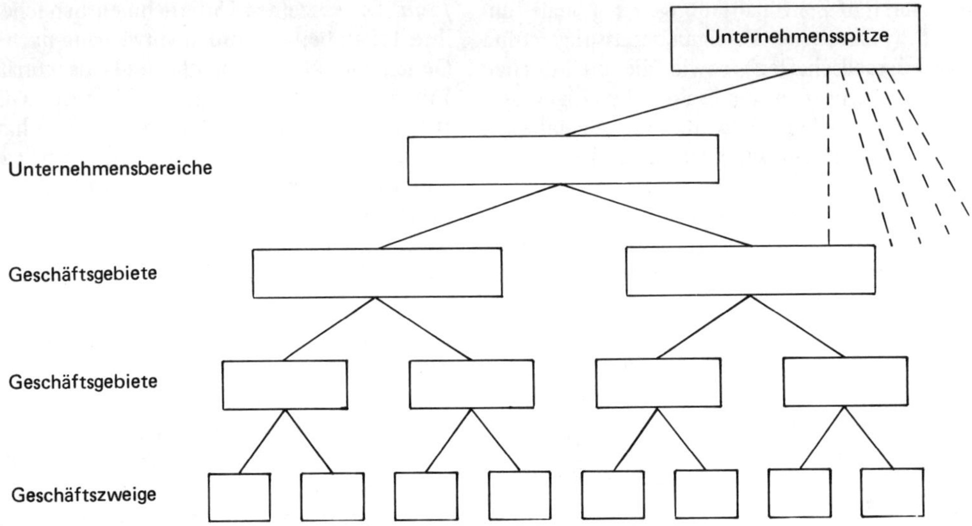

Abb. 14b: Stufenmäßiger Aufbau der Unternehmensbereiche

prägt, da sie in der Infra- und Sozialstruktur ihres Landes verankert und dazu berufen sind, die jeweilige Landespolitik des Hauses entscheidend mitzugestalten.

Die *Auslandgesellschaften* sollen in immer stärkerem Maße zu abgerundeten, mit allen wichtigen Funktionen ausgestatteten unternehmerischen Einheiten werden. Sie sind aufgrund ihrer eigenen unternehmerischen Konzeption zur Erreichung ihrer mit der Unternehmensspitze über die Zentralabteilung Vertrieb vereinbarten Rentabilitätsziele gleichermaßen verpflichtete und berechtigte Geschäftspartner der Unternehmensbereiche. Dieses Verhältnis bedingt allerdings, damit man zu einer Optimierung weltweiter Produkterfolge und gleichzeitig der Gesamterfolge sowohl der Unternehmensbereiche als auch der regionalen Einheiten kommt, daß alle Beteiligten dieser Partnerschaft eine hohe kooperative Leistung vollbringen.

In der Aufgabe, die *übergeordnete Führung und Verwaltung der regionalen Einheiten* wahrzunehmen, vertritt der Leiter der Zentralabteilung Vertrieb auch das wirtschaftliche Gesamtergebnis aller regionalen Einheiten.

Die *Beteiligungsgesellschaften* umfassen alle von Siemens unternehmerisch verantworteten oder beeinflußten Unternehmen mit eigener Rechtsform, ferner Holding-, Finanzierungs- und Sozialgesellschaften sowie Finanzbeteiligungen. Alle Beteiligungen, die von ihrer entwicklungstechnischen, fertigungstechnischen und vertrieblichen Aktivität her direkt einem oder mehreren Unternehmensbereichen zuordenbar sind, fallen in deren fachunternehmerische Verantwortung. Die Unternehmensbereiche haben diese Beteiligungen entsprechend dem aufgrund der Beteiligungsquote oder spezieller Vereinbarungen gegebenen Einfluß zu betreuen und ihre Leistung zu überwachen.

• *Funktionsorientierung als Prinzip bei der Bildung von Zentralabteilungen*

Dem Streben nach möglichst weitgehender Dezentralisation wurde bei der Neuorganisation als notwendiges Gegengewicht das *Prinzip der einheitlichen Unternehmensführung* gegenübergestellt. Damit wurde der Holding-Konzeption eine Absage erteilt.

Für eine einheitliche straffe Unternehmenspolitik und die Koordination aller Teileinheiten sorgen der Vorstandsvorsitzende und sein Stellvertreter sowie die fünf Zentralabteilungen, die nach den Funktionen Betriebswirtschaft, Finanzen, Personal, Technik und Vertrieb gebildet wurden.

Im einzelnen haben die *Zentralabteilungen* die folgenden Aufgaben:

- Unterstützung der Unternehmensspitze in der Entwicklung der Unternehmenskonzeption

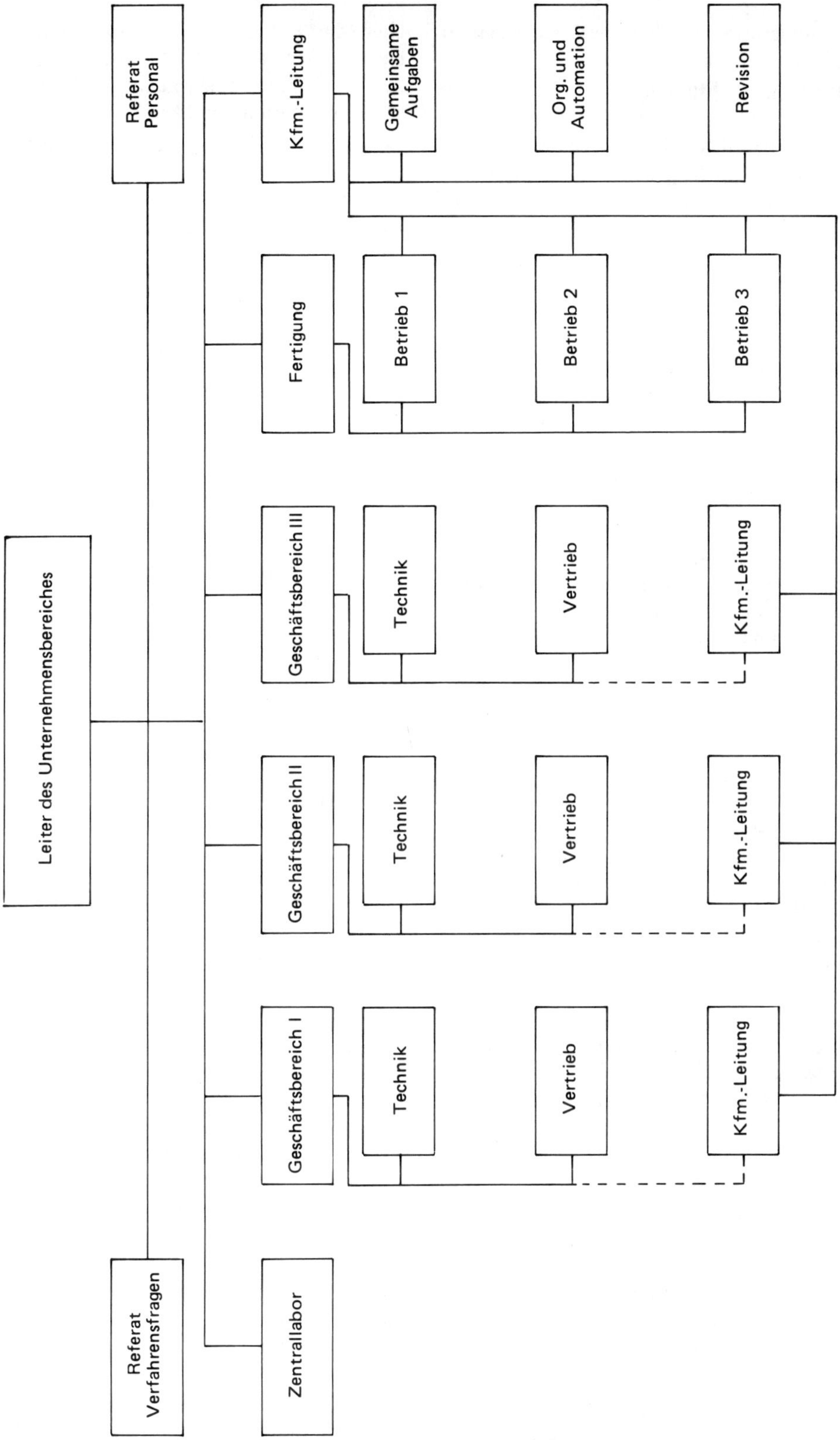

Abb. 14c: Binnenstruktur eines Unternehmensbereichs der Siemens AG

– Koordinierung und Beratung gegenüber allen Teilen des Hauses
– Erlaß von Richtlinien und Ausübung von Kontrollfunktionen auf bestimmten Sachgebieten gegenüber allen Teilen des Hauses.

Neben diesen Aufgaben haben die Zentralabteilungen eine Reihe von Leistungen zu erbringen, deren zentrale Durchführung erforderlich ist. Beispiele hierfür sind die Forschung und allgemeine Grundlagenentwicklung, die Bereitstellung von Methoden der Fertigungsplanung, der Fertigungstechnik, der Werkstofftechnik und der technischen Rationalisierung, die Entwicklung und Produktion von Vorfabrikaten, Spezialerzeugnissen, Werkzeugen und Maschinen, die allgemeine Marktforschung und Marktbeobachtung, die Durchführung von Maßnahmen der Aus- und Weiterbildung, die Finanzmittelplanung und Deckung des Außenfinanzbedarfs, die Erarbeitung betriebswirtschaftlicher Methoden (Planungsmethoden, Datenverarbeitungskonzepte) sowie die Dienstleistungen des Zentraleinkaufs.

- *Die Schaffung eines ausgewogenen Führungsteams*

Ein erklärtes Ziel der Neuorganisation war es, eine Konzeption zu realisieren, die günstige organisatorische Bedingungen für das *Zustandekommen sachgerechter Führungsentscheidungen* schafft.

Die Vorstandsvorsitzenden, die Unternehmensbereichsleiter und die Leiter der Zentralabteilungen bilden zusammen ein hinsichtlich der Interessen der Unternehmensbereiche und des Gesamtinteresses des Hauses ausgewogenes *Führungsteam*. Durch seine Zusammensetzung ist sichergestellt, daß die Einzelinteressen der Verantwortungsbereiche stets im Rahmen der Gesamtziele beurteilt werden.

Innerhalb des Führungsteams bestehen für bestimmte Problemkomplexe (z. B. Investitionspolitik) ständige *Ausschüsse* oder es werden für Sonderaufgaben *ad hoc-Gremien* gebildet. Diese geben weitgehende Gewähr für ein handlungsfähiges und reaktionsschnelles Management.

Die geschlossene Unternehmenspyramide dient als Basis für die übersichtliche Organisation des *Planungs- und Steuerungsprozesses*, der angefangen von der Formulierung langfristiger Unternehmensziele durch die Unternehmensspitze über die Entwicklung entsprechender Strategien in den geschäftsführenden Einheiten bis hin zur Durchführungsplanung nahezu alle Entscheidungsstufen durchläuft.

Ein diesem Planungssystem angepaßtes *internes Rechnungswesen*, das die entsprechenden Kontrollinformationen bereitstellt, ist eine notwendige Bedingung für die Funktionsfähigkeit dieses Führungskonzepts.

Die Vertikalisierung fördert eine produkt- und systembezogene *Kooperation innerhalb der geschäftsführenden Bereiche*. Die für das Gesamtergebnis geschlossener geschäftsführender Einheiten verantwortlichen Leiter werden – stärker als bei funktionaler Gliederung – eine produktbezogene Kooperation zwischen allen Funktionsbereichen herbeiführen können, da diese ihnen direkt unterstehen. Somit wird das Produkt zum Kristallisationspunkt der innerbetrieblichen Kommunikation: Der Einsatz von *Projekt- und Produktplanungsteams*, deren Mitglieder sich aus Vertretern aller vom Produkt in irgendeiner Weise tangierten Funktionsträger zusammensetzen, spielen hierbei eine wesentliche Rolle.

2.62 Interview mit dem Vorsitzenden des Vorstandes der Siemens AG, Herrn Dr. Gerd Tacke, 1970

> Welchen Gesichtspunkt haben Sie bei der Neuorganisation prinzipiell höher bewertet: a) Die Schaffung klarer, in sich geschlossener Bereiche mit günstigem Einfluß auf die Fixierung einer Ergebnisverantwortung bei den Bereichsleitern oder b) die Nutzung ökonomisch-technischer Vorteile größerer Aktivitätsgruppen, deren Leistungen dann von mehreren Bereichen beansprucht werden?

Wir haben drei Prinzipien verfolgt. Das eine war die Divisionalisierung, Sie können auch sagen: Produktorientierung bzw. „System"-Orientierung. Das zweite war sicherlich die Funktionsorientierung. Und das dritte war die Regionalorientierung.

Lassen Sie mich zu den beiden letztgenannten Prinzipien ausführlicher werden: Wir brauchen für bestimmte Sachgebiete ungewöhnlich leistungsfähige, spezialisierte Stäbe. Wir brauchen eine zentrale Grundlagenforschung, eine zentrale Planungsabteilung, eine Patent- und Lizenzabteilung, eine Steuerabteilung, eine Rechtsabteilung, eine Finanzabteilung.

Die funktionsorientierten Abteilungen haben im wesentlichen eine Dienstleistungs-, Beratungs- oder Richtlinien-Kompetenz, keine direkten Weisungsbefugnisse. Und auch die „Divisions" haben nur ein beschränktes Durchgriffsrecht gegenüber der Vertriebs-Peripherie. Denn bei aller Vertikalisierung muß man für bestimmte geographische Gebiete weitgehend vollständige Einheiten schaffen. Sie können ganz unmöglich diese Vielzahl relativ selbständig operierender Geschäftsbereiche sowie die diversen Stabsabteilungen unmittelbar auf eine kleine Auslandgesellschaft wie z. B. Siemens Nicaragua mit 20 Millionen Umsatz und 80 Menschen loslassen. Sie müssen die Informationen bündeln. Für bestimmte Bereiche der Welt ist das spezifische Wissen um das Land und seine Verhältnisse, um seine Struktur, um seine politischen und sonstigen Dinge, ist der „regionale" Aspekt sogar von gravierenderer Bedeutung als der „funktionale" oder der „divisionale".

> Dürfte sich in fernerer Zukunft eine Tendenz ergeben, wie sich dies bei einigen der sogenannten „Weltunternehmen" bereits abzeichnet, daß die regionalen Gesichtspunkte eine noch stärkere Bedeutung bekommen? Zeichnen sich hier Notwendigkeiten für eine Reorganisation – sagen wir in etwa 10 Jahren – ab?

Ich glaube das nicht.

Niemals können die regionalen Einheiten, auch wenn sie zwei Drittel ihres Umsatzes selbst produzieren, völlig unabhängig sein, weil wesentliche Teile dieser unglaublichen Breite an Software, des technologischen Wissens, der Systemkenntnis, ohne die unser Geschäft nun einmal nicht betrieben werden kann, schon aus wirtschaftlichen Gründen an einer Stelle konzentriert werden müssen. Nehmen Sie ein ganz praktisches Beispiel: In Indien werden 80% unseres dortigen Geschäftes, das sind 250 Millionen Mark, aus Landesfertigungsstätten beliefert. 20% sind „essentials", die aus Deutschland kommen. Das sind nicht nur Fabrikate, sondern im Großanlagengeschäft ebenso die Projektierung, die Bauleitung und der Probebetrieb.

Wir haben die Neuorganisation geschaffen, mit dem Ausblick auf das, was wir in den nächsten 20 Jahren bewältigen wollen. Ich kann überzeugt sagen, daß dieses in erster Linie für unser Geschäft in der nahen und ferneren Zukunft „geschneiderte Organisationskleid" bereits im ersten Jahr keine Nachteile gegenüber der alten Organisation sichtbar werden ließ.

> In dem Maße, in dem einzelne Unternehmens- u. Geschäftsbereiche organisatorisch miteinander durch gegenseitige Leistungsverflechtung verbunden werden – und diese Tendenz z. B. durch gemeinsame Entwicklungs- und Fertigungsbereiche verstärkt wird – stellt sich das Problem der Fixierung von Verrechnungspreisen zwischen den Unternehmens- und Geschäftsbereichen. – Haben sich in dieser Weise in Ihrem Hause Probleme ergeben?

Zuerst möchte ich einen Einwand machen: unsere Leute werden nicht *nur* nach dem wirtschaftlichen Erfolg beurteilt; sie werden *auch* nach dem wirtschaftlichen Erfolg beurteilt.

Mangelnden Gemeinsinn wollen wir bei uns zu vermeiden suchen. Wir reagieren sehr allergisch auf Leute, die mehr Zeit darauf verwenden, interne Preise zu ändern, statt externe Preise am Markt durchzusetzen. Ich gebe zu, daß früher unter den drei großen Firmen Halske, Schuckert und Reiniger diese Auseinandersetzung härter, zeitaufwendiger war. Es gab keine neutrale Instanz, die über genügend „pouvoir" verfügt hätte, unnötigen Querköpfigkeiten Einhalt zu gebieten. Zum Grundsätzlichen meine ich: der Ertrag soll dort entstehen, wo das eigentliche unternehmerische Geschehen zu verantworten ist. Dennoch nehmen wir auch die interne Preisgestaltung sehr ernst. Bei dem Volumen, das die hausinternen Verbundlieferungen ausmachen, können Sie daraus durchaus so etwas wie ein Bekenntnis zur internen Marktwirtschaft ableiten. Mit anderen Worten: grundsätzlich verwenden wir Marktpreise bzw. abgeleitete Marktpreise. Geht dies nicht, so versuchen wir „Kosten plus Gewinn-Preise" zu bilden. Dieses unter dem Leitmotiv: Dort, wo das Investment steht, soll auch der zugehörige Ertrag ausgewiesen werden. Wir können jedoch feststellen, daß uns dieses Problem heute keine besonderen Sorgen mehr macht.

Den einzelnen Unternehmensbereichen stehen Zentralabteilungen gegenüber, die im wesentlichen Aufgaben zu erfüllen haben, die sich aus verschiedenen Gründen nicht delegieren lassen. – Inwieweit sind Zentralabteilungen für derartige Fragen mit Weisungsrechten ausgestattet?

Die fünf Zentralabteilungen sollen die Einheit des Hauses sichern. Diese Aufgabe setzt voraus, daß die Zentralabteilungen auch Richtlinienkompetenzen besitzen. Diese Richtlinienkompetenzen und die mit diesen verbundenen Kontrollpflichten erstrecken sich zum Beispiel auf die Vereinheitlichung des Planungs- und Rechnungswesens, auf das einheitliche Zusammenwirken von Datenverarbeitungszentren, auf die Ablauforganisation, das Revisions- und Beschaffungswesen, die Grundsätze der Finanzierung, die Anwendung der Steuergesetze, die Grundsätze der Personal- und Sozialpolitik, auf die Arbeitssicherheit, den Werkschutz, die Grundsätze der Auftragsbedingungen und die Grundsätze der Werbung.

Die Kommunikation zwischen den Zentralabteilungen und den Unternehmensbereichen erfolgt auf direktem Wege. Sie findet zu den in- und ausländischen regionalen Einheiten konsequent nur über die „Schaltstellen" der Zentralabteilung Vertrieb Inland bzw. der Zentralabteilung Vertrieb Ausland in Form gebündelter Informationen statt. Zugleich soll erreicht werden, daß Anregungen von dort schnell zu den Zentralabteilungen durchdringen. Es sind dies Fragen, die wir uns im Zusammenhang mit der Anpassung unseres Kommunikationssystems an den neuen organisatorischen Rahmen immer wieder stellen müssen.

Verletzt das Eingreifen von Zentralabteilungen in Belange des Bereiches durch bestimmte Regelungen in Ihren Augen die Ergebnisverantwortung des Bereichsleiters? Werden ihm hier Exkulpationsmöglichkeiten derart geboten, daß er sich auf Eingriffe der Zentralabteilungen berufen kann, die sein Ergebnis – in sicherlich nicht immer feststellbarer Weise auf den Erfolg – beeinflußt haben können?

Die geschäftsführenden Einheiten tragen unzweifelhaft die Verantwortung für das Ergebnis in ihrem Bereich, ebenso wie auch die Zentralabteilungen die Konsequenz ihres Wirkens zu verantworten haben. Jeder im Hause muß seine Entscheidungen vertreten und ihre Folgen verantworten. Die gesamte Unternehmenspolitik ist jedoch mehr als nur die Addition der Einzelpolitiken der Teile des Hauses. Die wechselseitige Verknüpfung der Verantwortungsbereiche bedingt auch in stark dezentralisierten, föderativen Unternehmungsorganisationen stets eine gegenseitige Rücksichtnahme. Diese soll bei der Festlegung der Entwicklungsziele – beispielsweise der Ertragsziele – für die Teile des Hauses immer Berücksichtigung finden.

Ich stelle bei Ihnen ein relativ hohes Zufriedenheitsniveau bezüglich Ihrer neuen Organisation fest. Wo, glauben Sie, können Sie Ihren gegenwärtigen Organisationszustand noch verbessern?

Wir möchten, daß sich der junge Nachwuchs, also die Leute zwischen 27 und 35, mit der Grundidee unserer Neuorganisation voll identifiziert. Ein zweiter Punkt ist, daß wir noch nicht dazugekommen sind, den Prioritätenkatalog der Unternehmensziele zu formulieren. Das ist natürlich auch nicht ganz einfach. Wir sind dabei. Es ist noch ein komplizierter Prozeß; denn auch das ist bei uns ein echt demokratischer Prozeß.

Wir haben seinerzeit gesagt, wir legen unsere neue Organisation erst einmal ein Jahr auf den Prüfstand. Wir werden diese Phase etwas verlängern müssen. Aber wir haben genügend „Antennen" aufgebaut, um Signale zu empfangen, wo Überschneidungen, Ungereimtheiten, Reibungen oder strukturelle Schwierigkeiten den Kreislauf belasten.

Die Grundlagen unserer alten Organisation sind 1921 und 1941 geschaffen worden. Auch in der Organisation gibt es ja zwei völlig verschiedene Formen des Sichveränderns. Das eine ist der kontinuierlich laufende, ich will sagen graduelle Prozeß. Das andere sind die Quantensprünge, die grundsätzlichen Schritte, die gemacht werden müssen. Ich bin sicher, daß die Organisationsgrundsätze, die wir jetzt erarbeitet haben, ein Vierteljahrhundert stehen werden. Daß laufende Anpassungsvorgänge da sein werden, ist ebenso sicher.

2.63 Die Organisationsentwicklung der Siemens AG von 1970 bis 80

Die dargestellte, ab 1969 gültige Organisationsstruktur hat sich im allgemeinen bei der Größe und Vielfalt der Aktivitäten des Hauses Siemens gut bewährt. Die erwähnte Neuorientierung der Datenverarbeitungsinteressen führte 1976 zur Ausgliederung eines sechsten Unternehmensbereiches D, der Daten- und Informationssysteme, der jedoch das Organisationsmodell nicht prinzipiell veränderte – ein Zeugnis für die Flexibilität dieses Modells.

1979 wurden die beiden Unternehmungsbereiche „Nachrichtentechnik" (Umsatz rund 5,5 Mrd. DM) und „Fernschreib- und Signaltechnik" (Umsatz über 2 Mrd. DM), der 1976 erst als eigenständiger Unternehmungsbereich konzipiert worden war, zum eigenen Hauptbereich „Kommunikationstechnik" zusammengelegt. Weitere organisatorische Maßnahmen zur Koordinierung der Elektronik im Hause Siemens sind auch über die Bereiche der Kommunikation hinaus abzusehen. Um sie vorzubereiten, wurde ein „Vorstandsausschuß für elektronische Technik" ins Leben gerufen, so daß die künftige unternehmerische Entwicklung durch die organisatorische Struktur flexibel aufgefangen werden kann.

3. Maschinenbau-Industrie

3.1 Cummins Engine Company

Die Cummins Engine Company ist einer der bedeutendsten nordamerikanischen Motorenhersteller mit weltweiten Interessen. Standen bislang die Entwicklung und Produktion relativ großer Motoreneinheiten im Mittelpunkt der Unternehmenspolitik, wird derzeit versucht, mit einem „crash program" den Sektor mittlerer und kleinerer Dieselmotoren abzudecken. Dies führt zu einer interessanten und sich ständig ändernden Modifikation der ursprünglich funktional angelegten Organisationsstruktur.

Die Cummins Engine Company wurde 1919 gegründet und hat sich seitdem von einer kleineren Fabrik in Columbus, Indiana, zu einem Weltunternehmen mit einem Umsatzvolumen von 1,8 Milliarden $ (1979) entwickelt. Heute fertigt Cummins nicht nur schwere Dieselmotoren, sondern auch andere Komponenten und Zubehörteile.

Der erste technische Durchbruch gelang mit der *Erfindung und Entwicklung von Einspritzsystemen*, die es Cummins 1924 weit vor anderen Wettbewerbern erlaubte, einen wirtschaftlichen Einsatz von Dieselaggregaten für Fischer- und Sportboote und für Generatoren anzubieten. Während der Jahre 1925–1927 wurde weiter das Anwendungsgebiet von Dieselmotoren für Erdbewegungsgeräte erschlossen und 1929 erstmals ein Dieselmotor in ein Automobil eingebaut. Dies führte schließlich zur Entwicklung von LKW-Dieselmotoren. Damit waren die Grundlagen für ein rapides Wachstum des Unternehmens in den dreißiger Jahren gelegt.

Cummins bestand bis in die Mitte der fünfziger Jahre hinein aus einem Werk, das im wesentlichen ein Produkt anbot. Mit dem Erwerb der *Atlas Crankshaft Company* in Fostoria, Ohio, im Jahre 1957 wurde eine Diversifikation des Unternehmens innerhalb des Dieselmotorengeschäftes eingeleitet. Heute werden in diesem Werk Kurbelwellen, Ventile, Zylinderköpfe und Präzisions-Schraubenkappen für Cummins und andere Hersteller gefertigt. Die *Fleetguard Division* wurde ein Jahr später gebildet und ein Werk in Cookeville, Tennessee, errichtet. Heute ist Fleetguard ein führender Hersteller von hochqualifizierten Öl-, Benzin-, Wasser- und Luftfiltern für Dieselmotoren und PKWs. *Cummins Diesel Recon* in Memphis, Tennessee, Los Angeles und Chicago überholt Motoren und Komponenten, die durch das Cummins Händlernetz wiederverkauft werden.

Zur Ergänzung der Fertigung in Columbus unterhält Cummins heute weitere Motorenwerke in Charleston, South Carolina und Jamestown, New York. Weiter bestehen ein Komponentenwerk in der Nähe von Columbus, ein Motorenwerk für Industriemotoren und eine Anlage zur Herstellung von Turboladern bei Seymour, Indiana. 1983 soll eine neue Motorenserie angeboten werden, die im Rahmen eines Joint Venture mit J. I. Case Company entwickelt wird und in einem Werk in Rocky Mount, North Carolina, gefertigt werden soll.

Seit 1919 war Cummins auf den *internationalen Märkten* tätig. Eine aggressivere Phase der Internationalisierung wurde 1956 eingeleitet, als die erste ausländische Produktion in Schottland eingerichtet wurde. Heute bestehen weitere Produktionseinrichtungen in England, Joint Ventures in Indien, Brasilien und Mexiko sowie eine Lizenzfertigung in Japan.

Cummins beschäftigt heute weltweit *22.400 Mitarbeiter* (1970: 14.544) in 11 amerikanischen Werken, 6 überseeischen Fabriken und hat 4 Lizenz- oder Joint-Venture-Abkommen zur Herstellung seiner Erzeugnisse außerhalb der USA. Der inländisch-amerikanische Umsatzanteil betrug 1979 68 %. Von den restlichen ausländischen Umsätzen in Höhe von 32 % entfielen 11 % auf Großbritannien und das übrige Europa. Alle führenden amerikanischen LKW-Hersteller bieten heute Cummins-Motoren als Standard- oder als wahlweise Ausstattung ihrer Fahrzeuge an. Rund 77 % der Umsätze entfallen in den USA und 78 % auf weltweiter Basis auf Zulieferungen an die Automobilindustrie. Diese Motoren werden sowohl als Bestandteile an die montierenden Unternehmen direkt zugeliefert als auch über ein Netz von mehr als 4.500 amerikanischen und internationalen Händlern, die weiter Ersatzteile, Wartungs- und Reparaturdienste anbieten.

Das Umsatzwachstum von Cummins für den Zeitraum von 1954 bis 1979 betrug durchschnittlich 14,6 % p. a.; allerdings mit erheblichen Schwankungen. Die starke Abhängigkeit des Geschäftsvolumens vom nordamerikanischen Markt für Nutzfahrzeuge führt in Abhängigkeit von konjunkturellen Schwankungen zu einer außerordentlich zyklischen Auftragslage. Abb. 15a zeigt am Beispiel des US-Marktes für schwere LKWs dessen Abhängigkeit von konjunkturellen Schwankungen.

3.11 Die Organisationsstruktur von Cummins Engine (Stand 1981)

Eine Darstellung der Organisationsstruktur von Cummins erfolgt in Abb. 15b. In der Führungs-

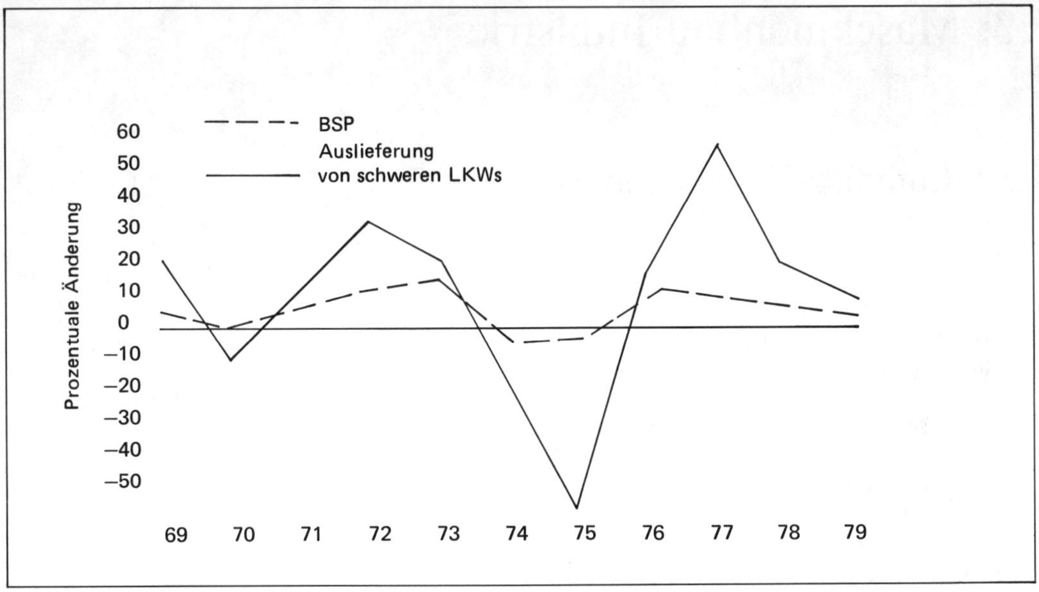

Abb. 15a: Änderungen im Bruttosozialprodukt und Auslieferung schwerer LKWs in den USA

struktur der Unternehmungsspitze fallen die beiden Rollen des Chairman of the Board als „Chief Executive Officer" und des Präsidenten als „Chief Operating Officer" an zwei verschiedene Personen. Hinzu tritt ein Vice Chairman of the Board, der sich Grundsatzfragen des Auftretens des Unternehmens nach außen, der Unternehmensentwicklung und speziellen Verwaltungsaufgaben widmet. Dem *Präsidenten* unterstehen die folgenden Bereiche:

Forschung und Entwicklung

Zur Verbesserung der technischen Möglichkeiten der Gesellschaft wurde dieser Bereich kürzlich umstrukturiert. Er besteht derzeit aus den folgenden Abteilungen.

- *Zentrales Engineering* mit der Entwicklungsverantwortung für Produkte und Projekte, (Entwicklung neuer Motoren, die Anwendungsentwicklung, Versuche und Einsatztests sowie die Entwicklungsunterstützung)
- *Technologie* mit der Konstruktion, Angewandter Mechanik, Wärme- und Flüssigkeitstechnik, Materialprüfung, Leistungsentwicklung und Mechanischer Entwicklung
- *Produktleistung*, die sich mit der Zuverlässigkeit von Cummins-Erzeugnissen befaßt
- *Forschungs- und Entwicklungsunterstützung* unterhält Planungs- und finanzielle Controllingfunktionen neben der Verwaltung der F + E-Einrichtungen und des Prüffeldes
- *Forschung* zur langfristigen Entwicklung von Erzeugnissen und neuer Erkenntnisse
- *Fortgeschrittene Produktentwicklung* verbindet die Forschung mit dem zentralen Engineering auf dem Gebiet der Diesel-Weiterentwicklung. Ziele liegen in der Senkung des Energieverbrauchs, der Abgaskontrolle und der Leistungssteigerung bei bestehenden Erzeugnissen
- *F + E-Personal* mit der Personalverwaltung und -entwicklung für das Forschungs- und Entwicklungspersonal.

Weltweite Geschäftszweige

Unter dieser Bezeichnung „Worldwide Businesses" wurden kürzlich alle Marketing-Aktivitäten auf der Motoren- und Teileseite zusammengefaßt, um Kunden auf weltweiter Basis besser dienen zu können.

- *Nordamerikanische Geschäftszweige* mit uneingeschränkter Verantwortung für die Durchdringung des nordamerikanischen Marktes für Motoren und Teile auf den Sektoren

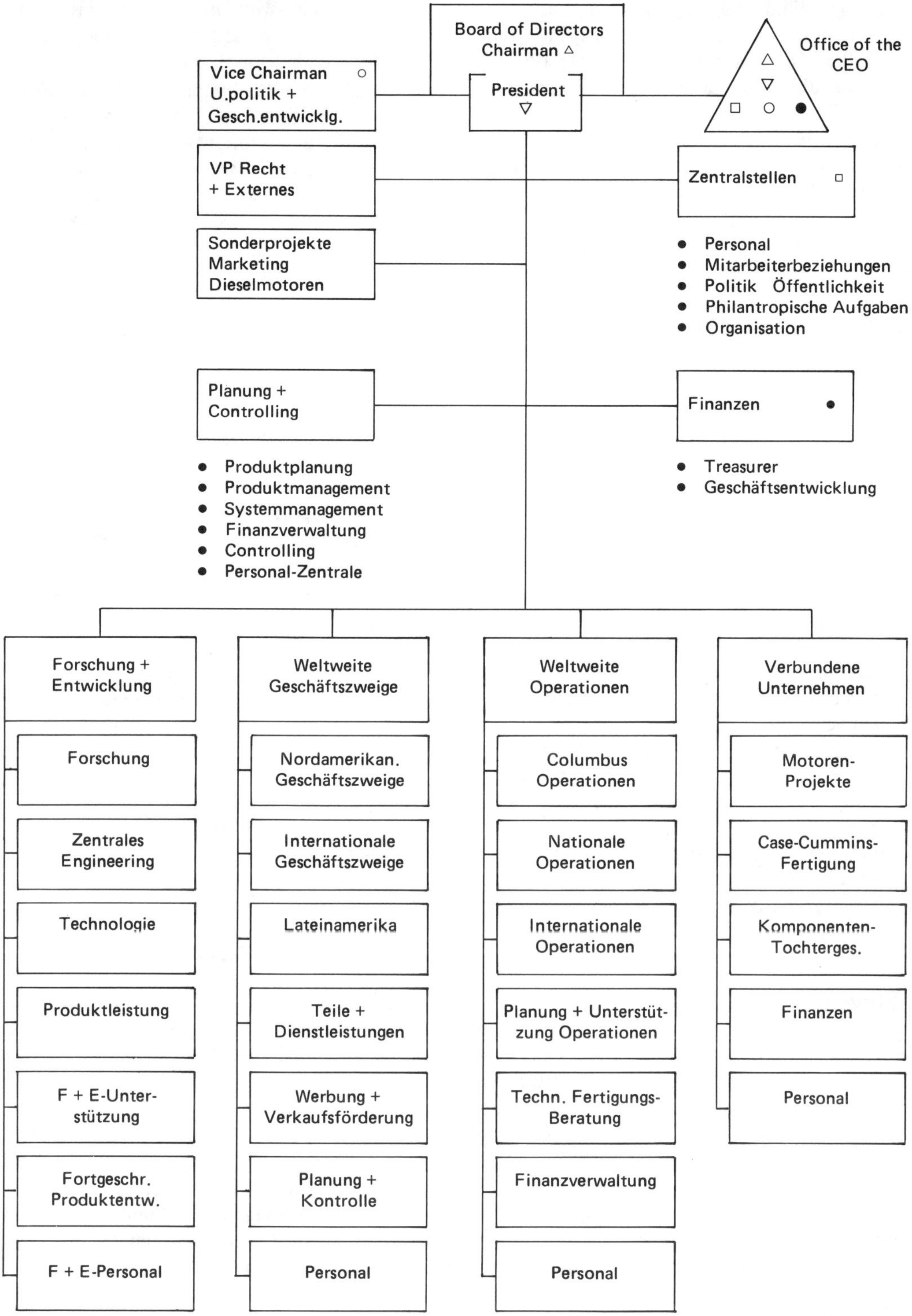

Abb. 15b: Organisationsstruktur der Cummins Engine Company (1981)

Automobilindustrie, sonstige Industrie, Schifffahrt, Generatoren und sonstige Motorenhändler. Diese Abteilung ist weiter für den Kundendienst in dieser Region verantwortlich. Ihr unterstehen „Division Vice Presidents", die eine uneingeschränkte Vertriebs- und Kundendienstverantwortung für ihre jeweilige Region tragen.

- *Internationale Geschäftszweige* mit einer gleichgerichteten Aufgaben-Stellung, jedoch für eine andere Region: Großbritannien, Europa, Afrika, Mittlerer Osten, Indien und Asien. Hier werden auch die Beziehungen zu Komatsu und Kirloskar-Cummins unterhalten.
- *Lateinamerika* mit allen Geschäftstätigkeiten in Mexiko, Mittel- und Südamerika einschließlich des Joint Venture in Brasilien.
- *Teile und Dienstleistungen* mit weltweiter Verantwortung für das Ersatzteilegeschäft und das Geschäft mit wiederaufgearbeiteten Komponenten. Hierzu gehören auch die Außenläger.
- Zur Unterstützung dieser einzelnen Geschäftszweige dienen die *Werbung und Verkaufsförderung, Planung und Kontrolle* und die *Personalabteilung* dieses Bereiches. Die weltweite Koordination der Werbung und Verkaufsförderung wird in dieser Abteilung vollzogen. Die Planung und Kontrolle umfaßt neben der Planung selbst die finanzwirtschaftliche Analyse und das Controlling einzelner Geschäftszweige. Die Personalabteilung sorgt für die Personalverwaltung und -entwicklung der im Rahmen der weltweiten Aktivitäten Beschäftigten.

Weltweite Operationen

Die Organisationseinheit „weltweite Operationen" ist für die Produktion und damit verwandte Aktivitäten zuständig. Dabei sind besonders zu erwähnen die Werksoperationen, die Planung der Produktionsressourcen, das Auftragswesen, die Planung von Kapazitäten und Beschäftigung, Versorgung und Logistik, Investitionskontrolle und Personalwirtschaft.

Fünf Hauptabteilungen gehören zu diesem Bereich:

- *Columbus Operationen*, der fünf Werke unterstehen: das Motorenwerk in Columbus, die Komponenten-Fertigung in Walesboro, das Turbolader-Werk in Seymore, das Cummins Industriezentrum und ein neuerworbenes Werk in Madison, Indiana.
- *Nationale Operationen* mit dem Atlas Crankshaft Corp.-Werk, den Motorenwerken in Charleston und Jamestown. Diese organisatorische Einheit ist weiter für Aufgaben der Produktion der Komponenten des neuen 10-Liter-Motors in Quincy, Illinois, zuständig.
- *Internationale Operationen*
  Hier stehen die Operationen in Großbritannien im Mittelpunkt, die gleichzeitig für die Koordination aller neuen Werksgründungen auf internationaler Ebene verantwortlich sind.
- *Planung und Unterstützung von Operationen*
  Im Rahmen dieser Gruppe erfolgt die weltweite Auftragsplanung, die Erzeugnisentwicklung, Qualitätssicherung, der Einkauf und die Produktionssicherung.
- *Personalwirtschaft*
  mit der Aufgabe der weltweiten Koordination der Personalpolitik für diesen Bereich. Die Personalwirtschaft für die weltweiten Operationen muß dabei ihre Planung und Implementierung eng mit der zentralen Programmgruppe („corporate action") abstimmen.
- Zu diesen fünf Abteilungen des Bereiches tritt ein *Technischer Beratungsstab* und ein *Finanzstab* hinzu.

Angeschlossene Unternehmen

Die technische, produktions- und marketingmäßige Erfahrung von Cummins auf Gebieten, die außerhalb des Kerngeschäftes liegen, aber eng mit dem Markt für Dieselmotoren verbunden sind, sind in diesem Bereich zusammengefaßt.

- *Motorenprojekte*
  Hierunter fällt die Neuentwicklung einer Reihe von kleineren Motoren in Zusammenarbeit mit J. I. Case Company. Im Mittelpunkt dieser Abteilung steht die Anwendungsentwicklung.
- *Case/Cummins-Fertigung,*
  mit der Aufgabe der Entwicklung eines Motorenwerkes in Rocky Mount, North Ca-

rolina für eben diese Motoren im Rahmen des Joint Venture.

- *Komponenten-Tochtergesellschaften,* wie Holset und Fleetwood, die zwar Teile an Cummins zuliefern, deren Hauptgeschäft jedoch mit anderen Marktpartnern abgewickelt wird.
- *Finanzen,* die für das Controlling und die finanzwirtschaftliche Unterstützung dieses Bereiches sorgen.

Personalwirtschaft

mit den Teileinheiten

- *Weltweites Management Development*
- *Zentrale Mitarbeiterbeziehungen und Personalverwaltung*
- *Weltweite Führungskräftesuche und -selektion*
- *Organisation*
- *Organisatorische „effectiveness"-Programme* zur Organisationsentwicklung, Weiterbildung und Koordination von Programmen zur Produktivitätssteigerung.
- *Mitarbeiterbeziehungen* in Großbritannien und Europa
- *Verwaltungsdienste*

Planung und Kontrolle

In diesem Bereich sind alle zentralen Stabsfunktionen zur *Koordination der Planungs- und Kontrollaktivitäten* im Unternehmen, von der *langfristigen, strategischen Planung* bis hin zur *jährlichen, operativen Planungs-Implementation* zusammengefaßt. Hierzu gehört auch die Abweichungsanalyse und das *„Internal Controlling"*. Der Einbau einer Abteilung *„Management Systems"* in diesen Bereich berücksichtigt diesen wesentlichen Aspekt im Rahmen strategischer Überlegungen und bei der laufenden Planung und Kontrolle.

Das *Produkt-Management* koordiniert die Analyse und die Entscheidungsprozesse, die zur Sicherung der Wirtschaftlichkeit unterschiedlicher Erzeugnislinien notwendig sind.

Finanzen und Geschäftsentwicklung

Dabei zielen besondere Anstrengungen in Richtung auf eine internationale Geschäftsentwicklung, bei der jedes einzelne Projekt einer besonderen finanziellen Steuerung bedarf. Der *Treasurer* ist für die finanzwirtschaftliche Führung des Unternehmens einschließlich des Cash Managements, der nationalen und internationalen Kredite und der sonstigen finanziellen Dienstleistungen verantwortlich. Der Sekretär der Gesellschaft und die Beziehungen zu den Aktivitäten werden von ihm überwacht.

Geschäftsexpansion

Dies ist eine neugeschaffene Sondereinheit, die die Geschäftsentwicklung in Südamerika und im Fernen Osten vorantreiben soll.

Sonderprojekte

Diese Gruppe unterstützt sowohl den Chairman als auch den Präsidenten bei der Durchführung von Sonderprojekten, insbesondere bei der Geschäftsentwicklung und dem Marketing. Sie ist derzeit mit der Entwicklung von Marketingplänen für die Einführung der kleineren Case-Cummins-Motoren befaßt.

Recht und externe Angelegenheiten

Die Bildung dieser Gruppe erfolgte ebenfalls erst 1980. Sie hat folgende Funktionen wahrzunehmen:

- Beziehungen zur Regierung und zur Öffentlichkeit
- Philantropische Aufgaben
- Öffentlichkeitsarbeit
- Rechtsfragen
- Umweltschutz
- Sekretariat

Dieser Organisationsstruktur, die über eine funktionale Grundstruktur verschiedene Gruppierungen und Sondereinheiten zur strategischen Weiterentwicklung des Unternehmens gestülpt hat, befindet sich in einem ständigen Anpassungsprozeß.

3.12 Interview mit dem Vice Chairman of the Board der Cummins Engine Company, Mr. R.B. Stoner, 1981

> Die Entwicklung von Cummins läßt sich sicherlich auf einige wesentliche Elemente der Unternehmenspolitik und eingeschlagene strategische Richtungen zurückführen. Welches sind nach Ihrer Ansicht die Kernpunkte, die die Entwicklung Ihres Unternehmens geprägt haben?

Wir haben uns mit unserer Politik vom Markt her immer in einem Bereich bewegt, der sich nicht an Endgebraucher wendet; denn unsere Motoren dienen als Antriebsquelle für eine Fülle unterschiedlicher Endprodukte. Aber unser Kontakt mußte dagegen immer der Endgebraucher sein, denn er bestimmt zumeist das Antriebsaggregat des von ihm bestellten Enderzeugnisses.

Unser Hauptmarkt liegt heute im *schweren Nutzfahrzeugbereich*, in dem wenigstens in unserem Land – und dies ist ein weltweiter Trend – der Endgebraucher direkt bestimmt, welche Reifen, Motoren, Getriebe, Batterien usw. in ein Fahrzeug eingehen sollen. Wir müssen daher ihn überzeugen. Diese „Sogtechnik" der Endgebraucher hat uns auf den Markt gebracht. Sie bestimmt zugleich die Denkweise unseres Unternehmens und seiner Organisation. Damit haben wir einen *zweigleisigen Distributionsweg:* zum einen durch den Fahrzeughersteller und zum anderen durch unsere eigenen Händler, die Kontakt mit dem Letztkunden über Verkauf und Kundendienst von Cummins-Motoren halten.

Das unterscheidet sich natürlich von den Verhältnissen in der Bundesrepublik, wo es immer noch eine Reihe von Fahrzeugherstellern gibt, die zumeist auch ausschließlich ihre eigenen Motoren einbauen. Dies wird sich unserer Ansicht nach jedoch ändern und der europäische Markt dürfte dem amerikanischen Markt immer ähnlicher werden, mit immer weniger Anbietern in diesem Geschäftszweig.

Der Grund hierfür liegt in dem hohen Volumen, das heute für eine wirtschaftliche Motorenentwicklung und -fertigung notwendig ist, das nur wenige Anbieter erreichen werden.

> Ist Cummins somit ein spezialisiertes Komponenten-Unternehmen?

Das wäre der Fall, wenn wir lediglich Motoren für die Nutzfahrzeugindustrie herstellen würden. Unsere Diversifikation liegt aber in der Breite der Verwendung unserer Erzeugnisse, die von der Bauindustrie bis zur Schiffahrt reicht.

> Ist es aber nicht gerade in Ihrer Situation absolut notwendig, auch darüber hinaus zu diversifizieren?

Wir haben eine Periode hinter uns, in der wir uns mit anderen Geschäftszweigen in einer dreifachen Strategie auseinandergesetzt haben. Aus diesen haben wir uns aber sehr schnell wieder zurückgezogen und uns auf das konzentriert, von dem wir am meisten verstehen, wo wir unseren Know-how über die Forschung und Entwicklung haben, wo wir den Markt und das Produkt kennen usw.

Wir werden daher unsere Diversifikation über unterschiedliche Anwendungen unserer Produkte in unterschiedlichen Märkten vorantreiben. Die neue Diesel-Motorenserie für mittlere Lkw, die wir in Zusammenarbeit mit Case herausbringen werden, ist ein Beispiel für unsere Zukunftsstrategie. Wir gehen damit in ein Marktsegment hinein, das weltweit bislang von Dieselmotoren nur unzureichend erschlossen wurde.

> Das Wachstum Ihres Unternehmens kann neben der diskutierten Problematik aber auch auf Ihre Politik der Internationalisierung zurückgeführt werden. Welche Erfahrungen mußten Sie auf dem dornenreichen Weg der Internationalisierung machen?

Sicherlich haben wir hier erst unsere Erfahrungen sammeln müssen. Wir begannen mit der Produktion hier in den USA und dem Export unserer Erzeugnisse ins Ausland. Echt internationalisiert wurden wir jedoch erst, als auch die Produktion über Lizenzfertigungen im Rahmen von Joint Ventures oder durch eigene Tochtergesellschaften im Ausland hinzukam. Dies erforderte strukturelle Änderungen. Wir lernten dabei, daß es zweckmäßig ist, daß wir von der Stammfirma aus Ausbildung und Unterweisung betreiben, danach jedoch so schnell wie möglich die Geschäftsführung an Angehörige des jeweiligen Landes übergeben. Dabei wurden wir ein nationales Unternehmen in dem Sinne, daß wir Angehörige des jeweiligen Landes beschäftigen, aber eine internationale Gesellschaft dadurch, daß jedes Werk zu einem internationalen Verbundsystem gehört. Organisatorisch bedeutet dies, daß wir zwar die Produktion als Funktion erhalten, sie in sich jedoch internationalisiert haben.

Diese ausländischen Werke unterstehen damit der Produktion in Columbus. Wie haben Sie dies bezüglich der Absatzfunktion geregelt?

Das internationale Marketing untersteht den Internationalen Operationen, die an das zentrale weltweite Marketing berichten.

Sie haben im wesentlichen eine funktionale Organisationsstruktur beibehalten. Dieser Struktur sind im allgemeinen Schwierigkeiten und Mängel bei der interfunktionellen Abstimmung eigen. Da Sie in Ihrem Falle bei der Lösung genereller Probleme nicht nur zwischen den Funktionen abstimmen müssen, sondern auch die Abstimmung im Hinblick auf internationale Aktivitäten in einzelnen Regionen hinzukommt, wird die funktionale Organisation in ihrer Leistungsfähigkeit u. U. überfordert.

Wir nehmen alle Möglichkeiten wahr, so, wie sie sich ergeben.

Welche grundsätzlichen Änderungen Ihrer Organisationsstruktur wurden im Zuge des Wachstums erforderlich?

Ein wesentlicher Punkt organisatorischer Änderungen ergab sich, als wir unsere erste internationale Aktivität aufnahmen. Wir blieben zwar bei einer grundsätzlichen funktionalen Organisationsgliederung, bekamen jedoch zunehmende Aktivitäten des interfunktionellen Ausgleichs, der Querschnittskoordination und -kommunikation.

Zur grundlegend funktionalen Organisationsstruktur sind eine Reihe von Sondereinheiten hinzugekommen, die sich mit der Entwicklung neuer Geschäftszweige zur Verbesserung der strategischen Position Ihres Unternehmens beschäftigen. Die regionale Dimension ist dagegen als Untergruppierung innerhalb funktioneller Einheiten erkennbar. Welche relative Bedeutung kommt Ihrer Ansicht nach jeder dieser drei Dimensionen zu?

Die Gruppe „Geschäftsentwicklung“, die dem obersten Finanzchef untersteht, beobachtet dabei das Gesamtfeld neuer Geschäftsmöglichkeiten und schlägt konkrete Maßnahmen, wie unseren Markteintritt in ein für uns neues Gebiet mit Case, vor. Diese neuen Aktivitäten stellen sich im Organigramm als Punkte dar, hinter denen sich jedoch gewinnträchtige Geschäftszweige verbergen können.

Bedeutet dies aber nicht, daß Sie eine Fülle von Sonderkommunikation und -koordination verkraften müssen, um effektivere Arbeitsbeziehungen zwischen diesen Punkten und dem Rest der Organisation herzustellen?

Das trifft schon zu, aber durch diese Extra-Kommunikation bekommen wir auch mehr Informationen, die Anlaß für bessere Ideen werden können. Wenn sich diese Sonderaktivitäten voll entwickelt haben, dann kann man sie eingliedern, indem man sie einem operativen Bereich unterstellt; und zwar entweder einem bereits bestehenden funktionalen Bereich, oder es wird ein neuer Bereich gebildet.

Die Finanzfunktion scheint bei Ihnen zwischen einem Executive Vice President als oberstem Finanzchef, der Finanzverwaltung, die einem Vizepräsidenten für Planung und Kontrolle untersteht, und Finanzfunktionen im Rahmen der weltweiten Operationen und der angeschlossenen Unternehmen aufgeteilt zu sein.

Der *oberste Finanzchef* nimmt bei uns die langfristige, sich über 5 bis 10 Jahre hin erstreckende *Finanzplanung*, die Optimierung der Finanzstruktur und das Formulieren einer einheitlichen Finanzpolitik wahr. Die operativen Details, die sich in der Verfolgung der Führungspolitik ergeben, werden vom *Treasurer* erledigt. Das finanzielle Tagesgeschäft der einzelnen operativen Einheiten, wie die Debitoren und Kreditoren unterstehen dem Vizepräsidenten für Planung und Kontrolle.

Bei dieser Regelung hat natürlich eine Betrachtung der Qualifikationen der beteiligten Führungskräfte eine Rolle gespielt. Aufgrund besonderer Kenntnisse und Erfahrungen auf diesem Gebiet haben wir so beispielsweise dem Finanzchef die Entwicklung neuer Geschäftszweige übertragen.

> Ist es Teil Ihrer Organisationspolitik, Aufgaben und Zuständigkeiten um die Qualifikation bestimmter Persönlichkeiten „ad personam" zu bilden?

Grundsätzlich sollte die sachliche Beziehung von Aufgaben und Zuständigkeiten im Mittelpunkt organisatorischer Regelung stehen. Davon sind jedoch dann Ausnahmen zu machen, wenn über die besondere Qualifikation von Personen höherwertigere Kombinationen mit Aufgaben möglich werden.

In diesem Zusammenhang muß auch die Versetzung von Führungskräften gesehen werden, die wir betreiben, um unseren oberen, leitenden Kadern Möglichkeiten der Bewährung in möglichst unterschiedlichen Gebieten zu geben.

> Aber zurück zum Controlling . . .

. . . hier verfügt jedes Werk und jedes angeschlossene Unternehmen über sein eigenes Controlling. Mit Zustimmung der Unternehmensspitze wird durch diese ein Geschäftsplan für 5 Jahre erarbeitet, in dem sich deren Aktivitäten bewegen. Das Tagesgeschäft wird jeweils auf lokaler Grundlage abgewickelt. Zwischen den dezentralen Planungsabteilungen und der Zentralen Planung und Kontrolle und den Controlling-Abteilungen bestehen funktionale Weisungsbeziehungen. Zur greifbaren Lösung von Fragen des Controlling finden weiter regelmäßige internationale Controller-Zusammenkünfte statt.

> Wie stark sind Sie mit dem Controlling in die Forschung und Entwicklung eingedrungen?

F + E-Budgets weisen nicht die Rigidität anderer operativer Budgets auf – aus dem gleichen Grund, aus dem heraus wir uns entschlossen, das Entwicklungszentrum räumlich von der Produktion zu trennen.

> Eine Reihe von Unternehmen in artverwandten Industriezweigen hatte erhebliche Probleme bei der Sicherung der Innovation im F + E-Bereich und der Überleitung von Ergebnissen, die dort erzielt wurden, in die operationelle Tagesdimension des Unternehmens. Welche Erfahrungen mußten Sie diesbezüglich sammeln?

Unsere Motoren werden in vielen Teilen der Welt verkauft und eingesetzt. Jeder Käufer, ganz gleich in welchem Teil der Welt, muß sicher sein, daß Ersatzteile, wo immer sie hergestellt sein mögen, exakt zu seinem Motor passen. Jegliche konstruktive Änderungen an unseren Motoren müssen daher zentral, von Columbus her eingeleitet und von allen dezentralen Werken in gleicher Weise berücksichtigt werden. Aus den angeführten Gründen erlauben wir grundsätzlich keine Erzeugnisänderungen ohne Zustimmung der zentralen Entwicklung.

Wenn wir einen neuen Motor entwickeln, ihn im Prototyp und unter Einsatzbedingungen testen, ist die Produktion und der Absatzbereich darüber informiert. Die Einführung eines Prototyps, die Durchführung von Tests und die volle Markteinführung werden durch das „Office of the Chief Executive" direkt gesteuert. Es wird dabei durch eine Projektgruppe unterstützt. In dieser Projektgruppe sind Mitarbeiter der Produktion vertreten. Das Projekt wird dann aus der Forschung und Entwicklung herausgenommen und von der fertigungsnahen Konstruktion übernommen.

> In der grundsätzlich funktionalen Organisationsstruktur wurden einige Ergänzungen vorgenommen, die strukturell dem Wunsch nach einer Verbesserung der strategischen Lage des Unternehmens ausdrücken sollen. – Welches waren die Motive für die Bildung der Gruppe *„Angeschlossene Unternehmen"?*

In früheren Zeiten haben wir eine Reihe von Teilen dazugekauft. Bei der Eigenfertigung hatten wir kein ausreichendes Volumen. Wir entschlossen uns daher, diese Teile zur Volumenerweiterung auch am Markt anzubieten.

Eigene Entwicklungsanstrengungen folgten und mit ihnen der Ausbau einer eigenen F + E-Abteilung, die funktional an die zentrale Forschung und Entwicklung angehängt ist.

Alle diese Aktivitäten haben wir in dem Sonderbereich „Angeschlossene Unternehmen" zusammengefaßt, um sicherzustellen, daß diese sich als separate Profit-Center auch am Markt durch Verkäufe an Externe bewähren können.

Eine weitere Ergänzung liegt durch die *Sonderprojekte*, der Marktvorbereitung kleinerer Motoren vor. Wie verkehrt diese Gruppe mit den übrigen Teilen der Linienorganisation?

Als wir begannen, uns mit der Marktvorbereitung für diese kleineren Motoren zu beschäftigen, kamen wir zu dem Ergebnis, daß es unzweckmäßig wäre, diese über unsere traditionelle Verkaufsorganisation zu vertreiben; denn diese war erfahrungsgemäß stark auf Großmotoren ausgerichtet. Wir haben daher einen anderen Verkaufsweg für die kleineren Motoren gewählt, der sich an die mittleren Lastwagen und ihre Betreiber richtet.

In Ihrer Unternehmensspitze haben Sie im Board einen Chairman, einen Vice Chairman und einen Präsidenten. – Wie unterscheiden sich Ressorts und Verantwortlichkeiten dieser drei Personen?

Unser erster Board bestand aus „Inside Directors", die gleichzeitig die Spitzenführungskräfte unseres Unternehmens waren. Heute überwiegen in unserem Board die „Outside Directors", die sich um die langfristige Unternehmenspolitik bemühen.

Um die internen Aktivitäten des Unternehmens führungsmäßig besser in den Griff zu bekommen, haben wir ein „Office of the Chief Executive" (OCE) eingerichtet. In ihm liegt die Aufgabe, 1. die *strategische* Ausrichtung unseres Unternehmens sicherzustellen und 2. unter Leitung des Präsidenten die Lösung *operativer* Probleme. Die Strategie-Diskussion im OCE richtet sich vor allem an Fragen der Geschäftsentwicklung aus. Operative Probleme können sich aus der Produktion, der Entwicklung neuer Motortypen, Kostenfragen usw. ergeben.

Probleme könnten sich für die Spitzenführung daraus entwickeln, daß drei Gruppenchefs für neue Geschäftsentwicklung und fünf Leiter operativer Einheiten dem Präsidenten direkt unterstehen. Halten Sie die Leitungsspanne an dieser kritischen Stelle nicht für überdehnt?

Sie ist sicherlich weiter als normal. Aber das OCE stellt hier einen Ausgleich her.

Viele amerikanische Unternehmen schließen *Treasuring* und *Controlling* unter einem obersten Finanzchef zusammen. Sie haben beide deutlich getrennt. Welches waren die Gründe für diese differenzierende organisatorische Eingliederung beider Bereiche?

Der Grund hierfür ist in unserem Bestreben zu suchen, uns an der Spitze auf die strategischen Probleme einer neuen Geschäftsentwicklung zu konzentrieren.

Wenn ich mir Ihre Organisation kritisch betrachte, dann bietet sie eigentlich alle Anzeichen für eine in Kürze zu erwartende generelle Reorganisation – mit allen den Sondereinheiten, die an eine rudimentär-funktionelle Organisation angehängt wurden, die eine Fülle von Kommunikations- und Koordinationsproblemen aufwerfen dürften und dem Trend, Bereiche um bestimmte Personen herum zu strukturieren. Wie sehen Sie dies?

Wir müssen unsere Organisation laufend anpassen, um den sich ständig verändernden Anforderungen gerecht werden zu können. Dabei fühlen wir uns keinem irgendwie gearteten Dogma verpflichtet. Seit zwei Jahren arbeiten wir mit dem OCE. Ob sich dies und anderes in der Zukunft ändern werden – ich weiß es heute nicht, bin jedoch sicher, daß das einzig Beständige der Wechsel sein wird.

Die funktionale Organisation tendiert dazu, mehr operationelle Tagesfragen zur Spitze zu ziehen, als andere Organisationsmodelle, da die meisten Probleme interfunktionell angelegt sind und daher nur eine generelle Lösung an der Spitze erfahren können. Konnten Sie diese Tendenz auch bei sich feststellen? Die organisationsbedingte, unbeabsichtigte und überwiegende Auseinandersetzung mit Tagesfragen an der Spitze?

Das hat uns zum Bilden von strategischen Gegengewichten veranlaßt. Es ist deutlich unsere Einsicht, daß die Aufmerksamkeit für strategische Fragestellungen und das Denken in strategischer Richtung verstärkt werden müssen.

3.2 Gebrüder Sulzer AG

3.21 Der Sulzer-Konzern – Produkt/Regions-Matrix-Organisation auf Konzernstufe mit funktionalen Stäben und zusätzlicher Projektdimension (Stand 1980)

von Dr. Peter Leumann

Der schweizerische Sulzer-Konzern hat 1968 die Matrix-Organisation eingeführt und zählt damit zu den Pionieren dieser damals neuartigen Organisationsform.

Der Beitrag schildert nicht nur die

- Struktur,
- Kompetenzverteilung und
- Unternehmungsführung

in der Sulzer-Matrix, sondern berichtet auch von den

- Erfahrungen

ausgewählter

- Matrix-Schlüsselstellen[1]

seit der vor 12 Jahren durchgeführten Reorganisation.

Dieser Beitrag ist dem Buch „Die Matrix-Organisation"[2] entnommen und vom Autor für das Organisations- und Führungsprofil angepaßt worden.

Die Gebrüder Sulzer AG mit Konzernzentrale und Stammhaus in *Winterthur* (Zürich) ist eine Unternehmung der *Maschinenindustrie*. 1834 als handwerklicher Familienbetrieb gegründet, entwickelte sich Sulzer zu einem multinationalen Konzern mit

- 35.000 Mitarbeiter (20.000 davon in der Schweiz),
- 3,5 Milliarden Franken Umsatz pro Jahr,
- Produktionsanlagen in Europa, Amerika und Afrika,
- einer weltweiten Verkaufsorganisation,
- Lizenznehmern auf allen Kontinenten,
- einem Produktsortiment aus technisch und qualitativ hochstehenden Investitionsgütern, von denen einige eine dominierende Stellung auf dem Weltmarkt besitzen (Dieselmotoren mit 41 % Marktanteil).

Sulzer ist die siebtgrößte schweizerische Industrie-Unternehmung und nimmt unter „Europas 500 Größten" den 107. Rang ein[3].

Die Nachkriegszeit war auch bei Sulzer entsprechend der allgemeinen Wirtschaftsentwicklung gekennzeichnet durch ein *ungestümes Wachstum*. Durch *Übernahme* von ganzen Firmengruppen, den Abschluß von *Joint Ventures* in verschiedenen Ländern (insbesondere Japan), sowie der Entwicklung des *Stammhauses* wuchs die Belegschaft auf über 30.000 Mitarbeiter und der Umsatz auf 3,5 Milliarden Franken.

Das *Produktionsprogramm* erfuhr starke Wandlungen: Neue Gebiete und Sparten sind dazugekommen (wie Webmaschinen, Teile von Atomanlagen, Verfahrenstechnik, Industrielle Elektronik), andere Branchen wurden aufgegeben (Dampfturbinen, Ventilatoren, Milchpulverisierungsanlagen, Lokomotivmotoren), wieder andere Gebiete sind zusammengelegt worden.

Die *Marktsituation* zeigte folgende Veränderungen:

- Bildung größerer Markträume (EWG, EFTA),
- verstärkter Konkurrenzdruck seitens einzelner Staaten (inklusive Oststaaten) und internationaler Großunternehmen,
- vermehrte Industrialisierung der Entwicklungsländer.

Die Organisationsform der Vorperiode blieb bis zur Reorganisation 1966/1968 im wesentlichen bestehen.

Sulzer heute

Das heutige Produkteprogramm zeigt zwei Schwerpunkte (Textil, Heizung und Klima) und im übrigen eine breite Palette (Abb. 16a). Die Aufträge stammen zu zwei Dritteln aus Europa (die Hälfte davon aus dem EG-Raum). Auffallend schwach ist die Stellung in Nordamerika (Abb. 16b). Umsatzentwicklung und Per-

---

1 Die schriftlichen und mündlichen Informationen wurden durch mehrere vielstündige *Gespräche* mit
– dem früheren Leiter der Konzernstabsabteilung Planung und dem eigentlichen Vater der Sulzer-Matrix,
– Mitarbeitern der Konzernstabsabteilung Planung,
– dem Leiter der Stabsabteilung Planung und Organisation des Produktbereichs Pumpen,
sowie in *Interviews mit* je einem Inhaber der Matrix-*Schlüsselstellen*
– Matrix-Leitung (Konzernleitung),
– Matrix-Stelle 1 (Produktleiter Pumpen),
– Schnittstelle (Regionaler Produktleiter Pumpen in Frankreich)
gewonnen. Ein besonderes Gewicht wurde dabei nicht nur auf die formalisierten Regelungen, sondern auch auf die tatsächlichen Gegebenheiten gelegt.

2 Dort erfolgt auch die Darstellung einer gescheiterten Matrix-Organisation. Nachdruck mit freundlicher Genehmigung des Verlags aus: Leumann, P.: Die Matrix-Organisation. Unternehmungsführung in einer mehrdimensionalen Struktur. Theoretische Darstellung und praktische Anwendung. Verlag Paul Haupt, Bern und Stuttgart 1979.

3 Nach Umsatz im Jahre 1977.

sonalbestand der letzten 10 Jahre zeigen die typisch schweizerische *Auslandsorientierung* (Heimmarkt von nur 19,3 %) sowie eine für die schweizerischen Großkonzerne unübliche, starke ***Betonung der schweizerischen Produktionsbasis*** (Sulzer: etwa zwei Drittel, übrige Großkonzerne: durchschnittlich etwa ein Drittel).

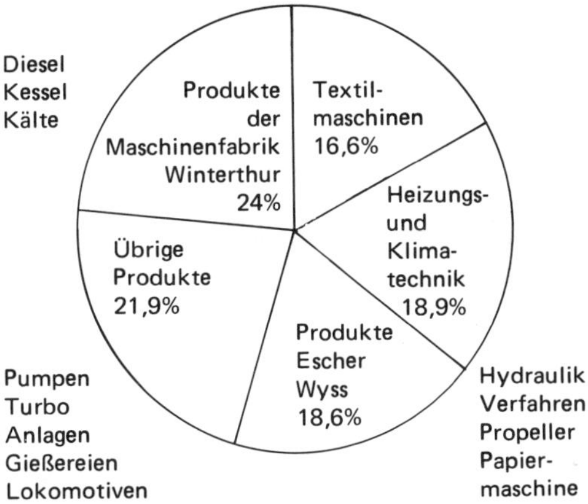

Abb 16a: Produktprogramm Sulzer Konzern

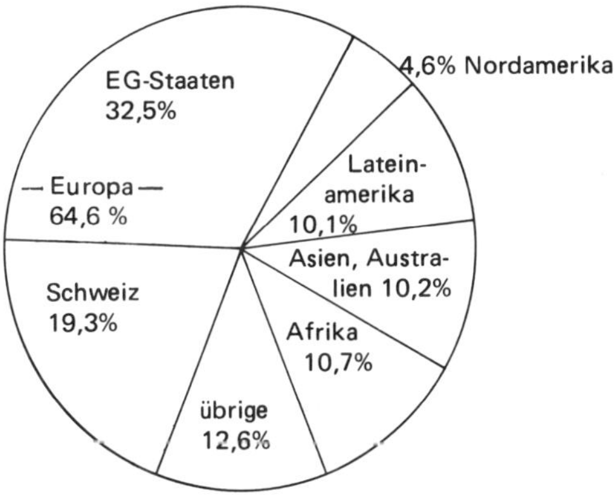

Abb. 16b: Marktgebiete Sulzer Konzern

Gründe für die Reorganisation

Die Organisationsform aus der Zwischenkriegszeit blieb im wesentlichen bis 1966 bestehen. Ihr *Hauptmerkmal* war eine *Trennung von Produktion und Verkauf:*

- Zusammenfassung aller Produktionsanlagen in Abteilungen, Werkstätten und Gießereien.
- Die Verkaufsabteilungen waren branchenmäßig gegliedert, der Geschäftsleitung direkt unterstellt und zuständig für Entwicklung, Konstruktion und Verkauf ihrer Produkte.
- Eine Reihe von Stabsstellen trug der Spezialisierung in Wissenschaft und Technik Rechnung.

Die *stürmische Entwicklung*, insbesondere der sechziger Jahre, mit

- der Gründung und Eingliederung neuer Tochtergesellschaften im In- und Ausland,
- den starken Veränderungen im Produkteprogramm,
- der immer schnelleren technischen Entwicklung,
- der sich verändernden Marktsituation,
- den sich mehrenden politischen und sozialpolitischen Einflüssen,

deckte die hauptsächlichsten *Mängel der bestehenden Organisationsform* auf:

- Überlastung der Unternehmungsspitze durch Doppelfunktion als Leitung des Mutterhauses (Maschinenfabrik Winterthur) und des Gesamtkonzerns.
- Mangelhafte Flexibilität und Koordination innerhalb der Produktgruppe durch Trennung von Verkauf und Produktion sowie Aufteilung in verschiedene Länder.
- Mangelhafte Koordination der Sulzer-Aktivitäten in den verschiedenen Ländern.

Lernprozesse bei der Einführung der Matrix-Organisation

Anlaß für die Einführung der Matrix-Organisation bei Sulzer im Jahre 1968 war die Schaffung einer vom ursprünglichen Mutterhaus losgelösten Konzernleitung. Bei der Suche nach dem Gliederungskriterium auf der zweiten Stufe erwiesen sich aus der Sicht eines integrierten Gesamtkonzerns Produkt wie Region als gleichermaßen bedeutsam. Dies hat sich in den vergangenen 12 Jahren als richtig erwiesen und würde sich vorderhand nur bei massiver Verlagerung ins Ausland in Richtung einer primär regionsorientierten Organisation ändern.

Bei der *Einführung* dieser damals natürlich revolutionären Umstrukturierung war man sich bewußt, daß für die Verwirklichung der völlig neuartigen Verhaltensweisen viel *Schulung* und *Zeit* (etwa 5 Jahre), in einigen Fällen sogar ein *Generationswechsel*, nötig sein werde.

Der Begründer der Sulzer-Matrix beurteilt den Stand der Kenntnisse und Verhaltensweisen nach 10 Jahren gesamthaft als *„genügend, aber nicht sehr gut"*.

Viele Dokumente organisatorischen Inhalts aus dem Sulzer-Konzern zeigen deutlich, daß die Matrix-Organisation nicht etwa gedankenlos eingeführt wurde, sondern nach gründlichen Studien der Bedingungen und nach Formulierung von klaren Zielen.

Die Bedingungen, die bei Sulzer vorliegen, und die Ziele, die daraus abgeleitet werden, zeigen klar auf, daß eine Matrix-Organisation in Betracht gezogen werden muß. Die Führungsrichtlinien stellen fest: „Dies führt zwangsläufig zu einer mehrdimensionalen Struktur."

Bedingungen

Im einzelnen werden folgende Bedingungsfaktoren und Ausprägungsformen konkret genannt:

- „*Die technische Entwicklung* vollzieht sich immer schneller . . .
- Es verändert sich aber auch die *Marktsituation* . . .
- Auch die *politischen Einflüsse* gehören zu diesen Umweltfaktoren . . .
- Ein Unternehmen hat sich aber auch den *sozialpolitischen Einflüssen* anzupassen . . .
- Dazu hat sich das *Unternehmen* durch Gründung und Eingliederung zahlreicher neuer Tochtergesellschaften im In- und *Ausland erweitert.*
- Wandlungen in unserem *Produkteprogramm:* Neue Gebiete und Sparten sind dazugekommen (. . .), andere Branchen haben wir aufgegeben und wieder andere sind zusammengelegt worden . . .
- Art und Verschiedenheit der *„Produkte und Märkte"*
- *„Geographische Ausbreitung,*
- *Größe,*
- *das vielfältige Produktesortiment"*
- „*Veränderung* an sich ist zwar nichts Neues. Neu jedoch ist in unserer Zeit die *Raschheit*, mit der sich die Veränderungen vollziehen."

Organisatorische Ziele

An Anforderungen, welche an die Organisationsform zu stellen sind, werden (teils etwas verstreut) genannt:

- „*Spezialisierung* auf ein bestimmtes Fach"
- „*Gesamtkoordination* aller Tätigkeiten für eine bestimmte Produktgruppe innerhalb des ganzen Konzerns"
- „*Delegation* von Aufgaben und Kompetenzen"
- „Jeder Mitarbeiter soll nach Maßgabe seiner fachlichen Befähigung zu den Entscheidungen seines Vorgesetzten seinen Beitrag leisten können *(Partizipation)*. – Geregelte Zusammenarbeit" *(Formalisierung)*
- „. . . erfordert, daß die wirtschaftlichste Organisationsform gefunden wird" *(Kosten)*.

Struktur der Sulzer-Matrix-Organisation

Die Matrix-Organisation von Sulzer besitzt *vier Dimensionen:*

- Produkt (gruppe)
- Region (Markt)
- Funktion
- Projekt

Von der Projekt-Organisation wollen wir hier absehen. Von den übrigen drei Aspekten sind die Produkt- und Marktdimension insgesamt als annähernd gleichberechtigt zu betrachten, während die Funktionsdimension in Stabsform ausgestaltet ist.

Bei Sulzer handelt es sich also um eine *Produkt/Regions-Matrix auf Konzernstufe mit funktionalen Stäben und zusätzlicher Projektdimension.*

Das *offizielle Organigramm des Gesamtkonzerns* (Abb. 16c) zeigt in lediglich eindimensionaler Form alle der Konzernleitung direkt unterstellten Abteilungen. Die drei Dimensionen kommen in den drei horizontalen Reihen zum Ausdruck:

Funktion – Konzernstäbe
Region – Ausl. Konzerngesellschaften
Produkt – Konzerngruppen

Die exakte Gliederung der Regions- und Produktdimension kommt in dieser Darstellung allerdings ebensowenig zum Ausdruck, wie die Verknüpfung dieser Dimensionen untereinander und auf der dritten Stufe. Letzteres ist infolge der sehr komplexen Verhältnisse auch kaum möglich, weshalb auch intern keine Organigramme in zweidimensionaler Form erstellt werden.

Abb. 16d zeigt die Sulzer-Organisation in einer *Matrix-Form*, wie sie theoretisch bekannt ist. Folgende zusätzliche Informationen sind daraus erkennbar:

- Die Funktionsdimension ist wie eine übliche Stabsdimension dargestellt.
- Die Produktdimension umfaßt 16 Produktgruppen, die teilweise zusammengefaßt werden zu größeren Einheiten (Ober-Matrix-Stellen).
- Die Regionsdimension umfaßt 17 ausländische Konzerngesellschaften, von denen aber nur neun der Konzernleitung direkt unterstellt sind. Die übrigen acht sind linienmä-

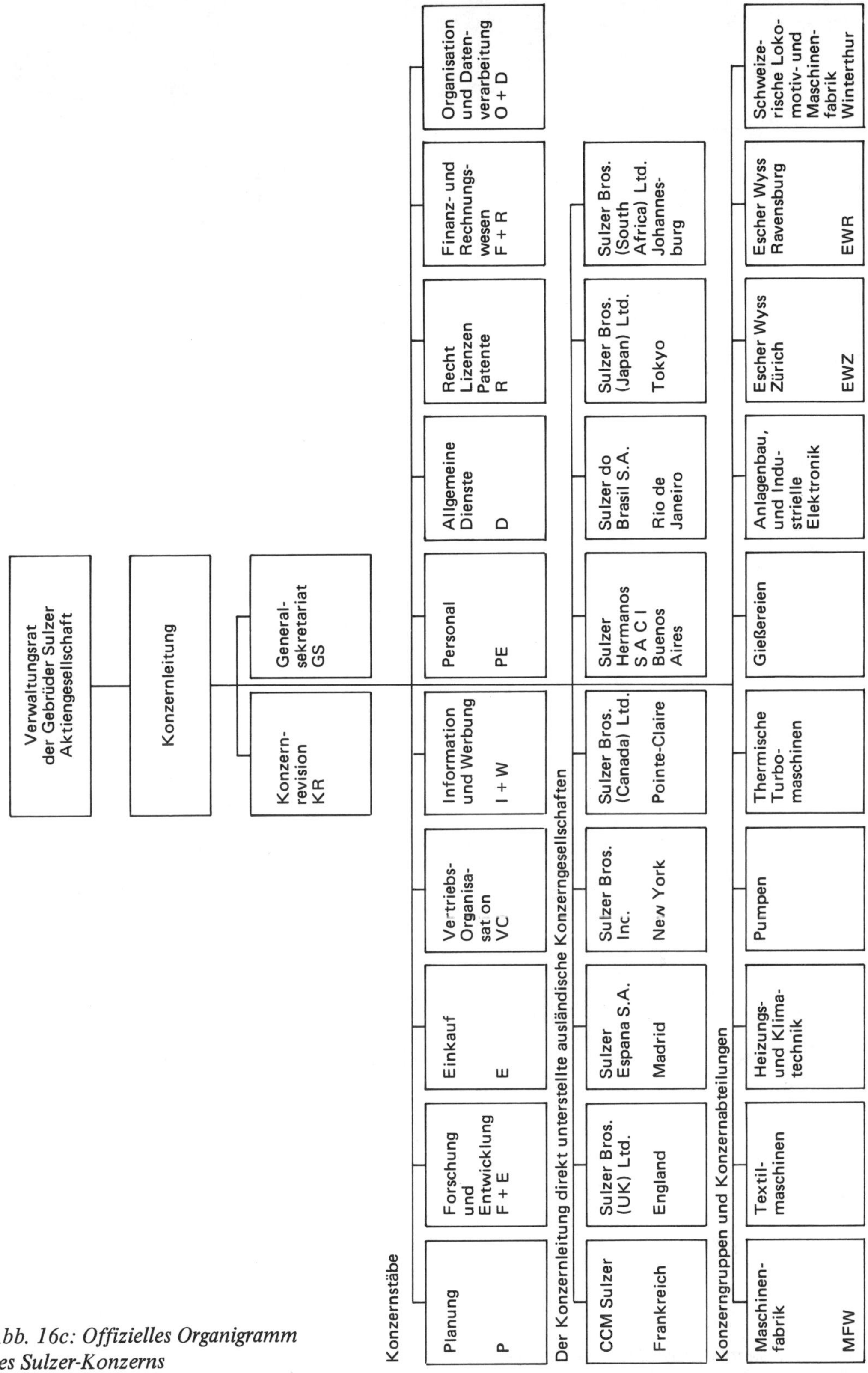

Abb. 16c: Offizielles Organigramm des Sulzer-Konzerns

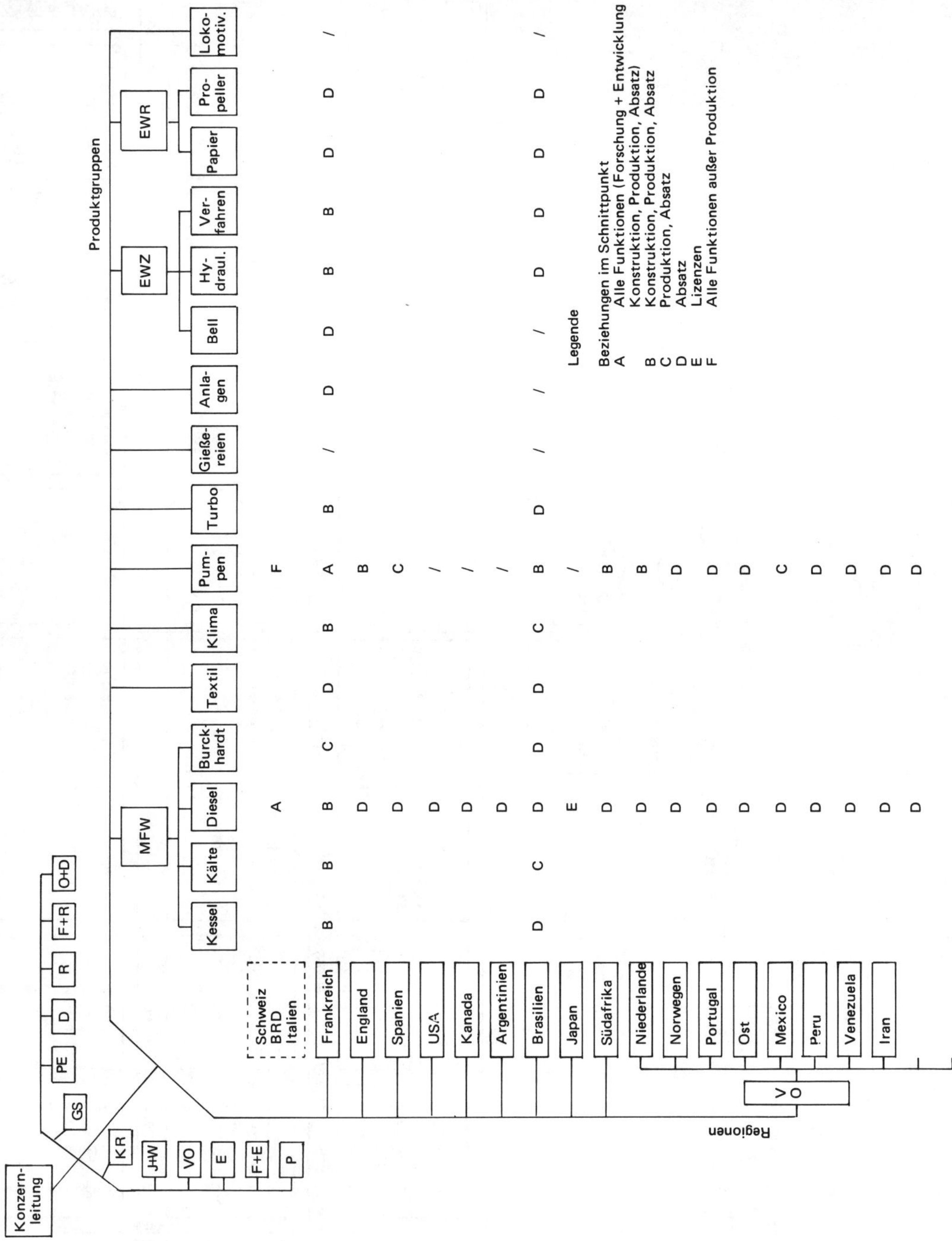

Abb 16d: Matrix-Darstellung der Sulzer-Organisation

ßig der Konzernstabsabteilung „Vertriebsorganisation" unterstellt, welche in ihrer Eigenschaft als Stabsabteilung aber auch Marketingfragen des Gesamtkonzerns bearbeitet. Die Regionen Schweiz, Bundesrepublik Deutschland und Italien werden von den Produktgruppen in der Regel selbst bearbeitet.

– Die Verknüpfungen von Regions- und Produktdimension auf der dritten Stufe der gegenseitigen Überlagerung sind äußerst vielfältig und heterogen. In jedem Land herrscht bezüglich der vorhandenen Funktionen jeder Produktgruppe (nur Absatz oder Produktion, eventuell Konstruktion oder gar Forschung und Entwicklung usw.) eine völlig andere Situation. Das gleiche gilt analog aus der Sicht der Produktgruppen.

Diese Heterogenität führt von Land zu Land und von Produktgruppe zu Produktgruppe im Schnitt-Stellen-Bereich zu strukturell entsprechend heterogenen Formen, die sich in einem Gesamt-Organigramm nicht darstellen lassen.

Um auf Details eingehen zu können, ist deshalb eine Beschränkung auf je eine Matrix-Stelle pro Dimension notwendig. In Abb. 16e werden dadurch erstmals auch die *Schnitt-Stellen* als dritte Schlüssel-Stellen sowie weitere Stäbe bei jeder der Matrix-Stellen sichtbar.

• *Die Konzernleitung als Matrix-Leitung*

Die Sulzer-Konzernleitung weist eine sehr interessante Struktur und Aufgabenverteilung auf. Sie umfaßt *fünf Generaldirektoren*, die als *Kollegialinstanz* gemeinsam mit Einstimmigkeit entscheiden. Mit Ausnahme eines Mitgliedes, welches sich ausschließlich mit der Produktgruppe Textilmaschinen beschäftigt, ist jedes Mitglied der Konzernleitung mit der *Betreuung einer oder mehrerer Abteilungen aus jeder der drei Dimensionen* betraut. Damit wird erreicht, daß sich die Mehrdimensionalität (Matrix mit Stäben) sowohl in jedem einzelnen Mitglied, wie auch in der Gesamtkonzernleitung widerspiegelt, so daß der *Matrixgedanke* insgesamt *dreifach verankert* ist.

Gemeinsam mit der Zusammenfassung von einzelnen Matrix-Stellen zu „Ober-Matrix-Stellen" vermindert die Ausgestaltung als Pluralinstanz die durchschnittliche Leitungsspanne eines einzelnen Mitgliedes der Matrix-Leitung auf sieben bis acht.

Das interviewte Mitglied der Konzernleitung hob die *Vorteile des mehrdimensionalen Aufgabenbereiches* mit seinem Zwang zur Vielseitigkeit bei gleichzeitiger Spezialisierung hervor. Diese Mischung verschiedener Tätigkeitsgebiete bei jedem Mitglied sowie die Mischung aus unterschiedlichen Persönlichkeiten im Gremium hätten bewirkt, daß sich jedes Mitglied der Konzernleitung zu einem Gesamt-Unternehmensleiter entwickelt habe. Gerade deshalb ergäben sich aus der Ausgestaltung als Pluralinstanz in bezug auf die Matrix-Stellen *keine nenneswerten Probleme.*

• *Der Produktleiter als Matrix-Stelle*

a) Allgemeines (konzernweit gültig)

Die Produktgruppen sind Führungsbereiche, „die alle Funktionen eines Unternehmens enthalten, nämlich Konstruktion und Entwicklung – Produktion – Verkauf sowie die zugehörigen administrativen und organisatorischen Dienste und Stabsstellen".

Um diesen Aufgaben gerecht werden zu können, werden nun der entsprechenden Produktgruppenleitung jene regionalen Gesellschaften, die nur auf dem Gebiet einer einzigen Produktgruppe tätig sind, allein und vollständig (eindimensional) unterstellt und zwar bezüglich aller Funktionen. Wo also keine Interdependenzen zwischen den Produktgruppen in einem Land bestehen, wird ein *Einliniensystem* angewendet.

Wo aber Interdependenzen in der Produktion und/oder im Absatzbereich bestehen, oder der regionale Produktbereich allein zu klein ist (nur Absatz) und über alle Produktlinien hinweg zusammengefaßt werden muß, wird der entsprechende regionale Produktbereich nach dem *Matrix-Prinzip* dem Produktleiter und dem Regionalleiter doppelt unterstellt.

Diese Differenzierung zeigt anschaulich, daß die Matrix-Organisation nur dann angewendet wird, wenn die *Bedingungen* (hier Interdependenzen) auch wirklich gegeben sind.

Der Produktleiter ist aber nicht nur weltweit für sein Produkt verantwortlich, sondern steht in einigen Fällen in *Doppelfunktion* auch dem schweizerischen bzw. deutschen Bereich seiner Produktgruppe vor, der in der Regel, wenn auch

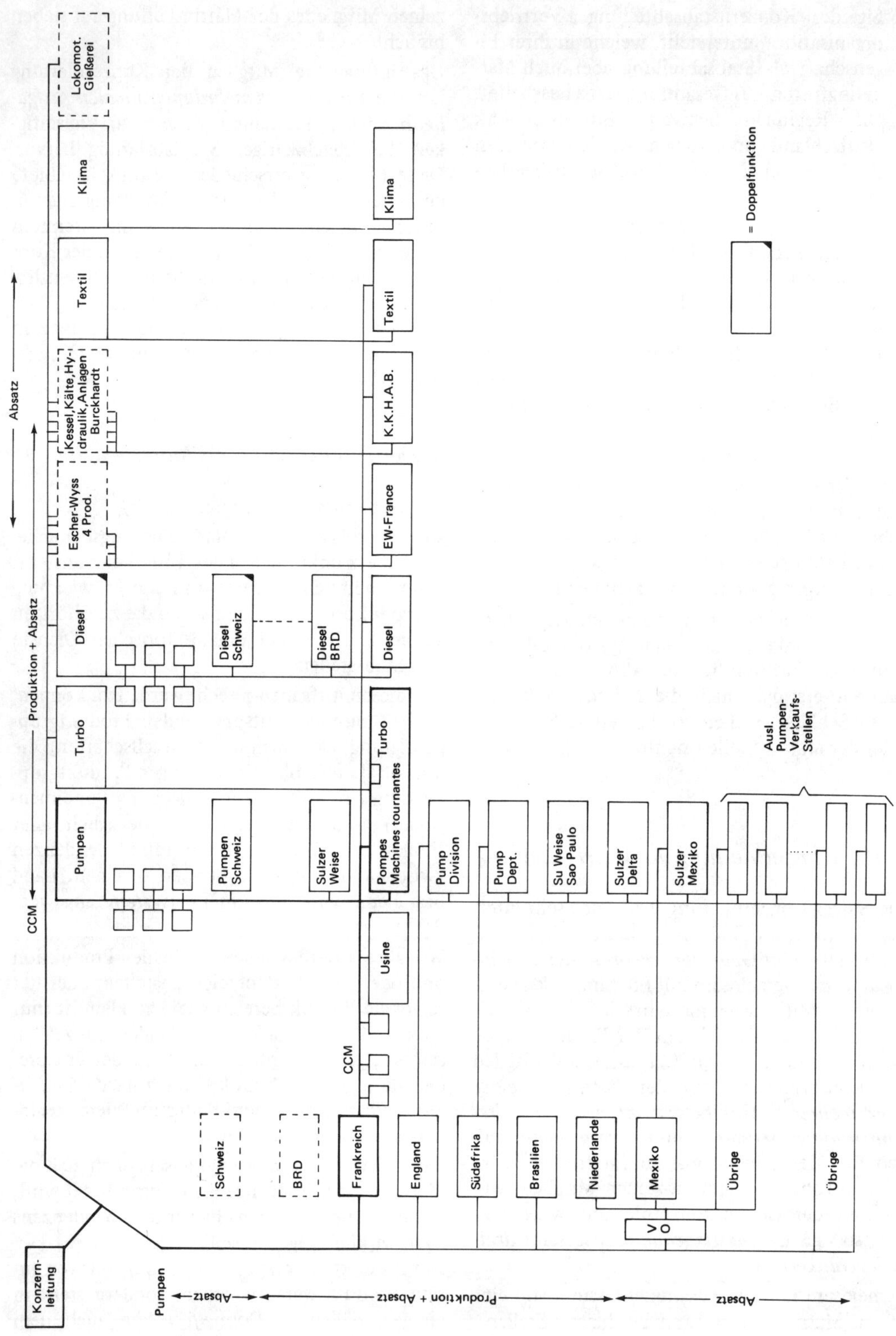

Abb. 16e: Detail-Darstellung der Produktgruppe Pumpen und der CCM Sulzer (Frankreich)

in unterschiedlichem Ausmaß, einen bedeutenden Produktionsschwerpunkt darstellt. Diese *Leiteridentität in zwei verschiedenen Matrix-Schlüssel-Stellen* (Produktleiter und Landesproduktbereich Schweiz/Deutschland) ist aus theoretischer Sicht strikt *abzulehnen*, weil dadurch die *Rollenstruktur der Schlüssel-Stellen verwischt* wird. Die Gefahr, daß der Produktleiter seinen eigenen Schnitt-Stellen-Bereich auf Kosten anderer Schnitt-Stellen bevorzugt, liegt auf der Hand.

Die *Erfahrungen und Meinungen* betroffener Schlüssel-Stellen zu dieser Doppelfunktion *gehen auseinander.*

Der Regionalleiter Frankreich sieht in dieser Doppelfunktion, die zu häufigen Diskussionen führe und den Produktleiter tendenziell bevorteile, einen derart schwachen Punkt, daß er gesamthaft seine Erfahrungen mit der Sulzer Matrix-Organisation als eher negativ beurteilt. Aus der Sicht des Produktleiters in Doppelfunktion und der Konzernleitung wird diese Gefahr zwar anerkannt, aber als in der Praxis nicht besonders hoch eingestuft. Daneben werden aber die Vorteile dieser Doppelfunktion hervorgehoben, die darin bestünden, daß der Produktleiter dank „eigener" Produktion, Forschung, Konstruktion und Absatz, den technischen und den Kundenkontakt behalten könne, was seiner Funktion als Produktleiter nur zugute komme.

b) Beispiel: Produktgruppe Pumpen

Der Pumpenbereich beschäftigt weltweit gegen *2.800 Mitarbeiter* und erzielt einen *Umsatz von rund 250 Mio. Franken.* Im Gegensatz zu den meisten übrigen Produktgruppen, bei denen ein Produktionsschwerpunkt in der Schweiz oder Deutschland liegt, und für den der Produktleiter in Doppelfunktion selbst verantwortlich ist, liegen die Produktionsanlagen für Pumpen fast vollständig in sieben ausländischen Werken verteilt.

Strukturell besteht die Produktgruppe aus den Stabsabteilungen und, in regionaler Gliederung, den Pumpenabteilungen im Ausland (Abb. 16e).

Eine direkte *eindimensionale Unterstellung* liegt bei jenen drei ausländischen Produktionsgesellschaften vor, die sich ausschließlich auf dem Pumpensektor betätigen (BRD, Brasilien, Niederlande). Der Pumpenleiter ist für diese drei Gesellschaften nicht in Doppelfunktion tätig. Ebenfalls direkt unterstellt ist die schweizerische Verkaufsabteilung.

In *Matrix-Form* sind die übrigen vier produzierenden Bereiche (Frankreich, England, Südafrika, Mexico) sowie alle Pumpenverkaufsabteilungen ausländischer Gesellschaften unterstellt.

Die *Stabsabteilungen der Produktleitung* bestehen einerseits aus der Forschung und Entwicklung und andererseits aus eigentlichen Führungshilfsstellen (Planung, Organisation, Produktionsplanung, Rechnungswesen, Marketing, Qualität).

Der Produktleiter Pumpen schätzt sich glücklich, nicht in Doppelfunktion einen eigenen schweizerischen Bereich führen zu müssen, weil eine solche Doppelfunktion „automatisch zur Bevorteilung des eigenen Ladens und zur Vernachlässigung der Produktleiterfunktion führen muß".

• *Der Regionalleiter als Matrix-Stelle*

a) Allgemeines (konzernweit gültig)

Die *Rolle des Regionalleiters* wird in den Führungsrichtlinien wie folgt umschrieben:

Der Regionalleiter schafft in einer ihm zugeteilten Region mit Unterstützung der Produktleiter und der Fachgebietsleiter die organisatorischen und vertriebsmäßigen Voraussetzungen, damit ein größtmöglicher Marktanteil mit wirtschaftlichem Erfolg langfristig gesichert werden kann.

Die Regionsdimension von Sulzer ist als in hohem Maße heterogen zu bezeichnen. Es lassen sich grob *drei Kategorien* von regionalen Gesellschaften unterscheiden (vergleiche auch die Abbildungen 16d und 16e).

- *Große Produktionsgesellschaften* mit Produktion in einer Vielzahl von Produktgruppen und bedeutendem Absatz aus fast allen Produktgruppen (Frankreich, England).
- *Mittlere Gesellschaften* mit kleiner oder fehlender Produktion nur weniger Produkte und mittlerem bis bedeutendem Absatz (Spanien, USA, Kanada, Argentinien, Brasilien, Japan, Südafrika).
- *Kleinere Verkaufsgesellschaften*, die der Matrix-Leitung nicht direkt unterstellt sind, sondern in der Vertriebsorganisation zusammengefaßt sind.

Die regionalen Gesellschaften sind intern nach Produktgruppen gegliedert. Diese Abteilungen sind *alle nach dem Matrix-Prinzip* auch dem insgesamt annähernd gleichgewichtigen Einfluß des jeweiligen Produktleiters unterworfen.

b) Beispiel: Landesgesellschaft Frankreich

Die CCM Paris (Compagnie de Construction Mécanique Sulzer, Paris) ist mit *1.600 Mitarbeitern und 600 Mio. Francs Umsatz* die größte Sulzer-Landesgesellschaft und umfaßt mit einer Ausnahme (Klimatechnik) alle Produktgruppen, in denen Sulzer in Frankreich tätig ist. Der überwiegende Teil davon wird auch selbst konstruiert und hergestellt.

Abb. 16e zeigt, daß nebst Stabsstellen und der Produktionsabteilung (Usine), die für alle Produktbereiche arbeiten, dem Regionalleiter fünf nach dem Produktaspekt gegliederte Abteilungen direkt unterstellt sind. Diese *Matrix-Schnitt-Stellen* umfassen je nach Größe und Bedeutung des Geschäftes

- nur eine Produktgruppe (Diesel, Textil)
- zwei Produktgruppen (Pumpen und Turbomaschinen)
- mehrere Produktgruppen (EW-France, übrige).

Der Regionalleiter Frankreich beurteilt, obwohl er in seiner Autonomie stark beschnitten ist, diese Matrix-Struktur grundsätzlich positiv. Seine Erfahrungen bezeichnet er in jenen Produktgruppen, in welchen der Produktleiter selbst über keine eigene Produktion verfügt (z. B. Pumpen) als ausgezeichnet, während bei Doppelfunktion des Produktionsleiters Meinungsverschiedenheiten häufig und die Verantwortungsabgrenzung schwierig sei.

• *Der Landes-Produktleiter als Schnitt-stelle*

a) Allgemeines

Die Abbildungen 16d und 16e verdeutlichen, daß bei Sulzer drei Kategorien von Produkt/Regions-Schnittpunkten zu unterscheiden sind:

- Es besteht *keine Beziehung*, weil die Produktgruppe im Land nicht tätig ist.
- Der Landesproduktleiter ist *eindimensional* einer Produktleitung zugeordnet, weil nur eine einzige Produktgruppe betroffen ist.
- Der Landesproduktleiter ist als *Matrix-Schnitt-Stelle* sowohl einem Produktleiter wie einem Regionalleiter unterstellt (Normalfall).

Die Größe der Landesproduktbereiche variiert dabei von einer einzigen Person (evtl. sogar in Personalunion) bis zu mehreren hundert Mitarbeitern. Dabei tritt die *Leiteridentität* zwischen den Schnitt-Stellen überraschend häufig auf. Von 16 Produktgruppen sind in Frankreich noch fünf regionale Produktleiter übrig geblieben. Schnitt-Stellen gleicher Produktgruppen in verschiedenen Ländern können natürlich nicht zusammengefaßt werden. Dies geschieht vielmehr auf der Stufe Matrix-Stelle dadurch, daß einzelne Landesgesellschaften auch für die umliegende Region arbeiten.

b) Beispiel: Landesproduktleiter Pumpen/Frankreich

Der Bereich Pumpen der CCM umfaßt rund 350 Mitarbeiter (zum großen Teil in der Usine) und ist mit dem Produktbereich Turbomaschinen zusammengefaßt. Die Zuständigkeit umfaßt alle Funktionen, von denen allerdings die Fertigung auch einem zentralen CCM-Produktionsleiter (Usine) unterstellt ist. Zudem bestehen auf der Stufe Gesamt-CCM eine Reihe von Stabsstellen.

Nach Ansicht des Landesproduktleiters Pumpen/Frankreich bringt seine Doppelfunktion als Schnitt-Stelle (auch Turbo/Frankreich) keine grundsätzlichen Probleme mit sich. Interessant sind die Erfahrungen mit den beiden Produktleitern. Im Pumpenbereich, wo keine Doppelfunktion des Produktleiters vorliegt, sei die Zusammenarbeit problemlos, während mit dem Turboleiter Meinungsverschiedenheiten häufiger vorkämen, was auf die Doppelrolle des Produktleiters zurückzuführen sei.

Beurteilung

Den Produktgruppen und vor allem den Landesgesellschaften entsprechend, ist die Sulzer-Gesamt-Matrix als *ausgesprochen heterogen* zu bezeichnen; sie entspricht aber in ihrer Struktur weitgehend dem theoretischen Modell: Alle Matrix-Schlüssel-Stellen sind vorhanden. Solange ihre Besonderheiten (Matrix-Leitung als Pluralinstanz, Zusammenfassung von Matrix-Stellen zu Ober-Matrix-Stellen, Leiteridentität zwischen Schnitt-Stellen, Stabsdimension usw.) und Strukturformen (reife, unvollständige Matrix) mit den theoretisch erarbeiteten Vorschlägen übereinstimmen, beurteilen alle Beteiligten die Struktur als positiv. Sobald sie jedoch vom theoretischen Modell abweicht (Doppelfunktion des Produktleiters) wird auch von negativen Erfahrungen berichtet.

Kompetenzverteilung

In einer *elfseitigen Vorschrift und einem Planungshandbuch* werden die abschließenden Entscheidungskompetenzen jeder Führungsebene für den Gesamtkonzern festgelegt.

Diese Kompetenzordnung zeichnet sich durch einen angemessen hohen *Delegationsgrad* aus.

Kompetenzverteilung in Matrix-Beziehungen

Produkt- und Regionalleiter liegen beide auf der zweiten Führungsebene, wodurch sich für den gemeinsamen Bereich Kompetenzüberschneidungen ergeben, deren Regelung große Beachtung geschenkt wird.

• *Entscheidungsregeln als Instrumentarium*

Zur Klärung der Zusammenarbeit zwischen den Matrix-Stellen verwendet Sulzer Entscheidungsregeln.

Entscheidungsregel 1 (Entscheid mit Information)

Die Instanz der Primärstruktur hat das alleinige uneingeschränkte Entscheidungsrecht. Sie ist gehalten, die interessierten bzw. beteiligten Stellen zu informieren und sich beraten zu lassen.

Entscheidungsregel 2 (Entscheid nach Rücksprache)

Die Instanz der Primärstruktur ist verpflichtet, vor dem Entscheid die Matrixstelle zu konsultieren und deren Meinung einzuholen. Bei schwerwiegenden Bedenken gegen den Entscheid hat die Matrixstelle das Recht und die Pflicht, bei der nächsthöheren Instanz Rekurs einzureichen. Dieser hat aufschiebende Wirkung.

Entscheidungsregel 3 (Entscheid im Einverständnis)

Die Instanz der Primärstruktur und die Matrixstelle entscheiden gemeinsam. Es liegt ein „Coentscheid" vor. Wird keine Einigung erzielt, so muß der Entscheid von der nächst höheren Instanz gefällt werden.

Entscheidungsregel 4 (Entscheid nach Rücksprache)

Die Matrixstelle ist verpflichtet, vor dem Entscheid die Instanz der Primärstruktur zu konsultieren und deren Meinung einzuholen. Bei schwerwiegenden Bedenken gegen den Entscheid hat die Instanz der Primärstruktur das Recht und die Pflicht, bei der nächsthöheren Instanz einen Rekurs einzureichen. Dieser hat aufschiebende Wirkung.

Entscheidungsregel 5 (Entscheid mit Information)

Die Matrixstelle hat das alleinige, uneingeschränkte Entscheidungsrecht. Sie ist gehalten, die interessierten bzw. beteiligten Stellen zu informieren und sich beraten zu lassen.

• *Generelle Kompetenzverteilung zwischen Produkt- und Regionalleiter*

Die Kompetenzverteilung zwischen diesen beiden Matrix-Stellen wird geregelt in einer von der Konzernleitung erlassenen *„Richtlinie über die Funktion des Produktleiters"*, die integrierender Bestandteil der Stellenbeschreibung jedes Produkt- und Regionalleiters ist. Nach verbalen Umschreibungen der Zusammenarbeit werden die Kompetenzen der wichtigsten Aufgaben in dem in Abb. 16 f. gezeigten *Funktionendiagramm* festgehalten.

Zu diesem Funktionendiagramm drängen sich folgende *Bemerkungen* auf:

- Die Kompetenzen der *Schnitt-Stelle sind nicht geregelt.*
- Mit gemeinsamer Entscheidung (Ee) in neun der 16 aufgeführten Problemkreise, vier Fällen von leichtem Übergewicht des Produktleiters (Er) und einer starken Selbständigkeit des Regionalleiters in drei Fällen von laufenden Geschäften (Er, Ei) darf von einem *insgesamt annähernden Gleichgewicht der Produkt-und Regionsdimension* gesprochen werden.
- Mit nur vier Fällen von Rücksprachepflicht (r) bei mehrheitlichen reinen Informationsrechten (i) kommt der *Stabscharakter der Funktionsdimension* klar zum Ausdruck.
- Auch bei *personellen Belangen* der Schnitt-Stelle herrscht im Widerspruch zur üblichen theoretischen Meinung und in Übereinstimmung mit unseren theoretischen Überlegungen ein Gleichgewicht.
- Es sind *nur die wichtigsten Aufgaben* sehr summarisch abgegrenzt. Ob detailliertere Funktionendiagramme erstellt werden, wird den Beteiligten überlassen.

Führung in der Matrix von Sulzer

• *Planung*

a) Entscheidungsvorbereitung im allgemeinen

Auf den ersten Blick scheint die Kompetenzregelung bei Sulzer die Entscheidungsvorbereitungsphase nicht zu berücksichtigen. Bereits bei den Entscheidungsregeln wird jedoch deutlich, daß dieser zentralen Frage die nötige Bedeutung zugemessen wird. So ist selbst bei einem Entscheid mit Information (Regeln 1 und 5) die allein uneingeschränkt entscheidende Instanz gehalten, die interessierten bzw. beteiligten Stellen nicht nur zu informieren, sondern sich auch beraten zu lassen. Beim Entscheid nach Rücksprache wird es gar zur Pflicht, vor dem Entscheid die andere Matrix-Stelle zu *konsultieren.* Ein Entscheid im Einverständnis ist erst recht nur nach vorgängiger Konsultation denkbar.

Die Gespräche mit den Matrix- und Schnitt-Stellen bestätigen diesen Eindruck, indem alle Mitglieder des Matrix-Teams die *Planungsprozesse* übereinstimmend und unabhängig voneinander wie folgt beschreiben: Tritt irgendeine Frage aus dem Gebiet der Schnitt-Stelle auf, so wird sie zunächst von der Schnitt-Stelle mit jeder Matrix-Stelle einzeln diskutiert. Herrscht vorerst keine Übereinstimmung, so wird versucht, durch eine Wiederholung dieses Vorgehens und/oder durch direkte Kontakte zwischen den Matrix-Stellen bzw. dem ganzen Matrix-Team eine Einigung zu erzielen. Erst danach wird die Frage dem Entscheidungsakt zugeführt. Die Schnitt-Stelle beurteilt ihren Einfluß in der Planungsphase als recht groß und spricht von einer „100 %igen Partizipation" in allen Fragen, die ihren Schnitt-Stellen-Bereich tangieren.

In ähnlicher Form werden auch die Matrix-Stellen in die Entscheidungsvorbereitung der Konzernleitung einbezogen.

Kompetenzregelung Produkte-Leitung Ee = Entscheid im Einverständnis mit e Er = Entscheid nach Rücksprache mit r Ei = Entscheid mit Information von i			
PL = Produktleiter LKGes = Leiter einer Konzernges. F = Fachgebietsleiter	PL	LKGes	F
Mittelfristiger Plan des PL			
Absatz	Er/Ei	r	i Abt. VO
Entwicklung	Er/Ei	r	i Abt. F + E
Produktion	Ee/Ei	e	i Abt. P
Investitionen	Ee/Ei	e	i Abt. P
Budget des LKGes			
Absatz	e	Ee/Ei	i Abt. VO
Produktion	e	Ee/Ei	i Abt. P
Investitionen	e	Ee/Ei	i Abt. P
Laufende Geschäfte des LKGes			
– ohne kommerzielle Risiken	i	Ei	
– mit kommerziellen Risiken	r	Er	r Abt. F + R
– ohne technische Risiken	i	Ei	
– mit technischen Risiken	Ee/Ei	e	i
Zuteilung von Bestellungen (Fabrikation), die nicht aus dem Marktgebiet der Konzerngesellschaft stammen	Ee/Ei	e	i Abt. P
Lizenzvergabe oder -annahme	Er	r	r Abt. R
Organisatorische Änderungen grundsätzlicher Art im Produktebereich der Konzerngesellschaft	e	Ee/Er	r Abt. P
Personelle Belange in der Ltg. des Produktebereiches der Konzerngesellschaft	e	Ee/Er	r Abt. PE
Reiseprogramme des PL zu Informationszwecken	Er/Ei	r	i Abt. VO

Abb. 16f: Allgemeingültiges Funktionendiagramm für die Zusammenarbeit der drei Dimensionen

b) Unternehmungsplanung

Während eine auf dem Unternehmensleitbild aufbauende langfristige Unternehmungsplanung (zehn Jahre) nur auf Konzernstufe in informaler Weise erfolgt, ist die rollende Mittelfrist-Planung (5 Jahre) und die Jahresbudgetierung bis zur Schnitt-Stelle und tiefer durch ein Planungshandbuch geregelt.

Unter *institutionellen Gesichtspunkten* entspricht die Unternehmungsplanung der vorhin beschriebenen allgemeinen Entscheidungsvorbereitung.

Die Mittelfrist-Planung weist theoretisch einen *Mangel* auf, indem *keine regionalen Mittelfristpläne* erstellt werden. Obwohl die Regionalleiter ihr Einverständnis zum Plan des Produktleiters geben müssen (Abb. 16 f.), führt das Ausbleiben einer regionalen Gesamtplanung nach Erfahrungen der Produktdimension dazu, daß der Produktplan inhaltlich oft zuwenig fundiert ist. Die Tatsache, daß die bedeutendste Region (Frankreich) als einzige einen Mittelfrist-Plan erstellen muß, und die Produktleiter versuchen, die Schnitt-Stellen freiwillig zu einer Planung zu bewegen, sowie das einhellige Urteil aller befragten Stellen machen deutlich, daß die theoretisch notwendige Zweidimensionalität auch bei Sulzer zumindest bei den direktunterstellten Regionen selbstverständlich werden sollte, wie das bei der Jahresbudgetierung auch der Fall ist.

Der Planungsprozeß schließlich entspricht dem Wesen nach, insbesondere im typischen gemischten „bottom-up“- und „top-down“-Verfahren, dem theoretischen Vorschlag mit Ausnahme der fehlenden regionalen Ausrichtung bei der Mittelfrist-Planung.

• *Entscheidung*

Die Entscheidungsregeln als Instrument der Kompetenzverteilung, ihre Ausweitung auf die Schnitt-Stelle und die Matrix-Leitung sowie ihre Anwendung mit weitreichender *Delegation* und insgesamt annäherndem *Gleichgewicht der Dimensionen* zeigen deutlich die Übereinstimmung mit den theoretischen Vorschlägen.

Die Entscheidungsregeln ermöglichen die Einlage eines *Rekurses* mit aufschiebender Wirkung (bei Entscheid nach Rücksprache) sowie das *Veto* in Form eines *Weiterzuges* an die nächsthöhere Instanz. In völliger Übereinstimmung stellen Matrix-Leitung und Matrix-Stellen fest, daß diese Mittel sehr selten auch offiziell ausgenützt werden. Trotzdem werden diese Mittel als psychologisch in zweierlei Hinsicht wertvoll betrachtet: Einmal, um jedermann die Möglichkeit offenzulassen, sich Gehör zu verschaffen, zum anderen, weil gerade wegen diesem Notventil ein moralischer Druck zur Einigung bestehe. Beide Matrix-Stellen und die Schnitt-Stelle bestätigen, daß in jenen Fällen, in denen dem Produktleiter keine Doppelfunktion zukomme auch faktisch ein Gleichgewicht herrsche, bei Doppelfunktion der Produktleiter aber ein Übergewicht erhalten könne. Beide Matrix-Stellen wünschten jeweils für sich selbst eine Vergrößerung der eigenen Kompetenzen, um den eigenen Gesichtspunkt besser zur Geltung bringen zu können. Dies bestätigt wohl nur die Richtigkeit eines Gleichgewichtes.

• *Anordnung*

Die in der Literatur meist hervorgehobene *Gefahr sich widersprechender Anordnungen* der Matrix-Stellen an die Schnitt-Stelle treten als Problem bei Sulzer offenbar *nicht auf.* Die interviewten Personen bereinigen ihre Meinungsverschiedenheiten in der Willensbildungsphase, so daß in der Regel auch bei Anordnungen von beiden Seiten keine Widersprüche auftauchten.

• *Kontrolle*

Die Kontrolle erfolgt bei der Festlegung der zu kontrollierenden Tatbestände und der Interpretation des Soll-Ist-Vergleichs zweidimensional, während die Erfassung der Informationen eindimensional ausgelegt ist. Die Matrix-Stellen räumen ein, daß bei der Zumessung der Verantwortung Meinungsverschiedenheiten tatsächlich auftreten können, die bei Mißerfolgen auf eine Abwälzung der Verantwortung an die andere Dimension hinzielten.

Zwischenmenschlicher Bereich

Alle befragten Personen betonen die erstrangige Bedeutung, die den beteiligten Menschen in einer Matrix-Beziehung zukomme. Wenn jeder versuche, den anderen zu verstehen *(Toleranz)* und *Vertrauen* in die Fairness der Personen der anderen Dimension haben könne, dann sei die *Zusammenarbeit* in aller Regel erfreulich. Wenn diese Voraussetzungen aber nicht erfüllt seien, was auch bei Sulzer vor allem in den ersten Jahren in einigen Fällen vorgekommen sei, dann sei die beste Kompetenzabgrenzung völlig wertlos. In der Nachwuchspolitik wird diesem Gesichtspunkt denn auch eine wichtige Rolle zugemessen.

Die Gefahr, daß Konflikte sachlich nicht befriedigend gelöst werden können oder gar in den persönlichen Bereich einwirken, ist nach meinem Eindruck auch bei Sulzer zwar latent vorhanden, kommt aber selten zum Ausbruch, weil sie als Gefahr erkannt wird.

Die Frage nach den gesamthaft wichtigsten Vor- und Nachteilen der Matrix-Organisation aus der Sicht von Direktbetroffenen ergibt ein erstaunlich einheitliches Bild. Es läßt sich zusammenfassen in der Feststellung, daß einerseits die Führung in der Matrix „kompliziert", „erschwert", „mühsam", „nicht einfach" sei, daß es andererseits unter den gegebenen Bedingungen aber keine gleichwertige Alternative gebe („es geht gar nicht anders"). Außerordentliches Gewicht wird auf eine matrixgerechte Verhaltensweise gelegt.

3.22 Interview mit dem Mitglied der Konzernleitung der Gebrüder Sulzer AG, Herrn Generaldirektor Arthur Frauenfelder, 1980

Ihre gegenwärtige Struktur beruht auf einem Organisationskonzept, das Ihr Unternehmen im Jahre 1968 verwirklicht hat. – Was hatte Sie seinerzeit bewogen, eine derartige Matrixorganisation einzuführen?

Ich bin heute kaum mehr in der Lage, Ihnen genau zu schildern, wie die Lage seinerzeit war. Die wesentlichen Gründe, die damals jedoch zur Einführung dieser Organisation führten, waren die folgenden: Der Sulzer-Konzern ist sukzessiv gewachsen. Aus der ursprünglichen Gesellschaft in der Schweiz mit Vertriebsstellen im Ausland entstand der Konzern. Vor der Neuorganisation hatten wir eine Geschäftsleitung, die sich vorwiegend mit dem Stammhaus befaßte.

Die Probleme und Aktivitäten des Konzerns und der Auslandsgesellschaften wurden immer größer, diversifizierter und komplexer und machten eine Lösung von den engen Beziehungen der Geschäftsleitung von der Hauptgesellschaft notwendig. Es wurde die Konzernleitung geschaffen und dabei zugleich die Organisation im Konzern neu geregelt.

Es hatte sich im Laufe der Zeit deutlich gezeigt, daß für ein bestimmtes Produkt jemand verantwortlich sein sollte. So hatte man bereits vor – oder bei den Anfängen – der Reorganisation den Produktleiter geschaffen, der für ein Produkt konzernweit zuständig ist. Daraus folgte das weitere Problem der Verbindung dieser Verantwortlichkeit mit den regionalen Befugnissen in einer Auslandsgesellschaft. Damit ergab sich fast automatisch die Notwendigkeit der Regelung dieser Schnittstellen im Sinne einer Matrix-Organisation.

Auf welche Schwierigkeiten stieß diese relativ komplizierte Struktur bei ihrer Einführung? Wie lange dauerte es vom Moment der Einführung des Konzeptes bis sich das Verhalten Ihrer Mitarbeiter an die neuen Strukturverhältnisse angepaßt hatte und sich eine reibungslose und effiziente Zusammenarbeit einstellte?

Aus meiner Erinnerung heraus sind mir keine ins Gewicht fallenden Schwierigkeiten bekannt, weil die Grundzüge dieser Organisation – wenn auch nicht immer bewußt – in vieler Weise vorhanden waren, so daß die Klärung der Verantwortlichkeiten für die meisten eher eine Erleichterung bedeutete als eine wesentliche Änderung.

Im Grunde genommen hat sich diese Organisation sehr gut angelassen und mit Ausnahme immer wieder auftauchender Probleme zwischen Region und Produkt, wo es möglich ist, daß sich unterschiedliche Auffassungen gegenüberstehen und keiner der beiden Betroffenen entscheiden kann, ohne den anderen überzeugt zu haben, haben wir keinen Grund zur Klage.

Mußten Sie in den letzten 12 Jahren wesentliche Korrekturen an dem ursprünglichen Konzept vornehmen?

Die grundsätzliche Organisation haben wir nicht geändert. Im einzelnen haben wir jedoch an ihr gearbeitet und versucht, dort, wo Probleme entstanden, diese zu glätten, indem wir z. B. für das Verhältnis von Produkt- und Regionalleitern Richtlinien aufgestellt haben, in welchen Fragen das Gewicht bei dem einen und in welchen Fragen es mehr bei dem anderen liegen sollte. Diese verstehen sich als grundsätzliche Richtlinien, die im Einzelfall den besonderen Erfordernissen angepaßt werden. In diesem Sinne wurde die Zusammenarbeit in der Organisation stärker eingeschliffen, um Reibungswiderstände abzubauen.

An welchen Punkten sehen Sie aus Ihrer Unternehmungsentwicklung heraus zukünftige Notwendigkeiten für eine organisatorische Anpassung?

Wir nehmen z. Z. eine grundsätzliche Überprüfung der Organisation vor im Sinne einer Standortbestimmung. Wir stellen uns nach mehr als 10 Jahren die Frage: Welches sind die Vor- und Nachteile unserer Organisation, welche Erfahrungen haben wir gesammelt, und ist die Organisation nicht etwas schwerfällig geworden? Wir haben Produktleiter, die sich einen größeren regionalen Einfluß wünschen, weil sie die starke Stellung der regionalen Leiter als eine Behinderung ihres Aktionsspielraumes empfinden und umgekehrt artikulieren regionale Leiter Unzufriedenheit über die starke Stellung der Produktleiter, die manchem von ihnen zu weit in ihre

Bereiche hineinwirken. Damit hat es immer Stimmen gegeben, die behaupten, daß die Abstimmung zwischen beiden Dimensionen eine recht aufwendige Angelegenheit sei, die recht viel Zeit in Anspruch nehme und daß die Gefahr bestehe, daß die Initiative gedämpft werde, weil man miteinander sprechen müsse. Ob diese Argumente wirklich schwerwiegend sind, wollen wir überprüfen.

> Die Konzernstäbe sind wohlweislich aus der sich auf Produktgruppen und Regionen abstützenden Matrixstruktur herausgenommen worden. – Welches waren Ihre Überlegungen hierzu? Verblassen die Möglichkeiten der Koordination aus dem Funktionsbereich heraus (Technik, Vertrieb, Controlling) bei der großen Vielfalt von Produkten und Regionen?

Ich sehe es nicht so, daß wir die Stäbe aus der Matrix herausgenommen haben. Wir haben zwar bislang nur vom Produkt- und vom Regionalaspekt gesprochen, wir besitzen jedoch ein ähnliches Verhältnis bei den Stäben. In einer Konzerngruppe oder einer Konzerngesellschaft ist z. B. der Leiter des Finanz- und Rechnungswesens personell dem Leiter der Gruppe oder Gesellschaft unterstellt. Seine fachlichen Weisungen bekommt er jedoch vom Leiter des Konzernstabes Finanz- und Rechnungswesen. In dieser Weise hat er zwei Vorgesetzte.

> Haben Sie neben der Angliederung von Teilen des Finanz- und Rechnungswesens im Konzernstab und bei den Regionen auch der Produktdimension Teile des Finanz- und Rechnungswesens zugeordnet?

Das ist teilweise der Fall. Nehmen wir das Beispiel der Produktgruppe Pumpen. Hier haben wir einen Leiter für Finanz- und Rechnungswesen der Konzerngesellschaft Sulzer Weise Bruchsal. Bei der Konzerngruppenleitung „Pumpen" verfügen wir weiter über eine kleine Gruppe für das Finanz- und Rechnungswesen. Diese bekommt ihre Weisungen vom Konzernstab „Leitung Finanz- und Rechnungswesen", als gemeinsames Dach dieser Funktion. Gerade auf dem Gebiet des Rechnungswesens haben wir die Aufgaben des Fachvorgesetzten und seine Einwirkungsmöglichkeiten auf die übrigen Bereiche des Konzerns sehr intensiv ausgebildet.

> Binden Sie die Leiter des Finanz- und Rechnungswesens der Konzerngesellschaft stärker an die jeweiligen Gesellschaften oder unterstellen Sie diese – nach amerikanischen Vorbildern – stärker dem zentralen Finanz- und Rechnungswesen?

Wir haben seinerzeit mehr in die Richtung eines *dezentralen Controlling* Änderungen vorgenommen. Dem liegt die Meinung zugrunde, daß ein Controller in einer Konzerngruppe oder -abteilung als Mitglied des Leitungsteams größere Einwirkungsmöglichkeiten bei Entscheidungen und bei der Abwicklung von Geschäftsvorfällen besitzt, als wenn er von der Zentrale aus steuert und dann einen anderen Hut trägt. Er muß psychologisch akzeptiertes Mitglied der jeweiligen Organisation und hier insbesondere der Leitung sein.

Übertrieben besteht aber die Gefahr, daß sich der Controller dabei von seinen Vorgesetzten oder Kollegen beeinflussen läßt, Zahlen in der einen oder anderen Art zu manipulieren. Der Leiter des Rechnungswesens in einer Konzerngruppe ist daher in Sachen des Rechnungswesens nicht seinen personellen Vorgesetzten, sondern dem Leiter des Konzernstabes „Finanz- und Rechnungswesen" gegenüber verantwortlich. Sollte er Weisungen aus der Konzerngruppe erhalten, die gegen die Weisungen des Konzernstabes „Finanz- und Rechnungswesen" verstoßen, ist er verpflichtet, diesen Vorfall auf dem Fachweg zu melden.

> Unter der Bezeichnung „Konzernstäbe" scheinen mir bei Ihrer Organisation zwei durchaus unterschiedliche Gruppen von Aktivitäten zusammengefaßt zu sein: i. e. S. wie Planung, Recht – Lizenzen – Patente, Organisation und Datenverarbeitung, die sowohl zur konzeptionellen Vorbereitung von Führungsentscheidungen dienen, als auch Dienstleistungen für alle bereitstellen, und Zentralstellen, die eine Koordinationsfunktion in funktionaler Hinsicht für die in der Matrix verstreuten Aktivitätsfelder der Forschung und Entwicklung, des Einkaufs, des Absatzes und Rechnungswesens, sowie der mit dem Personal verbundenen Aktivitäten vornehmen, um konzerneinheitliche Vorgehensweisen zu erreichen. – Hat diese Zusammenfassung je zu Problemen geführt?

Wesentliche Probleme, die sich daraus ergeben haben können, sind mir nicht bekannt. Sicherlich ergibt sich hier eine Mischung von planenden, ausführenden, koordinierenden, weisenden und überwachenden Funktionen, die aber eher Vor- als Nachteile besitzt. In einzelnen Bereichen liegen die Gewichte aber durchaus unterschiedlich. Nehmen wir z. B. die Konzernstabsabteilung Einkauf und Spedition, in der primär das Beschaffungswesen des Stammhauses abgewickelt wird. Daneben steht das Koordinieren und Überwachen der Beschaffungstätigkeiten im Konzern. Hier überwiegt die ausführende die überwachende Tätigkeit, während das im Rechnungswesen genau umgekehrt ist. Was aber auch die Tendenz andeutet, die Koordinierung und Überwachung des Beschaffungswesens im Konzern zu verstärken.

Besteht Ihrer Ansicht nach die Gefahr einer Interessenkollision zwischen dem Konzernstab Planung einerseits und dem Finanz- und Rechnungswesen andererseits?

Diese Trennung zwischen der Planung und dem Finanz- und Rechnungswesen hat bei uns sehr positive Auswirkungen gezeigt. Ich würde auf keinen Fall an eine Zusammenfassung denken. Planung darf nicht zu einer mittel- oder längerfristigen Budgetierung werden. Im Finanz- und Rechnungswesen beschäftigen wir uns mit Budgetzahlen, die in der Regel nicht über ein Jahr hinausgehen. Hier wird mit großer Detailgenauigkeit gearbeitet.

Bei der Planung stehen strategische Überlegungen im Vordergrund, d. h. weniger Zahlen als Analyse unseres Standortes und möglicher Aktionskurse. Mitarbeiter des Rechnungswesens tendieren dagegen dazu, viel zu genau und zu tief ins Detail zu gehen und damit unverhältnismäßig große Aufwendungen zu machen.

In Ihrem Unternehmen unterstehen beide Gruppen Ihrem Ressort, so daß die verbindende Klammer an der Spitze gewährleistet ist.

Sind grundsätzliche Planungsvorhaben zu erledigen, dann sind diese beiden Gruppen gut und effizient zusammenzuführen. In den vorbereitenden Besprechungen für entscheidende Planungssitzungen sind beide Gruppen präsent.

Wie bei vielen Unternehmungen, die sich zunehmend internationalisieren, erfolgt die eigentliche Regionalisierung der Organisation durch die Bildung oder Akquisition ausländischer Tochtergesellschaften, während das Inland und regional angrenzende Interessen (bei Ihnen: BRD, Italien) im Rahmen der „Stammhaus-Interessen“ nicht gesondert ausgewiesen werden.
Besteht bei diesem Ansatz die Gefahr, daß den Interessen der Stammhaus-Region eine übertriebene Bedeutung eingeräumt wird, was bei den Vertretern ausländischer Regionen demotivierend wirken kann?

Diese Gefahr besteht ohne Zweifel. Die Idee der Bildung der Konzernleitung bei der seinerzeitigen Reorganisation war es, daß diese sich gegenüber der früheren Geschäftsleitung der Gebr. Sulzer AG nicht nur als Leitung des Stammhauses fühlt, sondern über dem Ganzen stehen sollte, indem sie die Gesamtinteressen des Konzerns wahrnimmt.

Daher glauben wir, daß es wichtig ist, daß eine Reihe von ausländischen Tochtergesellschaften direkt der Konzernleitung zugeordnet ist.

Die Produktleiter sind in der Schweiz oder in Deutschland mit ihren Stäben angesiedelt. Hier gibt es solche, die z. B. in der Schweiz eine eigene Aktivität haben, z. B. bei Dieselmotoren eine Produktion hier in Winterthur. Daneben gibt es eine Fabrik in Frankreich, die u. a. Dieselmotoren fertigt. Hier kann es vorkommen, daß die Leitung der Gesellschaft in Frankreich den Eindruck gewinnt, daß bei einer Lieferung in ein drittes Land die Belange von Winterthur dem Produktleiter näherliegen als die des französischen Werkes. Dagegen versuchen wir anzugehen, aber es ist keine leichte Erziehungsaufgabe.

Bei Pumpen z. B. ergibt sich eine deutlich andere Aussage. Früher haben wir in der Schweiz auch Pumpen produziert. Nach Aufgabe dieser Produktion in der Schweiz glaubt man festgestellt zu haben, daß sich die konzernweite Denk- und Handlungsweise bei Pumpen, weil es hier keine produktionsorientierten Stammhausinteressen mehr gibt, viel konsequenter durchgesetzt hat.

Organisatorische Konsequenzen wollen Sie aber derzeit aus dieser Erkenntnis nicht ableiten?

Ich halte dies nicht für ein derartig bedeutendes Problem. Da sich das Schwergewicht unserer Aktivitäten in der Schweiz allmählich etwas abgebaut hat, müssen wir jedoch dieser Frage unsere Aufmerksamkeit schenken.

Auch hier scheinen Sie bei der „Divisionalisierung" Probleme in der Zerteilung historisch gewachsener Werkskomplexe gehabt zu haben (MEW, EMZ, EMR). – Hat sich dabei immer eine „reine" Zuordnung zu Produktgruppen herbeiführen lassen?

Im Stammhaus haben wir verschiedene, recht unterschiedliche Produkte, die sich über die Zeit hin entwickelt haben. Diese haben wir in der Gruppe „Maschinenfabrik Winterthur" zusammengefaßt (Kessel- und Kernenergieanlagen, Kälteanlagen, Kompressoren und Verfahrenstechnik sowie Dieselmotoren), weil aus der Entwicklung heraus die Produktion in gemeinsamen Werkstätten vorgenommen wird, die sich nicht mehr anders gliedern läßt.

Diese Zusammenfassung im Sinne eines Fertigungsverbundes hat keine nachteiligen Folgen. Nur bei einem völligen Neubeginn könnte man dies und jenes etwas anders aufbauen, wobei man Auslastungs- und Leitungsaspekte deutlich beachten müßte.

Ähnlich sind die Dinge bei Escher Wyss, Zürich und Ravensburg gelagert, beide kamen in den 60er Jahren durch Übernahme zum Konzern. Escher Wyss führte gewisse Produkte in Überschneidung zu unserem eigenen Produktprogramm. Der Überschneidungsbereich wurde im Laufe der Zeit verkleinert. Es sind jedoch Bereiche verblieben, die jedoch in ähnlichen Gebieten liegen.

Hier stellt sich die Frage, ob es sinnvoll ist, daß sich diese organisatorisch an zwei verschiedenen Stellen wiederfinden, insbes. es sich hierbei weitgehend um den gleichen Kundenkreis handelt. Studien haben aber ergeben, daß eine Zusammenfassung eine Fülle von Problemen aufwirft.

Das führt aber dazu, daß der Produktleiter einen wesentlichen Teil seiner Kosten – die Herstellkosten – nicht direkt beeinflussen kann.

Eine vertikale Organisation wäre sicherlich vorzuziehen, aber wir haben nicht die Möglichkeit eines völligen Neubeginns. Dabei möchte ich aber auf die sehr unterschiedlichen Bedingungen, die einzelne Produkte stellen, hinweisen. So ist im Pumpenbereich diejenige Lösung erfolgversprechend, die dem Produktleiter auch die Verantwortung für die Produktion gibt. Das Durchgreifen in sehr vielen einzelnen Fällen bei der Setzung terminlicher Prioritäten ist hier eine unabdingbare Voraussetzung für den Erfolg. So untersteht unserem Produktleiter Pumpen direkt die Fabrik in Deutschland. In Frankreich sind – historisch gewachsen – die Einwirkungsmöglichkeiten unseres Produktleiters Pumpen jedoch wesentlich eingeschränkter, was immer wieder zu Klagen Anlaß gibt.

Die Produktleitungen sollen einerseits Koordinationsfunktionen über alle Funktionen hinweg bezüglich einer Produktgruppe vornehmen, andererseits haben sie Zentralfunktionen, die zweckmäßigerweise für alle Landesgesellschaften gemeinsam übernommen werden (z. B. F + E). – Sehen Sie die Produktleitungen als grundsätzlich gleichgewichtig gegenüber den Regionalleitungen an?

Über alles gesehen, sehe ich sie als gleichgewichtet an. Es gibt jedoch Fragen, die enger mit dem Produkt zusammenhängen, was bedeutet, daß auch das Gewicht des Produktleiters größer sein sollte, als das des Regionalleiters und umgekehrt Fragen, die enger mit der Region, der Situation in einem Land zusammenhängen. Dort soll der regionale Leiter ein Übergewicht haben.

Für diese zu differenzierenden Fälle haben wir in unserem Entscheidungsreglement fünf verschiedene „Vorfahrtsregeln" entwickelt, in denen festgelegt wird, für welche Fragen das Gewicht eher beim einen oder eher beim anderen liegt. Das muß von Fall zu Fall entsprechend den jeweiligen Verhältnissen (land- und produktspezifisch) geregelt werden. Fragen, die stärker an der Technik des Produktes hängen, gehen auf jeden Fall stärker zur Produktdimension; Fragen, die sich mit dem Produktionsprogramm in einem Land verbinden, stärker in die regionale Dimension. Gewisse Entscheidungen haben wir in einer generellen Richtlinie festgehalten. Für einzelne Produkte und Länder können dann zusätzlich spezielle Regelungen erstellt werden.

Hat sich dieses Verhältnis in der Vergangenheit als labil erwiesen – sind Rückentwicklungen zur Eindimensionalität der klassischen Linienorganisation denkbar und erkennbar?

Vieles richtet sich hier nach den Personen aus: Wir haben stärkere und schwächere Produkt- und Regionalleiter was die Durchsetzung anbelangt. Es ist mir aber kein Fall bekannt, in dem sich eine dauerhafte Rückentwicklung auf eine Dimension ergeben hat. Vielmehr hat sich gezeigt, daß sich beide mit der Zeit zu reiben beginnen und gewisse Spannungen ergeben – ein Grund, weshalb wir mit der bereits diskutierten Untersuchung begonnen haben.

Inwieweit wird die Konzernleitung selbst zum Ausgleich dieser Interessen im Konfliktfeld mobilisiert?

Wir haben von Zeit zu Zeit solche Fälle, die uns zur Entscheidung vorgelegt werden, wahrscheinlich gibt es jedoch andere – und das wollen wir in unserer Untersuchung feststellen –, die uns nie erreichen und die dann auch nie erledigt werden. Der labile Zustand des Sich-nicht-einigen-Könnens in vielen Einzelheiten setzt sich dann u. U. mit negativen Auswirkungen fort.

Die Konzernleitung Ihres Unternehmens widmet sich der Betreuung sowohl der Konzernstäbe (Verrichtungsaspekt), als auch der Produkt-(Objektaspekt) und der Regionaldimension. Damit entsteht eine relativ starke Entspezialisierung der einzelnen Leitungsmitglieder und eine „Entressortierung". – Hat sich dieses Prinzip in Richtung auf eine Förderung der Beachtung von Gesamtinteressen bewährt?

Es hat sich mit gutem Erfolg bewährt. Die frühere Geschäftsleitung hatte nur Fachfunktionen (Vertrieb, Technik, Finanzen, Verwaltung) und sah die Notwendigkeit zu einer Entspezialisierung. Jedes Mitglied der Konzernleitung hat dann bestimmte Produktbereiche in der Betreuung übernommen, eine Regelung, die ich sehr schätze.

Die Hauptfrage scheint mir zu sein, wie weit delegiert wird, inwieweit man die unterstellten Bereiche am strafferen oder am lockeren Zügel führt, wobei die Frage der Entressortierung mir einen, aber wohl keinen entscheidenden Einfluß zu haben scheint. Die Frage der Entlastung hängt vielmehr von der Führungsweise und Arbeitsorganisation ab. Hier stellt sich die Frage, ob wir durch unser Verhalten oder durch andere Regelungen und Verfahren der Organisation die Delegation noch weiter fördern können als es heute der Fall ist, damit wir für die grundlegenden Fragen der Geschäftspolitik mehr Zeit zur Verfügung haben.

In vielen Bereichen des Anlagengeschäfts zeichnet sich eine Vernetzung der Produktaspekte in Richtung auf die Konzipierung und Lieferung ganzer Systeme („turn-key"-Projekte) ab, die einen hohen Projektierungs- aber u. U. nur einen bescheidenen Lieferanteil eigener Produkte mit sich bringen. – Inwieweit ist dieser Trend für Ihr Unternehmen bedeutsam?

Dies ist für uns eine wichtige und aktuelle Frage. Auch wir stellen eine Tendenz fest, statt einzelner Maschinen ganze Systeme zu liefern. Dabei ergaben sich auch bei uns anfangs Probleme bei der Zuweisung derartiger Aufgaben in der Organisation. In vielen Fällen gingen hier die Projekte über die Kapazität einzelner Produktabteilungen hinaus. Vor einigen Jahren haben wir für diese Fälle eine eigene Konzernabteilung „Gesamtanlagen" geschaffen, die Projekte, die über den Rahmen einzelner Produktabteilungen hinausgreifen, übernimmt. In dieser Abteilung haben wir auch bereits große Projekte abgewickelt.

Die Abgrenzung gegenüber den Produkt-Abteilungen ist derzeit noch Gegenstand von Diskussionen. Die Frage, wie man eine derartige zentrale Anlagenabteilung vernünftig auslasten kann, ist ebenfalls sehr problematisch: Übernimmt man ein großes Projekt, hat man Kapazitätsschwierigkeiten, da man sich nicht an den Spitzen ausrichten kann; ist der Auftrag abgewickelt und liegen keine vergleichbaren Anschlußaufträge vor, dann ist wieder eine Unterbeschäftigung vorhanden. Wir mußten feststellen, daß die Schwankungen im Auftragsvolumen hier sehr groß sind – bei Knappheit von hochqualifizierten Fachkräften. Mit diesem Problem befassen wir uns nach wie vor sehr intensiv.

Haben Sie hier mit Projektformen der Organisation experimentiert?

Sicherlich, wir ziehen dabei Kräfte aus der normalen Organisation zur Abwicklung von Großprojekten ab. Wenn es aber dabei darum geht, zusätzliche Mitarbeiter für das Großprojekt abzuziehen, entstehen fast unlösbare personelle Probleme.

Sehen Sie für die 80er Jahre veränderte Bedingungen, die die gegenwärtige Organisation eines Tages in Frage stellen könnten?

Von unserem Konzern aus gesehen, dürften die Probleme, die in den ausländischen Märkten liegen und neue Gesellschaften, die außerhalb der Schweiz erworben oder aufgebaut werden, eine weitere Akzentverschiebung im Abbau des Schwergewichtes in der Schweiz bewirken. Damit werden die Probleme der Führung und Organisation des weltweiten Konzerns erschwert. Unsere Matrix-Organisation hat in dieser Richtung Vorarbeit geleistet. Auch in der Zukunft werden wir kaum komplett andere Organisationsformen wählen; die Gewichte in der Organisation werden sich jedoch, gerade was die regionale Bearbeitung anbelangt, verschieben.

3.23 Zur weiteren Organisationsentwicklung der Gebrüder Sulzer AG

In ihrer Ausgabe vom 21. Januar 1981 berichtet die Neue Züricher Zeitung von einer vorgesehenen Reorganisation der Gebrüder Sulzer AG, die auch die Führungsprinzipien berührt und von einem Revirement an der Führungsspitze begleitet wird. Im Mittelpunkt einer 1981 vorgesehenen Reorganisation steht Kritik an der bisherigen Arbeitsweise der Konzernspitze, in der bislang jedem der fünf rangmäßig gleichgestellten Mitglieder einzelne Sachgebiete, zentrale Funktionen und regionale Zuständigkeiten zur Betreuung, aber nicht zur verantwortlichen Führung mit angemessenen Kompetenzen zugeordnet waren. Die Leitungsvollmachten wurden von der Konzernleitung als Pluralinstanz kollegial und gesamthaft ausgeübt. Von diesem Prinzip soll zugunsten einer vermehrt individuell und weniger kollektiv definierten Führungsverantwortung auf dieser Ebene abgewichen werden. Eine derartige Organisation der Führungsspitze soll weiter durch klarere individuelle produktmäßig und geographisch gegliederte Linienverantwortungen und eine verbesserte Integration der Stäbe abgesichert werden. Das tendenzielle Abgehen von der bestehenden Matrixorganisation und die Hinwendung zu einer einfacheren, auf die Linie ausgerichteten Struktur, bedingt zugleich eine begrenzte Dezentralisierung von Stabs- und Dienstleistungsfunktionen, in dem diese näher an die Linie herangebracht oder teilweise in diese eingebracht werden. Die Konzernleitung erhält einen Vorsitzenden, statt der geforderten Einstimmigkeit bei Beschlüssen gilt das Mehrheitsprinzip, individuelle Verantwortung wird gepaart mit dem persönlichen Einstehen für Ergebnisse („accountability").

Die einzelnen Gruppen werden homogenisiert und das bislang verzettelt angeordnete internationale Geschäft in der Sulzer International vereinigt. Nach der Reorganisation wird die Gebrüder Sulzer AG in etwa folgendes organisatorisches Gesamtbild bieten:

- Präsident der Konzernleitung;
- Stellvertreter des Präsidenten;
  Konzernbereiche Heizungs- und Klimatechnik, Pumpen, Gesamtanlagen;
- Konzernbereich Sulzer International;
- Konzernbereich Textilmaschinen;
- Konzerngruppe Sulzer
  (umfassend: Maschinenfabrik Winterthur, Gießereien Sulzer, Schweiz. Lokomotiv- & Maschinenfabrik Winterthur, Maschinenfabrik Burckhardt, Basel)
- Konzerngruppe Escher Wyss
  (umfassend: Escher Wyss Zürich, Maschinenfabrik Bell, Kriens, Escher Wyss Ravensburg (BRD), De Pretto-Escher Wyss, Schio (Italien), Dominion Bridge-Sulzer (Kanada))
- Sonderaufgaben
- Sonderaufgaben (Großprojekte).

3.3 KHD-Gruppe

Die Entwicklung der KHD-Gruppe ist geprägt von der Geschichte des Motors: 1864 wurde die Keimzelle des Unternehmens, die erste Motorenfabrik der Welt, durch Nikolaus August Otto und Eugen Langen gegründet. Zusammen mit der 1856 gegründeten, späteren Maschinenbauanstalt Humboldt war sie zugleich Ausgangspunkt der Unternehmensgeschichte. Seit 1977 befindet sich die Unternehmensgruppe in einem Straffungsprozeß durch strukturorganisatorische Veränderungen.

Mit 31.500 Mitarbeitern und fast 5 Mrd. DM Umsatz ist die KHD-Gruppe der Welt größter Produzent luftgekühlter Dieselmotoren. Sie ist gleichzeitig einer der bedeutendsten Traktoren- und Landmaschinenhersteller in Europa und gehört im Industrieanlagenbau zu den maßgeblichen Unternehmen in der Bundesrepublik Deut-Deutschland.

Die Umsatz- und Mitarbeiterentwicklung kann dabei anhand folgender Zahlen verdeutlicht werden:

- Der Umsatz der KHD-Gruppe betrug 1969/70 DM 3.018 Mio., er stieg auf 4.936 Mio. DM im Jahre 1979; die entsprechenden Zahlen für die KHD-AG lauten 2.034 Mio. DM (1969) und 3.371 Mio. DM (1979).
- Die Anzahl der beschäftigten Mitarbeiter in der KHD-Gruppe sank von 47.173 (1969) auf 31.471 im Jahre 1979; die entsprechenden Zahlen für die KHD-AG betragen 32.120 (1969) und 24.401 (1979).

Mit seinen *drei Unternehmensbereichen* liefert KHD in die Schlüsselbereiche des wirtschaftlichen Wachstums:

- DEUTZ-Produkte für den Energiebereich
- DEUTZ-FAHR-Produkte für den Ernährungsbereich und
- HUMBOLDT-WEDAG-Produkte für den Rohstoffbereich.

Hinzu kommen I.H.I.-FAHR-Gußerzeugnisse. Das umfangreiche Lieferprogramm umfaßt in diesen Bereichen im wesentlichen:

- KHD-DEUTZ Produkte
  (luftgekühlte Dieselmotoren, wassergekühlte Motoren, dieselelektrische Aggregate, Gasturbinen und Stahltriebwerke)
- KHD-DEUTZ-FAHR Produkte
  (Traktoren, Intrac Systemfahrzeuge, Mähdrescher, Futtererntemaschinen, Hochdruck- und Gußballenpressen, Lade- und Erntewagen)
- KHD-HUMBOLDT-WEDAG Produkte
  (Planung, Bau und Montage von Industrieanlagen und -maschinen u.a. für Aufbereitung von Kohle, Chemie- und Grundstofftechnik, Aufbereitung von Erzen und Mineralien)
- KHD-I.H.I.-FAHR Produkte
  (Grau- und Sphärogußerzeugnisse).

Historisch bedingt und durch spätere Eingliederungen verteilt sich die Produktion der KHD AG innerhalb der BRD auf derzeit elf Fertigungsstätten, deren Mitarbeiterzahl zwischen 100 und 14.600 (Köln) schwanken. Neben den engeren Fertigungsaktivitäten sind an mehreren Orten produktspezifische Funktionen wie Entwicklung, Vertrieb, Vertriebsabwicklung, Kundendienst und Ersatzteilvertrieb angesiedelt. Dieser *historisch gewachsene Zustand* zwingt zu einem *strukturorganisatorischen Konzept mit hoher Flexibilität.*

Im *Ausland* werden KHD-Erzeugnisse von Beteiligungs- und Lizenzgesellschaften gefertigt. 21 Vertriebs- bzw. Montagegesellschaften in 20 Ländern sowie fast 250 ausländische Vertriebsstützpunkte und über 3000 Servicestätten bilden ein *weltweites Kundendienstnetz.* Dieses *transnationale Fertigungs-, Vertriebs- und Kundendienstnetz* – 53 % des Umsatzes stammen aus dem Auslandsgeschäft – ist produktbedingt. Durch den indirekten Export der Motoren als Einbaumotoren für Nutzfahrzeuge, Baumaschinen und Transportgeräte bzw. als Schiffsmotoren in alle Welt liegt der tatsächliche Auslandsumsatz noch höher. Abnehmer und Endbenutzer können und müssen voraussetzen, daß der Kundendienst jeweils in der Nähe des Einsatzortes ist. Die *in- und ausländischen Beteiligungen* sind den Unternehmensbereichen zugeordnet, für die sie maßgeblich tätig sind. Gleichzeitig sind sie für die Aktivitäten anderer Unternehmensbereiche Anlauf-, Koordinations- und Repräsentationsstelle im jeweiligen Gebiet und stellen verwaltungstechnische Dienstleistungen zur Verfügung. Abb. 17a zeigt einerseits die Vielfalt dieser Beteiligungen, andererseits aber auch die markt- und kundenorientierte Beteiligungspolitik.

3.31 Die Organisationsstruktur der KHD-Gruppe (Stand 1980)

von Dipl.-Kfm. Joseph H. Müller-Pleuss, Köln

Obwohl die gesamte Entwicklung der KHD-Gruppe eng mit dem Produkt Motor verknüpft ist, basiert das Wachstum des Unternehmens auch auf der Eingliederung anderer Unternehmen. Mit der Traktorenfertigung ab 1923 und mit dem Erwerb von MAGIRUS 1936 wurde die Motorenproduktion durch Serienprodukte abgesichert, die spezifisch auf den Einbau von DEUTZ-Motoren ausgerichtet sind. Während das landwirtschaftliche Lieferprogramm mit FAHR zum „full-line"-Angebot abgerundet wurde, ist die Herstellung von Nutzfahrzeugen später ausgegliedert worden, um entsprechend den veränderten Marktbedürfnissen für viele Nutzfahrzeughersteller als unabhängiger potientieller Motorenlieferant zur Verfügung zu stehen.

Dagegen vertritt die ehemalige Maschinenbauanstalt HUMBOLDT AG innerhalb der KHD-Gruppe hauptsächlich das Anlagengeschäft. Das Aufgabenspektrum dieses Produktzweiges ist durch Zukauf ähnlicher Unternehmen sowie durch große Forschungs- und Entwicklungsaktivitäten stetig gewachsen. Innerhalb dieses Prozesses hat sich das Lieferprogramm deutlich von der Eigenfertigung zu Engineering, Planung, Generalunternehmung, Montage und Automation von Anlagen verlagert.

Die Fertigung der Serienprodukte ist zur Absicherung der hohen Qualitätsansprüche bis zur Eigenfertigung der Gußprodukte vertikal ausgeweitet worden.

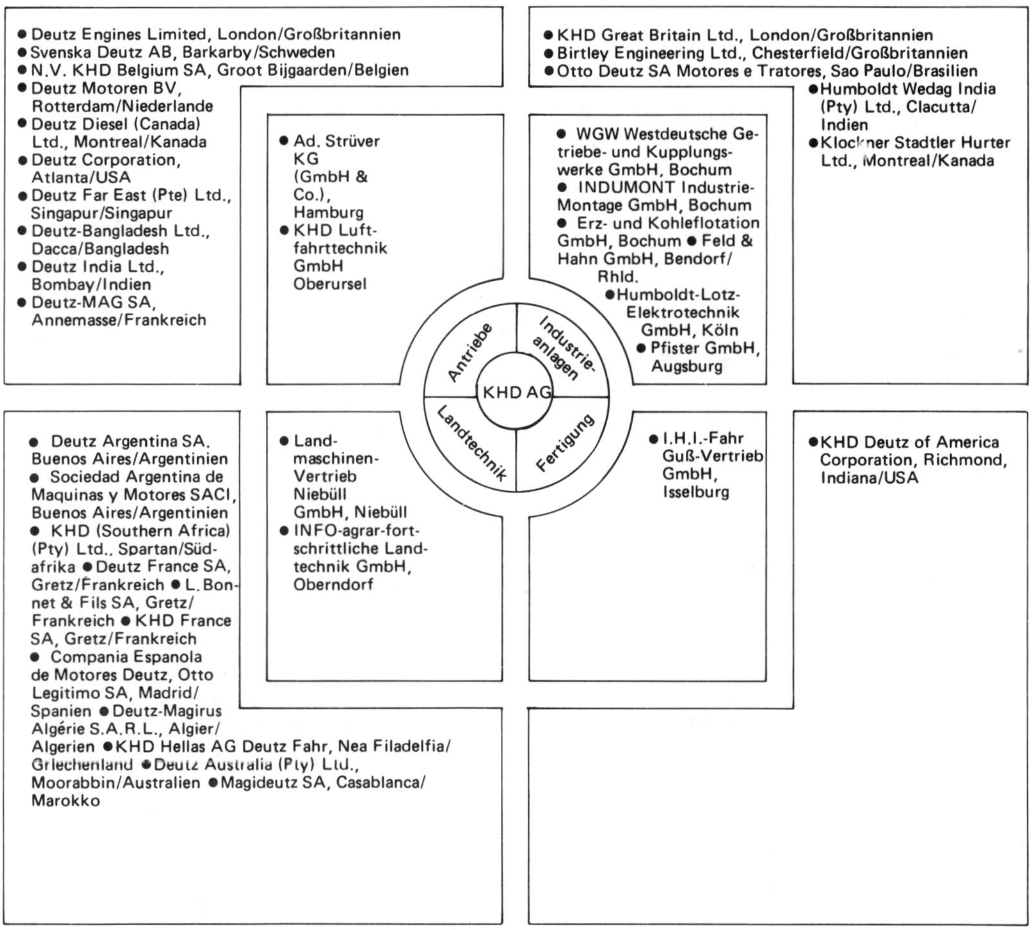

Abb. 17a: Zuordnung der Beteiligungen zu den Unternehmensbereichen der KHD

Vor diesem Hintergrund ist es erst verständlich, daß die KHD-Gruppe sich in über 100 Jahren bereits mehrfach umstrukturieren mußte, um den Anforderungen im Rahmen des eigenen Wachstums gerecht zu werden.

Im Jahre 1975 legte der Vorstand die Ziele fest, die von der bis dahin überwiegend funktionalen Gliederung zur heutigen Strukturierung geführt haben.

In Thesen ausgedrückt, ging es um:

- Straffung der Führungsspitze auf maximal 7 Vorstandsgeschäftsbereiche
- eindeutige Festlegung auf drei ergebnisverantwortliche Unternehmensbereiche für drei langfristige Wachstumsmärkte
- weitgehende Zentralisierung der inländischen Serienfertigung in einem Unternehmensbereich mit dem Ziel der Rationalisierung, des Beschäftigungsausgleichs und einer sinnvollen Investitionspolitik
- Festschreibung der zentralen Aufgaben in drei Unternehmensbereichen zur Koordination der Unternehmensbereiche mittels matrix-orientierter Kompetenzen
- Zuordnung der Beteiligungen zu den Unternehmensbereichen
- Steuerung der bereichsübergreifenden Aufgaben durch Richtlinienkompetenz der Querschnittsfunktionen, durch mit Entscheidungskraft ausgestattete Konferenzen und durch Projektmanagement
- Vereinheitlichung von Systemen, die allen gemeinsam zur Verfügung stehen wie Controlling, Kontierung, Verrechnungspreise, Normen, Teilenummern, Stücklisten, Qualitätssicherung, Schlüsseldaten
- eindeutige Verteilung der Kompetenzen (Aufgaben, Weisungsrechte, Verantwortung).

Der Vorstand berief eine Kommission mit Mitgliedern aus den zu erwartenden 4 Unternehmensbereichen und 3 Zentralbereichen, die ihm in direkter Berichterstattung einen Vorschlag zur Strukturierung der KHD AG und der Einbindung aller Aktivitäten der KHD-Gruppe zu erarbeiten hatte. Die Kommissionsleitung wurde dem Leiter „Organisation und Datenverarbeitung“ übertragen.

Inzwischen sind die Unternehmensbereiche „Antriebe“, „Industrieanlagen“, „Landtechnik“ und „Fertigung“ gebildet (siehe Abb. 17b). Die Zentralbereiche „Koordination“, „Finanzen und Verwaltung“ und „Personal und Sozialwesen“ sind durch Abgabe bzw. Hinzunahme von Funktionen bereinigt und der Konzeption angepaßt worden.

Grundlagen für die Festlegung der Unternehmensbereiche

Bis auf geringe Abweichungen ergibt sich eine klare Abgrenzung der Produkte, Märkte und Abnehmer.

Motoren (Umsatzanteil 49 %) werden überwiegend in die klassischen Industrieländer geliefert und von Einbaukunden (einschl. Reedereien) abgenommen. Der Einbaukunde wiederum liefert seine Produkte in alle Welt, also auch in wenig industrialisierte Länder. Diese Tatsache zwingt zum permanenten Ausbau des Kundendienstnetzes für Wartung, Reparaturen und Ersatzteilversorgung. Zentral gesteuerter Service für alle Märkte und ein leistungsfähiges Ersatzteilwesen entscheiden über zukünftige Marktanteile. Ausnahmen hiervon bilden Aggregate und Motorenanlagen, die in bezug auf Markt und Abnehmerkreis eher den Charakter von Industrieanlagen haben, bei denen aber dennoch die Verwendung des gleichen Produktes Motor für die Zuordnung entscheidend war.

Industrieanlagen (Umsatzanteil 18 %), deren Erzeugnisse bis zu 95 % exportiert werden, finden ihren Absatz hauptsächlich in Rohstoffländern, deren Industrie sich noch in der Entwicklungsphase befindet. Die für den Auftrag entscheidenden Gesprächspartner sind häufig staatliche Einrichtungen oder vom Staat gesteuerte Unternehmen. Die konsortiale Abwicklung vieler Aufträge erfordert gleichzeitig Verhandlungen im multinationalen Bereich. Bei sinkendem Eigenfertigungsanteil steigen die Leistungen im Bereich der Konstruktion, der Montage und der Anlaufbetreuung.

Während auf Zwischenhandel und Servicestätten weitgehend verzichtet werden kann, gewinnt die Frage der Produktion im Ausland zunehmend an Bedeutung. Ein Teil der Einzelmaschinen wird inzwischen in Kleinserien gefertigt und vertrieben.

Traktoren und *Landmaschinen* (Umsatzanteil 33 %) werden über Händler verkauft und von händlerorientierten Werkstätten betreut. In Ländern, in denen die Landwirtschaft staatlich verwaltet wird, übernehmen die staatlichen Ein-

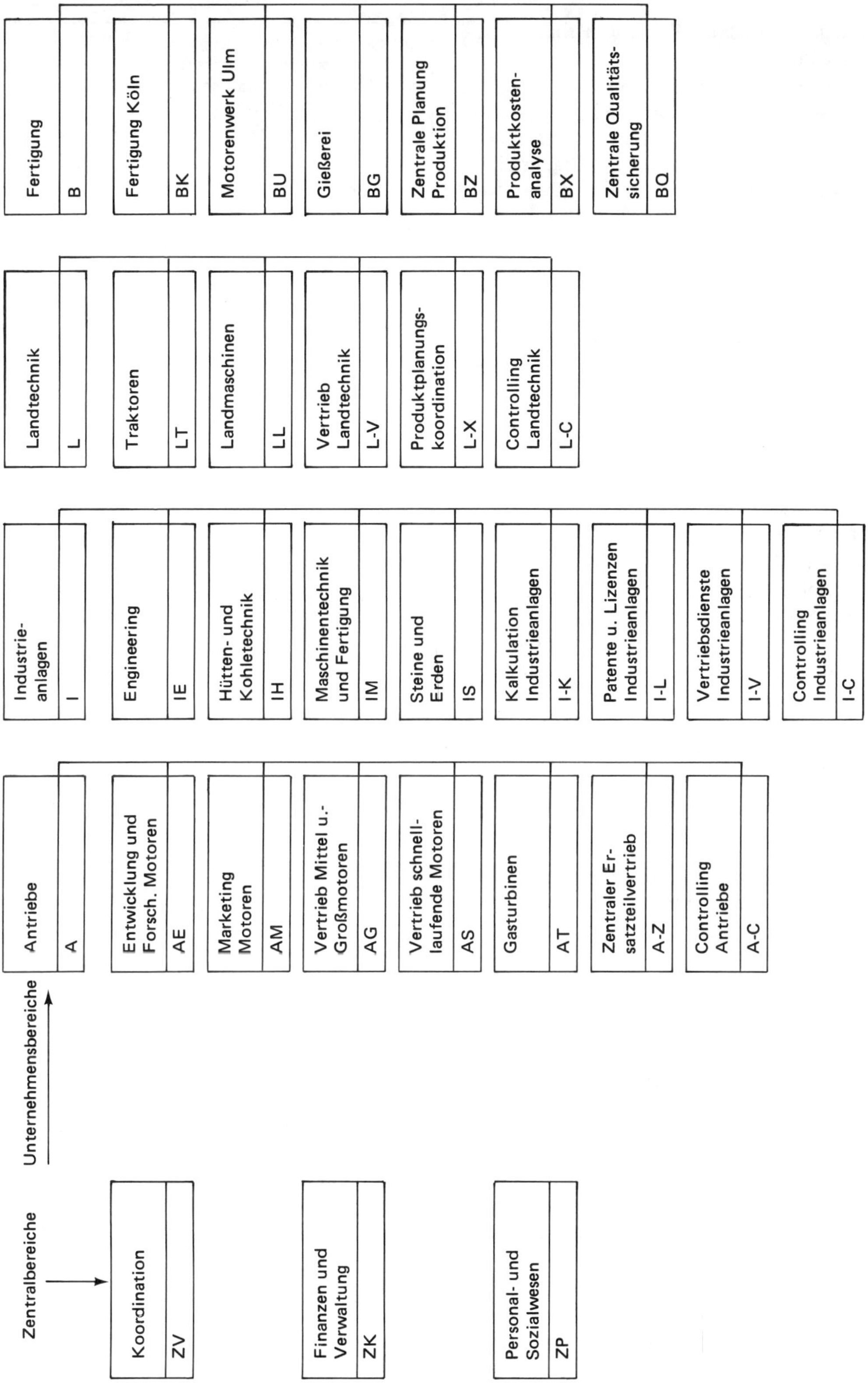

Abb. 17b: Unternehmens- und Zentralbereiche der KHD-Gruppe

richtungen Verteilung, Wartung, Reparatur und Ersatzteildienst.

Die *Fertigung* der Serienprodukte Motoren und Traktoren ist im Standort Köln so verzahnt, daß eine Aufgliederung auf die Unternehmensbereiche nicht wirtschaftlich vertretbar erschien. Außerdem waren die für alle Fertigungsstätten tätigen Gießereien in Köln, Isselburg und Stockach zusammenzufassen und auf Produktionsschwerpunkte auszurichten. Daher betreut der Unternehmensbereich „Fertigung" Fertigungsstätten in Köln, Isselburg, Voerde, Herschbach, Ulm und Stockach. Weitere Fertigungsstätten sind den Unternehmensbereichen direkt zugeordnet:

- „Antriebe":
  Gasturbinen in Oberursel
  Austauschmotoren in Köln und Übersee
- „Industrieanlagen":
  Humboldt-Produkte in Köln
  Wedag-Produkte in Bochum
- „Landtechnik":
  Intrac und Mähdrescher in Lauingen
  Heu- und Erntegeräte in Gottmadingen.

Die produktführenden Unternehmensbereiche haben die Ergebnisverantwortung für die von ihnen vertriebenen Produkte. Sie verfügen im Regelfalle über die Funktionen Forschung/Vorentwicklung, Entwicklung, Marketing, Vertrieb, Kundendienst und Controlling.

Leistungen (Produkte und Dienste) zwischen den Unternehmensbereichen werden zu Transferpreisen, d.h. zu internen Marktpreisen, verrechnet. Alle Unternehmensbereiche sind gehalten, Produkte und Dienste der anderen Unternehmensbereiche unter Beachtung der Wirtschaftlichkeit zu nutzen.

Grundlagen für die Festlegung der Zentralbereiche

Alle Funktionen der produktunabhängigen Unternehmenssteuerung werden zentralisiert. Abb. 17c bringt einen Überblick über die Funktionen der Zentralbereiche. Zentralisierung bedeutet nicht in jedem Falle eine Übertragung der Aufgaben auf Zentralbereiche. Beispiele hierfür sind: Die *„Entwicklung Antriebe"* übernimmt für Serienprodukte zusätzlich die zentralen Aufgaben:

Zentralbereich	Hauptaufgaben
Koordination	Öffentlichkeitsarbeit Revision Unternehmensstrategie Zentraleinkauf
Finanzen und Verwaltung	Controlling Beteiligungsverwaltung Finanzverkehr Geschäftsbuchhaltung Industrielle Vorhaben (Lizenzen) Kostenrechnung Organisation und Datenverarbeitung Recht und Versicherungen Steuern Unternehmensplanung Vorkalkulation
Personal- und Sozialwesen	Ausbildung Gehaltswesen Lohnwesen Sozialwesen Grundsatzfragen

Abb. 17c: Hauptaufgaben der Zentralbereiche

- Patentwesen
- Normen
- Technische Berechnungen.

Die *„Fertigung"* hat folgende Zusatzaufgaben:

- Qualitätssicherung
- Systeme der Arbeitsplanung und Arbeitssteuerung
- Industrial Engineering/Fertigungsrationalisierung
- Fertigungsinvestitionsvorhaben
- Kapazitätsausgleich in der Fertigung.

Am Beispiel *„Zentraleinkauf"* werden Bedeutung der Zentralbereiche und Umfang der Kompetenz besonders deutlich: Der Zentraleinkauf legt die Einkaufsrichtlinien fest, schließt Rahmenverträge für alle Fremdbezugsteile ab, die nicht kundenauftragsabhängig beschafft werden, und ist alleiniger Vertragspartner für Gegengeschäfte. Zur Sicherstellung des kostengünstigsten Beschaffungswegs hat er die Möglichkeit, konkurrierende Angebote zu jeder nicht zentral durchgeführten Bestellung und zu jedem Eigenfertigungsteil einzuholen.

Das Matrixelement in der Strukturierung

Dem *Vorstand* stehen für die vertikale, produktbezogene Führung die Unternehmensbereiche und für die horizontale, funktionale Führung die Zentralbereiche zur Verfügung. Unternehmensbereiche und Zentralbereiche sind miteinander über die *Richtlinienkompetenz* verknüpft. Die *Unternehmensbereiche* haben die personale und die produktbezogene Weisungskompetenz (WAS?). Sie tragen für die Produkte, die produktbezogenen Märkte, die Absatzorganisation, die produktbezogenen Aufgaben und die produktbezogen eingesetzten Mitarbeiter die Verantwortung und die Pflicht zur Weisung bzw. Information. Dem Weisungsweg entspricht mit umgekehrter Richtung der Berichtsweg.

Die *Zentralbereiche* haben funktionsbezogene Weisungsrechte und Richtlinienkompetenz, durch die hauptsächlich Verfahren und Methoden festgelegt werden (WIE?) und verfügen auch über die Kontrollkompetenz zur Einhaltung der Verfahren und Methoden.

Soweit möglich und sinnvoll, setzen sich diese Querschnittsfunktionen auch in den Unternehmensbereichen fort.

In Abb. 17d wird dies am Beispiel des *Controlling* verdeutlicht. Quer zum Berichtsweg der einzelnen organisatorischen Einheiten hat das Controlling eine stufenweise wirkende Richtlinienkompetenz, der eine über die gleichen Stufen laufende Rückmeldepflicht entspricht. Eine direkte Übermittlung und Auswertung des Zahlenmaterials auf dem Planungs- und Kontrollweg wird hierdurch sichergestellt.

Der durch Einführung der Matrixelemente vorgegebene Konflikt ist gewollt. Allerdings ist eine Reihe von Instrumenten notwendig, um die Konflikte zu kanalisieren:

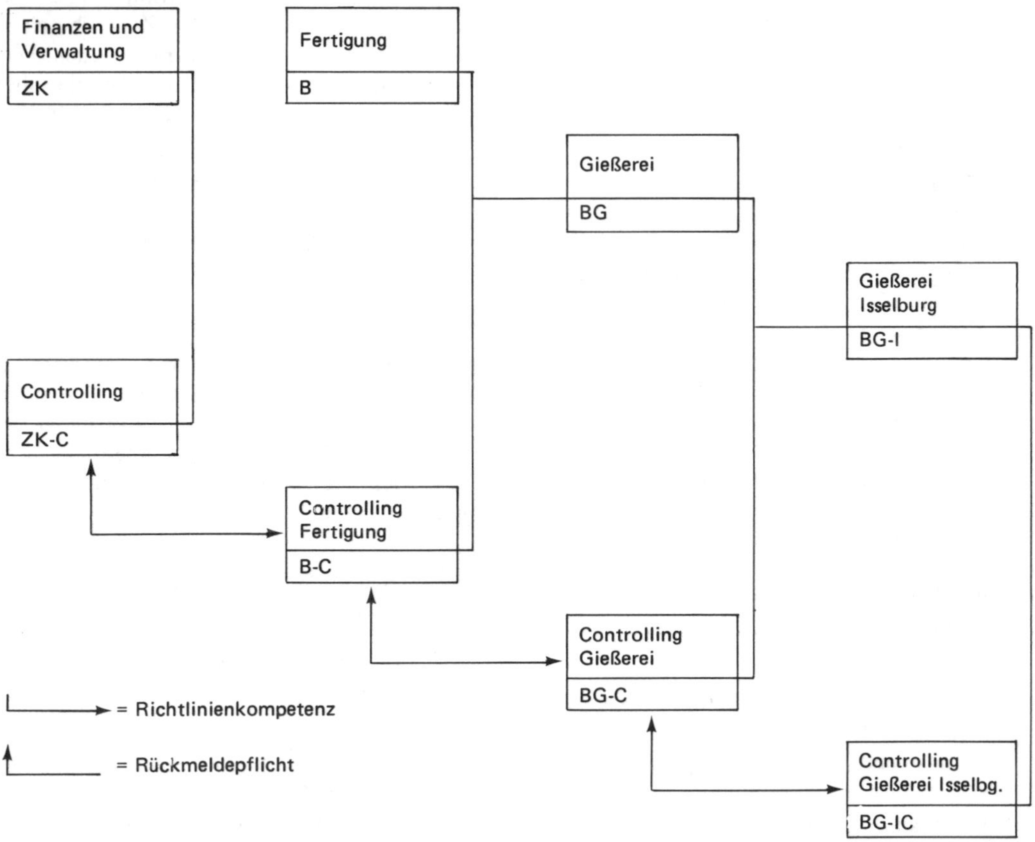

Abb. 17d: Verbindung von Unternehmens- und Zentralbereichen durch die Querschnittsfunktion „Controlling"

- *Berichtswegsystem*
  vertikal wirkendes disziplinares und produkt- bzw. funktionsbezogenes Weisungsrecht in Verbindung mit der Berichts-/Informationspflicht.

- *Institutionalisierte Konferenzen*
  interdisziplinäre Entscheidungsgremien unterhalb des Vorstandes für Unternehmens- und/oder Zentralbereiche übergreifende Probleme. Typische Beispiele sind:
  - Auslandsvertriebsplanung
  - Bauprogrammplanung
  - Investitionsplanung.

  Die Konferenz steht unter Entscheidungszwang. Übt ein Teilnehmer sein Vetorecht aus, entscheidet der Gesamtvorstand. Wenn der Zeitverzug bis zur Vorstandsentscheidung nicht tragbar ist, kann der Vorsitzende der Konferenz (im Regelfall ein Vorstandsmitglied) eine Entscheidung vorwegnehmen, die er dann aber im Gesamtvorstand zu vertreten hat. Die Entscheidung der Konferenz wird durch Veröffentlichung für alle in der Konferenz vertretenen Unternehmensteile verbindlich.

- *Vorstandssitzungen*
  alle Unternehmens- und Zentralbereiche umfassendes Entscheidungsgremium zur Gesamtausrichtung der KHD AG und der KHD-Gruppe. Die sieben Mitglieder des Vorstandes führen zugleich jeweils einen Unternehmens- bzw. Zentralbereich. Gesamtunternehmerische Entscheidungen, die über das Berichtswegsystem bzw. die institutionalisierten Konferenzen nicht delegiert sind, werden in den Vorstandssitzungen getroffen. Die Vorstandsmitglieder stellen in ihrer Funktion als Bereichsleiter sicher, daß die Interessen ihres Bereiches im Vorstand vertreten werden und daß die Entscheidungen des Vorstandes in ihrem Bereich durchgesetzt werden.

- *Projektmanagement*
  vom Berichtsweg unabhängiges fachliches Weisungsrecht für entscheidungsvorbereitende und/oder durchführende Aktivitäten bei zeitlich begrenzten Problemen.

  Die Teammitglieder bleiben ihrem bisherigen Vorgesetzten disziplinarisch zugeordnet. Die projektbezogenen Weisungen obliegen dem Projektleiter. Projektmitglieder nehmen nach Ablauf des Projektes wieder ihre bisherigen Aufgaben wahr. Durch die bei der Projekttätigkeit erworbenen zusätzlichen Kenntnisse, konnten in vielen Fällen die Projektmitarbeiter nach Beendigung mit erweiterten Funktionen betraut werden.

Erfahrungen mit der veränderten Struktur

Der Übergang von der überwiegend funktionalen Struktur vor 1977 zur divisionalen Struktur mit Matrixelementen heute hat für die Mitarbeiter aller Bereiche erhebliche Veränderungen gebracht:

- klare produkt- und marktbezogene Ergebnisverantwortung für die vertikal operierenden Unternehmensbereiche
- erweiterte Verantwortung für die unteren Ebenen im Berichtsweg (Delegation der Verantwortung)
- klare funktionsbezogene Kompetenzen für die horizontal operierenden Zentralbereiche und sonstige zentralisierte Funktionen. Diese Kompetenz reicht von der Weisung über die Richtlinienkompetenz bis zur Kontrolle
- wirtschaftlich nutzbare Dienstleistungen
- Regeln für am Gesamtunternehmen orientierte Lösungen in Konfliktsituationen zwischen den Unternehmensbereichen, aber auch in bezug auf die Kompetenzen der Zentralbereiche.

Allerdings hat sich auch gezeigt, daß die äußeren Einflüsse, insbesondere die des Marktes, so groß sind, daß keiner der Beteiligten beim Erreichten stehen bleiben will. Die Anpassung der Organisationsstruktur geht weiter, allerdings nicht in die Richtung grundlegender Veränderungen, sondern in die einer dynamischen Adaption.

3.32 Interview mit dem Mitglied des Vorstandes der Klöckner-Humboldt-Deutz AG (KHD), Herrn Dr. Rolf Selowsky, 1980

Die KHD-Gruppe ist u.a. durch die Zusammenfassung vielfältiger, früher selbständiger Unternehmen des Maschinenbaus gewachsen. Dabei waren vielfältige organisatorische Integrationsaufgaben zu lösen. – Welche unternehmenspolitischen Überlegungen liegen derzeit Ihrer organisatorischen Strukturierung zugrunde?

Unsere Unternehmensstrategie geht von unseren gegenwärtigen Tätigkeitsfeldern aus, also Antriebe, Landtechnik und Großanlagen. Auf dem Antriebssektor liegt unser größtes Interesse in der Entwicklung des Dieselmotorenmarktes, wo wir bei den luftgekühlten Motoren die größten Produzenten der Welt sind und ganz allgemein eine bedeutende Marktstellung haben, da wir überwiegend für fremden Bedarf liefern.

Landtechnik, resultierend aus den Problemen der Ernährung, wird gleichfalls einen Wachstumsmarkt der Zukunft darstellen, obwohl in diesem Sektor beachtliche Schwankungen von Jahr zu Jahr zu beobachten sind. Die Erschließung und Aufbereitung von Metallen und Rohstoffen bildet den Kernpunkt unseres Anlagengeschäftes. Wir sind also auf den Sektoren der „basic needs" tätig. Den Veräußerungserlös, den wir durch die Abgabe unseres 20 %igen IVECO-Anteils bekommen werden, wollen wir möglichst auf einem dieser Teilgebiete einsetzen. Das wird nur durch den Einkauf in ein bestehendes Unternehmen möglich sein, aber wohl nicht durch die Errichtung eines vierten Unternehmensbereiches. Dabei zielen wir in die internationale Richtung, weil wir in Zukunft weit stärker international tätig sein wollen als in der Vergangenheit. Dies ist auch der Grund für die Aufnahme der Motorenfertigung in den Vereinigten Staaten.

Welche Rolle spielt die Organisation bei Ihren unternehmenspolitischen Überlegungen?

Für uns hat die Aufbauorganisation eine die Unternehmenspolitik unterstützende Funktion. Was wir erreichen wollen, ist, daß alle Aktivitäten dieses Unternehmens auf bestimmte Produkte, Märkte und Kunden ausgerichtet werden. In der Ablauforganisation wollen wir darüber hinaus Ordnung schaffen und behalten.

KHD hat bis 1975 an einer funktionalen Organisation festgehalten. Welche Schwierigkeiten ergeben sich im Zusammenhang mit der damaligen Organisationsform?

Vor 1975 war die konjunkturelle Situation schwierig. Eine Analyse der damaligen Lage führte zu dem Ergebnis, daß wir nicht hinreichend genug auf das Produkt, auf den Markt und die Kunden ausgerichtet waren, sondern mehr auf die wahrzunehmenden Funktionen. Bis zur Einführung der derzeitigen Organisationsform in 1975 hatten wir ein System, das bösartig als „Doppelstopper-System" bezeichnet wurde. Dies war eine funktionale Organisation mit Produktbereichen – ohne daß dieser Ausdruck damals verwendet wurde –, an deren Spitze jeweils zwei Vorstandsmitglieder standen, ein Vertriebsbereichs- und ein Konstruktionsbereichschef. In dieser Weise war auch Magirus Deutz als Abteilung – also nicht als rechtlich selbständige Einheit – mit zwei Personen in der Spitze besetzt, wobei die Fertigung durch den zentralen Fertigungschef geleitet wurde.

Weshalb wurde dieses System als „Doppelstopper-System" bezeichnet?

Es wurde behauptet, beide seien verantwortlich, jeder kümmert sich um sein eigenes Fachgebiet, also das Produkt steht nicht unbedingt im Vordergrund. Jeder will beweisen, daß er sein Fachgebiet exzellent beherrscht. Die Schwierigkeiten ergaben sich durch die Gleichrangigkeit beider. Nach meiner Überzeugung kann aber in jeder Einheit einer Unternehmung schlußendlich nur einer das Sagen haben. Es stellte sich heraus, daß mit einer mehr funktionalen Organisation das größere Volumen kaum noch steuerbar war, weil eine bis in die oberste Führungsspitze reichende Spezialisierung immer notwendiger wurde. Eine Koordination ist unter diesen Bedingungen nur noch sehr schwierig durchführbar.

Besteht zwischen der Ausgliederung Ihres Nutzfahrzeuggeschäftes in die IVECO und der Neuorganisation ein Zusammenhang?

Zwischen beiden besteht kein Zusammenhang. Bevor die Ausgliederung von Magirus akut wurde, haben wir bereits die Grundzüge unserer neuen Organisationsstruktur festgelegt. Erst im Rahmen der Ausgliederung haben wir die Magirus Deutz AG gegründet und mit Wirkung vom 1.1.75 unsere Aktivitäten auf dem Sektor Nutzfahrzeuge darin eingebracht. Diese Gesellschaft gehört heute zu 100 % der IVECO.

Gab es bei dieser Ausgliederung Probleme der physischen Abgrenzung vor allem von Werken oder Werksteilen?

Die Trennung war nicht schwierig, weil wir an den Standorten Ulm und Mainz überwiegend für den Nutzfahrzeugbau tätig waren. Wir haben darüber hinaus in Ulm eine Motorenfabrik, die aber von der Lastwagenfabrik völlig getrennt war und ist. Probleme der Trennung ergaben sich hier also nicht. Lediglich die Fertigung auslaufender Motorentypen war in das Nutzfahrzeugwerk integriert. Diese Fertigung wurde mit ausgegliedert und bis vor kurzer Zeit von Magirus Deutz gepachtet.

Benötigten Sie für diesen Ausgliederungsbereich eine neue Führungsstruktur?

Der Vorstand der Magirus Deutz mußte erstmalig bestellt werden, wobei mit einer Ausnahme alle Herren aus unserem Hause kamen. Im übrigen war die Führungsebene vorhanden und blieb bestehen.

Ihre neue Organisationsstruktur stellt drei produktführenden entwicklungs- und vertriebsorientierten Unternehmensbereichen einen zentral ausgerichteten Fertigungsbereich und drei funktional orientierte Zentralbereiche gegenüber. – Welches waren Ihre Überlegungen, die zu einer derartigen Struktur mit matrixhaften Überlagerungen führten?

Grundsätzlich wollten wir in unserer Organisation eine Konfliktsituation programmieren. Wir wollten Dienstleistungsfunktionen und solche Funktionen, bei denen wir der Auffassung waren, daß sie zweckmäßigerweise zentral wahrgenommen werden sollten, in vertikal zuständige Bereiche gliedern, während alles, was dem Produkt, dem Markt, dem Kunden dient, in horizontalen Unternehmensbereichen zusammengefaßt werden sollte. Die Unternehmensbereiche sollen erklären, *was* sie wollen, und die Zentralbereiche, *wie* das gemacht werden soll.

Ein derartiger Ansatz führt automatisch an den Schnittstellen zu Diskussionen und natürlich zu Meinungsverschiedenheiten; dies ist jedoch gewollt. Wir sind uns dabei völlig im klaren, daß eine solche Organisationsform erhebliche Einsichten von allen Beteiligten erfordert. Ohne kollegiale Zusammenarbeit kann sie nicht funktionieren. Bei uns hat sie sich sehr gut eingespielt, was die praktische Erfahrung anbelangt.

Offensichtlich hat sich der Einführung einer „reinrassigen" Unternehmensbereichsorganisation die traditionell gewachsene Werkstruktur entgegengestellt. – Wie gliedert sich der Fertigungsbereich in die Gesamtstruktur ein?

Die Fertigungsstätten, die ohne räumliche Probleme den Unternehmensbereichen zugeordnet werden konnten, wurden auch zugeteilt. Das ist jedoch vom Volumen her der kleinere Teil. Der wesentlichere Teil der Fertigungskapazitäten war jedoch nicht aufteilbar – vor allem aus historischen Gründen. Wir sind dabei auch dem gängigen Trend gefolgt, nicht mehr unbedingt eine reinrassige Divisionalisierung durchzusetzen. Dieser wesentliche Teil der Fertigungskapazitäten wurde in einem eigenen Fertigungsbereich zusammengefaßt.

Damit ergeben sich sicherlich auch gerade für unser Land interessante Möglichkeiten des Beschäftigungsausgleichs unterschiedlicher Produktgruppen in einem Werk?

Dieses Argument ist für uns sehr wichtig: Die tatsächliche Erfahrung mit unserer neuen Struktur ist die, daß wir ohne einen zentralen Bereich Fertigung überhaupt nicht in der Lage gewesen wären, den Kapazitätsausgleich zwischen den einzelnen Werken – soweit überhaupt möglich – herbeizuführen. Dies vollzieht sich heute ohne Konflikte mit einer relativ hohen Geschwindigkeit.

Bieten die drei produktführenden Unternehmensbereiche zugleich eine Ausrichtung auf bestimmte Kundengruppen?

Sicherlich gibt es hier Überschneidungen, und zwar vor allem dort, wo wir mit Händler- oder Importorganisationen arbeiten. Diese sind zumeist wie unser Unternehmen selbst gewachsen. Sie vertreiben in einer Funktion sowohl Traktoren und Landmaschinen als auch Motoren. Auf dem Anlagensektor war dagegen immer eine getrennte Funktion vorhanden. Heute sind die Überschneidungen nur noch Ausnahmefälle. Bei größeren Händlern hat sich nämlich inzwischen eine ähnliche divisionale Gliederung eingestellt, wie wir sie hier bei uns im Stammhaus haben.

Wie werden Probleme des Ersatzteilwesens und des Kundendienstes gegenüber den Händlern koordiniert, nachdem sie ja hierfür keine zentrale Einheit im Organigramm ausweisen?

Die Koordination des Ersatzteilwesens ist im wesentlichen dem Bereich Antriebe übertragen worden, der Kundendienst wird dagegen vollständig von den Unternehmensbereichen wahrgenommen.

Sie gaben den drei „produktführenden" Unternehmensbereichen eine eigene Ergebnisverantwortung. Der Bereich „Fertigung" entzieht dieser Verantwortung jedoch die Herstellkosten.

Dieses Thema hat uns heftig beschäftigt. Zunächst möchte ich jedoch auf die lange Tradition einer ausgebauten Kosten- und Ergebnisrechnung für jedes einzelne Produkt hinweisen, wenn auch diese Systeme immer verbesserungsbedürftig sind, z.B. durch nach Regionen unterteilte Ergebnisrechnungen. Wir können nach Verantwortungsbereichen, Produkten, Regionen usw. die Ergebnisse darstellen.

Was wir nicht vornehmen können, ist die Zuordnung von Vermögenswerten und Schulden auf die einzelnen Verantwortungsbereiche, weil der Bereich, der das entscheidende Volumen an Vermögenswerten bindet – der Fertigungsbereich – sich einer weitgehenden Zuordnung auf die einzelnen Unternehmensbereiche entzieht. Jeder Versuch, mit Hilfsrechnungen diese Werte dem Unternehmensbereich zuzurechnen, würde eher zu Fehlinformationen und -interpretationen führen. Die Zuordnung von Verbindlichkeiten ist überhaupt problematisch.

Nach welchem Prinzip setzen Sie die Verrechnungspreise innerhalb und zwischen den Bereichen an – ein Problem, das sich in Ihrer Organisation in besonderer Weise stellen dürfte?

Wir haben dieses Problem auf drei Ebenen:

1) Verrechnungspreisbildung auf der Ebene der Unternehmensbereiche (z.B. Lieferung von Motoren aus dem UB Antriebe an den UB Landtechnik),

2) innerhalb des Fertigungsbereiches existiert eine ergebnisverantwortliche Sparte, die extern orientiert ist. Es handelt sich um die Gießereibetriebe, die an Fremde, aber vor allem an die einzelnen produktführenden UBe und an den zentralen Fertigungsbereich liefern und

3) die Verrechnungspreise für Lieferungen des Fertigungsbereiches an die Unternehmensbereiche.

Ich will nicht behaupten, daß wir die mit diesen drei Ebenen verbundenen Probleme der Verrechnungspreisbildung hundertprozentig gelöst haben. Was wir gelöst haben, ist die Verrechnungspreisproblematik nach 1). Dabei gehen wir von modifizierten Marktpreisen aus. Beginnend mit dem nächsten Jahr werden wir die Verrechnungspreise des 2. Problemkreises in einer Erprobungsphase festsetzen, wobei wir auch von modifizierten Marktpreisen ausgehen, aber für die einzelnen Varianten technische Äquivalenzziffern verwenden. Diese ermöglichen den Preisansatz von bestimmten marktgängigen Produkten der Gießerei auf andere nicht marktgängige Produkte. Offensichtlich orientieren sich auch tatsächliche Marktpreise an diesen Kennziffern. Zum Problemkreis 3) sind wir noch in der Konzeptphase. Unsere Grundüberlegungen gehen in die folgende Richtung: Die vorhandenen Kapazitäten im Augenblick der Neuorganisation gelten als Datum. Kein abnehmender Bereich kann für diese Kapazitäten bezüglich der Leerkosten oder für nicht ausreichende Kapazitäten verantwortlich gemacht werden. Also wurden die Daten festgeschrieben. Vom Zeitpunkt der Einführung der Neuorganisationen an haben die Unternehmensbereiche ein maßgebliches Mitspracherecht in der Planung und Durchführung von Investitionen des Fertigungsbereiches. Wenn sich die marktaktiven Unternehmensbereiche hier mit dem Fertigungsbereich auf eine Kapazität für bestimmte Produkte und Komponenten festgelegt haben, dann sind sie auch dafür verantwortlich. Dann auftretende Leerkosten können nicht zu Lasten des besonderen Bereiches Fertigung gehen, sondern zu Lasten der auftraggebenden Unternehmensbereiche.

Wenn also die beiden Voraussetzungen „gegebene Kapazität" und „verantwortliche Mitgestaltung an der Kapazitätsveränderung" gegeben sind, gehen die Beschäftigungsabweichungen zu Lasten der auftraggebenden Unternehmensbereiche.

Alle Abweichungen, die darüber hinaus auftreten, sollen weiter gesondert erfaßt und den Bereichen angelastet werden, die diese Abweichungen zu vertreten haben (z.B. Sonderausführungen, Umbauten, falsche Dispositionen). Verbrauchsabweichungen hat jedoch der Fertigungsbereich zu vertreten. Das System ist an sich recht weit entwickelt, uns fehlen nur noch ausreichende Grunddaten für die Ansätze. Ein in der Realisierungsphase befindliches Projekt der Neugestaltung bestimmter Abläufe wird 1981 abgeschlossen sein und uns die Voraussetzungen liefern, um die Verrechnung von Kosten des Bereiches Fertigung an die Unternehmensbereiche sinnvoll lösen zu können.

Wie wird die kurzfristige Beschäftigungssteuerung im Rahmen der gemeinsam fixierten Kapazität in Ihrem System ausgesteuert?

Wir steuern die Beschäftigung über Bauprogrammkonferenzen, die Entscheidungsbefugnisse besitzen. Diese versuchen einen „gesunden" Ausgleich aller Interessen herbeizuführen.

Kann die Zuordnung der Qualitätssicherung zum Unternehmensbereich Fertigung zu Interessenkollisionen („Neutralität der Kontrolle") führen?

Wir sehen in der Welt der Praxis keine Interessenkollisionen in der organisatorischen Zuordnung.

Die drei produktführenden Unternehmensbereiche wickeln unterschiedliche Geschäftsarten ab (Serien-/Anlagengeschäft). Inwieweit haben Sie deren Tätigkeiten formal vereinheitlicht, inwieweit lassen Sie unterschiedliche Strukturierungsmuster in den drei Bereichen bewußt zu?

Von der Aufbauorganisation her sehe ich keine wesentlichen Unterschiede im Strukturierungsmuster aller drei Bereiche. Eines ist aber bemerkenswert: In den Bereichen Antriebe und Landtechnik hatten wir ursprünglich eine Divisionalisierung vorgesehen, die bis zu den kleinsten vorstellbaren Einheiten ging. Diesen Weg konnten wir nicht zu Ende gehen. Bei bestimmten Größenordnungen überschritten wir Grenzen, wo es einfach nicht mehr sinnvoll war zu divisionalisieren.

Wir waren uns immer darüber im klaren, daß eine divisionale Organisationsstruktur zu Mehrkosten führen könnte, waren uns aber ebenso darüber im klaren, daß diese durch eine erhöhte Effizienz überkompensiert werden würden. In der Realität hat sich gezeigt, daß eine zu weitgehende Divisionalisierung bei Serienerzeugnissen in zu kleine Einheiten nicht zu diesem Überkompensationseffekt führen muß. Hier gibt es gegenüber dem Anlagensektor eine Abweichung, denn in diesem können wir bis zum einzelnen Produkt hin divisionalisieren. Wir haben daher dort eine weitergehende Spartengliederung als bei den Serienbereichen. Im Ablauf muß natürlich in viel stärkerem Maße auf die produktbezogenen Erfordernisse Rücksicht genommen werden.

In- und ausländische Beteiligungen haben Sie den Unternehmensbereichen zugeordnet. Ergibt dieses eine Art weltweiten Produktmanagements für die produktführenden Unternehmensbereiche?

Das ist der Fall. Unsere Auslandsgesellschaften stellen in der überwiegenden Zahl reine Vertriebsaktivitäten für bestimmte Regionen dar. Diese Gesellschaften haben wir jeweils dem Unternehmensbereich zugeordnet, der in der Region die meisten Aktivitäten entwickelt. Im zuständigen Unternehmensbereich ist dann die disziplinarische Weisung insgesamt und die fachliche Weisung nur für den eigenen Bereich gegeben. Alle übrigen Unternehmensbereiche besitzen nur eine fachliche Kompetenz.

Wie ist in diesem Zusammenhang die Angliederung der KHD Deutz of America Corp. an den Fertigungsbereich zu sehen?

Diese Tochtergesellschaft ist als Ausnahme dem Fertigungsbereich zugeordnet, weil wir einen internationalen Fertigungsverbund anstreben. Unter diesem Gesichtspunkt sollen unsere ausländischen Fertigungsstätten (in freien Märkten) in einem internationalen Verbund als verlängerte Werkbänke unserer nationalen Aktivitäten arbeiten. Die Aufgabe von KHD of America ist also nicht, den Gewinn kurzfristig zu maximieren, sondern nach vorgebenen Bauprogrammen budgetgerecht zu arbeiten.

Drei Zentralbereiche ergänzen die Unternehmensbereichsstruktur matrixhaft. – Ungewöhnlich ist die Zuordnung eines Zentralbereiches Einkauf zum Vorstandsressort „Koordination". Welche Überlegungen haben hierzu geführt?

Der zentrale Einkauf hat Rahmenfunktionen und den lokalen Einkauf in Köln zu vollziehen. Er hat darüber hinaus eine kontrollierende Rolle gegenüber der Fertigung zu spielen. Dies gilt vor allem für das Problem der Eigenfertigung oder des Bezugs von Teilen. Neben der Entscheidung, daß bestimmte know-how-trächtige Komponenten per Definition im eigenen Haus gefertigt werden, gibt es bei anderen marktgängigen Komponenten und Teilen eine Konkurrenzsituation zwischen dem Bereich Fertigung und dem Einkauf. Eine Zuordnung des Einkaufs zum Fertigungsbereich hätte eine Interessenkollision heraufbeschworen. Unsere Lösung hat sich in der Praxis hervorragend bewährt.

Ungewöhnlich ist die Bildung von Konferenzen mit Entscheidungsgewalt zur Entlastung des Vorstandes. – Welche Erfahrungen haben Sie mit der Einrichtung dieser Entscheidungskonferenzen bislang machen können?

Mit diesem Instrument arbeiten wir erst seit etwa drei Jahren. Unsere Erfahrung ist daher für ein abschließendes Urteil noch nicht ausreichend. Wir haben die Technik von schwedischen Beispielen übernommen. In den Konferenzen mit Entscheidungszwang hat jeder stimmberechtigte Teilnehmer das Recht, ein Veto einzulegen. Sollte das geschehen, wird die Entscheidung auf die nächsthöhere Ebene – die Vorstandssitzung – verlagert. In Wirklichkeit habe ich während der vergangenen drei Jahre nur drei Fälle erlebt, in denen tatsächlich von diesem Vetorecht Gebrauch gemacht wurde. Ich finde also, daß dieses Verfahren gut läuft.

Halten Sie eine Erweiterung des Matrixgedankens (Erweiterung der Kompetenzen der Zentralbereiche) in der Zukunft für ratsam?

Wenn die Konflikte, die in eine Matrixorganisation eingebaut sind, dazu führen, daß sie das Geschehen in einer Unternehmung bestimmen, dann wird die Situation problematisch. Die Matrixorganisation ist eine anspruchsvolle Organisationsstruktur. Sie stellt an die Einsichten aller Beteiligten große Anforderungen. Wenn Mitarbeiter jahrzehntelang in einer funktionalen Struktur gearbeitet haben, fällt es schwer, auf eine divisionale Organisation mit Matrixelementen umzuschalten.

Wir müssen beim gegenwärtigen Stand unserer Organisationsentwicklung darauf achten, daß die gewollten internen Konflikte nicht die externen Probleme in den Hindergrund drängen. Alle Beteiligten in unserem Hause haben erkannt, daß wir nicht zurückfallen können in die Anhäufung von Klein- und Mittelbetrieben, die, jedes, für sich, alle Funktionen eines werbend tätigen Unternehmens wahrnehmen und die von einer Muttergesellschaft im Sinne einer Holdingfunktion betreut werden.

Von welchen Problemen her könnten sich für die fernere Zukunft neue Anpassungsnotwendigkeiten Ihrer Organisation herleiten?

Eine Organisationsstruktur, die länger als sieben bis zehn Jahre existiert, kann m.E. nicht mehr effizient sein. Jede Erfahrung spricht dafür, daß die kommende Veränderung gesehen werden muß. Dies gibt Anlaß zur Überprüfung und Umstrukturierung. Der größte Anstoß, den dieses Unternehmen für eine Änderung der Struktur erfahren wird, ist für mich ohne Zweifel die weitergehende Internationalisierung. Von dieser Seite werden Probleme auf uns zukommen, und wir werden Anstöße zur Modifizierung unserer Struktur erfahren.

Im Augenblick ist die Matrixorganisation die für uns zweckmäßige Form zur Führung dieses Konzerns. Sie ist aber kein non-plus-ultra, die Organisation von morgen kann ganz anders aussehen.

3.4 M.A.N. AG

3.41 Die Organisation der M.A.N.-Gruppe (Stand 1979)

von Dr. Ing. Kurt A. Detzer;
Dipl.-Kfm. Klaus Petit, Augsburg

In der M.A.N.-Gruppe sind derzeit ca. 62.000, in der M.A.N. AG ca. 39.000 Mitarbeiter beschäftigt. Der Umsatz im Geschäftsjahr 1977/78 betrug über 6,7 Mrd. DM, von denen etwa 4,4 Mrd. auf die M.A.N. AG entfielen. Das stark diversifizierte und dennoch eng zusammenhängende Tätigkeitsprogramm umfaßt an die hundert Produktgruppen bzw. Dienstleistungsbereiche, die jeweils in mehrere Wirtschaftszweige Eingang finden. Dennoch wird diese Leistungsvielfalt mit einigen wenigen genau umrissenen technischen Produktlinien er-

Grundstoffgewinnung	Anlagen und Einrichtungen für die Gewinnung und Verarbeitung mineralischer Rohstoffe, Förderanlagen für Massengüter
Energietechnik	Dampf- und Dieselkraftwerke, Gasturbinenanlagen. Komponenten für Kernenergieanlagen
Verkehrstechnik	Nutzfahrzeuge, Dieselmotoren, Schienenfahrzeuge, Verkehrsbauten, Wasserfahrzeuge
Kommunikationstechnik	Druckmaschinen, Radioteleskope
Industrieausrüstungen	Kraft- und Arbeitsmaschinen, Apparate, Krane, Stahlbauten, Baukrane, Ver- und Entsorgungsanlagen, Aufzüge, Anlagen-Engineering, Montagen
Auftragsforschung	Energietechnik, Raumfahrttechnik, Verkehrstechnik, Werkstofftechnik

Abb. 18a: Produkt- und Dienstleistungsangebot der M.A.N.

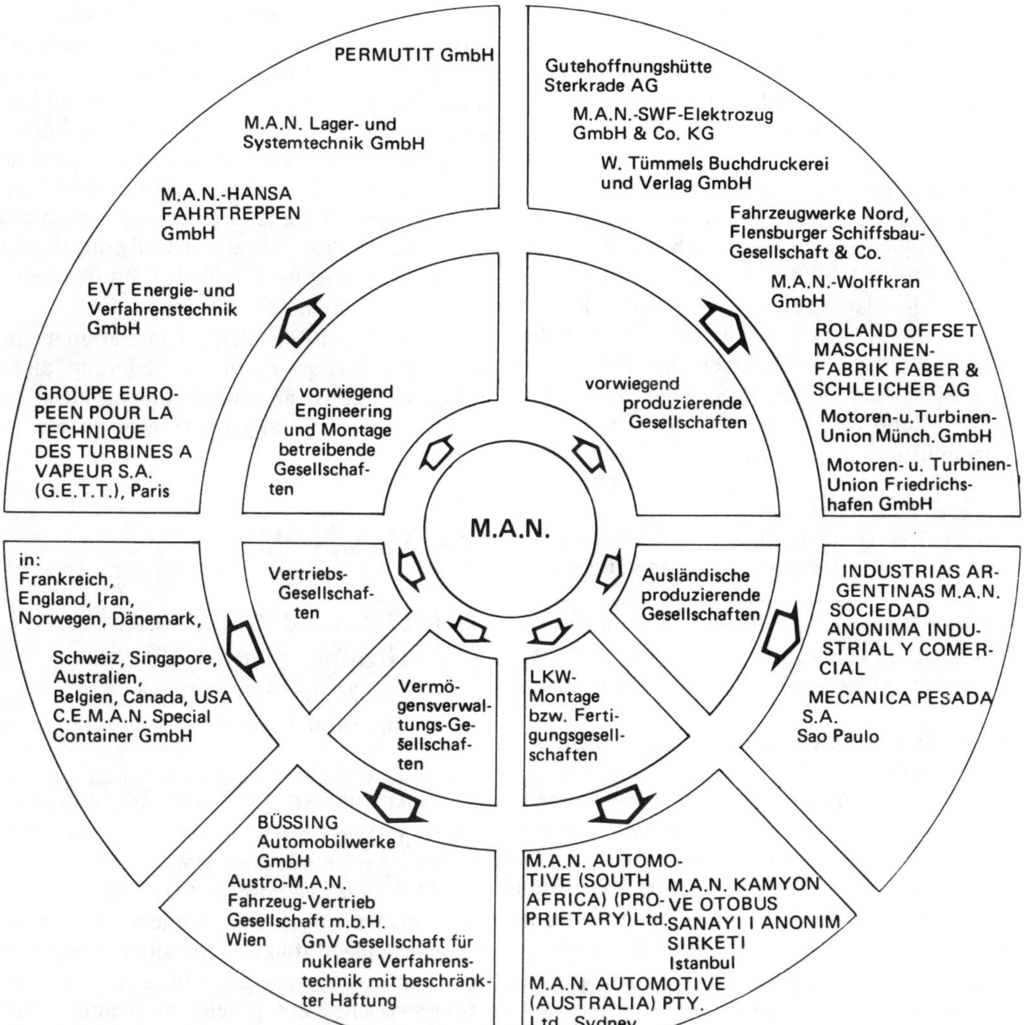

Abb. 18b: M.A.N. AG und Beteiligungsgesellschaften

bracht, die in der Geschichte des Unternehmens gewachsen sind (vgl. Abb.18a).

Charakteristisch für die M.A.N. ist die weitgehende Konzentration der Aktivitäten in der Stammfirma M.A.N. AG. Die Entwicklung und das Wachstum des Unternehmens vollzogen sich in der Vergangenheit im wesentlichen über die Gründung eigener Werke. Die Übernahme der GHH Sterkrade AG und der Erwerb der BÜSSING Automobilwerke AG, lassen sich als Ergänzung und Abrundung vorhandener technischer Produktlinien verstehen.

Auch alle übrigen Beteiligungsgesellschaften der M.A.N., die in Abb. 18b zusammengestellt sind, lassen sich unschwer mit den aufgezeigten technischen Produktlinien in Verbindung bringen.

Organisationsstruktur

Die *divisionale Organisationsstruktur* in der M.A.N. hat eine lange Tradition. Wie der Name „Maschinenfabrik Augsburg-Nürnberg" heute noch andeutet, entstand die M.A.N. im Jahre 1898 durch Zusammenschluß zweier Industrieunternehmen in Augsburg (gegründet 1840) und Nürnberg (gegründet 1841).

Die Organisation des Unternehmens orientierte sich weitgehend an diesen geographischen Organisationseinheiten, die alle wesentlichen Funktionen lokal vorhielten und damit weitgehend autark waren. Bestimmte Funktionen wurden von Zentralstellen wahrgenommen. Jeweils eine der in einem Werk bestehenden Stabsabteilungen, z.B. „Werbung und Öffentlichkeitsarbeit", „Organisation", „Lizenzen und Patente" übernahm zusätzlich zur lokalen Werkfunktion die Zentralfunktion.

Ende der 60er Jahre wuchs die M.A.N. mit ihren Beteiligungsgesellschaften und ihren zahlreichen Kooperationen mit anderen Unternehmen in eine Größenordnung, die eine Weiterentwicklung der bestehenden Organisation nahelegten. Durch die *Bildung von dezentralen Unternehmensbereichen* und *zentralen Gesamtbereichen* wurde die Organisationsstruktur des Unternehmens gestrafft.

Die verschiedenen Produktlinien waren auf die vorhandenen Werke so verteilt, daß die Grenzen der Unternehmensbereiche weitgehend durch Zusammenfassung der bisherigen geographischen Einheiten gezogen werden konnten. So wurden die Werke Hamburg und Augsburg zum Unternehmensbereich „Dieselmotoren und Druckmaschinen" zusammengefaßt, die Werke Gustavsburg und Nürnberg zum Unternehmensbereich „Maschinen- und Stahlbau". Dies erlaubte überdies, die von der Holdinggesellschaft GHH Aktienverein als 100 %-Tochter übernommene GHH Sterkrade AG in die Gesamtorganisation der M.A.N. ohne Umstrukturierung einzubauen und wie einen Unternehmensbereich zu führen.

Die Gesamtbereiche, soweit nicht schon vorhanden (wie z.B. kaufmännische Verwaltung und Finanzen) ergaben sich einmal durch Zusammenlegung bereits zentral wahrgenommener Funktionen (z.B. der Abteilungen Vertretungen, Werbung und Öffentlichkeitsarbeit, Marktforschung zum Gesamtbereich Marketing) oder durch Verstärkung und Neugründung zusätzlicher Gesamtfunktionen (so die Bereiche Technik und Produktion, Organisation und Datenverarbeitung, Personal- und Sozialwesen, Materialwirtschaft, produktunabhängige Forschung und Entwicklung) vgl. Abb. 18c.

Unternehmensbereiche

Die divisionalen Organisationseinheiten der M.A.N. sind folgende vier Unternehmensbereiche

- der Unternehmensbereich Nutzfahrzeuge,
- der Unternehmensbereich Dieselmotoren und Druckmaschinen,
- der Unternehmensbereich Maschinen- und Stahlbau
- der Unternehmensbereich Maschinen- und Anlagenbau GHH Sterkrade AG.

Die Abb. 18d zeigt eine verallgemeinerte Darstellung der Organisationsstruktur eines Unternehmensbereiches.

Die Produktbereiche verfügen über alle produktorientierten Funktionen (z.B. die produktbezogene Forschung und Entwicklung und den Vertrieb). Die Kundendienstfunktionen werden bei einem erheblichen Geschäftsvolumen als eigenständige Produktbereiche geführt, so z.B. der Kundendienst des Unternehmensbereiches Nutzfahrzeuge und der Kundendienst für Dieselmotoren im Unternehmensbereich Dieselmotoren und Druckmaschinen.

Die allgemeinen (produktneutralen) Funktionen eines Unternehmensbereiches werden von Stellen wahrgenommen, die für alle Produktbe-

	M A N-Vorstand	Unternehmensbereiche: Nutzfahrzeuge	Unternehmensbereiche: Dieselmotoren und Druckmaschinen	Unternehmensbereiche: Maschinen- und Stahlbau	Unternehmensbereiche: Maschinen- und Anlagenbau GmbH Sterkrade
Gesamtbereiche	Marketing Technik und Produktion Organisation und Datenverarbeitung Personal- und Sozialwesen kaufm. Verwaltung Finanzen Materialwirtschaft Produktunabhängige Forschung und Entwicklung	Werk München Zweigwerke Penzberg, Salzgitter, Braunschweig Produkte und Leistungen: Lastkraftwagen Kommunalfahrzeuge Omnibusse Fahrzeug-Dieselmotoren Einbau-Dieselmotoren Nutzfahrzeug-Service	Werk Augsburg Werk Hamburg Produkte und Leistungen: Diesel- und Gasmotoren für Schiffe und Kraftwerke Abgasturbolader Reparatur- und Ersatzteildienst für Schiffsantriebe Rollenrotations- und Bogenoffsetdruckmaschinen Öl- und Gasbrenner	Werk Nürnberg Werk Gustavsburg Produkte und Leistungen: Energieerzeugungsanlagen Fördertechnik Schienenfahrzeuge Allgemeiner Maschinenbau Stahlbau Aufzüge und Fahrtreppen Pumpen Verformungsteile Montagen	Werk Sterkrade Rheinwerft Walsum, Dockbauplatz Blexen Produkte und Leistungen: Anlagen u. Einrichtungen für den Bergbau und die Hüttenindustrie Verdichter und Turbinen Apparate für Kernenergie-Anlagen, Chemie und Mineralölindustrie See- und Binnenschiffe Schwimmdocks, Schmiedestücke Montagen

Abb. 18c: Organisatorische Gliederung der M.A.N.

reiche zuständig sind. Die Produktbereiche können sich auch direkt der Gesamtbereiche bedienen, z.B. bei der Grundlagenforschung, bei Teilen der Werbung und Öffentlichkeitsarbeit, bei der Exportfinanzierung und der Außenorganisation des Vertriebes. Die Produktbereiche nehmen ihre Aktivitäten weltweit selbständig wahr und sind verantwortlich für ihr Geschäftsergebnis. Sie erstellen Planungen für ihren Bereich, die als Teilpläne in die jährlich fortgeschriebene Unternehmensplanung eingehen.

Die Unternehmensbereiche sind weitgehend homogene Organisationseinheiten mit wenig Überschneidungen hinsichtlich Produktionsprogramm und Fertigung. Sie verfügen über eigene Fertigungsstätten, die in der Regel auf mehrere Standorte (Werke) verteilt sind. Die Produktbereiche sind vielfach in den Hauptwerken der Unternehmensbereiche zentralisiert, sie können jedoch auch in einem Zweigwerk ansässig sein. Mit Ausnahme der Fertigung sind in der Regel die produktneutralen Bereiche ebenfalls in den Hauptwerken der Unternehmensbereiche zentralisiert. Sie besitzen ein Weisungsrecht gegenüber den in den Zweigwerken verbleibenden Teilfunktionen. Da die Zweigwerke selbständige geographische Organisationseinheiten sind, übt ein Werksleiter, ggf. in Personalunion mit

Unternehmensbereichsleitung		
Produktbereich A	Produktbereich B	Produktbereich C
Entwicklung Konstuktion Vertrieb Kundendienst	Entwicklung Konstruktion Vertrieb Kundendienst	Entwicklung Konstruktion Vertrieb Kundendienst
Betriebe		
Personal- und Sozialwesen		
Qualitätswesen		
kaufmännische Verwaltung		
Recht		
Organisation und Datenverarbeitung		

Abb. 18d: Organisationsstruktur eines Unternehmensbereiches der M.A.N.

anderen Aufgaben, die „Hausherrenfunktion" aus.

Die Lieferverflechtungen zwischen den Unternehmensbereichen sind relativ gering. Eine der wesentlichen Ausnahmen ist die Fertigung der Motoren für Nutzfahrzeuge durch den Unternehmensbereich Maschinen- und Stahlbau für den Unternehmensbereich Nutzfahrzeuge. Mit der Zunahme des Anlagengeschäfts, d.h. bei Lieferung ganzer Industrieanlagen verstärkt sich der vertriebliche Zusammenhang zwischen den Produkten der verschiedenen Unternehmensbereiche. Die Unternehmensbereiche sind somit weitgehend autonom.

Gesamtbereiche

Die Gesamtbereiche sind nach Funktionen gegliedert und jeweils für alle Unternehmensbereiche, z.T. auch für die gesamte M.A.N.-Gruppe, zuständig:

- *Marketing:*
  Marktforschung, Marktplanung, Werbung, Führung der M.A.N.-Vertriebsaußenorganisation, Statistik.
- *Technik und Produktion:*
  Investitionsplanung, Produktivitätsplanung, Qualitätssicherung, Normung.
- *Organisation und Datenverarbeitung:*
  Aufbau- und Ablauforganisation, kommerzielle und technisch-wissenschaftliche Datenverarbeitung.
- *Personal- und Sozialwesen:*
  Grundsatzfragen der Personalpolitik, Arbeits- und Sozialrecht.
- *Kaufmännische Verwaltung:*
  Unternehmensplanung, Berichts- und Etatwesen, Steuern, Bilanzen, Controlling, Revision.
- *Finanzen:*
  Geldverkehr, Kapitalverkehr, Bürgschaften.
- *Materialwirtschaft:*
  Rahmenabschlüsse mit Lieferanten, Grundsatzfragen, Kompensationsgeschäfte.
- *Produktunabhängige Forschung und Entwicklung:*
  Planung und Durchführung der produktunabhängigen Forschung und Entwicklung, Koordination der Produktbereichsforschung.

Sie nehmen unterschiedliche *Aufgaben* wahr:

- Stabsaufgaben für die Gesamtbereichsvorstände
- fachliche Beratung der Unternehmensbereiche
- gegebenenfalls zentrale Linienfunktionen
- Koordinierung der jeweiligen Fachbereiche in den Unternehmensbereichen, insbesondere bei längerfristig wirksamen Problemlösungen
- Aufgaben, die sinnvoll nicht auf einzelne Unternehmensbereiche aufzuteilen sind (z.B. Bilanzen)
- Grundlagenarbeiten (Vereinheitlichung der Systeme, z.B. im Rechnungswesen, der Materialwirtschaft, dem Personalwesen).

Eine besonders wichtige Funktion nimmt die produktunabhängige Forschung und Entwicklung wahr. Sie beschäftigt sich als eine Art „Denkfabrik" mit der Entwicklung zukünftiger Produkte und Problemlösungen. Schwerpunkt der Forschungstätigkeit sind Energietechnik (Kerntechnik und Solartechnik), Raumfahrttechnik, Verkehrstechnik und Werkstofftechnik. Dabei wird auch Auftragsforschung für die Unternehmensbereiche und für Dritte betrieben. Sämtliche Vorhaben werden in der Organisationsform des Projektmanagements abgewickelt.

Zusammenwirken der Gesamtbereiche und Unternehmensbereiche

Die durch weitgehende Autonomie und Gewinnverantwortung bedingte Eigendynamik der Unternehmensbereiche macht eine Koordination ihrer Aktivitäten im Hinblick auf die Ziele des Gesamtunternehmens erforderlich. Diese Koordination wird auf verschiedenen Ebenen durchgeführt.

Die Leiter der Unternehmensbereiche und die Leiter der Gesamtbereiche bilden gemeinsam den Vorstand. Dadurch soll sichergestellt werden, daß beide Kräfte in einem ausgewogenen Verhältnis zueinander stehen.

Die Einflußmöglichkeiten der Gesamtbereiche gegenüber den Unternehmensbereichen reichen von Beratungspflichten und Informationsrechten über Einspruchsrechte mit aufschiebender Wirkung bis zur fachlichen Richtlinienkompetenz. In einigen Fällen ist diese Einflußmöglichkeit besonders betont durch eine fachliche Unterstellung. So sind die kaufmännischen Leiter und die Personalleiter der einzelnen Unternehmensbereiche fachlich den zuständigen Gesamtbereichsvorständen unterstellt.

Das Zusammenwirken von Unternehmensbereichen und Gesamtbereichen soll an zwei Beispielen näher erläutert werden.

- *Unternehmensplanung*

Die mittelfristige Unternehmensplanung umfaßt einen Zeitraum von 3 Jahren, wobei jeweils 1 Jahr Feinplanung und 2 weitere Jahre Grobplanung darstellen. Sie wird jährlich fortgeschrieben. Für das Planverfahren hat der Gesamtbereich kaufmännische Verwaltung die Richtlinienkompetenz.

Der Vorstand gibt für den Planungsprozeß einige Daten vor, z. B. Orientierungsdaten zur Investitionsplanung und volkswirtschaftliche Rahmendaten (Preisentwicklung etc.).

Gegenstand der Planung ist im wesentlichen ein *Budgetierungssystem*. Die Unternehmensbereiche erstellen die Teilbudgets und die ihnen zugrundeliegenden Aktivitätenpläne.

Der Gesamtbereich Kaufmännische Verwaltung prüft und stimmt in Zusammenarbeit mit anderen Gesamtbereichen die Planungsergebnisse der Unternehmensbereiche ab. So obliegt z. B. die Aufbereitung und Prüfung der technischen Aspekte der Investitionsetats dem Gesamtbereich Technik und Produktion.

Anschließend berät der Vorstand das komplette Planungswerk. Mit der Verabschiedung, ggf. mit entsprechenden Änderungen, liegen dann zugleich die Verwendung und die Aufteilung der Mittel auf die einzelnen Unternehmensbereiche fest.

Die Überwachung der Planerfüllung (das Controlling) obliegt dem Gesamtbereich Kaufmännische Verwaltung. Er führt eine laufende Plan-Ist-Überwachung der Etats durch. Die Ergebnisse der Analyse gehen über das zuständige Gesamtbereichsvorstandsmitglied in den Vorstand zur Diskussion ein.

- *Marketing*

Die Produktbereiche betreiben ihre eigene Produkt-, Markt- und Konditionenpolitik. Auch die Ausarbeitung von Angeboten und die bei individueller Fertigung häufig schon zur Angebotsabgabe notwendige Projektierung wird von den Produktbereichen selbst vorgenommen.

Obwohl die verschiedenen Organisationseinheiten der M.A.N. gegenüber den Kunden jeweils als Geschäftspartner auftreten, hat das Unternehmen bereits frühzeitig die für Investitionsgüter bestehenden Vorteile einer direkten (d. h. firmeneigenen) und einheitlichen Vertriebsorganisation erkannt:

- Der Kunde hat einen regional für ihn zuständigen M.A.N.-Geschäftsträger.
- Das Personal kann hinsichtlich Kunden, Regionen und Produktgruppen flexibel eingesetzt werden.
- Auch in wirtschaftlich schwachen Regionen können alle M.A.N.-Produkte und Dienstleistungen angeboten werden.
- Die Verkaufsziele können auf den jeweiligen Märkten unter Berücksichtigung der Gesamtinteressen der M.A.N. besser durchgesetzt werden.

Die in den Gesamtbereich Marketing eingegliederte Vertriebs-Außenorganisation besteht aus 9 regionalen technischen Büros und aus 13 ausländischen Vertriebstochtergesellschaften. Darüber hinaus sind M.A.N.-Delegierte (Mitarbeiter des Gesamtbereiches Marketing) im Ausland tätig. Die Kosten dieser Vertriebsorganisation werden anteilig von den Unternehmensbereichen getragen.

Nicht alle Produktbereiche bedienen sich der zentralen Vertriebsorganisation. So verfügt der Unternehmensbereich Nutzfahrzeuge im Inland über ein eigenes Vertriebsnetz mit Vertriebsniederlassungen und im Ausland über eigene Produktions- und Montagegesellschaften sowie Vertretungen. Auch der Druckmaschinenbau vertreibt seine Produkte weitgehend über ein getrenntes, indirektes Vertriebsnetz (sogenannte graphische Fachgeschäfte).

Als weitere Linienfunktionen nimmt der Gesamtbereich Marketing die Firmen- und Branchenwerbung, die Organisation von Gemeinschaftsmessen sowie die Werbeplanung wahr.

Neben diesen Linienfunktionen wirkt der Gesamtbereich Marketing beratend, z. B. bei der produktspezifischen Marktbeobachtung und bei übergeordneten Branchenanalysen sowie Analysen für völlig neue Märkte. Das aktuelle Marktgeschehen wird zudem laufend statistisch erfaßt (z. B. Auftragseingänge, Zahl und Wert der Angebote, Erfolgsquote der Angebote, Gründe für entgangene Aufträge) und in verdichteter Form dem Vorstand zur Information vorgelegt.

3.42 Interview mit dem stellvertretenden Vorsitzenden des Vorstandes der M.A.N. Maschinenfabrik Augsburg-Nürnberg Aktiengesellschaft, Herrn Dr. Gerd Wollburg, 1979

Die Entwicklung Ihrer Gesellschaft mit ihrem vielfältigen Erzeugnisprogramm, das zudem weitgehend an einzelne Werke gebunden ist, ließ Sie fast zwanglos in eine divisionale Organisationsstruktur hineinwachsen. Ist meine Annahme richtig, daß die Zäsur, die eine Reorganisation in der Strukturentwicklung eines Unternehmens schaffen kann, in Ihrem Falle besonders gering war?

Die Organisationsstruktur entspricht dem historisch gewachsenen Unternehmen.

Mit der Reorganisation 1970 nahmen wir im wesentlichen eine Zusammenfassung und bessere Akzentuierung in der Gliederung vor. Diese wurde durch eine Vergrößerung des Unternehmens notwendig.

Wir hatten seinerzeit die Gutehoffnungshütte Sterkrade erworben, die wir als eigenen Unternehmensbereich führen. Aus den früheren fünf Werken der M.A.N. haben wir drei Unternehmensbereiche mit je einer Verwaltung gebildet. Die Abteilungen, die für das Gesamtunternehmen tätig werden, hat es auch früher schon gegeben, wir haben sie nur deutlicher akzentuiert. Von oben gesehen ist damit der Eingriff in die Organisationsstruktur relativ gering geblieben, für die Betroffenen hat sich allerdings das Verschwinden ganzer Funktionseinheiten in einzelnen Werken und ihre Eingliederung in andere Werke viel deutlicher ausgewirkt.

Wir brauchten selbständig arbeitende Einheiten räsonabler Größenordnung. Wir verfügen heute über vier Unternehmensbereiche, von denen keiner weniger als 600 Mio. DM umsetzt, der größte allerdings rund 3 Mrd. DM. Jede einzelne Einheit bietet eine bestimmte Produktpalette selbständig am Markt an. Eine weitere Zusammenfassung erscheint uns organisatorisch nicht zweckmäßig zu sein, da diese Arbeitseinheiten aus unserer Sicht eine optimale Größe aufweisen.

Ihr Unternehmen ist in verschiedenen Technologiebereichen tätig (mittlere Technologie: Grundstoffgewinnung, Verkehrstechnik usw. und höhere Technologie: Kommunikationstechnik, Raumfahrttechnik usw.) – Verfolgen Sie eine Politik der Programmentwicklung in Richtung einer Abstützung auf höhere Technologiebereiche?

Sicherlich streben wir alle nach neuen, höheren Technologiebereichen. Die Einführung eines grundsätzlich neuen Produktes ist aber für ein Unternehmen mit das Schwierigste, was es überhaupt gibt. Der Schwerpunkt liegt daher in der Produkt-Weiterentwicklung.

Nehmen Sie z. B. unsere Dieselmotoren mit besserer Energieausnutzung und höheren Aufladegraden oder Druckmaschinen mit immer größeren Druckgeschwindigkeiten. Einen qualifizierten Maschinen- und Fahrzeugbau, wie wir ihn betreiben, wird es auch in Zukunft – in steigender technologischer Vollkommenheit – geben.

Hinzu kommt die Fertigungstechnologie – ich denke hier insbesondere an preisgünstige numerisch gesteuerte Werkzeugmaschinen. In die Produkt-Weiterentwicklung, die Entwicklung neuer Produkte und Grundlagenforschung fließen im Jahr an die 140 Mio. DM.

Zusammenfassend ergeben sich also von der Programmpolitik her keine wesentlichen Änderungsnotwendigkeiten der Organisation für die Zukunft. Auch Ihr Unternehmen ist von einem nur vertrieblich exportierenden Unternehmen zu einem auch im Ausland produzierenden Unternehmen geworden. – Wird der Trend der Internationalisierung des Geschäftes und der Standorte auch in Ihrem Unternehmen weiter anhalten?

In den letzten Jahren sahen wir unseren Schwerpunkt beim Aufbau und der Konsolidierung im Inland. Hier haben wir unseren Umsatz mehr als verdoppeln können. Derzeit sind wir dabei, unsere Auslandstätigkeit zu aktivieren.

Im Fahrzeugbau werden wir in verschiedenen Ländern zunehmend Montagewerke benötigen. Ein anderer Schritt ins Ausland wird bei uns durch Lizenz- und Kooperationsabkommen getan. Ein anderer Weg ist in Argentinien und Brasilien beschritten worden. Hier haben wir uns an Fabriken zur Fertigung von M.A.N.-Motoren beteiligt bei gleichzeitiger Lizenzregelung und Teilezulieferung. In dieser Richtung werden wir auch unsere Internationalisierung vorantreiben. Geplant sind weitere Engagements im Druckmaschinenbau und bei Nutzfahrzeugen in den USA, Beteiligungen an Maschinenbauunternehmen in Kanada und Brasilien. Ausschlaggebend für derartige Engagements ist in den meisten Fällen die Notwendigkeit, auf diese Weise unsere Marktpräsenz zu erhalten und zu stützen. Dabei ist für uns der Wunsch maßgeblich, von hier wesentliche Komponenten und Aggregate zuzuliefern. Dadurch verschiebt sich bei manchen Produktbereichen die Beschäftigung mehr zum Engineering – Beispiele hierfür sind der Kesselbau und der Hüttenwerkbau. Wir glauben allerdings, daß auch längerfristig hochqualifizierte Fertigung hier bei uns stattfinden wird.

Unser differenziertes Produktprogramm läßt regionale Organisationseinheiten, die für alle Unternehmensbereiche Leistungen erbringen, kaum zu. Wir werden daher immer eine Zuordnung zu einem Unternehmens- oder Produktbereich in Erwägung ziehen. Ich glaube, daß wir mit unserer gegenwärtigen Organisation durchaus zufrieden sein können. Ich sehe derzeit keinen Anlaß, neue Organisationsformen zu erwägen.

Ihr Unternehmen geht von einer Art Matrix-Struktur aus, in der sich zentrale Gesamtbereiche und dezentrale Unternehmensbereiche gegenüberstehen. – Erstreben Sie vom Ansatz her ein grundsätzliches Gleichgewicht beider Dimensionen der Matrix?

Die Tatsache, daß unsere Unternehmensbereiche über fast sämtliche Funktionen eines eigenständigen Unternehmens verfügen und für ihr Produktspektrum auch die Gewinnverantwortung tragen, könnte darauf schließen lassen, daß hier Ungleichgewichte bestehen. Nachdem aber die Leiter der Unternehmensbereiche und die Leiter der Gesamtbereiche gemeinsam den Vorstand bilden, ist sichergestellt, daß beide Dimensionen in einem ausgewogenen Verhältnis zueinander stehen. Darüber hinaus obliegt dem Vorsitzenden des Vorstandes die technische Gesamtleitung und mir die kaufmännische Gesamtleitung des Unternehmens. Damit haben wir faktisch ein Gleichgewicht. Die zentralen Einheiten sind notwendig und nützlich. Bei einer guten Zusammenarbeit, die im Vorstand gipfelt – und wir haben einen reibungslos zusammenarbeitenden Vorstand – gleichen sich Interessengegensätze aus. Schwierigkeiten ergeben sich aus dieser Organisation nicht.

Ist eigentlich durch die neue Gliederung die Führung von der Zentrale aus wesentlich erleichtert worden oder erschwert das gestärkte Selbstbewußtsein der Leiter der Unternehmensbereiche die Führung?

Die Größenordnung unseres Unternehmens verbietet ohnehin ein Hineinentscheiden der Zentrale in Einzelprobleme der Unternehmensbereiche. Wir sind hier mehr für Grundsatzentscheidungen und wichtige langfristige Weichenstellungen da. Das laufende Geschäft müssen die Unternehmensbereiche eigenständig bewirken.

Für den Vertrieb Ihrer Erzeugnisse unterhalten Sie ja zwei wesentliche Außenorganisationen, eine für den Fahrzeugbau und die andere für den Maschinen- und Stahlbau. Letztere ist für drei Unternehmensbereiche tätig. Daher erscheint die Zuordnung dieser Organisation zum zentralen Marketing logisch. – Wie stellen Sie in den internationalen Vertriebsaußenstellen sicher, daß eine fachliche Betreuung der Kunden im Hinblick auf das unterschiedliche Leistungsangebot Ihres Unternehmens überall in der Welt gleich qualifiziert erfolgt?

In Europa verfügen wir weitgehend über eine eigene Vertriebsorganisation. Bei Standardprodukten kann diese selbst anbieten; bei Einzelprodukten und im Anlagengeschäft müssen dann unsere Spezialisten aus den Produktbereichen für die technische Beratung herangezogen werden. In Ländern, in denen wir keine eigene Vertriebsfirma haben, stellen wir der Vertretung Delegierte für die technische Beratung und den Verkauf bei.

Dort, wo der Markt genügend groß ist, um mehrere Kundenberatungsingenieure einzusetzen, sind diese auf bestimmte Produktbereiche spezialisiert. Daraus ergibt sich eine fachliche Zuordnung der Ingenieure zu den Unternehmensbereichen, auch wenn sie disziplinarisch der örtlichen Organisationseinheit bzw. dem Gesamtbereich Marketing unterstehen.

Viele Unternehmen klagen heute über eine zu starke „Aufblähung" ihrer zentralen Bereiche. Stellt sich auch bei Ihnen dieses Problem?

Auf Gesamtunternehmensebene sind bei uns rd. 1.300 Mitarbeiter beschäftigt, wobei die zwei größten Bereiche – die produktunabhängige Forschung und Entwicklung sowie die Vertriebsaußenstellen – zusammen bereits über mehr als 1.000 Mitarbeiter verfügen. Für die beratenden und koordinierenden Querschnittsfunktionen stehen daher knapp 300 Mitarbeiter zur Verfügung, das sind, bezogen auf unsere Gesamtbelegschaft von rund 47.000 Beschäftigen einschließlich der Tochterfirmen nur 0,6 %. Diese sind absolut notwendig, und ich empfinde den zentralen Apparat der M.A.N. als relativ klein.

In dem voranstehenden Aufsatz wird auf die zunehmende Bedeutung der Projektierung und Zulieferung ganzer Industrieanlagen hingewiesen, die – im Gegensatz zur Ausgangssituation Ihrer derzeitigen Organisation – die gegenseitige Abhängigkeit der einzelnen Unternehmensbereiche verstärkt. – Wie steuern Sie derartige bereichsübergreifende Aktivitäten des Anlagengeschäftes (Projektmanagement)?

Dies ist in der Tat ein schwieriges Problem. Wir besitzen ja eine hinreichende Erfahrung im Anlagengeschäft. Die Ausführung eines solchen Anlagengeschäftes liegt dann in den Händen des Unternehmensbereiches, der darauf eingerichtet ist. Dieser übernimmt auch das Projektmanagement.

Probleme können sich dann ergeben, wenn Projekte unternehmensbereichsübergreifend gesteuert werden müssen. In solchen Fällen, die wir durchaus schon abgewickelt haben, sind dann jeweils Einzellösungen getroffen worden. Wir überlegen z. Zt., ob wir uns eine für solche Fälle geeignete Organisation zusätzlich schaffen.

Wir können zwar heute jedes übergreifende Anlagengeschäft durch ad-hoc-Entscheidungen steuern, aber über einen organisatorischen Standardapparat verfügen wir derzeit nicht, der, wenn man ihn schafft, auch eine bestimmte Größenordnung haben müßte. Da ein wesentlicher Teil unseres Anlagenschäftes innerhalb einzelner Unternehmensbereiche anfällt, müssen wir prüfen, ob ein solcher Apparat auch wirtschaftlich beschäftigt werden kann.

4. Nahrungs- und Genußmittelindustrie

4.1 Nestlé-Gruppe Deutschland GmbH

Der Nestlé-Konzern hat sich im Laufe von über 100 Jahren durch Firmengründungen, Fusionen und Übernahme als ein Unternehmen herausgebildet, das in allen Erdteilen Nahrungsmittel produziert und vertreibt. Parallel zur weltweiten Entwicklung wurde auch der deutsche Markt erschlossen. Die Zusammenfassung von Aufgaben der in Deutschland ansässigen Gesellschaften begann 1966 und wurde mit der Gründung der Nestlé-Gruppe Deutschland GmbH auf den heutigen Stand gebracht.

1866 begann Heinrich Nestlé mit der Herstellung seines „Kindermehls", im gleichen Jahr entstand in Cham/CH die Anglo-Swiss Condensed Milk Company, die später mit der Firma Nestlé fusionierte und 1874 mit der Produktion auf deutschem Boden (Lindau) begann. 1913 schlossen sich die Kaffeemittel-Hersteller Franck (gegr. 1828) und Kathreiner (gegr. 1892) zur späteren Unifranck-Gruppe zusammen. 1947 erfolgte die Fusion der Nestlé- mit dem Maggi-Unternehmen und die Gründung einer Holding-Gesellschaft für die Gruppe – der Nestlé Alimentana S.A. – die selbst 1971 mit der Unifranck-Holding fusionierte.

Die Unternehmungsentwicklung dieses internationalen Konzerns ist somit durch vielfältige Fusionen und Übernahmen, aber auch durch Erfindungen und Firmengründungen gekennzeichnet. Es bildete sich im Laufe von gut 100 Jahren ein Unternehmen internationalen Zuschnitts, das mit einem Umsatzvolumen von 19,1 Mrd.-sfr (1976) das zweitgrößte Nahrungsmittel-Unternehmen der Welt ist.

Neben Kinder-Diätetik sind die Hauptproduktbereiche heute Milchprodukte, Instant-Getränke, Schokoladen-Produkte, Tiefkühl- sowie kulinarische Produkte, die jeweils weitgehend den örtlichen Verzehrsgewohnheiten und Verbraucherwünschen angepaßt sind, so daß sich insgesamt ein Sortiment von rd. 15.000 Artikeln ergibt.

Die deutsche Nestlé-Gruppe setzt sich heute aus einer größeren Zahl von gesellschaftsrechtlichen Einheiten zusammen, die insgesamt 1976 einen aktienrechtlichen Umsatz von DM 2.346 Mio. erreicht haben. Die Geschäftstätigkeit besteht aus Produktion und Vertrieb von Marken-Nahrungsmitteln vorwiegend mit hohem Servicegehalt und im oberen Qualitätsbereich. Die Produkte werden in 22 über das ganze Bundesgebiet verstreuten Werken hergestellt und fast durchweg über eigene Vertriebsorganisationen an den Groß- und Einzelhandel vertrieben. Die Gruppe beschäftigte zum Jahresende 1976 insgesamt 13.074 Mitarbeiter.

Die weltweit verzweigten Nestlé-Unternehmen werden durch zwei Holding-Gesellschaften, die Nestlé AG und die Unilac Inc., kontrolliert. Von diesen beiden Gesellschaften, deren Aktien miteinander fest verbunden sind und von z. Z. rd. 90.000 Aktionären gehalten werden, ist die Nestlé AG für die deutschen Nestlé-Unternehmen zuständig und besitzt direkt oder mittelbar die Mehrheitsanteile der Teilkonzerne Deutsche Nestlé GmbH, Allgäuer Alpenmilch AG, Maggi GmbH und Blaue Quellen AG.

Zusammenschluß der in Deutschland ansässigen Nestlé-Gesellschaften

Die Kette von Zusammenschlüssen und Angliederungen, die zur Etablierung des heutigen weltweiten Nestlé-Konzerns führte, ließ auch die Anzahl der in Deutschland ansässigen Nestlé-Tochterunternehmen stetig wachsen. Damit stellte sich bald das Problem einer Koordinierung, insbesondere da es sich praktisch durchweg um Nahrungsmittelgesellschaften mit zum Teil sich ergänzenden bzw. überschneidenden Sortimenten handelt.

Nach der Wirtschaftsreform 1948 bestand die deutsche Nestlé-Gruppe aus den drei Gesellschaften Deutsche Nestlé, Maggi und Sarotti, die untereinander nur wenig Verbindung hatten. Die Zusammenfassung von Aufgaben der einzelnen Gesellschaften begann im Jahre 1966, als die genannten Firmen die Nestlé Service GmbH gründeten, die eine Reihe von gemeinschaftlich wahrnehmbaren Aufgaben, insbesondere im administrativen Bereich, übernahm. 1969 wurde der Aufgabenbereich dieser Gesellschaft erweitert durch Hinzunahme verschiedener Stabsaufgaben. Dabei änderte sie ihren Namen in Nestlé Verwaltungsgesellschaft GmbH, an der die drei operativen Gesellschaften zu je einem Drittel beteiligt waren. Diese zentrale Gesellschaft wurde schließlich, nachdem infolge der Fusion der Nestlé Alimentana mit der Ursina-Franck die deutsche Nestlé-Gruppe wesentlich gewachsen war, wiederum erweitert zu der Nestlé-Gruppe Deutschland GmbH, die praktisch alle gemeinschaftlichen Aufgaben der Gruppe bearbeitet und auch nach außen die deutschen Nestlé-Interessen repräsentiert.

Rechtsstruktur der deutschen Nestlé-Gruppe

Gesellschaftsrechtlich stellt die deutsche Nestlé-Gruppe keinen Unterordnungskonzern im typischen Sinn dar, da die Gesellschaftsanteile an den einzelnen operativen – d. h. Produkte-produzierenden und -vertreibenden – Gesellschaften ohne eine deutsche Zwischenholding von der Nestlé AG, also der in der Schweiz sitzenden Holding gehalten werden (vgl. Abb. 19a). Die operativen Hauptgesellschaften in Deutsch-

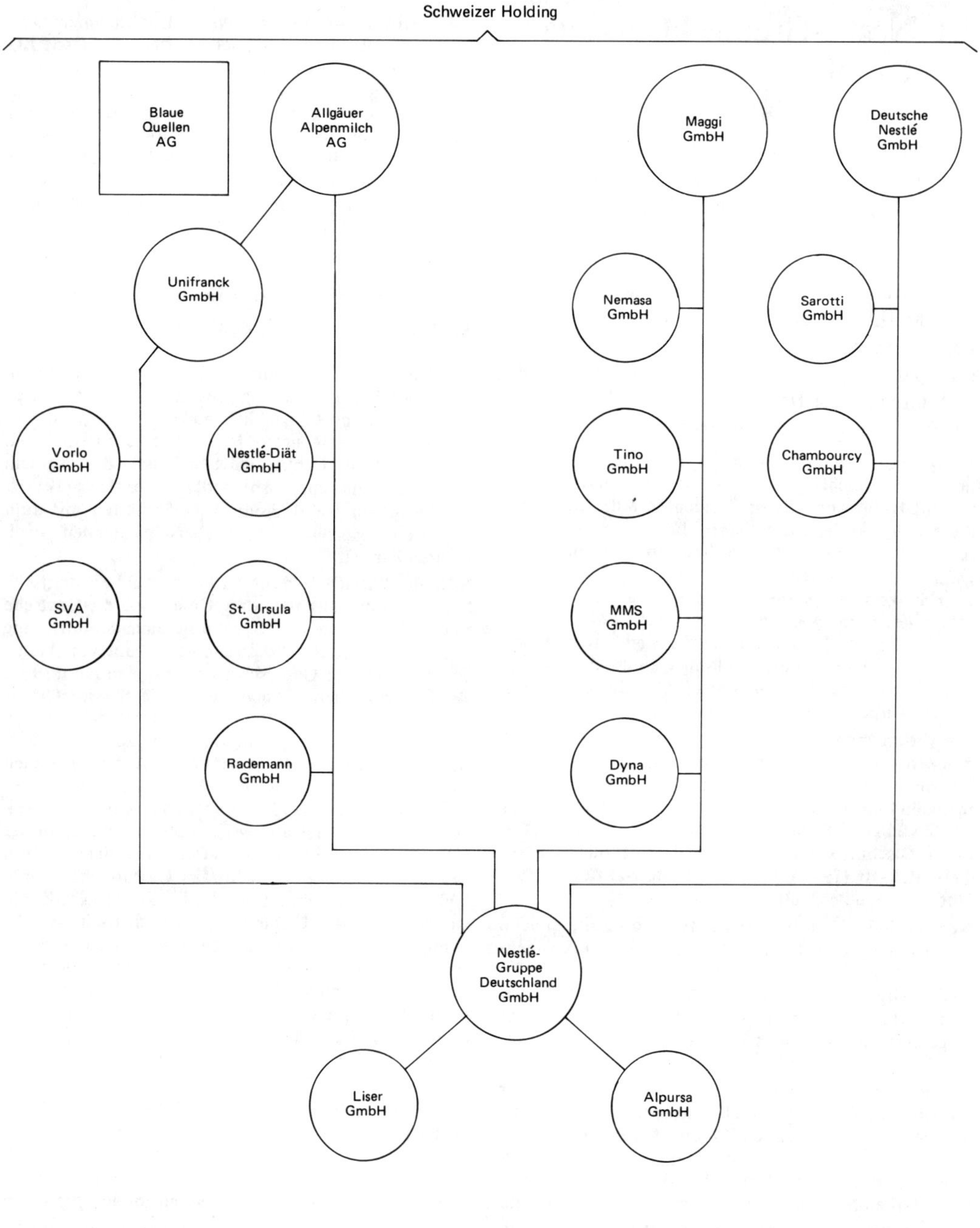

Abb. 19a: Gesellschaftsrechtliche Gliederung der deutschen Nestlé-Gruppe

land, nämlich die Deutsche Nestlé GmbH, die Allgäuer Alpenmilch AG und die Maggi GmbH sind aber ihrerseits selbständig bilanzierende Teilkonzerne mit jeweils mehreren Tochterunternehmen. Diese Teilkonzerne sind vertraglich zusammengefaßt und bildeten eine Gesellschaft bürgerlichen Rechts mit der satzungsmäßigen Zielsetzung der gemeinsamen Leitung der Geschäftstätigkeit der Gruppenfirmen mit der Möglichkeit, spezielle Aufgaben den Organen der Gruppenfirmen zur eigenen verantwortlichen Bearbeitung freizugeben.

Damit bildet die Gesellschaft bürgerlichen Rechts den rechtlichen Rahmen eines sogenannten Gleichordnungskonzerns, die als reine Innengesellschaft bestehen kann. Sie besitzt aber andererseits keine Organe und ihre Entscheidungen unterliegen dem Einstimmigkeitsprinzip. Zur Wahrnehmung ihrer Aufgaben bedient sie sich zweier Organtöchter, nämlich einer Leitungsgesellschaft und einer Gesellschaft zur Repräsentation als „Nestlé-Gruppe Deutschland". Die Einheitlichkeit der Lenkung wird durch Personalunion zwischen dem Bevollmächtigten der Gesellschaft bürgerlichen Rechts, dem Geschäftsführer der Leitungsgesellschaft und dem Vorsitzenden der Geschäftsführung der Nestlé-Gruppe Deutschland GmbH gewahrt.

4.11 Die Organisation der Nestlé-Gruppe Deutschland GmbH (Stand 1977)

Die rechtliche Struktur der deutschen Nestlé-Gesellschaften läßt noch nicht die organisatorische Gliederung der Gruppe erkennen bzw. weicht, wie ein Vergleich beider Darstellungen zeigt, sogar recht deutlich davon ab. Da die Einheitlichkeit der Lenkung der Gruppe durch die erwähnte Konstruktion gesichert ist, bei der der noch zu beschreibende Geschäftsführungs-Ausschuß eine wichtige Rolle spielt, kann die Organisation nach reinen Markt- und Funktionsgesichtspunkten aufgebaut werden. Dabei ist zunächst eine klare Trennung zwischen operativen, d. h. marktbezogenen, und gruppenbezogenen bzw. zentralen Funktionen gezogen.

Die acht operativen Bereiche und ihre Umsatzanteile sind:

- Milchprodukte und Diätetik (Allgäuer Alpenmilch, 27 %)
- Instant-Getränke und Desserts (Deutsche Nestlé, 18 %)
- kulinarische Produkte (Maggi, 21 %)
- Schokoladen und Süßwaren (Sarotti, 9 %)
- Kaffeemittel und Feinkost (Unifranck, 7 %)
- Wasser- und Weinbereich (10 %)
- Milch-Frischprodukte (Chambourcy, 2 %)
- Großverbraucherprodukte (6 %).

Diese operativen Einheiten arbeiten voneinander unabhängig in ihren jeweiligen Märkten und beschäftigen sich mit Planung, Herstellung, Marketing und Verkauf ihrer jeweiligen Produkte.

Die *Funktionen*, die sich rationeller durch Zentralisierung für alle operativen Unternehmen erfüllen lassen, also nicht markt- oder produktspezifisch sind, sind neben den operativen Einheiten in den Zentralbereichen untergebracht. Sie stellen ihre Leistungen den operativen Bereichen unter Nutzung der Rationalisierungseffekte und Kostendegressionen zur Verfügung und entlasten diese gleichzeitig von vielfältigen allgemeinen Aufgaben, so daß sie sich ausschließlich ihren markt-spezifischen Aufgaben widmen können. Zu den zentralen Funktionen gehören neben dem Generalsekretariat und der zentralen Personalabteilung die Bereiche Technik und Administration mit ihren einzelnen Teilbereichen. Die acht operativen Einheiten sowie die vier zentralen Einheiten mit ihren zugehörigen Geschäftsbereichen unterstehen hierarchisch dem Generaldirektor. Von ihm geleitet wird der Geschäftsleitungs-Ausschuß, der ihm in allen wesentlichen Fragen der Entscheidungsvorbereitung und Führung beisteht. Die weiteren Mitglieder des Geschäftsleitungs-Ausschusses sind die Vorsitzenden des Vorstandes bzw. der Geschäftsführung der Allgäuer Alpenmilch, der Deutschen Nestlé, der Maggi und der Sarotti sowie die Chefs der Zentralbereiche Technik und Administration, die sämtlich ordentliche Geschäftsführer der Nestlé-Gruppe Deutschland GmbH sind.

Der *Berichtsweg an die Konzernspitze* verläuft grundsätzlich über den Generaldirektor in seiner Eigenschaft als Vorsitzender der Geschäftsführung der Nestlé-Gruppe Deutschland GmbH.

Abb. 19b gibt einen zusammenfassenden Überblick über die Organisationsstruktur der Nestlé-Gruppe Deutschland GmbH.

Die acht operativen Einheiten sind nach Produktbereichen differenziert und waren zunächst im wesentlichen von ihren historischen Wurzeln geprägt. Die organisatorische Gleichstellung dieser operativen Einheiten untereinander wird nicht dadurch berührt, daß einige gesellschaftsrechtliche Töchter der Teilkonzerne Deutsche Nestlé, Allgäuer Alpenmilch und Maggi sind. Zentralisierung oder Dezentralisierung erfolgen nicht dogmatisch, sondern flexibel und pragmatisch entsprechend sachlichen und räumlichen Gegebenheiten. Abb. 19c gibt das Gesamtor-

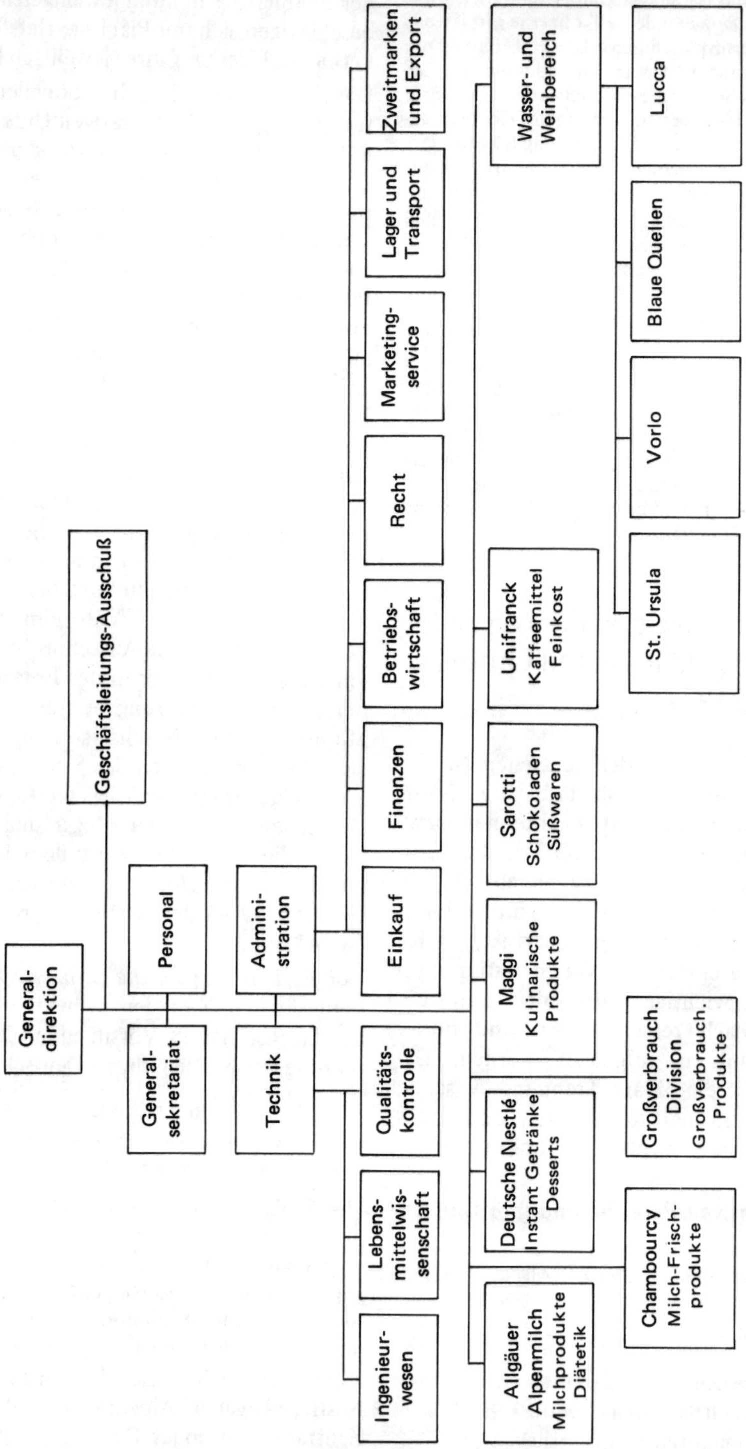

Abb. 19b: Organigramm der Nestlé-Gruppe Deutschland GmbH

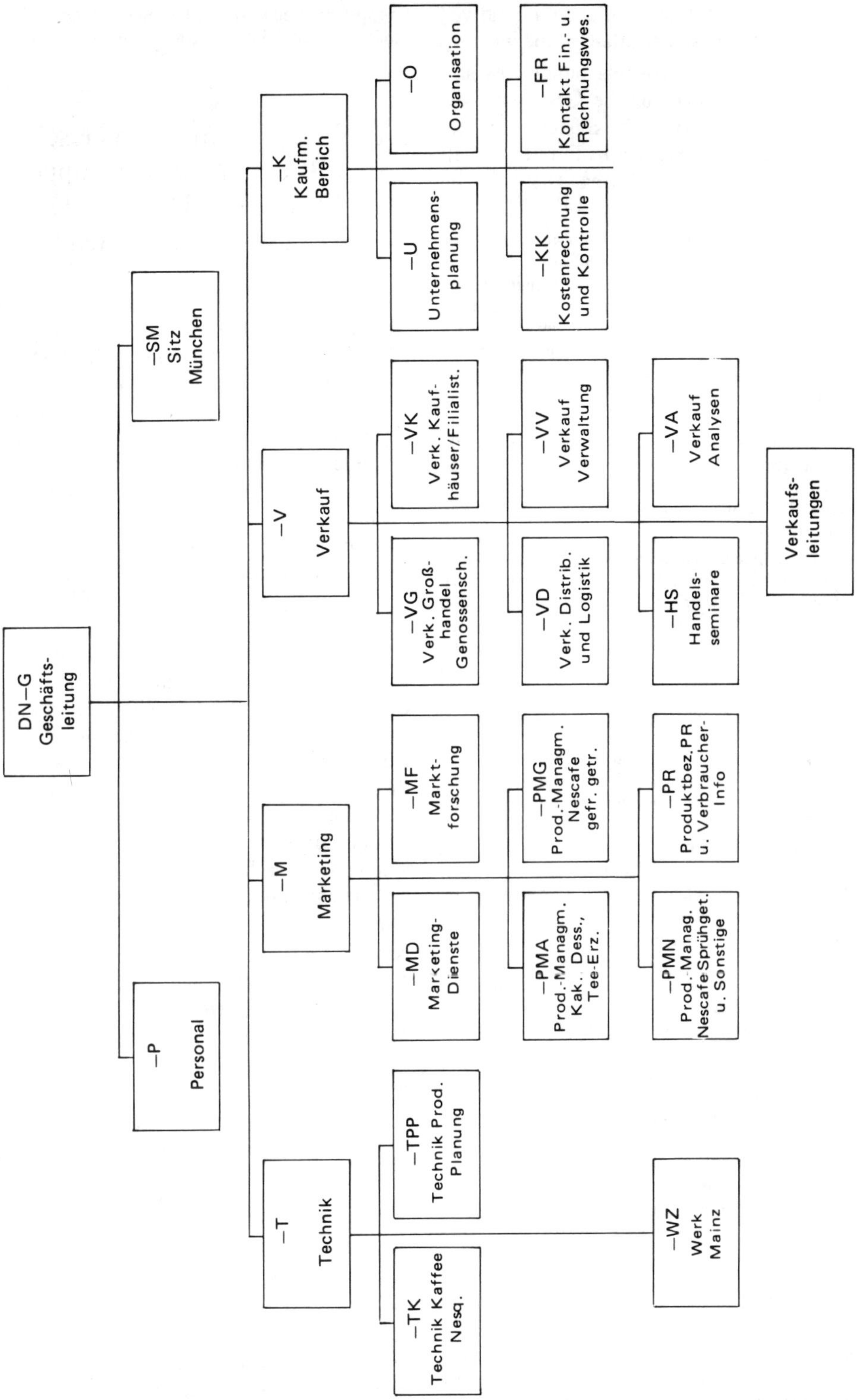

Abb. 19c: Gesamtorganigramm einer der wesentlichen operativen Einheiten der Nestlé-Gruppe Deutschland GmbH

ganigramm einer der wesentlichen operativen Einheiten der deutschen Nestlé-Gruppe wieder.

Bei den *zentralen Funktionen* handelt es sich um *Service*-Funktionen für die Gesellschaften, *Gestaltungs*-Funktionen mit Systemcharakter und *Kontroll- und Koordinations*-Funktionen als Hilfsfunktionen für die Führung. Dies sind im einzelnen:

Im *Geschäftsbereich Personal* die Koordination von Tarifpolitik und Personalentwicklung sowie ein Teil der Personal-Administration. Daneben verfügt aber jede operative Einheit über eine eigene Personalabteilung, in der die gesellschafts-spezifischen Aufgaben, u. a. Einstellungen und Entlassung, bearbeitet werden.

Der *Geschäftsbereich Technik* umfaßt die Bereiche Qualitätskontrolle, Lebensmittel-Wissenschaft, industrielle Organisation, Ingenieur-Wesen mit Produktingenieuren, Bauwesen, Energie, Verpackungstechnik, technischer Einkauf sowie technische Planung und Budgetkontrolle. In den operativen Einheiten sind technische Direktionen und die zugehörigen Fabriken direkt angesiedelt.

Der umfangreichste Geschäftsbereich ist der der *Administration* mit den kaufmännischen Stabs- und Serviceabteilungen. Der *Einkauf* ist in der Gruppe teilweise zentralisiert, so daß bei den operativen Gesellschaften in Frankfurt keine eigenen Einkaufsabteilungen bestehen. Untergliedert ist der Bereich Einkauf in Rohstoffe – dem mit Abstand bedeutendsten Kostenfaktor der Gruppe –, Betriebsmittel und Verpackung. Wegen der meist unterschiedlichen Rohstoffe für die einzelnen operativen Gesellschaften sind viele Einkaufsspezialisten praktisch nur für eine dieser Einheiten tätig. Auch der *Finanzbereich* ist in der Gruppe zentralisiert und umfaßt die einzelnen Bereiche Rechnungswesen, Steuern, Finanzwesen, Altersversorgung, Versicherungsdienst und Kraftfahrzeugwesen, wobei auch hier die in München angesiedelten Gesellschaften teilweise selbständig bleiben.

Im Bereich *Betriebswirtschaft* sind die Unternehmensplanung, die Organisation, Datenverarbeitung mit Systementwicklung und Programmierung sowie Revision und Kontrolle untergebracht. Sowohl beim Finanz- als auch beim betriebswirtschaftlichen Bereich bleiben bestimmte spezifische bzw. Detailaufgaben entsprechenden Abteilungen den operativen Einheiten vorbehalten. Dazu gehören z. B. Unternehmensplanung, Organisation und Kostenrechnung, die einem operativen Controller unterstehen.

Der Geschäftsbereich *Recht* dagegen ist zentralisiert und in die Teilbereiche marktbezogenes Recht, allgemeines Recht und öffentliches Recht aufgegliedert.

Unter der Bezeichnung *Marketing-Service* werden verschiedene generelle Funktionen vereinigt und in ständigem Verfahrens- und Erfahrungsaustausch mit den Marketing-Bereichen der operativen Gesellschaften bearbeitet.

Neben dem *Lager- und Transportbereich*, der wiederum zum Prototyp eines Zentralbereiches gehört, da die einzelnen operativen Einheiten im wesentlichen den gleichen Kundenkreis beliefern, ist seit etwa zwei Jahren auch das Zweitmarken- und Exportgeschäft der Gruppe in einem speziellen Bereich unter dem Geschäftsbereich Administration etabliert worden.

4.12 Interview mit dem Geschäftsführer der Nestlé-Gruppe Deutschland GmbH, Herrn Dr. Hans D. Kalscheuer, 1977

> Bei Betrachtung Ihrer Organisationsproblematik zeigt sich zunächst eine komplizierte Rechtsstruktur zwischen schweizer und deutschen Gesellschaften, die durch eine anders gerichtete Organisationsstruktur durchdrungen werden muß. Ist diese Rechtsstrukturproblematik Ausfluß der Historie eines Wachstums durch Akquisition und Zusammenschluß oder eines bewußten Strukturkonzeptes unter Berücksichtigung von Gesichtspunkten der Steuerpolitik, der Publizitätspflichten u. ä.?

Eine Organisation wie die unsere ist natürlich historisch gewachsen. Ohne diese Historie würden wir uns sicherlich wünschen, daß die Rechts- und die Führungsstruktur zusammenfallen. Die Deutsche Nestlé ist etwa seit 70 Jahren tätig, die Maggi ist vor erst 30 Jahren hinzugekommen, die Allgäuer Alpenmilch und die Unifranck – um nur einige Beispiele herauszugreifen – sind erst seit 6 Jahren in dieser Unternehmensgruppe eingebunden.

Wir wollen bei diesen Unternehmen die historischen Gegebenheiten, das Firmenspezifische, das auch die Marke trägt (meistens stehen Marke und Firma in einem gewissen Zusammenhang), erhalten und sie nicht einfach in einer technokratischen Organisation aufgehen lassen.

Das ist eine Tendenz. Eine andere ist, daß man nur optimal arbeiten kann, wenn man das, was zusammengehört, auch zusammenbringt. Hier suchen wir in letzter Zeit klar nach einer Zusammenfassung. So haben wir z. B. die Mehrheit an der Unifranck, die bis zum letzten Jahr direkt in der Schweiz lag, auf die Allgäuer Alpenmilch übertragen, die Sarotti, die führungsmäßig unabhängig ist, gehört seit einigen Jahren zu der Deutschen Nestlé, die Großverbraucher-Division gehört kapitalmäßig – ich spreche hier immer von Mehrheiten – zu der Maggi. Die Chambourcy liegt bei der Deutschen Nestlé und St. Ursula bei der Allgäuer Alpenmilch, Vorlo bei der Allgäuer Alpenmilch/Unifranck. Die neuen Akquisitionen „Blaue Quellen“ und Lucca gehören direkt zur Schweizer Gruppe, doch laufen hier Überlegungen, auch diese Gesellschaften unter die Allgäuer Alpenmilch, die Deutsche Nestlé und die Maggi anzusiedeln.

Sicherlich sahen Sie sich bei der Eingliederung dieser Unternehmungen vielfältigen Überschneidungen im Absatzprogramm gegenüber. Inwieweit erschien es Ihnen sinnvoll, diese zu bereinigen?

Bei der Eingliederung der erworbenen Unternehmen in die Deutsche Nestlé-Gruppe gab es zunächst in einigen Bereichen erhebliche Überschneidungen. Beispiele hierfür sind das Diätetik-Geschäft, das sowohl die Deutsche Nestlé als auch die Allgäuer Alpenmilch betrieben hat, und das Milchgeschäft, das ebenfalls bei der Deutschen Nestlé und bei der Allgäuer Alpenmilch vorhanden war.

Diese Überschneidungen haben wir teilweise bereinigt. In einigen Geschäften ist jedoch die Positionierung der Marken und der Produkte so, daß wir es für besser gehalten haben, sie in einem Dualismus weiterzuführen.

Damit entsteht eine Art Wettbewerb zwischen den einzelnen Bereichen. Welche Erfahrungen haben Sie damit gemacht? Liegt in ihr eine besondere Motivation für die Beteiligten oder ist er den Gesamtinteressen abträglich?

Sicherlich ist eine gewisse Motivation in ihm enthalten. Die Produktbereiche, die parallel geführt werden, sind in ihrer Positionierung jedoch so deutlich unterschieden, daß negative Folgen kaum auftreten, weil einfach die Zielgruppe, die angesprochen wird, von vornherein unterschiedlich ist.

In der Geschichte Ihrer Unternehmensgruppe hat die grundsätzliche Bedeutung einer einheitlichen Lenkung der vielfältigen Geschäftszweige erst 1970 mit der Gründung von Zentralgesellschaften einen deutlichen Ausdruck gefunden. Für die organisatorische Gestaltung ergibt sich hier m. E. jetzt und für die Zukunft die Frage, inwieweit bei den sich sicherlich teilweise überschneidenden Produktprogrammen, Vertriebswegen, den unterschiedlichen Organisations-, Führungs- und Verwaltungsverfahren eine Überführung der verschiedenen „Kulturen“ in ein einheitliches neues, gemeinsames Denken und Handeln vollzogen werden soll. Wie weit sind Ihre Ziele hier gesteckt, wo sehen Sie die Grenzen des Erstrebenswerten?

„Kulturen“, das ist eine sehr treffende Bezeichnung, mit ihnen hatten wir tatsächlich ein Problem. Wenn Gesellschaften 50 oder 100 Jahre alt sind, ist ihre philosophische Ausrichtung nicht gleich. Dies ist aber absolut erforderlich, wenn wir letzten Endes alle auf derselben Wellenlänge zusammenarbeiten wollen.

Die Bereiche, die wir auf jeden Fall nicht zentralisiert führen, sondern unabhängig lassen wollen, sind die Bereiche Marketing und Vertrieb: Alles was die Positionierung des Produkts gegenüber dem Konsumenten und auch gegenüber dem Handel ausmacht, möchten wir nach Möglichkeit den einzelnen operativen Gesellschaften überlassen. Generell wollen wir dagegen in allen unseren Gesellschaften mit einheitlichen Systemen arbeiten.

Wie die Systeme dann inhaltlich ausgebildet werden, wollen wir zu einem großen Teil auch den einzelnen Gesellschaften überlassen, allerdings nicht in Bereichen, in denen Synergieeffekte für die gesamte Gruppe die individuellen Vorteile bei einer unabhängigen Politik überwiegen. Dies sind insbesondere die Bereiche Datenverarbeitung, Rechnungswesen und die physische Distribution, daneben gewisse Stabsbereiche, die selbstverständlich vereinheitlicht werden können, wie der Rechtsbereich. Im Personalbereich findet eine Koordinierung statt und in der Technik arbeiten wir mit koordinierten Investitionsplänen und einer zentralen Ingenieurbetreuung.

Bei der Gliederung Ihrer operativen „Geschäfts“bereiche konnten Sie organisatorisch weitgehend an die Produkt- und Organisationsmuster der Entwicklung dieser Gesellschaften anknüpfen. Dabei zeigt sich eine deutliche und vorherrschende Produktorientierung der operativen Organisation. – Die zunehmende Konzentration im Handel läßt jedoch die Frage enstehen, ob eine stärkere Marktorientierung unter Berücksichtigung wesentlicher Vertriebswege nicht auf die

Dauer zweckmäßiger sein kann. In Ihrer „Großverbraucher-Division" machen Sie bereits einen ersten Schritt in dieser Richtung.

Im Markenartikelgeschäft ist es sicherlich nur sehr schwer möglich, allzuviel Vertriebswegeorientierung in die Organisation einzuführen. Wir wenden uns mit unseren Markenartikeln an den Endverbraucher, und wir müssen die gesamte Politik bis zum Endverbraucher, die gesamte Produktausstattung, das Image bis zum Endverbraucher auch in einer Hand behalten, das kann man nicht zersplittern. Insofern glauben wir, daß in dem Bereich, in dem wir tätig sind, eine Produktorientierung auch weiterhin vorherrschen wird.

Ausnahmen hierfür bieten sich in solchen Sektoren wie im Großverbraucherbereich an, wo wir uns an andere Konsumenten richten. Es sind nicht dieselben Endverbraucher für unsere Waren wie im Konsumbereich.

Dies bedeutet doch, daß diese Großverbraucher-Division mit einer Mehrzahl anderer operativer Bereiche zusammenarbeiten muß, ihnen ihre Vorstellung, die sie marketingmäßig entwickelt, bezüglich der Produktgestaltung, Verpackung usw. nahelegen muß, und daß Sie Verrechnungspreise zwischen diesen festlegen müssen. Wie haben Sie diese beiden Probleme der Zusammenarbeit der Großverbraucher-Division mit den anderen operativen Bereichen gelöst?

Nun, die Großverbraucher-Division bekommt ihre Produkte zum größten Teil von den übrigen operativen Einheiten, was zu einem nicht unbeträchtlichen Teil auch für die anderen operativen Einheiten der Fall ist; auch hier findet ein relativ großer Austausch von Produkten zwischen den Werken einer Gesellschaft und dem Vertrieb einer anderen Gesellschaft statt. Bei der Produktentwicklung arbeitet die Großverbraucher-Division durch ihre Produktmanager intensiv mit den technischen Abteilungen der operativen Gesellschaften bzw. mit der Produktentwicklung, die sich ja vor allem in der Schweiz befindet, zusammen. Mit den Ergebnissen sind wir zufrieden, wir sehen hier keine Spannungselemente.

Die Verrechnungspreise sind natürlich ein generelles Problem in einer Gruppe wie der unseren, weil wir mit sehr vielen verschiedenen Gesellschaften am Markt tätig sind und nicht immer sinnvoll in den eigenen Werken dieser Gesellschaften produzieren können. Jede Gesellschaft verrechnet im internen Rechnungswerk ihre Herstellkosten ohne Gewinnaufschlag an die anderen operativen Gesellschaften. Bei unserer internen Erfolgskontrolle behandeln wir die Transfers so, als ob sie in einem eigenen Werk hergestellt worden wären, d. h. ein Produkt, das sowohl bei der Maggi verkauft wird, als auch bei der Großverbraucher-Division hätte in beiden Fällen denselben Einstandswert für die Erfolgsrechnung.

Also keine Marktpreise, sondern Herstellkosten als Prinzip, damit bei den einzelnen Firmen jeweils dort der Gewinn entsteht, wo auch der Verkauf erfolgt.

Ja, genau.

Darf ich Ihren Worten entnehmen, daß die Einführung einer Großverbraucher-Division eine Korrektur an der Produktorientierung darstellt im Hinblick auf einen heute mit der Konzentration im Handel zunehmend bedeutsamer werdenden Vertriebsweg, daß Sie aber generell keine Notwendigkeit sehen, das Prinzip der Produktorientierung in Ihrer Organisation abzulösen?

Die Notwendigkeit sehen wir nicht. Sicherlich, wenn wir zum Beispiel Industrieprodukte verkaufen würden, wäre es sinnvoll, diese über eine eigene Organisation zu verkaufen, so wie wir die Großverbraucher-Produkte über eine eigene Gesellschaft verkaufen. Solange wir uns aber im Prinzip für unsere Produkte an dieselben Endverbraucher wenden, glauben wir nicht, daß wir von der Produktorientierung abgehen sollten.

Die zentralen Funktionen haben die Aufgabe, die Gesamtinteressen der Nestlé-Gruppe in Deutschland wahrzunehmen. Wie werden diese zentralen Funktionen gegenüber einzelnen operativen Einheiten tätig? Stehen Ihnen hierzu funktionale Weisungsrechte zu oder entwickelt sich Ihr Einfluß mehr im Bereich des Geschäftsleitungs-Ausschusses, in dem die operativen und die zentralen Funktionen zusammenkommen? Welche Möglichkeiten haben diese zentralen Funktionen, um eine einheitliche Unternehmenspolitik für die Deutsche Nestlé-Gruppe zu entwickeln?

Um mit dem letzten Punkt anzufangen: die einheitliche Unternehmenspolitik ist in unserer Gruppe klar durch die Führungsstruktur definiert: Der Generaldirektor ist für diese einheitliche Unternehmenspolitik zuständig. Bei den anderen Funktionen müssen wir differenzieren.

In der Nestlé-Gruppe Deutschland haben wir verschiedene Funktionen zusammengefaßt: *Service-Funktionen* für die Gesellschaften, *Gestaltungs-Funktionen* mit *Systemcharakter* und *Kontroll- und Koordinationsfunktionen*, wobei die Koordinationsfunktionen in erster Linie Hilfsfunktionen für die Führungsfunktion sind.

Für die Service-Funktionen ergeben sich eigentlich keine Schwierigkeiten, denn der Service wird den Gesellschaften zur Verfügung gestellt (z. B. Buchhaltung, Rechnungswesen), und er wird von den Gesellschaften in Anspruch genommen. Sie haben lediglich den Zwang, ein einheitliches System zu benutzen. Dasselbe trifft für den Distributionsbereich zu. Auch hier wird ein Service in Anspruch genommen. In der Vergangenheit haben wir bei jeder Gesellschaft ein eigenes Distributionswesen gehabt. Erst vor 2 bis 3 Jahren wurde die Distribution als Zentralfunktion ausgebaut, die für die Systeme vom Werklager bis hin zur Auslieferung an die Kunden ein funktionales Weisungsrecht besitzt.

Die Marketing-Service-Abteilung ist eine Abteilung, die wenig Systemcharakter hat, sondern in erster Linie einen Service für kleinere Gesellschaften erbringt und eine Abteilung mit gewissen Kontrollfunktionen für die Generaldirektion. Die Kontroll- und Koordinationsfunktion wird von Abteilungen ausgeübt, die die Generaldirektion in ihrer Führungsfunktion unterstützen. Das trifft speziell für das Berichtswesen zu, das wir im Bereich Betriebswirtschaft angesiedelt haben.

Der Geschäftsleitungs-Ausschuß ist offensichtlich das wesentliche Element bei der Entwicklung und Durchsetzung einer einheitlichen Unternehmungspolitik. In ihm sind neben dem Generaldirektor sowohl die Vertreter von Zentralen Funktionen als auch der operativen, produktorientierten Einheiten vertreten. – Hat die gemischte Zusammensetzung (Zentrale Funktionen, operative Bereiche) dazu beigetragen, das häufig in derartigen Gremien auftretende, einseitige Vertreten von Ressortinteressen abzubauen oder zu vermeiden?

Der Geschäftsleitungs-Ausschuß ist ein Gremium von meistens langjährigen, erfahrenen Führungskräften, die die Philosophie des Hauses sehr gut kennen.

Ressortinteressen habe ich bei uns sehr selten festgestellt, dafür aber die Spannung Zentralisierung gegen Dezentralisierung. Sie ist ganz naturgegeben, denn jeder möchte natürlich seinen eigenen Bereich möglichst autark gestalten.

Im Geschäftsleitungs-Ausschuß sind wir übereingekommen, eine bestimmte Grundhaltung zu praktizieren: Die Mitglieder, die in den Zentralen sind, sollten versuchen, soviel Dezentralisierung wie sinnvoll zu betreiben, und die Mitglieder, die für die operativen Gesellschaften verantwortlich sind, sollten versuchen, soviel Zentralisierung wie möglich auf ihre „Fahnen" zu schreiben. Auf dieser Basis versteht man sich unter einer Führung, die das fördert, recht gut.

Ich glaube, daß es sehr wichtig ist, hier einmal darauf hinzuweisen, daß ein solches Gebilde sicher besser funktionieren kann, wenn ein Mann an der Spitze steht, der für klare Verhältnisse sorgt, als wenn man sich hier in demokratischen Auseinandersetzungen allzusehr üben muß.

Wie erfolgt nun die Verrechnung der zentralen Leistungen auf die operativen Einheiten?

Wir arbeiten hier dirigistisch mit Umlagen und haben keine pretialen Lenkungselemente in dieses Umlagesystem eingeführt, weil wir glauben, daß die Zentrale dafür sorgen muß, daß dieser Bereich der zentralen Dienste optimal organisiert ist und eine pretiale Lenkung dieses Bereichs kaum Interesse findet.

Können Sie kurz die organisatorische Eingliederung der Deutschen Nestlé-Gruppe in die internationale Organisation von Nestlé skizzieren und die dabei auftretenden Probleme umreißen?

Wir haben in der Holding-Gesellschaft eine dreigegliederte Organisation, durch Anwendung des Regionalprinzips, des Produktprinzips und des funktionalen Prinzips, insbesondere im Finanz- und technischen Bereich. Die Linienfunktion für die Überwachung der einzelnen Märkte liegt bei den Regionaldirektionen.

Die Regionaldirektion für Europa ist direkt für die Budgets und für die Überwachung des deutschen Marktes verantwortlich. Der zuständige Generaldirektor der Nestlé-AG hat als direkten Gesprächspartner den Generaldirektor der Nestlé-Gruppe Deutschland, mit dem er alle Probleme behandelt. Die Produktdirektionen achten einerseits auf die langfristige Produktpolitik, unterstützen aber auch die Regionaldirektion in den produkt-spezifischen Belangen der Führung ihrer Geschäfte, wobei sie in erster Linie die strategischen Grundrichtungen betrachten. Die funktionalen Abteilungen arbeiten in erster Linie durch die Regionaldirektionen, d. h. hier finden ständig auch direkte Kontakte zwischen dem technischen Bereich in der Schweiz und unserem technischen Bereich statt. Genau dasselbe gilt auch für den Finanzbereich, der ja hier in Deutschland sehr stark zentralisiert ist.

Wie ist die finanzielle Steuerung zwischen der Nestlé-AG und der zentralen Administration in Deutschland aufgeteilt?

Im Controllingbereich haben wir bei jeder operativen Gesellschaft einen Controller, er untersteht dem operativen Chef und nicht in einer internationalen Hierarchie der Controllingabteilung in der Schweiz oder beim Zentralbereich.

Für die verschiedenen Arbeitsgebiete, unter anderem auch für den Finanz- und Controllingbereich, haben wir Arbeitskreise, in denen sich alle Herren, die in diesem Bereich tätig sind, treffen, um gemeinsame Systeme zu erörtern und auch um über eine einheitliche Politik zu beraten. Eine Koordination in funktionaler Weise ist auch durch diese Arbeitskreise gewährleistet.

Sie haben mit der Errichtung der zentralen Einheiten diese derzeitige Organisationsstruktur geschaffen. Können Sie etwas zu der Frage sagen, wie sich diese Organisationsstruktur bewährt hat?

Wir haben die Organisationsveränderungen in den einzelnen Bereichen jeweils als Projekte angesehen. Für jedes einzelne Projekt wurde vorher eine Rentabilität errechnet. Wir haben diese Rentabilitätsrechnungen für die einzelnen Projekte (z. B. Zentralisierung des Rechnungswesens, einheitliche Datenverarbeitung, Zusammenfassung der Distribution) jeweils überprüft und stellten fest, daß eine Größendegression eintreten wird und daß wir die optimale Unternehmensgröße bei dieser Zentralisierung noch nicht überschreiten würden; denn wir haben jeweils Einsparungen erzielt. Diesen Einsparungen könnte man Verluste wegen fehlender direkter Beziehungen gegenüberstellen. Diese Verluste, die aus den Reibungen einer Zentralisierung entstehen können, versuchen wir jedoch durch die Arbeitskreise und durch gute direkte Beziehungen zwischen der Zentrale und den operativen Gesellschaften auszuschalten, so daß wir insgesamt gesehen mit der Organisation, die wir eingeführt haben, und mit dem Umfang der Zentralisierung zufrieden sind. Über Einsparungen beim Personal und im Sachkostenbereich sind wir sicher, daß wir heute eine höhere Effizienz der Organisation besitzen als sie bei einer unabhängigen dezentralisierten Struktur erzielbar gewesen wäre.

4.2 Reemtsma-GmbH

Die Reemtsma-Gruppe umfaßt unter der *Obergesellschaft* der „Reemtsma Cigarettenfabriken GmbH" heute *2 Unternehmensbereiche* mit zahlreichen *Beteiligungsgesellschaften* (Abb. 20a):

- den traditionellen *Unternehmensbereich „Cigarette"* sowie
- den noch jüngeren *Unternehmensbereich „Getränke"*.

Zusammen erzielten die beiden Sparten in 1977 einen Außenumsatz (incl. Tabaksteuer) von rd. 6,2 Mrd. DM, wovon auf den Cigarettenbereich rd. 5,1 Mrd. DM entfielen.

Beschäftigt wurden in 1977 in der Reemtsma-Gruppe rd. 14.200 Mitarbeiter, 11.100 davon im Inland. Von den inländischen Beschäftigten waren knapp 60 % im Getränkebereich tätig.

Im Cigarettenbereich wurde ein Absatz von rd. 55 Mrd. Cigaretten erreicht; davon entfielen auf das Inland rd. 41 Mrd. Stück, was einem Marktanteil von 35,4 % entsprach. Damit nimmt Reemtsma nach wie vor die 1. Stelle unter den inländischen Cigarettenherstellern ein. Bei den Getränken wurden rd. 9,6 Mio. hl abgesetzt,

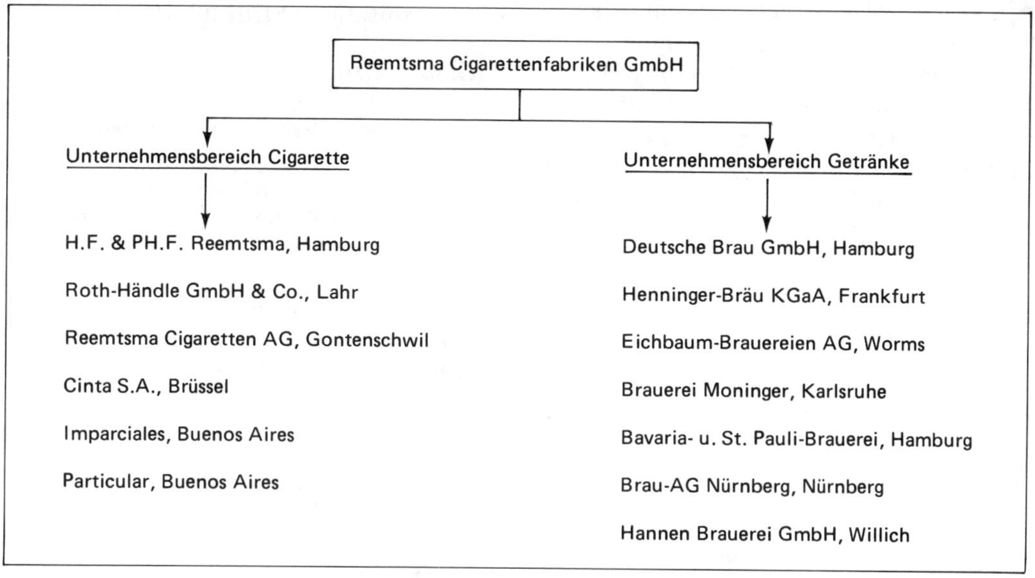

Abb. 20a: Gliederung der Reemtsma-Gruppe

8,8 Mio. hl davon im Inland. Bezogen auf den reinen Bierabsatz wurde damit ein inländischer Marktanteil von rd. 7,7 % erreicht.

Die Entwicklung der Reemtsma-Gruppe

Reemtsma ist ein *Familien-Unternehmen*, dessen Gründung auf das Jahr 1910 zurückgeht, als Bernhard Reemtsma die Cigarettenfabrik Dixi in Erfurt übernahm. Aus kleinen Anfängen heraus gelang es den in die Firma eingetretenen Söhnen Hermann und Philipp in den nächsten Jahrzehnten durch die Einführung neuer, noch heute akuteller Marken, wie R 6, Ernte 23 und Atika sowie den Zukauf weiterer Unternehmen, das Haus Reemtsma an die erste Stelle auf dem deutschen Cigarettenmarkt zu führen.

1945 war auch für das Haus Reemtsma die Stunde Null. Alle Produktionsstätten waren verloren, zerstört oder beschlagnahmt. Lediglich ein Herstellungsbetrieb in Hannover war einigermaßen intakt geblieben. Nur langsam lief die Produktion von Cigaretten wieder an.

Der Markt verlangte jetzt den Typ der American-Blend-Cigarette. 1948 trafen die ersten hierfür erforderlichen Tabaklieferungen aus Amerika ein.

Neue Marken wurden eingeführt; besonders die Peter Stuyvesant wude ein phänomenaler Erfolg. Ende 1959 bzw. Mitte 1961 starben die Brüder Philipp F. und Hermann F. Reemtsma.

Die starke Marktposition von Reemtsma wurde durch den Erwerb von Beteiligungen abgerundet. 1956 wurde ein maßgeblicher Anteil an der Badischen Tabakmanufaktur Roth-Händle erworben. Später (1963) kamen Mehrheitsbeteiligungen an einer belgischen Cigarettenfabrik (Cinta S.A.) sowie (1966) an argentinischen Gesellschaften (Imparciales, Particular) hinzu. In der Schweiz wurde 1964 eine eigene Produktions-Gesellschaft (Reemtsma Cigaretten AG) gegründet.

Mitte der 60er Jahre begann man zu diversifizieren und Beteiligungen an Brauereien und anderen Getränkefirmen zu erwerben, die durch die 1972 gegründete Deutsche Brau GmbH als Holding-Gesellschaft geführt werden. Heute nimmt Reemtsma den 2. Platz unter den großen Bier- und Getränkeherstellern in der Bundesrepublik ein.

4.21 Die Organisation der Reemtsma-Gruppe (Stand 78)

von Dr. H. P. Kolzen; K. H. Troll, Hamburg

Fragen der Organisations-Struktur spielten über Jahrzehnte hinweg im Hause Reemtsma eine nur *untergeordnete Rolle*. Dies war verständlich angesichts der relativ leicht *überschaubaren Produktionsverhältnisse (Einproduktunternehmen)* und der außerordentlich großen Erfolge und der starken *Stellung im Markt (Marktführerschaft)*. Hinzu kam die jahrzehntelange mehr *patriarchalische Führung* durch Mitglieder der Eigentümerfamilien, die aufgrund ihrer enormen Sachkenntnisse und Erfahrungen sowie des persönlichen Kontaktes zu ihren Mitarbeitern natürlich einer ausgefeilten Organisations-Struktur nicht bedurften.

Dies änderte sich zunächst auch nicht nach dem Tode der Brüder Reemtsma und der Übernahme des Vorstandsvorsitzes durch einen nicht den Eigentümerfamilien angehörenden Manager.

Erst der Erwerb und die dadurch erforderliche *Eingliederung der Beteiligungsgesellschaften* sowie der immer härter werdende *Konkurrenzkampf* machten es erforderlich, Fragen der organisatorischen Gliederung des Hauses Reemtsma intensiver aufzugreifen.

Noch Mitte 1973 sah die Organisations-Struktur wie in Abb. 20b aus.

Diese Organisations-Struktur zeigte immer deutlichere Mängel. Die Zahl der *Direktunterstellungen* unter den Vorstandsvorsitzer war zu groß, die *Zuständigkeiten* waren nicht immer eindeutig genug festgelegt. Die *Marktorientierung aller Ressorts* mußte verbessert werden. Nach umfangreichen und sorgfältigen Untersuchungen und Analysen wurde dann Ende 1976 eine Organisations-Struktur verabschiedet, die sich wie folgt darstellen läßt.

Die Organisations-Struktur 1976

• *Gesamt-Struktur*

An der Spitze der Reemtsma Cigarettenfabriken GmbH – der Führungsgesellschaft aller Beteiligungsgesellschaften – steht der *Gesamtvorstand*, der sich in einen *Zentralvorstand* und einen *Bereichsvorstand* aufgliedert (vgl. Abb. 20c).

Dem *Zentralvorstand* gehören unter dem *Vorstandsvorsitzer* zunächst einmal die Leiter der jetzt klar voneinander abgegrenzten *Unternehmensbereiche „Cigarette"* und *„Getränke"* an; sie sind beide zugleich stellvertretende Vorstandsvorsitzer. Zum Zentralvorstand gehören ferner die Leiter der beiden *Zentralressorts „Finanz- und Rechnungswesen" sowie „Personal- und Sozialwesen"*, die Querschnittsfunktionen in beiden Unternehmensbereichen wahrzunehmen haben.

Der Zentralvorstand ist verantwortlich für die Entwicklung und Durchsetzung der Gesamtstra-

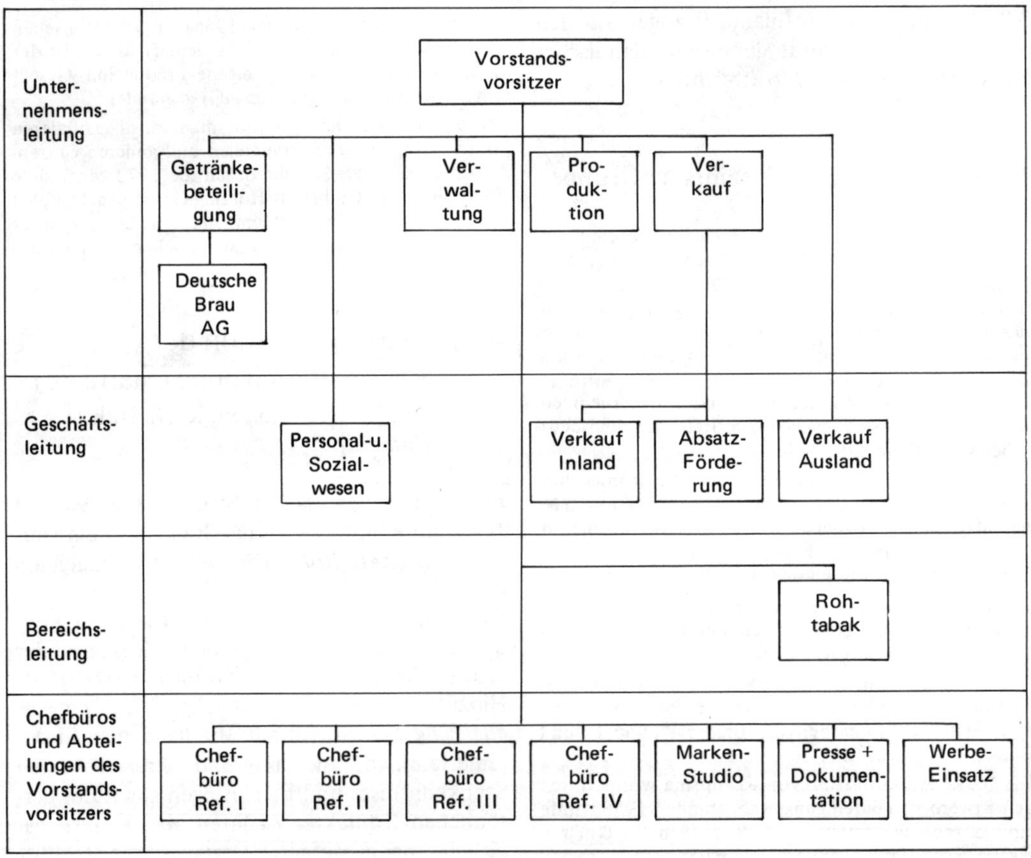

Abb. 20b: Organigramm der Reemtsma-Gruppe 1973

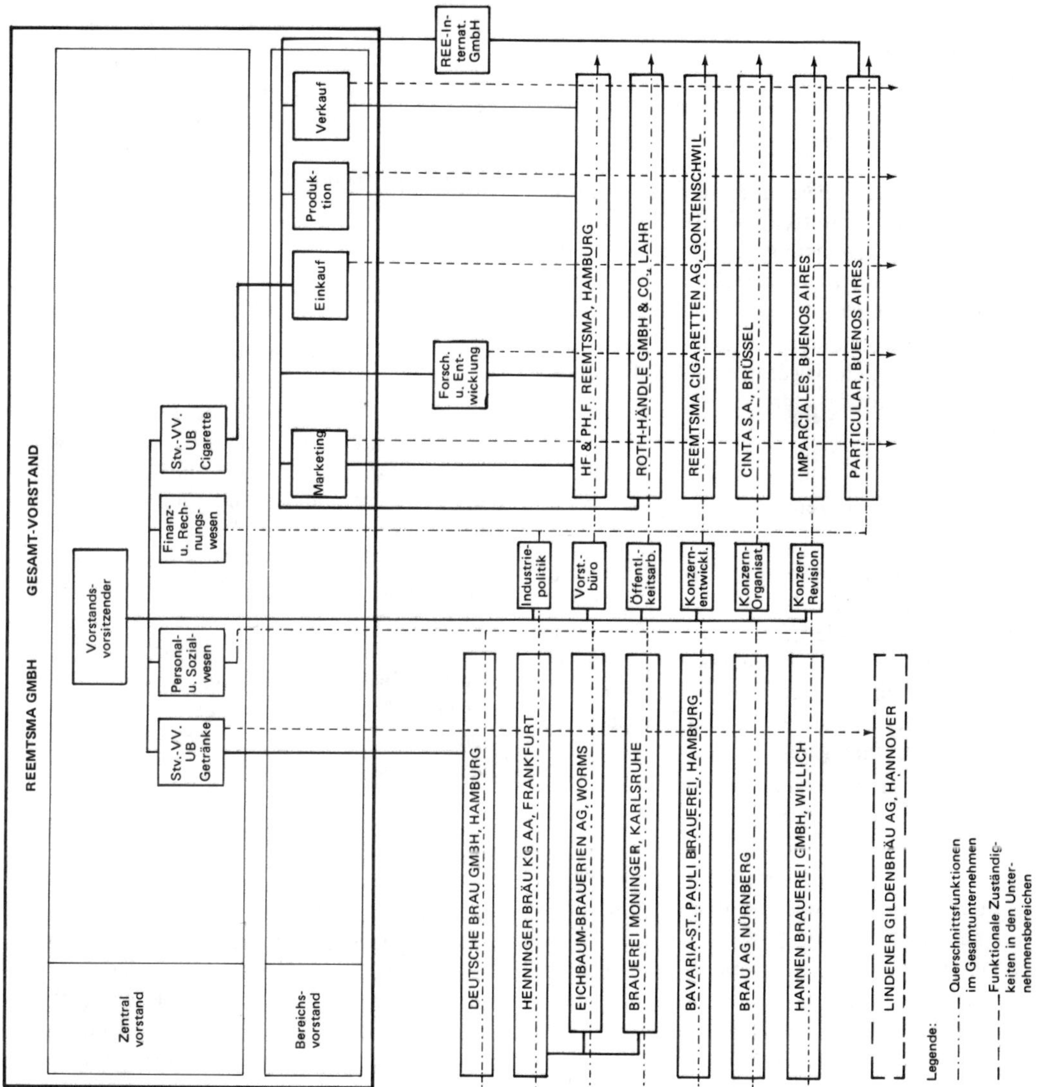

Abb. 20c: Organigramm der Reemtsma-Gruppe (ab 1976)

tegie der Reemtsma-Gruppe, zugleich genehmigt und überwacht er die in den Unternehmensbereichen Cigarette und Getränke aufgestellten Teilstrategien und trägt dafür Sorge, daß sie mit den Zielen der Gesamtgruppe übereinstimmen.

• *Unternehmensbereich Cigarette*

Unter dem Leiter des Unternehmensbereiches Cigarette besteht der *Bereichsvorstand.* Er ist verantwortlich für die Durchsetzung der beschlossenen Strategien und für die Führung des gesamten Cigarettengeschäftes, auch aller Tochter- und Beteiligungsgesellschaften im In- und Ausland innerhalb des Rahmens der vom Zentralvorstand genehmigten Planung.

Zum Bereichsvorstand unter dem Leiter des Unternehmensbereichs Cigarette zählen die folgenden Vorstandsressorts für

- Marketing
- Einkauf
- Produktion und Technik
- Verkauf.

Zum Unternehmensbereich Cigarette zählen außerdem die Ressorts *„Forschung und Entwicklung"* sowie die *„Reemtsma International GmbH"*, in der alle Auslandsaktivitäten im Cigarettenbereich (Export/Transit, Lizenzen und Koordination) der ausländischen Tochtergesellschaften zusammengefaßt sind.

Vergleicht man diese Organisations-Struktur mit der aus dem Jahre 1973, so lassen sich folgende wesentlichen *Veränderungen* feststellen:

- Die *Aufgaben und Verantwortlichkeiten* für den Cigarettenbereich sind insgesamt klarer und eindeutiger abgegrenzt.
- Die *Ausrichtung auf den Markt* hat zugenommen; das *Marketing* hat – bei einem so ausgeprägten Markenartikelunternehmen wie Reemtsma verständlich – gegenüber dem *Verkauf* eine verselbständigte Position erhalten.
- Der bisher auf verschiedene Ressorts verteilte *Einkauf von Rohtabak* und sonstigen Artikeln wurde – angesichts eines Einkaufsvolumens von knapp 200 Mio. DM für Rohtabak und rd. 150 Mio. DM für Maschinen, Verpackung usw. – zu einem eigenen Vorstandsressort zusammengefaßt; hierdurch sollen alle Vorteile einer Einkaufskonzentration und der rationellen Abwicklung dieser Einkaufstätigkeiten voll genutzt werden.
- Die zunehmende Bedeutung der *„Forschung und Entwicklung"* auf dem Cigarettensektor wurde dadurch betont, daß dieser Aufgabenkomplex aus dem Produktionsressort herausgelöst und dem Leiter des Unternehmensbereiches Cigarette direkt unterstellt wurde.
- Schließlich wurden alle *Auslandsaktivitäten* zu einem eigenen Ressort vereint, das vor allem auch die Bemühungen um den Export verstärken soll, um die hier noch schwache Stellung Reemtsmas mittelfristig zu verstärken.

• *Unternehmensbereich Getränke*

Die Beteiligungsbrauereien sind rechtlich selbständige Gesellschaften mit eigenen Vorständen bzw. Geschäftsführungen; ein einheitlicher Bereichsvorstand kann schon aus juristischen Gründen für diese Gesellschaften, an denen darüber hinaus noch Minderheitsbeteiligungen Dritter bestehen, gar nicht eingerichtet werden.

Um dennoch die erforderliche Koordination sicherzustellen, sind *Arbeitskreise* für Produktion und Technik, personalpolitische Fragen usw. gegründet worden, in denen die einzelnen Brauereiunternehmen durch ihre Ressortvorstände vertreten sind. Hier werden gemeinsame Leitlinien erarbeitet und grundlegende Maßnahmenplanungen abgestimmt.

• *Zentralressorts*

Als Zentralressorts nehmen das *Finanz- und Rechnungswesen* und das *Personal- und Sozialwesen* Querschnittsfunktionen in der gesamten Gruppe wahr. Natürlich sind bei den einzelnen selbständigen Beteiligungsgesellschaften eigene Ressorts für Fragen des Personal- und Rechnungswesens vorhanden, die über die Tagesfragen in eigener Verantwortung entscheiden. In *Grundsatzfragen* jedoch findet eine eingehende Abstimmung und eine Ausrichtung auf eine gemeinsame Grundrichtung statt. Als Beispiel sei hier auf das einheitliche Planungssystem verwiesen, das den Rahmen für eine gemeinsame Unternehmensplanung absteckt. Bei zentraler Vorgabe der Rahmenbedingungen (externe Daten, interne Eckdaten, Ziel-ROI) findet eine dezentrale, d. h. unternehmensbereichsorientierte Detailplanung statt.

Das *Finanz- und Rechnungswesen* liefert auch ein dichtes, kurzfristig verfügbares Netz von Management-Informationen, das den einzelnen Ressorts und Management-Ebenen als Steuerungsinstrument zur Verfügung steht.

- *Zentrale Stäbe*

Die zentralen Stäbe unterstehen direkt dem Vorstandsvorsitzer. Sie haben ebenfalls unternehmensbereichsübergreifende Aufgaben wahrzunehmen, wie z. B. die *Konzernrevision* oder die *Konzernorganisation.*

Bewertung der neuen Organisations-Struktur

Will man die neue Organisations-Struktur abschließend kennzeichnen, so läßt sich auf die Ausführungen des Vorstandsvorsitzers der Reemtsma GmbH verweisen, mit denen dieser die neue Führungsorganisation vorstellte. Herr Dr. Wiethüchter führte seinerzeit aus:

„Seit den 60er Jahren haben sich wesentliche Veränderungen in unserem Unternehmen vollzogen. Wir haben unser angestammtes Arbeitsgebiet, mit der Beteiligung an Cigarettenunternehmen in Europa und Übersee ausgeweitet; gleichzeitig sind wir in einem für uns neuen Markt tätig geworden, als wir den Unternehmensbereich Getränke aufbauten.

Wirtschaftlich betrachtet, liegen die beiden Erzeugnisse Cigarette und Bier nicht sehr weit auseinander. Aber jedes Produkt folgt seinen eigenen Gesetzlichkeiten und verlangt deshalb eine eigenständige Führungs-Organisation.

Mit der neuen Organisation der Reemtsma-Gruppe haben wir klare Führungsverantwortungen geschaffen. Wir wollen das vorhandene Führungswissen neu bündeln und klare Leitlinien für unser Handeln setzen. Das Führungsmodell ist marketing-orientiert; in seinem Mittelpunkt stehen Produkte und Märkte. Es schafft kurze Wege in der Entscheidungsbildung.

Ein Unternehmen erfolgreich zu führen, setzt voraus, daß man sachbezogene Zielvorgaben in der ganzen weitgespannten Organisation durchsetzt und dabei klare Verantwortlichkeiten schafft.

Wenn dies gelingt, kann jeder im Rahmen seiner Verantwortung ganz unmittelbar Erfolg (oder auch Mißerfolg) seines Handelns erfahren. Damit wird eine Voraussetzung geschaffen, die Mitarbeiter des Unternehmens bis in die Führung dazu anzuhalten, sich selbst ständig zu prüfen und an den gesetzten Zielen zu messen."

4.22 Interview mit dem Vorsitzenden des Vorstandes der Reemtsma Cigarettenfabriken GmbH, Herrn Dr. Horst Wiethüchter, und dem Mitglied des Vorstandes, Herrn Prof. Dr. Ernst Zander, 1978

Anlässe für die Reorganisation des Unternehmens in 1976 waren – neben der Beseitigung deutlicher organisatorischer Mängel in der Führungsstruktur – die Abkehr von einer eigentümerorientierten, patriarchalischen Führung und die Anpassung an eine fortschreitende Politik der Produktdiversifikation mit Richtung auf den Getränkebereich. Beide der Organisation zugrunde liegenden Prozesse sind derzeit sicherlich noch nicht abgeschlossen. – Können Sie kurz die Schwierigkeiten charakterisieren, denen Sie sich beim Wandel von einer (patriarchalisch) informalen auf eine systematische, stärker formalisierende Führung gegenübersahen? Können Sie die Entwicklungsetappen, die zur heutigen Organisation führten, charakterisieren?

Dr. Wiethüchter: In unserem Unternehmen fiel nach dem Tod der sehr erfolgreichen Inhaber Philipp F. Reemtsma und Hermann F. Reemtsma in den Jahren 1959 und 1961 die Notwendigkeit der Korrektur des Führungsstils mit der Verbreiterung unserer Aktivitäten durch Angliederung weiterer Cigaretten-Firmen im In- und Ausland wie der Aufbau unseres Getränkebereichs in den 60er Jahren zusammen.

Das hat in der Tat die zeitgerechte Anpassung der Organisation und Führungsstruktur im Gesamtunternehmen nicht gerade erleichtert und die Konzentration des Managements auf die strategischen und operativen Aufgaben im

Stammbereich des Unternehmens nicht gefördert.

Mit meinem Eintritt in das Unternehmen 1971 erhielt ich vom damaligen Vorstandsvorsitzer und von den Gesellschaftern u. a. den Auftrag, geeignete struktur-organisatorische Anpassungen zu erarbeiten. Diese führten dann zunächst zu einer neuen Geschäftsverteilung im Vorstand dergestalt, daß für den Cigaretten- und den Getränkebereich getrennte „Executive Committees“ gebildet wurden. Damit sollten – quasi als erster Schritt – drei Dinge erreicht werden:

- Entlastung der Vorstandsmitglieder von Detailfragen, die nicht ihr Aufgabengebiet betreffen
- damit die Ermöglichung einer stärkeren Konzentration der Vorstandsmitglieder auf ihren jeweiligen Verantwortungsbereich
- und die Erarbeitung der organisatorischen und personellen Voraussetzungen für weitergehende marktorientierte Führungsstrukturen in den beiden Märkten „Cigarette“ und „Getränke“.

Wir haben diesen ersten Schritt bewußt auf die Anpassung der Arbeitsweise des Vorstands beschränkt, weil nach meiner Überzeugung zunächst die Bewußtseinslage im Top-Management den veränderten Anforderungen entsprechen muß, bevor mit Erfolg auf den nächsten Ebenen „organisiert“ werden kann.

Als mir die Leitung des Unternehmens dann im Herbst 1975 übertragen wurde, glaubten wir, den nächsten konkreten Schritt in Richtung einer noch klareren organisatorischen Trennung der Unternehmensbereiche gehen zu können.

Welche Einzelüberlegungen haben Sie zu diesem Zeitpunkt angestellt?

Dr. Wiethüchter: Die Reemtsma Cigarettenfabriken GmbH rückte zunehmend aus der bisherigen Funktion einer verwaltenden Holding in die Rolle einer aktiven Führungsgesellschaft für das gesamte Unternehmen. Bei ihr wurden die für beide Unternehmensbereiche wesentlichen Funktionen konzentriert, während alle markt- und marketingorientierten Funktionen in den Unternehmensbereichen Cigarette und Getränke zusammengefaßt wurden. An die Spitze der Unternehmensbereiche rückten jeweils für Profit and Loss verantwortliche Unternehmensbereichsleiter. Diese bilden zusammen mit den Leitern des Finanz- und Rechnungswesens und des Personalwesens und dem Vorstandsvorsitzer den engeren Vorstandskreis. Wir nennen ihn den Zentralvorstand.

In den einzelnen Unternehmensbereichen wurden dann weitere organisatorische Anpassungen vorgenommen, die den unterschiedlichen Marktstrukturen und dadurch bedingten Leitungsstrukturen besser gerecht wurden; d. h. was im Cigarettenbereich aufgrund der dort gegebenen Verhältnisse z. T. zentraler geordnet werden konnte, mußte im Getränkebereich aufgrund einer wesentlich stärker regional orientierten Marktstruktur auch zu dezentralen Leitungsstrukturen führen.

Ihre Diversifikationsbemühungen zielten mit dem Vordringen in den Getränkebereich vor allem auf einen produktnahen Bereich der Nahrungs- und Genußmittelindustrie. Damit entstanden zwei Unternehmungsbereiche. Ihre Führungsstruktur ist jedoch bei dem angewandten Organisationsmodell sehr flexibel im Hinblick auf eine Diversifikation in weitere Bereiche. Drängt dieses Modell das Top-Management nicht geradezu in eine weitere Diversifikationsrichtung? Wie stellen Sie sich Ihre Produktpalette in der langfristigen Planung vor?

Dr. Wiethüchter: Der Ausbau der bestehenden Unternehmensbereiche hat bei unseren Zukunftsüberlegungen absolute Priorität. Die Situation in der Cigarette ist zunehmend stärker internationalisiert zu sehen. Hier gilt es zunächst zu konzentrieren – auch was das internationale Geschäft angeht. Im Getränkebereich machen wir, verglichen mit anderen Getränkegruppen, eine recht positive Entwicklung durch; andererseits stehen wir aber erst am Anfang, aus dem Bier einen Markenartikel zu machen. Bei nicht mehr wachsendem Markt (Verdrängungswettbewerb) muß eine Entwicklung zu einer qualitativen Diversifikation einsetzen. Früher dachten wir, und auch andere Brauereigruppen, an eine nationale Biermarke. Derartige Überlegungen sind heute nicht akut. Dagegen ist die Kraft der Marke im Bierbereich bei weitem noch nicht ausgeschöpft. Desgleichen ist die Kooperation der Brauereien zu entwickeln: Nicht jeder macht alles, sondern der eine macht dies und jenes für den anderen mit. Dies gilt nicht nur für die Produktionsseite, sondern auch für die Produktentwicklung und für die Absatzseite.

Der Zentralvorstand des Unternehmens sieht sich zwei operativen Einheiten (Unternehmensbereichen) gegenüber, – die – obwohl sie in der gleichen Branche tätig sind – völlig unterschiedliche Strukturierungsbedingungen stellen. Läßt sich der UB Cigarette einheitlicher harmonisieren und führen, so sieht sich der Zentralvorstand im UB Getränke einer diversen Vielzahl von Tochterunternehmungen und Beteiligungen gegenüber, die wohl mehr auf dem Wege von Empfehlungen und dem Austausch von Informationen in Arbeitskreisen als durch zentrale Vorgaben gesteuert werden können. – Welche Schwierigkeiten bereitet eine solche Unterschiedlichkeit von Unternehmensbereichen für die einheitliche Durchdringung einer Gruppe mit einem unternehmungspolitischen Wollen?

Dr. Wiethüchter: Oberster Grundsatz ist, daß die Geschäftsführungen der Beteiligungsgesellschaften weitgehend frei in ihren laufenden Entscheidungen sind. Dies gilt im Getränkebereich aufgrund der dezentralen Unternehmensstruktur noch stärker als im Cigarettenbereich.

Mittel- und Langfrist-Strategien für die Unternehmensbereiche und die einzelnen Unternehmen in diesen Bereichen werden durch die einzelnen Gesellschaften und Vorstände der Beteiligungsgesellschaften erstellt und bilden nach Verabschiedung im Zentralvorstand eine verbindliche Grundlage für die Arbeit in allen Unternehmensteilen. Die operative Verantwortung für die Erfüllung der Planziele liegt bei den Geschäftsführern der einzelnen Beteiligungsgesellschaften.

Grundsatzfragen – z. B. Vertriebsfragen, Produktions- und technische Fragen, Personal-Grundsatzfragen – werden in jeweiligen Arbeitskreisen diskutiert und entschieden, deren Leitung bei Vorstandsmitgliedern liegt, die aus dem Kreis der Beteiligungsvorstände hierzu gewählt werden. Dies erscheint im Verhältnis zum Cigarettenbereich, der aufgrund seiner Marktstrukturen eine zentrale Führung erlaubt, im Getränkebereich umständlicher und komplizierter, ist im Ergebnis aber praxisnäher und damit langfristig sicherlich erfolgreicher.

Welche Ziele zur Vereinheitlichung der Systeme der Management-Informationen (Datenverarbeitung, Rechnungswesen) und des Personalbereichs lassen sich bei einer derartigen Struktur realistischerweise überhaupt setzen und erreichen?

Dr. Wiethüchter: Es ist zu trennen zwischen dem, was Sache der einzelnen Brauereien und dem, was zunehmend Angelegenheit der Gruppenkoordination und letztlich auch der Gruppenführung ist. Während also der Unternehmensbereichsvorstand Cigarette ein einheitliches Gremium mit klarer Ausrichtung der Kompetenzen und Anweisungsbefugnisse ist, ist es Aufgabe im Getränkebereich, daß die Zentralressorts über die Arbeitskreise ihr Wissen und ihr Know-how zur Verfügung stellen, um zu einheitlichen Konzepten zu kommen. Dies ist auch in der Vergangenheit gelungen und wird sicherlich auch in Zukunft noch weiter ausgebaut werden.

Es wird mit absoluter Sicherheit auch in der längerfristigen Zukunft keinen Vorstand der Deutschen Brau GmbH geben, der ein Pendant zum Cigarettenvorstand bilden würde. Es wird aber eine zunehmend stärkere Integration von Aufgaben aus den einzelnen Ressorts in der Deutschen Brau GmbH geben.

Ein Beispiel ist die Übernahme von Tuborg als nationale Marke, bei der die Brauereien Glieder der Distribution und der Durchsetzung der Preispolitik aufgrund von Weisungen der Deutschen Brau GmbH sind.

Wie wirkt sich diese Unterschiedlichkeit auf die Arbeitslast der Zentralressorts aus? Entstehen hier Schwerpunkte der Betreuung für den leichter zu systematisierenden Bereich Cigarette oder geht die Hauptlast der Arbeit in das Gewinnen einer Transparenz über den Unternehmensbereich Getränke?

Dr. Wiethüchter: Auch hier kann nicht davon ausgegangen werden, daß der Cigarettenbereich mehr und der Getränkebereich weniger oder umgekehrt an Ressourcen bindet.

Ich glaube, daß wir heute durch die Konzentration in den beiden Bereichen sehr viel schneller auf den entscheidenden Punkt der Einflußnahme durch den Zentralvorstand zusteuern können als früher.

Prof. Dr. Zander: Hierzu ein praktisches Beispiel. Unter den Ausschüssen gibt es einen Sozialpolitischen Ausschuß. In diesem Ausschuß wird eine einheitliche Personal- und Sozialpolitik aus den Unternehmen heraus festgelegt. Die Praxis des fortschrittlichsten Unternehmens wird nach ausgiebiger Diskussion dabei zur Zielvorstellung der gesamten Gruppe der Brauereibetriebe und gelegentlich sogar auch für die Cigarettenseite.

Dr. Wiethüchter: Die zentralen Dienstleistungen arbeiten damit im Cigarettenbereich direkter und unmittelbarer als im Getränkebereich. Hierzu ein konkretes Beispiel: Die Zentrale Betriebswirtschaft hat eine Management-Informationsgruppe für Getränke und eine für Cigaretten. Die Mitarbeiter der Cigaretten-Gruppe arbeiten direkter und detaillierter in den Cigarettenbereich hinein als die Getränkegruppe der Zentralen Betriebswirtschaft. Letztere versteht sich als Chefkoordination im Verhältnis zu den Betriebswirtschaftlichen Abteilungen in den einzelnen Brauereien.

Bilden sich eigentlich in der Folge unterschiedliche Formen der Führung in beiden Unternehmensbereichen mehr oder weniger deutlich aus?

Prof. Dr. Zander: Die Probleme, die ich sehe, lassen sich vor allem auf Schwierigkeiten der Mitarbeiter zurückführen, von einer mehr personenorientierten auf eine mehr sachbezogene Führung überzugehen. Dies beansprucht auch deshalb einen längeren Zeitraum, weil die notwendigen Verhaltensänderungen nicht abrupt eintreten können und auch nicht sollen. In beiden Bereichen sind die Führungsstile von der Branche her unterschiedlich, aber auch von der Unternehmensgröße her. Landschaftliche, regionale Unterschiede (z.B. zwischen Hamburg und Bayern) spielen dabei gleichfalls eine Rolle.

Einen völlig einheitlichen Führungsstil werden wir selbst langfristig nicht erreichen, er ist wohl auch nicht anzustreben. Was wir allerdings tun können, ist einen gezielten Austausch von Personal zwischen den beiden Unternehmensbereichen herzustellen, um auf diesem Wege eine Annäherung zu erreichen.

Der Unternehmensbereich Cigarette wurde im Zuge der Reorganisation nach funktionalen Gesichtspunkten neu gegliedert: Durch die Trennung von Marketing und Verkauf sollte eine größere Marktnähe des Operierens erreicht werden. Dies setzt jedoch – bei der organisatorischen Trennung beider Bereiche – eine gut funktionierende Zusammenarbeit zwischen ihnen voraus. Wie arbeiten die Marketing- und übrigen Verkaufsabteilungen mit den nach Regionen gegliederten Verkaufsdirektionen zusammen?

Dr. Wiethüchter: Das Verkaufsressort ist in sich *markt*orientiert ausgerichtet, das Marketing *marken*orientiert. Die Verbindung zwischen beiden erfolgt im Marketing-Ausschuß. Werden Verkaufsaktionen als Umsetzung dessen, was aus den einzelnen Marketinggruppen für einzelne Marken im Markt geschehen soll, geplant, so werden diese intern zwischen der Verkaufskoordination und den jeweiligen Marketingleitern abgestimmt. Die Realisation ist dann Sache der Verkaufskoordination, die marktorientiert in die einzelnen Verkaufsdirektionen hineinwirkt. Also ein unmittelbares, anweisendes oder auslösendes Verhältnis zwischen Marketingleitern und Verkaufsdirektionen gibt es nicht.

In der Produktion und Technik sind die drei Werke (sind diese auf einzelne Marken spezialisiert?) einer Produktionszentrale funktionell zugeordnet. Wie ist dabei die Auftragssteuerung geregelt?

Dr. Wiethüchter: Die Werke sind nicht grundsätzlich darauf abgestellt, nur bestimmte Marken herzustellen. Dennoch haben sich gewisse Schwerpunkte herausgebildet, wobei es sich als zweckmäßig erwiesen hat, daß große Marken in einem Werk allein hergestellt werden.

Die Produktionszentrale hat primär die Aufgabe, die Fertigungssteuerung kurz- und mittelfristig mit dem Verkauf abzustimmen. Dabei wird nach rollierenden 3-Jahres-Plänen gearbeitet, in denen das jeweils 1. Jahr mit klaren Verkaufs- und Produktionsvorgaben budgetiert ist. Im Rahmen unseres monatlichen Informations- und Berichtswesens rechnen wir nach Grenzkosten ab, so daß wir zwischen Beschäftigungs- und Verbrauchsabweichungen unterscheiden können – ein Konflikt zwischen den einzelnen Werken wird damit bezüglich der innerbetrieblichen Auftragsvergabe im Ansatz vermieden.

Es ist mir in diesem Zusammenhang sehr wichtig, darauf hinzuweisen, daß diese Organisation zur Voraussetzung hatte, daß ein Berichtswesen entwickelt war, das Dienstleistungen genauestens zuordnen läßt. Eine solche tiefgreifende Änderung einer Organisation läßt sich nur erreichen, wenn ein Berichtswesen bereitsteht, das dem Management klar zeigt, an welcher Stelle etwas aus dem Ruder läuft. Ich hätte mich nie zu einer solchen Strukturorganisation entschlossen, wenn ich nicht vorher sicher gewesen wäre, daß wir ein Planungs-, Informations- und Steuerungssystem haben, das dieser Organisation gerecht wird.

Welche Aufgaben stellen sich hier für die Zukunft?

Dr. Wiethüchter: Den operativen Bereich der Cigarette haben wir ziemlich abgeschlossen im Griff. Hier adaptieren wir die strategische Planung mit Hilfe computerisierter Modelle stärker an die operative Planung, so daß sich nicht nur ein quantitativer, sondern auch ein qualitativer Soll-Ist-Vergleich ergibt (im Sinne erreichter und nicht-erreichter strategischer Planziele). Daraus folgt eine Analyse notwendiger Strukturänderungen.

Im Getränkebereich sind wir verständlicherweise dabei, den operativen Teil der Planungs- und Informationssysteme abzuschließen und die strategische Planung, die ja eine Gesamtplanung für die Summe der Teilplanungen der einzelnen Bereiche darstellt, aufzubauen. Wir sind dabei, die Planungsrechnungen der einzelnen Bereiche zu integrieren.

Der Unternehmensbereich Getränke stellt – wie schon angeschnitten – sicherlich besondere Probleme für die Führung. Können Sie diese anhand des dort auftretenden Problems Marketing und Verkauf kurz erläutern?

Dr. Wiethüchter: Es wird einen zentralen Einfluß auf das Marketing der einzelnen Brauereien, aber niemals einen zentralen Marketingchef für alle Breuereien geben. Hierzu entwickelt das Mitglied unseres Zentralvorstandes eine kleine Marketinggruppe aus den Brauereien heraus. Der Input sollte von dieser Gruppe kommen, sich aber auf die Zielsetzungen der einzelnen Brauerei konzentrieren.

Welche Probleme werden Sie im Hinblick auf Personal- und Menschenführungssysteme im Rahmen des Personal- und Sozialwesens lösen müssen?

Prof. Dr. Zander: Das größte Problem ist m.E. daß man die Eigenständigkeit der Unternehmen – das gilt verstärkt für den Brauereisektor – beachten muß, soweit dies sinnvoll ist, gleichzeitig aber auch versuchen muß, eine Koordinierung dieser Aktivitäten herbeizuführen. Dazu kommt der sehr unterschiedliche Führungsstil in den beiden Sparten und dann im Getränkebereich selbst unter den einzelnen Brauereien. Trotzdem sollten einige Grundsätze bei allen übereinstimmen.

Einheitlich müßte sein, daß es wesentlich ist, zu motivieren und Initiativen zu wecken. Auch die Zusammenarbeit mit den Arbeitnehmern müßte nach gleichen Grundsätzen erfolgen, was insbesondere nach Einführung der Mitbestimmung 1976 wichtig ist. Weitere wichtige Grundsätze, die für alle Unternehmen der Gruppe gelten müssen, scheinen mir die Verwirklichung des Leistungsprinzips in Entlohnung und Förderung über die Unternehmensgrenzen hinaus, Weiterbildung von Führungskräften und Betriebsräten auch unabhängig von der Herkunft aus dem Unternehmen, überhaupt ein Fördern der Zusammenarbeit und des Gemeinschaftgefühls in allen Unternehmen zu sein.

5. Handel

5.1 EDEKA-Verband e.V.

Obwohl sich die Verbrauchernachfrage im Bereich Nahrungs- und Genußmittel auch in 1977 wie in den Vorjahren weiterhin unbefriedigend entwickelte, gelang es der EDEKA-Gruppe, auf allen Stufen ein reales Umsatzplus zu erzielen. Der EDEKA-Einzelhandel erreichte mit 15,9 Mrd. DM eine Steigerung um 5,0 %, der EDEKA-Großhandel 10,32 Mrd. DM oder + 7,0 %, während die EDEKA ZENTRALE AG einen Zuwachs von 7 % = 6,8 Mrd. DM erzielen konnte.

Im Geschäftsjahr 1977 wurden diese Ergebnisse durch 22.577 EDEKA-Einzelhandelsgeschäfte und 50 regional tätige Großhandelsbetriebe erreicht. Damit behauptete die EDEKA als genossenschaftlich strukturierte Gruppe mit verbindlichem Förderungsauftrag für den selbständigen Lebensmittel-Einzelhandel ihre Position im Markt. Die EDEKA ist die größte Handelsgruppe in der Bundesrepublik Deutschland und in Europa.

5.11 70 Jahre EDEKA Verband kaufmännischer Genossenschaften e.V. (Stand 1978)

von Dipl.-Volkswirt Helmut Stubbe, Hamburg

Die Gründung von „Einkaufsvereinigungen der Kolonialwarenkleinhändler" – seit 1888 im Gebiet des Deutschen Reiches betrieben – erforderte mit Beginn des 20. Jahrhunderts immer dringlicher die Schaffung eines Dach- und Revisionsverbandes für kaufmännische Genossenschaften.

Diesem Umstand trugen die Vertreter von 13 Einkaufsvereinen Rechnung, als sie am 21. Oktober 1907 den „Verband kaufmännischer Genossenschaften" in Leipzig gründeten und damit den Grundstein für den Aufbau der EDEKA-Gruppe legten. Mitglieder dieses seit 1911 in „EDEKA Verband kaufmännischer Genossenschaften" umbenannten Verbandes sind alle wirtschaftlich tätigen EDEKA-Großhandelsbetriebe, die ebenfalls 1907 als zentrales Warenbeschaffungsunternehmen gegründete EDEKA ZENTRALE AG (bis 1972 in der Rechtsform einer eGmbH) und die 1914 als zentrales Finanzierungsinstitut der Gruppe (ebenfalls bis 1972 in der Rechtsform einer eGmbH) gegründete EDEKABANK AG. EDEKA Verband e. V., EDEKA ZENTRALE AG und EDEKABANK AG bilden die zentralen Institutionen der EDEKA mit Sitz in Berlin und Hamburg.

Die EDEKA-Genossenschaften – heute als genossenschaftliche förderungswirtschaftliche Großhandels- und Dienstleistungsunternehmen definiert – mußten sich aufgrund der Anforderungen des Wettbewerbs aus der Rolle der Warenbeschaffungsgroßhandlungen lösen und zu leistungsstarken Vollservicebetrieben aufgebaut werden. Das bedingte auch eine Zusammenführung mehrerer Betriebe zu einem einzigen mit optimaler Größenordnung. Mit dem 1.1.1978 sind 45 Großhandelsbetriebe mit ca. 21.475 Mitgliedern und 24.200 Einzelhandelsgeschäften wirtschaftlich tätig.

Parallel zu den Strukturveränderungen im Großhandelsbereich wandelte sich der EDEKA-Verband vom reinen Prüfungsverband zu einem Prüfungs- und Dienstleistungsverband, der mit seinen Empfehlungen auf die Entwicklungen des Wettbewerbs agierte und reagierte. Um den heute gestellten Anforderungen in einem Markt, der durch Verdrängungswettbewerb gekennzeichnet ist, gerecht werden zu können, ist er in sachbezogene Geschäftsbereiche gegliedert, die sowohl für die Großhandels- als auch für die Einzelhandelsebene umfassende Dienstleistungen anbieten.

Rechtsstruktur des EDEKA Verbandes

Wie der Bürger der Souverän eines demokratischen Staatswesens ist, so ist es der selbständige EDEKA-Lebensmittel-Einzelhandelskaufmann in der Handelsgruppe. Diese starke Position ergibt sich aus den Satzungen der Großhandelsbetriebe und des EDEKA-Verbandes.

Die einzelnen Mitglieder der Großhandelsbetriebe wählen in der Generalversammlung den Aufsichtsrat und den Vorstand. Beide Organe werden von der Generalversammlung entlastet (ein Mann – eine Stimme). Der *Vorstand* besteht aus ehrenamtlichen Mitgliedern (Kaufleuten) und hauptamtlichen (geschäftsführenden) Mitgliedern.

Der *Aufsichtsrat* überwacht die Tätigkeit des Vorstandes während des Geschäftsjahres. Die Mitglieder des Aufsichtsrates sind selbständige Kaufleute. Oberstes Beschlußorgan der Genossenschaft sind die jährliche *Generalversammlung* oder außerordentliche Generalversammlungen. Jedes Mitglied hat eine Stimme.

Handelt es sich bei den Großhandelsbetrieben nicht um solche in der Rechtsform einer eG sondern um die einer EDEKA-Handelsgesellschaft mbH, so werden Entscheidungen in den Gesellschafterversammlungen getroffen.

Die Mitglieder des EDEKA-Verbandes (Großhandelsbetriebe) sind in zur Zeit vier Verbandsbezirken zusammengefaßt, die alle drei Jahre aus dem Kreise ihrer Einzelmitglieder Mitglieder des Einzelhandelsbeirates wählen. Mitglieder des Geschäftsführerbeirates werden durch die Geschäftsführer des Bezirks gewählt. Kandidaten sind die hauptamtlich tätigen Geschäftsführer des Bezirkes.

Auch beim *Verbandstag*, dem höchsten beschlußfassenden Organ des EDEKA-Verbandes, gilt das Prinzip der einen Stimme je Mitglied. Er entscheidet über den Tätigkeitsbericht des Vorstandes. Genehmigung der Jahresrechnung, Entlastung von Vorstand und Verbandsausschuß sowie über die Genehmigung des Etatvoranschlages des nächsten Jahres.

Außerdem wählt der Verbandstag im Turnus den Verbandsausschuß (den Aufsichtsrat), der sich aus sieben selbständigen Einzelhandelskaufleuten und aus sieben hauptamtlich tätigen Geschäftsführern zusammensetzt. Hier haben der Einzelhandelsbeirat zur Wahl auf dem Verbandstag für die Gruppe der Kaufleute und der Geschäftsführerbeirat zur Wahl auf dem Verbandstag für die Gruppe der Geschäftsführer ein Vorschlagsrecht gegenüber dem Verbandstag. Zusätzlich zu diesen Aufgaben werden Einzelhandels- und Geschäftsführerbeirat für den Verband und seinen Vorstand gutachtlich und beratend tätig.

Der *Verbandsausschuß* wählt aus seiner Mitte den Vorsitzenden, einen Stellvertreter und Schriftführer. Zu den wichtigsten Tätigkeiten des Verbandsausschusses zählen die Prüfung und Überwachung der Tätigkeit des Vorstandes des EDEKA-Verbandes sowie die Wahl und Anstellung der Vorstandsmitglieder. Zugleich bestellt er ein Mitglied des Vorstandes zum Sprecher des Vorstandes und Verbandsdirektor.

Aus dieser Schilderung der satzungsgemäßen Organe des Verbandes (s. Abb. 21a) geht die Dominanz des EDEKA-Einzelhandels hervor.

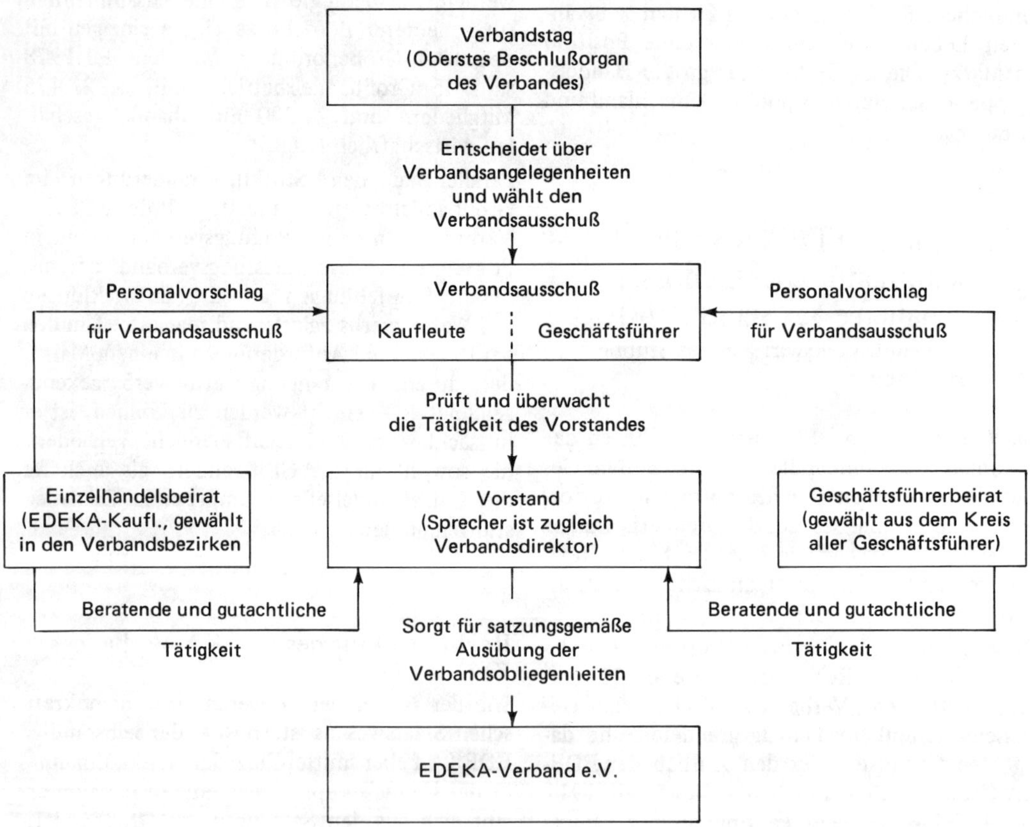

Abb. 21a: Organe des EDEKA-Verbandes e.V.

Die Gliederung des EDEKA-Verbandes – Geschäftsbereiche und Tochtergesellschaften

Der *Geschäftsbereich Prüfungs- und Rechnungswesen* führt die Prüfungen der wirtschaftlich tätigen EDEKA-Großhandelsbetriebe, sowie von Genossenschaften als Träger der EDEKA-Handelsgesellschaften, durch. Die Aufgaben im Rechnungswesen bestehen im weiteren Ausbau der Unternehmensplanung sowie Kosten- und Deckungsbeitragsrechnung im Großhandel.

Der *Geschäftsbereich Recht und Steuern* betreut die Mitglieder des EDEKA-Verbandes, d.h. die Großhandlungen in rechtlicher Hinsicht. Neben der Bearbeitung von Steuerfragen werden gesetzliche Änderungen im steuerlichen Bereich durch die Steuerabteilung in Empfehlungen für die EDEKA-Großhandelsbetriebe eingearbeitet.

Der *Geschäftsbereich Großhandel* erarbeitet in Zusammenarbeit mit dem EDEKA-Großhandel die Planung zur regionalen Gliederung der Gruppe, zur Schaffung optimaler Betriebsgrößenordnungen und zur Anpassung der einzelnen Großhandelseinheiten an eingetretene strukturelle und wirtschaftliche Entwicklungen. Über die Grundsatzplanungen hinaus befaßt er sich mit einer Vielzahl von Einzelproblemen, die sich aus den Verbundrealisierungen ergeben. Diese Arbeiten erstrecken sich auf die Erstellung von Geschäftsverteilungsplänen, Organisationsplänen, der Ausschöpfung von Kapitalreserven sowie Ausbauplanungen.

Im *Geschäftsbereich Einzelhandel* werden Standortanalysen und aktive Standortsicherung durchgeführt. Ein in Zusammenarbeit mit dem EDEKA-Großhandel entwickelter Verkaufsflächenentwicklungsplan fördert die Expansion der Verkaufsfläche des EDEKA-Einzelhandels.

Neben der Erfassung von Wirtschafts- und Strukturdaten werden im Bildungswesen sowohl für den Einzel- als auch den Großhandel Aus- und Weiterbildungsprogramme entwickelt und angeboten.

Zu den Schwerpunkten der *Presse- und Informationstätigkeit* des EDEKA-Verbandes zählen unter anderem die Hervorhebung der Leistungen des selbständigen Lebensmittel-Einzelhändlers, die Darstellung des EDEKA-Verbandes in der Öffentlichkeit, gezielte Verbraucherinformation und die Unterstützung der EDEKA-Großhandelsbetriebe bei Planung und Durchführung von PR-Veranstaltungen.

Im Bereich *Budget und Verwaltung* wird die jährliche Etatplanung für den EDEKA-Verband und seine Tochter- und Beteiligungsgesellschaften erstellt. Zusätzlich werden die Investitions- und Bedarfsanträge sowie im Sinne einer Koordinationsstelle Personalfragen bearbeitet. Einen weiteren Tätigkeitsbereich bildet die interne Revision.

Die *EDEKA Ausstattungs- und Baudienst GmbH* bietet Investitionsgüter sowohl für den Groß- als auch für den Einzelhandel an. Zugleich finanziert, least und vermietet sie auf Anforderung ihrer Kunden in erheblichem Umfange Einrichtungs- und Ausstattungsgegenstände.

Die *EDEKA Verlagsgesellschaft mbH* stellt mit ihren beiden Redaktionen in der Hauptsache drei publizistische Periodika her.

Die *EDEKA Betriebsberatungs- und Kapitalbeteiligungsgesellschaft* mbH ermöglicht durch Spezialberatung des Einzelhandels dessen wirtschaftliche Absicherung in einem sich verstärkt abzeichnenden Verdrängungswettbewerb. Durch gezielte Maßnahmen wie Rationalisierung in allen Bereichen eines Einzelhandelsunternehmens wird ein ausreichendes Betriebsergebnis angestrebt. Eine Vielzahl von Standortüberprüfungen und Standortnetzanalysen in Zusammenarbeit mit EDEKA-Großhandelsbetrieben bilden die Chance, die Verkaufsflächensubstanz der EDEKA-Gruppe trotz des Abschmelzungsprozesses zu erhalten und zu steigern.

Die *EDEKA Treuhand Verwaltungs- und Betriebsgesellschaft* sichert durch Anmietung gewerbliche Einzelhandelsfläche für die Gruppe. Darunter fallen SB-Warenhäuser, Ladenzentren und Supermärkte. Neben den Aufgaben der Verwaltung der Generalmiet- und Untermietverhältnisse wird gleichzeitig noch die Verwaltung der BGB-Gesellschaften in verschiedenen Warenhäusern und Wohnungseigentumsobjekten durchgeführt. Die Finanzierungsabteilung führt auf Wunsch die wirtschaftliche Betreuung für Einzelhandels- und Großhandelsbetriebe durch.

Ständiger Auftrag an die EDEKA *Datenverarbeitungsgesellschaft mbH* ist die optimale Anpassung von Personal, Material und Maschinen an die sich stellenden Probleme.

Abb. 21b stellt die Gliederung des EDEKA-Verbandes im Überblick dar.

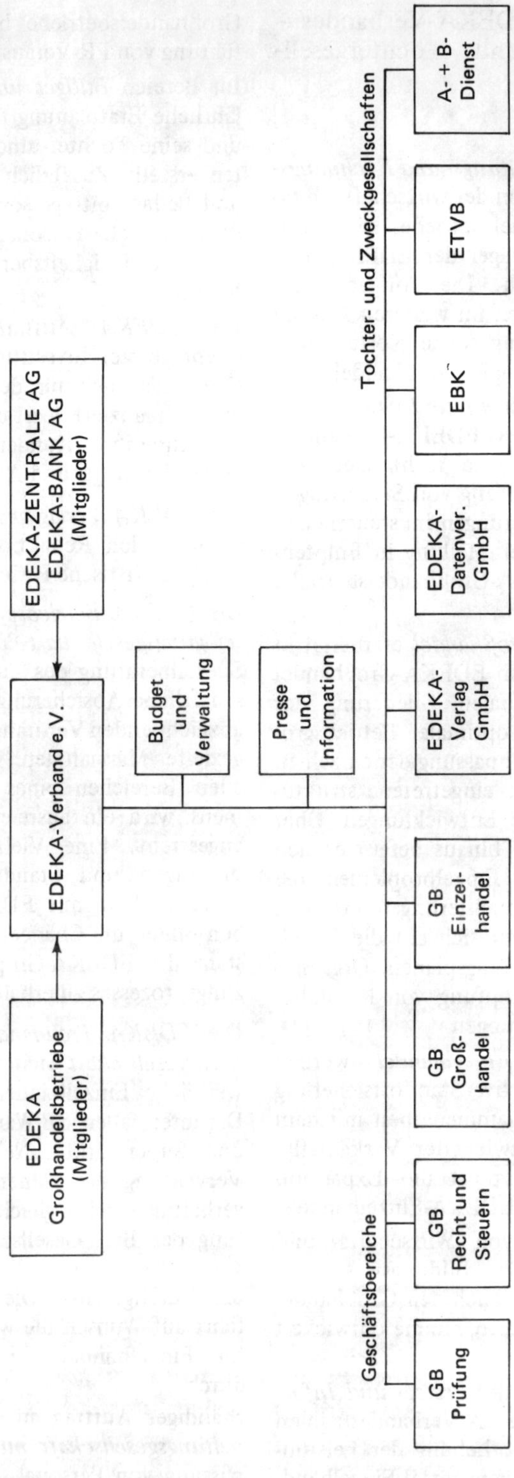

Abb. 21b: Gliederung des EDEKA-Verbandes

Zukunftsaspekte für den genossenschaftlich organisierten, selbständigen Lebensmittel-Einzelhandel

Es ist damit zu rechnen, daß in mittlerer Zukunft keine spürbare Belebung der Verbrauchernachfrage erfolgen wird. Die Gründe hierfür sind bekannt: Abgewanderte Gastarbeiter und deren Familien, die reduzierte Geburtenrate, über 1 Mio. Arbeitslose im Jahresdurchschnitt. Die verstärkte Verwendung des verfügbaren Einkommens für Gebrauchsgüter und Freizeitgestaltung sowie die Änderungen der Konsumgewohnheiten und der intensive Verdrängungswettbewerb lassen kaum ausreichende Betriebsergebnisse zu.

Vor diesem volkswirtschaftlichen Hintergrund sind die Bemühungen der EDEKA-Gruppe zu sehen, auch in den 80er Jahren den selbständigen EDEKA-Kaufmann leistungs- und wettbewerbsfähig zu erhalten. Der Gedanke der genossenschaftlichen Selbsthilfe hat im Laufe von sieben Jahrzehnten verschiedene Interpretationen und Anforderungsprofile erhalten.

Eine der Hauptaufgaben des EDEKA-Verbandes in Zusammenarbeit mit dem Groß- und Einzelhandel wird es in den nächsten Jahren sein, verstärkt Einzelhandelsstandorte zu sichern, um den Kaufmann mit einem Geschäft wettbewerbsfähiger Größenordnung zu fördern.

Eine zweite wichtige Aufgabe ist es, den Kaufmann in die Lage zu versetzen, sein Geschäft als Unternehmer zu führen. Das verlangt eine intensive Aus- und Weiterbildung der schon tätigen Unternehmer und des Nachwuchses. Hier bietet der EDEKA-Verband seit Jahren ein umfassendes Ausbildungssystem, das den jeweiligen Erfordernissen des Wettbewerbes entspricht.

Das dritte Problem stellt sich in der Bereitstellung von Kapital für junge Einzelhändler, die den Sprung in die Selbständigkeit wagen wollen. Das Modell des Kooperations-Kaufmannes bietet innerhalb der EDEKA-Gruppe die Möglichkeit, bei nur geringem vorhandenen Kapital ein Geschäft zu übernehmen.

Eine vierte Voraussetzung muß der selbständige Kaufmann allerdings selbst schaffen und mitbringen. Wenn die ideellen, geistigen und materiellen Hilfestellungen des EDEKA-Verbandes mit dem Engagement des einzelnen Kaufmannes zusammentreffen, wird auch in Zukunft der selbständige Unternehmer des Lebensmittel-Einzelhandels im Gruppenverband als Nahversorger seine betriebs- und volkswirtschaftliche Aufgabe und reelle Chance im Wettbewerb haben.

5.12 Interview mit dem Verbandsdirektor des EDEKA Verbandes Berlin/Hamburg, Herrn Dipl.-Volkswirt Helmut Stubbe, 1978

Worin sehen Sie die grundsätzlichen Unterschiede in der Organisation eines Konzerns und einer großen Genossenschaft des Handels?

Der Konzern ist *ein* Unternehmen mit einem verbindlich-einheitlichen Führungskonzept; die Genossenschaft ist ein freiwilliger Zusammenschluß von wirtschaftlich und rechtlich selbständigen Unternehmenseinheiten im Rahmen einer Selbsthilfe-Organisation. Die Genossenschaft wird gesteuert durch die Willensbildung ihrer Mitglieder, die in regionalen Großhandelseinheiten zusammengeschlossen sind und dort ihre Entscheidungen treffen. Die genossenschaftliche Großhandelseinheit hält wiederum die Genossenschaftsanteile an den zentralen Institutionen der Gruppe und übt damit Einfluß auf deren Geschäftspolitik aus. Eine Genossenschaftsgruppe wie die EDEKA arbeitet dreistufig: *Erste* Stufe: selbständige Kaufleute, *zweite* Stufe: regionale Großhandelseinheiten, *dritte* Stufe: Zentraleinheiten in Hamburg.

Im Konzern kann der Vorstand eine für alle Stufen einheitliche Politik festlegen und durchsetzen. Die Genossenschafts-Gruppe arbeitet im Management auf der Grundlage von Abstimmungen der jeweiligen Organe und Gremien, die eine freiwillig erarbeitete Politik erstreben, die von sehr viel mehr Demokratie getragen ist und daher viel Gremienarbeit bedeutet. Dies bringt naturgemäß ein z.T. schwierigeres Verfahren der Willensbildung mit sich als in einem Konzern.

Ist bei einer genossenschaftlichen Organisation das gleiche Niveau wirtschaftlicher Rationalität erzielbar wie bei einem nach klar konzipierten unternehmungspolitischen Grundsätzen straff geführten Konzern?

Ich glaube, daß wir in unserer genossenschaftlichen Struktur keinen Nachteil sehen müssen. Der Vorteil, den man einem Konzern z.B. im Willensbildungsprozeß oder in seiner Schnelligkeit eines geschlosseneren Reaktionsvermögens zusprechen kann, wird z.T. durch Nachteile des Konzerns aufgewogen, die z.B. in der „Hierarchie“ und „Bürokratie“ liegen können.

Die Motivation der EDEKA-Gruppe wird durch die *Selbständigkeit der Mitglieder* getragen. Dies führt in der Regel zu einer eindeutig höheren Arbeitsproduktivität als bei sogenannten „Unselbständigen“. Ohne Zweifel bedarf aber der Entscheidungsprozeß einer Genossenschaftsgruppe einer längeren Zeitphase. Dies muß aber auch nicht unbedingt ein Nachteil sein. Dagegen ist die genossenschaftliche „Logistik“ zur Verkaufsstelle im Vergleich zum Konzern in keiner Weise differenziert zu sehen.

Die starke mit der Selbständigkeit der Mitglieder verbundene eigenständige Motivation enthält aber auch ein Element der Fliehkraft für die gesamte Organisation. Darf ich Sie bitten, einen kurzen gedanklichen Abriß der Entwicklung Ihrer Gruppe von der weitverzweigten Dezentralisation hin zu zentralen Leistungen zu geben?

Die regionalen Großhandelsbetriebe müssen z. B. heute primär eine gewisse Umsatz-Mindestgröße aufweisen, die sich aus den gegenwärtigen Distributionsverhältnissen ableitet. Der Durchschnittsumsatz einer EDEKA-Großhandlung im Jahre 1978 liegt bei über DM 200 Mill.

Die große Gefahr im Genossenschaftswesen besteht darin, daß die regionalen Einheiten im Verhältnis zum Wettbewerb nicht mehr leistungsfähig bleiben bzw. daß die regionale Nachfrage zu gering ist, um optimale Leistungen für die angeschlossenen Kaufleute bereitstellen zu können.

Ein wesentlicher Ausdruck der Veränderung bezieht sich auf den Einzelhandels-Standort. Ursprünglich war dies ein Anliegen eines jeden einzelnen Kaufmannes; die Zentralstufe ist in früheren Zeiten dieser Frage kaum nachgegangen.

Die weiteren Überlegungen gehen dahin, von der gegenwärtigen *Dreistufigkeit* im System zu einer *Zweistufigkeit* zu kommen, um die Leistungskraft und den Willensbildungsprozeß der Gruppe zu verbessern.

Wir haben in den letzten zehn Jahren eine vertikale Integration im Sinne gesellschaftsrechtlicher Verflechtungen zwischen einer Zentralgesellschaft und einer regionalen Gesellschaft auf der Basis eines Beteiligungsverhältnisses von 50:50 % – also im Sinne einer Einstimmigkeit bei Entscheidungen – in die Wege geleitet. Diese Neuerung beruht auf zwei Überlegungen: 1. Der Entscheidungsprozeß soll im Hinblick auf zukünftige Investitions-Vorhaben produktiver, rationeller und gründlicher gestaltet werden und 2. Die „divide et impera“-Struktur der Regionen muß in ein geschlossenes, gemeinsames Warengeschäft der Gruppe gelenkt werden.

Schließen Sie Lücken in der Marktdurchdringung durch eine Akquisition oder den eigenen Aufbau von Regiebetrieben? Werden diese Regiebetriebe organisatorisch und führungsmäßig anders behandelt als die Einzelhandelsbetriebe Ihrer Mitglieder?

Der Regiebetrieb ist ein Einzelhandels-Tochterunternehmen eines Großhandelsunternehmens. Er wird vom Management des Großhandelsunternehmens geführt. Regiebetriebe haben in der EDEKA-Organisation jedoch lediglich Ergänzungsaufgaben wahrzunehmen. Oberstes Prinzip ist auch hier die Förderung selbständiger Kaufleute. Die Regiebetriebe dienen diesem Förderungsauftrag, in dem sie angebotene Flächen, die sich marketingmäßig für die EDEKA als interessant erweisen, der gemeinsamen Organisation zuführen, ohne daß diese Entscheidung vom Zufall abhängig gemacht wird, ob z. B. gerade zu diesem Zeitpunkt ein selbständiger Kaufmann bereit und in der Lage ist, einen solchen Betrieb zu führen. Wenn wir dem Großhandel eine eigene unternehmerische Funktion zubilligen, dann muß die Genossenschaft – wie jeder andere Wettbewerber – in der Lage sein, jede Verkaufsfläche zu behaupten, um diese später wieder in die Zuständigkeit selbständiger Kaufleute zu überführen. Wir sind der Meinung, daß wir auf der Grundlage einer qualifizierten Standortanalyse auch zukünftig eine möglichst große Zahl von qm-Verkaufsfläche in die Organisation hineinbringen müssen, denn der Marktanteil der Genossenschaften darf nicht weiter absinken. Gleichzeitig verlieren wir als EDEKA-Gruppe im Rahmen des Strukturwandlungsprozesses pro Jahr ca. 2000 Kaufleute mit ca. 130.000 qm Verkaufsfläche. Die Regiebetriebe haben angesichts dieser Tatsache eine wichtige

Ergänzungsfunktion, wie Sie sehen. Die Priorität liegt jedoch auch beim Anmieten neuer Flächen grundsätzlich beim selbständigen Kaufmann. Sind diese z.Z. nicht vorhanden, können wir interessante angebotene Flächen nicht einfach dem Wettbewerb überlassen.

Welche Konsequenzen hat dieses Nebeneinander von selbständigen Einzelhandelsbetrieben und Regiebetrieben für die Organisation und Führung?

Als Prinzip gilt, daß der Regiebetrieb nicht besser gestellt wird als der Betrieb des selbständigen Kaufmanns: Es wird kein Regiebetrieb gegründet, wenn nicht die Mitglieder in der Funktion ihrer vertretungsberechtigten Organe des Großhandels ihre Zustimmung geben. Es gibt viele praktische Fälle, wo wünschenswerte Flächen nicht übernommen werden, weil die Kaufleute dies abgelehnt haben.

Das Organisationsprinzip des Regiebetriebes ist: Klarheit in der Trennung der Gewinn- und Verlustrechnung und Bilanz vom Großhandelsbetrieb; in aller Regel hat der Großhandelsbetrieb einen Organschaftsvertrag mit dem Regiebetrieb.

Sie bieten zentral ein bestimmtes Sortiment für die dezentralen Großhandelsbetriebe an. Dezentral verbleiben jedoch sämtliche Einkaufs-Entscheidungen. Können Sie diese wichtige Frage der Programmpolitik in Ihrer Organisation noch etwas näher beleuchten?

In der gesamten Warenpolitik lebt die EDEKA-Gruppe vom Individualismus des Kaufmannes, vom Föderalismus des Großhandelsbetriebes und von der Leistungsfähigkeit der Zentraleinheit.

Der Kaufmann bestimmt das Sortiment und der Großhandel muß entsprechend einer Marktanalyse die entsprechenden Sortimente bereithalten und anbieten. Die Auftragskonzentration des Einzelkaufmanns beim Großhandel liegt bei uns zwischen 60–70 %. Dies ist zugleich unser Hauptaufgabengebiet: die Leistungen des Großhandels zu erhöhen.

Der Großhandelsbetrieb kauft selbst sein Sortiment in Zusammenarbeit mit der EDEKA-Zentrale AG – der Warenbeschaffungs AG – ein. Die heutige Struktur geht von der Übertragung des Einkaufs eines begrenzten Sortiments von der Regionalstufe auf die Zentralstufe im Sinne einer rationelleren, geschlosseneren Warengeschäfts-Handhabung aus.

1977 hatten wir im EDEKA-Bereich eine Umsatzgröße im Großhandel von DM 10,3 Mrd. erreicht. 1 % Kostensenkung auf der Großhandelsstufe bedeutet DM 100 Mio. Mehrertrag für die Einzelhandelsstufe.

Welche organisatorischen Möglichkeiten besitzen Sie, um eine einheitliche Personalpolitik (inkl. Aus- und Weiterbildung) in Ihrer Gruppe durchzusetzen?

Wir haben dreierlei Personalprobleme: Das erste und wichtigste ist: Wo finden wir in der Zukunft Kaufleute, die bereit sind, das Risiko eines selbständigen Kaufmanns zu übernehmen in einer neuen Größenordnung im Verhältnis zu früheren Zeiten? Die zweite Frage ist: Wo bekommen wir ein fachlich qualifiziertes Personal auf der Großhandelsstufe her? Welches ist der Typus des Managers für den Großhandelsbetrieb von morgen? Die dritte Frage bezieht sich auf die Personalbesetzung in der Zentralstufe.

Im Einzelhandel haben wir ein eigenes Nachwuchs- und Ausbildungsförderungssystem. Die EDEKA-Gruppe insgesamt hat hierfür einen Gesamtetat von über DM 3,5 Mio. jährlich bereitgestellt. Wir haben in Parallele zu den Warenhäusern ein eigenes Nachwuchssystem entwickelt, d.h. vom Eintritt z.B. als Auszubildender in der EDEKA-Gruppe bis hin zum Praktikanten, der in allen Funktionsbereichen geschult wird.

Die Nachwuchsfrage auf der Großhandelsstufe ist im Rahmen „normaler" Personalbeschaffungen keine besondere. Hier ist das eigentliche Problem, den Top-Manager von morgen zu finden. Dieser muß über den Bereich des Einkaufs den Vertrieb beherrschen, eine Funktion, die die traditionellen Genossenschaften nicht hatten. Er muß in der Lage sein, eine Marketing-Konzeption aufzulegen, wobei sein Denken vom Einzelhändler und vom Verbraucher her ansetzen muß. Er ist nicht Selbstzweck, sondern eine Förderungswirtschaft für selbständige Kaufleute, die in sich ein starkes Konzept darstellt. Wir sind für die 80er Jahre dabei, die ersten DV-Anlagen in den Einzelhandel zu geben, bei denen der Mini-Computer auf den Bildschirmen des Einzelhandels off-line dem Einzelhändler tägliche oder wöchentliche Gewinnermittlungen ermöglicht. Die im Großhandel bereits anfallenden Daten können dann noch wesentlich rationeller auch für die Betriebsführung im Einzelhandel ausgewertet und eingesetzt werden. Hierzu muß der Top-Manager des Großhandels DV-Kenntnisse besitzen und Vertrieb, Marketing, Standortfindung, Schulung usw. beherrschen. Die Managementfunktion im Großhandel wird in zwei Funktionsbereiche geteilt: Absatz (Einkauf und Verkauf) und Operating, wobei beide heute eine gleichgewichtige Funktion haben, während früher der „Weltmeister im Einkauf" herrschte. Damit gewinnen Fragen des Managements, der Organisation, das Erkennen der Marktdaten von morgen und das Reagieren darauf, die Festlegung der Vertriebssysteme eine gewichtige Bedeutung.

Die Personalfunktion der Zentraleinheiten ist, soweit es sich um technisches Personal handelt, gleichartig mit der des Großhandels zu sehen; soweit es sich um das Management handelt, ist der Topman der Zentraleinheit in der gleichen Funktion zu sehen, wie der Top-Manager des Großhandels mit seinen Leuten.

5.2 Kaufhof AG

5.21 Die Organisation der Kaufhof AG (Stand 1979)

von Dipl.-Kfm. Max Bruckhaus, Köln

Die Organisation des Warenhausfilialbetriebes wird in starkem Maße durch „natürliche" Voraussetzungen bestimmt.

Dezentralisation des Verkaufs

Die Kaufhof AG hatte im letzten Jahr, 1978, einen Warenhaus-Umsatz von rd. 5,6 Mrd. DM in 84 Filialen zwischen Aachen und Hof, Hamburg und München. Diese *Dezentralisation des Absatzes* setzt für die Gesamtorganisation Bedingungen, die zu hoher Anpassungsfähigkeit der Regelungen zwingen.

Zwischen der vorgegebenen Dezentralisation der Funktion Verkauf und der ebenso natürlichen Zentralisierung anderer Funktionen muß in der Gesamtorganisation ein Spannungsfeld entstehen.

Sortimentsumfang

In seinen Warenhäusern bietet der Kaufhof um die 250.000 Sorten „unter einem Dach", gegliedert in 13 Marketinggruppen und 89 Abteilungen. Die einzelnen „Warenarten" stellen z.T. völlig unterschiedliche Anforderungen an die Organisation. Es gilt, den Handel mit diesem gigantischen Gemischtwaren-Sortiment so zu organisieren, daß nach Möglichkeit jede Warenart die ihr gemäße Behandlung erfährt, ohne daß die Gesamt-Organisation als ein Sammelsurium von Spezialorganisationen erscheint. Das ist nicht immer leicht. Neuerlich auftauchende Vorstellungen von einer Matrixorganisation, in der *alle* Funktionen den Anforderungen der Warenarten untergeordnet werden sollen, dürften sich in der Praxis als unrealistisch erweisen: Die Vermehrung von Leitungspositionen einerseits und der Verzicht auf die Kostendegression durch Zusammenfassung der Mengen bei zahlreichen Verrichtungen sind erdrückende Gegenargumente. Es gilt, die Vorteile einer vernünftigen Spezialisierung, die durch die Unternehmensgröße ermöglicht wird, im *Gesamtzusammenhang* wahrzunehmen, ohne den integrierenden Rahmen zu zerstören.

Hausgröße

Die Warenhäuser des Kaufhofs haben zwischen rd. 3000 und 30.000 qm Verkaufsfläche, zwischen 200 und 2000 Mitarbeiter. Die Organisation muß auf diesen Größenunterschied von 1:10 Rücksicht nehmen. Eine „Divisionalisierung" löst die Probleme nur scheinbar, schafft dagegen neue. Bei der geographischen Streuung der Filialen entstünde für jede „Division" ein stark ausgedünntes Filialnetz mit allen negativen Kostenfolgen.

Wachstum des Unternehmens

In den letzten 10 Jahren hat sich der Umsatz des Kaufhof-Konzerns mehr als verdoppelt, ist die Zahl der Filialen um 39 % gewachsen, die Verkaufsfläche von 590.000 qm auf 948.000 qm, also um rund 61 %, gestiegen. Größe und Vielfalt sowie das Spannungsfeld zwischen den Prinzipien Zentralisation und Dezentralisation bestimmen die Suche nach der jeweils besten Organisationsform.

„Flache“ Organisationspyramide

Ende 1978 hatte der Warenhausbereich, also die Kaufhof AG, rund 48.500 Mitarbeiter. Davon gehörten nur etwas über 5 % zu den Führungskräften von Direktoren bis zu den Abteilungsleitern in den Filialen und der Hauptverwaltung. Die „Organisationspyramide“ des Warenhauses ist „flach“. Sie unterscheidet sich damit nicht unerheblich von typischen Leitungsorganisationen in anderen Branchen und ist sicherlich nicht „kopflastig“.

Sechs „kollegiale Vorstandsressorts“

Die Kaufhof AG wird von sechs *„ressortgebundenen“ Vorständen* geführt. Die Gliederung des Vorstandes in Ressorts ist prinzipiell „funktionsbedingt“ (siehe Abb. 22a). Der Vorstand arbeitet im Kollegialprinzip: Beschlüsse werden einstimmig gefaßt, der Vorsitz in Vorstandssitzungen wechselt. Die Ressortgliederung im Kaufhof ist allerdings längst nicht mehr die des „klassischen“ Warenhauses.

Die Gliederung der zentralen Verkaufsleitung nach regionalen Gesichtspunkten, die warenartenorientierte Gliederung der Zentralen Einkaufsleitung, sind „traditionell“. Die Vorstellung Einkauf und Verkauf als Funktionen zusammenzufassen und als „Merchandising“ auch unter einer einheitlichen Leitung zu betreiben wird zwar in der Literatur gerne vorgetragen. Sie muß in der Praxis wegen des Umfanges des Filialnetzes und der Breite der Beschaffungsaufgabe scheitern. Heraus käme ein „Super-Ressort“. Die notwendige Koordination im Detail auf ein Ressort „Marketing“ zu übertragen, ist die bessere Lösung.

Ungewöhnlich für den Handel: die Marketing-Konzeption

Marketing ist die konsequente Ausrichtung des Unternehmens auf den Markt und auf die Kunden sowie auf die Erfüllung der Unternehmensziele.

Ein Baustein zu diesem Ziel ist die *Marketingkonzeption des Kaufhofs.* Sie wird inhaltlich „fortgeschrieben“, d.h. anhand der eingetretenen Entwicklungen und der erzielten Erfolge auf neue, konkrete Ziele hin orientiert. Daß dabei Grundsätze der Marketingkonzeption nicht Gegenstand laufender Änderungen sein können, versteht sich am Rande.

Durch seine *Verkaufsförderer* wirkt das Ressort Marketing unmittelbar in das Verkaufsgeschehen hinein.

Planung ist nicht alles, aber . . .

Die *starke Betonung der Planungsaufgabe* durch ein Ressort „Zentrale Planung“ ist sicherlich ein Novum in der Warenhausorganisation.

Für den Einzelhandelsbetrieb umfaßt der *langfristige Planansatz* neben der Formulierung der Grundziele das gesamte absatzpolitische Instrumentarium, wie Absatz-, Sortiments-, Preispolitik, Werbung, Kundendienste. Der Aufbau eines Planungssystems geht also einher mit der Überprüfung der bestehenden Unternehmensorganisation.

Die *operative Planung* stellt auf den kurzfristigen, also leichter überschaubaren Zeitraum, zum Beispiel ein Jahr, ab und muß eingebettet sein in das Zielsystem und die Strategie der langfristigen Planung.

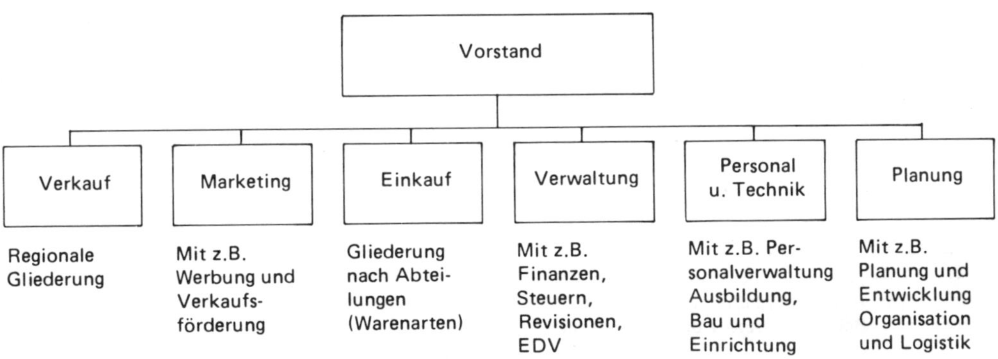

Abb. 22a: Gliederung des Vorstandes der Kaufhof AG

Von dem Basisplan Umsatz ausgehend, werden die anderen Einzelpläne entwickelt; sie beeinflussen sich gegenseitig. So führt z.B. der Investitionsplan, der Verbesserungen oder Erweiterungen der Verkaufskapazitäten vorsieht, zu einem Mehrumsatz bzw. während der Bauzeit zu geringeren Umsätzen. Investitionsplan, Finanzplan, Kostenplan, Warenwirtschaftsplan (Kalkulation, Limit, Lagerbestand) sind Einzelpläne, die unmittelbar vom Umsatzplan abhängen, ihn bedingen und sich gegenseitig beeinflussen.

Zentralisation und/oder Dezentralisation?

Die Durchdringung der beiden Grundprinzipien zeigt sich am besten am „Anweisungsfeld“ des Leiters einer Warenabteilung der Filiale (vgl. Abb. 22b). In der unmittelbaren „Linie“ der direkten Anweisungsbefugnis untersteht der Abteilungsleiter dem Ressort Verkauf (über die Stationen: Geschäftsführer, Verkaufsdirektor, Ressortchef). Einen starken Einfluß durch Beratungs- und Kontrollfunktionen haben aber sowohl der Zentraleinkäufer wie auch der Verkaufsförderer. Die folgenden Beispiele zeigen, wie sich der Einfluß der Beratungs- und Kontrollfunktionen der Zentrale bei der Arbeit des Abteilungsleiters auswirken.

• *Sortimentsbildung*

Die Festlegung des Sortimentes der Abteilung erfolgt auf der „Vormusterung“. Dabei stellen Zentraleinkäufer, Verkaufsförderer und eine Handvoll ausgewählter Abteilungsleiter aus den verschiedenen Hausgrößen das Warenangebot

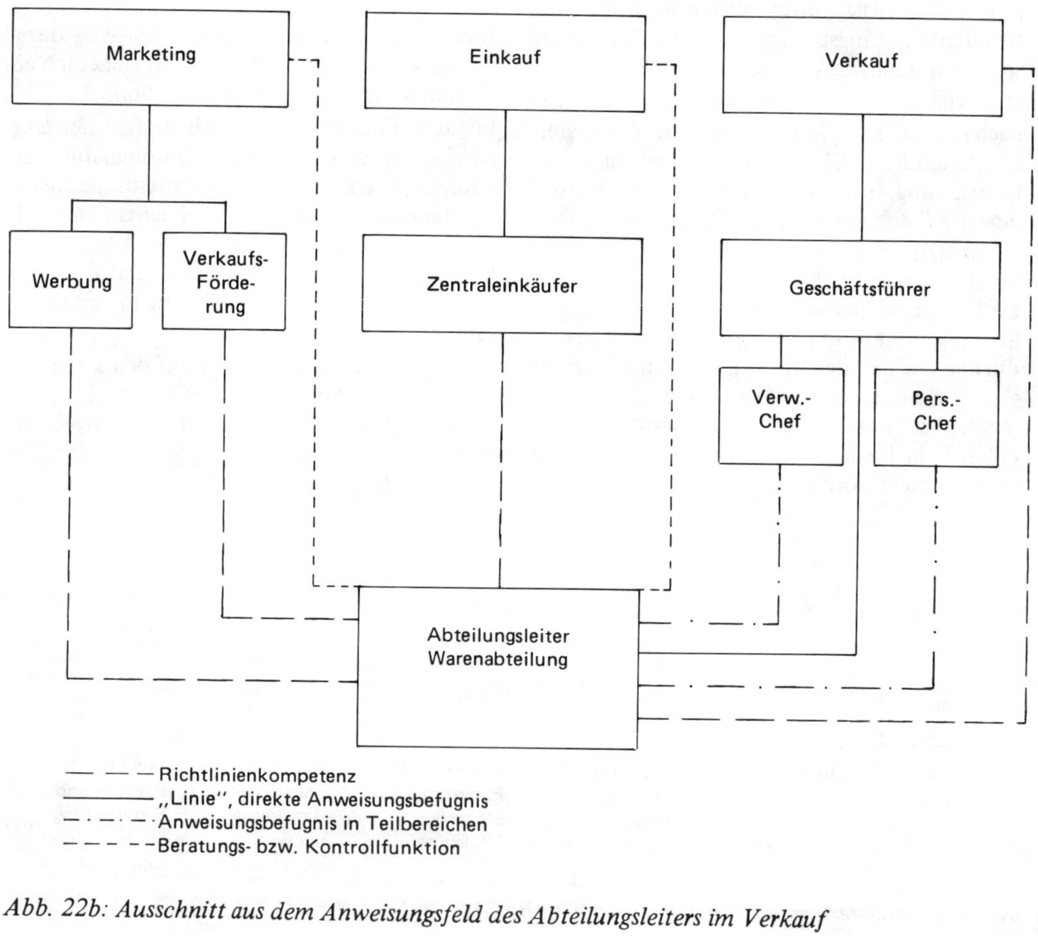

Abb. 22b: Ausschnitt aus dem Anweisungsfeld des Abteilungsleiters im Verkauf

der nächsten Saison anhand der vorliegenden Muster zusammen. Dem Abteilungsleiter obliegt dann, unter Beratung durch den Verkaufsförderer, der individuelle Zuschnitt des Angebotes auf seine Abteilung durch:

- Disposition aus dem vorgegebenen Sortimentsrahmen
- Abrundung und Ergänzung aus einem vom Zentraleinkauf angebotenen Wahlsortiment
- Ausfall-Erklärung, einen „Pflichtartikel" nicht führen zu wollen
- Zukäufe von örtlichen Lieferanten.

Dieses System der Sortimentsbildung der individuellen Abteilung sichert einerseits eine gewisse Standardisierung des Kaufhof-Angebotes, trägt aber andererseits den Notwendigkeiten im örtlichen Markt Rechnung.

Gegenwärtig läßt sich allerdings sagen, daß der Schwerpunkt der Sortimentsbildung bei der Zentrale liegt und daß erhebliche Freiräume für die Eigengestaltung durch die Abteilungsleiter wohl nur in den großen Häusern vorhanden sind.

Einer Uniformierung des Angebotes in kleineren Häusern wirkt das sogenannte *„Verbundsystem"* in starkem Maße entgegen. Ein „Verbund" ist der Zusammenschluß mehrerer Filialen zu einer organisatorischen Einheit aus der Kopffiliale und einer oder mehrerer Anhängefilialen. Die nachstehenden Funktionen übernimmt die Kopffiliale:

- Sortimentsbildung im Rahmen des zentral vorgegebenen Rahmens
- Einkauf, Einkaufsbüro
- Warenannahme, Warenauszeichnung und Warenlagerung
- Buchhaltung (Waren- und Sachbuchhaltung)
- Kundendienst
- Expedition

sofern diese nicht auf umfassendere Organisationseinheiten (Distriktläger etc.) übertragen sind.

Zweck des Verbundes ist es, die Gesamtwirtschaftlichkeit zu verbessern. Dies wird erreicht durch Umsatzsteigerungen bei besserem Warenangebot in der Anhängefiliale (Sortimentsbildung und Warenversorgung erfolgen durch die Kopffiliale). Hinzu kommen Personalkosteneinsparungen im Bereich der Disposition, der Warenmanipulation und in den Verwaltungsbereichen. Durch eine enge Zusammenarbeit in allen Bereichen werden auch Einsparungen an Sachkosten (z.B. Dekorations-Material) erreicht.

Gab es 1974 erst 5 Verbünde, so war Ende 1978 die Zahl bereits auf 19 gestiegen. Verbundsysteme erreichten in diesem Jahr einen Anteil von 52 % am Gesamtumsatz der AG. Der Prozeß ist noch nicht abgeschlossen.

• *Warenwirtschaftsplanung*

Es ist nur natürlich, daß in einem Handelsunternehmen die Planung der Warenwirtschaftszahlen einen breiten Raum einnimmt. Plandaten sind dabei: Umsatz, Wareneingang, Kalkulation und Lagerbestand.

Diese Daten werden im Kaufhof „von unten nach oben" geplant, wobei der Abteilungsleiter einen entscheidenden Einfluß auf die Planung hat. Grundlagen für seine Planung sind die Vorjahreswerte, die von der Unternehmensleitung ausgegebenen Richtwerte, die sortimentspolitischen Hinweise von Einkauf und Marketing und nicht zuletzt der Rahmen, der durch die notwendigen Abstimmungen mit den anderen Abteilungen des Hauses gezogen wird.

Die Individualpläne der Abteilungsleiter werden in zweifacher Weise aufeinander abgestimmt und zu einem Gesamtplan verbunden:

- Aus den Planungen der Abteilungsleiter ergeben sich die Planungen der ZE-Abteilungen. Hier werden die Pläne also nach „Warenarten" koordiniert.
- Es ergeben sich aber ebenso die Plandaten für die Warenwirtschaft der einzelnen Häuser und Hausgruppen. Auf diese Weise erfolgt eine Koordinierung nach Filialen.

Aus den genehmigten Warenwirtschaftsplänen ergeben sich die Einkaufslimits der Abteilungen. Vom Gesamtlimit wird ein bestimmter, nach Abteilungen unterschiedlicher Prozentsatz auf den Musterungen „ausgegeben". Vom Restlimit wird ein Teil für Nachdispositionen benötigt. Ein anderer Teil (der Prozentsatz wird von Einkauf, Verkauf und Marketing festgelegt) bleibt als „Limitreserve", er kann nur vom Geschäftsführer freigegeben werden. Sinn all dieser Maßnahmen ist es, die „Beweglichkeit" zu erhalten, d.h. auf Bewegungen des Marktes mit einem entsprechenden Warenangebot reagieren zu können sowie die Lagerbestände in einer wirtschaftlichen Relation zum Umsatz zu halten.

Wenn auch nicht zu verkennen ist, daß sich der planende Abteilungsleiter in einem relativ engen Datenkranz bewegt, so ist doch die Planung „von unten nach oben" ein entscheidendes Mittel, die notwendige Reaktionsbereitschaft im örtlichen Markt zu erhalten.

- *Preisfestsetzung*

Entscheidend für die Schlagkraft der einzelnen Abteilung im Markt ist jedoch, daß der Abteilungsleiter selbst über die Festlegung der Verkaufspreise sowie Preisänderungen entscheiden kann. Ausgenommen sind natürlich zentralbeworbene Aktionen, Eigenmarken (Elite) etc. Die weite Streuung der Filialen läßt bei den heutigen Konkurrenzverhältnissen die zentrale Festschreibung eines einheitlichen Verkaufspreises nicht zu: Es ist klar, daß der Abteilungsleiter durch seine Warenwirtschaftsplanung sich selbst die Grenzen für eine allzu hektische Preispolitik gezogen hat. Er wird auch, soweit wie möglich, den vom Zentraleinkauf schon bei der Musterung vorgegebenen Richtpreisen folgen, um seine geplante Kalkulation zu erreichen.

Dieses Beispiel zeigt aber, daß bei aller Zentralisierung der Spielraum für die individuelle Entscheidung bleibt. Handgreiflicher stellen sich die Wandlungen in der Warenhausorganisation allerdings an einer Reihe von Beispielen dar. Hinter den Entwicklungen stehen zum Teil erhebliche Umwälzungen der überkommenen Organisation.

Ein Beispiel für technischen Fortschritt: Das Zentrallager Frechen

In der Logistik des Kaufhofs spielt das Zentrallager Frechen eine wichtige Rolle. Historisch ist es der erste selbständige Lagerbetrieb des Unternehmens, durch den Warenströme kanalisiert, geordnet und mit wirtschaftlichem Aufwand an den Verkaufsort geleitet werden; es war der bei weitem wichtigste Einzellieferant der Verkaufshäuser.

Das Zentrallager (ZL) dient überwiegend der Distribution von Importware. Es ist als „Durchgangslager" konzipiert: Die Ware soll umgeschlagen, nicht aufbewahrt werden.

Etwa 7 % des Umsatzes der Kaufhof AG von über 5,6 Mrd. DM im Jahre 1978 entfielen auf importierte Ware für alle Abteilungen. Inlandsware berührt nur dann das ZL, wenn dieser Distributionsweg Kostenvorteile verspricht. Das Zentrallager nimmt diese Waren an, überprüft sie nach Menge und Qualität, lagert sie gegebenenfalls und verteilt sie schließlich auf die 84 Kaufhof-Filialen und einige Anschlußhäuser. Die starke Lagerhaltung in einer Höhe von 100 Mio. DM Weitergabewert in einem Durchgangslager ergibt sich aus zwei Tatbeständen:

Bei Artikeln des regulären Sortiments wird eine kaufmännisch vertretbare Vorratshaltung betrieben; das ZL hat hier gegenüber den Filialen eine großhandelsähnliche Funktion.

Bei Artikeln für Saisonverkäufe, Aktionen usw. übernimmt das ZL nur die Verteilfunktion, doch ergibt sich auch hier eine Lagerhaltung, da die Zeitpunkte der Anlieferung und des Bedarfs bei Importen selten zusammenfallen.

Einrichtungen von Distriktlägern

Ein Distriktlager hat die Aufgabe, für mehrere ihm angeschlossene Filialen Ware anzunehmen und zu kontrollieren, einzulagern und auf Anforderung der Filiale an das Verkaufshaus oder an den Kunden direkt auszuliefern. Daneben beherbergen die Distriktläger regionale Werkstätten und Buchungszentren. Auch wenn die Entwicklung noch nicht abgeschlossen ist, kann gesagt werden, daß heute rund 55 % aller Filialen sich in den Fragen des Warennachschubes auf Distriktlagerformen stützen können.

Die Verteuerung der Standorte und der Mangel an Ausdehnungsmöglichkeiten ließ es immer unwirtschaftlicher erscheinen, mögliche Verkaufsfläche als Lagerfläche zu verwenden. Die erste Lösung waren „Außenläger", die rasch nach Zahl und Größe anwuchsen. In Gebieten mit relativ hoher Filialdichte mußte dann der Gedanke naheliegen, die separaten Außenläger zu vereinigen.

Das Distriktlager soll vor allem den Widerspruch lösen zwischen der Forderung nach möglichst großer Verkaufsnähe der Reservebestände, was zu kleinen und kleinsten Lagereinheiten führen müßte, und dem Zwang zu einer rationellen Gestaltung der mit Lagerung und Manipulation verbundenen Arbeitsprozesse.

Anders als das Zentrallager ist das Distriktlager nicht bloße Durchlaufstation, sondern vor allem der rationelle Dienstleistungsbetrieb, bereit, die

Warenanforderungen der Filialen in kürzester Zeit zu erfüllen. Dabei bleiben die Dispositionsfunktionen der Filialen durchaus intakt: Jedes angeschlossene Verkaufshaus (oder jeder „Verbund") disponiert im Rahmen seines Limits die von ihm benötigte Ware selbst. Von diesem Prinzip wird es in naher Zukunft, da wo es zweckmäßig erscheint, Ausnahmen in neuen „Warensystemen" geben.

Unter den von Distriktlägern für die Filialen erbrachten Dienstleistungen ist die Einzelpreisauszeichnung der Ware die personalaufwendigste. Noch entziehen diese Tätigkeiten sich weitgehend der Mechanisierung; auch hat die Einführung von Datenkassen im Verkauf diese Aufgabe zunächst eher erschwert. So halten sich die personellen Einsparungen durch Distriktläger (Ausnahme: Großstückbereich) in Grenzen.

Distriktläger sind aber die Voraussetzung für die Einführung integrierter Organisationsformen. Dabei werden die Distriktläger mehr und mehr *alle* Funktionen aufnehmen, die mit Nutzen aus den Filialen ausgegliedert werden können, ohne daß eine Zentralisierung, sei es aus Kostengründen, sei es aus Gründen der Entfernung, sinnvoll wäre. Dafür nachfolgend nur ein Beispiel:

Buchungszentren

Die früher von der einzelnen Filiale durchgeführten Buchungs- und Regulierungsarbeiten werden heute schon in erheblichem Umfang für die Sach-, Gehalts- und Lohn- sowie die Warenbuchhaltung in einer Arbeitsteilung zwischen zentralem Rechenzentrum und regionalen Buchungszentren erledigt.

Insgesamt sind acht Buchungszentren geplant, von denen sechs arbeiten und ein weiteres soeben eingerichtet wird. Gegenwärtig sind rund 50 % der Filialen an Buchungszentren angeschlossen.

Wichtiger ist die zukünftige Rolle der Buchungszentren in einem „Wareninformations-System". Das moderne Handels-Management sollte alle erforderlichen Daten über Verkäufe, Bestände etc. schnell, exakt und ausführlich zur Hand haben, um Disposition, Organisation und Lagerhaltung auf eine zuverlässige Basis zu stellen. Im Warenhaus müssen Waren-Informations-Systeme auf die unterschiedlichsten Belange der einzelnen Branchen ausrichtbar sein. Die gelieferten Informationen sollten möglichst verständlich, aktuell und vor allem mit wirtschaftlichem Aufwand erstellt sein.

Als erstes Warenhausunternehmen in Europa installierte der Kaufhof Ende *1972* in den damals neueröffneten Filialen Leverkusen und Schwelm elektronische Kassen- und Verkaufsdaten-Verbundsysteme.

Per 1.1.1975 installierte der Kaufhof in allen Filialen in den DOB- und HaKa-Abteilungen elektronische Datenkassen und Auszeichungsgeräte. Alle eingehenden Artikel dieser Abteilungen werden mit strichcodierten und maschinenlesbaren Etiketten ausgezeichnet und dabei automatisch erfaßt. Die Verkäufe werden mittels Lesestift in die Kasse eingelesen. Jeweils zum Monatsende werden die anfallenden Magnetbandkassetten an das Rechenzentrum in Köln versandt, wo für den Zentraleinkauf und die Filialen Artikel-Statistiken (Verkäufe und Bestände) nach Artikelgruppen, Einzelartikeln und Größen nach den Vorgaben der ZE-Abteilungen erstellt werden. Die Verteilung erfolgt je nach Bedarf von monatlich bis halbjährlich.

Parallel entwickelte der Kaufhof ein Verfahren zur automatischen Errechnung von Dispositionsmengen (DISPOS). Bei DISPOS werden durch den Abteilungsleiter pro Sorte Sollbestände und Saisonverkäufe festgelegt. Das Rechenzentrum in Köln erstellt in Form von maschinenlesbaren Belegen sog. DISPOS-Bestandsmeldebelege, die mit Abteilungsnummer, Artikelnummer, Artikelbezeichnung, Sorte, VK-Preis und Packungsmenge vorgedruckt sind. Die Belege werden den Filialen zu festgelegten Terminen zur Verfügung gestellt. Die Filialen ermitteln die Bestände und senden die Belege nach der Eintragung der Bestandszahlen an das Rechenzentrum in Köln. Hier werden die maschinell gelesenen Werte auf Magnetbänder überspielt. In den Filialen müssen nach wie vor Bestandsaufnahmen gemacht werden. Gegenwärtig wird testweise bei einigen Artikelgruppen die benötigte Ware automatisch disponiert.

Die bisher gewonnenen Erfahrungen sind wertvolle Hinweise für den wirtschaftlichen Einsatz von Datenerfassungs-Systemen in der Zukunft. Mit den Buchungszentren sind deshalb schon heute die Weichen für die rationelle Entwicklung zukünftiger Systeme geschaffen.

5.22 Interview mit dem Vorstandsmitglied der Kaufhof AG, Herrn Dipl.-Kfm. Klaus Hartmann, 1979

Welche Zukunftsproblematik erwartet ein Warenhausunternehmen wie das Ihre und welche Organisationsproblematik verbindet sich mit dieser?

Der Strukturwandel im Einzelhandel zeigt sich in der Unterschiedlichkeit der Betriebsformen, die sich entwickeln und die zwischen der Hinwendung zum Massenkonsum durch Selbstbedienungseinkaufsstätten vor den Toren der Städte mit großen Parkflächen und der Betonung des höherwertigen Konsums im Warenhaus und den typischen Fachhandelsgeschäften der Innenstädte stehen. Die jeweiligen Betriebsformen bedingen unterschiedliche organisatorische Strukturen.

Welche Konsequenzen hat der Kaufhof aus dem Strukturwandel im Einzelhandel gezogen?

Die Warenhäuser haben Anfang der siebziger Jahre versucht, sich zusätzliche Käuferschichten zu erschließen, indem sie kleinere Häuser in Mittelstädten und in Vorstadtbereichen eröffnet haben. Diese Haustypen sind dem Grunde nach Warenhäuser. Es ist also die eigentliche Betriebsform nur in vereinfachten Strukturen auf andere Märkte übertragen worden. Eine solche Entwicklung hat natürlich Grenzen im Rationell-Wirtschaftlichen. Die Verbrauchermärkte haben einen entscheidenden Einfluß darauf gehabt, da die Verbrauchermärkte ein Teil dieser Kaufkraft, die dem problemlosen Massenkonsum zuzurechnen ist, abschöpfen. Die Warenhäuser haben versucht, die Entwicklung dadurch mitzumachen, daß sie ihren Tochtergesellschaften den Auftrag gaben, diese Käuferschicht besonders anzusprechen. Das hat unsere Tochtergesellschaft Kaufhalle getan, indem sie das Kaufhalle-Zentrum als Betriebsform entwickelt hat als ein ca. 4000 qm großes Kaufhaus, das sehr stark unter dem Gesichtspunkt der Selbstbedienung betrieben wird und entsprechende Parkplatzmöglichkeiten für den Kunden anbietet.

Es ist Aufgabe des Vorstandes, nach Zukunftschancen Ausschau zu halten. Dabei sollte man im Auge behalten, daß dies solche Möglichkeiten sein sollten, die die jetzigen Stärken des Unternehmens nutzen und noch erhöhen.

Welche organisatorischen Anpassungsaufgaben stellen sich damit für die Kaufhof AG in den achtziger Jahren?

Ein Unternehmen, das so weit gefächert und regional über ganz Deutschland verstreut ist, hat immer das Problem der Durchsetzung seiner von der Zentrale gegebenen Anweisungen und geschäftspolitischen Richtlinien. Auf der anderen Seite stellt sich das Problem, im lokalen Markt alle Möglichkeiten auszuschöpfen, die sich dort bieten. In diesem Wechselspiel zwischen Zentralisation und Dezentralisation liegen die Probleme der Organisation. Ich glaube, daß es in der Zukunft sicher noch stärker darauf ankommen wird, alle Möglichkeiten der lokalen Märkte auszuschöpfen. Das wird sicher ein Schwerpunkt des Marketing und damit auch unserer Organisationsarbeit sein. Diese Entwicklung enthält aber auch die Gefahr, daß das Gesamtunternehmen auseinanderläuft. Es kommt also darauf an, bei aller Differenziertheit doch gleichzeitig eine klare einheitliche Organisation im Unternehmen zu sichern.

Die Aufbaustruktur Ihres Unternehmens wird von einer recht flachen Organisationspyramide getragen. Der Zentrale stehen 84 Filialen im Kaufhof-Bereich und 99 Filialen im Kaufhalle-Bereich gegenüber. Dies ergibt eine sehr breite Leitungsspanne für die zentralen Bereiche. – Wie sind die Filialen des Kaufhofes, wie die der Kaufhalle an die Zentrale angebunden?

Die Kaufhof-Leitung hat nur mit den 84 Kaufhof-Filialen zu tun, die Kaufhallen-Leitung mit den 99 Kaufhallen. Insofern muß man also die Leitungsspanne nur auf ein Unternehmen bezogen sehen.

Die Leitungsspanne bleibt dennoch recht hoch.

Das liegt an der Branche. Wir haben 84 Filialen, die zum Teil mit 2 Geschäftsführern besetzt sind. Jede Filiale hat im Durchschnitt 25–40 Abteilungsleiter, die diesen Geschäftsführern unterstehen. Den Geschäftsführern ist der Verkaufsdirektor überstellt, der ca. 10–14 Filialen verantwortlich führt. d.h. wir haben 7 Verkaufsdirektoren, die dem Verkaufsvorstand berichten. Das mag zwar, wenn Sie die große Zahl der Mitarbeiter im Verkauf betrachten, unten eine recht breite Pyramide ergeben, sie spitzt sich aber nach oben sehr schnell zu. Diese Form ist handelstypisch und kann nicht mit der Industrie verglichen werden.

Wie sind die einzelnen Häuser im Rahmen der Kaufhof AG an den Vorstand angebunden?

Der Kaufhof-Vorstand ist gleichzeitig auch Konzernvorstand. Er führt die Kaufhof AG und ist vertreten in den Aufsichtsräten oder Beiräten der Tochtergesellschaften. Die Betreuung der Tochtergesellschaften erfolgt im wesentlichen über die Aufsichtsgremien. Die eigentliche Führung der Tochtergesellschaften geschieht völlig souverän durch die jeweiligen Geschäftsleitungen, wobei natürlich im Kaufhof-Finanzvorstand die gesamten finanziellen Dispositionen der Gruppe koordiniert werden.

Welche funktionellen Anweisungsrechte bestehen seitens der Zentrale an die einzelnen Leitungen der Häuser?

Im Grunde genommen ist die Struktur sehr eindeutig geregelt, indem nämlich eine ganz klare Linienorganisation im Verkaufsbereich besteht. Die übrigen Bereiche des Unternehmens haben exakt gesehen keine unmittelbaren Anweisungsbefugnisse gegenüber den Filialen.

Wenn der Fachbereich aus eigenen Vorstellungen Anweisungen erteilen will, kann er das nur mit Zustimmung der Linie, also dem Verkauf, tun. Es gibt natürlich direkte Informationswege, z.B. zwischen dem Personalchef einer Filiale und dem Ressort Personal. Aber das sind Ausnahmeerscheinungen. Im Grundsatz haben die Stabsstellen keine funktionellen Anweisungsrechte gegenüber den Filialen.

Eigentlich fast eine klassische Stab-Linien-Organisation.

Das ist richtig.

Die Gesamtorganisation der Kaufhof AG geht von einem funktionalen Organisationsmodell aus, in dem drei absatzorientierten Bereichen (Einkauf, Marketing, Verkauf) drei steuernde und logistische Bereiche (Planung, Personal und Technik, Verwaltung) gegenüberstehen und einer regionalen Subgliederung im operativen Bereich. Wie erfolgt der Interessenausgleich dieser beiden Bereichsgruppen im Vorstand?

Der Kaufhof-Vorstand ist ein Kollegialvorstand. In einem Kollegialvorstand müssen die Sachprobleme ausdiskutiert werden. Es gibt also – um es ganz deutlich zu sagen – keine Probleme zwischen dem Warenvorstand – wenn ich ihn einmal so nennen will – und dem Nicht-Warenvorstand, weil letzten Endes eine Interdependenz der gesamten Aufgabenstellungen besteht. Insofern werden die bestehenden Probleme sachlich ohne Friktionen ausdiskutiert.

Besteht aber nicht bei Ihrer Organisationskonzeption die Gefahr des „Kamineffektes", d.h. daß vielfältige Tagesfragen mit Sogwirkung auf die Ebene des Vorstandes gelangen, wo sie eigentlich nicht hingehören?

Ich leugne nicht die Gefahr, daß bei dieser Organisationsform Dinge sehr schnell nach oben getragen werden und auf der Vorstandsebene einen Ausgleich suchen. Dem kann aber begegnet werden, indem man die Direktorialebene unterhalb des Vorstandes mit entsprechenden Kompetenzen ausstattet und diese Ebene einen Großteil der Detail- und Tagesarbeiten erledigen läßt. Diese Direktorialebene hat also u.a. die sich aus den unteren Bereichen ergebenden Abstimmungsprobleme zu bearbeiten.

Welche Möglichkeiten der Divisionalisierung könnten sich für ein solches Unternehmen ergeben und wie beurteilen Sie diese?

Ich sehe im Warenhausbereich im Grunde genommen keine sinnvollen Ansatzpunkte für eine Divisionalisierung. Bei den Zweigniederlassungen handelt es sich um gleichartige Betriebsformen, die regional zusammengefaßt sind und in der reinen Stablinienfunktion bestens geführt werden.

Die Frage der Divisionalisierung tritt immer dann auf, wenn es sich um andere Betriebsformen handelt, die nach eigenen Gesetzen arbeiten. Hier sind wir ganz konsequent den Weg der selbständigen Tochtergesellschaften gegangen, die völlig unabhängig arbeiten, ganz gleich ob Sie die Kaufhalle, die Reisegesellschaft ITS oder ob Sie Mauricius Moden GmbH für die Zukunft nehmen. Wir sind also dem Problem der Divisionalisierung durch die Bildung eigener Tochtergesellschaften mit voller Funktion begegnet.

Welche Vor- und Nachteile bietet Ihrer Ansicht nach eine Zusammenfassung aller marktorientierten Bereiche in einem Zentralbereich „Merchandising"?

Die Bildung eines Merchandising-Bereiches – als die Zusammenfassung aller Ein- und Verkaufsfunktionen – wird immer wieder gefordert. In einer Organisation wie der unseren müßte ein Ressort Merchandising allerdings so viele Aufgaben abdecken, daß ich mir nicht vorstellen kann, wie das praktikabel gemacht werden kann. Denken Sie an die 84 Filialen, die über ganz Deutschland verteilt sind, denken Sie an die zahlreichen Einkaufsabteilungen, die in der Zentrale vertreten sind. Ein Merchandising-Bereich bringt erhebliche Führungsprobleme mit sich, weil dem Merchandising-Leiter aufgrund seiner Fachaufgabe von der Zentrale aus unmittelbar Einfluß auf den betreffenden Mitarbeiter, den Verkaufsabteilungsleiter, in der Filiale gegeben sein müßte. Der Verkaufsabteilungsleiter hätte bei einer solchen Organisation zwei Vorgesetzte: einmal den Geschäftsführer, als rein operativ Verantwortlichen, und den Merchandising-Fachmann der Zentrale, der die Ware und ihren Verkauf zu verantworten hätte. Eine solche Organisationsform könnte ich mir vorstellen bei kleineren und mittleren Betrieben. Bei Betrieben unserer Größenordnung kann ich sie mir nicht denken.

Welche Schwierigkeiten der Abstimmung der drei marktorientierten Bereiche stellen sich bei Ihrer gegenwärtigen – auf Trennung bedachten – Organisation?

Es ist sicherlich richtig, daß der Erfolg dieser drei Bereiche im Grunde genommen von einer sinnvollen, guten Abstimmung und Koordination abhängig ist. Dem Bereich Marketing kommt hier eine Klammerfunktion zwischen Ein- und Verkauf zu. Naturgemäß gibt es Spannungen zwischen Ein- und Verkauf. Der Einkäufer glaubt, die beste Ware eingekauft zu haben und der Verkäufer meint, er könne sie nicht verkaufen. Gerade in diesem Spannungsverhältnis kommt dem Bereich Marketing eine besondere Aufgabe zu: Einmal durch die Verkaufsförderung, die das Bindeglied zwischen Ein- und Verkauf herstellt, und zum anderen durch die dekorative und werbliche Unterstützung von Verkaufsaktionen. Diese Aufgabe kann der Bereich Marketing nur in enger Abstimmung mit dem Einkauf erfüllen, der die Ware entsprechend beschaffen und dem Verkauf, der die anderen Voraussetzungen erfüllen muß, also das Bereitstellen von Personal, von Schaufenstern, von Flächen usw. Die Abstimmung funktioniert sehr gut, und wir sind mit dieser „Drei-Säulen"-Organisation sehr zufrieden.

Die Abstimmung beruht auf der Marketing-Konzeption, die im Gesamtvorstand beraten und festgelegt worden ist. Alle Ressorts, nicht nur die drei Warenressorts, haben sich im Rahmen dieser geschäftspolitischen Richtlinien zu bewegen. In ihnen wird klar ausgedrückt, wie wir uns u.a. preispolitisch verhalten, welche Schwerpunkte wir in der Sortimentspolitik setzen wollen. Natürlich muß eine solche geschäftspolitische Richtlinie immer wieder überprüft und überdacht werden, weil sich Änderungen z.B. aus dem Konsumverhalten, aus der Nachfragestruktur ergeben. Die Diskussion darüber findet im Vorstand statt und führt zu einer Überarbeitung der Konzeption und Neuorientierung, nach der dann gearbeitet wird.

Ist eine Job Rotation zwischen Mitarbeitern des Marketing und der operativen Bereiche vorgesehen?

In den Bereichen Verkauf, Einkauf, Marketing kennen wir die Job Rotation und betreiben sie intensiv. Der Geschäftsführer kann Zentraleinkäufer, der Zentraleinkäufer Geschäftsführer, der Verkaufsförderer aus dem Bereich Marketing kann sowohl Zentraleinkäufer als auch Geschäftsführer werden. Wir betrachten diese Führungsgruppe im wesentlichen als eine Einheit.

Ist das sich entwickelnde Verbundsystem von Kopf- und Anhängefilialen das Ergebnis einer mangelnden zentralen Steuerbarkeit einer breiten Organisationspyramide im Verkauf?

Nein! Das Verbundsystem hat mit der Frage der Steuerbarkeit von Filialen im Rahmen unserer Organisationsstruktur nichts zu tun. Das Verbundsystem ist gewachsen aus der Notwendigkeit zu rationalisieren, insbesondere kleinere Häuser von dem zunehmenden Kostendruck zu entlasten.

Der andere Aspekt des Verbundsystems ist die Verbesserung des Sortiments der kleineren Häuser. Daraus resultiert der zweite Gesichtspunkt, die Verbesserung des aus dem Umsatz erzielbaren Waren-Rohertrages. Insofern kommen hier die beiden Aspekte Kosten-Senkung und Ertragsverbesserung als ausschlaggebende Faktoren für die Entwicklung des Verbundsystems zusammen.

Ist dies nicht der Anfang einer sich abzeichnenden regionalen Divisionalisierung?

Die Entwicklung führt natürlich dazu, daß sich regional neue Einheiten bilden, wie überhaupt der Gedanke der Regionalisierung verstärkt wird, je mehr man an eine Zusammenfassung von Funktionen denkt. Das drückt sich auch in der Distriktlager-Organisation aus, indem wir Lager- und Dienstleistungsfunktionen mehrerer Filialen regional zusammenfassen, um hier rationeller arbeiten zu können, als dies bei einer strikten Selbständigkeit einzelner Filialen der Fall wäre. Das heißt aber nicht, daß dies der Anfang einer Divisionalisierung ist.

Das Sortiment wird im Handel weitgehend durch den Einkauf bestimmt. Halten Sie die Abstimmungsmechanismen Ihres Hauses für ausreichend, um ein sinnvolles Gleichgewicht zwischen Einkauf und Verkauf herzustellen?

Dieser Abstimmungsmechanismus zwischen Ein- und Verkauf ist organisatorisch geregelt. Die Bildung eines Sortimentes geschieht durch den Zentraleinkäufer mit Unterstützung der Abteilungsleiter des Verkaufes aus den Häusern. Durch sog. Vormusterungskommissionen wird das Sortiment vom Einkauf mit Unterstützung des Verkaufs erarbeitet. Die Abstimmungsmechanismen funktionieren ohne Einschränkung.

Für die Eingliederung der Organisationsabteilung bieten sich die Möglichkeiten einer Kombination mit der EDV, der Personalseite und der Planung an. Sie haben sich für den ungewöhnlichen Fall einer Eingliederung in den Planungsbereich entschieden. Welche Überlegungen waren hierfür maßgebend?

Hierfür waren vor allem personelle Gründe maßgebend. Trotzdem halte ich im Prinzip eine Zusammenfassung der Organisation und Planung, die beide den Zukunftsaspekt stark betonen, durchaus für sinnvoll.

5.23 Zur weiteren Organisationsentwicklung der Kaufhof AG

Bis zum Ende des Jahres 1979 hat die Kaufhof AG die Anzahl der Filialen auf insgesamt 87 mit 44.000 Beschäftigten ausgedehnt.

Die Vorstandsbereiche wurden 1981 auf 5 reduziert, wobei gleichzeitig eine Umverteilung einzelner Zuständigkeitsbereiche vollzogen wurde.

Geblieben sind die Bereiche Zentralverkaufsleitung, Zentralmarketing und die Zentraleinkaufsleitung. Das Ressort Zentralplanung ist aufgelöst worden. Die dort verankerten Verwaltungstätigkeiten wurden der Zentralverwaltung übertragen, Planungs- und Organisationsabteilungen wurden der Personalleitung zugeordnet. Sie trägt nunmehr die Bezeichnung: Personalleitung, Organisation und Datenverarbeitung. Die technische Leitung wurde im Rahmen der Umstrukturierung dem Ressort Marketing übertragen.

5.3 Otto-Versand GmbH & Co

Die heute bestehenden großen Versandhäuser sind ausnahmslos noch relativ junge Unternehmen. In einer *ersten Gründungswelle* entstanden Unternehmen, wie *Josef Witt* (als Textil-Versand 1907 gegründet), *Quelle* (1927 ebenfalls als Textil-Versand gegründet) und *Bader* (1929 als Schmuck-Versand gegründet). Nach *Ende des 2. Weltkrieges* wurden dann u.a. die *Versandhäuser Otto* (1949), *Neckermann* (1950) und *Schwab* (1955) gegründet.

Neben den großen Versandhandelsunternehmen, die in ihren Katalogen nahezu das gesamte Angebot an Gebrauchs- und Verbrauchsgütern anbieten, existiert eine *Vielzahl von Spezialversendern mit teilweise sehr selektiven Sortimenten.*

Der Versandhandel konnte seinen Marktanteil am Einzelhandelsumsatz der Bundesrepublik Deutschland stetig ausweiten und zwar trotz verschärfter Konkurrenz, insbesondere durch neue Vertriebsformen, wie Verbrauchermärkte und SB-Warenhäuser. 1977 erreichte der Marktanteil des Versandhandels gut 5 % des gesamten Einzelhandelsumsatzes von 321,2 Mrd. DM. Bei einzelnen Warengruppen haben die Versender noch einen erheblich höheren Anteil (Bettwäsche 30 %, Farbfernsehgeräte 11 %, Möbel 10 % [Stand 1975]).

Der *Otto Versand,* am 17. Aug. 1949 durch *Werner Otto* in Hamburg gegründet, hat sich in den knapp 30 Jahren seines Bestehens zum *drittgrößten Versandhaus der Welt* entwickelt; in Europa liegt Otto hinter Quelle an zweiter Stelle. Am deutschen Versandumsatz hat der Otto Versand (Konzern) einen Marktanteil von 21,1 % (1976).

Die ersten Jahre nach Gründung des Otto Versand waren stark geprägt von der Unternehmerpersönlichkeit Werner Ottos. Aus einem Schuhversand entwickelte sich im Laufe von nur wenigen Jahren ein Vollsortiment-Versandhaus. Der erste, 1950 herausgegebene Katalog umfaßte 14 Seiten und wurde in einer Auflage von nur 300 Stück mit eingeklebten Fotos hergestellt. Bereits ein Jahr später konnte die erste Umsatzmillion erreicht werden. Mitentscheidend für den Erfolg des Otto Versand war das *Prinzip der Sammelbesteller,* das auf der engen Zusammenarbeit innerhalb von Bestellergruppen beruht, von denen jeweils nur ein Mitglied in direkten Kontakt zu dem Verandhaus tritt. Die dadurch möglichen *Kostenvorteile* (geringe Katalogauflagen, höhere Bestellwerte etc.) können über den Preis bzw. die Qualität an die Kunden weitergegeben werden.

5.31 Organisationsstruktur des Otto Versand (Stand 1977)

Die Entwicklung des Otto Versand läßt sich sehr gut anhand der *Umsatzentwicklung* verdeutlichen. Wurde für die erste Umsatz-Milliarde noch ein Zeitraum von rd. 20 Jahren benötigt (1949–1970), so konnte die zweite Umsatz-Milliarde bereits 5 Jahre später realisiert werden, und 1977, weitere zwei Jahre später, erreichte der Konzernumsatz des Otto Versand 3 Mrd. DM.

Der für jedes Unternehmen *kritische Übergang von der Gründungs- und Aufbauphase in eine Periode der Konsolidierung und des verstetigten Wachstums wurde beim Otto Versand um die Mitte der 60er Jahre nahezu problemlos vollzogen.* Das Unternehmen hatte damals eine Umsatzgröße von 300 bis 400 Mio. DM erreicht. Der Firmengründer konzentrierte sich verstärkt auf neue Aktivitäten und beschränkte sich beim Otto Versand als Hauptgesellschafter und Vorsitzender des Firmenbeirates auf die entscheidenden Fragen der mittel- und langfristigen Unternehmensstrategie. Die heute noch im wesentlichen gültige organisatorische Grundstruktur des Otto Versand wurde damals entwickelt und festgelegt.

Charakteristisch für diese Phase war der Übergang von einer primär zentral-funktional ausgerichteten Unternehmensführung zu einer im wesentlichen dezentralen Steuerung des Unternehmens. Eng damit verbunden war die Aufgliederung der Leitungsfunktionen in die heute bestehenden Vorstandsressorts:

- Unternehmenskoordination (Vorstandsvorsitzender)
- Einkauf: Textil
- Einkauf: Hartwaren
- Vertrieb
- Organisation und Personalwesen
- Planung und Kontrolle
- Finanzwesen
- Operating (Geschäftsabwicklung).

Organisationsstruktur im Einkauf

Nach Abschluß der organisatorischen Veränderungen auf Vorstandsebene wurde die *strukturelle Dezentralisation in den einzelnen Bereichen* des Otto Versand schrittweise durchgeführt. Im *Einkauf,* dem im Handel traditionell eine besondere Bedeutung zuzumessen ist, wurde die neue Struktur am frühesten eingeführt.

Durch die richtige Kombination von Qualität, Preiswürdigkeit, Lieferbereitschaft etc. wird der Vertriebserfolg durch den Einkauf bereits entscheidend vorausbestimmt. Die Bedeutung des Einkaufs für den Otto Versand kommt in der starken Präsenz dieses Bereichs im Unternehmensvorstand zum Ausdruck.

Am Beispiel des Einkaufs lassen sich die *organisatorischen Veränderungen im Aufbau* des Otto Versand besonders anschaulich darstellen. Vor der Schaffung der neuen Organisationsstruktur bis zum Jahre 1965 lagen die Aufgabenschwerpunkte des Einkaufs in der Sortimentsbeschaffung, -verwaltung und der Warenbereitstellung. Dazu wurden von der Unternehmensleitung zentral bindende Vorgaben über Sortimentsgestaltung, Artikelanzahl, Umsatzziele, Seitenzahl in den Katalogen etc. aufgestellt die für den Einkauf als feste Größen zu akzeptieren waren. Damit war eine Steuerung der Kalkulation durch den Einkauf selbst nicht möglich.

Mit zunehmender Größe des Unternehmens erwies sich diese zentrale Steuerung als zu wenig flexibel. Als Folge davon wurde die Verantwortung zunehmend dezentralisiert, so daß heute jeder einzelne Einkaufsbereich einen sehr weitgehenden Entscheidungsspielraum hat und über die Sortimentsverantwortung hinaus Umsatz- und Ergebnisverantwortung trägt. Dazu dient das *Erreichen eines geplanten Deckungsbeitrages als übergeordnetes Steuerungsinstrument.* Dieses Instrument wurde systematisch bis hin zu einzelnen Artikelgruppen verfeinert.

Im Einkauf sind heute alle Ebenen in die Gesamtverantwortung einbezogen.

Der einzelne Einkäufer, als kleinste organisatorische Einheit, trägt jetzt die volle Verantwortung für die Planung seines Sortiments und das sich aufgrund der Umsetzung in den Katalogen ergebende Umsatz- und Ergebnisziel.

Um eine *Koordination* im Bereich des Einkaufs und darüber hinaus im gesamten Unternehmen zu erreichen, werden von der Unternehmensleitung des Otto Versand Richtwerte vorgegeben, die für den einzelnen Einkäufer Orientierungsfunktion besitzen.

An der *Planung im Rahmen der Richtwerte sind alle entscheidungsrelevanten Ebenen des Unternehmens beteiligt.* Für den Einkauf sind dies die Stufen

Vorstand: Textil bzw. Hartwaren
Einkaufsdirektion
Einkaufsleitungen
Einkäufer.

Dabei bleiben die Planungsprozesse bei der Aggregation von unten nach oben für alle Beteiligten transparent. Jeder Einkäufer nimmt an den Planungsgesprächen auch auf Direktionsebene teil und kann hier seine Vorstellungen entwikkeln und gegebenenfalls durchsetzen. Information bleibt demnach nicht auf jeweils eine Ebene beschränkt.

Struktur der übrigen Funktionen

Durch seine Sortimentspolitik befaßt sich der Einkauf zu einem wesentlichen Teil auch mit einem wichtigen Parameter des absatzpolitischen Instrumentariums. Die Sortimentsgestaltung wird im Rahmen von *Sortiments-Planungsgesprächen* gemeinsam von Einkauf und Vertrieb im Halbjahresrhythmus entsprechend der Katalogaufzeit definiert. Die wesentliche *Aufgabe des Vertriebs* umfaßt darüber hinaus die *Festlegung der Absatzmethoden, die Werbung und Verkaufsförderung sowie die Preis- und Konditionenpolitik.* Besondere Bedeutung kommt dabei der *Entwicklung kundenfreundlicher Service- und Dienstleistungssysteme* zu, durch die systembedingte Nachteile des Kaufs per Katalog abgebaut und neue Marktsegmente erschlossen werden.

Die *Warenwirtschaft* und die *Warenverteilung über leistungsfähige Auslieferungssysteme* werden vom Vorstandsbereich *Geschäftsabwicklung* gewährleistet. Zur Geschäftsabwicklung gehört neben der Warenwirtschaft und Warenlogistik (Handling von über 200.000 Artikelpositionen), die Abwicklung der Kundenaufträge und die Kundenbetreuung. Durch dezentrale Kundenbetreuungsstellen und den Einsatz moderner Kommunikationsmittel findet eine wirksame Verkaufsunterstützung statt. Das gleiche gilt für die *postunabhängige Zustellorganisation* des Otto Versand, den *Hermes Versand Service,* der seit 1972 die Brücke zum Kunden schlägt und ganz *neue Service- und Beratungsmöglichkeiten* eröffnet hat.

Aus der Dezentralisation und Delegation von Verantwortung, wie sie beim Otto Versand praktiziert werden, ergibt sich zwingend die Notwendigkeit und besondere Bedeutung des *Controlling.* Aufgabe des *Vorstandsbereiches Planung und Kontrolle* ist die Sicherstellung der aus übergeordneter Sicht als notwendig erkannten Unternehmensziele. Wichtigstes Instrument hierzu ist die *Deckungsbeitragsrechnung.* Das Unternehmens-Controlling ist beim Otto Versand so konzipiert, daß die Zukunftsorientierung im Vordergrund steht, die laufende Verbesserung von erkannten Schwachstellen hat eindeutig Priorität gegenüber der reinen ex post-Kontrolle abgeschlossener Geschäftsvorgänge.

Korrespondierend zum zentralen Controlling ist jedem Vorstandsbereich eine Stabsstelle für das Bereichscontrolling zugeordnet.

Konzernstruktur des Otto Versand

Das organisatorische Strukturelement der Dezentralisation besitzt auch für den Konzernauf-

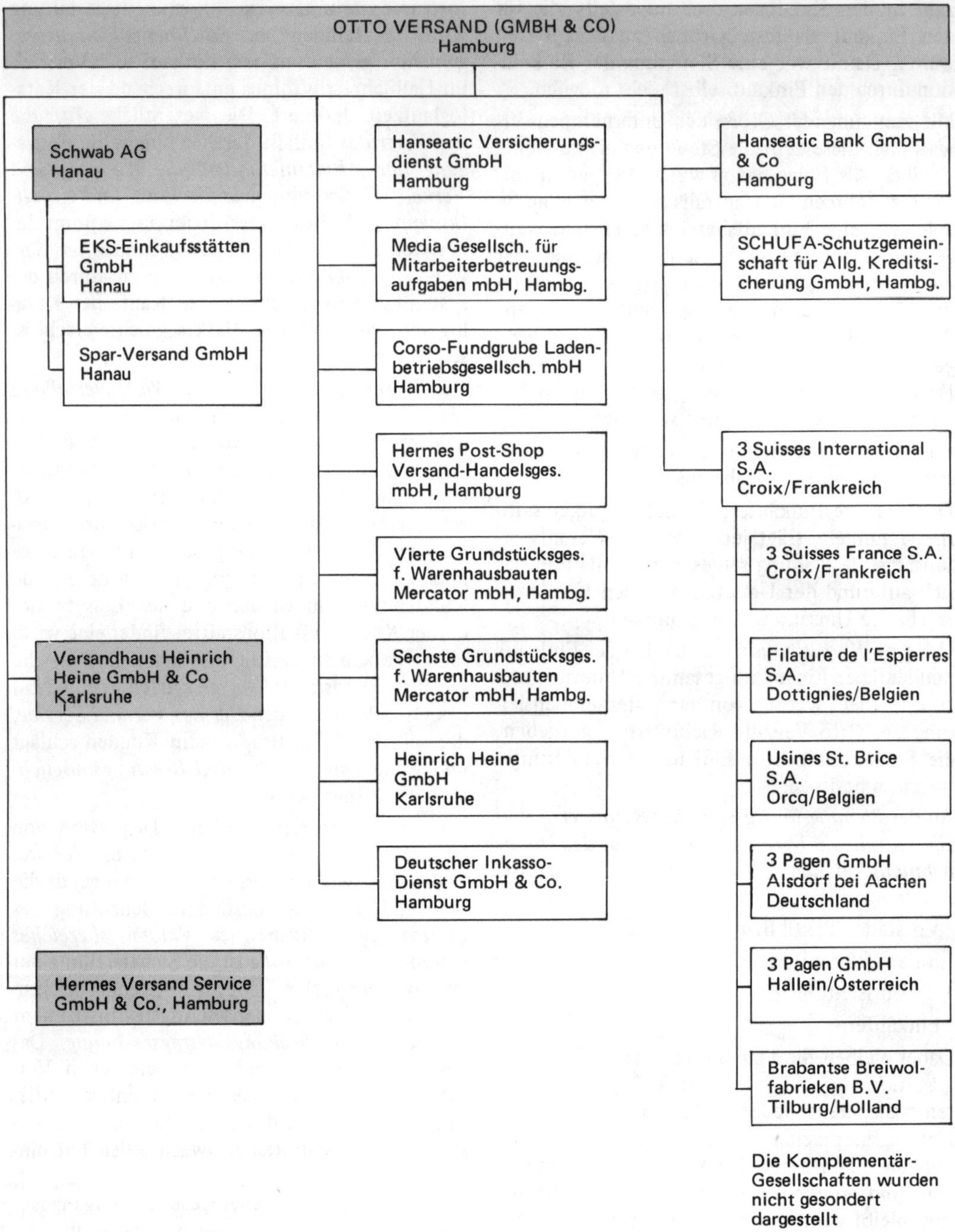

Abb. 23: Konzernstruktur des Otto Versand

bau des Otto Versand Gültigkeit. Das hier angewandte Prinzip ist die *Schaffung eigener, rechtlich selbständiger Gesellschaften für jeweils genau umrissene Aufgabenstellungen.* Zweck ist dabei die Gewinnung größerer Flexibilität für den Gesamtkonzern. Die *Steuerung und Koordination* der Tochter- und Beteiligungsgesellschaften erfolgt *allgemein über Unternehmensbeiräte,* bei der Schwab AG über den Aufsichtsrat.

Der *Beteiligungspolitik* des Otto Versand an den Versandhandelsunternehmen Schwab AG in Hanau und Heinrich Heine GmbH & Co. KG lag die Erkenntnis zugrunde, daß die sich aus der Bevölkerungsstruktur der Bundesrepublik Deutschland ergebenden unterschiedlichen Bedarfsstrukturen kaum von einem Unternehmen allein abgedeckt werden können. Teilweise stehen der Durchdringung der soziologischen Bevölkerungspsyramide neben sortimentspolitischen Konsequenzen auch noch andere, nur schwer überwindbare Widerstände auf der Kundenseite entgegen.

Mit den Konzerngesellschaften Otto Versand, Schwab und Heinrich Heine erreicht der *Otto Versand-Konzern* sehr unterschiedliche Bevölkerungsschichten und ist somit in der Lage, über *differenzierte Angebote die jeweiligen Anforderungsprofile der verschiedenen Bevölkerungsgruppen zu berücksichtigen.* In dieses Konzept ist auch die Beteiligung (35 %) an dem zweitgrößten französischen Versandhandelsunternehmen Trois Suisses International S. A. in Croix eingepaßt. Diese Beteiligung schafft die Voraussetzungen für eine Erschließung des westeuropäischen Marktes, da die Gesellschaft u.a. in Belgien, Holland und Österreich Tochterunternehmen besitzt.

5.32 Interview mit dem Vorsitzenden des Vorstandes des Otto Versand, Herrn Dipl.-Kfm. Günter Nawrath, 1979

> Der Otto Versand kann seit seiner Gründung eine außerordentlich erfolgreiche Entwicklung vorweisen. Welchen Beitrag hat seit 1960 die Organisationsstruktur zu dieser Entwicklung geleistet?

Wir sind davon überzeugt, daß die Organisationsstruktur für den Otto Versand eine der wesentlichen Voraussetzungen für die Sicherung der zügigen und erfolgreichen Entwicklung des Unternehmens war.

Seit 1960 hat sich der Otto Versand von einem mittelgroßen Unternehmen zu einem Großunternehmen entwickelt. Damit ergab sich die zwingende Notwendigkeit, die Organisationsstruktur und die Inhalte der Aufgabenstellung der jeweiligen Entwicklung des Unternehmens laufend anzupassen.

> Dabei sind Sie grundsätzlich von einer funktionalen Organisation ausgegangen. Im Einkauf jedoch findet sich eine Objektgliederung mit dem Versuch, hier teilautonome Einheiten zu bilden. Besteht dieser organisatorische Ansatz seit den 60er Jahren?

Die funktionale Organisationsstruktur ergibt sich aus der Tatsache, daß wir eigentlich ein Einprodukt-Unternehmen sind. Wir produzieren einen Katalog, in dem alle Überlegungen zusammenlaufen müssen. Diese notwendig funktionale Organisationsstruktur haben wir jedoch derart gegliedert, daß wir in einem hohen Maße selbständige Verantwortungseinheiten zu schaffen versuchten, die in ihrer Führung ausgeprägte unternehmerische Qualifikationen verlangen. Dies vor allem im Einkauf – hier wird über die Zusammensetzung unseres Katalogangebots entschieden –, wo wir so weit spezialisiert und dezentralisiert haben, daß es möglich wurde, für jede Warengruppe das optimale, kundengerechte Sortiment aufzubauen. Die traditionellen Begriffe „Einkauf" und „Einkäufer" umreißen kaum mehr die Aufgaben, die ein Einkaufsleiter bei uns für eine Warengruppe zu erfüllen hat.

> An welcher Schwelle Ihrer Unternehmensentwicklung haben Sie derartige teilautonome Einheiten eingerichtet?

Mit dieser Neustrukturierung begannen wir im Jahre 1966. Bis dahin waren die Einkäufer lediglich für die Beschaffung und Bereitstellung eines klar umrissenen Sortiments verantwortlich. Sie waren im engeren Sinne reine Einkäufer und kannten lediglich ihren Umsatz und ihre – vorgegebene – Kalkulation. Der Prozeß der Umstrukturierung hin zum verantwortlichen Unternehmer in dieser Aufgabenstellung vollzog sich natürlich nicht sprunghaft, sondern mit von Jahr zu Jahr wachsenden Anforderungen.

Schrittweise haben wir dem Einkäufer immer mehr Entscheidungsparameter zur Verfügung gestellt, bis hin zur Ergebnisverantwortung.

Wir sind davon überzeugt, daß wir im Kern mit der so ausgelegten Organisationsstruktur auch ein Umsatzvolumen von – sagen wir – 6 Mrd. DM bewältigen können.

Ein derartiges Umsatzvolumen dürfte bei weiteren Akquisitionen durchaus im Bereich der zukünftigen Möglichkeiten liegen. Wie aber wurden die bisherigen Akquisitionen, z.B. Schwab und Heine, beim Otto Versand organisatorisch eingebaut? Wer ist von seiten des Otto Versandes für die Koordinierung der Geschäftspolitik dieser Tochterunternehmungen mit dem Stammhaus zuständig?

Hierzu ist zunächst auf die *Aufgabenstellung der Tochterunternehmen* einzugehen. Die Schwab AG bewegt sich mit ihren Aktivitäten im gleichen Marktsegment wie der Otto Versand. Das Grundkonzept der Zusammenarbeit zwischen Otto und Schwab beruht auf einem gezielten Leistungsaustausch in verschiedenen Bereichen: z.B. Zentralisierung der Datenverarbeitung beim Otto Versand, zentrale Auslieferung der „hängenden" Konfektion über Schwab, Abstimmung und Koordination der Angebotsstruktur bei wesentlichen Segmenten unseres Katalogangebotes.

Schwab konzentriert sich mit seinen Aktivitäten primär auf vertriebsstrategische Überlegungen. Organisatorisch ist der Zusammenhalt in der Weise hergestellt worden, daß der Vertriebsvorstand des Otto Versand in Personalunion Vorsitzender des Vorstandes der Schwab AG ist.

Bei Heine bewegen wir uns dagegen in einem anderen Marktsegment des Versandgeschäftes. Hier haben wir einen recht geringen Leistungsaustausch, ein vom Otto Versand separiertes Management mit einem Beirat, der sich in regelmäßigen Abständen mit den Strategien, der Planung und Realisierung der jeweiligen Zielsetzungen bei Heine auseinandersetzt.

So, wie unser Vertriebsvorstand die schon erwähnte Aufgabe bei Schwab wahrnimmt, hat eines unserer Vorstandsmitglieder auch die spezifische Verantwortung für die Entwicklung bei Heine. Dies hat sich generell als recht zweckmäßig für die Zusammenarbeit zwischen den Geschäftsführungen von Tochtergesellschaften und dem Vorstand hier erwiesen: Jeder weiß genau, an wen er sich kurzfristig um Rat und Unterstützung wenden kann und wer im Vorstand die Interessen der jeweiligen Tochtergesellschaft wahrnimmt.

Mit Trois Suisses International S.A. dringen Sie auch in den internationalen Raum vor.
Welche Unternehmungspolitik verfolgen Sie im Hinblick auf das internationale Geschäft und wie wird sich diese auf Ihre derzeitige Organisationsstruktur auswirken?

Wir sind seit einiger Zeit mit 35 % an dem zweitgrößten französischen Versandhandelsunternehmen beteiligt, das seinerseits Aktivitäten in Belgien, Holland, Österreich und Deutschland unterhält. Wir meinen, daß wir uns bei unserer Geschäftspolitik nicht nur auf den nationalen Markt beschränken sollten.

Die Entwicklung der Europäischen Gemeinschaft zu einem Binnenmarkt hin macht in den letzten Jahren zwar weniger Fortschritte als wir erwartet haben, und die nationale Gesetzgebung schränkt ein Ausschöpfen der internationalen Marktmöglichkeiten immer mehr ein. Wir sollten aber hier nicht kurzfristig denken. Denn mittelfristig glauben wir an ein Zusammenwachsen der Märkte; so stellen wir heute schon eine starke Annäherung der Verbraucherwünsche in den einzelnen europäischen Ländern fest.

Unsere Beteiligung an Trois Suisses bringt einen nützlichen, wechselseitigen Erfahrungsaustausch über die nationalen Grenzen hinweg in Gang. Die organisatorische Verankerung erfolgt durch die Bildung von Komitées, die sich mit der Unternehmensstrategie und der Planung der französischen Gesellschaft auseinandersetzen.

Ist ein Vorstoß in außereuropäische Regionen gleichfalls denkbar?

Wir haben in Deutschland auf dem Gebiet des Versandhandels – des Verkaufs per Katalog – einen Entwicklungsstand erreicht, der in der Leistungsfähigkeit absolute Weltspitze darstellt. Früher oder später werden wir uns die Frage stellen müssen, ob unser auf dem schwierigen deutschen Markt erworbenes Know-how auch einen Einstieg in den aus vielerlei Gründen attraktiven amerikanischen Markt interessant und lohnend macht. Zunächst aber haben wir bei uns so umfangreiche und aktuelle Aufgaben zu erfüllen, daß eine solche Überlegung in überschaubarer Zeit kaum aktuell werden dürfte.

> Ihr Organisationskonzept geht von einer weitgehenden Dezentralisation der Entscheidungen im Rahmen einer funktionalen Organisation aus. Können Sie uns Ihre Organisations-„philosophie", die dieser Gestaltung zugrundeliegt, kurz umreißen?

Im Grundsatz wollen wir mit der Dezentralisierung so weit wie möglich an die eigentlichen Aufgaben unmittelbar herankommen. Damit wollen wir gleichzeitig Mitarbeiter gewinnen, die ein hohes Maß an eigener Gestaltungsmöglichkeit haben, gleichzeitig aber auch für die Übernahme dieser Rechte Verpflichtungen in gleichem Umfang eingehen.

Im Einkauf verfügen wir heute über 85 Einkaufsabteilungen, die von dem jeweiligen Abteilungsleiter nach unternehmerischen umsatz- und ergebnisorientierten Zielen geführt werden. Aus dieser Tatsache wird erkennbar, wie wichtig auf der anderen Seite die Koordination einer solchen Vielzahl von fast unabhängigen Unternehmenseinheiten in der Ausrichtung auf ein einheitliches Ziel ist. Das setzt voraus, daß ein mehr oder weniger tagfertiges Datenmaterial zur Verfügung steht, um die Entscheidungsgrundlagen in den verschiedenen umsatz- und ergebnisverantwortlichen Abteilungen sofort deutlich zu machen und die Entwicklung jeweils aktuell überblicken zu können.

> Innerhalb des Vorstandes stehen sich operative Ressorts (Einkauf, Geschäftsabwicklung und Vertrieb) und Fachressorts (Planung und Kontrolle, Finanzwesen, Organisation und Personalwesen) unter Ihrer koordinierenden Hand gegenüber. Ist eigentlich durch Ihr System der Dezentralisation die Vorstandsarbeit einfacher oder schwerer geworden?

Nur der Erfolg kann zeigen, ob diese Organisationspolitik richtig ist. Wir können für unser Haus feststellen, daß mit der Dezentralisation die Aufgabenstellung für den Vorstand schwieriger wurde, weil eine autoritäre Führung in einem derartig angelegten System gar nicht mehr praktizierbar ist. Wir sind in einen Planungsprozeß eingebunden, der sich wechselweise von oben nach unten und von unten nach oben vollzieht.

Die entscheidende Aufgabe für den Vorstand in seiner Gesamtheit ist es, einen Konsens über die Prioritäten herzustellen. Zwangsläufig konkurrieren hierbei verschiedene unternehmungspolitische Möglichkeiten miteinander. Ziel muß es sein, ein Übereinkommen zu erreichen, das breite Zustimmung nicht nur im Vorstand, sondern auch in der gesamten Führungsmannschaft findet. Deshalb wird in unserem Hause die jeweils anstehende Problematik in voller Offenheit diskutiert. Alle relevanten Vorgänge sind bis zum Abteilungsleiter hinunter für alle Führungskräfte voll transparent.

> Ein Schlüssel zum Erfolg des Otto Versand scheint die 1960 eingeführte Dezentralisation des Einkaufs zu sein. Ein Abstellen auf die Ergebnisverantwortung der Einkaufsabteilungen verlangt unternehmerisches Denken. Wie haben Sie die Umstellung der Denkweisen, die im Gefolge der Reorganisation erwartet wurden, erreicht?

Vom Einkäufer historischer Prägung zu einem unternehmerisch verantwortlichen Mitarbeiter für einen bestimmten Sortimentsteil war tatsächlich ein weiter Weg zu bewältigen, denn dies war eine rigorose Änderung in der Aufgabenstellung für unsere Mitarbeiter. Es war notwendig, in umfangreichen Schulungen die Einkäufer auf diese modifizierte Aufgabenstellung vorzubereiten.

In der Vergangenheit wurde einem Einkäufer gesagt, welchen Umsatz man von ihm erwartet, wie er zu kalkulieren hatte, wieviel Seiten im Katalog ihm zur Verfügung standen. Heute muß er selbst eine sehr intensive Marktanalyse für seinen Produktsektor vornehmen, er muß selbst den Angebotsumfang erarbeiten, ihm steht die mit ihm abgestimmte Seitenanzahl im Katalog zur Verfügung, er ist auch in seiner Kalkulation frei, er steht nur der generellen Forderung der Konkurrenzfähigkeit und der Preis-/Qualitätsrelation gegenüber. Er ist weiter in der Entscheidung frei, in welchem Umfange er importieren will, er muß selbst entscheiden, welche Servicefunktionen sichergestellt sein müssen. Er hat auch selbst zu entscheiden, welche Dienste des Gesamthauses er in Anspruch nehmen will.

Wie binden Sie die einzelne Entscheidung des Einkäufers in die Zielsetzungen und Planungen des Unternehmens ein?

Wir erwarten von unseren Einkäufern, daß sie uns im Rahmen ihrer unternehmenspolitischen Verantwortung Strategien aufzeigen, die zu einer besseren Position im Markt und zu einem besseren Ergebnis führen können. Da dies im Gesamtkomplex des Einkaufs nicht immer voll von einzelnen Einkäufern übersehen werden kann, haben wir die übergeordneten Funktionen der Einkaufsleiter und der Einkaufsdirektionen geschaffen, in deren Bereichen sich eine Konzentration zusammengehörender Sortimentsgruppen vollzieht.

In unserem Planungsprozeß gehen wir von den Wechselwirkungen der verschiedenen Ebenen aus. Wir brauchen einerseits die Ideen und Vorstellungen eines jeden einzelnen Abteilungsleiters, andererseits gibt es aus der Sicht der Direktionsebene und des Einkaufsleiters auch eine generelle Strategie. Durch Diskussion auf den verschiedenen Ebenen werden innerhalb von oben her definierter Bandbreiten abgestimmte Strategien für die einzelnen Direktionsbereiche, Einkaufsleitungen und die jeweiligen Einkaufsabteilungen entwickelt.

Welche direkten Arbeitsbeziehungen müssen unterhalb des Vorstandes zwischen den Einkaufsabteilungen einerseits und dem Vertrieb gestaltet werden?

Der Vertrieb trägt beim Otto Versand die Primärverantwortung für den Umsatz. Er ist abhängig von der Qualität unseres Katalogangebotes. Aber er formuliert die generellen Ziele für die Angebotsstrategie, für die Sortimente innerhalb des Angebotes. Schließlich ist er mit dem Einkauf gemeinsam verantwortlich für die Ergebnisentwicklung der einzelnen Angebotsträger. Um dieser Primärverantwortung im Umsatz gerecht werden zu können, ist es notwendig, daß der Vertrieb seine Forderungen an andere Bereiche des Hauses möglichst präzise definiert. Für den Vertrieb selbst ist es die vordringlichste Aufgabe, für den Aufbau des Kundenbestandes zu sorgen.

Diese Aufgabe umfaßt nicht nur die Bereitstellung eines Angebotes an sich, sondern gleichermaßen Preis, Qualität, Abwicklung, Service, Zahlungskonditionen, Kundenfreundlichkeit bis hin zu einer schnellen, kundengerechten Auslieferung der bestellten Ware.

Welche Beziehungen bestehen zwischen dem Einkauf und der Geschäftsabwicklung?

Die Geschäftsabwicklung umfaßt neben der Aufgabe, bestellte Ware bis hin zum Kunden zu bringen, die kreditmäßige Betreuung der Kunden und die Entgegennahme der verschiedenen Kundenwünsche. Für diesen Zweck haben wir *dezentrale Betreuungszentren* eingerichtet, in denen die Kunden die Möglichkeit haben, im Telefon-Nahbereich mit unseren Mitarbeitern zu sprechen; hierzu haben wir diese Betreuungszentren mit Terminals ausgestattet, die direkt an unsere zentrale Datenverarbeitung angeschlossen sind.

Die betriebswirtschaftlichen Steuerungsinstrumente des Otto Versand scheinen für ein Unternehmen des Handels besonders ausgebaut zu sein. Dies führte organisatorisch zur Institutionalisierung von Bereichscontrollern. Unterstehen diese jeweils dem Vorstandsmitglied Planung und Kontrolle direkt, einem Abteilungsleiter dieses Bereiches, oder sind sie dem jeweiligen operativen Bereich verantwortlich zugeordnet?

Eine starke Dezentralisierung ist nur denkbar, wenn den eigenverantwortlich arbeitenden Einheiten aktuelles Datenmaterial zur Verfügung gestellt wird, das die laufende Entwicklung von Zielsetzungen und Planungen verfolgen läßt. Den einzelnen Vorstandsbereichen haben wir *eigene Controller-Funktionen* zugeordnet, um dort das laufende Controlling der jeweiligen Bereiche wahrnehmen zu können. Über diese dezentralen Controlling-Abteilungen, die den jeweiligen Vorstandsmitgliedern disziplinarisch und funktional unterstehen, fassen wir im Gesamt-Controlling die einzelnen Daten zusammen und nehmen hier eine Beurteilung und Bewertung der Entwicklung der einzelnen Bereiche vor. Dabei nehmen wir es bewußt in Kauf, daß die Beurteilung bestimmter Entwicklungen durch das Controlling von Ressortvorstandsbereichen nicht unbedingt identisch sein muß mit der Beurteilung durch das zentrale, im Vorstand vertretene Controlling. Hier zeigt sich die Notwendigkeit, divergierende Beurteilungen im Gesamtvorstand zu diskutieren.

Die Organisation muß sowohl wesentliche Arbeitsbeziehungen zur Datenverarbeitung als auch zum Personalwesen unterhalten. In der Industriepraxis wird zumeist eine Kombination von Organisation und EDV in einem zentralen Dienstleistungsbereich bevorzugt. Sie sind den Weg der Kombination mit dem Personalbereich gegangen. Welche Überlegungen waren dafür ausschlaggebend?

Für uns steht *der Mensch im Mittelpunkt unserer Überlegungen.* Wenn man über Organisationsstrukturen diskutiert, muß man zwangsläufig den Menschen in die Überlegungen miteinbeziehen. Auch bei der Schaffung möglichst idealer Organisationsstrukturen kann oder muß man Abstriche machen, wenn die entsprechenden personalen Voraussetzungen in idealer Form nicht gegeben sind. Um die Gewichtung beider Aspekte deutlich auszudrücken, haben wir sie in einem Vorstandsbereich Organisation und Personalwesen zusammengefaßt. Die Erfahrung hat gezeigt, daß mit der Berücksichtigung beider Aspekte in der Regel bessere Lösungen erarbeitet werden können als bei einer scharfen Trennung der Verantwortung für Organisation einerseits und für Personal andererseits.

Ergänzend möchte ich darauf hinweisen, daß auch die Abtrennung der Datenverarbeitung vom Organisationsbereich und ihre Zuweisung zur Geschäftsabwicklung von Vorteil war. Die Organisation kann sich seit dieser Zeit um die grundsätzlichen Systemplanungen und -analysen bemühen – hierfür zeichnet sie voll verantwortlich –, während die Abwicklung des Tagesgeschäftes im operationalen Bereich erfolgt.

Worin sehen Sie die Hauptproblematik Ihrer Organisationsstruktur?

Bei der Diskussion über Organisationsstrukturen erscheint es mir wichtig zu sein, daß bei einer gegebenen funktionalen Organisationsstruktur die Trennungslinien zwischen den einzelnen Vorstandsbereichen nicht überbetont werden dürfen.

Es muß die Möglichkeit bestehen, gerade bei den laufenden Aktivitäten die Verbindung zwischen den einzelnen Ressortbereichen auf den verschiedensten Leitungsebenen sicherzustellen. Der Vorstand in seiner Gesamtheit muß sich möglichst intensiv mit der weiteren Entwicklung des Unternehmens – sowohl kurz- als auch langfristig – auseinandersetzen.

Hier stehen wir vor dem permanenten Problem zu prüfen, ob die augenblickliche Organisationsstruktur den Gegebenheiten und Veränderungen gerecht wird. Ich selbst halte nichts von revolutionären Veränderungen einer Organisationsstruktur, sondern ziehe eine *evolutionäre Strategie* vor. Für unser Haus wird die jetzt praktizierte Organisationsstruktur ausreichen, um eine wesentliche Steigerung des Umsatzvolumens erfolgreich abzudecken, Änderungen könnten von der Unternehmungspolitik herkommen, etwa wenn andere Aktivitäten aufgegriffen werden, die weniger eng mit dem Versandhandel verbunden sind.

6. Verkehrswirtschaft

6.1 Bremer Lagerhaus Gesellschaft

Die Bremer Lagerhaus-Gesellschaft (BLG) wurde 1877 gegründet und ist im Rahmen der Seehafenverkehrswirtschaft in Bremen zentral verantwortlich für die Durchführung des *Stückgutumschlags*. Unternehmensaufgabe der BLG ist es, die für den Außenhandel bestimmte Ware von den unterschiedlichen Verkehrsträgern (LKW, Waggon, Schiff) zu entladen, für den Weitertransport zwischenzulagern und auf den entsprechenden Verkehrsträger zu verladen.

Folgende Branchen, Firmen oder Institutionen sind im Rahmen der Aufgabenteilung an der Transport- und Informationskette im Hafen Bremen beteiligt:

- *Speditionen*
  die für die Disposition und Lenkung der Ware zuständig sind. Sie sind grundsätzlich Auftraggeber der Bremer Lagerhaus-Gesellschaft.
- *Schiffsmakler*
  sie vertreten die Reeder. Sie sind zuständig für die Befrachtung der Schiffe.
- *Tallyfirmen*
  sie übernehmen die Ladungskontrolle (Unversehrtheit, Menge, Gewichte der per Seeschiff ankommenden bzw. ausgehenden Sendungen) und arbeiten im Auftrag der Reeder.
- *Stauereien*
  sie sorgen für eine ordnungsmäßige Stauung/Behandlung der Waren im Schiff.
- *Reedereien*
- *Bundesbahn*
- *Binnenschiff*
- *Lkw-Verkehr*
- *Zoll*

Das reibungslose Zusammenwirken aller genannten Branchen und Institutionen gewährleistet die in der Seehafenverkehrswirtschaft durchzuführenden Aufgaben.

6.11 Die organisatorische Entwicklung der BLG (Stand 1977)

von Ralf K. Müller,
Bremen

Die Rekonstruktion organisatorischer Maßnahmen zeigt, daß die wesentlichen Veränderungen ab 1950 eingetreten sind. Von der Gründungszeit bis zu den 50er Jahren waren Struktur und Abläufe in dem Umschlagsunternehmen konstant. Die für eine systemhafte Organisation relevanten Faktoren, wie Gliederung in der Unternehmensspitze, Gliederung der Verwaltung und des Betriebes, hierarchischer Aufbau, Formularwesen, Arbeitsabläufe, Fakturierung und Auswertung der Leistungen haben lediglich Anpassungsveränderungen erlebt. Eine grundsätzliche Umgestaltung ist in diesem Zeitraum jedoch nicht erkennbar.

Die *Gliederung der Unternehmung* sah einen *Vorstand* vor, der sich *aus drei ressortbezogenen Mitgliedern* zusammensetzte. Die drei Ressorts bestanden in dem Betrieb, dem Vertrieb und der Technik. In dieser Form gestaltete sich auch der entsprechende Unterbau (Abb. 24a). Hauptteil der Unternehmung war der Betrieb, in dem 80 Prozent aller Beschäftigten tätig waren. Daneben bestand eine sehr kleine Verwaltung mit den Bereichen Personal, Buchhaltung, Fakturierung. Dazu kam der Technische Betrieb zur Wartung und Pflege der eingesetzten technischen Geräte und Anlagen. Die betriebliche Gliederung ergab sich aus den räumlichen/örtlichen Bedingungen und den z.T. bestehenden speziellen Aufgaben, wie Getreideumschlag, Sammelgutverkehr, Passagierverkehr.

In den 60er Jahren begann bis zum heutigen Zeitpunkt eine grundlegende Veränderung struktureller Maßnahmen im Aufbau und Ablauf. Wesentliches Merkmal für die Änderung der organisatorischen Regelungen sind die Einflußfaktoren, die im Rahmen des Seegütertransportes auf die Seehafenwirtschaft zugekommen sind. Dazu gehören:

- Spezialisierung unterschiedlicher Verkehre
- Containerisierung der Ladung
- Spezialschiffe
- Sonderformen des Umschlags (Roll-on/Roll-off, Lash-Verkehr)
- Kostenentwicklung
- Grad der Technisierung
- erhöhte Anforderungen an die Leistungsfähigkeit/verstärkter Wettbewerb.

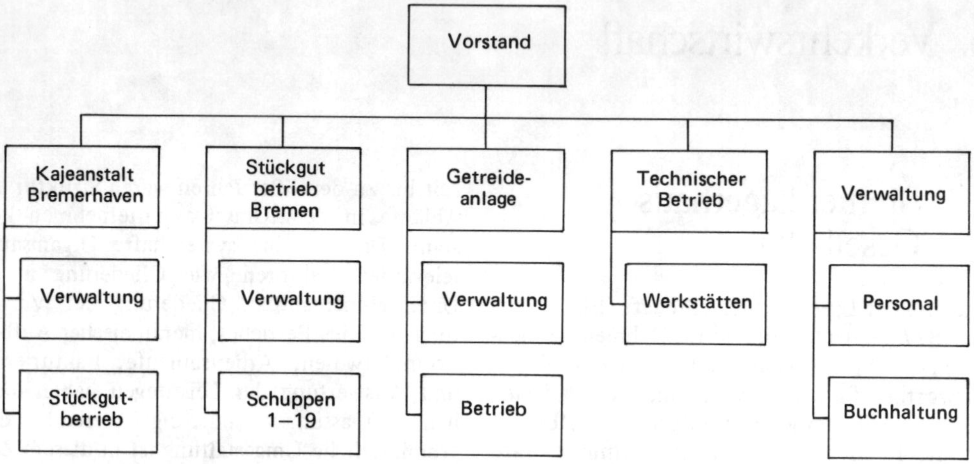

Abb. 24a: Organigramm der Bremer Lagerhaus Gesellschaft 1950

Änderung der Unternehmenszuständigkeit

Im Jahre 1963 wurde ein umfassendes Vertragswerk mit der Stadtgemeinde Bremen abgeschlossen, das unserem Unternehmen wesentlich stärkere Eigenverantwortung übertrug. Der besondere Impuls war, den bisherigen „Betrieb" als ein weitgehend selbständiges Umschlagsunternehmen zu führen. Die Zuständigkeit für die Planung und Beschaffung von Anlagen und technischer Ausstattung wurde der BLG übertragen; zu der bereits bestehenden Wahrnehmung des öffentlichen Verkehrsinteresses (Annahmezwang) kam die Unternehmensführung nach wirtschaftlichen Gesichtspunkten hinzu. Sehr deutlich wird diese Entwicklung bei einem Vergleich des Organigramms 1963 mit dem heute gültigen Organigramm (Abbildungen 24b und 24c).

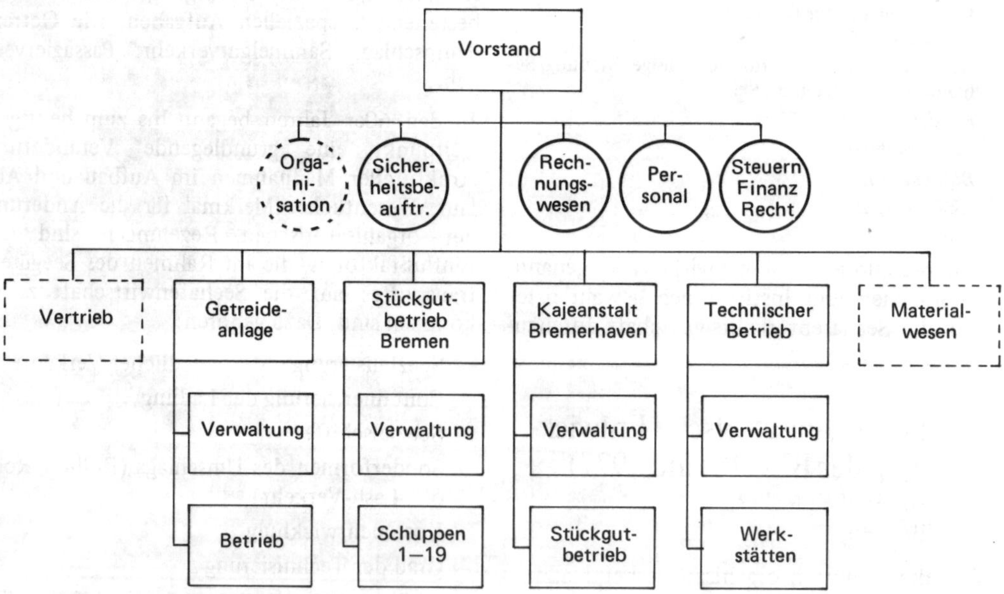

Abb. 24b: Organigramm der BLG 1963

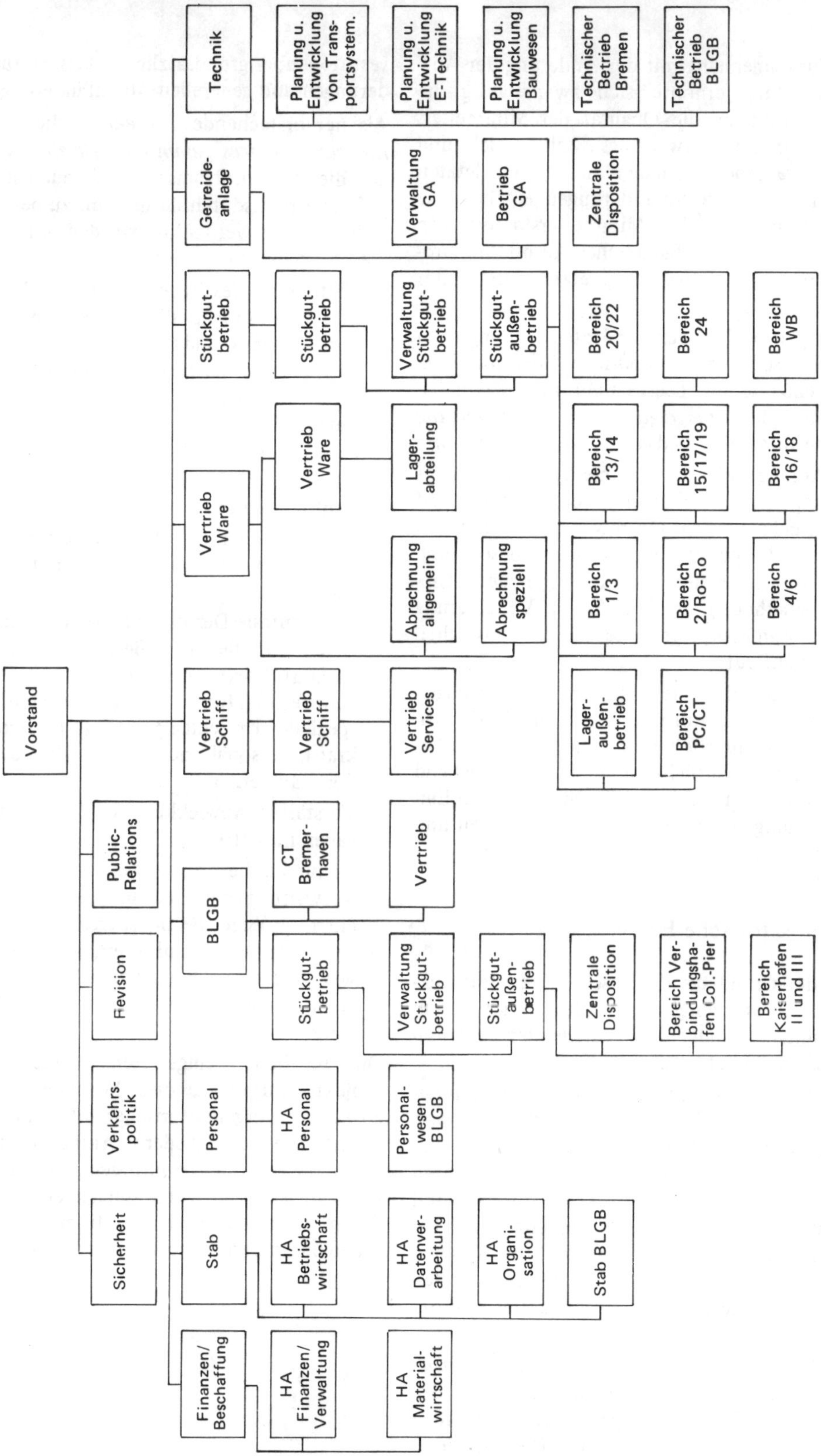

Abb. 24c: Organigramm der BLG 1976

Im Zusammenhang mit der Änderung der Aufgabenstellung erhöhte sich zwangsläufig die Anforderung an die Qualität der Mitarbeiter. Besonders im Verwaltungs-/Stabsbereich und im Führungsbereich haben sich in den letzten 15 Jahren starke Veränderungen ergeben, die eine Ergänzung des Mitarbeiterstamms von außen bzw. ein umfangreiches Ausbildungsprogramm für bereits eingesetzte Mitarbeiter erforderte.

Anfang 1960 hat sich die Unternehmung dazu entschlossen, ein einheitliches *Führungskonzept* einzuführen. Dieses Führungskonzept basiert auf der *Übertragung von Verantwortung* auf die Mitarbeiter und *verstärkter Kooperation.*

Die Anfang 1960 übernommenen Aufgaben der Planung und Beschaffung von Anlagen und technischen Einrichtungen wurden durch die zu diesem Zeitpunkt auftretenden besonderen Schiffstypen, neuen Verkehre, neuen Umschlagsmethoden und durch eine Veränderung in der Warenstruktur (größere Sendungseinheiten) beeinflußt.

Auch durch diese technischen Veränderungen haben sich die Anforderungen an die Qualifikation der Mitarbeiter und die bestehende Organisation wesentlich erhöht. Bei entsprechend hochwertigen technischen Geräten nehmen Einsatzplanung, Beurteilung der Einsatzzeiten und Kostenkontrolle in besonderem Maße zu.

Organisatorische Entwicklung

Auf der Grundlage der geschilderten Entwicklung war es zwingend erforderlich geworden, sich mit Änderungen der bestehenden Organisationsform zu befassen.

Die *Bildung eines zentralen Bereiches Organisation* wurde ausgelöst durch die Einführung von Aufgabenbeschreibungen für die Einzelbereiche, um die erforderlichen Aufgaben, Kompetenzen und Verantwortungen zu konkretisieren und gegenüber anderen Stellen abzugrenzen. Das Ergebnis organisatorischer Tätigkeit im Rahmen der Aufbauorganisation wird aus der Darstellung des heute gültigen Organigramms sichtbar (Abb. 24c).

Mit Beginn der *70er Jahre* hat sich eine *neue Form organisatorischer Arbeit* entwickelt. Bisher durchgeführte Einzelmaßnahmen wurden zu *Projekten* zusammengefaßt. Diese Projektorganisation findet Anwendung bei Großinvestitionen, grundsätzlichen Strukturveränderungen und generellen Ablaufänderungen.

Als hervorstechendes *Projekt* ist die *Umstrukturierung unseres gesamten Betriebes* in bezug auf die Aufbauorganisation als auch in bezug auf die Arbeitsdurchführung hin zu betrachten. Folgende Schwerpunkte wurden im Rahmen dieses Projektes realisiert:

- Einführung des Tages 0 (Tag vor Leistungsdurchführung) für alle Dispositions-, Arbeitsvorbereitungs- und Planungsmaßnahmen (Tag 1 ist der Tag der Leistungsdurchführung, Tag 2 für die gesamte Dokumentationsabwicklung im Betrieb).
- Ganzschiffplanung, d.h., das Laden und Löschen der Ladung für ein Schiff wurden gesamtheitlich geplant.
- Erhöhung der Selbständigkeit und Verantwortlichkeit in den einzelnen Betriebsbereichen, dazu
- eine zentrale Disposition, die den Spitzenausgleich zwischen den Betriebsbereichen herbeiführt. Diese zentrale Disposition ist auf die Schiffe, Landverkehrsträger (Waggon, LKW), spezielle Umschlagsgeräte (z.B. Schwimmkran), Personal und innerbetriebliche Transporte ausgerichtet.
- Verstärkte Abwicklung von Verwaltungsaufgaben im Betrieb.
- Hierarchische Auswirkungen: selbständige Verwaltungseinheiten in den Betriebsbereichen, größere Betriebsbereiche, Neugliederung der Meisteraufgaben, zentrale Stellen wie Planung, Wirtschaftlichkeitskontrolle, Gefahrengut, Sicherheit, zentrale Verwaltung.

Die inzwischen eingetretenen Ergebnisse des Projektes zeigen, daß diese Form der Aufgabenabwicklung organisatorischer Maßnahmen richtig ist. Die neugegliederte Aufbauorganisation gibt einerseits den dezentralen Bereichen mehr Bewegungsfreiheit, zeigt andererseits aber auch durch entsprechende Konkretisierung von Aufgaben ein insgesamt besseres Ergebnis.

6.12 Interview mit dem Vorstandsmitglied der Bremer Lagerhaus Gesellschaft, Herrn Dipl.-Kfm. Hans-Heinrich Pöhl, 1977

Worin sehen sie grundsätzlich die Besonderheiten der organisatorischen Gestaltung Ihres Unternehmens gegenüber einem Industrieunternehmen?

Als Dienstleistungsunternehmen im Rahmen der Transportkette Außenhandel wirken auf uns kurz-, mittel- und langfristige Veränderungen, auf die wir uns entsprechend einstellen müssen. Diese Anpassung beginnt im Einzelfall bei der Beurteilung des durchzuführenden täglichen Umschlags, fächert sich aus auf eine sinnvolle Kapazitätsplanung (Personal, Anlagen und Geräte) bis hin zu grundsätzlichen Überlegungen der Gestaltung der Infrastruktur eines Hafens. In diesem Zusammenhang überwiegt in unserem Unternehmen das Reagieren. Typische Merkmale eines Dienstleistungsunternehmens sind das hohe Maß an Disposition und Flexibilität. Das trifft für unser Unternehmen im besonderen Maße zu, da der Datenkranz der externen Einflüsse außerordentlich hoch ist und ständigen Veränderungen unterliegt.

Wenn ich es recht sehe, so besteht das Grundproblem Ihrer aufbauorganisatorischen Gestaltung darin, eine Reihe von Verrichtungen (technische Planung und Entwicklung, Beschaffung, Betrieb, Vertrieb und Verwaltung mit einzelnen Teilbereichen), Objekte (Stückgut, BLGB) und örtlich bedingte Standorte in zwei Häfen, und dort an unterschiedlichen Piers mit einer zentralen Disposition, sinnvoll zu kombinieren. Hinzu treten die üblichen Stabsabteilungen zur Serviceunterstützung und Pflege des Systems.

Die erste Stufe der Unternehmenshierarchie ist nach dem Verrichtungsmerkmal gegliedert. Neben den Linienbereichen Vertrieb, Betrieb und Technik bestehen zentrale Stabs- und Servicebereiche wie Personal, Betriebswirtschaft, Datenverarbeitung und Organisation. Die weitere Gliederung der Linienbereiche ist durch die örtlichen Bedingungen (die BLG ist verantwortlich für die Stückguthäfen in Bremen und Bremerhaven) in diese beiden Bereiche gegeben. Das gilt sowohl für den Vertrieb, Betrieb als auch den Technischen Betrieb. Innerhalb der Betriebsgruppe in Bremen lassen sich Gliederungsmerkmale nach dem Objekt feststellen; dazu gehören der Weserbahnhof (Sammelgutverkehr/Kleinpartien), Container Terminal (Container-Verkehr), Speicher (mittelfristige Lagerung von Gütern). Der verbleibende Betriebsbereich, der sich mit der Abwicklung des konventionellen Stückgutverkehrs befaßt, ist nach örtlichen Bedingungen (Betriebseinheiten) gegliedert.

Für den außenstehenden Betrachter stellen sich im Hinblick auf die Aufbauorganisation eine Reihe von Fragen, die sich nicht unmittelbar von selbst beantworten. – Wie grenzen sich die Bereiche „BLGB“ und sein Vertrieb und „Vertrieb Schiff“ voneinander ab?

Diese Gliederung ergibt sich aus der räumlichen Trennung zwischen Bremen und Bremerhaven. Die typischen Vertriebsaufgaben des Bremerhavener Unternehmensteils werden von dort direkt durchgeführt. Die generelle Gliederung unseres Vertriebes enthält eine Trennung in „Vertrieb Schiff“ und „Vertrieb Ware“. Beide Bereiche wirken für den Bremer und Bremerhavener Unternehmensteil. Das Zusammenwirken mit dem Bremerhavener Vertrieb ist durch entsprechende fachliche Unterstellung geregelt.

Wie wiederum grenzt sich der Bereich „Vertrieb Ware“ von den beiden vorgenannten Bereichen ab?

Generell ist der Vertrieb nach den zwei Schwerpunkten „landseitiger Verkehr“ und „wasserseitiger Verkehr“ gegliedert. Damit ist der Vertrieb Ware Gesprächspartner für die Ablader, Spedition und den Außenhandel, während sich der Vertrieb Schiff auf die Kontakte zu den Reedern und Maklern konzentriert.

Sowohl im Bereich „BLGB“ als auch im Bereich „Stückgutbetrieb“ gibt es eine Reihe von Stückgutaußenbetrieben. Nach welchem Prinzip wurden diese organisatorisch zugeordnet?

Die grundsätzliche Gliederung zwischen den beiden Häfen in Bremen und Bremerhaven ist rein geographischer Natur.

In beiden Bereichen gibt es eine „Zentrale Disposition“. Wie sind deren Aufgaben voneinander abgegrenzt und wie arbeiten beide zusammen?

Die zentrale Disposition hat die Aufgabe, die örtlich zur Verfügung stehenden Kapazitäten (Personal, Schiffsliegeplätze, technische Ausstattung und Schuppenkapazitäten) den jeweils gegebenen Anforderungen des Betriebes entsprechend zu „disponieren“. Nur in den Fällen, in denen die selbständig wirkenden Betriebseinheiten mit ihren Kapazitäten nicht ausreichend ausgestattet sind oder einen entsprechenden „Überhang“ haben, wird die Zentrale Disposition eingeschaltet. Bezogen auf die Personaldisposition und die Disposition von speziellen transportablen Geräten erfolgt darüber hinaus eine Abstimmung zwischen der Zentralen Disposition in Bremen und in Bremerhaven, um einen entsprechenden Ausgleich „überregional“ durchzuführen. Grundlage für diese Disposition sind die jeweils geltenden Prioritäten in bezug auf die Schiffsabfertigung.

Welche Erfahrungen haben Sie damit gemacht, die sehr stark operativ ausgelegte Organisationsstruktur mit einer Projektorganisation zu durchsetzten?

Wir haben festgestellt, daß die Durchführung von Änderungen (ob sie nun von außen kommen oder sich aus internen Überlegungen ergeben) nur dann effizient sein kann, wenn sie

1. aus der allgemeinen Aufgabenpalette herausgelöst werden und
2. eine sehr enge Zusammenarbeit zwischen den Stabs-/Servicebereichen und den „Anwendern“/Linienbereichen erfolgt.

Daraus ergibt sich zwangsläufig die Bildung von Projekten, um Investitionen durchzuführen, die Nutzung der Datenverarbeitung zu erhöhen und organisatorische Maßnahmen durchzuführen.

Ich nehme an, daß in Ihrem Unternehmen der langfristigen Planung eine besondere Bedeutung zukommt. Abgesehen von der hierzu sicherlich interessantes Material liefernden Abteilung „Verkehrspolitik“: Welche Abteilung beschäftigt sich mit derartigen Planungen in Ihrer Organisation?

Für die langfristigen Planungen in unserem Unternehmen sind eine Vielzahl von Informationen, die sich aus der Marktentwicklung ergeben, erforderlich. Der Hauptteil der langfristigen Planung bezieht sich auf die Schaffung künftig erforderlicher Investitionskapazitäten. Erste Impulse zur Planung neuer Umschlagseinrichtungen ergeben sich aus den Tätigkeiten des Vertriebs, der die Verkehrsentwicklung beurteilen kann und dem Betrieb, der über das operationelle „know how,“ verfügt. Diese „betriebliche Planung“ fließt in die technische Planung ein, die federführend von dem Bereich „Technik“ durchgeführt wird.

Die Auswirkungen dieser Planungen finden ihren Niederschlag in den vom Bereich „Finanzen“ zu erstellenden Finanzplänen, die ebenfalls langfristig ausgerichtet sind und die „Durchführbarkeit“ der Investitionen ausweisen.

Worin sehen Sie die besonderen Aufgaben der Organisationsgestaltung in der absehbaren Zukunft?

Ausgangspunkt organisatorischer Planungen sind grundsätzlich die Zielsetzungen der Unternehmung. Generelle Aufgabenstellung im Rahmen der Organisationsgestaltung wird es sein, die künftigen Anforderungen so vorzubereiten und zu gestalten, daß eine effiziente Arbeitsdurchführung gewährleistet ist. Als hervorragendes Beispiel ist die Entwicklung der Datenbank Bremische Häfen zu nennen, die ins Leben gerufen wurde, um ein über Datenverarbeitung abzuwickelndes Dokumentations- und Informationssystem für die Seehafenverkehrswirtschaft in Bremen zu gestalten und einzuführen. Diese Entwicklungen werden auch für unsere Unternehmen in den nächsten Jahren voll zutreffen.

Damit sind zwei wesentliche Merkmale organisatorischer Gestaltung genannt: Anpassung der Abläufe und der Struktur, bezogen auf die künftigen Bedingungen (auch im Zusammenhang mit der technischen Weiterentwicklung) und Verbesserung des Dokumentations- und Informationsflusses unter Einschaltung aller Branchen, die an der Seehafenverkehrswirtschaft beteiligt sind.

6.2 Deutsche Bundesbahn

6.21 Die Organisationsplanung im Unternehmenskonzept der Deutschen Bundesbahn (Stand 1976)

von Ministerialrat Eberhard Thiel, Frankfurt

Schon in seinen programmatischen Antrittssätzen vom Frühjahr 1972 hatte der derzeitige Vorstand der DB im Rahmen der angekündigten Erarbeitung einer Unternehmenskonzeption (UK) mit Zielhorizonten 1979 und 1985 dem Organisationskonzept besondere Bedeutung beigemessen. Seine rasch konkretisierten Forderungen lauteten auf „ein Weniger an Verwaltung“, das im Wegfall einer Verwaltungsebene als Instanz, einer durchgreifenden Dezentralisation und Durchkämmung der Verwaltungsabläufe sowie einer Stärkung der Eigeninitiative zum Ausdruck kommen sollte, – sowie auf eine konsequente Ausrichtung der Organisation auf die Ziele der neuen Unternehmenskonzeption: Akzeptierung des essentiell betriebswirtschaftlich zu begründenden Selbstverständnisses des Unternehmens anstelle etatistischer oder kameralistischer (Teil-)traditionen, Konzentrierung der Unternehmensanstrengungen auf den in der UK als zukunftsentscheidend erkannten Unternehmenskern, entsprechende Umstellung der Aufbau- und Ablauforganisation.

„Die Unternehmens- und Organisationsstruktur ist effizienter zu gestalten. Dabei ist besonders zu prüfen, inwieweit eine weitgehend dezentralisierte Organisationsform mit Erfolgsverantwortlichkeit der Geschäftsbereiche, wie sie heute im großen Unternehmen praktiziert wird, auf die DB übertragen werden kann.“

„Es ist zu prüfen, ob Teilbereiche, die nicht unmittelbar den Eisenbahnbetrieb als Kerntätigkeit betreffen, organisatorisch ausgegliedert und rechtlich verselbständigt werden sollen.“ (Bundesminister für Verkehr, 11.12. 1974).

Der vorgegebene äußere Rahmen: Ein Gesetz als Unternehmensverfassung!

Wohl schwerlich ließe sich eine so starre Ausgangslage für ein Transportunternehmen finden, wie sie die DB-Organisation im Grundgesetz unseres Staates und in der lex specialis, dem *Bundesbahngesetz* (BbG) von 1951 antrifft: Art. 87 GG weist die Bundeseisenbahnen als bundeseigene Verwaltung mit eigenem Verwaltungsunterbau aus und schreibt damit implizite unmittelbare Anwendungsgrundlagen von beamtenrechtlichen Vorschriften wie Stellenplan, Besoldungsordnung und Bundeshaushaltsordnung fest. Zwar sind weitere Bestimmungen darüber, in welcher Form die DB zu organisieren sei, im Grundgesetz nicht enthalten, doch wird dieser Raum durch das BbG ausgefüllt, das nicht nur die Rechtsstellung der DB, sondern auch ihre Organisation in großen Zügen regelt.

Grundstrukturen des BbG sind die Verantwortungsteilung für die Führung des Unternehmens zwischen zwei Organen, nämlich dem Verwaltungsrat und dem Vorstand. Das BbG regelt die Zusammensetzung und Funktion der beiden Organe:

Der *Verwaltungsrat* (überwiegend extern besetzt!) beschließt z.B., über „die Einrichtung, Verlegung, Aufhebung oder wesentliche organisatorische Veränderung einer Bundesbahndirektion oder eines zentralen Amtes der DB und eine wesentliche Änderung ihrer Bezirke.“ Ihm steht im übrigen ein allgemeines Heranziehungsrecht für Angelegenheiten von besonderer Bedeutung zu.

Dem *Vorstand* der DB hat der Gesetzgeber in dem so gesetzten Rahmen die Leitung der Geschäfte des Unternehmens übertragen, und zwar als Kollegialorgan ohne Ressortprinzip.

Diese beiden Organe der DB hat das BbG unter das Aufsichtsrecht des Bundesministers für Verkehr gestellt, dessen Genehmigung für wesentliche organisatorische Änderungen ebenfalls notwendig ist.

Im übrigen gilt dies nicht nur für die Fixierung von Organisationseinheiten, also die Aufbauorganisation, sondern auch für die Verwaltungsordnung der DB, die die Geschäftsabläufe regelt.

Die DB hat sich seit jeher bemüht, den verbliebenen Spielraum für die innere Organisation voll zu nutzen. Das BbG enthält keine Anordnungen über den horizontalen bzw. vertikalen Aufbau des Unternehmens, setzt allerdings in

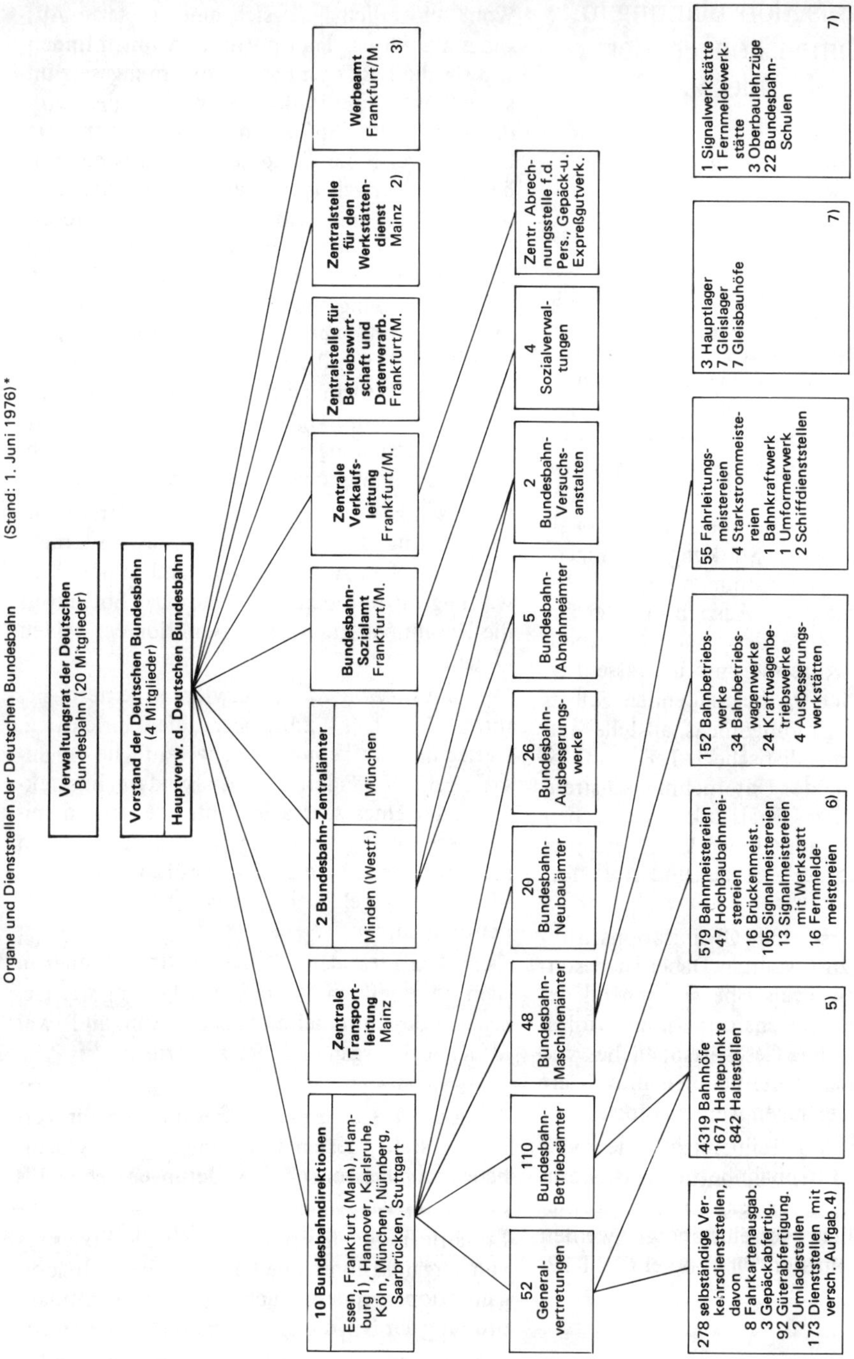

* Dienststellen des Außendienstes nach dem Stand vom 31.12.1975
1) BD Hamburg mit „Verwaltungsstelle der DB in Berlin"
2) Personell und verwaltungsmäßig der Zentralen Transportleitung Mainz angegliedert.
3) Personell und verwaltungsmäßig der Zentralen Verkaufsleitung Frankfurt/M. angegliedert.
4) z.B. Fahrkartenausgabe mit Gepäckabfertigung.
5) Von den Bahnhöfen sind 1421 Hauptdienststellen und 377 Nebendienststellen. Die übrigen Bahnhöfe sowie die Haltepunkte und Haltestellen sind keine Dienststellen, sondern Betriebs- und Verkehrsstellen, die Hauptdienststellen angegliedert sind.
6) Die Brückenmeistereien, Signalmeistereien, Signalmeistereien mit Werkstätten u. Fernmeldemeistereien erhalten für die bezirklichen Aufgaben fachliche Weisungen von den BD.
7) Unterstellung besonders geregelt.

Abb. 25a: Organe und Dienststellen der Deutschen Bundesbahn

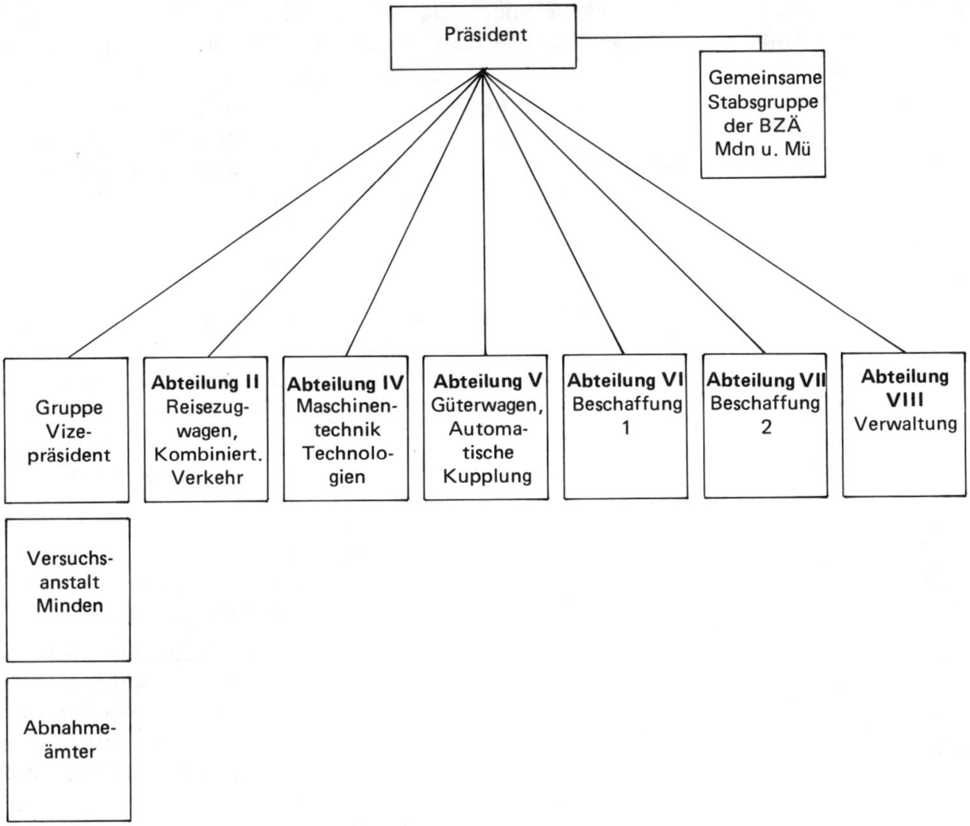

Abb. 25b: Gliederung des DB-Zentralamtes Minden (Westf.)

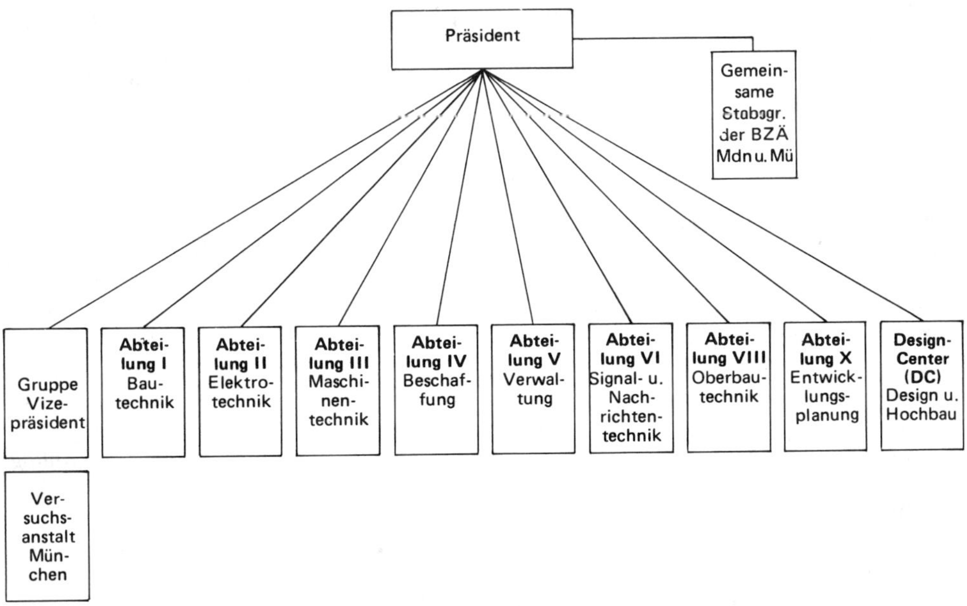

Abb. 25c: Gliederung des DB-Zentralamtes München

einzelnen Bestimmungen das Vorhandensein bestimmter Dienststellen, wie z.B. der Direktionen und zentralen Ämter voraus.

Der Begriff „Dienststelle" wird bei der DB in zweifacher Bedeutung gebraucht. Nach der o.a. Verwaltungsordnung sind „Dienststellen" (ohne Zusatz, im Sinne von „Organisationseinheit") alle Stellen von der Hauptverwaltung (HVB) bis zu den Bahnhöfen, Güterabfertigungen usw., „Dienststellen des Außendienstes" dagegen nur die Stellen der sogenannten Vollzugsinstanz, also Bahnhöfe, Güterabfertigungen, Bahnmeistereien usw.

Die DB ordnet ihre Dienststellen folgenden vier Ebenen zu (vgl. Abb. 25a):

- Zentralinstanz (Vorstand und HVB)
- Mittelinstanz (Bundesbahndirektionen und zentrale Stellen)
- Ämterinstanz (Ebene der Generalvertretungen und Ämter)
- Vollzugsinstanz (Dienststellen des Außendienstes)

Die Abbildungen 25b und 25c zeigen die Gliederung der Bundesbahn-Zentralämter in Minden (Westf.) und München. Abb. 25d die Gliederung der Zentralen Transportleitung und Abb. 25e die der Zentralen Verkaufsleitung.

Der vorwiegend fachdienstlich ausgerichtete horizontale Aufbau der Hauptverwaltung wurde schon 1973 unter Straffung und Verkleinerung der Unternehmensspitze durch eine funktionale Abteilungsgliederung ersetzt (vgl. Abb. 25 f.).

Eisenbahnspezifische Organisationsvorgaben

Die territoriale Überall-Präsentanz der DB mit einem Netz von fast 30.000 km Streckenlänge und einem Personalbestand von rund 390.000 Mitarbeitern schafft ein bedeutendes Problem der „Kontrollspanne", verschärft durch die hohen (z.T. gesetzlichen) Anforderungen an die Betriebssicherheit. Die unternehmerische Entscheidung, hier mit drei hierarchischen Ebenen und mit einem straff geführten Überwachungsapparat auszukommen, stößt an naturgesetzte geographische Grenzen.

Die durchschnittliche Investitionsdauer von 40–70 Jahren für feste technische Eisenbahnanlagen, denen die Dienststellenorganisation zwangsläufig folgt, enthält den Zwang zu besonders weitschauender Planung oder auch zu zählebigen Umstellungskompromissen.

Die ausgeprägte Verbundproduktion (die gleiche Strecke dient dem Nah- und Fernverkehr, dem Güter- und Personentransport, dem Sozial- und dem Luxusverkehr) begünstigt eine Tendenz zur Matrixorganisation mit Mehrfachverantwortlichkeiten.

Die Verbundproduktion stellt auch ein ernstzunehmendes Hemmnis für ein „divisioning" dar; denn organisatorisch gesehen können Produktionsvorgänge allenfalls regional voneinander getrennt werden. Hier spielt dann aber die zusätzliche Komplikation hinein, daß gerade wegen der Verzahnung der Verbundproduktion die zentralen Steuerungsimpulse auf dem Gebiete von Fahrplan, Tarif, Fahrwegunterhaltung und Transportumläufen in der Mehrzahl der Geschäftsabläufe überwiegen; – diese Tendenz wird bei zunehmender Automation und Kybernetisierung nicht geringer.

Die Erstellung einer industriellen Kostenrechnung für jede einzelne Transportleistung, die auf einem Korrelationsraster zwischen Kostenstelle und Organisationseinheit basieren würde, stößt ebenfalls auf ein Hindernis: Die Leistung wird häufig nicht an einem Punkt (=Dienststelle), sondern auf einer Linie erzeugt. Man denke an die Lok-Umläufe moderner E-Loks von 60 Tagen im gesamten Bundesgebiet bis zur Rückkehr ins Heimat-Betriebswerk.

Last not least tritt neben alle Wirtschaftlichkeitserwägungen im organisatorischen Optimierungsmodell das nicht quantifizierbare Moment der Betriebssicherheit.

Die derzeitigen Arbeiten: Vorgehenstechnik, Verlauf, unmittelbare Ziele und mutmaßliche Ergebnisse

Die Unternehmensleitung hat zunächst einmal eine *interne Organisationskommission* aus weisungsunabhängigen Fachleuten eingesetzt, die lediglich *zwei Vorgaben zur Neuordnung* der mittleren und unteren Unternehmensebenen erhielt, nämlich

- die Straffung und Neuordnung der Bundesbahndirektionen in Analogie zur funktionalen Neugliederung der Hauptverwaltung sowie

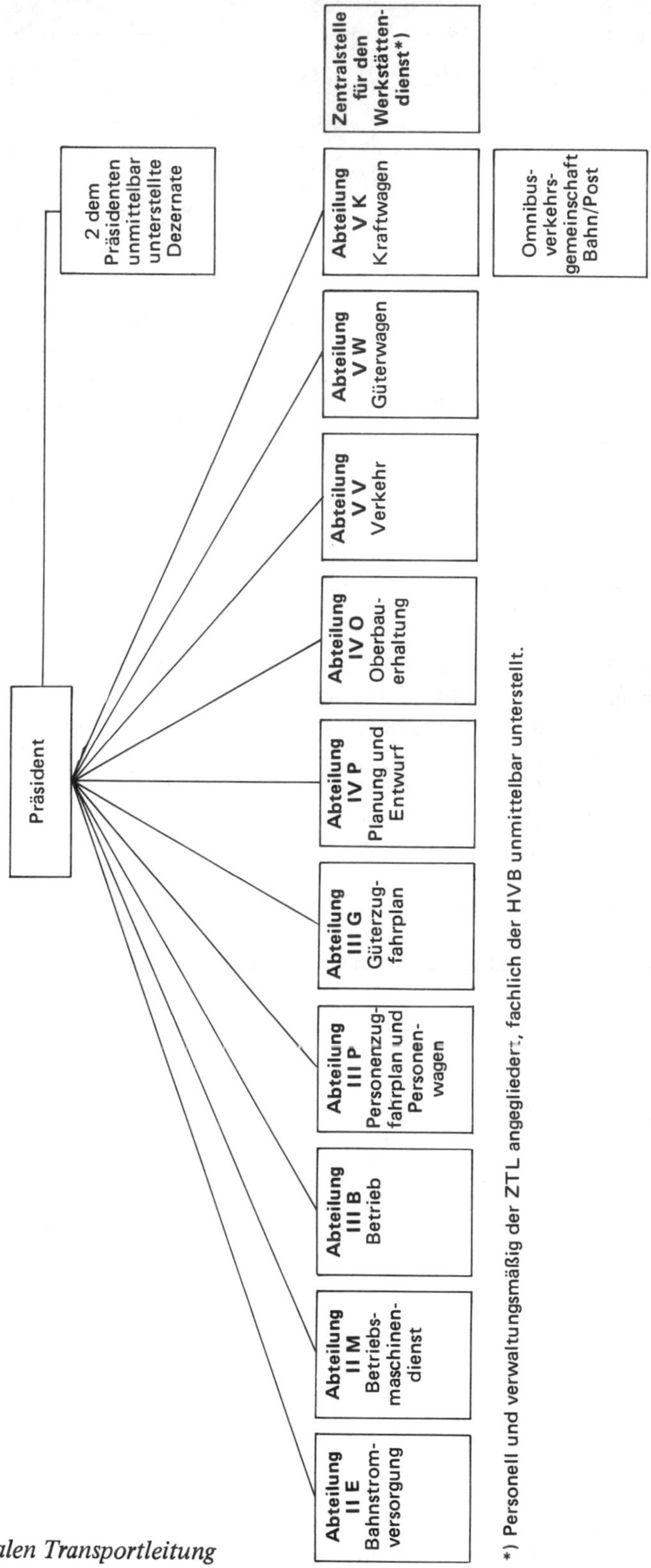

Abb. 25d: Gliederung der Zentralen Transportleitung

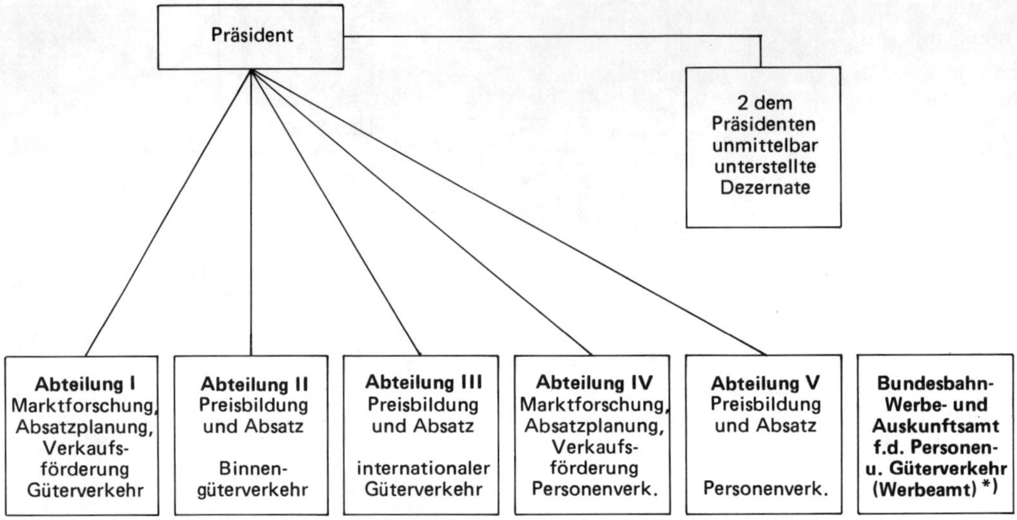

*) Personell und verwaltungsmäßig der ZVL angegliedert.

Abb. 25e: Gliederung der Zentralen Verkaufsleitung

– den Wegfall der Ämterebene der DB als hierarchische Instanz zwischen örtlicher Dienststelle und Bundesbahndirektion.

Die Durchleuchtung der funktionalen Zusammenhänge in den Geschäftsabläufen erbrachte zwangsläufig tiefgreifende Erkenntnisse zur Modernisierung der Ablauforganisation. Als deren wichtigste mag hier erwähnt werden, daß sich die traditionelle Dezernatsverfassung der Direktionen mit ihrer starren Trennung zwischen Sachbearbeiter- und Dezernentenebenen in der gestrafften Direktion nicht mehr halten lassen wird. Ihre Schwächen liegen sowohl in der ungenügenden vertikalen Verantwortungskette Präsident – Dezernent – Sachbearbeiter wie in der horizontalen Kollegialverfassung der Dezernenten, der es an Effizienz mangelt. Die Zusammendrängung von über 20 klassischen Dezernaten in neugeschaffenen Großabteilungen würde diese Schwäche noch akzentuieren, so daß der Übergang zu einem straffen Sachgebietssystem geboten ist.

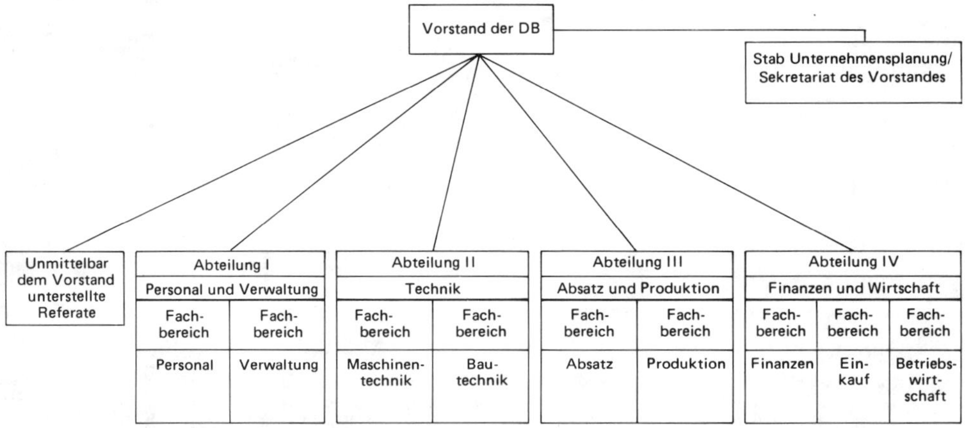

Abb. 25f: Gliederung der Hauptverwaltung

Der Wegfall der Ämter als Instanz setzt voraus, daß leistungsfähige größere Dienststellenbereiche sich mit den Direktionen unmittelbar in die Verwaltungsaufgaben teilen können. Hierfür sind konzeptionell die Voraussetzungen im sog. Knotenpunktsystem geschaffen worden, das darüber hinaus auch das organisatorische Grundraster für die integrierte Transportsteuerung der Eisenbahn von morgen darstellen soll, in der EDV und Kybernetik wesentliche Befehlsfunktionen übernehmen werden.

Zwar stand bei unvoreingenommener Betrachtung fest, daß bei der oben geschilderten gesetzlichen Ausgangslage und bei den eisenbahnspezifischen Unternehmensstrukturen, kompromißlose organisationstheoretische Forderungen z.B. nach selbstzentrierender Wirtschaftlichkeit, nach Ein-Linien-Leitsystem und allseits-akzeptierten innerbetrieblichen Verrechnungspreisen in der Praxis oft im Ansatz stecken bleiben würden. Sie wären ohnehin zusätzlich durch politische Auflagen und die Defizitsituation belastet.

Die große Chance liegt heute aber darin, daß einmal ein modernes innerbetriebliches Rechnungswesen, wie es zur Zeit industrieähnlich bei uns entwickelt wird, sich auf einer EDV-gestützten, nicht zu aufwendigen örtlichen Kosten-Leistungsrechnung aufbauen kann. Hieran waren u.a. frühere Versuche einer Betriebskostenrechnung gescheitert. Zum anderen ist die Forderung des Vorstandes, daß jeder Mitarbeiter künftig mehr Erfolgsverantwortung tragen solle, von den Angesprochenen durchaus positiv aufgenommen worden. Es gilt also, zunächst modellartig die Messung und Bewertung des Erfolges, seine Beeinflußbarkeit durch den einzelnen und die Abgrenzung der Verantwortung zu definieren.

Dem Profit Center-Gedanken folgend, werden darüber hinaus mehrere spezifische Aktivitäten, die sich von der Verbundproduktion abheben, unter stärkere Eigenwirtschaftlichkeit gestellt werden.

Insgesamt ist die Unternehmensleitung bereit, einem modernen Management den Stellenwert bei der Inangriffnahme der Aufgaben einzuräumen, der ihm nach Auffassung von Öffentlichkeit, Kunden und Gesetzgeber zukommt. Diese Organisationsarbeiten bedürfen aber noch paralleler Stützung durch Erweiterung auf öffentliches Dienstrecht und Eigentümerverantwortung.

6.22 Interview mit dem Ersten Präsidenten der Deutschen Bundesbahn, Herrn Dr. Wolfgang Vaerst, 1976

Worin sehen Sie grundsätzlich die Besonderheiten der Deutschen Bundesbahn, die für die organisatorische Gestaltung maßgeblich sind?

Die Deutsche Bundesbahn befindet sich in einer eigentümlichen Konfliktsituation: auf der einen Seite steht sie in einer verbindlichen Verwaltungsstruktur, geboren aus der Tradition eines staatsmonopolistischen Unternehmens, auf der anderen Seite unterliegt sie dem gesetzlichen Gebot, ein Wirtschaftsunternehmen zu sein. Nun handeln die Mitarbeiter dieses Unternehmens, wenn sie aktiv werden, im Rahmen der ihnen vorgegebenen Verwaltungsstrukturen. Dies macht sich dann im Ergebnis bemerkbar: ihre Aktionen sind dann nicht solche eines Wirtschaftsunternehmens.

Man hat in den vergangenen Jahrzehnten dieses Problem auf einfache Weise zu lösen versucht, indem man ganz einfach erklärt hat, die Deutsche Bundesbahn sei keine Verwaltung, sie sei ein Unternehmen. Diese verbale „Kraftmeierei" hat natürlich das Problem keineswegs gelöst. Deshalb kommt es nach meinem Dafürhalten darauf an, dieses System zu verändern und das in eine Ordnung zu bringen, was zueinander gehört. Wenn also die politische Instanz, diese Deutsche Bundesbahn primär für ein Wirtschaftsunternehmen hält, das unter anderem auch – allerdings dann mit wirtschaftlichen Gesetzmäßigkeiten und wirtschaftlichem Instrumentarium – gemeinwirtschaftliche Aufgaben zu erfüllen hat, dann muß natürlich auch diese Verwaltung DB aufgelöst und eine organisationsstrukturelle Grundsatzentscheidung getroffen werden. Diese können wir allein nicht vollziehen. Was wir von seiten der DB aus tun können, ist zu versuchen, im Rahmen der vorgegebenen formalen Grenzen aufzulockern, Boden vorzubereiten, tendenzielle Überlegungen anzustellen. Allerdings bedarf es, um das System zu verändern, a) der grundsätzlichen Erkenntnis einer solch tiefgreifenden Problematik und b) nach der Erkenntnis auch des therapeutischen Willens und Handelns. Was den ersten Akt angeht, habe ich schon Zweifel: es ist nämlich sehr schwierig, zu solchen Erkenntnissen zu kommen, weil damit gleichzeitig auch immer Vorwürfe verbunden werden können. Sie können sich vorstellen, daß der zweite Schritt sicherlich mindestens genauso schwierig ist.

Das belastet natürlich jetzt die Aufgabenstellung der Reorganisation erheblich. Sie sehen, glaube ich, keine Chancen für eine große Lösung?

Ich sehe im Augenblick keine Chance für eine große Lösung. Sie wäre wirklich nur möglich, wenn man die DB an den Grundfesten reorganisieren könnte. Ich meine im übrigen, wir sollten auch endlich damit aufhören, Erwartungshorizonte zu setzen, die wir von uns her nicht erfüllen können.

Gehen wir dann auf das Machbare im Rahmen einer kleinen Lösung ein, auf das, was Sie jetzt versuchen. Im Rahmen der Reorganisationsüberlegungen der Deutschen Bundesbahn ist geprüft worden, die Mischung von funktionalen und regionalen Aspekten, die das bisherige Organisationskonzept tragen, durch eine an den Leistungen orientierte Konzeption mit Erfolgsverantwortlichkeit zu ersetzen.

Wir sind dabei, im Rahmen des uns Möglichen alles zu tun. Ich gebe ganz offen zu, daß uns nach einer Anfangsphase der Euphorie nun gewisse realitätsbezogene Abgrenzungen erforderlich schienen. Wir haben davon auszugehen, daß die DB ein Unternehmen ist, das an praktisch allen Stellen – ich übertreibe einmal – der Bundesrepublik produziert, das nicht nur ein einziges Produkt produziert, sondern eine Verbundproduktion mit allen dafür bezeichnenden Schwierigkeiten hat. Dabei haben wir Schwierigkeiten, zur Erfolgsverantwortung meßbarer Einheiten zu kommen. Aber wir wollen dieses Ziel auf keinen Fall aus den Augen verlieren, sondern wir wollen es realisieren, soweit es die Umstände nun mal erlauben.

Sie haben eine Anforderung formuliert, die dahingeht, daß die Organisationspyramide flacher werden müsse, um eine bessere Zusammenarbeit zu ermöglichen. Wäre unter diesen Umständen eine Matrix-Konzeption, die in den vertikalen Bereichen eine vom funktionalen Ressort ausgehende Linie hin zu den regionalen Einheiten (Direktionen usw.) vorsieht, die im Hinblick auf die einzelnen Leistungsarten horizontal („Querschnittsregelung“) koordiniert werden, dann nicht die optimale Gesamtkonzeption? Welche Hindernisse sehen Sie im Hinblick auf eine Verwirklichung eines derartigen Konzepts?

Die Matrixorganisation würde für die Deutsche Bundesbahn erhebliche Nachteile mit sich bringen: sie würde nicht nur das Risiko von Konfliktsituationen, sondern auch Überschneidungen im Bereich der Kompetenz und der Verantwortung mit sich bringen. Objektorientierte Organisation dagegen erscheint uns sehr viel sachdienlicher für viele Bereiche. Wir führen sie dort auch bevorzugt ein, wo es sich ermöglichen läßt und von der Aufgabenstellung her gerechtfertigt ist.

Sie sprachen eben von den Konfliktproblemen, so daß Sie also sagen würden, eine solche Matrixorganisation hat zur unabdingbaren Voraussetzung ein Klima der Zusammenarbeit – selbst über die Ressortgrenzen hinaus – und daß dieses derzeit in der Deutschen Bundesbahn aufgrund der Unternehmens-Verfassung nicht gegeben ist.

Das gebe ich Ihnen unumwunden zu. Sie stoßen damit mitten in die Wunde. Die Grundvoraussetzung der verwaltungsstrukturellen Organisation ist schlicht gesagt die, daß – und ich pointiere dies ganz bewußt so –, befohlen und gehorcht wird in einem Organismus, in dem es Kompetenzen gibt. Es gibt in einer Verwaltung Verwaltungsgrundsätze, die sich ja aus der Lebendigkeit und dem Arbeiten der Verwaltung entwickelt haben; nicht umsonst lernt jeder, der in eine Verwaltung eintritt: der erste Verwaltungsgrundsatz besteht in der Frage: Bin ich zuständig? Dies ist einer Verwaltung immanent. Gerade deswegen leben wir ja in den Schwierigkeiten, die ich offen zugebe: Überschneidungen der teilweise überlappenden Zuständigkeiten, einem Zuviel an Zuständigkeiten, des Fragenmüssens nach allen Seiten und auch des Nichtmehrzuständigseins, wenn es um die Verantwortung geht.

Nun haben Sie im Gegensatz zur Matrixorganisation ihre Sympathie für die Objektorganisation bekundet. Die Objektorganisation müßte ja ansetzen an den einzelnen Leistungen, die die Bundesbahn erbringt und die sich natürlich wieder am Verbund des Betriebes stößt, der dahintersteht. Insofern wird sich wahrscheinlich ein solches Konzept kaum lupenrein durchsetzen lassen, sondern kann nur eine Ergänzung sein. Dann taucht natürlich wieder die Frage auf, ob nicht die Objektgesichtspunkte irgendwie mit den traditionellen regionalen und funktionalen Aspekten matrixhaft verkoppelt werden müssen. Damit tritt zugleich eine Verlagerung der Betrachtung in Richtung auf die Ablauforganisation ein. Dafür haben Sie einen besonderen Beauftragten eingesetzt, der diesen Fragen nachgeht. Erwarten Sie von dieser Seite wesentliche Erkenntnisse und Rückkopplungen für die Gestaltung der Aufbauorganisation?

Sie haben richtig gesehen, daß wir mit lupenreinen Betrachtungen und Konzepten wahrscheinlich nicht weiterkommen. Auch hier sind wir gezwungen, eine Bastardkonzeption zu verwirklichen.

Ich gebe zu, daß wir die endgültige Form, wie dieser Bastard aussehen und von wem er mehr mitbekommen soll, noch nicht gefunden haben. Das wird sehr wesentlich davon abhängen, inwieweit wir in die Lage versetzt werden, ein System zu koppeln mit dem, was Sie Ablauforganisation nennen. Als Grundkriterium mag die Frage dienen: Womit erreiche ich am besten und am effizientesten die Einführung der Resultatsverantwortung? Dies ist unser Leitziel und da müssen wir im Organisatorischen – von Grundsätzen, Theorien, Idealen her gesehen – mit Sicherheit sehr viele Kompromisse schließen, davon bin ich überzeugt. Aber die Ablauforganisation, um dieses noch einmal klar herauszustellen, spielt in dieser Phase eine sehr große Rolle.

Nicht die Kerntätigkeit der DB betreffende Aktivitäten sollten nach dem neuen Konzept ausgegliedert (rechtlich verselbständigt) werden. Diese sollten nach dem Profit-Center-Konzept ihre Leistungen am Markt autonom bestimmen können. Um welche Bereiche aus dem Gesamtkomplex der DB handelt es sich dabei?

In der Tat spielt der Profit-Center-Gedanke eine erhebliche Rolle. Er wird nicht immer gleichgesetzt mit der Ausgliederung. Aber was haben wir ausgegliedert? Wir führen als reine Tochtergesellschaft die „Deutsche Schlaf- und Speisewagengesellschaft"; eine „Deutsche Transfrachtgesellschaft mbH", eine internationale Gesellschaft „Intercontainer", dann für Kühltransport „Interfrigo". In diesem Konzern haben wir eine 100 %ige Beteiligung bei Schenker. Dies ist eine Speditionsgesellschaft privaten Rechts; die größte in der Bundesrepublik. Sie arbeitet auch erfolgreich.

Wir haben in den vergangenen Jahren sehr intensiv darüber nachgedacht, was wir an Aktivitäten und an abgeschlossenen Bereichen vielleicht ausgliedern, organisatorisch anders machen können.

Das erste, was uns aufgefallen ist, war der Vorhaltungsbereich (Ausbesserungswerke und das, was dazu gehört). Wir sind zu der Erkenntnis gekommen, daß eine Ausgliederung oder gar Privatisierung dieses Bereichs im Gesamtunternehmensinteresse nicht zu empfehlen wäre. Daraufhin haben wir davon Abstand genommen und sind nun dabei, durch sehr starke Rationalisierungsmaßnahmen Kapazitätsanpassungen vorzunehmen.

Wir haben überlegt, wie es mit der alten – teilweise verkehrspolitisch gefärbten – Formulierung aussieht, unseren gesamten Fahrweg auszugliedern. Sie fängt schnell an, eine rein politische Frage zu werden, geht dann hinein in die Wegekostenüberlegungen usw., die sicherlich auch noch die nächste Generation beschäftigen wird.

Zum Konkreten: Wir wollen organisatorisch, und zwar objektorientiert, ausgliedern:

- die Hamburger S-Bahn, weil es sich hier um ein abgeschlossenes Gebilde handelt,
- die Bodensee-Schiffahrt,
- den Stückgutdienst,
- den Bau von neuen Eisenbahnstrecken. Der Bau neuer Eisenbahnstrecken kann nicht innerhalb einer Direktion durchgeführt werden, er geht immer über eine Direktion hinaus. Mit unserer traditionellen Organisation kämen wir hier in Schwierigkeiten.

Das sind die z.Z. aktuellen Überlegungen, objektorientiert unter Übertragung von Resultatsverantwortung gewisse Bereiche aus dem Unternehmen auszugliedern. Ein vielleicht bescheidener Anfang, aber man muß ja irgendwo mal anfangen, wobei ich persönlich meine, das Schwierigste dabei wird der Stückgutbereich sein.

Der Bau einer neuen Strecke, die über die einzelnen regionalen Zuständigkeiten hinweggreift, wäre ja in der Investitionsphase eine typische Projektaufgabe, die zeitlich begrenzt ist. Ist die Tatsache, daß Sie diese Aufgabe unter den auszugliedernden aufführen, nicht vielleicht ein Symptom dafür, daß solche Projektaufgaben im Rahmen der auf das operative Geschäft abgestellten Struktur der Deutschen Bundesbahn schwer zu integrieren sind?

Ja, das ist richtig!

Der Verwaltungsrat der DB ist überwiegend extern besetzt, er beschließt jedoch weitgehend über interne Veränderungen. Betrachten Sie diese Regelung als ein Hemmnis auf dem Wege zur Verwirklichung einer schlagkräftigen Organisation und Führung oder erleichtert sie Ihre Arbeit? Welche Regelungen halten Sie persönlich in einer Zeit zunehmender Veränderung für optimal?

Wir haben bisher vom Verwaltungsrat in diesen Fragen Unterstützung erhalten. Ich würde von seiten des Verwaltungsrats grundsätzlich gegenüber organisatorisch strukturellen Maßnahmen keine besondere Gefahr sehen, gehemmt zu werden. Ich sehe die Zusammensetzung des Verwaltungsrates in zunehmendem Maße als eine Verpflichtung, diesen mehr an einen Aufsichtsrat – auch in seinen Kompetenzen – anzunähern. Hier wäre es allerdings eine Aufgabe für den Gesetzgeber, bei einer denkbaren Novellierung des Bundesbahngesetzes solchen Überlegungen gerecht zu werden.

Der Kreis unserer Diskussion schließt sich langsam. Eine wichtige Frage ist ja hierbei die der Übertragbarkeit von Managementkonzeptionen aus dem Unternehmensbereich auf die Besonderheiten Ihres Bereiches. Dem Außenstehenden fallen die Restriktionen durch beamtenrechtliche Vorschriften sofort ins Auge. Inwieweit werden Sie nun durch derartige Vorschriften in der Freizügigkeit Ihres Handelns eingeschränkt? Welche Vorschläge können Sie zur Lösung des Dilemmas machen?

Ich halte nichts davon, daß man das Problem der DB in dieser Hinsicht optimal lösen zu können meint, indem man pauschal sagt, wir wollen ab sofort bei der DB keine Beamten mehr haben. Unser Problem ist nicht, es mit Beamten zu tun zu haben, sondern unser Problem ist ganz einfach, daß wir es mit einem Beamtenrecht zu tun haben, das zu einer Zeit geboren wurde, als es beispielsweise für eine innere Verwaltung durchaus angemessen, praktikabel und auch richtig war.

Wenn wir heute dieses Beamtenrecht vor Augen haben, dann können wir einfach nicht im gleichen Atemzuge – wenn wir ehrlich sind – von Resultatsverantwortung in der letzten Konsequenz sprechen. Wer bei uns heute unterhalb der Vorstandsebene immerhin in einer gehobenen Position des Managements steht, ich greife jetzt z.B. den Präsidenten einer Bundesbahndirektion heraus, der ist Beamter auf Lebenszeit und unabhängig von seiner Leistung defacto und damit weitgehend auch de jure bis zum 65. Lebensjahr in dieser Besoldungsgruppe tätig. Anders ausgedrückt, eine personelle Disposition, die getroffen wird, ist nicht mehr zu revidieren, es sei denn, man würde den gebräuchlichen Usancen der Weiterbeförderung entsprechen. Dies ist jedoch nur in Einzelfällen eine Lösung, weil die Pyramide bekanntlich nach oben spitzer wird und damit natürlich auch gewisse Schwierigkeiten auftreten. Dies ist das eine: wir haben keine Möglichkeit, einen Beamten nach Leistungsgesichtspunkten von einer Besoldungsgruppe X wieder in eine Besoldungsgruppe Y herabzustufen.

Das zweite ist: wir sind beispielsweise an Stellenpläne gebunden, ein Relikt für uns, das ich gar nicht beurteilen will; dies mag eine Notwendigkeit für eine wirkliche Verwaltung sein, ist es aber sicher nicht für ein lebendiges und dynamisches Unternehmen. Ich finde immer wieder symptomatisch für die Befangenheit des Unternehmens im öffentlichen Dienstrecht den innerbetrieblichen Tourismus; wenn ein Mann auf einem Posten gute Leistungen erbracht hat, dann hat er zweifellos den Anspruch darauf, befördert zu werden, aber der Posten, auf dem er arbeitet, ist für die Beförderungsstelle nicht ausgelegt. D.h. er muß auf einen anderen Posten. Ob er dort gut sein wird, ist eine andere

Frage. Er geht also auf die Reise, wird befördert, nach ihm kommt ein Reisender, der von einer anderen Stelle kommt, der da auch gut war, und so sind im Grunde genommen immer gute Leute der DB unterwegs hin zu Positionen, von denen man noch nicht weiß, ob sie dort auch gut sein werden. Und dies ist überhaupt nicht zu verstehen. Es ist ein Luxus, der uns zwangsweise verordnet, aus dem System des öffentlichen Dienstrechts folgend, auferlegt ist – eine quantitativ nicht meßbare politische Last, unter der wir stehen.

Unsere Forderung in dem Zusammenhang ist ganz einfach: Wir wollen ein auf unsere Bedürfnisse hin zugeschnittenes eigenes Beamtenrecht. Wir wollen, da wir nun einmal ein Dienstleistungsunternehmen mit Beamten sind, den Beamtenstatus als solchen nicht ankratzen, d.h. der Beamte kann ein Beamter auf Lebenszeit sein, aber er sollte sich genau wie jeder andere draußen einzurichten haben nach den Gesetzmäßigkeiten seiner Leistung und dementsprechend auch eingesetzt werden.

Ich meine, daß ein solches Prinzip sicherlich nicht nur vernünftig und richtig ist, ich habe darüber hinaus auch noch von niemanden gehört, daß er das nicht für richtig gehalten hätte. Erforderlich ist allerdings ein legislativer Akt, und erforderlich ist weiter ein Votum derjenigen, die insbesondere in Vorwahlzeiten durch die Gegend gehen und davon reden, wie notwendig es sei, daß mehr Managementgrundsätze bei der DB verwirklicht werden. Dort könnten sie aktiv selbst beginnen, denn dort sind sie selbst angesprochen.

> Sie gehen ja von einem Mehrstufenprogramm der organisatorischen Änderung aus. Welche Wirkungen erwarten Sie nach Abschluß dieses Programms? Wie glauben Sie, wird sich dieses auf das Ergebnis der Deutschen Bundesbahn in der Zukunft auswirken?

Ich glaube, daß das Organisationsprogramm eine unabdingbare Voraussetzung ist für das gesamte Strukturanpassungsprogramm, das wir durchführen. Ich habe von dem strukturellen Problem gesprochen: der Konzentration auf der einen und der sehr starken Automationswirkung durch Investitionen auf der anderen Seite. Wenn wir dies nicht auf dem Boden einer neuen Organisationsstruktur durchführen, dann werden wir mit dem gesamten Strukturanpassungsprogramm Schiffbruch erleiden. Das eine ist die Voraussetzung des anderen. Vor 2–3 Jahren wurde gemeint: Wir müssen erst das strukturelle Problem lösen und können dann irgendwann einmal versuchen, diese Organisation in Ordnung zu bringen. Nein! Wir wissen heute, daß dies mindestens parallel zu laufen hat, noch besser, daß die organisationsstrukturelle Veränderung am Anfang stehen muß, daß wir darauf aufzubauen haben.

6.3 Swissair – Schweizerische Luftverkehr AG

6.31 Zur Organisation der Swissair (Stand 1978)

von W. Segesser, Zürich

Die Swissair ist 1931 durch die Fusion der „Balair" und der „Ad Astra" entstanden. Sie hat ihre Hauptbetriebe im Raume des Flughafens Kloten, je eine Direktion in Genf und Basel, eine Verkaufsleitung für die Deutsche Schweiz und das Tessin in Zürich – der auch die Vertretung in Bern unterstellt ist – sowie 191 Außenvertretungen in 74 Ländern und allen Kontinenten. Außerdem vertreten rund 80 Generalagenten und ca. 45 fremde Gesellschaften die Interessen im Ausland.

Die Swissair bezweckt, unter Wahrung der allgemeinen Interessen des Landes, den Betrieb von Luftverkehr in der Schweiz und nach dem Ausland, bestehend im regelmäßigen Transport von Personen, Waren und Post. Sie kann darüber hinaus aber jede mit dem Luftverkehr zusammenhängende Tätigkeit ausüben. Darunter fallen vor allem Überholungen von Flugzeugen und Triebwerken, die Lieferung von Bordverpflegung und die Ausbildung von Besatzungen im Auftrage anderer Luftverkehrsgesellschaften.

Die Swissair hat auch sechs echte Töchter, nämlich

- die Swissair Treuhand AG,
- die Reveca AG, in deren Rahmen eine internationale Hotel- und Restaurantkette aufgebaut und geführt wird,
- die Swissair Hotelbeteiligungen AG, eine Holding Gesellschaft,
- die Avireal AG, eine Liegenschaftenfirma,
- die Swissair Photo- und Vermessungen AG und
- die Balair AG.

Bei der Swissco in Irland, die sich mit der Produktion von Fertigmahlzeiten befaßt, haben die Swissair und die Rocco AG je eine Beteiligung von 50 %.

Minderheitsbeteiligungen hat die Swissair unter anderem bei

- der Firma Kuoni AG,
- der Embraport AG,
- der Polygon Insurance Company sowie bei
- den Swiss Centres in London und New York.

Eine sehr enge Zusammenarbeit besteht auf technischem Gebiet mit der sogenannten KSSU-Gruppe, d.h. der KLM, dem SAS und der Union de Transport Aériens in Frankreich. Eine weitergehende Zusammenarbeit wird ferner mit der AUA angestrebt.

Die Swissair ist, obwohl nationale Luftverkehrsgesellschaft genannt, ein grundsätzlich privatwirtschaftlich geführtes Unternehmen. Es hat sich im Laufe von rund 30 Jahren von einem kleinen Betrieb von nicht einmal 200 Mitarbeitern im Jahre 1945 zu einem schweizerischen Großunternehmen mit 14.129 Mitarbeitern entwickelt, von denen ca. 3000 im Ausland tätig sind. 1977 hat die Swissair in 70.555 Flügen ca. 2,2 Milliarden t/km produziert und dabei 6.554.000 Passagiere befördert.

Innerhalb der Luftverkehrsgesellschaften ist die Swissair eine Unternehmung mittlerer Größe. Ihr Anteil an der gesamten Weltproduktion beträgt ca. 1 1/4 % (offerierte t/km). Damit befindet sich die Swissair im 20. Rang von etwa 120 IATA-(International Air Transport Association)Gesellschaften. Der langfristige Unternehmensplan sieht für die folgenden Jahre eine Zunahme der t/km-Produktion um 7 % vor. Der Personalbestand dürfte bis zum Jahre 1983 auf rund 17.000 Personen anwachsen.

Die unternehmerischen Probleme des Luftverkehrs in der Zukunft bestehen im wesentlichen darin, daß es immer schwieriger wird, sich innerhalb der IATA auf bestimmte Tarife zu verständigen, und daß die notwendigen Verkehrsrechte immer schwieriger oder nur unter Aufwendung bedeutender finanzieller Mittel zu erhalten sind. Zudem bringen den Luftverkehrsgesellschaften die umweltschutz- bzw. lärmbedingten Verkehrsbeschränkungen (Nachtflugverbote) zunehmende Probleme bezüglich der Flugplangestaltung und der Flugzeugausnützung, was zwangsläufig zu einer Verschlechterung der Wirtschaftlichkeit führt. Einer ganz besonders schwierigen Lage ausgesetzt sieht sich die Swissair in bezug auf die Währungsparitäten, indem die Abschwächung der wichtigsten Währungen gegenüber dem Schweizerfranken recht schmerzhafte Ertragseinbußen verursacht. Es sind deshalb bedeutende Verkaufsanstrengungen und Betriebsrationalisierungsmaßnahmen notwendig, um das erforderliche Gleichgewicht herzustellen.

Die Reorganisation im Jahre 1974

• *Die Organisation vor 1974 (Abb. 26a).*

Bei dieser Organisation gliederte sich die vom Delegierten des Verwaltungsrates präsidierte Geschäftsleitung in vier Liniendepartemente und ein Generalsekretariat.

Die Abwicklung des Transportes von Passagieren, Gepäck, Fracht und Post wurde vom *Departement Operation* besorgt, das auch den planmäßigen Einsatz der Besatzungen, des Bodenpersonals sowie des Flugmaterials organisierte. Das *Departement Technik* erhielt die Aufgabe, das Flugmaterial zu beschaffen und zu unterhalten sowie den Werkstättenbetrieb zu führen.

Das *Departement Verkehr und Verkauf* besorgte die kommerzielle Planung sowie die verkehrs- und verkaufstechnische Abwicklung des Flugbetriebes.

Das *Departement Finanzen* besorgte sämtliche Finanzgeschäfte, die gesamte Rechnungsführung, die Budgetkontrolle und die Überwachung des Finanzgebarens sämtlicher Dienststellen.

Es darf dieser Organisation das Zeugnis ausgestellt werden, daß sie sich hervorragend bewährt hat. Die Swissair ist in diesen zwanzig Jahren sehr stark gewachsen, wie bereits ein Vergleich der offerierten Tonnenkilometer (1952: 38 Mio, 1972: 1485 Mio), der beförderten Passagiere (1952: rund 292.000, 1972: rund 4.646.000) und des Personalbestandes (1952: 2084 Personen, 1972: 13.707 Personen) zeigt. Die Struktur der Organisation und die gehandhabten Arbeitsprinzipien haben den Anforderungen immer entsprochen. Der Beweis dafür liegt im Erfolg des Unternehmens.

• *Gründe der Reorganisation*

In den letzten zwanzig Jahren haben sich im Luftverkehr neue Schwerpunkte gebildet. Standen anfänglich noch die fliegerischen Probleme und die Erringung eines allgemein anerkannten Sicherheitsgrades im Vordergrund, so wurde diese Entwicklungsphase gegen Ende der 50er Jahre durch die Bewältigung einer raschen technischen Entwicklung (insbesondere die Einführung der Strahlflugzeuge) abgelöst. Seither hat sich die Problematik immer mehr auf die Möglichkeiten der Erschließung und Ausschöpfung der Märkte und die Finanzierung verlagert. Es zeigte sich, daß die Tätigkeiten einer Luftverkehrsgesellschaft sich immer weniger auf die ei-

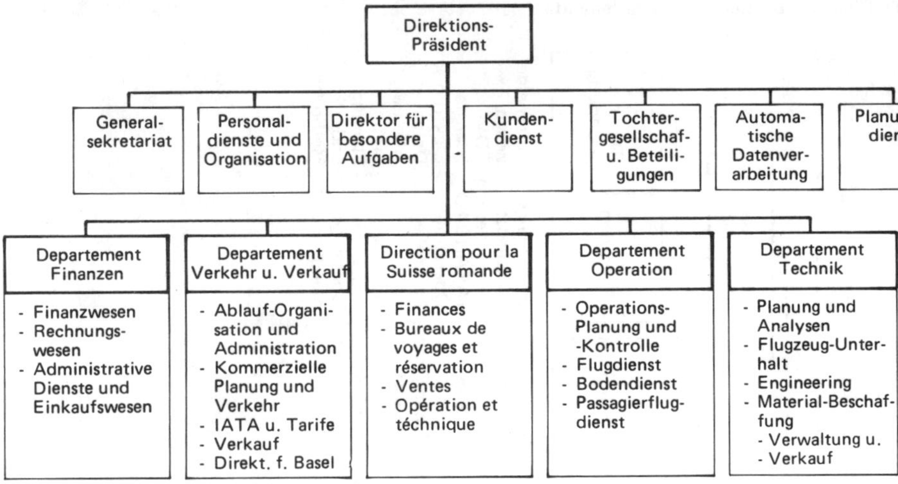

Abb. 26a: Die Organisation der Swissair vor 1974

gentlichen Transportaufgaben beschränken ließen; vielmehr wurden die dazu vor- und nachgeschalteten Dienstleistungen, verbunden mit einer marktgerechten Preispolitik, wesentliche Voraussetzungen, um sich im ständig zunehmenden Konkurrenzkampf behaupten zu können.

Dieser Entwicklung trug die bisherige Organisation mit der Aufteilung in Verkehr und Verkauf einerseits und Operation anderseits insofern zu wenig Rechnung, als die Gestaltung des Kundendienstes nicht im Zuständigkeitsbereich der Marketing-Organisation lag, sondern Aufgabe des Betriebes war. Die organisatorische Zusammenfassung der Verkaufs- und Kundendienstorgane am Boden hatte sich in der Auslandsorganisation seit vielen Jahren bestens bewährt. In der Schweiz hingegen waren diese Tätigkeitsbereiche sehr unterschiedlich gegliedert und unterstellt.

Diese unterschiedlichen, historisch gewachsenen Unterstellungsverhältnisse führten dazu, daß in der Schweiz, der wichtigsten Basis, weder die Verkaufs- und Kundendiensttätigkeiten integriert noch eine einheitliche Führung vorhanden war, wie dies in der Auslandsorganisation praktiziert wurde.

Die funktionale Gliederung der Organisation in die vier Liniendepartemente ermöglichte zwar die gute Bewältigung der vielfältigen Aufgaben im täglichen Betrieb, führte aber auch zu einem ausgeprägten Departementsdenken mit einer starken Ressortgebundenheit der Departementsleitung und verursachte in der Geschäftsleitung für die Lösung zwischendepartementaler Probleme einen erheblichen Koordinationsaufwand.

• *Die neue organisatorische Lösung*

Die neue organisatorische Lösung zielte im wesentlichen darauf ab, den Zukunftsproblemen besser Rechnung zu tragen, bestehende Mängel zu beheben und die für ein optimales Marketing notwendigen Funktionen zusammenzufassen. Daneben bezweckte das Konzept eine Milderung der Ressortgebundenheit der Mitglieder der Geschäftsleitung und deren Entlastung von täglichen Betriebsproblemen, indem jüngeren Führungskräften eine vermehrte Exekutiv-Verantwortung übertragen werden sollte. In diesem Sinne wurde beabsichtigt, auf den 1. Januar 1974 die Aufgaben der Geschäftsleitung teilweise neu zu gruppieren und sogenannte „Bereiche" zu schaffen. Innerhalb jedes Bereiches werden die Funktionen in Departemente eingeordnet, die somit nicht mehr von einem Mitglied der Geschäftsleitung direkt geführt werden. Die nachfolgend beschriebene Organisation ist in Abb. 26b schematisch aufgezeichnet.

Finanzen und Beteiligungen:
Dem Bereich Finanzen und Beteiligungen sollen

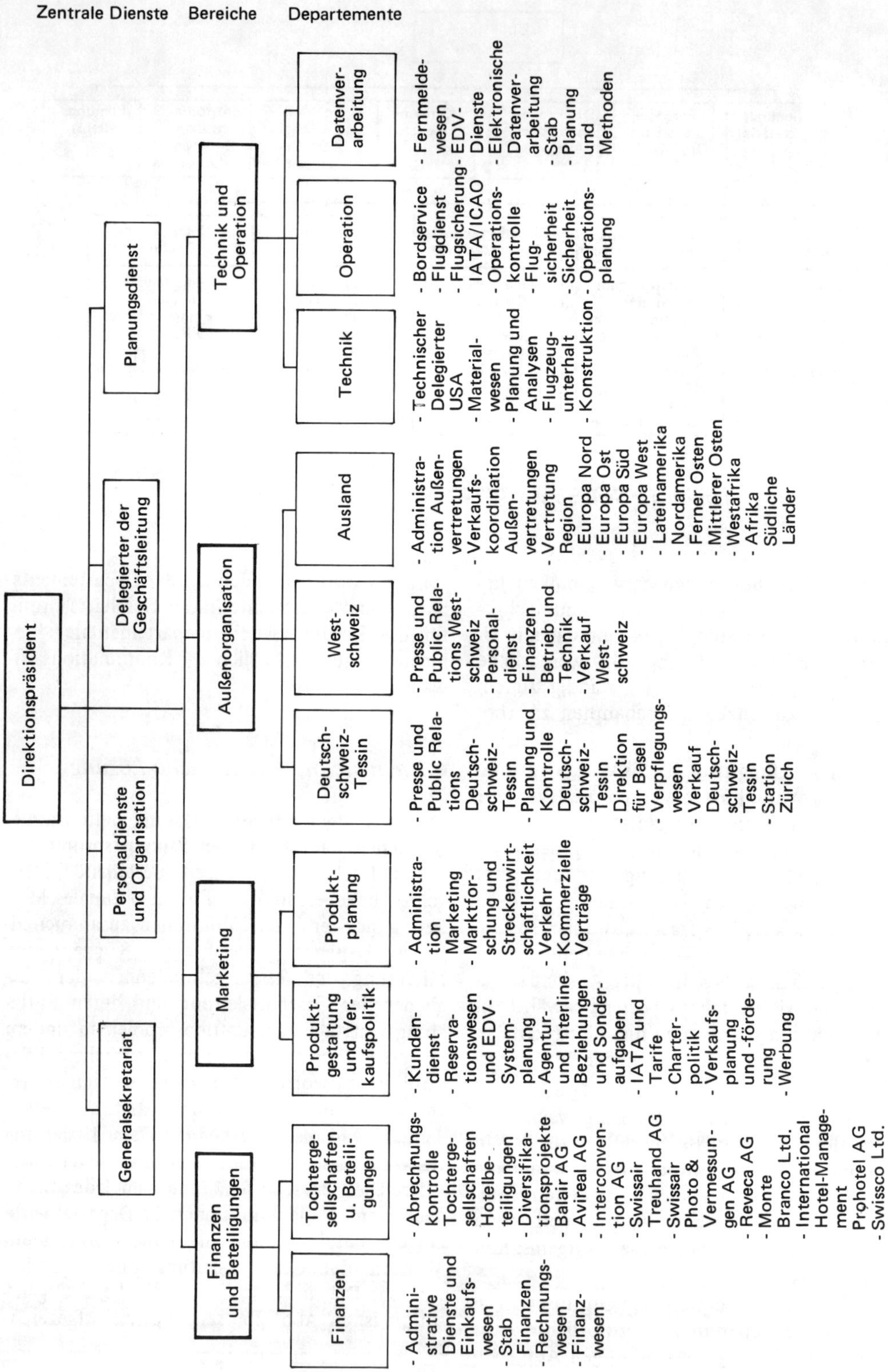

Abb. 26b: Die Organisation der Swissair ab 1974

einerseits das heutige Departement *Finanzen* und andererseits ein Departement *Tochtergesellschaften und Beteiligungen* angehören.

Marketing:
Der Bereich Marketing soll alle planerischen Tätigkeiten in bezug auf Verkehr, Verkauf und Kundendienst umfassen. Das Marketing wird somit für die Planung und Gestaltung des Produktes und die Verkaufspolitik verantwortlich sein und in Zusammenarbeit mit der Außenorganisation die Ziele, Strategien und Methoden festzulegen haben.

- Dem Departement *Produktplanung werden die Marktforschung,* die Verkehrsplanung und die kommerziellen Verträge angehören.
- Das Departement *Produktgestaltung und Verkaufspolitik* wird die zentralen Fachdienste für den Verkauf, die Tariffragen und die Abfertigung von Flugzeugen, Personen und Gütern sowie teilweise den Service an Bord (Service-Standards) umschließen.

Außenorganisation:
Der Bereich Außenorganisation soll für die Durchführung dieser Politik, d.h. für die Erstellung des Produktes verantwortlich sein. Zu diesem Zweck werden ihm die gesamten Außenstellen sowohl in der Schweiz als auch im Ausland unterstellt.

- Dem Departement *Ausland* werden die nach Regionen gegliederten Außenvertretungen in der heutigen Form angehören.
- Da es sich bei der Außenorganisation um einen nach regionalen und nicht nach funktionalen Kriterien gegliederten Bereich handelt, sollen zur Vermeidung von Doppelspurigkeiten die *allgemeinen Betriebsdienste* in einem Departement zentral zusammengefaßt werden. Dessen Aufgaben werden im wesentlichen die gesamte Fachschulung, die Personaldispositionen, die Bodendienstverträge, die Leistungskontrolle und die Budgetierung umfassen.

Die Bereiche Marketing und Außenorganisation bilden trotz der organisatorischen Aufteilung in planende und durchführende Stellen in ihren Tätigkeiten insofern eine Einheit, als keiner seine Aufgaben ohne die aktive Mitarbeit des anderen lösen kann. Ein möglichst reibungsloses Funktionieren einer derartigen Organisationsform setzt geeignete Persönlichkeiten als Träger der Organisation und ein Funktionsschema das die Zusammenarbeit und die Entscheidungskompetenz klar regelt, voraus.

Technik und Operation:
Dem Bereich Operation und Technik sollen das Departement *Technik* in der bisherigen Form angehören sowie ein Departement *Operation,* das sich aus dem Flugdienst und dem Bordservice zusammensetzt, also das gesamte fliegende Personal umfaßt. Als drittes Departement soll die *Datenverarbeitung* ebenfalls diesem Bereich unterstellt werden.

Außer den vier Linienbereichen werden wie bisher zentrale Dienste dem Direktionspräsidenten unterstellt sein. Es sind dies das *Generalsekretariat,* die *Personaldienste und Organisation,* der *Planungsdienst* sowie das *Bauwesen* und der *Delegierte der Geschäftsleitung* für Spezialprojekte.

Das Vorgehen bei der Reorganisation

Die vorgeschlagenen Neuerungen wurden nicht von einem außenstehenden Berater empfohlen, sondern von der Geschäftsleitung und dem höheren Kader selber ausgearbeitet. Das eingehende Studium der Organisationspläne verschiedener europäischer und amerikanischer Luftverkehrsgesellschaften, ergänzt durch Gespräche mit deren verantwortlichen Leitern, bestätigte, daß es keine immer und überall gültige ideale Organisation für Fluggesellschaften gibt. Die jeweils zweckmäßige Lösung leitet sich aus Voraussetzungen ab, die von Fall zu Fall verschieden sind. Ebenso wichtig wie die formelle Organisation ist das, was die im Unternehmen tätigen Mitarbeiter daraus machen. Aus diesem Grunde wurde festgelegt, daß sich die Vizedirektoren und Abteilungsleiter mit dem ganzen Fragenkomplex selbst auseinander zu setzen hatten.

Fest steht, daß 95 % der Gruppen größere oder kleinere Organisationsänderungen für zweckmäßig hielten. 40 % waren der Meinung, daß ein aufeinander abgestimmter Kundendienst durch Schaffung eines interdepartementalen Ausschusses genügend sichergestellt werden könnte, während 60 % der Ansicht waren, daß dies durch eine organisatorische Neuunterstellung schlagkräftiger gelöst werden könnte.

Außer den brauchbaren Organisationshinweisen haben die Kaderkurse ebenfalls den Zweck erreicht, daß das obere Kader sich der Komplexität dieser Frage bewußt wurde. Von der überwiegenden Mehrzahl der Teilnehmer wurde diese persönliche Auseinandersetzung geschätzt und mit viel Elan durchgeführt.

Die Ergebnisse dieser Kaderkurse bildeten dann die Grundlage für mehrere Aussprachen im Kreise der Geschäftsleitung. Man versprach sich von diesem Vorgehen eine Lösung, welche die speziellen Bedürfnisse der Swissair berücksichtigte und von der man annehmen durfte, daß sie von den Mitarbeitern mit Verständnis aufgenommen wurde.

Die Reorganisation im Rückblick – Folgerungen für die Zukunft

Um eine Beurteilung des Erfolges oder Nichterfolges der Reorganisation vornehmen zu können, wurden ausführliche Gespräche mit allen Chefs der Bereiche und der Departemente geführt. Ausgangspunkt bildeten die Hauptziele der Reorganisation vom 1.1.1974, nämlich

1. Eine Entlastung der obersten Geschäftsleitung durch vermehrte Delegation von Verantwortung und Kompetenzen an jüngere, neu heranzuziehende Führungskräfte. Diese Entlastung sollte eine vermehrte Auseinandersetzung der obersten Geschäftsleitung mit Zukunfts- und Umweltproblemen, mit Grundsatzfragen, der Planung und der Vertretung der Unternehmung nach außen ermöglichen.
2. Eine Erweiterung der Führungsspitze (Direktion), um jüngere Führungskräfte rechtzeitig auf die bevorstehenden Ablösungen in der heutigen Geschäftsleitung vorbereiten zu können.
3. Eine verstärkte, integrierte Marketingorganisation, um in der Zukunft das Produkt umfassender und dynamischer gestalten und absetzen zu können. Dazu gehört auch eine klare und einheitlichere Unterstellung der Außenorganisation einschließlich der Schweiz.

Diese Aussprachen haben folgendes Resultat gezeigt:

zu Punkt 1.

Zweifellos ist eine gewisse Entlastung der Mitglieder der Geschäftsleitung vom täglichen Betriebsgeschehen erreicht worden.

Hingegen scheint es, daß die freigestellte Kapazität nicht optimal zur Behandlung von gesamtunternehmerischen Fragen im Sinne einer ressortloseren Geschäftsleitung genutzt werden konnte. Die ursprünglichen Vorstellungen über die Verteilung des Führungsaufwandes lagen bei 1/3 der Kapazität für die Führung des Bereiches und 2/3 für Aufgaben der Gesamtunternehmung. Insofern ist das Ziel nicht erreicht worden, was zu folgender Schlußfolgerung führte:

- Eine ressortlosere Geschäftsleitung hat sich mit den organisatorischen Maßnahmen nicht realisieren lassen. Somit ist eine Kontrollspanne mit nur 2–3 direktunterstellten Departementen als eher zu gering zu betrachten. Die Schaffung einer zusätzlichen Leitungsstufe hatte zudem gewisse Informationsprobleme (Verlängerung des Dienstweges) zur Folge.
- Andere Maßnahmen in Richtung ressortloser Geschäftsleitung scheinen mindestens im heutigen Zeitpunkt nicht erfolgsversprechender zu sein, so daß auch bei künftigen Reorganisationsüberlegungen eher eine ressortgebundene Geschäftsleitung bevorzugt werden sollte.

zu Punkt 2.

Das Ziel ist sicher weitgehend erreicht worden. Die unter Punkt 1. erwähnten Erfahrungen haben sich aber zwangsläufig auf die Aufgaben und Kompetenzen der Departementchefs einschränkend ausgewirkt.

zu Punkt 3.

Durch den Zusammenschluß von Kundendiensttätigkeiten (mit Außnahme des Bordservices) mit der Verkaufsorganisation ist das Ziel einer verbesserten Integration der Marketingfunktion im weiteren Sinne zweifellos erreicht worden. Die Aufteilung in Planung (Bereich Außenorganisation, DA) und Durchführung (Bereich Marketing, DM) hat wohl stimulierende Auseinandersetzungen über Fachfragen, eine bessere Transparenz und eine einheitlichere Unterstellung der Außenorganisation gebracht, aber auch zu Doppelspurigkeiten, Friktionsverlusten und zu einem gewissen Mehraufwand geführt.

Die Ziele der Neuorganisation von 1974 und die Anforderungen an die künftige Organisationsstruktur

Die Zielsetzung, die 1974 zur Bereichsorganisation führte, stellt sich nach der altersbedingten Ablösung der meisten Mitglieder der Geschäftsleitung bis anfangs der 80er Jahre nicht mehr im gleichen Ausmaß. In Anbetracht der Wahrscheinlichkeit, daß die Geschäftsleitung auch in Zukunft eher ressortgebunden bleibt und der Tatsache, daß sich das Wachstum der Unternehmung langsamer vollziehen wird als früher noch angenommen wurde, ist eine Organisationsform anfangs der 80er Jahre ohne Bereiche oder mit einer reduzierten Anzahl von Bereichen durchaus denkbar.

Die Zweckmäßigkeit einer Trennung von Planung und Durchführung in der Marketingfunktion (DA/DM) ist erneut zu überprüfen. In Anbetracht der engen Verknüpfung des Verpflegungsbetriebes mit dem Bordservice und dem Kundendienst soll nochmals erwogen werden, ob eine andere organisatorische Zuordnung zweckmäßiger wäre.

Der Direktionspräsident ist wegen der stetig zunehmenden externen Verpflichtungen von internen Koordinationsaufgaben so weit als möglich zu entlasten und seine Kontrollspanne eher zu reduzieren.

Bei einer Neustrukturierung ist der Arbeit mit Stäben auf der Ebene der Unternehmungsleitung organisatorisch Rechnung zu tragen.

Die vorstehenden Lagebeurteilungen haben den Direktionspräsidenten veranlaßt, eine Studie der Hauptstruktur des Unternehmens für die Jahre nach 1980 ausarbeiten zu lassen. Das Ziel ist darauf ausgerichtet, die Zahl der Bereiche und der Departemente zu reduzieren, um damit die Führungsstruktur zu straffen und die Informationswege zu verkürzen.

6.32 Interview mit dem Delegierten des Verwaltungsrates und Direktionspräsidenten der Swissair, Herrn Dipl.-Ing. ETH Armin Baltensweiler, 1978

> Worin sehen Sie die grundsätzlichen Unterschiede in der Organisation und Führung eines Luftverkehrsunternehmens gegenüber denen eines Industriebetriebes?

Zunächst erzeugen wir nur *ein* Produkt: den Tonnenkilometer. Die Herstellung dieses Produktes erfordert jedoch eine außerordentlich *vielseitige Auswahl von Mitarbeitern* mit sehr unterschiedlichem Know-how. Wenn Sie z.B. daran denken, daß wir angefangen vom Koch in der Küche bis zum hochspezialisierten Flugkapitän oder Computer-Spezialisten fast alle Arten von Berufen unter einem Dach vereinigen, dann wird Ihnen deutlich, welche Koordinations- und Führungsprobleme in einem Luftverkehrsunternehmen entstehen. Diese Vielfalt der Berufsgruppen, die erforderlich ist, um dieses eine Produkt zu erzeugen, stellt ganz besondere Anforderungen an unsere Organisation und Führung.

Das Produkt als solches ist in sich sehr *differenziert.* Wenn Sie sich z.B. die Palette der verschiedenen Tarife und Dienstleistungen ansehen, dann wird Ihnen bewußt, daß hier sehr unterschiedliche Strukturen gegeben sind, die sich auf die Art der Verkaufstätigkeit, die Behandlung des Produktes usw. auswirken.

Weiter ist von spezifischer Bedeutung für ein Luftverkehrsunternehmen, daß das Produkt *nicht lagerbar* ist. Wenn wir einen Sitz heute nicht verkauft haben, dann ist diese Möglichkeit ein für allemal vertan.

Große Probleme haben wir weiter bei der *Planung,* insbesondere im Hinblick auf sehr *unterschiedliche Zeiträume* für einzelne Planungskomponenten. 4–5 Jahre werden einerseits benötigt, um Besatzungen bereitzustellen, andererseits ändert sich der Markt so kurzfristig, daß z.B. die Transportkapazität von Jahr zu Jahr anders disponiert werden muß.

Das Planungsengagement insbesondere bei der Flottenpolitik ist mit *besonderen Risiken* verbunden, da sich die Beschaffung weitgehend auf überhaupt noch nicht existierende Muster ausrichten muß – sich sozusagen vom Reißbrett weg engagiert –, um ein bestimmtes Muster in 3 bis 4 Jahren einzuführen.

> Gingen Ihre Überlegungen, einen ressortlosen Vorstand einzuführen, auf diese Probleme und Schwierigkeiten zurück? Eine große Spezialisierung – insbesondere bei funktionaler Organisation – führt ja leicht dazu, daß viele Einzelüberlegungen in einer Art „Kamineffekt" bis zur Geschäftsleitungsspitze nach oben „gesogen" werden. Welche Erfahrungen haben Sie mit der „Milderung der Ressortgebundenheit" gemacht?

Dieses Problem haben wir in der Tat sehr intensiv diskutiert. Eine ressortlose Führungsspitze hat Vor- und Nachteile, die man sorgfältig gegeneinander abwägen muß. Einerseits haben wir in der obersten Leitung zuviel Zeit verloren mit an sich trivialen Dingen. Anderseits haben andere Dienstleistungsunternehmen in der Schweiz, wie z.B. die Banken, mit recht lose strukturierten Geschäftsleitungen recht gute Erfahrungen gemacht. Hier versucht man, Rangunterschiede in der obersten Leitung zu vermeiden, weil sonst große Kunden den Wunsch haben würden, nur mit dem Direktionspräsidenten zu verhandeln. Das ist auch bei uns ein Problem.

Und doch können solche Erfahrungen nicht nur positiv gewertet werden. Es ist z.B. nicht ganz einfach, Führungskräfte, die während vieler Jahre eine ausgesprochen ressortgebundene Führungsaufgabe zu erfüllen hatten, die sie zum Teil auch noch etwas autoritär wahrnahmen, am Schlusse ihrer Laufbahn mit Sonderaufgaben zu betrauen, die doch relativ starken Stabscharakter haben. Diese Umstellung haben nicht alle in dem Maße bewältigt, wie ich mir das vorgestellt hatte.

Sie haben im Jahre 1974 eine Reorganisation in kleinen Schritten durchgeführt. Welches waren neben einer Schwerpunktbildung bei Marketing und Finanzen die wesentlichen Anlässe für diese Reorganisation? Können Sie in einigen wenigen Sätzen die „Philosophie“ der neuen Organisation umreißen?

Der wichtigste Grund damals war, daß die alte Organisation nicht sehr günstig war, um die Nachfolge einer recht großen Anzahl von leitenden Herren an der Schwelle zum Rücktrittsalter rechtzeitig einzuleiten. Eine größere Anzahl von jüngeren Mitarbeitern sollte möglichst rasch in unabhängige, verantwortliche Stellen hineingebracht werden.

Hätten wir mit der alten Organisation weitergemacht, dann wären zahlreiche tüchtige Mitarbeiter kaum rechtzeitig in der Lage gewesen, in selbständiger Verantwortung diese Aufgaben durchführen zu können. Indem wir dieses Niveau neu schufen und verantwortliche Direktoren einsetzten (13 an der Zahl) haben wir die neu geschaffenen Bereichschefs von der täglichen Arbeit entlastet. Die Idee war, daß die älteren Herren bei ihrer Pensionierung von Führungskräften abgelöst werden können, die 2–3 Jahre in verantwortlicher Direktorenstellung gearbeitet haben und ein entsprechendes Rüstzeug für die Übernahme noch höherer Verantwortung mitbringen. Diese Absichten haben wir auch weitgehend erfüllt.

Damit haben Sie in Ihre Organisationspyramide aber eine zusätzliche Ebene eingezogen. Hat sich die damit ergebende vertikale Streckung der Aufbauorganisation nicht negativ auf den Informationsfluß ausgewirkt?

Der Informationsfluß wurde allerdings dadurch nicht gefördert. Ich stelle das leider immer wieder fest, daß die Informationen nicht so durchdringen, wie ich mir das vorgestellt habe, bzw. daß Dinge anders interpretiert werden als wir uns das vorstellen. Wenn ich zusammenfasse, haben wir das Ziel des Rückzuges der „mittelalterlichen“ Führungskräfte erreicht, allerdings um den Preis eines erschwerten Informationsflusses.

Beabsichtigen Sie hier in Zukunft, wenn die personalpolitischen Gründe weggefallen sind, die Organisation wieder zu verändern?

Die neue Organisation, die wir ab August einführen wollen, soll allerdings dadurch mehr Spielraum geben, daß ein weiterer Bereich verschwinden wird (Finanzen und Beteiligungen). Der Leiter von Finanzen/Beteiligungen wird ab August mein Stellvertreter und beide Abteilungen werden mir dann direkt unterstellt werden. Auch wird in zwei Jahren der Bereich Datenverarbeitung und Technik in dieser Form nicht mehr bestehen.

Hier wollte ich ohnehin fragen, ob die Unterstellung der Datenverarbeitung unter den Bereich „Technik und Operation“ Probleme der Nutzung dieses Instruments im Finanz- und Marketingbereich aufwirft. Ist dies der Fall, bzw. wie haben Sie eine derartige Entwicklung zu verhindern gewußt?

Diese Unterstellung wurde damals mehr ad personam vorgenommen. Nach Pensionierung des Generaldirektors dieses Bereiches sehen wir keinen Grund, warum die Datenverarbeitung bei diesem Bereich verbleiben sollte. Während der letzten 6 Jahre haben wir uns in verstärktem Maße bei Großprojekten engagiert, die einen großen koordinativen Arbeitsaufwand mit sich brachten. Diese wurden dorthin delegiert und sachverständig erledigt.

In der Horizontalen ist erfahrungsgemäß das Eindringen von innovativen Vorhaben in die operative Struktur eine der großen Schwierigkeiten der funktionalen Organisation. Können Sie über ähnliche Schwierigkeiten berichten und konnten diese durch die neue Organisation bewältigt werden?

Dieses Problem, glaube ich, kann man ohnehin kaum durch organisatorische Maßnahmen allein lösen. Hier bietet sich eher eine *Projektarbeit* an, die wir seit langer Zeit geübt haben.

So haben wir z.B. durch die Schaffung der *Einsatzleitstelle* 1963 den ersten wichtigen Durchbruch erzielt. Das Problem, das Sie aufwerfen, kam für uns sehr deutlich an die Oberfläche, wenn z.B. in Karachi ein Flugzeug für 48 Stunden ausfiel und dann nach der alten Organisation entschieden werden mußte. Das Operationsdepartment war zunächst betroffen und entschied, daß die Besatzung schlafen gehen sollte und daß mit dem Department Technik zu sprechen sei, damit ein neues Triebwerk bereitgestellt wird. Weiter mußte das Verkaufsdepartment informiert werden, damit es entscheiden konnte, was mit den Passagieren zu geschehen sei. So ging das damals hin und her. Bei der Bildung der Einsatzleitstelle, die dem Operationsdepartment unterstellt wurde, wurden Mitarbeiter der Departmente Verkauf und Technik dort hineingegeben, die voll verantwortlich für alle Entscheidungen in diesem Rahmen wurden. Dies hat damals unendlich viele Diskussionen verursacht. Im Laufe der Zeit wurde die Autorität dieser Leitstelle immer weiter ausgebaut. Zunächst konnte sie über Zeiträume von 24 Stunden, später von 48 Stunden und jetzt von 72 Stunden frei entscheiden.

Wie sieht dies aber bezüglich neuer Marketing-Konzepte, Tarife usw. aus, die im Marketing-Bereich entwickelt werden, aber alle anderen Bereiche tangieren?

Grundsätzlich wollten wir bei derartigen Fragen die Planung von der Ausführung trennen. Nachdem der Außenorganisation alle Abfertigungseinrichtungen im Ausland und in der Schweiz unterstellt wurden, ergab sich hier ein recht großer Komplex. Dies führte zu einer Zusammenfassung von rund 7500 Mitarbeitern.

Wir haben uns dafür entschieden, die planerischen Aufgaben des Marketing von diesem Großkomplex der Außenorganisation zu trennen, wobei allerdings die Koordination beider über die Geschäftsleitung vorgenommen werden muß. Wir wissen dabei natürlich, daß diese beiden Bereiche äußerst intensiv zusammenarbeiten müssen. Diese Zusammenarbeit haben wir bewußt dadurch institutionalisiert, daß die wöchentlichen Bereichskonferenzen beider gemeinsam durchgeführt werden.

Auffällig ist, daß Sie für die relativ kleine Schweiz zwei Außenorganisations-Departmente gebildet haben, während das gesamte Ausland nur in einem Department zusammengefaßt wird. Entspricht diese Gliederung der Bedeutung des Verkehrsaufkommens oder welche anderen Gesichtspunkte waren hierfür maßgebend?

Ab Februar nächsten Jahres wird es nur noch ein Außenorganisations-Departement Schweiz mit Sitz in Genf geben. Letztlich waren es politisch-föderale Gründe, die bislang zu dieser Trennung führten.

Könnten Sie die Diversifikationspolitik (Hotel-, Gaststätten- usw.) der Swissair erläutern? Ist die alleinige Unterstellung der daraus erwachsenden Beteiligungen und Tochtergesellschaften unter den Finanzbereich auf die Dauer eine glückliche Lösung?

Ich lehne für die Swissair jede extreme Diversifikation als Selbstzweck ab, dagegen verfechte ich eine Diversifikation in branchenverwandten Bereichen. Wir gehen von der Überlegung aus, daß wir es mit drei möglichen Betätigungen außerhalb des reinen Flugbetriebes zu tun haben:

1. *Nebenleistungen* (Lieferungen von Mahlzeiten an unsere Bordküchen und andere Fluggesellschaften, Überholung von Flugzeugen und die Abfertigung von Passagieren, Fracht und Post für andere Fluggesellschaften mit unseren Ressourcen), die heute schon etwa 15 % unserer Gesamteinnahmen ausmachen,
2. *Touristik* (Beteiligungen an Hotels, Gaststätten),
3. *kleine branchenfremde* Betätigungen (Treuhand, Vermessung, Immobilien).

Weiter ist zu bemerken, daß diese Diversifikation noch recht jungen Datums ist. Wenn man allerdings „scharf" diversifizieren will, muß man auch in der Lage sein, diese Unternehmungen echt zu führen. Dies bedeutet jedoch, um erfolgreich zu sein, einen Aderlaß an guten Führungskräften, die aus der Organisation herausgezogen werden müssen. Wir wollen daher nichts mehr Neues unternehmen, ohne sicher zu sein, daß sich praktisch alle diese Unternehmen auf einer sicheren Basis befinden. Daher auch die Unterstellung unter Finanzen/Beteiligungen: Wir müssen sicher sein, daß wir hier keine Verluste „einfahren".

6.4 Yellow Freight System Inc.

Unternehmen der Verkehrswirtschaft unterlagen in den USA bis vor kurzem staatlicher Regulierung. Nach deren Aufhebung sind wesentliche Umschichtungen in den Wettbewerbsverhältnissen zu erwarten, die nicht ohne Einfluß auf die Organisationsstruktur der überlebenden Unternehmen bleiben werden. Zur Sicherung seiner Energiebasis betätigt sich Yellow Freight System, eines der bedeutendsten Unternehmen des Straßengüterverkehrs der USA mit Sitz in Kansas City/Miss., neuerdings auch auf dem Gebiet der Erschließung von Öl- und Gasquellen.

Die Wurzeln von Yellow Freight können bis zum Beginn dieses Jahrhunderts zurückverfolgt werden. Zu diesem Zeitpunkt wurden Tausende von Speditionsunternehmen, die sich der damals neuen Möglichkeiten der Motorisierung bedienten, ins Leben gerufen. Nur wenige dieser Unternehmen überlebten den sich intensivierenden Wettbewerb. Auch Yellow war in seiner Entwicklung nicht frei von Rückschlägen. Die Zeit von 1922–44 brachte zunächst dem Einzelunternehmen Wachstum und Durchsetzung am Markt. Dies setzte sich von 1944–52 fort, führte jedoch Anfang der 50er Jahre zum Zusammenbruch unter der Führung einer Gruppe von Kapitalanlegern. Die Folgezeit war der Konsolidierung in Form einer Kapitalgesellschaft gewidmet, die durch ein systematisch arbeitendes Management geführt wird.

Die Deregulierung der Verkehrsunternehmen in den USA wird vermutlich – nach einer kritischen Übergangszeit – Yellow in eine stärkere Wettbewerbsposition als vorher bringen.

Die Entwicklung von Yellow ist über ihre Geschichte von Akquisitionen und Fusionen typisch für Unternehmen des Straßenverkehrsgütergewerbes in den USA. Im Zuge einer derartigen Entwicklung brachte eine Fusion mit Michigan Motors 1957 eine wesentliche Ergänzung der allgemeinen Transportaufgaben durch den speziellen Stahltransport. Seit 1960 begann Yellow sein Dienstleistungsangebot auf die Überlandspedition auszurichten. Eine weitere Fusion mit Watson-Wilson fügte weitere Bereiche hinzu, so daß sich insgesamt fünf Leistungsgebiete ergaben:

- Allgemeiner Gütertransport
- Stahltransport
- Transport für Verteidigungszwecke
- Thermo-Transport
- Star-Internationale Spedition.

Nach 1968 wurde die Breite des Leistungsangebotes auf drei organisatorische Bereiche reduziert: Allgemeiner Gütertransport, Internationale Spedition und Sondertransporte. Der Sondertransportbereich wickelte dabei Komplett-Ladungen ab, die besondere Anforderungen stellten, wobei auch andere Fuhrunternehmen in die Abwicklung eingeschaltet wurden.

1975 begann Yellow mit einer Diversifikationsmaßnahme über die Gründung der Overland Energy, Inc. – einem Unternehmen, das sich mit der Öl- und Gasexploration in Texas, Oklahoma und Lousiana beschäftigt. Overland Energy ist eine Holding für Beteiligungen an Explorationsvorhaben, die das Ziel haben, Yellow langfristig von der Fremdversorgung mit Mineralölmengen unabhängig zu machen.

1980 wurde in den USA der Motor Carrier Act, der eine Deregulierung des Straßengüterverkehrs vorsieht, Gesetz. Yellow mußte sich auf die dadurch neugeschaffene Situation unternehmungspolitisch vorbereiten, die einen Markteintritt neuer Firmen und eine Erweiterung des Streckennetzes für bestehende Unternehmen wesentlich erleichterte. Hinzu kam die Aufhebung einer Vielzahl von Streckenrestriktionen, eine Erweiterung in der Klassifikation von Gütern, die durch Unternehmen des Straßengüterverkehrs transportiert werden dürfen und schließlich die Freizügigkeit zur Veränderung der Frachtraten ohne Zustimmung der ICC. Yellow beschloß, sich für eine Übergangszeit in ein relativ sicheres Marktsegment zurückzuziehen – den allgemeinen Stückguttransport im LTL („less-than-truckload"-Bereich gemischter Warenladung) – um zunächst dem Verdrängungswettbewerb auszuweichen, der sich beim Transport von Komplett-Ladungen (ohne kostspielige flächendeckende Logistik) abzuzeichnen beginnt.

Einige Zahlen verdeutlichen Größe und Struktur von Yellow: Beschäftigte: 16.800; Überland-Zugmaschinen: 2.770; 10.054 Aufleger und 6.000 Nahbereichs-LKW; 238 regionale Güterumschlagseinheiten.

Insgesamt entfallen auf den allgemeinen Gütertransport rund 97 % des Umsatzes, so daß Internationale Spedition und Sondertransporte von relativ geringem Gewicht geblieben sind. Die Umsatzentwicklung im allgemeinen Gütertransport zeigt dabei folgendes Bild:

	1977	1978	1979	1980
Umsätze (Mill. $)	629,3	757,8	826,9	739,9
davon LTL (%)	64,6	65,4	68,3	72,9
beförd. Tonnen (1000 t)	4,927	5,370	5,022	3,532
davon LTL (%)	42,2	42,0	46,5	53,6

Die Wettbewerbsposition der Yellow Freight System im nordamerikanischen Straßengüterverkehr ergibt sich aus dem folgenden Vergleich der wesentlichen Konkurrenten (allerdings auf der Basis von 1979):

	Umsatz: Mill. $	beförderte Tonnen im Intercity-Verkehr: Mill. t
Roadway Express	1.096,006	7,608
Con Freight	849,437	4,668
Yellow Freight	826,900	5,022
Ryder Truck Lines	560,699	6,541
McLean Trucking	540,145	4,620

6.41 Die Entwicklung der Organisationsstruktur der Yellow Freight System (Stand 1981)

Ab 1952 setzte bei Yellow die Ablösung einer Einpersonen-Führung durch ein professionelles Management ein. Zu diesem Zeitpunkt wurde die Verwaltung des Unternehmens von Dallas, Texas nach Kansas City verlegt. Zwei Bereiche wurden zu diesem Zeitpunkt nach regionalen Gesichtspunkten geschaffen, die jeweils einem „Superintendent" unterstellt wurden: eine südliche Region mit Sitz in Dallas und eine nördliche Region mit Sitz in St. Louis. Damit ging eine Lösung der Zentralaufgaben (Kansas City) von den operativen Aufgaben der Bereiche einher: Während die Gesamtleitung zentralisiert wurde, wurden Autorität und Verantwortung für die Durchführung des Geschäftes weitgehend auf die Bereiche delegiert. Dabei wurde von der traditionellen Trennung in Verkauf und Operations weiterhin ausgegangen: Ein Vizepräsident war für Verkehr und Verkauf einschließlich des Marketing zuständig, ein anderer für die Operations mit Leitern für die regionalen Umschlagseinheiten, für die Unterhaltung und die Abwicklung des Transports.

Die Führung widmete sich zu diesem Zeitpunkt vor allem der Rationalisierung im Operations-Bereich. Hierzu gehörten die Einrichtung einer zentralen Wartungswerkstätte, die Einführung einer planvollen Regelüberprüfung und Instandhaltung des Gerätes, die Standardisierung der Transportmittel und ihre Ausmusterung in einem Zwei-Jahres-Rhythmus und die Erhöhung der Terminsicherheit bei der Auslieferung über eine verbesserte Disposition. Für die Erweiterung der regionalen Umschlagsstellen wurde weiter ein systematisches Vorgehen entwickelt und die Vertriebsorganisation wurde mit weiterem Wachstum ebenfalls ausgebaut. Während ursprünglich der Verkaufs-Manager eines jeden Umschlagsplatzes dem Vizepräsidenten Verkehr und Verkauf direkt unterstand, wurden zu diesem Zeitpunkt die größeren Umschlagplätze in Bezirks-Verkaufsniederlassungen mit einem regionalen Verkaufsleiter umgewandelt und damit eine regionale Zwischenebene geschaffen.

Einen wesentlichen Einschnitt in diese Entwicklung bedeutete die 1955 geschaffene Einrichtung zweier regionaler Bereiche, die bereits erwähnt wurde. Zum gleichen Zeitpunkt wurde in der Hauptverwaltung ein „Central Dispatch Office" (CDO) als Steuerungszentrale des umfassenden Transportsystems geschaffen (vgl. Abb. 27a).

Die Fusion von Yellow mit Michigan Motors im Jahre 1957 hatte eine Reihe schwieriger organisatorischer Probleme im Gefolge. Für die ersten drei Jahre nach der Fusion wurden im wesentlichen die Besonderheiten beider Gesellschaften unverändert beibehalten. Lediglich der Stahltransport, der von Michigan Motors übernommen wurde, wurde ausgegliedert und in einem Spezialtransportbereich verselbständigt, der über eigene Umschlagsplätze verfügte.

In den 60er Jahren begann ein verändertes Denken über Organisationsstrukturen Platz zu greifen. Während bislang die „Organisation ad rem" dominierte, die Suche nach einem geeigneten Bewerber für eine organisatorisch determinierte Position, begann nunmehr eine Zeit der Gestaltung der Organisation um vorhandene Management-Talente. Eine derartige Organisation „ad personam" verlangt naturgemäß ein hohes Maß an Flexibilität. Mit jeder Veränderung von Personen mußte die Organisation an diese Änderungen angepaßt werden. Als erster Schritt wurde die traditionelle Trennung von Operations und Verkauf aufgehoben. An jedem Umschlagsplatz wurde eine Führungskraft mit Zuständigkeit für beide Bereiche eingesetzt. In der Unternehmensspitze wurde zwischen den beiden Bereichen Streckengeschäft und Umschlagsplätze unterschieden, während der Vizepräsident Vertrieb nunmehr eine Stabsrolle übernahm. Die Einstellung des Top-Managements änderte sich: Man betrachtete sich als Führungscorps, das den Straßengüterverkehr als Aufgabe hatte und löste sich von der Vorstellung, als Spediteur „unter anderem" auch führen zu müssen. Langfristige Unternehmensziele wurden entwickelt, unternehmungspolitische Grundsätze formuliert, finanzielle Möglichkeiten und Grenzen systematisch ausgelotet, Umsatzziele und Budgets wurden für jeden Umschlagsplatz erarbeitet. Die tägliche Implementation dieser Programme lag jedoch in den Händen der Leiter von Umschlagsplätzen, denen alle Vollmachten zur Durchführung übertragen wurden. Diese konnten dabei neben der Nutzung ihrer eigenen Stäbe auf die Stabsunterstützung der Zentrale zurückgreifen.

Die Trennung zwischen Stab und Linie wurde bei Yellow streng beachtet. Die Kompetenzen der Linie waren eindeutig und direkt geregelt: Die Leiter von Umschlagsplätzen unterstanden dem Direktor für „Terminal Operations", der wiederum an einen dem Präsidenten unterstellten Executive Vice President berichtete. Der Stab umfaßte alle restlichen zentralen – Aufgaben, wie das Rechnungswesen, Vertrieb, Verkehr, Öffentlichkeitsarbeit, Sicherheit und Versicherungen, die einerseits der Leitungsspitze zuarbeiteten und andererseits den 40 Leitern von Umschlagsplätzen Unterstützung gewährleisteten (vgl. Abb. 27a). Dieser klare Ansatz, der den eigentlichen Verkauf, die Operations und damit verbundene Aufgaben auf die lokale, geographische Ebene dezentralisierte, dabei aber den wesentlichen Teil der Stabsunterstützung einschließlich des Nervenzentrums des ganzen Systems, dem „Central Dispatch Office" zentralisierte, bewirkte eine beachtliche Schlagkräftigkeit. 1967 wurden eine eigene Abteilung Informations-Systeme für die Datenverarbeitung geschaffen, im Jahre 1969 eine Operational Planning-Gruppe.

Die gegenwärtige Organisationsstruktur von Yellow Freight

Derzeit umfaßt die Organisationsstruktur von Yellow fünf wesentliche Bereiche, die dem Präsidenten, der sich zunehmend öffentlichen Aufgaben widmen muß, direkt unterstehen (Abb. 27b):

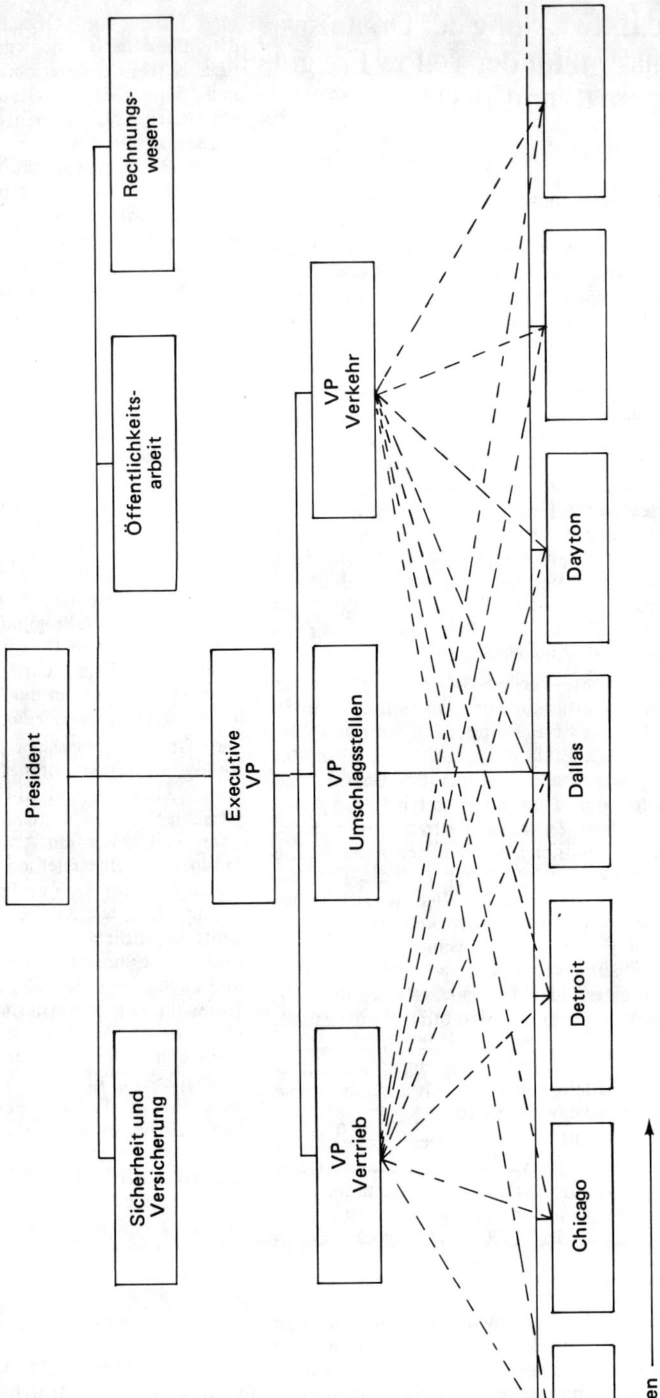

Abb. 27a: Organisationsstruktur der Yellow Freight System Inc. (1960)

1. *Operations* unter Leitung eines Senior Vice President, dem *regionale Bereiche* des *Stückgutgeschäftes* unterstellt sind. Er wird in seinen Aufgaben von einem Vizepräsidenten für das Streckengeschäft unterstützt. Ihm unterstehen ferner die Wartungsabteilung (Einkauf, Forschung und Energie, Reparaturen), die Operationsplanung, das Marketing (Verkehr, Zentrales Marketing), Großkunden (New York) und Kunden der Automobilindustrie (Detroit) als Teile einer kundenorientierten Absatzorganisation. Jede dieser Zentralabteilungen ist mit funktionalen Weisungswegen mit ihren korrespondierenden Abteilungen in den regionalen Umschlagsplätzen verbunden (z.B. Zentrale Unterhaltung mit den örtlichen Unterhaltungsabteilungen in den Stückgut-Umschlagsstellen, die Operationsplanung mit den Dispatchern in den größeren Umschlagsplätzen, das zentrale Marketing mit den örtlichen Verkaufsleitern in den kleineren Umschlagsstellen), indem diesen direkt verwertbare Informationen über das Frachtverhalten und Volumen aller potentiellen Kunden ihres Bezirkes zur Verfügung gestellt werden.
2. *Recht* unter einem Senior Vice-President mit der Aufgabe, den vielfältigen rechtlichen Bestimmungen der verschiedenen Staaten über die sich die Transportleistungen erstrecken, gerecht zu werden. Hierzu gehört auch die Betreuung der Prüfer staatlicher Einrichtungen.
3. Ein Executive Vice-President für *Sonstige Aufgaben*, wie Versicherungen und Regulierung von Schadensersatzansprüchen, Personalplanung und -förderung insbes. für Führungskräfte, Sicherheit, Liegenschaften, Beziehungen zu den Gewerkschaften, Rechtsberatung und Internationale Spedition, die in St. Louis ausgegliedert ist. Hinzu kommt der Spezialtransportbereich, der sich anderer Unternehmen zum Transport von Stahl und von Kühlprodukten bedient.
4. *Verwaltung* unter einem weiteren Senior Vice-President, dem der Controller, der Treasurer, ein Personalchef für die Personalverwaltung (Pensionspläne, Gewinnbeteiligung, arbeitsrechtliche und sonstige Personalverwaltungsfragen), Informationen (Systeme und Programmierung, Rechenzentrum, Verwaltungsdienstleistungen) unterstehen.
5. Als Diversifikation in das Ölgeschäft die *Overland Energy, Inc.* als Holdinggesellschaft für die Öl- und Gasexploration.

Die eigentliche Säule des Unternehmens bildet der *Operations*-Bereich, der in sich regional gegliedert ist. In ihm treffen sich zwei Dimensionen einer Matrix:

- An jedem der 15 wesentlichen strategisch-geographischen Knoten der USA befindet sich ein *großer Stückgut-Umschlagsplatz* mit jeweils 350 bis 700 Beschäftigten. Eine derartige Einheit hat die Aufgabe, für eine bestimmte Region die Logistik für Verladung und Lagerung vorzuhalten (einem Dock-Aufseher sind jeweils vier Schichten von Dockarbeitern nachgeordnet), das fahrbare Gerät zu warten und zu betanken, sowie dessen Einsatz in dem Rahmen, der durch die Operations-Planung (Ober-Dispatcher) gegeben ist, zu disponieren und lokale Verwaltungsaufgaben wahrzunehmen. Diese Tätigkeiten werden über Standardkosten erfaßt, abgerechnet und beurteilt.
- *Kleinere, örtliche Umschlagsstellen* mit 10 bis 150 Beschäftigten, die im Direktkontakt mit den örtlichen Kunden stehen. Hiervon bestehen 238 Umschlagseinheiten in den USA, die den Direktvertrieb, die Warenannahme und -ablieferung und den Transport zu den größeren Umschlagsplätzen vornehmen. Sie werden üblicherweise geleitet von einem Operations-Manager, der für die Wartung und Einteilung der Fahrzeuge, die Planung der An- und Ablieferungen zuständig ist, einem Vertriebsleiter als Chef der örtlichen Verkäufer und einem Verwaltungsleiter, der das örtliche Rechnungswesen, Schadensregulierung und sonstige Verwaltungsaufgaben wahrnimmt. Diese kleineren Umschlagsstellen werden als Profit Center geführt.

Beide Arten von Umschlagseinheiten müssen eng miteinander agieren, wobei sie von den zentralen Stabsfunktionen, insbes. der Operations Planung unterstützt werden. Die Effizienz eines Unternehmens des Straßengüterverkehrs hängt von der Qualität der Disposition über Fahrer, ihrer rechtzeitigen Benachrichtigung und der Voll-Auslastung der Fahrzeuge ab.

Der Auslastungsgrad der Fahrzeuge übersteigt derzeit bei Yellow den Branchendurchschnitt um 15 % bis 18 %. Der %-Satz an Leer-Meilen – ein anderer Effizienz-Indikator der Disposition – liegt derzeit bei 8 %, nachdem bereits ein Minimum von 4 % erreicht worden war. Um derartige Ergebnisse erzielen zu können, werden 60 verschiedene, wesentliche Verkehrsstrecken (Traffic-Lanes) unterschieden (vgl. Abb. 27c), die den Zusammenhang der verschiedenen Umschlagseinheiten und die Verbindung der großen Umschlagsplätze durch Verkehrsstrecken verdeutlicht), über die als eigene Profit Center auf täglicher Basis berichtet wird. Für diese Profit-

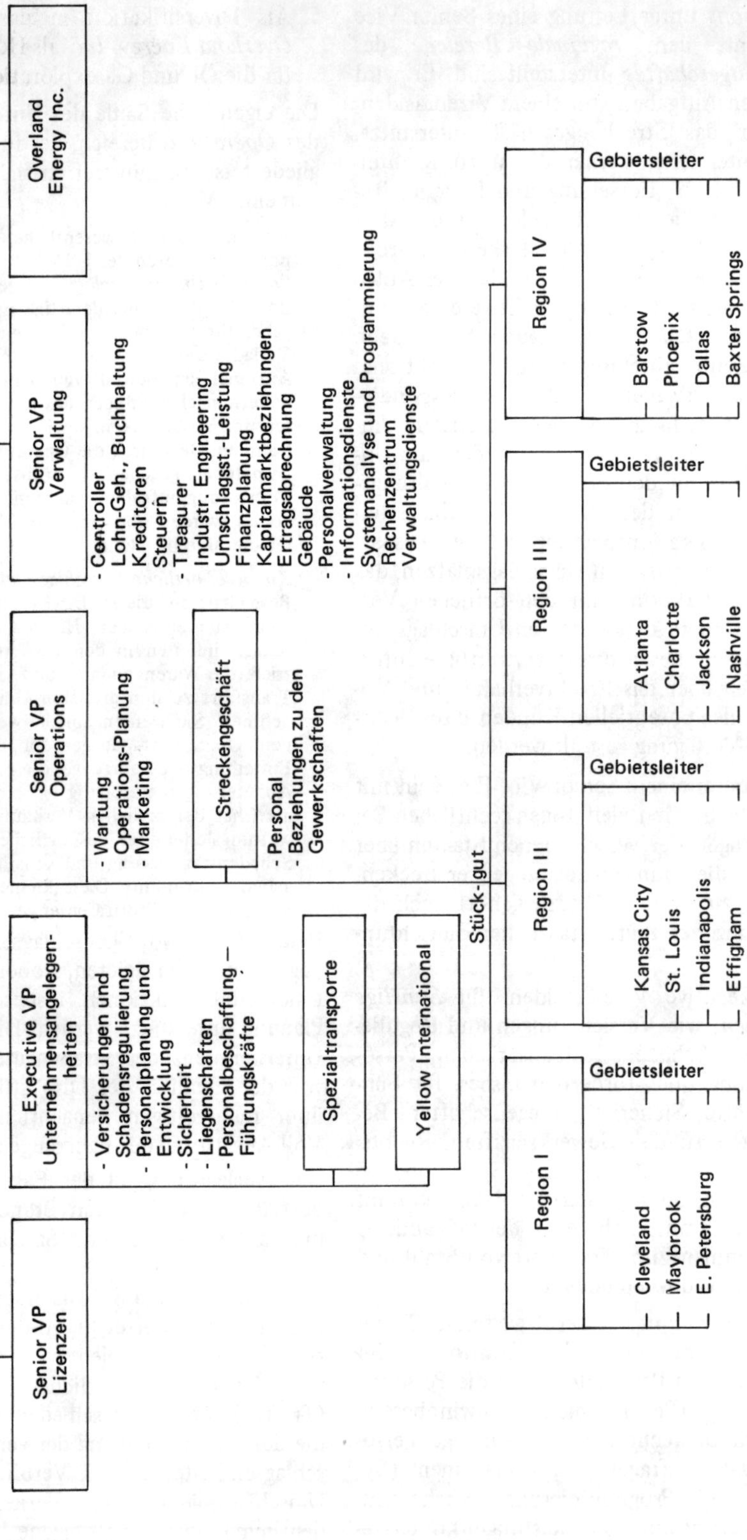

Abb. 27b: Organisationsstruktur der Yellow Freight System Inc. (1981)

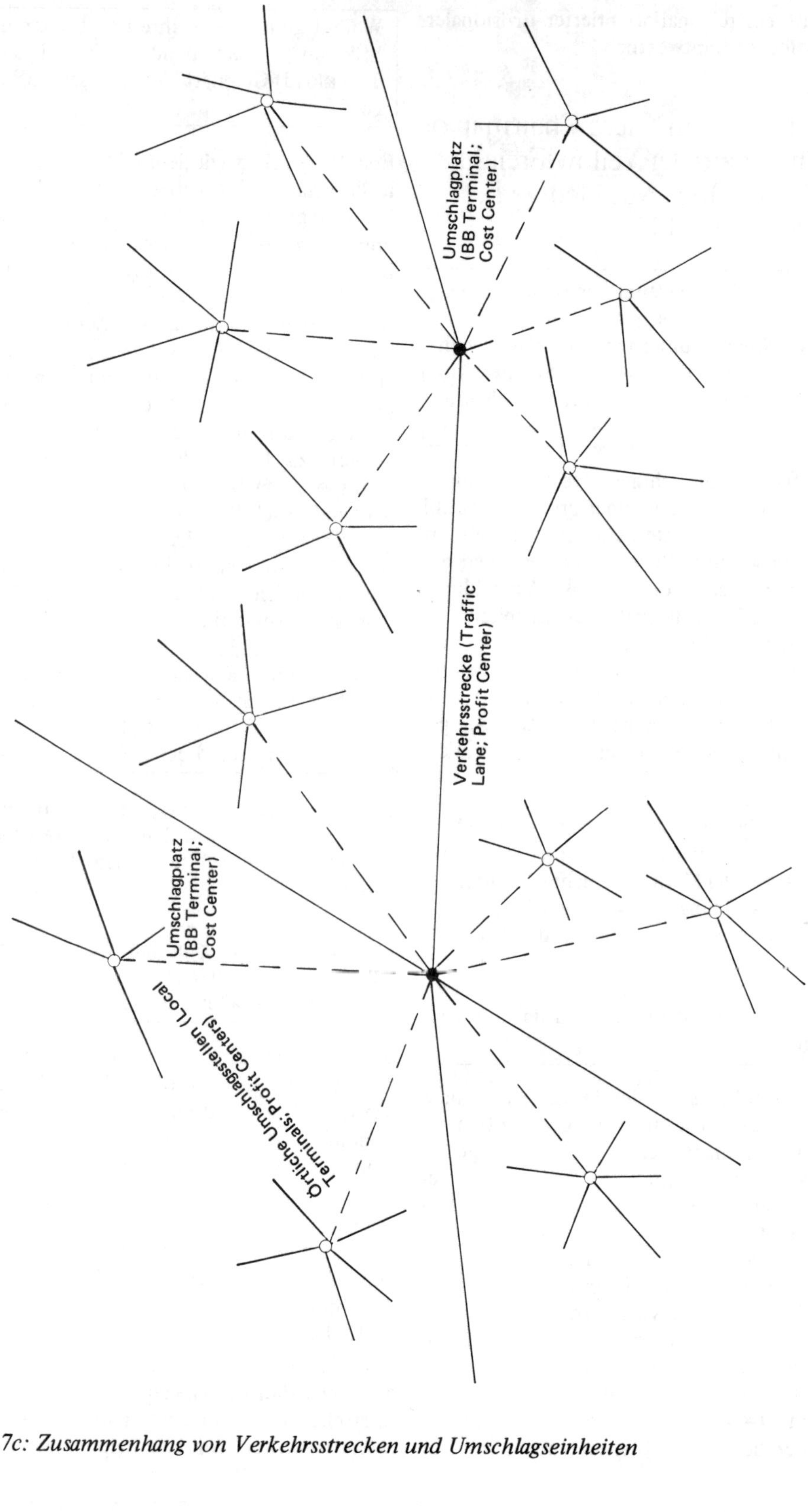

Abb. 27c: Zusammenhang von Verkehrsstrecken und Umschlagseinheiten

Center ist ein regional-orientierter divisionaler Vize-Präsident verantwortlich.

6.42 Interview mit dem Chairman of the Board der Yellow Freight System Inc., Mr. George E. Powell Jr., 1981

Yellow ist ohne Zweifel eines der erfolgreichsten amerikanischen Transportunternehmen. Welche unternehmungspolitischen und strategischen Elemente haben Ihrer Ansicht nach zum Erfolg von Yellow beigetragen?

Die heutigen Unternehmen des Straßengüterverkehrs haben sich aus einer großen Vielzahl von kleinen Einzelunternehmern und -unternehmen entwickelt. Viele Leute begannen ein derartiges Gewerbe ohne große Vorbildung, Kenntnisse oder finanzielle Sicherheiten. So war die Lage auch bei Yellow als wir das Unternehmen übernahmen und unsere administrativen, führungsmäßigen und finanziellen Erfahrungen einbrachten. Damit erreichten wir gegenüber allen anderen einen deutlichen Vorsprung.

... indem Sie also professionell Systeme für eine Branche entwickelten, die sich bislang derart rationeller Methoden nicht bediente. – In der Entwicklung von Yellow gab es mehr als eine strategische Gelegenheit, den Umsatz durch ein stärkeres Engagement im Sondertransportbereich auszudehnen. Warum haben Sie sich immer wieder derart deutlich auf das Stückgut-Geschäft zurückgezogen?

Der Grund dafür ist in der Tatsache zu sehen, daß eine größere Varietät von zu befördernden Gütern unterschiedlicher Wirtschaftszweige einen idealen Risikoausgleich in sich darstellt gegenüber einer Einengung auf einige spezielle Güterarten und Kunden. Es ist richtig, daß wir im Zuge von Akquisitionen und Fusionen Spezialtransportunternehmen mit übernommen und auch behalten haben; wir haben diesen Bereich jedoch nie gezielt erweitert. Dies mögen Sie daran erkennen, daß von unserem Umsatz von 800 Millionen $ im letzten Jahr lediglich 22 Millionen $ (= 3 %) auf den Transport von Stahl und verderblichen Gütern entfielen.

Worauf gründet sich Ihre Unternehmungspolitik im vorherrschenden LTL (Less-than-Truckload)-Geschäft der gemischten Ladungen?

Erst 1978 gaben wir dem LTL-Geschäft absolute Priorität. Daß wir dies nicht früher getan haben, hängt mit dem Gesetz zur Deregulierung unseres Wirtschaftszweiges zusammen. Wir haben nicht erwartet, daß die Gesetzesvorlage eine Verabschiedungschance haben würde. Als wir die neue Konstellation erkannten, mußten wir unser strategisches Konzept grundsätzlich ändern: In einer völlig deregulierten Situation gibt es bei Komplett-Ladung kaum eine Mengendegression, was bedeutet, daß ein Preiswettbewerb zu Lasten der Rentabilität geht. Im Transport von Stückgut-Ladungen (LTL) dagegen sind beachtliche Mengendegressionswirkungen vorhanden. Hier kann ein Unternehmen mit beachtlichem Frachtvolumen deutliche Kostenvorteile erzielen und selbst bei einer Deregulierung seine Rentabilität verbessern.

Ist dies aber nicht gleichzeitig auch eine Bewegung hinein in ein relativ sicheres Marktsegment, bei dem die Hürden für einen Markteintritt sehr hoch gestellt sind?

Das ist sicherlich richtig: Im LTL-Bereich sind die Eintrittskosten in den Markt wesentlich höher als in anderen Bereichen des Gütertransports.

Welche kurzfristigen und welche langfristigen Wirkungen erwarten Sie von der Deregulierung des Straßengüterverkehrs?

Zunächst einmal ist der Markteintritt freigegeben worden. Der Wettbewerb hat sich intensiviert, indem Wettbewerber in unsere angestammten Gebiete eindringen – was jedoch Zeit und einen entsprechenden Kapitaleinsatz erfordert.

Deutlicher sind die Wirkungen bei den Frachtraten abzulesen. Die ICC genehmigt seit kurzem mit Ausnahme genereller Anhebungen von Frachtraten jede Rate aus jedwedem Grund. Als Folge haben sich Discount-Raten entwickelt.

Die Devise scheint zu sein, sichere Dir einen möglichst hohen Marktanteil und denke an die wirtschaftlichen Folgen später. Sollte dieser Trend anhalten, wird es bald zu einem Bereinigungsprozeß kommen müssen: Einige, wenige Unternehmen, die über eine ausreichende Kapitalausstattung und ein zweckentsprechendes Know-how verfügen, werden überleben.

Im Langfristigen sehe ich ein Schrumpfen der Unternehmen in unserem Marktsegment von derzeit rund 2500 auf 250 durch Geschäftsaufgabe, da eine Fusionierung bei den Verträgen mit den Gewerkschaften in unserem Wirtschaftszweig heute weitgehend ausgeschlossen ist. Wir werden letztlich aus diesem Ausleseprozeß gestärkt hervorgehen, denn wir besitzen alle finanziellen und organisatorischen Voraussetzungen für ein Überleben.

Sie haben zur Sicherung Ihres eigenen Energiebedarfs über die Overland Energy in den Bereich der Öl- und Gasexploration hinein diversifiziert. – Welches sind Ihre grundlegenden unternehmungspolitischen Überlegungen zur Diversifikation?

Board und Management haben eine Grundsatzentscheidung gefällt, nicht zu diversifizieren. Dazu muß man sich vor Augen führen, daß sich 1. die Umsätze im gesamten Straßengüterverkehr in den USA auf über 50 Milliarden $ belaufen, von denen wir lediglich einen Anteil von 2 % haben. Wir glauben, daß wir unseren Aktionären einen besseren Dienst erweisen, wenn wir bei unseren Leisten bleiben und dieses enorme Marktpotential weiter durchdringen. Im allgemeinen Frachtverkehr haben wir es zudem mit fast jedem Grundstoffproduzenten, Industrie- und Handelsunternehmen in unserem Land zu tun – dies sind rund 50.000 Kunden; eine bessere Diversifikation kann ich mir gar nicht vorstellen.

2. Unsere Energie-Interessen dienten zunächst zur Sicherung unserer eigenen Energieversorgung. Hier haben wir jedoch in letzter Zeit unsere Betrachtungsweise etwas verändert. Wenn wir 10–11 Millionen $ einer kleinen Gruppe von Personen zur Verfügung stellen zum Zwekke der Energieversorgung, dann ist dies keine sehr motivierende Zielsetzung. Wir verlangen daher heute die Erzielung einer angemessenen Kapitalrentabilität für diese Investition.

Die Organisationsstruktur von Yellow muß drei Dimensionen über ein engmaschiges Kommunikationssystem miteinander verbinden: funktionale Unterstützung, Leistungsarten (Stückgut und Spezialfrachten) und vor allem die geographische Verteilung der Operationen. – Welches sind für Sie heute die wesentlichen Variablen einer erfolgreichen Organisation in Ihrem Wirtschaftszweig?

Die organisatorische Schlüsselentscheidung wurde vor rund 10 Jahren getroffen nach einer etwa 15jährigen Periode des Trial and Error. Notwendigerweise mußten wir uns irgendwie geographisch-regional organisieren, das liegt in der Natur unseres Geschäftes. Und wir müssen zusätzlich zu den Operationen verschiedene Funktionen in den wesentlichsten Städten ausweisen, wie Warenaufnahme, Vertrieb, Rechnungswesen, Zubringen zu den zentralen, größeren Umschlageinheiten usw.

Während der ersten 15 Jahre haben wir verschiedentlich versucht, unsere Organisation auf der Ebene der Umschlageinheiten zu trennen in Vertrieb, Rechnungswesen, Streckengeschäft und Personal. Dabei mußten wir schließlich feststellen, daß sich eine derartige Trennung nicht bewährt hat. Wir unterstellten daraufhin alle diese lokalen Aktivitäten unter eine Person. Zu den einzelnen Aktivitäten gehen heute nur noch funktionale Beziehungen von den zentralen Stäben aus. Vor Ort gilt also das Weisungsrecht des Umschlagsplatzleiters.

Welche organisatorischen Lektionen mußte Yellow auf seinem Weg zum Erfolg lernen?

Als wir Yellow 1952 übernahmen, besaßen wir 18 Umschlageinheiten, heute haben wir 240 derartige Umschlagsstellen mit 16 Kopfstellen. Damit sind wir auf einem ähnlichen Stand wie damals, wenn wir die heutigen Kopfstellen als Umschlageinheiten von damals betrachten. Wir überlegen nun derzeit, ob es zweckmäßiger ist, die Kopfstelle plus die Umschlagsstellen dieses Gebietes als *eine* organisatorische Einheit zu führen. Eine derartige Lösung würde die bisherige Doppelstruktur vor Ort auflösen und alle lokalen Einheiten über den Kopfstellenleiter berichten lassen. Dann sind wir, mit der Ausnahme, daß eine Umschlagsstelle damals eine Stadt versorgte, während heute eine Kopfstelle für eine Region zuständig ist, wieder im Prinzip bei unserer alten Struktur.

Wie treffen sich die Unterstellungsverhältnisse der gegenwärtigen Doppelstruktur auf höherer Ebene?

Einerseits haben wir Gebietsleiter, denen jeweils 10 bis 12 kleinere Umschlagsstellen unterstehen. Die Gebietsleiter unterstehen wiederum dem Bereichs-Vizepräsidenten, an die andererseits auch die Leiter der größeren Stückgut-Umschlagsplätze berichten.

> Warum denken Sie gerade jetzt über eine derartige organisatorische Änderung nach?

Eine Möglichkeit der Rationalisierung könnte sein, eine kleinere Umladestelle dazu zu bringen, direkt an einen fernen großen Umschlagsplatz zu verladen, also nicht über die lokale Kopfstelle zu gehen. Wir haben mit unserer Datenverarbeitung beide Systeme simuliert. Dabei hat sich gezeigt, daß das gegenwärtige System des indirekten Transports über Kopfstellen kostengünstiger ist. In unseren neueren organisatorischen Überlegungen, die auf dieser Erkenntnis fussen, können weitere Einsparungen dadurch erreicht werden, daß wir die Frachtabrechnung, Tarifgestaltung, den Rechnungseinzug und das Rechnungswesen in den einzelnen Kopfstellen zentralisieren.

> Bedeutet dies, daß dadurch die gegenwärtige Situation verändert wird, in der größere Umschlagsplätze als Kosten-Center und die kleineren Umschlagsstellen als Profit-Center geführt werden?

Das wird sich ändern. Wir werden den Leitern von Umschlagsstellen keine Gewinn- und Verlustrechnungen mehr übersenden; denn die größeren Umschlagsplätze werden nunmehr zu unseren Profit-Centern, während die kleineren Umschlagsstellen auf die Erreichung von Detailzielen und ihre Produktivität hin überprüft werden. Auf der Ebene der Kopfstellen lassen sich dann auch die einzelnen Strecken in Bezug auf Kosten, Größe der Ladung und Qualität besser analysieren.

> Ändert sich dadurch die Zuständigkeit für die einzelnen Strecken?

Die Leiter der Kopfstellen sind für die Kosten ihres eigenen Bereiches verantwortlich, während unsere Stäbe in der Hauptverwaltung die Ergebnisgestaltung jeder einzelnen unserer 110 Strecken verfolgen. Die Ergebnisse der Strecken werden den Kopfstellenleitern an beiden Enden einer Strecke zugänglich gemacht und sie werden zur Optimierung aufgefordert. Haben wir beispielsweise auf einer Strecke in einer Richtung zu viele Leerfahrten, dann müssen an dem betreffenden Ende durch den Kopfstellenleiter zusätzliche Verkaufsanstrengungen unternommen werden, um mehr Rückfrachten möglich zu machen.

> Bei der Betrachtung Ihres Organigramms fallen einige Besonderheiten ins Auge, um deren Erläuterung ich Sie bitten möchte. – Aus welchen Gründen haben Sie die Bereiche „Spezialtransporte“ und „Yellow International“ organisatorisch mit einer Gruppe mehr rechtlich-verwaltungsmäßiger Funktionen unter einem Executive Vice President zusammengefaßt?

Wahrscheinlich ist dies mehr historisch begründet. Unsere Grundüberlegung dabei war vor allem, das Streckengeschäft mit seinen vielfältigen Tagesproblemen freizuhalten von den übrigen, andersgearteten Teilen der Organisation.

> – Warum haben Sie „Industrial Engineering“ und „Leistungen von Umschlagseinheiten“ dem Treasurer unterstellt?

Hier gibt es eigentlich nur zwei andere Möglichkeiten für deren organisatorische Anbindung: 1.) Eingliederung in die Linien-Operationen. Das hätte jedoch bedeutet, daß sich die operative Seite selbst überwacht; denn auch „Industrial Engineering“ ist bei uns eine Art Prüfungsaufgabe. Ähnliches gilt auch beim Vergleich einer Umschlageinheit mit einer anderen. 2.) Eine Abtrennung von den Linien-Operationen hätte auch durch eine Unterstellung unter den Planungsbereich erreicht werden können. Wir taten dies nicht, weil wir die Planung primär als eine strategische Aufgabe verstehen, die durch die Überprüfung von detaillierten Tagesfragen, wie z.B. die Fracht am besten auf der Verladerampe zu behandeln sei, verwässert worden wäre.

> – Die Personalfunktion ist auf verschiedene Zuständigkeitsbereiche aufgeteilt.

Die Personalabteilung im Rahmen des Verwaltungsbereiches ist für den Pensionsplan, Krankenkassenfragen und die rechtliche Seite der Personalverwaltung zuständig. Die übrigen Personalfunktionen unter unserem Executive Vice

President sind die Personalbedarfsermittlung, -beschaffung, sowie die Aus- und Weiterbildung von Führungs- und Stabskräften. Die Arbeitnehmerbeziehungen haben wir dagegen den Operationen zugeordnet; denn hier entstehen die Probleme vor Ort und müssen häufig regional gelöst werden.

Wie haben Sie die Arbeitsteilung im Rahmen Ihrer einstufigen Board-Struktur zwischen Chairman und President vorgenommen?

Meine Aufgaben sind die eines klassischen Chairmans, wie sie ursprünglich konzipiert waren: Ich leite die Board-Arbeit, indem ich die Outside-Directors integriere, kommuniziere und die Politik und Strategie des Boards mit ihnen erarbeite. Ich agiere weiter als Verbindungsglied zwischen dem Unternehmen und der Umwelt.

Mir ist als einzige Person der Präsident unterstellt. Zum Führungsteam gehört aber weiterhin unser Executive Vice President. Während der letzten zehn Jahre hat es bei uns keine wesentliche Änderung in der Unternehmungspolitik oder in Personalfragen gegeben, bei der wir nicht alle drei übereingestimmt hätten. Manchmal haben wir auch mit Entscheidungen gewartet, bis ein Konsens erzielt werden konnte. Bei der *Durchsetzung* von Entscheidungen vermeiden wir jedoch kollegiales Arbeiten. Wenn Sie sich einmal die größeren Fehlschläge von amerikanischen Unternehmen während der letzten 25 Jahre kritisch betrachten, dann werden Sie feststellen, daß diese fast in jedem Fall auf einsame Entschlüsse eines einzelnen Mannes an der Spitze zurückgeführt werden können, bei denen andere leitende Mitarbeiter durchaus das Fehlverhalten erkannten; sich aber nichts zu sagen trauten. Dagegen können nur selten drei oder mehrere Personen mit unterschiedlicher Erfahrung und verschiedener Einstellung dazu gebracht werden, sich auf ein größeres Fehlverhalten zu einigen.

Welche zukünftigen Veränderungen erwarten Sie für das Yellow Freight-System?

Mit der Deregulierung verbinden sich eine Reihe von Ungewißheiten und Risiken für unseren Wirtschaftszweig. Wir halten uns jedoch für den zu erwartenden Konkurrenzkampf gut gerüstet und erwarten, daß wir langfristig aus ihm gestärkt hervorgehen werden. Sollte sich diese Beurteilung als unzutreffend erweisen, würden wir bedeutendere Teile unseres Kapitals bei Overland Energy oder anderen Diversifikationen statt im Straßengüterverkehr einsetzen. Dies wird für uns in den nächsten drei Jahren deutlich werden.

6.43 Zur weiteren Organisationsentwicklung der Yellow Freight System

Um einen erhöhten Leistungsumfang bilden zu können, wird Yellow 1981 64 neue Umschlagsplätze einrichten. Diese werden in das Kopfstellensystem einbezogen, das in dem vorstehenden Interview bereits angesprochen wurde. Im Zuge dieser Umstrukturierung wurden einige der größeren Stückgut-Umschlagsplätze verändert (so wird z.B. Effingham, Illinois geschlossen und dafür Chicago wieder eröffnet).

7. Kreditwirtschaft

7.1 Dresdner Bank AG

Die Dresdner Bank AG wurde 1872 gegründet und zählt heute zu den drei privatrechtlichen Großbanken, die als Universalbanken das gesamte bankspezifische Dienstleistungsangebot ihren Kunden offerieren.

1872 öffnete die neugeschaffene Dresdner Bank als Aktienbank, die sich auf das bereits seit 100 Jahren bestehende Geschäft des Bankhauses Michael Kastel zurückführen läßt, in Dresden ihre Schalter. Ende des 19. Jh. wurde die Geschäftsleitung in die damalige Reichshauptstadt verlegt. Von Berlin aus setzte sie ihre geschäftliche Expansion fort. Ihre internationalen Aktivitäten trugen maßgeblich dazu bei, daß sie schon bald in die vordere Reihe der europäischen Banken vorrücken konnte. 1932 fusionierte die 1853 in Darmstadt gegründete Darmstädter Bank (Bank für Handel und Industrie) nach verschiedenen Zwischenstationen mit der Dresdner Bank. Nach dem durch den II. Weltkrieg bedingten Aderlaß durfte die Dresdner Bank, wie auch andere deutsche Großbanken, nur in Teilinstitutionen auf Länderebene tätig werden. Erst 1952 wurde deren Zusammenschluß in die größeren Nachfolgeinstitute Rhein-Main Bank AG, Rhein-Ruhr Bank AG und Hamburger Kreditbank AG für die Bereiche Süd, West und Nord ermöglicht. 1957 erfolgte schließlich die Wiedervereinigung der Dresdner Bank AG mit Ausnahme der in Berlin weiterhin selbständig geführten Bank für Handel und Industrie AG.

Dieses umfassende Dienstleistungsangebot stellt die Dresdner Bank AG wie jede Universalbank in besonderem Maße vor die Notwendigkeit, ihre Organisationsstruktur den laufenden Entwicklungen in ihren nationalen und internationalen Tätigkeitsfeldern anzupassen. Veränderte Umweltbedingungen für Bankunternehmungen erforderten Anfang der siebziger Jahre neue organisatorische Lösungen. Mit der Neuordnung der organisatorischen Gliederung der Dresdner Bank AG sollte die Schlagkraft im verschärften Wettbewerb erhöht und über eine einheitliche Ausrichtung eine höhere Wirtschaftlichkeit erzielt werden.

7.11 Die Organisation der Dresdner Bank AG (Stand 1976)

von Siegfried Starck, Darmstadt;
Hans-Ulrich Zeidler, Frankfurt

Die von der Kundenseite her gestellten Anforderungen an eine Groß- und Universalbank haben sich in den Jahren seit 1950 drastisch gewandelt. Die Einführung der bargeldlosen Lohn- und Gehaltszahlung führte zu einer stürmischen Entwicklung vor allem des Privatkundengeschäftes. Die Kunden- und Kontenzahlen vervielfachten sich. Zusätzlich mußten neue Dienstleistungen angeboten werden, so daß die Anzahl der Geschäftsvorfälle je Zeiteinheit überproportional anstieg.

Mit der Verdichtung des Geschäftsstellennetzes nahezu aller Banken und der Ansiedlung immer neuer in- und ausländischer Banken *verschärfte sich der Wettbewerb zunehmend auf dem wachsenden Markt.* Entscheidend trug hierzu auch das Auslaufen des Zinsabkommens (1967) bei.

Der allgemeinen Entwicklung folgend stiegen die Sach- und Personalkosten sprunghaft an. Mitarbeiter in angemessener Anzahl und Qualifikation zu gewinnen, wurde auch für Banken immer schwieriger. Andererseits wurden *technische Hilfsmittel,* insbesondere EDV-Anlagen entwickelt, die es ermöglichten,

- den erhöhten Arbeitsanfall zu bewältigen und
- durch schnelle Information die Reagibilität des Unternehmens auch bei weiterem Wachstum zu erhalten.

Allerdings bedingten sie eine Zusammenfassung einer Reihe von technischen Arbeiten an wenigen Stellen.

Die Strukturen der Dresdner Bank sind im Laufe ihres 100jährigen Bestehens historisch gewachsen. Die größten Friktionen dabei ergaben sich aus der Inflation nach dem 1. Weltkrieg, der Weltwirtschaftskrise und dem Einschnitt nach dem 2. Weltkrieg. Letzterer brachte nicht nur den Verlust eines großen Teiles des Geschäftsstellennetzes mit sich, sondern auch die sog. „Entflechtung". Als deren Folge entstan-

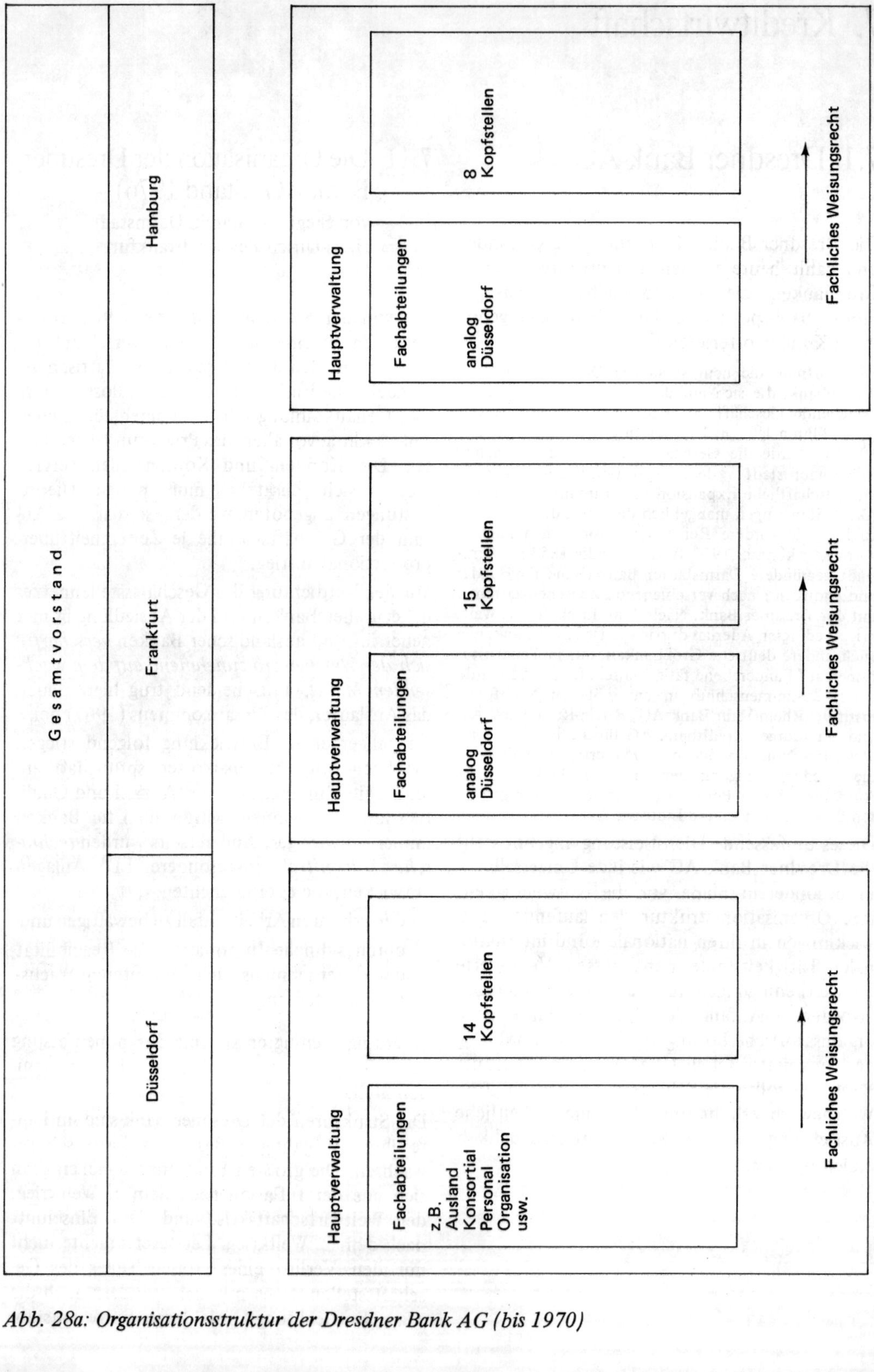

Abb. 28a: Organisationsstruktur der Dresdner Bank AG (bis 1970)

den 1952 drei regionale Nachfolgeinstitute mit Sitzen in Düsseldorf, Frankfurt und Hamburg. Nach dem Zusammenschluß zur Dresdner Bank AG (1957) blieben Hauptverwaltungen an den genannten Plätzen bestehen.

1970 stellte sich die Bank wie folgt dar (vgl. Abb. 28a): Die drei Hauptverwaltungen waren selbständig operierende Einheiten, die jede über einen vollständigen Apparat zur Vorbereitung und Durchführung von Entscheidungen verfügten.

Unter ihnen fächerte sich die Bank auf in 37 „Kopfstellen" mit besonderen Vollmachten für ihren Bezirk und die (meist kleineren) Geschäftsstellen in diesem Bezirk. Die größte „Kopfstelle" war etwa 100mal so groß wie die kleinste. 46 Filialen bilanzierten selbständig und 146 erstellten eigene Gewinn- und Verlustrechnungen.

Ein weiteres Wachstum des Unternehmens war ebenso abzusehen wie eine differenzierte Weiterentwicklung der „Umweltbedingungen". Zur Aufrechterhaltung einer schnellen und zielgerichteten Führungsinformation und zur Verbesserung der Steuerungsmöglichkeiten, bedurfte die Bank der grundlegenden Neuordnung.

Die organisatorische Neuordnung

• *Ziele und Schwerpunkte der Umstellung*

Die Ziele der Neuordnung lassen sich wie folgt zusammenfassen:

- Verbesserung der Schlagkraft im verschärften Wettbewerb
- einheitliche Ausrichtung zur höheren Wirtschaftlichkeit.

Die Schwerpunkte der Umstellung waren:

- Aktivierung aller Sparten des Firmen- und Privatkundengeschäftes
- Förderung der bankbetrieblichen und organisatorischen Belange entsprechend ihrer wachsenden Bedeutung
- Verbesserung und Intensivierung der Führung, Betreuung sowie Aus- und Fortbildung von Mitarbeitern.

Die Grundzüge der neuen Organisation stellen sich wie folgt dar (vgl. 28b):

- Im Vorstand sind die Aufgaben unbeschadet der aktienrechtlichen Gesamtverantwortung nach Fachbereichen und Regionalbereichen verteilt.
- Die Gesamtbankfunktionen werden in einer Zentrale durch sog. Ressorts wahrgenommen, die dem Vorstand Fachbereich direkt unterstehen.
- Das inländische Geschäftsstellennetz gliedert sich in 14 Niederlassungsbereiche mit einheitlichem Aufbau.
- Die geschäftlichen Aktivitäten sind nach Kundengruppen ausgerichtet.
- Die Niederlassungsleitung ist mit hohen Kompetenzen ausgestattet. Ihr ist die Führungs- und Ergebnisverantwortung gegenüber dem Vorstand Regionalbereich übertragen.
- Auf allen Ebenen der Bank gelten klare Zuständigkeiten.

• *Gliederung und Aufgaben der Zentrale*

In der Zentrale sind alle Gesamtbankaufgaben zusammengefaßt. Sie besteht aus den Generalbevollmächtigten zur Unterstützung des Vorstandes, den Ressorts und den Vorstandsstäben.

Ressort ist die einheitliche Bezeichnung für ein in sich abgeschlossenes Aufgabengebiet in der Zentrale. Es ist dem Vorstand Fachbereich direkt unterstellt.

Jeweils auf ihrem Fachgebiet sind allen Ressorts gemeinsam die *Hauptaufgaben:*

- Unterstützung des Vorstandes, u.a. bei der Vorbereitung geschäftspolitischer Entscheidungen
- Durchsetzung der geschäftspolitischen Entscheidungen
- Fachliche Unterstützung der Niederlassungen.

Die Ressorts sind den Niederlassungen nicht disziplinar vorgesetzt, besitzen ihnen gegenüber jedoch ein fachliches Weisungsrecht, mit dessen Hilfe sie der zweiten dieser Hauptaufgaben nachkommen können.

Daneben tätigen einige Ressorts auch selbst Geschäfte. So betreibt das Ressort Ausland z.B. das Kreditgeschäft der Bank im Ausland, soweit hiermit nicht die Auslandsniederlassungen beauftragt sind. Das Ressort Geld und Devisen nimmt Einlagen von Bankenkunden herein bzw. reicht Gelder an Banken aus und handelt mit Devisen, Sorten und Edelmetallen. Das Ressort Konsortialgeschäft vertritt die Bank in nationalen Konsortien. Das Ressort Wertpapiere betreut professionelle (meist institutionelle) Wert-

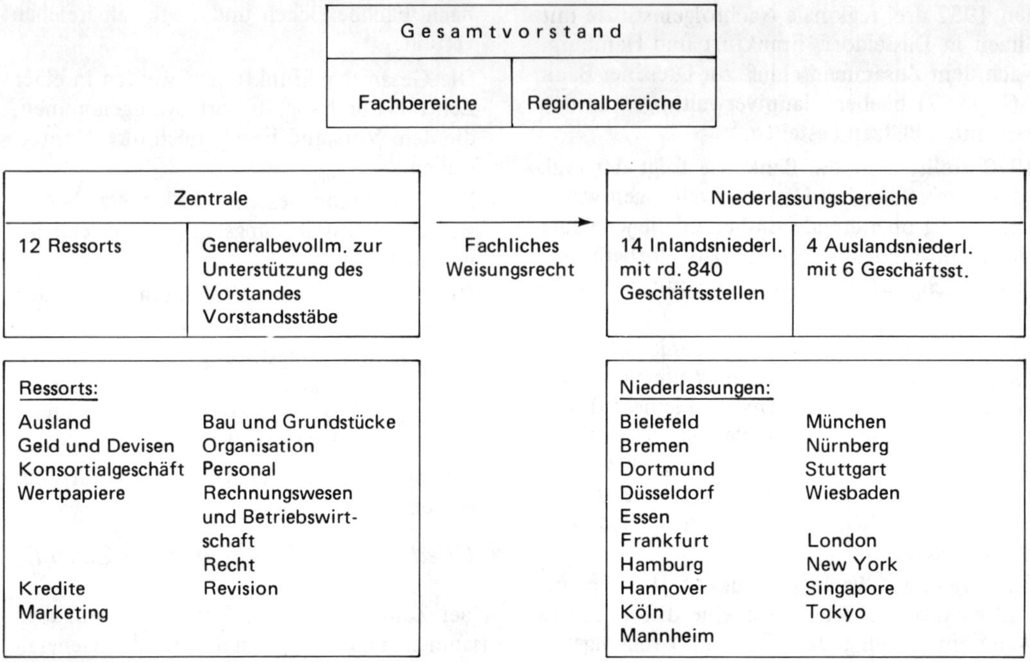

Abb. 28b: Organisationsstruktur der Dresdner Bank AG (ab 1970)

papieranleger und bestreitet das Eigengeschäft der Bank. Sitz der Zentrale ist Frankfurt am Main.

Die straffe Gliederung des Geschäftsstellennetzes ermöglicht einen reibungslosen Fluß von umfassenden und trotz Verdichtung aussagefähigen Informationen zwischen Zentrale und Niederlassungen. Der ständige Gedankenaustausch ist institutionalisiert. Als Hilfsmittel für die Zusammenarbeit zwischen den Niederlassungen und Ressorts sowie der Ressorts untereinander ist ein tabellarischer Code (der sog. ARIGED-Code) entwickelt worden, der die Zuständigkeiten für die Behandlung bestimmter Vorgänge in der Zentrale und gegenüber den Niederlassungen regelt.

- *Gliederung und Aufgaben der Niederlassungsbereiche*

Hauptträger des Geschäftes mit der inländischen Kundschaft sind die 14 Niederlassungen mit insgesamt rd. 860 Geschäftsstellen.

In der Geschäftsordnung für die Niederlassungsleitung ist die Gesamtverantwortung des Kollegiums gegenüber dem Vorstand Regionalbereich verankert. In diesem – übergeordneten – Rahmen sind Einzelverantwortlichkeiten festgelegt worden. Hier zeigt sich ein Hauptpunkt der kundenorientierten Niederlassungs-Struktur, der sich im Grundsatz über die Filiale bis in die Zweigstelle, die kleinste Einheit des Geschäftsstellennetzes fortsetzt: die *Aufgabentrennung zwischen Privatkunden- und Firmenkundengeschäft* (vgl. Abb. 28c).

– *Firmenkundengeschäft*

Das *Firmenkundengeschäft* trägt vornehmlich Züge des Individualgeschäftes. Hierauf mußte bei der organisatorischen Umstellung besondere Rücksicht genommen werden. Deshalb blieben die stark von persönlichen Beziehungen geprägten, oft langjährigen Betreuungsverhältnisse unberührt. Um gerade diese Geschäftssparte zu pflegen und zu intensivieren, wurden starke Betreuungs- und Akquisitionskapazitäten geschaffen. Die Zahl der Niederlassungsleiter Firmenkundengeschäft (FL) richtet sich nach dem Geschäftsvolumen und dem Potential an möglichen Kunden. Zu seiner Unterstützung ist ihm eine Abteilung Firmenkundenbetreuung direkt zugeordnet.

Der Aktivierung des Firmenkundengeschäftes dient auch die (früher nicht gegebene) Funktionstrennung zwischen Betreuung/Akquisition

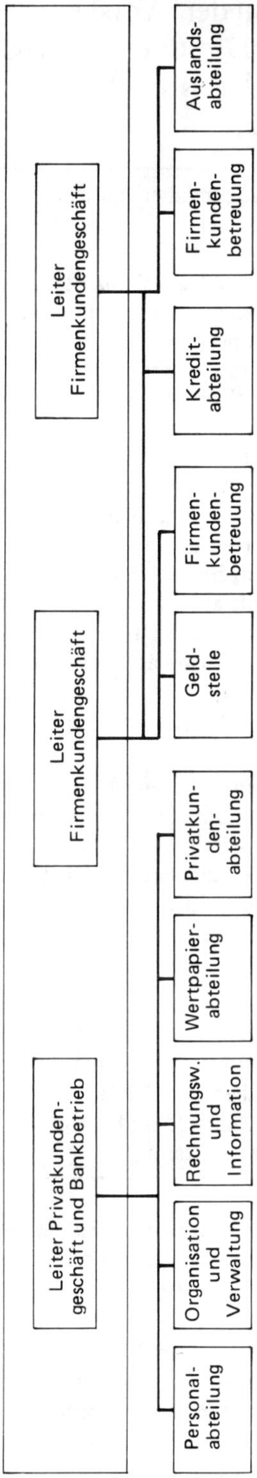

Abb. 28c: Organisationsstruktur der Niederlassung (Dresdner Bank)

(Ziel: Geschäftsausweitung) und Kreditbearbeitung/-überwachung (Ziel: Risikominderung).

Gleichzeitig mit der Verlagerung dieses Zielkonfliktes auf getrennte Abteilungen sind einerseits die Betreuer für ihre eigentlichen Aufgaben freigestellt und können andererseits Kreditbearbeitung und -überwachung objektiver und wirtschaftlicher gestaltet werden. Die Kreditabteilung, der diese Funktionen obliegen, untersteht den FL gemeinsam, hierarchisch der Firmenkundenbetreuung gleich.

Je einem FL zugeordnet sind Geldstelle und Auslandsabteilung, da deren geschäftliche Aktivitäten sich vornehmlich auf Firmenkunden richten.

– *Privatkundengeschäft*

Im Gegensatz zum Firmenkundengeschäft konnte das *Privatkundengeschäft* mit vielfach gleichgelagerten Kundenwünschen und großen Postenzahlen weitgehend normiert werden. Hier treten dieselben Managementfunktionen (Steuerung, Koordinierung) in den Vordergrund, die auch für die bankbetrieblichen Aufgabengebiete bestimmend sind. Deshalb sind beide Bereiche zusammen mit dem (unter geschäftlichen und bankbetrieblichen Gesichtspunkten als eng verbunden anzusehenden) Wertpapiergeschäft dem Niederlassungsleiter Privatkundengeschäft und Bankbetrieb zugeordnet (vgl. Abb. 28c).

Für das Privatkundengeschäft, das in seiner Breite früher mehr oder weniger der Initative der Schaltermitarbeiter überlassen war, besteht heute entsprechend seinem großen Gewicht eine eigene Fachabteilung in der 2. Ebene der Niederlassung.

– *Bankbetrieb*

Auch der wachsenden Bedeutung des sog. Bankbetriebes wird durch die Niederlassungsstruktur Rechnung getragen: Personalabteilung, Organisation und Verwaltung sowie Rechnungswesen und Information sind Fachabteilungen in der 2. Ebene. Die klare und gleichberechtigte Aufgabenzuordnung in den Sparten „Personal" und „Organisation" ermöglicht und gewährleistet eine angemessene Berücksichtigung dieser Belange in der Bank.

Ähnliches gilt für die Abteilung Rechnungswesen und Information. Durch diese Einrichtung wird dafür Sorge getragen, daß anfallendes Zahlenmaterial schnell in repräsentative und zielgerichtete Führungsinformation umgesetzt wird. Hierfür ist ein entsprechendes System der Informationsverdichtung und -auswertung innerhalb der Niederlassungen und darüber hinaus für die Ressorts und den Vorstand entwickelt worden. In der Zentrale wird das System vom Ressort Rechnungswesen und Betriebswirtschaft getragen. Es ist streng nach dem organisatorischem Aufbau der Bank ausgerichtet. Somit erhält jede Stelle regelmäßig die zur Kontrolle und wirksamen Steuerung ihres Geschäftsbereiches notwendige Information. Die Berichtsgrößen sind durchgängig definiert, so daß vertikale und horizontale Kontinuität gewährleistet werden können.

– *ausländische Niederlassungen*

Die ausländischen Niederlassungen (derzeit London, New York, Singapore, Tokyo) sind nach den selben Grundsätzen wie die inländischen mit gewissen länderspezifischen Modifizierungen organisiert.

● *Aufgabenverteilung*

Für alle Ebenen der Bank sind die Funktionen vollständig definiert und eindeutig zugeordnet. Die Zuordnung steht unter dem Primat einer optimalen Synthese der in einer Bank besonders hohen Sicherheitserfordernisse mit der gebotenen Wirtschaftlichkeit. Diesem Ziel dient auch in der gegenwärtigen Organisation der Dresdner Bank die Anwendung und konsequente Vertiefung zweier altbewährter Prinzipien:

– Funktionstrennung, soweit zur Sicherheit nötig und zur Arbeitsteilung sinnvoll,
– Bündelung gleichgerichteter Aufgaben im Interesse einer rationellen Arbeitsweise.

Die derzeitige Organisation der Dresdner Bank entspricht den Anforderungen des Marktes. Sie ist lebendiger Teil des Unternehmens und bei aller notwendigen Festigkeit anpassungsfähig. Sie ermöglicht dem Unternehmen damit ein hohes Maß an Flexibilität und bietet insgesamt günstige Voraussetzungen für die weiterhin erfolgreiche Arbeit der Bank.

7.12 Interview mit dem Vorstandsmitglied der Dresdner Bank AG, Herrn Prof. Dr. K.F. Hagenmüller, 1976

Welches waren die Grundüberlegungen, die Sie zur Reorganisation veranlaßt haben?

Es war nach der Freigabe des Habenzinsabkommens nicht zu übersehen, daß unsere Bank, wollte sie marktnah operieren, ihre Organisationsstruktur ändern mußte. Wir waren der Ansicht, daß bei dieser Gelegenheit auch eine einheitliche Organisationsform zu schaffen war und zur besseren Steuerung Geschäftsbereiche mit vergleichbaren Größenordnungen notwendig seien. Spezialisten der amerikanischen Firma McKinsey und Herren mit entsprechendem Know-how aus unserem Hause bildeten ein Projekt-Team, das sich mit allen aus der Neuorganisation ergebenden Fragen zu beschäftigen hatte. Um die Lösungsvorschläge des Projekt-Teams zu prüfen, war ein Testlauf notwendig, mit dem wir damals in der Niederlassung Köln begonnen haben.

Nachdem wir feststellen konnten, daß die Testergebnisse im wesentlichen den Vorstellungen entsprachen, konnten wir die Reorganisationsmaßnahmen sukzessive auf andere Niederlassungsbereiche ausdehnen. Insgesamt haben wir die Zahl der bilanzierenden Stellen dabei von 46 auf 14 zurückgeführt.

Wenn Sie einen solchen Testlauf durchführen, dann können Sie zwar das interne Funktionieren austesten, aber doch kaum, wie das Verhältnis zwischen Zentrale und dieser Außenstelle gestaltet werden kann.

Eine der Grundüberlegungen war: Sollen wir von oben nach unten oder von unten nach oben organisieren? Wir haben es vorgezogen von unten zu beginnen.

Wir haben also zunächst einmal die Organisationsabläufe der Einheit zu optimieren versucht, die unmittelbar für das Geschäft in ihrem Bereich verantwortlich ist. Dadurch, daß wir zum Beispiel in dieser Testniederlassung eine Stelle in der Leitung geschaffen haben, die für Personal, Organisation, Rechnungswesen, Effekten und Massengeschäft zuständig ist, haben wir gleichzeitig die Richtung für die Organisation der Zentrale gewiesen.

Im Vorstand mußte die Verantwortlichkeit möglichst in analoger Weise gegliedert sein, wobei die Zuständigkeiten hier unterschiedlich zusammengefaßt wurden. Es liegen zum Beispiel die Ressorts Organisation, Rechnungswesen und Personal in einer Hand, während sich ein Mitglied des Vorstandes aufgrund des Gewichts des Geschäftsbereichs allein mit Effekten und der Börse befaßt.

Die Organisation einer Niederlassung bzw. eines Niederlassungsbereiches impliziert also bereits die Frage nach der Struktur der Verantwortungsbereiche in der Zentrale.

Dabei gibt es – glaube ich – eine Ausnahme, das ist die Aufgabentrennung Firmen- und Privatkundengeschäft, die sich oben nicht wiederholt, ist das richtig?

Diese Trennung wiederholt sich auch oben. Einerseits ist das Ressort Marketing, das für die Privatkunden-Betreuung zuständig ist, im Vorstand repräsentiert, andererseits fällt die Firmenkunden-Betreuung in den Bereich der Kollegen, die die Niederlassungs-Bereiche betreuen. Sachlich ist also auch hier eine Trennung von Privatkunden- und Firmenkunden-Geschäft gegeben.

Sie haben das neue Organisationskonzept zusammen mit einer Beratungsgesellschaft entwickelt und eingeführt. Welche Überlegungen waren dafür ausschlaggebend, sich den Rat Außenstehender einzuholen?

Wir gingen davon aus, daß eine externe Beratungsgesellschaft an die gestellte Aufgabe völlig unvoreingenommen herangehen und auch Problemstrukturen aufdecken würde, die ein jahrelang in der Bank tätiger Praktiker eventuell übersehen hätte. Wir glauben, nur gemeinsam mit einer Beratungsfirma die beste Organisationsform für unser Unternehmen finden zu können. Erst die Kombination aus der Einbringung der Kenntnisse der unternehmensspezifischen Problemstrukturen durch unsere Mitarbeiter und der der Theorie durch die Beratungsfirma schafft die Möglichkeit, eine gute Verbesserung der Organisation zu erzielen. Darüber hinaus kann eine gute Beratungsfirma in sämtlichen Ebenen der Hierarchie Probleme eher aufgreifen, als dies von interner Seite heraus möglich ist. Unsere Erfahrungen bestätigen ganz eindeutig die Richtigkeit dieses Ansatzes.

Sie sehen vom Wettbewerb her die Notwendigkeit einer höheren Reagibilität am Markt. Im allgemeinen führt diese Forderung zu einer Verflachung der Organisationspyramide. Wie hat sich die Gesamtheit Ihrer Maßnahmen im Zuge der Reorganisation auf die Gestalt der Pyramide ausgewirkt, wurden z.B. Ebenen eingespart oder breiter ausgelegt?

Im Grunde genommen hat sich die Pyramide erheblich verflacht, und insbesondere die Entscheidungswege konnten erheblich verkürzt werden. Die Geschwindigkeit der Information von unten nach oben und von oben nach unten ist nach unserer Auffassung auch gestiegen. Ablauforganisatorisch ist der Instanzenweg auf drei Stationen verkürzt worden. Dies dient der Schnelligkeit sowohl beim einzelnen Geschäft als auch bei der Durchsetzung genereller Weisungen. Das ist ein echter Erfolg der Neuorganisation, aus der sich auch die Zielrichtung für die noch ausstehenden restlichen Arbeiten auf diesem Sektor ergibt.

Zwar haben Sie die drei Hauptverwaltungen in Düsseldorf, Frankfurt und Hamburg aufgelöst, nach wie vor residieren jedoch Vorstandsmitglieder an diesen Orten. Wird dadurch die alte Organisationsform nicht teilweise konserviert?

Im Grunde genommen könnte es so aussehen, als ob durch den Standort einzelner Vorstandsmitglieder an diesen Orten etwas von der alten Organisation geblieben sei. Dadurch aber, daß alle zentralen Ressorts ihren Sitz in Frankfurt haben und die Vorstandssitzungen überwiegend in Frankfurt stattfinden, ist dies eigentlich nicht sehr bedeutsam.

Die regionale Standortfrage ist so also nur zur Aufrechterhaltung der Kundennähe geregelt worden, denn es ist eine echte Notwendigkeit, um den Weg zu den Kunden gleich kurz zu halten. Es wäre im Rahmen einer derartigen Organisation, die letztlich als Verkaufsorganisation gedacht ist, völlig falsch, die Kundennähe aufzugeben.

Eine solche Organisation ist ja immer im Fluß und Sie sprachen das vorhin auch an. Welche Funktionen sollten Ihrer Ansicht auf lange Sicht grundsätzlich regional dezentralisiert sein und welche grundsätzlich zentralisiert?

Eine Antwort darauf ist einigermaßen schwierig. Einerseits sollte aus Kostengründen alles zentralisiert werden, was zentralisiert werden kann, andererseits verlangt die Kundennähe eine möglichst weitgehende Dezentralisierung. Erst eine Differenzierung zwischen marktbezogenen und innerbetrieblichen Entscheidungen löst diesen scheinbaren Gegensatz auf. Dezentral ist die Organisationsstruktur im marktbezogenen Bereich. Dies wird mit der Bildung der 14 Niederlassungsbereiche unter Vermehrung ihrer Kompetenzen deutlich. Für die Spitze der Hierarchie bedeutet dies eine weitgehende Dezentralisation. Im innerbetrieblichen Bereich, der z.B. die Ressorts Personal, Organisation, Rechnungswesen und Betriebswirtschaft und Revision umfaßt, werden die Entscheidungen soweit wie möglich zentral getroffen. In der Frage der Datenverarbeitung haben wir zum Beispiel eine Zentrale in Frankfurt, die eine zentrale Leitung und Einsatzplanung gewährleistet. Um den Risikofaktor, ein zusätzliches Kriterium, einzuengen, bestehen daneben aber auch als zentrale Abteilungen, die Frankfurt unterstellt, also nicht den Niederlassungen angegliedert sind, Rechenzentren in München, Stuttgart, Düsseldorf und Hamburg.

Eine Reihe von Entscheidungen ist zentralisiert (z.B. Konditionengestaltung). Ist eine derartige zentrale Abwicklung schnell genug, um sich wandelnden Markterfordernissen rechtzeitig anpassen zu können?

Das funktioniert gut, und zwar deswegen, weil jeder weiß, an wen er sich zu wenden hat. Der Schnelligkeit aller Entscheidungen dienen

- die Kürze der Instanzenwege
- das schnell funktionierende Informationssystem
- die klare Funktionszuordnung.

Speziell zu Ihrer Frage: Gegenüber früher wurde die Marktbeobachtung in den Niederlassungen und der Zentrale verbessert und systematisiert. Dies bietet in Verbindung mit den genannten drei Kriterien die Möglichkeit zu sehr rascher Anpassung an den Markt.

Versprechen Sie sich durch das Schaffen von 14 inländischen Niederlassungsbereichen mit einheitlichem Aufbau eine Art innerbetrieblichen Wettbewerb?

Die Einheitlichkeit ist in der Tat die Voraussetzung für den Vergleich der Niederlassungsbereiche untereinander. Hinzufügen muß ich, daß wir diese Vergleiche nicht auf der Basis von Profit-Centers durchführen, da wir auf dem Standpunkt stehen, daß ein gerechter Verrechnungspreis im monetären Sektor, also mit Ausnahme der Dienstleistungsbereiche, nicht zu ermitteln ist.

Die Steuerung findet vielmehr über die Segmente des Gewinns – Volumensentwicklung, Konditionen, Personal- und Sachkosten und Ausschöpfung des Marktpotentials – statt. Wir legen daher größeren Wert auf den zeitlichen Vergleich jeder einzelnen Niederlassung und die Entwicklung ihres Geschäfts im Vergleich zum Gesamtbankdurchschnitt. Entscheidend für die Beurteilung aller Geschäftsstellen und Niederlassungsbereiche ist jedoch die Annäherung an ausgewogene Planzahlen, die unter Mitwirkung der Betroffenen erarbeitet werden.

Also praktisch drei Beurteilungsbereiche: 1. Marktdurchdringung, dann 2. Wachstum und 3. zusätzliche Kenntnisse über die Effizienz der einzelnen Einheiten.

Den Niederlassungen steht jeweils ein Kollegium mit eigenen Ressortzuständigkeiten vor. Wäre hier nicht eine Einzel- (direktorale) Leitung der Niederlassungen vorzuziehen, um die Schlagkräftigkeit in der Region zu erhöhen? Welche Gesichtspunkte sprechen Ihrer Ansicht nach für die kollegiale Lösung?

Unsere Erfahrungen laufen ganz eindeutig darauf hinaus, daß das Kollegialprinzip geeigneter ist. Es hat sich bei wichtigen Entscheidungsprozessen als sachdienlich und sicher bewährt. Auch die Wahrung der geschäftlichen Kontinuität bietet zum Beispiel beim Wechsel in der Leitung Argumente für die kollegiale Lösung, die übrigens im deutschen Bankwesen seit jeher üblich ist. Wir meinen, mit der Kombination von übergeordneter Gesamtverantwortung und Einzelverantwortlichkeiten nach Firmenkundengeschäft und Privatkundengeschäft/Bankbetrieb eine Möglichkeit gefunden zu haben, bei der die Vorteile des Kollegialprinzips genutzt werden, ohne die Schlagkräftigkeit zu beeinträchtigen.

Die kollegiale Lösung ermöglicht es der Bank, dem Wunsch vieler Kunden, meist Firmenkunden, von Mitarbeitern der ersten Ebene in der Niederlassung betreut zu werden, möglichst weitgehend nachzukommen. Ein einzelner Leiter, der sich neben dem Firmenkundengeschäft zusätzlich noch um Steuerung, Koordinierung und Kontrolle des Privatkundengeschäfts und der bankbetrieblichen Sparten zu kümmern hätte, könnte den individuellen Wünschen dieser Kunden nicht in genügendem Umfang gerecht werden.

Wichtig erscheint als Prinzip offensichtlich die Ausrichtung der geschäftlichen Aktivitäten nach Kundengruppen und hier besonders die stärkere Betonung des Privatkundengeschäftes in der Organisation. Wie ist hier die Zusammenarbeit über die verschiedenen Ebenen gestaltet?

Die Vorstandsfunktionen des Firmenkundengeschäfts obliegen den Mitgliedern des Vorstandes Regionalbereich. Sie schalten sich auch persönlich in die unmittelbare Kundenbetreuung ein. So erklärt sich ihre Anzahl, ihr regionaler Sitz in Düsseldorf, Frankfurt und Hamburg und ihre Zuständigkeit für bestimmte Niederlassungsbereiche. Das Kreditgeschäft steuern sie über das Ressort Kredite. Dieses besteht aus den drei Filialbüros an den genannten Vorstandssitzen und untersteht den jeweiligen Mitgliedern des Vorstandes Regionalbereich. Grundsatzfragen werden federführend im Filialbüro Frankfurt behandelt, so daß die drei Filialbüros abgestimmt agieren. Für alle anderen Fragen des Firmenkundengeschäfts stehen den Niederlassungen die zuständigen Ressorts als Ansprechpartner zur Verfügung (Ausland, Geld und Devisen usw.)

Im Privatkundengeschäft finden die Niederlassungen ebenfalls spartenweise ihre zentralen Anlaufstellen (z.B. Ressorts Marketing, Wertpapiere), die den jeweiligen Mitgliedern des Vorstandes Fachbereich unterstehen.

Für die Koordination innerhalb der Zentrale ist durch die Entwicklung des beschriebenen tabellarischen Schlüssels der Zusammenarbeit, des sog. ARIGED-Codes, Sorge getragen.

Darüber hinaus gewährleistet die enge Kooperation innerhalb des Gesamtvorstandes eine jederzeit einheitliche Steuerung sowohl des Firmenkundengeschäfts als auch des Privatkundengeschäfts.

Den Ressorts steht kein disziplinarisches, aber ein fachliches Weisungsrecht gegenüber den Niederlassungen zu. In der Erfahrung einiger Unternehmungen, die im industriellen Bereich eine derartige Trennung der Weisungsrechte vorgenommen hatten, ergaben sich dabei beachtliche Schwierigkeiten. Wie haben Sie diese Abgrenzung vorgenommen?

Darüber haben wir lange diskutiert, denn auch bei uns sah dies zunächst einigermaßen schwierig aus. Letztlich ist für den einzelnen Niederlassungsbereich ja der Kollege verantwortlich, dem die Mitarbeiter disziplinarisch unterstellt sind. Rein fachlich gibt es jedoch auch da keine Schwierigkeiten, wo die Entscheidungen der Fachressorts in die Bereiche der Niederlassungen hineinreichen. Die Ressorts Organisation, Rechnungswesen, Geld und Devisen und die bereits erwähnten sind im Vorstand vertreten. Der für das Ressort Effekten zuständige Kollege trifft seine Weisungen, die bis zur Zweigstelle verbindlich sind, – womit die Entscheidungsstruktur für alle anderen Ressorts exemplarisch erläutert ist.

Das Hauptproblem, das dabei auftreten könnte, betrifft die Versetzungen von Personal, die mehrere der Entscheidungsbereiche Ressort oder Niederlassung tangieren. Wir haben das insofern geregelt, als wir hierzu den ARIGED-Code heranziehen. Dieser bestimmt, wer die Entscheidung trifft, wer angehört werden muß, wer zustimmen muß usw. Nennenswerte Schwierigkeiten haben wir auf diesem Sektor bisher eigentlich nicht erlebt.

Das liegt aber auch wahrscheinlich daran, daß die Entscheidungen in einem sehr homogenen Vorstand getroffen werden.

Das ist ein sehr interessanter Punkt. Viele Bedenken gegen mehrlinige Organisationsformen mögen auf die Befürchtung zurückgehen, daß bei weniger homogenen Vorstandsverhältnissen der persönlichen Interessenpolitik Einzelner Raum gegeben wird.

Ja, eines der wesentlichsten Dinge bei der Umorganisation, die ja in Teilbereichen noch nicht abgeschlossen ist, ist die Übereinstimmung über deren Wirksamkeit.

Neue organisatorische Maßnahmen liefern im Grunde genommen nur noch im Detail Diskussionspunkte. Daran läßt sich die positive Einstellung dieses Gremiums, die eine entscheidende Bedeutung für die Erhöhung der Schlagkraft einer Organisation hat, sehr deutlich ablesen.

Wie sieht es mit der langfristigen, mit der strategischen Planung aus?

Mit der Neuorganisation wird die für die strategischen Überlegungen zunächst wichtige Unternehmungsdiagnose ermöglicht. Gleichzeitig ist diese neue Organisationsstruktur Voraussetzung für die Verwirklichung langfristiger Zielsetzungen und der Erfolgsüberwachung. Planungen sind auf dem innerbetrieblichen Sektor einfacher, d.h. ich kann sagen, wie viele Zweigstellen und Filialen ich an bestimmten Orten eröffnen werde, welche Ausbildungsmaßnahmen zu treffen sind und wie sich die Entwicklung der EDV-Kapazitäten in den Gesamtplan einfügen.

Die Ertragsplanung dagegen erscheint wesentlich schwieriger. Hier sind die Prognosen, die unter bestimmten Voraussetzungen vergangenheitsbezogene Daten extrapolieren, mit erheblicher Unsicherheit behaftet. Zwar wissen wir, in welchen Dimensionen wir zum Beispiel volumensmäßig hineinwachsen wollen, doch können uns die exogenen Faktoren, wie insbesondere die Entscheidungen der Bundesbank, Bundesregierung, die Konjunkturentwicklung sowohl erhebliche Veränderungen der Zielwerte als auch Änderungen der Konzepte aufzwingen.

Wir bewegen uns hier m.E. auf einem für die Banken besonders schwierigen Sektor.

Strategische Planung erfolgt also vorrangig im Rahmen einer Marketing-Planung, der Planung von Zielen der Marktdurchdringung bei verschiedenen Geschäftsarten und der Planung von Einsätzen der absatzpolitischen Mittel hierfür, z.B. neue Zweigstellen usw. und die Ausrichtung der dahinterstehenden Organisation einschließlich der Datenverarbeitung.

In den Führungsleitsätzen Ihres Unternehmens wird von der Mitwirkung der Mitarbeiter beim Erarbeiten einer Zielsetzung gesprochen. Können Sie kurz schildern, wie diese Mitwirkung vonstatten geht?

Das ist an einem Beispiel relativ einfach zu erläutern. Wenn Sie sich vorstellen, daß wir früher 37 völlig unterschiedlich organisierte Kopfstellen hatten, dann war es unmöglich, diese 37 alle mehrmals in einem Jahr an einen Tisch zu bekommen. Dies wäre vielleicht einmal möglich gewesen, aber von 50 Millionen Bilanzsumme bis drei Milliarden Bilanzsumme, die dann vertreten gewesen wären, hätte jeder eine andere Sprache gesprochen. Heute ist es so, daß ich z.B. in meinem Bereich die für die Privatkunden und den Bankbetrieb zuständigen Herren aus den Niederlassungen alle acht Wochen hier in Frankfurt zusammen habe, daß weiter sechs bis acht andere Herren aus den Ressorts hinzukommen und dann zusätzlich noch einige der Firmenkundenleiter aus den Niederlassungsbereichen. Alle acht Wochen werden dadurch die entsprechenden Probleme besprochen. Daneben gibt es zusätzlich noch kleinere Gruppen für Organisation, Marketing, Ausbildung. Aus diesen Gremien entwickeln sich die entsprechenden Anordnungen, die damit gemeinsam erarbeitet worden sind und mit Sicherheit in den Niederlassungen auch akzeptiert werden.

Das gilt auch für die Ziele?

Ja!

Sie sind überzeugt davon, daß Sie mit dieser Organisations- und Führungsstruktur das Unternehmen marktgerechter gestaltet haben. Welche Lebensdauer geben Sie dieser Organisationskonzeption? Von welchen Faktoren her sind in Zukunft Notwendigkeiten zur Anpassung über Änderungen zu erwarten?

Wenn wir zurückblicken, wie lange das Unternehmen „Umorganisation" läuft, dann sind das immerhin schon rund fünf Jahre. Wir haben weitere Ziele im Rahmen dieser Umorganisation. Zwei Stufen, die bis in die Zweigstelle hineinlaufen, sind noch durchzuführen: die Arbeitsabläufe in der Zweigstellenorganisation und die Feinarbeiten in den Ressorts. Ich schätze, daß wir hierzu noch weitere zwei bis vier Jahre brauchen werden. Das erste Konzept ist nun abgeschlossen.

Wenn ich mit den Niederlassungs-Leitern oder mit den Fachherren der Ressorts zusammensitze und wir überlegen uns, was sich ändern sollte und was neu eingeführt werden müßte, steht die Frage nach der Lebensdauer einer Organisation bereits im Raum.

Die Organisationsform ist ein vorgegebener Rahmen, innerhalb dessen ständig Änderungen vorgenommen werden. Im Grunde genommen hatten wir schon nach zwei bis drei Jahren kleinere Änderungen, die wir überall dort, wo sie notwendig erschienen, unverzüglich durchführten. Die Antwort auf Ihre Frage muß daher heißen, daß jede Organisation schon vom ersten Tag an auf notwendige Erneuerungen überprüft werden muß.

Die Art der Diskussion über die organisatorische Anpassung stellt sicher, daß die Anregungen nicht nur von unten oder oben, sondern vor allem auch schnell hereingebracht werden. Dazu ein Beispiel: Wir haben vor zwei Jahren damit angefangen, die Organisation unserer Zweigstellen verstärkt auf den Markt auszurichten. Wenn wir nach voraussichtlich weiteren zwei Jahren dieses Projekt abschließen werden, so werden alle betroffenen Stellen an den Entscheidungen beteiligt gewesen sein. Uns scheint damit das Ziel eines besseren Verkaufs, einer größeren Kundennähe und eines schnelleren und besseren Services am besten zu erreichen zu sein.

7.2 Sparkassenorganisation

7.21 Aufbauorganisatorische Lösungsmodelle im Kundenbereich einer Sparkasse

von Dr. Götz Schmidt, Gießen

Mit zunehmender Intensität des Wettbewerbs im gesamten Bankensystem mußten die Sparkassen schon seit einigen Jahrzehnten verstärkt auf die Interessen ihrer Kunden eingehen, d.h. kundenorientiert sein. Erkennbare Ergebnisse dieser Bemühungen sind beispielsweise der Aufbau eines immer weiter gegliederten kundennäheren Zweigstellennetzes oder die Übernahme neuer Produkte und Serviceleistungen. In diesem Beitrag beschränkt sich die Fragestellung auf aufbauorganisatorische Sachverhalte zur Erzielung einer größeren Kundennähe. Diese Fragen werden nur für den kundenunmittelbaren Bereich behandelt, d.h. für die Stellen, die vorwiegend oder ausschließlich mit den Kunden zu tun haben. Die Aussagen betreffen im wesentlichen die Hauptstellen von Sparkassen sowie große Zweigstellen bzw. Kopfstellen. Auf themenbezogene Unterschiede zwischen Haupt- und Zweigstellen wird nicht eingegangen.

Ausgangssituation

Bis vor einigen Jahren dominierte im Kundenbereich der Sparkassen ganz eindeutig die gewachsene Produkt- bzw. Spartenorganisation. Der Kunde war daran gewöhnt, bei unterschiedlichen Geschäftsfällen unterschiedliche, nebeneinander arbeitende Abteilungen oder Stellen anzulaufen.

Normalerweise gab es folgende „Sparten“:

- Giroabteilung
- Sparabteilung
- PVS (Prämienbegünstigtes, vermögenswirksames Sparen)
- Daueraufträge
- Dispositionskredite
- Kontoauszüge
- Kasse
- Außenhandel
- Anlagenberatung und
- Wertpapiere.

Trotz der formal vorliegenden „Spartenorganisation“ fehlten jedoch wesentliche Merkmale, die normalerweise mit diesem Begriff verbunden werden. So gab und gibt es keine echten Produktverantwortlichkeiten etwa im Sinne einer produktspezifischen Gewinnverantwortlichkeit. Es handelt sich also mehr um eine *Produktspezialisierung im Leistungsbereich.*

Diese Lösung brachte und bringt für die Sparkassen einige erhebliche *Vorteile*. So z.B. die durch die Spezialisierung ermöglichte hochgradige Rationalisierung der Aufgabenerfüllung, erleichterte Einarbeitung von Mitarbeitern und damit relativ niedrige Personalkosten, klar gegliederte übersichtliche betriebliche Einheiten usw.

Mit dem *wachsenden Leistungsprogramm der Sparkassen* und mit *zunehmender Erfahrung*, die die Kunden im Umgang mit den Kreditinstituten machten, stiegen auch die in Anspruch genommenen Leistungsarten und die Anforderungen der Kunden an Leistungsqualität und -schnelligkeit. Da gleichzeitig das Geschäftsvolumen enorm anstieg, zeigten sich die Grenzen der Produktgliederung. Einige *Nachteile* erwiesen sich als immer schwerwiegender

- mehrere Anlaufstellen für die Kunden und damit u.U. mehrmaliges Schlangestehen
- die Kunden hatten den häufigsten Kontakt mit relativ wenig qualifiziertem Schalterpersonal (auf dem schwächsten Glied der Kette lastet die Verantwortung für den wichtigsten Aktivposten jeder geschäftlichen Tätigkeit)
- keine umfassende Beratung für den Kunden. Aus der Sicht der Sparkasse ist z.B. ‚cross-selling', d.h., daß beispielsweise mit der Eröffnung eines Girokontos gleichzeitig ein Dauerauftrag verkauft wird, nicht möglich oder erschwert
- keine umfassenden Kenntnisse über den Kunden, was einerseits zu Risiken führt, andererseits nicht sichtbar werden läßt, welche Leistungen dem Kunden angeboten werden sollten
- erschwerte Bindung des Kunden an das Institut, wegen der Vielzahl der Kontaktpersonen
- Betriebsamkeit und Hektik, statt Ruhe im Schalterraum
- Erschwerte Orientierung für den Kunden
- Warteschlangen in Belastungsspitzen.

● *Ziele einer kundenorientierten Aufbauorganisation*

Folgende *Ziele aus der Sicht des Kunden* sind beispielsweise zu berücksichtigen

- wenige Anlaufstellen
- kurze Wartezeiten
- unbürokratische Abwicklung
- qualifizierte kompetente ungestörte Bedienung
- übersichtliche Anordnung
- Vertrauensverhältnis durch persönliche Beziehungen und
- Erweiterung des Leistungsangebotes.

Aus der *Sicht der Sparkasse* spielen folgende *Ziele* eine Rolle

- Aktivierung von Geschäftsbeziehungen
- Sicherheit (z.B. durch bessere Kundenkenntnis)
- Wirtschaftlichkeit
  - rationelle Bearbeitung
  - geringe laufende Personal- und Sachkosten
  - geringe Investitionskosten
- Flexibilität (etwa bei Mengenwachstum oder Übernahme neuer Leistungen) und
- Imagepflege.

Durch organisatorische Maßnahmen sind aus der *Sicht der betroffenen Mitarbeiter* unter anderem zusätzlich folgende *Ziele* zu beachten

- übersichtliche Aufgabenbereiche
- anspruchsvolle Aufgaben ohne Überforderung
- Aufstiegsmöglichkeiten und
- ausreichende Kompetenzen.

Diese Aufstellung erhebt weder Anspruch auf Vollständigkeit, noch sollen die Ziele hier gewichtet werden. Es wird jedoch deutlich, welche Fülle von Interessenlagen gleichzeitig in die Überlegungen zu einer kundenorientierten Aufbauorganisation einfließt.

Von der Theorie werden vier *Gliederungsmöglichkeiten für die Verteilung von Aufgaben* angeboten:

- *Raumorientierte Gliederung*
- *Produktorientierte Gliederung*
- *Kundenorientierte Gliederung und*
- *Verrichtungsorientierte Gliederung.*

Die *räumliche Gliederung* schlägt sich in der Aufteilung der Aufgaben auf Haupt-, Kopf- und Zweigstellen nieder. Vorzüge sind Kundennähe und kleinere, übersichtlichere und damit meistens auch flexiblere Leistungseinheiten.

Die *Produktgliederung* war die traditionell übliche Lösung für die kundenorientierten Aufgaben, soweit eine ausreichende Betriebsgröße vorlag.

Die *Gliederung nach Kunden* fand sich vor allem in größeren Sparkassen. Dort wurden meistens *Geschäfts- und Privatkunden* unterschieden. Später kamen noch weitere Differenzierungen hinzu, wie z.B. ausländische Arbeitnehmer usw. Die Kundengliederung ist vor allem deswegen vorteilhaft, weil mehr Kenntnisse über den Kunden vorliegen und ein differenziertes und spezialisiertes Leistungsangebot unterbreitet werden kann.

Die *Verrichtungsgliederung* findet sich in Sparkassen beispielsweise in der Abgrenzung kundengebundener Aufgaben von sogenannten Folgearbeiten. Vorteile dieser Gliederung sind z.B. die vermehrte Spezialisierungsmöglichkeit und damit eine schnellere und wirtschaftlichere Abwicklung.

- *Kombination der Gliederungsmerkmale*

Diese vier genannten Formen treten in mehrgliedrigen Einheiten immer miteinander vermascht auf. Innerhalb der räumlich abgegrenzten Einheiten finden sich produktorientierte Einheiten (Spar, Giro, usw.). Die kundenorientierte Gliederung kann sich an die produktorientierte anschließen oder die Produktgliederung überlagern.

Durch die vielfältige Mischung der vier Gliederungsmöglichkeiten wurde versucht, die Vorteile der verschiedenen Formen soweit wie möglich auszunutzen. Dabei standen jedoch mehr die innerbetrieblichen Ziele im Vordergrund. Durch die stärkere Ausrichtung auf den Kunden mußten sich nahezu zwangsläufig neue Kombinationsformen ergeben, die im folgenden dargestellt und gewürdigt werden sollen.

Kundenorientierte Modelle

Die *Bezeichnung der vorzustellenden Lösungsansätze* wird aus der *Zahl der Stellen abgeleitet, die ein Kunde maximal anlaufen muß,* wenn er eine Sparkasse aufsucht. Das Merkmal „Anlaufstellen" wurde also zur Gruppenbildung verwendet. Aus räumlichen Gründen kann hier nur auf die wichtigsten Modelle eingegangen werden.

- *Dreier-Lösung*

Die Dreier-Lösung bildete die erste ernst zu nehmende Alternative zu der traditionellen Produkt-Gliederung. Ausgehend von der Frage, welche Leistungen ein Kunde normalerweise von einer Sparkasse erwartet, wurden drei Kategorien nach dem Verrichtungsmerkmal herausgestellt

- Beratungsleistungen
- Routinegeschäfte ohne Zahlgeschäft und
- Zahlgeschäfte.

Daraus leitet sich folgende aufbauorganisatorische Lösung ab (Abb. 29a).

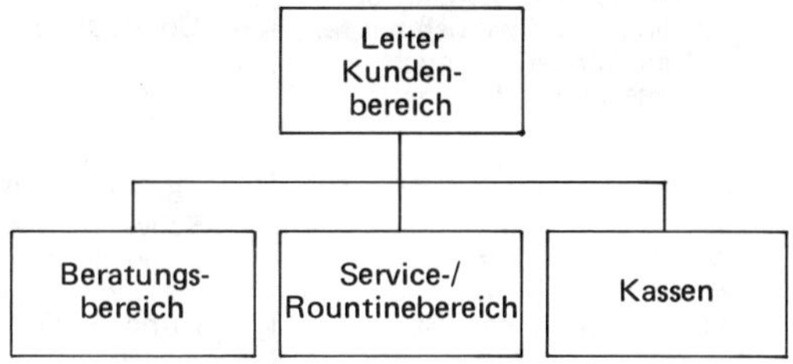

Abb. 29a: „Dreier-Lösung" im Kundenbereich

Global sollen folgende Aufgaben von den Bereichen wahrgenommen werden:

- *Aufgaben des Beratungsbereichs:*
  Sparverkehr (z.B. Kontoeröffnungen, -auflösungen, Anlageformen)
  Giroverkehr
  Daueraufträge
  Standardkredite
  PVS
  Wertpapiergeschäft
- *Aufgaben des Servicebereichs:*
  Kontoauszugsausgabe
  Vordruckausgabe
  (z.B. Scheckformulare)
  Annahme von Schecks, Dokumenten, Wechseln, Lastschriften etc.
- *Aufgaben der Kasse:*
  Ein- und Auszahlungen allgemein
  Sorten/Devisen An- und Verkauf.

Im Vergleich zur traditionellen Produktgliederung ergibt sich folgende Bewertung der Dreier-Lösung (Abb. 29b).

Praktische Erfahrungen haben gezeigt, daß fast alle genannten Probleme bewältigt bzw. gemildert werden können. Das bis heute in den Instituten nicht oder nicht befriedigend gelöste Kernproblem ist die Weiterleitung der Kunden in den Beratungsbereich. Die sogenannte Schwellenangst spielt hier mit, weil die Kontakte zum Berater zu selten sind, um eine vertrauensvolle Beziehung aufzubauen. Damit wird das aktive Verkaufen durch die Sparkasse erschwert und letztlich die gesamte Lösung infrage gestellt. Wenn diese Überleitungsprobleme beseitigt werden können – und das ist sicherlich von Institut zu Institut unterschiedlich zu beurtei-

Vorteile	Probleme	Lösungsansätze für die Probleme
– Schnelle Abwicklung von Routinefällen – Da Berater höchsten Anforderungen gerecht werden müssen, treffen Kunden auf hochkarätige Gesprächspartner – Beratung aus einer Hand (Cross-Selling) – Wachsen eines Vertrauensverhältnisses zwischen dem Kunden und seinem Berater – Umfassende Kundenkenntnis – Aktivierung von Geschäftsbeziehungen möglich	– Überleitung der Kunden aus der schnellen Servicezone in die Beratungszone, wenn das Institut von sich aus aktiv werden will (sogenannte „Beraterfriedhöfe"). Schwierig, weil erneut eine Schwellenangst überwunden werden muß, weil die Kunden keine Zeit haben usw.	– Möglichst viele Leistungen in den Beratungsbereich verlegen – Hinweise bei Kontoauszügen oder Kassen und persönliche Weiterleitung der Kunden (Schlepper) – Vermehrter Außendienst der Berater – Interne feste Zuordnung von Kunden zu Beratern und Initiierung von Aktivierungsprogrammen – Räumliche Nähe von Service- und Beratungsbereich
– Höhere Sicherheit, da man mehr über den Kunden weiß – Akustisch und optisch optimal gestaltbare Beratungszone – Diskretion (aus der Anwesenheit im Beratungsbereich kann nicht auf das Anliegen geschlossen werden) – Übersichtlichkeit	– Überforderung der Berater, Gefahr zu Universaldilettanten zu werden	– Einzelne Berater bleiben Spezialisten für bestimmte Produkte und dienen intern als Multiplikatoren (gegenseitige Schulung) – Hinzuziehen eines Spezialisten, wenn Berater überfordert ist – Prinzip wird durchbrochen; es bleiben bestimmte Abteilungen, wie z.B. Außenhandel, erhalten
– Weniger Anlaufstellen	– Flexibilität im Personaleinsatz zwischen Service- und Beratungsbereich	– Kein Vorschlag
– Erleichterter Kapazitätsausgleich innerhalb des gesamten Beratungsbereiches und innerhalb des Servicebereiches	– „Teure" Berater, bedingt durch das hohe Anforderungsprfil	– Differenzierung nach Kundengruppen senkt Anforderungen an die Berater. Keine sehr hohen – tarifrelevanten – Kompetenzen
– Keine Blockierung von Beratungskapazität bei Belastungsspitzen im Servicebereich	– Kaum Möglichkeiten einer „Profit-Center-Rechnung"	– Vorgaben, Zielvereinbarungen, Wettbewerbe
– Berater auch frei für externe Akquisition/Beratung	– Überleitung der traditionellen Leiter der Abteilungen (i.d.R. in die Beratung)	– Gewährung von Statussymbolen – Schaffung neuer (möglichst zeitlich befristeter) Leitungsstellen
– Mehr Sicherheit bei zentraler Lagerung von Wertvordrucken	– Fehlende Aufstiegschancen der Berater	– Abgestufte Kompetenzen und Bezahlung – Titel-Hierarchie – Hierarchie in Beratung einbauen
	– Mitarbeiter im Routinebereich sind unterfordert. Es leidet die Motivation	– Entsprechende Personalauswahl Ausstattung, Anreizsysteme
	– Einseitige Beratung, in Abhängigkeit von den Vorkenntnissen und Präferenzen des Beraters (z.B. vorwiegend Aktivberatung)	– Schulung Zielvorgaben

Abb. 29b: Beurteilung der „Dreier-Lösung"

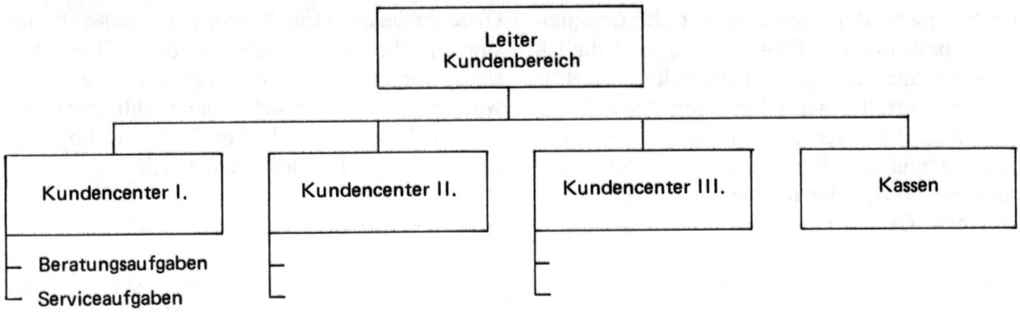

Abb. 29c: Zweigstellen-Modell

len – leistet die Dreier-Lösung einen wesentlichen Beitrag in Richtung Kundenorientierung, wie die genannten Vorteile zeigen.

- *Zweier-Lösungen*

Aus der Bezeichnung ist bereits abzuleiten, daß der Kunde nur noch zwei Anlaufstellen hat. Zwei praktizierte Unterfälle lassen sich unterscheiden

– *Zweigstellen- bzw. Bank-in-Bank-Modell (Kundencenter-Organisation) und*
– *Serviceberater-Modell.*

Zweigstellen-Modell (Kundencenter)
Bei dieser Variante wird weitgehend eine Lösung kopiert, die sich in kleinen Zweigstellen mit einer personellen Besetzung von 4–5 Mitarbeitern seit langem bewährt hat. Größere Geschäftsstellen werden in mehrere Zweigstellen aufgegliedert. Jede Zweigstelle bekommt eine bestimmte Anzahl von Konten (Kunden) fest zugeordnet. Lediglich der Kassenbereich bleibt für alle Zweigstellen zuständig (vgl. Abb. 29c). Üblich sind Zweigstellen, die im Monatsdurchschnitt von vier bis fünf Mitarbeitern besetzt sind. Zwei davon entsprechen tendenziell dem Bild des Beraters und zwei bis drei mehr dem Servicepersonal aus der „Dreier-Lösung".

Bei einer Sonderform, dem sogenannten „Bank-in-Bank-Modell" wird jedem „Kundencenter" noch ein eigener Kassenbereich angehängt. Dadurch werden die Wegezeiten für den Kunden verringert. Außerdem soll so eine noch stärkere Bindung des Kunden an sein Kundencenter erreicht werden.

Serviceberater-Modell
Hier gibt es einzelne, möglichst hochqualifizierte Berater, die neben der Beratung auch noch Serviceaufgaben und das Zahlgeschäft erledigen. Das bedingt technische Vorkehrungen (Rohrpost) für die Übermittlung von Bargeld-, Sorten- und Devisenposten zwischen den Beratern einerseits und einer zentralen Kasse andererseits (Zentrale Geldversorgung). Die zweite Anlaufstelle für den Kunden ist dann noch eine Stelle für die Ausgabe von Kontoauszügen und die Entgegennahme von Belegen (Abb. 29d).

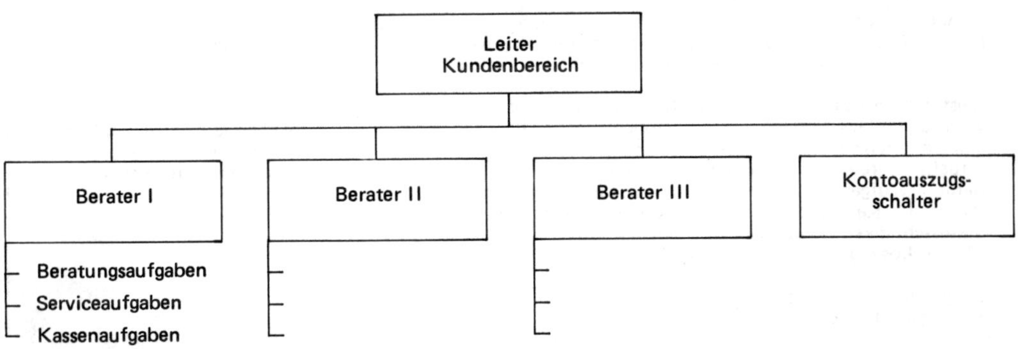

Abb. 29d: Serviceberater-Modell

Das Serviceberater-Modell entspricht organisatorisch praktisch der Einer-Lösung, da lediglich die Kontoauszugsausgabe abgespalten ist. Das hat den Vorteil einer schnelleren Abwicklung dieser Ausgabe. Allerdings wird die Kette „Kontoauszug prüfen → Bargeschäft abwickeln" zerschnitten, so daß der Kunde gerade bei diesem typischen Geschäftsfall zwei Anlaufstationen hat. Die übrigen Beurteilungsgesichtspunkte zu diesem Modell können der Bewertung der „Einer-Lösung" entnommen werden.

Diese „Zweier"-Modelle wurden entwickelt, um sowohl die Schwachstellen der „Dreier-Lösung" wie auch der Produktgliederung zu überwinden. In der Übersicht (siehe Abb. 29e) werden wiederum Vorteile, Probleme und Lösungsansätze für die Probleme dargestellt.

- *Einer-Lösungen*

Die wichtigsten Einer-Lösungen sind das bereits genannte Serviceberater-Modell und das

Vorteile	Probleme	Lösungsansätze für die Probleme
– Keine Überleitungsprobleme vom Service- in den Beratungsbereich. Kunde hat sein Center, das für alles zuständig ist	Feste Zuordnung von Kunden zu bestimmtem Center; Kunde kann sich u.U. nicht mehr an „seinen" Berater wenden	Kontoauszüge zentralisieren oder versenden statt abholen lassen. Dann freie Wahl des Centers
– Häufigerer Kontakt mit gleichen Mitarbeitern, dadurch bessere Kenntnis und indivduellere Ansprache möglich	Eventuell etwas höhere Personalkosten – Servicepersonal im Center muß relativ qualifizierter sein als reines Servicepersonal	Keine Lösung
– Entstehen eines Vertrauensverhältnisses	Eingliederung neuer Kunden im Center erschwert	Freie Wahl durch Kunden, bei einer einseitigen Verzerrung werden überlastete Center gesperrt.
– Erleichterte Nachwuchsschulung „Training on the Job" für die Service-Mitarbeiter – Kurzfristig erleichterter Kapazitätsausgleich zwischen Service und Beratungsaufgaben bei Belastungsspitzen	Diskretion: Beratung findet räumlich sehr nahe beim Servicebereich statt; u.U. Störungen bzw. Hemmungen des Kunden	Räumliche Anordnung der Beratungsplätze in ausreichender Distanz zum Servicetresen. Ausreichender Schallpegel in der Kundenhalle insgesamt, um den sogenannten „Verstehabstand" zu verringern
– Keine Wissensmonopolisierung einzelner Berater, die als Individualberater u.U. eifersüchtig ihren Wissensvorsprung verteidigen	Technischer Aufwand: Es muß jedes Center mit bestimmten technischen Geräten ausgestattet werden. (Konstantendrucker, Terminals, Registraturen, Verzeichnisse usw.)	Räumlich geschickte Anordnung der Center, so daß auf gemeinsame Ausrüstungsgegenstände zurückgegriffen werden kann
– Erleichterte Zielvorgaben (Profit-Center-Denken) – Kürzere Wege für den Kunden	Kapazitätsausgleich insgesamt ist erschwert: Konkurrenzdenken zwischen den verschiedenen Servicecentern	Konkurrenzdenken teilweise erwünscht. Übergeordnete Stelle sorgt für den Ausgleich kurzfristiger Spitzen. Systematische Personaleinsatzplanung nach gründlicher Ermittlung der Belastungsverläufe
– Erleichterte Orientierung; jeder Kunde hat nur zwei Anlaufpunkte. Alle unbaren Geschäfte liegen im Kundencenter	Unterforderung hochqualifizierter und teurer Berater, bei der Übernahme von Serviceaufgaben	Kein Vorschlag
– Leistungsmotivation des Nachwuchses, der aus dem Servicebereich durch stufenweise anspruchsvollere Aufgaben in die Beratungsaufgaben hineinwachsen kann – Keine so starken Statusschranken wie in der „Dreier-Lösung"	Berater sind gerade dann mit Serviceaufgaben belastet, wenn die Kunden am Center sind, die nur einmal im Monat kommen. Damit fällt ein großer Teil der Kunden für eine gezielte Beratung aus	Ausreichende Anzahl von Hilfskräften in Spitzenzeiten Gezielte Ansprache dieses Kundenkreises
– Gruppe korrigiert Einseitigkeiten einzelner Berater		

Abb. 29e: Beurteilung der Zweigstellen-Lösung

Zweigstellen-Modell mit zentraler Geldversorgung.

Im *Serviceberater-Modell* kann die zweite Anlaufstelle beseitigt werden, indem beispielsweise konsequent der Auszugsversand praktiziert wird oder indem mittels technischer Vorkehrungen die Auszüge an die einzelnen Beraterplätze geschafft werden. Um beim *Zweigstellen-Modell* die Einer-Lösung zu realisieren, wird zusätzlich eine zentrale Geldversorgung installiert. Der Kunde hat dann zwar u.U. mehrere Gesprächspartner im Center, aber nur eine Anlaufstelle.

Diese Lösung *birgt nahezu alle Vorteile der Serviceberater-Lösung* – ausgenommen die freie Wahl des Beraters – *verhindert dabei aber gleichzeitig die meisten Nachteile* dieser Lösung. Da im Kundencenter nur die Informationen über die fest zugeordneten Kunden vorliegen müssen, ist diese Lösung noch einfacher zu

Vorteile	Probleme	Lösungsansätze für die Probleme
– Nur noch eine Anlaufstelle für den Kunden – Kürzere Wege – Einrichtung fester persönlicher Beziehungen zum Berater – Umfassende Kundenkenntnis; daraus wird die Aktivierung von Geschäftsbeziehungen möglich (Cross-Selling) – Freie Wahl des Beraters	– Berater werden mit umfangreichen Service- und Zahlgeschäftsaufgaben belastet, die speziell bei Belastungsspitzen die Beratung beeinträchtigen bzw. verhindern – Schwer, Belastungsspitzen aufzufangen – Unruhe, wenn hinter dem Beratenen noch jemand wartet – Daraus erschwerte Diskretion	Ausreichende Personalbemessung Öffnung einer Kasse bei Belastungsspitzen
– Erleichterter Kapazitätsausgleich insgesamt, da Trennung in verschiedene Bereiche entfällt	– Berater zu teuer für Serviceroutine. Es gibt keine weniger qualifizierten Mitarbeiter im Kundenbereich	Keine Lösung
– Erleichterte Orientierung. Eine Stelle ist für alles zuständig	– „Training on the Job" erschwert, da keine abgestuften Anforderungen	Hilfestellung durch erfahrene Berater / Gegenseitige Weiterbildung
– Keine Überleitungsprobleme (Schwellenangst)	– Gefahr der Wissensmonopolisierung aus Wettbewerbsdenken heraus	Verzicht auf Zielvorgaben Teamdenken fördern (Führung)
– Ersparnisse bei Sicherheitsvorkehrungen, da es keine offene Kasse mehr gibt	– Erschwerte Motivation – es gibt keine „echten" Aufstiegsmöglichkeiten	Interne Hierarchie aufbauen
– Niedrigere Bestandshaltung für Bargeld	– Einseitigkeiten einzelner werden nicht durch eine Gruppe korrigiert	Zielvorgaben Überwachungssystem
	– Fachliche Überforderung der Berater	Siehe zu: „Training on the Job"
	– Technisches Risiko	Gesichertes System, Ersatzkassen
	– Technisch relativ aufwendige Lösung. Neben der zentralen Geldversorgung muß jeder Berater Zugriff zu allen relevanten Kundeninformationen haben (praktisch sind hochstehende On-Line-Lösungen erforderlich)	Behelfsmäßig auch bei Batch-Verarbeitung praktizierbar

Abb. 29f: Bewertung des Service-Beraters

realisieren als die Serviceberater-Lösung. In der folgenden Übersicht (Abb. 29f) wird deswegen auf eine getrennte Bewertung des Zweigstellen-Modells mit zentraler Geldversorgung verzichtet.

Einzelne Problemkreise

Im folgenden sollen noch einige Einzelprobleme angesprochen werden, die sich nicht eindeutig den genannten Modellvarianten zuordnen lassen.

- *Kundensegmentierung*

Unterschiedliche Kundengruppen nehmen unterschiedliche Leistungen der Sparkasse in Anspruch.

Diese Tatbestände scheinen eine Segmentierung nahezulegen. Folgende Gruppen erscheinen denkbar:

- Großunternehmungen
- Behörden/Kommunen
- Klein- und Mittelunternehmungen
- Vermögende Privatkunden
- Lohn- und Gehaltsempfänger
  - inländisch
  - ausländisch
- Schüler und Studenten.

Die Argumente für und gegen eine Kundensegmentierung sind in Abb. 29g dargestellt.

Art und Umfang einer zweckmäßigen Segmentierung kann nur im Einzelfall beurteilt werden. Entscheidend sind die speziellen Bedingungen des jeweiligen Institutes. In der Praxis findet sich am häufigsten lediglich eine Zweiteilung

- Geschäftskunden und
- Privatkunden.

- *Einbeziehung sehr spezialisierter Aufgaben*

In allen genannten Modellvarianten sollten die Berater in der Lage sein, über alle Leistungen qualifizierte Auskünfte zu geben. Das ist jedoch bei einigen Geschäftsarten kaum möglich. Deswegen wurden in der Praxis entweder Hilfskonstruktionen entwickelt oder die „reinen" Modelle wurden aus pragmatischen Gesichtspunkten aufgeweicht. Typische Beispiele für die *Durchbrechung des Prinzips* sind die *Kredit-, Außenhandels- und Wertpapierabteilung.*

Der *Kreditbereich* ist ein Musterbeispiel für die anstehenden Probleme. Typisch für die meisten Lösungen ist eine Unterscheidung in Routinekredite wie z.B. Dispositionskredite und Spezialkredite. Routinekredite bis zu einem bestimmten Betrag werden vom Berater verkauft.

Pro	Contra
– Spezialisierung auf die Belange der Gruppe (Höhere Intensität)	– Mehrkosten durch erschwerten Kapazitätsausgleich
– Die Organisation im Kundensegment ist einfacher	– Schwierige Abgrenzungs- und Überführungsprobleme (letztere, wenn Kunde neu zugeordnet werden muß)
– Privilegierte (z.B. vermögende Private oder Geschäftskunden) fühlen sich aufgewertet	– Erschwerte Koordination gleichartiger Aufgaben in verschiedenen Segmenten
– Leichtere Zielvorgaben	– Weniger Flexibilität der Spezialisten beeinträchtigt deren Verwendbarkeit Größere Abhängigkeit von einzelnen Mitarbeitern
– Leichtere Kostenrechnerische Behandlung	– Wahrgenommene oder tatsächliche Statusdifferenzierung zwischen den Mitarbeitern in den verschiedenen Kundensegmenten
– Gezielter Einsatz geeigneten Personals	– Empfundene Diskriminierung bei „unterprivilegierten" Kunden
– Mitarbeiter arbeiten für I h r e Kunden (Motivation)	– Kompliziertes räumliches Leitsystem

Abb. 29g: Pro und Contra der Kundensegmentierung

Für die Sonderkredite bleiben die traditionellen Kreditabteilungen zuständig, die Spezialisierung bleibt also erhalten.

- *Auslagerung von Aufgaben*

Teilweise wird versucht, die organisatorische Problematik der Wartezeiten und Anlaufstationen zu umgehen, indem bestimmte Leistungen ausgelagert werden. Beispiele dafür sind der *Kontoauszugsversand* und die *Installierung von „Auszahlungsmaschinen"*.

Ohne auf die technischen und wirtschaftlichen Aspekte hier näher eingehen zu können, erscheint der Hinweis notwendig, daß mit der Auslagerung die Zahl der potentiellen Kontakte gleichzeitig verringert wird. Das verschärft die Überleitungs- und Ansprechprobleme.

- *Schnittstellen zu den Folgearbeiten*

Allen Lösungen liegt der Gedanke zugrunde, die *Beratung zu aktivieren*. Mit diesem Ziel verträgt es sich *nicht*, den *Beratern* auch *Folgearbeiten zu übertragen*, um deren Kapazität besser zu nutzen. Sind die Berater nicht durch Kunden gebunden, so sollten sie Kontakte zu Kunden vorbereiten bzw. sich auf den verschiedenen Fachgebieten weiterbilden.

Die notwendige *Trennung der kundengebundenen Aufgaben von den Folgearbeiten* bedingt allerdings einen sehr großen *Organisationsaufwand*. Um Doppelarbeiten und Rückfragen zu vermeiden und um klare Zuständigkeiten zu erhalten, müssen Standards und formalisierte Verfahren entwickelt werden.

- *Produktorientierung*

Durch die neuen Modelle wird – von einigen Ausnahmen einmal abgesehen – die ursprüngliche *Produktorientierung aufgehoben*. Damit entsteht die Gefahr, daß

- den Produkten nicht überall die gleiche Aufmerksamkeit zuteil wird
- gleiche Produkte uneinheitlich angeboten und forciert werden
- der Wissensstand über die Produkte sich unterschiedlich entwickelt – je nach Herkunft und Neigung der Berater
- niemand sich für bestimmte Produkte und deren Betreuung und Weiterentwicklung zuständig fühlt.

Die Probleme entsprechen weitgehend denen der Konsumgüterindustrie, wo einzelne Verkäufer eine Vielzahl von Produkten gleichzeitig zu verkaufen haben. Dort wurde die Konzeption des Produkt-Managements geboren, die die genannten Probleme beseitigen soll. In Sparkassen dürften aus wirtschaftlichen Gründen jedoch hauptamtliche Produkt-Manager nicht vertretbar sein. Unter Umständen kann jedoch eine abgeschwächte Lösung gefunden werden, indem die Berater gleichzeitig für einzelne Produkte als Produkt-Manager verantwortlich gemacht werden.

Bewertung der praktizierten Lösungsmodelle

Es wäre zum gegenwärtigen Zeitpunkt gewiß voreilig, einem der genannten Modelle den Lorbeerkranz des Siegers zu flechten. Die Erfahrungen reichen dazu nicht aus. Die Entwicklung ist noch viel zu sehr im Fluß, wenngleich momentan eine *Grundströmung zu den „Zweier-Lösungen"* erkennbar wird. Das ist jedoch nur eine Momentaufnahme.

Außerdem ist für die praktische Organisationsarbeit immer der konkrete *Rahmen der Bedingungen* zu beachten, der beim einzelnen Institut vorliegt. Hier gibt es gravierende Unterschiede, die verhindern, daß sich jemals ein einzig „richtiges" Modell herauskristallisiert. Die Entscheidung für oder gegen ein Modell muß also immer in einem übergeordneten Zusammenhang gesehen werden.

7.22 Kundenorientierte Absatzorganisation – dargestellt am Beispiel einer mittleren Sparkasse (Stand 1978)

von Karl-Heinz Knura,
Wilhelmshaven

Bezugspunkt des Beitrages ist die Sparkasse Wilhelmshaven, die mit ca. 650 Mio Geschäftsvolumen, 19 Geschäftsstellen und 220 Mitarbeitern zu den „mittleren" Sparkassen zählt.

Die Unternehmensphilosophie der Sparkasse Wilhelmshaven läßt sich auf eine kurze Formel bringen: So nah wie möglich in allen Geschäftsteilen mit dem gesamten Leistungsangebot der Sparkasse am Kunden zu sein. Auf diese Unternehmensphilosophie sind

- die gesamte Absatzorganisation der Sparkasse auszurichten,
- die weiteren Teilbereiche der Aufbauorganisation zu gruppieren und
- die Funktionsfähigkeit des gesamten Systems durch eine aufgabenbezogene Geschäftsverteilung sicherzustellen.

Bausteine der Absatzorganisation

Die *Umsetzung der Unternehmensphilosophie in die Absatzorganisation*, nämlich so nah wie möglich beim Kunden zu sein, beginnt an der „Basis" der einzelnen Geschäftsstelle; alle anderen betrieblichen Teilbereiche (Zentralabteilungen) haben eine Service-Funktion für die Geschäftsstelle, sind also zu deren Unterstützung da. Für die Stellung einer Geschäftsstelle im jeweils relevanten Absatzmarkt sind folgende Faktoren entscheidend:

• *Umfassendes Leistungsangebot*

Der Kunde möchte durch einen kompetenten Geschäftspartner in der Sparkasse schnell, sicher und bequem (d.h. möglichst ohne lästige Weiterreichung zur „Hauptstelle") betreut werden. Das beginnt mit dem umfassenden Leistungsangebot im Passiv- und Dienstleistungsgeschäft sowie auch im Aktivgeschäft. Zum umfassenden Leistungsangebot gehören: Das „normale Geschäft" muß sofort getätigt werden können. Fragt der Kunde „Spezialitäten" nach, so muß sein Gesprächspartner in der Lage sein auch diese (ggf. durch betriebsinterne Hinzuziehung von Spezialisten) unbürokratisch zu verkaufen.

Diese Aufgabe der Geschäftsstelle beim Absatz von Leistungen des Kreditinstituts muß sich auch in ihrem äußeren Erscheinungsbild ausdrücken. Die Sparkasse Wilhelmshaven trägt der Verkaufsaufgabe ihrer Geschäftsstelle dadurch Rechnung, daß sie jede einzelne als „Sparkasse" deklariert, wobei der in der Bezeichnung zum Ausdruck gebrachte Leistungsanspruch auch durch das Leistungsvermögen der insgesamt 19 „Sparkassen" gedeckt wird.

• *Der „Sparkassenleiter"*

Der Kernsatz aus der „Geschäftsanweisung für die Sparkassenleiter" der Sparkasse Wilhelmshaven lautet: „Der Sparkassenleiter führt eigenverantwortlich die laufenden Geschäfte seiner Sparkasse." Die Eigenverantwortlichkeit drückt sich u.a. in den für die Größenordnung des Hauses umfangreichen Kompetenzen im Kreditgeschäft (bis 80.000 DM) aus.

- Der Sparkassenleiter entscheidet im Rahmen seiner Kompetenzen über Kreditwünsche seiner Kunden abschließend nach oben und unten, d.h.:
- sofern die zentrale kreditbearbeitende Stelle hinsichtlich der Bewilligung eine andere Auffassung vertritt, ist grundsätzlich das Urteil des Sparkassenleiters maßgeblich,
- und das gilt auch im Rahmen der übertragenen Kreditbewilligungsbefugnisse für den Vorstand, der im Rahmen der delegierten Kompetenzen den Handlungsspielraum des einzelnen Sparkassenleiters nicht einengen darf.

Vom Sparkassenleiter abgelehnte Kreditwünsche können grundsätzlich auch seitens des Vorstandes nicht mehr nachträglich genehmigt werden, weil dadurch der einzelne Sparkassenleiter in den Augen der Kundschaft desavouiert würde. Jede Kreditablehnung muß aber dem Vorstand mit Begründung angezeigt werden. Die *Sparkassenleiter*, je nach Größe der einzelnen „Sparkasse" *in Zusammenarbeit mit weiteren qualifizierten Kundenberatern*, sind somit weitgehend *selbständige Teilunternehmer mit regionaler Zuständigkeit im Gesamtunternehmen* Sparkasse Wilhelmshaven.

• *Kreditorganisation*

Bei der Schilderung der Aufgabenstellung der Sparkassenleiter wurden schon *wesentliche Teilaspekte der Kreditorganisation* angesprochen:

- Die Verkaufsaufgaben im Kreditgeschäft erfolgen im Rahmen der vom Vorstand delegierten Kompetenzen ausschließlich an der Front durch die Sparkassenleiter bzw. denen nachgeordnete Kundenberater.
- Eine zentrale Kreditabteilung, die für die zentrale Verarbeitung der Kredite ab 20.000 DM zuständig ist, ist funktional Teil des Be-

triebsbereichs ohne eigene originäre Kundenkontakte.

– Werden die Kreditkompetenzen eines Sparkassenleiters überschritten, so wäre das für das Kreditgeschäft zuständige Vorstandsmitglied einzuschalten. Aus ökonomischen Überlegungen heraus wurde auch dem Leiter der Kreditabwicklung eine höhere Kreditkompetenz übertragen, um so das zuständige Vorstandsmitglied zu entlasten.

Die *Funktionstrennung im Kreditgeschäft,* nämlich

– Kundenberatung im Kreditgeschäft und
– Kreditsachbearbeitung

hat sich in mehrjähriger Praxis gut bewährt.

• *Leistungsangebot durch Betreuungsgruppen*

Die Sparkasse Wilhelmshaven war eine der ersten Sparkassen in der BRD, die ihren *Kundenhallenbereich nach dem Prinzip der Betreuungsgruppen* organisiert haben. Die fachliche Stärke der in einer Betreuungsgruppe tätigen Kundenberater ergänzt sich so zum Vorteil der Kundschaft, die durch *eine* Anlaufstelle eine umfassende und qualifizierte Beratung erhalten. Weiterhin hat sich gezeigt, daß die Betreuungsgruppen auch ein hervorragendes Reservoir für die *Personalentwicklungsplanung*, nämlich Heranbildung von Kundenberatern und von Sparkassenleitern sind.

Bei den meisten „Sparkassen" ist eine Betreuungsgruppe für die Bewältigung der Kundennachfrage ausreichend. An der größten Geschäftsstelle, der „Sparkasse Theaterplatz", wurden zwei Betreuungsgruppen für die Privatkundschaft und eine Betreuungsgruppe für die gewerbliche Kundschaft eingerichtet. Zu dem wird den Beratungsbedürfnissen der Zielgruppe vermögende Privatkundschaft dadurch Rechnung getragen, daß über eine entsprechende personelle Besetzung eine der beiden Betreuungsgruppen Privatkundschaft auch spezialisierte Anlage- und Vermögensberatungswünsche abdecken kann, ohne sich allerdings nur auf die Zielgruppe vermögende Private zu beschränken.

• *Verkaufsförderung durch „Kopfsparkassen"*

Um die Schlagkräftigkeit bei der Weiterleitung von Informationen von der Verkaufsfront zu den Zentralabteilungen und umgekehrt zu erhöhen, haben einzelne Sparkassen zusätzlich Aufgaben als „Kopfsparkassen". Sie haben gegenüber den ihnen zugeordneten „Sparkassen" keine Weisungsbefugnisse, sondern ihre Aufgaben liegen durch zweckmäßige Informations-Bündelung in der Verkaufsförderung im weitesten Sinne. Es hat sich gezeigt, daß durch diese Kopfsparkassen die Effizienz der Absatzorganisation noch erhöht wurde.

Die Anpassung der Betriebsorganisation an die Absatzorganisation

Die Aufbauorganisation der Sparkasse Wilhelmshaven ist funktional in die Teilbereiche

– Markt
– Betrieb und
– Steuerung

gegliedert. Dabei bilden die 19 „Sparkassen" den Marktbereich. Lediglich der „Sparkasse Theaterplatz" wurden primär aus ablauforganisatorischen Gründen noch die Darlehensbuchhaltung sowie das Auslandsgeschäft und die Bereiche Depotverwaltung, Schulsparen und zentrale Geldversorgung angegliedert. Die übrigen Abteilungen wurden zum Betriebsbereich bzw. Steuerungsbereich zusammengefaßt. Einen Überblick über die gesamte Aufbauorganisation der Sparkasse Wilhelmshaven gibt das Organigramm in Abb. 29h. Dabei geben die Ziffern links in den Kästchen die Nummern der Betriebsstelle, die Ziffern rechts die Zuständigkeit der Vorstandsmitglieder im Rahmen der Geschäftsverteilung an.

Geschäftsverteilung

Die Geschäftsverteilung im Vorstand der Sparkasse Wilhelmshaven hat so zu erfolgen, daß damit die Ziele der Absatzorganisation und die Unterstützung durch die Zentralabteilungen gefördert wird. Unter diesem Gesichtspunkt wird z.B. eine *Dreigliederung* in der Geschäftsverteilung entsprechend den wesentlichen Teilbereichen der Aufbauorganisation (Markt-, Betriebs-

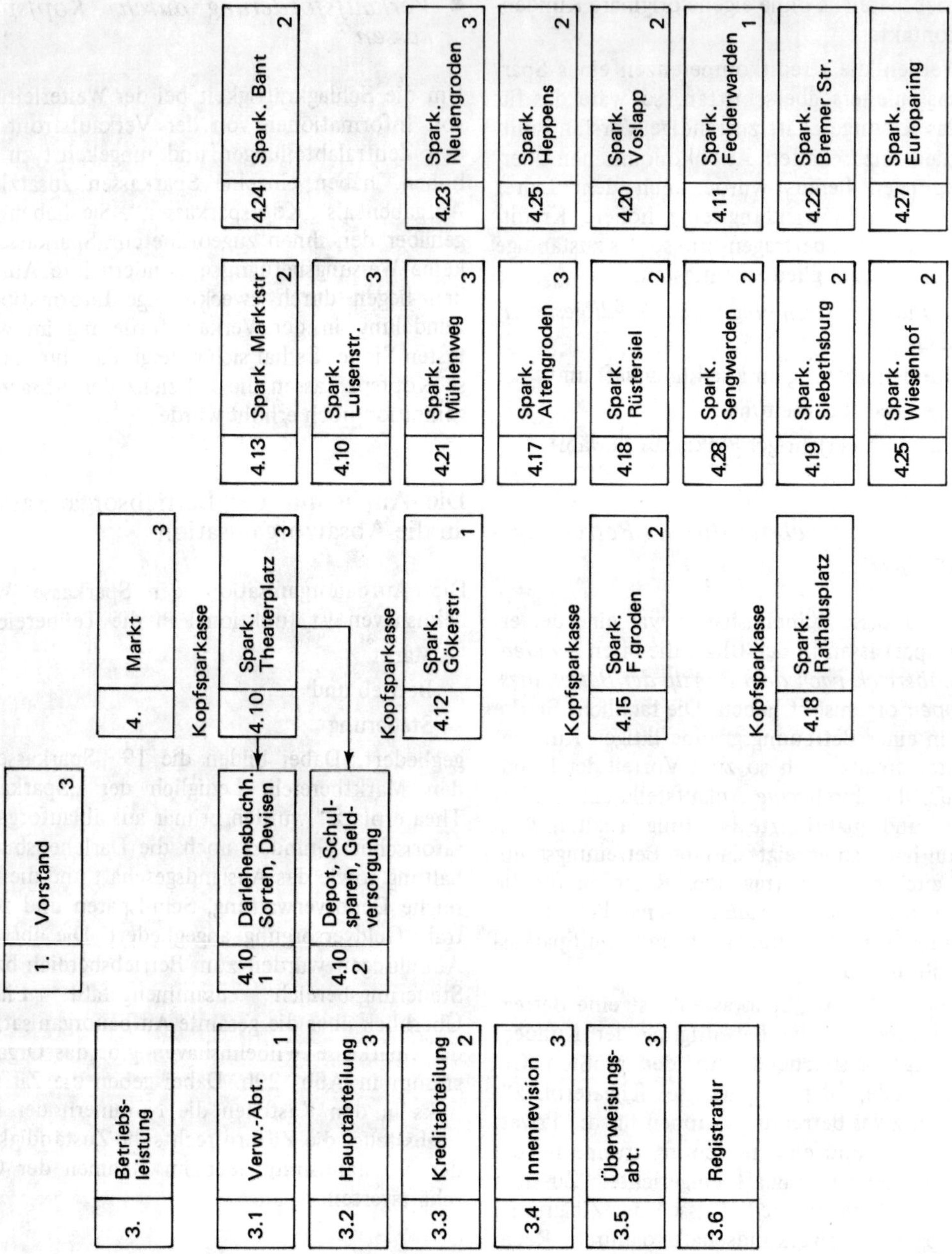

Abb. 29h: Organisation der Sparkasse Wilhelmshaven

und Steuerungsbereich) für *nicht sinnvoll* betrachtet. Für die konkrete Geschäftsverteilung der Sparkasse Wilhelmshaven sind folgende *Leitgedanken* maßgeblich:

- Es muß gewährleistet sein, daß jedes Mitglied der Geschäftsleitung Zuständigkeiten im Marktbereich hat, um sich so mit seinen Führungsentscheidungen stets an den Notwendigkeiten der Verkaufsfront orientieren zu können.
- Um von der fachlichen Seite her alle Führungsaufgaben bewältigen zu können, ist darüber hinaus eine sachlich-funktionale Schwerpunktbildung in der Geschäftsverteilung sinnvoll.

Das spiegelt sich im Geschäftsverteilungsplan der Sparkasse Wilhelmshaven darin wider, daß alle drei Vorstandsmitglieder eine Reihe von sachlichen Aufgabenschwerpunkten haben, die an den von der Sparkasse Wilhelmshaven zu erfüllenden Sachaufgaben orientiert sind. Darüber hinaus haben sie persönliche Zuständigkeiten für jeweils bestimmte Organisationseinheiten der Sparkasse Wilhelmshaven, seien es einzelne „Sparkassen" oder Zentralabteilungen. Der Geschäftsverteilungsplan ist in Abb. 29i dargestellt. Die Kreditorganisation in der Geschäftsverteilung zeigt, daß die Kundenberatung im Kreditgeschäft je nach persönlichen Zuständigkeiten allen drei Vorstandsmitgliedern zugeordnet ist. Die Abwicklung des Kreditgeschäfts ist dem Vorstandsmitglied 2 zugeordnet, die Kreditrevision (im Rahmen der Innenrevision) dem Vorstandsmitglied 3. So ist gewährleistet, daß auch für die oberste Verantwortlichkeit in der Geschäftsleitung im Kreditgeschäft in allen Fällen das *Vieraugen-Prinzip* gegeben ist.

Die Sparkasse Wilhelmshaven hat in den nunmehr nahezu 15 Jahren, in denen sie eine an den Bedürfnissen des Kunden orientierte Absatzorganisation praktiziert, hervorragende Erfahrungen sowohl in der Bestands- als auch in der Erfolgsentwicklung gemacht. Das war nur möglich, weil durch eine konsequente Personalentwicklungsplanung die entsprechenden personellen Voraussetzungen langfristig geschaffen wurden. Aufgrund der unterschiedlichen regionalen Gegebenheiten und der Kundenstrukturen ist natürlich eine Aussage im Hinblick auf einen zwischenbetrieblichen Vergleich kaum

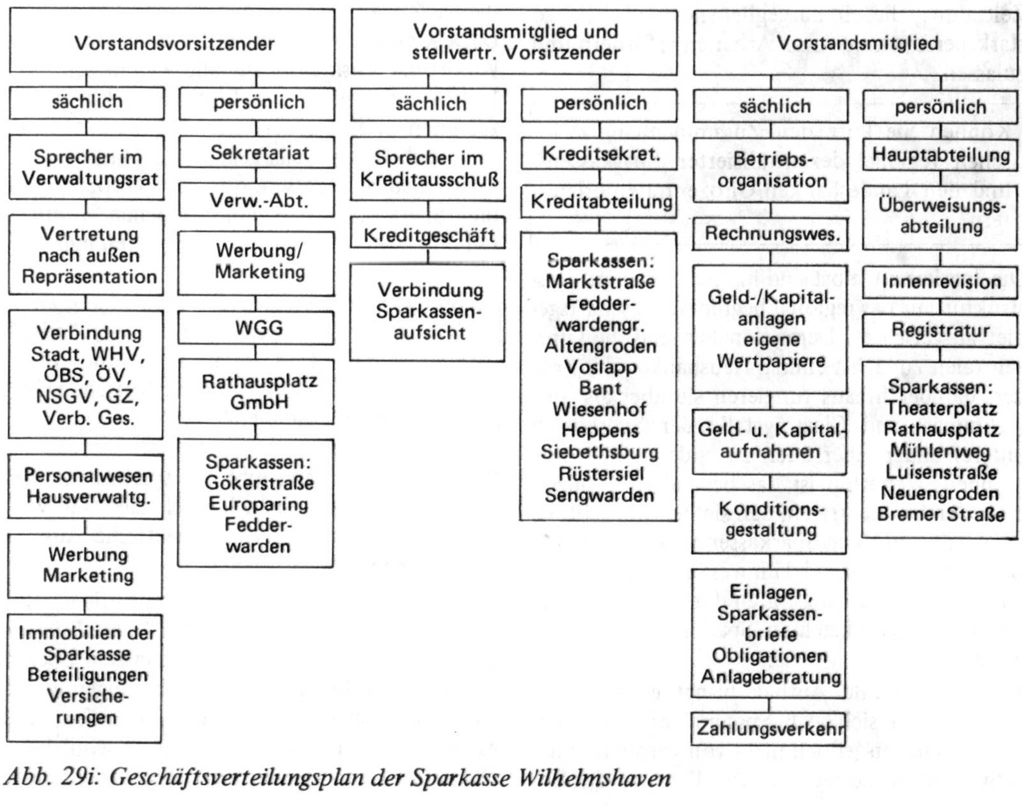

Abb. 29i: Geschäftsverteilungsplan der Sparkasse Wilhelmshaven

möglich. Es ist aber die feste Überzeugung der Geschäftsleitung und Mitarbeiter der Sparkasse Wilhelmshaven, daß für die gute Entwicklung dieses Hauses die kundenorientierte Absatzorganisation einen maßgeblichen Anteil hat.

7.23 Interview mit dem Vorsitzenden des Vorstandes der Sparkasse Bochum, Herrn Dipl.-Volkswirt Friedhelm Wenderoth, 1978

> Worin erblicken Sie die grundsätzlichen Unterschiede in der Organisationsproblematik von Kreditinstituten verglichen mit der industrieller Unternehmungen?

Kreditinstitute sind Dienstleistungsunternehmungen und folglich wesentlich personalorientierter in ihrem Verwaltungsvorgang als Industrieunternehmungen. Als Kreditinstitute sind wir gezwungen, uns den Wünschen unserer Kundschaft voll unterzuordnen, d.h. wir haben Höchstbelastungsquoten zum Ultimo medio und haben zwischen diesen Zeitpunkten auch Zeiträume, die ein ausgeglichenes und nicht so stark personalintensives Arbeiten erfordern und zulassen.

> Können Sie kurz den Zusammenhang zwischen regional dezentralisierten Sparkassen und den Landesbanken/Girozentralen erläutern?

Die Sparkassen selbst sind in ihrer Organisationsstruktur auf das regional begrenzte Geschäftsgebiet ausgerichtet. Demgegenüber sind die Girozentralen zunächst einmal Hausbanken der Länder, darüber hinaus fungieren sie aber als Verrechnungs- und Clearingstelle der Sparkassen untereinander, aber auch zu anderen Institutsgruppen. Weiterhin ist das besondere Kennzeichen der Girozentralen, daß sie den Liquiditätsausgleich unter den Sparkassen vornehmen, den Geld- und Außenhandel im wesentlichen bestreiten und Finanzierungshilfen dort geben, wo der Rahmen einer einzelnen Sparkasse überschritten wird.

Dieser dezentrale Aufbau bringt es selbstverständlich mit sich, daß Spannungen auftreten. Diese brauchen jedoch nicht von vornherein negativ beurteilt zu werden. Der Rahmen des Zusammenlebens ist das „Gentleman-agreement", das zwischen den Sparkassen und Girozentralen mit Hilfe der Verbände in den letzten Jahren erarbeitet worden ist. Dieses „Gentleman-agreement" fußt auf der traditionell gewachsenen Arbeitsteilung der Sparkassen und der Girozentralen und ist gekennzeichnet durch das Subsidiaritätsprinzip.

> Welches sind denkbare Spannungsfelder?

Spannungen ergeben sich bei den einzelnen Geldgeschäften, können sich aber auch im Außenhandel einstellen. Hier hat jedes Institut zu prüfen, ob nicht letzten Endes die Summierung der Finanzkraft bei einem größeren Institut (Girozentrale) von Vorteil auch für die einzelne Sparkasse ist. Eine andere denkbare Konfliktmöglichkeit könnte in der Refinanzierung liegen, bedingt durch den Zinsverfall am langfristigen Markt der letzten Jahre, als die Sparkassen gezwungen waren, auf der Aktivseite ihren Kunden Zugeständnisse über längere, gebundene Laufzeiten der Kredite zu machen, während auf der Passivseite die dementsprechende Refinanzierungsmasse nicht ohne weiteres zur Verfügung stand.

Das „Gentleman-agreement" kann nicht eine Wohlverhaltensklausel für alle Zeiten sein. Die Institute können eine Eigenentwicklung verzeichnen und von dort aus wird es notwendig sein, sich den jeweils gegebenen Marktverhältnissen neu anzupassen, d.h., daß Girozentralen und Sparkassen in einem gegebenen Konfliktfall ihre eigenen Positionen überprüfen müssen.

> Können Sie weiter den Zusammenhang zwischen den Sparkassen- und Giroverbänden und dem Deutschen Sparkassen- und Giroverband (DSGV) unter organisatorischen Gesichtspunkten umreißen?

Der Regionalverband gibt die sparkassenpolitische Aussage für seinen Bereich, der DSGV ist zuständig für die sparkassenpolitische Aussage im überregionalen Bereich.

Darüber hinaus gibt es aber Bereiche, die parallel laufen und die nur durch gewisse Spezialisierungen eine Schnittstelle erkennen lassen. Ebenso sind auch heute noch Überschneidungen im betriebswirtschaftlichen Bereich vorhanden, und es ist nicht auszuschließen, daß sowohl beim DSGV als auch bei einem der Regionalverbände zur gleichen Zeit an der gleichen Aufgabe gearbeitet wird. Durch ständige Kooperation und Koordination der einzelnen Arbeitsvorgänge versuchen wir heute, den Kräfteeinsatz zu einem Optimum zu führen.

Welche Funktionen übernimmt der DSGV neben der überregionalen Vertretung der Sparkassenpolitik, der Öffentlichkeitsarbeit, der Aus- und Weiterbildung und der Betriebswirtschaft?

Die Marketingausrichtung und die werbemäßige Ansprache, soweit es bei einem dezentralen Systemaufbau möglich und notwendig ist, wird insgesamt vom DSGV koordiniert und in den Richtlinien aufgestellt. Prüfungsaufgaben liegen dagegen eindeutig bei den Regionalverbänden. Auch die internationale Darstellung der deutschen Sparkassen ist eine eindeutig dem DSGV zuzuweisende Aufgabe.

Wie reagiert das Verbundsystem Sparkassen auf die zunehmende Internationalisierung der Kapitalmärkte?

Die Girozentralen liegen m.E. voll im Markt und damit sind auch die Ansprüche der Sparkassen auf Einbindung in den internationalen Markt abgedeckt. Es wäre für die Entwicklung der Sparkassen verhängnisvoll, wenn wir hier nicht durch die Hilfe der Girozentralen in der Lage wären, unserer Kundschaft auf diesem Sekundärweg auch ins Ausland zu folgen.

Aber ich bedauere es, daß es nicht möglich ist, daß die gesamte Sparkassenorganisation zumindest im Auslandsgeschäft einheitlich auftritt.

Was könnte der DSGV im Rahmen seiner gesetzlichen Möglichkeiten hier tun?

Leider hat er hier keine gesetzlichen Möglichkeiten; es verbleibt also lediglich die Möglichkeit eines freiwilligen Verbundes der Girozentralen.

Wie beurteilen Sie insgesamt die Schlagkraft und Wirtschaftlichkeit des Sparkassenverbundes im Vergleich zum Filialbanksystem?

Ab und zu schaut man bei uns sehr neidisch auf das Filialbanksystem, denn eine durchgängige Organisation, Personalplanung, Werbung, Ausrichtung auf Kundenstrukturen können u.U. von Vorteil sein. Auf der anderen Seite darf man aber nicht verkennen, daß wir vom Gesetz her regional aufgebaut sind und daß die bessere Kenntnis des Regionalmarktes zu spezifischen Vorteilen für das so dezentral aufgebaute Kreditinstitut führen kann. Dabei kommt es hier auf die größere Dichte im Filialnetz an. Eine Großbank hat üblicherweise in einer Großstadt eine begrenzte Anzahl von Filialen, eine Sparkasse hat aber ein Mehrfaches dieser Anzahl an Filialen und damit auch – wenn Sie dies nun auf den Filial- oder Geschäftsstellenleiter beziehen – eine Vielfalt von Einflußmöglichkeiten über sie.

Werden die höheren Kosten der größeren Anzahl von Filialbetrieben im Sparkassenbereich durch eine höhere Leistung überkompensiert?

Dieses Problem darf nicht nur unter Kostengesichtspunkten betrachtet werden, denn auch dort sind den Sparkassen sehr eindeutige gesetzliche Aufträge erteilt worden:

Die Kreditversorgung innerhalb des entsprechenden regionalen Bereiches ist sicherzustellen. Dieser Auftrag ist zum Teil über ein gut ausgebautes Filialnetz zu erreichen.

Daraus erwachsen zunächst Kostennachteile, andererseits scheint es aber so zu sein, daß doch die Dichte des Filialnetzes einen Anreiz für die Kundschaft des gesamten Einzugsbereiches ist. Von dort aus stehen den Kosten dementsprechende Erlöse aus dem Einlagen-, Kredit- und Zahlungsgeschäft gegenüber.

Selbstverständlich sind Zahlen dieser Art immer wieder neu zu überprüfen. Was die Motorisierung betrifft, ist das Filialsystem besser geeignet als das Zentralsystem; denn Zentralen liegen zumeist im Mittelpunkt der Städte (Parkplatzprobleme). Für uns in Bochum stellt sich z.B. die Frage, ob wir bei unserer außerordentlich guten Ertragskraft nicht unseren Marktanteil durch den Ausbau von Filialen in heute noch nicht erreichten Gebieten vergrößern können.

Sind eigentlich bei der Aufgabenverteilung zwischen Geschäftsstellen und den Hauptstellen Zentralisierungstendenzen erkennbar?

Das Filialsystem ist ja darauf angelegt, daß durch die dezentrale Bearbeitung von Vorgängen hier auch eine unmittelbare Entscheidung herbeigeführt wird. Darin liegt ein Wettbewerbsvorteil der mit Geschäftsstellen arbeitenden Unternehmungen. Andererseits bedingen unsere technischen Verfahrensweisen einen ständigen Wandel. Unser Institut arbeitet derzeit noch mit einer eigenen EDV-Anlage und ist dementsprechend auch sehr stark dezentral in den Eingabeeinheiten ausgerichtet. Wir werden uns aus Gründen der schnelleren Überweisung, der besseren Kommunikation und des Ausgleiches mit anderen Instituten und Institutsgruppen innerhalb unseres Bereiches einem Großrechenzentrum anschließen. Dies ist z.Z. in seiner Struktur viel stärker auf den zentralen Aufbau ausgerichtet. Von dort aus werden wir die zunächst von uns als richtig erkannten dezentralen Entscheidungsvorgänge in Teilbereichen wieder zurücknehmen müssen.

Innerhalb der regionalen Sparkassen werden die aufbauorganisatorischen Alternativen der Kundengruppenorientierung und der Spartenorientierung diskutiert. Unter welchen Bedingungen würden Sie sich nach Ihren Erfahrungen für das eine oder für das andere Modell entscheiden?

Für die Sparkassen insgesamt dürfte die Entscheidung für eine der Alternativen heute ausdiskutiert sein. Die Sparkassen sind in einer großen Anzahl von einer spartengebundenen Struktur auf die kundenorientierte Struktur übergegangen. Hierzu geführt hat erstens die Auseinandersetzung im wissenschaftlichen Bereich und zweitens die Übertragung von wissenschaftlichen Erkenntnissen auf unsere Kundenstukturen.

Kennzeichnend für uns ist, daß wir es mit zwei großen Kundengruppen zu tun haben: einerseits die Firmen- und andererseits die Privatkundschaft. Eine Untersuchung der Aufgabengebiete zeigt deutlich, daß die Interessenlage der Firmenkundschaft nicht immer identisch ist mit der eines Privatkunden und umgekehrt. Die Sparkassen orientieren sich derzeit so, daß sie Zug um Zug versuchen, dieser Trennung gerecht zu werden.

Dies bedeutet, daß wir die Spartenbezogenheit vom Einlagengeschäft, Zahlungsgeschäft und Kreditgeschäft aufheben und von dort aus den Versuch machen, eine gezielte Beratung des Kunden aus einer Hand zu erreichen.

Erfordern aber nicht bestimmte Geschäftssparten Spezialisten, die sowohl für den Firmenkunden als auch für den Privatkunden einsetzbar sind?

Fließende Übergänge sind immer dann gegeben, wenn ein gehobener Bedarf vorliegt. Lassen Sie mich dies an einem Beispiel erklären: Unsere Privatkundenbetreuer sind ausgerichtet auf das Mengengeschäft. Darüber hinaus treten aber immer wieder Sonderfälle auf, für die Spezialisten eingesetzt werden, die als übergreifende Klammer in beide Bereich hineinwirken. Diese Spezialisten bilden selbständige organisatorische Einheiten.

Also eine Art „Produktmanager". Läuft dies auf eine denkbare Kombination beider Gesichtspunkte in einer mehrdimensionalen Organisation (Matrixorganisation) des Sparkassenbetriebes hinaus?

Ja, ich glaube auch, daß dies der richtige Weg ist. Würden wir zu einer absoluten Teilung in zwei kundenorientierte Teilbanken kommen, dann würden wir den spezifischen Besonderheiten der Gruppen nicht voll gerecht werden.

Welche organisatorische Stellung erhalten diese „Produktmanager"?

In unserem Hause greift der Spezialist direkt in den Geschäftsablauf ein, weil er selbständig eine besondere Abteilung führt, z.B. das Wertpapiergeschäft. Gleiches ergibt sich in der Anlagenberatung – auch hier eine eigenständige Abteilung –, denn das Immobilien-Anlagengeschäft können Sie gar nicht auf verschiedene Funktionen aufteilen. Es ist aber auch denkbar, diese Bereiche zu teilen zwischen der Beratungsfunktion und der Nachbearbeitung. Die Beratungsfunktion könnte dann auch in Form einer Stabsabteilung erfüllt werden.

Zu welchen Konflikten führt eine mehrdimensionale organisatorische Eingliederung in der dargestellten Form?

Dies ist zwar theoretisch denkbar, aber praktisch unwahrscheinlich, denn die Geschäftsstellenleiter, die im Firmen- oder Privatkundengeschäft tätig sind, sind sehr dankbar für die Beratung in Spezialfragen. Gerade auch aus diesem Grunde bietet es sich an, die Selbständigkeit dieser Spezialabteilungen aufrecht zu erhalten,

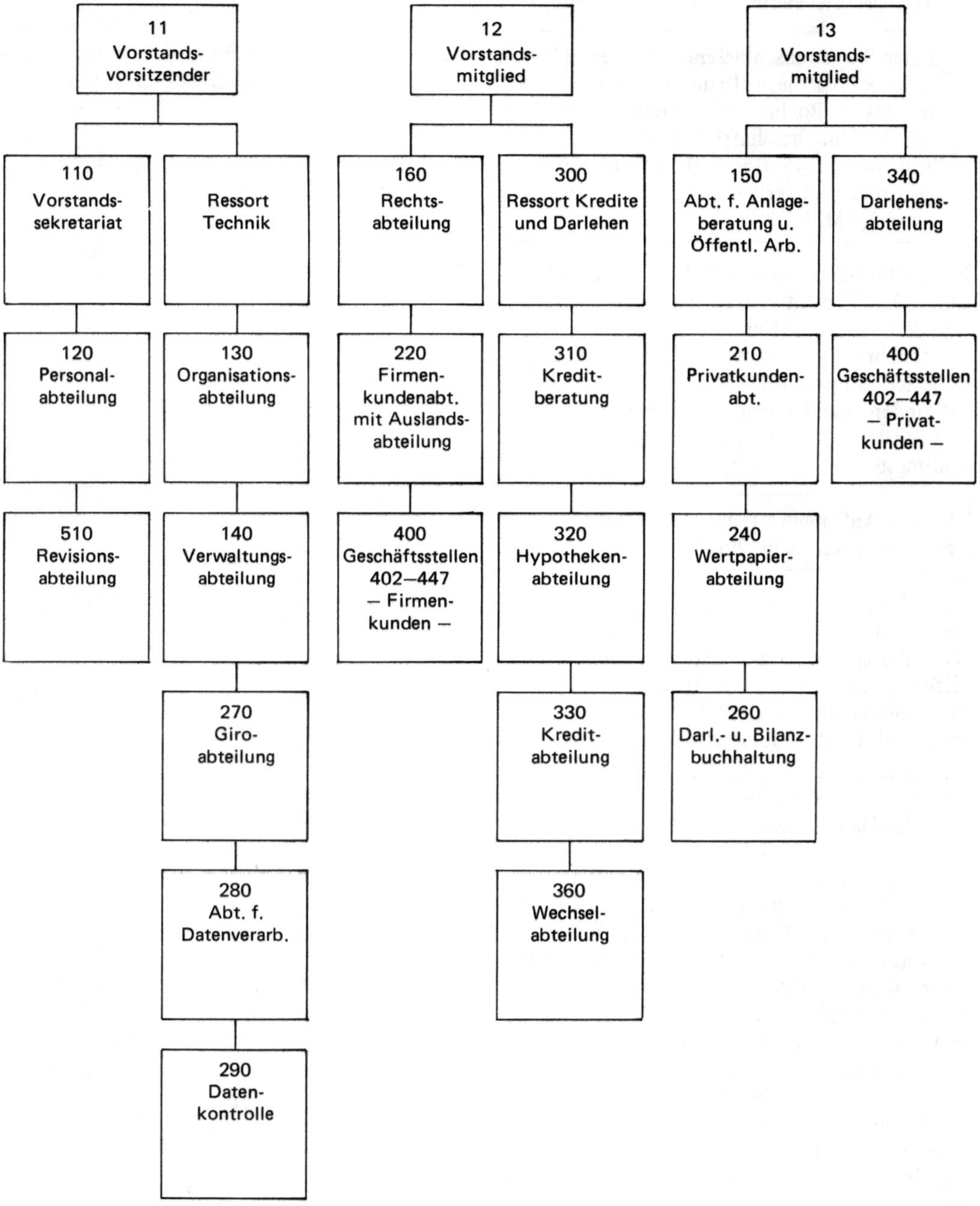

Abb. 29j: Organisation der Sparkasse Bochum

um von der Zentrale aus die Zugriffsmöglichkeit aller Geschäftsstellen (die Hauptstelle unserer Sparkasse gilt in diesem Sinne auch als Geschäftsstelle) gleichermaßen sicherzustellen.

> Können Sie uns abschließend einen generellen Überblick über die Aufbauorganisation Ihres Institutes in Bochum vermitteln (die Sparkasse Bochum beschäftigt rund eintausend Mitarbeiter in 45 Geschäftsstellen und der Hauptstelle und verfügt über eine Bilanzsumme von 2,5 Mrd. DM)?

Nach dem Sparkassengesetz haben wir drei Organe: Den Verwaltungsrat, den Kreditausschuß und den Vorstand. Der Vorstand ist für die Geschäftsführung verantwortlich. Er ist kundenorientiert aufgebaut, ein Kollege betreut die Privatkunden, ein anderer die Firmenkundschaft und der dritte Kollege ist für den Contoller- und Prüfungsbereich zuständig.

> Welche Aufgabenverteilung stellt sich im einzelnen dar (vgl. Abb. 29j)?

Zum Controllerbereich zählen das Vorstandssekretariat, die Personalabteilung, Organisation, Verwaltungsabteilung, darüber hinaus die Öffentlichkeitsarbeit und die Rechtsabteilung. Die Auslandsabteilung ist dabei in die Firmenkundenabteilung voll integriert.

Daneben gibt es eine zentrale Überweisungsabteilung, die die Zahlungsverkehrsströme innerhalb des Hauses und aus dem Haus heraus koordiniert, eine eigene Datenverarbeitungsanlage und dazu gehörig eine Abteilung für Datenkontrolle. Die einzelnen Geschäftsstellen sind entweder nach dem Gesichtspunkt der Privatkundenabteilung oder nach dem Gesichtspunkt der Firmenkundenabteilung aufgegliedert. Jedes Vorstandsmitglied ist für jede Geschäftsstelle mitzuständig. Beim Kreditgeschäft ist allerdings die organisatorische Umgestaltung in unserem Hause noch nicht voll abgeschlossen. Im Endeffekt wird es so sein, daß das gesamte Kreditgeschäft in drei Bereiche eingeteilt ist (Firmenkundschaft, Privatkundschaft, Hypothekenabteilung).

Für eine überschaubare Zeit wird diese Struktur sicherlich den tatsächlichen Bedürfnissen und Erfordernissen unserer Kundschaft entsprechen.

8. Sonstige

8.1 Arthur Andersen & Co

Arthur Andersen & Co stellt eine der weltweit bedeutendsten Wirtschaftsprüfungs- und -beratungsgesellschaften dar. Wie bei anderen CPA-Firmen auch, hat sich bei ihr während der letzten Jahrzehnte eine Wandlung in der Unternehmungspolitik und der Organisations- und Führungsstruktur ergeben. In der Form der Partnerschaft wurde nicht nur eine beachtliche Erweiterung des Leistungsangebotes vollzogen, sondern zugleich eine deutliche Internationalisierung der Aktivitäten und Strukturen. Waren es zunächst amerikanische Unternehmungen, die im Zuge ihrer Direktinvestitionen ihre US-Wirtschaftsprüfer mit nach Europa brachten, scheint sich der Trend derzeit umgekehrt zu haben. Mit dem nunmehr nach den USA zielenden Direktinvestitionen europäischer Unternehmungen können die in Europa ansässigen Gesellschaften des Arthur Andersen & Co Verbundes auf das dichte Netz in den USA verweisen und ihre internationalen Dienste anbieten. Dabei dürfte die im Wettbewerbsvergleich ungewöhnliche Konstruktion der Arthur Andersen & Co., Société Coopérative in Genf als rechtliches Band der internationalen Organisation besondere Beachtung verdienen.

Im Jahre 1913 gründete Arthur Andersen ein Wirtschaftsprüfungsbüro[1] unter seinem Namen, aus dem sich das heute weltweit bekannte Unternehmen entwikkelte. Die Gründung erfolgte zum gleichen Zeitpunkt, als in den Vereinigten Staaten die Bundes-Einkommensteuer eingeführt wurde, die nach unseren heutigen Verhältnissen wenig Einluß auf das Einkommen von Individuen oder Gesellschaften hatte. Dies änderte sich jedoch drastisch mit der Beteiligung der Vereinigten Staaten am I. Weltkrieg. Die Steuerschraube wurde zur Finanzierung der Kriegsanstrengungen erheblich angezogen. Arthur Andersen erkannte frühzeitig die Bedeutung dieser Entwicklung für seinen Berufsstand. Das Geschäftsvolumen machte bald die Einrichtung von Zweigbüros in anderen Städten der USA notwendig. Die von Arthur Andersen praktizierten und damals weitgehend unüblichen Methoden der Unternehmungs- und Finanzanalyse machten bald von sich reden und führten dazu, daß das Unternehmen auch über den engeren Kreis des Mittwestens hinaus bekannt wurde.

1 Darstellung in Anlehnung an „The First Sixty Years, 1913–1973“ Arthur Andersen & Co., Chicago 1974.

Dieser Trend wurde von einer Welle an Akquisitionen und Fusionen in der amerikanischen Industrie begünstigt, die eine Fülle von Aufgaben im Prüfungs-, Gutachten- und Beratungsfeld mit sich brachte. Das Dienstleistungsangebot wurde ständig ausgeweitet. Die Verbesserung von Material- und Kapazitätsplanungen, Programmanalysen, Effizienzuntersuchungen der Organisation traten neben das traditionelle Feld des Rechnungs- und Finanzwesens. Die Ausdehnung der lokalen Büros im Zuge der Steigerung des Geschäftsumfanges führte 1930 zur ersten überseeischen Büroeröffnung. Das Wachstum setzte sich – unterbrochen durch die Jahre der Wirtschaftskrise und des II. Weltkrieges – kontinuierlich fort. Als Arthur Andersen im Jahre 1947 verstarb, stellten sich erstmals schwierige Führungsprobleme im Zuge der Nachfolgeregelung ein. Die durch die Kriegsereignisse aufgestaute Nachfrage sorgte jedoch für eine explosionsartige Wirtschaftsentwicklung, die auch die Arthur Andersen Organisation mit sich riß. Einige Kennzahlen geben die bemerkenswerte Wachstumsentwicklung dieses Unternehmens wieder.

Wurden im Zeitraum von 1913 bis 1946 neben den Büros in Chicago und New York 14 weitere US-Büros eröffnet, so kamen zwischen 1947 bis 1953 2 US-Büros hinzu. Im Zeitraum von 1954 bis 1963 wurden allein 16 US- und 26 Büros außerhalb der Vereinigten Staaten eröffnet. Von 1964 bis 1973 waren es 11 Büros innerhalb und 21 außerhalb der Vereinigten Staaten, die hinzukamen; Vergleichszahlen vertiefen dies:

		1970	1979
Zahl der Büros		83	134
Zahl der Länder		27	40
Beschäftigte		9.622	18,255
davon aktive Partner		579	1.059
davon Fachkräfte		7.065	13.183
davon Bürokräfte		1.978	3.983
Honorarvolumen	Mill. $	190.154	$ 645.433
Jahresüberschuß	Mill. $	47.937	$ 139.422
Partner-Kapital	Mill. $	66.537	$ 156.014
Stundenleistung f. Klienten		10.257.000	17.797.000
Anteil der USA am gesamten Honorarvolumen in %		86 %	70 %

Von Zeit zu Zeit machte diese expansive Entwicklung eine Anpassung der Organisationsstruktur erforderlich. Zur Sicherung weiteren Wachstums war eine wesentliche Ausweitung der Partnerschaft unvermeidlich. Dabei durfte die Einheit des Unternehmens, das „one-firm-concept“ jedoch nicht auf der Strecke bleiben. Zugleich steigerten sich die Anforderungen an die fachliche Kompetenz der Mitarbeiter und Partner. Den Problemen der Sicherung des fachlichen Nachwuchses, seiner Einstellung und

Weiterbildung und der Entwicklung der fachlichen Befähigung mußten erhöhte Aufmerksamkeit geschenkt werden.

8.11 Die Entwicklung der Arthur Andersen & Co (Stand 1981)

Arthur Andersen ist heute eine weltweite Organisation von Partnern unterschiedlicher Nationalität, die von der gleichen Zielsetzung getragen werden. Dieses Konzept konnte nicht ohne anhaltendes Experimentieren und Ändern erreicht werden. In der anfänglichen Entwicklung wurden führende Wirtschaftsprüfungsgesellschaften in anderen Teilen der Welt als Repräsentanten für die lokalen Belange gewonnen. Später wurde dieses Verhältnis durch gemeinsame Firmen zwischen Arthur Andersen und lokalen Partnern intensiviert. Insgesamt erwiesen sich jedoch beide Formen als nicht zufriedenstellend, da eine Fülle von Abweichungen im fachlichen Niveau der angebotenen Leistungen und ihrer Breite einfach nicht vermieden werden konnte. Als Ergebnis dieses Übergangs- und Experimentierstadiums entstanden reine Arthur Andersen Büros, deren Mitarbeiter weltweit den gleichen fachlichen Standards gerecht wurden. Dabei wurde das Konzept durchaus multinational angelegt: Die Mitarbeiter entstammen dem jeweiligen Land, in dem das Büro tätig ist, sie werden von den lokalen Universitäten rekrutiert und ihnen werden die gleichen Weiterbildungsmöglichkeiten und Aufstiegschancen geboten, wie ihren Kollegen an irgendeinem anderen Ort in der weltweiten Arthur Andersen-Organisation. Ausländische Angehörige dieser Organisation haben seit der Bildung des Boards of Directors im Jahre 1968 in diesem Spitzengremium mitgearbeitet. Sämtliche Partner und teilhabenden Geschäftsführer sind weltweit am Gesamtgewinn beteiligt. In den 134 Büros waren im August 1980 rund 20.000 Mitarbeiter folgender Klassifikation beschäftigt:

Partner und Geschäftsführer	1.234
Manager	3.342
Fachpersonal	11.054
Büro-Hilfskräfte	4.309

Leistungsbereiche

Drei Haupt-Dienstleistungsbereiche werden von Arthur Andersen angeboten, die die Säulen des Unternehmens bilden:

• *Wirtschaftsprüfung*

Prüfungs- und Revisionsaufgaben waren der historischen Angelpunkt der Unternehmungsaufgabe. Auf diesen Leistungsbereich entfallen traditionell zwei Drittel des Honoraraufkommens.

• *Steuerberatung*

Dieser Zweig des Leistungsangebotes durchlebte im Laufe der Jahre wesentliche Änderungen. Während ursprünglich die Vorbereitung von Steuererklärungen und der Verkehr mit den Finanzbehörden den Schwerpunkt der Aktivitäten bildeten, steht heute die Beratung und Systemgestaltung für Klienten im Vordergrund, die es diesen ermöglichen soll, den gesetzlichen Erfordernissen der Besteuerung genügezuleisten. Weiter hat sich die Nachfrage nach einer steuerlichen Analyse und Beratung bei größeren geschäftlichen Transaktionen deutlich erhöht.

• *Management Information Consulting*

Dieser Bereich umfaßt Dienstleistungen zur instrumentalen Gestaltung von Systemen zur Datengewinnung und Informationsaufbereitung als Grundlage von Leitungsentscheidungen, die Klienten selbst zu treffen haben. Arthur Andersen greift hier auf qualifizierte Spitzenkräfte zurück, die weitgehend aus dem Unternehmen heraus selbst entwickelt und gefördert werden. Damit soll zugleich der tendenziellen Gefahr eines Eigenlebens dieses Bereiches gegenüber den anderen beiden Geschäftszweigen entgegengewirkt werden. Ab 1972 wurde dieser integrative Aspekt über die Bildung von Kundenteams in der Organisation – sog. „client service teams" – die u.U. mehrere Leistungsbereiche gegenüber einem Kunden in sich vereinen, etwas stärker institutionalisiert und formalisiert.

Die Evolution der heutigen Organisationsstruktur

Zusätzlich zu den Positionen der geschäftsführenden Partner, Chairman und Vice Chairman der Partner-Gemeinschaft wurde ein Beratungskollegium (advisory group) durch Wahl der Partner geschaffen. Dieses Kollegium durchlebte eine wechselvolle Geschichte. War es zu einem Zeitpunkt eine Art „Junior Board", das jüngeren Partnern eine Art Trainings-Plattform auf höchster Ebene ohne durchgreifenden Einfluß auf die Unternehmungspolitik bot, so wurde es 1968 zu einem Board of Directors umfunktioniert.

Zu diesem Zeitpunkt hatte sich das Unternehmen zu einer Größe entwickelt, die es nahelegte, mehrere Partner über dieses Gremium am unternehmungspolitischen Entscheidungsprozeß teilhaben zu lassen. Zwölf Board-Mitglieder wurden durch die Partner aus ihrer Mitte gewählt. Sie erhielten die Aufgabe, unternehmungspolitische Vorschläge des geschäftsführenden Partners zu überprüfen und zu genehmigen, Kandidaten für die Neuaufnahme in die Partnerschaft zu überprüfen, Nachfolger für geschäftsführende Partner auszuwählen und Veränderungen im Vertragsverhältnis mit Partnern zuzustimmen. 1973 lebten die Jahre des „Junior Board" wieder auf, indem zusätzlich ein „Advisory Council" geschaffen wurde, der aus dreißig jüngeren Partnern aus der weltweiten Organisation gebildet wurde, um diesen Gelegenheit zur persönlichen Entwicklung an Zukunftsaufgaben der Organisation zu geben. Kürzlich firmierte schließlich der Board of Directors wieder um. Derzeit als *„Board of Partners"* bezeichnet, hat er Aufsichtsfunktionen wahrzunehmen, indem er unternehmungspolitischen Fragen von Bedeutung nachgeht.

1970 wurde ein Programm der Reorganisation eingeleitet, das wiederum mit einer Reihe neuer Bezeichnungen aufwartete: Aus dem geschäftsführenden Partner wurde nun ein *„Chairman and Chief Executive"*. Substantiell wurde er in das *„Chairman's Office"* zusammen mit dem Chairman eines weiteren Fachgremiums (Committee on Accounting Principles and Auditing Procedures) und dem Vice-Chairman, der für Operations (Verwaltung, Büro Chicago, Büro New York, International) und für drei Funktionen als Geschäftsbereiche zuständig war, in eine Art zentralem Kollegialorgan eingebracht.

Die Basiseinheiten der Organisation wurden jedoch nach wie vor durch die einzelnen Büros gebildet. Ihre Geschäftsführer erhielten nunmehr den Titel *„geschäftsführende Partner"*. Die Zahl der Büros war inzwischen so stark gewachsen, daß man ihre organisatorische Bündelung versuchte: Einer Reihe von erfahrenen Partnern wurde die Leitung und Verwaltung von Gruppen und Büros übertragen. Sie erhielten den Titel *„Gebietsgeschäftsführende Partner"* und wurden direkt dem Büro des Chairman unterstellt.

Bei der Bündelung im internationalen Rahmen wurden geographisch-ethnologische Gesichtspunkte angewandt, in den USA kamen eine Reihe weiterer Aspekte hinzu.

Um eine flexible Erledigung von Fachfragen, die sich überall in der Welt ergeben, besser sicherzustellen, wurden jedem funktionell-leistungsbezogenen Vice-Chairman sog. *„Practice Directors"* an die Seite gestellt, die ihren lokalen Standort irgendwo in der Welt haben und von dort aus für ein konsistentes fachliches Vorgehen in einer Sachfrage sorgen, die einer schnellen Beantwortung bedarf.

Weiter wurden sog. *beratende Partner* für die Pflege größerer Kunden eingesetzt, die sich in Kenntnis der komplexen Problematik um besondere fachliche Qualität beim Eingehen auf die Besonderheiten der Verhältnisse dieser Klienten und um eine Kontinuität der Beratung bemühten.

Die Einrichtung der „client service teams" und später des Systems beratender Partner, die zusätzlich zu den funktionellen-leistungsbezogenen Bereichen den Kontakt mit den Klienten unterhielten, zeigte im Laufe der Jahre immer mehr die Notwendigkeit des Ausbaues einer weiteren Dimension in der Organisation. Nicht jeder Mitarbeiter konnte in gleicher Weise mit den besonderen Problemen von Versicherungen, Banken, Industrieunternehmungen, Öffentlichen Betrieben usw. vertraut sein. Eine gewisse Spezialisierung war jedoch mit der zunehmenden Komplexität in allen diesen Kategorien angezeigt. Die Unterscheidung von Industriekategorien

- Konsumgüterbetriebe, Geschäfts- und persönliche Dienstleistung
- Finanzwirtschftliche Institutionen
- Öffentliche Verwaltung

– Grundstoffindustrie
– Regulierte Industriezweige
mit jeweils einem geschäftsführenden Partner, der für einen dieser Bereiche zuständig und verantwortlich zeichnet, war die notwendige Konsequenz dieserEntwicklung.

Das weitere Wachstum des Unternehmens stellte die Einheit des ganzheitlichen Vorgehens, das „one-firm"-Konzept immer mehr in Frage. Zur weltweiten Koordination wurden neben der dargestellten Organisation weitere rechtliche und wirtschaftliche Bindungen benötigt. 1977 wurde zu diesem Zweck die Arthur Andersen & Co., Société Coopérative in Genf gegründet. Dieser Ansatz unterscheidet sich deutlich von der Koordinationsform, die andere Wirtschaftsprüfungsgesellschaften zur Zusammenfassung ihrer weltweiten Aktivitäten wählten. Während jene zumeist Systeme von Tochtergesellschaften oder die Beteiligung an bestehenden WP-Firmen als Basis wählen, die sie durch Kollegien und Sekretariate koordinieren (wobei die einzelnen lokalen Einheiten rechtlich und wirtschaftlich selbständig bleiben) beschritt Arthur Andersen einen völlig anderen Weg. Es dürfte zwar nicht schwerfallen, sich in derartigen Gremien oder Sekretariaten über allgemeine Standards der Berufspraktizierung und der Aus- und Weiterbildung von Mitarbeitern zu einigen, Schwierigkeiten sind jedoch immer dann zu erwarten, wenn diese Standards durchgesetzt und ihre Einhaltung überwacht werden soll. Arthur Andersen suchte und fand einen effizienten Ansatz, der von einer stärker zentralisierten Koordination bei der einheitlichen Einhaltung der Unternehmungspolitik auf einer weltweiten Basis ausging. Hierzu wurde in der Schweiz eine geeignete Rechtsform gefunden und ein gemeinsames Band wirtschaftlicher Interessen geschaffen, das alle Partner an einem gemeinsamen, weltweiten Gewinnpool beteiligt.

Wie die Abb. 30a zeigt, geht jeder AA-Partner damit eine zweidimensionale rechtliche und wirtschaftliche Beziehung mit dem Unternehmen ein: In der einen Dimension als Partner der lokalen, nationalen AA-Einheiten, deren Eigentümer und Geschäftsführer Angehörige des jeweiligen Landes sind, und in der anderen Dimension als Teil der Société Coopérative. Die verschiedenen nationalen Einheiten sind untereinander und mit der Société Coopérative durch Verträge miteinander verbunden.

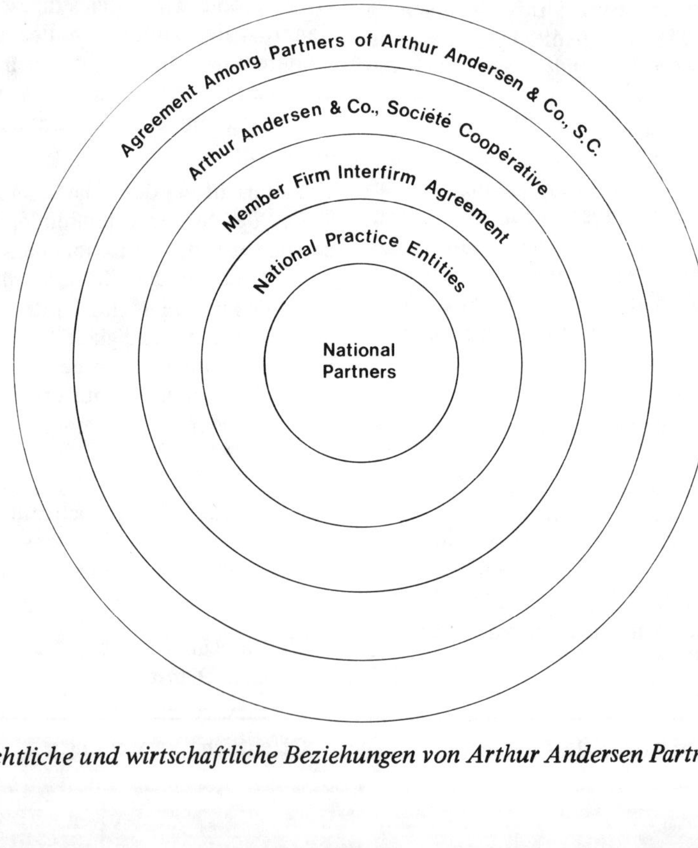

Abb. 30a: Rechtliche und wirtschaftliche Beziehungen von Arthur Andersen Partnern

Die Société Coopérative in Genf ist selbst keine operative Einheit, die Kunden Dienstleistungen anbietet. Ihre Aufgabe ist es vielmehr, im Rahmen des „one-firm"-Konzeptes als zentrale Koordinationsstelle das einheitliche Vorgehen der lokalen, operativen Einheiten zu gewährleisten:

- Koordination der weltweiten Operation lokaler Einheiten
- Sicherung der Einhaltung einer einheitlichen Qualität der Leistung und der Beachtung von ethischen und Berufsstandards
- Gewährleistung einer einheitlichen Aus- und Weiterbildung der Mitarbeiter
- Formulierung allgemeiner unternehmungspolitischer Grundsätze
- Entwicklung eines weltweiten Gewinnverteilungsplanes für die Partner.

Während der weiteren Organisationsentwicklung wurde die Unterstellungs- und Berichtsstruktur mehrfach den sich veränderten Verhältnissen angepaßt. Die heutige Organisationsstruktur von Arthur Andersen basiert in der *Führungsstruktur* auf drei wesentlichen Dimensionen, zwischen denen tensorhafte Beziehungen bestehen (vgl. Abb. 30b):

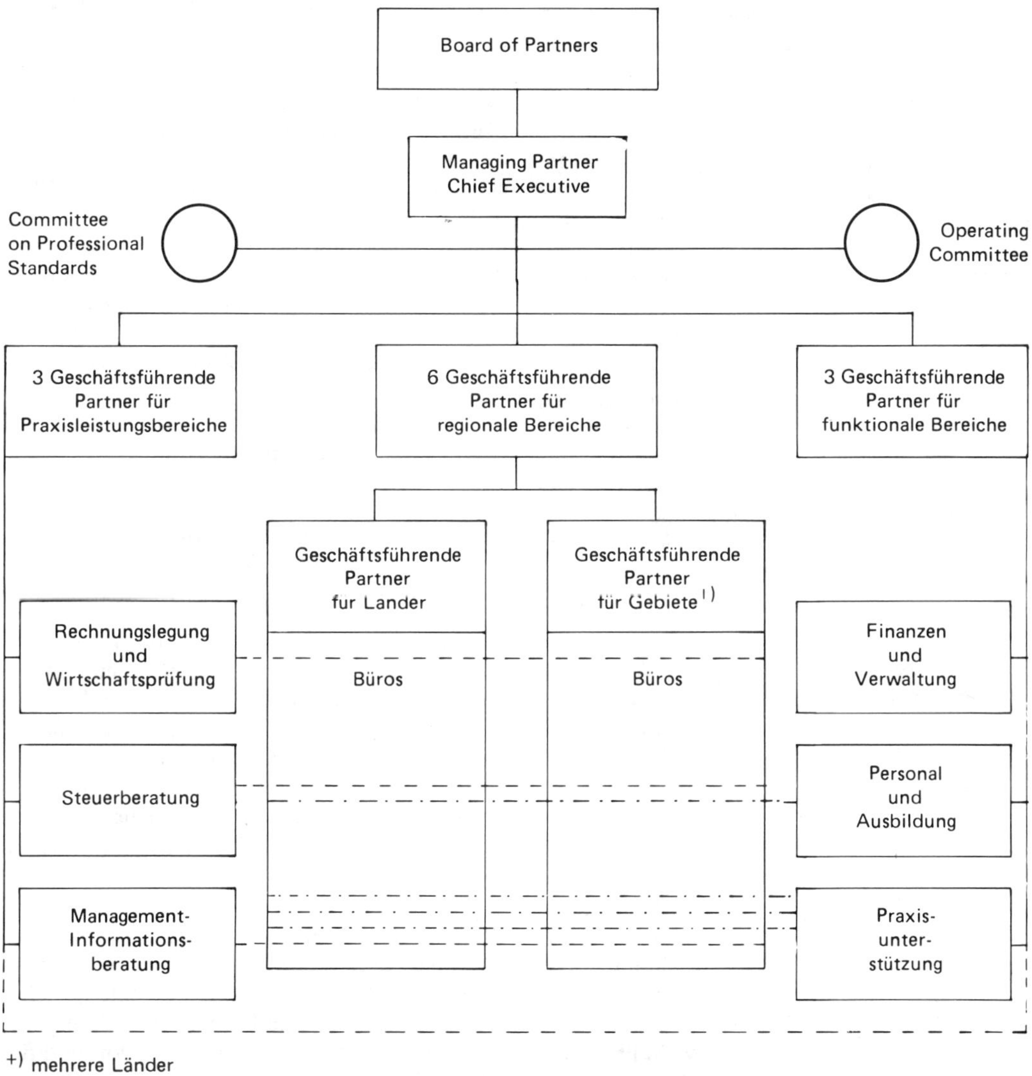

Abb. 30b: Organigramm des weltweiten Aufbaus der Arthur Andersen Organisation

1.) *Regionen* als *Länder* oder *Gebiete*, die mehrere Länder umfassen, in denen alle Büros auf weltweiter Basis zusammengefaßt sind. Sechs geschäftsführende Partner lenken und koordinieren die zentralen Basiseinheiten.

2.) *Objekte* in Form fachlicher Dienstleistungen in den Gebieten *Rechnungslegung und Wirtschaftsprüfung, Steuerberatung* und *Management Informationsberatung*, die jeweils unter Leitung eines geschäftsführenden Partners die fachliche Dienstleistung der regionalen Linien-Organisation koordinieren.

3.) *Funktionen*, wie *Finanzen und Verwaltung, Personal und Ausbildung* und *Praxis-Unterstützung* (untergliedert nach Kundengruppen, die nach Wirtschaftszweigen unterschieden sind), die der Linienorganisation zusätzliche Beratung bieten. Drei geschäftsführende Partner sind für diese funktionellen Bereiche verantwortlich.

Alle drei Dimensionen unterstehen dem geschäftsführenden Partner, der die Spitzenleitung als Chief Executive innehat und selbst an den bereits beschriebenen Board of Partners berichtet. Dieser wird bei der Erfüllung seiner Aufgaben von zwei Kollegien unterstützt:

a) Dem *„Committee on Professional Standards"*, dessen Vorgänger die Bezeichnung „Committee on Accounting Principles and Auditing Procedures" trug. Dieses Gremium ist verantwortlich für die Formulierung und Gewährleistung beruflicher Standards auf den Gebieten der Rechnungslegung und der Wirtschaftsprüfung, der Steuer- und Management Informations-Beratung;

b) einem *„Operating-Committee"*, das das bereits beschriebene, frühere „Office of the Chief Executive" abgelöst hat. Zu diesem Gremium finden sich zur Unterstützung der Geschäftsführung zwölf geschäftsführende Partner der obersten Ebene mit dem Spitzen-Partner zusammen, der als „Chief Executive" der Arthur Andersen-Organisation fungiert.

Auf der lokalen Ebene der *Organisation einzelner Büros als operativer Basiseinheiten* finden sich unter Leitung eines geschäftsführenden Partners eines Büros die drei genannten, objektgebundenen Praxiseinheiten mit ihrem unterschiedlichen Leistungsangebot wieder. Diese drei tragenden Säulen eines Büros werden durch Funktionen im Personal- und Verwaltungsbereich unterstützt. Zur Erhöhung der Kundennähe bei bedeutenden Kunden, die mehrere Leistungsbereiche eines Büros in Anspruch nehmen, werden „client service teams" als Projektgruppen gebildet. Das in Abb. 30c wiedergegebene Organigramm eines Büros stellt diesen Zusammenhang am Beispiel des Büros Chicago von Arthur Andersen dar.

Wie gezeigt wurde, beschäftigt Arthur Andersen heute weltweit rund 20.000 Mitarbeiter. Grenzen für eine weitere Unternehmungsentwicklung und die heutige Organisationsstruktur sind nicht erkennbar. Das bemerkenswerte am gewählten Organisationsmodell ist die Tatsache, daß eine große Zahl in sich nicht allzu großer Büros im Geiste der Gemeinsamkeit und einer beruflichen Verantwortlichkeit durch das „one-firm-Konzept" zusammengehalten wird. Die zukünftige Unternehmungsentwicklung wird in starkem Maße von der Qualität der Mitarbeiter abhängen. Die Einsicht in die entscheidende Bedeutung, die diesem menschlich-personellen Faktor zukommt, veranlaßt Arthur Andersen ein beachtliches Trainings-Zentrum zu unterhalten, das 650 Mitarbeiter gleichzeitig unterbringen kann und für diese 70.000 Trainingstage je Jahr anbietet. Diese Anstrengungen werden als weiterer, wesentlicher Beitrag zur Erzielung einer hohen fachlichen Kompetenz im Rahmen des „one-firm-Konzeptes" gesehen.

8.12 Interview mit dem Managing Partner – Practice Support – der Arthur Andersen & Co, Mr. Robert W. Philipp Jr., 1981

Die beachtliche Entwicklung, auf die die Arthur Andersen-Organisation verweisen kann, läßt sich sicherlich zu einem wesentlichen Teil auf das „ one-firm-Konzept" zurückführen, nach dem alle Partner sich weltweit als Teil eines Unternehmens begreifen und „mit einer Stimme sprechen". – Welche Überlegungen standen und stehen hinter diesem Konzept?

Das „one-firm-Konzept" gewährleistet ein einheitliches Niveau fachlicher Leistung, wo immer diese angeboten wird. Dies ist eine unerläßliche Voraussetzung für eine Geschäftsbeziehung mit Klienten, die an verschiedenen Standorten tätig sind, insbesondere dann, wenn es sich dabei um transnationale Unternehmungen handelt. Unse-

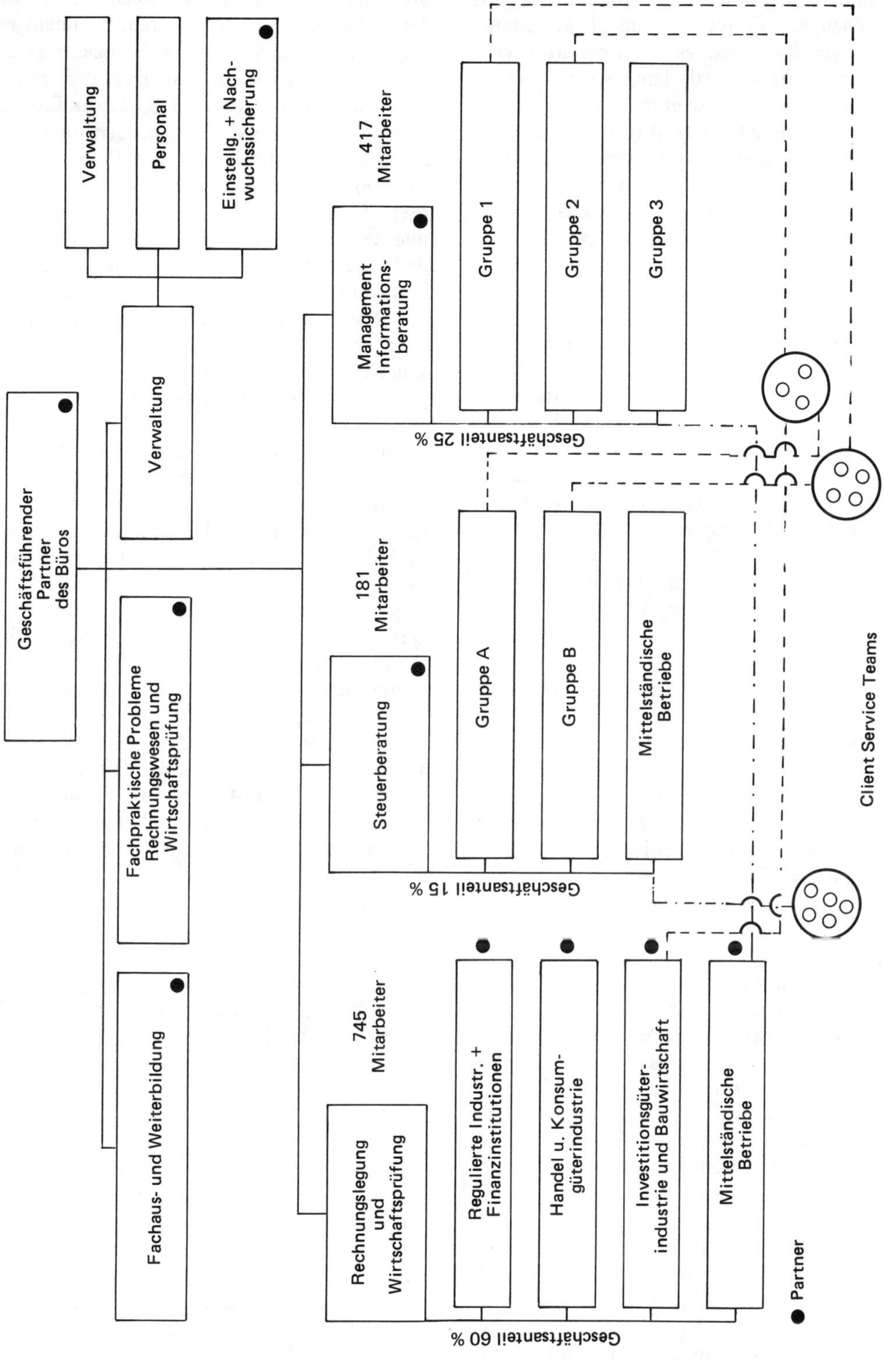

Abb. 30c: Organigramm eines größeren Arthur Andersen Büros (Chicago, 1.800 Mitarbeiter)

re Kunden können sich darauf verlassen, daß sie unabhängig von Funktion, Branche oder Standort das gleiche Leistungsniveau erwarten können. Das Konzept wurde lange vor unserer Internationalisierungsphase entwickelt, als wir mit Klienten arbeiteten, deren Aktivitäten über die Vereinigten Staaten verteilt waren und denen wir eine einheitliche Dienstleistung von gleicher Qualität anbieten wollten. Dieser Gedanke eines konsistenten Leistungsangebotes wurde noch wesentlicher als wir uns außerhalb der Vereinigten Staaten entwickelten. Dies ist für uns sehr viel bedeutender als vergleichsweise für eine Industrieunternehmung, bei der es durchaus von Vorteil sein kann, auf unterschiedlichen Märkten andere oder andersartige Erzeugnisse anzubieten, um die örtliche Nachfrage besser zu treffen. Das Rechnungswesen stellt für uns eine Art internationale Sprache des Kaufmanns dar, die von kulturellen, ethischen und Markt-Unterschieden unabhängig zu sehen ist.

Nimmt AA damit eine Sonderstellung unter den international tätigen WP-Unternehmungen ein?

Ja, das glaube ich. Ein international tätiges Dienstleistungsunternehmen läßt sich in zweierlei Weise führen: 1) wie wir dies nach einem einheitlichen Konzept versuchen oder 2) mit einer lockeren Anbindung und Koordination nationaler Einheiten, was bedeutet, daß die Leistungen, die angeboten werden, weniger konsistent und das qualitative Niveau der Leistungen uneinheitlich sind. Andere Unternehmen haben die zweite Möglichkeit bevorzugt. Über unser „one-firm-Konzept" läßt sich leicht reden – und viele Firmen nehmen für sich ein weltweit koordiniertes Vorgehen in Anspruch – es ist aber sehr schwer in die Tat umzusetzen. Dazu bedarf es wohlüberlegter rechtlicher und finanzieller Bindungen, die AA von anderen unterscheiden.

Können Sie die rechtlichen Bindungen, die die AA-Partner weltweit zusammenhalten, etwas näher umreißen?

Mit der Internationalisierung unseres Leistungsangebotes wurde es immer schwieriger, das Unternehmen mit den rechtlichen und finanziellen Instrumenten zusammenzuhalten, die während der ersten sechzig Jahre der Entwicklung erfolgreich waren. Wir konnten diese weltweiten Aktivitäten auch nicht mehr als ein Anhängsel einer Partnerschaft, die nach dem Recht des Staates Illinois betrieben wurde, führen, nachdem nationale Tendenzen eine Differenzierung der Rechnunslegungsvorschriften und der berufsethischen Stellung eines Wirtschaftsprüfers mit sich brachten. Die Gründung der Arthur Andersen & Co, Société Coopérative (SC) als weltweit koordinierende Einheit im Jahre 1977 ist unsere Lösung dieser Problematik. Diese Gründung veränderte die Art, wie wir unser Geschäft betreiben, überhaupt nicht. Aber der Rechtsrahmen wurde mit ihr umgestaltet, indem jeder Partner unserer weltweiten Organisation zum Mitglied der SC wurde. Ein französischer Partner als Mitglied der SC z.B. kann damit in dieser Rolle gegen keine berufsbedingten Vorschriften in Frankreich verstoßen, weil die SC selbst keine eigene Praxis betreibt. Gleichzeitig ist unser Partner in Frankreich jedoch Mitglied und Teilhaber einer AA-Firma in Frankreich, die das eigentliche Geschäft in diesem Land abwickelt. Diese französische Firma steht in einer Vertragsbeziehung zur SC. Die SC koordiniert unsere internationalen Aktivitäten, sichert die Einhaltung einheitlicher beruflicher und Bildungsstandards und ist für den Einsatz unserer finanziellen Ressourcen auf weltweiter Basis zuständig. Dabei spielt ihr Standort nur eine untergeordnete Bedeutung gegenüber ihrer Funktion als rechtlich-wirtschaftliches Bindeglied der AA-Organisation. Die Tatsache, daß das Einkommen aller unserer Partner aus einem einzigen weltweiten Gewinnpool kommt, motiviert uns, in Gesamtzusammenhängen zu denken und jedem Klienten, ganz gleich wo sich dieser befindet und wer für ihn zuständig ist, die bestmögliche Leistung zu gewähren: zu seinem Nutzen und zum Nutzen einer weltweiten Partnerschaft, die auch unseren persönlichen Nutzen gewährleistet. Damit wird eine weitgehende Identität von Interessen des einzelnen Partners mit denen des Unternehmens und des Klienten hergestellt. Darin ist nach meinem Wissen AA einmalig.

AA geht von unterschiedlichen Partner-Kategorien aus.

Nein, im Gegensatz zu anderen WP-Firmen haben wir nur eine Klasse von Partnern: Jeder Partner hat eine Stimme, ganz gleich, wie lange er dem Unternehmen angehört und wo er für das Unternehmen arbeitet. Aufgaben, Erfahrung, Fähigkeiten sind verschieden und ihnen folgen Titel und Vergütung. Während bei anderen WP-Firmen die Stimmrechte mit der Zahl der Anteile variiert und auch die Fragen, zu denen Partner über ihr Stimmrecht Stellung nehmen können, in verschiedenen Ländern unterschiedlich sein können, arbeiten wir als eine einheitliche Partnerschaft auf weltweiter Basis.

Nach welchen Kriterien beurteilen Sie, ob Sie einem Mitarbeiter anbieten, Partner der AA-Organisation zu werden?

Eine wesentliche Frage für den Bestand unserer Organisation ist die Identifizierung der rund hundert Mitarbeiter unter 16.000 Fachkräften, denen in jedem Jahr die Partnerschaft angeboten wird. Wir betrachten uns dabei diejenigen Fachkräfte, die sechs oder sieben Jahre bei uns arbeiten – die Zahl engt sich durch dieses Kriterium bereits wesentlich ein – und prüfen, wer von ihnen Eigenschaften zeigt, die wir als Voraussetzungen für eine Partnerschaft ansehen. Diese Evaluierung beginnt drei oder vier Jahre vor dem effektiven Angebot, Partner von AA zu werden.

Zunächst wird in den Büros die Frage gestellt: Dieser Mitarbeiter ist seit sieben Jahren bei AA beschäftigt, ist sein Potential für eine AA-Partnerschaft ausreichend? Ein Urteil darüber wird von den Partnern des jeweiligen Büros abgegeben. Im Falle eines positiven Urteils wird hierzu auf einem Formblatt, das den Partnern mit unternehmensweiten Zuständigkeiten je nach fachlichem Schwerpunkt des Vorgeschlagenen zugeht, im einzelnen Stellung genommen. Das entsprechende Kollegium für Partnerschaftsfragen nimmt daraufhin eine abschließende Wertung vor, die dem Board of Partners vorgelegt wird. Nach seiner Überprüfung und Stellungnahme wird jedem Partner des Unternehmens die Möglichkeit gegeben, zu diesem Vorschlag Stellung zu beziehen. Schließlich wird über jeden Vorschlag auf Neuaufnahme abgestimmt. Hierfür sind 95 % der Stimmen notwendig.

Die Kriterien für diese recht neutrale und partizipative Auswahl von Neuaufnahmen in den Kreis der Partner sind:

- vor allem fachliche Fähigkeiten in einem der drei Praxis-Leistungsbereiche, die von dem Partner des jeweiligen Büros und den Fachpartnern mit unternehmensweiter Verantwortlichkeit beurteilt werden;
- nur wenn diese positiv beurteilt werden, treten andere Charakteristiken hinzu, wie persönliche Merkmale, Kooperationsfähigkeit, Entwicklung von Mitarbeitern, Leistungseinstellung usw.

Welche Kriterien sind für die Zahl der Anteile, die einzelnen Partnern an der Firma angeboten werden, entscheidend?

Jeder Partner erhält bei seiner Neuaufnahme 64 Anteile. Sein Anteil an der Firma ergibt sich also im Verhältnis von 64 zu der Gesamtzahl der weltweit ausgegebenen Anteile an AA. Mit dieser Quote nimmt er auch vergütungsmäßig am Gesamtgewinn von AA ($ 182 Millionen im Geschäftsjahr 1980) teil. Im letzten Jahr ergab dies einen Betrag, der leicht über $ 1.350 je Anteil lag. Am Ende jeden Jahres erfolgt eine Leistungsbeurteilung der Partner. Dabei wird am Ende jeden zweiten, vierten und siebenten Jahres auf deren Basis geprüft, ob bestimmten, qualifizierten Partnern das Recht eingeräumt werden soll, weitere Anteile an der Firma zu erwerben – was für diese zugleich eine Einkommenssteigerung bedeutet. Nach dieser Anpassung erfolgen Anteilserweiterungen, die ja immer zugleich Veränderungen in der Kapital- und der Einkommenshöhe bedeuten, nur noch im Zusammenhang mit wesentlichen Veränderungen im Verantwortungsbereich eines Partners. Die individuelle Spanne von Anteilseignern reicht von den beschriebenen 64 Anteilen eines neuen Partners bis zu 325 Anteilen des Chief Executive.

Wie beeinflußt die Pensionierung eines Partners seinen Anteil an der Firma?

Er bekommt dann seinen Anteil plus einen anteiligen Rücklagenbetrag ausgezahlt und partizipiert fortan nicht mehr an den Gewinnen der Firma. Unabhängig von den Gewinnen der Firma erhält er eine bescheidene Pension aus Firmenmitteln.

Eine derartige Partnerschaft stellt eine Kombination von demokratischen Elementen, die dem partnerschaftlichen Gedanken entspringen und eine Willensbildung von der Basis aus bedingen und autokratischen Elementen dar, die sich aus der Notwendigkeit einer zentralen Koordination für eine einheitlich geprägte Leitung ergeben. – Sind in dieser Kombination potentielle Konflikte angelegt?

Ich bezweifle, ob es je eine menschliche Beziehung geben kann, die konfliktfrei ist. Zwischen den beiden von Ihnen aufgezeigten Elementen haben sich jedoch keine wesentlichen Widersprüche oder Spannungen ergeben. Beachten Sie dabei bitte, daß der Bezug unserer Partner zu einer Partnerschaft einmalig für die Größe der Organisation ist und daß wir es mit extrem qualifizierten und gut informierten Partnern zu tun haben, die sehr wohl den Wert einer hierarchischen Organisationsstruktur erkennen und akzeptieren.

In der Wirtschaftspresse sind vor etwa einem Jahr die Vorgänge um die Partner „Revolte", die zum Abgang von Mr. Kapnick als Chief Executive führten, stark beachtet worden. Handelt es sich hierbei um einen derartigen Konflikt?

Der Grund hierfür lag in einer Meinungsverschiedenheit zwischen ihm und den Partnern über Grundsatzfragen der Unternehmungspolitik.

Die Entwicklung zu einem weltweiten Dienstleistungsunternehmen, das nach gleichen Zielen und Prinzipien handelt, konnte nicht ohne ein erhebliches Experimentieren und Ändern vollzogen werden. – Können Sie uns aus historischer Perspektive über einige wesentliche Erfahrungen, die AA im Rahmen dieses Lernprozesses gewinnen konnte, berichten?

Unsere Expansion ins Ausland folgte im wesentlichen dem Strom der Direktinvestitionen unserer Klienten. So war es für unsere Büros in der anfänglichen Phase der Internationalisierung nicht ungewöhnlich, daß sich der gesamte dortige Kundenstamm aus lokalen Töchtern unserer US-Kunden zusammensetzte. Das hat sich heute deutlich verändert, nachdem der Kundenstamm in vielen dieser Länder zu 80 oder 90 % aus nationalen Gesellschaften gebildet wird. Dies verlangt naturgemäß ein anderes Vorgehen: Die nationalen Besonderheiten gewinnen eine zunehmende Bedeutung, ohne daß sie die transnationale Einheit des Unternehmens gefährden dürfen. Bei gleichem Standard müssen wir dem Leistungsangebot unserer nationalen Wettbewerber in den jeweiligen Markt folgen, um wettbewerbsfähig sein zu können. Die Entwicklungen in einzelnen Ländern können dabei durchaus unterschiedlich verlaufen. Sollten neue Leistungen in einem bestimmten Land erforderlich werden, so wird das „Committee on Professional Standards" eingeschaltet, das aus der Gesamtsicht des Unternehmens zu diesem Vorschlag Stellung nimmt. Ergeben sich keine prinzipiellen Einwendungen und sind die erforderlichen Kapazitäten und Fähigkeiten gegeben, erweitern wir unser Leistungsangebot entsprechend.

Folgen Ihre Kunden heute auch dem umgekehrten Trend der Direktinvestitionen, indem Sie einen Umsatzzuwachs in den USA über die Tätigkeit europäischer Unternehmen in dieser Region erleben?

Ja, und es ist dabei interessant festzustellen, daß die organisatorischen Entscheidungen, die wir vor rund 20 Jahren getroffen haben, uns in eine ausgezeichnete Lage gebracht haben, Nutzen aus diesem umgekehrten Fluß der Direktinvestitionen zu ziehen. Denn im Gegensatz zu anderen Wettbewerbern haben wir uns in unseren überseeischen Büros stark auf nationale Partner und Fachkräfte gestützt. Mit allen rechtlichen Einschränkungen, denen wir uns heute gegenübersehen, kommen wir mit unserem Prinzip des Nationalen im Rahmen eines transnationalen Verbundes weit besser zurecht als mancher andere. Es ist für uns viel leichter mit einem ausländischen Unternehmen durch unsere Partner, die ja Angehörige des gleichen Landes sind, zu kommunizieren. Diese nationale Ausrichtung unserer Leistungen und Partner im Rahmen des transnationalen „one-firm-Konzeptes" stellt ein weiteres, wesentliches Aktivum unserer Organisation dar.

Die AA-Organisation besteht im wesentlichen aus vier Dimensionen, sie ist

- *regional* über die Steuerung der Büros in Ländern und Gebieten angelegt,
- *praxis-leistungsorientiert* in den drei Bereichen des Rechnungswesens und der Wirtschaftsprüfung, der Steuer- und der Management Informationsberatung und sie umfaßt
- *Funktionen* der Finanzen und Verwaltung sowie Personal und Ausbildung, wobei die

– *Kundenorientierung* im „Practice Support" offensichtlich eine zunehmende Bedeutung erhält.

Die operative Linienstruktur der Organisation wird durch die regionale Gliederung des Unternehmens in Büros repräsentiert, die durch die beschriebene rechtliche und wirtschaftliche Konstruktion der SC zusammengehalten wird. Die Praxis-Leistungs-Dimension überlagert diese Struktur in Form einer Matrix-Struktur. Die Funktionen und Kundenaspekte bilden eine dritte Dimension, die mit den beiden anderen interagiert. So unterhält die Praxis-Unterstützung z.B. ein kundengruppenorientiertes „industry-competence"-Programm als Querschnittaufgabe: Mitarbeiter aus der Linienorganisation arbeiten mit Kräften unseres kleinen Zentralstabes zusammen, um unser Leistungspotential in bestimmten Wirtschaftsbereichen zu vervollkommenen (42 Wirtschaftszweige machen 90 % unseres Umsatzes aus, z.B. Unternehmen der Fertigung, der Energieversorgung, des Transports, des Gesundheitswesens, Versicherungen und Banken). Dabei wird bestenfalls so vorgegangen, daß Experten für die Probleme bestimmter Industriezweige in einem Büro stationiert sind, das in seinem Kundenkreis Schwerpunkte in gleicher Richtung bilden muß (z.B. Mineralölunternehmungen im Büro Houston, Banken im Chicagoer Büro). Hier läßt sich aus dem dauernden Umgang mit dem Kundenproblemen eine bestimmte „industry competence" am zweckmäßigsten entwickeln. Gewinnt ein Büro an einem anderen Ort den ersten Öl- oder Bankkunden, dann wird unter Mithilfe der zentralen Praxis-Unterstützung ein Know-how-Transfer von Houston oder Chicago zu diesem Büro durchgeführt. Mitarbeiter, die über derartige besondere Kenntnisse über bestimmte Wirtschaftszweige verfügen, müssen hierzu ausfindig gemacht werden. Sie werden dann neben ihrer Linienunterstellung im lokalen Büro in einer fachlichen Nebenweisungslinie an die zentrale, unternehmungsbezogene Praxis-Unterstützungsfunktion angebunden. Die Aus- und Weiterbildung unserer Mitarbeiter ist eine ähnliche Querschnittfunktion. Eine Prüfung wird überall in der Welt in gleicher Weise vollzogen. Über die Aus- und Weiterbildung wird auch eine Konsistenz erzeugt.

Ist das Konfliktpotential in dieser mehrdimensionalen Organisation größer als bei eindimensional-hierarchisch aufgebauten Organisationen?

Natürlich gibt es hier ein Konfliktpotential, aber da alle Partner über ihre Beteiligung an einem gemeinsamen Gewinn ein Gesamtinteresse haben, besteht eine ausgezeichnete Grundlage für eine rationale Konfliktlösung. Im Gegensatz zu Mitarbeitern, die anderswo in Profit-Centern arbeiten, läßt sich die Überzeugung fördern, daß beispielsweise dem Unternehmen als Ganzes besser gedient sei, als über ein ausschließliches Interesse an den Ergebnissen eines bestimmten Büros. Engstirnige Widerstände und das Verfolgen suboptimaler Interessen aus der Kirchturm-Perspektive werden über dieses Gesamtinteresse deutlich abgebaut.

Wenn Sie die drei besprochenen Dimensionen in eine Rangordnung bringen, welcher Stellenwert kommt jeder einzelnen dann zu?

Das regionale Element ist die traditionelle Linien-Dimension der Organisation und steht damit an erster Stelle. Die übrigen beiden Querschnittsbereiche rangieren beide gleichrangig auf dem zweiten Platz.

Wie stark ist die Interaktion zwischen den beiden Querschnittsdimensionen, denen Sie gemeinsam den zweiten Rang zugewiesen haben?

Sie ist außerordentlich intensiv, da die Praxis-Leistungsgruppe strategisch nach der zukünftigen Leistungsnachfrage unserer Kunden Ausschau halten und Prioritäten bestimmen muß. Ein Gleichgewicht zwischen Rechnungswesen und Wirtschaftsprüfung und den anderen Bereichen muß im Hinblick auf Zukunftserfordernisse gefunden werden.

Wie gleichen Sie hier mögliche Konflikte aus, die sich bei der Integration funktioneller Aspekte ergeben?

Im „Operating Committee", das aus den Leitern der Praxis-Leistungsbereiche, der Funktionen und Regionen in der Hauptverwaltung besteht, werden unter Leitung des Chief Executive Fragen dieser Art diskutiert und einer Lösung entgegengeführt.

Ist Ihr Berichtswesen auf die besonderen Bedingungen einer mehrdimensionalen Organisationsstruktur zugeschnitten?

Das ist der Fall, indem die Leistung nach Praxis-Bereichen, Wirtschaftszweigen, Ländern und Gebieten gleichzeitig erfaßt wird.

Mußten Sie gelegentlich die Expertise aus verschiedenen Büros zu einem Pool zusammenfassen, um ein Kundenproblem lösen zu können?

Selbstverständlich. Wenn uns beispielsweise unser Büro in Boston um Unterstützung bei einem Problem bittet, das ein Kunde aus der Mineralölwirtschaft hat, einem Bereich bei dem es über keinerlei Erfahrungen verfügt, aktivieren wir unser Büro in Houston, das einen Experten auf diesem Gebiet nach Boston als Mitglied eines „client service teams" auf Zeit abstellt.

Hatten Sie jemals eine Problematik zu bewältigen, bei dem die gegebene Praxis-Wirtschaftszweig-Regionalstruktur eine weit umfassendere Poolung von Ressourcen notwendig machte, als Sie sie gerade beschrieben haben?

Die Herstellung synthetischer Treibstoffe wird einmal zu einer bedeutenden Industrie werden. Die Bundesrepublik und Frankreich verfügen auf diesem Gebiet über größere Erfahrungen als wir selbst. Hier mußten wir auf die Kenntnisse in diesen Ländern zurückgreifen, um beurteilen zu können, was diese Entwicklung für unsere drei Leistungsbereiche in der Zukunft bedeuten wird. Hierzu wurde eine Task Force auf Projektbasis gebildet, die sich nach ihren Vorschlägen für unser Vorgehen in diesem Bereich wieder auflöst.

In einem regionalen Büro vereinigen sich leistungsbezogene Aktivitäten (Rechnungswesen und Wirtschaftsprüfung, Steuer- und Management Informationsberatung) mit wirtschaftsbereichsbezogener Kundenorientierung (regulierte Industrie und Finanzinstitutionen, Handel- und Konsumgüterproduktion, Fertigungsindustrie und Bauwesen, mittelständische Industrie usw.) und Stabs- und Verwaltungsfunktionen (Personal und Ausbildung, internes Rechnungswesen, allgemeine Verwaltung). – Wie werden diese Aktivitäten innerhalb eines Büros organisatorisch integriert?

Ein geschäftsführender Partner stellt die Spitzenführung des Büros her. Je ein Partner ist weiter für die drei Praxis-Leistungsbereiche und ihre jeweiligen personellen Ressourcen verantwortlich. Zumeist erscheint die kundenorientierte Spezialisierung auf bestimmte Wirtschaftszweige als Unterfall dieser Praxiseinheiten (z.B. Subgruppen des Bereiches Rechnungswesen und Wirtschaftsprüfung für die mittelständische Industrie, Banken usw.). Hier ist also die Matrix bei weitem nicht so komplex wie auf Unternehmensebenen.

. . . weil Sie hier die Dimensionen stärker eindimensional-hierarchisch angeordnet haben?

Ein Mitarbeiter ist in erster Linie ein Fachmann entweder der Wirtschaftsprüfung oder für Steuern oder für die Management-Beratung und erst in zweiter Linie Spezialist für einen bestimmten Industriezweig, indem er z.B. als Steuerfachmann sich besonders gut in Besteuerungsfragen von Banken auskennt. Ein weiterer Grund für die mehr hierarchische Einordnung liegt auf der sozialen Seite. Auf diesem Wege finden die Mitarbeiter einen Gruppenbezug und ein soziales Feld, mit dem sie sich identifizieren können. Das hängt natürlich auch von der Größe eines Büros ab: In einem größeren Büro ergeben sich mehr Möglichkeiten einen Praxis-Leistungsbereich wirtschaftszweigmäßig tiefer zu untergliedern als in einem kleineren Büro.

Wie wird das Vorgehen gegenüber einem Kunden koordiniert, wenn dieser Leistungen aller drei Praxisbereiche in Anspruch nimmt?

Das ist der typische Fall, für den ein „client service team" ins Leben gerufen wird, das aus je einem Partner aller derjenigen Praxisbereiche besteht, deren Leistungen von Kunden nachgefragt werden. In ihm werden Probleme und Lösungen für den Kunden unter den verschiedenen fachlichen Aspekten koordiniert.

Welche Bedeutung messen Sie der Management Informations-Beratung im Verhältnis zum traditionellen Bereich des Rechnungswesens und der Wirtschaftsprüfung zu?

Der Geschäftsumfang verteilt sich nicht zu je einem Drittel auf jeden Leistungsbereich, sondern weist etwa die Hälfte im traditionellen Bereich des Rechnungswesens und der Wirtschaftsprüfung aus, während sich der Rest in zwei fast gleichen Teilen auf die beiden übrigen Leistungsbereiche verteilt. Die Mangement-Informations-Beratung ist jedoch der am schnellsten wachsende Leistungsbereich.

Hier investieren wir auch mehr in die Ausbildung der Mitarbeiter als in den beiden anderen Bereichen zusammengenommen. Wir kennen natürlich die Bedeutung des Dauergeschäftes mit einem Kunden in unserem traditionellen Wirtschaftsprüfungsbereich, möchten jedoch auch den anderen sich bietenden Marktmöglichkeiten nachgehen.

Man unterscheidet in Ihrer Branche das sog. „bullpen-", das „industry specialty-" und das „group concept". Nach welchem dieser Prinzipien hat AA seine Praxis-Leistungsbereiche organisiert?

Das ist von Büro zu Büro unterschiedlich. Ein neuer, jüngerer Mitarbeiter, der in unserer Gruppe Rechnungswesen und Wirtschaftsprüfung seine ersten beruflichen Erfahrungen sammelt, beginnt im allgemeinen in einem „bullpen", also einer Gruppe unspezialisierter Mitarbeiter, da er weder Besonderheiten auf diesem Gebiet noch im Hinblick auf irgendeinen Wirtschaftszweig mitbringt. In unseren beiden anderen Leistungsbereichen ist dies nicht wesentlich anders. Unsere Management Informations-Berater entwikkeln sich dann zumeist in Richtung auf bestimmte Beratungsspezialitäten (Datenverarbeitung, Ergebnisverbesserungsprogramme usw.) und erst später auf wirtschaftszweigbezogene Fragen (Datenverarbeitung in Bankbetrieben z.B.). Niemand wird bei uns aufgefordert, sich auf einen Wirtschaftszweig zu spezialisieren. Dieses vollzieht sich vielmehr nach Erfahrung und Neigung ganz natürlich, während unsere Weiterbildung dafür sorgt, daß der Mitarbeiter in seinem Leistungsgebiet fachlich auf der Höhe bleibt. Zwischen den drei Lösungsbereichen vollzieht sich kaum eine Personalbewegung.

Innerhalb eines Büros ergeben sich eine Reihe von Führungsproblemen. – Wie lösen Sie die Personalzuweisung bei wechselnder Auslastung einzelner Leistungsbereiche?

Je mehr sich die Mitarbeiter fachlich und wirtschaftszweigmäßig spezialisieren, um so schwieriger wird es, einen Kapazitätsausgleich zwischen den einzelnen Leistungsbereichen zu vollziehen. Im Bereich kurzfristiger Anpassungen ist es deshalb deutlich leichter, sich Kapazität von anderen Büros auszuleihen.

Wie lösen Sie das Problem einer Kapazitätsüberbelastung bei Saisonspitzen (z.B. Jahresabschlußprüfungen), die alle Büros gleichmäßig treffen?

Die Saisonspitzen für den Bereich Rechnungswesen und Wirtschaftsprüfung unterscheiden sich von denen der Steuerberatung, während es für die Management Informations-Beratung keine vergleichbare Spitze gibt. Weiter fallen diese Saisonspitzen in einzelnen Ländern unterschiedlich an, so daß es sich in beschränktem Umfang anbietet, Mitarbeiter von einem Land zu einem anderen Land auf Zeit zu transferieren (z.B. zwischen Australien und Großbritannien). Weniger erfahrene Mitarbeiter werden in einem Büro zwischen einzelnen Leistungsbereichen zum Spitzenausgleich hin und her geschoben. Aber die eigentliche Lösung liegt in der Planung der Arbeit in einer Weise, die die Spitze abbauen hilft. In günstigen Fällen gelingt es uns 40 bis 60 % des Arbeitsanfalles aus der Spitze herauszuziehen. Die verbleibende Lücke muß durch Überstunden und Personaleinstellung geschlossen werden.

AA hat traditionell die Entwicklung des Mitarbeiter-Potentials stark betont.

Das wesentliche Aktivum eines jeden Unternehmens sind seine Mitarbeiter – eine Tatsache, die über die vordergründige Betrachtung von Sachmitteln und Anlagen oft übersehen wird. Da für uns die Sachmitteltechnik so gut wie keine Rolle spielt, können wir uns viel deutlicher auf das Wesentliche besinnen. 1981 werden wir etwa $ 100 Millionen für die Aus- und Weiterbildung unserer Mitarbeiter auf Unternehmensebene und in den regionalen Büros aufwenden; denn unsere Aktiven befinden sich im Hirn unserer Mitarbeiter und in ihrer Fähigkeit, das dort Gespeicherte anderen Menschen an den unterschiedlichsten Orten mitteilen zu können. Deshalb sehen Sie bei uns auch überall offene Türen: als eine ständige Aufforderung zur Kommunikation. Wir strengen uns alle sehr an, auch unseren jüngeren Mitarbeitern deutlich zu machen, daß es besser ist Fragen zu stellen, Interesse zu zeigen und nichts für selbstverständlich zu nehmen. Die einzige dumme Frage, die wir kennen, ist die, die nicht gestellt wurde. Auf diesem Wege schaffen wir ein Klima der Kooperation.

8.2 Ball Corporation

Die Darstellung der Organisation und Führung der Ball Corporation zeigt, wie ein Unternehmen der Verpackungsmittel-Industrie, das in den USA vor allem durch seine Glasbehälter bekannt geworden ist, den „Quantensprung" zu einem Hoch-Technologie-Unternehmen organisatorisch und führungsmäßig bewältigt: Ball stellt heute neben seiner traditionellen Linie von Verpackungsmitteln Satelliten und andere Erzeugnisse her, die an der vordersten Front der technologischen Entwicklung liegen. Bemerkenswert ist, daß bei geschickter Organisation von diesen neuen Gebieten interessante Rückwirkungen auf die etablierten technischen Bereiche zu verzeichnen sind, die auch hier Innovationen ermöglichen.

Die Gründung des Unternehmens geht auf das Jahr 1880 zurück. Als Gesellschaft wurde die Ball Corporation 1922 eingetragen, ihr Verwaltungssitz ist Muncie, Indiana. Erst nach einer nahezu einhundertjährigen Produktion von Glasbehältnissen wurden andere Zweige des Verpackungswesens erschlossen. Nach einer Akquisition ist Ball auch im Bereich hochtechnologischer Entwicklung und Produktion, wie z.B. der Satellitentechnik, tätig. Kaum ein anderes Unternehmen mußte sich in relativ schneller Zeit an wechselnde und veränderte Bedingungen für Organisation und Führung anpassen.

8.21 Die Organisationsstruktur der Ball Corporation (Stand 1981)

Heute stellt sich Ball als ein diversifiziertes Unternehmen mit einem Schwerpunkt bei Verpackungen für Nahrungsmittel und Getränke dar. Es verfügt über 20 Betriebe in den USA und weiteren in anderen Teilen der Welt. Andere Erzeugnisse werden im Rahmen eines Diversifikationsprogramms, das langfristig eine größere Flexibilität und Stärke des Unternehmens herbeiführen soll, für Märkte von Industriegütern und hoch-technologischen Erzeugnissen angeboten. Die Diversifikation mit ihrem Abgehen von einem bestimmten Wirtschaftszweig hat zu einer stabileren Ertragsentwicklung und Wachstum beigetragen, zur Verminderung von Risiken und der Anfälligkeit gegenüber wirtschaftlichen Schwankungen. Eine weitere beachtliche Folge war, daß Ball durch sie in die Lage versetzt wurde, hoch-qualifiziertes Personal zu gewinnen und zu erhalten.

Das Produktprogramm von Ball besteht heute aus vier verschiedenen Geschäftszweigen, die in der Organisation als Geschäftsbereiche ausgewiesen sind:

Verpackungsmittel
als traditioneller Geschäftszweig zeichnet derzeit noch für 64,4 % (1979) der Umsatzerträge verantwortlich. Im Berichtswesen wird dieser Geschäftszweig in zwei Bereiche unterteilt:

a) *Glasverpackungen*
In vier Betrieben werden Glasverpackungen für Nahrungs- und Genußmittel-, Kosmetik-, Arzneimittel- und Haushalts-Chemikalien-Hersteller produziert. Daneben werden Einweck- und Marmeladen-Gläser für den Hausgebrauch hergestellt und über den Großhandel vertrieben.

b) *Metallverpackungen*
Durch Eigenentwicklung und Akquisitionen begab sich Ball seit 1969 auch in den Geschäftszweig der Metallverpackungen. Bier- und Getränkedosen und -verschlüsse stellen den Hauptanteil des Umsatzes in diesem Bereich neben anderen Aluminium- oder Weißblechverpackungen.

Industrieerzeugnisse (Umsatzanteil 18,3 % in 1979)
Um die Fertigungs- und technischen Fähigkeiten der angestammten Bereiche des Unternehmens noch besser nutzen zu können, wurden weitere Anwendungsmöglichkeiten im industriellen Bereich erschlossen. Durch Eigenentwicklung und Akquisition wurden eine Reihe von Metall/Kunststoff-Produkten und Dienstleistungen entwickelt, um Kunden im Automobil- und Hausgerätesektor bei Aufgaben des Pressens und Formens zu unterstützen. Weitere Anwendungsbereiche liegen in der Bauwirtschaft, Elektronik und dem Öl-Engineering.

Technische Erzeugnisse (Umsatzanteil 17,3 % in 1979)

Mitte der fünfziger Jahre begann sich Ball an Regierungsaufträgen der Verteidigung und Technologieentwicklung zu beteiligen. Hier konnte sich das Unternehmen inzwischen als Anbieter von Systemen der Raumfahrt einen guten Ruf erwerben. Aus diesen Programmen folgten auf einem Markt überdurchschnittlichen Zukunftswachstums elektronische Anzeigeeinrichtungen und periphäre Geräte der Datenverarbeitung. Ball beabsichtigt, auf diesen hochtechnologischen Gebieten weiter zu expandieren, in dem es seine Fähigkeiten in der Entwicklung, im Engineering und der Produktion dort zum Tragen bringt, wo hoch-komplizierte Verfahren der Fertigung, der Montage und der Überprüfung zum Einsatz gelangen. Um die erworbenen Fähigkeiten in der Steuerung komplexer Systeme und Programme auch auf anderen Gebieten zur Anwendung zu bringen, begann Ball 1976 mit der technischen und führungsmäßigen Unterstützung von landwirtschaftlichen und von Bewässerungsprojekten. Im Rahmen langfristiger landwirtschaftlicher Führungs- und Entwicklungsprogramme werden hier eine Reihe von „turn-key"-Projekten abgewickelt.

Rund 10 % des Umsatzes werden derzeit im Sektor der Elektronik, Mechanik, Optik, Chemie, Datenverarbeitung, des Programmanagements und der landwirtschaftlichen Entwicklung erzielt. Rund 460 Wissenschaftler, Ingenieure und Techniker sind dabei durch auftragsgebundene Forschungs- und Entwicklungsarbeiten gebunden, während weitere 700 Mitarbeiter dieser Art in der internen Forschung und Entwicklung des Geschäftsbereiches „Technische Erzeugnisse" tätig sind.

Die folgende Tabelle zeigt das Wachstum der Ball Corporation für den Zeitraum von 1970–1980 sowohl vom Umsatz (in Millionen $) als auch von den Mitarbeiterzahlen her:

Umsatz		Beschäftigte	
1970	170.943	1970	6.436
1971	163.228	1971	6.024
1972	173.361	1972	6.745
1973	212.167	1973	7.210
1974[1]	292.954	1974	7.020
1975	365.291	1975	7.365
1976	397.605	1976	8.006
1977	451.879	1977	8.191
1978	514.908	1978	8.470
1979	555.000	1979	8.632

1 ab hier anderer Berechnungsmodus

Die breite Diversifizierung von Ball legte eine dezentrale Organisationspolitik nahe. Dem Leitungsteam eines jeden Geschäftsbereiches ist die Aufgabe und Kompetenz übertragen, das jeweilige Geschäft zu führen und jede Initiative zur Sicherung des Zukunftswachstums im Rahmen der Unternehmensziele zu ergreifen. Die Geschäftsbereiche werden dabei von Zentralabteilungen und -stäben unterstützt. Im Rahmen der Gesamtplanung besitzen die Geschäftsbereichsleitungen relativ große Freiheitsräume bei der Verfolgung ihrer Bereichsziele. Die Kapitalrentabilität und der Cash flow sind wesentliche Beurteilungsgrößen für ihr Handeln und ihren Erfolg. Die langfristige strategische Planung wird jährlich überarbeitet, um einzelnen Vorhaben Ziel und Richtung zu weisen. Die Einhaltung der jährlichen operativen Pläne im Rahmen der langfristigen Ziele wird vom Management über monatliche „Reviews" intensiv verfolgt und gegebenenfalls werden Anpassungen vollzogen. Die Unternehmenspolitik betont das interne Wachstum des Unternehmens. Diversifikationsmöglichkeiten auf Gebieten, die den bewährten Stärken des Unternehmens nicht entsprechen, werden nicht verfolgt, auch dann nicht, wenn hierbei überdurchschnittliche Ergebnisbeiträge zu erwarten sind.

Organisatorisch wird der *Chairman of the Board,* der bis 1980 zugleich als *Chief Executive Officer* fungiert, von drei zentralen Stabsabteilungen unterstützt (Zentralsekretariat und Recht, VP Unternehmensplanung und Entwicklung, VP Öffentlichkeitsarbeit). Ihm berichten weiter ein Senior Vice President und *Finanzchef,* dem der Treasurer und der Controller unterstehen, in finanz- und betriebswirtschaftlichen Fragen. Das operative Unternehmensgeschehen von Ball wird vom *Präsidenten,* der als *Chief Operating Officer* fungiert, geleitet. Der Präsident untersteht ebenfalls dem Chairman. Auf Unternehmensebene sind ferner die Forschungs-, Entwicklungs- und Engineeringfunktionen neben der Verwaltung zentralisiert. Diese unterstehen – neben den vier Vize Präsidenten, die die Geschäftsbereiche leiten – dem Chief Operating Officer. Die einzelnen *Geschäftsbereiche* unterteilen sich in *Geschäftsfelder,* die jeweils einzelne Erzeugnislinien und zugehörige funktionale Abteilungen umfassen. Diese Organisation löste 1975 eine ausschließlich auf das Verpackungsgeschäft abgestellte Struktur ab, bei der die Operationen einem Gruppen-Vize Präsident unterstanden (Glasbehälter und ein östlicher und westlicher Bereich).

8.22 Interview mit dem Chairman of the Board und Chief Executive Officer der Ball Corporation, Mr. J.W. Fisher, 1981

Auf welche bestimmenden Elemente der Unternehmensentwicklung und Strategie läßt sich die erfolgreiche Unternehmensentwicklung der Ball Corporation zurückführen?

Wir mußten bei einer Analyse unserer Geschäftsergebnisse im Jahre 1967 feststellen, daß die Rentabilität unzureichend geworden war. Daraus zogen wir für die Zukunft einige wesentliche Schlußfolgerungen. Um überhaupt zwischen verschiedenen Zukunftskursen wählen zu können, benötigten wir Systeme der Langfrist- und Kurzfristplanung, die unsere gesamte Organisation überspannen mußten und alle Führungskräfte einschlossen. Aus den Plänen folgten Aktionsprogramme, die unsere Ressourcen zu neuen Einsätzen brachten. Die Focussierung der Rentabilität unserer Ressourcen über eine konsistente Planung war der Grundpfeiler der folgenden erfolgreichen Geschäftstätigkeit von Ball.

Nach welchen Kriterien haben Sie dabei die strategischen Möglichkeiten der Diversifikation in andere Geschäftszweige beurteilt, wie z.B. Zusammenstellung eines gewinnträchtigen Finanz-Portfolios, die Nutzung eines bestimmten Know-hows, die Durchdringung von Wachstumsmärkten der Zukunft?

Wir waren bereits lange davor ein diversifiziertes Unternehmen, indem wir neben Glas- auch Wellpappen-, Zink- und Gummierzeugnisse herstellten. Später kamen Kunststoff- und Metallbehälter dazu, sowie Raumfahrtprodukte, die uns mit den unterschiedlichsten Technologien in Verbindung brachten. Wir hatten daher eine Tradition, Talente auf den unterschiedlichsten Gebieten zu entwickeln und sie auch in anderen Gebieten einzusetzen. Wir nutzten unsere Erfahrungen bei der Diversifikation, setzten unsere vielfältigen Talente zweckbestimmt ein, wobei wir eine konservative Finanzierungspolitik verfolgten.

Wie betrachten Sie Ball heute – als ein Portfolio von Anlageninteressen oder als ein integriertes Unternehmen mit Sonderinteressen bei Zukunftstechnologien?

Wir sind nach wie vor ein Unternehmen der Verpackungsindustrie mit einigen zusätzlichen Erzeugnissen in unserem Portfolio. Die Integration kann nur auf technologischer Grundlage erfolgen. Die Verbindungen zeichnen sich hier heute deutlich ab. Einige bahnbrechende Entwicklungen in der Luft- und Raumfahrt, die uns große Anerkennung einbrachten, lassen sich auf unser Dosen-Geschäft übertragen, was wir durch Personalumsetzungen unterstützen. Dieser Know-how-Transfer bringt uns beachtliche Beiträge zum weiteren Wachstum.

Welche Probleme ergeben sich dadurch für Sie, für die Identität Ihres Unternehmens?

Wir werden sicherlich nicht unser Verpackungs-Image verlieren; denn wir verfolgen hier gerade ein sehr intensives Programm der Erneuerung von Anlagen und Technologien, da der Markt für Verpackungsmittel weiterhin wächst.

Neben der traditionellen Verbindung des Unternehmens zum Verpackungsmittelsektor der Massengüter stehen neue Geschäftszweige, die technologisch hochwertige Einzelleistungen des Engineering und der Beratung. – Welche Organisations- und Führungsprobleme folgen aus einer derartigen Spannweite in den Aufgaben, der Mentalität der Mitarbeiter und der Verfahrensweisen?

Wir erkennen darin keine besondere Problematik, da wir ein dichtes Führungs- und Organisationsnetz über unsere Aktivitäten gelegt haben. Hinzu tritt, daß wir Mitarbeiter recht ungezwungen zwischen den verschiedenen Geschäftsbereichen horizontal austauschen (zwischen Raumfahrt und Blechverpackungen, zwischen Gummi- und Zink- und Glasprodukten) und natürlich auch vertikal. Unsere Personalentwicklung hat vom Ansatz her mögliche Spannungen vermieden. Entscheidungsprobleme werden sehr offen und kooperativ angegangen.

Ball hat sich auf den verschiedensten Gebieten engagiert. Ist dies Ausdruck einer Politik, auf möglichst vielen Zukunftsgebieten einen „Fuß in der Tür zu haben", um zu einem späteren Zeitpunkt entscheiden zu können, auf welchen Gebieten man sich schlußendlich voll konzentrieren soll?

Das ist natürlich eine denkbare Option; aber lassen Sie mich folgendes ausdrücken: Ich glaube an neue Ideen und daran, daß andere in ihrer Kreativität gefördert werden sollten. Die Dynamik Amerikas lag zu allen Zeiten in den Händen derjenigen, die kreativ sind. Ich fühle selbst eine große Befriedigung dabei, zu verfolgen, wie sich aus einer Idee ein neues Verfahren oder Produkt entwickelt. Das verlangt von allen Beteiligten und von unseren Systemen eine hohe Flexibilität, um sich wandelnde Markterfordernisse, Regierungseingriffe u.ä. voraussehen und berücksichtigen zu können. Wir haben uns hier in der Vergangenheit recht gut positioniert.

Sie haben so etwas wie einen Quantensprung von einem Glasbehälter-Hersteller zum Problemlöser an der vordersten Front der Satellitentechnologie hinter sich. – Welche Erfahrungen macht man bei einem solchen Sprung nach vorn?

Letztlich kommt es dabei darauf an, daß eine Organisation ermutigt wird, nach neuen Möglichkeiten und Ideen Ausschau zu halten. So erkannten wir rechtzeitig die neuen Möglichkeiten, die über eine Beteiligung am Raumfahrtprogramm an sich und für die Weiterentwicklung und Steuerung unserer traditionellen Technologien eröffnet wurden. Wesentliche Erkenntnisse der Miniaturisierung, der elektronischen Überwachung und der Beschichtungstechnik ließen sich auf unsere Verpackungsprozesse übertragen. Die Voraussetzungen hierfür liegen im Teamwork, die Menschen zur Mitarbeit motiviert, der Öffnung der Kommunikation und der Organisation als Mittel zur Zielverfolgung. Die Planung muß unsere Ziele umsetzen und auf die Erfahrung zurückgreifen, damit einmal gemachte Fehler nicht wiederholt werden. Planung und Organisation verbunden mit talentierten Mitarbeitern, die ihren Blick auf die Ziele gerichtet halten, sind die Elemente unseres Wachstums.

An welchen Punkten des Wachstumsverlaufes von Ball wurden generelle Reorganisationsmaßnahmen notwendig?

Mit dem Wachstum einiger unserer Geschäftsbereiche mußten wir die Organisation umstrukturieren. Es gab eine Zeit, zu der unser Metallbereich als Teil einer Westlichen Abteilung operierte, die sich aus einer Raumfahrtgruppe, einer Dosengruppe und einer Singapur-Gruppe zusammensetzte. Die übrigen Aktivitäten waren nach dem Regionalprinzip in einer östlichen Abteilung zusammengefaßt. Für das externe Berichtswesen strukturierten wir diese Gliederung 1975 divisional um und unterscheiden die Verpackungen technischer Erzeugnisse und Industrieerzeugnisse. Für unsere interne Organisation haben wir dann die Verpackungen aufgrund ihres bedeutenden Umfanges noch einmal in zwei Unternehmensbereiche zerlegt: Metall- und Glasverpackungen. Mit einem weiteren Wachstum können auch hier weitere strukturelle Anpassungsmaßnahmen erforderlich werden. Dabei versuchen wir, diese Operationen so dezentral wie möglich zu führen. Die zweckmäßige Führungsebene wird durch die strategischen Geschäftseinheiten gegeben, die jeweils einen Marketing-, Produktions- und Forschungs- und Entwicklungszweig umfassen und die Basiseinheiten unserer strategischen Planung und Abrechnung darstellen. Mehrere derartige Einheiten können einen Unternehmensbereich oder eine Gruppe bilden. Dabei ist es wesentlich, daß diese Einheiten mit anderen in der Organisation nach Bedeutung und Größe vergleichbar werden, damit wir ihnen von zentraler Seite aus eine vergleichbare Unterstützung in der Planung, im Engineering und bei den Finanzen geben können. Um dies zu erreichen, haben wir unsere Organisation mehrfach umgestalten müssen.

Welches waren Ihre Überlegungen, die zu der gegenwärtigen Organisation geführt haben, die aus vier Unternehmensbereichen, die einem Präsidenten als „Chief Operating Officer" unterstehen und zusätzlichen Zentral- und Stabsbereichen besteht?

Das Organigramm als formale Darstellung der Aufgaben-, Kompetenz- und Verantwortungsverteilung im Unternehmen stellt lediglich die eine Seite der Medaille dar. Ihre andere Seite sind die Arbeitsbeziehungen, die häufig quer zu der verteilungsmäßigen Gliederung verlaufen. So vertreten sich der Präsident und ich z.B. bei Entscheidungen, wenn einer von uns gerade nicht greifbar sein sollte.

> In der Spitzenstruktur Ihres Unternehmens führt der „Chief Operating Officer" die Unternehmensbereiche, unterstützt durch einige Stäbe, während der Rest der Zentral- und Stabsstellen Ihnen persönlich untersteht.

Der Grund hierfür ist in einer Nachfolgeregelung zu sehen. Unser Präsident soll mich eines Tages ersetzen und um ihn auf dieses Amt vorzubereiten, übertrage ich ihm gleitend mehr und mehr Aufgaben, wie z.B. die Zentralfunktionen Forschung und Entwicklung, Engineering und demnächst auch die zentrale Verwaltung; denn alle diese Aufgaben sind eng mit der operativen Sphäre des Unternehmens verbunden. Dagegen werden die Stabsfunktionen Sekretariat und Recht, Unternehmensplanung und -entwicklung, die Finanzen und die Öffentlichkeitsarbeit bei mir als Chairman verbleiben. Hierbei spielt auch Persönliches eine Rolle. Der Präsident ist von seiner Ausbildung her Ingenieur, während ich Kaufmann mit Produktionserfahrungen bin. Wenn ich dem Präsidenten demnächst die Stellung eines „Chief Executive Officers" übertragen und mich auf die Aufgaben des Chairman zurückziehen werde, kann sich an der Organisation vieles ändern. Wir haben meinen Nachfolger seit 1972 systematisch aufgebaut, ihm zunehmend eine erweiterte Verantwortung übertragen und ich würde mich nicht wundern, wenn er als CEO die Organisation an seinen persönlichen Führungsstil anpassen würde.

> Zwischen den Zentralbereichen und den Unternehmensbereichen bestehen funktionale Beziehungen, deren Erläuterung uns einen tieferen Einblick in das Funktionieren der Organisation von Ball geben könnte. Welche funktionalen Beziehungen bestehen zwischen der Unternehmensplanung und -entwicklung und den Unternehmensbereichen?

Monatlich führen wir Besprechungen mit den Vizepräsidenten als Leiter von Unternehmensbereichen durch, an denen die Zentralbereichsleiter, der Präsident und ich teilnehmen. Dem gehen individuelle Besprechungen zwischen dem Präsidenten und jedem Leiter eines Unternehmensbereiches zur Analyse der Monatsergebnisse voraus. Vierteljährlich verlängern wir rollend unsere Jahresplanung. Dem liegen schriftliche Analysen unserer Zentral- und Stabsbereiche zugrunde, so daß jeder von uns mit einem ausreichenden Wissensfundus in diese Besprechungen geht. Im Frühjahr beginnen wir mit den strategischen Planungsbesprechungen und entwickeln Leitlinien für die Unternehmensbereiche. Bevor wir die Planungsbesprechung in die strategischen Geschäftseinheiten tragen, werden unsere Ziele noch einmal überprüft und unsere Position im Rahmen der 5-Jahresplanung, die wir in einem Buch zusammengefaßt haben, angeglichen. Eine Sitzung des Executive Committee mit den operativen Zentralbereichsleitern ist dabei für die Festschreibung von Planansätzen wesentlich. Im Juli schließlich wird die Planung dem gesamten Board vorgelegt. Dabei kann die Erkenntnis reifen, daß unsere Planung die finanziellen Möglichkeiten des Unternehmens über Gebühr in Anspruch nimmt, was eine Planänderung und eine Variation der Cash-flow-Charakteristik unserer Pläne zur Folge haben kann. Hat der Board der revidierten Planung zugestimmt, wird die Führung auf die ihr verbindlich mitgeteilten Planzahlen verpflichtet. Im Herbst beginnt dann dieser Zyklus unserer operativen Planungsbesprechungen und die Entwicklung des Budgets für das folgende Jahr auf Monatsbasis und für das darauffolgende Jahr nach Quartalen. Das Budget für das nächste Jahr, das aus einer Plan G + V und Bilanz, dem Cash-Flow einschließlich aller zu erwartenden Preis- und Kostenänderungen besteht, wird vom Board genehmigt und vom „Chief Operating Officer" zusammen mit den Vize-Präsidenten als Leiter der Unternehmensbereiche, im Sinne des Management by Objectives überwacht.

> Sie haben vorausgehend auf die Strategischen Geschäftseinheiten hingewiesen. Nehmen wir hier den Verpackungsmittelbereich, der ja in die beiden Gruppen Glas- und Metallverpackungen – vermutlich aufgrund unterschiedlicher Technologien der Produktion – zerfällt. Wahrscheinlich gibt es substitutive Beziehungen zwischen diesen beiden Bereichen. Wie führen Sie diese beiden Bereiche, um zu vermeiden, daß sich daraus ein Wettbewerb mit negativen Konsequenzen für die Gesamtinteressen des Unternehmens ergibt?

Es ist richtig, daß beide Gruppen parallel zueinander vorgehen. Die Marketing-Abteilungen beider arbeiten dabei eng zusammen, die Mitarbeiter kennen sich und informieren sich gegenseitig, sie kennen gegenseitig die Produkte und Kunden. Will nun ein Kunde vom Glas- auf Metallbehälter umstellen, dann ergreift die Glas-Marketingseite die Initiative und wickelt dies für ihren Kunden ab, d.h. der Vertrieb erfolgt nach wie vor durch die Glasseite. Damit eine derartige Denk- und Handlungsweise zum Wohle des Ganzen möglich wird, ist auf die Anreizwirkung unserer Unternehmensplanung zu verweisen. Werden Ziele über- oder unterschritten, hat dies Folgen für Zusatzvergütung.

Das muß doch aber nicht unbedingt suboptimales Verhalten ausschließen.

Das working capital unter Einschluß der Vorräte, Forderungen usw. ist Teil dieses Anreiz-Vergütungskonzeptes. Daneben haben wir sehr gute Kenntnisse über Möglichkeiten und Grenzen jedes einzelnen Bereiches, so daß wir durchaus gegenüber Suboptimierern, die im Abteilungsinteresse „mauern", angehen können.

Wie gliedern Sie das Projektmanagement innerhalb der spitzentechnologischen Bereiche in die Linienorganisation ein?

Der überwiegende Teil unserer Raumfahrt-Programme wird in Teamarbeit abgewickelt. Das war eine Neuheit für unsere Organisation. Sie war aber deshalb leicht zu integrieren, weil diese Bereiche anfänglich sehr klein und überschaubar waren. Später haben wir diese bei uns erfolgreiche Projekttechnik auch auf andere Bereiche übertragen. Hier liegt auch der Grund für unsere Diversifikation ins landwirtschaftliche Beratungsgeschäft: Durch staatliche Programmkürzungen hatten wir plötzlich keine Beschäftigungsmöglichkeiten mehr für einige qualifizierte Mitarbeiter mit Know-how in der Projektarbeit, der Finanzierung, dem Arbeiten in fremden Ländern und wir gaben diesen eine neue Aufgabe. Denn letztlich ist die Qualität der Teammitglieder der Schlüssel zum Erfolg eines Projektes gleich welcher Art. Hinzu kommt – gegenüber anderen Organisationsformen – die hohe Mobilität solcher Teams. Dabei dürfen wir nicht übersehen, daß die Arbeit in Projektgruppen nach einer gewissen Zeit ihren Reiz verliert und die Teammitglieder in die Linienorganisation zurückdrängen. Hier haben wir die zentrale Forschung und Entwicklung als „Heimathafen", in den diese Mitarbeiter zurückkehren, während andere aus ihm „auslaufen", um in Projektteams tätig zu werden. Damit kann ein Aufstieg verbunden sein, wenn qualifizierte Mitarbeiter aus diesem Reservoir Leitungsaufgaben in der Linie übernehmen. F + E ist daher bei uns ein interessanter Karrierepool.

Wie betreiben Sie die Personalentwicklung in diesem Zusammenhang?

Grundsätzlich dezentral. Auf zentraler Ebene kann ein Personalleiter anhand eines Kataloges der „manpower inventory" auf bestimmte Fähigkeiten ganz bestimmter Mitarbeiter zurückgreifen. Bei Erstellung dieser Human-Inventur sind uns eine Reihe von Entwicklungsnotwendigkeiten unserer Mitarbeiter bewußt geworden, die wir nunmehr durch Aus- und Fortbildungsprogramme abzudecken versuchen. Dabei müssen wir im Auge behalten, daß wir ein Unternehmen sind, das seinen Erfolg weitgehend der Innovation verdankt. Zu ihrer Sicherung sind wir im besonderen Maße auf die Verkoppelung von Forschung und Entwicklung einerseits und den Operationen andererseits angewiesen.

Wie bringen Sie diese Verkopplung zustande?

Es wäre von mir naiv, wenn ich behaupten würde, daß wir hierbei keine Probleme haben. Angehörige von Operationssystemen tendieren dazu, Ideen umzusetzen, ohne Zusammenhänge grundlich untersucht und mogliche Storquellen abgestellt zu haben. Sie versuchen auch die Pilot- und Testphasen abzukürzen. Wir müssen daher die Forschung und Entwicklung in diesen Innovationsprozeß integrieren, um ein systematisches Verfahren der Invention und ihrer Umsetzung sicherzustellen. Die Mitarbeiter der Forschung und Entwicklung haben mehr Zeit zur Abwägung der Vor- und Nachteile verschiedener technischer Lösungen und zum Experimentieren mit Varianten, während Mitarbeiter von Operationssystemen in anderen Kategorien denken.

Der Kern des Erfolges liegt bei den Zielsetzungen. Sie müssen in sich konsistent und erreichbar sein, aber auch die Ressourcen einer Organisation derart überbeanspruchen, daß periphäre, marginale Leistungen auf der Strecke bleiben. Nur dann läßt sich Überdurchschnittliches erreichen. Organisatorisch ist hierfür ein Zusammenspiel von zentralen und von dezentralen Aspekten erforderlich. Lehnen die Operativen unsere Zielvorstellungen ab, dann werden sie veränderte Vorschläge entwickeln, die nicht selten viel mehr von ihnen verlangen als unsere ursprünglichen Ansätze. Wichtig ist weiter die Zielverpflichtung nachdem man sich einig geworden ist. Im Prozeß der Zielverfolgung müssen wir dann dafür sorgen, daß die Motivation erhalten bleibt und jeder seinen Freiraum beim Verfolgen bestmöglicher Strategien erhält und ausfüllt.

8.3 Bertelsmann AG

Die Organisationsentwicklung der Bertelsmann Gruppe ist auf dem Ausbau verschiedener selbständiger Firmen und der Akquisition weiterer Firmen gegründet. Damit rückt zunächst eine starke Orientierung an Absatzobjekten in den Mittelpunkt der organisatorischen Gestaltung. Die Nutzung ökonomischer Herstellungs-, Lager- und Versandverfahren führte jedoch weiter zu einer weitgehenden Zentralisierung dieser Funktionen. Eine organische Mischform ist das Ergebnis dieser Entwicklung. Während auf der Absatzseite weitgehend und hoch differenziert nach Objekten gegliedert wird, damit die einzelnen dezentralen Abteilungen relativ große Flexibilität am Markt aufweisen, steht dieser eine stärkere Verrichtungsorientierung bei den logistischen Funktionen mit einer tendenziellen Zentralisation gegenüber. Die Verwaltung wird zentral auf die finanzielle Führung beschränkt, die ein ausgebautes Berichtswesen verlangt. Die Internationalisierung des Konzerns wird in Zukunft eine zunehmende Berücksichtigung von regionalen Aspekten in der Organisation verlangen.

Das Haus Berteslmann wurde 1835 als Verlag gegründet, der sich vorwiegend mit der Verbreitung christlicher Schriften beschäftigt. Es befindet sich heute in der fünften Familiengeneration. Die Betonung der Buchgemeinschaften brachte nach dem zweiten Weltkrieg ein starkes Wachstum. Auf dieser Basis entwickelte sich Bertelsmann durch gezielte Diversifikation zunehmend zu einem in verschiedenen Medien im In- und Ausland tätigen Unternehmen. Buch und Zeitschrift, Schallplatte, Tonband und Kassette, Film und Fernsehen, „Audiovision" sind die derzeitigen Schwerpunkte der Produktpalette des Unternehmens. Die Entwicklung des Unternehmens ist sowohl durch das Wachstum eigener Verlage als auch durch eine Expansionsstrategie gekennzeichnet, die durch vielfältige Akquisitionen von Firmen im Medienbereich getragen wird. Die Logistik der vielfach verästelten absatzorientierten Tochtergesellschaften wurde jedoch frühzeitig durch den Ausbau eines zentralisierten Herstell- und Lagerbereiches in rationeller Form sichergestellt. So werden z.B. bei Mohndruck in Gütersloh 2000 Mitarbeiter beschäftigt, die täglich 130.000 Bücher, 100.000 Schallplattentaschen, sowie 750.000 Broschüren, Zeitschriften, Kataloge u.ä. herstellen.

Der Konzern beschäftigte 1976 rund 22.000 Mitarbeiter in ca. 100 selbständig operierenden und bilanzierenden Firmen, deren Dach die Bertelsmann AG bildet. Der Gesamtumsatz im Geschäftsjahr 1975/76 von rund 2,4 Mrd. entfällt etwa zu je einem Drittel auf die Bereiche Gruner & Jahr, Buch-/Schallplattengemeinschaften sowie auf Musik, Film, TV, Technik und Verlagsgeschäfte.

8.31 Die Organisation der Bertelsmann AG (Stand 1977)

In der Phase der Expansion durch Marktintensivierung bestand die Gruppe 1959/1960 aus einer Reihe von Unternehmen, die durch die Bertelsmann Geschäftsleitung geführt werden, die sich hierzu der Bertelsmann Verwaltung bediente. Abb. 31a zeigt den damaligen Organisationsstand. Die Gruppe bietet zu diesem Zeitpunkt organisatorisch noch ein relativ heterogenes Bild; die Zentrale Logistik in der Herstellung und Lagerung deutet sich im Kommissionshaus Buch und Ton und bei Mohn & Co. GmbH bereits an. Die Ariola bietet ein Sprungbrett zur Diversifikation in den Schallplattenbereich.

1977 ist der Gesamtkonzern in vier Unternehmensbereiche gegliedert, deren Geschäftsführer im Rahmen der mit dem Vorstand der Bertelsmann AG abgestimmten Planung selbständig und eigenverantwortlich leiten:

- Unternehmensbereiche Buch- und Schallplattengemeinschaften (Clubs)
- Unternehmensbereich Verlage
- Unternehmensbereich Technik (Graphische Betriebe, Papierfabrik)
- Unternehmensbereich Musik, Film, Fernsehen

Hinzu kommt die selbständige Gesellschaft

- Gruner + Jahr

Neben den Bereichen gibt es eine *Hauptverwaltung,* die als *zentraler Stab die Dienstleistungsfunktion für den Konzern wahrnimmt.* Sie ist die Zusammenfassung einer ganzen Reihe von

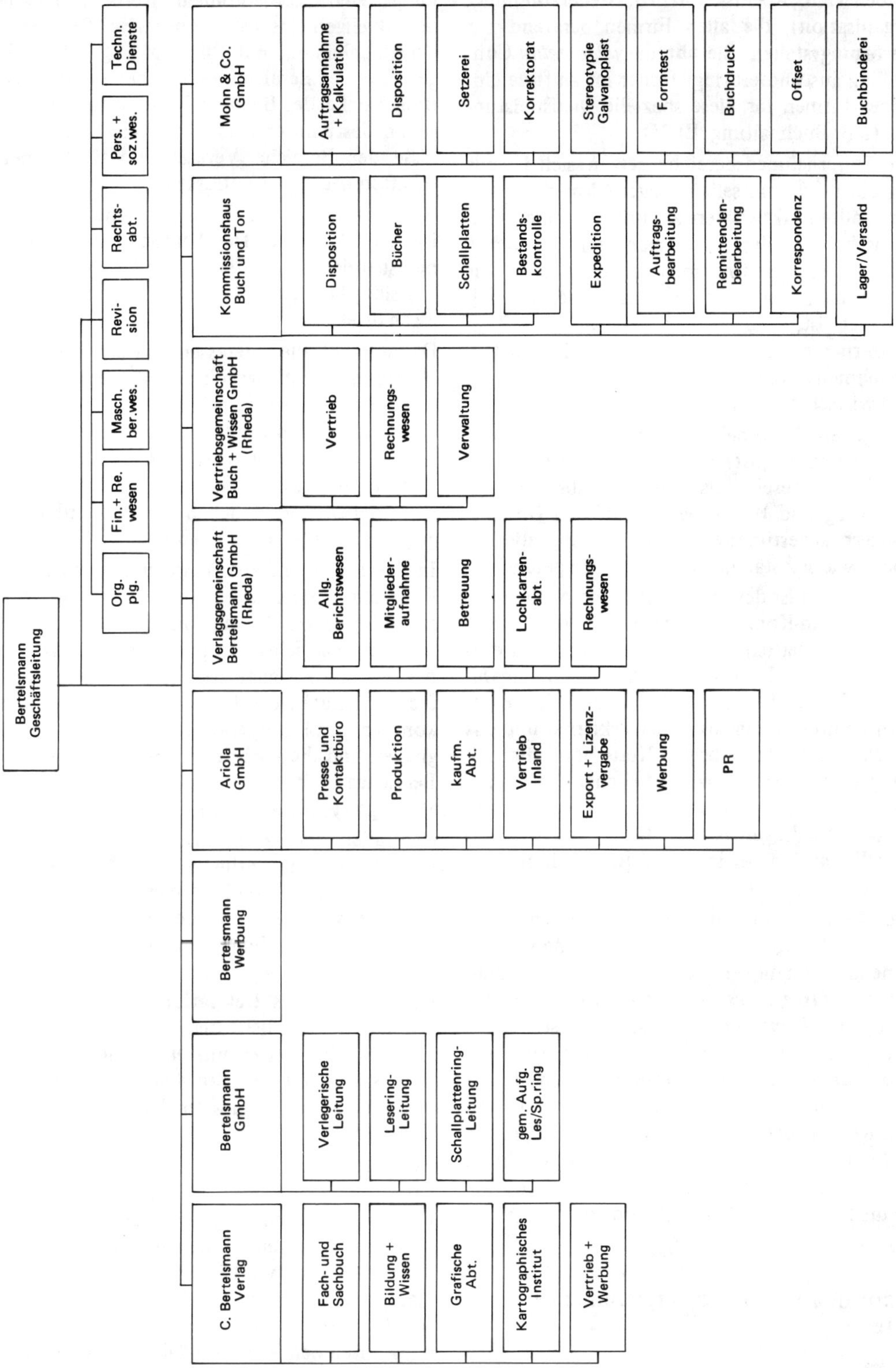

Abb. 31a: Organigramm der Bertelsmann Gruppe 1960

Stäben (z.B. Rechts-, Finanz-, Steuerabteilung, Organisation), die allen Firmen beratend zur Verfügung stehen. Sie übt das *allgemeine* Controlling aus und erbringt ferner im Auftrag einzelner Firmen für diese spezielle Dienstleistungen (z.B. Buchhaltung, EDV).

Die Unternehmensbereiche setzen sich jeweils aus einer Vielzahl selbständiger Firmen mit artverwandten Aktivitäten zusammen. Eine – historisch begründete – Ausnahme ist Gruner + Jahr. Dieses Unternehmen, an dem das Haus Bertelsmann seit einigen Jahren mehrheitlich beteiligt ist, bildet einen selbständigen Teilkonzern mit eigener Zentrale und eigenen Unternehmensbereichen und ist organisatorisch und wirtschaftlich völlig selbständig.

Für jeden Unternehmensbereich des Bertelsmann-Konzerns ist ein *Vorstandsmitglied* zuständig. Abgesehen von der Verabschiedung, Änderung und Kontrolle der auf den Gesamtkonzern abgestimmten Planung werden die Bereiche wie selbständige Unternehmen geführt.

In Abb. 31b ist der organisatorische Aufbau des Bertelsmann-Konzerns vereinfacht dargestellt. Der gesellschaftsrechtliche Konzernaufbau entspricht nicht der oben beschriebenen Organisationsform; die gesellschaftsrechtliche Konzernstruktur ist nur historisch erklärbar und das Ergebnis einer langjährigen Kette von Entscheidungen, die neben organisatorischen Problemen auch steuer- und firmenrechtliche Überlegungen zu berücksichtigen hatten. In ihr findet die rasche Expansion der letzten 20 Jahre ihren Ausdruck.

Daß die mit dem hohen Grad der Dezentralisation und Delegation der Verantwortung verbundene Selbständigkeit der Firmen-Geschäftsführer ein *ausgefeiltes Instrumentarium der Planung und Kontrolle* voraussetzt, versteht sich von selbst. Die Unternehmensbereichsleiter wie auch der Vorstand der Bertelsmann AG lassen sich monatlich über den Stand bzw. die Abweichungen im Betriebsergebnis, im Umsatz, in der Kapitalbindung und im Finanzbedarf berichten, um Fehlentwicklungen rasch erkennen und Gegenmaßnahmen einleiten zu können.

Koordination der divergierenden Einzelinteressen

Die Interessen der verschiedenen Unternehmensbereiche bzw. Firmen sind nicht immer deckungsgleich. Z.B. können Werbemaßnahmen der Buchgemeinschaften negative Reaktionen der Buchhändler mit Rückwirkung auf die Ergebnisse des Bereichs Verlage hervorrufen, und Billigdrucke des Bereichs Technik für Billigausgaben bestimmter Anbieter können die Ergebnisse der Bereiche Verlage und Buchgemeinschaften negativ beeinflussen.

Oberstes Organ zur Lösung solcher Konflikte ist der *Vorstand.* Die betroffenen Unternehmensbereichsleiter, die Mitglieder des Vorstandes sind, können in diesem Gremium ihre Interessen direkt vertreten.

Damit nicht alle Interessenkonflikte durch den Vorstand gelöst werden müssen, hat der Vorstand *Richtlinien* verfaßt, die in vielen Fällen eine Koordinierung auf niedriger Ebene ermöglichen. Des weiteren sind *Koordinationsausschüsse* eingerichtet, die eine Abstimmung auf Firmenebene ermöglichen und außerdem der gegenseitigen Information dienen.

In der Regel sind die Ausschüsse fachbezogen. Ein nicht fachbezogener Ausschuß ist der *„Konzernführungskreis“,* der für jeden Unternehmensbereich selbständig eingerichtet ist und der u.a. die Aufgabe hat, dafür zu sorgen, daß die Aktivitäten des Bereiches auf die Gesamtkonzernpolitik ausgerichtet werden. Seine Mitglieder sind die wichtigsten Führungskräfte des Bereiches.

Natürlich kommt es trotz der Koordinierungsrichtlinien und -ausschüsse immer wieder einmal zu „Reibungsverlusten“. Als Nachteil kann auch angesehen werden, daß Vorschläge der Hauptverwaltung nicht oder nicht unverzüglich durch die betroffenen Bereiche/Firmen realisiert werden.

Die Vorteile des Delegations- und Dezentralisationsprinzips, die durch die erhöhte Motivation der Mitarbeiter entstehen und deren Iniative, Kreativität und Entscheidungsfreudigkeit fördern, überwiegen dessen Nachteile jedoch bei weitem.

Es ist insgesamt gesehen ein System installiert, das dem Einzelnen ein Höchstmaß an eigener Entscheidungsfreiheit garantieren soll. Die Führungskräfte in den Firmen sollen in unternehmerische Verantwortung gebracht werden. Sie planen den Geschäftsverlauf „ihrer Firmen“ selbst; sie sind – nach Verabschiedung der Planung durch den Vorstand der AG – im Rahmen der genehmigten Planung verantwortlich für Personal und Kapital.

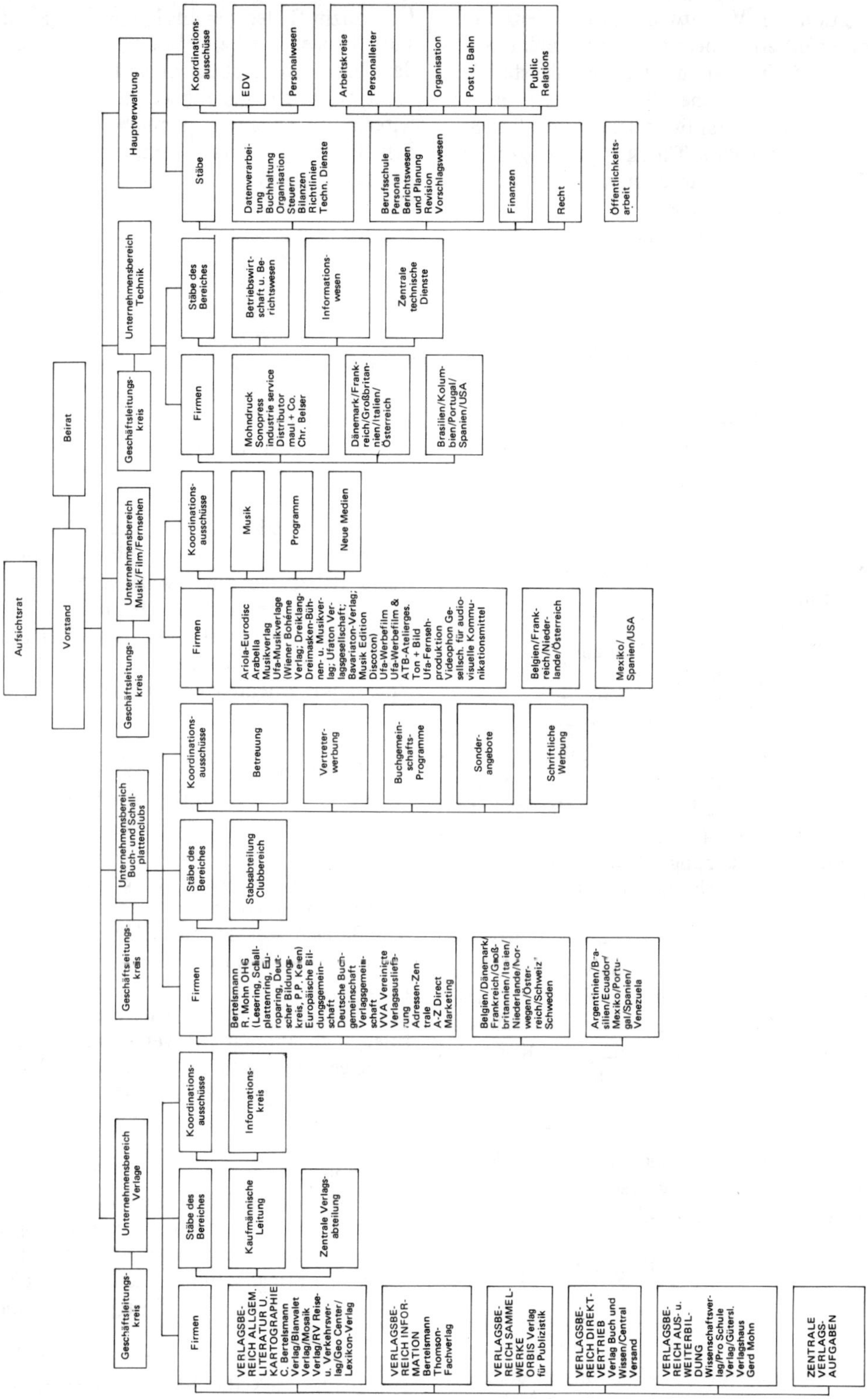

Abb. 31b: Organigramm des Bertelsmann Konzerns 1977

Delegation von Verantwortung und Dezentralisation erfordern andererseits aber auch Koordination und Transparenz der Geschäftstätigkeiten. Ein umfangreiches Berichtswesen erlaubt es deshalb den Verantwortlichen auf allen Stufen, den Erfolg ihrer Tätigkeit ständig und aktuell an einheitlich erarbeiteten Kenn- und Meßziffern abzulesen und somit auch Fehlentwicklungen frühzeitig zu erkennen.

8.32 Interview mit dem Vorstandsmitglied und Leiter der Hauptverwaltung der Bertelsmann AG, Herrn Hermann Hoffmann, 1977

Der Bertelsmann-Konzern besteht derzeit aus rund 100 selbständig operierenden und bilanzierenden Firmen. Es ist sicherlich eine nicht ganz einfache Aufgabe, diese Vielfältigkeit zu harmonisieren.

Sie wissen, daß wir im Hause Bertelsmann das Prinzip der Delegation von Aufgabe und Kompetenz konsequent verwirklicht haben. Jede einzelne Firma innerhalb unseres Hauses hat im Rahmen der Gesamtunternehmensstrategie eine bestimmte Zielsetzung, deren Durchführung dem jeweiligen Geschäftsführer obliegt.

Ihr Unternehmen in seiner Vielfältigkeit wird also stark dezentralisiert geführt. Die Notwendigkeit zur zentralen Entscheidungsbildung ist beschränkt. Sie versuchen durch das Berichtswesen, die Planung und Kontrolle das Unternehmen dennoch einheitlich zu gestalten und in der Hand zu behalten.

Das ist richtig, die Harmonisierung erfolgt vor allem über das Führungssystem. Es gehört zu unserer Unternehmensphilosophie, möglichst viele Führungskräfte unternehmerisch, d.h. auch ergebnisverantwortlich, tätig werden zu lassen.

Organisatorisch könnte ich es mir allerdings vorstellen, daß diese vielen Firmen überlappende Aufgaben-Programme haben, die zu Überschneidungen am Markt führen.

Im Prinzip finden bei uns kaum Überlappungen statt. Fangen wir beim Vorstand an, in dem jeder Unternehmensbereich vertreten ist (wenn nicht als Vorstandsmitglied, dann als Bereichsleiter). Wir haben als Bereiche die Buch- und Schallplattengemeinschaften, die Verlage, den Musikbereich und die Technik. Schließlich ist als fünfter Bereich die Hauptverwaltung zu erwähnen, die integrierend die internen Konzernaufgaben wahrnimmt. Innerhalb der Bereiche haben wir einzelne Firmen. Innerhalb seines jeweiligen Bereichs sorgt der Bereichsleiter dafür, daß es möglichst wenige Überschneidungen von Firmenaktivitäten gibt. Ich will nicht bestreiten, daß es bisweilen zu Abgrenzungsproblemen kommt, aber im Prinzip können wir sagen, daß es hier kaum Überschneidungen gibt.

Die drei Teile, nämlich die „Clubs", die „Verlage" und „Musik, Film, Fernsehen" sind dabei sicherlich vorwiegend produkt- und absatzorientiert; die Technik stellt dann praktisch die Logistik für diese drei primär absatzorientierten Bereiche dar. – Wie sind die absatzorientierten Bereiche in sich gegliedert?

Der Bereich ist im Grundsatz bei uns so strukturiert wie jedes Großunternehmen: An der Spitze steht ein Bereichsleiter mit den notwendigen Stäben. (Was dort nicht vorhanden ist, das sind die Stäbe, Finanzen, Recht, Steuern, Gesamtplanung.) Die Stäbe planen nur den eigenen Bereich, wie in jedem Unternehmen auch. Dann gibt es natürlich auch bereichsübergreifende Probleme, die in Koordinationsausschüssen behandelt werden. Hier werden zum Beispiel auch Programme verabschiedet; es wird festgelegt, wer welche Kosten einer Musikaufnahme zu tragen hat und wo und in welcher Form Produktionen realisiert werden.

Sie betonen, daß trotz der starken Zentralisierung der Produktion, die die Technik praktisch darstellt, ein relativ flexibles Reagieren zum einen auf die Pläne, die die drei anderen Bereiche bringen, zum anderen aber auch im Hinblick auf sehr kurzfristige Änderungen, möglich ist.

Ich glaube, daß die Flexibilität innerhalb des Konzernverbundes höher ist als gegenüber dritten Marktpartnern. Hätten wir keine eigene

Druckerei, würden ja zumindest die gleichen Probleme gegenüber Fremddruckern auftreten.

Inwieweit besteht das Prinzip, daß die produkt- und absatzorientierten Bereiche die eigene Technik nutzen oder sich in bestimmtem Umfang auch an außenstehende Druckereien oder Schallplattenpressereien wenden können?

Hierzu gibt es eine prinzipielle Festlegung. Die Technik ringt um die einzelnen Abnehmer Clubs, Verlage und Musik. Die Partner orientieren sich am Marktpreis, was auch bei den innerbetrieblichen Verrechnungspreisen zum Ausdruck kommt. Dabei wird natürlich nach außen geschaut: Wie hoch bietet eigentlich der freie Markt diese Lieferung vergleichbar zur eigenen Technik an?
Wir verrechnen innerkonzernlich zum Marktpreis, mit Ausnahme der Hauptverwaltung, die zu Selbstkostenpreisen abrechnet. Als Kontrollkriterium dient der Auftrag nach draußen, denn nicht alles kann und nicht alles soll hier gemacht werden. Es gibt also Vergleichsmöglichkeiten. Die Dinge haben sich langfristig eingespielt, und ich kann sagen, daß wir im Prinzip zu Marktpreisen abrechnen, die auf einer Normalbeschäftigung basieren. Wir haben auch sog. Mengenrabatte eingeführt: Eine Firma – der Bertelsmann-Lesering zum Beispiel – wird einen höheren Rabatt bekommen, als ein kleinerer Verlag mit einer weniger großen Auflage.

Im Rahmen Ihrer Organisation fällt auf, daß Sie eine ganze Reihe von Stäben in diesen einzelnen Bereichen haben und daß ein entwickeltes Ausschußwesen die gesamte Organisation überzieht. Ferner ist in der Spitze jedes Unternehmensbereichs ein Geschäftsleitungskreis installiert. Ist dies die Folge der tendenziellen Eigenständigkeit der Bereiche, die im Rahmen Ihres dezentralen Ansatzes erstrebt wird?

Innerhalb eines Bereiches werden durchaus differenzierte Produkte verkauft, so z.B. im Bereich Verlage: dort werden belletristische Literatur, wissenschaftliche Bücher, Lexika und Fachzeitschriften verkauft: also im Grunde selbständig nebeneinander existierende Produktgruppen mit unterschiedlichen Vertriebswegen. Damit dieser Bereich in sich besser kommuniziert,sind Geschäftsleitungskreise eingerichtet worden. Für den Geschäftsleitungskreis spricht ferner, daß die Steuerung der verschiedenen Vertriebswege in der Bundesrepublik an verschiedenen Orten erfolgt. Es bedarf also eines Treffens, um die Gesamtproblematik eines Bereiches diskutieren, Strategien entwickeln und Kritiken vorbringen zu können: Das sind die Hauptaufgaben eines solchen Kreises.

Der fünte Bereich ist die Hauptverwaltung. Können Sie einmal schildern, wie er in die anderen Bereiche hineingreift?

Es gibt zwei Schwerpunkte der Aufgaben der Hauptverwaltung: Einmal sind wir Stab für den Vorstand selbst und zum anderen üben wir Dienstleistungsfunktionen für die einzelnen Bereiche oder Firmen aus. Oft überschneidet sich dies. Denken Sie an die Steuerabteilung oder an die juristische Abteilung. Beide arbeiten im Konzernauftrag für den Vorstand Strategien aus, andererseits erbringen sie auch für einzelne Bereiche Dienstleistungen zur dort anstehenden Problematik.

Inwieweit wird die Hauptverwaltung als Konzern-Controller tätig?

Das betriebswirtschaftliche Controlling der einzelnen Bereiche liegt bei den Bereichsleitern außerhalb der Hauptverwaltung. Vor wenigen Jahren hatten wir noch einzelne Controlling-Abteilungen für die Unternehmensbereiche bei uns in der Hauptverwaltung. Aber vor 2 bis 3 Jahren haben wir die letzten dieser Abteilungen abgegeben: diese sind also jetzt voll bei den Bereichsleitern in deren Organisationen integriert.

Bei amerikanischen Unternehmungen findet man es recht häufig, daß die Bereichs-Controller zwar den einzelnen Bereichen angegliedert, aber nicht dem Bereichsleiter unterstellt sind, sondern einem zentralen Controller. Dieses Verfahren haben Sie nicht gewählt. – Was hat Sie zu der relativ stärkeren Dezentralisierung des Controlling veranlaßt?

Wenn der Berichsleiter einen Controller hätte, der nicht „sein Mann“ wäre, ist m.E. das Vertrauen gestört. Der einzelne Bereichsleiter muß jemanden haben, mit dem er auch einmal ernsthaft Probleme besprechen kann, ohne daß sie aus dem Bereich hinausdringen. Wäre bei einer solchen Organisation der Controller nur fachlich abgestellt, aber personell einem zentralen Controller in der Hauptverwaltung unterstellt, wäre dieses Vertrauensklima sicher nicht gegeben.

Heute neigt man allgemein dazu, dem Vorstandsvorsitzenden eine Reihe zentraler Stabs- oder Servicestellen an die Hand zu geben, die ihn insbesondere im strategischen und im langfristigen Bereich unterstützen, z.B. die strategische Planung, häufig die Organisation, neue Geschäftsvorhaben, Akquisitionen und ähnliches mehr. Andere Stellen werden bei ihm neutralisiert (z.B. die Revision). Hier sehe ich beim Vorstandsvorsitzenden lediglich einen Beirat; inwiefern ist Ihre Situation anders als die anderer Unternehmen, die derartige Lösungen mit Erfolg realisiert haben?

Ich glaube, daß unsere Philosophie eine andere ist: Die Weiterentwicklung, die Innovation muß aus den Bereichen, aus den Firmen kommen. Dort ist sehr viel mehr Nähe zu den realen Problemen, zu den eigentlichen Möglichkeiten. Wenn wir hier oben eine Stabsabteilung „Entwicklung neuer Produkte" einrichten würden, wüßte ich nicht, ob diese langfristig oder auch mittelfristig überhaupt Erfolg haben könnte. Wenn nicht die Verlage neue Projekte anfassen, wenn nicht die Clubs Neugründungen in fremden Ländern vorsehen, dann wird es die Abteilung dort oben bestimmt nicht können; denn sie ist abgeschnitten vom täglichen Geschäft, abgeschnitten von der tatsächlichen Entwicklung. Die wesentlichen Impulse sollen nach unserer Vorstellung „von unten" kommen; sie kommen sicher nicht von Planungsstrategen in Stabsabteilungen.

Wichtig ist auch eine psychologische Komponente: Eine Zentralisierung beim Vorstand oder Vorstandsvorsitzenden würde nur dazu führen, daß sich die Bereiche gegenüber den Vorstellungen derartiger zentraler Einheiten sperren.

Glauben Sie, daß diese Art der Organisation auf längere Dauer Bestand haben wird, oder wo sehen Sie Änderungsnotwendigkeiten, die in der Zukunft auf Sie zukommen könnten?

Ich glaube, daß wir im Augenblick eine optimale Form haben. Wir haben unsere vier am Markt tätigen Bereiche, daneben die Hauptverwaltung. Wenn wir unsere Arbeit ausweiten, dann gibt es – organisatorisch gesehen – einfach ein Firmenkästchen mehr in irgendeinem Unternehmensbereich.

Es könnte allerdings eines Tages der Zeitpunkt kommen, wo wir nach anderen Kriterien innerhalb der Bereiche Zwischenebenen einführen müssen. Im Augenblick haben wir das noch nicht institutionalisiert. Teilweise beginnt diese Notwendigkeit jedoch deutlich zu werden.

Die zunehmende Internationalisierung des Geschäftes könnte eine Untergliederung der operativen Bereiche nach regionalen Gesichtspunkten notwendig machen. Ich denke hier z.B. an den Club-Bereich, der unterteilt werden könnte in Clubgeschäft Inland, Clubgeschäft Europa, Clubgeschäft Lateinamerika, also regionale Untergliederungskriterien. Der Umsatz, der im Ausland getätigt wird, beträgt – mit wachsender Tendenz – 26 % unseres Konzernumsatzes.

So daß also in Zukunft das regionale Element in der Organisation ständig an Bedeutung gewinnen dürfte.

Das könnte sein. Es könnte aber auch so kommen, daß sich eine gewisse Mischung aus den einzelnen Bereichen ergibt. Denn: Zuerst kommt stets die Clubneugründung. Hat der Club eine bestimmte Größenordnung in einem Land erreicht, muß zwangsläufig die Technik folgen. Ist man in einem großen Land wie Brasilien, Argentinien oder in einem anderen lateinamerikanischen Land etabliert, dann kann es sein, daß der Leiter der ausländischen Gesamtunternehmung z.B. der Leiter des Buchclubs ist, ihm auch der Techniker untersteht, dieser aber wiederum sachlich im Innenverhältnis der Bereichsleitung Technik unterstellt ist. Diese Pläne gibt es, ob sie allerdings realisiert werden, das steht noch dahin.

Sie haben in Ihrem Hause seit einiger Zeit Führungsrichtlinien, die die Organisation dadurch unterstützen sollen, daß eine gewisse Einheitlichkeit des Führungsvorgehens bei leitenden Mitarbeitern in Ihrem Hause erreicht wird. Welche Erfahrung haben Sie mit diesen Führungsrichtlinien gemacht?

Die Führungskräfte müssen die Unternehmenszielsetzung und nach unserer gemeinsamen Auffassung die rechte Art des Umgangs mit den

Mitarbeitern bei der gemeinsamen Verfolgung dieser Ziele kennen. Ich glaube, daß unsere Führungsordnung sehr dazu beiträgt, diese Fragen für uns im Innenverhältnis zu klären.

Die „Leitsätze für die Führung" sind aber nicht nur eine Art Verhaltenskodex für das in Personalverantwortung stehende Management. Jeder Mitarbeiter kann sich darauf berufen, wenn er glaubt, von seinem jeweiligen Vorgesetzten nicht richtig behandelt worden zu sein. Beschwerden wird es insbesondere immer wieder dort geben, wo der Vorgesetzte bei der Urteilsvorbereitung und Urteilsfindung sein Team nicht hinreichend einbezogen hat. Klar ist allerdings auch, daß die Entscheidung letztlich nur von einem getroffen wird.

> Sie betonen dabei ausdrücklich das Prinzip der Einzelentscheidung, und dies trotz der vielfältigen Ausschußarbeit.

Einer muß entscheiden, um auch einen verantwortlich machen zu können.

Der Erfolg der Organisation beruht in ihrer Möglichkeit, durch Dezentralisation und Delegation die schöpferischen Kräfte der Mitarbeiter freizusetzen.

Ich glaube, daß diese Organisation uns allen bei Bertelsmann die Möglichkeit gegeben hat, sowohl im Interesse des Unternehmens als auch in unserem jeweiligen Einzelinteresse tätig zu werden. Es macht dem Mitarbeiter einfach mehr Spaß, wenn er sich mit den Unternehmenszielen identifizieren kann, wenn ihm Raum für eigene Entscheidungen gegeben wird und wenn er schließlich selbst davon überzeugt ist, daß das Unternehmen insgesamt sich in einer Verfassung und auf einem Weg befindet, den er akzeptieren kann. Nur aus dieser Situation heraus wird der einzelne selbst aktiv. Und dies haben wir in der Vergangenheit gespürt. Dies hat zu der bekannten Evolutionsgeschwindigkeit und Expansion geführt.

8.4 ITT Corporation

Die International Telephone and Telegraph Corporation mit Sitz in New York ist mit ihren Geschäftszweigen Nachrichtentechnik und Elektronik, Technische Industriegüter, Konsumgüter und Dienstleistungen, Grundstoffe, Versicherung und Finanzierung weitgehend auf weltweiter Basis tätig. Sie kann in ihrer Entwicklung als ein Prototyp internationaler Unternehmungen gelten. ITT besitzt Herstellungs- sowie Vertriebsbetriebe in mehr als 80 Ländern mit einem deutlichen geographischen Schwerpunkt in Europa: Die SEL (Standard Elektrik Lorenz mit Sitz in Stuttgart), die ITT-Austria mit Sitz in Wien, gehören im Rahmen der Gruppe Nachrichtentechnik und Elektronik genauso zu diesem Unternehmensverband wie Alfred Teves und SWF, die in der Bundesrepublik zur Gruppe der Technischen Industriegüter gehören, und die auch in der Bundesrepublik sichtbar vertretene Sheraton-Hotelgruppe.

ITT wurde 1920 als Telefon-Betriebsgesellschaft gegründet. In den zwanziger Jahren durchlief ITT eine Wachstumsperiode über Herstellung und Vertrieb nachrichtentechnischer Produkte. In den fünfziger Jahren sah sich ITTs Management vor die Notwendigkeit gestellt, die weltweiten nachrichtentechnischen Aktivitäten zu ordnen und zu strukturieren. Die 60er und 70er Jahre waren für das Unternehmen Perioden starker Diversifikation, zumeist über die Akquisition von Unternehmen in Bereichen außerhalb ihres traditionellen, elektrotechnischen Stammgebietes. Diese Periode brachte für die Gesellschaft nicht nur eine wesentliche qualitative Ausbreitung der Unternehmensaufgabe, sondern auch ein beachtliches zusätzliches Wachstum mit sich. 1979 konnte ITT auf weltweite Erlöse in Höhe von 22 Milliarden Dollar verweisen, die durch die Tätigkeit von 368.000 Mitarbeitern in mehr als 80 Ländern der Welt erarbeitet wurden. Dies ist eine beachtliche Entwicklung verglichen mit den 136.000 Beschäftigten des Jahres 1959.

Fünf diversifizierte „Business Groups" – Hauptgeschäftsbereiche – mit unterschiedlichen Beiträgen zu den Erlösen und mit unterschiedlichen Beschäftigten-Anteilen in verschiedenen Ländern der Welt bilden die Säulen des Unternehmensgeschehens. Sie werden im folgenden näher beschrieben.

Abb. 32 a stellt in einer Übersicht die Entwicklung der Umsatzstruktur der fünf Hauptgeschäftsbereiche für die Jahre 1975–1979 dar.

Nachrichtentechnik und Elektronik

Der Gesamtumsatz von 6,3 Mrd. $ dieses für die ITT traditionell wesentlichen Segmentes verteilte sich 1979 auf folgende Erzugnisgebiete (jeweils in Milliarden $):

- Vermittlungs- und Steuerungssysteme (2.2)
- Endgeräte (1.1)
- Verteidigung, Luft- und Raumfahrt (0.7)
- Kabeltechnik (0.6)
- Übertragungssysteme (0.4)
- Nachrichtentechnik-Dienstleistungen (0.3)
- Sonstige (1.0)

Erträge in Millionen $	1979		1978		1977		1976		1975	
Nachrichtentechnik und Elektronik										
Nachrichtentechnik										
– Produktion	**$ 5,342**	**25%**	$ 4,721	24%	$ 3,805	23%	$ 3,366	23%	$ 3,352	23%
– Dienstleistungen	**292**	**1**	265	2	221	1	187	1	173	1
Verteidigung										
– Luft- und Raumfahrt	**673**	**3**	654	3	630	4	557	4	523	4
	6,307	**29**	5,640	29	4,656	28	4,110	28	4,048	28
Technische Industriegüter										
Kraftfahrzeugtechnik	**1,711**	**8**	1,541	8	1,301	8	1,104	7	919	6
Industriegüter	**2,961**	**13**	2,527	13	2,261	13	2,096	14	1,964	14
Bauelemente und Halbleiter	**1,160**	**5**	910	5	785	5	660	5	586	4
	5,832	**26**	4,978	26	4,347	26	3,860	26	3,469	24
Konsumgüter und Dienstleistungen										
Nahrungsmittel	**1,743**	**8**	1,702	9	1,551	9	1,422	9	1,416	10
Gebrauchsgüter	**878**	**4**	922	5	822	5	712	5	690	5
Hotels und Sonstiges	**1,109**	**5**	976	5	879	5	755	5	806	6
	3,730	**17**	3,600	19	3,252	19	2,889	19	2,912	21
Grundstoffe										
Holz und Minen	**1,088**	**5**	872	4	772	5	722	5	531	4
Energie	**240**	**1**	171	1	156	1	31	–	28	–
	1,328	**6**	1,043	5	928	6	753	5	559	4
Versicherung und Finanzierung										
Risiko- und Lebensversicherung	**4,281**	**20**	3,761	19	3,260	19	2,847	19	2,620	18
Finanzierung	**518**	**2**	377	2	282	2	235	2	210	2
	4,799	**22**	4,138	21	3,542	21	3,082	21	2,830	21
Gesamtsumme	**21,996**	**100**	19,399	100	16,725	100	14,694	99	13,818	97
Desinvestment	**–**	**–**	–	–	–	–	198	1	414	3
Gesamtertrag	**$ 21,996**	**100%**	$ 19,399	100%	$ 16,725	100%	$ 14,892	100%	$ 14,232	100%

Abb. 32a: Entwicklung des Erlösbeitrags der fünf Hauptgeschäftsbereiche der ITT von 1975–1979

Die regionale Umsatzverteilung zeigt Abb. 32b (1).

– *Technische Industriegüter*

Der Gesamtumsatz von 5.8 Mrd. $ verteilte sich 1979 auf folgende Erzeugnisgebiete (jeweils in Milliarden $):

- Kraftfahrzeugtechnik (1.8)
- Prozeßsteuerung (1.4)
- Bauelemente und Halbleiter (1.1)
- Drähte, Kabel und Verteiler (1.0)
- Sonstige (0.6)

Die regionale Umsatzverteilung zeigt Abb. 32b (2).

– *Konsumgüter und Dienstleistungen*

Der Nahrungsmittelzweig ist ausschließlich auf Nordamerika ausgerichtet, Gebrauchsgüter sind fast ausschließlich eine europäische Aktivität, während Hotels und Sonstige weltweit verteilt sind (vgl. Abb. 32b (3)).

– *Grundstoffe*

Hier handelt es sich um das am schnellsten wachsende Segment im ITT Bereich, wobei dieses fast ausschließlich auf den amerikanischen Kontinent mit folgenden Erzeugnisgebieten konzentriert ist:

- Holz und Minen (1.1)
- Energie (0.24)
- Sand und Ton (0.09)
- Öl und Gas (0.08)

– *Versicherung und Finanzierung*

Der Gesamtumsatz dieses Hauptgeschäftsbereiches betrug 1979 4.8 Mrd. $ in folgenden Erzeugnisgebieten:

- Gruppen-Risikoversicherung (2.4)

- Individuelle Risikoversicherung (0.8)
- Sonstige Lebensversicherung (0.6)
- Gruppen-Lebensversicherung (0.4)
- Finanzierungen (0.5)

Die regionale Umsatzverteilung zeigt Abb. 32b (4).

In der Gesamtbetrachtung dieser Hauptgeschäftsbereiche zeigt sich deutlich das unterschiedliche Gewicht der einzelnen Segmente (vgl. die Umsatzanteile, Abb. 32a). Daß der Bereich Nachrichtentechnik und Elektronik im ITT Verband nach wie vor dominiert, ergibt auch ein Vergleich der Beschäftigtenzahlen (vgl. dazu Abb. 32c). Der regionale Schwerpunkt der Gesellschaft liegt dabei – von der Umsatzverteilung her gesehen – nahezu gleichgewichtig mit jeweils rund 47 % in den USA und Westeuropa.

Nachrichtentechnik und Elektronik					
Milliarden $	West-Europa	USA	Kanada	Andere	Gesamt
Nachrichtentechnik – Produktion	4.350	.662	.026	.304	5.342
Nachrichtentechnik – Dienstleistungen	.004	.187	–	.101	.292
Verteidigung, Luft- und Raumfahrt	.233	.314	.025	.041	.673
weitere	–	–	5.3	–	–
Gesamt	4.581	1.223	6.3	.446	6.307

(1)

Technische Industriegüter					
Milliarden $	West-Europa	USA	Kanada	Andere	Gesamt
Kraftfahrzeugtechnik	1.230	.463	.035	.043	1.771
Industriegüter	1.396	1.392	.152	.021	2.961
Bauelemente und Halbleiter	.094	.220	.019	.017	1.160
Gesamt	3.530	2.075	.206	.081	5.892

(2)

Konsumgüter u. Dienstleistungen					
Milliarden $	West-Europa	USA	Kanada	Andere	Gesamt
Nahrungsmittel	.026	1.717	–	–	1.748
Gebrauchsgüter	.875	–	–	.003	.878
Hotels und Sonstige	.331	.582	.033	.163	1.109
Gesamt	1.232	2.299	.033	.166	3.730

(3)

Versicherung und Finanzierung					
Milliarden $	West-Europa	USA	Kanada	Andere	Gesamt
Risiko- u. Lebensversicherung	.125	3.353	.042	.161	4.281
Finanzierung	.056	.461	–	.001	.581
Gesamt	.181	3.814	.042	.162	4.799

(4)

Abb. 32b (1)–(4): Umsatzverteilung nach Regionen

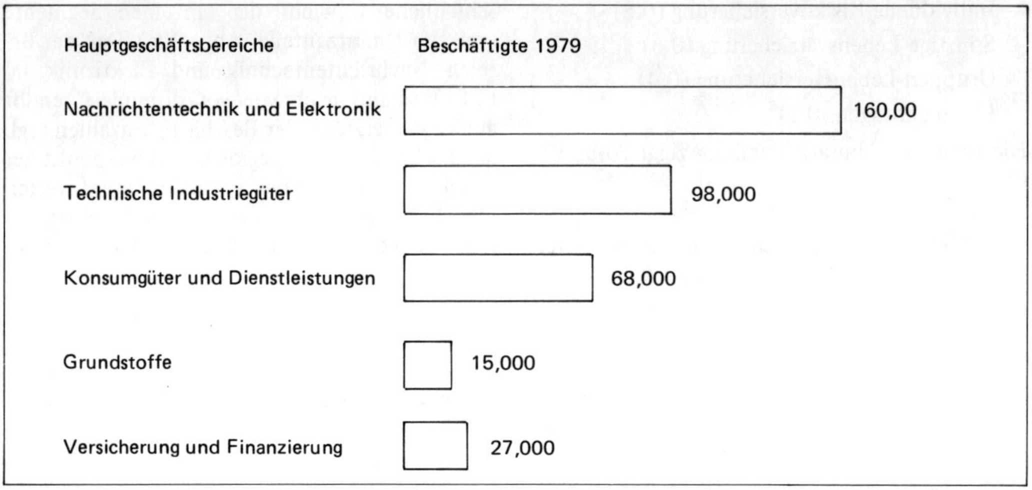

Abb. 32c: Beschäftigte je Hauptgeschäftsbereich

8.41 Die Organisationsstruktur der ITT (Stand 1981)

Die dargestellten *fünf Hauptgeschäftsbereiche* der ITT werden unter zwei Senior Executive Vice Presidents führungsmäßig zusammengefaßt. Den verschiedenen *operativen Einheiten* werden Führungsaufgaben im Rahmen abgestimmter Gewinn-Zielsetzungen zugewiesen.

Sie haben Zielvorstellungen, Budgets und Maßnahmen-Programme zu entwickeln, die für das Top-Management der Gesellschaft akzeptabel sind. Nach Genehmigung haben sie diese auszuführen.

Eine Reihe von Zentralbereichen (Corporate Staffs), wie Comptrolling, Finanzen, Unternehmensentwicklung, Recht, Öffentlichkeitsarbeit und Werbung, Verwaltung, Technik, Operations-Stäbe und Qualitätssicherung) unterstützen Chairman, President und Chief Executive der ITT im Rahmen zentraler funktioneller Zuständigkeit bei der

- Formulierung grundsätzlicher Ziele und Strategien im Gesamtzusammenhang der ITT,
- funktionellen Analyse und Überwachung aller Stabs- und Linientätigkeiten der ITT im Hinblick auf Problemlösungen, die Wahrnehmung ihrer Möglichkeiten und fachlichen Beratung,
- Stabsunterstützung operativer Einheiten wie
  - Analyse der Geschäfts- und Ergebnisentwicklung,
  - Identifizierung von Problemen und Lösungsmöglichkeiten,
  - Unterstützung von ITT-Gesellschaften zur allgemeinen Verbesserung ihrer operativen Tätigkeiten und der direkten Stabsführung bei der Lösung von Einzelproblemen.

Abb. 32d stellt die allgemeine Führungsstruktur der weltweiten ITT-Organisation dar.

Zur Steuerung der verschiedenen regionalen Interessen der ITT dienen Führungskräfte in der Weltzentrale, die für zwei regionale Räume (Asien – Pazifik – Latein-Amerika; Europa – Afrika – Mittlerer Osten) zuständig sind. Die gewichtigen europäischen Aktivitäten in der Nachrichtentechnik und Elektronik und sämtliche Einheiten der Automobiltechnik werden über ITT-Europe in Brüssel unter Leitung ihres Präsidenten, der der Weltzentrale in New York unterstellt ist, direkt koordiniert. Dem Präsidenten der ITTE steht eine Reihe von Zentralabteilungen zur Seite (Comptroller, Finanzen, Verwaltung, Öffentlichkeitsarbeit und Werbung, Recht, Unternehmungsentwicklung, Operations Management, Technik und Vertragsabteilung), die die Zentralabteilungen in der Weltzentrale auf europäischer Ebene widerspiegeln.

Der Controlling-Bereich der ITT hat drei Funktionen wahrzunehmen:

- *Stabsaufgaben* (Interne Revision, Systeme, Herstellkosten-Überwachung und Sonderprojekte)

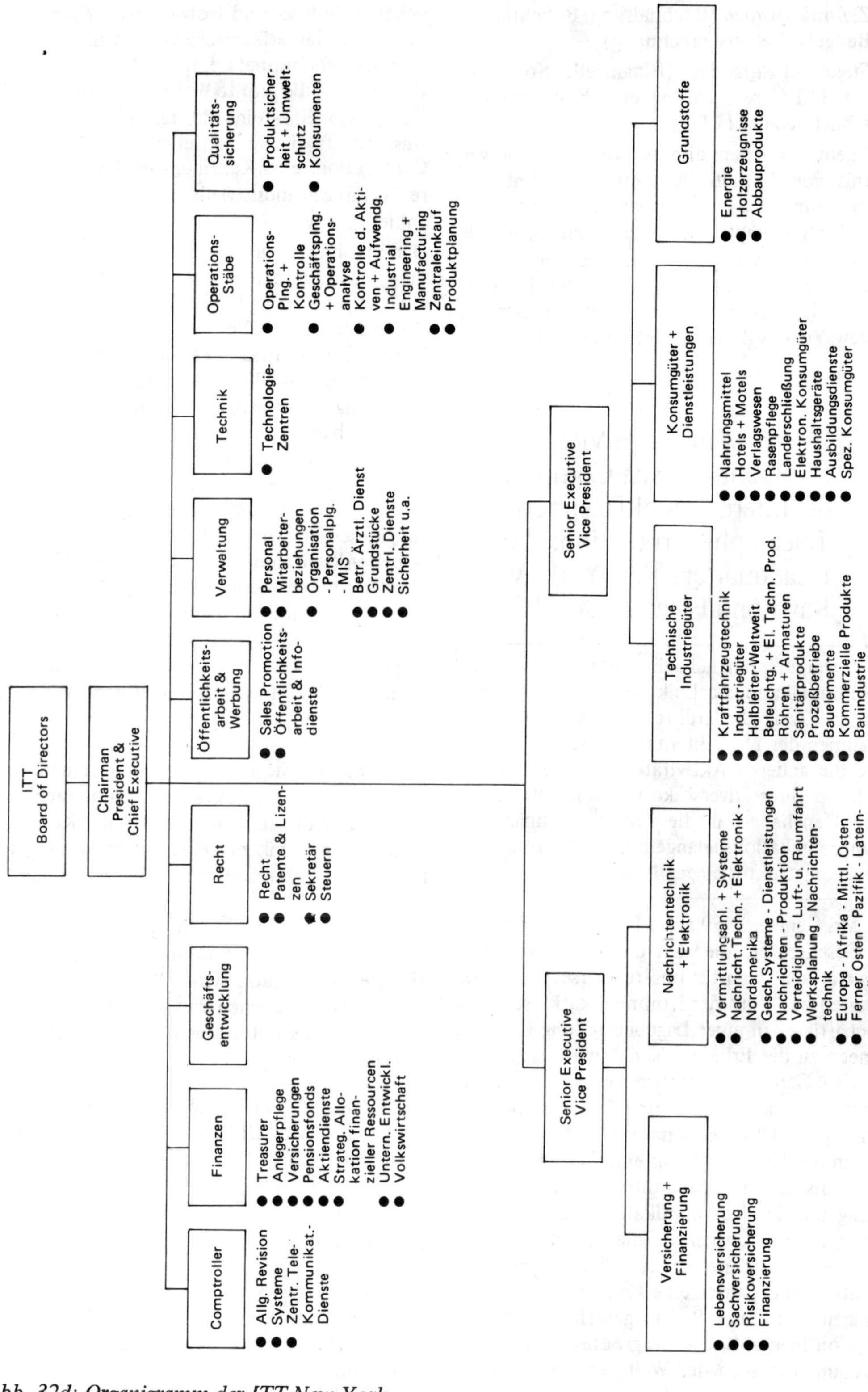

Abb. 32d: Organigramm der ITT New York

– *Zentralaufgaben* (Buchhaltung, Berichte, Budgets, Gehaltsabrechnung)
– *Steuerungsaufgaben* (Finanzielle Steuerung der ITT-Gesellschaften und Einheiten einschließlich der ITTE).

ITT geht von einem direkten Unterstellungsverhältnis von Comptrollern einzelner Einheiten unter Gruppencomptrollern aus, die wiederum dem Zentralcomptroller unterstehen. So berichten z.B. alle Comptroller europäischer ITT-Gesellschaften an den Comptroller der ITTE in Brüssel, der wiederum dem Comptroller der ITT in New York (vgl. Abb. 32e) untersteht.

8.42 Interview mit dem Vice-President und stv. Comptroller der International Telephone and Telegraph Corporation, World Headquarters New York, Mr. Raymond H. Alleman, 1981

> ITT war ursprünglich ein Unternehmen der Kommunikationstechnik. Auch heute stellt dieser Zweig die größte Produktgruppe im Rahmen der ITT-Aktivitäten dar. Wie haben Sie die anderen Aktivitäten, die Sie in Verfolgung Ihres Diversifikationskonzeptes aufgegriffen haben, in die zunächst primär auf Kommunikationsbelange ausgerichtete Organisationsstruktur eingegliedert?

Als Mr. Geneen 1959 zu ITT kam, waren wir eine Gesellschaft, die sich überwiegend – und dies traf vor allem für unsere überseeischen Aktivitäten zu – mit der Kommunikationstechnik beschäftigte. In einer Lagebeurteilung kam Mr. Geneen zu der Erkenntnis, daß wir uns zu stark auf zwei Gebiete konzentriert hatten: 1. auf die Kommunikationstechnik und 2. auf Märkte außerhalb der USA. Er leitete daraufhin ein Programm der Diversifikation ein, mit der Zielrichtung, uns 1. von der hauptsächlichen Beschäftigung mit der Kommunikationstechnik zu lösen und uns 2. stärker auf die USA als unserem Heimmarkt zu konzentrieren. Wir erwarben daher in den 60er Jahren eine Reihe von Unternehmungen, um dieser Politik gerecht zu werden, z.B. Continental Baking als größtes (Brot-)Backwarenunternehmen der Welt mit ausschließlich US-bezogenen Aktivitäten, Rayonier im künstlichen Zellulose- und Holzgeschäft, ebenfalls eine rein nordamerikanische Gesellschaft; die Sheraton-Hotel-Gruppe; Levitt Home Building Company – die größte Wohnbaugesellschaft der USA; Grinnell – eine Röhren- und Armaturen-Gesellschaft für industriellen Bedarf; Canteen Corporation, eine Kantinen-Gesellschaft, die ihre Leistungen industriellen Kunden in den USA anbietet, usw.

Darüber hinaus erwarben wir eine Reihe kleinerer Gesellschaften sowohl in den USA als auch in Europa (z.B. Grohe und Teves in der Bundesrepublik). Die Versicherungsgesellschaft Hartford Fire Insurance Co. wurde von uns 1970 erworben. Wir bewegten uns damit in einen völlig andersartigen Geschäftszweig hinein, der sehr bald die führende Rolle der Kommunikationstechnik, zumindest was deren Gewinnbeitrag zum Gesamtergebnis betrifft, infrage stellen sollte. Weitere Interessen im Versicherungsgeschäft, einschließlich unserer europäischen Aktivitäten in diesem Wirtschaftszweig, wurden unter dem Hartford-Schirm zusammengefaßt. Eine Antitrust-Auseinandersetzung im Jahre 1971 führte zur Abgabe von Avis, Canteen, Levitt und einem Teil von Grinnell, insgesamt zu einem Desinvestment von einer Milliarde $ Umsatz.

> Wie würden Sie ITT nach dieser bemerkenswerten Phase der Diversifizierung betrachten: Ist ITT heute ein Unternehmen der Kommunikationstechnik mit einem Portfolio von finanziellen Interessen in anderen Bereichen?

Wir sind nicht mehr ein Unternehmen der Kommunikationstechnik, das durch andere Aktivitäten unterstützt wird. Wir sind vielmehr in fünf unterschiedlichen Wirtschaftszweigen tätig, die wir jeweils mit eigenen, diversifizierten Produktlinien versorgen.

> ITT kann als ein Pionier in der Entwicklung internationaler Unternehmungen bezeichnet werden. Während der ITT-Reorganisation in den 50er Jahren wurde ein starkes regionales Element in die ITT-Organisationsstruktur eingezogen.
> Wie hat die Diversifikation Ihres Unternehmens diese regionale Gliederung beeinflußt?

Sie war ein evolutionärer Prozeß, der sich über viele Jahre hinzog. Unsere Organisation vor zwanzig Jahren war so verschieden von unserer

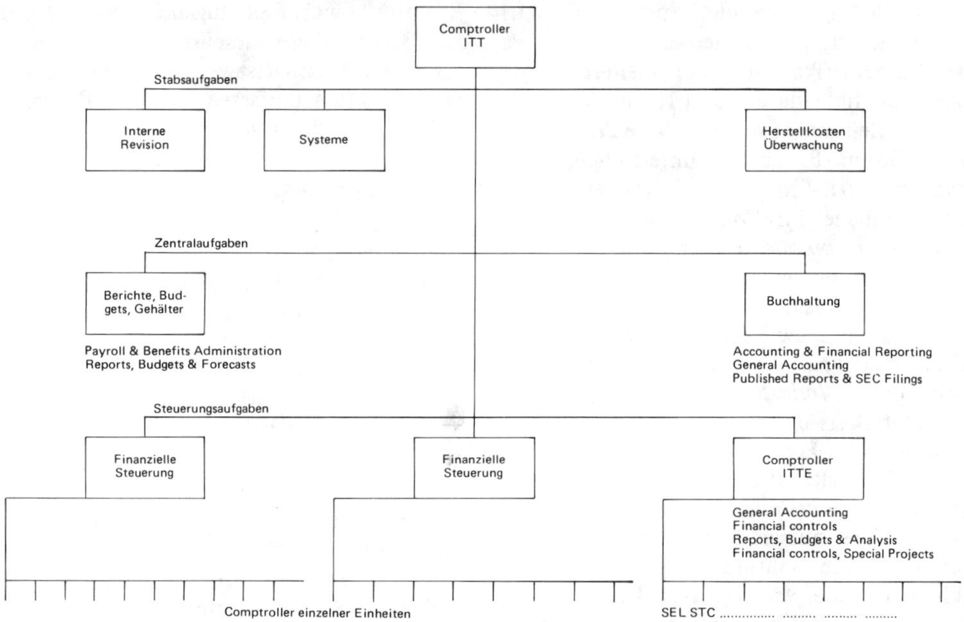

Abb. 32e: Die Comptroller-Organisation der ITT

heutigen, daß es sehr schwerfällt, irgendwelche Vergleiche anzustellen. 1959 hatten wir ein Umsatzvolumen von 750 Millionen $ – vor allem getragen durch die Kommunikationstechnik und unsere europäischen Aktivitäten. Seit dieser Zeit haben wir uns zu einem Unternehmen entwickelt, das im letzen Jahr (1979) 22 Milliarden $ Ertrag auswies, wobei dieser auf eine breite Streuung unserer Aktivitäten in der Welt zurückgreift, aber dennoch seinen Schwerpunkt in den USA aufweist.

Welche zusätzlichen Probleme ergaben sich bei dem Versuch, die bereits hohe Komplexität der regionalen Struktur durch eine Diversifikation in Produkt- und Leistungsbereichen weiter zu erhöhen, bei denen ITT bislang keine Erfahrungen aufzuweisen hatte?

ITT weist gegenüber der damaligen Situation heute eine weit ausgeglichenere Struktur auf. Vor 1959 handelte die Gesellschaft mehr als eine Art Holding, die nur eine lockere Führung gegenüber den weitgehend autonomen Teilgesellschaften ausübte. In den frühen 60er Jahren schufen wir eine hoch integrierte zentral geführte Struktur, in der wir nach wie vor den Geschäftsführungen der Gliedfirmen eine weitgehende Autonomie einräumen, bei der jedoch die zentrale Steuerung durch New York und in Europa durch Brüssel weit deutlicher geworden ist.

Liegt das Schwergewicht Ihrer Organisationsstruktur heute auf der geographischen, regionalen Ebene oder zentriert sich die Unternehmungsstruktur um bestimmte Produkt- und Leistungsbereiche?

Sie ist eine Kombination beider Dimensionen. Grundsätzlich überwiegt jedoch in unserer Organisation die Produktgruppenorientierung.

Im *Versicherungsbereich* sind wir unter der Leitung des Hartford-Gruppen-Managements geographisch organisiert. Der *Nachrichtentechnik und Elektronik* liegt ebenfalls eine geographische Gliederung zugrunde: Europa und Afrika – Mittelost, Lateinamerika – Asien – Pazifik, Nordamerika mit Gruppenleitern (Group Executives) für jede der drei Hemisphären, die einer Oberleitung (Executive Vice-President – Senior Group Executive) unterstehen. *Technische Industrie-Güter* weisen wiederum eine unterschiedliche Struktur auf: *Automobilzubehör* und *Komponenten* sind auf einer weltweiten Basis einem in Europa stationierten Senior Vice President unterstellt, der an die Weltzentrale in New York berichtet, aber weitgehend funktionale Unterstützung von der ITT-Europa erhält. *Industriegüter* sind dagegen auf weltweiter Basis einem in den USA stationierten Senior Vice President unterstellt, der ebenfalls an die Weltzentrale in New York berichtet. *Konsumgüter und Dienstleistungen* umfassen interne, ausschließlich US-bezogene Interessen bei den Nahrungsmitteln (Continental Baking) und die Sheraton-Hotelkette, bei der ihr President weltweit verantwortlich ist. *Grundstoffe* sind wiederum ausschließlich Nordamerika-bezogen, so daß Produktlinie und Geographie übereinstimmen.

Können Sie die Beziehungsstruktur zwischen der Weltzentrale und den verschiedenen operativen Unternehmungseinheiten etwas näher beschreiben?

Dem Chairman und Chief Executive Officer unterstehen die Senior Vice Presidents in New York. Diesen wiederum sind jeweils einige Gruppenleiter (Group Executives) untergeordnet, die unsere 13 Erzeugnisgebiete betreuen und leiten. Den Gruppenleitern unterstehen Leiter von Unternehmenseinheiten (Unit Managers) und leitende Direktoren (Managing Directors) usw. Greifen wir als Beispiel *Technische Industriegüter* heraus. Hier gibt es einen Gruppenleiter (Group General Manager) für Halbleiter, der in Freiburg, also in Europa stationiert ist. Ihm sind die verschiedenen Geschäftsleiter im Halbleitergeschäft unterstellt. Im Falle des Röhren- und Armaturen-Geschäfts unterstehen alle Herstellungs- und Vertriebsaktivitäten dem Präsidenten und Chief Executive Officer der ITT-Grinnell Corporation als Chef dieser Unternehmensgruppe.

Dies bedeutet, daß in einigen Fällen Gruppenleiter gleichzeitig Präsidenten von Tochtergesellschaften sind (Grinnel, Continental Baking, Sheraton), wobei sie zugleich als Chief Executive Officers dieser Gesellschaften und als Leiter für diesen Geschäftszweig, der eine Reihe von Gesellschaften umfassen kann, im Rahmen der ITT-Organisation direkt berichten.

Die Konstruktion der ITT-Europe mit ihrer Zentralfunktion für die europäischen ITT-Aktivitäten hat keine Nachahmung in anderen Teilen der Welt gefunden. Welches sind die Gründe für das besondere Verhältnis zwischen New York und den europäischen Gesellschaften, das durch die Zwischenstellung der ITTE charakterisiert wird?

Wir haben von der Geographie her keine vergleichbare Situation, die nur annähernd die Komplexität unseres europäischen Geschäftes, das sich in der ITTE-Gruppe spiegelt, erreichen würde. Zwar haben wir geographische Zuständigkeiten: So ist z.B. ein Gruppenleiter für die Hemisphäre Asien – Pazifik – Lateinamerika zuständig; aber dieser erfüllt seine Aufgabe von New York aus; während ja die Betreuung von Europa – Afrika und des Mittleren Ostens unter Leitung der ITTE von Brüssel aus erfolgt.

Der Grund für die Sonderstellung der ITTE liegt ganz einfach in der Größe und Komplexität unseres europäischen Geschäftes, das eine derartige Zwischenebene in der Organisation vor Ort notwendig macht.

Sind Sie auch heute noch von dieser Notwendigkeit überzeugt, nachdem einige andere amerikanische Gesellschaften bei einer Überprüfung der Effizienz dieser Zwischenebene zu dem Schluß gelangt sind, daß sich derartige Einheiten in ihrer häufig bürokratischen Eigenentwicklungstendenz in einer Zeit raschen Wandels bei der Kommunikation eher als Hemmnisse einer flexiblen Anpassung entgegenstellen?

Wir haben uns natürlich mit Alternativen zu der starken Positionierung von ITTE beschäftigt; denn wir bewegen uns seit einiger Zeit tendenziell von der ursprünglichen geographischen Schwerpunktbildung der Organisation fort, in dem wir den Gruppenleitern weltweite Verantwortung für ihre jeweiligen Geschäftsbereiche übertragen. Bei allen diesen Überlegungen bleibt jedoch ITTE die Ausnahme, weil wir einfach feststellen müssen, daß 3000 Meilen Atlantischer Ozean zwischen New York und Europa nach wie vor eine beachtliche organisatorische Barriere darstellen und wir eine deutliche Notwendigkeit für eine räumlich-nahe Leitung, Betreuung und Kontrolle in dieser Region erkennen. . .

. . . so daß die Notwendigkeit, eine ITTE zu unterhalten, heute nicht mehr Gegenstand einer kritischen Diskussion ist, wohl aber Umfang und Dichte ihrer Betreuungsleistungen in dieser Region.

Das ist, glaube ich, eine sehr treffende Feststellung; denn wir haben uns immer sehr um das richtige Maß an Dienstleistungen und Kontrolle bemüht.

Innerhalb des Geschäftsberichtes Ihrer Gesellschaft von 1979 finden sich einige organisatorisch relevante Angaben, um deren Kommentierung ich Sie bitten möchte: – die Reorganisation der Unterhaltungselektronik

Von den Verlusten für die Gesellschaft her war die Unterhaltungselektronik das größte Problemgebiet für die ITT. Dabei waren wir vor allem in drei Ländern vertreten: Frankreich, der Bundesrepublik und Großbritannien. Dieser Unternehmensbereich umfaßt vor allem Farbfernseher und Radiogeräte. Wie andere Unternehmungen auch, hatten wir in keinem dieser nationalen Märkte einen bedeutsamen Marktanteil (im Durchschnitt 7–10 % Marktanteil). Unser besonderes Problemgebiet auf diesem Sektor war Frankreich. Wir entschlossen uns daher, im 2. Quartal 1980 diesen Geschäftszweig in Frankreich zu veräußern. Das verbleibende Geschäft in Großbritannien und der Bundesrepublik betrachten wir als lebensfähig.

– Veränderungen bei Struktur und Arbeitsweise der ITT in Europa

Wie bereits erwähnt, hatten wir eine kurze Übergangszeit, in der wir uns von der Geographie in der Organisation weitgehend lösen wollten, was natürlich die Stellung der ITTE als primärem Steuerungsorgan für Europa geschwächt hätte. Diese Entwicklung hat sich jedoch nicht entfalten können, so daß wir bei der gegenwärtigen Balance zwischen geographischen und Produkt/Markt-Gewichten der Organisation verbleiben.

Was wir jedoch in Europa verändert haben, betrifft die Operationsebene. Hier haben wir unseren nachrichtentechnisch und elektronisch ausgelegten Gesellschaften einige Geschäftszweige übertragen, die vorher in getrennten Produkt Management-Funktionen ausgegliedert waren. Wir haben diese wieder in die Nachrichtentechnik eingegliedert, weil die Mitarbeiter dieses Bereiches in jedem Land besser dazu qualifiziert sind, diesem Geschäftszweig nachzugehen als dies bislang der Fall war.

Organisatorisch ist ITT in Europa unter anderem dadurch bekannt geworden, daß es neben den traditionellen Unterstellungsverhältnissen einen separaten Comptroller-Strang eingeführt hat, der unabhängig von dem üblichen Berichtsweg direkte Berichts- und Unterstellungsverhältnisse im Comptrolling-Bereich schafft.
Können Sie die grundsätzlichen Annahmen dieses Konzeptes näher erläutern?

Selbst für die Vereinigten Staaten ist unser System ungewöhnlich, denn hier finden sich zumeist ähnliche Unterstellungsverhältnisse, wie sie diese von Europa her gewöhnt sind, wobei die Comptroller einzelner Organisationseinheiten an deren Leiter berichten.

Dabei wird dieser traditionelle Berichtsweg durch funktionale Berichtslinien im Comptrolling ergänzt. Nach meinem Eindruck gibt es lediglich eine Handvoll bedeutender amerikanischer Gesellschaften, die die andersartige Unterstellungs- und Berichtsstruktur im Controlling anwenden, die für ITT typisch ist. Seit über 20 Jahren arbeiten wir mit direkten Unterstellungs- und Berichtsstrukturen im Comptrolling-Bereich, um damit das Vertrauen in die Berichterstattung und ihre Aussagefähigkeit zu erhöhen.

Unsere 23.000 Mitarbeiter, die wir weltweit im Comptrolling beschäftigen, sind alle in diese Unterstellungs- und Berichtspyramide eingeordnet.

Dies ist organisatorisch für uns notwendig, da es für unsere Art Unternehmungsführung unverzichtbar ist, Daten schnell und zuverlässig aus allen Teilen dieser weltweiten Organisation zu erhalten. Dabei ist die unabhängige und objektive Betrachtung unserer Aktivitäten von entscheidender Bedeutung. Deshalb betonen wir unseren Comptrollern gegenüber immer wieder, wie wesentlich für uns ihre von der Geschäftsführung unabhängige Arbeit ist. Vorschau, Planung und Budgets liegen dagegen im Verantwortungsbereich der Geschäftsführer: Ein solcher General Manager ist für Planzahlen verantwortlich, obwohl diese vom Comptroller zusammengestellt und errechnet werden. Der Comptroller attestiert weiter die Tragfähigkeit dieser Vorschauen, Pläne und Budgets.

Ein Comptroller in der ITT nimmt dabei eine relativ schwierige Position in der Organisation ein, indem er zwei Leitungsbereichen gegenüber verantwortlich berichtet: auf täglicher Basis an die Geschäftsführung der Unternehmenseinheit, der er angehört und in einem weniger häufigen Verhältnis nach New York oder über ITTE in Brüssel. Im Falle Europas werden die Controlling-Stränge aller Comptroller, die aus Unternehmenseinheiten dieses Raumes berichten, durch einen Assistent-Comptroller – einem Vice President der ITTE in Brüssel – zusammengefaßt. Dabei gibt es verschiedene Berichtsebenen, da es für eine Person in New York unmöglich wäre, mit einer Leitungsspanne von 250 Comptrollern, die ihm in der ganzen Welt unterstellt wären, fertig zu werden.

Das Comptrolling untersteht dem Chief Accounting Officer, der gleichzeitig den Titel eines Executive Vice President and Comptroller führt und in dessen Aufgabenbereich die Zahlenaufbereitung, Buchhaltung und das Berichtswesen des Rechnungswesens fällt. Während sich diese Aufgabe auf höchster Ebene einschränkt auf Grundsatzfragen und das Berichtswesen, ist es Aufgabe der darunter liegenden Ebenen der „Unit Comptroller" das Datenmaterial selbst zu erstellen. Der Comptroller auf oberster Ebene ist weiter für die Gesamtsystemgestaltung im Rechnungswesen und der Datenverarbeitung sowie für die Innenrevision zuständig.

Die traditionellen Finanzaufgaben, einschließlich der Beziehungspflege zu den Kapitalgebern, Versicherungen usw. liegen bei einem Executive Vice President and Chief Financial Officer. Daran mag interessant sein, daß es bei den operativen Einheiten des Unternehmens – mit Ausnahme sehr großer Tochtergesellschaften – keine eigenständigen Finanzabteilungen gibt. Verbleibende Finanzfunktionen werden dann dort von dem Comptroller mit wahrgenommen. Damit erhält die Stellung dieser Comptroller eine weitere, dritte Dimension: Sie haben nicht nur eine besondere Stellung im Rahmen der Comptroller-Pyramide zu Zentraleinheiten dieses Bereiches und eine unmittelbare Verbindung zu ihrer eigenen Geschäftsführung vor Ort, sondern darüber hinaus eine funktionale Beziehung zur Finanzabteilung in New York oder Brüssel mit einem Vice President der ITT, der als Treasurer der ITTE fungiert, in den einschlägigen, verbleibenden Fragen der finanzwirtschaftlichen Führung ihrer Einheit. Die Finanzierung liegt dagegen ausschließlich beim Treasurer der ITT, der auch für das weltweite Cash Management, die Leitung der Finanzströme im Konzern, verantwortlich zeichnet.

Andere, größere amerikanische Gesellschaften weisen organisatorisch häufig ein Top-Ressort aus, dem sowohl ein Comptroller als auch ein Treasurer angegliedert sind. ITT hat diese zusammenfassende Top-Position abgeschafft und damit sowohl Comptroller als auch Treasurer dem Chief Executive nebeneinander und direkt unterstellt.

Wie fügt sich die langfristige Planung von Produktstrategien in dieses Organisationskonzept ein?

Die strategische Planung hat in ihm zwei Seiten. Die strategische Planung der Ressourcenverwendung erfolgt im Finanzbereich, während die detaillierte Aufstellung und Zusammenfassung der Daten, die für die Unternehmensplanung im Rahmen der fünfjährigen Rahmenplanung und innerhalb der jährlichen Planungszyklen mit einem anfänglichen top-down-Ansatz der Zielsetzung im Comptroller-Bereich angesiedelt ist. Aufgrund der von oben formulierten Zielvorstellungen, die das Gesamtinteresse des Unternehmens berücksichtigen, erstellen die Unternehmenseinheiten dann detaillierte Geschäftspläne „bottom-up". Diese Geschäftspläne der einzelnen Unternehmenseinheiten werden von der obersten Unternehmensführung einer kritischen Einzelprüfung unterzogen. Nach ihrer Genehmigung wird ein detailliertes Budget aufgestellt, das zur Grundlage für die Geschäftstätigkeit im folgenden Jahr wird.

Die Auswahl bestimmter Produkt/Markt-Portfolios ist das Ergebnis eines Bemühens vieler Mitarbeiter in den Unternehmens- und den Zentralbereichen. Sie ist als integrierter Bestandteil unserer Planung Gegenstand unserer Planüberprüfungen. Die Unternehmensplanung involviert die Bereichscomptroller in einem erheblichen Maße, besonders natürlich, weil diese die erwarteten Ergebnisse von geplanten Maßnahmen zahlenmäßig ermitteln und belegen müssen. Unsere spezifische quantifizierte, strategische Planung erfolgt für jede operative Einheit auf einer Fünf-Jahres-Basis.

> Während der sog. „Geneen-Era" wurde ITT als eine Gesellschaft betrachtet, die vorwiegend über das Controlling-Instrumentarium – durch die Persönlichkeit Harold Geneens geprägt und gesteuert –, geführt wurde.
>
> Betrachten Sie diese weitverbreitete Ansicht als eine unzulässige Vereinfachung der tatsächlichen Führungsverhältnisse Ihres Unternehmens?

Es ist sicherlich eine unzulässige Verallgemeinerung, wenn man annimmt, daß eine Gesellschaft von der Größe ITTs auf die Handlungen eines Mannes zurückgeführt werden kann. Wenn Sie eine Person herausstellen wollen, die der Organisation ein besonderes Gepräge gegeben hat, dann würde ich mich mit dieser Feststellung einverstanden erklären können. Mr. Geneen hat ohne Zweifel sehr stark in dieser Richtung gewirkt und er war eine stark motivierende Kraft bei der Entwicklung der ITT-Organisation. Aber der Erfolg dieser Organisation ist schließlich auf die Leistung und das Zusammenwirken von 300.000 Mitarbeitern des Unternehmens zurückzuführen.

ITT ist für sein ausgebautes System des Comptrolling bekannt. Diese Steuerungsinstrumente wurden durch Führungskräfte der verschiedensten Ausrichtungen in ihren funktionellen Bereichen installiert. Ohne Zweifel gibt es nur wenige Persönlichkeiten, die sich mit Mr. Geneen in seiner Qualifikation vergleichen können, eine Organisation wie die der ITT führen zu können. Dies bedeutet jedoch keineswegs, daß ITT ohne ihn nicht funktionieren könnte. Wie Sie wissen, hat sich Mr. Geneen von der Position des Chief Executive vor drei Jahren zurückgezogen. Unter unserem gegenwärtigen Chairman und Chief Executive, Rand Araskog, hat sich das Wachstum der ITT fortgesetzt und wir konnten über Spitzen-Ergebnisse berichten.

Da unsere Top-Führungskräfte im Durchschnitt 15 bis 16 Jahre dem Unternehmen verbunden sind, sollten hier auch keine drastischen Veränderungen erwartet werden.

> Können Sie Probleme der 80er Jahre erkennen, die Änderungen in der Organisationsstruktur der ITT notwendig machen könnten?

Die wesentlichste Änderung, die wir sehen, betrifft den Telekommunikationsbereich. Sie ist weniger organisatorisch geprägt, ergibt sich jedoch über die Veränderungen in der Arbeitsintensität einzelner Einheiten. Mit dem zu erwartenden Fortschritt im Telekommunikationsbereich verringert sich die Notwendigkeit direkt fertigungsbezogener menschlicher Arbeitsleistungen. Sie werden zunehmend durch komplizierte Sachmittel ersetzt werden. Während der letzten Jahre haben wir bereits unsere Aktivitäten in der Nachrichtentechnik und Elektronik strukturell anpassen müssen, vor allem in Europa. Dabei haben wir die Zahl der Mitarbeiter und die Fläche in diesem Bereich wesentlich zurücknehmen müssen, während wir gleichzeitig die Zahl an Mitarbeitern ausgebreitet haben, die sich mit der Software-Entwicklung beschäftigen.

> Würde eine weitere Diversifikation in Bereiche, die derzeit von der ITT-Palette an Leistungen noch nicht abgedeckt werden, die Organisationsstruktur verändern?

Ich möchte eine weitere Diversifikation nicht ausschließen, solange sich interessante Möglichkeiten hierzu anbieten. Gegenwärtig sind wir jedoch mit unseren fünf Hauptgeschäftsbereichen recht zufrieden, so daß zu erwarten steht, daß zusätzliche Expansionsmöglichkeiten in eines dieser fünf Gebiete fallen werden.

8.5 SCS – Scientific Control Systems GmbH

Im Rahmen des wachsenden Dienstleistungssektors in der Bundesrepublik Deutschland weist die Unternehmensberatung (oder besser: Managementberatung) überproportionale Wachstumsraten auf. Die zunehmende Komplexität der Entscheidungsprozesse in privater Wirtschaft und öffentlicher Verwaltung hat, verbunden mit dem verstärkten Einsatz technischer Hilfsmittel, die einem raschen innovativen Wandel unterliegen, zu einer vermehrten Inanspruchnahme von Beratungsleistungen geführt.

Der problemimmanente Zwang zur Spezialisierung scheint auf den ersten Blick die Tendenz zum Einzelberater zu fördern, was scheinbar auch durch die ständig zunehmende Zahl von selbständigen Beratern bestätigt wird. Bei näherem Hinsehen entdeckt man jedoch, daß auch in der Bundesrepublik Deutschland in den letzten Jahren große Beratungsunternehmen mit mehreren hundert angestellten Beratern entstanden sind. Im Bereich Management-Beratung, Datenverarbeitung und Organisation nimmt die 1969 gegründete SCS Scienitific Control Systems GmbH, Hamburg, die führende Position ein.

8.51 Zur Unternehmens- und Organisationsentwicklung der SCS (Stand 1980)

von Dr. Heinz Streicher, Hamburg

Die *Struktur- und Ablauforganisation eines Beratungsunternehmens* wird durch *einige Besonderheiten* geprägt, die sich aus der Unternehmenstätigkeit ergeben.

– Die *Beratertätigkeit basiert auf dem Vertrauensverhältnis* zu einem Menschen, d.h. dem Berater, der vor dem Hintergrund seines Spezialistentums (oder eines Pools von Spezialisten) Probleme lösen hilft oder löst. Diese Grundregel gilt auch dann, wenn der Berater nicht als Einzelperson, sondern im Rahmen eines Projektteams aus Beratern auftritt.

  Eine organisatorische Trennung von „Vertrieb“ und „Produktion“ ist deshalb nicht möglich.

  Hinzu kommt, daß schematisierte Problemlösungen nur in beschränktem Umfang möglich sind, da das Besondere der Beratung das Eingehen auf die individuellen Probleme des Kunden ist. Vorgefertigte Lösungen können sinnvoll nur in Form von Bausteinen oder standardisierten Prozeduren z.B. Projekt-Management-Methoden im Sinne einer Maßkonfektion im Rahmen dieser Tätigkeit eingesetzt werden.

– Das *Know-how* in allen Beratungsunternehmen *ist zum großen Teil personengebunden.* Die Übertragung innerhalb des Beratungsunternehmens kann nur durch Teamarbeit bzw. interne Seminare und Workshops erfolgen.

  Eine wichtige Aufgabe kommt daher der *Kommunikation* zwischen den einzelnen Teilen des Unternehmens, den Projektteams bzw. den Mitarbeitern zu.

– *Beratungsleistungen können nicht „auf Vorrat“ produziert* werden. Nur wenn ein fakturierbarer Kundenauftrag vorliegt, ist der Berater im Sinne der G+V-Rechnung produktiv. Die fakturierte Zeit je Person ist bestimmend für den Umsatz.

– Die *Qualität der Mitarbeiter* von Beratungsunternehmen liegt im Durchschnitt *sehr viel höher als bei anderen Wirtschaftsunternehmen.* Management-Berater besitzen heute in der Regel eine akademische Ausbildung.

  Berater müssen in der vordersten Front der Entwicklung ihres jeweiligen Fachgebietes kämpfen, d.h. von jedem einzelnen wird eine hohe Flexibilität und Lernfähigkeit erwartet.

  Die Mitarbeiter eines Beratungsunternehmens sind – obwohl unterschiedlich spezialisiert – qualitativ auf dem gleichen Niveau. Die Arbeit „vor Ort“ erfordert viel *Selbständigkeit* und *Entscheidungsfähigkeit.* Tief gestaffelte Hierarchien würden dabei die Arbeit der einzelnen Projektteams hemmen.

Der schnell wachsende Markt für qualifizierte Dienstleistungen rund um den Computer hat auch in der Bundesrepublik Deutschland zahlreiche Firmengründungen in den sechziger und siebziger Jahren ausgelöst. Außerdem haben traditionelle Management-Beratungen versucht, ihre Geschäftstätigkeit in Richtung der Computerberatung und Softwareherstellung auszudehnen. Schließlich bemühen sich auch Hersteller von Computer-Hardware und anderen elektronischen Geräten vom wachsenden Anteil der Soft- und Brainware am gesamten EDV-Geschäft durch Ausgliederung von selbständigen Dienstleistungsgesellschaften zu profitieren.

Die internationale Scicon-Gruppe

Die SCS Scientific Control Systems GmbH wurde am 2. April 1969 in Hamburg ins Handelsregister eingetragen. Sie war eine Tochtergesellschaft der Londoner Scientific Control Systems (Holdings) Limited, deren Wurzeln in das Jahr 1960 reichen und die sich seit 1966 im Besitz der The British Petroleum Company Limited, London, befindet.

Die Scicon errichtete bis Mitte der siebziger Jahre Tochtergesellschaften und Niederlassungen in

Großbritannien, Deutschland, Frankreich, Mittelost, Südostasien und Nordamerika, die sich mit Management-Beratung, Computerberatung, Software-Produktion, Rechenzentrumsleistungen und Weiterbildung befassen. Im Zuge weltweiter Umorganisation in der internationalen BP-Gruppe wurde das Stammkapital der deutschen SCS GmbH im Oktober 1978 von der Scicon-Holdings auf die Deutsche BP AG übertragen.

Die SCS GmbH

Als der frühere IBM-Geschäftsstellenleiter Diplom-Mathematiker Eberhard Elsässer Anfang 1969 den Auftrag übernahm, die erste kontinentale Tochtergesellschaft der Scicon aufzubauen, befand sich der Computermarkt in der Bundesrepublik Deutschland in einem stürmischen Wachstumsprozeß.

Die *Unternehmensphilosophie,* mit der die SCS GmbH in diesem Markt antrat, läßt sich wie folgt umreißen:

- keine konfektionierten, sondern maßgeschneiderte Softwaresysteme
- Übernahme von Aufträgen im kommerziellen wie im technischen Bereich aus allen Bereichen der privaten Wirtschaft und der öffentlichen Hand
- Unabhängig von Computerherstellern
- Abschluß von klar definierten Projektaufträgen mit den Kunden, kein Ausleihen von Einzelpersonen (sog. Body-Leasing)
- Stunden- bzw. Monatshonorare, die von vornherein voll kostendeckend sind
- Einstellung von berufserfahrenen Computerfachleuten und Beratern
- rasches, planmäßiges Wachstum, um eine ausreichende Spannweite an spezialisierten Mitarbeitern verfügbar zu haben und auch größere Aufträge übernehmen zu können
- Errichtung von Geschäftsstellen in den wichtigsten Wirtschaftszentren der Bundesrepublik Deutschland, die selbständig Aufträge akquirieren, besetzen und durchführen.

Das Konzept des jungen Unternehmens erwies sich offensichtlich als erfolgreich.

Mitarbeiterzahl und *Honorarumsatz* stiegen auch in der Folge rasch an, wobei sich gleichzeitig die Kundenzahl, die Branchenpalette und die Tätigkeitsgebiete ständig ausweiteten. Im Jahre 1978 erzielte die SCS mit 358 Mitarbeitern einen Umsatz von 45,4 Mio. DM. Er wurde zu über 45 % mit Industrieunternehmen, zu 25 % mit Kunden aus dem Banken-, Versicherungs- und Handelsbereich und zu knapp 30 % mit Auftraggebern der öffentlichen Hand erzielt. Insgesamt wurden im Jahr 1978 137 Projekte für 84 Kunden bearbeitet; davon waren 33 Neukunden.

Im Verlauf der vergangenen zehn Jahre haben sich sowohl das Tätigkeitspektrum als auch die Leistungspalette des Unternehmens ständig erweitert.

Bei den *Tätigkeitsgebieten* stand am Anfang die *Erstellung von maßgeschneiderten Softwaresystemen für kommerzielle und technische Anwendungen.* Diese Aufgabe läßt sich häufig von der Entscheidung über die aufgabenspezifische Hardware nicht trennen, so daß die DV-Beratung, d.h. Definition, Ausschreibung und Auswahl der Computer-Konfiguration sich nahtlos anschloß. Die Notwendigkeit, das organisatorische Umfeld zu untersuchen und gegebenenfalls zu schaffen, führte bald zur *Erweiterung des Leistungsspektrums in Richtung Ablauf- und Strukturorganisations-Beratung.*

Auf der anderen Seite der Skala dehnte sich die Tätigkeit auf die Gebiete der *systemnahen Software,* wie z.B. Datenbankdesign, aus und schloß auch die Erstellung von System-Software, also Betriebssysteme etc. mit ein. Aufträge für schlüsselfertige Systeme brachten den *Schritt in das Systemgeschäft,* das neben den genannten Leistungen (Organisation, DV-Beratung und Anwendungs-Softwareerstellung) die Gesamtverantwortung für die Auswahl und Beschaffung der Hardware sowie für Installation und Wartung mit sich brachte.

Nicht nur bei schlüsselfertigen Systemen, sondern quer durch die übrigen Projekte zieht sich die *Aufgabe, das DV-Fachpersonal, die Anwenderabteilung und das Management der Kunden zu schulen.* Diese Schulung – projektspezifisch oder generell – wird heute unter Einschaltung der unternehmenseigenen SCS-Akademie durchgeführt.

Unter Beibehaltung der „traditionellen" Tätigkeitsgebiete zeichnet sich *zu Beginn des zweiten Jahrzehnts* in der SCS-Geschichte eine *Intensivierung des Beratungsgeschäfts* ab, wobei neben struktur- und ablauforganisatorischen Aufgaben, *strategische Beratertätigkeit für die oberste Managementebene* der Kunden an Bedeutung zunehmen dürfte. Damit ist die SCS GmbH quasi auf umgekehrtem Weg in den Markt der traditionellen Management-Beratung hineingewachsen.

Einen ähnlichen Prozeß hat die *Entwicklung der Branchenpalette* vollzogen. So zeigte sich bereits in den ersten beiden Jahren eine beträchtliche Spannweite von der Flugsicherung über Verlagswesen, Kosmetikindustrie, Stahlindustrie, Nahrungsmittelindustrie, Computerindustrie bis zur Mineralölindustrie und öffentlichen Auftraggebern. In den folgenden Jahren haben sich dann temporär Schwerpunkte herausgebildet (z.B. Stahlindustrie, Versicherungen, Banken, Verteidigung, Elektroindustrie, Computerhersteller, etc.).

Damit ist es SCS gelungen, angesichts des absolut hohen Umsatzes (1978 rd. 45 Mio.DM) gleichzeitig eine breite Branchenstreuung bei hoher Spezialisierung zu erreichen und in dieser Hinsicht quasi ein großes „Kaufhaus, bestehend aus Spezialgeschäften", zu sein.

Von den 418 Mitarbeitern (Mitte 1979) sind 318 Professionals, d.h. Berater, Organisations-, Automations- und EDV-Experten, die übrigen 100 sind im Management, Stab, Verwaltung, Sekretariaten und anderen internen Dienstleistungen tätig.

Das *Durchschnittsalter* der Professionals, von denen 10 % weiblich sind, beträgt heute 35 Jahre, die durchschnittliche Berufserfahrung 10 Jahre. Über 80 % verfügen über einen Hochschulabschluß der Fachrichtungen Ingenieurwesen, Mathematik, Informatik, Wirtschaftswissenschaft, Physik oder eines anderen Gebietes.

Im zehnten Jahr ihres Bestehens hat sich die SCS Scientific-Control-Systems GmbH eindeutig an die Spitze der Beratungsunternehmen für Organisation, Automation und Datenverarbeitung gesetzt und gehört damit zu den „Großunternehmen" dieses privaten Dienstleistungsbereichs.

Die organisatorische Entwicklung der SCS GmbH

Mit der Grundsatzentscheidung, „Maßanzüge" für die Kunden zu erstellen, waren die Weichen für eine projektorientierte Organisation gestellt. Eine Marktproduktion im Sinne von Vorleistungen findet ebensowenig statt wie ein Vertrieb von Fertigprodukten. Man könnte in gewissem Sinne von Auftragsfertigung oder Bestellproduktion sprechen.

Die *operierenden Einheiten* der Leistungserstellung sind *Projektteams.* Diese Teams werden für jeden Kundenauftrag jeweils so zusammengestellt, daß sich die Kenntnisse und Erfahrungen der Teammitglieder im Hinblick auf die Aufgabenstellung optimal ergänzen.

Diese Projektteams umfassen bei SCS je nach Aufgabenstellung zwischen 1 bis 30 Mitglieder. Ein *Projektleiter* ist für die fachliche, terminliche und wirtschaftliche Durchführung der Aufgabe verantwortlich. Bei Großprojekten wird gelegentlich eine weitere Aufliederung in einzelne Teams vorgenommen, die klar definierte Teilaufgaben erfüllen und von Teamleitern geführt werden.

Projekt- bzw. Teamleiter sind Managementfunktionen auf Zeit. Sie werden von „Professionals", d.h. Organisations- bzw. DV-Fachleuten, wahrgenommen, die je nach Projektgröße ganz oder teilweise auch Fachaufgaben im Projekt wahrnehmen. In der ersten Zeit des Bestehens der SCS GmbH., d.h. von Mitte 1969 bis Ende 1970, bestanden neben der Geschäftsführung (einschließlich Sekretariat mit Verwaltungsfunktion) eine Reihe solcher Projektteams, deren Leiter direkt an die Geschäftsführung berichteten (siehe Organisationsstruktur 1969, Abb. 33).

Mit Beginn des Jahres 1971 eröffnete die SCS GmbH in Essen und Stuttgart Geschäftsstellen, die eine neue organisatorische Dimension einleiteten. Die operierende Einheit in Hamburg wurde gleichzeitig in zwei zentrale Bereiche gegliedert, wovon der Bereich I in erster Linie für Großrechner-Projekte im norddeutschen Raum verantwortlich war, der Bereich II als zentrale Stelle Prozeßrechnerprojekte z.B. in der Flugsicherung durchführte (siehe Organisationsstruktur 1971). Der zunehmende Anfall von Arbeit im Bereich Rechnungswesen und Verwaltung durch die steigende Zahl von Mitarbeitern, Projekten, Kunden und die dezentralen Geschäftsstellen führte 1971 zur Einrichtung einer zentralen Verwaltungseinheit in Hamburg.

In den Jahren bis Ende 1974 änderte sich nichts Wesentliches an der Strukturorganisation. Die regionale Präsenz der SCS wurde erweitert, die Aktivitäten auf dem Gebiet der Weiterbildung von DV-Fachleuten durch die SCS-Akademie neu organisiert und verstärkt (1973). Zur Durch-

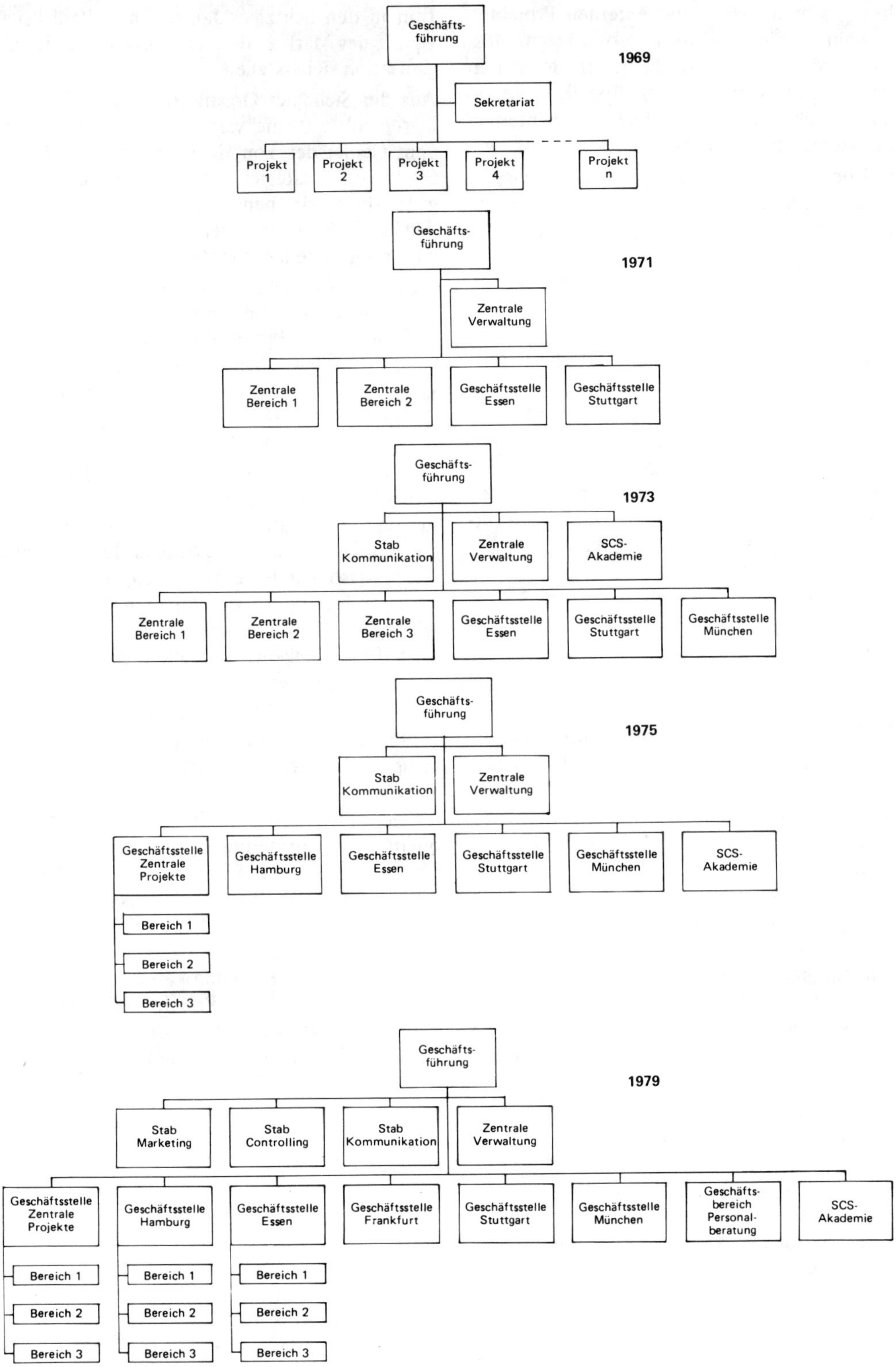

Abb. 33: Entwicklung der Organisationsstruktur der SCS GmbH 1969–1979

führung von internen und externen Projekten auf dem Gebiet der Systemsoftwareentwicklung wurde ein weiterer zentraler Bereich in Hamburg gegründet. Eine „Stabsstelle Kommunikation" übernahm die Aufgaben der internen und externen Information.

Die Konsequenzen aus dem rapiden Wachstum wurden durch eine Neustrukturierung, die Anfang 1975 in Kraft trat, gezogen. Neben vier regionalen Geschäftsstellen, die von der Akquisition über Projektbesetzung, Projektdurchführung und Kundenbetreuung für ihre jeweiligen Regionen (Nord, West, Südwest, Süd) verantwortlich sind, wurde eine „Geschäftsstelle Zentrale Projekte" in Hamburg geschaffen. Ihre drei Bereiche sind überregional für spezielle Prozeßrechnerprojekte, Systemsoftware und Flugsicherung sowie Militärprojekte zuständig.

Durch die Gründung von „Bereichen" als Untereinheiten von Geschäftsstellen wurde zum erstenmal hierarchisch eine dritte Mangementebene eingerichtet.

Als weitere „Geschäftsstelle" ist die SCS-Akademie in das gleichzeitig geschaffene Profitcenter-System gleichberechtigt eingestuft (siehe Organisationsstruktur 1975).

Den parallel gestiegenen Aufgaben auf der obersten Managementebene wurden durch die Erweiterung der Geschäftsführung auf drei Geschäftsführer Rechnung getragen.

Die Aufgabenverteilung in der Geschäftsführung erfolgt im Sinne einer jeweiligen umfassenden Verantwortlichkeit der einzelnen Geschäftsführungsmitglieder für bestimmte operierende Einheiten. Dieses organisatorische Grundraster hat bis heute im Prinzip Gültigkeit. Die regionalen Geschäftsstellen wurden durch die Geschäftsstelle Frankfurt ergänzt (1977), die wachsende Projekt- und Mitarbeiterzahl führte auch in den regionalen Geschäftsstellen Essen und Hamburg zur Bereichsgliederung. Der zentrale Stab in Hamburg wurde inzwischen durch den Stab Marketing und den Stab Controlling ergänzt.

Ein vierter Geschäftsführer hat seit 1977 die Aufgabe übernommen, Finanz- und Rechnungswesen, Personalverwaltung, Controlling und andere interne Ressorts für das Gesamtunternehmen zu steuern (siehe Organisationsstruktur 1979).

Im elften Jahr ihres Bestehens steht die SCS GmbH im Zeichen intensiver interner Überlegungen und Planungen, die das weitere Wachstum in den achtziger Jahren unter Berücksichtigung der Märkte, der Ressourcen und der Organisation sicherstellen sollen.

Aus der Sicht der Organisation gilt es dabei zu klären, ob z.B. die verstärkten Aktivitäten auf dem Gebiet der Top-Management-Beratung, im Sinne von Strategieberatung, einer eigenen Organisationsform bedürfen, die unter Umständen auch in einer gesellschaftsrechtlichen Separierung bestehen könnte.

Zu prüfen ist auch, ob der geplante Ausbau des Systemgeschäfts und die verstärkte Übernahme schlüsselfertiger Projekte in Form einer eigenen Gesellschaft betrieben werden sollen.

Sicher ist, daß das geplante Personalwachstum früher oder später in allen Geschäftsstellen zur Einrichtung von Bereichen unterhalb der Geschäftsstellenebene führen wird, so daß durchgehend eine *dreistufige Hierarchie* (Geschäftsführung, Geschäftsstellenleiter, Bereichsleiter) die Regel sein wird. Der Ausbau der regionalen Geschäftsstellen bedeutet gleichzeitig, daß bestimmte interne Serviceeinheiten wie Textverarbeitung, Bibliothekswesen, Reiseservice u.ä. mittelfristig dezentral in allen Betriebsstätten vorhanden sein werden.

Die Entwicklung der Strukturorganisation der SCS ist in den vergangenen zehn Jahren sehr organisch verlaufen. Die Errichtung von regionalen Geschäftsstellen und operierenden Einheiten in der Zentrale in Hamburg folgte konsequent den Anforderungen des Marktes und den damit verbundenen Projektaktivitäten des Unternehmens. Das Prinzip der „kurzen Wege" zwischen Management und Projektmitarbeiter wurde stets als vorrangiges Ziel erachtet. Durch intensive interne Kommunikation wird der Austausch von Know-how, Projekterfahrungen und Mitarbeitern zwischen den einzelnen Geschäftsstellen und Standorten erfolgreich betrieben.

8.52 Interview mit dem Vorsitzenden der Geschäftsführung der SCS Scientific Control Systems GmbH, Herrn Dipl.-Math. Eberhard Elsässer, 1980

Die SCS hat sich unter Ihrer Leitung im letzten Jahrzehnt zum deutschen Spitzenunternehmen auf dem Sektor der Management-Beratung, Datenverarbeitung und Organisation entwickelt. – Worauf führen Sie diesen Erfolg zurück?

Hierfür gibt es sicherlich eine ganze Reihe von Gründen: Wir sind von Anfang an nicht kleinkariert an dieses Vorhaben herangegangen, insofern, als der Shareholder für den Start zwei Millionen DM zur Verfügung gestellt hatte. Ich konnte meine Pläne entwickeln, und es gab bezüglich irgendwelcher Details keine weiteren Diskussionen und es gelang mir, eine Reihe von fähigen Mitarbeitern zu gewinnen. Meine Ansicht hat sich bestätigt, daß man mit fähigen Leuten etwas Vernünftiges auf die Beine stellen kann. Diese Erkenntnis hat sich übrigens bis zum heutigen Tage voll bewahrheitet.

Wir haben immer qualifizierte Leute einstellen können, unabhängig von momentanen Projektbedürfnissen. Dieses Vorgehen muß man sich natürlich leisten können. Die Möglichkeit, qualifizierte Mitarbeiter quasi auf Vorrat einzustellen, ist m.E. eine wesentliche Komponente für unseren Erfolg.

Was unterscheidet SCS von anderen Beratungsunternehmen dieses Sektors?

Der Unterschied ist im Prinzip gar nicht so groß. Vielleicht liegt der Unterschied in der Dynamik unseres Unternehmens. Wir haben immer neue Dinge aufgegriffen, uns immer an der Vorderfront der Entwicklung gefühlt. Wir haben von vornherein unseren Kunden klargemacht, daß wir kein „body leasing" betreiben, sondern partnerschaftliche Aufgaben aufgreifen, daß wir nicht kurzfristig reich werden, sondern uns langfristig am Markt etablieren wollen.

Unterscheidet sich Ihre Palette von Dienstleistungen, die Sie anbieten, vom „Beratungs-Mix" Ihrer Wettbewerber?

Vielleicht waren wir beim Aufgreifen mancher Themen etwas glücklicher als andere. Entscheidend war jedoch, daß es uns stets gelungen ist, das Erfahrungsspektrum unserer Mitarbeiter in anspruchvolle Projekte umzusetzen. Am Anfang war dies sicherlich eine eher zufällige Mixtur. So sind wir z.B. schon 1969 zu unserem heutigem Schwerpunkt im Bereich der Flugsicherung gekommen. Ohne die speziellen Erfahrungen eines unserer ersten Mitarbeiter hätten wir uns wohl kaum auf dieses Gebiet begeben können.

Und so haben wir eine ganze Reihe von speziellen Gebieten entwickelt, wie beispielsweise auf dem militärischen Sektor, im Versicherungsgeschäft, im Bankbereich und im Lagerwesen, wo wir nun aufgrund unserer langjährigen Erfahrungen eine sehr gute Marktposition haben.

Als ehemaliges Mitglied der internationalen Scicon-Gruppe und jetzige Tochtergesellschaft der Deutschen BP AG können Sie auf eine beachtliche Unterstützung und Rückendeckung bei Ihrer Entwicklung bauen. – Welches war die Motivation eines internationalen Mineralölunternehmens, sich auf dem Sektor der Beratung mit eigenen Aktivitäten zu engagieren?

Ich glaube, dies war mehr ein Zufall. Anfang der 60er Jahre war in Großbritannien die Tochter eines amerikanischen Software-Hauses – CEIR Ltd. – für die BP im Bereich des Operations Research tätig. Die gute Zusammenarbeit führte schließlich zur Übernahme dieses kleinen Unternehmens. Dieses Unternehmen entwickelte sich vor dem Hintergrund des potenten Shareholders sehr gut und hielt 1969 Ausschau nach kontinentalen Betätigungsmöglichkeiten. So erfolgte der Auftrag an mich, in Deutschland ein Tochterunternehmen aufzubauen. Was damals „auf der grünen Wiese" begann, ist heute das größte Unternehmen seiner Art in Deutschland. So einfach ist das!

Welche positiven und welche negativen Wirkungen bringt die Zugehörigkeit zu einem andere Leistungen produzierenden und vertreibenden Unternehmensverband für sie mit sich?

Die Potenz eines Shareholders – wie in unserem Falle die BP – ist neben der Leistungsfähigkeit unseres Unternehmens ein entscheidender Faktor. Er signalisiert unseren Kunden, die mit uns große Projekte machen wollen, langfristige wirtschaftliche Stabilität.

Ein negativer Einfluß wäre nur dann gegeben, wenn der Shareholder uns an einer neutralen und unabhängigen Beratungstätigkeit durch Einmischung hindern würde. Dies ist jedoch bei unserem Shareholder nicht der Fall.

> Das Wachstum der SCS ist eindrucksvoll. Die Auswirkungen dieses Wachstums auf die Organisation sind zunehmende Hierarchisierung des Aufbaus, Formalisierung der Steuerungs- und Berichtssysteme und Normierungen des Projektablaufs. Ein weiteres Wachstum wird diese Tendenzen – wie auch im voranstehenden Aufsatz angedeutet – sicherlich weiter verstärken. – Sehen Sie in diesen strukturellen Auswirkungen Hindernisse für ein weiteres rasches Wachstum?

Ich sehe in einer gewissen Normierung keine negative Erscheinung. Hier will man ja lediglich sicherstellen, daß bei der Abwicklung des vierten Versicherungsprojektes die Erkenntnisse der vorausgegangenen drei Projekte nicht ignoriert werden. Hier müssen Erfahrungen transparent gemacht werden. Wir haben uns bislang das Klima eines Familienunternehmens erhalten können, eines „people oriented business".

Ich kenne zwar die optimale Größe nicht genau, meine aber, daß ab etwa 1.000 Mitarbeitern die Zusammenarbeit unpersönlich zu werden beginnt. Hier muß man sich fragen, ob man gewillt ist, diesen Preis für weiteres Wachstum und Größe zu bezahlen. Als Lösung bietet sich vielleicht irgendwann eine Ausgliederung bestimmter Unternehmensaktivitäten an.

> Wie können Sie organisatorisch auf die größenbedingten Wachstumsprobleme reagieren?

Im Interesse der Mitarbeiter ist eine Regionalisierung der Ressourcen die einzig machbare Möglichkeit. Deshalb scheidet eine totale Zentralisierung als Organisationsstruktur aus. Dies hat zur Folge, daß jede regionale Betriebsstätte für sich so groß sein muß, daß eine vernünftige Spezialisierung möglich ist.

> Dies reißt aber die thematisch gesammelten Erfahrungen auseinander.

Das ist der Preis der Regionalisierung. Deshalb müssen Stäbe eingesetzt werden, deren Hauptaufgabe es ist, die Mitarbeiter, die an verschiedenen Orten an einem Thema arbeiten, zur gegenseitigen Kommunikation zu ermuntern, denn leider ist die Kommunikation kein Selbstgänger. Man muß sicherstellen, daß man noch eine gemeinsame Sprache im Unternehmen spricht.

> Mit zunehmendem Wachstum sind zur Projektorganisation als tragender Säule Ihres operativen Geschäfts eine sich ausweitende regionale Gliederung, die Zentralisation gewisser Projekte in der Zentrale und der Ausbau zentraler Stäbe und einer Verwaltung hinzugekommen. – Wie ist bei Ihnen die Geschäftsführung ressortiert, welche Zuständigkeiten bestehen für welche Bereiche?

Wir haben vier Geschäftsführer. Ich selbst habe den Vorsitz. Herr Dr. Schweim und ich kümmern uns um die Steuerung der Geschäftsstellen. Herr Hell ist unser „Innenminister", und Herr Steinbach ist für die Vorbereitung unseres Einstiegs in das Systemgeschäft verantwortlich.

> Was verstehen Sie hierunter?

Es wird immer häufiger der Wunsch an uns herangetragen, nicht nur Konzepte zu entwickeln und Software zu machen, sondern kombiniert mit Hard- und Software Systeme schlüsselfertig zu liefern. Dies kann so weit gehen, daß wir auch als Generalunternehmer für große Projekte auftreten. Ein solch schwieriger und interessanter Markt erfordert natürlich eine ganze Reihe von Vorbereitungen, mit denen wir uns zur Zeit beschäftigen.

> Ergeben sich hieraus Probleme, da das Systemgeschäft wesentliche Elemente der bisherigen Projektarbeit umgreifen muß?

Wir sind heute ja bereits im Systemgeschäft, etwa im Verteidigungsbereich als Generalunternehmer – allerdings mehr sporadisch – tätig. Diese Erfahrungen sollen nunmehr ausgewertet und ausgebaut werden. Das Geschäft unterscheidet sich vor allem durch die zu übernehmende Gesamtverantwortung deutlich vom üblichen Beratungsgeschäft. Wir müssen hier als Systemintegrator auftreten. Dazu müssen eigene Techniken entwickelt werden. Das Problem der Wiederverwendbarkeit wird hochaktuell. Hardwarefähigkeiten müssen entwickelt, Testverfahren für Systeme müssen bereitgestellt, Systemwartung muß betrieben werden. Hinzu kommt das Vertriebsproblem. Für diesen Geschäftszweig besitzen wir noch keinen Vertriebsapparat.

> Welche Schnittstellen waren zwischen dem Stab Controlling und der zentralen Verwaltung zu regeln?

Die Verwaltung wickelt bei uns die laufende administrative Arbeit ab. Das Controlling hat dagegen eine ganz andere Funktion. Wir haben auf der Vertragsseite erkannt, daß wir unsere Erfahrungen aus abgewickelten Projekten in die Vertragsgestaltung für neue Projekte umsetzen müssen. Von einer gewissen Größenordnung ab überprüft das Controlling bei allen Angeboten, ob diese Erfahrungen verarbeitet worden sind. Hinzu treten einzelfallspezifische Überlegungen, die mehr Projektcharakter tragen, bevor diese in die Verwaltung übertragen werden. Voraussetzung für eine rationelle und steuerbare Durchführung von Projekten ist das Vorhandensein von Standards zur Projektdurchführung und Projektsteuerung. Die Erstellung, Einführung, Pflege und Überwachung solcher Standards obliegt ebenfalls unserem Controlling. Schließlich kümmert sich der Controller noch um das interne Berichtswesen auf dem finanziellen Gebiet.

> Wie grenzen sich die Aufgaben der Geschäftsstelle „Zentrale Projekte" von den Aufgaben der übrigen Projektarbeit ab?

Als zentrale Projekte bearbeiten wir vor allem überregionale Themen, für die es nur einen oder wenige Vertragspartner gibt, wie z.B. das gesamte Geschäft auf dem Verteidigungssektor, bei der Luftfahrt, der Flugsicherung, Rundfunk und Fernsehen und andere staatliche Stellen bzw. öffentliche Anstalten und Körperschaften. Daneben gibt es eine Reihe von definierten Spezialthemen, vorwiegend im technischen Bereich, wie z.B. die Automation von Labors, von Projekten im Kernenergiebereich, beim Umweltschutz. Command-and-Control-Systeme für Feuerwehr und Polizei und andere mehr.

Schließlich ist die Geschäftsstelle Zentrale Projekte noch für die Entwicklung von Systemsoftware, sei es für interne oder externe Kunden, zuständig, das heißt, sie entwickelt oder koordiniert solche Projekte für das Gesamtunternehmen.

Da sich ständig neue Einsatzgebiete für die Automatisierung auftun, läßt sich eine solche Abgrenzung und Definition nicht ein für alle Mal festlegen. Wir setzen uns deshalb alle ein bis zwei Jahre zusammen, um zu prüfen, ob sich Überschneidungen mit den regional zuständigen Geschäftsstellen ergeben haben.

> Eine weitere Expansion dürfte eine Reihe von organisatorischen Änderungsüberlegungen notwendig machen, die entweder zu einer Ausgliederung von Aktivitäten in separate Geschäftseinheiten führen oder aber den Ausbau zentraler Koordinationseinheiten für einzelne Geschäftszweige mit sich bringen dürften.
>
> Die Unterscheidung von drei Bereichen bei einigen Geschäftsstellen deutet langfristig die Ausbildung von Dienstleistungsklassen mit eigenem Know-how an, die ein differenziertes Vorgehen und eine eigene Logistik verlangen können. – Sehen Sie hier auf lange Sicht die Notwendigkeit einer Art Produkt-Management?

Das wäre eine Fehlinterpretation der Bereiche. Unsere Bereiche sind eine Summe von Projekten. Die Geschäftsstelle ist für uns ein Profit-Center. Wachstum bedeutet lediglich eine Vervielfachung von Bereichen, weil wir aus Erfahrung wissen, daß ein Linienmanager nur eine bestimmte Anzahl von Projekten oder Professionals sowohl fachlich als auch organisatorisch sinnvoll steuern und betreuen kann. Welche Marktschwerpunkte und welche Themen bearbeitet werden, ergibt sich aus den regionalen Gegebenheiten. So können sich in München andere Schwerpunkte entwickeln als in Frankfurt oder Hamburg. Dabei ist durchaus zu überlegen, ob z.B. München als Standort vieler Versicherungsunternehmen zu einem Koordinationspunkt für die Abwicklung von Projekten für Versicherungsunternehmungen im gesamten Bundesgebiet wird, etwa im Sinne eines Compentence Centers. Die Primärverantwortung der Geschäftsstelle München wird es jedoch bleiben, das Geschäft im bayerischen Raum zu entwickeln. Im Prinzip können wir mit der heute gegebenen Struktur eine Größenordnung von 1000 Mitarbeitern verkraften.

Ich interpretiere dies als Versuch, auch bei der Koordination eine weitgehende Hierarchisierung zu vermeiden.

Das ist auch der Grund dafür, daß viele Mitarbeiter zu uns kommen, weil wir hierarchiearm sind und es auch zu bleiben versuchen.

Mit der Strategie-Beratung des Top-Management greifen Sie auf ein qualitativ anderes Marktsegment über. Welche organisatorischen Konsequenzen hat dies für die SCS?

Wenn es sich zeigen sollte, daß sowohl die Menschen als auch die Schwerpunkte der Projekte gegenüber dem heutigen Stand unterschiedlich sein sollten, dann bietet sich als Alternative eine Ausgliederung an.

Bei der Mehrheit unseres heutigen Geschäfts gehen wir ja von langlaufenden, großen Projekten aus: eine Mannschaft unter einem Projektleiter bearbeitet ein Thema, produziert ein Ergebnis und führt eine Lösung ein, und ein neues Projekt wird in Angriff genommen. Das Beratungsgeschäft für das Top-Management ist dagegen ein Einzelkämpfer-Geschäft, kurzlaufend und mit einer Person verbunden. Es verlangt Individualisten, die häufig nicht teamfähig sind und dies auch gar nicht wollen. Deshalb überlegen wir, ob es sinnvoll sein kann, eine derartige Top-Management-Beratung im Rahmen unserer derzeitigen Struktur abzuwickeln, oder ob wir für die 20–30 Leute, die ich in diesem Geschäft maximal für einsetzbar halte, eine Schwestergesellschaft gründen wollen, mit eigenen Spielregeln, die dann von einem Standort aus das gesamte Bundesgebiet versorgt. Hier werden wir sowohl eine größere Themenorientierung als auch eine intensivere Reisetätigkeit voraussetzen können.

Im Mittelpunkt der SCS-Organisation stehen die Projektgruppen mit Ihren Teams. – Werden Mitarbeiter grundsätzlich vollzeitlich einem einzelnen oder auch teilzeitlich mehreren Projekten zugeordnet?

Der Regelfall ist die vollzeitliche Zuordnung von Mitarbeitern zu einer Projektgruppe. Der Idealfall ist der, daß der potentielle Projektleiter bereits bei der Angebotsabgabe mitwirkt, damit von hier ab bereits eine Identifikation mit dem Auftrag entsteht.

Bei Auftragserteilung wird das Team gebildet, der Projektleiter ernannt. Während der Laufzeit des Projektes übernimmt dieser die fachliche Verantwortung für die Aufgabe, die Menschen, die finanziellen Mittel und das Ergebnis. Bei Projektende ist seine Funktion als Projektleiter beendet.

Wie steuern Sie die Zuweisung unterschiedlicher personeller Ressourcen über die verschiedenen Phasen des Projektablaufes?

Die Zuweisung von Personal zu den Projekten nimmt der zuständige Geschäftsstellen- oder Bereichsleiter vor. Gegebenenfalls muß auch ein Ausgleich unter den einzelnen Geschäftsstellen vorgenommen werden.

Wirft das nicht Fragen der Mobilität auf?

Die Mobilität unserer Mitarbeiter entspricht dem bundesdeutschen Durchschnitt. Zur Unterstützung der Mobilität haben wir eine Mobilitätsprämie eingeführt: von einer gewissen Zahl von Übernachtungen an wird eine Prämie je Übernachtung gewährt. Das hat sich bewährt.

Welchen Karriereweg bieten Sie den Projektmitarbeitern an? Haben Sie eine Dualhierarchie?

Das ist ein wichtiges Thema für uns. In der Öffentlichkeit hat derjenige, der eine leitende Funktion mit Personalverantwortung innehat, immer noch einen höheren Stellenwert als der hochqualifizierte Spezialist, der ohne einen organisatorischen Unterbau seine Leistungen erbringt. Wir wissen am besten, daß diese Einschätzung oft realitätsfern ist. Als Lösung bietet sich eine Fachlaufbahn an. Wir hatten bereits einmal eine solche Fachlaufbahn, die der IBM ähnlich war. Auf mehrheitlichen Wunsch der Mitarbeiter haben wir diese jedoch vor Jahren bereits wieder abgeschafft. Eine Fachlaufbahn zu etablieren und am Leben zu erhalten ist eine sehr schwierige Sache. Sie gleitet sehr leicht in eine Art Soziallaufbahn ab, weil die Kriterien für das Überwechseln von einer Stufe zur anderen sehr schwer quantifizierbar sind. Hinzu kommt die außerordentlich schwierige Vergleichbarkeit zwischen den einzelnen Tätigkeitsbereichen. Oft hängt es an Äußerlichkeiten. Denken Sie zum Beispiel an Sekretariats- oder Unterstellungsprobleme usw.

Dennoch stellen wir uns dem Thema immer wieder. Wir erwägen zur Zeit, ob es möglich wäre, zusammen mit einem erfahrenen externen Spezialberater eine brauchbare Lösung zu erarbeiten. Diese müßte ehrlich und nachvollziehbar nicht nur für das Management, sondern vor allem auch für den betroffenen Mitarbeiter sein.

Wie stellen Sie sicher, daß die Projektmitarbeiter
- in ihrer Aufgabe sich nicht zu stark spezialisieren;
- bei ihrer Aufgabenerfüllung mit neueren Erkenntnissen und Entwicklungen vertraut bleiben?

Ich sehe das als ein Problem der Weiterbildung schlechthin. Hierfür müssen wir investieren: Bibliothek, unsere eigene Akademie, unser Beratungs- und Förderungsprogramm für unsere Mitarbeiter. Hinzu kommt, daß unsere qualifizierten Mitarbeiter weit weniger an einer Spezialisierung interessiert sind, als dies nur aus dem Blickwinkel der Wirtschaftlichkeit vielleicht angezeigt wäre. Neue Themen, neue Herausforderungen werden vielfältig gesucht und führen zum Einsatz von Mitarbeitern in anderen fachlichen Gebieten. Hier liegt aber auch vieles an Initiative bei den Mitarbeiter selbst.

Wenden Sie vorgefertigte Rotationsverfahren für Ihre Mitarbeiter an?

Dies haben wir sehr vereinzelt angewendet, ein System dafür halte ich aber kaum für machbar.

Die Geschäftsführung der SCS hat es mit einer personalwirtschaftlichen Besonderheit zu tun: Die Mitarbeiter sind nicht nur ungewöhnlich qualifiziert (80 % Hochschulabsolventen), sondern auch relativ jung (Ø 35 Jahre). – Wie wirken sich diese beiden Faktoren auf Organisation und Führung aus?

Dies hat wesentliche Auswirkungen auf das Grundverhalten. Statt irgendetwas zu verordnen, muß hier der Dialog gepflegt werden. Die Mitarbeiter wollen angesprochen und dabei respektiert sein. Wir unterstützen diese Einstellung durch eine Verhaltensschulung für unsere Manager. Hier steht das Beratungs- und Förderungsgespräch im Mittelpunkt. Jeder will sich in dieser Organisation selbst verwirklichen, überspitzt formuliert könnte man sagen, daß wir es mit einem Rudel verkannter Nobelpreisträger zu tun haben . . .

. . . und hinzu kommt die relativ hierarchiefreie Organisation. Wie wirkt sich diese Vorgehensweise auf Ihre Fluktuationsrate aus?

Unsere Flukuationsrate liegt derzeit zwischen 7 und 10%, wobei die Spitze eher bei den jüngeren Mitarbeitern, das heißt mit kürzerer Betriebszugehörigkeit liegt; Kollegen also, die erst ein bis drei Jahre bei uns sind. Leute, die länger bei uns sind und uns verlassen, haben dafür zumeist einen ganz handfesten Grund. Der Hauptgrund ist der, daß sie bei einem unserer Kunden hierarchisch sehr hoch einsteigen können oder aber, daß sie sich selbständig machen. Dabei ziehen sie gelegentlich auch andere Mitarbeiter mit sich.

Wie beurteilen Sie die Flukuation in ihrem Unternehmen?

Ein Unternehmen wie das unsere braucht eine gewisse Flukuation, damit neue Kräfte zu ihm stoßen. Ansonsten besteht die Gefahr, daß wir im eigenen Saft schmoren und technisch überholt werden. Dennoch ist unsere Fluktuationsrate verglichen mit mir bekannten englischen Unternehmen, die mit 20% rechnen, gering.

Werden Sie auf Dauer das geringe Durchschnittsalter beibehalten können? – Ist es Ihre Intention eine langfristige Bindung des bestehenden Personals (Folge: Aufstiegschancen, niedrige Fluktuationsrate) zu erreichen?

Unser Durchschnittsalter hat sich erstaunlicherweise als recht konstant erwiesen: Es pendelt zwischen 33 und 35 Jahren. Dazu haben sicherlich die durch das Wachstum bedingten Einstellungen beigetragen. Wobei ich bemerken muß, daß wir im Regelfall bereits erfahrene Leute und kaum Hochschulabgänger einstellen.

Unser Ziel ist es natürlich, fähige Mitarbeiter zu halten. Wenn wir mit einem Durchschnittsalter von 40 Jahren unsere Projekte genauso qualifiziert abwickeln können wie heute, dann interessiert uns das Durchschnittsalter herzlich wenig. Das Neue an sich ist auch oft für uns nicht das Entscheidende, sondern vor allem die Machbarkeit beim Kunden. Hierfür ist der erfahrene Mitarbeiter von unschätzbarem Wert, der weiß, an welchen scheinbar lächerlichen Details kühne Ideen scheitern können.

Worin sehen Sie generell Probleme der Organisation und Führung, die in den 80er Jahren den weiteren Erfolg Ihres Unternehmens beeinflussen werden?

Ich sehe das Hauptproblem im ausreichenden Finden von erfahrenen und gestandenen Leuten, die in der Lage sind, mit unseren qualifizierten Mitarbeitern zu harmonieren.

Unser eigentlicher Engpaß liegt bei der Anzahl fähiger Führungskräfte. Die meisten Mitarbeiter wollen Fachleute bleiben und durch ihre Kompetenz als Fachleute führen; dabei übersehen sie, daß das Führen in sich eine „full-time"-Kompetenz ist.

Die Bereitschaft, Verantwortung zu tragen, nimmt zudem ab. Hier sehe ich unsere Hauptprobleme.

Literaturverzeichnis

Acker, Heinrich B.: Die Produktion in der Organisation eines Industriebetriebes. In: Industrielle Produktion. Hrsg. von Klaus Agthe, Hans Blohm und Erich Schnaufer. Baden-Baden, Bad Homburg v.d.H. 1967, S. 65–83.

Acker, Heinrich B.: Die organisatorische Stellengliederung im Betrieb. 3. Auflage. Wiesbaden 1973.

Adamowsky, Siegmar: Die Organisation der Fertigung. In: Organisation TFB-Handbuchreihe Band II. Hrsg. von Erich Schnaufer und Klaus Agthe. Berlin – Baden-Baden 1961, S. 697–762.

Agthe, Klaus: Controller. In: Handwörterbuch der Organisation. Hrsg. von Erwin Grochla. Stuttgart 1969, Sp. 351–362.

Ahlert, Dieter: Absatzorganisation und Abnehmerselektion. Zur Problematik der institutionellen Gestaltung des Absatzes. In: Betriebswirtschaftliche Forschung und Praxis (34) 1974, S. 212–225.

Albach, Horst: Innerbetriebliche Lenkpreise als Instrument dezentraler Unternehmensführung. In: Schmalenbachs Zeitschrift für betriebswirtschaftliche Forschung NF (26) 1974, S. 216–242.

Albrecht, Bruno: Marketing – Die Konzeption für jede marktorientierte Unternehmensführung. Düsseldorf, Wien 1971.

Alewell, Karl: Absatz, Organisation. In: Handwörterbuch der Organisation. Hrsg. von Erwin Grochla. 2; völlig neu gestaltete Auflag Stuttgart 1980, Sp. 30–42.

Alewell, Karl: Die Koppelung des Systems Unternehmung mit dem Umsystem, dargestellt am Beispiel des Absatzsystems. In: Zeitschrift für Organisation (40) 1971, S. 178–188.

Ansoff, H. Igor: Strategies for Diversification. In: Harvard Business Review (35) 1957, September–Oktober, S. 113–124.

Ansoff, H. Igor und R. G. Brandenburg: A Language for Organization Design: Part I. In: Management Science (17) 1971, B 705–B 731.

Arbeitskreis Hax der Schmalenbach-Gesellschaft: Unternehmerische Entscheidungen im Einkaufsbereich und ihre Bedeutung für die Unternehmens-Struktur. In: Schmalenbachs Zeitschrift für betriebswirtschaftliche Forschung NF (24) 1972, S. 765–783.

Arbeitskreis Hax der Schmalenbach-Gesellschaft: Unternehmerische Entscheidungen im Personalbereich. In: Schmalenbachs Zeitschrift für betriebswirtschaftliche Forschung NF (28) 1976, S. 1–29.

Arbeitskreis Krähe der Schmalenbach-Gesellschaft: Finanzorganisation. Köln/Opladen 1964.

Arbeitskreis Weber-Hax der Schmalenbach-Gesellschaft: Der Einkauf im Industriebetrieb als unternehmerische und organisatorische Aufgabe. Köln und Opladen 1960.

Aufgaben und Organisation des Personalwesens. 30 Beispiele aus der betrieblichen Praxis. Hrsg. von der Deutschen Gesellschaft für Personalführung. Neuwied/Berlin 1967.

Baligh, Helmy H. und Richard M. Burton: Marketing in Moderation – The Marketing Concept and the Organization's Structure. In: Long Range Planning (12) 1979, April, S. 92–96.

Baumberger, Hans Ulrich: Die Entwicklung der Organisationsstruktur in wachsenden Unternehmungen. 2. Auflage. Bern und Stuttgart 1968.

Beensen, Reimar: Organisationsprinzipien. Untersuchungen zu Inhalt, Ordnung und Nutzen einiger Grundaussagen der Organisationslehre. Berlin 1969.

Berger, K. H.: Organisationstypen der Produktion. In: Industrielle Produktion. Hrsg. von Klaus Agthe, Hans Blohm und Erich Schnaufer. Baden-Baden und Bad Homburg v.d.H. 1967, S. 177–188.

Bernhard, Alfred: Attraktive Möglichkeiten der Matrix-Organisation. In: Industrielle Organisation (43) 1974, S. 341–345.

Beyer, Horst-Thilo: Die finanzwirtschaftliche Organisation der Unternehmensfinanzierung. Hrsg. von Oswald Hahn, München 1971, S. 199–212.

Bleicher, Knut: Konferenzen. Ihre Organisation und Leitung. Wiesbaden 1960.

Bleicher, Knut: Zentralisation und Dezentralisation von Aufgaben in der Organisation der Unternehmungen. Berlin 1966.

Bleicher, Knut: Abteilungsgliederung, Systeme der. In: Handwörterbuch der Organisation. Hrsg. von Erwin Grochla. Stuttgart 1969, Sp. 45–55.

Bleicher, Knut: Koordinationsorgane. In: Handwörterbuch der Organisation. Hrsg. von Erwin Grochla. Stuttgart 1969, Sp. 899–909.

Bleicher, Knut: Perspektiven für Organisation und Führung von Unternehmungen. Baden-Baden und Bad Homburg v.d.H. 1971.

Bleicher, Knut: Zur organisatorischen Entwicklung multinationaler Unternehmungen. In: Zeitschrift für Organisation (41) 1972, S. 330–338; S. 415–425.

Bleicher, Knut: Kollegien. In: Handwörterbuch der Betriebswirtschaft. 4. völlig neu gestaltete Auflage. Hrsg. von Erwin Grochla und Waldemar Wittmann. Stuttgart 1975, Band 2. Sp. 2157–2169.

Bleicher, Knut: Unternehmungsentwicklung und organisatorische Gestaltung. Stuttgart – New York 1979.

Bleicher, Knut unter Mitarbeit von Erik Meyer und Dietrich Wiek: Systemanalyse internationaler Unternehmungen. In: Unternehmungsführung. Festschrift für Erich Kosiol zu seinem 72. Geburtstag. Hrsg. von Jürgen Wild. Berlin 1974, S. 253–296.

Bleicher, Knut und Erik Meyer: Führung in der Unternehmung. Formen und Modelle. Reinbek bei Hamburg 1976.

Blohm, Hans und Wolfgang Seppeler: Neue Impulse durch Sparten- und Matrixorganisation – auch für Klein- und Mittelbetriebe. In: Zeitschrift für Organisation (45) 1976, S. 65–71.

Bidlingmaier, Johannes: Marketing 1 und 2. Reinbek bei Hamburg 1973.

Bidlingmaier, Johannes: Marketingorganisation. In: Die Unternehmung (27) 1973, S. 133–154.

Bisani, Fritz: Das Personalwesen in der Bundesrepublik Deutschland. Teil 1: Ergebnisse einer empirischen Untersuchung. Köln 1976.

Boje, Axel: Moderne Einkaufs-Organisation. 700 Beispiele aus der Praxis. München 1967.

Bramsemann, Rainer: Controlling, Wiesbaden 1978.

Brand, Michael: Projektmanagement. Winterthur 1974.

Brings, Karl: Erfahrungen mit der Matrixorganisation. In: Zeitschrift für Organisation (45) 1976, S. 72–80.

Budde, Rainer: Rationelle Materialwirtschaft und Lagerorganisation. In: Industrielle Organisation (48) 1979, S. 197–200.

Burns, Tom und G. M. Stalker: The Management of Innovation. 2. Auflage London 1966.

Chandler, Alfred D. Jr.: Strategy and Structure. Chapters in the History of Industrial Enterprise. Cambridge (Mass.) und London 1962.

Channon, D. F.: The Strategy and Structure of British Enterprise. London and Basingstoke 1973.

Cleland, David J.: Why Project Management. In: Business Horizons (7) 1974, Winter S. 81–88.

Cleland, David J. und William R. King: Systems Analysis and Project Management. New York 1968.

Coenenberg, A. G.: Verrechnungspreise zur Steuerung divisionalisierter Unternehmen. In: Wirtschaftswissenschaftliches Studium (2) 1974, S. 373–382.

Collard, F. M.: Controller. In: Management-Enzyklopädie, Band 2. München 1970, S. 71–92.

Controlling – Integration von Planung und Kontrolle. Bericht von der 4. Kölner BFuP-Tagung vom 22. und 23. Mai 1978 in Köln. Gebera-Schriften Band 4. Hrsg. von Wolfgang Goetzke und Günter Sieben. Köln 1979.

Correy, Raymond E.: Should companies centralize procurement? In: Harvard Business Review (56) 1978, November–Dezember, S. 102–110.

Daege, Joachim: Einkaufsorganisation, In: Management-Enzyklopädie, Band 2. München 1970, S. 413–419.

Davis, Stanley M. und Paul R. Lawrence: Matrix. Reading et al. 1977.

Davis, Stanley M. und Paul R. Lawrence: Die Probleme der Matrix-Organisation. In: Manager Magazin. Heft 10, 1978, S. 98–111. Deutsche Übersetzung von: Problems of matrix organization. In: Harvard Business Review (56) 1978, May–June, S. 131–142.

Dearden, John: Mirage of Profit Decentralization. In: Harvard Business Review (40) 1962, November–December, S. 140–164.

Deyhle, Albrecht, Organisation nach Profit Center. In: Bürotechnik, Automation und Organisation (20) 1972, S. 410–420.

Deyhle, Albrecht: Controller-Handbuch – Enzyklopädisches Lexikon für die Controller-Praxis, 5 Bände, Gauting bei München 1974.

Dills, William R.: Environment as an Influence on Managerial Autonomy. In: Administrative Science Quarterly (2) 1958, S. 409–443.

Drumm, Hans-Jürgen: Theorie und Praxis der Lenkung durch Preise. In: Schmalenbachs Zeitschrift für Betriebswirtschaftliche Forschung (24) 1972, S. 253–267.

Dullien, Manfred: Zur Anatomie des Projekt-Managements. In: Zeitschrift für Organisation (43) 1974, S. 261–265.

Dullien, Manfred: Perspektiven des Matrix-Projekt-Management. In: Zeitschrift für Organisation (44) 1975, S. 187–190.

Duncan, Robert B.: Characteristics of Organizational Environments and Perceived Environmental Uncertainty. In: Administrative Science Quarterly (17) 1972, S. 313–327.

Dworak, Wolfgang: Die Funktionen und Arbeitsweise des Controlling und der Controller-Organisation. In: Schriften zur Unternehmensführung. Bd. 17, Unternehmenskontrolle. Hrsg. von Herbert Jacob, Wiesbaden 1973, S. 9–21.

Emery, F. und E. Trist: The Casual Texture of Organizational Environments. In: Human Relations (18) 1965, February, S. 21–32. Wiederabgedruckt in: Readings in Organizational Theory: Open-System Approaches. Hrsg. von John G. Maurer. New York 1971, S. 46–57.

Everling, Wolfgang: Die Stabsstelle „Beteiligungsverwaltung" in großen Unternehmungen. In: Zeitschrift für Organisation (48) 1979, S. 435–440.

Fagan, P. F.: Measurement of Profit Performance of Decentralized Divisions. Diss. Columbia University 1959.

Farmer, Richard N. und Barry M. Richman: Comparative Management and Economic Progress. 2. Auflage. Bloomington, Indiana 1970.

Fieten, Robert: Einkaufsorganisation. In: Handwörterbuch der Produktionswirtschaft. Hrsg. von Werner Kern unter Mitarbeit von zahlreichen Fachgelehrten und Experten aus Wissenschaft und Praxis. Stuttgart 1979, Sp. 450–457.

Financial Executives Institute (Hrsg.): Controllership and Treasurership Functions Defined by FEI. The Controller, Juni 1962, S. 12.

Fischer, A. J.: Marketing-Organisation. In: Management Enzyklopädie, Band 4. München 1971, S. 383–413.

Fischer, Dieter: Ist das Referentensystem die Personalorganisation der Zukunft? In: Personalwirtschaft 1976, S. 12–15, 48–50, 75–78.

Fischer, Robert: Personalwirtschaft. In: Organisationsleiterhandbuch. Hrsg. von Alfred Degelmann in Zusammenarbeit mit dem Rationalisierungs-Kuratorium der Deutschen Wirtschaft. 2., überarbeitete und erweiterte Auflage. München 1972, S. 1145–1173.

Foulkes, F. K. und H. M. Morgan: Organizing and Staffing the Personal Function. In: Harvard Business Review (55) 1977, May-June, S. 142–154.

Friemauth, Fritz: Struktur und Eingliederung der Finanzabteilung in deutschen und amerikanischen Großunternehmen. In: Betriebswirtschaftliche Forschung und Praxis (26) 1966, S. 517–534.

Frese, Erich: Grundlagen der Organisation. Die Organisationsstruktur der Unternehmung. Wiesbaden 1980.

Freudenmann, Helmut: Planung neuer Produkte. Stuttgart 1965.

Frey, Helmut: Wie organisiert man eine Personalabteilung? In: Der Betrieb (24) 1971, S. 1629–1633.

Friedrichs, Hans: Erfahrungen mit der funktionalen Organisation des Personalwesens. In: Personal – Mensch und Arbeit im Betrieb (22) 1970, S. 130–134.

Friedrichs, Hans: Moderne Personalführung. München 1973.

Fronz, Michael: Verhaltenswissenschaftliche Aspekte des Projekt-Manamgements. In: Zeitschrift für Organisation (41) 1972, S. 175–182.

Fuchs-Wegner, Gertrud und Martin K. Welge: Kriterien für die Beurteilung und Auswahl von Organisationskonzeptionen. In: Zeitschrift für Organisation (43) 1974, S. 71–82; 163–170.

Gabele, Eduard: Unternehmungsstrategie und Organisationsstruktur. In: Zeitschrift für Organisation (48) 1979, S. 181–190.

Gälweiler, Aloys: Grundlagen der Divisionalisierung. In: Zeitschrift für Organisation (39) 1970, S. 55–66.

Galbraith, Jay: Environmental and Technological Determinants of Organizational Designs. In: Studies in Organization Design. Hrsg. von Jay W. Lorsch und Paul R. Lawrence. Homewood, Illinois 1970, S. 113–139.

Galbraith, Jay: Gestaltungsmöglichkeiten der Matrixorganisation. In: Zeitschrift für Organisation (42) 1973, S. 75–83.

Glatzel, Georg: Controlling – und seine organisatorische Gestaltung zu einem effizienten Führungs-, Steuerungs- und Überwachungssystem. In: Bürotechnik (27) 1979, S. 264–266.

Göldner, J.: Aufbauorganisation der industriellen Lagerwirtschaft. Berlin 1960.

Goggin, William C.: How the multidimensional structure works at Dow Corning. In: Harvard Business Review (52) 1974. Januar-Februar, S. 54–65.

Goossens, Franz: Personalleiter-Handbuch. Kompendium des betrieblichen Personal- und Sozialwesens. 6., neu bearbeitete und erweiterte Auflage. München 1974.

Grochla, Erwin: Unternehmungsorganisation – Neue Ansätze und Konzeptionen. Reinbek bei Hamburg 1972.

Grochla, Erwin: Grundlagen der Materialwirtschaft. Das materialwirtschaftliche Optimum im Betrieb. 2., wesentlich überarbeitete und erweiterte Auflage. Wiesbaden 1973.

Grochla, Erwin: Der Weg zu einer umfassenden betriebswirtschaftlichen Beschaffungslehre. In: Die Betriebswirtschaft (37) 1977, S. 181–191.

Grochla, Erwin und Herbert Kubicek: Zur Zweckmäßigkeit und Möglichkeit einer umfassenden betriebswirtschaftlichen Beschaffungslehre. In: Schmalenbachs Zeitschrift für betriebswirtschaftliche Forschung NF (28) 1976, S. 257–275.

Grochla, Erwin und Norbert Thom: Die Matrix-Organisation. Chancen und Risiken einer anspruchsvollen Strukturierungskonzeption. In: Schmalenbachs-Zeitschrift fur betriebswirtschaftliche Forschung NF (29) 1977. Kontaktstudium S. 193–203.

Große-Oetringhaus, Wigand F.: Fertigungstypologie unter dem Gesichtspunkt der Fertigungsablaufplanung. Berlin 1974.

Günter, Bernd: Anbieterkoalitionen bei der Vermarktung von Anlagegütern – Organisationsformen und Entscheidungsprobleme. In: Zeitschrift für Betriebswirtschaftliche Forschung. Sonderheft 1977 Anlagen-Marketing. Hrsg. von E. W. Engelhard und G. Laßmann.

Hahn, Dietger: Ergebnisorientierte Planungsrechnung mehrgliedriger Unternehmungen auf der Basis des „Return on investment" (ROI). In: Zeitschrift für Organisation (38) 1969, S. 177–192.

Hahn, Dietger: Industrielle Fertigungswirtschaft in entscheidungs- und systemtheoretischer Sicht. In: Zeitschrift für Organisation (41) 1972, S. 269–278, 369–370, 427–439.

Hahn, Dietger: Planungs- und Kontrollrechnung – PuK. Integrierte ergebnis- und liquiditätsorientierte Planungs- und Kontrollrechnung als Führungsinstrument in Industrieunternehmungen mit Massen- und Serienfertigung. Mit Beispielen aus der Unternehmungspraxis von Claus Freiling, Friedrich Thomeé / Siegfried Höhn, Hans-Günter Grünewald, Günter Danert / Dietrich Solaro. Wiesbaden 1974.

Hahn, Dietger: Hat sich das Konzept des Controlling in Unternehmungen der deutschen Industrie bewährt? In: Betriebswirtschaftliche Forschung und Praxis (30) 1978, S. 101–128.

Hahn, Dietger: Konzepte und Beispiele zur Organisation des Controlling in der Industrie. In: Zeitschrift für Organisation (48) 1979, S. 4–24.

Hanan, Mack: Reorganize your company around its market. In: Harvard Business Review (52) 1974, November-Dezember, S. 63–75.

Handlexikon Organisation. Hrsg. von der Akademie für Organisation. Ausbildungsinstitution der Gesellschaft für Organisation e. V. Frankfurt/Main 1971.

Hauschildt, Jürgen: Die Verantwortung als konfliktregulierender Mechanismus. Ein organisatorisches Modell. In: Hamburger Jahrbuch für Wirtschafts- und Gesellschaftspolitik (13) 1968, S. 210–224.

Hauschildt, Jürgen: Organisation der finanziellen Unternehensführung – Eine empirische Untersuchung. Stuttgart 1970.

Hauschildt, Jürgen: Finanzvorstand, Treasurer, Controller. Das Finanzmanagement in der Stellenbeschreibung. In: Zeitschrift für Organisation (41) 1972, S. 167–174.

Hayes, Robert H. und Roger W. Schwenner: How should you organize manufacturing. In: Harvard Business Review (56) 1978, Januar–Februar, S. 105–118.

Heberlin, Wolfgang: Unternehmensführung mit Profit Centers und finanziellen Zielsetzungen. Betriebswirtschaftliche Mitteilungen. Bd. 49, Bern 1971.

Hegi, Othmar: Projekt-Management, ein Fremdkörper in der Stab-Linien-Organisation. In: Industrielle Organisation (40) 1971, S. 381–384.

Hentze, Joachim: Personalwirtschaftslehre I. Bern und Stuttgart 1977.

Hermann, Michael: Kleines Handbuch der Einkaufspraxis. Wiesbaden 1967.

Hill, Wilhelm: Marketing. 2 Bände. 3. Auflage. Bern und Stuttgart 1973.

Hill, Wilhelm; Raymond Fehlbaum und Peter Ulrich: Organisationslehre – Ziele, Instrumente und Bedingungen der Organisation sozialer Systeme, 2. verbesserte Auflage. Bern und Stuttgart 1976.

Hirzel, Matthias: Phasenorientierte Projektorganisation. In: Zeitschrift für Organisation (44) 1975, S. 255–260.

Höhn, Reinhard unter Mitarbeit von Gisela Böhme: Führungsbrevier der Wirtschaft. 6., völlig neubearbeitete und wesentlich erweiterte Auflage. Bad Harzburg 1969.

Hoffmann, Friedrich: Entwicklung der Organisationsforschung. 2., überarbeitete und erweiterte Auflage. Wiesbaden 1976.

Hopemann, Richard J.: Systems Analysis and Operations Management. Columbus, Ohio 1969.

Horváth, Peter: Aufgaben und Stellung des Controlling. In: Betriebswirtschaftliche Forschung und Praxis (30) 1978, S. 129–141.

Horváth, Peter: Controlling. München 1979.

Jahn, H. E.: Rede – Diskussion – Gespräch. Frankfurt 1954.

Kaltenhäuser, Udo: Das Aufgabenfeld des Controller – von der Rechnungsverantwortung zur Mitentscheidung. In: Zeitschrift für Organisation (48) 1979, S. 429–433.

Kern, Werner: Industriebetriebslehre. 2. Auflage. Stuttgart 1974.

Kern, Werner und Hans Horst Schröder: Forschung und Entwicklung in der Unternehmung. Reinbek bei Hamburg 1977.

Khandwalla, Pradip N.: Environment and its impact on the organization. In: International Studies of Management and Organization (2) 1972, S. 297–313.

Kieser, Alfred: Der Einfluß der Umwelt auf die Organisationsstruktur der Unternehmung. In: Zeitschrift für Organisation (43) 1974. S. 302–314.

Kieser, Alfred und Herbert Kubicek: Organisation. Berlin – New York 1977.

Kloidt, Heinrich: Betriebsgliederung, organisatorische. In: Handwörterbuch der Betriebswirtschaft. Dritte, völlig neu bearbeitete Auflage. Begründet von Heinrich Nicklisch. Hrsg. von Hans Seischab und Karl Schwantag unter Mitarbeit von zahlreichen Fachgelehrten und praktischen Betriebswirten. Stuttgart 1956, Band 1, Sp. 790–800.

Knecht, Hans-Werner: Controllership. Eine organisatorische Konzeption betrieblicher Informationszentralisation. In: Das Büro als Zentrum der Informationsverarbeitung. Aktuelle Beiträge zur bürowirtschaftlichen Forschung. Hrsg. von Erwin Grochla. Wiesbaden 1971, S. 57–102.

Kolb, Meinulf und Joachim Staude: Organisation der Personal- und Sozialabteilung. In: Reihe Fachkaufmann für das Personalwesen. Hrsg. von Eduard Gaugler et al. Wiesbaden o. J. (1977).

Kopp, Hans-Peter: Instrumente und Probleme des Beschaffungsmarketing. In: Beschaffung aktuell. 1978, Oktober, S. 58–65.

Kormann, Hermut: Planung effizienter Führungsorganisation. Baden-Baden und Bad Homburg v.d.H. 1977.

Kosiol, Erich und Mitarbeiter: Kollegien als Organisationsformen der Entscheidung, Beratung und Information. In: Organisation des Entscheidungsprozesses. Hrsg. von Erich Kosiol. Berlin 1959, S. 107–214.

Kosiol, Erich: Kollegien. In: Handwörterbuch der Organisation. Hrsg. von Erwin Grochla. Stuttgart 1969, Sp. 817–825.

Kosiol, Erich: Organisation. 2., durchgesehene Auflage. Wiesbaden 1976.

Kotler, Philip: Marketing-Management. Analyse, Planung und Kontrolle. Deutsche Übersetzung der zweiten Auflage von Heidi Reber und Gerhard Reber. Stuttgart 1974.

Krähe, Walter: Finanzierung, Organisation der. In: Handwörterbuch der Organisation. Hrsg. von Erwin Grochla. Stuttgart 1969, Sp. 535–543.

Kreikebaum, Hartmut: Produktionsbereich, Organisation des. In: Handwörterbuch der Betriebswirtschaft. 4. völlig neu gestaltete Auflage. Hrsg. von Erwin Grochla und Waldemar Wittmann. Stuttgart 1975, Band 2, Sp. 3089–3096.

Kreikebaum, Hartmut: Organisationstypen der Produktion. In: Handwörterbuch der Produktionswirtschaft. Hrsg. von Werner Kern unter Mitarbeit von zahlreichen Fachgelehrten und Experten aus Wissenschaft und Praxis. Stuttgart 1979, Sp. 1392–1402.

Kroeber-Riel, Werner: Beschaffung und Lagerung. Betriebswirtschaftliche Grundlagen der Materialwirtschaft. Wiesbaden 1966.

Krüger, Wilfried: Umweltwandel und Unternehmungsverhalten. In: Zeitschrift für Organisation (43) 1974, S. 62–70.

Krüger, Wilfried: Macht in der Unternehmung. Elemente und Strukturen. Stuttgart 1976.

Krüger, Wilfried: Controlling: Gegenstandsbereich, Wirkungsweise und Funktion im Rahmen der Unternehmungspolitik. In: Betriebswirtschaftliche Forschung und Praxis (31) 1979, S. 158–169.

Kubicek, Herbert und Norbert Thom: Umsystem, betriebliches. In: Handwörterbuch der Betriebswirtschaft. 4. völlig neu gestaltete Auflage. Hrsg. von Erwin Grochla und Waldemar Wittmann. Band 3. Stuttgart 1976, Sp. 3977–4017.

Latusek, W.: Planung der Fertigungsorganisation. In: Unternehmungsplanung. Hrsg. von Klaus Agthe und Erich Schnaufer. Baden-Baden 1963. S. 287–305.

Lattmann, Charles: Organisation des Personalwesens. In: Handwörterbuch des Personalwesens. Hrsg. von Eduard Gaugler unter Mitarbeit von zahlreichen Fachgelehrten und Experten aus Wissenschaft und Praxis. Stuttgart 1975, Sp. 1427–1442.

Lawrence, Paul R. und Jay W. Lorsch: Organization and Environment. Managing Differentiation and Integration. Homewood usw. 1971.

Lawrence, Paul R. und Jay W. Lorsch: Environmental Factors and Organizational Integration. In: Organization Planning: cases and concepts. Hrsg. von Jay W. Lorsch und Paul R. Lawrence. Homewood, Ill. 1972. S. 38–48.

Lazo, Hector und Arbold Corbin: Die Organisation der Marketingabteilung. In: Marketing-Management und Organisation. Hrsg. von Stewart Henderson Britt und Harper W. Boyd jr. München 1971, S. 102–112. Deutsche Bearbeitung von Peter Linnert; Titel der Originalausgabe: Marketing Management and Administrative Action. 2. Auflage New York (1968).

Leavitt, Harold J. und Thomas L. Whisler: Management in the 1980's. In: Harvard Business Review (36) 1958. November-Dezember, S. 41–48.

Lembke, Peter M.: Organisation der Produktplanung. Systemorientierte Organisation der Produktplanung im Rahmen der Unternehmungsplanung – dargestellt am Beispiel eines Geschäftsbereiches einer Unternehmung der Elektroindustrie. Diss. Gießen 1978.

Lembke, Peter M.: Strategisches Produktmanagement. Berlin–New York 1980.

Leumann, Peter: Die Matrix-Organisation. Unternehmungsführung in einer mehrdimensionalen Struktur. Theoretische Darstellung und praktische Anwendung. Bern und Stuttgart 1979.

Lewis, Howard T.: Procurement, Principles and Cases. Homewood Ill. 1953.

Likert, Rensis: Die integrierte Führungs- und Organisationsstruktur. Deutsche Übersetzung von R. Hermstein. Frankfurt/Main – New York 1975.

Livington, Sterling J.: Weapon System Contracting. In: Harvard Business Review (37) 1959, July-August, S. 83–92.

Lüder, Klaus: Investment Center, Kontrollverfahren zur Steuerung dezentralisierter Großunternehmen. In: Rechnungswesen und Betriebswirtschaftspolitik. Festschrift für Gerhard Krüger zu seinem 65.Geburtstag gewidmet von Freunden, Kollegen und Schülern. Hrsg. von Manfred Layer und Heinz Strebel. Berlin 1969, S. 305–319.

Luhmann, Niklas: Funktionen und Folgen formaler Organisation. 2. Auflg. Berlin 1972.

March, James G. und Herbert A. Simon: Organisation und Individuum. Menschliches Verhalten in Organisationen. Wiesbaden 1976. Aus dem Englischen übersetzt von Albin Krczal. Titel der Originalausgabe: Organization. New York 1958.

Marketing-Management und Organisation. Hrsg. von Stewart Henderson Britt und Harper W. Boyd jr. München 1971. Deutsche Bearbeitung von Peter Linnert; Titel der Originalausgabe: Marketing Management and Administrative Action. 2. Auflage. New York (1968).

Matz, Adolph und Milton F. Usry: Cost Accounting. Planning and Control. Cincinnati u.s.w. 6. Auflage 1976.

Meffert, Heribert: Absatzorganisation. In: Handwörterbuch der Betriebswirtschaft. 4., völlig neu gestaltete Auflage. Hrsg. von Erwin Grochla und Waldemar Wittmann. Stuttgart 1974. Bd. 1, Sp. 51–63.

Meffert, Heribert: Produktmanagement: Funktionen und organisatorische Eingliederung. In: Das Wirtschaftsstudium (8) 1979, Teil I, S. 120–125.

Meller, F.: Sparten und Funktionenorganisation. In: Zeitschrift für Organisation (39) 1970, S. 348–354.

Menz, Wolf-Dieter: Die Profit Center Konzeption. Theoretische Darstellung und praktische Anwendung. Bern und Stuttgart 1973.

Middleton, C. J.: How to set up a Project Organization. In: Harvard Business Review (45) 1967, March-April, S. 73–82.

Musiol, Achim: Organisation von Organisationsprojekten in der Industrie. In: Zeitschrift für Organisation (43) 1974, S. 192–206; S. 277–286.

Negandhi, A. R. und B. C. Reimann: Task Environment, Decentralization, and Organizational Effectiveness. In: Human Relations (26) 1973, S. 203–214.

Opitz, Herwart, Walter Eversheim und Klaus Brankamp: Fertigungsorganisation. In: Handwörterbuch der Organisation. Hrsg. von Erwin Grochla. Stuttgart 1969, Sp. 521–535.

Osborn, Richard N.: The Search for environmental complexity. In: Human Relations (29) 1976, S. 179–191.

Ouchi, William G. und Alfred M. Jaeger: Type Z Organization: Stability in the Midst of Mobility. Academy of Management Review, 1978, S. 305 f.

o. V. The multidimensional organization. Midland/Michigan 1973.

o. V. Im Reiche der Chemie. Düsseldorf, Wien 1965.

Picot, Arnold: Betriebswirtschaftliche Umweltbeziehungen und Umweltinformationen – Grundlagen einer erweiterten Erfolgsanalyse für Unternehmungen. Berlin 1977.

Planty, E. G. und Th. J. Freeston: Developing Management Ability. New York 1954.

Poensgen, Otto H.: Geschäftsbereichsorganisation. Opladen 1973.

Potthoff, Erich: Personalwesen, Organisation des. In: Handwörterbuch der Organisation. Hrsg. von Erwin Grochla. Stuttgart 1969, Sp. 1296–1305.

Potthoff, Erich: Betriebliches Personalwesen. Berlin–New York 1974.

Projekt-Controlling. Veröffentlichung der Ergebnisse des Arbeitskreises „Das Projekt-Management und seine Anforderungen an das Rechnungswesen" der Gesellschaft für Finanzwirtschaft in der Unternehmensführung e. V. Hrsg. von D. Solaro u. a. Stuttgart 1979.

Raatz, G.: Personalführung und Delegation von Verantwortung. In: Schmalenbachs Zeitschrift für betriebswirtschaftliche Forschung N. F. (20) 1968, S. 185–201.

Radel, Rainer: Beschaffungsorganisation – Kooperation zwischen Einkauf und Technik. In: Zeitschrift für Organisation (48) 1979, S. 203–208.

Reddewig, Georg und Hans-Achim Dubberke: Einkaufsorganisation und Einkaufsplanung. Wiesbaden 1959.

Rice, A. K.: The Enterprise and its Environment. A System Theory of Management Organization. London 1963.

Rohrbach, B.: Techniken des Lösens von Innovationsproblemen. In: Schriften zur Unternehmensführung. Bd. 15. Hrsg. von Herbert Jacob. Wiesbaden 1971, S. 73–88.

Roth, Walter H.: Materialwirtschaft. In: Organisationsleiter-Handbuch. Hrsg. von Alfred Degelmann in Zusammenarbeit mit dem Rationalisierungs-Kuratorium der Deutschen Wirtschaft. 2. überarbeitete und erweiterte Auflage. München 1972, S. 1117–1144.

Rühl, Günther: Fertigungsorganisation. In: Organisationsleiter-Handbuch. Hrsg. von Alfred Degelmann in Zusammenarbeit mit dem Rationalisierungs-Kuratorium der Deutschen Wirtschaft. 2., überarbeitete und erweiterte Auflage. München 1972, S. 1174–1210.

Rumelt, Richard T.: Strategy, Structure and Economic Performance. Boston 1974.

Sandig, Curt: Beschaffungspolitik. In: Handwörterbuch der Betriebswirtschaft. 4., völlig neu gestaltete Auflage. Hrsg. von Erwin Grochla und Waldemar Wittmann. Stuttgart 1974, Bd. 1., Sp. 523–530.

Schär, H. P.: Die Organisation des Finanzwesens. In: Die Unternehmung (24) 1970, S. 1–13.

Schemkes, Helmut: Kompetenzabgrenzung bei der Mehrlinienorganisation. In: Zeitschrift für Organisation (43) 1974, S. 433–442.

Schlaich, K.: Methodenlehre der Planung und Steuerung. 1. Fertigungs-, Produktions- und Betriebsorganisation. In: REFA-Nachrichten (27) 1974, S. 283–290.

Schmalenbach, Eugen: Pretiale Wirtschaftslenkung. Band 1: Die optimale Geltungszahl. Bremen Horn 1947 und Band 2: Pretiale Lenkung des Betriebes. Bremen Horn 1948.

Schmidt, Götz: Produkt-Innovation und Organisation. Diss. Gießen 1969.

Schneider, Siegfried: Konflikte in einer Matrixorganisation. In: Zeitschrift für Organisation (44) 1975, S. 321–330.

Schreyögg, Georg: Umwelt, Technologie und Organisationsstruktur: eine Analyse des Kontingenztheoretischen Ansatzes. Bern, Stuttgart 1978.

Schröder, Harald Jürgen: Projekt-Management. Eine Führungskonzeption für außergewöhnliche Vorhaben. Wiesbaden 1973.

Schwarz, Horst: Grundfragen der Abstimmung von Materialbeschaffung. Fertigung und Vertrieb. Freiburg 1959.

Schwarz, Horst und Mitarbeiter: Betriebsorganisation als Führungsaufgabe. Organisation – Lehre und Praxis –. 8., neu bearbeitete und ergänzte Auflage. München 1977.

Schwetlick, W.: Forschung und Entwicklung in der Organisation industrieller Unternehmen. Berlin 1973.

Seidel, Eberhard: Zur Bestimmung der Grenzen dezentraler Unternehmensführung. Problemanalyse des Geschäfts-Konzepts als Aufgabe betrieblicher Organisationsplanung. In: Journal für Betriebswirtschaft (26) 1976, S. 163–177.

Senkel, Klaus: Organisation des Marketing. In: Organisationsleiterhandbuch. Hrsg. von Alfred Degelmann in Zusammenarbeit mit dem Rationalisierungs-Kuratorium der Deutschen Wirtschaft. 2., überarbeitete und erweiterte Auflage. München 1972, S. 1074–1116.

Siegwart, Hans: Forschung und Entwicklung. In: Organisationsleiterhandbuch. Hrsg. von Alfred Degelmann in Zusammenarbeit mit dem Rationalisierungs-Kuratorium der Deutschen Wirtschaft. 2., überarbeitete und erweiterte Auflage. München 1972, S. 1017–1050.

Siegwart, Hans und A. Menzl: Aufbau eines Projektmanagements in der Forschung und Entwicklung. Bern 1970.

Solomons, D.: Divisional Performance. Measurement and Control. Homewood u. Nobleton 1965.

Staehle, Wolfgang H.: Kennzahlen und Kennzahlensysteme als Mittel der Organisation und Führung von Unternehmen. Wiesbaden 1969.

Staehle, Wolfgang H.: Organisatorische Anpassung an Umweltveränderungen. In: Betriebswirtschaftliche Forschung und Praxis (23) 1971, S. 286–296.

Steinbuch, Pitter A. und Klaus Olfert: Fertigungswirtschaft. Ludwigshafen 1978.

Steiner, George A. und William Ryan: Industrial Projetct Management. New York 1968.

Thanheiser, H. T.: Strategy and Structure of German Industrial Enterprise. Diss. Harvard University 1972.

Thompson, J. D.: Organizations in Action. Social Science Bases of Administrative Theory. New York 1967.

Trautmann, Wolfgang P.: Die Organisation des Einkaufs. In: Organisation. TFB-Handbuchreihe. Band 1. Hrsg. von Erich Schnaufer und Klaus Agthe. Berlin – Baden-Baden 1961, S. 674–695.

Trautmann, Wolfgang P.: Moderne Materialwirtschaft. Studien und Thesen. Ludwigshafen 1973.

Wagner, Dieter: Der institutionalisierte Konflikt in mehrdimensionalen Organisationsstrukturen ökonomischer, sozio-technischer Systeme. Diss. Gießen 1978.

Wagner, Dieter: Der institutionalisierte Konflikt in mehrdimensionalen Organisationsstrukturen. In: Zeitschrift für Organisation (48) 1978, S. 421–428.

Warnecke, Hans Jürgen; Walter Kunert und Hartmut Graf: Neue Produktionsstrukturen fordern neue organisatorische Lösungen. In: Industrielle Organisation (45) 1976, S. 21–26.

Welge, Martin K.: Profit-Center-Organisation. Wiesbaden 1975.

Welge, Martin K.: Profit Center. In: Handwörterbuch der Betriebswirtschaft. 4., völlig neu gestaltete Auflage. Hrsg. von Erwin Grochla und Waldemar Wittmann. Stuttgart 1974, Bd. 1, Sp. 3179–3188.

Wild, Jürgen: Product-Management (Ziele, Kompetenzen und Arbeitstechniken des Produktmanagers). München 1972.

Wild, Jürgen: Organisation und Hierarchie. In: Zeitschrift für Organisation (42) 1973, S. 45–54.

Wille, F.: Steuerung des Unternehmens (Konzerns) durch Lenkpreise. In: Handbuch der Kostenrechnung. Hrsg. von R. Bobsin et al. München 1974, S. 221–273.

Witte, Eberhard: Organisation für Innovationsentscheidungen. Das Promotoren-Modell. Göttingen 1973.

Worm, Bruno: Die Aufbauorganisation des industriellen Einkaufs und ihre Eingliederung in die Gesamtunternehmung. Diss. Berlin 1955.

Zimmermann, Kurt: Die Projektgruppe als Organisationsform zur Lösung komplexer Aufgaben. In: Zeitschrift für Organisation (39) 1970, S. 45–51.

Zogg, Andreas: Systemorientiertes Projekt-Management. Zürich 1974.

Zünd, A.: Treasurer und Controller-Umrisse zweier moderner Berufsbilder im Finanz- und Rechnungswesen größerer Unternehmungen. In: Büro und Verkauf (42) 1973, S. 99–102.

Zybon, Adolf: Rechnungswesen und Organisation. Berlin 1969.

Stichwortverzeichnis